TRAITÉ

DE LA

MANUTENTION DES EMPLOYÉS

DE L'ENREGISTREMENT ET DES DOMAINES.

Toute contrefaçon de cet ouvrage sera poursuivie conformément aux lois.

TRAITÉ

DE LA

MANUTENTION DES EMPLOYÉS

DE L'ENREGISTREMENT ET DES DOMAINES,

OU

EXPOSÉ MÉTHODIQUE

DES

RÈGLES CONCERNANT LE SERVICE DE L'ADMINISTRATION,

PAR M. T. VUARNIER,

Sous-chef à l'administration de l'enregistrement et des domaines.

OUVRAGE FAISANT SUITE

Aux codes annotés de l'enregistrement, du timbre, des hypothèques et des amendes.

PAR M. MASSON DELONGPRÉ.

TOME Ier.

PARIS,

AU BUREAU DU BULLETIN DE L'ENREGISTREMENT,
RUE MONT-THABOR, 32.

ET CHEZ G. PISSIN, LIBRAIRE, PROPRIÉTAIRE DU DÉPÔT DES LOIS,
PLACE SAINT-GERMAIN-L'AUXERROIS, 41.

DANS TOUS LES CHEFS-LIEUX DE DÉPARTEMENT,
A la direction de l'enregistrement et des domaines.

1848.

AVERTISSEMENT.

La partie du service des employés de l'enregistrement et des domaines, connue sous le nom de MANUTENTION, comprend des opérations très variées qui nécessitent des études particulières et obligent fréquemment de se reporter aux lois, réglements, instructions et circulaires spéciales. Faciliter ces études et abréger les recherches, tel est le double but de cet ouvrage.

Nous avions à choisir entre la forme d'un dictionnaire et celle d'un traité. Mais la division alphabétique ne permet pas une lecture suivie et présente l'inconvénient grave de scinder, de disséminer des règles diverses dont une même opération exige souvent l'application simultanée. Nous avons dû lui préférer l'ordre méthodique. Au surplus, un sommaire placé en tête de l'ouvrage et la table alphabétique qui le termine, peuvent lui donner les avantages d'un traité et ceux d'un dictionnaire de manutention.

La classification par grade, empruntée aux *Ordres généraux de Régie*, était logiquement indiquée; toutefois on a réuni dans la même partie les dispositions communes à tous les employés, et présenté, dans certains cas, l'ensemble d'une opération à l'article du préposé qu'elle concerne plus spécialement.

L'intention n'a pas été de faire un simple précis, un *memento* à l'usage exclusif des employés déjà expérimentés, mais un ouvrage complet et raisonné sur toutes les parties de la manutention, le domaine, la comptabilité, contenant, outre la substance des règles et instructions officielles, un commentaire destiné à les relier entre elles et à combler les lacunes qu'elles présentent en ce qui touche le mode d'exécution.

Ainsi, après l'exposé de la théorie, on a indiqué les méthodes propres à diriger dans la pratique, avec les détails élémentaires et les développements qui, seuls, peuvent permettre aux employés l'étude des règles prescrites, et faciliter, dans tous les cas, leur exacte application.

Les autorités, c'est-à-dire les lois, les instructions et circulaires ont toujours été indiquées par les dates ou les numéros à la suite de l'analyse de leurs dispositions, de telle sorte qu'il est facile de s'y reporter et de discerner tout ce qui émane d'une source officielle.

Dans le cours de notre travail, en rappelant des opérations aussi nombreuses, des règles d'une application aussi difficile, une réflexion s'est souvent présentée à notre esprit : Que d'études, de connaissances générales et spéciales, que de labeurs sont exigés des employés de l'enregistrement et des domaines !

Obligés, par la nature de leurs fonctions, d'apprécier tous les actes, tous les contrats de la vie civile, d'en bien saisir le caractère et les effets, les préposés de l'enregistrement et des domaines doivent être initiés à la science du droit civil, du droit administratif et domanial ; il faut qu'ils sachent les règles de la procédure, qu'ils connaissent à fond la législation spéciale sur les parties si diverses dont se composent les attributions multiples de l'administration, et qu'ils se tiennent enfin au courant d'une jurisprudence souvent variable sur presque tous les points.

Les préposés de l'enregistrement sont donc astreints à de constantes études.

D'un autre côté, les formalités multipliées et souvent difficiles qu'ils doivent remplir, formalités au sujet desquelles leur responsabilité est toujours engagée, les écritures de toute espèce qu'ils ont à tenir, le nombre, la variété des états et des comptes qu'ils fournissent périodiquement, imposent à la plupart des employés des travaux considérables.

Une pareille tâche ne peut être accomplie qu'à l'aide d'un zèle éclairé et soutenu, d'un courage d'autant plus louable qu'il est souvent désintéressé.

Puissions-nous, par ce traité, leur épargner l'ennui de quelques recherches, et, en présentant le faisceau des opérations imposées à leur dévouement, appeler l'attention et la bienveillance sur leurs utiles travaux !

Si l'on considère l'immensité des matériaux qui devaient entrer dans la composition de ce traité, la multitude des détails, la difficulté de les extraire de nombreux documents, de les classer et surtout de les coordonner, on reconnaîtra qu'il fallait quelque persévérance pour mener à fin une œuvre aussi compliquée. La rédaction, surchargée d'une foule de détails techniques ou minutieux, présentait encore des difficultés d'un autre genre. Nous devons donc espérer que l'ouvrage sera apprécié avec indulgence, et qu'en faveur de l'exactitude du fond, on voudra bien pardonner ce qu'il peut laisser à désirer dans la forme.

ABRÉVIATIONS.

Adm.	Administration de l'enregistrement et des domaines.
Arr.	Arrêté.
Arrond.	Arrondissement.
Art.	Article. ●
Cass.	Arrêt de la Cour de cassation.
Circ.	Circulaire.
C. c.	Circulaire de la Comptabilité.
Circ. R.	Circulaire de la régie.
C. civ.	Code civil.
C. com.	Code de commerce.
C. for.	Code forestier.
C. instr. crim.	Code d'instruction criminelle.
C. pén.	Code pénal.
C. proc.	Code de procédure civile.
Cons. d'État.	Conseil d'État.
D.	Décision du Ministre des finances.
D. fin., guerre, just., intér., etc.	Décisions du Ministre des finances, de la guerre, de la justice, de l'intérieur, etc.
Décr.	Décret.
Dél. ou Délib.	Délibération du Conseil d'administration.
Div.	Division.
Enreg.	Enregistrement.
Gouv.	Gouvernement.
I. ou instr.	Instruction générale de l'administration.
Jug. Seine, etc.	Jugement du tribunal de la Seine, etc.
L.	Loi.
Ord.	Ordonnance.
O. gén.	Ordres généraux de régie.
Régl.	Réglement.
Sol. ou Solut.	Solution de l'administration.
suiv.	suivant.
sup.	suprà, ci-dessus.
Trib. Seine, Lyon, etc.	Jugement du tribunal de la Seine, de Lyon, etc.
V.	Voyez.

On a suivi l'abréviation usitée pour les mots : centime, cent.; franc, fr.; ibidem, ibid.; numéro, n. ou nᵒ; nombre, nomb.; pour 100, p. 100; sous seing privé, s. s. p., etc.; ainsi que pour les mois des deux calendriers : janvier, janv.; février, fév.; juillet, juill.; septembre, sept.; octobre, oct.; novembre, nov.; décembre, déc.; vendémiaire, vend.; brumaire, brum.; frimaire, frim.; nivôse, niv.; pluviôse, pluv.; ventôse, vent.; germinal, germ.; floréal, flor.; prairial, prair.; messidor, mess.; thermidor, therm.; fructidor, fruct.; jours complémentaires, compl.

TRAITÉ

DE LA

MANUTENTION DES EMPLOYÉS

DE L'ENREGISTREMENT ET DES DOMAINES.

INTRODUCTION.

OBJETS GÉNÉRAUX.

CHAPITRE Iᵉʳ. — *Administration de l'Enregistrement et des Domaines ; son institution ; origine de ses produits.*

1ᵉʳ. L'administration de l'enregistrement et des domaines est une des huit administrations publiques ressortissant au ministère des finances.

C'est la plus ancienne des régies financières. Elle a dans ses attributions l'une des principales branches du revenu public, et si l'on ne considère pas seulement l'importance des produits, mais encore leur nature, et les connaissances qu'exige la perception, l'administration de l'enregistrement et des domaines occupe le premier rang parmi les administrations financières.

L'administration de l'enregistrement et des domaines est chargée de la perception des droits de timbre, d'enregistrement, de greffe, d'hypothèques et du sceau des titres, et de l'accomplissement des formalités qui s'y rapportent ; du recouvrement des amendes et frais de justice ; de celui des revenus et produits des domaines de l'État, de leur administration et de leur aliénation, et enfin de diverses autres attributions spéciales.

2. Avant l'année 1780, presque tous les droits et produits dont la recette est actuellement confiée à l'adm. existaient sous des noms différents et faisaient partie des *fermes générales*. On sait qu'à cette époque la plupart des contributions et revenus publics ne se percevaient pas directement pour le compte de l'État, mais qu'ils étaient affermés, pour chaque généralité, à des compagnies ou à des fermiers généraux qui, moyennant une somme déterminée, versée au trésor royal à titre de fermage, les faisaient recouvrer à leurs risques et périls et pour leur propre compte.

Cette perception était faite sous la surveillance des intendants, par les soins d'une administration générale qui avait dans les provinces des agents préposés à cet effet et commissionnés par les fermiers successifs, sous les ordres et la dépendance

1

desquels ils se trouvaient placés de fait. Ces emplois comprenaient un directeur par généralité, un certain nombre d'inspecteurs spéciaux, mandataires particuliers du fermier général, et chargés par lui de surveiller ses intérêts ; des contrôleurs ambulants qui faisaient des tournées trimestrielles dans tous les bureaux de leur division, des vérificateurs chargés de vérifier la gestion des comptables, et enfin des commis ou contrôleurs, préposés à la perception des droits et revenus.

Un arrêt du conseil, en date du 9 janv. 1780, ordonna, sur la proposition du ministre Necker, que cette perception réunie à celle du domaine proprement dit, serait confiée à une compagnie intéressée, formée sous le nom d'*Administration générale des domaines et droits domaniaux*.

3. En 1790, l'Assemblée nationale ayant adopté le système de perception directe, pour le compte de l'État, de tous les impôts et revenus publics, les fermes générales et les régies intéressées furent supprimées, et des préposés salariés par l'État furent chargés du recouvrement. La compagnie ou administration générale des domaines fut remplacée par la *Régie des droits d'enregistrement* dont l'établissement fut décrété le 5-19 déc. 1790, et l'organisation complétée par la loi du 27 mai 1791. Dans les derniers jours de l'an 9, un arrêté des Consuls constitua définitivement la régie en *Administration de l'enregistrement et des domaines*, sous la direction d'un Directeur général. Circ. R. 2052.

4. Les attributions de l'administration actuelle et celles des régies, administrations ou fermes générales qui l'ont précédée, ont toujours été à peu près les mêmes.

L'Assemblée nationale, sur le rapport de Talleyrand, dans les séances des 22 et 25 sept. 1790, avait décrété la conversion en un droit unique appelé droit d'enregistrement, des droits qui se percevaient sur les actes de toute espèce. Ce décret, converti en loi le 19 déc. 1790, supprima en conséquence, à compter du 1er fév. 1791 : 1° les droits de *contrôle* des actes et des exploits ; celui de *quatre deniers pour livre* du prix des ventes de meubles et les droits de *bourse commune* ; 2° les droits d'*insinuation* ecclésiastique et laïque, *centième denier* des immeubles, *ensaisinement*, *amortissement*, *nouvel acquêt*, *usages* et *francs fiefs* ; et 3° les *droits de sceau* des actes des notaires et des jugements, les *droits de greffe* et les *droits réservés*.

Peut-être ne lira-t-on pas sans intérêt quelques détails sur l'origine de ces différents produits et leurs transformations successives.

5. Le *contrôle* des actes et des exploits, conservé sous le nom d'*enregistrement*, était une formalité que l'on avait jugée nécessaire pour empêcher les antidates, les suppositions de titres et autres abus de la même nature. Instituée pour les actes de notaires par un édit du mois de juin 1581, qui ne reçut un commencement d'exécution qu'en 1606, cette formalité ne devint à peu près générale qu'en vertu d'un édit du mois de mars 1693, et fut étendue aux actes sous-seing privé par celui d'oct. 1705. Une déclaration du Roi du 29 sept. 1722 en régla la perception. Quant aux exploits, le contrôle établi par un édit de janv. 1654 et une déclaration du Roi de 1655, ne devint obligatoire qu'en vertu d'un édit de l'année 1669.

6. L'*insinuation* conservée en principe par la loi du 19 déc. 1790, et remplacée depuis par la *transcription* au bureau des hypothèques, était un enregistrement des actes dont la publicité est nécessaire pour assurer les droits des tiers ; l'établissement en est très ancien, et a été consacré par un édit du mois de déc. 1703 et une déclaration du Roi du 19 juill. 1704.

7. Les droits actuellement remplacés à peu près par les droits d'enregistrement qui se perçoivent sur les donations entre-vifs ou les mutations par décès, comprenaient le *centième denier*, le droit d'*amortissement* et les droits de *nouvel acquêt* et d'*usage*. Le *centième denier* était dû pour les transmissions immobilières entre-vifs ou par décès entre collatéraux ou personnes non parentes. — Le droit d'*amortissement* se payait pour les legs et donations aux gens de main-morte et pour leurs acquisitions. C'était un dédommagement pour avoir la faculté de posséder des immeubles, faculté que les lois leur interdisaient et qu'ils ne pouvaient obtenir qu'à ce prix. Édit, mai 1708. — Les droits de *nouvel acquêt* et d'*usage* étaient une sorte de contribution annuelle prélevée sur le revenu des biens dont les communautés religieuses et laïques jouissaient à titre d'usufruit ou d'usage. Arrêts, 23 janv. 1691 ; Édit, mai 1708.

8. Le droit *de sceau* des actes des notaires ou des jugements, connu sous le nom de *petit scel*, a été complètement aboli dès l'année 1706 pour les actes des notaires ; il se percevait sur les expéditions. Pour les jugements, il est remplacé aujourd'hui par un droit d'expédition qui fait partie des *droits de greffe*. Établie dès l'année 1349, la perception des droits de *petit scel* a été faite pour le compte du Roi, en vertu d'un édit de nov. 1696 et d'une déclaration du 6 mai 1698.

Les *droits de greffe*, aujourd'hui rétablis, se percevaient au profit des greffiers, en vertu de deux édits de 1672 et 1673 ; un nouvel édit du mois de déc. 1699 en ordonna la perception au profit du Roi.

Quant aux *droits réservés*, actuellement remplacés par les *frais de justice et les amendes*, leur perception pour le compte du Roi a été ordonnée par un édit du mois d'août 1716 et une déclaration du Roi du 3 août 1732.

9. Le *timbre*, autrefois connu sous le nom de *formule*, a été établi en France par un édit du mois de mars 1655. Par diverses ordonnances de 1667, 1669 et 1670, on s'était proposé de faire imprimer des modèles ou *formules* des différents actes, et

une déclaration du Roi, du 19 mars 1673, ordonna que ces *for-mules* seraient marquées en tête de l'empreinte d'une fleur de lis. De là, l'origine du nom donné à cet impôt. Ce projet fut bientôt abandonné à cause des difficultés de son exécution; mais une déclaration du Roi, du 2 juill. 1673, prescrivit la vente de papiers et parchemins marqués en tête d'une fleur de lis et timbrés de la qualité et substance des actes, pour être écrits en entier à la main. La perception du droit de *formule*, réglée par un édit du mois d'avril 1674, fut fixée en raison de la dimension par un autre édit du mois d'août 1674, au lieu de l'être comme auparavant d'après la nature des actes.

10. Essayée en France, en 1673, la *conservation des hypothèques* n'a été établie que par un édit du mois de juin 1771, et confiée d'abord aux contrôleurs des actes ou aux greffiers près des bailliages et sénéchaussées.

11. Le *domaine* existait autrefois à peu près tel qu'il est aujourd'hui ; seulement il était la propriété ou le droit du souverain, tandis qu'il est devenu le domaine public ou de la nation entière. Le domaine s'est considérablement accru par la suppression des établissements religieux dont les biens ont été réunis au domaine de l'État. Avant 1790, le domaine du Roi était inaliénable, excepté pour former l'apanage des princes et pour subvenir aux besoins de la guerre; mais, dans ce dernier cas, l'aliénation était soumise à une clause de rachat perpétuel. Ord. de 1566. La loi du 1er déc. 1790 décréta le principe que le domaine de l'État pouvait être aliéné, mais seulement en vertu d'un acte de la puissance législative. Depuis cette époque, la plus grande partie des biens ou des droits de rachat qui composaient l'ancien domaine et ceux qui y ont été réunis, ont été aliénés en vertu de diverses lois que l'on aura occasion de rappeler en traçant les règles des aliénations que l'adm. est encore appelée à faire.

CHAPITRE II. — *Attributions de l'administration.*

12. Il convient d'indiquer les principales lois qui règlent la perception des droits ou produits dont le recouvrement forme les attributions de l'adm. et les lois ou réglements qui lui ont successivement confié ce service.

1° L'*enregistrement* des actes et la perception des droits et amendes y relatifs ont été confiés à l'adm. par la loi du 19 déc. 1790; la loi organique qui règle encore la perception de ces droits est celle du 22 frim. an 7; 2° la perception des *droits de greffe* a été établie et remise à l'adm. par la loi du 21 vent. an 7; 3° l'apposition du *timbre*, la débite des papiers timbrés et des *passeports* et la perception des droits et amendes de timbre, confiés à l'adm. par la loi du 11 janv. 1791, sont régis principalement par la loi du 13 brum. an 7; 4° le recouvrement des *amendes d'appel* et des *amendes de condamnation* a été dévolu à l'adm. par la loi du 19 déc. 1790; 5° l'avance et le recouvrement des *frais de justice* criminelle ou de police sont faits par l'adm. en vertu des lois des 17 sept., 19 déc. 1790, et 18 germ. an 7; celui des *frais de poursuites* en vertu d'une décision du 24 janv. 1791; 6° la perception des *droits de sceau* et de *chancellerie* au profit du trésor, établie par l'ordonnance royale du 8 oct. 1814 et la loi du 28 avril 1816, a été remise à l'adm. par la loi du 17 août 1828 et une décision ministérielle du 9 juin 1838, C. c. 14 et 45 ; 7° la *conservation des hypothèques* et la perception des droits des formalités hypothécaires confiées à l'adm. par la loi du 4 fév. 1791, Circ. R. 44, sont régies par la loi du 21 vent. an 7; 8° l'administration des *domaines* et *produits domaniaux*, celle des propriétés de l'État, autres que les forêts et les biens affectés à un service public, et le recouvrement de leurs produits; celui des produits accessoires des *forêts* et des frais d'administration des bois soumis au régime forestier ont été dévolus à l'adm. en vertu des lois des 7 fév., 20 mars et 12 sept. 1791 ; les produits de la *pêche* par la loi du 14 flor. an 10, I. 63 ; enfin la recette des produits de quelques *établissements spéciaux* régis pour le compte de l'État, par un arrêté ministériel du 28 nov. 1837, I. 1567.

L'adm. a été chargée en outre successivement du recouvrement de différents produits pour le compte : 1° de l'administration des douanes, D. 1er juin 1821, I. 987; 2° de la caisse des dépôts et consignations, I. 219 et 554; Ord. 22 fév. 1829, I. 1275; 3° des communes et établissements publics, C. for., 21 mai, Ord. 22 mai et L. 6 juin 1827, I. 1251; 4° de la Couronne, D. 13 oct. 1829, I. 1409; et 5° des agents de l'État employés à des travaux particuliers, D. 15 oct. 1828 et 29 mars 1830, I. 1259 et 1310.

13. D'autres parties des contributions et revenus publics ont été réunies aux attributions de l'adm., puis distraites pour former celles de l'administration des contributions indirectes, en vertu de la loi du 5 vent. an 12, 1. 254. Ce sont : 1° les droits sur les bacs et bateaux, Décr. 8 janv. 1793, Circ. R. 382; 2° les contributions indirectes qui se percevaient pour le compte de l'État; les produits de la vente des sels et tabacs; les produits des canaux et salines, Décr. 4 brum. an 4, Circ. R. 825; 3° les droits sur les voitures publiques, L. 9 vend. an 6, Circ. R. 1108 ; 4° Ceux établis sur les cartes à jouer, L. 9 vend. an 6, et arr. 3 pluv. suiv. Circ. R. 1207; 5° les droits de garantie sur les matières d'or et d'argent, L. 19 brum. an 6, Circ. R. 1315 ; 6° Les taxes qui se percevaient aux barrières pour l'entretien des routes, L. 7 germ. an 8, Circ. R. 1845.

L'impôt des patentes recouvré par les soins de l'adm. Décr. 4 therm. an 3, Circ. R. 799, a été réuni aux attributions de l'administration des contributions directes. Arr. des Consuls, 25 brum. an 10. 1. 23.

Enfin l'administration des forêts, constituée par une loi du 29 sept. 1791, Circ. R. 182, réunie à celle de l'enreg. et des dom. par un décret du 4 brum. an 4, Circ. R. 825, en a été distraite pour la partie administrative par une loi du 16 niv. an 9, Circ. R. 1967. Réunie de nouveau par ord. du 17 mai 1817, I. 777, elle en a été définivement séparée par ord. 11 oct. 1820, I. 955. Cependant les préposés restent chargés de la suite des instances sur les questions de propriété du sol forestier. Quant aux produits des forêts, la recette confiée à l'adm. par la loi du 29 sept. 1791, lui a appartenu sans interruption jusqu'en 1817. Depuis cette époque, elle a cessé successivement de faire la recette : 1° du prix principal des bois, sol et superficie, L. 25 mars et Ord. 10 déc. 1817, I. 819 ; 2° du prix principal des coupes, D. 26 mai 1817, I. 780 ; 3° du décime sur le prix des coupes, C. c. 44 et I. 1566. Ces recouvrements sont faits directement par les receveurs généraux et particuliers des finances, de sorte que l'adm. ne reçoit plus que les produits accessoires des forêts. C. c. 44 et I. 1566.

14. Les recettes diverses effectuées pour le trésor, par les soins de l'adm., ont été évaluées dans le budget de l'année 1847, à la somme totale de 264,263,430 francs, répartie ainsi qu'il suit :

Enregistrement, décime compris,	196,500,000 fr.
Greffes, id.,	5,020,000
Hypothèques, id.,	2,450,000
Droits de sceau et de chancellerie,	150,000
Amendes et frais,	6,400,000
Timbre, passeports et permis de chasse,	41,731,000
Produits des domaines et produits divers,	6,330,430
Produits des eaux et forêts,	5,682,300
Total	264,263,430 fr.

En outre, les préposés de l'adm. recouvrent pour le compte des correspondants du trésor divers produits classés parmi les opérations de trésorerie, et qui ne sont point compris par conséquent dans le total ci-dessus.

15. D'après les attributions actuelles de l'adm., on voit combien doit être considérable le travail matériel de ses préposés, surtout si l'on considère que la perception de ces droits ou produits n'exige pas seulement de simples enregistrements en recette, mais des formalités ou des analyses fort longues pour les actes des notaires et les actes administratifs, les actes sous seing privé les actes judiciaires et extra-judiciaires, les déclarations de mutations par décès. Si l'on joint à cela la débite du timbre, les formalités hypothécaires, la consignation des articles sur les sommiers, la recette des produits, la tenue des tables, les renvois, la comptabilité très compliquée qu'exigent des recettes si diverses, et enfin la surveillance des contraventions de toute nature, les recherches qu'elle nécessite, les avertissements, poursuites, explications aux redevables, on n'aura qu'une idée bien imparfaite encore de l'étendue des obligations imposées aux préposés.

En effet, ces immenses travaux matériels sont rendus plus pénibles par les difficultés de toutes espèces, que présente l'application des lois dont les employés doivent assurer l'exécution. Il ne s'agit pas pour l'employé de l'enreg., comme pour ceux de la plupart des autres administrations financières, de percevoir l'impôt sur des matières certaines et déterminées ; les droits d'enreg. frappent des conventions aussi variées que les intérêts ou les idées des hommes. A chaque instant doit s'exercer la pénétration du percepteur ; il faut qu'il étudie le sens des conventions, apprécie leur caractère et leurs effets réels ; qu'il classe, qu'il résume chaque disposition ; déjoue la fraude et applique enfin une loi qui ne peut prévoir que des généralités. On doit comprendre dès lors que les réclamations, les contestations et la correspondance qui sont la suite naturelle de ces difficultés, ajoutent encore aux nombreux travaux des préposés.

C'est encore à eux seuls que l'on a confié le soin de défendre les nombreux intérêts de l'adm. et même de tout le domaine public. Pour suivre la plupart des instances, point d'avocats, point d'avoués, les employés en remplissent les fonctions. Aussi peut-on dire, sans crainte d'être démenti, qu'il n'est pas de carrière publique plus laborieuse, autant par l'étendue des travaux, que par la diversité et la difficulté des matières.

CHAPITRE III. — *Organisation générale de l'administration.*

16. Pour accomplir les immenses travaux dont on n'a pu donner qu'une faible idée, environ 3,750 employés de tous grades concourent incessamment, sans trève et sans relâche, avec l'aide des commis indispensables à beaucoup d'entre eux, et de 490 surnuméraires, à l'œuvre si compliquée imposée à l'administration.

Dirigée d'abord par douze régisseurs ou administrateurs dont le nombre a été successivement réduit, l'adm. a été placée sous la direction d'un chef supérieur ayant le titre de Directeur général. Son organisation a subi de fréquentes modifications, moins dans les titres des employés qui sont restés à peu près les mêmes, que dans le nombre attribué à chaque grade et dans la division des matières et la répartition du travail de l'adm. centrale. Il semble inutile de faire ici un historique de ces modifications successives ; on rappellera les principales aux articles spéciaux pour chaque grade, et l'on se bornera à présenter l'organisation primitive de la régie, et celle de l'adm. actuelle.

Le service se divise en deux parties : 1° l'*Administration centrale*, chargée de la direction des affaires pour toute la France; 2° le *service dans les départements*, auquel appartient la perception et l'expédition des affaires dans chaque localité.

17. *Première organisation*. La loi du 27 mai 1791, Circ. R. 89, qui contient la première organisation de l'adm., établit pour la régie centrale : 1° douze administrateurs, organisés en assemblée délibérante, placés sous la surveillance et les ordres du Directoire exécutif, et institués chefs supérieurs de tous les employés de la régie, art. 2 et 3; 2° treize bureaux de correspondance, composés chacun d'un directeur, un sous-directeur, un premier commis, un vérificateur des comptes, un commis principal et quatre expéditionnaires, art. 7 et 8.

Le service dans les 83 départements comprenait, pour chaque département, un directeur ayant sous ses ordres : 1° un inspecteur, et 2° un vérificateur, outre 83 inspecteurs et autant de vérificateurs envoyés par les administrateurs dans les directions où leurs services semblaient nécessaires, en tout 166 employés de chacun de ces deux gardes, art. 4 et 5; 3° un garde-magasin, contrôleur du timbre, un receveur du timbre extraordinaire, un timbreur et un tourne-feuilles; plus un certain nombre de ces derniers répartis dans les villes les plus importantes, art. 6; 4° dans tous les chefs-lieux de départements, ou de district, et dans les cantons où le besoin du service devait l'exiger, environ 2,700 receveurs, art. 9; 5° enfin un nombre indéterminé de surnuméraires, art. 18.

18. *Organisations successives*. Le décret du 14 août 1793, Circ. R. 448; celui du 4 brum. an 4, Circ. R. 825, et l'arrêté du 6 frim. an 4, Circ. R. 831, n'apportèrent d'autres modifications à cette organisation qu'une augmentation dans le nombre de certains employés; mais un arrêté du Directoire exécutif du 29 vend. an 6, Circ. R. 1144, supprima quelques emplois. Le 3e jour complémentaire an 9, un arrêté des Consuls, Circ. R. 2052, institua un Directeur général de l'adm., réduisit à huit le nombre des Administrateurs, dont deux chargés spécialement de faire des tournées, et les six autres chargés de la direction du travail qui était divisé entre eux par matières. La répartition du travail fut modifiée par trois circulaires des 28 janv., 29 nov. 1811 et 30 juin 1814. Après les événements de 1814 et 1815, pour replacer quelques uns des employés réfugiés des départements séparés de la France, beaucoup de bureaux furent divisés; on institua des premiers commis de direction, commissionnés et salariés par l'État, Circ. 17 août 1845; enfin de 1816 à 1831, plusieurs suppressions d'emplois eurent lieu à l'administration centrale ou dans les départements. I. 759, 970 et 1304 ; Circ. 5 fév. 1829, 15 mai 1830 et 22 fév. 1831.

Un décret du 30 vent. an 13, Circ. 16 germ. an 13, avait créé six inspecteurs généraux de l'adm. chargés de faire des tournées dans les départements pour surveiller toutes les parties du service. Réduits à deux par ord. du 23 janv. 1821, I. 970, ils furent réunis à l'inspection des finances par ord. du 9 mai 1831. — Un secrétaire général institué en même temps que le Directeur général, avait été conservé dans les organisations de 1816 et de 1821, mais cet emploi a été suprimé en 1831, et les fonctions sont actuellement remplies par les chefs du bureau particulier. V. *Administration centrale*.

19. *Organisation actuelle.* — Trois ordonnances des 25 déc. 1816, 3 janv. 1821 et 17 déc. 1844, ont réglé l'organisation actuelle de l'administration.

L'*Administration centrale* est divisée en deux parties : la première comprend un Directeur général, président du conseil d'adm., quatre administrateurs, membres de ce conseil, et 58 chefs et sous-chefs. La deuxième catégorie comprend : 59 commis principaux, commis d'ordre ou expéditionnaires, et un certain nombre de surnuméraires-expéditionnaires, huissiers et garçons de bureau.

Par suite de la centralisation de certaines parties de service au ministère des finances, d'autres employés, en dehors de l'adm., concourent aux opérations qui lui sont confiées, les dirigent ou les surveillent, ce sont : 1° le *Directeur de la comptabilité générale des finances*, sous les ordres duquel un bureau spécialement chargé de la comptabilité des préposés de l'enreg., se compose d'un chef de bureau, d'un sous-chef, de 14 vérificateurs des comptes et de 2 surnuméraires ; — 2° le *Directeur de la dette inscrite*, aux attributions duquel sont centralisés les cautionnements en numéraire des employés de l'adm. ; — 3° l'*agent judiciaire du trésor*, chargé de la poursuite des débets des comptables. Ord. 4 nov. 1824. I. 1151 ; — 4° enfin, les *inspecteurs des finances*, chargés spécialement de faire des tournées dans les départements pour la surveillance de tous les comptables publics. Arr. des Consuls, 19 fruct. an 9, et qui ont également mission du Ministre des finances pour inspecter toutes les parties du service, et en rendre compte. I. 930, 1040 et 1130.

20. Le *service des départements* se divise aussi entre deux catégories d'employés. La première comprenant les emplois supérieurs, se compose de : 1° 87 directeurs de 1re, 2e, 3e et 4e classe ; 2° 150 inspecteurs de 1re, 2e, et 3e classe ; 3° 310 vérificateurs divisés en cinq classes ; 4° un sous-chef de l'atelier général du timbre, et 5° 87 premiers commis de direction. — La seconde catégorie comprend : 1° 372 conservateurs des hypothèques , institués dans chaque chef-lieu de département ou d'arrondissement ; 2° environ 2,300 receveurs de l'enregistrement, du timbre et des domaines ; 3° 12 contrôleurs des successions à Paris ; 4° 89 gardes-magasin, de trois classes ; 5° 14 contrôleurs, surveillants ou gardes des archives, attachés à l'atelier général, au timbre extraordinaire à Paris, ou aux directions de la Seine ; 6° 215 employés, tels que timbreurs, tourne-feuilles, compteuses, etc., attachés à l'atelier général et au timbre extraordinaire, tant à Paris que dans les départements ; 7° 52 distributrices de papiers timbrés et un certain nombre de percepteurs, receveurs des douanes, ou débitants, chargés du même service.

21. La dépense à la charge de l'État pour ce nombreux personnel ne s'élève qu'à la somme de 10,254,700 francs. Comparée au montant des produits, cette dépense n'atteint pas quatre pour cent du chiffre des recettes. Elle se divise ainsi qu'il suit entre les différentes classes d'employés :

Administration centrale,	554,200 fr.
87 Directeurs,	913,000
150 Inspecteurs,	865,000
310 Vérificateurs,	1,100,300
87 Premiers commis de direction,	152,000
319 Chefs, employés, ou autres attachés au service de l'atelier général et du timbre,	420,200
2,677 Receveurs, conservateurs, etc. (1)	6,250,000
Total	10,254,700 fr.

490 Surnuméraires et un nombre indéterminé de postulants, ou de candidats au surnumérariat, concourent aux opérations des receveurs et travaillent à acquérir les connaissances nécessaires aux employés de l'administration.

22. Dans les *Colonies*, où l'enreg. est établi, c'est-à-dire en Algérie, à l'île Bourbon, à la Martinique et à la Guadeloupe, les produits sont recouvrés par des employés détachés de l'adm. continentale, et qui sont placés sous la direction du ministère de la guerre pour l'Algérie, et sous celle du ministère de la marine pour les autres colonies.

Le personnel se compose ainsi qu'il suit :

1° En *Algérie*, un directeur, chef de service, 2 inspecteurs, 7 vérificateurs, 2 premiers commis, 37 receveurs, 1 garde-magasin, 1 timbreur et 5 surnuméraires.

2° A *la Martinique*, 2 vérificateurs, dont 1 chef de service, 6 receveurs et 5 surnuméraires.

3° A *la Guadeloupe*, 2 vérificateurs, dont 1 chef de service, 5 receveurs et 6 surnuméraires.

4° A *la Guyanne*, 2 receveurs et 2 surnuméraires.

---

(1) Calculée d'après le chiffre total des produits, cette remise est de 2 fr. 36 cent. p. 100.

5° A *l'île Bourbon*, 1 inspecteur, chef de service, 1 vérificateur, un premier et un second commis, 45 receveurs et 3 surnuméraires.

TITRE PRÉLIMINAIRE.

POSTULANTS ET SURNUMÉRAIRES.

CHAPITRE Ier. — *Dispositions générales.*

23. L'exercice des fonctions publiques exige des connaissances spéciales qu'il faut acquérir par des études préliminaires. Ce temps de stage ou d'étude constitue ce que dans les administrations financières on nomme le surnumérariat.

Nul ne peut parvenir aux emplois de l'adm. de l'enreg. et des domaines sans avoir été surnuméraire. L. 27 mai 1791, art. 18. Circ. R. 89 et 940.

24. *Nombre des surnuméraires.* Dans l'origine, le nombre des surnuméraires n'était pas limité : il s'était tellement multiplié, que, dès le 25 brum. an 6, la régie prit un arrêté pour suspendre provisoirement la délivrance de nouveaux brevets. Circ. R. 1138. Le 25 fruct. an 9, on arrêta que le nombre des surnuméraires dans chaque département ne pourrait excéder la moitié du nombre des bureaux, Circ. R. 2044. Fixé ensuite à 1,000 pour les 110 départements que comprenait alors la France, Circ. 1er sept. 1806, ce nombre s'accrut avec le territoire de l'Empire ; mais après les événements de 1814, il était hors de proportion avec celui des vacances d'emplois.

Pour remédier à cet état de choses, le nombre des surnuméraires, réduit d'abord à 600, arrêté 23 déc. 1820, I. 966 et Circ. 23 août 1822, fut fixé à 450, répartis entre les 86 départements par un autre arrêté du 25 juin 1823, I. 1085 et Circ. 19 janv. 1830. Enfin les besoins du service ont fait porter ce nombre à *quatre cent quatre-vingt-dix*, par un arrêté du 8 janv. 1846. I. 1744.

La limitation du nombre des surnuméraires a permis de réduire à quatre années environ le temps du surnumérariat. Ce noviciat semble suffisant pour qu'un jeune homme, ayant l'aptitude nécessaire, puisse acquérir les connaissances indispensables pour régir un premier bureau.

La réduction du nombre des brevets de surnuméraires n'arrêta pas les demandes : elles s'élevaient à plus de *mille* à la fin de l'année 1829, Circ. 19 janv. 1830. Depuis cette époque, l'augmentation successive du nombre de ces demandes détermina l'adm. à établir un tableau d'inscription pour celles qui sont reconnues susceptibles d'être admises. I. 1588. Une ord. du 17 déc. 1844, en confirmant cette dernière disposition, porte que la liste des *candidats* reconnus admissibles au surnumérariat sera arrêtée chaque année par le Ministre des finances (V. 37).

25. *Conditions à remplir.* Pour obtenir un brevet de surnuméraire, il fallait seulement avoir dix-huit ans accomplis. L. 27 mai 1791, art. 18; Décr. 4 brum. an 4, art. 17. Circ. R. 89 et 825. L'art. 1er des ordres généraux de régie exigea en outre un stage d'un an au moins chez un notaire ou un avoué, Circ. R. 258; le réglement du 25 fruct. an 9 ajouta que les candidats devaient être âgés de moins de trente ans, Circ. R. 2044; enfin un arrêté du 1er sept. 1806 exigea de plus : 1º un acte authentique constatant que l'aspirant avait satisfait à la conscription militaire; 2º un certificat de bonne vie et mœurs délivré par les autorités locales; 3º la preuve que l'aspirant pourrait fournir, par lui ou ses parents, un cautionnement de 1,200 fr. au moins, lors de sa nomination à un emploi. Circ. 1er sept, 1806; I. 966 et 1085.

La même circulaire du 1er sept. 1806 porte en outre qu'il ne sera admis que des sujets méritant la confiance de l'adm. et pouvant lui faire honneur; une autre circulaire du 6 déc. 1808 ajoute que des brevets de surnuméraires ne seront accordés qu'aux candidats dont l'éducation, la capacité et la conduite seront suffisamment garanties.

Ces conditions étaient devenues insuffisantes pour assurer que les jeunes gens qui se destinent au service de l'adm. seront capables de la représenter convenablement. Elle avait droit d'exiger que ses préposés se trouvassent placés par leur éducation et leur instruction au niveau des notaires, des greffiers des tribunaux, avec lesquels leurs fonctions les mettent constamment en relation. Les études classiques, qui forment l'esprit et donnent l'habitude du travail, ont été considérées comme la première des garanties de l'aptitude des aspirants au surnumérariat à remplir les emplois auxquels ils peuvent être ultérieurement appelés, et il a paru nécessaire de leur imposer cette condition de capacité. En conséquence, le Ministre des finances a décidé, le 19 sept. 1834, que nul ne pourra obtenir un brevet de surnuméraire s'il n'a produit à l'appui de sa demande un diplôme de bachelier ès-lettres, indépendamment des pièces exigées par l'arrêté du 1er sept. 1806. I. 1465. Mais, d'un autre côté, les postulants ont été dispensés de fournir la justification d'un stage préparatoire dans une étude. I. 1657.

CHAPITRE II. — *Postulants.*

26. Aux termes de l'art. 30 de l'ord. du 17 déc. 1844, contenant organisation de l'administration centrale du ministère des finances, les candidats au surnumérariat dans les administrations financières doivent être soumis à un examen préalable.

Les règles spéciales pour l'admission au surnumérariat dans l'adm. de l'enreg. ont été déterminées par un arrêté du Ministre du 8 janv. 1846. Sauf quelques modifications quant à l'âge, au certificat de libération du service militaire, et au chiffre du cautionnement, cet arrêté reproduit les dispositions restées en vigueur pour les conditions exigées des aspirants au surnumérariat.

27. *Demande de brevet de surnuméraire.* Tout postulant devra se présenter à la direction du département où il réside et rédiger sa demande sous les yeux du directeur. Il produira : 1° une expédition de son acte de naissance, dûment légalisée ; 2° la justification qu'il est pourvu du titre de bachelier ès-lettres ; 3° un certificat des autorités locales constatant qu'il jouit de la qualité de Français, et qu'il est de bonne vie et mœurs ; 4° un certificat des mêmes autorités ou toute autre pièce authentique établissant qu'il possède personnellement, ou par sa famille, les ressources nécessaires pour assurer son existence pendant la durée de son surnumérariat et pour fournir un cautionnement de 3,000 fr., lorsqu'il sera nommé receveur. Arr. 8 janv. 1846, art. 2. — Il n'est pas nécessaire d'avoir *dix-huit ans accomplis* pour être reçu à former la demande d'un brevet de surnuméraire ; mais cette condition est toujours indispensable pour être porté sur la liste des postulants qui pourront être admis à l'examen de candidature (V. 34). Il résulte de l'art. 5 de l'arrêté, qu'après l'âge de 25 ans on ne peut plus être admis à former la demande d'un brevet, quoique l'on soit encore apte à l'obtenir après cet âge, lorsque la demande a été faite antérieurement. I. 1744.

28. Les candidats au surnumérariat sont désignés par le Directeur général ; c'est donc à *M. le conseiller d'État, directeur général de l'administration de l'enregistrement et des domaines* que doivent être adressées les demandes d'inscription sur la liste. Cette demande consiste en une pétition sur papier timbré, rédigée, écrite et signée par le postulant lui-même, sous les yeux du directeur et sans le secours d'aucun projet écrit. Ces faits sont certifiés par le directeur au bas de la pétition. La pétition doit contenir l'engagement positif d'accepter le brevet de surnuméraire quel que soit le département pour lequel il sera délivré. Une mauvaise écriture, et à plus forte raison une mauvaise rédaction, peuvent être des causes de refus.

A l'appui de cette pétition, on joint les pièces produites par le postulant. La justification du titre de bachelier ès-lettres doit résulter de la copie du diplôme ou du certificat d'aptitude à ce grade qui peut être admis provisoirement. Cette copie sera faite sur papier non timbré, et revêtue d'une attestation du directeur portant qu'elle est conforme à l'original ; qu'il y a identité entre le titulaire du diplôme ou du certificat d'aptitude et la personne qui se présente comme postulant. Les certificats délivrés par les autorités locales doivent être légalisés par le sous-préfet. Circ. 1er sept. 1806, 6 déc. 1808 et 19 janv. 1830 ; I. 1465 et 1744.

29. Avant de recevoir aucune demande, le directeur ne doit pas laisser ignorer au postulant ou à ses parents le véritable état des choses sur les avantages ou les inconvénients attachés aux emplois de l'adm. et les chances probables d'avancement. Circ. R. 1138 et Circ. 19 janv. 1830. Les vacances annuelles dans les emplois de l'adm. ne dépassant pas *cent vingt*, il en résulte que ce n'est qu'après cinq années au moins de travaux préparatoires qu'il est possible d'obtenir un premier bureau de 800 fr. à 1,000 fr. L'avancement ultérieur est d'autant moins rapide, que sur les 3,300 emplois dont l'adm. peut disposer, il n'y en a que 1,300 qui produisent plus de 3,000 francs.

L'art. 3 de l'arrêté du 8 janv. 1846 prescrit la tenue dans chaque direction d'un registre spécial pour l'inscription des demandes par ordre de date. Ce registre, en forme de tableau, présente dix colonnes : 1° n° d'ordre ; 2° date de la demande ; 3° noms et prénoms du postulant ; 4° date de la naissance, 5° lieu et département où il est né ; 6° résidence actuelle du postulant ; 7° date de l'envoi de la demande et des pièces justificatives ; 8° date de l'admission au stage préparatoire ; 9° bureau où il a été admis à travailler ; 10° observations.

30. C'est par l'entremise des directeurs que les demandes doivent être adressées au Directeur général ; elles ne peuvent être admises que sur leur témoignage. En conséquence, il leur est prescrit très expressément de recueillir des renseignements sur l'éducation, les dispositions naturelles, le degré de capacité, les habitudes de travail et la conduite du postulant, ainsi que sur la moralité, la position sociale de sa famille et les services qu'elle peut avoir rendus dans les carrières publiques. Circ. 6 déc. 1808 et 19 janv. 1830 ; I. 1465 et 1744. Dans le rapport qui contient ces renseignements, le directeur donne son avis sur la demande, indique le bureau de l'enreg. où le postulant désire être admis à faire son stage préparatoire, et fait connaître s'il n'y a pas d'inconvénient à ce que le jeune homme soit attaché à ce bureau. I. 1588 et 1744.

31. *Stage préparatoire.* Le Directeur général, au vu de ce rapport, décide si l'admission à un stage préparatoire doit ou non être autorisée, désigne, s'il y a lieu, le bureau où le postulant sera admis à travailler. Arrêté 8 janv. 1846, art. 3. I. 1744. Autrefois, dans l'intervalle qui s'écoule nécessairement entre l'admission de la demande et la délivrance d'un brevet de surnuméraire, les postulants restaient sans occupation, mais on a trouvé qu'ils pouvaient employer utilement ce temps, dans un bureau, à acquérir les connaissances nécessaires pour la carrière à laquelle ils se destinent. D'un autre côté, le travail de ces jeunes gens dans les bureaux devait mettre l'adm. à même d'apprécier leur aptitude et de faire un choix parmi eux. D'après ces considérations, l'adm. arrêta le 26 avril 1839 que les jeunes gens inscrits sur le tableau des aspirants au surnumérariat seraient autorisés à travailler dans le bureau de la résidence, ou le plus voisin de la résidence de leur famille, jusqu'à l'époque où un brevet de surnuméraire pourrait leur être délivré. I. 1588.

Depuis que les postulants doivent subir un examen préalable pour être portés sur la liste des candidats au surnumérariat (V. 34), ceux dont les demandes ont été agréées par le Directeur général sont admis à faire un stage préparatoire qui les met à portée de subir les épreuves. I. 1744.

32. Lorsque le directeur reçoit la décision du Directeur général sur une demande de brevet, il en fait mention sur le registre des demandes, en donne connaissance au postulant ou à sa famille, et transmet au receveur les ordres nécessaires pour que le jeune homme autorisé à faire son stage préparatoire, soit admis à son bureau. I. 1744. Il a été prescrit aux receveurs, par l'instr. n. 1588, de certifier l'exécution de l'ordre d'admission des jeunes gens inscrits sur le tableau des aspirants, par une lettre spéciale adressée au directeur dans un délai de dix jours. L'instr. n. 1744 ne renouvelle pas cette recommandation pour les postulants; cependant, comme il leur est prescrit de travailler assidument au bureau, et que l'adm. a besoin de savoir quels sont les postulants qui font leur stage préparatoire, il paraît indispensable que le receveur donne avis de l'admission du postulant au directeur, et que celui-ci, après avoir fait mention de la date de l'admission sur le registre des demandes, transmette cet avis au Directeur général. Il est défendu aux directeurs d'admettre à travailler dans les bureaux aucun postulant sans l'autorisation de l'adm. O. gén. 244. Les jeunes gens que les receveurs occuperaient ne pourraient être considérés que comme es commis V. *Receveurs.*

33. Tout postulant ainsi admis doit travailler assidument dans le bureau de l'enreg. qui lui a été désigné. Arr. 8 janv. 1846, art. 4. I. 1744. Il est placé sous la surveillance et les ordres immédiats du receveur qui est chargé de diriger son travail. Les postulants sont soumis, comme les candidats et les surnuméraires, à toutes les règles de subordination et de conduite que l'on indiquera ci-après ; mais il n'a pas été ordonné de rendre compte périodiquement de leurs travaux et de leur conduite.

A l'époque fixée chaque année par l'adm., d'après les besoins du service, le directeur adresse au Directeur général une liste, par ordre de mérite, des postulants du département, âgés de 18 ans au moins et de 25 ans au plus, qui ont été admis à travailler depuis au moins cinq mois dans un bureau : il y joint un rapport motivé sur chacun des postulants. Art. 5. L'adm.

attend des directeurs la plus grande impartialité dans le classement par ordre de mérite des postulants sur cette liste. Pour
l'exacte et judicieuse appréciation du mérite comparé des jeunes gens, ils peuvent consulter les receveurs dans les bureaux
desquels les postulants ont été admis à travailler, et les employés
supérieurs qui ont été en opérations dans ces bureaux; il leur
est permis même de faire venir auprès d'eux les jeunes gens
pour les interroger. I. 1744.

34. *Examen de candidature*. Des comités spéciaux ont été
institués pour procéder à l'examen des jeunes gens portés sur
les listes des directeurs et bien notés. Ces comités doivent sié-
ger au chef-lieu du département, mais il n'en sera point établi
dans tous les départements. Le Directeur général désignera chaque année les départements où siégeront ces comités. Il choisira
en même temps l'inspecteur ou le vérificateur, et le receveur
du chef-lieu qui, sous la présidence du directeur, formeront le
comité. Les candidats seront répartis par l'adm. entre ces divers
comités d'examen; art. 6 et 7. Ils ne devront jamais être examinés dans le département où ils résideront et où ils auront été
admis à travailler dans un bureau. I. 1744.

Le Directeur général adressera au directeur de chacun des
départements où siégeront des comités la liste des postulants
qui devront y être examinés, avec les renseignemens à communiquer aux examinateurs. Art. 8. I. 1744. Les postulants admis à
subir l'épreuve seront informés par l'intermédiaire du directeur du département de leur résidence, du lieu où siégera le
comité chargé de les examiner, et de l'époque fixée pour cet
examen. Si quelque circonstance fortuite les empêchait de s'y
rendre, ils devraient en prévenir le directeur du département
où l'examen devait avoir lieu, et lui transmettre les certificats
de maladie ou autres pièces justificatives.

35. Le programme de l'examen se divise en partie orale et
partie écrite. Il est réglé ainsi qu'il suit :

Partie orale. Questions sur les attributions principales de
l'adm. de l'enreg. et des domaines, sur son organisation dans
chaque département et sur les attributions et les devoirs d'un
receveur; — sur le *Code civil*, titre préliminaire : de la publication, des effets et de l'application des lois en général, et livre II,
titre Ier : de la distinction des biens; — sur l'*enregistrement* :
nature de cet impôt, distinction des droits fixes et des droits
proportionnels, et des actes qui sont soumis aux uns et aux autres; valeurs sur lesquelles les droits proportionnels doivent
être assis; — sur le *timbre* : distinction des actes soumis au timbre proportionnel et de ceux soumis au timbre de dimension.

Partie écrite. 1° Une page d'écriture faite sous la dictée, sur
papier non réglé, et sans que le postulant puisse en corriger
l'orthographe au moyen d'aucun livre ou secours étranger;
2° la même page recopiée à main posée; 3° analyse grammati-

cale d'une partie du texte de cette page ; 4° calcul des quatre premières règles ; théorie des proportions ; solution de plusieurs problèmes d'arithmétique élémentaire ; 5° connaissance du système métrique ; 6° établissement d'états et tableaux conformes à un modèle indiqué ; 7° rédaction d'une lettre ou d'une note sur un sujet donné ; 8° calculs de droits proportionnels d'enregistrement depuis 25 cent. jusqu'à 9 fr. pour cent, pour les valeurs vénales, sur un capital exprimé, et pour les valeurs d'après le revenu, sur un produit annuel indiqué ; 9° enregistrement d'un acte contenant une seule disposition d'une nature simple et nettement déterminée.

Chaque opération se fera sur le même sujet, simultanément et sous les yeux du comité, par tous les concurrents ; elle sera signée par le candidat et certifiée par le comité. Le candidat pourra être examiné, en outre, sur les autres matières désignées par lui comme ayant fait l'objet de ses études. Art. 9. I. 1744.

Les résultats de l'examen de chacun des postulants seront constatés par un procès-verbal.

36. Les épreuves terminées, le comité délibérera. Il prendra connaissance des renseignements fournis sur chacun des candidats, et combinant ces renseignements avec les résultats de l'examen, il classera les concurrents par ordre de mérite. Ce classement se fera à la majorité des voix ; si, après discussion, les trois membres du comité émettaient chacun un avis différent, l'opinion du président prévaudrait, et le procès-verbal constatant la délibération du comité ferait mention de cette circonstance. Art. 10. A l'égard des postulants ayant moins de 25 ans que le comité n'aura pas jugés susceptibles d'être admis, il fera connaître s'il y a lieu de les recevoir à un second examen. I. 1744.

Dans les dix jours de l'examen, le directeur adressera au Directeur général, bureau particulier, personnel, les procès-verbaux d'examen, les opérations écrites et la délibération du comité contenant la liste par ordre de mérite. Il devra y joindre ses observations personnelles. Art. 11. I. 1744.

37. Lorsque toutes les listes, les procès-verbaux et les pièces à l'appui lui sont parvenus, le Directeur général forme la liste définitive des candidats qui sont reconnus admissibles au surnumérariat et la soumet au Ministre des finances, qui l'arrête et fixe le nombre des candidats appelés à remplir les vacances qui surviennent pendant le cours de l'année. Conformément à l'art. 30 de l'ord. roy. du 17 déc. 1844, art. 12, cette liste doit être accompagnée de tous les documents propres à éclairer le Ministre sur la situation de chacun des candidats au surnumérariat. I. 1744.

Seront rayés de la liste des postulants, et cesseront de travailler en cette qualité dans les bureaux : 1° les jeunes gens

2

non admis qui auront plus de 25 ans ; 2° ceux que les comités auront indiqués comme ne pouvant être admis à subir un nouvel examen ; 3° ceux qui auront été appelés deux fois devant les comités d'examen et qui n'auront pas été agréés. Art. 14. I. 1744. — La radiation de la liste des postulants sera notifiée à ces derniers par l'intermédiaire du directeur du département de leur résidence ; il en donnera également connaissance au receveur du bureau où le postulant était admis à travailler, et ce receveur devra certifier que le postulant a cessé de travailler en cette qualité.

CHAPITRE III. — *Candidats au surnumérariat.*

38. Les candidats agréés par le Ministre des finances d'après la liste définitive formée par le Directeur général (sup. 37), sont inscrits sur un tableau tenu à l'adm. Leur nombre n'est pas déterminé, il varie selon les besoins du service. Le Directeur général adresse à chaque directeur l'avis de l'inscription au tableau, pour les postulants autorisés à continuer leur stage en qualité de candidats au surnumérariat. Le directeur prévient de cette disposition le candidat et le receveur au bureau duquel il est autorisé à travailler en cette nouvelle qualité. Les aspirants ne reçoivent aucun titre ou brevet autre que la lettre d'avis.

Le directeur les porte sur le sommier des surnuméraires et candidats de la direction, à la suite de l'espace réservé pour les surnuméraires. Cette inscription se fait d'après les renseignements que fournit, sur le personnel du candidat, le registre des demandes. Elle contient les indications énoncées ci-après (V. 68).

Les candidats au surnumérariat continuent à travailler dans les bureaux auxquels ils ont été attachés comme postulants, jusqu'au moment où ils sont nommés surnuméraires. Arr. 8 janv. 1846, art. 13. I. 1744. Le receveur devait, dans les dix jours, certifier au directeur l'avis de l'admission de l'aspirant à son bureau, I. 1588 ; mais cet avis ne semble utile, pour les candidats actuels, que s'ils étaient autorisés à changer de bureau. Le directeur devrait alors rendre compte de l'admission au Directeur général.

39. Les candidats au surnumérariat doivent être employés dans les bureaux aux opérations déterminées pour les surnuméraires de première année ; mais ils ne peuvent se présenter aux examens annuels auxquels ceux-ci sont soumis. Les candidats sont d'ailleurs assujettis à la même subordination envers les employés supérieurs et le receveur sous les ordres immédiats duquel ils sont placés ; ils doivent, comme les surnuméraires, être exacts et assidus au bureau qu'ils ne peuvent quitter sans autorisation, et fournir également, chaque trimestre, une note détaillée de leurs études et de leurs travaux ; les receveurs et employés supérieurs rendent compte du travail, de la capacité, de l'instruction et de l'exactitude des candidats, comme cela est prescrit pour les surnuméraires; enfin, les directeurs les portent à la suite de ceux-ci dans les notes qu'ils adressent chaque semestre à l'adm. I. 1588 et 1589. (V. 54, 71).

Lors même qu'ils auraient l'âge et les connaissances nécessaires, les candidats ne peuvent être chargés de remplacer par *intérim* les receveurs; leur position, bien qu'officielle, ne semble pas les appeler à suppléer, sous ce rapport, les surnuméraires; dans tous les cas, ce ne pourrait être que d'après une autorisation expresse de l'adm. (V. 63).

En cas de changement de résidence d'un candidat au surnumérariat, avec l'autorisation de l'adm., il sera procédé comme on l'explique ci-après (V. 68 et 69).

40. Les candidats inscrits sur le tableau concourent pour le surnumérariat au fur et à mesure des vacances. Arr. 8 janv. 1846, art. 13; néanmoins les postulants qui auront obtenu un des prix institués dans les facultés de droit par l'ord. du 17 mars 1840, seront nommés surnuméraires de préférence à tous autres, et sans être soumis à l'examen des comités, pourvu qu'ils aient moins de 25 ans, et qu'ils aient fait les justifications indiquées aux nos 1, 3 et 4 de l'art. 2 de l'arrêté du 8 janv. 1846. Art. 15. Ils sont dispensés par conséquent, de produire le diplôme de bachelier ès-lettres (V. 25 et 26). I. 1744.

CHAPITRE IV. — *Surnuméraires.*

SECTION Iʳᵉ. — *Admission et travail des surnuméraires.*

41. Les surnuméraires ne sont pas employés de l'adm.; ils sont seulement admis officiellement à travailler dans les bureaux, pour y acquérir les connaissances nécessaires à un receveur; c'est parmi eux que se recrutent les employés, puisque nul ne peut parvenir aux emplois de l'adm. sans avoir été surnuméraire (V. 23).

On ne peut être nommé surnuméraire après l'âge de trente ans. Circ. R. 2044. Les surnuméraires sont nommés par le Directeur général sur la liste des candidats réunissant les conditions voulues (V. 37 et 38). Le titre qui constate cette nomination se nomme *brevet de surnuméraire.*

42. Lorsqu'un candidat est admis au surnumérariat il en reçoit l'avis du Directeur général par l'intermédiaire du directeur; celui-ci en est également informé par une lettre spéciale qui contient le brevet du nouveau surnuméraire, s'il est accordé pour le département. Dans le cas contraire, le brevet est expédié directement au directeur du département où l'admission doit avoir lieu.

Le surnuméraire doit, dans le délai fixé par sa lettre d'avis, se rendre auprès du directeur du département où il est appelé; le receveur au bureau duquel il travaillait en qualité de candidat au surnumérariat, annonce ce départ à son directeur, et celui-ci en donne avis à son collègue du département où le nouveau surnuméraire est appelé. Il lui adresse en même temps une note, extraite du sommier des candidats, de tous les renseignements relatifs au personnel du nouveau surnuméraire ainsi qu'il sera expliqué ci-après (V. 68).

43. *Admission.* Lorsque le nouveau surnuméraire se présente au directeur du département dans lequel il est appelé, pour retirer son brevet, cette pièce lui est remise sans qu'il soit nécessaire de la faire timbrer. Le directeur en constate la remise par une mention datée et signée au bas du brevet. Il donne ensuite l'ordre d'admission au receveur au bureau duquel le surnuméraire est attaché, et ce dernier doit s'y rendre sans retard. D'après l'art. 2 des ordres généraux de régie, l'ordre d'admission ne devait être exécuté que lorsque le surnuméraire avait souscrit la soumission de ne prétendre à aucuns émoluments pendant la durée de son surnumérariat; mais cette prescription inutile paraît être tombée en désuétude.

Le temps du surnumérariat n'est compté que du jour de l'entrée en activité, certifié au pied de l'ordre d'admission, par le receveur dans le bureau duquel le surnuméraire est placé. O. gén. 3. Il est donc de l'intérêt des nouveaux surnuméraires de tarder le moins possible à se rendre à leur poste. Ceux qui ne sont pas rendus à leur destination peuvent être rayés du tableau, s'ils ne justifient pas ce retard. Régl. 25 fruct. an 9, art. 3.

44. Les instructions n'indiquent point dans quelle forme l'admission des surnuméraires doit être constatée. Il est d'usage d'en faire mention sur le principal registre du bureau. Dans tous les cas, le receveur constate l'entrée en activité du surnuméraire par un certificat au bas du brevet, conformément à l'art. 3 des ordres gén. de régie, et en donne avis immédiatement au directeur par une lettre spéciale transcrite au registre de correspondance. Le directeur transmet cet avis au Directeur général, *bureau du personnel.* I. 1284 et 1588; Circ. 1er mars 1845.

Il porte ensuite sur le sommier des surnuméraires, les renseignements relatifs au personnel du nouveau surnuméraire qui ont dû lui être envoyés du département où il travaillait en qualité d'aspirant (V. 42 et 68).

45. *Règles de conduite.* La conduite publique et privée des surnuméraires doit être irréprochable. Sous ce rapport, ils sont soumis à la règle commune à tous les employés. Appartenant par leur titre à une administration justement honorée, ils s'appliqueront à conserver les qualités qui ont fixé sur eux le choix du Directeur général.

Les surnuméraires ne doivent jamais s'écarter du respect et de la déférence dus aux autorités constituées, aux magistrats de la cité et à leurs propres supérieurs. Ils sont tenus à la subordination envers le receveur sous les ordres immédiats duquel ils sont placés, et envers les employés supérieurs. Réservés dans leur conduite privée, ils se montreront dignes d'appartenir définitivement à l'administration qui les a admis dans son sein. Ceux qui seraient reconnus coupables d'insubordination et n'auraient pas une bonne conduite, s'exposeraient à être retardés dans leur avancement ou même rayés du tableau des surnuméraires. O. gén. 5; Circ. R. 2044; Circ. 1er sept. 1806. Ces mesures ne peuvent être prises que par le Directeur général.

46. *Assiduité*. Les surnuméraires doivent être assidus au bureau, aux jours et heures fixés par la loi pour l'ouverture, c'est-à-dire tous les jours, sauf les dimanches et fêtes, depuis huit heures du matin jusqu'à quatre heures de relevée. Ils ne peuvent, à peine d'être rayés du tableau ou de perdre leur rang, s'absenter sans un *congé* par écrit. Ce congé est délivré par le Directeur général, dans la forme ordinaire, néanmoins les directeurs sont autorisés à accorder des congés aux surnuméraires, lorsqu'ils ne doivent pas quitter le département de leur résidence. O. gén. 4; Circ. R. 2044; Circ. 1er sept. 1806; I. 752, 1049 et 1280 (V. 261).

Il est défendu aux surnuméraires de se livrer à des occupations étrangères aux travaux dont ils sont chargés; ceux qui exerceraient en même temps une autre profession devront opter, ou seront rayés du tableau. Circ. R. 2044 (V. 149).

47. Les surnuméraires ne peuvent travailler dans un autre bureau que celui qui leur a été indiqué, sans y être autorisés par l'adm. O. gén. 4; dans les villes où les recettes sont divisées, ils doivent alterner suivant que leur instruction et le travail des bureaux l'exigent, et d'après l'ordre formel du directeur, sans qu'ils puissent passer plus d'une année dans le même bureau. Aucun d'eux ne peut être appelé à travailler dans les bureaux de la direction, qu'avec l'autorisation expresse de l'adm. Régl. 25 fruct. an 9, art. 5 et 6. Circ. R. 2044; enfin, dans le courant de la troisième année, les surnuméraires seront attachés, par ordre spécial du directeur, à un bureau d'hypothèques et à un bureau des domaines de chef-lieu d'arrond.; le temps qu'ils passeront dans chacun de ces bureaux ne pourra excéder trois mois. Arr. 15 nov. 1834, art. 11. I. 1470.

48. *Travail des surnuméraires*. Les surnuméraires sont placés sous la surveillance et les ordres immédiats du receveur au bureau duquel ils sont attachés. *Ibid.*, art. 11, et O. gén. 5. Leur travail est déterminé par le receveur, d'après le degré d'aptitude qu'il leur reconnaît; cependant, ils doivent être employés successivement à toutes les opérations du bureau.

Dans l'ordre de travail que le receveur prescrit au surnuméraire, il doit suivre, autant toutefois que les besoins du service le permettent, la division progressive des matières indiquées pour les examens dont il sera parlé ci-après (V. 55). *Ibid.* et Circ. R. 2044.

Il y aurait négligence grave de la part des receveurs qui ne s'occuperaient pas assez de diriger les surnuméraires dans leurs travaux et leurs études; il leur est prescrit de les faire passer successivement des travaux les plus simples aux opérations les plus difficiles du bureau. Ils leur doivent en outre le secours de leurs conseils et de leur expérience pour le choix et l'emploi des moyens les plus propres à développer et fortifier leur instruction. Dans les notes périodiques sur le personnel des employés, le directeur s'explique sur la manière dont les receveurs au bureau desquels les surnuméraires sont attachés s'acquittent de cette partie de leurs devoirs. Circ. R. 2044; Circ. 27 nov. 1835 (V. 54).

Nous n'insistons pas sur ce point : il faudrait qu'un surnuméraire se fût rendu indigne par sa conduite, des soins et de l'intérêt du receveur, pour qu'il ne fût pas de sa part l'objet d'une sollicitude toute paternelle; de son côté, le surnuméraire manquerait à tous ses devoirs, s'il ne se montrait plein de soumission aux conseils ou aux ordres qui lui sont donnés, et reconnaissant des soins dont il est entouré.

49. On ne peut tracer aucune règle pour la manière dont le travail doit être distribué aux surnuméraires; les indications générales que l'on vient de rappeler et l'expérience des receveurs chargés d'ailleurs de diriger ce travail, doivent suffire. Les instructions portent spécialement que la formation des tables alphabétiques, le relevé des renvois et des notices de décès, la confection et les annotations du sommier de la contribution foncière, doivent être l'objet de leurs soins, et que l'arriéré de ces parties pourrait faire accuser leur zèle à s'acquitter de leurs devoirs. Toutefois les receveurs doivent comprendre que les surnuméraires ne sont pas des auxiliaires que l'adm. a voulu leur donner; mais des élèves dont il leur appartient de diriger l'instruction vers les difficultés plus sérieuses des autres travaux d'un bureau. Mêmes Circ.

50. Toute discussion relative aux perceptions avec les officiers publics et les contribuables est interdite aux surnuméraires, et ils ne doivent signer aucune relation ou quittance, même en cas d'absence ou de maladie du receveur, sauf lorsqu'ils sont chargés de la régie par *intérim* d'un bureau. O. gén. 6 et 7.

Ces recommandations ont pour but de restreindre le concours des surnuméraires à l'objet de leur institution, et d'éviter les discussions et les conflits que leur inexpérience pourrait susciter. Il importe qu'ils s'y conforment exactement; mais il n'en résulte pas qu'ils ne puissent, avec la déférence convenable, s'éclairer sur les questions qui peuvent se présenter, en soumettant leurs doutes ou leurs objections au receveur, en l'absence des parties. Rien n'empêche non plus, que, de l'assentiment du receveur, ils n'entrent avec les parties dont ils rédigent les déclarations, dans les détails nécessaires pour leur faire apercevoir les inconvénients des fausses déclarations, pour obtenir les renseignements nécessaires, ou leur donner les explications qu'elles demandent sur la liquidation des droits ; mais ils doivent toujours le faire avec les égards dus à tous les contribuables, ainsi qu'on le dira pour les receveurs, et sauf à en référer à celui-ci, s'il survenait quelque différence d'opinion entre la partie présente et le surnuméraire.

51. *Note de travail*. Chaque trimestre, les surnuméraires rédigeront une note détaillée des études auxquelles ils se seront livrés, du travail et des opérations du bureau, auxquels ils auront été employés. Cette note sera remise au receveur qui la joindra au tableau trimestriel de la situation des sommiers ; celui-ci s'expliquera, à l'article de ce tableau relatif aux surnuméraires, sur l'exactitude de la note de travail, sur l'assiduité et le degré d'instruction du surnuméraire. Un double de cette note de travail sera conservé au bureau et représenté aux employés supérieurs qui y viendront en opérations. I. 1470. V. *Receveurs*.

Les instructions ne donnent aucun modèle, ni même aucun cadre pour la rédaction de cette note. L'adm. a voulu qu'elle ne servit pas seulement à faire connaître le travail auquel les surnuméraires se sont livrés ; mais encore la manière dont ils savent en rendre compte, afin de mieux juger du style, de l'intelligence et de la capacité de chacun des aspirants à un emploi. Nous devons imiter cette réserve et nous borner à quelques conseils généraux pour guider les jeunes surnuméraires dans cette rédaction.

52. En premier lieu, ils ne doivent pas perdre de vue le but que l'administration s'est proposé, en exigeant ce compte de leurs opérations ; il faut par conséquent le rédiger avec beaucoup de soin ; destinée à être mise sous les yeux des employés supérieurs, du directeur, du comité d'examen, et pouvant même être adressée à l'adm., cette note produirait nécessairement une impression défavorable au surnuméraire, si elle laissait à désirer sous le rapport du style et de la méthode.

L'article 12 de l'arrêté transmis par l'inst. 1470 semble indiquer une division toute naturelle en prescrivant une note *détaillée des études*, puis du *travail et des opérations* du surnuméraire. Il peut donc indiquer d'abord les matières qui ont fait l'objet de ses études théoriques, en suivant la progression et l'ordre indiqués par le programme de son prochain examen (V. 56). Dans la seconde partie, le surnuméraire peut rendre compte du travail et des opérations du bureau auxquels il a été employé pendant le trimestre. Bien que cette note doive être *détaillée*, ces détails seront présentés avec concision et clarté; il faut surtout se pénétrer de cette règle, que le style des affaires, celui que l'on nomme communément le *style administratif* doit être correct, mais simple, grave et sans affectation; plutôt substantiel pour le fond que trop recherché dans la forme.

53. Les instructions ne font pas connaître si le surnuméraire qui régit un bureau par *intérim* (V. 63), est dispensé de fournir la note trimestrielle de son travail. Si cette gestion dure depuis le commencement du trimestre, la note paraît inutile lorsque le surnuméraire fournit lui-même le précis de ses opérations au bureau qu'il a régi; mais s'il a travaillé pendant une partie du trimestre, comme surnuméraire au bureau auquel il est ordinairement attaché, ou s'il y rentre avant que le précis trimestriel du bureau régi par *intérim* ait été fourni, il semble qu'il est tenu d'adresser, ou de remettre au receveur, sous la surveillance duquel il est placé, la note de ses opérations pendant le trimestre.

54. *Surveillance des employés.* L'instruction des surnuméraires doit être l'objet d'une surveillance active et continuelle de la part des employés de tous grades (V. 48). L'indifférence pour cette obligation essentielle pourrait faire entrer dans les emplois des hommes qui seraient peu propres à les remplir. Les vérificateurs et les inspecteurs feront travailler, sous leurs yeux, les surnuméraires aux enreg. d'actes et aux opérations dont ils se seront occupés suivant leur dernière note de travail, ils leur adresseront des questions sur les diverses parties du service. Les employés supérieurs feront connaître leur opinion sur l'instruction des surnuméraires dans les notes qui seront jointes par les inspecteurs de 1re et de 2e classe au compte rendu de leurs opérations dans chaque bureau; par les inspecteurs de 3e classe et les vérificateurs à leurs précis d'opérations. Ces derniers ne devront fournir qu'une seule fois par trimestre leurs notes sur le même surnuméraire. 1. 14 et 1470; Circ. 27 nov. 1835. Enfin les directeurs fournissent aussi des notes sur le compte des surnuméraires. Ces notes, qui dirigent le choix de l'adm. dans les nominations, sont prises en grande considération pour l'avancement. *Ibid.* (V. 74).

SECTION II. — *Examens des surnuméraires.*

55. Dans le but de développer et de fortifier l'instruction des surnuméraires et de préparer des sujets capables de remplir les divers emplois, l'adm. a jugé nécessaire de les assujettir à des examens périodiques pour constater leurs progrès et le degré de leur aptitude. En conséquence, elle a arrêté à cet égard les dispositions suivantes:

Aucun surnuméraire ne peut être nommé receveur qu'après avoir été déclaré apte à régir un bureau par un comité d'examen composé, savoir : du directeur du département, d'un inspecteur de 1re ou de 2e classe qui, en cas d'absence du chef-lieu, et à son défaut seulement, est remplacé par un inspecteur de 3e classe ou un vérificateur désigné par le directeur ; d'un receveur du chef-lieu du département, également désigné par le directeur. Le premier commis de la direction ne fait pas partie du comité et ne peut y être admis comme secrétaire. Le comité d'examen se réunit dans le courant du mois de juin de chaque année au chef-lieu du département, sous la présidence du directeur qui fixe le jour de la réunion. Les surnuméraires subissent trois examens au moins d'année en année. Ceux dont l'admission remonte à plus de six mois ont la faculté de se présenter à l'examen de 1re année ; ceux qui comptent dix-huit mois peuvent être admis à l'examen de seconde année, et les surnuméraires qui travaillent depuis plus de deux ans et demi en cette qualité sont admissibles à l'examen de troisième année. I. 1470 ; Circ. 14 mai et 27 nov. 1835.

Au surplus, l'adm. prescrit parfois la convocation extraordinaire du comité pour examiner les surnuméraires dont le tour de nomination ne permet pas d'attendre l'époque ordinaire des examens.

56. Les examens consisteront, 1° en interrogations et réponses verbales sur les diverses matières de perception, de manutention et de comptabilité d'un bureau ; 2° en opérations écrites en présence des examinateurs. Les matières et opérations sur lesquelles devront porter les trois examens successifs sont divisées, par année, ainsi qu'il suit :

1° *Examen de la première année.*

Organisation de l'adm. — Impôts et produits dont la perception lui est confiée. — Attributions, devoirs et obligations des différentes classes d'employés.

Enregistrement. — Nature et origine de cet impôt ; — lois qui le régissent actuellement ; — principes généraux sur son application ; — distinction des droits fixes et proportionnels. — Dispositions des neuf premiers titres de la loi du 22 frim. an 7. — Tarif des droits pour toutes espèces d'actes et de mutations.

Timbre. — Diverses espèces de timbre ; — timbre des actes civils et judiciaires, proportionnel ou de dimension ; — des avis, annonces et affiches ; — des journaux et écrits périodiques ; — des lettres de voiture ; — visa pour valoir timbre ; — lois qui régissent chaque espèce de timbre.

Code civil. — Livre II, titre Ier, de la distinction des biens ; — titre II, de la propriété ; — titre III, de l'usufruit, de l'usage et de l'habitation.

Opérations en présence des examinateurs. — Enreg. d'un acte contenant une seule disposition d'une nature simple et nettement déterminée ; — déclaration d'une succession composée de biens de différentes natures, sans complication de legs particuliers ni de communauté entre époux ; — rédaction d'une contrainte.

2° *Examen de la deuxième année.*

Comptabilité et manutention d'un bureau. — Caisse ; — papiers timbrés ; — registres de recette (droits au comptant) ; — livre de dépouillement ; — journal et pièces de dépenses ; — fonds de subvention ; — versements ; — bordereau de recettes et dépenses par mois ; — compte par année ; — responsabilité des receveurs.

Sommiers et registres de recette des droits et produits constatés ; — sommier des découvertes à éclaircir ; — sommier des droits certains ; — des droits en débet, etc.

Tables alphabétiques ; — sommier de la contribution foncière ; — leur utilité pour la découverte des actes et mutations soustraits à la formalité.

Renvois d'enreg. d'actes à d'autres bureaux ; — leur utilité.

Recouvrements ; — différents modes de poursuites suivant la nature des produits.

Droits de greffe. — Application des lois et décrets relatifs à cette perception.

Notariat. — Loi du 25 vent. an 11 ; — contraventions à relever par les préposés ; — mode de poursuite.

Ventes publiques de meubles. — Loi du 22 pluv. an 7 ; — déclaration préalable ; — contraventions ; — mode de les constater.

Code civil. — Livre III, titre Ier, des successions ; — titre II, des donations entre-vifs et des testaments ; — titre III, des contrats ou des obligations.

Opérations en présence des examinateurs. — Enreg. d'actes contenant plusieurs dispositions ; — déclaration d'une succession soumise à une liquidation de communauté entre époux ; — rédaction d'un procès-verbal de contravention ; — d'un bordereau de recettes et dépenses par mois.

3° *Examen de la troisième année.*

Hypothèques. — Lois sur cette matière ; — registres des formalités hypothécaires ; — droits au profit du trésor ; — salaires des conservateurs ; leur responsabilité.

Code civil. — Livre III, titre V, du contrat de mariage ; — titre VI, de la vente ; — titre VII, de l'échange ; — titre VIII, du contrat de louage ; — titre XVIII, des privilèges et hypothèques.

Code de procédure civile. — Première partie, livre V, de l'exécution des jugements.

Code de commerce. — Livre Ier, titre III, des sociétés ; — titre VIII, de la lettre de change et du billet à ordre.

Code forestier. — Titre Ier, du régime forestier ; — titre III, des bois et forêts qui font partie des domaines de l'État ; — titre XIII, de l'exécution des jugements.

Domaines. — Lois principales sur cette matière ; — ventes et baux de domaines de l'État ; — ventes d'effets mobiliers appartenant à l'État ; — recouvrements et mode de poursuites ; — affectations et droits d'usage dans les forêts de l'État ; — successions dévolues à l'État en qualité de successeur irrégulier ; — épaves ; — séquestre et administration de biens des contumaces.

Opérations en présence des examinateurs. — Enreg. d'actes et de jugements compliqués ; — déclaration d'une succession grevée de legs particuliers de sommes d'argent n'existant point en nature dans l'actif ; — rédaction d'un rapport sur une perception critiquée, ou d'un mémoire dans une instance relative à un droit contesté. I. 1170 et 1534.

57. Les examens des deux dernières années ne seront pas strictement renfermés dans les matières qui leur sont spécialement assignées par l'arrêté. A l'examen de la deuxième année, le surnuméraire pourra être interrogé sur les matières de la première année ; il devra l'être même sur celles à l'égard desquelles son premier examen n'aurait pas été parfaitement satisfaisant. Les surnuméraires qui se présenteront à l'examen de la troisième année répondront aux questions sur toutes les matières énoncées au programme des trois années.

On a compris, parmi les matières de l'examen, certaines parties des codes dont la connaissance est nécessaire pour l'application raisonnée des droits d'enreg. Il importe de faire observer qu'on n'exige pas des surnuméraires l'explication théorique des dispositions des codes, mais seulement les notions essentielles et générales qui servent de base à la perception de cet impôt. Ainsi, par exemple, des droits distincts sont établis pour les transmissions des biens meubles ou immeubles, de propriété ou d'usufruit d'immeubles ; il est donc indispensable de connaître les différentes espèces de biens, définies par la loi civile, la nature de la propriété et de l'usufruit. Les droits de mutation par décès sont réglés suivant le degré de parenté du défunt et de ses héritiers ou légataires ; de là l'obligation de s'instruire des divers ordres de succession, des règles relatives à l'acceptation ou à la renonciation des héritiers ou légataires, etc. Toutes les quotités de droits sur les actes sont fixées d'après la nature des contrats ou obligations ; il faut donc savoir les caractères distinctifs de chaque espèce de contrat, les conditions nécessaires à sa perfection, celles qui ont pour effet de suspendre son exécution ou d'opérer sa résolution. C'est dans les limites de ces relations spéciales de la loi de l'impôt et de la loi civile que devront se renfermer, quant à celle-ci, les questions que les examinateurs adresseront aux surnuméraires. Même I. 1470.

En déterminant les parties du Code civil sur lesquelles doivent spécialement porter les examens, l'adm. n'a point entendu restreindre à ces matières les études des surnuméraires ; son intention est, au contraire, que ces études s'étendent à toutes les parties du Code ; elle a seulement indiqué celles qui présentent les notions les plus générales ou qu'il importe le plus aux préposés de connaître. I. 1534.

58. On a trouvé que des examens péchaient par trop de brièveté, tandis qu'à d'autres on pouvait reprocher l'excès contraire. L'espace d'une heure ou de deux pour l'examen de première année, de deux ou trois pour celui de seconde année, et de trois ou quatre heures pour l'examen de troisième année, non compris le temps des opérations écrites, paraît être à la fois suffisant et nécessaire pour éclairer l'opinion des membres du comité, sans fatiguer l'esprit des surnuméraires. Circ. 27 nov. 1835.

Il semble inutile d'ajouter qu'une interrogation sèche, dans un ordre toujours uniforme, et en suivant une nomenclature de questions formulées dans certains ouvrages avec les réponses, n'atteindrait en aucune façon le but de ces examens. On pourrait tout au plus s'assurer ainsi de la mémoire plus ou moins heureuse d'un jeune homme, mais nullement du degré d'intelligence ou d'aptitude dont il est pourvu et des connaissances réelles qu'il possède. Il faut que les questions soient posées avec clarté et précision, mais sans rappeler le texte des dispositions qui contiennent la réponse. De leur côté, les surnuméraires doivent prêter une grande attention aux questions qui leur sont faites, et s'attacher à les bien comprendre, afin d'y répondre d'une manière satisfaisante.

59. Les opérations écrites des surnuméraires sont faites d'après des copies d'actes ou des indications qui sont posées *par écrit* ; les examinateurs doivent s'abstenir de leur présenter des difficultés trop grandes ; il faut qu'elles soient proportionnées au degré d'instruction que le surnuméraire a dû acquérir, en suivant à cet égard la gradation indiquée par le programme. En ce qui concerne notamment le rapport sur une perception critiquée, ou le mémoire sur un droit contesté, à rédiger par les surnuméraires de troisième année, il faut éviter de leur présenter, ou des questions qui ne présenteraient rien de contentieux, ou celles dont la solution ne résulterait ni de la jurisprudence ni des instructions de l'adm. Circ. 14 mai 1835.

Pour guider les surnuméraires dans leurs réponses sur les matières qui font l'objet de ce traité, on ne peut que les engager à se pénétrer des dispositions contenues dans les instructions de l'adm. et dont on rapportera la substance dans l'ordre adopté. De même, pour les opérations écrites qui ne sont que des travaux rentrant dans les attributions des receveurs, on renvoie aux règles qui seront rappelées pour chacune de ces opérations.

60. Après chaque examen, le comité exprimera son opinion sur le degré d'instruction du surnuméraire par une délibération qui sera transcrite sur un registre tenu à cet effet par le directeur, et qui sera signée par tous les examinateurs. I. 1470.

Une délibération distincte sera rédigée pour chaque surnuméraire. Elle doit indiquer les noms des examinateurs, l'âge du surnuméraire soumis à l'examen, la date de sa nomination, son admission et le bureau auquel il est attaché. Circ. 14 mai et 17 nov. 1835. La délibération indiquera les parties de l'examen auxquelles il aura été plus ou moins bien satisfait. Il ne suffit pas d'énoncer d'une manière vague et générale que le surnuméraire a répondu avec plus ou moins de facilité et d'instruction à toutes les parties de l'examen, ou de se borner à émettre un avis sur l'ensemble des réponses sans distinction de matières ; il convient de rappeler sommairement les diverses matières de l'examen et de constater, en regard ou à la suite de chaque matière, l'opinion des examinateurs sur les réponses du surnuméraire. Circ. 14 mai 1835.

Les examinateurs sont tenus d'exprimer leur jugement sur les opérations écrites des surnuméraires, de même que sur la partie orale de l'examen. A la fin de la délibération, ils doivent, même pour les surnuméraires de première ou de seconde année, présenter leur opinion sur les résultats généraux de l'examen. Circ. 27 nov. 1835.

En ce qui concerne particulièrement le surnuméraire qui viendra de subir l'examen de troisième année, la délibération contiendra en outre la déclaration expresse qu'il est ou n'est pas apte à régir un bureau. Dans le cas où, après avoir subi cet examen, un surnuméraire ne serait point déclaré capable de régir un bureau, le comité proposera, ou le renvoi à un dernier examen, ou la radiation du tableau des surnuméraires. I. 1470.

Dans tous les cas, les délibérations seront prises à la majorité des voix, et le surnuméraire sera informé par le directeur de l'opinion émise à son égard par le comité. I. 1470.

61. L'établissement des comités d'examen témoigne de la sollicitude de l'adm. pour l'instruction des surnuméraires ; il est en même temps une marque de confiance donnée aux employés qui sont appelés à faire partie de ces comités. Il serait superflu de leur recommander d'apporter dans l'examen des surnuméraires une attention scrupuleuse, et dans l'opinion qu'ils émettront sur leur capacité la plus entière impartialité. I. 1470. Les membres du comité ne doivent pas perdre de vue que, revêtus d'une mission de confiance, ils ont à remplir un devoir d'impartialité et de justice ; ils s'écarteraient du but proposé si le degré d'instruction des surnuméraires n'était pas apprécié par eux avec l'équité et la fermeté désirables. Il importe notamment que les opérations écrites des surnuméraires n'infirment pas l'opinion émise par le comité d'examen sur leur compte, et justifient complètement le jugement porté dans la délibération sur l'aptitude du surnuméraire. Circ. 14 mai et 27 nov. 1835.

62. Le 1er juillet de chaque année, les directeurs adresseront au Directeur général, *bureau particulier*, avec les notes qu'ils fournissent à cette époque sur le personnel des employés (V. 77), des copies certifiées des délibérations du comité d'examen. Ces copies seront portées sur une feuille séparée pour chaque surnuméraire. Il est inutile d'y joindre les opérations écrites des surnuméraires de première et de seconde année; mais celles des surnuméraires qui ont passé à l'examen de troisième année doivent être adressées *en originaux* avec la copie de la délibération. Le directeur y joindra ses propres observations, et l'adm. statuera sur les propositions du comité relatives aux surnuméraires de troisième année qui n'auront pas été déclarés aptes à régir un bureau. I. 1470 ; Circ. 14 mai et 27 nov. 1835.

SECTION III. — *Régies par interim.*

63 En cas de vacance d'emploi, ou d'interruption de service par suite d'absence ou de maladie des titulaires, les surnuméraires peuvent être appelés à exercer provisoirement les fonctions de contrôleurs des successions, gardes-magasin du timbre, receveurs et conservateurs des hypothèques, à moins que l'importance du bureau ou d'autres motifs n'exigent la présence d'un vérificateur pour gérer l'emploi. L. 27 mai 1791, art. 53 ; O. gén. 15 et 251.

Le remplaçant ne peut être pris que parmi les surnuméraires en état de régir. I. 170. Ainsi, pour remplir par *intérim* les fonctions d'un employé, il faut que le surnuméraire ait accompli sa 21me année (V. 71), et qu'il soit en état de régir le bureau qui lui est confié ; néanmoins on ne doit pas exiger qu'il ait été déclaré apte par le comité, après avoir subi l'examen de troisième année. Les besoins du service et le peu de temps qui s'écoule ordinairement entre cet examen et la nomination du surnuméraire, ne permettent pas d'attendre cette époque ; il suffit que les notes du surnuméraire fassent connaître sa capacité relative, pour exercer par *intérim*.

Ces gestions provisoires sont d'ailleurs un des moyens d'instruction les plus puissants, en ce qu'elles familiarisent les surnuméraires avec toutes les opérations d'un receveur et la tenue simultannée de toutes les parties des bureaux ; elles perfectionnent en outre leur instruction en les obligeant à opérer par eux-mêmes et à résoudre, sans l'assistance du receveur, les difficultés qui peuvent se présenter dans la pratique. Indépen-

damment de ces avantages, ces gestions offrent encore, pour
les employés supérieurs, un moyen d'apprécier la capacité des
surnuméraires; c'est une dernière épreuve indispensable pour
que l'adm. puisse avec confiance, accorder définitivement un
emploi à ceux qui ont montré qu'ils sauraient le régir convenablement. Les directeurs doivent donc présenter *successivement*
au choix de l'adm., pour remplir des fonctions par *intérim*,
tous ceux qui réunissent les conditions voulues, sans aucune
préférence entre eux. Le désir de mettre un sujet en évidence
ne peut se concilier toujours avec l'intérêt du service, et consa-
crerait d'ailleurs un privilége en faveur de ceux qui en seraient
l'objet; il faut d'abord assurer une bonne gestion, c'est là le
point le plus important, et distribuer ensuite les *intérim* de
manière que chacun des surnuméraires puisse, autant qu'il
sera possible, profiter à son tour de ce moyen d'instruction,
sans toutefois leur occasionner de trop grands déplacements.

64. Lorsqu'un surnuméraire reçoit du directeur l'ordre de
prendre la régie d'un bureau, il doit s'y rendre à l'époque indiquée, ou justifier par un certificat de médecin, de l'impossibilité où il se trouverait momentanément de remplir cette
mission (V. 125).

Avant d'entrer en fonctions, le surnuméraire prête serment
devant le juge de paix du canton où il doit exercer. O. gén.
7 et 15; I. 170. Il représente au juge la lettre du directeur qui
le charge de l'*intérim*, et la prestation du serment a lieu sans
autres frais que les droits de timbre, et le droit d'enreg. qui
est de 1 fr. fixe, lors même que le surnuméraire serait appelé,
par suite de vacance d'emploi, à jouir de la totalité des émoluments (V. 66). Sol. 11 nov. 1836; I. 1539, § 8. Il n'est pas
nécessaire de prendre une expédition de l'acte de prestation de
serment, ni de la déposer au greffe du tribunal de l'arrond.;
il suffit d'en indiquer la date au directeur, lorsqu'il lui est
rendu compte de l'installation. Au reste elle n'est prescrite que
pour un premier *intérim*.

L'installation ne peut avoir lieu qu'en présence d'un employé
supérieur désigné par le directeur, et cette opération, pour les
surnuméraires chargés d'une régie intérimaire, se fait absolument de la même manière que pour les titulaires (V. 132).

65. Le surnuméraire qui gère un emploi par *intérim* remplit toutes les fonctions du titulaire: il peut rédiger procès-
verbal, décerner contrainte et faire tous les actes de poursuites
ou d'administration dans la limite des pouvoirs de l'employé
qu'il remplace; ses actes ont la même force; enfin, il exerce tous
les droits attachés à l'emploi et doit en remplir tous les devoirs.
On renvoie à ce sujet aux articles relatifs à chaque emploi. Le
surnuméraire chargé d'un *intérim* est directement justiciable
de la cour des comptes pour sa propre gestion, et s'il se trouve
en exercice au 31 décembre, il doit rendre personnellement le

compte des recettes et dépenses de l'année. I. 971 ; C. c. 3.
V. *Comptabilité générale.*

Autrefois les titulaires étaient responsables de la gestion du
surnuméraire qui les remplaçait et devaient le désigner,
I. 170 et 1280 ; la réduction du nombre des surnuméraires a
rendu impossible le choix des receveurs ; ils ont donc été
affranchis de toute responsabilité à l'égard de la gestion du
surnuméraire qui les remplace. D. 15 sept. 1834. I. 1464.
Il en résulte que les surnuméraires sont personnellement responsables de leur gestion et des erreurs qu'ils peuvent commettre, de la même manière que le receveur. Cependant ils
ne sont pas assujettis à fournir un cautionnement pour sûreté
de cette gestion. En ce qui concerne la responsabilité particulière imposée aux conservateurs des hypothèques, des dispositions spéciales règlent les obligations de l'intérimaire et du
conservateur remplacé. V. *Conservateurs.*

66. Les surnuméraires qui régissent un emploi par *intérim*,
ont droit, lorsqu'ils remplacent un employé malade ou absent
par congé, au tiers des émoluments qui est affecté aux frais de
gestion. D. 5 sept. 1834. I. 1464 (V. 260, 272, 273). Si l'emploi
est *vacant* par suite de changement, décès ou toute autre cause,
la totalité des émoluments leur appartient. L. 27 mai 1791,
art. 53 ; I. 295 et 1280 (V. 249, 255). Quant aux salaires des
conservateurs des dispositions spéciales en règlent l'attribution.
V. *Conservateurs.*

L'exercice par *intérim* de fonctions rétribuées n'est point
compté aux surnuméraires comme temps de service effectif
pour la pension. Cette disposition semble peu équitable (V. 318).

67. Le surnuméraire chargé de l'*intérim* d'un bureau ne
peut quitter ce poste avant d'avoir été relevé. L'installation du
titulaire, ou celle du surnuméraire chargé d'en suppléer un
autre dans l'intérim, se fait comme toute autre installation. Le
surnuméraire qui a été relevé doit immédiatement retourner
au bureau auquel il est attaché en sa qualité. Ceux qui ne ren-
treraient pas à leur poste dans un bref délai seraient considérés
comme absents sans autorisation (V. 46).

SECTION IV. — *Changements de résidence.*

68. Quand un surnuméraire ou un candidat au surnumérariat passera d'un département dans un autre, par suite de
changement de résidence ou de fonctions, le receveur au bureau
duquel il était attaché informera le directeur du jour du départ, et ce dernier en donnera, sans retard, avis au directeur
du département de la nouvelle résidence. En même temps, il
lui transmettra une note concernant le personnel du surnuméraire ou du candidat changé de résidence. Cette note extraite et
faite d'après le sommier du personnel des surnuméraires, indiquera le nom du surnuméraire ou du candidat, ses prénoms,

la date de sa naissance, le lieu et le département où il est né, ce qu'il faisait avant l'aspirance, la date de son brevet de surnuméraire, la date de son admission en cette qualité, les bureaux et départements où il a travaillé en cette qualité, la date de son admission dans le département, le temps d'interruption de travail depuis son admission, la cause de cette interruption, s'il est licencié ou bachelier en droit, sa taille, s'il est marié, veuf ou célibataire, la date de son mariage, le nombre de ses enfants vivants. Cet extrait sera certifié, daté et signé par le directeur. Circ. 1er mars 1845.

Le directeur de l'ancienne résidence adressera également au directeur de la nouvelle résidence des copies certifiées des délibérations relatives aux examens déjà subis par le surnuméraire ou le candidat. I. 1470.

69. Le surnuméraire ou le candidat changé de résidence devra se rendre auprès du directeur du département de la nouvelle résidence dans le délai qui lui aura été assigné, afin d'obtenir un ordre d'admission pour le bureau auquel il sera attaché. I. 1346.

On suit, pour cette admission et le compte à en rendre, les règles tracées pour une première admission (V. 43, 44).

Les renseignemens relatifs au personnel sont transcrits sur le sommier des surnuméraires et aspirants de la direction, Circ. 1er mars 1845; les copies des délibérations du comité d'examen seront également transcrites sur le registre des délibérations du comité d'examen. I. 1470.

70. *Décès.* En cas de décès d'un aspirant ou d'un surnuméraire, le receveur au bureau duquel il était attaché doit en prévenir le directeur du département, et celui-ci en donne connaissance immédiatement au Directeur général, *bureau du personnel*, par une lettre spéciale.

SECTION V. — *Nomination des surnuméraires.*

71. Aucun surnuméraire ne peut être nommé à un emploi avant d'avoir atteint l'âge de 21 ans. L. 27 mai 1791, art. 19, et 4 brum. an 4; O. gén., 8; Ord. 25 déc. 1816, art. 7. Circ. R. 89 et 825; I. 759. C'est l'âge fixé par l'art. 388 du Code civil pour la majorité; à cet âge seulement, on a la capacité légale pour contracter ou s'engager valablement, et cette capacité est nécessaire pour les emplois publics, notamment pour ceux dont les titulaires ont le droit de dresser des procès-verbaux ayant foi en justice.

L'art. 7 de l'ord. du 25 déc. 1816 exigeait que les surnuméraires comptassent deux années au moins de surnumérariat effectif pour être pourvus d'un emploi, I. 759; ce temps a été porté à *trois années*. D. 25 juin 1823. I. 1085. Ils ne devaient être nommés que sur le compte rendu de leur assiduité et de leur travail par le receveur et les employés supérieurs, O. gén., 8; il

3

faut actuellement qu'ils aient été déclarés aptes à régir un bureau par un comité d'examen (V. 55).

On suit, pour le placement des surnuméraires, la règle basée sur l'ordre d'ancienneté, pour les sujets du moins dont la conduite et le travail n'ont donné lieu à aucun reproche ; mais sans s'astreindre d'une manière absolue à cette règle, afin de ne pas éteindre l'émulation. Circ. 23 août 1822 ; I. 1346. Le résultat des examens est nécessairement pris en grande considération.

72. Les surnuméraires ne sont admissibles qu'aux emplois de contrôleurs des successions ou à ceux de receveurs de canton dans les bureaux inférieurs. D'après l'art. 19 de la loi du 27 mai 1791, ils ne pouvaient être nommés qu'aux bureaux dont les remises ne dépassaient pas 600 fr. ; actuellement il faut que les remises n'excèdent pas 1,500 fr., année commune. Ord. 25 déc. 1816, art. 7. I. 759.

Lorsque les surnuméraires sont appelés à un premier emploi, ils font connaître immédiatement au Directeur général s'ils acceptent, en indiquant le jour de leur départ et l'époque de leur arrivée au chef-lieu du département où ils sont envoyés. Ils ne peuvent différer de s'y rendre dans le délai assigné, et doivent, pour prendre possession, se conformer à ce qui est prescrit en général aux préposés, et spécialement aux titulaires de l'emploi auquel ils sont appelés (V. 130).

Quand un surnuméraire est nommé à un premier emploi, dans un autre département, le directeur doit transmettre à son collègue les renseignements, *sup.* n. 68, extraits du sommier des surnuméraires, Circ. 1er mars 1845 ; mais il n'y a pas lieu d'y joindre les copies des délibérations du comité d'examen.

SECTION VI. — *Colonies.*

73. Outre les surnuméraires attachés aux bureaux de l'enreg. dans l'intérieur de la France, il y en a encore un certain nombre pour le service des colonies françaises où l'enreg. est établi ; c'est-à-dire en Algérie, à la Martinique, à la Guadeloupe, à la Guyane et à l'île Bourbon (V. 22).

Ce nombre est déterminé, pour la première de ces possessions entre le Ministre des finances et le Ministre de la guerre dans le département duquel elle est placée ; et pour les autres colonies, de concert avec le Ministre de la marine au département duquel elles ressortissent. Ord. 21 août 1839, art. 152.

Pour obtenir un brevet de surnuméraire dans les colonies, les aspirants doivent réunir toutes les conditions exigées pour l'intérieur. Les propositions sont faites par le Directeur général au Ministre dans le département duquel la colonie est placée, lorsque ce dernier demande, pour les besoins du service, la désignation de nouveaux aspirants.

En Afrique, nul ne peut être admis comme surnuméraire que sur la demande nominative du Ministre de la guerre, et en vertu d'une nomination du Ministre des finances ; même ord., art. 153. Ces surnuméraires reçoivent un traitement de 1,200 fr., art. 152.

Dans les autres colonies, la nomination est faite par le Ministre de la marine, sur la désignation ou la présentation du Directeur général, lorsque le Ministre le juge convenable. Les surnuméraires jouissent aussi d'un traitement dans ces colonies.

PREMIÈRE PARTIE.

DISPOSITIONS COMMUNES A TOUS LES EMPLOYÉS ET RÈGLES DE DISCIPLINE GÉNÉRALE.

TITRE Ier.

ADMISSION AUX EMPLOIS, GARANTIES ET INSTALLATIONS.

CHAPITRE Ier. — *Admission aux emplois, Règles d'avancement.*

74. Le Directeur général dirige le personnel de tous les employés de l'adm., en observant les règles tracées par les lois, ordonnances et réglements. Ord. 17 déc. 1844, art. 27. A la fin de chaque année, le Directeur général dresse, pour être remis au Ministre des finances, un tableau présentant, en nombre triple des vacances présumées, les noms des agents de tous grades reconnus dignes d'obtenir de l'avancement et réunissant les conditions d'aptitude et de durée de service prescrites par les réglements, pour être portés sur ce tableau. Art. 28. — Le Directeur général présente à chaque vacance d'emploi réservé à la nomination du Roi, ou à celle du Ministre des finances, une liste de trois candidats pris dans ce tableau d'avancement, et parmi lesquels le Ministre des finances désigne ou nomme directement le nouveau titulaire. Si, dans quelque circonstance extraordinaire, il y a lieu de faire une exception en faveur d'un candidat, qui n'a pas été porté sur les listes d'avancement, et dont cependant les services méritent une récompense immédiate, cette exception doit être l'objet d'une décision spéciale et motivée du Ministre des finances. Art. 29. — Le Directeur général se conforme, pour la rédaction de cette liste à la hiérarchie des grades et prend l'avis du conseil d'adm. I. 759.

75. *Conditions.* L'admission aux emplois de l'adm. est régie par les lois générales qui règlent l'admission aux emplois civils, c'est-à-dire que tous les citoyens y sont également admissibles ;

qu'il faut être Français ou naturalisé Français, et jouir de ses droits civils. Une autre règle, particulière à l'adm., est que nul ne peut parvenir aux emplois sans avoir été surnuméraire. L. 27 mai 1791, art. 18; O. gén. 9. Il n'y a d'exception que pour les employés de la seconde catégorie à l'administration centrale, les timbreurs et autres employés à la manutention du timbre tant à Paris que dans les départements.

L'admission aux divers emplois et l'avancement sont réglés pour chaque grade, dans l'ordre hiérarchique ou selon l'importance des émoluments, par des lois ou arrêtés qui ont déterminé les conditions à remplir de la manière suivante :

Pour être nommé *Receveur* ou *Contrôleur des successions*, il faut avoir été surnuméraire ; pour obtenir l'emploi de *Conservateur des hypothèques*, de *Premier commis*, de *Garde-magasin* du timbre, il faut avoir exercé les fonctions de receveur ou de contrôleur des successions ; l'emploi de *Vérificateur* n'est accordé qu'après l'exercice des fonctions de receveur ou de premiers commis ; celui d'*Inspecteur* ne s'accorde qu'aux vérificateurs de 1re ou de 2e classe, et aux employés de l'adm. ayant au moins le même rang ; celui de *Directeur* ne peut être obtenu que par les inspecteurs de 1re et de 2e classe, ou par les chefs et sous-chefs de l'adm. ayant un grade équivalent. Ord. 25 déc. 1816. I. 759.

Les *Sous-Chefs* de l'adm. centrale ne peuvent être pris que parmi les employés supérieurs des départements, et, quel que soit leur grade antérieur, ils ne peuvent entrer à l'administration centrale qu'en qualité de sous-chef de 4e classe ; les *Chefs* sont choisis parmi les sous-chefs de 1re classe ; les *Administrateurs* parmi les chefs de 1re classe et les directeurs de 1re et de 2e classe. Ord. 17 déc. 1844.

Les *employés de la deuxième catégorie* à l'adm. centrale et à l'atelier général du timbre, sont choisis parmi les préposés du grade immédiatement inférieur ; les emplois de *distributrices* sont réservés aux veuves et aux filles d'employés ; les *timbreurs* et *tourne-feuilles* sont commissionnés sur la proposition des directeurs et chefs de service.

76. *Règles d'avancement.* Dans ces divers emplois, l'avancement ne peut être obtenu qu'après un certain temps d'exercice dans une classe ou dans un grade immédiatement inférieur. On indiquera d'ailleurs pour chaque emploi en particulier, les règles de nomination et d'avancement. Les préposés, après avoir exercé un emploi pendant le temps rigoureusement exigé par les réglements pour pouvoir être appelés à une place supérieure à celle qu'ils occupent, ne peuvent obtenir immédiatement l'avancement qu'ils sollicitent, quand même ils réuniraient les conditions prescrites. Les vacances qui s'opèrent annuellement dans les emplois de l'adm. ne donnent lieu qu'à un certain nombre de mouvements, ce qui ne permet pas au Directeur général de satisfaire aux demandes avec une égale promptitude. I. 1304.

Outre les conditions d'aptitude et de service exigées pour avoir des droits à un avancement, les préposés doivent être jugés dignes, par leur conduite et leurs travaux, d'obtenir un emploi plus important.

77. *Notes sur les employés.* Afin que l'adm. puisse juger de l'assiduité, des talens et des services de tous les préposés, les directeurs et les employés supérieurs rendent compte périodiquement des qualités personnelles, de la conduite et des services de chacun des préposés placés sous leurs ordres. Dans ces notes, ils sont tenus de s'expliquer d'une manière précise sur l'intelligence, le degré d'instruction, l'assiduité dans les fonctions, l'activité et le zèle; sur l'exactitude de la correspondance et l'exécution des ordres de service; sur le travail, ses résultats et la manière de le présenter; sur la conduite et la moralité de chaque préposé; enfin, sur le degré d'instruction, les progrès, le zèle, l'assiduité et la conduite des surnuméraires et aspirants. L. 27 mai 1791, art. 35; O. gén. 250; Circ. R. 157 bis, 216, 606 et 1665 bis; I. 14, 752, 1284, 1318, art. 33; 1351, art. 30 et 40; 1589, etc.

78. L'adm. a le plus grand intérêt à connaître exactement le mérite de ses préposés et de ceux qui aspirent à le devenir; aussi a-t-elle souvent recommandé aux employés supérieurs de fournir sur le compte de leurs subordonnés, des notes dictées par la justice et la plus scrupuleuse impartialité. Ces notes doivent être le résultat de l'attention donnée aux opérations et aux qualités personnelles de chacun des préposés; il importe de s'y expliquer avec une entière franchise sur toutes les circonstances qui peuvent faire apprécier leur travail et leur capacité. Il serait très fâcheux en effet, que des notes données par faveur, complaisance ou faiblesse, ou exprimées en termes vagues, contribuassent à faire porter aux emplois vacants ceux qui ne seraient pas propres à les remplir, et l'employé supérieur qui induirait l'adm. en erreur par des notes reconnues contraires à la vérité, s'exposerait à perdre sa confiance. I. 14, 1284 et 1589.

Les notes doivent indiquer l'avancement auquel aspire chaque préposé et l'opinion motivée de l'employé supérieur au sujet des fonctions qu'il pourrait le plus utilement remplir. I. 1284. Pour leur rédaction, V. *Vérificateurs, Inspecteurs, Directeurs.*

79. Les notes servent à préparer la liste des préposés susceptibles d'avancement (V. 74), qui est dressée par les soins de l'Administrateur de la 1re div. et remise au bureau particulier du Directeur général. I. 1284. Elles sont d'ailleurs prises en grande considération pour l'appréciation des titres de chaque employé à l'avancement. Il en est de même des preuves de zèle que les employés donnent pour l'amélioration des produits et la recherche des droits célés de toute nature, notamment des dissimulations de prix et de valeurs dans les actes et déclarations. Circ. R. 1765 et 1836; I. 1624, et Circ. 14 juin 1841.

Le travail des préposés de tous grades est en effet leur principal titre à la bienveillance de l'adm. L'ancienneté des services est un titre de préférence, mais seulement à mérite égal, et pour les employés dont il a toujours été rendu les comptes les plus avantageux. L. 27 mai 1791, art. 36 ; Décr. 4 brum. an 4. Circ. R. 89 et 825.

Si l'ancienneté était la règle absolue, toute émulation serait éteinte, car il est juste que l'employé qui consacre son temps, son intelligence et ses travaux au service public, recueille le fruit légitime de ses efforts. Il a certainement droit à une préférence sur celui qui ne donne à ses fonctions que les soins strictement nécessaires pour ne point encourir de reproches.

Dans l'appréciation des titres de chacun des préposés à l'avancement, l'adm. prend aussi en considération l'esprit de modération dont ils ont fait preuve; un zèle outré peut avoir ses dangers et fait dévier les employés de la ligne d'impartialité et de justice que l'adm. leur recommande de suivre constamment.

80. Ce n'est point seulement par la récompense des services réels, mais aussi par une juste sévérité pour les fautes volontaires ou la négligence, que l'administration excite et soutient le zèle des préposés. En plusieurs occasions, elle a usé de sévérité envers les employés qui avaient méconnu quelques uns de leurs devoirs. Les receveurs sont changés, placés dans des bureaux inférieurs, frappés de suspension ou de révocation ; les employés supérieurs sont punis des mêmes peines, sont descendus de classe, ou perdent leur grade, par suite d'abus ou de négligences graves dans leur service. I. 1304, etc.

81. Les Directeurs généraux ont fort souvent rappelé qu'ils saisiraient avec une satisfaction réelle toutes les occasions d'entretenir l'émulation parmi les employés de tous grades, en accordant de l'avancement à ceux qui s'en rendraient dignes par leur capacité et l'utilité de leurs services. Circ. 29 janv. 1821, et I. 1284.

Voici dans quels termes M. CALMON, en annonçant sa nomination aux fonctions de Directeur général, s'est exprimé dans une circulaire du 4 juin 1829 : « Par ordonnance du 31 mai dernier, Sa Majesté a daigné m'appeler aux fonctions de Directeur général; je sens tout ce qu'un choix aussi honorable m'impose d'obligations, et j'ai la ferme intention de les remplir. Peut-être l'administration concevra-t-elle quelque espérance en apprenant qu'un administrateur qui se glorifie d'être sorti de ses rangs est appelé à l'honneur de la diriger, et j'aime à croire que cet espoir ne sera pas trompé. Mon premier soin sera de conserver et d'augmenter, s'il est possible, la bonne renommée que l'administration s'est acquise par la conduite et le mérite réel de la plupart de ses préposés, et j'éprouverai un véritable plaisir toutes les fois que les circonstances me permettront de faire valoir les services de collaborateurs que, depuis longtemps, j'ai appris à connaître et à estimer. »

« Egards et encouragements pour le zèle et l'aptitude, sévérité pour les fautes volontaires, justice en tout et pour tous ; voilà ma règle. Je compte sur vos efforts pour m'aider à suivre la ligne d'impartialité et de justice que je me suis tracée. »

En maintenant dans toutes les circonstances l'exacte application des règlements, le Directeur général s'attache à récompenser la capacité, le zèle et le travail des employés, sans néanmoins négliger les égards dûs à l'ancienneté des services. I. 1304.

82. *Nominations.* Sont nommés par le *Roi*, sur la proposition du Ministre des finances : le Directeur général de l'adm., les Administrateurs, les Directeurs des départements; Ord. 17 déc. 1844, art. 36. Sont nommés par le *Ministre des finances*, les Chefs de toute classe de l'adm. centrale; les Inspecteurs, les Conservateurs des hypothèques et les Receveurs ayant la même attribution, art. 37. — Sont nommés par le *Directeur général*, et en vertu de la délégation du Ministre des finances, les titulaires de tous les emplois inférieurs à ceux qui viennent d'être désignés. Art. 38.

83. Les surnuméraires nommés à un premier emploi, et les employés changés de fonctions ou de résidence, en reçoivent avis par une lettre spéciale du Directeur général, indiquant les fonctions et la résidence qui leur sont assignées, le délai dans lequel ils devront prendre possession, et les principales formalités à remplir ou justifications à faire. Cette lettre est envoyée par l'intermédiaire du directeur du département de la résidence de celui auquel elle est adressée.

84. En même temps le Directeur général adresse au directeur du département auquel le nouvel employé est attaché, le titre constatant sa nomination, ou extrait de l'arrêté qui lui confère ses nouvelles fonctions. Pour tous les employés, l'extrait de l'arrêté du Directeur général ou du Ministre, ou de l'ordonnance royale qui confère le nouveau titre, se nomme *Commission.* Les commissions délivrées par le Directeur général le sont au nom du Roi, et en vertu de la délégation du Ministre des finances. Ord. 17 déc. 1844, art. 17. — Elles sont remises par le directeur aux titulaires lorsqu'ils se présentent pour obtenir l'ordre d'installation (V. 130). C'est le titre en vertu duquel chaque employé exerce les fonctions qui lui sont conférées. Il est tenu par conséquent d'en justifier à toute réquisition des autorités, fonctionnaires ou préposés près desquels il est appelé à exercer ses fonctions.

CHAPITRE II. — *Garanties envers le trésor et l'administration.*

85. Outre les conditions d'aptitude et les garanties de moralité que doivent réunir ceux qui sont nommés aux emplois de l'adm., ils sont tenus de fournir, avant d'entrer en fonctions, les garanties généralement imposées à tous les titulaires d'emplois publics. Ces garanties sont : 1° un *cautionnement* en numéraire ou en immeubles ; 2° un *serment* judiciaire.

SECTION Ⅰʳᵉ. — *Cautionnements.*

86. *Affectation.* Tous les préposés de l'adm. assujettis par la nature de leurs fonctions à une responsabilité pécuniaire, sont tenus de fournir un cautionnement qui est affecté par premier privilége à la garantie de leur gestion. L. 7 vent. an 8, 25 niv. et 6 vent. an 13. Circ. R. 1786 ; I. 277.

Les cautionnements fournis par les préposés des administrations ressortissant au ministère des finances servent de garantie pour tous les faits résultant des diverses gestions dont ils peuvent être chargés par la même administration, quel que soit le lieu où ils exercent ou ont exercé leurs fonctions. Ord. 25 juin 1835. I. 1491 ; Régl. 26 janv. 1846, § 65 ; C. c. 67.

Cet article ne fait que rappeler une règle admise en principe par de nombreuses autorités. Décr. 28 août 1808 ; Ord. 14 fév. et 25 sept. 1816. Elle résultait aussi pour les préposés de l'adm. des dispositions de l'inst. n. 153. I. 1491.

87. *Nature du cautionnement.* D'après les lois des 24 nov. 1790 et 18 fév. 1791, et l'art. 10 de la loi du 27 mai 1791, le cautionnement des préposés de l'enreg. était fourni en immeubles. Circ. R. 21, 89 et 90. La Convention nationale supprima les cautionnements pour tous les employés du Gouvernement, par décr. 14 pluv. et 7 flor. an 2, Circ. R. 575 et 590 ; mais une loi du 7 vent. an 8 rétablit cette obligation et ordonna que les cautionnemens des préposés de *tous grades* seraient fournis *en numéraire* et versés au trésor public qui en servirait les intérêts. Circ. R. 1786.

Les conservateurs des hypothèques fournissent seuls aujourd'hui un *cautionnement en immeubles,* affecté à la garantie de leur responsabilité envers les particuliers, indépendamment de leur cautionnement en numéraire qui répond de leur gestion envers le trésor. V. *Conservateurs.*

88. *Règles générales.* Les employés de l'adm. tenus de fournir un cautionnement sont : les Directeurs, Inspecteurs et Vérificateurs ; les Conservateurs et Receveurs ; les Gardes magasin du timbre et les distributrices de papiers timbrés. Sont au contraire affranchis de cette obligation : les Employés de tout grade appartenant à l'adm. centrale, les Premiers commis, les Contrôleurs des successions et les Surnuméraires, même lorsqu'ils sont chargés de régir par *interim* des fonctions de comptables ; enfin les timbreurs et tournefeuilles.

89. Par suite de la centralisation au ministère des finances, *direction de la dette inscrite*, des cautionnements en numéraire de tous les comptables des administrations de finances, Ord. 4 nov. 1824, toutes les opérations relatives à l'inscription des cautionnements sur le livre de la dette publique, aux justifications, aux affectations, paiements des intérêts, remboursements, oppositions ou autres actes concernant les cautionnements des employés, sont du ressort de cette direction : par conséquent c'est au *Directeur de la dette inscrite* et sous le couvert du Ministre des finances que doivent être adressés toutes les pièces et les documents relatifs à cet objet. Arr. 6 nov. 1824. I. 1151. Cet envoi est fait dans certains cas par l'intermédiaire de l'administration.

Dans les lettres d'avis de nomination, le Directeur général indique au directeur et au préposé le montant du cautionnement que ce dernier doit fournir. On trouvera sous le titre de chaque emploi la *quotité* du cautionnement.

90. *Versement*. Les cautionnements peuvent être fournis, soit des deniers de l'employé, soit par des bailleurs de fonds qui conservent un privilége de second ordre sur les sommes qu'ils ont versées, mais à la charge de certaines formalités (V. 95 et suiv). L. 25 niv. et 6 vent. an 13. I. 277.

Le versement de la somme destinée à former un cautionnement est fait, soit directement au trésor, à Paris, soit dans les départements, aux caisses des Receveurs des finances. Circ. 10 mai 1806 ; I. 307, 430, 713, 717 et 733; Régl. 26 janv. 1846, § 53. Un récépissé à talon qui sert de décharge au préposé jusqu'à ce que l'inscription puisse être expédiée, lui est délivré par le Receveur des finances. Même I. 713.

Il est très essentiel que le versement soit effectué sous les noms et prénoms portés sur l'acte de naissance du préposé titulaire. Les récépissés présentent souvent des omissions ou interversions dans les prénoms ; quelquefois le nom de famille n'est pas bien orthographié ou des surnoms sont ajoutés. Ces irrégularités donnent lieu par la suite à des difficultés et entraînent des frais d'actes de notoriété ou autres; dans leur propre intérêt les préposés doivent avoir soin de les éviter. I. 1610.

Le récépissé doit être soumis dans les vingt-quatre heures de sa date au *visa* du préfet ou du sous-préfet.

91. *Justification*. Aucun des préposés assujettis à fournir un cautionnement ne peut être admis à prêter serment, ni installé dans ses fonctions, sans avoir versé préalablement son cautionnement et sans justifier de la quittance. O. gén. 13, 99, 170 et 228; L. 24 avril 1806, art. 19 ; et 28 avril 1816, art. 96. Circ. 10 mai 1806 ; I. 307 et 717.

En conséquence, lorsqu'un préposé se présente pour retirer sa commission (V. 130), le directeur se fait remettre soit le récépissé en due forme constatant le versement, soit le certificat d'inscription du précédent cautionnement avec les justifications exigées (V. 93) et le récépissé de versement du supplément, pour en faire l'envoi indiqué ci-après; ou bien, si le cautionnement est égal ou inférieur à celui dont le préposé est déjà titulaire, le directeur demande qu'il lui soit justifié du certificat d'inscription avec preuve de non opposition, et rend immédiatement ce certificat au titulaire. Lorsque le directeur conserve les pièces pour la régularisation du cautionnement, il doit remettre au préposé une attestation constatant qu'il lui a été fait les justifications nécessaires, afin que le tribunal puisse l'admettre à prêter serment (V. 121).

92. *Inscription.* Pour faire opérer l'inscription du cautionnement sur les livres de la dette publique, le directeur, en annonçant l'installation au Directeur général, *bureau du personnel*, envoie le récépissé de versement. Il importe que cet envoi ne soit pas différé; il doit avoir lieu *en même temps* que l'avis d'installation, ou au moins peu de jours après, par une lettre spéciale qui indique la date de l'avis d'installation. I. 1491, 1610 et 1622; Circ. 1er mars 1845. Le récépissé de versement est transmis au Directeur de la dette inscrite, *bureau des cautionnements* (V. 89).

Les cautionnements devant servir de garantie pour toutes les gestions dont le titulaire peut être chargé (V. 86), l'inscription sur le livre de la dette publique est purement nominative, sans affectation de résidence ni d'emploi, et indique seulement que le titulaire est *Préposé de l'enregistrement et des domaines.* Un certificat d'inscription énonçant le registre, le folio et le n°, le capital et les intérêts annuels, est délivré par le Directeur de la dette inscrite au nom du titulaire, avec mention de la date de jouissance des intérêts. Ce certificat doit être visé au contrôle central du trésor. L. 24 avril 1833, art. 5. Il est remis à l'adm. qui en fait l'envoi au directeur, et celui-ci l'adresse au titulaire pour lui servir de titre. I. 1491 et 1622; Ord. 31 mai 1838, art. 243 et 244; Régl. 1846, art. 39 et § 56 et 57.

93. *Changements.* Lorsqu'un préposé est appelé à de nouvelles fonctions ou à une nouvelle résidence, le cautionnement dont il est titulaire est affecté de droit, *jusqu'à concurrence*, à la garantie de son nouvel emploi; mais il ne peut entrer en exercice qu'après avoir fait certaines justifications au directeur chargé de le faire installer, savoir :

1° Lorsque le cautionnement à fournir pour le nouvel emploi est *supérieur* à son ancien cautionnement, le préposé représente au directeur : 1° le certificat d'inscription de son dernier cautionnement, ou, à défaut, un certificat de son ancien directeur constatant qu'il n'a pas encore été délivré, Circ. 10 mars 1807, ou bien, s'il y a lieu, une déclaration de perte (V. 107); 2° un certificat de non opposition délivré en exécution des lois des 25 niv. et 6 vent. an 13 par le greffier du tribunal dans le ressort duquel il a exercé ses fonctions précédentes (V. 94); 3° un récépissé à talon, dans la forme indiquée *sup.* 90, constatant le versement du *supplément* du cautionnement auquel il est assujetti. Ord. 25 juin 1835, art. 3. 1. 1491 ; Régl. 1846, art. 65.

Le directeur adresse ces pièces au Directeur général, *bureau du personnel* (V. 92, 141). Après vérification, elles sont transmises au Directeur de la dette inscrite pour faire opérer l'inscription du nouveau cautionnement. Le consentement de l'adm. et le certificat de la direction de la comptabilité générale, prescrits par l'art. 5 de l'ord. du 22 mai 1825, I. 1171, ne sont plus exigés pour la compensation de l'ancien avec le nouveau cautionnement, lors même qu'il s'agit d'un employé précédemment *comptable*. Après l'inscription du nouveau cautionnement, le certificat est adressé au titulaire par l'intermédiaire de l'adm. et du directeur (V. 92). I. 1491 et 1622.

2° Si les deux cautionnements sont *égaux*, le préposé justifie au directeur de l'inscription de son cautionnement et du certificat de non opposition délivré par le greffier du tribunal (V. 94). Ces pièces restent entre les mains de l'employé; le directeur se borne, en rendant compte de l'installation au Directeur général (V. 140, 141), à certifier qu'elles lui ont été communiquées. I. 1491. Dans ce cas, il n'y a lieu à aucune formalité dans les bureaux de la dette inscrite.

3° Les mêmes justifications doivent être faites lorsque le cautionnement affecté aux nouvelles fonctions est *inférieur* à celui que le préposé avait précédemment fourni. Les directeurs n'ont point, dans ce cas, à s'occuper de la nouvelle inscription du cautionnement ; ils se bornent à donner à l'adm. l'assurance que le préposé leur a justifié de l'inscription de son cautionnement et du certificat de non opposition. Pour obtenir le remboursement de l'excédant de l'ancien sur le nouveau cautionnement, et la remise d'un autre titre pour ce dernier, l'employé se pourvoit directement auprès du Directeur de la dette inscrite suivant le mode déterminé (V. 106 et suiv.). Même I. 1491. Il est nécessaire de demander ce remboursement *partiel*, autrement on s'exposerait à ne toucher que les intérêts du nouveau cautionnement (V. 105).

94. Le certificat constatant s'il existe ou non des oppositions sur le cautionnement des préposés est délivré *en brevet* par le greffier du tribunal dans le ressort duquel le titulaire exerçait ses fonctions, sans qu'il soit nécessaire de publier préalablement la cessation de son service; mais il doit nécessairement porter une date postérieure à la cessation des fonctions du préposé. Le certificat dont il s'agit est assujetti au timbre, à l'enreg., au droit fixe de 1 fr., et au droit de rédaction de 1 fr. 25 cent., plus le décime; il doit aussi être visé et légalisé par le président du tribunal. L. 6 vent. an 13. I. 277, 1354, § 13 et 1491.

Pour la délivrance de cette pièce, le greffier ne peut réclamer aucun droit de recherche; indépendamment de sa remise de 12 cent. et demi, comprise dans le droit de rédaction, il ne peut exiger que 25 cent. pour la légalisation, et ses déboursés. L. 24 vent. an 7, art. 14; D. just. 1er avril 1836. I. 1528, § 23. Ainsi le coût d'un tel certificat délivré sur une demi-feuille de papier timbré ne doit pas excéder 3 fr. 08 centimes.

95. *Bailleurs de fonds*. Les cautionnements des préposés sont affectés par *second privilége* au remboursement des fonds qui leur ont été prêtés pour tout ou partie de ces cautionnements. Le privilége de second ordre ne peut être concédé par le titulaire qu'aux bailleurs de fonds réels, c'est-à-dire à ceux qui ont fourni les fonds mêmes du cautionnement et pour toute la durée de la gestion. L. 25 niv. an 6 et 6 vent. an 13; Décr. 28 août 1808 et 22 déc. 1812. I. 270; Régl. 1846, § 59.

Lorsque tout ou partie du cautionnement d'un employé a été fourni par un *bailleur de fonds*, celui-ci, pour acquérir le privilége de second ordre, doit justifier d'une déclaration souscrite par le titulaire du cautionnement et par laquelle ce dernier le reconnaît pour bailleur de fonds en capital et intérêts, avec privilége de second ordre. Dans tout autre cas, le titulaire ne peut disposer de la propriété de son cautionnement que par acte authentique et signifié au bureau des oppositions au trésor. Régl. 1846, § 62. La déclaration doit être passée devant notaires, enregistrée au droit fixe de 1 fr., I. 1030 et 1293, § 3, et légalisée par le président du tribunal. Elle est rédigée d'après le modèle annexé au Décret du 22 déc. 1812. I. 657 et Régl. 1846, § 60.

96. Cette déclaration est adressée au Directeur de la dette inscrite par le bailleur de fonds. Lorsqu'elle est envoyée pour être inscrite en même temps que le cautionnement, elle tient lieu de toute autre opposition et assure au prêteur par second privilége, après celui du trésor, le remboursement des fonds qu'il a prêtés et le service des intérêts. L. 25 niv. an 13, art. 1, 2 et 4. Mais si le versement du cautionnement est antérieur de plus de huit jours à la date de la déclaration, il faut y joindre un certificat de non opposition délivré par le greffier et visé par le président du tribunal de la résidence du titulaire, et dont le notaire fait mention dans la déclaration. Décr. 22 déc. 1812. I. 657; Régl. 1846, § 61.

Les prêteurs de fonds qui n'ont pas fait remplir ces formalités à l'époque de l'inscription, pour s'assurer de la jouissance du privilége du second ordre, peuvent l'acquérir à quelque époque que ce soit, en rapportant au bureau des oppositions la preuve de leur qualité et le certificat de non opposition, ou la main-levée de celles qui existeraient. Décr. 28 août 1808, art. 1er.

97. La direction de la dette inscrite délivre aux prêteurs de fonds inscrits sur les registres, et sur leur demande, un certificat de privilége de second ordre qui assure l'exercice de leurs droits. Décr. 28 août 1808, art. 2 ; Régl. 1846, § 58. Pour former titre contre le trésor, cette pièce doit être revêtue du *visa* du contrôle. L. 24 avril 1833, art. 4. Les bailleurs de fonds ne peuvent exercer le privilége du second ordre qu'en représentant ce certificat, à moins cependant que leur opposition ou la déclaration ne soit consignée sur les registres de la dette inscrite ; faute de quoi, ils ne peuvent exercer de recours contre le trésor que comme les créanciers ordinaires et en vertu des oppositions qu'ils auraient formées aux greffes des tribunaux. Décr. 28 août 1808, art. 3, et 22 déc. 1812, art. 4. I. 657.

98. En cas de changement de résidence ou d'emploi, le consentement des bailleurs de fonds à l'affectation du cautionnement aux nouvelles fonctions du titulaire, n'est plus nécessaire depuis l'inscription des cautionnements sans affectation spéciale de résidence ou d'emploi (V. 86). Le refus du prêteur ne serait pas admissible après son consentement primitif à l'affectation générale. I. 1647, § 1er.

Les bailleurs de fonds ont seuls le droit de recevoir les intérêts (V. 95 et 103), ainsi que le remboursement des capitaux lors de la cessation des fonctions du titulaire (V. 113). Dans le cas où le bailleur de fonds vient à décéder, ses héritiers ne sont immatriculés en son lieu et place qu'en rapportant le certificat de privilége, et après avoir justifié de leurs droits par un certificat de propriété délivré par un notaire, un juge de paix ou un greffier de tribunal, suivant les différents cas prévus par le décret du 18 sept. 1806 (V. 114). Régl. 1846, § 63.

Lorsqu'un titulaire d'emploi a remboursé à son bailleur de fonds la somme par lui avancée pour former le cautionnement, le certificat de privilége est annulé et ne peut plus être rétabli. *Ibid.*, § 64.

99. *Oppositions*. Après leur affectation spéciale à la garantie de la gestion des titulaires et au remboursement des fonds fournis par les prêteurs, les cautionnements sont affectés *subsidiairement* au paiement, dans l'ordre ordinaire, des créances particulières exigibles de ces titulaires. Les créanciers des préposés sont admis en conséquence à faire sur leurs cautionnements des oppositions motivées, soit directement à la dette inscrite, soit aux greffes des tribunaux civils dans le ressort desquels ils exercent leurs fonctions. L. 25 niv. an 13, art. 1 et 2. I. 277.

Ces oppositions affectent non seulement le capital, mais encore les intérêts échus et à échoir, à moins d'une mention expresse qui en restreindrait l'effet au capital seulement ; toutefois, lorsque les oppositions ont été faites aux greffes des tribunaux, elles ne peuvent valoir que pour les capitaux tant qu'elles n'ont pas été notifiées à la dette inscrite. Av. cons. d'État, 12 août 1807. Notez aussi que le trésor est valablement libéré des intérêts payés aux titulaires, lors même qu'il survient à sa connaissance des oppositions dans l'intervalle du jour de l'ordonnance à celui du paiement. *Ibid.*

100. *Intérêts.* Les intérêts des cautionnements fixés primitivement à 5 p. 100 par an, L. 7 vent. an 8, art. 5, Circ. R. 1786, et L. 24 avril 1806, art. 17, Circ. 10 mai 1806, ont été réduits d'abord à 4 p. 100, L. 15 sept. 1807, 28 avril 1816, art. 93 et 94, I. 717 et Ord. 31 oct. 1824; et enfin à 3 p. 100, taux actuel. L. 4 août 1844, art. 7; Régl. 1846, art. 40 et § 69.

Les intérêts courent à partir de la date du versement, Décr. 24 germ. et 27 flor. an 8; Régl. 1846, § 72; ils sont payables pour les cautionnements des titulaires en fonctions le premier janvier de chaque année. Autrefois ces intérêts étaient ordonnancés spontanément par le Ministre, mais actuellement ils ne sont mis en paiement que sur une demande préalable faite au nom des préposés, D. 11 juill. 1835, et seulement lorsque les cautionnements ont été réalisés dans leur intégralité et après la délivrance du certificat d'inscription. Régl. 1846, § 72.

101. A cet effet, les directeurs dressent chaque année au mois de juin, un état des préposés du département qui ont des intérêts de cautionnements à toucher au trésor pour l'année courante. Cet état est divisé en dix colonnes; il indique les nos, folios et volumes portés sur les certificats d'inscription, les noms et prénoms des titulaires, leur grade et leur résidence, le montant de chaque cautionnement, les intérêts échéant au 1er janv. suivant, le chef-lieu d'arrond. où les employés désirent être payés, mais seulement dans le département de leur résidence (V. 102). Pour les titulaires qui n'ont pas droit à une année entière d'intérêts, le décompte de la somme à payer se trouve en regard de l'article qui les concerne. I. 1491; Régl. 1846, § 7. Dans la colonne *observations* de cet état, les directeurs font connaître le nom des bailleurs de fonds, lorsqu'il en existe, leur domicile et l'arrond. dans le département de la résidence du titulaire, où le paiement des intérêts doit avoir lieu à leur profit. Il importe que cette indication soit fournie avec exactitude, car des intérêts de cautionnements pourraient être payés aux titulaires, au lieu de l'être aux bailleurs de fonds. I. 1565 et 1647, § 2 (V. 103).

Les directeurs ne doivent comprendre dans leurs états que les préposés *en exercice dans le département*, au moment de la rédaction de ces états, et pour le *cautionnement attaché à leur emploi actuel;* les intérêts de la portion du cautionnement devenue remboursable ne peuvent plus être ordonnancés isolément du capital (V. 105). Il faut aussi éviter de faire figurer dans l'état un chiffre supérieur au montant réel de chaque cautionnement tel qu'il est inscrit sur les livres du trésor. Enfin, comme les comptes des titulaires de cautionnements sont tenus à la direction de la dette inscrite par ordre alphabétique, il convient, pour faciliter le travail d'ordonnancement des intérêts, que les états nominatifs, fournis par les directeurs, soient également formés par l'ordre alphabétique, et non par ordre de grade et de résidence des préposés. I. 1629.

Ces états sont adressés *directement*, le 1er juillet de chaque année, par les directeurs au ministère des finances, *direction de la dette inscrite*, afin que l'ordonnancement des intérêts des cautionnements n'éprouve point de retard, et que le paiement puisse en être opéré dans les premiers jours du mois de janvier suivant. Le moindre retard exposerait les titulaires à n'être payés que postérieurement à cette époque. I. 1491, 1565 et 1610.

A l'égard des préposés sujets à cautionnement qui entrent en fonctions après l'envoi de l'état général, les directeurs les comprennent dans un état supplémentaire qu'ils adressent au ministère le 1er janv. de l'année suivante; mais ceci ne s'applique qu'aux nouveaux employés, puisque ceux qui n'ont fait que changer de département doivent déjà être compris sur l'état fourni par le directeur du département de leur ancienne résidence (V. 102). I. 1610; Régl. 1846, § 71.

102. Les ordonnances d'intérêts de cautionnements sont *exclusivement* délivrées sur la caisse du payeur *du département dans lequel les titulaires exercent leurs fonctions*. Ord. 24 août 1841, art. 1er; Régl. 1846, art. 165 et § 73. Cette disposition ne change rien à celles qui prescrivaient l'ordonnancement et le paiement dans le département où les préposés ont leur résidence lors de la préparation des états des directeurs, I. 1491 et 1647, § 2; mais elle a changé le mode suivi pour le paiement des intérêts aux bailleurs de fonds (V. 103).

Il arrive que, par suite de changement de résidence, des préposés ne se trouvent plus, au moment de la réception des ordonnances de paiement des intérêts, dans la direction sur les états de laquelle ils ont été portés. Pour éviter les retards qu'entraîne un nouvel ordonnancement, les employés qui, dans l'intervalle de l'envoi de l'état à l'arrivée des ordonnances, quittent une direction pour se rendre dans une autre, doivent, soit laisser au receveur de l'enreg. des actes civils du chef-lieu de l'arrond. une procuration à l'effet de recevoir pour eux la somme ordonnancée, soit demander au payeur du département une formule de quittance qu'ils signeront à l'avance et remettront au directeur, qui la produira au payeur lors de la réception des états de paiement. Les fonds reçus de cette manière sont transmis, *par virements entre les receveurs*, aux préposés auxquels ils appartiennent, dans leur nouvelle résidence et sans aucuns frais, suivant le mode prescrit. I. 1491 et 1647, § 2 ; Régl. 1846, § 77. V. *Comptabilité générale.*

103. Les bailleurs de fonds ont seuls le droit de toucher les intérêts ; autrefois ils étaient payés au chef-lieu de l'arrond. de leur domicile, I. 156, mais l'ord. du 24 août 1841, I. 1647, § 2, a modifié cette règle en prescrivant, d'une manière générale, de délivrer *exclusivement* les ordonnances de paiement d'intérêts sur la caisse du payeur du département dans lequel les titulaires exercent leurs fonctions. Aucune exception n'ayant été faite pour les bailleurs de fonds, il en résulte que s'ils sont éloignés du département de la résidence du titulaire, ils doivent se faire représenter par un mandataire pour toucher les intérêts. Au surplus, lorsque, dans la déclaration de privilége, le titulaire se réserve les intérêts à payer par le trésor, sauf à s'arranger personnellement avec son bailleur de fonds pour les intérêts du capital prêté, cette convention n'a rien d'illicite, et paraît devoir être prise pour règle en ce qui concerne le service des intérêts par le trésor (V. 99).

104. Le paiement des intérêts, tant au profit des titulaires qu'au profit des bailleurs de fonds, est effectué : à Paris, au trésor ; dans les chefs-lieux de département, à la caisse du payeur, et aux chefs-lieux d'arrond., à celle du Receveur particulier, qui remplit dans les arrond. les fonctions de payeur. Décr. 24 germ. et 27 flor. an 8.

Les intérêts de cautionnements sont payés aux titulaires sur la présentation du certificat d'inscription, ou aux bailleurs de fonds sur la présentation de leur certificat de privilége. Décr. 24 germ. an 8, art. 8. I. 1491 et Régl. 1846, § 75. Dans le cas d'absence d'un titulaire de cautionnement, par suite de changement de résidence, il sera produit, au lieu du certificat d'inscription, une attestation du directeur sous les ordres duquel le titulaire se trouvait précédemment en fonctions. Une attestation semblable sera représentée au payeur lorsque le certificat d'inscription aura été envoyé au ministère, soit par le directeur, dans le cas d'application du cautionnement que ce certificat concernait à un cautionnement supérieur, soit par le titulaire lui-même, dans le cas de demande en remboursement partiel. I. 1491. Le timbre de l'année payée est, au moment du paiement, apposé sur les certificats d'inscription et de privilége. Régl. 1846, § 76.

105. Les intérêts dus sur les capitaux de cautionnements se prescrivent par cinq ans à partir seulement de l'échéance du dernier terme payé aux titulaires. Ord. 31 mai 1838, art. 117 ; Régl. 1846, art. 100. Le paiement de ceux qui remonteraient au-delà doit être refusé, si la prescription n'a été valablement interrompue. Av. cons. d'Etat, 24 déc. 1808. I. 430.

Lorsque, par une cause quelconque, des intérêts n'ont pas été ordonnancés, les ayant-droit doivent s'adresser *directement*, par lettre spéciale, au Directeur de la dette inscrite, sous le couvert du Ministre des finances pour obtenir le rappel et le paiement des intérêts en retard.

Les intérêts dus aux titulaires sortis de fonctions ne doivent être payés qu'avec le remboursement du capital. Régl. 1846, art. 40 (V. 101). Il faut, lorsqu'il y a lieu, interrompre la prescription.

106. *Remboursement*. Dans l'origine, le cautionnement fourni par le nouvel employé servait à rembourser celui du préposé qui cessait ses fonctions. Circ. R. 1786. Cette application se faisait au moyen de transferts par les employés à leurs successeurs, ce qui entraînait des formalités très compliquées, Circ. R. 1859 et 1911, et I. 153 ; mais ce mode a été changé et les préposés ont dû réclamer directement, en leur nom, le remboursement des sommes devenues inutiles pour leur cautionnement, à la charge par les comptables de justifier d'un certificat de *quitus* ou *solde de compte* délivré par l'adm. I. 153, 277, 307, 907 et 937. Une ordonnance du 22 mai 1825 a réglé le mode à suivre pour le remboursement des cautionnements; sauf quelques modifications, cette ordonnance, pour l'exécution de laquelle le Ministre a pris un arrêté le 7 juin suivant, est encore en vigueur.

Les préposés assujettis à cautionnement se divisent en deux catégories : la première comprend les *comptables*, c'est-à-dire ceux qui ont été chargés, habituellement ou accidentellement, de recettes en deniers ou en nature, pour le compte du trésor, et qui sont dès lors justiciables directs de la Cour des comptes. V. *Comptabilité générale*. Ce sont les receveurs et conservateurs, les gardes-magasin, les distributrices de papiers timbrés, et même les employés supérieurs qui ont exercé par *intérim* des fonctions de comptables. La seconde classe, celle des agents *non comptables*, comprend les vérificateurs qui n'ont pas régi de fonctions comptables, les inspecteurs et les directeurs.

107. Les employés de la 1re catégorie ou les *comptables* qui *cessent leurs fonctions*, peuvent, lorsque la vérification du dernier compte de leur gestion et de leurs écritures n'a fait reconnaître aucun *debet* à leur charge, obtenir, avant l'apurement définitif de leur comptabilité, le remboursement des *deux tiers* de leur cautionnement, et même le remboursement *intégral* en remplaçant le *dernier tiers* par un cautionement en immeubles ou en rentes sur l'État. Ord. 22 mai 1825, art 1er. I. 1171.

Les demandes doivent être appuyées d'un *certificat du directeur de la comptabilité générale des finances*, constatant que le dernier compte de la gestion du titulaire du cautionnement ne le constitue pas débiteur envers le trésor, et d'un *consentement de l'adm.* au remboursement demandé. *Ibid.*, art. 2; Regl. 1846, § 89, nos 11 et 13.

A cet effet, le comptable qui veut obtenir le remboursement

de tout ou partie de son cautionnement, écrit au *Directeur de la comptabilité générale des finances*, sous le couvert du Miñistre, une lettre dans laquelle, énonçant ses noms, prénoms, qualités et dernière résidence, ainsi que la date de la cessation de ses fonctions, il lui demande : 1° de *certifier* que le dernier compte de sa gestion ne le constitue pas débiteur envers le trésor ; 2° de réclamer de l'adm. de l'enreg. le *consentement* nécessaire au remboursement ; et 3° de remettre ces deux pièces au Directeur de la dette inscrite à l'appui de sa demande de remboursement. I. 1151 et 1171. En même temps le comptable écrit, aussi directement, au *Directeur de la dette inscrite, bureau des cautionnements,* sous le couvert du Ministre des finances, une seconde lettre dans laquelle il demande le remboursement auquel il a droit, en énonçant avec la même exactitude ses noms, prénoms et qualités, son dernier emploi, la résidence et le département où il a exercé en dernier lieu, la date de la cessation de ses fonctions, et enfin l'objet précis de sa demande, tant pour le capital que pour les intérêts qui lui sont dus. I. 1491 ; Régl. 1846, § 82.

Il joint à cette demande : 1° le certificat d'inscription de son cautionnement, ou, à défaut, une déclaration de perte dûment légalisée, conformément à l'arr. 24 germ. an 8 ; 2° un certificat de non opposition délivré par le greffier du tribunal civil de sa dernière résidence (V. 94). Régl. § 89, n° 1 et 2 ; 3° et, s'il y a lieu, les pièces nécessaires au remplacement du dernier tiers, en cas de remboursement intégral demandé avant la délivrance du *quitus*. Dans sa lettre, le comptable ajoute qu'il a prié le Directeur de la comptabilité des finances de faire parvenir à la dette inscrite le certificat de solde de compte et le consentement de l'adm. nécessaires au remboursement.

108. Pour obtenir le remboursement du dernier tiers réservé par le trésor jusqu'à la délivrance du *quitus*, ou bien la remise ou la main-levée de l'affectation donnée en remplacement, les comptables doivent produire : 1° un certificat de *libération définitive* qui leur est délivré par le Directeur de la comptabilité générale, au vu de l'arrêt de *quitus* rendu par la Cour sur leur dernier compte de gestion ; et 2° le *consentement* de l'adm. au remboursement demandé. I. 1151, 1171 et 1204 ; Régl. 1846, § 89, n⁰ˢ 11 et 14.

En conséquence, après avoir adressé au Directeur de la dette inscrite une demande dans la forme ci-dessus, et à laquelle le comptable joint : 1° le certificat d'inscription de son cautionnement qui a dû lui être remis par le payeur, avec autorisation du remboursement partiel des deux tiers, ou, à défaut, une déclaration de perte ; 2° un nouveau certificat de non opposition délivré par le greffier, le titulaire demande également au Directeur de la comptabilité des finances, par une

lettre spéciale (V. 107), de faire remettre au Directeur de la
dette inscrite le certificat de libération définitive et le consentement de l'adm., exigés pour le remboursement. *Ibid.* Pour
obtenir le certificat de libération, les comptables devaient produire l'extrait de l'arrêt de *quitus*, mais cette pièce leur était nécessaire, et la comptabilité recevant une expédition en forme de
la Cour des comptes, les préposés ont été dispensés de produire
l'extrait qui leur est délivré, C. c. 46 ; il convient seulement d'indiquer dans la lettre au Directeur de la comptabilité la date
de l'arrêt de *quitus*, pour éviter des retards. D. 24 août 1826,
art. 2. I. 1201.

109. Au surplus, rien n'oblige les comptables à demander
en deux fois le remboursement de leur cautionnement ; ceux
qui préfèrent attendre leur libération définitive, peuvent demander, après l'arrêt de *quitus*, le remboursement intégral ; seulement, à partir de la cessation de leurs fonctions, ils cesseront
aussi de recevoir chaque année les intérêts ; ils les toucheront
en une seule fois, et jusqu'au jour de l'ordonnancement, avec
le capital (V. 105).

110. Les dispositions de l'ord. du 22 mai 1825 ne sont relatives qu'aux cautionnements des *comptables ;* à l'égard des
agents *non comptables*, ou de la seconde catégorie (sup. 106),
au lieu d'adresser directement leurs demandes en remboursement au Directeur de la dette inscrite, ils les font parvenir au
Directeur général avec le certificat d'inscription et le certificat
de non opposition. Ces demandes et les pièces à l'appui sont
transmises avec le consentement de l'adm., au Directeur de la
dette inscrite sans l'intervention de la comptabilité des finances.
I. 1171 ; Régl. 1846, § 89, nos 1, 2 et 12.

111. Toutes les règles relatives au remboursement des cautionnements des préposés qui ont cessé leurs fonctions, sont
applicables et avec les mêmes distinctions, au remboursement
partiel qu'ils peuvent avoir à demander lorsque, dans le cas de
changement de résidence ou d'emploi, leur nouveau cautionnement est inférieur à l'ancien. I. 1171 et 1491. Ainsi, lorsqu'un
comptable passe à un emploi dont le cautionnement est *égal* ou
supérieur aux deux tiers de son ancien cautionnement, il peut
réclamer immédiatement tout l'excédant ; mais s'il est *inférieur
à ces deux tiers*, il ne peut, avant l'arrêt de *quitus*, obtenir le remboursement que jusqu'à concurrence de ces *deux tiers*, sauf à
se pourvoir ensuite pour le surplus, après sa libération définitive pour sa précédente gestion (V. 108).

112. Il est presque superflu d'ajouter que, pour toucher
une portion quelconque du capital, ou même des intérêts d'un
cautionnement, les titulaires ou leurs ayant-droit doivent obtenir la main-levée des oppositions formées régulièrement ;
autrement, les opposants venant en ordre utile, ont seuls droit
de les recevoir, en produisant les actes, **jugements et autres**

pièces régulières et conformes aux dispositions des codes pour établir leurs droits à la propriété.

113. Les bailleurs de fonds qui ont obtenu le privilége du second ordre ont droit au remboursement du capital par eux prêté, à l'exclusion du titulaire ; ce remboursement est subordonné à l'accomplissement des conditions et aux diverses justifications imposées aux titulaires eux-mêmes. Indépendamment des pièces que ces derniers fournissent, les bailleurs de fonds produisent à l'appui de leur demande en remboursement, le certificat de privilége du second ordre qui leur a été délivré par la dette inscrite, afin de justifier de leurs droits à la propriété (V.97). Décr. 28 août 1808 et 22 déc. 1812, art. 4. I. 657 et 875; Régl. 1846, § 83 et 89, n. 1.

114. Lorsque le titulaire d'un cautionnement en numéraire est interdit ou décédé, ses héritiers ou ayant-droit peuvent obtenir le remboursement des deux tiers, ou de la totalité du cautionnement, selon les distinctions rappelées ci-dessus pour les titulaires eux-mêmes. Décr. 18 sept. 1806. Circ. 11 déc. 1806 ; I. 1171.

Les demandes de remboursement par les héritiers ou ayantcause sont faites dans la même forme, et accompagnées des pièces exigées des titulaires. Ils produisent en outre, un certificat ou un acte de notoriété contenant les noms, prénoms et domicile des héritiers et ayant-droit, la qualité en laquelle ils procèdent et possèdent, l'indication de leurs portions dans le cautionnement à rembourser, et l'époque de leur jouissance. Ce certificat doit être délivré par le notaire détenteur de la minute, lorsqu'il y a eu inventaire ou partage par acte public, ou transmission gratuite à titre entre-vifs ou par testament; il est délivré par le juge de paix du domicile du décédé, sur l'attestation de deux témoins, lorsqu'il n'existe aucun desdits actes en forme authentique ; enfin, si la propriété est constatée par jugement, le greffier, dépositaire de la minute, délivre le certificat. Ces certificats seront conformes aux modèles donnés par le décret du 18 sept. 1806 et la circulaire du 11 déc. suivant ; ils doivent être légalisés par le président, et sont passibles du droit d'enreg. de 1 fr. fixe. Régl. 1846, § 89, n° 24.

115. Les intérêts échus, dans le cas de cessation de fonctions, ou ceux de l'excédant du cautionnement lorsqu'il y a simple changement de résidence ou d'emploi, sont liquidés et remboursés avec le capital, puisqu'ils ne peuvent plus être compris dans les états des directeurs (V. 105).

Les ordres de paiement du Ministre, relatifs aux remboursements des capitaux de cautionnements sont préparés par la direction de la dette inscrite, *bureau des cautionnements*, sur la production des pièces exigées; les lettres d'avis sont envoyées directement aux titulaires, en même temps que celles qui concernent le paiement des intérêts. D. 29 nov. 1834 ; Régl.

1846, art. 156. Pour le paiement, un extrait de l'ordonnance est adressé en même temps au payeur. *Ibid.*, § 87; Il ne peut être autorisé que *dans le département où les titulaires ont exercé en dernier lieu.* Ord. 24 août 1841. I. 1647, § 2; Régl. 1846, art. 165 et § 84.

116. Le remboursement des cautionnements est effectué : à Paris, au trésor; et dans les départements, chez le payeur, au chef-lieu, ou chez les receveurs particuliers, dans les arrond. Pour obtenir le paiement, le titulaire représente la lettre d'avis qui lui a été expédiée. Les ordres de paiement sont valables jusqu'à l'expiration de l'exercice de leur délivrance, c'est-à-dire jusqu'au 31 oct. de l'année suivante. Régl. 1846, § 87. L'administration n'exige pour la liquidation que les titres qui en justifient la disponibilité et qui constatent la cessation des fonctions des titulaires; mais l'appréciation de ces pièces, ainsi que de toutes les justifications donnant droit au paiement, appartient exclusivement aux payeurs et demeure placée sous leur responsabilité. *Ibid.*, § 88.

Les cautionnements dont le remboursement n'a pas été effectué, faute de justifications suffisantes, dans le délai d'un an, à compter de la cessation des fonctions du titulaire, peuvent être liquidés et versés en capital et intérêts à la caisse des dépôts et consignations, à la conservation des droits de qui il appartiendra. Ce versement libère définitivement le trésor. Ord. 31 mai 1838, art. 121; Régl. 1846, art. 86.

117. *Application aux débets.* Lorsqu'il y a lieu d'appliquer les cautionnements des préposés au paiement des *débets* qu'ils ont contractés, ou des sommes dont ils sont débiteurs ou responsables à raison de leurs fonctions, cette application a lieu en vertu d'une décision spéciale du Ministre des finances. Ord. 22 mai 1825, art. 6. I. 1171. Ces décisions, en ce qui concerne les *comptables*, sont rendues sur la demande du Directeur de la comptabilité des finances; Arr. 7 juin 1825, art. 6, I. 1171; pour les agents *non comptables*, elles sont provoquées par l'administration.

On n'a point à indiquer ici les formalités à remplir pour cette application et qui ont fait l'objet de l'instr. n° 313. Depuis que l'agent judiciaire du trésor est exclusivement chargé de la poursuite des débets des comptables sortis de fonctions, et que le paiement en est effectué directement aux caisses du trésor ou des receveurs des finances, l'adm. est devenue étrangère aux opérations à faire pour l'application des cautionnements de ses anciens préposés au paiement de leurs débets. I. 1151; C. c. 18, 29 et 34. V. *Comptabilité générale.*

En ce ce qui concerne l'application des cautionnements au paiement des sommes dont les titulaires sont débiteurs de l'État, pour droits et créances à recouvrer par les préposés de l'enreg. V. *Receveurs*, titre IV.

SECTION II. — *Serment.*

118. Avant leur entrée en exercice, les receveurs et autres employés sont tenus de prêter serment. L. 19 déc. 1790, art. 15, et 1er juin 1791, art. 6 ; O. gén. 12, 98, 169 et 228. Le Code pénal prononce une amende de 16 à 150 fr. contre tout fonctionnaire qui sera entré en exercice de ses fonctions avant d'avoir accompli cette obligation.

Les employés appelés à continuer leurs fonctions dans un autre département devaient y prêter un nouveau serment, Circ. R. 1500 ; mais il a été reconnu que cette formalité n'est pas nécessaire dans le cas de simple changement de résidence ; qu'il importe seulement que la nouvelle autorité dans le ressort de laquelle les employés sont appelés à continuer leurs fonctions soit instruite de la prestation de serment, au moyen de l'enreg. au greffe du tribunal de l'acte qui la constate. Le seul cas où la prestation d'un nouveau serment devient nécessaire est celui où l'employé passe à un grade supérieur à celui dont il était pourvu. D. 6 pluv. an 13. I. 269.

119. Sont tenus de prêter ou de renouveler serment : 1° le surnuméraire chargé pour la première fois de régir un bureau par *interim* (V. 64); 2° le surnuméraire nommé titulaire d'un premier emploi. Le serment qu'il a pu prêter pour des fonctions par interim ne suffit point, O. gén. 12, etc.; 3° le préposé nommé conservateur des hypothèques, quel que soit le grade ou l'emploi qu'il occupait précédemment, L. 21 vent. an 7, art. 4, Circ. R. 1539 ; D. 22 oct. 1849, I. 910 ; 4° les employés nommés aux grades de vérificateur, d'inspecteur, de directeur ou d'administrateur, lors même qu'ils auraient déjà prêté serment comme employés supérieurs dans le grade immédiatement inférieur. O. gén. 98, 169, et 228.

Mais il n'y a pas lieu à un nouveau serment : 1° lorsqu'un employé change de résidence ou de bureau en restant dans son grade, quand même il obtiendrait de l'avancement ou une classe supérieure ; 2° lorsqu'un receveur est nommé garde-magasin, contrôleur des successions ou premier commis, et réciproquement; 3° lorsqu'un conservateur des hypothèques ou un employé supérieur est nommé receveur, garde-magasin ou premier commis, même avec augmentation de traitement ; 4° enfin lorsqu'un employé supérieur est nommé sous-chef à l'administration centrale, ou qu'un sous-chef est nommé chef.

120. D'après la loi du 19 déc. 1790, la prestation de serment des receveurs devait avoir lieu devant le tribunal du district (de l'arrondissement) dans le ressort duquel le bureau est placé; mais ils ont été autorisés, par suite de la suppression des tribunaux de district, à prêter serment devant le juge de paix de leur canton, à la charge toutefois de faire enregistrer au greffe du tribunal civil l'extrait de leur prestation de serment.

L. 16 therm. an 4. Circ. R. 936. Depuis le rétablissement des tribunaux d'arrond., on ne doit user de cette faculté que pour le cas où le jour de l'audience du tribunal civil serait trop éloigné.

Les conservateurs des hypothèques prêtent serment devant le tribunal civil de l'arrond. V. *Conservateurs.*

Quant aux employés supérieurs, ils prêtent serment au tribunal civil, soit du chef-lieu du département, soit encore mieux au chef-lieu de l'arrond. dans lequel ils doivent exercer leurs fonctions, afin de n'avoir pas à faire transcrire au greffe de ce dernier tribunal leur commission et l'extrait de leur prestation de serment devant le tribunal du chef-lieu de département.

121. L'admission au serment devant le tribunal civil a lieu sur la réquisition du ministère public ; par conséquent, c'est au procureur du Roi que l'employé doit s'adresser pour prêter serment à la première audience ; il lui justifie de sa commission et même du versement du cautionnement par le certificat d'inscription, ou, à défaut, par une lettre ou une attestation du directeur. Nul ne peut être admis à prêter serment s'il ne justifie de ce versement. L. 28 avril 1816, art. 96. I. 747.

Avant de prêter serment, il est d'usage de faire visite aux membres du tribunal.

122. L'acte de prestation de serment des employés est assujetti au droit d'enreg. de 15 fr. Aux termes des art. 12, 98, 169 et 228, O. gén., les préposés devaient envoyer au directeur une expédition en forme de l'acte de prestation de serment, et cette pièce était adressée à l'adm.; actuellement on peut se dispenser de prendre expédition, on demande seulement au greffier de faire mention de la date du serment au bas de la commission ; cette mention peut, sans contravention, être inscrite à la suite et ne donne lieu à aucuns frais. I. 534.

123. Lorsqu'il n'y a pas lieu à prestation d'un nouveau serment, mais à un simple enreg. au greffe du tribunal dans le ressort duquel l'employé est appelé, le greffier se borne à constater sur le registre d'audience, à la date courante, le nom du préposé, la nature de ses fonctions, la date de sa prestation de serment, ainsi que l'indication du tribunal devant lequel elle a eu lieu. Il fait ensuite mention *sans frais* de cette formalité sur la commission de l'employé. D. 30 mai 1809. I. 438 et 1091.

Dans la plupart des arrond., on a établi au greffe du tribunal de première instance un registre destiné à cet enreg. ou à la transcription des commissions accordées aux employés et fonctionnaires admis à la prestation de serment. Ce registre est exempt du timbre. I. 1683, § 12. Dans l'un ou l'autre cas, l'employé doit justifier au directeur de la date de sa prestation de serment ou de celle de son enreg. au greffe du tribunal de sa nouvelle résidence.

CHAPITRE III. — *Installation des employés.*

124. Plusieurs instructions ont ordonné que les préposés de tout grade, appelés à une nouvelle destination, et les surnuméraires nommés à un premier emploi, se rendraient à leur poste dans le plus bref délai possible après la réception de la lettre d'avis de leur nomination, ou après leur remplacement dans leurs précédentes fonctions ; elles ont fait connaître en outre que l'employé qui retarderait, sans motifs légitimes, de partir pour sa nouvelle destination, s'exposerait aux peines portées contre les préposés qui s'absentent sans congé (V. 259). Mais les retards n'ont fait que se multiplier, et fréquemment plusieurs mois s'écoulaient avant que des mouvements ordonnés dans différents emplois fussent entièrement accomplis.

On avait remarqué que ces retards provenaient particulièrement des surnuméraires qui, plus que tous autres, auraient dû se montrer empressés de se rendre à leurs nouvelles fonctions. Ce défaut d'exactitude de leur part était d'autant plus nuisible au service, qu'il arrêtait, dès le principe, toute une série de changements dans les différents grades. Dès qu'ils ont subi l'examen de la troisième année, les surnuméraires doivent faire leurs dispositions et se mettre en mesure pour partir aussitôt après la réception de leur commission.

125. Pour prévenir le retour de ces négligences, il a paru nécessaire d'établir un règlement positif relativement aux changements de résidence ou d'emploi : cet arrêté contient les dispositions suivantes :

1° Tout surnuméraire ou ancien employé à replacer, doit, dans les cinq jours (pour une distance de 240 kilomètres et au-dessous), et dans les huit jours (pour une distance au dessus de 240 kilomètres), à partir de la date de la lettre d'avis de sa nomination à un emploi, faire connaître au Directeur général s'il accepte cet emploi, et dans le cas de l'affirmative, indiquer avec précision le jour de son départ pour sa destination, et approximativement celui de son arrivée auprès du directeur du département où il est appelé ; 2° si le délai dans lequel le surnuméraire ou l'ancien employé à replacer doit être rendu à sa destination n'est point indiqué dans la lettre d'avis de la nomination, ce délai ne pourra excéder vingt jours à compter de la *date* de cette lettre ; 3° dans les délais déterminés par le n° 1er ci-dessus, tout employé en exercice est tenu d'accuser au Directeur général réception de la lettre d'avis de sa nomination à un autre emploi, et de l'informer de son acceptation ; 4° à défaut d'indication, dans la lettre d'avis de la nomination, du délai accordé à l'employé pour se rendre à ses nouvelles fonctions, ce délai sera, à partir du jour où il aura quitté son service, de quinze jours pour les préposés ayant plus de 240 kilomètres, et de dix jours pour ceux qui auront moins de 240 kilomètres à parcourir pour arriver à leur nouvelle destination. Le délai sera restreint à cinq jours pour les employés qui ne changeront pas de département ; 5° les employés à traitement fixe, appelés à un changement de résidence sans avancement, perdront leur traitement à partir de l'expiration des délais fixés par le n° 4 ci-dessus jusqu'au jour de leur arrivée au chef-lieu du département de leur nouvelle résidence.

Pour les employés de tout grade, si le retard s'était prolongé plus de quinze jours après le terme fixé, le directeur devrait, avant de faire procéder à l'installation du préposé, prendre les ordres du Directeur général. En ce qui concerne les surnuméraires nommés à un premier emploi, et les anciens employés à replacer, leurs commissions seront renvoyées immédiatement après l'expiration du délai déterminé par le n° 2 ci-dessus, et il sera disposé des emplois dont ils auront négligé de prendre possession ; 6° aucune demande de congé faite par les employés changés de résidence ou d'emploi ne sera accueillie avant leur installation dans leurs nouvelles fonctions ; 7° sous aucun prétexte, même pour l'achèvement d'opérations commencées, les directeurs ne pourront retenir les employés supérieurs appelés à une nouvelle destination ; ces employés devront interrompre immédiatement leurs opérations, et ne prendre que le temps strictement nécessaire pour en établir la situation ; s'ils étaient chargés d'*interim*, les directeurs les feraient aussitôt relever, pour que leur départ ne fût point différé ; il en serait de même à l'égard d'un surnuméraire ayant la régie provisoire d'un bureau. I. 1346.

Dans le cas où un employé ne pourrait, pour cause de maladie, partir pour sa nouvelle résidence, il devrait en informer le Directeur général et lui adresser un certificat de médecin, dûment légalisé ; il préviendrait également de ce retard le directeur du département dans lequel il est envoyé par sa nouvelle nomination ; mais toute inexactitude dans l'exposé de maladie serait sévèrement réprimée. I. 1280 et 1346.

126. Les directeurs sont chargés, sous leur responsabilité, de l'exécution de ces dispositions ; ceux des départements de l'ancienne et de la nouvelle résidence de l'employé nommé à d'autres fonctions informeront le Directeur général de l'époque, soit de la cessation du service, soit de l'arrivée du préposé à sa nouvelle destination. Le directeur du département de l'ancienne résidence devra en outre faire connaître à son collègue du département dans lequel le préposé est appelé, le jour où celui-ci aura quitté ses précédentes fonctions. *Ibid.* Il lui transmettra en même temps les renseignements relatifs au personnel de l'employé (V. 129).

127. D'après ces dispositions, le surnuméraire nommé à un premier bureau, ou l'employé qui reçoit une autre destination, doit, à la réception de la lettre qui lui en donne avis, annoncer dans le délai fixé au Directeur général s'il accepte ou non l'emploi auquel il a été nommé.

Autrefois, tout employé ayant déclaré aspirer à son avancement, ne pouvait refuser celui qui lui était accordé, quel que fût le genre de l'emploi et le lieu. En cas de refus, la nomination du successeur ne devait pas moins recevoir son exécution, et il n'était pourvu personnellement que d'un emploi inférieur à celui qu'il occupait. Dél. 18 pluv. an 6. Circ. R. 1214. Mais la rigueur de cette disposition a été tempérée : actuellement, tout préposé qui, ayant sollicité son avancement et déclaré qu'il irait partout où il serait appelé, n'accepte pas l'emploi auquel il a été nommé, est censé renoncer à tout avancement ultérieur, à moins qu'il ne justifie que des circonstances nouvelles et imprévues l'ont mis dans l'impossibilité de se rendre à la destination qui lui avait été assignée. Cette règle s'applique aux employés de tout grade. I. 1304.

128. Aucun employé exerçant des fonctions comptables ne peut les quitter sans avoir été relevé soit par son successeur, soit par un surnuméraire ou autre employé chargé de l'*interim* (V. 132). Il en est de même du directeur appelé à une autre destination ; il doit remettre le service à un inspecteur, s'il n'attend pas son successeur.

129. Tout employé appelé d'un département dans un autre, ou à d'autres fonctions dans le même département, devra, avant de quitter sa résidence, envoyer au directeur la commission de son dernier emploi ; celui-ci certifiera sur cette pièce la date de l'entrée en fonctions et celle de la cessation, en précisant ces dates par les mots : *inclusivement* ou *exclusivement* ; il indiquera dans son certificat la durée des interruptions de service susceptibles d'être déduites pour la liquidation de la pension de retraite, ou il énoncera qu'il n'en existe pas. Circ. 1er mars 1845.

Si l'employé a seulement changé de résidence ou de fonctions dans le département, le directeur lui renverra la commission revêtue du certificat ; il la transmettra au directeur de la nouvelle résidence pour être remise à l'employé, si celui-ci a passé dans un autre département. Dans ce dernier cas, le directeur du département de l'ancienne résidence adressera en même temps à son collègue une note de renseignements sur le personnel de l'employé, extraite du sommier du personnel tenu à la direction. Cette note indiquera le nom du préposé, ses prénoms, la date de sa naissance, le lieu et le département où il est né, son état ou sa profession avant d'entrer dans l'adm., la date de son brevet de surnuméraire, la date de son admission en cette qualité, la date de son installation dans son premier emploi rétribué, les interruptions de services, leur cause et leur durée, la durée des services susceptibles d'être comptés pour la pension de retraite, savoir : services hors de l'adm., militaires et civils, distinctement, services dans l'adm. et total des services ;

si le préposé est marié, veuf ou célibataire, la date de son mariage actuel, nom, prénoms et date de naissance de son épouse, nombre de ses enfants vivants, indication des bureaux auxquels il a été attaché comme surnuméraire. *Ibid.*

Cet extrait est terminé par un tableau présentant dans quatre colonnes le détail des services du préposé dans l'adm., savoir : désignation de l'emploi, résidence et département, date de la nomination, date de l'installation. Le tout est certifié, daté et signé par le directeur. *Ibid.*

Ces renseignements transmis au directeur de la nouvelle résidence servent à la formation du sommier du personnel. Ils suffisent, avec la commission revêtue de la mention constatant le jour de la cessation du service dans le département de l'ancienne résidence, pour remplir l'objet de l'instr. 1346 (V. 126), qui prescrivait de donner au directeur du département où l'employé doit se rendre, avis de la date de son départ.

130. Le surnuméraire nommé à un premier bureau, ou l'employé changé de destination se rend, dans le délai qui lui est assigné (V. 125), au chef-lieu du département de sa nouvelle résidence auprès du directeur, pour obtenir son ordre d'installation ; il lui remet les pièces relatives à son cautionnement (V. 91, 93). S'il exerçait précédemment des fonctions comptables, il représente également au directeur l'expédition du compte de clerc rendu à son successeur et constatant l'apurement provisoire de sa comptabilité (V. 136). Quant aux inspecteurs de 3e classe et aux vérificateurs, ils doivent remettre un certificat de leur précédent directeur, constatant ou qu'ils n'ont été chargés d'aucune gestion de comptables ou qu'ils ont soldé les comptes de celles qui leur ont été confiées. I. 1491.

Sur ces justifications, la commission est timbrée aux frais du titulaire, Circ. R. 1500, et le directeur lui délivre cette pièce en faisant mention au bas de la date de la délivrance par une attestation revêtue de sa signature.

Le directeur donne ensuite avis de la nomination au Préfet par une lettre spéciale dans laquelle il indique le nom du préposé et l'emploi qu'il est appelé à remplir. O. gén. 249; Circ. R. 825; Circ. 8 oct. 1828 et 11 mai 1832. Il convient d'attendre l'arrivée du préposé pour donner cet avis, attendu que parfois on ne prend pas possession.

131. Le directeur donne immédiatement les ordres nécessaires pour l'installation du nouveau titulaire : si c'est un employé supérieur, il lui remet ses ordres de service, en l'invitant à lui justifier sans retard de la date, soit de sa prestation de serment soit de l'enreg. au greffe (V. 123).

L'installation des employés supérieurs est constatée par l'ordre de service que le directeur leur donne en leur assignant la division qu'ils doivent occuper, et par le vu d'arrivée qu'ils inscrivent au principal registre du bureau auquel ils sont attachés. Le prédécesseur remet ou fait remettre à son successeur les papiers qui dépendent de son service, et notamment le registre de correspondance et les affaires courantes. Les instructions ne font pas connaître si les employés supérieurs doivent remettre à leur successeur les minutes de leurs précis, procès-verbaux de vérification, rapports de gestions et comptes-rendus, mais ces documents sont la propriété des rédacteurs ; ils peuvent être appelés à s'expliquer sur les résultats, et l'on admet généralement qu'ils ne sont pas tenus de se dessaisir de ces minutes particulières.

L'employé supérieur qui a pris possession de ses fonctions en donne avis au directeur par une lettre spéciale.

132. Les comptables qui cessent ou interrompent leurs fonctions dans le courant de l'année rendent un compte de clerc à maître à leurs successeurs ou remplaçants. Ord. 8 nov. 1820. I. 971 et 985 (V. 136). V. *Comptabilité générale.*

La remise du service des bureaux, soit entre receveurs, soit entre surnuméraires et receveurs, dans tous les cas de changement de résidence, de démission, destitution, absence ou maladie, doit toujours avoir lieu en présence d'un employé supérieur, qui concourt à la formation du compte de clerc à maître. Ce concours est nécessaire sous plusieurs rapports, notamment pour assurer la régularité des diverses opérations qui se rattachent à la formation du compte ; pour aplanir les difficultés qui peuvent s'élever entre le receveur et son remplaçant ; pour constater, avec une exactitude impartiale, la situation des différentes parties du service, et attester l'existence des registres et autres documents dépendants du bureau. Ces considérations ne s'appliquent pas seulement au cas de remise d'un bureau à un nouveau titulaire, mais encore à celui de remplacement temporaire par suite de maladie ou d'absence. Toutefois, lorsque l'*interim* d'un bureau est confié à un vérificateur ou à un inspecteur de 3e classe, les mêmes motifs n'existent pas pour l'intervention d'un second employé supérieur à la rédaction du compte de clerc à maître. I. 1493. Ces dispositions s'appliquent à la remise du service de tous les comptables, et par conséquent aux conservateurs des hypothèques et aux gardes-magasin du timbre, comme aux receveurs.

133. Les inspecteurs de toutes les classes et les vérificateurs concourent indistinctement aux opérations d'installation ; les inspecteurs de 1re et de 2e classe peuvent en être chargés, soit en cas d'empêchement des autres employés supérieurs, soit pour leur éviter de longs déplacements. I. 1360. Les directeurs auront soin de partager ces opérations dans une exacte proportion, de manière que chacun de ces employés soit, autant que possible, chargé de celles qui seront à faire dans les bureaux les plus rapprochés du lieu où il se trouvera temporairement occupé. I. 1493.

134. Lorsqu'il y a lieu d'installer un comptable, le directeur donne l'ordre à l'employé supérieur de se rendre au bureau le jour indiqué, pour présider à l'installation, après la prestation de serment du comptable quand cette formalité est exigée (V. 118, 119). En même temps, le directeur adresse à l'employé supérieur : 1° quatre imprimés pour la rédaction du compte de clerc à maître, C. c. 18 ; 2° l'état des papiers timbrés, passeports et permis de chasse qui restaient au bureau d'après le dernier compte, et des envois faits depuis ; 3° la copie du dernier inventaire des registres et papiers du bureau. Circ. 24 juin 1814. V. *Comptabilité générale.*

Le directeur énonce aussi dans sa lettre à l'employé supérieur : 1° que le préposé lui a justifié du versement de son cautionnement, pour l'exécution de l'art. 96 de la loi du 28 avril 1816 (V. 121) ; 2° le prélèvement qu'il aura à supporter au profit de la caisse des retraites, I. 1530 et 1727 (V. 246) ; 3° enfin, le bureau du voisinage où l'employé supérieur devra se rendre inopinément pour vérifier la caisse et arrêter la comptabilité du receveur, conformément aux dispositions de l'inst. n° 1652. Il lui adresse en même temps les pièces nécessaires pour cette vérification sommaire. V. *Vérificateurs.*

135. Les employés supérieurs chargés de procéder à une installlation, ne peuvent se dispenser de se rendre sur les lieux ; ils ne doivent pas non plus assister passivement à ces opérations, sans constater par eux-mêmes la situation des différentes parties du service, spécialement l'existence et l'état de conservation des registres et autres documents du bureau. I. 1688.

En arrivant dans un bureau pour une installation, l'employé supérieur constate par un procès-verbal sommaire la situation des arrêtés des registres qui sont soumis à cette formalité. Circ. 22 nov. 1837. Il met ensuite son vu d'arrivée sur le principal registre de recette. I. 1351, art. 4. V. *Vérificateurs.*

136. Après ces opérations préliminaires, le nouveau et l'ancien comptable, avec le concours de l'employé supérieur, procèdent à l'établissement du *compte de clerc à maître.* I. 985 et 1688. On donne ce nom au compte que tout comptable, en quittant provisoirement ou définitivement ses fonctions, doit rendre à celui qui le remplace soit comme titulaire, soit comme chargé de l'*intérim;* de même qu'au compte-rendu par ce dernier au titulaire, lorsque celui-ci reprend l'exercice de ses fonctions, après l'avoir interrompu par suite de maladie, congé, ou toute autre cause. On fera connaître au titre de la *comptabilité générale* la forme des comptes de clerc à maître et le mode à suivre pour leur rédaction.

Les comptes de clerc à maître sont rédigés en quadruple expédition, l'une sert de décharge au comptable sortant et lui est remise, l'autre reste au bureau, enfin les deux dernières

·doivent être envoyées au directeur, ainsi qu'on le verra ci-après (V. 139).

Les valeurs formant le solde de compte, les papiers timbrés restant en nature, et les pièces justificatives des dépenses et des avances à régulariser sont remises au préposé qui prend le service ; l'employé supérieur doit veiller à ce que cette remise s'effectue régulièrement et s'il y avait *déficit*, il aurait à le constater dans la forme ordinaire. V. *Vérificateurs*. — Il doit aussi exiger que le receveur sortant ne remette pas pour comptant à son successeur des crédits ou sommes à recouvrer sur des officiers publics, excepté pour les *faibles sommes* qui peuvent former le solde à recouvrer du carnet de compte ouvert, et seulement pour les actes enregistrés, encore déposés au bureau. V. *Receveurs*, titre VI.

137. Le récolement de l'inventaire du bureau est une partie importante, et trop souvent négligée, des opérations d'installation : l'employé supérieur y fait procéder en sa présence ; il vérifie personnellement si l'inventaire est complet, si tous les registres et documents qui y sont énoncés se trouvent au bureau. I. 1351, art. 7, § 1er, et 1688.

Ces vérifications sont surtout indispensables s'il s'agit de l'installation d'un conservateur des hypothèques : l'employé supérieur doit s'assurer que les doubles des bordereaux d'inscriptions sont enliassés et classés avec ordre ; que les registres des formalités hypothécaires, ceux du répertoire et de la table alphabétique sont tous existants et parfaitement complets. Il est nécessaire, en outre, qu'il examine avec soin l'état matériel de ces différents registres ; qu'il prenne note de ceux dont la reliure serait dégradée par suite de vétusté ou d'accident, qu'il fasse reconnaître le besoin de réparation par les deux préposés. V. *Conservateurs*.

La reconnaissance de l'inventaire, portée tant sur la minute restant au bureau que sur les deux expéditions qui en sont faites, doit être signée par les deux receveurs et l'employé supérieur, et mentionner que le récolement a été fait en présence de ce dernier. — Une des expéditions de l'inventaire est remise au receveur sortant pour sa décharge ; l'autre est destinée au directeur. I. 1688.

L'employé supérieur doit veiller à ce que le receveur sortant ne conserve aucun des papiers, registres et documents appartenant aux archives du bureau, notamment les bulletins mobiles ou autres tables particulières que tiennent dans certains cas les conservateurs des hypothèques. I. 1081 et 1688. V. *Conservateurs*.

138. Au moyen du vu d'arrivée dans lequel l'employé supérieur peut indiquer l'objet de sa mission, et de l'arrêté des recettes qui doit être fait sur chaque registre, au moment de la remise du bureau pour la rédaction du compte de *clerc à mai-*

tre (**V.** *Compabilité générale*), il paraît inutile de constater l'installation par un procès-verbal spécial, inscrit sur le principal registre du bureau ; l'instruction n° 1688 ne prescrivant pas de le faire, il suffit de rédiger l'arrêté des recettes à la date courante sur le principal registre, de telle sorte qu'il fasse connaître expressément le changement de comptable et les noms et qualités des receveurs sortant et entrant, et de l'employé supérieur qui préside à l'installation.

139. L'installation terminée, l'employé supérieur fait porter en recette le montant du prélèvement que le nouveau receveur peut avoir à supporter, ou plutôt donne des ordres pour qu'il en soit fait recette à la fin du mois, puisque c'est seulement à cette époque qu'il peut être fait dépense des remises (**V.** 134, 246). Il annonce ensuite l'installation au directeur, par une lettre spéciale qui indique exactement le jour où elle a eu lieu, et lui adresse en même temps : 1° deux expéditions du compte de clerc à maître ; 2° une expédition de l'inventaire annotée de la reconnaissance qui en a été faite; et, 3° s'il y a lieu, l'état des registres de formalité ou de manutention hypothécaires qu'il aurait jugés susceptibles de réparation. I. 1688.

En quittant le bureau, l'employé supérieur doit inscrire son vu de départ, mais seulement lorsque ses opérations n'ont pas été terminées le jour de son arrivée. V. *Vérificateurs.*

140. A la réception de l'avis d'installation, le directeur donne au besoin des ordres pour que les réparations reconnues indispensables à la conservation des registres d'hypothèques, aient lieu sur le champ, dans le cas où les deux préposés ne seraient pas convenus de les faire opérer. I. 1688.

Immédiatement, le directeur rend compte par une lettre spéciale adressée au Directeur général de l'installation du préposé ou de l'intérimaire, et l'informe, s'il y a lieu, du départ de l'ancien titulaire pour sa nouvelle destination (**V.** 126). I. 1284 et 1346. Dans cette lettre, le directeur, lorsqu'il s'agira de l'installation d'un préposé titulaire, devra certifier que celui-ci lui a fait les justifications relatives à sa prestation de serment, à l'apurement provisoire de sa comptabilité antérieure, et au versement intégral de son cautionnement, I. 1491 ; il enverra en même temps les pièces constatant ce versement, s'il y a lieu à une nouvelle inscription du cautionnement. I. 1622 (**V.** 92, 93).

141. Il a été recommandé aux directeurs, notamment par une lettre du 24 avril 1833, de correspondre directement et exclusivement avec le Directeur général, *bureau du personnel*, pour tout ce qui est relatif aux vacances d'emplois par décès ou par démission, au congés, maladies d'employés, installations, etc. Les directeurs devront se conformer ponctuellement à cette recommandation, et écrire, pour ces différents objets, au Directeur général seul. Ils sont tenus de l'informer des installations aussitôt qu'elles sont effectuées ; lorsque, dans le cas de changement d'emploi, le directeur n'aura pu lui transmettre en même temps les pièces relatives au cautionnement en numéraire du préposé, il aura soin, en adressant ces pièces ultérieurement au Directeur général, de rappeler la date de la lettre d'avis de l'installation. Enfin, il convient de réunir dans une seule lettre tout ce qui se rapporte au même objet, et de ne pas en écrire plusieurs le même jour, par exemple, pour annoncer le départ d'un employé appelé dans un autre département, l'installation de son successeur, et pour envoyer les pièces justificatives du cautionnement de ce dernier. Ces diverses dispositions sont nécessaires à l'ordre du service de l'administration centrale. Circ. 1er mars 1845. Elles ont modifié les règles contraires énoncées dans l'inst. n° 1622, d'après laquelle ces renseignements devaient être adressés à la 1re div. Le directeur n'omettra point (V. 126), d'informer son collègue du département où doit se rendre le préposé nommé à une autre destination, de la date de la cessation de son service, en lui adressant l'ancienne commission de cet employé, revêtue de la mention prescrite, avec les renseignements indiqués (V. 129).

142. Après ces différents avis, le directeur procède sans retard à la vérification du compte de clerc à maître, le vise, en transmet une expédition au Directeur de la comptabilité générale, et conserve l'autre dans les archives de la direction. Enfin, du 1er au 10 de chaque mois, il adresse au Ministre des finances, *bureau des dépenses*, un état des mouvements survenus dans l'effectif du personnel pendant le cours du mois précédent. V. *Comptabilité générale.*

143. Les préposés de tous grades qui viennent de prendre possession d'un emploi auront soin, en arrivant dans le lieu, où les différents lieux où ils doivent exercer leurs fonctions, de se présenter aux principaux fonctionnaires chargés de l'autorité. C'est un devoir qui n'est pas seulement dans les convenances, mais qui concourt à faire connaître le nouvel employé et à le mettre en rapport avec les autorités dont le concours peut être nécessaire pour l'exercice de ses fonctions.

TITRE II.

FONCTIONS, DEVOIRS ET ÉMOLUMENTS DES EMPLOYÉS EN ACTIVITÉ.

CHAPITRE Ier. — *Fonctions des divers employés,*

Incompatibilités.

144. Les fonctions de chacun des emplois de l'adm. sont déterminées ; elles sont indiquées sous le titre spécial des divers emplois. On présente ici quelques observations sur le caractère conféré aux employés de l'adm., la nature de leurs fonctions en général, les incompatibilités, l'ensemble des attributions et le but de l'institution de chaque classe de préposés.

Les emplois de l'adm. confèrent à ceux qui en sont pourvus, le caractère de fonctionnaires publics de l'ordre administratif, non dans le sens restreint du mot qui s'applique plus particulièrement à ceux des fonctionnaires investis d'une portion de la puissance publique, mais dans le sens plus général et plus usuel, d'après lequel on classe parmi les fonctionnaires publics ceux qui sont investis de fonctions conférées par le Gouvernement. Dès-lors, les employés de l'enreg. et des domaines sont placés sous l'application des dispositions qui protègent ou punissent d'une manière particulière les personnes chargées de fonctions publiques.

145. Les employés de l'adm. ne peuvent être poursuivis pour des faits relatifs à leurs fonctions, qu'en vertu d'une décision du conseil d'État. Constitution du 22 frim. an 8, art. 75 ; Av. cons. 16 mars 1807. Cependant le Directeur général est autorisé à traduire devant les tribunaux, sans recourir à la décision du conseil d'État, les agents inférieurs de l'adm. Arr. du Gouv., 9 pluv. an 10. I. 42. — Les préposés comptables constitués en *débet* peuvent être contraints par corps, sans jugement préalable, et en vertu de la contrainte décernée pour le paiement, sur le simple *visa* du directeur. Cependant, à moins d'urgence, il convient d'en référer à l'adm. I. 303.

L'autorisation qu'on est obligé d'obtenir du conseil d'État, pour traduire un employé devant les tribunaux, n'établit pas un privilège en faveur des agents des administrations, mais une garantie d'ordre public pour que l'action du Gouvernement ne puisse être arrêtée ou suspendue. Cass. 24 juin 1819. Toutefois, lorsqu'il s'agit de concussions, les parties peuvent exercer l'action en répétition sans autorisation préalable. C'est ce qui résulte des lois annuelles relatives à la perception de l'impôt.

Les comptables destitués peuvent, comme ceux qui auraient cru pouvoir donner leur démission pour cause d'infidélités, être mis en jugement sans autorisation préalable, parce que la garantie accordée aux préposés ne leur est pas applicable. Cass. 5 juin 1823.

146. Les préposés ne peuvent se pourvoir devant les tribunaux ordinaires, ni à raison de leur comptabilité, ni pour aucune discussion avec l'adm. pour tout ce qui concerne l'exercice de leurs fonctions.

Toute attaque, toute résistance avec violences et voies de fait envers les préposés lorsqu'ils sont en fonctions, sont considérées comme crime ou comme rébellion. C. pén. 209.

Le procès-verbal rédigé par un employé, constatant qu'il a

5

été outragé dans l'exercice de ses fonctions, ne fait pas foi jusqu'à preuve contraire. C. Bordeaux, 14 mars 1840.

147. *Incompatibilités.* Les fonctions des préposés de l'adm. ont pour objet principal d'assurer l'accomplissement des formalités du timbre, de l'enreg. et des hypothèques, la perception des droits qui en résultent, et le recouvrement des amendes, des frais de justice et des produits des domaines (V. 12). Tous les emplois de l'adm. exigent que ceux qui en sont pourvus consacrent tout leur temps à leurs fonctions et n'en soient point détournés par des occupations étrangères. C'est une règle générale, dont il est parlé ci-après (V. 149) ; mais il y a encore entre ces emplois et d'autres fonctions des incompatibilités plus prononcées.

Il y a incompatibilité entre les fonctions des employés de tout grade de l'adm., et les fonctions ou emplois ci-après, savoir : 1° Préfets et sous-préfets. O. gén., 10. — 2° Juges, juges-suppléants et magistrats du ministère public. Décr. 5 nov. 1790, Circ. R. 31 et 96. — 3° Notaires, avoués, greffiers, huissiers et autres officiers ministériels. L. 19 déc. 1790, 6 oct. 1791, 24 vend. an 3, 21 germ. an 5, et 25 vend. an 11. O. gén. 10 ; Circ. R. 194 et 1045. Les receveurs et employés supérieurs peuvent être dispensés de justifier d'un stage pour aspirer aux fonctions du notariat, en quittant l'adm. ; mais il n'en est pas de même des surnuméraires. D. just. 14 juill. 1840. — 4° Percepteurs des contributions directes, ou agents des contributions indirectes et de toute autre administration. L. 1er juin 1791. Circ. R. 194. — Enfin aucun employé ne peut exercer, ni concourir à l'exercice d'une autorité chargée de la surveillance médiate ou immédiate de ses fonctions. L. 14 frim. an 2. Circ. R. 510.

148. Les receveurs et conservateurs ne peuvent exercer les fonctions de maires ou officiers municipaux. L. 18 déc. 1789. Circ. R. 194. Ils ne peuvent être membres des conseils d'arrond. et de département. *Ibid.* ; L. 22 juin 1833, et D. cons. d'État, 10 août 1843. La même incompatibilité existe pour les employés supérieurs et pour les directeurs ; le conseil d'État a rendu deux décisions dans ce sens les 6 mars et 5 juin 1846.

Il n'est pas défendu aux employés de tout grade d'accepter des fonctions gratuites, telles que celles d'administrateurs ou de membres des commissions des hospices et bureaux de bienfaisance, des prisons, des colléges et autres fonctions analogues. Ces titres sont presque entièrement honorifiques et ne peuvent détourner beaucoup un employé de ses occupations. L'adm. ne peut donc voir avec défaveur ces distinctions accordées à ses préposés par la confiance de leurs concitoyens. Mais ceux qui en sont investis, doivent faire en sorte que le service n'ait pas à souffrir de ces occupations.

Les fonctions de Député, de Juré, d'Électeur ne sont pas incompatibles avec celles d'aucun emploi de l'administration.

Les employés de tout grade, même les receveurs, ne sont point dispensés du service de la Garde nationale. Cass. 26 déc. 1840; mais ils peuvent se faire remplacer pour tout service extraordinaire qui donne lieu à un déplacement hors du lieu de leur résidence. Circ. R. 688.

149. La dignité de l'adm., la sécurité des deniers publics et la régularité du service exigent que les préposés ne se livrent à aucune occupation étrangère à leur emploi, notamment à des spéculations de commerce, de banque ou d'industrie, et qu'ils s'abstiennent même de prendre part directement ou indirectement à des opérations de cette nature.

Il leur est recommandé de ne point se charger de la régie d'intérêts privés, de ne pas être les conseils, les mandataires ou les hommes d'affaires de particuliers; l'infraction à cette règle deviendrait encore plus coupable, si les préposés se servaient des documents que leurs fonctions les mettent à portée de consulter, pour compromettre à leur profit ou à celui de quelques personnes, les intérêts des tiers, et surtout ceux qui leur sont confiés par l'adm. Les receveurs ne peuvent même s'immiscer dans la recette des fonds appartenant aux bourses communes des notaires et des huissiers. D. 8 juill. 1823. I. 1087.

150. Il est défendu à tout chef ou employé des administrations dépendant du ministère des finances, à Paris et dans les départements, d'agir en vertu de procuration d'un comptable, et de suivre auprès de l'adm. l'apurement d'aucun compte, la décision ou la liquidation d'aucune affaire, ni la recette d'aucune somme, même à titre officieux ou gratuit. Les employés qui contreviennent à cette défense, et ceux qui conservent un intérêt ou une occupation quelconque dans des agences ou cabinets d'affaires sont censés avoir donné leur démission et sont immédiatement remplacés. D. 15 déc. 1820. Cette décision est applicable à tous les employés de l'adm. I. 964.

151. Plusieurs fois il a été prescrit aux employés supérieurs de signaler les préposés sous leurs ordres qui enfreindraient ces dispositions; les directeurs ne doivent pas non plus les tolérer de la part des employés supérieurs, et sont tenus de donner l'exemple sous ce rapport. Circ. 22 nov. 1837.

152. La défense faite aux préposés de l'adm. de s'immiscer dans les agences ou cabinets d'affaires s'applique nécessairement aux commis, expéditionnaires et autres personnes qu'ils emploient. Ils pourraient être compromis, s'il était reconnu qu'ils n'ont pas exercé à cet égard une surveillance suffisante, et il est de leur devoir de ne pas permettre que leurs employés se livrent personnellement à des occupations qui peuvent donner lieu à des abus.

153. Il résulte de l'ensemble des réglements adoptés dans les diverses administrations que des *parents* ou *alliés* ne peuvent être chargés de fonctions dans lesquelles ils auraient l'un

sur l'autre une surveillance plus ou moins immédiate. En conséquence, aucun préposé ne peut être placé sous les ordres ou la
surveillance de son père, beau-père, oncle, frère ou beau-frère.
D. 4 déc. 1828. I. 1264. — Toutefois, il y a exception a cette règle
pour les surnuméraires et aspirants, *Ibid.*; ainsi que pour les
premiers commis de direction qui peuvent être placés sous les
ordres ou sous la surveillance de leurs parents et alliés. I. 1306.

Quoique la parenté ou l'alliance entre les préposés et les officiers ministériels ne soit pas une cause d'incompatibilité pour les
fonctions qui peuvent les mettre en relation, ces liens pourraient n'être pas sans inconvénient; aussi est-il prescrit aux
directeurs de faire connaître par un rapport spécial à l'adm.,
les préposés qui seraient ou deviendraient parents, ou alliés, à
l'un des degrés ci-dessus spécifiés, de l'un des officiers publics
avec lequel ses fonctions le mettent en rapport. Circ. 27 nov. 1843.

154. *Attributions spéciales.* Chaque emploi ayant des fonctions et des attributions spéciales et distinctes, il est essentiel
que les préposés restent dans les limites, non seulement des
fonctions de leur emploi, mais encore de la circonscription où
ils doivent les exercer.

Le service est organisé de telle sorte que les *receveurs* et les
conservateurs sont chargés de l'accomplissement des formalités,
de la perception et du recouvrement des produits, de la surveillance qui s'y rattache et des opérations qui sont la suite ou
la conséquence de ces attributions. V. *Receveurs, Conservateurs.*
Dans cette tâche, ils sont aidés et quelquefois suppléés par les
surnuméraires qui ont cependant pour principale occupation
d'acquérir le plus promptement possible, sous leur direction,
les connaissances nécessaires a un receveur (V. 49). Les fonctions attribuées aux receveurs sont, ou réunies dans les mêmes
mains, ou divisées selon l'importance des localités. Chacun
d'eux les exerce dans l'étendue d'un ou de plusieurs cantons
déterminés; cependant la conservation des hypothèques est
toujours réunie pour tout un arrondissement (V. 384 et 385).

155. Les employés supérieurs sont spécialement chargés
des opérations qui concernent la surveillance des bureaux de
recette, et celle des dépôts publics en ce qui a rapport aux
attributions de l'adm. Cette surveillance s'exerce sur deux degrés : les *vérificateurs* et les *inspecteurs de 3e classe* ont pour
mission de vérifier à fond toutes les parties du service et de
la gestion des comptables, dans plusieurs bureaux déterminés
sur la proposition du directeur; les *inspecteurs de 1re ou de
2e classe* doivent examiner la situation des bureaux et s'assurer
de la régularité et de l'exactitude des opérations de vérification
dans l'étendue d'un département, ou dans une division fixée
par l'adm. V. *Vérificateurs, Inspecteurs.*

156. Les *directeurs* sont chargés, comme chefs de service,
de la direction du service dans tout le département, de la sur-

veillance générale du personnel et des opérations des employés, enfin de la correspondance avec l'administration. V. *Directeurs*. Ils sont aidés dans ce dernier travail par un *premier commis* chargé de préparer la correspondance. V. *Premiers commis*. Sous les ordres et la surveillance immédiats du directeur sont placés un *garde-magasins* des papiers timbrés et des impressions, un *timbreur* et d'autres préposés chargés de tout ce qui a rapport au matériel et à la manutention du timbre. V. *Employés du timbre*.

157. Toutes les parties du service dans les départements sont centralisées à l'administration à Paris. La direction et la surveillance du personnel et des opérations s'y trouvent concentrées. Au *Directeur général* appartient la haute direction ; sous sa présidence, le *Conseil d'administration* délibère sur les questions générales ou particulières qui lui sont soumises ; enfin, chacun des *Administrateurs*, placé à la tête d'une des quatre divisions par matières, a pour mission spéciale de suivre, pour toute la France, les affaires qui rentrent dans ses attributions, de diriger et de surveiller, sous ce rapport, les chefs de service dans les départements et tous les préposés sous leurs ordres.

La préparation du travail et de la correspondance que nécessite la direction générale du service dans les bureaux de l'administration centrale est répartie entre les *chefs* et *sous-chefs*; enfin l'*archiviste*, les *commis principaux*, les *commis d'ordre* et les *expéditionnaires*, sont chargés, suivant leur spécialité, du classement, de la distribution et de l'expédition des affaires ou de la correspondance. V. *Administration centrale*.

158. On voit par l'ensemble de ces attributions que le travail d'exécution, de surveillance et de direction a été réparti de manière à assurer la régularité de toutes les parties du service. De l'administration centrale émanent les ordres dont elle doit surveiller l'exécution ; les directeurs la représentent dans chaque département ; enfin les receveurs exécutent et perçoivent sous la surveillance immédiate des employés supérieurs.

Il résulte d'une telle organisation une grande sécurité pour les intérêts confiés à l'adm. Il est difficile qu'aucun abus échappe à la surveillance, par suite du contrôle exercé sur toutes les opérations des préposés. On peut regretter néanmoins une lacune causée par la suppression des inspecteurs généraux dont les fonctions étaient très utiles pour exercer une surveillance immédiate sur le service des directeurs. Quoique l'inspection des finances ait actuellement cette mission (V. 19), l'expérience démontre que des inspecteurs spéciaux seraient encore nécessaires.

159. Tous les préposés, sans exception, doivent concourir au but de l'institution de l'adm. et à la prospérité des produits. Lors même qu'ils ne seraient pas chargés de certaines parties, et qu'ils n'auraient point pour mission spéciale de surveiller quelques unes des branches de l'adm., ils ne doivent pas moins concourir au but proposé. Il est de leur devoir de signaler les abus et les contraventions qui peuvent arriver à leur connaissance, à ceux des employés qui sont plus spécialement chargés de les réprimer, ou d'en assurer la répression.

En dehors de ce concours général, chaque employé doit s'occuper exclusivement des fonctions de son emploi, dans le cercle de ses propres attributions. Il est très important que les préposés ne s'immiscent point dans l'exercice de fonctions qui ne leur appartiennent pas, et n'étendent pas au-delà de l'arrond. de leur bureau, ou de la division qui leur est dévolue, les opérations qui leur sont confiées. Le concours que les employés se doivent réciproquement ne les autorise pas à accomplir effectivement et en leur nom, des opérations réservées à d'autres.

CHAPITRE II. — *Devoirs généraux des employés.*

160. *Règles de conduite.* Les employés de l'adm., quels que soient leur grade et leurs attributions, exercent des fonctions publiques qui leur imposent des devoirs généraux envers le Gouvernement, l'administration et le public.

Il est nécessaire que les employés de tout grade donnent l'exemple de la soumission aux lois et apportent dans leur *conduite publique* un concours dévoué au Gouvernement, une respectueuse déférence envers les autorités constituées, et cet esprit de modération et de sage légalité qui a toujours distingué l'administration. Ils ne perdront jamais de vue les obligations que leur impose à cet égard leur qualité de fonctionnaires et d'agents du Gouvernement.

161. Dans leur *conduite privée* les employés ne doivent pas moins être irréprochables. La considération générale ne s'acquiert qu'à ce prix, et elle est indispensable aux préposés pour exercer convenablement leurs fonctions.

Il est donc nécessaire que la conduite privée des employés leur concilie l'estime publique et celle des autorités locales. L'adm. ne pourrait continuer d'accorder sa confiance à celui dont les mœurs seraient un objet de scandale.

Outre le respect qu'ils auront toujours pour les bonnes mœurs, les préposés repousseront les habitudes d'intempérance, ou les fréquentations incompatibles avec le rang qu'ils doivent occuper dans la société. C'est surtout aux jeunes employés que s'adressent ces recommandations. Entraînés quelquefois par l'âge, et détournés des bonnes habitudes par l'isolement ou des exemples dangereux, ils croient pouvoir occuper les loisirs que laissent les premiers bureaux, par des distractions que n'admet pas toujours la bonne société. C'est aux employés supérieurs à leur faire comprendre les dangers des mauvaises habitudes, et à leur montrer l'impression défavorable qui peut en résulter pour leur avenir. Ils leur feront remarquer aussi que les loisirs des premiers bureaux offrent un temps précieux pour acquérir et perfectionner les connaissances qui leur seront nécessaires; enfin, par de sages remontrances, ils réussiront le plus souvent à ramener à une conduite régulière, les employés qui s'en seraient écartés.

Si ces observations bienveillantes n'avaient pas le succès qu'il faut en attendre, ils ne devraient pas hésiter à signaler ceux qui continueraient à avoir une mauvaise conduite. Il vaut mieux en effet, provoquer des reproches ou des mesures sévères contre les employés, ou même faire éloigner de l'adm. ceux qui se rendraient indignes de figurer dans ses rangs, que d'exposer, par une faiblesse coupable, l'administration et ses préposés à perdre dans quelques localités une partie de la considération publique (V. 77).

162. L'un des premiers devoirs de tout employé est sans contredit la probité et même la délicatesse la plus scrupuleuse, non seulement dans l'exercice de ses fonctions, mais encore dans ses rapports privés. Il est inutile d'insister à ce sujet; il n'est personne qui ne sente la nécessité pour tous les hommes, et surtout pour les fonctionnaires en particulier, d'éviter tout reproche d'infidélité et même les simples soupçons qui pourraient s'élever sur leur probité. On aura seulement quelques observations à ajouter à cet égard, en parlant de la tenue de la caisse et de la comptabilité. V. *Receveurs*, titre VI, et *Comptabilité générale*.

163. Ainsi qu'on l'a vu, *sup.* 149, 150, les préposés doivent s'abstenir de toutes opérations de banque, de commerce ou d'industrie qui pourraient compromettre la sécurité des deniers publics, ou la régularité du service; il leur interdit de se constituer les conseils des contribuables, ou enfin de prendre part, soit par eux-mêmes, soit par personnes interposées, et sous peine de destitution ou de plus grandes peines si le cas y échoit, à aucune spéculation, acquisition, concession, location, aliénation ou autre opération sur des biens meubles ou immeubles dont la régie ou la vente sont confiées à l'adm. C. civ. 1596; I. 635.

164. *Subordination.* Ce n'est pas seulement à l'égard des autorités constituées que les employés doivent montrer de la déférence; ils sont tenus encore à la subordination envers l'adm. qui leur a délégué ses pouvoirs, et envers leurs supérieurs hiérarchiques. Sans cette subordination, le service serait constamment entravé. Les préposés doivent en conséquence exécuter avec empressement et exactitude les ordres et instructions qu'ils reçoivent. De leur côté, les employés supérieurs useront avec discernement, impartialité, et même avec bienveillance, de l'autorité qui leur est confiée. Il importe qu'ils se renferment toujours dans le cercle de la légalité et de leurs attributions; tout abus d'autorité de la part d'un employé supérieur l'exposerait à perdre la confiance de l'adm. et à une répression sévère.

165. Les employés supérieurs devant toujours rester, à l'égard des préposés qui leur sont subordonnés, dans une situation d'indépendance nécessaire à la régularité du service, il leur est expressément défendu : 1° de loger ou de manger chez les receveurs ou autres préposés placés sous leurs ordres, Circ. R. 1730; I. 825, 1093, 1318 et 1351; 2° de leur faire aucun emprunt d'argent, ou de contracter envers eux des obligations de nature à compromettre leur indépendance, Circ. 18 août 1827; I. 1318 et 1351; 3° de permettre que des cases en blanc leur soient conservées pour y inscrire leur vu, ou que les registres et documents des bureaux leur soient envoyés. Circ. 14 mai 1808; I. 1318 et 1351. Les infractions à ces dispositions peuvent donner lieu à des peines disciplinaires et même à la suspension ou à la révocation, sans préjudice de tous dommages-intérêts s'il y a lieu. *Ibid.* V. *Vérificateurs.*

166. *Relations avec le public.* Dans leurs rapports avec les officiers publics et les contribuables, les préposés n'oublieront jamais les égards qui sont dus à tous les citoyens. Les officiers publics ont à remplir des obligations que la loi leur impose particulièrement; mais ils n'ont aucun ordre à recevoir des employés chargés de la surveillance de leurs opérations. Il importe donc de s'abstenir à leur égard de toute observation déplacée, et d'éloigner toute idée d'une domination ou d'une supériorité qui n'existent nullement. Il faut se borner à leur faire les observations auxquelles un mode de procéder irrégulier peut donner lieu, à constater les contraventions selon les formes prescrites ou à signaler les abus et les infractions aux autorités chargées d'en assurer la répression; mais aucune injonction ne peut être adressée aux officiers publics ou ministériels.

167. Dans leurs relations avec les officiers publics, les employés doivent constamment user de modération et chercher à prévenir, plutôt qu'à réprimer les contraventions; ils leur donneront aussi les explications nécessaires sur les perceptions faites ou sur les réclamations qu'ils auraient adressées à leurs clients. Cette manière d'agir n'est pas seulement commandée par les égards dus aux officiers publics et aux contribuables, mais encore par l'intérêt bien entendu du trésor.

En effet, les officiers publics sont les conseils des parties et exercent une grande influence sur leurs résolutions. La connaissance qu'ils ont des dispositions de la loi, permet de leur faire comprendre plus facilement qu'aux parties la légitimité des demandes faites à celles-ci, et il est rare qu'un officier public, convaincu du bon droit de l'adm., ne s'empresse de faire cesser toute opposition de la part des débiteurs. De cette manière on obtient souvent plus par les voies de la seule persuasion, qu'en employant des formes plus rigoureuses.

168. Ces égards doivent s'étendre à toutes les personnes qui ont des intérêts à régler avec les employés, ou des droits à payer. Il faut se souvenir que l'impôt est une charge, fort lourde souvent pour les malheureux ; qu'ils ont droit à des ménagements , à des explications ; qu'avec tous les contribuables sans exception, des formes polies sont indispensables.

L'impôt, librement voté, est une dette que chacun paie dans l'intérêt général ; le trésor n'est donc qu'une caisse commune où chacun doit apporter sa part ; mais ce n'est point un tribut payé aux fonctionnaires préposés à la recette. Nous le disons à regret, quelques employés ne sont pas toujours assez pénétrés de ce devoir de bienséance. Sans doute, la multiplicité des occupations est une excuse; l'insistance, la mauvaise volonté ou le défaut d'intelligence de quelques personnes, exigent une patience fort grande ; mais en général, le public se montre moins rebelle aux explications données avec douceur et politesse, et il est d'ailleurs assez naturel qu'en payant une somme on soit bien convaincu de son exigibilité. Il importe beaucoup que les employés ne donnent aucune prise aux attaques que la mauvaise foi dirige contre les prétendues exigences du fisc.

169. *Instruction.* Tous les emplois de l'adm. exigent des connaissances étendues, et une aptitude particulière (V. 15). L'employé qui veut exercer ses fonctions avec quelque distinction doit connaître parfaitement la législation civile, et se familiariser avec les règles de la procédure ; mais indépendamment de ces connaissances générales, déjà si difficiles à acquérir lorsqu'on s'y livre exclusivement, il faut encore que l'employé de l'enreg. possède à fond la législation spéciale qui régit toutes les parties des attributions de l'administration.

Si l'on réfléchit que l'employé supérieur notamment, est appelé à s'occuper de toutes les parties : enregistrement, notariat, greffes, hypothèques, domaines, comptabilité, instances, on comprendra que de longues et sérieuses études, des efforts constants et un travail sans relâche sont indispensables pour acquérir, conserver et augmenter sans cesse l'instruction nécesaire dans l'exercice de ces emplois.

Les décisions qui ont interprété et interprètent chaque jour les dispositions de la loi, sont un autre sujet d'étude auquel un bon employé ne peut rester étranger, et si l'on joint à ces occupations les détails si minutieux et si variés de la manutention, on sera convaincu que pour mériter ce titre, il ne faut pas seulement une aptitude réelle et de la facilité ; mais encore le goût du travail, de l'assiduité, beaucoup d'activité et un zèle soutenu et désintéressé (V. 15).

170. *Assiduité.* Quelles que soient l'aptitude, l'instruction et la facilité des employés, ils ne pourraient exécuter tous les travaux dont ils sont chargés, sans une assiduité constante à leurs fonctions. Indispensable aux comptables ou aux préposés dont les bureaux s'ouvrent au public, l'assiduité au travail n'est pas moins nécessaire de la part des employés supérieurs qui doivent, sous ce rapport comme sous tous les autres, l'exemple aux préposés sous leurs ordres, et ont à faire, sous leur responsabilité personnelle, des vérifications exigeant l'emploi de tout leur temps.

Bien que les employés supérieurs soient tenus de faire à l'extérieur des investigations qui les obligent à de fréquents déplacements ou à des démarches au dehors, ils comprendront que la facilité que ces courses peuvent leur donner pour dissimuler un défaut d'assiduité ne peut être un motif de s'affranchir de la règle commune. Ce n'est pas seulement un devoir imposé, c'est encore un devoir de conscience.

171. Les réglements obligent les receveurs à être assidus à leurs bureaux quatre heures le matin et quatre heures l'après-midi. O. gén. 14. Depuis, il a été prescrit de tenir les bureaux ouverts de huit heures du matin à quatre heures de relevée. I. 1586. V. *Receveurs*, titre 1er. — Si la même ponctualité n'a pas été expressément recommandée aux employés supérieurs, il est certain que l'obligation de consacrer à leurs fonctions au moins huit heures chaque jour leur est également applicable, et qu'il convient aussi d'en régler l'emploi comme pour les receveurs. Les bureaux des directeurs devant être ouverts au public, les mêmes règles doivent être observées. Enfin un réglement intérieur du ministère des finances porte que les employés de l'adm. centrale devront être assidus à leurs bureaux depuis neuf heures et demie du matin jusqu'à quatre heures et demie du soir.

172. *Exactitude.* Dans tout ce qui a rapport à la manutention, l'adm. a souvent recommandé une exactitude rigoureuse. L'exactitude est en effet une des principales qualités des préposés, et les employés supérieurs doivent en donner l'exemple. On ne peut conserver la confiance de l'adm. lorsqu'on arrête sa marche. Ainsi, notamment tout ce qui tient à la comptabilité et aux états ne doit souffrir ni retard ni excuse, puisque la négligence, dans ce cas, étend son influence sur des opérations générales. I. 30.

On ne peut trop insister sur l'exactitude en général ; il est des employés fort recommandables d'ailleurs qui, par leur négligence à envoyer les pièces ou états prescrits, produisent une impression défavorable sur l'esprit de leurs supérieurs. Tel préposé qui met de l'exactitude à exécuter les opérations de son emploi, néglige parfois d'en rendre compte aux époques prescrites, ou bien d'envoyer au directeur, au jour indiqué, des états dont l'importance lui semble moindre. Il ne pense point par là être fort répréhensible ; mais s'il considérait que le directeur ou l'adm. attendent, souvent avec impatience, le résultat de son travail pour compléter le leur ou former des états généraux, il comprendrait qu'il n'en faut pas davantage pour donner de lui une mauvaise opinion, et pour l'exposer, si sa négligence se renouvelle fréquemment, à être signalé parmi les mauvais employés.

173. *Activité.* Plus les fonctions des préposés sont importantes et exigent de travaux, plus ils doivent apporter d'activité dans l'exécution des opérations qui leur sont prescrites. Cette activité doit être constante. Il faut s'occuper à la fois de toutes les parties du service, de manière à les tenir toujours au courant. Lorsqu'une partie se trouve arriérée, il est beaucoup plus difficile ensuite d'y rétablir l'ordre convenable, et le service souffre long-temps de quelques instants de négligence.

L'adm. ne peut conserver dans leurs emplois ceux qui en remplissent les fonctions avec indifférence et qui manquent d'application ou d'*activité*. Circ. R. 1122 et 1126.

Mais s'il importe de mettre de l'activité dans le travail, il est aussi essentiel de n'y apporter aucune précipitation. Ce qu'on fait avec trop de rapidité est rarement irréprochable, et fait perdre ensuite un temps considérable pour réparer les irrégularités.

174. *Ordre. Méthode.* L'un des meilleurs moyens d'exécuter convenablement tout ce qui est prescrit est, sans contredit, de mettre de l'ordre et de la méthode dans la distribution du travail et dans le classement des documents ou des papiers, de manière à opérer avec régularité et précision, et à ne point perdre un temps précieux en vaines recherches. On ne saurait trop insister à cet égard. En vain un employé sera instruit, laborieux, doué d'une grande activité, il ne parviendra jamais, dans certaines fonctions, à faire tout ce qui est ordonné, ou bien il aura beaucoup plus de peine à y parvenir, s'il manque d'ordre, ou s'il ne sait pas faire avec méthode la distribution de son temps.

175. *Zèle.* Le devoir de l'employé, le but qu'il doit se proposer, est de faire fructifier les revenus du trésor sur les perceptions qui lui sont confiées; de rechercher soigneusement toutes les atteintes qui seraient portées aux produits, ou aux formes dont l'infraction est l'objet de peines pécuniaires; de s'occuper avec zèle de la répression de la fraude et des abus. Circ. R. 1280; Circ. 14 mai 1808; I. 263 et 1624.

Le zèle est indispensable pour accomplir régulièrement les obligations imposées aux préposés. Chargés de la perception d'impôts et de produits dont le recouvrement dépend très souvent du plus ou moins d'activité qu'ils apportent dans l'exercice de leurs fonctions, les employés ont à s'occuper sans cesse de la recherche des droits dus au trésor, à lutter avec énergie contre la fraude ou la résistance des parties, à découvrir le caractère réel de leurs conventions, à combattre ou à déjouer les efforts et les conseils des officiers ministériels. Il leur faut se tenir au courant de la situation des contrées où ils exercent leurs fonctions, connaître à fond les valeurs qui forment l'assiette de l'impôt, apprécier l'état de la fortune publique ou privée, pour s'assurer de la solvabilité des contribuables et des moyens de recouvrement ; enfin, exercer une surveillance constante, ferme et intelligente sur toutes les parties du service qui leur est confié.

176. On a donc raison de dire qu'un zèle soutenu, et vraiment désintéressé, si l'on considère les modestes rétributions accordées aux employés, est absolument nécessaire pour accomplir la tâche qui leur est imposée.

Mais par zèle on n'entend point cette ardeur systématique qui emporte certains employés au-delà des limites d'une sage modération et souvent au-delà même de la légalité. Ce zèle ardent et inconsidéré est aussi funeste, plus funeste peut-être que la faiblesse, aux intérêts de l'adm. ; surtout lorsque ce sont des employés supérieurs et dirigeants qui se laissent entraîner aux écarts d'un zèle passionné. L'adm. a toujours mis à côté des recommandations par lesquelles elle a stimulé le zèle de ses préposés, celles d'agir avec le calme et la modération nécessaires. Les employés se souviendront qu'un zèle trop ardent devient compromettant et nuit à l'influence morale qui est indispensable pour faciliter les recouvrements (V. 79).

CHAPITRE III. — Parties d'ordre.

SECTION 1re. — Circulaires et instructions.

177. Pour guider les employés dans les opérations qu'ils ont à faire, leur donner les nouveaux ordres de service et les tenir au courant de la jurisprudence relative aux matières qui rentrent dans ses attributions, l'adm. adresse aux directeurs des circulaires imprimées et des instructions générales, que ceux-ci doivent transmettre a tous les préposés sous leurs ordres.

178 *Circulaires de la Régie.* Lorsque la Régie de l'enreg. a été instituée, les ordres généraux du service ont été transmis par des *circulaires* numérotées dont la première porte la date du 29 décembre 1790. Par l'une de ces circulaires, en date du 5 avril 1792, n° 258, la Régie a transmis un résumé des ordres de service pour chaque classe d'employés, publiés sous le titre : *Ordres généraux de régie.* Plusieurs dispositions de ces ordres généraux sont restées en vigueur, on les a rapportées dans ce traité. Les circulaires de la Régie se sont succédé jusqu'à l'établissement du Directeur général. La dernière porte la date du 27 vend. an 10, n° 2057. Pour toutes les dispositions non abrogées expressément, les circulaires de la Régie sont encore obligatoires ; les préposés y trouveront des enseignements très utiles.

179. *Instructions générales.* A partir du 8 brum. an 10, le Directeur général a adressé des ordres de service qui ont reçu le nom d'*Instructions générales.* Chacune de ces instructions porte un n° d'ordre, dont la série, commencée le 8 brum. an 10 par le n° 1er, est arrivée à la fin de l'année 1846 au n° 1774.

Les instructions générales s'adressent à toutes les classes de préposés; elles traitent de tous les objets concernant le service de l'adm.: *Personnel, Manutention, Perception*.

180. Jusqu'à l'année 1811, les règles de perception ont été transmises par des instructions générales; mais la plupart des monuments de la jurisprudence n'étaient publiés que par des recueils particuliers. A partir de 1811, l'adm. a envoyé annuellement aux directeurs deux *Précis chronologiques*, l'un des arrêts de la cour de Cassation concernant l'enreg. et les domaines; l'autre des décrets et des ordonnances rendues en matière contentieuse sur des objets concernant le domaine. Ces précis n'étaient adressés qu'aux directeurs qui n'étaient pas tenus de les transmettre aux préposés; et se bornaient à leur donner connaissance des dispositions les plus utiles, dans leurs mémoires d'ordres (V. 190).

181. Ce mode de transmission, nécessairement incomplet, entraînait souvent des erreurs et nuisait à la régularité des perceptions. D'un autre côté, le précis chronologique, restreint à une simple analyse des arrêts en matière de perception, n'énonçant aucun des motifs, exposait les directeurs à des méprises. Ces considérations ont déterminé l'adm. a prescrire aux directeurs de borner leurs mémoires aux simples ordres de service et de manutention, et a adresser périodiquement des instructions générales qui présentent, comme devant servir de règle en matière de perception, les arrêts de la cour de Cassation susceptibles de fixer la jurisprudence sur des points controversés, les jugements des tribunaux de première instance qu'il paraît utile de faire connaître, et celles des décisions d'un intérêt général qui n'ont pas fait la matière d'une instruction particulière. A la fin de l'année, il devait être adressé une table alphabétique et chronologique. I. 1119.

A partir de l'année 1824, le précis chronologique des arrêts de la cour de Cassation, en matière d'enreg., a donc été supprimé et remplacé par des instructions spéciales dans lesquelles l'adm. fait connaître les décisions qui doivent servir de règle pour la perception. La première de ces instructions a paru le 19 mai 1824 sous le n° 1132. Elles ont reçu la dénomination d'*instructions additionnelles*. Ces instructions sont très utiles pour la régularité et l'uniformité des perceptions; elles offrent aussi un excellent sujet d'étude aux employés.

182. *Circulaires.* Indépendamment des instructions générales numérotées, le Directeur général adresse encore des circulaires qui ne portent pas de n°. Elles ont principalement pour objet de donner des explications sur des ordres antérieurs, d'en rappeler les dispositions ou de transmettre des instructions sur des mesures de circonstance ou transitoires.

183. A la fin de l'année 1824, lorsque la comptabilité des administrations financières a été réunie aux bureaux du ministère des finances, toutes les instructions concernant la *Comptabilité* ont été données par le Directeur de la comptabilité générale des finances. Celles qui concernent l'adm. émanent du bureau de la comptabilité des receveurs de l'enreg. Elles ont le titre de *Circulaires*. Chacune porte, outre sa date, un n° d'ordre de ce dernier bureau et l'indication du n° général de la direction de la comptabilité. La première de ces circulaires porte la date du 5 déc. 1824 ; la dernière, jusqu'à l'année 1847, est datée du 26 déc. 1846, n° 69.

184. *Envoi.* Les directeurs reçoivent un exemplaire imprimé de chacune des circulaires et instructions générales du Directeur général et des circulaires de la Comptabilité générale. Ils devaient en accuser la réception et certifier la transmission aux employés, I. 30 ; mais comme la série des n°s leur permet de réclamer les instructions qui ne leur sont point parvenues, ils ont été affranchis de cette obligation. Quant aux circulaires sans n°, le Directeur général doit être informé de leur réception dans le délai que chacune d'elles prescrit. Circ. 21 déc. 1810.

185. Les directeurs sont tenus de faire faire à leurs frais des copies des circulaires et instructions pour être envoyées à chacun des préposés sous leurs ordres. I. 30. Ces copies sont généralement imprimées et fournies aux directeurs par abonnement avec une société particulière. Les employés sont dispensés d'en accuser réception ; ils peuvent s'assurer, au moyen des n°s, que les instructions leur sont parvenues, et à défaut réclamer celles qui manquent. L'art. 83, O. gén., prescrivait d'en faire mention au registre d'ordres ; mais les receveurs en ont été dispensés par l'inst. n° 1119.

186. *Classement.* Les circulaires et instructions doivent être classées par ordre de dates et de n°s, enliassées par année, de manière à pouvoir y recourir facilement. Quelques employés préfèrent classer par matières les instructions en feuilles, surtout lorsqu'ils possèdent une collection des instructions en volumes. Ce classement peut être avantageux sous plusieurs rapports, mais il laisse trop à l'arbitraire et présente de grandes difficultés lorsqu'une même instruction se rapporte à plusieurs objets. Il vaut mieux s'en tenir au classement beaucoup plus simple dans l'ordre chronologique ou des n°s, sauf à annoter, sur les anciennes instructions, les n°s des instructions postérieures qui en modifient ou abrogent quelques dispositions ou qui s'y rapportent. Au moyen de cette précaution et d'une table alphabétique par matières, le classement par ordre de n°s, qui permet de retrouver plus facilement les instructions, n'a plus l'inconvénient de laisser ignorer l'ensemble des règles sur une matière. Au surplus, on devra faire une liasse particulière des circulaires de la comptabilité générale des finances.

187. Les circulaires et instructions adressées aux employés ne sont point leur propriété ; elles doivent donc être constatées sur l'inventaire du bureau et remises par les receveurs à leurs suc-, cesseurs avec les autres archives.

Il devrait en être de même pour ce qui concerne les employés supérieurs ; mais, par suite de l'absence de règles positives à cet. égard et de fréquents changements qui ont eu lieu dans le service, rarement les vérificateurs et inspecteurs laissent à leurs. successeurs les circulaires et instructions qui leur ont été adres-, sées. Les collections qui existent dans les bureaux sont même souvent incomplètes. Il serait à désirer, dans l'intérêt du service, que l'adm. prit des mesures pour assurer la conservation. de ces documents et la remise régulière par les employés de tout grade à leurs successeurs.

188. *Tables*. Par une circulaire du 24 germ. an 6, la Régie a envoyé aux employés un volume contenant une table alpha-, bétique et une table chronologique des circulaires, avec ordre d'entretenir ces tables au courant. Circ. R. 1250. Cet ordre a été implicitement rappelé dans la Circ. R. 1736. Depuis, l'adm. ayant annoncé qu'une table alphabétique et chronologique des instructions additionnelles concernant la perception, serait adressée à la fin de chaque année à tous les préposés, I. 1119, quelques employés ont pensé que l'obligation de tenir au cou-, rant les tables d'instructions se trouvait abrogée ; leur opinion s'appuie encore sur les instr. 1318 et 1354 qui n'en font plus mention. Néanmoins, aucune disposition n'ayant dispensé formellement les préposés de la tenue des tables dont il s'agit, cette obligation paraît subsister. Les tables annoncées par l'adm. sont spéciales aux instructions additionnelles concernant la perception, et comme elles n'ont pas même été envoyées, il est d'autant plus indispensable d'avoir une table alphabétique et une table chronologique des circulaires et instructions que le nombre de ces documents est devenu plus considérable.

189. Les instructions renferment toutes les règles que l'adm. impose à ses préposés, et aucun guide ne peut mieux garantir la régularité de leurs opérations et leur propre sécurité. Rigoureusement les employés ne doivent obéissance qu'aux ordres officiels de l'adm., et nul ne doit les ignorer ; mais, on le demande, est-il possible à l'intelligence la mieux organisée de conserver la substance de plus de cinquante volumes d'instructions? aussi, il faut le dire, les instructions sont généralement peu connues, et l'employé le plus expérimenté est exposé souvent à s'écarter des règles tracées par l'adm., faute de savoir que cette règle existe. Quelquefois sa mémoire lui rappelle confusément cette règle ; mais il perd un temps considérable, ou se consume en vains efforts pour la trouver. Une table des instructions peut seule prévenir ces inconvénients, et les employés jaloux de se conformer exactement aux obligations qui leur sont imposées, ne peuvent se dispenser de tenir au courant un travail aussi essentiel.

190. *Mémoires d'ordres et circulaires des directeurs.* Les employés de chaque département reçoivent périodiquement ou accidentellement des instructions de leur directeur. Ces ordres de service particuliers sont donnés par des circulaires ou lettres spéciales et par des mémoires d'ordres que les directeurs adressent chaque semestre aux préposés. Les mémoires d'ordres soumis à l'approbation de l'adm. sont transcrits dans les bureaux sur un registre, et conservés par les employés supérieurs, ainsi qu'il sera expliqué aux titres des *Receveurs*, *Vérificateurs*, *Inspecteurs* et *Directeurs*. Ils sont d'ailleurs obligatoires pour les préposés du département.

SECTION II. — *États et comptes.*

191. Les employés investis de fonctions comptables sont assujettis, sous ce rapport, à des devoirs qui leur imposent non seulement des opérations spéciales et une surveillance particulière, mais encore des écritures régulières et une responsabilité pécuniaire envers le trésor. Cette partie de leurs devoirs constitue la *comptabilité*. Les observations qui s'y rapportent font l'objet de la dernière partie de cet ouvrage; on trouvera aussi aux titres des divers préposés quelques règles plus particulières à la comptabilité de chaque emploi.

192. Pour rendre compte de leurs opérations ou fournir les éléments nécessaires à des opérations ultérieures, les employés de tout grade ont à rédiger et à envoyer périodiquement ou dans des circonstances déterminées, des états, tableaux, comptes ou documents divers.

Chaque état est la suite, soit d'une opération particulière à l'employé qui doit le fournir, ou dont le travail donne lieu à sa rédaction, soit d'une opération qui rentre dans la comptabilité générale de l'adm. Dans le premier cas, il en sera question au titre de *chaque employé*, en même temps que de l'opération elle-même; dans le second cas, les observations seront présentées au titre de la *Comptabilité générale*. On énoncera seulement ici quelques règles générales concernant les états périodiques et applicables à toutes les classes de préposés.

193. Les états périodiques sont formés sur des imprimés spéciaux fournis par l'adm. et par la comptabilité, ou sur des cadres tracés à la main ou imprimés aux frais des employés. Lorsqu'il existe des imprimés spéciaux fournis par l'adm. pour la rédaction d'un état, on doit s'abstenir de le former sur des cadres tracés à la main; seulement on y ajoute des feuilles intercalaires lorsque cela est nécessaire.

Il est recommandé aux directeurs d'apporter une grande économie dans la distribution des imprimés; pour quelques-uns, il ne leur est expédié que le nombre rigoureusement nécessaire, par conséquent les préposés doivent être attentifs à ne pas égarer ceux qui leur sont envoyés, et même à conserver ceux qu'ils recevraient en excédant pour en faire usage au besoin. Le directeur doit veiller à ce que tous les employés soient approvisionnés; néanmoins, pour ne pas rester au dépourvu, ceux-ci auront soin de demander un peu à l'avance les imprimés qui ne leur auraient pas été expédiés ou qui leur seraient nécessaires.

194. Lorsqu'il n'y a point de matière pour la formation d'un état dont les instructions prescrivent l'envoi périodique, l'employé qui doit le fournir, n'est pas moins tenu de l'envoyer à l'époque déterminée, en le remplaçant par un certificat négatif. Circ. R. 470 et 1471. On comprend que s'il en était autrement, celui auquel l'état doit être adressé resterait dans l'attente et ne pourrait terminer son propre travail.

195. Les instructions donnent le modèle de presque tous les états ou en déterminent la forme générale. On suivra exactement ces modèles pour ceux à tracer à la main, en s'abstenant d'y supprimer aucune colonne ou indication comme superflue, lors même que l'on n'aurait rien à y porter. Toutefois, pour les certificats négatifs, on peut se borner à indiquer avec exactitude le titre de l'état sans en tracer le cadre. Il est bon dans tous les cas d'indiquer, sur l'état ou sur le certificat négatif, le n° de l'instruction qui prescrit son envoi.

196. Tout état doit être formé avec netteté et écrit lisiblement; il faut remplir avec soin les colonnes, détacher suffisamment les articles les uns des autres, additionner chaque page, mettre les reports, et, lorsqu'il est volumineux, attacher les cahiers. Circ. 18 flor. an 12. Il est d'autant plus essentiel que les états soient faits avec attention, qu'une erreur peut exiger le renvoi et retarder un travail général.

Lorsqu'il est expressément ordonné de conserver minute d'un état, on doit s'y conformer. Il est même utile de garder minute de tous les états périodiques; c'est le moyen d'éviter des omissions, doubles emplois et autres erreurs. L'art. 40 du règlement annexé à l'inst. 1318 et l'art. 21 de celui qui a été transmis par l'inst. 1351, semblent même en faire une obligation générale pour tous les états. Pour éviter chaque fois de tracer le cadre des états qui ne sont pas rédigés sur des imprimés, on peut disposer un cahier selon le modèle de l'état et y inscrire successivement les articles, en mettant en tête la désignation du mois, du trimestre ou de l'année, et, à la suite des articles, la date de l'envoi de l'état expédié. Ces minutes perpétuelles ou qui dureront pendant un certain temps, auront l'avantage de conserver l'ensemble des états fournis, et de faciliter les vérifications ou rectifications ultérieures. Enfin l'employé aura toujours ainsi sous les yeux les divers états qu'il doit fournir, le modèle ou le cadre de ces états, et l'expédition en sera nécessairement plus soignée.

197. La plupart des états devant servir d'éléments aux états généraux ou à d'autres opérations que le directeur ou l'adm.

6

doivent accomplir dans des délais déterminés, il est important de les former et de les expédier aux époques prescrites. Les délais fixés sont tous de rigueur, et les employés se tromperaient en pensant que quelques jours de retard ne peuvent donner lieu à des reproches. Sans doute il est des états, tels que ceux de la comptabilité, dont l'envoi est plus urgent et ne pourrait être impunément différé; mais si le retard de quelques autres n'a pas les mêmes conséquences, il n'arrête pas moins le travail général, et le directeur se montrerait mécontent des entraves apportées à son service.

Les directeurs sont personnellement responsables des retards, et l'art. 294, O. gén., les oblige eux-mêmes à une exactitude rigoureuse dans l'envoi. Pour faire cesser les retards et mettre leur responsabilité à couvert, les directeurs sont autorisés à envoyer des exprès aux frais des employés retardataires. Circ. R. 1122, 1226, 1316, 1756 et 1995 ; I. 670. Ils doivent d'ailleurs signaler à l'adm. ceux qui seraient coupables de négligence.

Dans quelques occasions on peut devancer l'époque fixée pour l'envoi des états périodiques ; lorsqu'elle n'est que le terme extrême, il convient de ne pas attendre au dernier jour, et aussitôt que la période de temps à comprendre dans un état est révolue, on doit s'en occuper sans retard.

198. A la suite des articles consacrés aux *Employés du timbre* et aux *Employés supérieurs*, on a présenté la nomenclature des états, précis ou comptes qu'ils ont à fournir ; et après l'article de la *Comptabilité générale*, on a inséré un tableau général des états, comptes, renseignements et documents divers que les *Receveurs* et les *Directeurs* ont à former, soit périodiquement, soit à des époques déterminées.

SECTION III. — *Correspondance.*

§ 1er. — *Forme de la correspondance.*

199. *Exactitude.* La suite des affaires exige une correspondance active entre l'adm. chargée de leur direction supérieure, les chefs de service qui donnent et transmettent aux employés les instructions convenables, et enfin entre les divers préposés qui correspondent en outre avec les autorités locales, les agents des diverses administrations et les redevables.

L'expédition des affaires ne doit souffrir aucun retard. L'exactitude dans la correspondance a été très souvent recommandée comme un des points les plus essentiels du service. I. 30 ; Circ. 17 vent. an 12, etc.

200. Toutes les fois qu'un préposé a reçu une lettre à laquelle il peut répondre en donnant les détails qu'elle exige, sans avoir besoin d'autres renseignements que ceux qu'il est à même de recueillir dans son propre bureau ou dans les bureaux et dépôts publics du lieu de sa résidence, il doit y répondre dans les *cinq jours* de la réception, et même plus tôt si l'objet requiert célérité. — Lorsque la demande exige une correspondance intermédiaire avec d'autres personnes qui ne résident pas dans le même lieu, l'employé doit, au reçu de la lettre, écrire pour se procurer les renseignements nécessaires, et satisfaire à la demande dans les *dix jours au plus tard*, ou bien rendre compte des motifs qui l'en auraient empêché, sans pouvoir s'en dispenser sous aucun prétexte. O. gén. 260 et 261 ; Circ. 23 mai 1821.

Les directeurs sont chargés de signaler à l'adm. ceux qui mettent du retard dans la correspondance. — Un arrêté du 4 niv. an 5 prononce, contre les employés qui apporteraient de la négligence dans leur correspondance, la peine de la réprimande, et, en cas de récidive, celle de la révocation. Circ. R. 100.

201. C'est principalement pour tout ce qui tient aux instances que les préposés ne doivent jamais négliger de rendre compte promptement des significations faites, des incidents qui surviennent, et des jugements rendus. O. gén. 92. V. *Receveurs*, titre V.

En ce qui concerne les réclamations adressées directement à l'adm. et qui sont communiquées par elle aux directeurs, l'adm. fixe l'époque à laquelle devront lui être parvenus les renseignements et observations qu'ils ont à fournir. En cas de retard, il serait imputé au directeur personnellement, sans qu'il puisse s'excuser sur la négligence de ses subordonnés. L'adm. a fait connaître qu'elle est déterminée à prendre des mesures contre les employés dont le défaut de zèle ou de diligence ralentit la marche des affaires. Circ. 24 juillet 1837.

La même exactitude est nécessaire dans l'envoi des réclamations remises aux receveurs ou aux directeurs par les parties ou les officiers ministériels, et dans les avis de paiements ou de restitutions indispensables pour clore les dossiers.

202. Les lettres adressées à chaque préposé doivent être conservées avec soin, classées dans un ordre chronologique et enliassées par année. O. gén. 210. Cette disposition ne concerne pas les directeurs dont la correspondance doit être classée dans les dossiers V. *Directeurs*. Les autres préposés doivent avoir soin, lorsqu'ils ont besoin de laisser momentanément la correspondance dans des dossiers d'affaires, de retirer ensuite ces lettres pour les classer à leur ordre dans la liasse générale.

203 *Mode de correspondance*. Les directeurs correspondent seuls avec le Directeur général et l'adm. pour les affaires de service de leur département ; c'est par leur intermédiaire que les inspecteurs, vérificateurs, receveurs et autres préposés reçoivent les ordres, instructions et dépêches de l'adm., ou transmettent les pièces et renseignements qui leur sont demandés. Ces préposés ne doivent donc jamais correspondre directement avec l'adm. ou le Directeur général. O. gén. 94, 162 et 226. — Il y a exception à cette règle lorsque les employés de tout grade doivent faire connaître au Directeur général s'ils acceptent les emplois auxquels ils sont nommés (V. 215); lorsqu'ils sont dans le cas de solliciter des prolongations de congé hors du département de leur résidence (V. 275); et enfin, pour les employés supérieurs appelés à rendre compte d'un déficit de caisse, et de l'obligation où ils se sont trouvés de fermer les mains à un comptable (V. 389, 390).

V. *Vérificateurs*; *Comptabilité générale*.

Les employés correspondent entre eux dans toute l'étendue de la France pour les affaires de service; hors du département, leurs lettres sont transmises par l'intermédiaire des directeurs (V. 231).

204. La correspondance doit avoir lieu par lettres et non par de simples notes, mêmes signées. Les notes et surtout les notes non signées n'ont pas un caractère officiel suffisant et peuvent entraîner des inconvénients.

Il faut s'abstenir de donner ses observations sur une pièce, en forme d'avis et en marge de la pièce communiquée; on doit le faire par lettre spéciale.

205. *Format*. La dimension du papier n'a jamais été déterminée, cependant, il serait avantageux, pour le classement de la correspondance, qu'elle fût à peu près uniforme. Il semble que pour les rapports ou lettres d'une certaine étendue, cette dimension ne doit pas excéder le format du moyen papier ou papier d'expédition, et que, pour les lettres simples, elle ne doit être au dessous de la dimension du papier minute ou petit papier.

Pour diminuer les frais de port, on avait recommandé de supprimer, excepté pour les lettres adressées au Directeur général, les feuilles doubles, les lettres d'envois, etc. Circ. R. 1802; Circ. 17 vent. an 12, et I. 171. Au moyen de la franchise, cette recommandation est aujourd'hui sans objet.

206. *Emargement*. Les lettres, même les réponses, adressées à l'adm. par les directeurs, et à ceux-ci par les autres préposés doivent être écrites à mi-marge, c'est-à-dire en laissant une marge de la moitié de la largeur du papier. Circ. R. 108; O. gén. 94, 162, 226 et 259; Circ. 12 avril 1842.

A la marge gauche et en tête de la lettre, on indique le département, la direction ou le bureau, le n° du registre ou du dossier de correspondance. Circ. R. 108, et l'objet de la lettre. Cette dernière indication, prescrite pour faciliter la distribution de la correspondance dans les bureaux de l'adm. ou des directions, doit consister en une analyse succincte et précise de la question ou de l'affaire traitée dans la lettre ou le rapport. O. gén. 259; Circ. 12 avril 1842. Cette analyse doit être brève, mais substantielle; on y précisera l'objet de la lettre et la matière qui s'y trouvera traitée.

Si la lettre est adressée à l'adm., on indique à la marge la division qu'elle concerne et la section. Pour toute réponse adressée soit à l'adm., soit à un employé, on fera mention en marge du numéro et de la date de la lettre à laquelle on répond. O. gén. 94, 162 et 226; Circ. R. 1110; Circ. 17 vent. et 17 germ. an 12. L'observation de cette règle est essentielle.

207. En haut de la page, à droite, on indique le lieu d'où la lettre est écrite et la date. L'usage de mettre cette indication à la fin doit être rejeté comme nuisible au classement de la correspondance. Les lettres doivent être datées du jour du départ. Circ. 17 vent. an 12.

Une règle que l'usage a consacrée est de mettre en tête de la lettre le mot *Monsieur*, lorsqu'on écrit à un supérieur ou à un égal, et de le placer après les premiers mots de la lettre dans le contexte même, si elle est destinée à un inférieur. Il est convenable d'ajouter la qualité de la personne à laquelle on s'adresse, comme: *Monsieur l'Administrateur*, *Monsieur le Directeur*, etc.

208 *Objet.* L'objet de toute lettre doit être déterminé. Les employés s'abstiendront de consulter sur des hypothèses ou des cas plus ou moins probables qui peuvent se présenter. Lorsqu'il y a lieu de soumettre soit à l'adm., soit au directeur une question dont il importe d'obtenir la solution en thèse générale, il faut néanmoins que chacune des espèces présentées soit établie d'après des actes ou des faits réels, et non sur des suppositions. V. I. 1149.

On ne traitera qu'une seule affaire dans la même lettre. Lors même qu'ils auraient de l'analogie, que l'un se rapporterait à l'autre, il ne faut jamais confondre dans la même lettre des objets différents; cela s'applique aux simples accusés de réception, aux avis de paiement, etc. Tout se classe dans les bureaux de l'adm. ou des directions; la confusion des objets nuit à l'ordre qui s'y observe, et donne lieu à des lettres de rappel sur des affaires auxquelles il a été satisfait. O. gén. 94, 162, 227, 259; Circ. R. 1802 et Circ. 17 vent. an 12.

209. Cependant la même affaire peut présenter des questions différentes: dans ce cas, elles ne doivent pas être traitées séparément. Ainsi, lorsqu'un notaire réclame par la même pétition contre la perception faite sur plusieurs actes, il faut traiter les diverses questions dans la même lettre; toutefois lorsqu'il s'agit de plusieurs actes donnant lieu à des réclamations dont chacune rentre dans les attributions d'une division particulière, il faut autant que possible, engager les réclamants à séparer leurs demandes dans l'intérêt même d'une prompte solution. Dans le cas contraire, les préposés pourront donner leurs observations au directeur sur tous les objets compris dans la pétition; mais celui-ci devra adresser un rapport à chaque division compétente; il joindra au besoin une copie de la pétition du réclamant, en ce qui concerne l'objet traité distinctement, et fera mention en marge de la pétition que la difficulté a été soumise à une autre division. Cette dernière observation ne s'applique pas aux affaires réellement *mixtes*, c'est-à-dire à celles qui, *pour* *le même acte*, présentent des questions du ressort de deux divisions. V. *Administration centrale.*

210. *Forme.* Les sujets de correspondance sont trop variés pour qu'il soit possible d'entrer dans de grands détails sur la rédaction des lettres et rapports ; nous nous bornerons donc à quelques observations générales.

On donne, en général, le nom de *lettre* ou de *rapport* aux écrits qui forment la correspondance administrative. Les rapports sont des lettres plus développées dans lesquelles on expose des faits, et rendant compte des difficultés, on les discute et l'on en tire des conclusions. Les lettres sont généralement plus simples ; ce sont des envois, des réponses à des questions spéciales, en un mot ce sont des écrits moins complets, en ce sens qu'ils ne présentent pas le résumé de l'affaire, ou les développements que comportent les rapports.

On doit, dans la correspondance, suivre l'ordre logique et naturel, en exposant d'abord les *faits,* en établissant ensuite la *discussion*, pour terminer par la *proposition* ou les *conclusions.*

211. L'exposé des faits ne doit jamais être omis, même lorsqu'il résulte d'une pétition ou de pièces jointes. Il doit être présenté avec clarté et précision, en rappelant les noms des parties, l'objet et la date des actes ou des conventions, les clauses qui donnent lieu à difficulté, les demandes ou réclamations et les motifs qui leur servent de base, ainsi que le montant des droits ou amendes. On ne peut s'abstenir de reproduire les faits que lorsqu'il s'agit d'une affaire qui a donné lieu à un précédent exposé ou qui n'en comporte pas.

212. La discussion du point de droit ou des motifs n'exige pas seulement des connaissances spéciales et des recherches approfondies ; elle présente encore de sérieuses difficultés de rédaction. Après avoir précisé la question à résoudre, on doit discuter avec impartialité, dans un ordre méthodique, chacun des points de cette question et des arguments opposés. A l'appui de cette discussion, on citera les autorités et les ouvrages dans lesquels elles ont été insérées, de manière à faciliter la vérification ou l'examen.

213. Après avoir exposé les moyens pour ou contre et discuté chacun d'eux, l'employé ne doit pas omettre de conclure et de faire connaître positivement son opinion personnelle et la proposition qu'il croit devoir faire. Dans le doute, quelques préposés s'abstiennent d'exprimer leur avis ; c'est à tort. Lors même qu'on demande des instructions, on doit indiquer son avis sur l'objet de la question.

214. *Style.* Le style de la correspondance administrative doit être correct, grave, substantiel, simple et exempt de recherche ou d'affectation, ce qui n'exclut cependant ni l'heureux arrangement des phrases, ni la pureté de l'expression. Il faut s'attacher principalement à rendre ses idées avec clarté et précision, sans sécheresse, mais aussi sans développements superflus ou hors de propos. On ne perdra pas de vue que les lettres administratives traitent de choses positives et sérieuses, et que le style doit être en rapport avec leur objet.

Les employés ne sont pas toujours assez convaincus de la nécessité d'apporter beaucoup de soin dans la rédaction de leur correspondance; cependant, lorsque le style est peu correct, ou pêche par trop d'affectation, il en résulte une opinion défavorable qui peut avoir l'influence la plus funeste sur l'avenir des préposés.

215. *Pièces*. On termine ordinairement les lettres par un détail des pièces jointes, ou au moins par l'indication de leur nombre. Ce nombre est répété en tête de la lettre, au dessus d'un trait que l'on tire à la marge, pour ne pas oublier d'envoyer ces pièces en même temps. On joindra toujours les pièces demandées, et toutes celles qui sont nécessaires pour l'examen de l'affaire, notamment les copies d'actes et d'enreg. En tête de ces copies ou des pièces, il faut indiquer la date des actes et leur nature, à peu près comme les notaires ont l'habitude de le faire pour leurs minutes; cette précaution facilite le classement des pièces par ordre chronologique et l'examen des affaires.

Chaque lettre doit être terminée par l'indication de la qualité de celui qui l'écrit et sa signature. O. gén. 94, 162, 226 et 259. Il est convenable de faire précéder cette indication d'une formule de salut rédigée selon la personne à laquelle on s'adresse.

216. *Registre*. Les préposés de tout grade doivent conserver copie des lettres qu'ils écrivent, O. gén. 94, 226 et 259; si l'art. 162 n'impose pas la même obligation aux vérificateurs, c'est un oubli, et d'ailleurs deux instructions positives portent que les employés de tout grade ne peuvent se dispenser de tenir un registre de correspondance. I. 171 et 443.

Le registre de correspondance est fourni par l'adm. Celui des receveurs et des employés supérieurs est coté et paraphé par le directeur. D'après le préambule de ce registre, chaque préposé doit y transcrire en entier, par ordre de numéros, toutes les lettres qu'il écrira, et y porter par extrait toutes celles qu'il aura reçues concernant l'adm. I. 171 et 443. Le cadre du registre est distribué en quatre colonnes: 1° numéro d'ordre; 2° noms des personnes auxquelles on écrit; 3° enregistrement ou transcription des lettres de l'employé; 4° analyse des lettres ou réponses qu'il a reçues.

217. On ne porte pas assez généralement dans la dernière colonne du registre de correspondance, que l'objet des lettres écrites à l'employé, en regard de la demande ou de la réponse qu'il a faite personnellement. Voici les règles qui paraissent devoir être observées. Lorsqu'une réponse est adressée à l'employé, cette réponse est analysée sur le registre, à la marge droite de la copie de sa lettre; s'il répond lui-même à une lettre qu'il a reçue, celle-ci doit être analysée en marge de sa réponse. Lorsqu'une lettre reçue n'a pas été provoquée et qu'elle n'exige pas de réponse, par l'absence d'un renvoi il faut mentionner sur le registre; elle doit être analysée dans la dernière colonne à la date de sa réception, afin d'en constater l'existence. Ord. 11 déc. 18..

Le registre de correspondance des directeurs n'a d'une particulière; il ne contient pas la transcription des lettres, mais une analyse succincte de la correspondance, chaque lettre et les minutes sont conservées aux archives. V. *Directeurs.*

Le .... vis-à-vis des premières commis, du direction et numéraires. En conséquence, les lettres de service que le Directeur ...

II. — *Expédition des lettres et paquets.*

218. Toutes les lettres et paquets concernant le service s'expédient par la poste; on peut user de la voie des messagers pour les paquets dont le poids excède un kilogramme, ou si d'ailleurs la facilité de diviser les envois par la poste ... qu'un seul paquet serait trop considérable. Circul. mars 18.. ... ainsi qu'il sera dit pour sa propre correspond....

À l'exception du Directeur général, qui jouissait de la franchise, la correspondance des employés était soumise à la taxe et ils étaient remboursés des frais de port, en ... nombre de circulaires et d'instructions données à ce sujet ... nues sans objet. Les imprimés remplis à l'administration ensuite reçus à l'affranchissement à raison de 5 centimes par feuille, comme imprimés ordinaires. Circul. 30 janvier 182. et 29 avril 1823, J. 1037. Ces entraves nuisaient à la correspondance administrative et compliquaient sans nécessité la comptabilité; une ord. du 14 déc. 1825 a eu pour objet de les faire cesser, et a établi un système général de correspondance en *franchise* sous le contre-seing de chacun des proposés. ...

219. *Franchise.* Jouissent de la franchise illimitée pour les lettres et paquets qui leur sont adressés, savoir : les *Ministres,* les *Directeurs généraux* des administrations financières et celui de la caisse d'amortissement et des dépôts et consignations. Ord. 14 déc. 1825 et 17 nov. 1844. I. 1181 et 1779.

Le contre-seing du Ministre des finances opère la franchise des lettres et paquets fermés adressés à tous les proposés des administrations dépendant du ministère des finances; elle a lieu au moyen d'une griffe fournie par l'administration des postes. *Ibid.* Le contre-seing du Ministre des travaux publics et du Ministre de l'agriculture et du commerce opère aussi la franchise des lettres et paquets fermés, adressés aux directeurs et receveurs de l'enreg. et des domaines dans tout le royaume. D. 30 juill. 1838; Ord. 17 nov. 1844. I. 1568 et 1779.

220. Le *Directeur général* contresigne sa correspondance au moyen d'une griffe fournie par l'administration des postes et portant des mots : *Ministère des finances, direction générale des domaines.* Elle opère la franchise des lettres et paquets fermés adressés aux Préfets et Sous-Préfets ; aux Présidents des conseils de guerre, Procureurs généraux et Procureurs du Roi ; aux Directeurs de l'enreg. et des domaines ; aux inspecteurs, vérificateurs, conservateurs des hypothèques, garde-magasins du timbre et receveurs ; et aux surveillants de papeterie pour la fabrication de papiers à timbrer. Ord. 14 déc. 1825, 17 nov. 1844 et 20 juin 1845. I. 1181 et 1779. Le Directeur général correspond sous bandes en franchise avec le Directeur général de l'enreg. en Belgique. Ord. 17 nov. 1844. I. 1779.

Le contre-seing du Directeur général n'opère pas la franchise vis-à-vis des premiers commis de direction et surnuméraires. En conséquence, les lettres de service que le Directeur général leur fait parvenir, sont mises sous bandes, à leur adresse, dans des paquets fermés destinés au directeur du département. Aussitôt après la réception, le directeur appose sur l'adresse sa signature et la désignation de ses fonctions, et transmet la lettre en franchise au préposé qu'elle concerne, ainsi qu'il sera dit pour sa propre correspondance (V. 222, 234). I. 1181 et 1779.

Les directeurs correspondant seuls pour affaires de service avec le Ministre et le Directeur général (V. 203), on indiquera les suscriptions que doivent porter les lettres qui leur sont adressées au titre des *Directeurs*.

221. Excepté pour leur correspondance avec les Ministres, Directeurs généraux et Procureurs du Roi, les employés de l'adm. ne correspondent en franchise avec d'autres fonctionnaires et préposés ou entre eux, pour affaires de service, que *sous bandes* et avec le contre-seing de celui qui écrit. Ord. 14 déc. 1825 et 17 nov. 1844. I. 1181 et 1779 ainsi qu'on l'a expliqué.

222. Les *Directeurs* correspondent en franchise, sous bandes contresignées, avec les fonctionnaires ci-après, et réciproquement, savoir : 1° dans *tout le royaume*, avec leurs collègues les directeurs des autres départements; D. 14 août 1839, et Ord. 17 nov. 1844, I. 1595 et 1779, et avec les inspecteurs des finances, Ord. 17 nov. 1844, I. 1779 ; — 2° dans *l'étendue de la cour royale*, avec le premier Président, Ord. 17 nov. 1844, et avec le Procureur général (*lettres fermées*) D. 16 fév. 1833, et Ord. 17 nov. 1844, I. 1419 et 1779 ; — 3° dans *l'étendue de la conservation forestière*, avec le conservateur, les inspecteurs et sous-inspecteurs, gardes généraux et gardes à cheval des forêts, Ord. 14 déc. 1825 et 17 nov. 1844, I. 1181 et 1779 ; — 4° dans *l'étendue de leur département*, avec les Procureurs du Roi, les inspecteurs, vérificateurs et receveurs de l'enreg., du timbre et des domaines, les conservateurs des hypothèques, les garde-magasins du timbre, les directeurs des haras et dépôts d'étalons, les directeurs et régisseurs des écoles vétérinaires et bergeries royales, et les régisseurs des établissements thermaux appartenant à l'État, Ord. 14 déc. 1825 et 17 nov. 1844 ; D. 30 juill.

1838. I. 1181, 1568 et 1779. La correspondance des directeurs avec les surnuméraires est transmise par l'intermédiaire des receveurs. D. 14 nov. 1845 (V. 226). I. 1779.

Les directeurs de quelques départements correspondent en outre, sous bandes, savoir : 1° ceux de l'*Aude*, des *Bouches-du-Rhône*, du *Gard*, de l'*Hérault*, des *Pyrénées-Orientales* et du *Var*, avec le directeur des finances en Algérie ; 2° le directeur du *Finistère*, avec le payeur à Brest ; 3° ceux de la *Haute-Marne* et de la *Meuse*, avec le conservateur des forêts à Châlons-sur-Marne ; 4° le directeur de la *Nièvre*, avec le directeur des forges de la marine à Guérigny ; 5° ceux de la *Seine*, avec le directeur du dépôt des remontes et l'intendant de la 1re division militaire ; 6° enfin le directeur du *Var*, avec le payeur à Toulon et le préfet du Var. Ord. 17 nov. 1844. I. 1779.

223. Les *Inspecteurs* et *Vérificateurs* correspondent en franchise, sous bandes contresignées, mais seulement dans *l'étendue du département*, savoir : 1° avec le directeur ; 2° entre eux ; 3° avec les receveurs et les conservateurs ; avec les maires et les percepteurs des contributions directes. Ord. 14 déc. 1825 et 17 nov. 1844 ; D. 6 sept. 1827 et 27 nov. 1833. I. 1181, 1224, 1440 et 1779. — Les inspecteurs et vérificateurs du département de la *Seine* correspondent en outre, sous bandes, avec l'intendant de la 1re division militaire. I. 1779.

224. Les *Receveurs* correspondent aussi en franchise, sous bandes contresignées, avec les fonctionnaires et agents ci-après, et *vice versa*, savoir : 1° Dans *tout le royaume*, avec les inspecteurs des finances, Ord. 17 nov. 1844, I. 1779 ; — 2° dans *l'étendue de la conservation forestière*, avec le conservateur, les inspecteurs et sous-inspecteurs, les gardes généraux, gardes à cheval et gardes à pied des forêts et les gardes-pêche, D. 12 juill. 1826, et Ord. 17 nov. 1844, I. 1224 et 1779 ; — 3° dans *l'étendue du département*, avec le directeur, les inspecteurs, les vérificateurs et les autres receveurs de l'adm., ou les conservateurs des hypothèques ; avec les directeurs des haras et dépôts d'étalons, les directeurs et régisseurs des écoles vétérinaires et bergeries royales, et les régisseurs des établissements thermaux appartenant à l'État, Ord. 14 déc. 1825 et 17 nov. 1844, I. 1181, 1568 et 1779 ; enfin avec les inspecteurs des postes, D. 18 déc. 1846, I. 1779 ; — 4° dans *l'arrond. communal*, avec le procureur du Roi (*lettres fermées*), avec les maires, les contrôleurs et les percepteurs des contributions directes, D. 3 et 29 août 1829 et 4 mai 1830 ; Ord. 17 nov. 1844. I. 1289, 1317 et 1779.

Les receveurs du département de la *Seine* correspondent en outre en franchise, sous bandes, avec l'intendant de la 1re division militaire et avec le directeur du dépôt des remontes au bois de Boulogne ; ceux d'*Aumont* et *Saint-Chély* (Lozère) et de *Chaudes-Aigues* (Cantal), avec le garde général des forêts à Espalion (Aveyron) ; les receveurs de *Bar-le-Duc* (Meuse) et de

Vassy (Haute-Marne), avec l'inspecteur des forêts à *Vitry-le-Français* (Marne). Ord. 17 nov. 1844. I. 1779.

225. Les *Conservateurs des hypothèques* correspondent en franchise, sous bandes, 1° dans *tout le royaume*, avec les inspecteurs des finances, Ord. 17 nov. 1844, I, 1779; — 2° dans le *département*, avec le directeur, les inspecteurs, vérificateurs et receveurs de l'adm. et les autres conservateurs des hypothèques, D. 23 mars 1826 et 23 juill. 1831; Ord. 17 nov. 1844, I. 1186, 1376 et 1779; — dans *l'arrond. communal*, avec les maires, les percepteurs; et, par *lettres fermées*, avec le procureur du Roi. Ord. 17 nov. 1844. I. 1289, 1317, 1376 et 1779.

226. Les *Premiers commis* de direction, les *Contrôleurs des successions*, les *Garde-magasins* du timbre et les *timbreurs* ne jouissent pas de la franchise. Les lettres de service qui leur sont adressées par d'autres employés, ou celles qu'ils peuvent avoir à leur écrire, doivent être envoyées sous le contre-seing, ou à l'adresse du directeur (V. 231). I. 1181.

Les *Surnuméraires*, excepté lorsqu'ils remplissent par *intérim* les fonctions de receveur (V. 228), ne jouissent pas de la franchise; leurs lettres et celles qui leur sont destinées sont envoyées sous le contre-seing ou à l'adresse du receveur. Ord. 17 nov. 1844; D. 14 nov. 1845. I. 1779.

227 *Imprimés.* Sont assimilés à la correspondance de service, quant à la franchise, les registres reliés ou cartonnés, Ord. 17 nov. 1844, art. 9; le poids de ces objets ne doit pas dépasser un kilogramme, et un seul paquet peut être expédié par chaque départ de courrier. Ces paquets ne doivent pas être cachetés, mais seulement ficelés pour faciliter leur vérification. Art. 57. I. 1779. Les registres qui excèdent le poids fixé doivent être envoyés par les messageries. I. 1048. Au départ de Paris, l'envoi des registres reliés est interdit, à moins d'une autorisation spéciale du Ministre des finances. D. 28 fév. 1845. — On peut envoyer par la poste en franchise les imprimés en général, excepté les approvisionnements de formules d'imprimés à l'usage des fonctionnaires. Ord. 17 nov. 1844, art. 10. Ne sont pas considérés comme approvisionnements un certain nombre de feuilles d'impression envoyées par un chef de service à ses subordonnés pour un travail spécial et en cours d'exécution. Circ. du Directeur général des postes, 22 mars 1845. I. 1779. Il est défendu aux employés de s'adresser en franchise par la poste des feuilles de papier timbré pour le remboursement d'avances ou de dépenses; on doit, pour ces remboursements, se servir de la voie du virement. I. 1775. V. *Comptabilité générale.*

Les avertissements destinés aux redevables sont adressés en franchise par les receveurs et conservateurs par l'intermédiaire des maires. Il en est de même des avis adressés aux particuliers, pour les restitutions de droits autorisées à leur profit. D 6 avril et 23 juill. 1831; Ord. 17 nov. 1844, art. 11. I. 1356, 1376 et 1779.

Ces avertissements ne peuvent être ni pliés en forme de lettre, ni revêtus d'adresses extérieures, ni cachetés ni fermés par des fils ou attaches quelconques; on doit seulement les plier en quatre, en indiquant en tête ou au bas le nom du destinataire. *Ibid.* art. 12. I. 1466 et 1779.

228. *Fermeture.* Les lettres et paquets à expédier sous *bande* doivent être placés sous deux bandes croisées dont la largeur n'excédera point le tiers de la surface. Ord. 12 déc. 1825 art. 7 nov. 1844 art. 25. I. 918 I. 1779. Sur l'une des bandes on écrit l'adresse du destinataire, en ayant soin d'indiquer exactement la qualité du fonctionnaire, agent ou préposé auquel on écrit, puisque cette qualité est une des conditions de la franchise. A côté de cette adresse et sur la même bande, le fonctionnaire ou préposé qui écrit la lettre appose son contre-seing. Le contre-seing consiste dans la désignation des fonctions de l'envoyeur suivie de sa signature. La désignation des fonctions peut être imprimée sur l'adresse ou indiquée par un timbre, mais la signature doit être apposée par le fonctionnaire de sa propre main. Ord. 1825 art. 6 8 1844 a. t. 13. I. 918 I. 1779

— Les préposés ne doivent jamais contresigner de bandes à l'avance pour éviter l'abus qu'on pourrait en faire, ce qui les exposerait, indépendamment du double port, à un blâme sévère de la part de l'adm. I. 1775. — Aucun fonctionnaire n'a le droit de déléguer le contre-seing qui lui est attribué. Toute dépêche ainsi contresignée serait assujettie à la taxe. Lorsqu'un fonctionnaire est hors d'état de remplir ses fonctions par absence, maladie, ou par toute autre cause légitime, l'employé ou le surnuméraire qui le remplace par *interim*, contresigne les dépêches à sa place, mais en contresignant chaque dépêche, il énonce qu'il remplit par interim les fonctions auxquelles le contre-seing est attribué. Ord. 1825 art. 9 et 1844, art. 16. I. 1181 et 1779.

229. Les lettres et paquets ne peuvent être fermés que par les bandes; on peut seulement, pour consolider un paquet volumineux, le lier avec une ficelle placée à l'extérieur, mais nouée par une simple boucle qui puisse être facilement détachée. Ord. 1844 art. 26. Ces lettres et paquets doivent être remis dans les départements aux directeurs des postes, et à Paris à l'hôtel des postes. Ceux qui ont été jetés à la boîte sont taxés, sauf dans les boîtes rurales. *Ibid.* art. 28. I. 1779.

230. *Taxe.* Lorsqu'une des conditions ou formalités prescrites pour procurer la franchise manque, le directeur des postes auquel on remet la dépêche doit en avertir sur-le-champ le contresignataire et faire rectifier les irrégularités. Dans l'impossibilité d'obtenir immédiatement ces rectifications, la dépêche doit être taxée et apostillée d'un timbre spécial, soit au bureau du départ, soit même aux bureaux intermédiaires ou de destination. *Ibid.* art. 29, 30, 31 et 32. I. 1779. — Ceux des fonction-

naires dont les envois sont taxés pour inobservation de l'une
des conditions exigées, supportent personnellement le port, qui
ne peut être alloué en dépense. I. 1181.

Toute simulation, sur l'adresse d'une dépêche contresignée, de
la résidence ou de la qualité du fonctionnaire contresignataire,
ou du correspondant, donne lieu à la double taxe (V. 234). Ord.
17 nov. 1844, art. 33. I. 1779.

231. Lorsque la circulation n'est autorisée que dans certaines limites et que les préposés ont à correspondre pour affaires de service, au delà de ces limites, ou avec des fonctionnaires avec lesquels ils n'ont pas la franchise, ils doivent faire
parvenir leurs lettres et paquets non cachetés, savoir : les directeurs sous le couvert du Directeur général, 1re division, et
les autres préposés par l'intermédiaire de leur directeur. I. 1484
et 1595. C'est par cette voie que sont transmis les renvois d'actes enregistrés concernant d'autres départements, les colonies
ou la Belgique, ainsi que les extraits de condamnations à recouvrer hors du département. I. 1466, 1595 et 1716. V. *Receveurs.*

232. Pour les cas d'extrême urgence, à raison de l'immi-
nence de la prescription, ou de toute autre cause, on peut envoyer *directement* les dépêches aux préposés qu'elles concernent; mais il ne faut user de cette faculté que dans le cas d'absolue nécessité. La dépêche peut être fermée et le préposé qui
l'expédie écrit sur l'adresse son nom, la nature de ses fonctions
et le n° de son registre de correspondance. De son côté, le préposé qui la reçoit est remboursé des frais de port d'après un
état détaillé qu'il dresse à la fin du trimestre dans la forme
prescrite par la Circ. B. 178, et par l'instr. 174. On joint à l'appui de cet état les originaux des lettres reçues dont on conserve
copie, et, s'il y a lieu, les enveloppes indiquant la taxe des paquets. I. 1186 et 1224.

233. *Chargement.* D'après les règlements des postes, on peut
recommander les lettres ou paquets. C'est ce que l'on nomme :
Lettres chargées. La comptabilité générale a plusieurs fois
recommandé aux directeurs de charger toutes les lettres ou paquets à l'adresse du Ministre des finances, contenant des pièces
de dépense ou autres titres justificatifs. Circ. 11 fév. 1834,
n° 297; C. c. 56, § 8.

Lorsque pour la sûreté des pièces transmises par la poste, il
est nécessaire de charger un paquet, les préposés doivent se conformer aux instructions qui leur sont données par les agents des
postes. Les lettres chargées doivent être fermées par trois cachets, et mises sous bandes si le destinataire ne jouit de la franchise
que sous bandes. Elles ne peuvent être reçues ni expédiées en
franchise que lorsqu'on y a joint une réquisition signée du fonctionnaire qui les adresse. Ces lettres ne sont remises qu'au destinataire en personne qui en donne récépissé sur un registre spécial
présenté avec la dépêche. Ord. 14 déc. 1825, art. 10. I. 1181.

234. *Abus*. Il est défendu de comprendre, dans les dépêches expédiées en franchise, des lettres, papiers et objets quelconques étrangers au service de l'Etat. Ord. 14 déc. 1825, art. 12 ; et 17 nov. 1844, art. 3. I. 1181, 1775 et 1779.

Dans le cas de suspicion de fraude ou d'omission d'une seule des formalités prescrites, les préposés des postes sont autorisés à taxer en totalité les dépêches ou à exiger que le contenu de celles de ces dépêches qui seront revêtues d'un contre-seing quelconque, soit vérifié, en leur présence, par les fonctionnaires auxquels elles seront adressées, ou, en cas d'empêchement de ces fonctionnaires, par leurs fondés de pouvoirs. Ord. 1825, art. 12 ; et 1844, art. 4. *Ibid.*

Si de la vérification il résulte qu'il y a fraude, les préposés des postes en dressent un procès-verbal dont ils envoient un double à l'administration des postes, qui en rend compte au Ministre des finances. Ord. 1825, art. 12 ; et 1844, art. 5. — Les fonctionnaires qui reçoivent en franchise, sous leur couvert, des lettres ou paquets étrangers au service, doivent les renvoyer au directeur des postes de leur résidence, en lui faisant connaître le lieu d'origine de ces lettres ou paquets et le contre-seing sous lequel ils leur sont parvenus. Ord. 1825, art. 12 ; et 1844, art. 6. — Les lettres et papiers étrangers au service trouvés dans les paquets sont immédiatement envoyés, frappés d'une double taxe, aux destinataires ; en cas de refus du paiement de cette double taxe, ils sont transmis à l'administration des postes qui les fait renvoyer au contresignataire lequel est tenu d'en acquitter le double port. Ord. 1825, art. 12 ; et 1844, art. 7 et 78. L. 1181 et 1775.

235. Les préposés ont, comme tous les autres citoyens, la faculté de refuser, au moment même où ils leur sont présentés et avant de les décacheter, les lettres et paquets qui leur sont adressés par des particuliers sans être affranchis. Ord. 14 déc. 1825, art. 13. I. 1181. Cette faculté s'étend naturellement aux dépêches concernant le service qui ont été taxées soit par erreur, soit pour omission de quelques formalités ; cependant lorsque la taxe peut être annulée au vu de la lettre par un employé des postes ayant qualité à cet effet, on fera bien de la faire rectifier sur-le-champ. Autrement, la dépêche est renvoyée à l'administration centrale des postes qui, après s'être assurée qu'elle concerne bien le service, l'expédie en franchise au destinataire.

CHAPITRE IV. — *Traitements, remises et salaires.*

236. Les émoluments des préposés sont de diverses natures, selon les emplois. Ils sont fixes ou proportionnels. On donne le nom de *traitement* à la somme fixe allouée par le Trésor; celui de *remises* à la rétribution qu'il accorde sur le montant des produits; enfin la dénomination de *salaires* s'applique aux honoraires fixes ou proportionnels que les parties requérantes sont tenues de payer pour quelques formalités spéciales.

Les employés qui ont un *traitement* fixe sont : les employés de l'adm. centrale, les directeurs, inspecteurs et vérificateurs, les premiers commis, les contrôleurs des successions, les employés de l'atelier général du timbre, garde-magasins, timbreurs et tourne-feuilles, et enfin quelques receveurs ou surnuméraires dans les colonies. Les distributrices de papier timbré, à Paris, ont un traitement fixe et des remises proportionnelles. — Les préposés dont les émoluments consistent en *remises* proportionnelles sur les produits qu'ils recouvrent, sont les conservateurs des hypothèques, les receveurs de l'enreg., du timbre, des amendes et des domaines. Lorsque les remises n'atteignent pas un certain taux, le *minimum* déterminé par les réglements est complété aux receveurs. — Enfin des *salaires* fixes ou proportionnels sont payés aux conservateurs par les requérants, pour l'accomplissement de toutes les formalités hypothécaires. Les receveurs de l'enreg. ont droit également à des salaires payés par les requérants pour les recherches qu'ils font sur leurs registres et les extraits qu'ils délivrent conformément à l'art. 58 de la loi du 22 frim. an 7. Ces derniers salaires sont affranchis des règles qui concernent les autres émoluments. V. *Receveurs*, titre III.

237. Le montant des traitements, selon le grade ou la classe des employés, ainsi que la quotité des remises et salaires dont ils jouissent, sont indiqués au titre de chaque emploi ; on y a rappelé ce qui concerne *particulièrement* les émoluments qui y sont attachés. Ce chapitre est exclusivement consacré aux règles qui s'appliquent aux traitements, remises ou salaires *en général*, excepté pour la comptabilité proprement dite. V. *Comptabilité générale.*

Depuis près de quarante ans, les traitements des employés, loin de s'accroître avec le prix des choses nécessaires à la vie, ont au contraire subi de notables diminutions. Il en résulte que les préposés de l'adm. sont placés, par l'insuffisance de leurs émoluments, dans un état d'infériorité évidente à l'égard de ceux qui exercent des professions libérales, ou des officiers ministériels avec lesquels leurs fonctions les mettent en relations, et dont ils doivent posséder les connaissances générales. Au surplus, cette observation peut s'appliquer à la plupart des emplois publics, et notamment à ceux qui exigent le plus de travail et d'assiduité.

238. En dehors des traitements fixes ou proportionnels qui leur sont attribués, les préposés de l'adm. ne reçoivent aucuns émoluments extraordinaires ni gratifications éventuelles ; ils ne jouissent pas non plus de rétributions ou parts quelconques sur les amendes de contravention ou les sommes dont la découverte est le résultat de leurs travaux ou de leur surveillance, sauf

pour les amendes concernant le timbre des lettres de voiture.
V. *Receveurs*, titre II.

Lorsqu'ils sont appelés en témoignage dans les affaires dont
les frais sont avancés sur les fonds généraux du trésor, les préposés n'ont droit a aucune taxe, mais seulement à l'indemnité
ordinaire pour les frais de voyage. I. 461.

239. Au moyen des émoluments qui leur sont alloués, les
préposés de tout grade, excepté les directeurs, doivent pourvoir
aux frais de bureau, de loyer, de commis, de voyage ou de déplacement que nécessite l'exercice des emplois dont ils sont titulaires ; néanmoins, il a été fait exception à cette règle en faveur d'un très petit nombre de vérificateurs *sans résidence fixe*,
auxquels une indemnité est allouée, lorsque de longs et fréquents
déplacements leur ont été imposés. V. *Vérificateurs*. — Outre
leur traitement, les directeurs reçoivent une somme fixe par
année, et déterminée selon l'importance de la direction, pour
subvenir aux frais de leurs bureaux. V. *Directeurs.*

Le loyer des bureaux des fonctionnaires publics ne doit pas
être compris dans l'évaluation des loyers d'habitation, pour la
fixation de la contribution mobilière. L. 26 mars 1831, art. 8.

240. Les traitements, remises et salaires étant la rétribution
du travail des préposés, il en résulte, comme première conséquence, que le traitement ne commence à courir que du jour
de l'installation des employés, et qu'il cesse avec le travail qui
y donne lieu. Régl. 26 janv. 1846, art. 93 et 95. Cependant
lorsque le travail est fait par un remplaçant provisoire, le trésor
alloue la totalité du traitement ; il ne profite que du traitement
des emplois *vacants* et qui restent inoccupés. *Ibid.*, art. 94 ;
I. 1243 (V. 255).

241. *Retenues.* Sur le montant des traitements, remises ou
salaires qui leur sont attribués, les préposés subissent, au profit
de la caisse générale des retraites, des prélèvements de différentes natures destinés à former le fonds nécessaire pour leur
assurer des pensions (V. 314). Ces prélèvements ne s'étendent
pas aux salaires alloués aux receveurs pour les recherches et
les extraits des registres demandés par les parties, mais ils s'appliquent aux salaires des conservateurs des hypothèques. Aucune retenue n'est faite sur les frais de bureau des directeurs
qui sont considérés comme une simple indemnité. I. 1158.
Cette disposition est fort juste, mais ne serait-il pas équitable
d'affranchir aussi de toute retenue ou de tout prélèvement, la
portion du traitement ou des remises des préposés de tout grade,
qui est considérée comme la représentation des frais de bureau
ou d'emploi.

Les prélèvements que les préposés subissent, au profit de la
caisse des retraites, comprennent : 1° une retenue de 5 p. 100 ;
2° la retenue intégrale du premier mois d'appointements des
employés nouvellement nommés ; 3° la retenue, pendant le pre-

mier mois, de la portion de traitement accordée à titre d'augmentation en cas d'avancement ; 4° la retenue de moitié pendant la durée des absences par congé. Ord. 12 janv. 1825, art. 2. I. 1158 et 1280.

242. Aucun employé des finances, à l'exception des Directeurs généraux, auxquels cette faculté est accordée, ne peut, même en renonçant au bénéfice éventuel d'une pension, s'affranchir de la retenue de 5 p. 100. *Ibid.*, art. 45. I. 1158.

Cette retenue frappe sur la totalité des traitements, remises et salaires, sans aucune déduction de la portion qui représente les frais de bureau ou de déplacement. I. 711. (V. 241). Elle se calcule tant sur les sommes allouées aux titulaires que sur celles qui reviennent aux intérimaires, et même sur la portion attribuée à la caisse des retraites, dans le cas d'absence par congé (V. 272).

En cas de suspension par mesure disciplinaire, la retenue de 5 p. 100 continue au profit de la caisse des retraites. Régl. 26 janv. 1846, art. 51 (V. 288).

243. La retenue entière du premier mois s'exerce sur tous traitements, remises ou salaires des employés nouvellement nommés. Les anciens employés réadmis après une inactivité de dix ans, ceux dont les fonctions ont cessé par suite de démission ou de révocation, excepté dans le cas de suppression d'emploi ou autres de force majeure, et les employés venant d'une autre administration qui ne dépend pas du ministère des finances, subissent la retenue du premier douzième de leur traitement, sauf décision contraire du Ministre, pour le cas où la révocation serait reconnue mal fondée. Régl. 26 janv. 1846, art. 50 ; I. 1780.

244. Chaque fois qu'un employé obtient une augmentation de traitement, il subit la retenue du douzième de cette augmentation ; mais cette retenue n'a lieu que pour le cas d'avancement ou changement ; ainsi, quand même les remises ou les salaires d'un bureau s'accroîtraient dans les années qui suivent celle de l'installation d'un receveur, ce préposé n'a pas à subir la retenue du douzième sur cette augmentation.

245. Le prélèvement du premier mois d'appointements des nouveaux employés et du premier douzième des augmentations obtenues par avancement, devait être liquidé, en ce qui concerne les receveurs et les conservateurs, sur les remises et salaires de l'année précédente. I. 1016 et 1126. Ce mode de liquidation avait l'inconvénient de ne point tenir compte des augmentations ou diminutions que peuvent éprouver accidentellement dans une année les remises et les salaires, ce qui donnait lieu à des inégalités. On a prescrit en conséquence de liquider le prélèvement sur le montant des remises et salaires d'une année commune, formée du produit des cinq dernières années révolues avant la nomination à l'emploi, en retranchant la plus forte et la plus faible, et

7

en prenant le tiers du produit des trois autres années. **D.** 12 janv. 1837. **I.** 1530.

Pendant la gestion d'un receveur, les remises du bureau peuvent s'élever au dessus ou tomber au dessous du produit moyen, tel qu'il a été établi à l'époque de la nomination. De là, dans le cas d'avancement, résultait pour le préposé l'une ou l'autre de ces conséquences, qu'il se trouvait affranchi du prélèvement, ou le payait deux fois sur une partie de l'augmentation qui lui était accordée réellement. Pour remédier à ces nouveaux inconvénients, l'augmentation possible de la retenue du douzième est établie par le montant de la différence existant entre la somme qui a servi de base au précédent prélèvement supporté par le même préposé, et la valeur moyenne du nouvel emploi ; mais pour simplifier la liquidation de la retenue, les sommes au dessus de 50 fr. sont prises pour 100 fr., et il n'est pas tenu compte de celles au dessous de 50 fr. **D.** 4 mars 1845. **I.** 1727.

246. La retenue de 5 p. 100 devant être liquidée sur la totalité des traitements, remises ou salaires, il est clair que le taux moyen sur lequel on calcule le prélèvement du premier mois, s'établit sur le chiffre *net*, déduction faite de la retenue de 5 p. 100. Au surplus, le montant du prélèvement est toujours indiqué dans les lettres d'avis de nomination. **I.** 1016 et 1530. — Les directeurs fournissent chaque année un état des remises et salaires qui sert à déterminer l'année commune sur laquelle on calcule le prélèvement. Circ. 27 janv. 1823 et 21 mai 1838. V. *Directeurs.*

247. La retenue exercée sur les traitements et remises des employés *en congé* est de moitié, après déduction de la portion allouée à l'intérimaire. **I.** 1280, 1424 et 1464. Mais il n'en est pas de même des salaires qui appartiennent en totalité à l'employé qui encourt la responsabilité (V. 260, 272). — Lorsque l'absence est motivée pour l'accomplissement d'un des devoirs imposés par la loi, aucune retenue n'est exercée au profit de la caisse des retraites (V. 260).

On trouvera au chapitre suivant les règles concernant les allocations aux employés *en congé* et le mode de partage entre les titulaires, les intérimaires et la caisse des retraites (V. 272, 273).

248. Lorsqu'un préposé est forcé d'interrompre son service pour cause de *maladie*, il jouit de la totalité de ses émoluments, sauf la portion allouée à celui qui le remplace, pourvu que l'employé malade ne quitte pas le lieu de sa résidence. Au cas contraire, il est traité comme l'employé *en congé*. **I.** 1424. On a développé dans le chapitre suivant les règles prescrites à cet égard (V. 281, 282 et 285).

249. *Changements.* Dans le cas de changement de résidence ou d'emploi avec ou sans avancement, plusieurs distinctions doivent être faites :

1° S'il s'agit d'un *receveur* ou d'un *conservateur* qui doivent

nécessairement être remplacés, ils perdent la totalité de leurs
remises et salaires, à compter du jour de la cessation de leur
service jusqu'au moment où ils sont installés dans leur nouvel
emploi, quand même ils ne dépasseraient pas le délai qui leur
est accordé, et n'emploieraient, pour se rendre à leur nouveau
poste, que le temps rigoureusement nécessaire (V. 125). I. 295
et 1346. — Les surnuméraires qui les remplacent ont droit, dans
ce cas, à la totalité des remises et salaires. L. 27 mai 1791, art. 53.
I. 295. Lorsque l'intérim est confié à un employé supérieur,
le tiers des remises et la totalité des salaires lui appartiennent,
à la charge de payer tous les frais de bureau. Il conserve en
outre le traitement attribué à son grade. Les deux tiers des remises de l'emploi vacant appartiennent, dans ce cas, au trésor.
I. 295, 1244 et 1346; Régl. 1846, § 418.

250. Lorsqu'un *garde-magasin* du timbre est changé de résidence sans avancement, il conserve son traitement pendant
le temps qui lui est accordé pour se rendre à sa nouvelle destination, sauf le prélèvement du tiers pour frais de bureau alloué
au surnuméraire ou au préposé qui le remplace. S'il obtient une
augmentation, le garde-magasin perd la totalité de son traitement qui appartient alors pour le tout au surnuméraire, ou pour
un tiers seulement au préposé rétribué chargé de *l'intérim.* Dans
ce dernier cas, les deux tiers restant appartiennent au trésor. L. 14
août 1793 ; I. 295, 812, 1244 et 1346 ; Régl. 1846, § 413 et 414.

251. Le *Premier commis* qui ne fait que changer de résidence, sans obtenir aucune augmentation de traitement, conserve, pendant le temps fixé pour se rendre à sa nouvelle destination, la totalité de son traitement ; il en est privé entièrement
s'il a eu de l'avancement. *Ibid.* Les fonctions de premier commis
ne peuvent être confiées qu'à un vérificateur ; dans ce cas, ce
dernier conserve son traitement et n'a droit à aucune autre attribution ; celui du premier commis appartient au trésor pour
tout ce qui n'est pas réservé à l'ancien titulaire. I. 745 et 1244.

252. Les *Vérificateurs* et les *Inspecteurs de 3e classe* n'étant
pas remplacés, ont droit, pendant le temps qui leur est accordé
pour se rendre à leur nouvelle destination, à la totalité de leur
traitement lorsqu'ils n'obtiennent ni avancement ni augmentation de traitement ; ils en sont entièrement privés dans le cas
contraire, et alors leur traitement appartient au trésor pendant
toute la durée de la vacance. L. 14 août 1793. Circ. R. 448 ;
I. 295, 812, 1244 et 1346 ; Régl. 1846, § 413 et 414.

Les *Inspecteurs de 1re et de 2e classe* conservent leur traitement, en cas de changement de résidence sans augmentation,
pendant le temps qui leur est accordé pour se rendre à leur nouvelle destination ; mais ils subissent un prélèvement de 5 fr. par
jour en faveur de l'employé supérieur chargé de les remplacer
pendant cet intervalle. S'ils obtiennent de l'avancement, ils perdent l'intégralité de leurs émoluments ; ce traitement appar-

tient, s'ils sont suppléés, à l'employé supérieur qui fait les fonctions et dont le traitement personnel fait retour au trésor ; s'ils ne sont pas suppléés, le traitement de l'inspection vacante reste au trésor. *Ibid.* et I. 1368.

253. Les *Directeurs* doivent nécessairement être remplacés. Cependant, en cas de changement de résidence sans augmentation de traitement, ils jouissent de la totalité de leur traitement pendant le temps qui leur est accordé pour se rendre à leur nouvelle destination. L'employé supérieur qui les remplace n'a droit, outre son propre traitement, qu'aux frais de bureau de la direction dont il est chargé. Si le directeur obtient, par son changement, un accroissement de traitement, il est privé de traitement à compter du jour où il a cessé ses fonctions, jusqu'au jour de son installation en sa nouvelle qualité; dans ce cas, l'employé supérieur chargé de l'*intérim* a droit à la totalité du traitement et aux frais de bureau de la direction vacante ; son traitement personnel est alloué à celui qui le remplace dans ses propres fonctions, et le trésor a droit en définitive, au traitement de l'emploi supérieur dont les fonctions ne sont pas remplies. L. 14 août 1793. Circ. R. 448; I. 295, 842, 1244 et 1346 ; Régl. 1846, § 413 et 414.

254. Les employés de tout grade, à l'*administration centrale* conservent leur traitement entier, dans le cas de changement sans augmentation ; ils le perdent au contraire si ce traitement éprouve de l'augmentation par leur changement ; et lorsqu'ils ne sont pas suppléés, la somme fait retour au trésor. *Ibid.*

255. *Vacances.* Dans le cas de *vacance d'emploi* par suspension, révocation, mise à la retraite ou décès, le traitement cesse de courir au profit de l'ancien titulaire ou de ses héritiers, à partir du lendemain de la cessation d'activité de service, et, dans le cas d'abandon de fonctions, à compter du jour même de l'absence. Régl. 1846, art. 95. — Si l'employé n'est pas remplacé, le traitement, pendant la vacance, appartient au trésor, et, pour le cas de suspension, il reste au crédit de l'adm. I. 1244 et Régl. 1846, art. 51. S'il est remplacé par un surnuméraire, celui-ci a droit à la totalité des traitements, remises ou salaires de l'emploi vacant. I. 295 ; Régl. 1846, § 448. — Lorsque l'emploi vacant est régi par un employé supérieur jouissant lui-même d'un traitement personnel, on doit faire une distinction : 1° le tiers des remises proportionnelles des emplois de receveurs et conservateurs, et du traitement du garde-magasin est alloué à l'intérimaire à titre de frais de bureau, ainsi que la totalité des salaires des conservateurs pour l'indemnité de la responsabilité, le tout en sus de son propre traitement qu'il conserve; les deux tiers disponibles restent au trésor, ou en cas de suspension, au crédit de l'adm.; 2° la totalité du traitement fixe et des frais de bureau affectés à tout autre emploi appartient à l'intérimaire qui en remplit les fonctions, lorsque ce traitement fixe est *supérieur* au sien, et ce dernier reste au trésor ou au crédit de l'adm.; mais si le traitement fixe de l'emploi régi par *intérim* est *inférieur* à celui du traitement personnel de l'intérimaire, celui-ci conserve son propre traitement et c'est celui de l'emploi vacant qui reste au trésor ou au crédit de l'adm. I. 295, 812 et 1244.

256. *Oppositions*. D'après la loi du 21 vent. an 9, les traitements, remises et salaires des préposés de tout grade sont saisissables à la requête de leurs créanciers, mais seulement jusqu'à concurrence du cinquième sur les premiers mille francs et sur toutes les sommes au-dessous , du quart sur les cinq mille francs suivants, et du tiers sur la portion excédant six mille francs, à quelque somme qu'elle s'élève. I. 478. V. *Comptabilité générale*.

257. *Paiement*. Les traitements et remises sont payables par douzième de mois en mois et à l'échéance, c'est-à-dire à la fin de chaque mois. Les receveurs prélèvent leurs remises sur le montant de leurs recettes, et les autres employés sont payés par le receveur de l'enreg. des actes civils du chef-lieu de département. Au surplus, on renvoie pour les règles spéciales concernant les traitements, remises et salaires de chaque emploi, au titre qui s'y rapporte, et, pour le mode de liquidation, de paiement et de dépense, au titre de la *Comptabilité générale*.

TITRE III.

INTERRUPTIONS ET CESSATIONS DE SERVICE, PENSIONS.

CHAPITRE Ier. — *Interruptions de service*.

SECTION Ire. — *Absences et congés*.

258. L'assiduité est un des premiers devoirs des employés (V. 170) ; aussi, de tout temps, des recommandations très sévères ont été faites à ce sujet.

La loi sur l'organisation de l'adm. contient défense aux employés de s'absenter sans un congé par écrit des administrateurs; ce congé entraînait la perte totale du traitement et son attribution à l'intérimaire, mais seulement après quinze jours d'absence. L. 27 mai 1791, art. 53 et 54, Circ. R. 89 et 301. En cas d'absence sans autorisation, l'employé perdait son traitement à compter du jour même de son départ. O. gén. 15, 102, 172 et 230 ; L. 14 août 1793, Circ. R. 448.

Un arrêté du Gouvernement, du 8 vend. an 8, prononçait la peine de la révocation contre tout employé absent sans autorisation, et affectait à la caisse des pensions la totalité du traitement des employés absents par congé, sauf le prélèvement des frais de bureau ou de tournée attribués aux suppléants. L'employé qui avait obtenu un congé pour cause de maladie, conservait son traitement, I. 170 ; cette dernière disposition a été res-

treinte aux employés qui ne s'absentent pas de leur résidence,
Circ. 6 sept. 1808 (V. 281, 282). Une ord. du 4 nov. 1814 a
confirmé ces règles, I. 665, et l'exécution en a été plusieurs
fois recommandée. I. 812, 963 et 1154.

Enfin le Ministre des finances a pris, le 10 avril 1829, un
arrêté relatif aux congés ; cet arrêté, sauf quelques modifications
introduites par un autre du 21 mars 1833, est encore en vigueur.

259. *Défense de s'absenter*. Aucun employé appartenant au
ministère des finances ou à l'une des administrations qui en dépendent, ne peut s'absenter *de sa résidence*, pour une cause
étrangère au service dont il est chargé, ni interrompre l'exercice
de ses fonctions, pour quelque motif que ce soit, *dépendant de
sa volonté*, s'il n'en a préalablement reçu l'autorisation. Arr. 10
avril 1829, art. 1er. I. 1280.

L'employé qui s'absente de son poste, sans congé, peut, selon
le cas, être réputé démissionnaire, et, comme tel, rayé des cadres, ou privé de son traitement pour un temps double de celui
pendant lequel il s'est absenté ; néanmoins l'adm. peut modifier
les peines à appliquer ou même les remettre, si l'absence est ultérieurement justifiée par des motifs légitimes. *Ibid.*, art. 8 ;
O. gén. 4. La proximité des lieux n'est point un motif d'excuse,
et les préposés des départements voisins de la capitale, qui y
viennent sans congé, s'exposent à l'application des mêmes peines. I. 1154, 1280 et 1424.

Les directeurs sont tenus d'exercer à cet égard une surveillance
active et sévère. Ils compromettraient à un égal degré leur responsabilité personnelle, soit en permettant à un employé, sous
un prétexte quelconque, de quitter son poste sans avoir obtenu
un congé (V. 260, 261), et avant la notification officielle de ce
congé, soit en se dispensant de donner avis à l'adm. des absences
faites sans autorisation par les préposés sous leurs ordres, de
quelque manière que la connaissance leur en fût parvenue.
O. gén. 251 ; I. 1280 et 1424.

260. *Congés*. L'autorisation de s'absenter entraîne la retenue,
au profit de la caisse des retraites, de la moitié du traitement de
l'agent qui l'a obtenu. Arr. 10 avril 1829, art. 2. I. 1280 (V. 272).
Cette retenue a lieu, même à l'égard des employés malades obligés de suivre un traitement hors du lieu de leur résidence.
Arr. 21 mai 1833. I. 1424 (V. 282).

Mais lorsque l'absence a pour cause l'accomplissement d'un
des devoirs imposés par les lois, il peut être accordé des congés
sans retenue. Arr. 10 avril 1829, art. 3. I. 1280. Ces devoirs
sont les fonctions de juré, l'exercice des droits électoraux et
l'obligation d'obéir aux injonctions judiciaires soit pour déposer,
soit pour assister à un conseil de famille, conformément à l'article 413 du Code civil.

261. Les congés sont accordés par le Directeur général,
mais s'il s'agit d'un congé sans retenue, l'autorisation ne peut

être donnée que par le Ministre des finances, sur la proposition du Directeur général, pour les employés nommés par le Roi ou le Ministre (V. 82). Arr. 10 avril 1829, art. 4. I. 1280. — Il est défendu aux directeurs d'accorder aux préposés sous leurs ordres, aucune autorisation de s'absenter. O. gén. 243 ; Circ. 29 vent. an 13 ; I. 812 et 1280 (V. 283). Néanmoins, ils peuvent accorder des congés aux surnuméraires, mais seulement pour le département. I. 1049 et 1280 (V. 46).

262. Le préposé qui a besoin d'un congé, adresse sa demande au directeur en indiquant, sous peine de rejet, le motif et la durée de l'absence et le lieu où il a l'intention de se rendre. Arr. 10 avril 1829, art. 7, I. 1280 ; V. Circ. 29 vent. an 13, I. 170 et 812. Le Directeur transmet la demande au Directeur général, *bureau du personnel*, Circ. 1er mars 1845, avec ses observations, et fait connaître par qui l'employé peut être remplacé, s'il y a lieu, pendant son absence (V. 267, 268). I. 170, 812 et 1280. Le directeur qui fait la demande d'un congé pour lui-même est tenu de la motiver comme les autres employés. *Ibid.*

263. Si la demande est motivée sur un état de maladie qui nécessite un traitement hors de la résidence de l'employé, seul cas où un congé lui est nécessaire (V. 279), elle doit être appuyée d'un certificat de médecin ou chirurgien en titre, rédigé sur papier timbré et légalisé, indiquant la nature et l'origine de la maladie, les circonstances qui rendent indispensable un traitement au dehors, la durée probable de ce traitement et le lieu où il doit être administré. En transmettant la demande, le directeur s'explique sur ces diverses circonstances, après avoir pris les renseignements et s'être fait fournir toutes les justifications qu'il juge convenables. Arr. 10 avril 1829, art. 5. I. 1280.

Les employés convaincus d'inexactitude dans les certificats de maladie qu'ils produisent pour obtenir un congé, sont passibles des mêmes peines que pour l'absence sans autorisation. Circ. 29 vent. an 13 ; I. 170 et 1280 (V. 259, 279).

Lorsque la demande a pour but d'obtenir un congé sans retenue (V. 260), l'employé doit l'appuyer des pièces établissant la nécessité de son absence pour l'accomplissement d'un des devoirs imposés par la loi. I. 1280.

264. La demande de congé est renvoyée par le Directeur général à l'Administrateur de la 1re div. qui propose de l'accorder ou de le refuser. I. 1284 ; Circ. 1er mars 1845. Aucune demande de congé faite pour les employés changés de résidence ou d'emploi n'est accueillie avant leur installation dans leurs nouvelles fonctions. I. 1346.

265. Les congés illimités sont supprimés, et à moins de circonstances extraordinaires dûment constatées, il n'est pas accordé dans la même année plus de trois mois de congé au même employé. Arr. 10 avril 1829, art. 6. I. 1280. — Il ne faut pas confondre les congés illimités avec la mise en disponibilité ou

l'autorisation accordée très rarement à quelques préposés de rester
sans emploi. Dans ce cas, l'employé ne conserve aucune partie
de son traitement, le temps d'interruption ne compte point
pour son avancement ni pour la retraite, et il cesse provisoirement de figurer sur les cadres des préposés en activité.

266. Lorsque le congé demandé par un employé lui a été
accordé, l'expédition est adressée au directeur qui la transmet
au préposé qu'elle concerne. I. 170 et 812. — Tout congé cesse
d'être valable s'il n'en est fait usage dans les quinze jours de sa
notification. Arr. 10 avril 1829, art. 2. Toutefois, l'employé
qui se trouverait retenu par des circonstances indépendantes de
sa volonté, pourrait se borner à informer, avant l'expiration de
ce délai, le directeur de la cause du retard : celui-ci en rendrait compte au Directeur général: I. 1280.

Le directeur fait, lorsqu'il y a lieu, remplacer le préposé qui
a obtenu un congé. O. gén. 251. Ce préposé ne peut quitter
son service avant de l'avoir remis à celui qui est chargé de le
suppléer pendant son absence. I. 170. Au surplus, le temps fixé
pour la durée du congé ne commence à courir que du **jour** de
l'interruption des fonctions. I. 1280.

267. Pendant la durée de leur absence par congé, les *Gar-*
des-magasin du timbre, les *Contrôleurs des successions*, les *Re-*
ceveurs et les *Conservateurs* sont remplacés par un surnuméraire
en état de régir ces fonctions; mais s'il s'agit d'un bureau important, c'est à un vérificateur qu'elles sont confiées. O. gén.
art. 15 et 251. — L'installation de l'intérimaire désigné par le
directeur a lieu selon les règles indiquées *sup.* 132.

Les employés suppléés ne sont pas responsables de la gestion
de l'intérimaire auquel un tiers des remises ou du traitement
est alloué (V. 272) comme indemnité de cette responsabilité et
des frais de bureau. D. 15 sept. 1834. I. 1464. Toutefois, les
conservateurs absents par congé restent responsables à l'égard
des tiers. V. *Conservateurs*.

268. Les *Vérificateurs* et les *Inspecteurs* de 3e classe ne sont
pas remplacés. Seulement, si leur absence se prolonge assez
pour les empêcher de terminer à l'époque prescrite les opérations dont ils sont chargés, une nouvelle répartition est faite
entre tous les employés du même grade dans le département,
ou bien l'adm. prend des mesures pour assurer le service.

Les *Inspecteurs de 1re et de 2e classe* sont remplacés par l'inspecteur de 3e classe ou, à défaut d'employés de ce grade, par
un vérificateur, mais seulement lorsque l'absence doit durer
plus de quinze jours. Outre son traitement, l'intérimaire a droit
à une indemnité de 5 fr. par jour prélevée, à titre de frais extraordinaires de tournée, sur le traitement de l'inspecteur en
congé, et que celui-ci doit payer directement à son suppléant.
I. 1368 (V. 272).

269. Les *Directeurs* en congé sont suppléés par un inspecteur de 1re ou de 2e classe, ou même, à leur défaut, par un inspecteur de 3e classe ou un vérificateur. Aucune indemnité ne leur est due en sus de leur traitement. I. 1280. Le premier commis de la direction ne peut être autorisé à remplir par intérim les fonctions de directeur. — En cas d'absence par congé du *Premier commis*, il est, si l'adm. le permet, remplacé par un vérificateur qui conserve son propre traitement sans indemnité. I. 745 et 1280.

270. Les *Sous-chefs* et les *Chefs de 2e et de 3e classe* à l'administration centrale ne sont pas suppléés pendant le temps de leur absence; cependant, lorsqu'elle se prolonge, le Directeur général autorise leur remplacement par un vérificateur qui conserve son propre traitement. Quant aux *Chefs de 1re classe*, ils sont suppléés par les chefs de 2e ou de 3e classe de la même division, et au besoin par un sous-chef. Les suppléants conservent leur traitement personnel, et leur travail se répartit s'il y a lieu entre leurs collègues.

Les *Administrateurs* se suppléent entre eux. Enfin le *Directeur-général* est remplacé par un des Administrateurs désigné par le Ministre des finances. Ord. 25 déc 1816. I. 759 et 970.

271. L'employé supérieur chargé, soit de l'intérim, soit de l'installation du surnuméraire désigné pour suppléer un comptable en congé, donne avis au directeur de la date du remplacement du titulaire, en lui adressant les pièces relatives à l'installation (V. 139). — Lorsque l'autorisation de s'absenter a été accordée à un vérificateur ou à un inspecteur, il doit, au moment où il profite de son congé, mettre un vu de départ sur le principal registre du bureau dans lequel il se trouve en opérations, et en informer sur-le-champ le directeur, sous peine d'être considéré comme absent sans autorisation. I. 170 et 1280.

Dans tous les cas, et soit que l'employé qui a obtenu un congé ait été remplacé, soit qu'il n'ait pas besoin de suppléant, le directeur doit informer le Directeur général, *bureau du personnel*, de l'interruption de son service. I. 170 et 1280; Circ. 1er mars 1845.

272. La retenue au profit de la caisse des retraites de la moitié du traitement de l'employé en congé s'exerce dans tous les cas sur le traitement net, après le prélèvement, 1° de la retenue ordinaire de 5 p. 100, et 2° de la portion affectée aux frais de bureau ou de tournée. I. 170 et 1280 (V. 260). L'employé en congé conserve l'autre moitié.

En ce qui concerne les *receveurs* et les *gardes-magasin* du timbre, la retenue porte sur la moitié du montant net des remises ou du traitement, après la déduction du tiers alloué pour frais de bureau au surnuméraire ou au préposé chargé de l'*intérim*. Arr. 8 vend. an 12. I. 170, 295 et 1280. Par conséquent, le traitement net de ces préposés, pendant la durée de leur congé, se divise par tiers entre l'employé absent, l'intérimaire et la caisse des retraites. I. 1464. Ces dispositions sont applicables aux *remises* des *conservateurs ;* mais les *salaires* appartiennent à celui qui est responsable, et il a été décidé que les titulaires en congé ont droit de les conserver en totalité, à la seule condition de décharger l'intérimaire de toute responsabilité envers les particuliers. V. *Conservateurs.*

Les *Inspecteurs de 1re et de 2e classe*, devant être suppléés après quinze jours d'absence, l'indemnité de 5 fr. par jour à laquelle ont droit les employés supérieurs qui les remplacent (V. 268), est prélevée sur le montant du traitement net de l'inspecteur; le restant se partage par moitié entre l'inspecteur et la caisse des retraites. I. 1280 et 1368. — Les *contrôleurs des successions*, les *vérificateurs*, les *inspecteurs* de 1re et de 2e classe jusqu'à leur remplacement, enfin les *directeurs*, les *premiers commis* de direction, ainsi que tous les *employés de l'administration centrale*, conservent, pendant la durée de l'absence par congé, la moitié de leur traitement net ; l'autre moitié est versée à la caisse des retraites. Les directeurs reçoivent en outre la somme entière allouée pour leurs frais de bureaux qui restent ainsi à leur charge. I. 170, 295, 1280 et 1368.

A l'égard des *timbreurs* et *tourne-feuilles* dans les départements, leur traitement, considéré comme salaire d'un travail matériel, appartient en entier aux personnes qui les ont remplacés avec l'agrément du directeur. Celui des timbreurs, garçons de magasin, tourne-feuilles et compteuses, soit de l'atelier général du timbre, soit de l'atelier du timbre extraordinaire à Paris, est dévolu pour moitié aux suppléants ou suppléantes ; l'autre moitié appartient aux titulaires. I. 295 et 1280.

273. La retenue à faire sur les traitements des employés en congé est calculée sur une durée uniforme de trente jours pour chaque mois. I. 1405. Pour les préposés à remises, elle s'établit provisoirement sur le montant des sommes que le titulaire est autorisé à prélever chaque mois, et se règle définitivement à la fin de l'année sur le chiffre exact des remises allouées pendant l'année dans le courant de laquelle l'absence a eu lieu. Le titulaire et l'intérimaire tiennent compte respectivement de la différence. I. 1126. V. *Comptabilité générale.*

274. Est réputé s'être absenté sans autorisation tout employé qui vient à Paris, si son congé ne l'y autorise pas expressément. Circ. 29 vent. an 13 ; I. 812, 1154 et 1280. Il en est de même des employés des départements, quel que soit leur grade, qui ont obtenu un congé pour se rendre à Paris, lorsqu'ils négligent, en y arrivant, d'indiquer leur adresse au Directeur général, *bureau du personnel.* Arr. 10 avril 1829, art. 9 et 10. I. 1280. On a lieu de croire que cette dernière disposition ne s'exécute pas rigoureusement.

275. Lorsqu'un préposé ne rentre pas à son poste à l'expiration de son congé, il encourt les peines prononcées pour le cas d'absence sans autorisation (V. 259), à moins qu'il ne puisse justifier qu'il en a été empêché par des motifs légitimes. I. 170 et 1280.

Les préposés qui sont dans le cas de solliciter une *prolongation de congé* peuvent, s'ils sont hors du département où ils remplissent leurs fonctions, s'adresser directement pour l'obtenir au Directeur général. Ils préviennent de cette demande leur directeur qui est ultérieurement informé par l'adm., soit de la prolongation accordée, soit du refus qui en serait fait. Si la prolongation est demandée pour cause de maladie, la demande doit être appuyée d'un nouveau certificat de médecin ou chirurgien en titre (V. 263). *Ibid.*

276. Les employés qui ont obtenu un congé sont libres de reprendre leurs fonctions avant son expiration, et, dans ce cas, c'est sur le temps de l'absence réelle que l'on calcule la retenue. Seulement, si c'est un comptable, il prévient à l'avance le directeur de l'époque de son retour, afin que celui-ci puisse donner à un employé supérieur les ordres nécessaires pour sa réinstallation. Cette opération a lieu, dans tous les cas, suivant les formes prescrites pour toute installation (V. 132). Quant aux inspecteurs et vérificateurs, ils doivent constater l'époque de leur retour par un vu d'arrivée, ainsi qu'il a été dit *sup.* 271 pour leur départ, et en donner avis immédiatement au directeur, sous peine d'être réputés absents sans autorisation et punis comme tels. Circ. 29 vent. an 13 ; I. 1280.

277. L'employé qui a obtenu un congé sans retenue (V. 260), doit justifier de la durée de son séjour dans l'endroit où il s'est rendu pour l'accomplissement du devoir qui a motivé l'autorisation, par un certificat de l'autorité locale, administrative ou judiciaire, selon le cas, ou toute autre pièce authentique, autrement son absence pourrait être considérée comme ayant eu lieu sans congé, et il en serait de même s'il était convaincu d'inexactitude dans les certificats produits. I. 1280.

278. Après l'expiration des congés, les expéditions qui avaient été transmises par le Directeur général, lui sont renvoyées par les directeurs, qui, soit pour eux-mêmes, soit pour les autres employés, d'après l'avis qu'ils en ont reçu, certifient, au bas de ces expéditions, le jour de la cessation et celui de la reprise des fonctions. Circ. 29 vent. an 13 ; I. 812 et 1280.

Chaque mois, les directeurs doivent adresser au Ministre des finances un état des absences qui ont eu lieu en vertu de congés. Régl. 1846, art. 214. V. *Comptabilité générale.*

SECTION II. — *Maladies des employés.*

279. Aucun préposé ne peut interrompre, sans une autorisation spéciale, l'exercice de ses fonctions pour quelque motif que ce soit *dépendant de sa volonté* (V. 259) ; mais lorsqu'un employé est forcé de cesser son service pour cause de maladie, l'interruption des fonctions est de droit et n'a pas besoin d'être autorisée. Circ. 29 vent. an 13; I. 170 et 1280.

Le préposé doit, dans ce cas, informer ou faire informer immédiatement le directeur de son état et du jour où il a été obligé de cesser ses fonctions, s'il s'est trouvé trop indisposé pour pouvoir les continuer. Il lui fait parvenir en même temps un certificat rédigé sur papier timbré et dûment légalisé, d'un médecin ou chirurgien en titre, énonçant la nature et la gravité de la maladie et le temps présumé nécessaire pour sa guérison. Circ. 29 vent. an 13; I. 170, 812, 1280 et 1424.

Des mesures sévères peuvent être prises envers les employés qui tromperaient la confiance de l'adm. en produisant des certificats mensongers ou de complaisance pour faire croire à un état de santé qui exigerait une suspension de travail ou une absence. I. 170. L'arrêté transmis par la Circ. du 29 vent. an 13, prononce la peine de la révocation contre tout employé convaincu d'avoir cessé ses fonctions sur un faux exposé de maladie. Il peut aussi, selon les cas, être privé de son traitement pour un temps double de l'interruption de ses fonctions. I. 1280 (V. 259, 263).

280. Le directeur pourvoit, s'il y a lieu, au remplacement de l'employé malade, en suivant à cet égard les règles énoncées ci-dessus (V. 267 et suiv.). O. gén. 251, et mêmes Circ. et Instr. Il donne avis de la maladie au Directeur général en lui adressant le certificat avec ses observations sur la réalité, la nature et la gravité de la maladie. O. gén. 251; I. 812, 1049, 1280, 1284 et 1424.

Les employés malades sont suppléés comme dans le cas d'absence par congé; le directeur rend compte, aussi dans la même forme, au Directeur général, des régies par *intérim* (V. 267 et suiv.). *Ibid*.

281. Les préposés forcés d'interrompre leurs fonctions pour cause de maladie conservent, *lorsqu'ils ne quittent pas le lieu de leur résidence*, la totalité de leurs remises, salaires ou traitements, excepté la portion attribuée à l'intérimaire comme indemnité des frais de bureau, de tournée ou de responsabilité. Circ. 29 vent. an 13 et 6 sept. 1808; I. 170, 812, 1280 et 1424.

La portion attribuée aux intérimaires est, comme pour les absences par congé, le tiers des remises ou du traitement des comptables, et une indemnité de 5 fr. par jour pour les inspecteurs de 1re et de 2e classe suppléés par un employé supérieur. Les règles qui concernent la liquidation de ces indemnités sont les mêmes que pour les congés. I. 170, 295, 1126, 1280, 1368 et 1424 (V. 272, 273). — Les timbreurs et tourne-feuilles dont le traitement est considéré comme le salaire d'un travail manuel n'ont droit à aucune partie de leur traitement pendant la durée de leur maladie; cependant à Paris la moitié seulement est attribuée aux suppléants. I. 295 et 1280. Rien n'empêche les directeurs d'imposer les mêmes conditions lorsqu'ils pourvoient au remplacement des timbreurs.

282. Lorsqu'un préposé malade est *obligé de quitter le lieu de sa résidence* pour le traitement de sa maladie, il doit se pourvoir d'un congé dans la forme ordinaire (V. 263). Dans ce cas, il subit la retenue, au profit de la caisse des retraites, de la moitié de ses remises ou de son traitement, après le prélèvement de la portion ou de l'indemnité allouée à l'intérimaire. Cette retenue a lieu quand même le préposé malade justifierait de la nécessité de se rendre aux eaux par suite de blessures ou de maladie résultant de l'exercice de ses fonctions ou de services militaires, ou qu'il est atteint d'une maladie de nature à exiger que le traitement ait lieu hors de sa résidence. L'art. 1er de l'arrêté du 21 mai 1833 a rétabli cette disposition rigoureuse de la circulaire du 6 sept. 1808, qui était contraire à l'arrêté du 8 vend. an 12, I. 170, et avait été abrogée par l'arrêté du 10 avril 1829 (V. 260). I. 1424.

283. Les directeurs ne peuvent permettre aucune absence sous le prétexte du besoin de changer d'air ou de prendre les eaux, sans un congé expédié dans la forme ordinaire. O. gén. 243; Circ. 29 vent. an 13; I. 812 et 1280 (V. 264). Ils peuvent seulement autoriser les inspecteurs à prendre quelques jours de repos. V. *Inspecteurs.*

Il est expressément recommandé aux directeurs de veiller à ce que l'interruption de service de tous les préposés malades ne se prolonge pas abusivement au-delà du temps nécessaire pour le traitement de la maladie, et à ce que, pendant sa durée, l'employé ne quitte pas sa résidence, s'il n'a pas obtenu de congé à cet effet. Si la maladie durait plus d'un mois, le directeur exigerait que l'état de santé de l'employé fût constaté, à la fin de chaque mois, par un certificat de médecin ou chirurgien en titre; et il transmettrait ce certificat au Directeur général avec les renseignements qu'il aurait recueillis et ses observations particulières. I. 1424; Circ. 1er mars 1845 (V. 279, 280).

284. Aussitôt que la santé du préposé est rétablie, il doit en informer le directeur; si c'est un employé supérieur non remplacé, il l'informe en même temps du jour où il a repris ses fonctions; s'il s'agit d'un comptable ou d'un inspecteur suppléé pendant sa maladie, le directeur donne immédiatement les ordres nécessaires pour qu'il soit procédé à sa réinstallation dans la forme ordinaire (V. 132). Dans tous les cas, le directeur doit rendre compte au Directeur général de la reprise par l'employé de l'exercice de ses fonctions. I. 1280; Circ. 1er mars 1845.

285. Le directeur, après s'être assuré que l'employé supérieur malade n'a point quitté sa résidence, peut lui faire payer son traitement sans l'autorisation préalable de l'adm. I. 1049. Lorsqu'il s'agit d'un inspecteur de 1re ou de 2e classe, il acquitte lui-même le montant de l'indemnité de 5 fr. par jour entre les mains de l'inspecteur de 3e classe ou du vérificateur qui l'a remplacé. I. 1368 (V. 281).

CHAPITRE II. — *Cessations de services,*

SECTION Ire. — *Suspension de fonctions.*

286. La suspension est une mesure qui a pour objet d'interdire à un employé l'exercice de ses fonctions. Elle entraîne, pendant sa durée, la révocation de tous les pouvoirs du préposé et la privation complète du traitement attaché à ses fonctions; dès lors, elle peut être considérée comme une cessation momentanée des services.

La suspension des fonctions peut être appliquée à tous les employés, soit à titre de peine disciplinaire, soit par mesure de précaution lorsque la sûreté des deniers l'exige.

287. § 1er. Par *mesure disciplinaire*, la suspension des fonctions ne peut être prononcée que par le Directeur général, sur l'avis du Conseil d'adm.; lorsque la nomination de l'employé est réservée au Roi ou au Ministre des finances (V. 82), il en est rendu compte immédiatement au Ministre qui statue définitivement. Ord. 3 janv. 1821, art. 9. I. 970.

Dans les cas extrêmement urgents, les directeurs peuvent suspendre *provisoirement* de leurs fonctions les préposés sous leurs ordres, à la charge de rendre compte sur-le-champ au Directeur général. O. gén. 242. Mais les inspecteurs et les vérificateurs ne peuvent suspendre aucun préposé de ses fonctions *par mesure disciplinaire*. O. gén. 103, 175 et 201; Circ. R. 1806. I. 1318, art. 7, et 1351, art. 5 et 34. Toutefois, ils peuvent et doivent provoquer cette mesure quand ils découvrent des abus graves; on ne le fera qu'avec beaucoup de réserve et seulement lorsque les circonstances le commanderont absolument.

288. Le Conseil d'adm. délibère sur les propositions ou les faits qui peuvent entraîner la suspension par mesure disciplinaire. Lorsqu'elle est prononcée, des ordres sont transmis au directeur qui doit en assurer l'exécution sans aucun retard. Il prescrit au préposé d'interrompre immédiatement l'exercice de ses fonctions et le fait remplacer s'il y a lieu (V. 267 et suiv.). L'employé suspendu de ses fonctions doit les cesser aussitôt qu'il en a reçu l'ordre ou qu'il a été remplacé. Celui qui continuerait à exercer ses fonctions après son remplacement est passible de l'amende et de la prison. C. pén., 197.

Les employés frappés de suspension perdent la totalité de leur traitement; les émoluments sont considérés comme appartenant à un emploi *vacant* et sont dévolus au surnuméraire ou au préposé chargé de l'*intérim*, selon les règles indiquées *sup*. 255. La portion disponible du traitement personnel de l'intérimaire, déduction faite de la retenue de 5 p. 100 au profit de la caisse des retraites, reste au crédit de l'adm. Régl. 26 janv. 1846, art. 41.

Après que la suspension a été levée, le directeur donne les ordres convenables pour la rentrée du préposé en fonctions, et on procède comme pour toute autre réinstallation.

289. § 2. En cas de *déficit de caisse* ou de *débet* régulièrement constaté, les vérificateurs ne sont pas autorisés à suspendre, même provisoirement, un comptable de ses fonctions ; ils peuvent seulement, si la sûreté des deniers l'exige, lui *fermer provisoirement les mains*, à la charge d'en informer sur-le-champ l'adm., 1re div., et le directeur du département, O. gén. 103 ; I. 1354, art. 5. Cette mesure ne produit pas, pour le préposé, interruption de ses services ; il en résulte défense absolue de faire aucune recette et par conséquent de donner quittance. Il faut donc que l'employé supérieur fasse en sorte que le comptable ne puisse recevoir aucune somme jusqu'au moment où les ordres du directeur ou de l'adm. arrivent, soit pour ordonner sa suspension, soit pour prescrire sa réintégration.

290. Dans le même cas de *déficit* ou de *débet*, les inspecteurs de 1re ou de 2e classe peuvent également fermer les mains au receveur et charger l'employé supérieur qui serait attaché au bureau, ou un surnuméraire présent, d'en prendre l'*intérim*. Ils peuvent même, dans ce cas, frapper le receveur d'une sorte de suspension provisoire en attendant les ordres du directeur. Dans tous les cas, les inspecteurs sont tenus d'informer sur-le-champ l'Administrateur de la 1re div. et le directeur des mesures qu'ils ont cru devoir prendre dans l'intérêt du service. O. gén. 175 et 204 ; I. 1318, art. 7 et 1354, art. 34. Lorsqu'il n'y a pas d'employé ou de surnuméraire présent pour le charger de l'*intérim*, l'inspecteur doit prolonger son séjour au bureau pour empêcher de nouvelles infidélités.

291. Il résulte de ces observations que l'employé supérieur qui, dans la limite de ses pouvoirs, croit devoir fermer les mains à un comptable, ou même le suspendre provisoirement, doit prendre les mesures nécessaires pour assurer le service. En attendant que la régie du bureau puisse être définitivement confiée à un intérimaire, selon les formes prescrites, l'employé supérieur dresse contradictoirement avec le comptable un état de la caisse et des papiers timbrés, et fait mention sur le principal registre du bureau de la mesure prise à l'égard du préposé. Si le directeur confirme la suspension, le remplacement du comptable est régularisé selon les règles prescrites pour les autres installations (V. 132).

Lorsque l'employé en déficit est constitué en état de faillite ou qu'il est en fuite et a abandonné son poste, on procède ainsi qu'il sera expliqué pour les employés décédés (V. 305).

292. Les directeurs peuvent suspendre de leurs fonctions les comptables en *déficit*, mais seulement lorsque la sûreté des deniers l'exige, et à la charge d'en rendre compte sur-le-champ à l'Administrateur de la 1re div. O. gén. 242. Dans ce cas, ils doivent prendre les dispositions nécessaires pour l'exécution de cette mesure provisoire et le remplacement des préposés.

293. Si l'adm. maintient la suspension dont un comptable en *déficit* a été frappé provisoirement ou ordonne cette mesure, les règles ordinaires des suspensions *par mesure de discipline* sont applicables (V. 288). Si, au contraire, l'adm. juge qu'elle a été mal à propos appliquée et transmet des ordres en conséquence, le préposé a droit à la totalité de ses remises pendant l'interruption, sauf les dispositions contraires qui pourraient être ordonnées. Il est réintégré immédiatement dans les formes prescrites (V. 132).

SECTION II. — *Mise à la retraite.*

294. Lorsqu'un employé ayant des droits à une pension de retraite (V. 315 et suiv.), est reconnu hors d'état de continuer utilement ses fonctions, soit à raison de son âge et de ses infirmités, soit par toute autre cause, l'adm. peut, d'office, ou sur la proposition des chefs de service, l'admettre à faire valoir ses droits à la retraite. 1. 1158. Le Directeur général, sur l'avis du Conseil d'adm., prononce la *mise à la retraite* des employés dont la nomination lui appartient, et propose au Ministre celle des autres employés. Ord. 3 janv. 1821. I. 970 (V. 82).

Les employés supérieurs sont obligés, par leurs fonctions, de rendre un compte exact de la situation du service ou de l'état des préposés dont la surveillance leur est confiée. Ils ne doivent donc laisser ignorer à l'adm. aucune des circonstances qui pourraient motiver la mise à la retraite d'un préposé; mais en accomplissant ce devoir, on ne perdra point de vue les égards dûs à de bons et loyaux services, et comme la mise à la retraite prononcée d'office est toujours pénible, le directeur devra, autant qu'il est en lui et avec l'autorisation préalable de l'adm., chercher, avec les ménagements convenables, à obtenir la retraite volontaire de l'employé reconnu hors d'état de continuer l'exercice de ses fonctions.

295. Lorsque la mise à la retraite d'un employé paraît nécessaire, le Conseil d'adm. est appelé à délibérer sur le rapport de l'Administrateur chargé de la 1re div. Le Directeur général statue en prononçant ou en proposant la mise à la retraite selon les distinctions ci-dessus. La mise à la retraite est notifiée au préposé par l'intermédiaire du directeur, et l'on procède à son remplacement selon les règles ordinaires.

L'employé mis à la retraite fait valoir ses droits à une pension, ainsi qu'il est expliqué au chapitre suivant (V. 335 et suiv.).

SECTION III. — *Révocation des employés.*

296. La révocation ou la destitution des préposés est une mesure extrêmement grave qui ne peut être prise que par l'autorité de laquelle émane la nomination. Le Directeur général peut révoquer et destituer les employés dont la nomination lui est attribuée (V. 82), après avoir pris l'avis du Conseil d'adm. sur le rapport de l'Administrateur de la 1re div. Il peut seulement suspendre de leurs fonctions les préposés à la nomination du Roi et du Ministre des finances, sauf à en rendre compte immédiatement à ce dernier qui statue. Ord. 3 janv. 1821, art. 9. I. 970 (V. 287).

297. Les directeurs, inspecteurs et vérificateurs ne peuvent destituer aucun préposé sans un ordre écrit de l'adm. O. gén., 103, 175 et 242. Ils peuvent seulement lui fermer les mains ou le suspendre de ses fonctions (V. 287, 289, 290, 292). Les employés supérieurs sont appelés à rendre compte des faits de nature à entraîner la révocation d'un préposé. Ils ne doivent, dans ce cas, cacher à l'adm. aucune circonstance, et il est de leur devoir de signaler tous ceux qui se rendraient coupables d'abus ou d'infractions graves, aux règles du service sans se laisser arrêter par la sévérité des peines. Les employés supérieurs comprendront qu'en accomplissant ce pénible devoir, il faut s'attacher à présenter les faits sous leur véritable jour et sans exagération. C'est surtout en pareille matière, et lorsque la décision à prendre peut avoir des conséquences aussi désastreuses pour l'avenir d'un employé et de sa famille, qu'il convient de s'abstenir de toutes récriminations personnelles, de tous rapports passionnés.

298. Lorsque la révocation d'un employé est prononcée, il est pourvu immédiatement à la nomination de son successeur ; cependant, jusqu'à l'arrivée de ce dernier, il peut être nécessaire, dans l'intérêt du service, de prendre des mesures pour éviter des soustractions ou d'autres abus. Les directeurs sont naturellement chargés d'adopter ou de provoquer ces mesures dans les limites de leurs attributions et des ordres qu'ils ont reçus.

A la réception de l'avis de la révocation d'un employé, le directeur lui donne communication officielle de l'ordre du Directeur général, et prend les dispositions nécessaires, soit pour le remplacement immédiat du préposé destitué, soit pour l'installation de son successeur. Le remplacement se fait dans la forme ordinaire (V. 132). L'employé supérieur chargé de présider à l'installation doit veiller à ce que la remise du service soit faite convenablement, et afin que cette opération n'entraîne aucune collision fâcheuse, il semble convenable d'en charger un employé supérieur autre que celui dont le rapport a pu provoquer la révocation du préposé.

299. Tout employé destitué perd ses droits à la retraite lors même qu'il aurait l'âge et le temps de service nécessaires pour l'obtenir. Il ne peut prétendre au remboursement des retenues (V. 323).

SECTION IV. — *Abandon et démission d'emploi.*

300. *Abandon.* L'employé qui abandonne son poste sans qu'au préalable il ait obtenu un congé ou son remplacement, est réputé démissionnaire (V. 259). O. gén. 4 ; Arr. 10 avril 1829,

8

art. 8 ; Régl. 26 janv. 1846, art. 95. Il perd son traitement
à partir du jour même de son absence. Même Régl.; et peut,
suivant les circonstances, être passible de dommages-intérêts
envers l'État (V. 128, 303). La marche à suivre en cas d'abandon de fonctions ou d'évasion de ceux qui en sont investis est
indiquée ci-après (V. 305).

301. *Démission.* Il ne peut, dans aucun cas, être disposé
des places à titre de survivance, adjonction ou autrement.
L. 27 mai 1791, art. 37. Le préposé qui aurait traité de son emploi ou fait colporter sa démission pourrait être immédiatement
remplacé. Il est expressément défendu à ceux des employés qui
désirent quitter leur place pour obtenir leur admission à la retraite ou pour tout autre motif, de confier leur démission à des
tiers ; ils doivent, dans ce cas, l'adresser au Directeur général, soit
directement, soit par l'intermédiaire du directeur du département où ils sont en exercice. Circ. 21 fév. 1822. Le directeur est
tenu de la transmettre sans aucun retard.

302. Toute démission donnée avant l'âge et le temps de
service exigé pour la retraite fait perdre le droit de l'employé
à une pension (V. 322, 323).

303. Nul préposé démissionnaire ne peut quitter ses fonctions avant l'installation de son successeur, à peine de répondre
de tous dommages et intérêts auxquels la vacance momentanée
de l'emploi peut donner lieu. L. 21 vent. an 7, art. 14. Circ.
R. 1539. Ainsi, l'employé qui a des motifs pour ne pas attendre la nomination et l'arrivée de son successeur, doit prier le
directeur de le faire relever. Pour le remplacement des employés démissionnaires, soit par le nouveau titulaire, soit par le
préposé chargé de l'*intérim*, on suit les règles indiquées pour
toutes les installations (V. 132).

SECTION V. — Décès des employés.

304. Dans le cas de décès d'un préposé en exercice, les autres employés ou surnuméraires de la localité ou du voisinage,
les parents ou les amis du défunt, dans l'intérêt de la succession, ou, à leur défaut, le maire ou le juge de paix, dans l'intérêt public, donnent avis du décès au directeur du département
aussitôt qu'ils en ont connaissance.

Les employés de la localité, et principalement les employés
supérieurs, doivent même, en attendant ses ordres, pourvoir
aux besoins les plus urgents du service.

305. En cas de décès, faillite, évasion ou abandon pour
toute autre cause des fonctions de receveurs ou comptables publics en activité de service, il sera, pour la conservation des
droits de l'État, procédé, à la requête du ministère public, à
l'apposition des scellés et à l'inventaire des meubles, effets, titres et papiers de ces comptables. L. 11 août — 17 oct. 1792,
art. 1er. Le Code de proc. civ. porte également que le scellé

sera apposé soit à la diligence du ministère public, soit sur la déclaration du maire ou adjoint de la commune, et même d'office par le juge de paix, en cas de décès d'un dépositaire public, mais seulement pour raison de ce dépôt et sur les objets qui le composent. Art. 911. I. 1769.

Les scellés étant apposés pour la conservation des droits de l'État, les frais seraient à sa charge ; mais comme cette formalité est une mesure commandée par des motifs d'intérêt public, elle ne donne lieu à aucun émolument au profit du greffier de la justice de paix. D. just. 12 mars 1846, et les procès-verbaux d'apposition et de levée des scellés sont visés pour timbre et enregistrés *gratis*. D. 20 nov. 1846. *Ibid.*

306. Lorsque, dans le cas d'apposition des scellés après le décès d'un comptable mort dans l'exercice de ses fonctions, un employé supérieur peut intervenir, il requerra le juge de paix de constater immédiatement, par un procès-verbal, l'état de la caisse et celui tant des registres de perception que des papiers timbrés et passeports et des pièces justificatives des dépenses ; il demandera que ces objets et les archives du bureau lui soient remis après cette description sommaire, conformément aux art. 914, § 8 et 924, C. proc. civ., afin de pouvoir assurer le service. Dans ce cas, il constatera la situation des arrêtés et fera un état des actes déposés, après avoir arrêté le livre-journal, les recettes et les dépenses. Il prendra ensuite, ou confiera provisoirement à un surnuméraire ou à un vérificateur l'*intérim* du bureau en dressant d'office un compte provisoire, sauf régularisation ultérieure à la réception des ordres du directeur. I. 985.

307. Dès que le directeur a reçu avis du décès d'un préposé, il en informe le Directeur général, *bureau du personnel*, Circ. 1er mars 1845, et donne sur-le-champ les ordres nécessaires pour le remplacement s'il y a lieu. L'installation de l'intérimaire se fait comme à l'ordinaire (V. 132) ; seulement le compte est rendu d'office par l'employé supérieur au nom du comptable décédé. Si les scellés sont encore apposés, ils doivent être levés conformément aux art. 928 et 940, C. proc. civ., quand le préposé chargé de l'*intérim* se présente pour prendre possession.

308. Le Directeur général doit aussi être informé du décès des *pensionnaires de l'adm.* Les directeurs qui tiennent un registre de ces préposés se font renseigner à cet égard par les receveurs ou employés supérieurs. I. 1020 (V. 374).

309. Enfin il est prescrit aux receveurs ou autres préposés d'annoncer, sans aucun retard, au directeur les décès dont ils ont connaissance, survenus parmi les préposés ou pensionnaires de l'adm. qui sont membres de la *Légion-d'Honneur*. Les directeurs doivent en informer le Directeur général par une lettre spéciale ou faire mention, dans l'avis du décès de l'employé ou du pensionnaire, qu'il était membre de la Légion-d'Honneur. I. 820 et 920 ; Circ. 1er mars 1845.

CHAPITRE III. — *Pensions de retraite et secours.*

SECTION Iʳᵉ. — *Constitution de la caisse des retraites.*

310. *Anciens réglements.* Un arrêté du 4 brum. an 4 accordait aux employés de l'enreg. et des domaines une pension de retraite après 30 ans de service, ou 10 années seulement, lorsque la retraite était forcée par des infirmités contractées dans l'exercice de leur emploi; il permettait aussi d'accorder des secours annuels aux veuves et aux orphelins des employés décédés après 30 ans de service. Circ. R. 825.

Ces pensions ou secours étaient payés sur les fonds d'une caisse spéciale des retraites de l'adm., alimentée par des retenues sur les traitements. Arr. 29 germ. an 4, Circ. R. 949. Fixées à *un*, puis à *deux* p. 100, ces retenues comprenaient, en outre, la totalité des traitements pendant la durée des congés, sauf la portion attribuée aux intérimaires. Circ. R. 825 et 1785.

311. En l'an 13, un réglement assura des pensions viagères aux veuves des employés, et, jusqu'à l'âge de 16 ans aux orphelins. Portée dans ce but à *deux et demi* p. 100, Décr. 12 flor. an 13, I. 287, la retenue fut élevée à *quatre* p. 100 et appliquée aux deux tiers des salaires des conservateurs. On continua également de prélever au profit de la caisse des retraites les traitements des employés en congé et même des emplois vacants. I. 665 et 699. La retenue fut portée à 5 p. 100 par une ord. du 17 janv. 1816, qui attribua en outre à la caisse des retraites 15 p. 100 du produit des amendes d'enreg. I. 767. — Un prélèvement du premier mois de traitement, ou du douzième de l'augmentation en cas d'avancement, fut ordonné pendant un an, Ord. 15 avril 1820, I. 932; prorogée pour une année, Ord. 14 mars 1821, I. 976, cette retenue a été maintenue indéfiniment par ord. du 13 mars 1822, I. 1028. Enfin une dernière ord. du 12 nov. 1823 fit frapper la retenue de 5 p. 100 sur la *totalité* des salaires des conservateurs. I. 1105.

Les fonds provenant de ces retenues furent versés à la caisse des dépôts et consignations pour le compte de la caisse des retraites. Ord. 3 juill. 1816. Plusieurs instructions réglèrent le mode de recette et de comptabilité. I. 734, 737, 745, 803, 836, 870, 932, 976, 1016, 1028, 1105, 1108 et 1126.

312. *Réglement actuel.* Une ordonnance du 12 janv. 1825 abroge les dispositions précédentes sur les pensions de retraite des employés de l'adm. et contient un réglement général sur cet objet.

Cette ordonnance prescrit la réunion en une caisse commune sous la dénomination de : *Caisse générale des pensions de retraite des fonctionnaires et employés des finances*, des caisses particulières alors établies pour subvenir aux pensions de retraite du ministère et des administrations des finances. Art. 1ᵉʳ. I. 1158.

313. *Fonds de retraite.* Les recettes de la caisse des retraites se composent : 1° d'une retenue de 5 p. 100 sur les traitements, remises proportionnelles, suppléments de traitement, et généralement sur toutes sommes payées par l'État, autres que gratifications éventuelles, salaire de travail extraordinaire, indemnités de perte, frais de voyage, abonnement pour frais de bureau et de loyer, et remboursement de dépense ; 2° de la retenue du premier mois d'appointements ; 3° de la retenue, pendant le premier mois, de la portion du traitement accordée à titre d'augmentation ; 4° des retenues déterminées sur les appointements des employés en congé ; 5° des prélèvements sur les parts attribuées aux employés dans le produit des amendes, saisies et confiscations ; 6° des fonds subventionnels accordés par les lois et budgets ; 7° enfin des arrérages de rentes et des intérêts des fonds appartenant à la caisse générale. Ord. 12 janv. 1825, art. 2, I. 1158. — Nul employé, excepté le Directeur général, ne peut s'affranchir des retenues en renonçant à l'éventualité d'une pension. *Ibid.*, art. 45.

Attribué d'abord à la caisse des retraites par l'ord. du 4 nov. 1814, I. 665, le produit des *emplois vacants* fut ensuite reconnu appartenir au trésor, D. 7 déc. 1821, I. 1016 ; plus tard, le produit des vacances d'emplois fut encore attribué à la caisse des pensions, D. 12 déc. 1823, I. 1108 ; mais en dernier lieu on reconnut que cette affectation était contraire à la loi. Av. cons. d'État, 13 mai 1828, I. 1244 ; Régl. 26 janv. 1846, art. 51 (V. 255).

314. Les retenues et autres sommes attribuées à la caisse générale sont affectées au service des pensions des employés, de leurs veuves et orphelins ; il ne peut en être rien détourné pour une autre destination. Ord. 12 janv. 1825, art. 3. En exécution de l'art. 110 de la loi du 28 avril 1816 et de l'ord. du 3 juill. suivant, les fonds sont versés à la caisse des dépôts et consignations chargée du paiement des pensions. Art. 4. I. 1158. On a indiqué au chapitre des *traitements* les règles concernant le mode à suivre pour compter de ces retenues (V. 241 et suiv.).

Les retenues régulièrement opérées au profit de la caisse des retraites lui sont définitivement acquises, et ne peuvent en aucun cas être remboursées, soit aux employés, soit à leurs héritiers. *Ibid.*, art. 45. I. 1158.

SECTION II. — *Pensions de retraite des employés.*

§ Ier. — *Conditions d'admission à la retraite.*

315. *Pensions ordinaires.* Les employés peuvent obtenir pension lorsqu'ils ont 60 ans d'âge et 30 ans accomplis de service, dont au moins 20 années au ministère des finances ou dans les administrations financières. Ord. 12 janv. 1825, art. 6, I. 1158 ; D. 19 juin 1826. I. 1191. Il suffit de 25 ans de service pour les employés qui ont passé 15 ans dans le service actif, Ord. 1825, art. 6 ; mais aucun des emplois de l'adm. n'est classé dans cette dernière catégorie. I. 1158.

Les anciens réglements n'exigeaient que 30 années de service et non la condition de 60 ans d'âge. Cette disposition était plus équitable : peu importe l'âge d'un préposé pour la rémunération de ses services ; c'est leur durée qui devrait seulement déterminer son droit à une pension. Il est vrai que la rigueur de cette condition d'âge est adoucie par l'art. 7, d'après lequel « Tout « employé *reconnu hors d'état de continuer utilement ses fonc-* « *tions*, peut, *quel que soit son âge*, être admis à la pension, s'il « réunit la durée et la nature des services exigés. » I. 1158.

316. *Pensions exceptionnelles.* Peuvent, sur la proposition de de l'adm., obtenir pension, quels que soient leur âge et la durée de leurs services, les employés *mis hors de service* par suite d'un acte de dévouement dans un intérêt public, ou en exposant leurs jours pour sauver la vie d'un de leurs concitoyens. Ord. 24 fév. 1846. Les actes de dévouement auxquels cette récompense est accordée sont notamment les secours portés dans un incendie, une inondation, un naufrage. I. 1750.

317. Peuvent encore obtenir exceptionnellement une pension, sur la proposition de l'adm., les employés notoirement devenus *infirmes* par le résultat de l'exercice de leurs fonctions, s'ils ont 45 ans d'âge et 15 ans de services dans le département des finances. Ord. 12 janv. 1825, art. 8. I. 1158. Les anciens réglements n'exigeaient, dans ce cas, aucune condition d'âge, mais seulement 10 années exclusivement consacrées au service de l'adm. de l'enreg.; les services dans d'autres parties n'étaient point admissibles. Ord. 19 nov. 1837.

Plusieurs ordonnances ont fait application des dispositions qui permettent d'accorder des pensions aux employés devenus infirmes dans l'exercice de leurs fonctions. Ord. 29 mars 1833, 17 oct. 1834 et 5 sept. 1836. C'est principalement lorsque les infirmités résultent d'un travail extraordinaire recommandé par l'adm., que les employés ont droit à une pension exceptionnelle.

§ II. — *Services admissibles.*

318. *Services civils.* Sont admissibles pour la pension les services civils à compter de l'âge de 20 ans, et seulement de la date du premier traitement d'activité. Le temps du surnumérariat, même celui consacré à l'exercice de fonctions par *intérim*, ne peut être compté. Ord. 12 janv. 1825, art. 27. I. 1158 (V. 66).

Les services civils dont la durée n'a pas été d'une année consécutive, et ceux qui, depuis 1825, ont été *interrompus* par une inactivité de plus de 10 années ne sont pas admis. *Ibid*, art. 31. Lorsque l'interruption n'a pas duré 10 ans depuis l'ord. de 1825, cet article n'est pas applicable, quand même l'interruption serait de plus de 10 années, tant avant qu'après ce réglement. Ord. 1er mars 1844.

319. On n'admet que les services effectifs, c'est-à-dire ceux des employés en activité. Le temps d'interruption, par suite d'*inactivité* à la demande des préposés, ne peut leur être compté; mais on ne déduit pas le temps d'inactivité par suite de circonstances de force majeure. C'est du moins ce qui a été décidé à l'égard des employés réfugiés des départements détachés de la France en 1814 et 1815. Ord. 6 oct. 1832 et 27 fév. 1836. En cas de *suspension* par mesure disciplinaire, le temps d'interruption ne peut être compté pour la pension, mais on ne considère point comme inactivité de service l'interruption pendant la durée des *maladies* ni même des *congés*; les employés jouissent, dans ces deux cas, de la totalité ou d'une portion de leur traitement et subissent des retenues qui doivent déterminer l'admission de ce temps dans la durée de leurs services.

Doit-on déduire le temps accordé à un préposé pour se rendre *d'un poste à un autre?* Évidemment non. Les employés à traitement fixe jouissent de leur traitement pendant ce temps; s'il n'en est pas de même pour les préposés qui ont des remises ou salaires, cela tient à la nature même de ces émoluments, mais il n'en résulte pas que ces préposés doivent, relativement à la durée des services, être placés dans des conditions plus défavorables.

320. *Services militaires.* Les services militaires non récompensés sont admis dans la liquidation des pensions, conformément aux ord. des 22 nov. 1815 et 6 mai 1818. Les services militaires récompensés par une pension sur fonds généraux concourent, avec les services civils postérieurs, pour établir le droit à la pension, mais n'entrent pas dans la fixation numérique de la pension sur fonds de retraite. La jouissance de la pension militaire sur fonds généraux continue d'avoir son cours cumulativement avec celle de la pension assignée sur la caisse des retraites, conformément à la loi du 15 mai 1817. Sont rejetés ceux de ces services qui ne sont pas admis dans la liquidation des pensions militaires. Ord. 12 janv. 1825, art. 25. Les services militaires ne sont admis que pour le temps effectif de leur durée, sans doublement pour les années de campagne et sans addition pour les années de grâce. Art. 28. I. 1158.

321. *Limite.* La durée effective des services s'arrête pour les employés admis à la retraite au jour fixé par l'adm., quand même ils auraient été autorisés à continuer provisoirement leurs fonctions. D. 23 mars 1825. I. 1158.

322. *Perte des droits.* Toute *démission* avant 60 ans d'âge et 30 ans de service fait perdre le droit à la pension, sauf réadmission avant un intervalle de dix années. La sortie de l'adm., pour passer immédiatement dans une autre ou dans le service militaire, n'est pas considérée comme démission. Ord. 12 janv. 1825, art. 30, 31. Les employés qui, sur leur demande, sont *remplacés par leurs femmes ou leurs enfants* non employés dans un grade immédiatement inférieur, perdent aussi leur droit à une pension. Art. 32 I. 1158. Cette dernière disposition ne concerne pas l'adm. dont les emplois ne s'accordent qu'à des conditions inconciliables avec un tel mode de remplacement. I.

323. Tout employé *destitué* perd ses droits à la retraite, lors même qu'il aurait l'âge et le temps de service nécessaires pour l'obtenir. Cependant si l'employé est réadmis dans l'adm. avant 10 ans d'interruption, le temps de son premier service lui est compté pour la pension. Ord. 12 janv. 1825, art. 29, 31 I. 1158.

Dans les cas déterminés par les art. 29, 30 et 32 ci-dessus, les employés démissionnaires ou révoqués ne peuvent prétendre au remboursement des retenues. *Ibid.* art. 45. Il résulte aussi de cet article que l'employé, qui a droit à la retraite, ne peut opter entre la pension et le remboursement des retenues (V. 344).

§ III. — *Fixation et liquidation des pensions.*

324. *Bases.* Pour déterminer la pension, il est fait une année moyenne du traitement brut dont les employés ont joui pendant les *quatre dernières* années de leur activité, sans aucune déduction des retenues exercées au profit de la caisse des retraites. Cette année moyenne s'établit 1° pour les employés à traitement fixe, sur le *traitement intégral*, sans déduction de la portion qui a été ajoutée pour remplacer les remises générales (Ord. 1er mars et 26 juill. 1826, et 24 déc. 1828, contraires à l'inst. n° 1165); 2° pour les conservateurs des hypothèques et receveurs, sur les *deux tiers* seulement de leurs remises et salaires, le dernier tiers devant être considéré comme indemnité de loyer et frais de bureau. Ord. 12 janv. 1825, art. 10; et 10 juill. 1827, art. 2. I. 1158 et 1218.

D'après les anciens réglements, l'année moyenne se calculait sur les *trois dernières années*, et l'on déduisait aussi le tiers pour frais de bureau. Cette dernière disposition n'est point équitable, surtout lorsque les retenues frappent sur ce tiers (V. 244).

325. *Quotité.* La pension accordée *après 30 ans de service* est de la *moitié du traitement moyen.* Elle s'accroît d'un vingtième de cette moitié *par chaque année en sus.*

Pour les *employés à traitement fixe,* la pension ne peut excéder les *trois quarts* du traitement moyen ni le *maximum* ci-après, savoir : pour les employés du timbre, *mbitié* du traitement; pour tous les autres employés dont la moyenne du traitement *fixe* est de 1,000 fr. et au-dessous, 750 fr.; — de 1,001 à 2,000, 1,400 fr.; — de 2,001 à 3,200, 1,600 fr.; — de 3,201 à 8,000 *moitié du traitement*; — de 8,001 à 9,000, 4,000 fr.; — de 9,001 à 10,500, 4,500 fr.; — de 10,501 à 12,000, 5,000 fr.; — au dessus de 12,000, 6,000 fr. Ord. 12 janv. 1825, art. 11 I. 1158.

Pour les *receveurs et conservateurs,* la pension peut dépasser les *trois quarts* du traitement moyen, mais elle ne peut excéder le *maximum,* qui est de 1,000 fr. pour les receveurs des chefs-lieux d'arrond. et de canton; 1,500 fr. pour les conservateurs des chefs-lieux d'arrond.; et 2,000 fr. pour les receveurs et conservateurs des chefs-lieux de département. Ord. 12 janv. 1825, art. 11, et 10 juill. 1827, art. 1er. I. 1158 et 1218.

326. Ces dispositions sont, pour la plupart, la reproduction de celles qui existaient dans les réglements antérieurs. L'arrêté du 4 brum. an 4, Circ. R. 825, fixait les pensions à la *moitié* du traitement moyen pour 30 ans de service, outre un vingtième de l'autre moitié pour chaque année en sus. Celui du 5 therm. an 5 avait fixé le *maximum* de la pension à 2,000 fr. pour les receveurs de chef-lieu de département, et à 1,000 fr. pour ceux des autres bureaux ; enfin, en ce qui concerne les conservateurs des hypothèques, le *maximum* de 1,500 ou de 2,000 fr. avait été réglé par l'ord. du 4 nov. 1814, I. 665.

La distinction faite entre les différents receveurs et conservateurs ne repose sur aucun principe solide ; la contribution aux retenues devrait être la base de la pension, et l'on ne peut admettre d'autre distinction entre des employés du même grade. Il en résulte d'ailleurs des inégalités choquantes qui détruisent souvent la proportion entre le traitement et la pension. En ce qui concerne la fixation du *maximum* pour les différents employés à traitement fixe, on peut aussi critiquer le mode adopté, en ce qu'il suffit d'une légère différence dans le traitement pour donner lieu à une différence de pension de 500 fr. et quelquefois même de 1,000 francs.

327. Les employés *mis hors de service* par suite d'un acte de dévouement dans un intérêt public ou privé (V. 316), peuvent obtenir une pension fixée à la *moitié du dernier traitement* dont ils ont joui. Ord. 24 fév. 1846. I. 1750.

Les pensions des employés admis exceptionnellement à la retraite, pour *infirmités* contractées dans l'exercice de leurs fonctions (V. 317), sont liquidées à raison d'un *soixantième* de leur traitement moyen pour chaque année de service ; mais, dans le cas où la pension est limitée par un *maximum* inférieur à la moitié de l'année moyenne de leur traitement, cette pension est fixée à raison d'un *trentième* de ce *maximum* par chaque année d'exercice. Ord. 12 janv. 1825, art. 13. I. 1158.

D'après les anciens réglements, les pensions *exceptionnelles* étaient, après 10 ans de service, d'un *sixième* du traitement, avec accroissement proportionnel d'un *soixantième* par année en sus.

328. *Liquidation.* Les liquidations sont établies sur la durée effective des services ; néanmoins, les fractions de mois et celles de franc sont négligées dans le calcul. Ord. 12 janv. 1825, art. 14. I. 1158 (V. 361).

329. *Droits acquis avant 1825.* Les réglements sur les pensions, antérieurs à l'ord. du 12 janv. 1825, ont été abrogés pour l'avenir ; mais les pensions des employés qui avaient alors accompli 30 années de service ont continué d'être liquidées d'après les anciens réglements sans pouvoir excéder ni les trois quarts du traitement moyen pour les employés autres que les conservateurs et receveurs; ni le *maximum* de 6,000 fr. *Ibid.*, art. 46, I. 1158 ; et Ord. 19 déc. 1834.

L'employé dont la pension doit être liquidée d'après les anciens réglements, n'a droit qu'à la moitié du traitement dont il a joui pendant les trois dernières années de son exercice ; quand même son traitement aurait diminué depuis 1825. Ord. 11 juill. 1845.

§ IV. — *Demandes et justifications.*

330. *Demande.* Les employés qui sollicitent leur admission à la retraite, doivent en faire la demande au Directeur général par une lettre spéciale qui est transmise par l'intermédiaire du directeur. I. 811 ; Circ. 1er mars 1845 (V. 333). Si cette demande s'appuie sur 30 ans accomplis de service, on peut se borner provisoirement à indiquer dans la lettre la durée effective des services pour en justifier ultérieurement dans les formes prescrites, après que l'employé aura été admis à faire valoir ses droits à la retraite (V. 335).

331. Quand la demande est motivée sur des infirmités contractées ou des blessures reçues dans l'exercice de l'emploi, elle doit être accompagnée des justifications propres à faire apprécier les droits de l'employé à l'obtention d'une pension avant l'âge ou le temps ordinaire de service. Ces pièces seront notamment un certificat délivré par deux médecins ou chirurgiens énonçant la nature, les causes et les effets des blessures ou infirmités. I. 811. Il est nécessaire, lorsque les blessures ont été reçues par suite d'un accident ou d'un événement fortuit, de joindre des procès-verbaux, des certificats de l'autorité locale, des actes de notoriété, etc., selon les circonstances qu'il s'agit de constater.

Lorsqu'une pension sera demandée en vertu des dispositions de l'ord. du 24 fév. 1846, *sup.* 316, l'événement présenté comme la cause de l'invalidité prématurée de l'employé, devra être constaté par un procès-verbal dressé sur les lieux, et autant que possible au moment même de l'accident, d'après la déclaration des témoins oculaires. Il sera, en outre, nécessaire de produire des certificats de médecins établissant de la manière la plus explicite la corrélation des infirmités de l'employé avec l'acte de dévouement dont il aura été victime. I. 1750.

Ces différents procès-verbaux, certificats, actes de notoriété, etc., doivent être sur papier timbré et dûment légalisés par le maire et le sous-préfet. I. 811.

332. A la réception de la demande d'admission à la retraite, le directeur réunit les renseignements nécessaires au rapport qu'il doit faire, notamment lorsque la retraite est forcée par des infirmités. A l'appui des certificats de médecins, il joindra son attestation particulière motivée d'après la connaissance personnelle qu'il aura de la situation du préposé ou d'après les renseignements qu'il se sera procurés. I. 811. Les directeurs doivent s'expliquer, avec la sincérité que l'adm. a droit d'attendre d'eux, sur les infirmités que les préposés allègueraient, même en produisant des certificats de médecin, pour être admis à la retraite avant l'âge de 60 ans. I. 1158. Cette recommandation s'applique aussi à toutes les autres causes qui peuvent motiver l'admission exceptionnelle à la retraite.

333. Le directeur envoie la demande au Directeur général, *bureau du personnel*, Circ. 1er mars, 1845, avec un rapport circonstancié et motivé, dans lequel il fait connaître son avis sur la suite à donner à la requête ; il y joint les pièces indiquées ci-dessus et celles qui lui paraissent devoir être fournies pour justification.

Si l'employé ne sollicite pas seulement son admission à faire valoir ses droits à la retraite, mais donne immédiatement sa démission en demandant la liquidation de sa pension, on procède ainsi qu'il sera expliqué 335 et suiv.

334. *Admission*. Les employés admis à faire valoir leurs droits à la retraite sont tenus de produire leurs titres au plus tard dans les trois mois de la notification qui leur est faite. Ils conservent leur emploi jusqu'à la liquidation de la pension. S'il est reconnu que l'employé n'y a pas droit, l'adm. délibère sur son maintien dans ses fonctions, Ord. 12 janv. 1825, art. 9 ; et si, à raison d'infirmités ou autres causes, l'employé ne peut sans inconvénient être maintenu en activité, il est immédiatement remplacé, sauf à ce préposé à réclamer, selon sa situation, un secours provisoire (V. 362). D. 23 mars 1825. I. 1158.

335. *Justifications*. Les préposés admis à faire valoir leurs droits à la retraite auront soin de se procurer les pièces qu'il est nécessaire de produire, afin de pouvoir, avant l'expiration du délai prescrit, les remettre au directeur du département où ils étaient placés lors de la cessation de leurs fonctions. I. 1158.

Ces pièces sont :

Premièrement, une expédition de l'acte de naissance dûment légalisée.

Secondement, un certificat du Directeur de la dette inscrite constatant que l'employé jouit ou ne jouit pas d'une pension inscrite sur les fonds généraux. Ce certificat doit être demandé par l'employé, par une lettre écrite directement et dans laquelle il indique exactement ses noms, prénoms, qualités et résidence, ainsi que la date de sa naissance.

Troisièmement, toutes les pièces nécessaires pour justifier des services du préposé, tant au directeur chargé d'en dresser un état spécial, qu'à l'autorité supérieure qui doit vérifier si les services sont suffisants et admissibles pour donner droit à la pension. Ces pièces sont pour les *services civils* : 1° les originaux des commissions, procurations, arrêtés ou autres actes de nomination constatant la nature des services ; 2° un extrait des registres et sommiers, ou un certificat délivré par l'Administrateur de la 1re div., constatant la nature et la durée des services dans les bureaux de l'adm. centrale ou dans les départements détachés de la France ; 3° un extrait des registres, ou, à défaut, un certificat délivré par chacun des directeurs pour les services dans les départements où le préposé a exercé des fonctions. Ord. 12 janv. 1825, art. 33. I. 811 et 1158.

336. Les certificats des directeurs pour les services en qualité de receveur sont rédigés au vu d'extraits remis par le receveur en exercice, des actes d'installation et de fin d'exercice inscrits sur les registres du bureau où ces services ont eu lieu. Il en est de même pour les gardes-magasin dont les services sont constatés par les registres du magasin. Ceux relatifs aux services en qualité de vérificateurs ou d'inspecteurs sont dressés au vu des extraits de prestation de serment, d'après les copies des vus d'entrée mis sur les registres des bureaux. Les certificats des services des directeurs et premiers commis de direction, des contrôleurs de successions et des préposés du timbre sont délivrés au vu des registres, lettres ou dossiers constatant l'entrée en fonctions et la sortie. I. 811 et 1158.

Ces différents certificats doivent énoncer les noms, prénoms et qualités de l'employé, la date et le lieu de sa naissance, les emplois qu'il a exercés, la date de son entrée dans chaque emploi avec traitement, l'époque et les motifs de la cessation de son service. Ils indiqueront la durée et la continuité des services, en observant que le temps pour la pension ne doit pas être compté à partir de la date des commissions ou arrêtés de nomination, mais seulement du jour de la première entrée en fonctions après l'accomplissement des formalités préalables. I. 811 et 1158.

337. A défaut de ces justifications et lorsque le préposé se trouve, à raison de circonstances extraordinaires, dans l'impossibilité de produire, soit les commissions justificatives de la nature des emplois qu'il a exercés, soit les extraits d'actes de prestation de serment, il doit y suppléer par des actes de notoriété légalisés et enregistrés, rédigés d'après le témoignage, soit de personnes employées dans les parties d'administration où ont eu lieu les services qu'il s'agit de constater, soit de contemporains du préposé. Ces actes doivent être appuyés de certificats en bonne forme, par lesquels les préposés aux archives ou dépôts, dans lesquels auraient dû se trouver les pièces probantes, attestent l'absence et les causes de l'absence de ces pièces dans les dépôts. Ord. 13 nov. 1816, et 12 janv. 1825, art. 33. I. 811 et 1158.

338. Les certificats constatant les *services civils étrangers à l'adm.*, sont délivrés par les secrétaires généraux ou les chefs qui en exercent les fonctions aux différents ministères et administrations dans lesquels ces services ont eu lieu, et dans la forme indiquée ci-dessus pour les services dans l'adm. I. 811 et 1158.

339. Pour la justification des *services militaires* de terre ou de mer, on doit produire, soit un congé en bonne forme, soit un certificat délivré par le secrétaire général du ministère de la guerre ou de la marine, quand la nature et la durée du service dans chaque grade, et notamment dans le dernier grade, ne sont pas suffisamment justifiées par le congé. Les certificats, pour des services dans les administrations militaires, constateront qu'ils ont eu lieu pour le compte direct du Gouvernement et ont été salariés des deniers du trésor. Ces divers certificats doivent contenir les indications exigées pour ceux qui constatent des services civils (V. 335). I. 811 et 1158.

Outre les pièces justificatives des services militaires, on doit produire un certificat constatant que ces services n'ont pas été récompensés sur les fonds de la caisse des invalides *de la guerre* ou de la marine. Ord. 12 janv. 1825, art. 33. I. 1158.

Les pensions militaires étant toutes inscrites et payées au trésor, c'est du Directeur de la dette inscrite que doivent être réclamés les certificats de non récompense de services dans l'armée de terre, comme ceux relatifs aux services purement civils. Quant à l'indication des récompenses affectées sur la *caisse des invalides*, elle ne doit s'entendre que pour les *services de mer* et de la caisse des invalides de la marine. D. 18 mai 1825. I. 1165.

340. Dans le cas où il existerait sur quelques unes des pièces produites, comparées avec l'expédition de l'acte de naissance, des différences, soit dans la désignation, soit dans la manière dont les noms sont écrits, soit dans l'ordre des noms, prénoms ou surnoms du pétitionnaire, un acte de notoriété doit être fourni pour constater l'identité et expliquer les causes des différences. I. 811.

Les préposés nés en pays étranger devant justifier par un certificat du maire qu'ils ont acquis les droits de citoyen français, les expéditions d'actes de naissance ou autres délivrés en pays étranger, seront légalisées par les agents diplomatiques français, et les signatures et qualités de ces agents devront également être légalisées au ministère des affaires étrangères. I. 811.

Toutes les pièces produites à l'appui des demandes de pension, autres que les congés militaires, les brevets et les lettres d'avis de nomination ou de changement, doivent être revêtues de la formalité du timbre. I. 811.

341. L'employé admis à faire valoir ses droits à la retraite, joint à ces pièces une pétition adressée au Directeur général, pour demander la liquidation de sa pension. Dans cette pétition, le préposé fait connaître ses noms, prénoms, qualités et résidence, la date et le lieu de sa naissance. Il rappelle succinctement l'objet de sa demande, la nature et la durée des services qui lui donnent droit à la pension, ainsi que les pièces qu'il produit à l'appui de sa pétition. I. 811. Il y joint aussi une déclaration portant élection de domicile, pour le paiement de la pension. I. 1176. Cette déclaration, ainsi que la pétition, doivent être sur papier timbré. En cas d'empêchement, ces pièces peuvent être signées au nom du pétitionnaire.

342. Le directeur du département dans lequel l'employé a cessé ses fonctions, s'assure de la régularité des pièces qui lui sont envoyées, exige la production des pièces omises, ou fait rectifier tout ce qui est défectueux. I. 811 et 1158.

Les employés comptables qui réclament leur admission à la retraite devant justifier qu'à l'époque de la cessation de leurs fonctions, ils n'ont pas été constitués en *débet*, le directeur rédigera ce certificat sur papier timbré et le joindra aux pièces. I. 1176.

343. Il formera immédiatement un état général des services du préposé dans l'adm. Cet état portera en tête, à la marge, le nom du département et le n° du sommier des employés de la direction. Il fera connaître ensuite les noms et prénoms de l'employé, tels qu'ils sont écrits dans l'acte de naissance, sa qualité et sa dernière résidence comme employé, la date, le lieu, l'arrond. et le département de sa naissance, la date de son entrée en exercice dans l'adm. avec appointements et celle de la cessation ; la durée de ses services admissibles et celle des interruptions susceptibles d'être déduites pour la liquidation de la pension.

Le détail des services sera présenté à la suite, dans un tableau divisé en six colonnes indiquant, pour chacun des emplois exercés, le département, la résidence, la nature de l'emploi, la date de l'entrée en exercice et la durée des services. Du total, on déduira le temps d'interruption, et le restant formera la durée des services effectifs dans l'adm. admissibles pour la retraite. Dans la sixième colonne, destinée aux observations, on fera mention, pour ordre, de la durée des services étrangers à l'adm. susceptibles d'être comptés pour la pension. Au bas de ce tableau, le directeur établira le décompte du traitement, des remises et salaires du préposé pendant les quatre dernières années d'activité, et le quart du total formera l'année moyenne (V. 324). — Cet état des services sera daté et certifié par le directeur, conforme au sommier du personnel de la direction et aux pièces fournies par l'employé. I. 1158.

344. Le directeur adressera ensuite au Directeur général, *bureau du personnel*, la demande de l'employé, l'état de ses services et toutes les pièces à l'appui, avec un rapport détaillé et motivé. I. 811, 1151 et 1158 ; Circ. 1er mars 1845.

SECTION III. — *Pensions des veuves et orphelins.*

§ Ier. — *Veuves des employés.*

345. *Pensions ordinaires.* L'ordonnance de 1825 a consacré, avec quelques modifications, le droit des veuves ou des orphelins des employés à une pension de retraite.

La veuve d'un pensionnaire, ou celle d'un employé décédé dans l'exercice de ses fonctions, a droit à la réversion d'une partie de la pension que son mari avait pu obtenir, ou dont il a joui, lors seulement que celui-ci avait, au moment de sa mise en retraite ou de son décès, 30 ans accomplis de services civils. Ord. 12 janv. 1825, art. 15. I. 1158.

Il résulte de cette disposition que la veuve d'un employé décédé en activité après 30 ans de service, a droit à une pension, quand même son mari n'aurait pas atteint l'âge de 60 ans. Mais l'ordonnance exige rigoureusement l'accomplissement des 30 années de services. Ord. 27 avril 1826. — L'art. 45 porte qu'en aucun cas, les veuves des employés ne pourront prétendre au remboursement des retenues exercées sur le traitement de leur mari. I. 1158.

La nécessité de 30 années de service pour l'employé décédé en activité est très dure : l'employé, que des infirmités contractées dans l'exercice de ses fonctions forcent à se retirer avant ce temps de service, peut prétendre à une pension réversible à sa veuve, mais s'il meurt en activité, sa veuve n'y a pas droit. (V. 349.)

346. La pension à laquelle la veuve d'un employé qui compte 30 années de service a droit, est du *quart* de celle que son mari aurait pu obtenir ou dont il a joui. Ord. 12 janv. 1825, art. 15. I. 1158. Si la veuve est âgée de 50 ans au moment du décès de son mari, ou si elle a un ou plusieurs enfants au dessous de 16 ans, sa pension est portée au *tiers* de celle attribuée à l'employé. Elle est de *moitié* dans tous les cas où elle ne s'élèverait pas à 125 fr., sans qu'elle puisse alors dépasser cette somme. Art. 16. *Ibid.* Les anciens réglements portaient les pensions des veuves à *moitié* de celles de leurs maris, et ne faisaient pas de distinction entre les veuves plus ou moins âgées. I. 287. Ces dispositions étaient beaucoup plus justes.

347. La veuve pouvant prétendre à la pension, à raison de la durée des services de son mari, n'est admise à la réclamer qu'autant qu'elle justifie : 1° qu'elle était mariée cinq ans avant la mort de l'employé décédé en activité, ou cinq ans avant la mise en retraite de l'employé mort pensionnaire, et 2° qu'il n'existait pas de séparation de corps entre eux. Ord. 12 janv. 1825, art. 19. I. 1158.

Le décret du 12 flor. an 13 imposait déjà ces conditions, avec cette différence que le mariage devait seulement être antérieur de cinq ans au décès de l'employé ou du pensionnaire. I. 287.

348. *Pensions exceptionnelles.* La veuve d'un employé qui perd la vie par suite de lutte dans l'exercice de ses fonctions, ou qui vient à décéder dans les six mois de ses blessures, soit que la pension ait été ou non liquidée, a droit, si elle justifie qu'elle était mariée avant l'événement qui a amené la mort ou la mise en retraite de l'employé, et qu'il n'existait pas de séparation de corps entre eux, à une pension égale à la *moitié* du dernier traitement d'activité dont son mari a joui. Hors le cas de mort dans les six mois des blessures, la veuve n'a droit qu'à la réversion du *tiers* de la pension dont son mari était titulaire.

Ord. 12 janv. 1825, art. 18 et 19. — En raison de circonstances particulières, la pension de la veuve, lorsqu'elle est inférieure à 125 fr., peut être portée à ce taux. Art. 23. I. 1158.

Ces dispositions ont été appliquées aux veuves des employés qui perdent la vie par suite d'un acte de dévouement dans un intérêt public ou privé (V. 316), ou viennent à décéder dans les six mois. Ces veuves ont droit à une pension de la *moitié* du dernier traitement de leurs maris. Ord. 24 fév. 1846. I. 1750.

349. La veuve d'un employé qui a perdu la vie par un accident fortuit relatif à ses fonctions, ou qui meurt dans les six mois sans avoir dix ans de service, peut, en justifiant qu'elle était mariée avant l'événement qui a amené la mort ou la mise en retraite de l'employé, et qu'il n'existait pas de séparation de corps entre eux, obtenir une pension égale au *tiers* de celle à laquelle l'employé aurait eu droit de prétendre. Ord. 12 janv. 1825, art. 17 et 19. Cette pension, inférieure à 125 fr., peut être portée à ce taux, art. 23. I. 1158.

Ces dernières dispositions n'existaient pas sous l'ancienne législation; on doit applaudir aux sentiments d'humanité et de justice qui les ont dictées.

La veuve d'un employé qui meurt frappé d'apoplexie dans son bureau, *par suite d'un travail excessif*, a droit à une pension, quand même le défunt n'aurait pas accompli ses 30 années de service. Ord. 28 avril 1843.

350. *Droits acquis avant 1825*. L'art. 46 de l'ord. du 12 janv. 1825, d'après lequel les pensions des employés ayant alors droit à la retraite, sont liquidées conformément aux anciens réglements, est également applicable aux veuves; l'art. 15 ne statue que pour l'avenir et ne peut préjudicier aux droits acquis antérieurement. En conséquence, la veuve d'un employé qui avait droit à la retraite en 1825, ou de celui dont la pension a été liquidée d'après les anciens réglements et aux conditions y stipulées, a droit à la reversion de la *moitié*, quand même son mari ne serait décédé, en activité de service ou pensionnaire, que depuis l'ord. de 1825. Ord. 30 sept. 1830, 1er fév., 25 avril, 10 juill. et 5 déc. 1833, 7 mars, 3 avril, 2 mai et 22 août 1834, 3 fév. et 6 mars 1835.

351. *Justifications*. Les veuves auxquelles le décès de leur mari ouvre un droit à la pension doivent fournir les pièces que ceux-ci auraient été tenus de produire, Ord. 12 janv. 1825, art. 34. I. 1158; c'est-à-dire l'acte de naissance de l'employé et les diverses pièces justificatives de ses services, ainsi que le certificat de libération pour les comptables, indiqués *sup*. 335 et suiv. Si le mari était pensionné au moment de son décès, ces pièces seront remplacées par le certificat d'inscription de sa pension. I. 811.

Pour justifier de leurs droits personnels à la reversion, les veuves produisent en outre : 1° un certificat du Directeur de la dette inscrite constatant qu'elles ne jouissent d'aucune pension sur les fonds généraux (V. 335); 2° leur acte de naissance; 3° l'acte de célébration de leur mariage; 4° l'acte de décès de leur mari; 5° et un certificat constatant qu'il n'y a pas eu entre eux séparation de corps. Ord. 12 janv. 1825, art. 34. I. 1158. Lorsque le mariage est postérieur à la loi du 8 mai 1816 qui a aboli le divorce, il suffit que ce certificat constate qu'il n'a point existé de *séparation de corps* entre les époux; mais pour les veuves mariées avant cette loi, le certificat doit énoncer qu'il n'y a eu ni *divorce* ni *séparation de corps*. D. 18 mai 1826. I. 1191. Dans tous les cas, ce certificat indiquera que la veuve n'a pas convolé en secondes noces; il doit être délivré par le maire de la commune. I. 811. Les veuves produiront en outre, si elles ont des enfants au dessous de 16 ans, les actes de naissance et les certificats de vie de chacun d'eux. Ord. 12 janv. 1825, art. 34. I. 1158. Toutes ces pièces doivent être sur papier timbré et légalisées. I. 811.

352. Lorsque le droit de la veuve reposera sur l'une des circonstances spécifiées aux art. 17 et 18 du réglement de 1825 ou dans l'ord. du 24 fév. 1846, *sup.* 348 et 349, elle devra produire, outre les autres pièces, les procès-verbaux ou enquêtes, actes de notoriété, ainsi que les certificats de médecins établissant de la manière la plus explicite la corrélation de la mort de l'employé avec l'événement ou l'acte de dévouement qui motivera le droit à la pension. I. 811 et 1750 (V. 331).

353. *Demande.* La demande de pension pour une veuve doit être faite par une pétition rédigée sur papier timbré dans la forme indiquée *sup.* 341, et accompagnée d'une déclaration d'élection de domicile pour le paiement. I. 1176.

La veuve qui sollicite une pension peut, lorsqu'elle est dans le besoin, demander l'allocation d'une somme à titre de provision (V. 362).

354. Lorsque l'employé est mort en activité de service ou avant son admission à la retraite, la demande de la veuve à fin de réversion d'une pension doit être envoyée avec les pièces à l'appui au directeur du département dans lequel l'employé exerçait ses fonctions lorsqu'il les a cessées. Le directeur y joint l'état des services de l'employé dans la forme indiquée *sup.* 343, et adresse le tout au Directeur général, comme pour les demandes faites par les employés eux-mêmes (V. 344). Si la réversion est sollicitée par la veuve d'un pensionnaire, la demande doit être envoyée directement à la dette inscrite.

355. La veuve d'un pensionnaire qui a laissé écouler plus de trois ans à compter du décès de son mari, sans réclamer la réversion de la pension dont il jouissait, ne peut obtenir les arrérages qu'à partir du premier jour du trimestre qui suit la date de l'ord. de concession. Ord. 19 juill. 1833, 18 avril 1835, 4 fév.. 21 avril, 9 nov. 1836 et 17 mai 1837.

§ II. — Orphelins des employés.

356. *Conditions.* Si la pension de retraite est réversible, mais que la veuve ne soit pas habile à la recueillir, elle peut être réclamée par les enfants issus du pensionnaire ou de l'employé décédé, et ayant droit à la pension. Il en est de même dans le cas de convol en secondes noces et dans celui de séparation de corps. Ord. 12 janv. 1825, art. 20. I. 1158. Les enfants ne peuvent être admis à la réversion qu'autant que le mariage dont ils sont issus a précédé la mise à la retraite de leur père. Ord. 1er sept. 1827. I. 1228.

La pension se distribue par égales portions entre les enfants qui y ont droit, et s'éteint proportionnellement, sans réversion de l'un à l'autre, à mesure que chacun d'eux atteint *sa seizième année* ou vient à décéder avant d'y être parvenu. Ord. 12 janv. 1825, art. 21. I. 1158.

357. S'il existe une veuve et un ou plusieurs orphelins au dessous de 16 ans provenant d'un mariage antérieur, il est prélevé sur la pension de la veuve, et sauf réversibilité en sa faveur, un quart au profit de l'orphelin du premier lit s'il n'en existe qu'un au dessous de 16 ans, et la moitié s'il en existe plusieurs. Ord. 12 août 1846, modificative de l'art. 22 de l'ord. de 1825.

D'après cette disposition le partage entre la veuve et les enfants de premiers lits n'empêche pas la réversion en sa faveur de la portion prélevée sur sa pension, lorsque ces enfants viennent à décéder ou ont accompli leur seizième année. I. 1762.

358. Les orphelins ont droit à la réversion, non seulement des pensions pour ancienneté de services, mais encore des pensions exceptionnelles pour infirmités, blessures ou décès dans les circonstances détaillées *sup.* 348 et 349.

Les pensions accordées aux orphelins d'employés qui ont péri dans les cas énoncés aux art. 17 et 18 du réglement peuvent être, en raison de circonstances particulières, portées à 50 fr. pour chaque enfant. Ord. 12 janv. 1825, art. 23. I. 1158.

359. Les anciens réglements n'attribuaient pas aux enfants un droit positif à une pension; ils pouvaient seulement, d'après l'art. 3 du décret du 12 flor. an 13; obtenir des secours annuels jusqu'à ce qu'ils eussent atteint l'âge de 15 ans : ces secours étaient déterminés suivant leur nombre et ne pouvaient excéder, pour tous les enfants ensemble, la moitié de la pension du père. I. 287. C'est pour assurer un droit aux enfants et aux veuves des employés que les retenues ont été augmentées (V. 311).

360. *Demandes et justifications.* Les tuteurs des orphelins produiront pour leurs pupilles leurs actes de naissance, les actes de mariage et de décès de leurs père et mère et les titres de services et justifications exigés par l'art. 33 pour faire liquider la pension à laquelle leur père aurait eu droit. Ord. 12 janv. 1825, art. 35. I. 1158 (V. 335 et suiv.).

D'après ces dispositions, les demandes de pensions au profit des orphelins d'un employé ou d'un pensionnaire doivent être faites selon les indications détaillées ci-dessus pour les demandes de pensions par les veuves, et en se conformant d'ailleurs aux distinctions établies selon qu'il s'agit d'une pension à liquider après le décès d'un employé mort en activité de service, ou de la réversion d'une pension ou d'une partie de pension déjà inscrite. I. 811. (V. 351 et suiv.). — Lorsque le droit des enfants vient de ce que la veuve a convolé en secondes noces, on doit produire l'acte de l'état civil constatant ce mariage.

Les orphelins peuvent aussi obtenir une provision sur la pension à laquelle ils ont droit, en attendant la liquidation (V. 362).

SECTION IV. — *Inscription et paiement des pensions.*

361. *Examen des demandes.* Une ord. du 4 nov. 1824 a réuni aux bureaux du ministère des finances la liquidation des retraites des employés des administrations financières, qui était attribuée précédemment à chacune de ces administrations, et ce travail a été remis et centralisé aux bureaux placés sous la direction immédiate du Ministre. D. 6 nov. 1824. Cependant l'examen et la reconnaissance des droits à la pension continuent de faire partie des attributions de l'adm. à laquelle les demandes de pension et les pièces à l'appui, doivent être adressées. *Ibid.* I. 1151 et 1158 (V. 344, 354, 360). Les demandes de pensions sont examinées dans les bureaux de la 1re div. Chaque demande fait l'objet d'une délibération du Conseil d'administration dans la forme ordinaire.

Les demandes à fin de pension, ou les propositions de l'adm. ayant pour objet l'admission des employés à la retraite sont adressées, avec les pièces justificatives, au Ministre des finances qui, après en avoir fait préparer la liquidation, les renvoie à l'examen du comité des finances pour être ensuite soumises à l'approbation du Roi. Ord. 12 janv. 1825, art. 36. I. 1158.

362. *Provision.* Après la reconnaissance provisoire des droits des employés, de leurs veuves ou enfants, à obtenir pension, s'il est constaté qu'ils sont dans le besoin, le Ministre peut leur faire avancer, *à titre de provision*, un secours proportionné à la pension présumée, et dont le montant est précompté sur le paiement des arrérages de la pension. Art. 39. *Ibid.*

363. Les pensionnaires sont inscrits au ministère des finances sur un registre spécial indiquant leurs noms, prénoms, date de naissance, l'administration à laquelle ils appartenaient en dernier lieu, le montant de leurs pensions, la date de jouissance, celle des ordonnances qui les ont accordées et leurs motifs. Chaque pensionnaire reçoit un certificat de cette inscription. Ord. 12 janv. 1825, art. 37. 1. 1158; Ord. 31 mai 1838, art. 219 et 228; Régl. 26 janv. 1846, art. 38.

En cas de rejet ou d'une allocation insuffisante, il est essentiel de se pourvoir immédiatement, soit administrativement, soit devant le conseil d'État; autrement l'ordonnance ayant acquis l'autorité de la chose jugée ne pourrait plus être attaquée valablement. Il a même été décidé que la liquidation et l'ordonnance qui fixent la pension de retraite d'un employé doivent servir de base pour la liquidation de la pension réversible à sa veuve ou à ses enfants, et qu'ils ne sont pas admissibles à critiquer cette liquidation au moment où s'opère la réversion, lorsque l'employé a touché, sans réserves et sans faire aucune réclamation, la pension qui lui a été accordée. Ord. 5 mai 1831, 4 juill. et 19 déc. 1834, 11 avril 1837 et 6 juin 1844.

364. *Cumul*. Les titulaires de pensions sont assujettis aux dispositions des lois des 25 mars 1817 et 15 mai 1818 relatives aux déclarations et justifications à faire. Ord. 12 janv. 1825, art. 38. I. 1158. Ces dispositions ont pour objet les règles concernant le cumul (V. 367).

Nul ne peut cumuler une pension sur la caisse des retraites avec un traitement d'activité; mais le titulaire de deux pensions, l'une sur le trésor, et l'autre sur la caisse des retraites, peut en jouir distinctement pourvu qu'elles ne se rapportent ni au même temps ni aux mêmes services. I. 803; Ord. 31 mai 1838, art. 234 et 236; Régl. 26 janv. 1846, art. 53 et 54.

365. *Jouissance*. Les pensions courent, au profit de l'employé mis en retraite, à dater du jour de la cessation de son traitement d'activité, et au profit de la veuve et des enfants, du jour du décès de l'employé ou de la mère. Ord. 12 janv. 1825, art. 42. I. 1158. — Lorsque l'ordonnance fixe une époque postérieure pour la jouissance, le pensionnaire doit réclamer immédiatement, ou au moins dans le premier trimestre pour éviter la déchéance. Ord. 2 août 1826.

366. *Paiement*. La Caisse des dépôts et consignations est chargée du service des pensions de retraite des finances (V. 314). Ce paiement est effectué à Paris à la Caisse, et dans les départements chez les receveurs des finances, I. 734, dans l'arrond. désigné par la déclaration d'élection de domicile du titulaire (V. 344), I. 1176. On peut au surplus faire changer le lieu du paiement par une simple lettre écrite au Directeur de la Caisse des dépôts et consignations trois mois avant l'échéance du terme que l'on désire recevoir dans un autre arrondissement.

Les pensions sont payables par trimestre aux échéances des 1er janvier, avril, juillet et octobre; cependant il n'y a pas obligation absolue de toucher chaque trimestre lorsqu'on préfère ne recevoir que par semestre ou même par année.

367. Pour toucher les arrérages échus, les titulaires de pensions doivent justifier de leur existence par un certificat de vie qui est délivré, sans autres frais que le prix du papier timbré, par le maire de la commune de leur domicile, sur la représentation du certificat d'inscription ou brevet de la pension et l'attestation de deux témoins. Le certificat de vie doit énoncer avec exactitude les noms du titulaire tels qu'ils sont inscrits sur le brevet, la date de sa naissance, la déclaration expresse du titulaire qu'il ne jouit d'aucun traitement ni d'aucune autre pension, sauf les exceptions déterminées (V. 364). S'il s'agit d'une veuve, le maire attestera qu'elle n'est point remariée.

La pension est payée sur la remise de ce certificat de vie et la représentation du brevet, soit au titulaire, soit à son mandataire en bonne forme ; il en donne quittance. Les pensions sont d'ailleurs payées intégralement et sans aucune retenue pour le fonds de retraite. L. 17 juill. 1819. I. 899.

368. *Oppositions*. Les pensions de l'État étant incessibles et insaisissables, L. 22 flor. an 7 et Arrêté 7 therm. an 10, on ne reçoit aucune signification de transport, cession ou délégation de pensions de retraite affectées sur des fonds de retenue, et le paiement ne peut être arrêté par aucune saisie ou opposition, à l'exception des oppositions formées par le propriétaire du brevet. Ord. 27 août 1817. Par conséquent, les pensionnaires de l'adm. ne peuvent céder ni déléguer leur pension, et ils sont seuls admis à s'opposer au paiement, soit dans le cas de révocation d'un mandataire, soit dans celui où le brevet serait adiré, ou dans des circonstances semblables. I. 803.

369. *Déchéance des arrérages*. Les pensions dont les arrérages n'ont pas été réclamés pendant trois années à compter de l'échéance du dernier paiement, sont censées éteintes et ne sont plus comprises dans les états de paiement. Si le pensionnaire se présente après la révolution des trois années, les arrérages ne commencent à courir qu'à compter du premier jour du trimestre qui suit celui dans lequel il a obtenu le rétablissement de sa pension. Ord. 12 janv. 1825, art. 40, et 31 mai 1838, art. 118 ; Régl. 1846, art. 101. I. 1158 et C. c. 67. Cette disposition est applicable aux employés qui, ayant droit à la pension, négligent, pendant le même laps de trois ans, de justifier de leurs droits ; dans aucun cas, le rappel des arrérages auquel peut donner lieu la concession d'une pension sur la caisse des retraites ne remonte à plus de trois années, à partir du trimestre dans lequel est intervenue l'ordonnance royale de concession. Ord. 20 déc. 1825. I. 1185.

370. Lorsqu'il y a lieu de présumer l'*absence* d'un pensionnaire, et s'il s'est écoulé plus de trois ans sans qu'il y ait eu de sa part réclamation du paiement des arrérages, sa femme ou ses enfants peuvent, si d'ailleurs ils justifient de leurs droits à la réversion, l'obtenir à titre de pension alimentaire. Ord. 12 janv. 1835, art. 44. I. 1158.

371. Les pensionnaires de l'adm. conservent à *l'étranger* la jouissance de leurs pensions, et ne sont pas tenus de se pourvoir d'une autorisation pour résider à l'étranger. Ord. 31 mai 1838, art. 120 ; Régl. 26 janv. 1846, art. 102 ; D. 12 fév. 1820.

372. *Suspension ou extinction.* Lorsqu'un pensionnaire est remis en *activité*, le paiement de sa pension est suspendu ; mais après la cessation de la nouvelle activité, la pension reprend son cours ; si le pensionnaire a rendu de nouveaux services, et si sa pension n'a pas atteint le *maximum*, il est procédé à une nouvelle liquidation qui réunit les derniers services avec les précédents. Ord. 12 janv. 1825, art. 44. I. 1158.

L'art. 3 du décret du 12 flor. an 13 porte que la pension cesse d'être payée aux *veuves qui contractent un nouveau mariage*. Cette disposition a été reproduite par l'art. 20 de l'ord. du 12 janv. 1825, d'après lequel il y a lieu dans ce cas à la réversion au profit des enfants (V. 356). Lors même qu'il n'existerait pas d'enfants habiles à recueillir la pension, elle ne cesse pas moins pour la veuve qui contracte un nouveau mariage.

En ce qui concerne les *enfants,* leurs pensions cessent, pour chacun d'eux individuellement, à compter du jour où ils ont accompli leur *seizième année* (V. 356).

Dans tous les cas les pensions de retraite étant viagères, s'éteignent de plein droit le jour du *décès du titulaire*, et cessent de courir à compter du lendemain de ce décès, Règl. 26 janv. 1846, sauf la réversion lorsqu'il y a lieu (V. 345, 356, 357).

373. Les *héritiers* ou ayant-cause d'un pensionnaire ont droit aux arrérages non payés au titulaire jusqu'au jour de son décès, à la charge de justifier de leurs qualités. Les héritiers d'un pensionnaire décédé avant que la liquidation de sa pension ait reçu la sanction royale ont droit aux arrérages courus depuis l'ouverture de ses droits à la pension jusqu'à son décès. Av. Com. fin. 3 fév. 1815.

Les certificats de propriété à produire par les héritiers des pensionnaires pour le recouvrement d'arrérages, et qui leur ont été délivrés, soit par le notaire détenteur de l'inventaire ou du partage, soit, à défaut d'inventaire et de partage, par le juge de paix de leur domicile, sont passibles du timbre, mais ils sont exempts de l'enreg. lorsqu'ils n'ont pas d'autre destination que la production aux payeurs du trésor. I. 1679.

Les héritiers ou ayant-cause des pensionnaires ont, pour faire valoir leurs droits aux arrérages dus, un délai de trois ans à partir de la notification du décès quand elle a été faite en temps utile. Av. Cons. d'Etat, 12 août 1834; Règl. 26 janv. 1846, § 1003. Il n'est pas nécessaire qu'ils justifient du décès dans les six mois de sa date. D. 3 avril 1849.

374. *Registres, États.* Les directeurs doivent tenir un sommier des pensionnaires de l'adm. domiciliés dans le département, et l'annoter des changements survenus. A cet effet, il leur était prescrit de faire prendre par les inspecteurs en tournée des renseignements sur la position des pensionnaires. I. 1020. Depuis la suppression des tournées périodiques, ces renseignements peuvent être demandés aux receveurs ou aux vérificateurs. Le di-

recteur les chargera de l'instruire, soit du décès des pensionnaires, soit de leur changement de domicile, soit enfin des maria-
ges contractés par les veuves depuis leur admission à la pension.

Les directeurs adressent au Directeur général, *bureau du personnel*, le 10 du second mois de chaque trimestre, un *état* indiquant les changements survenus pendant le trimestre précédent.
S'il n'y a pas eu de changements, ils le constateront par un certificat négatif. I. 1020 et 1284. Les pensions de l'adm. étant
payées actuellement par la Caisse des dépôts et consignations,
ces renseignements, que fournissent les certificats de vie, ont
perdu de leur utilité.

Les Directeurs doivent aussi informer le Directeur général,
bureau du personnel, du décès des pensionnaires qui faisaient
partie de l'ordre royal de la Légion-d'Honneur. I. 820 et 920.

SECTION V. — *Secours aux veuves et orphelins.*

375. Pour tempérer la rigueur du principe d'après lequel
les veuves ou orphelins d'employés n'ont pas droit à une pension lorsque le défunt n'avait pas 30 années de service (V. 345),
un faible crédit est alloué chaque année dans le budget de l'adm.
pour secourir les veuves ou les orphelins qui sont dans le besoin.
· L'adm., dans sa sollicitude, prend également en considération
la position des enfants pour la distribution des brevets de surnuméraires ; enfin les emplois de distributrices de papiers timbrés à
Paris sont plus particulièrement réservés aux veuves ou aux filles des employés décédés ou hors d'état de continuer l'exercice
de leurs fonctions avant d'avoir droit à une pension de retraite.

376. Les veuves ou orphelins qui se trouvent dans la nécessité de réclamer des secours doivent faire parvenir une demande
au Directeur général, soit directement, soit par l'intermédiaire
du directeur, et y joindre les attestations, pièces et certificats
propres à justifier des circonstances qui peuvent leur donner des
titres à obtenir le secours qui leur est nécessaire.

377. Les secours sont accordés par le Directeur général, d'a-
près délibération du Conseil d'adm., sur le rapport de l'administrateur chargé de la 1re div. Régl. 26 janv. 1846, § 487. —
Ils consistent le plus souvent en une somme fixe, mais ils peuvent se répéter. — Avis de la décision est transmis au directeur
qui délivre sur la caisse du receveur de l'enreg. de la résidence
des ayant-droit un mandat de paiement de la somme allouée.
— V. *Comptabilité générale.*

Les secours sont personnels ; en cas de non paiement, lors du
décès d'un titulaire, ses héritiers ou représentants ne peuvent y
avoir droit qu'en vertu d'une nouvelle décision. Régl. 26 janv
1846, art. 57.

DEUXIÈME PARTIE.

DISPOSITIONS PARTICULIÈRES AUX DIVERSES CLASSES D'EMPLOYÉS.

RECEVEURS.

TITRE Ier.

PERSONNEL ET POINTS DE DISCIPLINE GÉNÉRALE.

CHAPITRE Ier. — *Règles générales.*

SECTION Ire. — *Règles d'admission et d'avancement.*

378. Les formalités du timbre, de l'enregistrement et des hypothèques et la perception des droits qui en résultent, la régie des propriétés domaniales et la recette de leurs produits, enfin le recouvrement de tous les autres droits ou produits qui rentrent dans les attributions de l'adm. (V. 12) sont confiés à des préposés spéciaux qui ont le titre de *Receveurs.*

379. *Conditions.* Nul ne peut être nommé receveur, sans avoir travaillé précédemment en qualité de surnuméraire. L. 27 mai 1791, art. 18; O. gén. 9. Pour être nommé receveur, il faut que le surnuméraire soit âgé de 21 ans accomplis, L. de 1791, art. 19; O. gén. 8; qu'il compte au moins trois années de surnumérariat effectif, I. 108 (V. 71); et qu'il ait été déclaré apte à régir un bureau par un comité d'examen. I. 1470 (V. 55).

380. *Nomination.* Les receveurs sont nommés par le Directeur général; néanmoins ceux qui sont chargés de la conservation des hypothèques doivent être nommés par le Ministre des finances, sur la proposition du Directeur général. Ord. 25 déc. 1816, art. 6, 3 janv. 1821, art. 8, et 17 déc. 1844, art. 37. I. 759 et 970. V. *Conservateurs.*

Les receveurs sont tenus de se rendre, dans le délai fixé par la lettre d'avis de leur nomination, auprès du directeur du département où ils sont appelés (V. 125).

381. *Cautionnement.* Les receveurs doivent fournir un cautionnement en numéraire dont le montant est indiqué par la même lettre (V. 89). Ce cautionnement est fixé au double du montant des remises annuelles du bureau de recette, d'après une année commune formée sur le produit des cinq années antérieures à la nomination, en déduisant la plus forte et la plus faible, et en prenant le tiers des trois autres. L. 24 avril 1806, art. 15; Dél. 1er déc. 1835 et 16 fév. 1838. Circ. 10 mai 1806 et I. 307. — Le cautionnement est fixé sans fractions inférieures à 100 fr. I. 312.

Les receveurs justifient au directeur du versement de ce cautionnement, au moyen d'un récépissé à talon délivré au trésor ou par les receveurs des finances (V. 90, 91); s'ils occupaient déjà un emploi, ils produisent le certificat d'inscription de leur précédent cautionnement, avec un certificat de non opposition (V. 93, 94) ; et s'ils exerçaient des fonctions comptables, ils justifient encore du solde de leur dernier compte (V. 130). — Les receveurs chargés de la conservation des hypothèques fournissent, en outre, un cautionnement en immeubles pour leur garantie envers les particuliers. V. *Conservateurs*.

382. *Serment*. Avant d'entrer en fonctions, les receveurs doivent prêter serment devant le tribunal de l'arrond., ou faire transcrire au greffe de ce tribunal l'expédition de leur prestation de serment, si elle a eu lieu antérieurement (V. 118 et suiv.).

383. *Installation*. L'installation des receveurs est faite en présence d'un employé supérieur qui préside à la remise du *bureau*, suivant les règles indiquées *sup.* 132, etc., et à la rédaction du compte que le receveur sortant doit rendre à son successeur. I. 1493 et 1688 (V. 136).

384. *Bureaux*. On donne le nom de *bureau* de l'enregistrement, du timbre, des domaines ou de la conservation des hypothèques, aux lieux où s'effectuent ces diverses formalités et la perception des droits ou produits. Les receveurs sont les titulaires de ces bureaux.

D'après l'art. 9 de la loi du 27 mai 1791, on devait établir des bureaux dans tous les chefs-lieux de département et de district, et dans les cantons où le besoin du service l'exigerait ; l'art. 6 du décr. du 4 brum. an 4 reproduit cette dernière disposition, Circ. R. 825 ; enfin l'art. 2 de la loi du 21 vent. an 7 porte qu'un bureau de la conservation des hypothèques doit exister dans chaque arrond. Circ. R. 1539. Des bureaux sont donc établis dans tous les chefs-lieux de département et d'arrond., et dans la plupart des cantons. Le bureau est ordinairement au chef-lieu ; cependant il y a quelques exceptions pour des bureaux de canton établis dans des communes plus centrales ou plus importantes que le chef-lieu.

Dans aucun cas, les receveurs ne devront transférer leur bureau hors de la commune désignée, sans une autorisation expresse de l'adm. Leur résidence personnelle ne peut être établie ailleurs que dans le chef-lieu de l'arrondissement de leur bureau. O. gén. 11.

385. Les recettes sont divisées dans les localités où l'importance des produits et la multiplicité des opérations le demandent. Décr. 4 brum. an 4, art. 6. Circ. R. 825. Cette division existe dans la plupart des chefs-lieux de département ou d'arrond. Le plus souvent la conservation des hypothèques forme un bureau particulier, et, dans presque tous les chefs-lieux, il existe deux ou trois bureaux, quelquefois quatre et même un plus grand nombre dans les chefs-lieux de département.

La division la plus habituelle est : 1° un bureau de la conservation des hypothèques ; 2° un bureau de l'enreg. des actes civils; 3° un bureau de l'enreg. des actes judiciaires et des domaines, et 4° dans quelques départements, un bureau du timbre extraordinaire.

386. Les bureaux de perception des droits d'enreg., de timbre et d'hypothèques ou de recette des domaines, sont divisés en trois classes : la première comprend ceux des chefs-lieux de département, la deuxième les bureaux des chefs-lieux d'arrond. et la troisième ceux des chefs-lieux de canton. Ord. 25 déc. 1816, art. 7. I. 759.

Cette classification est plutôt admise en théorie qu'en pratique ; le classement des bureaux dépend surtout de l'importance des produits sur lesquels se liquident les remises des receveurs.

387. *Avancement.* Les bureaux des trois classes, selon leur importance, sont accordés aux receveurs, aux contrôleurs de successions, aux premiers commis et même aux employés supérieurs, à titre d'avancement graduel. L. 27 mai 1791, art. 22 ; Ord. 25 déc. 1816, art. 7. I. 759.

Les receveurs peuvent aussi être appelés : 1° à l'emploi de premier commis, après une année de recette, Circ. 17 août 1815, V. *Premiers commis* ; 2° à l'emploi de garde-magasin, réservé principalement aux anciens employés, L. 1791, art. 33, V. *Gardes-magasin* ; 3° à l'emploi de vérificateur de 5e classe, après cinq années au moins de services effectifs, lorsque les remises de leur bureau s'élèvent à 1,800 fr., Règl. 11 janv. 1830, I. 1304, V. *Vérificateurs* ; ils ne peuvent parvenir aux autres emplois supérieurs sans passer par la vérification. *Ibid.*

Les notes fournies par les employés supérieurs sur les receveurs, sont prises en grande considération pour leur avancement, ainsi que l'utilité de leurs services. A mérite égal, l'ancienneté prévaut. Les règles générales d'avancement leur sont d'ailleurs applicables (V. 76, 77 et suiv.). En cas de changement de résidence ou d'avancement, ils sont tenus de se conformer aux règles générales indiquées *sup.* 125 et suiv.

SECTION II. — *Fonctions et devoirs généraux.*

388. Quelles que soient les parties composant les attributions d'un bureau, le titulaire est classé parmi les *Receveurs* de l'adm. ; il est assujetti à toutes les obligations qui concernent cette classe de préposés. Le titre de *Receveur* est donc applicable à tous en général ; cependant les receveurs chargés de la conservation des hypothèques ayant, pour cette partie, des attributions et des devoirs entièrement distincts, on en a fait l'objet d'un article particulier. V. *Conservateurs.*

Il en est de même des *Receveurs du timbre extraordinaire* : les dispositions générales concernant les receveurs leur sont applicables ; seulement quelques unes de leurs opérations sont spéciales et font l'objet d'un titre particulier. V. *Receveurs du timbre extraordinaire.*

389. *Fonctions*. Ainsi qu'on l'a dit *sup.* 378, les receveurs sont chargés de l'accomplissement des formalités et de la perception des droits et revenus; en un mot de toutes les opérations de recette ou d'exécution qui rentrent dans les attributions de l'adm. Ces fonctions sont *incompatibles* avec d'autres et excluent nécessairement toute *occupation étrangère* (V. 147 et suiv.). Elles rendent les receveurs directement *justiciables de la Cour des comptes*. I. 971. V. *Comptabilité générale.*

Les fonctions des receveurs sont très importantes; elles exigent une grande assiduité, beaucoup d'exactitude, d'ordre et de méthode ; enfin de l'instruction, du zèle, un caractère ferme et conciliant tout à la fois. Les receveurs sont appelés par la nature même de leurs fonctions à avoir des rapports directs et de tous les instants avec les autorités locales, les officiers publics, les redevables et même le public en général, et en outre avec les employés supérieurs chargés de vérifier leur gestion.

390. *Règles de conduite*. Outre l'observation scrupuleuse des règles générales de conduite indiquées *sup.* 160 et suiv., les receveurs s'attacheront à mériter la confiance de leurs concitoyens par une gestion irréprochable et par leur soumission aux autorités constituées. O. gén. 16. Il est essentiel que le receveur placé en évidence dans chaque localité et destiné à y demeurer quelque temps, se concilie promptement l'estime générale par sa conduite publique et privée ; qu'il se montre assidu à ses fonctions, accessible au public aux heures d'ouverture du bureau, poli envers tous les citoyens et doué d'une grande patience pour écouter et discuter les observations des redevables, et leur donner les explications propres à les convaincre de la légitimité de ses demandes (V. 168).

Les receveurs sont, par la nature de leurs fonctions, initiés aux affaires des particuliers, et les dépositaires obligés de secrets dont ils ne doivent pas abuser. V. *Titre* III.

391. Les receveurs doivent chercher à acquérir promptement une connaissance exacte de l'arrond. de leur bureau, de la valeur des propriétés, des habitudes et des ressources du pays ; ils se mettront en rapport avec les différentes autorités locales et réuniront toutes les indications qui peuvent faciliter l'exercice de leurs fonctions. Ces connaissances locales sont absolument indispensables (V. 175).

392. *Subordination*. Les receveurs sont subordonnés aux employés supérieurs exerçant leurs fonctions dans le département où le bureau est établi. O. gén. 16 (V. 164). Ils sont tenus de leur représenter les registres à la première réquisition, sans que, dans aucun cas, ils puissent les porter ni les laisser emporter dans d'autres bureaux ou ailleurs, à peine de demeurer personnellement responsables des événements (V. 165). O. gén. 62 ; l. 1351, art. 3. V. *Vérificateurs.*

Les receveurs se montreront empressés dans l'exécution des

ordres des employés supérieurs ; disposés à écouter leurs observations, à fournir les explications nécessaires, et enfin à réparer ce qui aura été trouvé défectueux ; ils éviteront pour l'avenir les irrégularités signalées.

393. Quelques receveurs ne se rendant point compte parfaitement des devoirs des employés supérieurs se montrent rebelles à toute observation, même lorsqu'elle est faite avec la convenance et la mesure nécessaires. C'est un tort fort grave et qui peut avoir des conséquences fâcheuses. Quels que soient l'âge et l'expérience d'un receveur, il ne doit jamais perdre de vue que l'employé supérieur, chargé de vérifier ou d'examiner sa régie, a des devoirs qui lui imposent l'obligation de tout approfondir, de critiquer et de faire réparer ce qui lui paraît irrégulier ; que même lorsqu'il n'aurait pas encore l'expérience du receveur dont il vérifie les opérations, un employé supérieur n'est pas moins le délégué de l'adm.; et qu'enfin, si cet employé doit rester dans la limite de ses pouvoirs, le receveur doit personnellement demeurer dans ceux qui lui sont attribués.

Il se conformera donc aux instructions qui lui seront données sauf à en référer au directeur lorsque les règlements lui paraîtront méconnus ou violés. Les receveurs fournissent leurs observations sur les perceptions critiquées par les employés supérieurs (V. *Titre* III), et généralement sur les résultats de la vérification de leur régie. V. *Vérificateurs*.

394. Il est expressément défendu aux employés supérieurs de loger ou manger chez les receveurs, de leur faire des emprunts d'argent, d'en recevoir des cadeaux ou de se faire réserver des cases en blanc sur les registres (V. 165). Les receveurs se compromettraient gravement s'ils se prêtaient à ces abus ; ils pourraient être punis de la révocation, de la suspension ou de peines disciplinaires, selon les circonstances, sans préjudice de tous dommages ou intérêts. Circ. R. 1730; I. 825, 1093, 1318 et 1351, art. 3 et 4 ; Circ. 18 août 1827. V. *Vérificateurs*.

395. *Concours dû aux employés.* Il est essentiel que le receveur fournisse aux employés supérieurs les renseignements dont ils peuvent avoir besoin, facilite leurs travaux et les aide de son concours et de ses connaissances locales pour les découvertes et les recouvrements. Le même concours est dû aux autres receveurs. Chaque préposé, quel que soit son grade ou ses attributions, doit utiliser, pour la prospérité des produits, tous les renseignements qui peuvent venir à sa connaissance (V. 159).

Les receveurs resteront dans les fonctions de leur emploi ; ils s'abstiendront de tout empiétement sur les attributions de leurs collègues, soit hors des limites de l'arrond. du bureau, soit à raison des *attributions spéciales* réservées à chacun d'eux (V. 154).

Les receveurs ont aussi des devoirs à remplir à l'égard des *surnuméraires* ou aspirants au surnumérariat (V. 48, 54, 55).

396. *Devoirs spéciaux.* Les autres devoirs particuliers aux receveurs se subdivisent à l'infini par suite des nombreuses opérations dont ils sont chargés ; il en sera question en parlant de chaque opération. On ajoutera seulement que la nature de leurs fonctions les oblige à tenir leur bureau ouvert au public aux jours et heures prescrits par la loi, et à y être personnellement assidus (V. 413), et qu'en outre la multitude de leurs travaux fait aux receveurs une obligation essentielle de l'ordre, de la régularité et de la méthode dans la distribution de leur temps (V. 174).

397. *Commis.* L'adm. a eu fréquemment l'occasion de rappeler aux préposés qu'ils doivent donner à leurs fonctions tout leur temps et leurs soins. C'est un devoir pour tous indistinctement, mais surtout pour les receveurs de chefs-lieux de canton, auxquels, en général, il reste encore beaucoup à acquérir sous le rapport de l'instruction et de l'expérience. Si, dans les bureaux de chefs-lieux d'arrond. et dans quelques uns de chefs-lieux de canton d'une certaine importance, les receveurs peuvent se faire aider par des commis, ce ne doit être que pour des opérations en quelque sorte matérielles. Mais, dans la plupart des bureaux de canton, où le travail n'excède pas les forces d'une seule personne, l'emploi habituel et permanent d'un collaborateur ne pourrait qu'accuser le zèle et la diligence du receveur. I. 1495.

Il est au surplus une règle dont les receveurs de canton, à moins de circonstances extraordinaires, ne doivent pas s'écarter : c'est de rédiger, et même autant que possible d'écrire de leur main les enreg. des actes et jugements et des déclarations de successions. L'oubli de cette règle serait l'indice certain que le receveur néglige les opérations principales de son bureau et les plus utiles au progrès de son instruction. L'adm. s'est réservée de prendre, à l'égard des receveurs des chefs-lieux de canton qui contreviendraient à ces obligations, les mesures qui lui paraîtront justes et raisonnables. I. 1495.

Dans les bureaux plus importants, l'emploi de commis est indispensable ; les receveurs doivent même pourvoir sous ce rapport à toutes les nécessités du service (V. 398).

SECTION III. — *Remises des receveurs.*

398. Les receveurs ont pour émoluments des remises proportionnelles calculées sur le montant des recettes qu'ils effectuent par année. Au moyen de ces attributions, ils n'ont droit à aucun traitement fixe, excepté pour le cas où leurs remises n'atteignent pas le *minimum* fixé, lequel leur est alors complété. Ils n'ont droit en outre à aucune indemnité pour le logement ou frais de bureau. L. 27 mai 1791, art. 57 (V. 239). Un tiers de leurs remises est considéré comme la représentation des frais de bureau. I. 170 et 1464.

399. *Quotité.* La loi du 27 mai 1791 avait fixé une seule quotité pour les remises de chaque bureau sur la totalité des produits. Cette quotité variait selon l'importance des recettes, depuis 1 1/2 p. 100 jusqu'à 5 p. 100 dans les bureaux inférieurs. Le *minimum* des remises était de 300 livres. Circ. R. 77, 89, 130, 190 et 245. La loi du 14 août 1793, celle du 21 mess. an 2, le décret du 4 brum. an 4 et l'arrêté du Directoire du 29 vend. an 6 ont maintenu ce mode de liquidation avec quelques changements dans le tarif, et en portant le *minimum* à 400 fr., puis à 500 fr. Circ. R. 448, 635, 825, 997 et 1144.

400. Un décret du 23 mai 1810 a modifié ces règles et a fixé pour tous les bureaux, quelle que soit leur importance, les remises proportionnelles des receveurs de l'enreg. dans une progression descendante, savoir : sur les dix premiers mille francs, 8 p. 100 ; — sur les recettes au dessus de 10,000 fr. jusqu'à 50,000 fr., 3 p. 100 ; — de 50 à 130,000 fr., 2 p. 100 ; — de 130 à 300,000 fr., 1 p. 100 ; — de 300 à 700,000 fr., demi p. 100 ; — au dessus de 700,000 fr. indéfiniment, quart p. 100. — Le *minimum* a été porté à 600 fr. I. 449. Depuis il a été élevé à 800 fr. Ord. 8 déc. 1819. I. 914.

L'art. 2 du décr. du 23 mai 1810 avait fixé la remise des receveurs particuliers des domaines à une quotité inférieure à celle des receveurs de l'enreg., mais, d'après une décision du 21 déc. 1825, elle a été portée au même taux. Le *minimum* est également de 800 fr., sauf à Paris où il s'élève à 2,500 fr. I. 1182.

401. *Bases*. En principe, toute recette effective opérée par un receveur donne lieu à remise ; cependant il y a exception pour le décime par franc (1), Circ. R. 1474, sauf celui des attributions des greffiers. I. 1729. Quelques recettes particulières ne donnent pas lieu non plus à remise, et l'on doit aussi déduire le montant des restitutions opérées, pour déterminer les sommes sur lesquelles se liquide la remise des receveurs.

Au surplus, l'indication des sommes sur lesquelles doit frapper la remise des receveurs, ainsi que le mode de liquidation constituant plus particulièrement une opération de comptabilité, cette matière sera traitée au chapitre spécial des dépenses. V. *Comptabilité générale*.

402. *Répartition*. Les remises se calculent sur les recettes de l'année entière, et le montant pour chaque année se répartit, à raison du temps de l'exercice, entre les différents préposés qui ont géré le bureau, et non proportionnellement aux recettes faites par chacun d'eux. Circ. R. 487 et 1799 ; Décr. 23 mai 1810, art. 4. I. 479. — V. aussi *Comptabilité générale*.

403. Les remises étant l'indemnité du travail et de la responsabilité, elles ne commencent à courir, au profit d'un receveur, que du jour de son installation, et cessent lorsque son ser-

---

(1) Cette disposition que motivait, en l'an 7, la position critique du trésor, n'est plus justifiée depuis que les circonstances ont changé, et puisque le décime pour franc fait actuellement partie des revenus ordinaires de l'État, il serait juste d'allouer aux receveurs des remises sur un produit dont la recette donne lieu à beaucoup de détails et entraîne une grande responsabilité.

vice prend fin. I. 1280 (V. 240). Cependant, en cas de simple interruption, soit pour cause de maladie, soit par suite d'absence par congé, le receveur a droit, dans le premier cas, aux remises de son emploi (V. 281), et seulement à la moitié pendant la durée des congés (V. 260, 272). Néanmoins on doit prélever auparavant la portion des remises affectée aux frais de loyer ou de bureau, c'est-à-dire le tiers (V. 398), qui appartient dans toute hypothèse à celui qui remplit les fonctions par *intérim*, sous condition d'en supporter les charges (V. 267, 281).

404. *Retenues*. Sur le montant de leurs remises, les receveurs subissent, au profit de la caisse des retraites, les retenues auxquelles sont assujettis tous les employés. Ces retenues frappent sur la totalité des remises et même sur la portion affectée aux frais de bureau (V. 314).

405. *Dispositions particulières*. Les règles générales concernant les traitements des préposés sont applicables aux remises des receveurs (V. 236 et suiv.). Ils prélèvent chaque mois le montant de ces remises sur leurs recettes, ainsi qu'il sera expliqué au titre de la *Comptabilité générale*.

406. Les receveurs n'ont droit à aucune autre part ou attribution sur les produits ou amendes ; cependant ils ont moitié des amendes concernant le timbre des lettres de voiture lorsqu'ils ont constaté les contraventions (V. *titre* II). Il leur est dû des salaires pour les recherches et les extraits demandés par les parties (V. *titre* III). Enfin ceux qui sont chargés de la conservation des hypothèques reçoivent, pour chaque formalité, des salaires payés aussi directement par les requérants. V. *Conservateurs*.

SECTION IV. — *Interruption et cessation de services*.

407. *Interruptions*. Les receveurs sont soumis, pour tout ce qui concerne les interruptions de service, par suite d'absence par *congé* ou de *maladie*, aux règles spéciales indiquées *sup.* 259, 279 et suiv. Il leur est défendu notamment de s'absenter sans un congé du Directeur général et avant d'avoir été remplacés dans leurs fonctions. Les receveurs sont suppléés par les surnuméraires, à moins que l'importance du bureau n'exige la présence d'un employé supérieur (V. 267). Pour ce remplacement et l'installation des intérimaires, on se conformera aux instructions sur la matière (V. 132).

408. *Cessations*. En ce qui touche la *suspension* des fonctions pour déficit de caisse ou par mesure disciplinaire, la *révocation* ou destitution, la *mise à la retraite* des receveurs (V. 286, 294, 296 et suiv.). — En cas de *démission* ou *décès* d'un receveur (V. 300, 304 et suiv.). — Enfin à l'égard des *pensions de retraite* (V. 315 et suiv.).

CHAPITRE II. — *Règles spéciales*.

SECTION 1re. — *Registres des bureaux*.

409. *Registres à tenir*. Pour accomplir les formalités et les opérations dont ils sont chargés, les receveurs de l'enreg. et des domaines tiennent un certain nombre de registres, sommiers et tables alphabétiques, savoir :

§ Iᵉʳ. *Timbre et formules.* 1° Registre pour la débite des papiers timbrés, de recette et de comptabilité tout à la fois ; 2° registre de recette des passeports ; 3° registre de recette du *visa* pour valoir timbre.

§ II. *Enregistrement, greffe, etc.* Premièrement. Cinq registres principaux pour l'enreg. des : 1° actes civils publics ; 2° actes s. s. p. ; 3° actes judiciaires (2 modèles), avec un registre particulier pour la recette des droits de mise au rôle ; 4° actes extrajudiciaires ; 5° déclarations de mutations par décès. — Un registre des déclarations préalables aux ventes publiques de meubles se rattache aux trois registres des actes civils, des actes judiciaires et des actes extrajudiciaires.

Deuxièmement. Dix tables, dont sept tenues alphabétiquement, se rattachent plus particulièrement aux registres d'enreg., savoir : Acquéreurs et nouveaux possesseurs ; Vendeurs et précédents propriétaires ; Baux ; Contrats de mariage ; Testaments, donations et dispositions éventuelles ; Succcesions et absences ; Créances hypothécaires. — Enfin deux tables alphabétiques des Propriétaires forains, et un sommier de la Contribution foncière tenu par commune, pour la surveillance des mutations immobilières.

§ III. *Recouvrements.* Divers sommiers et registres de droits et produits à recouvrer, savoir :

Premièrement. *Droits non constatés :* 1° sommier des droits résultant des formalités en débet ; — 2° des découvertes à éclaircir ; — 3° des droits certains d'enreg., de timbre, de greffe et amendes de contravention y relatives.

Deuxièmement. *Droits et produits constatés :* sept sommiers qui ont chacun leur registre de recette correspondant, savoir : Droits d'enreg., de timbre, de greffe et amendes de contravention y relatives (n° 1ᵉʳ) ; — Amendes de condamnation et perceptions diverses (n° 3), auquel se rattachent un registre des renvois d'extraits de jugements, et un registre spécial pour la recette des amendes de consignation ; — Revenus de domaines et prix de vente de mobilier (n° 4) ; auquel sont attachés : 1° un sommier de consistance des domaines, 2° un sommier de consistance des rentes, et 3° un sommier de compte ouvert pour les biens séquestrés ; — Prix de ventes de domaines (n° 5), avec un sommier particulier de compte ouvert pour chaque adjudication ; — Produits accidentels (n° 6) ; — Forêts et produits accessoires (n° 7), avec un sommier de consistance des baux de la pêche ; — Prix de vente d'objets mobiliers et immobiliers provenant des ministères (n° 8).

Troisièmement. *Opérations de trésorerie.* Un sommier avec registre de recette correspondant pour les produits à recouvrer pour le compte des correspondants du trésor et les autres opérations de trésorerie ; à ces registres se rattache un sommier de compte ouvert pour les successions vacantes.

Quatrièmement. *Surséances indéfinies.* Un sommier général des droits et produits de toute nature mis en surséance indéfinie.

§ IV. *Partie d'ordre.* 1° Sommier d'ordres et instructions ; 2° Registre de correspondance ; 3° Inventaire des registres et papiers ; 4° Cahier des renvois.

§ V. *Comptabilité.* 1° Registre de comptabilité des papiers timbrés et passeports, servant en même temps de registre de recette pour la débite du timbre ; 2° Livre-journal ou compte ouvert avec les officiers publics ; 3° Compte spécial par commune du recouvrement des amendes de chasse ; 4° Journal de dépense ; 5° Livre de dépouillement par nature d'actes et mutations : 6° Sommier de dépouillement des recettes et dépenses. — Outre ces registres principaux, la comptabilité et l'ordre des écritures exigent beaucoup d'états, tableaux et comptes dont il sera question successivement.

On suivra l'ordre de cette division pour présenter les observations concernant chaque partie du service des receveurs.

410. *Approvisionnement.* Les registres, tables et sommiers, ainsi qu'un grand nombre d'états, bordereaux ou comptes imprimés sont fournis par l'adm., néanmoins le carnet de compte ouvert avec les officiers publics est formé aux frais du receveur, ainsi que l'inventaire des registres et papiers.

Les bureaux sont approvisionnés de ces registres et impressions, à la demande du receveur faite sur un imprimé spécial. Ces demandes doivent être combinées de manière à n'avoir lieu qu'une fois par trimestre, pour éviter les frais de port. Circ. 15 déc. 1834. Elles sont adressées au directeur. Les registres, tables et sommiers sont cotés et paraphés par le directeur, à l'exception du journal de dépense qui est coté et paraphé par le juge de paix.

411. L'envoi des registres et impressions que le directeur juge nécessaires au service de chaque bureau est fait, d'après son ordre, par le garde-magasin du timbre. V. *Gardes-magasin.*

A la réception du ballot, le receveur en vérifie le contenu, au vu de la lettre de voiture qui accompagne chaque envoi ; il paie les frais de port, en retire quittance au bas de la lettre de voiture, et en est remboursé par la dépense qu'il porte dans ses comptes. V. *Comptabilité générale.* Immédiatement le receveur renvoie au garde-magasin, pour sa décharge, l'état de demande apostillé de sa reconnaissance des quantités expédiées.

412. *Archives.* Les registres doivent être conservés avec soin, placés sur des rayons, à l'abri de l'humidité ou d'autres accidents. O. gén. 112. Ils seront numérotés pour chaque nature, et tenus constamment dans un ordre convenable, ainsi que tous les autres papiers et documents du bureau.

L'ordre dans le classement des archives est essentiel, non seulement pour faciliter les recherches du receveur, mais encore pour permettre aux employés supérieurs de se livrer aux opérations qui leur sont prescrites, sans avoir besoin de recourir chaque fois aux indications du receveur. Au surplus le classement des archives donne lieu à des observations particulières qui seront présentées au titre VI.

SECTION II. — *Ouverture des bureaux; Arrêtés des registres.*

413. *Ouverture.* L'art. 11 de la loi du 27 mai 1791 porte ce qui suit : « Les receveurs seront assidus à leurs bureaux, *quatre* « *heures le matin, et quatre heures l'après-midi,* et les heures de « séance seront *affichées* à la porte du bureau. Ils feront sur « leurs registres, qu'ils *arrêteront* jour par jour, l'enreg. de tous « les actes sujets à la formalité, à mesure qu'ils leur seront pré- « sentés, etc. » Circ. R. 89.

Il résulte d'un arrêt de la Cour de cassation du 28 fév. 1838, que cet article n'a pas cessé d'être en vigueur ; que les heures de séance des receveurs de l'adm. ainsi fixées, servent de règle relativement à l'expiration des délais établis pour l'accomplissement des formalités ; qu'en conséquence, les receveurs, après l'heure de clôture de leur bureau, non seulement peuvent, mais même doivent refuser de procéder aux formalités soit d'enreg., soit de timbre, soit d'hypothèque.

La gravité de ces conséquences a fait reconnaître la nécessité de prescrire une règle uniforme pour les heures de séance des receveurs. Longtemps ces préposés avaient pu, en observant les conditions déterminées par la loi du 27 mai 1791, ou faire deux séances, l'une de huit heures à midi, l'autre de deux à six heures du soir, O. gén. 14, ou ne tenir qu'une seule séance de huit heures du matin à quatre heures du soir. Ce dernier mode était le plus généralement en usage, non seulement dans les chefs-lieux de départements et d'arrond., mais encore dans les chefs-lieux de cantons ruraux ; il était aussi le plus favorable aux besoins des contribuables, et le moins contraire à leurs habitudes. On a cru devoir l'adopter exclusivement.

En conséquence, les bureaux de l'enreg., des domaines, du timbre et des hypothèques doivent être *ouverts au public, tous les jours, excepté le dimanche et les jours fériés reconnus par la loi,* durant une seule séance, *de huit heures du matin à quatre heures de l'après-midi,* et aucune formalité ne peut être donnée par le receveur après l'heure fixée pour la clôture. D. 9 mars 1839. I. 1586 (V. 416).

414. Les *jours fériés* reconnus par la loi sont, outre le *dimanche,* les jours où l'on célèbre les fêtes de l'*Ascension,* de l'*Assomption,* de la *Toussaint* et de *Noël.* L. 18 germ. an 10, art. 57 ; Sénatus-consulte, 22 fruct. an 13. I. 294, 362 et 433, § 7.

Le *premier janvier* doit aussi être considéré comme un jour férié légal, Décr. 20 mars 1810, I. 499 ; mais aucune loi n'ayant prononcé la même exception pour le jour de la *fête du Roi,* les bureaux ne peuvent *légalement* être fermés ce jour là, quoique, dans l'usage, il en soit autrement. D. 30 juin 1837.

415. Les jours d'ouverture du bureau et les heures de séance doivent, conformément à la loi de 1791, être indiqués par une affiche à la porte de chaque bureau. I. 1586.

416. Les bureaux doivent être fermés pour tout le monde pendant les journées du dimanche et des fêtes conservées, afin qu'aucune formalité ne puisse être donnée ces jours là, au gré de quelques parties et contre l'intérêt des autres. D. 22 déc. 1807 et 1er juill. 1816. I. 362, 433, § 7, et 730. Les autres jours, avant l'heure fixée et après l'expiration du temps indiqué par l'affiche, c'est-à-dire *avant huit heures du matin* et *après quatre heures de l'après-midi,* le receveur doit aussi refuser toute formalité; l'observation de cette règle intéresse les tiers auxquels les formalités pourraient porter préjudice (V. 413).

L'art. 1037 C. proc. n'est relatif qu'aux significations faites par les huissiers; il règle la partie de la journée pendant laquelle elles peuvent être notifiées, mais ne déroge pas aux dispositions de la loi du 27 mai 1791, en ce qui regarde la présentation des actes à l'enreg., ou les autres formalités qui sont du ressort de l'adm. I. 1586.

417. Lorsque le receveur est obligé de prolonger son travail après l'heure fixée pour la clôture du bureau, il ne doit pas moins en refuser l'entrée aux personnes qui se présentent pour requérir des formalités. Si, par pure bienveillance, il accepte le dépôt de pièces, il préviendra le requérant que la formalité ne sera donnée que le lendemain; mais si le délai expire le jour même, il devra s'abstenir de recevoir le dépôt, afin d'éviter toute contestation ultérieure sur l'heure où il a été effectué.

418. Quelques exceptions ont été admises aux règles ci-dessus pour l'ouverture des bureaux : 1° ils doivent être ouverts pour le *paiement des taxes* de témoins, *tous les jours sans exception,* depuis *une heure avant le lever,* jusqu'à *une heure après le coucher du soleil.* Arr. 29 frim. an 6, et D. 17 mess. suivant. Circ. R. 1164 et 1332; I. 1586. — 2° En ce qui concerne spécialement la *distribution des papiers timbrés,* les receveurs doivent, sous leur responsabilité, charger des personnes de leur famille, ou à leurs gages, de débiter le matin, *une heure avant l'ouverture,* et le soir, *deux heures après la clôture* du bureau, des papiers au timbre prop. de 25 cent. et au-dessous, et au timbre de dimension de 35 cent. Cette distribution exceptionnelle ne peut se faire qu'au domicile même du receveur; elle aura lieu également les dimanches et les jours fériés jusqu'à deux heures de l'après-midi. I. 1637 (V. 449).

419. *Arrêtés.* A la clôture de la séance de chaque jour, les receveurs sont tenus d'arrêter les registres de recette et de formalités. L. 27 mai 1791, art. 11; O. gén. 61; Circ. R. 89 et 258. Cette obligation existait déjà à l'époque du contrôle; la loi de 1791 n'a fait que confirmer cette règle dont l'observation a été également prescrite par l'art. 2204 du Code civil.

Plusieurs instructions ont renouvelé les recommandations les plus expresses à cet égard, et les préposés compromettraient leur responsabilité, s'ils négligeaient de s'y conformer scrupuleusement. Circ. R. 161, 670 et 683; I. 443 et 1351, art. 9; Circ. 22 nov. 1837 (V. 423).

420. *Registres à arrêter.* Dans les bureaux de l'enreg. et des domaines, les registres qui doivent être arrêtés chaque jour sont: 1° le registre du *visa* pour timbre; 2° les cinq registres pour l'enreg. des actes civils publics, actes s. s. p., actes judiciaires, actes extrajudiciaires et déclarations de mutation par décès, ainsi que le registre des déclarations préalables aux ventes publiques de meubles; 3° le registre de recette des amendes de consignation et celui des prix de vente de domaines. Circ. R. 161, 258, 670, 683, 772; I. 443, 494, 1421 et 1433.

421. *Forme des arrêtés.* L'arrêté de chaque jour doit être mis dans la case ou l'espace qui suit le dernier enreg.; il sera conçu en ces termes: *Arrêté le...* (le receveur datera et signera). O. gén. 61. Les arrêtés doivent toujours être écrits en entier de la main du receveur et signés exactement. La date est mise en toutes lettres. I. 443. Cependant, il n'y a aucun inconvénient à écrire le millésime en chiffres.

Pour les jours de fête ou les dimanches, on aura soin d'indiquer le jour férié ou le dimanche, outre la date. I. 499 et 730.

422. On ne doit pas mettre plus d'un arrêté dans une case. Pour les registres qui ne sont pas distribués par cases, les arrêtés s'inscrivent chacun sur une ligne spéciale (indiquée le plus souvent par la réglure du registre), en laissant, entre les arrêtés, un espace égal à celui qui sépare les lignes d'écriture; ils ne peuvent être mis par intercalation entre les lignes, à l'extrémité d'un alinéa, ou à la suite d'un autre arrêté inscrit sur la même ligne. I. 443 et 1433.

423. *Exactitude.* Il est essentiel d'apporter beaucoup de soin dans l'inscription des arrêtés au moment même de la fermeture du bureau. Les receveurs doivent éviter les omissions, les doubles emplois; s'abstenir de tout grattage, rature, surcharge et intercalation. Ils sont responsables personnellement des droits et amendes à raison des contraventions que ces irrégularités auraient eu pour but de dissimuler, indépendamment de toute autre peine disciplinaire, selon la gravité des faits.

424. *Erreurs.* On ne doit jamais chercher à réparer, par des grattages ou d'autres moyens détournés, les erreurs commises dans l'inscription des arrêtés; il est toujours préférable de rendre compte des circonstances avec sincérité au directeur, après les avoir fait constater le plus tôt possible par les employés supérieurs ou par les autorités locales. C'est le meilleur moyen de se concilier l'indulgence de l'adm. pour des erreurs involontaires

qui pourraient acquérir une toute autre gravité par des rectifications maladroites.

Quelques jeunes receveurs sans expérience, ne se rendant pas
compte de la culpabilité d'une action qui a cependant les caractères d'un faux, n'ont pas craint, pour dissimuler des négligences, de laver à l'aide de procédés chimiques ou de gratter des
arrêtés. Des peines très sévères, telles que la suspension, le renvoi
dans un bureau inférieur, ou même la révocation ont été
presque toujours infligées aux employés qui ont eu recours à
de pareils moyens.

425. *Vérification des arrêtés.* Les employés supérieurs sont
spécialement chargés de signaler les irrégularités qui existent
dans l'inscription des arrêtés. Ils constatent également leur situation, au moment même de leur arrivée au bureau, par un
procès-verbal sommaire dont l'exactitude sera reconnue par le
receveur qui le signera avec eux, après y avoir consigné ses observations ou explications, s'il le juge à propos. Circ. 22 nov.
1837; I. 1564. V. *Vérificateurs.*

TITRE II.

TIMBRE ET FORMULES.

CHAPITRE Ier. — *Dispositions générales.*

426. La contribution du timbre est établie (V. 9) sur tous
les papiers destinés aux actes civils et judiciaires, et aux écritures qui peuvent être produites en justice et y faire foi. L. 13
brum. an 7, art. 1. Elle s'applique aussi aux avis et annonces,
L. 6 prair. an 7, art. 1er; aux affiches et journaux, L. 9 vend.
an 6, art. 57; et aux passeports et permis de chasse, Décr. 11
juill. 1810, art. 9 et 13.

427. Il existe deux sortes de timbres : 1° celui dont le prix
varie d'après la dimension du papier et que l'on nomme *timbre
de dimension*; 2° celui dont le prix est gradué en raison des sommes à y exprimer, sans égard à la dimension; on lui donne le
nom de *timbre proportionnel*. L. 13 brum. an 7, art. 2.

Il y a encore une troisième sorte de timbre, spéciale pour certains actes de l'autorité, tels que les *passeports* et les *permis de
chasse*, dont le prix fixe est déterminé par la loi.

428. La recette des produits du timbre, attribuée à l'adm.
(V. 12), se fait de trois manières : 1° par la *débite* ou la vente
aux officiers publics et aux particuliers aux prix fixés par la loi,
des papiers timbrés destinés à la rédaction des actes assujettis
au timbre (V. 449 et suiv.); — 2° par le *visa pour valoir timbre*
que les receveurs sont chargés d'apposer sur les papiers ou actes
qui leur sont présentés pour subir cette formalité (V. 467 et
suiv.); — 3° par l'apposition du *timbre extraordinaire* sur les

papiers, journaux, affiches et actes ou papiers de toute nature, qui doivent ou peuvent être revêtus de ce timbre spécial. V. *Receveurs du timbre extraordinaire.*

CHAPITRE II. — *Papiers timbrés.*

SECTION 1re. — *Fabrication; Approvisionnement des bureaux*

429. *Fabrication.* Les papiers timbrés débités par l'adm. sont fournis par l'État et à ses frais. En exécution des dispositions de la loi du 11 fév. 1791 sur le timbre, celle du 27 mai suivant, relative à l'organisation de la Régie, avait établi dans chaque département un atelier particulier pour le timbrage des papiers destinés à la débite. Circ. R. 79, 80 et 88. La loi du 13 brum. an 7 avait laissé subsister ces ateliers particuliers, en ordonnant que les officiers publics ne pourraient se servir d'autre papier que celui de leur département, art. 17; mais un arrêté du 9 prair. an 9, ayant prescrit le timbrage à Paris de tous les papiers destinés à la débite, un second arrêté du 23 brum. an 10 organisa à Paris un atelier général du timbre, Circ. 19 fruct. an 10; par suite, les ateliers particuliers de chaque département furent supprimés, excepté pour le timbre extraordinaire. I. 73.

430. Pour la fabrication et la fourniture des papiers destinés à la débite, l'adm. passe des marchés par adjudication publique. Circ. 19 fruct. an 10.

Les papiers doivent porter un filigrane particulier, imprimé dans la pâte même à la fabrication; aussi cette opération est-elle, dans les établissements qui en sont chargés, l'objet d'une surveillance spéciale, afin que l'on ne puisse abuser des produits de la fabrication. Le filigrane, pour les papiers de *dimension*, représente un écusson couronné entouré d'un cercle, avec la légende : *Timbre royal,* et pour les papiers au timbre proportionnel, les lettres : T. Pel.

431. *Timbrage.* C'est à l'atelier général du timbre établi à Paris que les papiers sont timbrés, comptés et mis en rames pour être, de là, expédiés dans les chefs-lieux de départements, afin d'assurer le service dans chacun des bureaux de distribution. Arr. 9 prair. an 9. Circ. 19 fruct. an 10 et I. 73.

432. Les papiers sont frappés de deux empreintes, l'une appliquée *en noir,* c'est-à-dire à l'encre d'imprimerie, l'autre frappée *à sec* de manière à faire relief. — Les empreintes sont appliquées l'une au dessous de l'autre, au haut de la partie *gauche* de la feuille. L. 13 brum. an 7, art. 6. Chacune de ces empreintes forme un cercle avec légende et dont le centre est occupé par une figure allégorique.

433. *Papiers de dimension.* Il existe cinq espèces principales de papier de *dimension,* savoir : 1° *Grand registre,* dont la feuille déployée présente 4,204 dix millimètres de hauteur sur 0,5946 de largeur, et 0,2500 carrés de superficie; 2° *Grand papier,*

0,3536 de hauteur sur 0,5000 de largeur, et 0,1768 carrés de surface ; 3° *Moyen papier* (moitié du *grand registre*) 0,2973 de haut sur 0,4204 de large et 0,1250 carrés de surface ; — 4° *Petit papier* (moitié du *grand papier*) 0,2500 de hauteur sur 0,3536 de largeur et 0,0884 carrés de surface. Tous ces papiers sont pliés de manière à former une feuille double ; le filigrane imprimé dans la pâte du papier forme le centre de la feuille déployée, et se trouve par conséquent au milieu du pli de la feuille ; l'empreinte des timbres est apposée sur le côté gauche au haut du recto du premier feuillet. — La cinquième espèce de papier de dimension est la feuille simple ou *demi-feuille :* elle a 0,2500 de haut sur 0,1768 de large, ou 0,0442 carrés de superficie ; c'est par conséquent la moitié du *petit papier ;* le filigrane se trouve au centre.

434. Pour l'usage particulier de l'adm. ou le service du trésor, on a fait imprimer des formules spéciales pour *contraintes* et *certificats de vie* des rentiers et pensionnaires de l'État. Ces formules sont considérées comme *demi-feuilles* de petit papier de la débite ordinaire ; les règles pour l'approvisionnement, la débite et la comptabilité sont les mêmes que pour le papier blanc. Circ. R. 1579 ; I. 857 et 880. — Les *registres des formalités hypothécaires* assujettis au timbre sont imprimés sur papier timbré de la dimension dite : *grand registre*. V. *Conservateurs.* — Enfin les formules de *passeports* et de *permis de chasse* sont imprimées sur papier de la même dimension, avec un timbre et un filigrane particuliers ; il en sera question dans un chapitre spécial (V. 574).

435. *Timbre proportionnel*. Le papier au timbre *proportionnel* étant plus particulièrement destiné aux effets de commerce, est d'une pâte plus fine, de la nature des papiers à lettres. Il forme la moitié de la demi-feuille du *petit papier* coupée en long, et présente par conséquent un carré long ayant 0,0884 de hauteur sur 0,2500 de largeur, ou 0,0221 carrés de superficie. Les papiers au timbre proportionnel présentent une série de vingt-deux coupons, savoir : 1° Pour les sommes de 300 fr. et au-dessous ; 2° pour les sommes au dessus de 300 fr. jusqu'à 500 fr. ; 3° pour les sommes au dessus de 500 fr. jusqu'à 1,000 fr. ; 4° enfin dix-neuf timbres pour chaque coupon de 1,000 fr. depuis 2,000 fr. jusqu'à 20,000 fr. inclusivement.

436. On voit par là que le premier mille présente seul trois coupures de 300 fr., 500 fr. et 1,000 fr. ; tandis que, pour toutes les sommes supérieures, il n'y a plus de fraction de 1,000 fr. Lorsqu'ils ont besoin de se servir de papier au timbre proportionnel pour des sommes au dessus de 20,000 fr., les particuliers sont autorisés à présenter *au visa pour timbre* les papiers qu'ils destineront à ces effets. L. 13 brum. an 7, art. 14. On peut aussi viser pour timbre supplémentaire un coupon d'une somme inférieure jusqu'à concurrence de la somme voulue, en faisant acquitter les droits proportionnels (V. 469).

437. *Empreintes.* Les empreintes des timbrés varient selon les espèces de papiers, et indiquent le prix déterminé par la loi pour chacune d'elles. Ces empreintes ont été souvent changées ; chaque fois que l'un de ces changements a lieu, les nouvelles empreintes apposées sur du papier au filigrane doivent être déposées, dans chaque arrond., aux greffes des tribunaux civils et de commerce par les soins des directeurs. L. 13 brum. an 7, art. 38. Circ. R. 1419, etc.

Dans le cas de changement des timbres, les papiers blancs aux anciens types sont retirés de la circulation, et il ne peut plus en être fait usage sans contravention (V. 455).

438. *Approvisionnement des bureaux.* Dans toutes les localités où il existe un bureau de l'enreg., un ou plusieurs receveurs sont chargés de la débite ou de la distribution des papiers timbrés, soit au public, soit à des débitants particuliers (V. 449). — Ils en sont approvisionnés par le garde du magasin du timbre établi dans chaque direction, sur la demande qu'ils adressent au directeur.

439. Afin de ne jamais exposer ce service à des retards, les receveurs demanderont, en temps convenable, les papiers timbrés nécessaires à la débite. Circ. R. 86 et 262. Ces demandes, d'après la Circ. R. 1476, ne devaient pas être faites dans le premier mois de chaque trimestre, mais la suppression des tournées périodiques des inspecteurs rend cette disposition sans objet, et les receveurs peuvent demander des papiers timbrés toutes les fois que l'entretien de leur approvisionnement semble l'exiger. Cependant, pour ne point multiplier les envois, les receveurs devront, autant que possible, ne faire qu'une seule demande de papiers timbrés par trimestre, ainsi qu'il est prescrit aux directeurs. Circ. 15 déc. 1834. Ils auront soin d'ailleurs de conserver toujours un approvisionnement suffisant pour assurer le service pendant deux ou trois mois.

On fera bien d'adopter, pour les demandes de papiers timbrés, des époques périodiques, afin que le directeur sachant à l'avance à quelle époque l'approvisionnement des bureaux aura besoin d'être renouvelé, puisse de son côté prendre les précautions nécessaires pour assurer le service lors des demandes qu'il doit faire à l'adm. avant la fin du deuxième mois de chaque trimestre. V. *Gardes-magasin*.

440. Les demandes de papiers et impressions timbrés sont faites sur des imprimés fournis par l'adm. Elles énonceront, pour chaque espèce de papiers, les quantités restant en nature au moment de la demande et celles dont le receveur jugera l'envoi nécessaire. Dans une troisième colonne, le directeur fixera les quantités à expédier de manière à combiner les nécessités réelles du service avec l'approvisionnement du magasin de la direction. Circ. R. 1476. V. *Gardes-magasin*. — Au surplus, les employés supérieurs doivent veiller, lors de leurs opérations, à ce que le bureau soit suffisamment approvisionné, mais sans souffrir aucune exagération. Circ. R. 262.

441. *Réception.* A l'arrivée des ballots, le receveur doit vérifier s'ils sont en bon état, si les cachets sont sains et entiers, et, dans le cas contraire, procéder à leur ouverture en présence de l'agent des messageries, afin de s'assurer que les quantités qui s'y trouvent sont réellement conformes à celles énoncées dans la lettre de voiture et que les papiers ne sont pas avariés.

— En cas de déficit ou d'accident, il en sera dressé procès-verbal sur papier non timbré, en double copie, signé par le receveur et le préposé des messageries, en présence du maire ou du juge de paix, et avec mention distincte des papiers perdus et de ceux seulement avariés. Ce procès-verbal, avec les papiers avariés, sera adressé au directeur qui rendra compte immédiatement à l'adm. Circ. 21 juill. 1827.

442. Après cette vérification, le receveur délivre la reconnaissance de réception à l'agent chargé du transport et acquitte, de ses deniers personnels, le prix convenu pour le transport tel qu'il est indiqué sur la lettre de voiture; il en retire quittance au pied de cette lettre de voiture qui lui est remise par l'agent des messageries ou qui lui a été adressée par le directeur. Le receveur est remboursé de ces frais ainsi qu'on l'expliquera. V. *Comptabilité générale.*

443. Les papiers timbrés sont expédiés aux receveurs, savoir : pour les papiers de *dimension,* par rames composées de 20 mains de 25 feuilles chacune, par mains, ou même par feuilles; mais les écritures et la comptabilité sont tenues par feuilles. V. *Titre VI* et *Comptabilité générale.* — En ce qui concerne le timbre *proportionnel,* les envois sont faits par coupons ou par paquets de cent ou mille coupons.

Les papiers timbrés expédiés de l'atelier général sont comptés, mis en mains, en rames ou en paquets par des compteurs ou des compteuses préposés à ce service, et dont le nom doit être indiqué sur un bulletin attaché aux rames, mains ou paquets, afin qu'on puisse s'assurer de leur exactitude.

444. Les papiers en rames ou en paquets de mille coupons sont solidement ficelés et cachetés à la cire du sceau de l'atelier général. Toutes les fois que les cachets sont trouvés sains et entiers, il n'est pas nécessaire de faire l'ouverture des ballots en présence des agents des messageries. Circ. 21 juill. 1827. — Cette disposition peut s'appliquer aux rames ou paquets dont le cachet est intact et qui ne sont pas avariés ; le receveur n'est pas obligé, sous peine d'encourir la responsabilité, de vérifier immédiatement le contenu. Toutefois il peut, s'il le juge à propos, prendre cette précaution, et les employés supérieurs, de leur côté, ont le même droit, s'ils jugent nécessaire d'ouvrir les rames pour vérifier et compter eux-mêmes les papiers.

445. Lorsqu'un receveur reconnaît immédiatement ou même

par la suite quelque déficit dans une rame qu'il vient d'ouvrir, que l'empreinte du timbre a été omise sur une ou plusieurs feuilles, ou bien qu'il existe quelque avarie de nature à empêcher l'usage du papier, il doit constater les faits par un procès-verbal rédigé sur papier libre ; il y joint le bulletin signé du compteur, et s'il y a lieu les feuilles maculées, lacérées ou dépourvues d'empreintes. Le tout est envoyé au directeur qui le transmet à l'adm. Toute réclamation non accompagnée du bulletin indiquant le nom du compteur serait regardée comme non avenue. Circ. particulière du 11 mars 1809.

446. *Accusé de réception.* Outre la lettre de voiture, chaque envoi est accompagné d'une formule imprimée indiquant, par nature et espèce, les papiers timbrés expédiés. Cette formule de reconnaissance ou d'accusé de réception est remplie et signée par le receveur, qui la renvoie immédiatement au directeur pour servir de décharge au garde-magasin. Circ. 21 juill. 1827. Cet accusé de réception doit être envoyé sans retard. La circulaire du 15 déc. 1834, qui prescrit d'envoyer dans les huit jours, à l'atelier général, les reconnaissances des gardes-magasin pour les expéditions de papiers timbrés, ne s'applique pas aux receveurs ; ceux-ci ne doivent pas différer d'un seul jour l'envoi de la reconnaissance de réception au directeur.

447. *Dépôt des papiers.* Aussitôt la réception des papiers timbrés, le receveur en prend charge sur le registre spécial de comptabilité de ces papiers, I. 1010 (V. 456), et les dépose dans le lieu où il doit les conserver pour en faire la distribution au public (V. 449, 461).

Il est essentiel que les papiers timbrés soient tenus dans un lieu sûr. Ce sont des valeurs réelles dont la conservation n'importe pas moins aux comptables que celle du numéraire existant dans leur caisse. Ils doivent donc prendre, pour la sûreté des papiers timbrés, toutes les mesures prescrites pour celle de la caisse, notamment les tenir dans un coffre ou dans un meuble solide, fermant à clef, placé dans leur chambre à coucher ou dans une chambre où ils ont la précaution de faire coucher un homme sûr, et enfin dont les fenêtres, si elle est au rez-de-chaussée, soient solidement grillées. A défaut de ces précautions, les receveurs, en cas de vol ou de soustraction, seraient responsables de la perte des papiers timbrés, absolument comme de l'argent de leur caisse. O. gén. 112, et 195 ; Circ. 21 juill. 1827 ; I. 1351, art. 6 (V. *Titre* VI).

448. Il est également prescrit de tenir les papiers timbrés à l'abri de l'humidité. *Ibid.* Sous cette influence, ils se détérioreraient et l'usage en deviendrait difficile. Les receveurs ne doivent pas perdre de vue que les papiers timbrés sont destinés à la rédaction des actes les plus importants, et que leur conservation est très essentielle. — Ce n'est pas seulement de l'humidité que les receveurs doivent préserver les papiers timbrés, ils doivent encore les placer à l'abri des autres accidents, tels que le feu, la fumée, la poussière ou toute autre cause d'altération. Les receveurs seraient nécessairement responsables des papiers perdus ou avariés à défaut de soins.

Il leur est d'ailleurs expressément recommandé de débiter les papiers dans l'ordre de leur arrivée au bureau, afin de ne pas en conserver trop longtemps, ce qui pourrait les détériorer et donner lieu à des plaintes. Circ. 31 août 1833.

SECTION II. — *Débite par les préposés de l'administration.*

449. La *débite*, ou plus correctement le débit du timbre, n'est que la vente, au prix du tarif fixé par la loi, des papiers timbrés. C'est une opération toute matérielle et d'autant plus simple que, pour chaque espèce de papier, le prix est indiqué dans l'empreinte du timbre. Pour la facilité du public, la distribution de quelques espèces de papiers timbrés doit être faite une heure avant l'ouverture et deux heures après la clôture du bureau, et en outre les dimanches et fêtes jusqu'à deux heures de l'après-midi (V. 448).

450. *Recette.* La débite doit être faite expressément *au comptant.* L. 28 avril 1816, art. 71. Aucune somme, pour cet objet, ne peut être portée au carnet ou compte ouvert avec les notaires et autres officiers ministériels (V. *Titre* III); les papiers timbrés doivent exister en nature, ou être représentés dans la caisse par le prix en argent (V. 456); autrement le receveur serait en déficit (V. *Titre* VI).

Autrefois, les papiers timbrés nécessaires pour la formation des registres de l'état civil et des tables décennales étaient fournis *à crédit* aux communes; mais depuis 1815, le prix de ces papiers, qui sont livrés chaque année au chef-lieu du département, est payé comptant aux receveurs par les soins du préfet. Circ. 16 déc. 1814 et 18 déc. 1815; I. 751. Les greffiers paient aussi comptant le prix des papiers timbrés destinés aux tables décennales. I. 770 et 1064.

451. Il est expressément défendu aux préposés de vendre les papiers timbrés au dessus du prix fixé par le tarif; le droit de timbre étant un impôt, ce serait une concussion dont les receveurs se rendraient coupables, et elle entraînerait leur destitution, outre les peines prononcées par les lois. — Toute remise ou réduction sur le prix légal des papiers timbrés serait également punie très sévèrement; cette réduction ne pourrait avoir pour but que d'augmenter les recettes au préjudice de celles d'un autre bureau pour se procurer de plus fortes remises, et de pareilles manœuvres ne pourraient être tolérées (V. 464).

452. Tout concert entre des receveurs qui simuleraient une débite plus forte ou plus faible que celle qu'ils auraient faite réellement, afin d'augmenter la rétribution de celui des receveurs dont les remises sont calculées à un taux plus élevé, donnerait lieu à l'application des mêmes peines. Enfin, lors même qu'il n'y aurait pas concert frauduleux entre les employés, le receveur qui vendrait ou ferait débiter du papier timbré hors de sa résidence, notamment dans une localité où il existerait un bureau spécial de distribution, serait passible de peines sévères, sans préjudice de la restitution des remises indûment perçues.

453. *Échanges.* L'adm. n'est pas obligée de donner, en échange d'une quantité de papiers timbrés sortis des bureaux de distribution, d'autres papiers timbrés d'une nature ou d'un prix différents. Av. Com. des fin. 28 sept. — 20 oct. 1821. Les receveurs doivent donc refuser de faire ces échanges qui compliqueraient les écritures de leur comptabilité. Cependant lorsque, à défaut d'explications suffisantes, il a été remis des papiers qui ne peuvent servir à l'usage pour lequel ils ont été acquis, il y aurait rigueur excessive à refuser de remplacer par des papiers d'une autre espèce ceux qui seraient rapportés intacts immédiatement après leur livraison.

454. Dans l'intérêt du commerce, les particuliers ont la faculté d'échanger, après en avoir obtenu l'autorisation spéciale de l'adm., les coupons frappés du timbre proportionnel contre d'autres coupons de prix différents, mais présentant ensemble la même valeur. D. 23 juill. 1827. I. 1247.

D'après cette instruction, l'échange pouvait avoir lieu dans tous les bureaux, mais il en résultait des embarras dans la comptabilité, et les gardes-magasin ont été chargés exclusivement d'opérer ces échanges. C. c. 13. V. *Gardes-magasin.* Toutefois, pour la facilité des particuliers auxquels la faculté d'échanger des papiers a été accordée, les receveurs peuvent être autorisés par le directeur à délivrer les coupons en échange de ceux qui sont rapportés, mais ils devront envoyer immédiatement ces derniers au garde-magasin qui leur renverra des coupons semblables à ceux qu'ils auront délivrés aux parties, C. c. 13; de sorte que l'opération ne sera pas constatée dans les écritures des receveurs. On aura soin de n'admettre que les coupons qui n'ont été ni salis ni déchirés, pour qu'ils puissent être rétablis parmi les papiers à débiter. I. 1247.

455. En cas de changement des timbres, les lois ou ordonnances admettent toujours les officiers publics et tous les citoyens à échanger, pendant un certain temps, les papiers timbrés dont il ne peut plus être fait usage contre des papiers frappés des nouvelles empreintes. Circ. R. 1449; I. 73, 143, 715, 1226, 1469 et 1772. On se conformera, pour ces échanges et pour les opérations transitoires qui se rapportent aux changements de timbres, aux recommandations que contiennent toujours les instructions données par l'adm. à l'occasion de ces changements.

456. *Registre.* Les résultats de la débite journalière des papiers timbrés ne sont constatés sur aucun registre de recette; les receveurs sont seulement comptables de la valeur des papiers qu'ils ne représentent pas en nature. Pour l'ordre de cette comptabilité *en matières*, les receveurs tiennent un registre spécial sur lequel ils constatent, mais seulement à la fin de chaque mois, la recette, le restant en nature, la différence qui forme la débite, et enfin le produit de cette débite. I. 1010. V. *Titre VI.*

SECTION III. — *Débite par les percepteurs et autres.*

457. *Débits particuliers.* D'après l'art. 2 de la loi du 18 fév. 1791, et l'art. 27 de celle du 13 brum. an 7, nul ne peut vendre ou distribuer du papier timbré qu'en vertu d'une commission de l'adm., sous peine de 20 fr. d'amende et de confiscation des papiers saisis (V. 496, n. 19). Les receveurs de l'enreg. avaient été seuls chargés de la vente du papier timbré dans les départements. A Paris seulement, il avait été établi des bureaux de distribution, indépendants de la recette des droits d'enreg. V. *Distributrices de papiers timbrés.*

Cependant il n'existe pas de bureau de l'enreg. dans tous les cantons. Dans quelques uns, des communes d'une certaine importance par leur population, leur commerce ou leur industrie, n'étant point chefs-lieux de canton, n'en possèdent point. Il a paru nécessaire de placer des dépôts de papiers timbrés, autant que possible, à la portée des contribuables, de ne pas les forcer à des déplacements onéreux pour s'en procurer, et, d'un autre côté, l'établissement de bureaux particuliers de distribution dans certaines localités sert à propager l'usage du papier timbré et contribue à l'accroissement de cette branche de produits.

D'après ces considérations, l'adm. peut, sur la demande et la proposition du Préfet, et lorsqu'elle le juge utile, charger des percepteurs des contributions directes, résidant dans des communes où il n'existe pas de bureau d'enreg., de la vente au prix du tarif, de quelques espèces de papiers timbrés les plus en usage. D. 8 avril 1836. I. 1512.

458. Cet arrêté ayant pour objet principal l'intérêt des contribuables, ce sont les besoins réels des localités qui déterminent l'établissement d'un bureau particulier de débite ; les mesures de ce genre ne sont prises que sur la demande et la proposition des préfets, appréciateurs naturels des besoins de leurs administrés. — Les demandes des préfets tendant à la création d'un dépôt de papiers timbrés entre les mains d'un percepteur, devaient être remises aux directeurs. Ceux-ci délivraient immédiatement au percepteur désigné une commission provisoire, et faisaient connaître les noms et domicile de ce préposé à l'adm. qui transmettait, en cas d'approbation, une commission définitive destinée au distributeur. Pour éviter le renouvellement des commissions à chaque mutation, il n'est plus délivré de commissions individuelles aux percepteurs chargés de la vente des papiers timbrés ; cette attribution a été attachée aux bureaux de perception désignés par les préfets. D. 25 mai 1844.

Ainsi, la vente des papiers timbrés, confiée dans l'origine à certains percepteurs individuellement, appartient désormais, comme attribution spéciale, aux bureaux de perception dont ils sont titulaires. Pour l'avenir, quand l'autorité locale demandera la création d'un dépôt, l'adm. l'attribuera par un arrêté spécial au bureau de perception qui aura été désigné, et il ne sera point délivré de commission particulière au percepteur. I. 1711.

459. Des dispositions semblables ont été adoptées pour la débite, par les receveurs des douanes placés dans les localités où il n'existe pas de bureau de l'enreg., des papiers timbrés nécessaires à la rédaction des lettres de voiture et connaissements. D. 24 déc. 1842. I. 1682. — Une commission spéciale, signée par le Directeur général, devait aussi leur être délivrée, mais il a paru convenable d'attacher définitivement cette attribution à 442 bureaux des douanes dans 33 départements. D. 13 juin 1843. Ces bureaux ont été désignés aux directeurs. Circ. 28 juin 1843.

Enfin, à Paris et dans quelques grandes villes, l'adm. est autorisée à confier à des débitants de tabacs la distribution de papiers timbrés pour en faciliter encore l'achat au public. Régl. 26 janv. 1846, § 449.

460. *Papiers à débiter.* La faculté de débiter des papiers timbrés, accordée à ces divers agents, est restreinte aux espèces déterminées par les arrêtés ministériels, savoir, pour les percepteurs : en timbre proportionnel, coupons pour effets de 300 fr. et au-dessous, 500 fr. et 1,000 fr.; au prix de 15, 25 et 50 centimes, I. 1512 et 1628; en timbre de dimension, demi-feuilles et feuilles de *petit papier* à 35 et 70 centimes. I. 1512. — Quant aux receveurs des douanes, ils ne sont chargés que de la vente des papiers timbrés de la dimension du *petit papier*, feuilles et demi-feuilles, à 35 et 70 centimes, et du *grand papier* à 1 fr. 50 cent. la feuille. I. 1682. — Enfin les débitants de tabacs peuvent être autorisés à vendre toute espèce de papier au timbre proportionnel, et du petit papier de dimension à 35 et 70 centimes. Régl. 26 janv. 1846, § 450.

Ces différents comptables ne peuvent vendre d'autres espèces de papiers timbrés que celles qui sont désignées ci-dessus ; mais il leur est expressément recommandé d'être toujours pourvus des papiers dont la débite leur est permise ; sans cela, l'institution des bureaux particuliers de distribution n'atteindrait pas le but que l'on s'est proposé. I. 1512, 1628 et 1682.

461. *Approvisionnement des débits.* Les deux arrêtés ministériels prescrivaient aux percepteurs et aux receveurs des douanes chargés de la débite de papiers timbrés de les prendre exclusivement au bureau de l'enreg. duquel dépend la commune de leur résidence, I. 1512 et 1682 ; cependant, par exception, les receveurs des douanes ont été autorisés à les prendre au bureau le plus voisin dépendant du même département et désigné par le directeur de l'enreg. de concert avec les chefs de service des douanes. Au surplus, ces relations devront toujours se concentrer, soit dans ce bureau, soit dans celui duquel dépend la commune de la résidence du receveur des douanes, et ne pourront être divisées entre les deux bureaux. I. 1705.

462. *Recette.* Les percepteurs, receveurs des douanes et débitants paient *comptant* le prix des papiers timbrés qui leur sont délivrés, sous la retenue d'une remise de 2 1/2 p. 100. l. 1512, 1682 ; C. c. 59, § 5.

Le receveur de l'enreg. constate immédiatement la délivrance des papiers sur un registre spécial ; il compte du produit comme de celui de sa débite personnelle, avec lequel il est confondu, et il jouit sur le tout de sa remise ordinaire (V. 400). I. 1512, 1682 et 1705.

463. Le registre spécial sur lequel le receveur constate les papiers timbrés remis aux percepteurs ou receveurs des douanes est imprimé à la suite du registre de comptabilité des papiers timbrés prescrit par l'Inst. n. 1010 (V. 456). Il présente un n° d'ordre pour chaque enreg. successif ; les noms des préposés auxquels les papiers ont été remis et leur résidence, la date de chaque délivrance, les quantités et espèces différentes de papiers timbrés délivrés, le prix de ces quantités aussi distinctement, le prix total des papiers pour chaque délivrance, enfin la remise calculée à 2 1/2 p. 100 payée au distributeur. Celui-ci donnera quittance de cette remise par émargement sur un état spécial, et l'on suivra d'ailleurs à cet égard le mode indiqué au titre de la *Comptabilité générale.*

Chaque mois, on établira le total des quantités et valeurs portées sur ce registre, et la recette se trouvera naturellement confondue avec les autres produits de la débite ordinaire, puisque celle-ci s'établit par la déduction des quantités restant en nature de celles des quantités reçues par le receveur de l'enreg. et dont il doit justifier l'emploi (V. 456).

464. *Abus.* Le receveur de l'enreg. et le percepteur des contributions ou receveur des douanes qui s'entendraient pour accroître, par des moyens quelconques, la vente des papiers timbrés par ces derniers, et pour augmenter le chiffre de cette débite d'une manière factice ou simulée, afin de faire ainsi supporter au trésor une double remise, se rendraient coupables d'une grave infidélité. Les arrêtés du Ministre portent que tout concert de cette nature sera puni de la destitution de l'un et de l'autre de ces préposés. I. 1512 et 1682.

465. Le tarif des papiers timbrés, dont la débite peut être faite par les percepteurs et les receveurs des douanes, doit être affiché dans un endroit apparent de leur bureau ; il leur est expressément ordonné de les vendre au prix de ce tarif. Celui qui les vendrait au-dessus sera destitué et poursuivi comme concussionnaire ; il encourra également la destitution s'il vend au-dessous de ce prix. Les percepteurs et les receveurs des douanes

chargés de débiter des papiers timbrés reçoivent copie des instructions qui viennent d'être analysées. I. 1512 et 1682.

466. Les préposés de tout grade sont appelés à surveiller la
vente des papiers timbrés dans les bureaux particuliers de distribution. Les percepteurs, receveurs de douanes ou débitants,
sont tenus, toutes les fois qu'ils en sont requis, de leur représenter les papiers qu'ils ont entre les mains. La surveillance doit
porter sur l'exécution des dispositions qui viennent d'être rappelées, et en général sur tous les abus et inconvénients qui pourraient résulter de la gestion du distributeur et même de l'existence du bureau de distribution. I. 1512 et 1682. Les préposés
rendront compte du résultat de cette surveillance dans leurs
précis d'opérations ou par lettres spéciales toutes les fois que
cela sera nécessaire.

CHAPITRE III. — *Visa pour valoir timbre.*

467. L'apposition matérielle du timbre sur les papiers assujettis à cette formalité présenterait souvent des difficultés réelles.
Pour faciliter la perception des droits de timbre dans les communes où il n'existe pas de timbre extraordinaire (**V.** *Receveur
du timbre extraordinaire*), on a établi une formalité destinée à
suppléer au timbre lui-même. Cette formalité consiste dans un
visa pour valoir timbre que les receveurs apposent sur les papiers.
Toutefois ce visa n'a pas été établi pour suppléer absolument à
l'emploi du papier timbré, ni même au *timbre extraordinaire.*
Circ. R. 40.

468. *Faculté du visa.* Les lois sur le timbre exigent, dans
certains cas, l'emploi exclusif des papiers timbrés débités par
l'adm., et portent qu'un timbre *extraordinaire* sera apposé lorsque les particuliers voudront se servir d'autres papiers. Elles
n'accordent point aux parties la faculté de faire viser ces papiers, au lieu de les faire timbrer. Ainsi la disposition de la loi
est, qu'en général, tous les papiers, autres que ceux de la débite,
que les particuliers voudront employer, soient timbrés à l'extraordinaire et non visés pour timbre. Circ. R. 40.

La formalité du visa doit donc être restreinte aux seuls cas où,
par exception à cette règle générale, les lois sur le timbre ou
d'autres décisions particulières l'autorisent expressément. Circ.
R. 40, 930 et 1419.

469. Voici notamment dans quels cas le visa pour timbre
peut être employé : 1° lorsqu'on veut créer des effets au dessus
de 20,000 fr. (**V.** 436), on doit faire viser pour timbre le papier
qu'on y destine, en acquittant soit le droit de timbre en entier,
si l'on emploie du papier libre, soit le supplément, si l'on se sert
d'un coupon au timbre proportionnel. L. 13 brum. an 7, art. 11.
Circ. R. 1419.

2° On doit admettre au visa tous les actes qui peuvent, sans contravention, être rédigés sur papier non timbré, tels que les lettres missives et autres actes qui ne sont pas destinés à faire titre, mais dont il est néanmoins défendu de faire un usage public, avant qu'ils aient été soumis au timbre ou au visa, conformément à l'art. 30 de la loi du 13 brum. an 7 (V. 496, n° 4, et 510).

3° Les effets de commerce et les actes de toute nature souscrits ou passés soit en pays étranger, soit dans les colonies françaises où le timbre n'est pas établi, peuvent également être visés pour timbre, ainsi que les actes passés dans les colonies françaises où la quotité du droit de timbre est inférieure à celle des actes passés dans l'intérieur du Royaume. L. 13 brum. an 7, art. 13 et 15. Circ. R. 1419 et 1806; I. 1754.

4° On admet encore à cette formalité les actes de toute nature rédigés et les journaux, avis, affiches, etc., imprimés sur papier non timbré, en contravention aux lois sur le timbre, moyennant le paiement des droits et amendes exigibles. L. 13 brum. an 7, art. 12, 24, 25, 26 et 31, etc. Circ. R. 40, 1419 et 1806.

5° Enfin la formalité du timbre extraordinaire ne pouvant être donnée que moyennant le paiement immédiat des droits, on vise pour timbre tous les actes et papiers qui doivent être admis *gratis* ou en *debet* à cette formalité. Circ. R. 890, 1155, 1218, 1312, 1419, 1566; 1806 et 2033. I. 63, 290 et 726. L. 25 mars 1817, art. 74 et 75, etc.

470. *Formules à l'usage des administrations.* Pour faciliter les opérations des administrations publiques et de divers établissements, les receveurs sont autorisés à viser pour timbre les formules nécessaires à leur service, savoir :

§ Ier. *Dans tous les bureaux* indistinctement, et même aux bureaux du chef-lieu du département, les formules et actes faits à la requête de l'adm. de l'enreg. et des domaines. I. 1551.

§. II. *Dans tous les bureaux, sauf au chef-lieu du département,* où le timbre extraordinaire doit être appliqué, 1° les formules imprimées des procès-verbaux de saisie, des contraintes et des transactions concernant l'adm. des contributions indirectes, I. 1249, § 11; — 2° les formules imprimées de toute nature destinées au service de l'adm. des douanes, *Ibid.*; et les lettres d'avis pour le paiement des primes d'exportation, I. 1572; — 3° les formules de procès-verbaux et autres à l'usage de l'adm. des postes, I. 1620 et 1702; — 4° les marchés et adjudications concernant l'adm. de la guerre, après leur approbation par le Ministre, I. 1347, § 10; — 5° les cahiers des charges des adjudications pour le service de la marine, I. 798; — 6° et généralement toutes les formules imprimées pour les procès-verbaux d'adjudications concernant l'État et les actes y relatifs; — 7° les formules imprimées qui servent à la rédaction des mémoires et factures des marchands et fournisseurs pour les dépenses des divers ministères, avant qu'il en soit fait usage, I. 1286 et 1307, § 14; — 8° les mandats concernant les dépenses des divers mi-

11

nistères, délivrés aux entrepreneurs ou fournisseurs, I. 1307, § 14, et ceux qui concernent les dépenses communales, I. 1398, § 5 ; — 9° les commissions des facteurs ruraux et leveurs de boîtes de l'adm. des postes, I. 1634, § 15 ; — 10° enfin, relativement aux formules imprimées à l'usage de l'adm. des forêts, soit pour mémoires ou factures de fournisseurs, soit pour mandats, etc., on doit leur appliquer les dispositions générales n°s 7 et 8 ci-dessus, et les admettre au visa pour timbre *au comptant* dans tous les bureaux. C. c. 31.

§ III. On peut admettre au visa pour timbre *dans les chefs-lieux d'arrond.* : 1° les commissions délivrées aux fonctionnaires, agents ou préposés des régies et administrations publiques, et aux officiers publics ou ministériels, I. 1214, 1367 et 1399 (pour les facteurs ruraux, V. *sup.* § 2, n° 9 ; — 2° celles des gardes champêtres, I. 1398, § 4 ; — 3° les doubles des comptes des receveurs municipaux, mais non les pièces à l'appui qui doivent être sur papier timbré. I. 454, 582 et 1180, § 9.

L'adm. des contributions directes avait été autorisée à faire viser pour timbre les formules imprimées nécessaires à son service, I. 1320, § 11 ; mais elles ne sont plus admises qu'au timbre *extraordinaire*. I. 1556.

471. *Attribution de la recette.* Dans l'origine, tous les receveurs de l'enreg., sans distinction, ont été chargés du visa pour timbre. Circ. R. 40. En l'an 7, par suite de la division des attributions dans les chefs-lieux de département et d'arrond., il a été arrêté que cette formalité serait donnée exclusivement par le receveur de l'enreg. des actes civils. Circ. R. 1584 et 1806. Enfin, pour obvier aux inconvénients de cette attribution spéciale, on avait conféré aux receveurs de l'enreg. des actes civils le visa pour timbre, *au comptant*, aux receveurs d'actes judiciaires, le visa en *debet*, aux conservateurs des hypothèques, le visa des bordereaux, états ou certificats d'inscription qui, d'après les Circ. R. 1500, 1539 et 1676 et l'inst. 233, doivent être visés pour timbre en *debet*. Circ. 7 juill. 1806.

472. Cet état de choses a reçu, non en vertu d'instructions positives, mais par diverses solutions particulières, des modifications assez essentielles. Ainsi il est admis que, pour déterminer à quels bureaux on doit viser pour timbre les actes ou papiers qui peuvent être revêtus de cette formalité, on ne doit plus faire de distinction entre le visa *au comptant* et celui en *debet* ou *gratis*. C'est le receveur chargé de l'enreg. des actes à timbrer, qui est également chargé de les viser pour timbre. Par conséquent, le receveur des actes civils doit viser pour timbre les actes administratifs, civils ou s. s. p.; le receveur des actes judiciaires ou extrajudiciaires, les actes de cette nature, ainsi que les effets à protester que les huissiers sont autorisés à faire timbrer et enregistrer au bureau où ils doivent faire enregistrer leurs propres actes. Quant aux conservateurs, ils continuent de viser pour timbre les bordereaux, états ou certificats qui doivent recevoir cette formalité en *debet*, chacun des receveurs de l'enreg. devant viser les bordereaux des inscriptions prises pour sûreté des sommes dues à son bureau. V. *titre V.*

Quelques receveurs des douanes sont autorisés à viser pour timbre les lettres de voiture et connaissements, mais ils comptent du produit aux receveurs de l'enreg. (V. 485 et suiv.).

473. *Registre de recette*. Pour la recette des droits et amendes résultant du visa pour timbre, on a établi dans chaque bureau un registre spécial coté et paraphé par le directeur. Circ. R. 40 et Circ. 7 juin 1806. — Ce registre doit être arrêté jour par jour, O. gén. 61, excepté dans les bureaux exclusivement chargés de la conservation des hypothèques. I. 1531. V. *Conservateurs.*

Le cadre de ce registre est divisé en six colonnes : 1° numéros d'ordre, 2° enregistrements, 3° droits de timbre de dimension, 4° droits de timbre proportionnel, 5° supplément sur les effets au dessus de 20,000 fr., 6° amendes.

474. *Forme des enreg.* L'enreg. en recette sur le registre du visa pour timbre indique en tête la date du visa ; il est inutile de la répéter pour chaque enreg.; il suffit de porter successivement et sans intervalle ceux du même jour, sauf à répéter cette date au premier article de la page. Chaque enreg. a son numéro particulier ; la série est continuée pour tout le volume. L'enreg. doit indiquer en toutes lettres : 1° les noms, qualités et domiciles des personnes qui ont fait viser ; 2° les quantités et espèces de papiers visés ; 3° la cause du visa.

475. C'est le nom de celui qui requiert le visa, et non celui de la personne qui présente la pièce qui doit être indiqué dans l'enreg. Lorsque ce sera un officier public, son nom devra être inscrit, et non celui du client pour lequel il aura agi. Lorsque l'on présentera des papiers destinés aux actes à faire à la requête du ministère public ou d'une administration, on portera le nom de l'officier ministériel, agent ou préposé qui les destinera à cet usage (V. 469, n. 5, et 470).

476. Pour le surplus, la forme des enreg. varie selon les pièces soumises au visa pour timbre : Pour les *papiers et formules en blanc* visés en *debet*, il suffit d'indiquer le nombre des feuilles, leur dimension et destination, et de faire un enreg. collectif. S'il s'agit *d'actes rédigés*, plusieurs distinctions doivent être faites : Pour les actes visés en *debet*, et dont les droits de timbre sont *à comprendre dans la liquidation des dépens*, on peut se dispenser, lorsqu'on en présente un certain nombre à la fois, d'en donner le détail, il suffit de les indiquer en masse en se référant, si l'on veut, à l'enreg. de chacun de ces actes sur le registre des huissiers.

477. Mais s'il s'agit d'actes à viser pour timbre en *debet*, et dont les droits devront être *recouvrés sur les parties*, sans jugement, tels que procès-verbaux d'apposition ou de levée de scellés,

actes de notoriété, jugements ou autres actes faits d'office, il est
nécessaire de faire un enreg. détaillé pour chaque acte, et d'indiquer sa nature, sa date, les noms des parties et notamment
de celles qui doivent les droits, afin d'avoir tous les renseignements pour la formation du sommier des débets et pour le recouvrement des droits. V. *titre* IV.

478. Il faut également un enreg. spécial pour le visa pour
timbre *gratis* de chaque acte dont la production est nécessaire
à la célébration du mariage des indigents et à la légitimation de
leurs enfants, conformément à l'art. 8 de la loi du 3 juill. 1846.
Le receveur y fera mention expresse de la destination, et rappellera en marge de l'enreg. les extraits de rôle et certificats
d'indigence dont il doit lui être justifié. Il donnera un numéro
à ces pièces et les enliassera pour les représenter. I. 4774.

479. Si la formalité du visa est donnée *au comptant*, soit à
des actes, billets ou pièces de toute nature venant des pays étrangers ou des colonies, soit à des actes de la même espèce souscrits en France, avec ou sans contravention aux lois du timbre,
il faut faire un enreg. en recette pour chacun d'eux, avec tous
les détails nécessaires pour connaître la nature de l'acte, sa date,
le lieu où il a été souscrit, et les noms des parties.

480. Pour justifier la perception, chaque enreg. du visa des
actes assujettis au timbre de dimension, fera mention du nombre
de feuilles et de leur format; s'il s'agit d'actes ou billets passibles du timbre proportionnel, on énoncera les sommes qui y
sont portées, et les noms des accepteurs ou endosseurs tenus des
amendes de contravention.

Pour les actes venant de l'étranger, on indiquera non seulement le lieu où ils ont été souscrits, mais encore l'Etat ou le
pays auquel ce lieu appartient; on fera connaître pour les billets,
qu'ils n'ont pas été acceptés ou endossés en France, et dans le
cas contraire, la commune où l'effet aura été accepté ou en-
dossé. Enfin il est essentiel d'insérer dans les enreg. sur le registre du visa tous les détails propres à faire connaître les quantités, dimensions et destinations des papiers, la nature des actes,
les sommes passibles du droit de timbre proportionnel, et généralement tout ce qui tend à justifier la perception.

481. Celui qui présente au visa une lettre de change ou autre
effet négociable, écrit en langue étrangère, n'est pas tenu d'y
joindre une traduction faite par un courtier de commerce ou un
traducteur juré. Il suffit de déclarer au bas de l'effet la somme
en argent de France qui en fait l'objet, afin que le receveur puisse
asseoir le droit proportionnel de timbre. D. 28 nov. 1831.
I. 1425, § 1er.

482. Le montant des droits et des amendes en principal est
porté en recette en toutes lettres dans le corps de l'enreg., et
tiré hors ligne dans les colonnes y relatives. Si la formalité est
donnée en *débet*, on indique dans l'enreg. le montant du droit

dû, et dans les colonnes on inscrit les mots *debet* pour les droits à recouvrer sur les parties, et ceux *à comprendre dans la liquidation des dépens*, pour les droits qui doivent être compris dans les états de liquidation des frais de justice à recouvrer sur les condamnés. Enfin si la formalité est donnée *gratis*, ce mot est inscrit dans l'enreg. et hors ligne.

En visant pour timbre un acte quelconque, on s'assurera qu'il n'en a pas été fait usage dans un acte public ou en justice, afin de percevoir l'amende exigible en cas de contravention. C'est principalement pour les effets échus que cette précaution est nécessaire (V. 514, 520).

483. *Relation.* La formalité du visa pour timbre sur les actes ou papiers, sera constatée par une mention ou relation inscrite en toutes lettres en tête de chaque feuille. Cette mention sera ainsi conçue: *N°... Visé pour valoir timbre à.... le..... reçu....* Le receveur la signera. Circ. R. 40. — Il faut énoncer distinctement les droits perçus, ainsi que les amendes en principal et décime, comme il est prescrit pour toutes les quittances de droits en général. V. *titre* III.

La mention du visa pour timbre de dimension doit être inscrite sur chacune des feuilles composant un même acte, puisqu'elle doit suppléer au timbre qui s'applique sur toutes les feuilles; seulement, comme il n'est dû qu'une seule amende de contravention, quel que soit le nombre des feuilles d'un même acte, la quittance de l'amende est donnée sur la première, et l'on se borne à y renvoyer dans les mentions inscrites sur les autres feuilles.

484. Lorsque la formalité est donnée en *debet*, on indique dans la relation le montant des droits qui sont à recouvrer ou à comprendre dans la liquidation des dépens; si elle a lieu *gratis*, on l'énonce, en rappelant sommairement la cause de l'exemption, notamment les certificats d'indigence qui, dans certains cas, autorisent le visa pour timbre *gratis* (V. 478). Il faut d'ailleurs, si l'on vise pour timbre *gratis* ou en *debet* des feuilles en blanc, rappeler expressément leur destination dans la relation. Ainsi, pour les papiers destinés à des actes de poursuite à la requête du ministère public, on aura soin de libeller la mention de la manière suivante: *Visé pour timbre pour actes de poursuites à la requête du ministère public, à.... le.... au droit de.... à comprendre dans la liquidation des dépens.* Circ. R. 890, 1155 et 1312. Cette formule peut s'appliquer aux papiers destinés à la rédaction des procès-verbaux de délit.

485. *Lettres de voiture et connaissements.* Pour faciliter le recouvrement des droits et amendes concernant le timbre des lettres de voiture et des connaissements, un certain nombre de receveurs des douanes, dans les localités où il n'existe pas de bureau de l'enreg. ont été chargés de viser pour valoir timbre les actes de l'espèce et d'en verser les produits au receveur de l'enreg. D. 24 déc. 1842. I. 1682. Cette attribution spéciale a été jointe définitivement à celles de 442 recettes des douanes, dans 33 départements. Circ. 28 juin 1843.

486. Les receveurs des douanes, dans les bureaux auxquels cette attribution a été attachée, sont chargés de viser pour valoir timbre les lettres de voiture et les connaissements venant de l'étranger, et de faire la recette des droits. En ce qui concerne les lettres de voiture et les connaissements faits en France sur papier non timbré ou non marqué des timbres prescrits par l'art. 6 de la loi du 11 juin 1842, les mêmes receveurs sont autorisés à les viser pour timbre, moyennant le paiement des droits et des amendes encourues, lorsque les contrevenants consentent à les acquitter sur-le-champ, pour éviter qu'il soit rapporté procès-verbal. D. 24 déc. 1842. I. 1682.

Cette faculté de viser pour timbre les lettres de voiture et connaissements faits en France n'a point abrogé le droit accordé par le décret du 16 mess. an 13, aux préposés des douanes, de constater les contraventions au timbre de ces actes (V. 533) ; par conséquent, si le porteur refuse de payer sur-le-champ les droits et amendes de timbre, le receveur des douanes doit constater la contravention par un procès-verbal qu'il remet immédiatement au receveur du bureau auquel il compte de ses recettes sur les produits du timbre. I. 1682 (V. 488).

487. La formalité du visa pour timbre et la recette des droits et amendes de timbre sont constatées sur un registre fourni aux receveurs des douanes par l'adm. de l'enregistrement.

Il est alloué aux receveurs des douanes une remise uniforme de 2 et demi pour cent sur le produit des droits et du *principal* des amendes dont ils ont fait recette. D. 24 déc. 1842. I. 1682.

488. Le produit des droits de timbre et des amendes perçus en exécution de ces dispositions, est versé, à la fin de chaque mois, par les receveurs des douanes au bureau de l'enreg. duquel dépend la commune de leur résidence. D. 24 déc. 1842. I. 1682. Par exception, et lorsque les deux bureaux sont trop éloignés, le directeur de l'enreg. peut, de concert avec les chefs de service des douanes, désigner dans le département un bureau plus voisin de la résidence du receveur des douanes ; mais, dans tous les cas, ces relations doivent toujours se concentrer soit dans le bureau le plus voisin qui a été désigné par exception, soit dans celui duquel dépend la commune de la résidence du receveur des douanes ; elles ne peuvent être divisées entre les deux bureaux. I. 1705.

489. Le versement des droits et amendes de timbre perçus par le receveur des douanes, pendant le mois, sera effectué sous la déduction de la remise de 2 et demi pour cent qui lui est allouée. Il sera constaté par un bordereau, fait en double original, indiquant en tête le nom du département et celui du bureau des douanes, le mois et l'année du versement. Ce bordereau est divisé en sept colonnes principales, savoir : numéro du registre de recette du receveur des douanes, date de la recette, copie de l'enreg. en recette, montant des recettes sur les droits de timbre, distinctement et pour chaque espèce de papiers, montant des recettes sur les amendes *en principal*, total par article, observations. I. 1682.

Le receveur des douanes présentera, dans ce bordereau, le détail, par article, de la recette des droits de visa pour timbre et des amendes, dans la forme des enreg. sur le registre du visa. Il ne devra pas y comprendre le prix des papiers débités par lui (V. 459), puisque ces papiers sont payés comptant lors de leur délivrance (V. 462). — Chacune des colonnes contenant le chiffre des recettes sera additionnée ; au dessous du total des amendes. on portera le décime, et une troisième ligne présentera le total général, sans aucune déduction de la remise du receveur des douanes. I. 1682.

490. Ce bordereau, certifié véritable, arrêté en toutes lettres, daté et signé par le receveur des douanes, sera rédigé par lui et remis en double au receveur de l'enreg. Celui-ci lui rendra l'un des doubles revêtu de son récépissé pour la décharge du comptable, et portera en recette, au registre du visa pour timbre, séparément chacun des articles compris dans le bordereau de versement. I. 1682.

Cette recette doit être faite à la date du versement par le receveur des douanes. L'enreg. indiquera que c'est ce comptable qui a effectué le paiement, sans omettre toutefois les détails relatifs à chaque acte visé pour timbre.

491. Le receveur des douanes donnera quittance de sa remise par émargement sur un état présentant la nature et le montant des recettes, déduction faite du décime. Le receveur de l'enreg. sera couvert de cette remise par une dépense dans ses comptes. V. *Comptabilité générale.*

Tout concert entre un receveur de l'enreg. et un receveur des douanes, tendant à faire supporter au trésor public une double remise, par l'accroissement factice ou simulé des recettes faites par le receveur des douanes, sera puni par la destitution des deux préposés. D. 24 déc. 1842. I. 1682.

Les receveurs des douanes sont tenus de représenter aux employés supérieurs de l'enreg., pour être vérifié, le registre servant à la recette des droits et amendes de timbre sur les lettres de voiture et les connaissements. I. 1682 et 1705.

CHAPITRE IV. — *Contraventions en matière de timbre.*

SECTION Iʳᵉ. — *Abus et contraventions, surveillance.*

492. *Règles générales.* La recette des droits de timbre étant confiée à l'adm., ses préposés sont chargés de surveiller l'exécution des lois sur cette matière, de rechercher et de constater les abus et les contraventions, d'en assurer la répression et de poursuivre le recouvrement des droits et amendes. Les employés de tout grade appartenant à l'adm., pourvu qu'ils aient serment en justice, ont le droit et la mission de constater les contraventions aux lois sur le timbre ; le même devoir est imposé à quelques préposés étrangers à l'adm., mais seulement en ce qui concerne le timbre des lettres de voiture, connaissements et chartes-parties (V. 533).

493. La surveillance des employés, en ce qui concerne le timbre, s'exerce de plusieurs manières : 1° sur les actes présentés pour l'accomplissement des formalités dont ils sont chargés ; 2° sur les pièces et les actes trouvés dans les dépôts publics soumis à leurs vérifications ; 3° enfin, par une surveillance générale sur les pièces destinées à la publicité.

494. Il est fait défense aux receveurs : 1° d'enregistrer aucun acte qui ne serait pas sur papier timbré du timbre prescrit, ou qui n'aurait pas été visé pour timbre ; 2° d'admettre à la formalité de l'enreg. des protêts d'effets négociables, sans se faire représenter ces effets en bonne forme, à peine de 10 fr. d'amende encourue personnellement par le préposé. L. 13 brum. an 7, art. 25 et 26, n° 4 ; Cass. 18 janv. 1825, I. 1166, § 13.

495. Mais là ne se borne pas le devoir des préposés ; ils sont tenus de surveiller le paiement des droits et amendes de timbre par tous les moyens que la loi met à leur disposition, notamment par la vérification des actes et pièces qui se trouvent dans les dépôts publics, et dont l'art. 54 de la loi du 22 frim. an 7 leur permet de demander communication. Cette surveillance extérieure doit être d'autant plus active que la fraude s'exerce principalement sur les actes qui ne sont point présentés à l'enreg., et que ces contraventions ne peuvent être prouvées que par la représentation matérielle des pièces. — Quoique les employés supérieurs soient appelés plus spécialement à faire des vérifications au dehors, les receveurs ne perdront aucune occasion de s'assurer que les actes et pièces assujettis au timbre en sont régulièrement revêtus.

496. *Contraventions.* On va présenter une nomenclature des contraventions relatives au timbre ; elle sera suivie de quelques observations sur les abus les plus fréquents et les moyens de les réprimer :

1° *Acte* soumis au timbre de *dimension*, écrit sur papier *non timbré* ou hors d'usage (L. 13 brum. an 7, art. 1, 12 et 35) ; contre les particuliers 5 fr. d'amende (art. 26, n. 3) ; contre les officiers publics, 20 fr. (art. 26, n. 5).

2° *Acte* soumis au timbre *proportionnel*, écrit sur papier *non timbré* ou frappé d'un timbre inférieur (L. 13 brum., art. 14, 16 juin 1824, art. 12 et 24 mai 1834, art. 19) ; contre le souscripteur, amende de 6 p. 100, et pareille amende contre le premier endosseur, accepteur ou cessionnaire (L. 24 mai 1834, art. 20).

3° *Acte* admis à *l'enreg.* sans être timbré ou sans représentation des billets protestés (L. 13 brum., art. 25); amende de 10 fr. contre le receveur (art. 26, n. 4).

4° *Acte* non soumis nécessairement au timbre, *produit en justice* avant d'être timbré (L. 13 brum., art. 30); amende de 5 fr. (*Ibid.*).

5° *Acte* rédigé par un officier public sur du papier timbré autre que celui de la *débite ordinaire* (L. 13 brum., art. 17); amende de 20 fr. (art. 26, n. 5).

6° *Acte* rédigé ou expédié sur papier timbré *ayant déjà servi* (L. 13 brum., art. 22); contre les particuliers, 5 fr. d'amende (art. 26, n. 3); contre les officiers publics, 20 fr. (art. 26, n. 5).

7° *Acte* rédigé ou expédié *à la suite* d'un autre, sauf les exceptions (L. 13 brum., art. 23); contre les particuliers, 5 fr. d'amende (art. 26, n. 3); contre les officiers publics, 20 fr. (art. 26, n. 5).

8° *Acte* rédigé par un officier public *en conséquence* d'un autre acte non timbré, sauf, pour les notaires, l'exception résultant de l'art. 13 de la loi du 16 juin 1824 (L. 13 brum., art. 24); 20 fr. d'amende (art. 26, n. 5).

9° *Expédition* délivrée sur papier timbré d'un *format inférieur* à celui du moyen papier (L. 13 brum., art. 19); 10 fr. d'amende (art. 26, n. 4).

10° *Expédition* contenant trop de *lignes d'écriture* (L. 13 brum., art. 20, et 21 vent. an 7, art. 6); 5 fr. d'amende (L. brum., art. 26, n. 2).

11° *Copies* de pièces ou d'exploits contenant trop de *lignes* (Décr. 29 août 1813, art. 1er); 5 fr. d'amende (*Ibid*).

12° *Empreinte* du timbre *altérée* ou couverte d'écriture (L. 13 brum. an 7, art. 21); 5 fr. d'amende (art. 26, n. 1er et 2).

13° *Lettres de voiture* et *connaissements* rédigés sur *papier libre* ou sur papier non frappé du timbre noir et du timbre sec (L. 11 juin 1842, art. 6); 30 fr. d'amende (art. 7).

14° *Affiches* sur papier *non timbré* (L. 9 vend. an 6, art. 56, et 28 avril 1816, art. 65 et 68); contre l'imprimeur ou l'auteur, 50 fr. d'amende (L. 1816, art. 69, et 15 mai 1818, art. 76; D. 17 juin 1842); contre l'afficheur, 20 fr. (L. 1816, art. 69).

15° *Affiches* imprimées sur papier de *couleur blanche* (L. 28 juill. 1791, et 28 avril 1816, art. 65); 20 fr. d'amende; (L. 25 mars 1817, art. 77, et 15 mai 1818, art. 76).

16° *Avis* et *annonces*, *catalogues* et *prospectus* imprimés sur papier *non timbré*, sauf les exceptions (L. 6 prair. an 7, art. 1er, 28 avril 1816, art. 66 et 68); 50 fr. d'amende contre l'imprimeur, et 20 fr. contre le distributeur (art. 69; D. 17 juin 1842, I. 1669).

17° *Journaux* et *écrits périodiques* assujettis au timbre, imprimés sur papier *non timbré* (L. 9 vend. an 6, art. 56); 20 fr. d'amende, (art. 60 et 61).

18° *Timbre* apposé sans amende, *après l'impression* des affiches, avis et journaux, 10 fr. d'amende contre le receveur (arr. 3 brum. an 6).

19° *Débite clandestine* de papiers timbrés (L. 13 brum. an 7, art. 27); 20 fr. d'amende et 50 fr. en cas de récidive, outre la confiscation des papiers saisis (*Ibid.*).

20° *Contrefaçon* ou falsification des timbres, vente frauduleuse de papiers timbrés (L. 13 brum. an 7, art, 28); peine corporelles (C. pén., 140 et suiv.),

Nota. Pour toutes les contraventions ci-dessus, les droits de timbre fraudés sont dus outre les amendes.

497. *Actes présentés.* Lorsque un acte est présenté à l'enreg. ou déposé pour toute autre formalité, le receveur doit s'assurer qu'il est écrit sur papier timbré du timbre prescrit, qu'il ne présente aucune autre infraction aux lois du timbre, et enfin qu'il n'énonce pas d'autres actes qui seraient en contravention à leurs dispositions. Cette surveillance ne demande que de l'exactitude et de l'attention. Les préposés qui s'en affranchiraient seraient passibles personnellement de l'amende de 10 fr. (V. 494), et responsables en outre des droits et amendes qu'ils auraient négligé de percevoir.

498. *Significations entre avoués.* Des abus graves ont été remarqués dans les significations d'avoué à avoué : ces abus consistent en ce que les avoués obligent les huissiers à dater et à signer seulement les originaux de signification, et s'entendent entre eux pour ne recevoir que sur papier libre les copies des actes qu'ils ont à faire signifier. Quelquefois ces officiers ministériels se font signifier *en blanc* leurs requêtes et conclusions, et suppléent aux copies par un petit carré de papier nommé par eux *rappel*.

Les lois et réglements offrent des moyens de réprimer cet abus. D'une part, l'art. 104, C. proc., dispose que « les avoués « déclareront au bas des originaux et des copies de leurs re- « quêtes et écritures le nombre des rôles qui sera aussi énoncé « dans l'acte de produit, à peine de rejet, lors de la taxe. » D'une autre part, l'art. 97, décr. 30 mars 1808, porte : « Les « huissiers audienciers auront, près la cour ou le tribunal, une « chambre ou un banc où se déposeront les actes et pièces qui « se notifieront d'avoué à avoué. » I. 1387.

499. Il s'agit donc de tenir une main ferme à l'exécution de ces dispositions. Le Garde-des-sceaux a recommandé par une Circ. du 21 nov. 1831 aux magistrats du parquet d'avoir constamment les yeux ouverts sur la conduite des avoués; de seconder avec vigilance et de tout leur pouvoir les préposés de l'adm. dans les vérifications qu'ils croiront devoir faire dans l'intérêt du trésor; d'exiger de temps à autre, tant à l'improviste qu'au moment du jugement, le dépôt des dossiers pour la liquidation des dépens; de veiller surtout à ce qu'il ne soit alloué aux avoués que le papier timbré dont l'emploi aura été justifié, que les droits d'expédition qui leur sont réellement dus; enfin, d'enjoindre aux huissiers audienciers de ne faire, sous peine d'être interdits, et même d'être poursuivis comme faussaires, aucune signification d'actes d'avoué à avoué, qu'autant que les copies seront sur papier timbré et entièrement conformes aux originaux.

Les préposés sont tenus de leur côté de signaler aux magistrats du ministère public les irrégularités qu'ils reconnaîtraient et de constater les contraventions passibles d'amendes. 1. 397, § 2 et 1387.

500. Les moyens employés pour se soustraire aux droits de timbre ne portent pas seulement sur les *copies* d'actes signifiées d'avoué à avoué, mais encore sur les *originaux* mêmes de ces significations. On a remarqué notamment que l'original des requêtes et conclusions présenté à l'enreg. est parfois tronqué; qu'il n'est composé que d'une feuille ou de deux rôles qui offrent le commencement et la fin de la requête, et dans lesquels on intercale un cahier d'écritures étrangères au procès; que cette intercalation a lieu, soit avant l'enreg., pour tromper le receveur, soit après la formalité, s'il devient nécessaire de présenter les pièces à la taxe du juge. Pour réprimer ce genre de fraude, les receveurs doivent prendre lecture des requêtes et conclusions, et s'assurer que les feuilles intermédiaires sont marquées du timbre en usage; que la rédaction fait suite à celle du premier rôle et correspond à celle du dernier; ils auront soin de vérifier si, conformément à l'art. 104, C. proc. civ., le nombre des rôles est indiqué au bas de l'original, et si ce nombre est conforme à celui des rôles existants réellement; d'exiger de l'huissier la représentation des rôles manquants; enfin de parapher et numéroter chaque rôle. I. 1387.

501. Pour compléter ces précautions, prévenir les intercalations postérieures à l'enreg. dans les pièces soumises à la taxe, et empêcher qu'elles échappent à l'attention du juge taxateur, les receveurs doivent, indépendamment des cote et paraphe de chaque rôle des actes d'huissiers présentés à l'enreg., indiquer le nombre des rôles, non seulement sur le registre, ainsi que le prescrit l'art. 29, O. gén., mais encore dans la relation de l'enreg. à la suite de la quittance des droits. Pour que cette mesure soit utile, il est indispensable de compter avec soin le nombre des rôles, et, dans le cas où il se trouverait inférieur à celui qui est porté au bas de l'original de l'exploit, on exigera de l'huissier la production des rôles manquants. I. 1672.

502. D'autres moyens de surveillance peuvent être utilement employés à l'égard tant des copies que des originaux d'actes et pièces signifiés d'avoué à avoué. Ainsi les préposés devront, à des intervalles rapprochés, se présenter au greffe, et demander la communication des dossiers de procédure soumis à la taxe, afin de vérifier si aucune de ces pièces n'est en contravention au timbre. Ils pourront, dans le même but, se transporter à l'endroit où les huissiers audienciers sont tenus (V. 498) de déposer les actes et pièces signifiés d'avoué à avoué, et s'ils acquéraient la preuve que ce dépôt n'est pas régulièrement effectué par tous les huissiers, ils en préviendraient le procureur du Roi. Enfin toutes les fois qu'un receveur aura motif de soupçonner que la copie d'un acte ou d'une pièce dont il a enregistré l'original n'a pas été remise en entier ou a été écrite sur papier non timbré, il en instruira ce magistrat afin que celui-ci puisse réclamer des avoués la communication immédiate des dossiers. I. 397, § 2 et 1387.

503. L'adm. n'a point circonscrit à ces moyens de surveillance le zèle des préposés : ils useront avec discernement de ceux que leur expérience et la connaissance des localités leur suggéreront. Mais, dans toutes les circonstances où leurs recherches devraient s'étendre hors des limites ordinaires de leurs fonctions, ils auront soin de n'agir qu'avec l'approbation et l'appui du procureur du Roi. Les receveurs fournissent au directeur des rapports circonstanciés sur les différents genres de fraude en matière de timbre qui se commettent relativement aux significations d'avoué à avoué; le directeur écrira au chef du parquet pour l'informer des abus qui sont spécialement à reprocher aux officiers ministériels placés sous sa surveillance, et réclamera le concours de l'autorité de ce magistrat, pour leur prompte et entière répression. I. 1387.

504. Dans ce but, l'attention des juges peut être fixée sur la nécessité d'exécuter strictement la disposition de l'art. 104 du C. proc. et de l'art. 74 du décr. 16 fév. 1807, qui autorisent le rejet de la taxe pour les originaux ou copies d'actes et pièces, au bas desquels le nombre des rôles n'est pas déclaré; ils seront par là à même de vérifier, notamment pour les copies, si le nombre indiqué est conforme à celui des rôles réellement employés. D'un autre côté, le juge peut ne taxer les frais dus à un avoué que simultanément avec ceux des avoués qui ont occupé pour les autres parties dans la même affaire, et n'admettre à la taxe les originaux de significations de pièces qu'autant que les copies régulières existeraient dans les autres dossiers de la procédure. Enfin le greffier peut être chargé de vérifier, lors de l'inscription des productions sur le registre prescrit par l'art. 108, C. proc., si toutes les pièces produites sont régulières, et de déférer au ministère public les irrégularités qu'il aurait reconnues. Cette mesure aurait plus d'efficacité si le réglement intérieur de la Cour ou du tribunal imposait aux avoués l'obligation de produire les copies qui leur sont signifiées à la requête des parties adverses, de même que les originaux de leurs propres actes. I. 1387.

505. Les avoués qui frustrent le trésor de droits de timbre qu'ils se font rembourser par leurs clients, se rendent coupables d'une concussion véritable ; et les huissiers peuvent, indépendamment des amendes, être poursuivis comme faussaires. Les receveurs auront soin de faire parvenir au directeur, pour être transmise à l'adm., copie des jugements prononcés à la requête du ministère public ou de l'adm. contre des avoués ou huissiers pour des irrégularités ou contraventions relatives aux significations d'actes et de pièces. I. 397, § 2 et 1387.

506. *Pétitions.* Il est prescrit aux autorités et aux administrations de n'admettre aucune réclamation ou pétition sujette au timbre sans être sur papier timbré. Les préposés doivent se conformer à ces règles. I. 565 et 765. Ils concourront, par tous les moyens qui sont en leur pouvoir, à ce qu'elles soient observées par les autres fonctionnaires, et rendront compte au directeur des infractions qui parviendront à leur connaissance, mais sans constater les contraventions. Le directeur en informera l'adm. et prendra les mesures nécessaires pour remédier aux abus. Il est expressément recommandé aux préposés de renvoyer aux réclamants les pétitions, sur papier non timbré, qui leur seraient adressées pour être transmises au Ministre ou à l'adm. I. 1391.

507. *Actes divers.* La surveillance des contraventions que présentent les autres actes, pièces ou écrits assujettis au timbre de dimension, s'exerce principalement lors des vérifications dans les dépôts publics ; il en sera question sous le titre des *Vérificateurs*.

508. *Timbre proportionnel.* La loi oblige, sous peine d'amende, les receveurs à se faire représenter les effets qui font l'objet d'un protêt (V. 494, 496, n. 3). En s'assurant que ces effets sont sur papier timbré, les receveurs ne manqueront pas de vérifier qu'ils sont frappés du timbre proportionnel à la somme indiquée ; c'est une infraction qui échappe facilement à une inspection superficielle. En cas de contravention de la part des souscripteurs, on devra aussi constater celle qui a été commise par l'officier ministériel qui a rédigé le protêt avant d'avoir fait viser pour timbre le billet pour l'excédant de la somme qui s'y trouve portée (V. 469, 496, n. 8).

509. Pour échapper à la nécessité de représenter les billets, quelques huissiers ne craignent pas de déclarer dans leurs protêts que les billets sont adirés. Dans ce cas, les droits de timbre du billet prétendu adiré doivent être perçus, sauf restitution ; mais si le receveur a des motifs de suspecter la sincérité de cette déclaration, il doit examiner le registre des protêts, les actes et jugements ultérieurs, et enfin chercher, par tous les moyens possibles, à s'assurer de la vérité. Au surplus, cette déclaration inexacte offrant des dangers réels pour l'officier ministériel, puisqu'elle constituerait un faux à dénoncer au procureur du Roi, est heureusement fort rare.

510. Un autre genre de fraude consiste à faire remplacer les billets souscrits sur papier libre par d'autres écrits sur papier timbré lorsque les souscripteurs et endosseurs sont sur les lieux. Ceux-ci se prêtent ordinairement à cette substitution qui est faite surtout dans leur intérêt, et il semble difficile d'empêcher cet abus très préjudiciable au trésor.

Les receveurs ne doivent jamais se dispenser de percevoir sur les lettres de change, billets à ordre, billets ou obligations non négociables, de même que sur tous autres actes, au moment même où ils sont représentés ou soumis aux formalités, soit du timbre, soit de l'enreg., toutes les amendes dont ils sont passibles. I. 1423, 1441, 1469, et 1767, § 1er.

511. *Actes produits en justice*. Fréquemment des actes non timbrés sont produits en justice, et pour masquer cette contravention (V. 496, n. 4), on énonce de prétendues conventions verbales. Ce qui sera dit au sujet du défaut d'enreg. préalable s'applique aussi au défaut du timbre. Les receveurs useront des mêmes moyens pour constater les infractions aux dispositions de l'art. 30 de la loi du 13 brum. an 7. V. *Titre* III.

512. *Papier de débite*. Il arrive rarement qu'un officier public méconnaisse l'obligation de se servir exclusivement du papier de la débite (V. 496, n. 5). Il faut, sous ce rapport, surveiller principalement les actes imprimés, lithographiés ou autographiés et les copies des pièces signifiées. Les receveurs ne perdront pas de vue que les huissiers pouvant rédiger leurs exploits à la suite des actes signifiés, il n'y a pas contravention de leur part, lorsque l'exploit se trouve à la suite d'une formule ou de tout autre acte qui a pu, sans contravention, être rédigé sur du papier timbré autre que celui de la débite ordinaire.

513. *Papier ayant déjà servi*. Les contraventions qui consistent à employer du papier timbré ayant déjà servi (V. 496, n. 6), sont fréquentes et appellent une surveillance d'autant plus active que l'abus exerce une influence fâcheuse sur les produits de l'impôt et le détourne souvent de sa destination au profit de quelques faussaires.

On a surtout profité du progrès des connaissances chimiques pour faire disparaître l'écriture par l'action d'un lavage qui, sans altérer le filigrane ni la substance du papier, laisse également intactes les empreintes des timbres. Quel que soit le degré de perfection des procédés, un examen attentif et minutieux peut faire reconnaître certains signes de cette altération. Les préposés devront s'attacher à les découvrir. Les moyens à employer dépendent du procédé dont on a fait usage. Le plus simple est d'examiner de très près le papier, soit au jour, soit même à l'aide d'une loupe, pour reconnaître s'il ne resterait pas quelques traces affaiblies de l'écriture primitive qui auraient échappé à l'action du lavage. L'empreinte du timbre devant être respectée dans cette opération, on la couvre ordinairement afin que

la préparation chimique n'en altère pas la marque; par conséquent il en résulte quelquefois une différence dans la nuance
du papier.

514. Les autres signes auxquels il est possible de reconnaître
que des papiers ont subi l'opération du lavage sont notamment :
l'affaiblissement du relief du timbre sec; des aspérités sur la
surface du papier; des échancrures à la tranche de la feuille;
les traces du crayon que les acides ne peuvent pas faire disparaître; les trous produits par les épingles qui ont été placées
près des timbres pour blanchir à la fois plusieurs feuilles. Il est au
surplus un moyen facile d'obtenir la preuve matérielle du blan-
chiment des papiers : il consiste à humecter d'alcool ou d'esprit
de vin la feuille de papier timbré, à la placer au milieu d'une
feuille de papier libre également mouillée d'alcool, et à faire
mouvoir ensuite sur cette dernière feuille, dans tous les sens et
avec rapidité, un fer à repasser et convenablement chauffé ;
s'il a existé une ancienne écriture, ce procédé la fera reparaître
en teinte jaune. On ne devra en général recourir à cette dernière
épreuve que comme à un moyen extrême de vérification. Circ.
16 juin 1847.

515. Indépendamment de ces vérifications matérielles, les employés ont encore d'autres moyens de découvrir les traces de cette
coupable industrie. En effet, il est rare qu'elle s'exerce isolément ou en détail; ceux qui s'y livrent opèrent sur une certaine
quantité de papiers qu'ils débitent ensuite au dessous du prix du
tarif; mais ils rencontrent le plus souvent pour premier obstacle
la probité des officiers publics qui ne veulent pas s'associer à ce
lucre illégitime, et qui sont les premiers à signaler aux préposés
les tentatives qui ont été faites auprès d'eux.

A l'égard des officiers ministériels qui oublieraient assez ce
qu'ils se doivent à eux-mêmes pour se rendre complices de ce
délit, il est quelquefois possible, par une surveillance générale,
de voir s'ils n'emploient pas ou ne doivent pas employer des
quantités de papiers plus considérables que celles qu'ils achè-
tent au bureau. Le receveur s'assurera ensuite, d'une manière
plus précise, si les soupçons qu'il a pu concevoir sont réellement
fondés et constatera la fraude.

516. Le lavage des papiers timbrés n'a point le caractère de
contrefaçon, puisque le papier marqué des empreintes des timbres royaux provient de la débite de l'adm. Cependant, il semble que l'on peut appliquer à ceux qui ont trafiqué de ces papiers la disposition de l'art. 28 de la loi du 13 brum. an 7, qui
frappe de la même peine que les contrefacteurs ceux qui abusent
des timbres nationaux pour timbrer et *vendre frauduleusement*
du papier timbré (**V. 496, n. 20**). Au surplus, c'est aux magistrats du ministère public à poursuivre dans ce cas l'application
de la peine, si la contravention paraissait avoir le caractère
d'une vente frauduleuse de papiers timbrés (**V. 547**).

517. Sans faire subir au papier une préparation pour enlever l'écriture, on se sert encore plusieurs fois de la même feuille de papier timbré en enlevant simplement la partie de cette feuille qui avait servi pour la rédaction d'un premier acte. Les receveurs ne devront pas hésiter à constater la contravention lorsque la dimension du papier aura été réduite de telle sorte que le but de cette réduction paraîtra évident. La jurisprudence s'est constamment associée aux efforts des préposés pour réprimer de pareilles fraudes.

518. C'est surtout pour les significations d'avoué à avoué, les procurations à l'effet d'agir devant le tribunal de commerce, les exploits, extraits ou actes fort courts que cette manœuvre est en usage. Quelquefois, dans la prévision d'un emploi ultérieur du même papier, on écrit le premier acte sur la partie de la feuille opposée à l'empreinte des timbres en le resserrant autant que possible, de manière à laisser libre un plus grand espace pour la rédaction d'un second et même d'un troisième acte, après que les précédents, devenus inutiles, auront été enlevés. Dans ce cas, pour prévenir la fraude, le receveur pourra placer la relation d'enreg., de telle manière que, s'appliquant à l'acte qui lui a été présenté, elle empêchera néanmoins de faire un double emploi du papier.

519. *Acte à la suite.* Les contraventions qui consistent à écrire plusieurs actes à la suite l'un de l'autre, sur la même feuille de papier timbré (V. 496, n. 7), sont les plus fréquentes. Les receveurs vérifieront scrupuleusement, lorsqu'il leur sera présenté des actes écrits sur la même feuille de papier timbré, si ces actes se trouvent rangés dans la catégorie de ceux pour lesquels il a été fait exception à la règle générale.

520. *Acte en conséquence.* La même surveillance est nécessaire pour reconnaître si les officiers ministériels n'ont pas agi en conséquence d'actes non timbrés (V. 496, n. 8). Les receveurs devront examiner avec soin, sous ce rapport, les actes qui leur seront remis et constater les infractions. En matière de timbre, les contraventions ne peuvent être établies que par la représentation des pièces ou par une preuve expresse; l'énonciation d'un acte ne suffit donc point pour exiger le paiement des droits et amendes de timbre que l'on suppose exigibles. Cependant, comme il est défendu aux officiers ministériels d'agir en vertu d'actes non enregistrés, le Ministre, dans certains cas, n'accorde la remise de l'amende d'enreg. qu'à la condition de représenter l'acte ou de payer les droits de timbre, lorsque l'on présume qu'il a été rédigé sur papier libre.

521. Les receveurs ne perdront pas de vue que, sauf pour les protêts, les notaires peuvent agir en vertu d'écrits non timbrés, à la condition de les annexer à leurs propres actes et de les présenter en même temps à la formalité du timbre et de l'enreg. Ainsi, lorsqu'un acte s. s. p. écrit sur papier non timbré sera annexé à un acte notarié, les receveurs devront le viser pour timbre et percevoir, lors de l'enreg., les droits et amendes de timbre exigibles sur cet acte. Sans cette précaution, ils pourraient être déclarés responsables de l'amende résultant du défaut ou du retard de cette formalité.

La loi a voulu que les billets fussent, dans tous les cas, soumis au timbre avant la rédaction du protêt, L. 13 brum. an 7, art. 24, et 24 mai 1834, art. 23. Cette sage disposition prévient bien des abus, car on aurait pu faire disparaître les protêts dans le cas de paiement et soustraire ainsi au trésor les droits et amendes de timbre. Les receveurs doivent tenir rigoureusement la main à l'exécution de ces dispositions.

522. *Expéditions*. La loi a déterminé le *minimum* de la dimension des papiers dont on peut faire usage pour les extraits ou expéditions (V. 496, n. 9). Elle fixe également le nombre des lignes d'écriture que l'on peut y insérer. Ce nombre, compensation faite d'une feuille à l'autre ne doit pas excéder, pour toutes les expéditions d'actes en général, 25 lignes de 15 syllabes par page de *moyen papier*, 30 lignes par page de *grand papier*, et 35 lignes pour le papier dit *grand registre*. L. 13 brum. an 7, art. 20 et Décr. 16 fév. 1807, I. 367. Les extraits ou expéditions des actes de greffe et des jugements doivent contenir 20 lignes à la page de 8 à 10 syllabes à la ligne, compensation des unes avec les autres, L. 21 vent. an 7, art. 6, et 28 lignes de 14 à 16 syllabes en matière criminelle. Décr. 18 juin 1811, art. 18. Le tout sous peine de 5 fr. d'amende (V. 496, n. 10).

Toutes les fois que des expéditions ou des extraits seront représentés aux receveurs, ils s'assureront, par un examen minutieux, que ces dispositions de la loi ont été scrupuleusement observées. C'est principalement dans les conservations des hypothèques et dans les bureaux d'actes judiciaires que cette surveillance doit être plus active (V. *titre* III). Les préposés ne négligeront d'ailleurs aucune occasion de l'exercer.

523. *Copies signifiées*. Les papiers employés aux copies d'actes, de jugements, d'arrêts et de toutes autres pièces faites par les huissiers ne peuvent contenir plus de 35 lignes par page de *petit papier* ; de 40 lignes par page de *moyen papier*, et de 50 lignes par page de *grand papier*, à peine d'amende (V. 496, n. 11). I. 659. Cette disposition s'applique 1° aux copies des exploits signifiés par les huissiers, de même qu'à celles d'actes ou pièces étrangères à leur ministère, (Cass. 10 janv. 1838, I. 1577, § 21) ; 2° aux copies imprimées, lithographiées ou autographiées, ainsi qu'aux copies manuscrites (D. 5 oct. 1821). Mais elle n'est point applicable aux copies de protêts inscrites sur le registre tenu par les huissiers, en exécution de l'art. 176, C. com. (Solut. 16 mai 1831), ni aux copies signées par les avoués (Solut. 15 juin 1844, I. 1643, § 9). I. 1621 et 1643.

524. L'exécution de la disposition limitative du nombre des

12

lignes par page qu'il ne faut pas confondre avec celle qui prescrit d'écrire lisiblement les copies de pièces (V. *titre* III), appartient exclusivement aux préposés. Ces infractions sont, à proprement parler, des contraventions à la loi du timbre ; il suit de là : 1° qu'elles doivent être constatées dans la forme prescrite par les art. 31 et 32 de la loi du 13 brum. an 7 ; que le recouvrement de l'amende est poursuivi et les instances sont instruites comme en matière de timbre (I. 657 et 1537, n. 206); 2° que l'amende de 25 fr. a été réduite à 5 fr. par la loi du 16 juin 1824 ; 3° que les contraventions sont sujettes aux dispositions de l'art. 14 de cette loi, relatives à la prescription (Cass. 11 nov. 1834 ; I. 1481, § 14) ; 4° que la compensation du nombre des lignes d'une feuille à l'autre, admise pour les expéditions, par l'art. 20 de la loi du 13 brum. an 7, est applicable aux copies de pièces signifiées par les huissiers (D. 14 nov. 1834, I. 1481, § 15). 1. 1621.

525. Il n'existe qu'une seule contravention, et par conséquent il n'est dû qu'une amende, quel que soit, dans la même copie, le nombre de pages où la quantité des lignes se trouve dépassée (Solut. 9 fév. 1841, I. 1643, § 8). Le mot *page*, suivant le sens vulgaire, doit s'entendre d'une page écrite dans la largeur et non dans la longueur du papier ; en conséquence, l'huissier qui écrit dans la longueur de la feuille commet une contravention, si le nombre des lignes tracées dans ce sens excède, d'après un calcul de proportion, la quantité que la page aurait pu recevoir dans sa largeur. V. 523 (Jug. Amiens, 13 juill. 1837). I. 1621 et 1643.

526. Il est fortement recommandé aux préposés de vérifier le nombre des lignes par page des copies d'exploits, d'actes, de jugements, d'arrêts et de toutes autres pièces faites par les huissiers, et qui, dans l'exercice de leurs fonctions, pourront leur passer sous les yeux ; ils constateront toutes les contraventions qu'ils découvriront. Entre autres moyens de surveillance qui peuvent être utilement employés, les préposés doivent se transporter fréquemment aux greffes et y prendre communication des dossiers de procédure qui s'y trouvent déposés pour quelque cause que ce soit, notamment de ceux qui sont soumis aux juges pour la taxe des frais. *Ibid.*

527. *Empreinte altérée.* L'empreinte du timbre ne peut être couverte d'écriture ni altérée, sous peine de 5 fr. d'amende (V. 496, n. 12). On doit entendre par altération du timbre toute altération volontaire, et non les altérations que le temps ou l'humidité, ou même un accident, comme le feu ou une lacération, auraient déterminées. Ce que le législateur a voulu, c'est que l'on pût reconnaître l'existence du timbre et s'assurer qu'il n'a pas été contrefait. Dans ce but, il fallait que l'empreinte du timbre fût respectée, parce que la fraude aurait pu s'emparer de ce moyen pour déguiser la contrefaçon. Mais il ne faut pas donner à cette défense un sens trop étendu, ni exiger une amende lorsqu'il n'y a pas de doute sur l'existence du timbre, et que l'altération partielle de son empreinte tient à une cause purement accidentelle.

528. Les mêmes raisonnements s'appliquent à l'écriture. La loi porte que l'empreinte ne pourra être *couverte* d'écriture : ce mot est caractéristique ; il faut que l'écriture soit répandue sur la surface du timbre de manière à la cacher presque entièrement ; mais il y aurait puérilité et injustice à frapper d'une amende quelques traits de plume ou les simples contours d'une lettre trop grande qui se prolongeraient sur l'empreinte du timbre. Il faut éviter que l'application de cette disposition de la loi ne dégénère en tracasseries.

529. *Lettres de voiture et connaissements, etc.* D'après les dispositions générales de la loi du 13 brum. an 7, les lettres de voiture, connaissements, chartes parties et polices d'assurance de marchandises, ont été assujettis au timbre de dimension ; l'art. 5 de la loi du 6 prair. suivant avait prescrit l'emploi du papier de moyen format à 1 fr., Circ. R. 1580 ; mais un décret du 3 janv. 1809 a permis d'employer du papier timbré de toute dimension. I. 449.

Aux termes de l'art. 6 d'une loi du 11 juin 1842, les lettres de voiture et les connaissements doivent être rédigés sur le papier timbré fourni par l'adm., ou sur du papier timbré à l'extraordinaire et frappé d'un timbre noir et d'un *timbre sec*. Ces dispositions ont pour objet de rendre impossible la contrefaçon, à l'aide de la pierre lithographique, des empreintes du timbre à l'extraordinaire (V. 548), fraude qui s'était particulièrement exercée sur les papiers destinés aux lettres de voiture et aux connaissements. I. 1665.

530. Suivant l'art. 26 de la loi du 13 brum. an 7, modifié par l'art. 10 de celle du 16 juin 1824, l'amende encourue pour chaque lettre de voiture ou connaissement écrit sur papier timbré n'était que de 5 fr.; l'art. 7 de la loi du 11 juin 1842 a élevé cette amende à 30 fr., et l'a appliquée à toute lettre de voiture ou connaissement non frappé du timbre noir et du timbre sec. Ainsi la lettre de voiture ou le connaissement, rédigé postérieurement à la promulgation de la loi du 11 juin 1842, sur du papier marqué du timbre noir, sans timbre sec, serait passible de l'amende de 30 fr. *Ibid.*

Il est à remarquer que la loi du 11 juin 1842, spéciale aux lettres de voiture et connaissements, ne parle pas des chartes parties, ni des polices d'assurance de marchandises indiquées au décret du 3 janv. 1809 ; il semble dès-lors, que ces derniers contrats restent soumis, quant au timbre et à l'amende, aux règles ordinaires.

531. Pour ne laisser aucun prétexte ni aucune excuse à la fraude, l'autorité a cru devoir donner au commerce des transports de plus grandes facilités, soit pour l'achat des papiers timbrés destinés aux lettres de voiture et connaissements, soit pour le visa pour timbre de ceux qui viennent de l'étranger, soit enfin pour le paiement des amendes dans les localités où il n'existe pas de bureau d'enreg. C'est dans ce triple but que les receveurs des douanes ont été spécialement chargés : 1° de débiter certaines espèces de papiers timbrés (V. 459); 2° de viser pour timbre et de percevoir les droits et amendes pour les lettres de voiture et connaissements (V. 485).

532. Les préposés de l'enreg. et du timbre sont appelés à constater les contraventions au timbre des lettres de voiture, connaissements, chartes parties et polices d'assurance; ils doivent apporter dans cette surveillance une activité d'autant plus grande, que la fraude en cette matière s'exerce sur une grande échelle et porte un grave préjudice aux intérêts du trésor.

Le refus d'un voiturier de représenter une lettre de voiture, sous prétexte qu'il ne lui en a pas été remis, ne suffit pas pour autoriser des poursuites; il est nécessaire de produire la preuve matérielle de la contravention, conformément à l'art. 31 de la loi du 13 brum. an 7 et à une décision du 9 oct. 1810. I. 575.

533. Pour rendre plus efficace la surveillance des contraventions relatives au timbre des lettres de voiture, connaissements, chartes parties et polices d'assurance de marchandises, il a paru nécessaire de faire concourir au même but des préposés qui, par la nature de leurs fonctions, sont plus à portée que ceux de l'enreg. de constater les contraventions de l'espèce. En conséquence, un décret du 16 mess. an 13 a autorisé les préposés des douanes, des contributions indirectes et des octrois, à constater, concurremment avec ceux de l'enreg., les contraventions au timbre de ces divers actes. Circ. 20 vend. an 14, 7 janv. et 19 avril 1806; I. 326, 575 et 1638. — Les gendarmes, gardes-ports et jurés compteurs sont également autorisés à constater ces contraventions. D. 14 fév. 1817 et 3 nov. 1820. C. c. 44.

534. L'art. 3 du décret du 16 mess. an 13 accorde aux préposés des douanes, des contributions indirectes et des octrois la moitié des amendes qui ont été payées par les contrevenants pour les indemniser des soins à donner à la vérification du timbre des lettres de voiture, connaissements, chartes-parties et polices d'assurance de marchandises et à la rédaction des procès-verbaux de contravention. I. 326, 575, 1638 et 1665.

Les deux décisions des 14 fév. 1817 et 3 nov. 1820 allouent également aux gendarmes, gardes-ports et jurés compteurs qui constatent des contraventions de cette nature, la moitié des amendes recouvrées. Régl. 26 janv. 1846, § 998.

535. D'après l'art. 4 du décret du 16 mess. an 13, les préposés de l'adm. de l'enreg., du timbre et des domaines qui ont constaté des contraventions de la même nature, profitent également de la moitié des amendes. Circ. 7 janv. et 19 avril 1806;

I. 326 et 575. Quoique cette dernière disposition n'ait pas été rappelée dans les instructions postérieures, notamment dans celles qui portent les n°s 1638 et 1665, il n'est pas moins certain qu'elle continue de subsister, et que les préposés de l'enreg. et du timbre qui constatent des contraventions au timbre des lettres de voiture, connaissements, chartes-parties et polices d'assurance de marchandises ont droit, comme les préposés des douanes, des contributions indirectes, des octrois et autres, à la moitié des amendes recouvrées. Le réglement du 26 janv. 1846, sur le paiement des dépenses du ministère des finances, ne laisse aucun doute à cet égard, et le § 997 de la nomenclature annexée à ce réglement comprend nominativement les préposés de l'enreg. parmi ceux qui ont droit à l'attribution.

536. Au surplus l'adm. a reconnu ce droit ; seulement, elle a décidé, par une solution du 8 déc. 1846, 3e div., que l'attribution n'est accordée que pour le cas où le préposé de l'enreg. a découvert et constaté la contravention ; qu'il n'est ni dans l'esprit ni dans la lettre du décret, d'allouer la moitié des amendes payées au receveur auquel des lettres de voiture ont été présentées spontanément pour l'application de la formalité du timbre ou de l'enreg., et qui s'est borné à percevoir le montant des amendes encourues.

537. Quoique le réglement du 26 janv. 1816 rappelle seulement les *lettres de voiture* et les *connaissements* parmi les actes pour lesquels le défaut de timbre peut donner droit à l'attribution de la moitié des amendes recouvrées, les dispositions du décret du 16 mess. an 13 qui alloue également la moitié des amendes relatives au timbre des *chartes-parties* et des *polices d'assurance de marchandises* continuent de subsister, et les préposés qui constatent des contraventions ont droit à cette allocation (V. 534, 535). On indiquera au titre de la *comptabilité générale* comment s'effectue le paiement de ces différentes attributions sur le produit des amendes.

538. *Avis, affiches et journaux.* Les préposés sont appelés à exercer une surveillance active sur les avis et annonces imprimés, les catalogues et prospectus, les affiches placardées dans les rues et lieux publics, et les journaux et écrits périodiques assujettis au timbre. I. 326 (V. 496. n 14, 15, 16 et 17).

Pour constater les contraventions de cette nature, les préposés agissent toujours dans le cercle légal de leurs attributions, quelle que soit la manière dont elles sont venues à leur connaissance. En effet, ce sont des pièces mises publiquement en circulation, que chacun peut voir et se procurer. Le fait de l'impression et celui de la distribution ou de l'affichage suffisent pour constituer la contravention lorsque les pièces ne sont pas revêtues du timbre. Il est même défendu aux receveurs d'apposer le timbre sans exiger l'amende pour la contravention commise par l'imprimeur, quand même aucune publicité ne leur aurait en-

core été donnée; une amende de 10 fr. est prononcée personnellement contre le receveur pour toute infraction à cette
disposition (V. 496, n. 18). Arrêté du Gouv. 3 brum. an 6. Circ.
R. 1124; I. 326, § 1er, nos 3 et 6, et § 2, n° 3.

539. En ce qui concerne spécialement les affiches placardées
dans les rues et lieux publics, et les avis et annonces distribués,
l'attention des préposés doit être toujours éveillée sur les nombreuses contraventions de cette nature. Pour rendre plus efficace
la surveillance personnelle des employés, ils sont autorisés à
requérir l'assistance des officiers de police judiciaire, notamment
afin de connaître les noms des distributeurs et assurer une
répression complète.

540. Cette surveillance doit s'exercer avec fermeté, et sur
les affiches manuscrites comme sur celles qui sont imprimées ;
mais elle ne peut s'étendre aux affiches peintes sur les murs,
devenues très communes depuis quelque temps. Les préposés
s'attacheront d'ailleurs à faire une judicieuse application des
règles et de la jurisprudence spéciales ; il est très important que
la recherche des contraventions de cette nature ait lieu dans les
limites tracées par la loi, afin de ne point provoquer des plaintes
fondées et d'autant plus vives que cet examen touche à une
matière très délicate.

541. L'impression d'une affiche, d'un avis ou d'une annonce
provenant d'un seul et même tirage ne constitue qu'une seule
contravention. En ce qui concerne les auteurs et distributeurs
ou afficheurs, on ne peut voir qu'une seule infraction de leur
part, quel que soit le nombre des exemplaires placardés ou
distribués, et sauf le cas de récidive. — Mais la même contravention peut se renouveler, soit parce que l'imprimeur aurait
procédé à un nouveau tirage, soit parce que le distributeur
aurait, depuis un premier procès-verbal, recommencé l'apposition ou la distribution d'imprimés non timbrés, après un
intervalle assez long pour qu'elle puisse être considérée comme
distincte et indépendante de la première. La rédaction, les
caractères employés à l'impression, la nature et le format du
papier feront reconnaître les tirages différents. D. 15 janv. 1818
et 17 juin 1842. I. 1669.

542. *Affiches blanches.* Les préposés devront aussi constater
les infractions aux dispositions de l'art. 77 de la loi du 25 mars
1817, qui prohibe l'emploi de papier blanc pour l'impression des
affiches autres que celles émanées de l'autorité publique ou
concernant l'Etat (V. 496, n. 15). Quoique ce ne soit pas précisément une contravention concernant le timbre, elle est assi-
milée aux infractions de cette nature ; on la constate de même
et le recouvrement de l'amende est suivi dans les mêmes formes.

543. *Actes sur timbre d'affiches.* Le timbre des avis, annonces, affiches et journaux, est un timbre *spécial*; si l'on se servait
de papiers frappés de ces timbres, pour rédiger des actes, il y

aurait contravention et les préposés devraient la constater. Circ. R. 1105. — Ils ne manqueront point d'examiner les *affiches judiciaires* pour s'assurer que les exemplaires placardés en exécution des art. 699, 709, 735, 836, 959, 965, 972 et 988 du C. proc., *aux lieux déterminés par la loi*, sont sur papier au timbre de dimension établi pour les actes ou écrits publics, conformément à la décision du 18 vend. an 9, et à un arrêt du 2 avril 1818. Circ. R. 1908 ; l. 137, 468 et 1667.

Fréquemment les affiches judiciaires ne sont frappées que du timbre spécial des affiches, et les officiers ministériels portent dans leur déboursés le coût du papier timbré ordinaire. C'est un abus qu'il importe de réprimer, non seulement par l'amende, en constatant les contraventions ; mais encore en le signalant aux magistrats du ministère public, lorsque le coût, indiqué dans les procès-verbaux d'apposition ou dans les états de frais, prouve une concussion de la part de l'officier ministériel. Mais outre les affiches à apposer aux lieux déterminés par la loi, il peut être passé en taxe jusqu'à 500 exemplaires des placards, pour donner plus de publicité aux ventes judiciaires. Ces affiches n'étant pas considérées comme actes de la procédure, ne sont assujetties qu'au timbre spécial des affiches. Les receveurs auront égard à cette distinction. I. 1667.

544. *Journaux*. La publicité des écrits périodiques permet d'exercer une surveillance constante à cet égard. Elle doit être d'autant plus active et sévère, que la fraude se pratique souvent sur une vaste échelle, et que la nature et l'existence éphémère de ces écrits exige une attention de tous les instants. — On se rappellera que, contrairement à la règle établie pour les affiches (V. 541), chaque exemplaire de journal ou écrit périodique imprimé sur papier non timbré, constitue une contravention passible d'une amende particulière, Cass. 1er mars 1836. I. 1528, § 21 : même pour les épreuves.

545. Pour réprimer les contraventions au timbre des avis et annonces, et des journaux ou écrits périodiques, l'adm. a délégué, à Paris, un vérificateur qui est chargé spécialement de surveiller, à la direction des postes, le départ des journaux et imprimés, et de constater les contraventions au timbre qu'ils peuvent présenter. Cette vérification, qui se fait d'accord entre les deux administrations, est indispensable dans la capitale, où sont publiés la plupart des journaux ; elle aurait moins d'utilité dans les départements où le transport des imprimés assujettis au timbre est beaucoup moins considérable. Cependant, pour arriver à la répression des contraventions en cette matière, il a été recommandé aux agents des postes de conserver entre leurs mains les journaux et imprimés assujettis au timbre et non timbrés, qui sont présentés à l'affranchissement et de prévenir immédiatement le receveur de l'enreg. pour qu'il puisse dresser procès-verbal de la contravention. D. 31 janv. et 13 juin 1842.

546. *Débite clandestine.* L'adm. ayant accordé de grandes facilités au public pour l'achat des papiers timbrés en multipliant les bureaux de débit (V. 457 et suiv., 531), il est esssentiel de rechercher avec sévérité les personnes qui contreviennent à la défense d'établir un débit de papier timbré sans autorisation (V. 496, n. 19). Ces infractions cachent souvent des fraudes ou des concussions (V. 513 et suiv.).

547. *Contrefaçons.* Ceux qui auront contrefait ou falsifié un ou plusieurs timbres nationaux, ou qui auront fait usage des timbres contrefaits, seront punis des travaux forcés à temps, dont le *maximum* sera toujours appliqué dans ce cas. C. pén. 140. L'application de cette peine cessera toutes les fois que le faux n'aura pas été connu de la personne qui aura fait usage de la chose fausse. Art. 163. — La peine contre ceux qui abuseraient des timbres pour timbrer et vendre frauduleusement du papier timbré, sera la même que celle qui est prononcée par le code pénal contre les contrefacteurs de timbres. L. 13 brum. an 7, art. 27 (V. 496, n. 20).

La recette des produits du timbre étant l'une des attributions de l'adm., c'est à ses préposés qu'il appartient spécialement de surveiller les contrefaçons de cette nature pour les signaler aux magistrats chargés d'en assurer la répression. Dans ce but, les receveurs doivent examiner avec attention le timbre des actes qui leur sont présentés.

548. C'est surtout à l'aide de la pierre lithographique que l'on a cherché à imiter les timbres, et cette fraude ne s'est exercée avec quelque succès que pour les empreintes du timbre extraordinaire, qui sont généralement moins nettes, et présentent plus de facilités à l'imitation. Pour le papier timbré de la débite ordinaire, la contrefaçon est beaucoup plus difficile, puisqu'il faut non-seulement contrefaire le timbre noir, mais encore le timbre sec, ainsi que le filigrane imprimé dans la pate même du papier. Les receveurs devront s'attacher à reconnaitre les caractères distinctifs des types et des empreintes, et vérifier, par un examen minutieux, les papiers qui offriraient quelques signes de contrefaçon (V. 544, 516 et 529). On comprendra l'importance d'une pareille surveillance.

SECTION II. — *Amendes de timbre; Poursuites.*

549. *Mode de constater les infractions.* Les droits et amendes de timbre ne se prescrivent que par *trente ans*. L. 1180, § 10 et 1189, § 10. Toutefois, il y a prescription pour l'action en paiement des amendes *après deux ans*, lorsque les préposés ont été mis à portée de découvrir, au vu d'un acte présenté à la formalité, la contravention au timbre. L. 16 juin 1824, art. 13. L. 852, 1136, § 4, 1180, § 10 et 1189, § 10. — Il est donc essentiel de ne pas différer de constater régulièrement les contraventions au timbre, et de poursuivre le paiement des droits et amendes. Les préposés seraient responsables des sommes dont le défaut de recouvrement pourrait être imputé à leur négligence.

550. On a dit, *sup*. 492, que les préposés ont qualité pour constater les contraventions aux lois sur le timbre ; c'est ce qui résulte expressément des art 31 et 32 de la loi du 13 brum. an 7 ; mais en autorisant les préposés à constater les contraventions dans les actes qui leur sont présentés, la loi n'a pas entendu interdire la répression de celles qu'ils découvrent autrement que par la présentation des actes à l'enreg., pourvu que la découverte ne résulte d'aucun moyen *illicite*. I. 1293, § 14 et 1537, nomb. 201.

551. On doit entendre par moyen *licite* de découvrir une contravention, toute investigation faite par un préposé agissant dans l'exercice légal de ses fonctions : spécialement, la découverte d'une pièce non timbrée faite par un employé procédant a une vérification dans l'étude ou les minutes d'un officier public, conformément à l'art. 54 de la loi du 22 frim. an 7, autorise la demande des droits et amendes de timbre, quoique cette pièce n'ait point été expressément communiquée par l'officier public à l'employé. I. 1293, § 14, et 1537, nomb. 201.

552. Mais il ne pourrait, par exemple, saisir sur le bureau d'un officier public un acte écrit sur papier non timbré, si cet acte ne lui a pas été remis avec ceux de l'étude qui lui ont été donnés en communication (V. *titre* III).

Il y aurait encore abus ou moyen illicite, dans la découverte de contraventions au timbre commises dans des expéditions qu'un préposé se serait procurées au moyen d'avertissements adressés aux parties, sans indiquer le but de la demande. Dél. 30 sep. 1834. Toutefois certaines contraventions, par la nature des pièces qui les présentent, peuvent être constatées en tout état des choses (V. 538).

553. *Procès-verbaux*. Les contraventions à la loi du timbre doivent être constatées par des procès-verbaux (V. *titre* V), à moins que les contrevenants ne consentent a acquitter sur-le-champ l'amende encourue et le droit de timbre. L. 13 brum. an 7, art. 31. — Cette disposition n'a pas été abrogée par l'art. 76 de la loi du 28 avril 1816. La rédaction d'un procès-verbal est de rigueur, toutes les fois que le contrevenant ne consent pas a payer immédiatement l'amende et les droits de timbre. I. 1490, § 14, et 1537, nomb. 199.

554. Le procès-verbal doit être rédigé au moment même où la contravention est découverte par le préposé. Jug. Seine, 3 juin 1829. I. 1537, nomb. 202. Toutefois, le tribunal d'Epernay a décidé, le 23 mars 1838, qu'il n'y a pas nullité lorsque le procès-verbal a été rédigé postérieurement a la découverte de la contravention. Ce jugement paraît fondé, mais il faut, autant que possible, ne pas différer la rédaction du procès-verbal, afin de prévenir les contestations. Au surplus, il n'y a pas nullité lorsque le procès-verbal est rédigé en l'absence des contrevenants Jug. Bastia, 4 août 1838. Nulle part la loi n'exige la présence du contrevenant à la rédaction du procès-verbal, et, dans le plus grand nombre des cas, ce serait impossible.

555. Les instructions qui exigent que les procès-verbaux de contravention soient soumis en projet au directeur (V. *titre* V), ne s'appliquent pas généralement aux procès-verbaux en matière de timbre, puisqu'il importe d'agir avec célérité. On ne devrait se départir de cette règle que dans le cas où il y aurait doute sur l'existence de la contravention, et où les pièces resteraient dans un dépôt public à la disposition des préposés.

556. Aucune instruction n'a déterminé la forme particulière des procès-verbaux de contravention en matière de timbre, pas plus que celle des procès-verbaux constatant des contraventions en toute autre matière; mais le but de tout procès-verbal étant de constater le fait d'une manière précise et irrécusable, et le fait matériel étant surtout important à fixer en matière de timbre, il est essentiel de décrire les pièces d'une manière exacte et circonstanciée, pour suppléer à leur défaut, si elles venaient à s'adirer. l. 1458, § 11, et 1537, nomb. 200.

557. On indiquera au chapitre spécial des poursuites et instances (V. *titre* V) la forme des procès-verbaux de contravention en général. On doit opérer de même en matière de timbre, et indiquer notamment comment la contravention est arrivée à la connaissance du préposé; si elle résulte de la surveillance générale de l'employé, ou d'une opération particulière; rappeler en détail les pièces qui présentent les contraventions ou les faits qui les constituent, les noms des contrevenants, les dispositions de la loi qui ont été enfreintes et les peines prononcées et exigibles; et enfin, conclure au paiement des droits et amendes; s'il s'agit d'avis ou annonces, il faut constater le fait de la distribution publique, qui, seul, constitue la contravention. Ces indications générales suffiront pour guider les employés dans la rédaction des procès-verbaux.

558. *Saisie des pièces.* La plupart des contraventions au timbre résultant d'un fait matériel dont l'existence doit être constante pour l'exigibilité des amendes, la loi n'a pas admis, quoique les employés de l'enreg. aient serment en justice, que leur seule déclaration suffit pour établir d'une manière irrécusable l'existence d'une contravention au timbre. Elle veut en général que la preuve en soit faite par la représentation même des pièces, ou du moins, que le fait ne puisse être dénié par les parties qui sont dépositaires de ces pièces. En conséquence, les préposés sont autorisés à retenir les actes, registres ou effets en contravention à la loi du timbre qui leur sont présentés, pour les joindre aux procès-verbaux qu'ils en rapportent, à moins que les contrevenants ne consentent à signer lesdits procès-verbaux, ou à acquitter sur-le-champ l'amende encourue et le droit de timbre. L. 13 brum. an 7, art. 31.

559. Il résulte de ces dispositions que, non-seulement les préposés ont le *droit* de saisir les pièces en contravention aux lois sur le timbre qui leur sont *présentées*, mais encore qu'ils *doivent* le faire pour justifier de l'existence de la contravention, à moins que le contrevenant ne la reconnaisse expressément par sa signature. Le procès-verbal qui n'est pas appuyé des pièces saisies, ou dont l'exactitude, quant au fait matériel, n'est pas reconnue par le dépositaire des pièces, ne suffit point pour constater la contravention et en poursuivre la répression.

560. Cependant la loi n'ordonne pas, *à peine de nullité*, de joindre aux procès-verbaux les pièces qui en font l'objet ; la jonction de ces pièces est utile pour mettre, en cas de contestation, le tribunal à même d'apprécier si elles sont sujettes au timbre. En conséquence, à part le cas de paiement immédiat de l'amende, ou celui de signature du procès-verbal par le contrevenant, les préposés doivent retenir les pièces en contravention, et les joindre à leur procès-verbal, pour justifier d'autant mieux les énonciations détaillées de ce procès-verbal. I. 1458, § 11 ; 1537, nomb. 200.

561. Cette précaution est surtout indispensable pour les journaux ou écrits périodiques, les avis et annonces, les lettres de voiture et connaissements, et, en général, toutes les pièces en contravention au timbre dont on ne pourrait ultérieurement faire la représentation. Les préposés les saisiront et les joindront à leurs procès-verbaux. Toutefois ils n'ont pas le droit d'arracher les affiches placardées pour les annexer au procès-verbal ; il faut se borner à indiquer avec soin le lieu où l'affiche a été trouvée, exprimer qu'elle était entière et non revêtue du timbre, et suppléer enfin par des détails précis et circonstanciés sur la nature, l'objet et la dimension de l'affiche, à l'absence de la pièce en contravention. Solut. 4 mars 1813.

562. Quand il s'agit d'actes authentiques ou régulièrement déposés dans un lieu où les pièces en contravention restent à la disposition des préposés et du tribunal, il devient inutile de les saisir. En accordant cette faculté, la loi a voulu assurer seulement la représentation des pièces ; en cas de dépôt régulier, la responsabilité du dépositaire suffit pour atteindre ce résultat, et les préposés ne sont pas autorisés à extraire du dépôt, où elles doivent être conservées, des pièces qui présenteraient des contraventions au timbre, même pour les joindre à leurs procès-verbaux (V. *titre* III).

563. Lorsque le contrevenant ou celui qui a présenté un acte en contravention à la loi du timbre, sans vouloir payer l'amende, consent néanmoins à signer le procès-verbal pour reconnaître l'exactitude des faits qui s'y trouvent rapportés, il faut s'abstenir de saisir la pièce en contravention. Dans ce cas, les dispositions de la loi sont observées, et les préposés n'ont pas le droit d'arrêter le cours des procédures ou autres opérations

en retenant des pièces (V. *titre* III). Ils peuvent seulement refuser de donner aux actes les formalités qui exigent le timbre
préalable (V. 496, n. 3).

564. *Affirmation.* Les procès-verbaux de contravention en
matière de timbre ne sont pas sujets à affirmation devant le
juge de paix. Cass. 24 germ. an 9 et 26 juin 1820. I. 1537, n. 203.

565. *Signification.* En cas de refus de la part des contrevenants de signer le procès-verbal, il doit leur être signifié dans
les *trois jours*. L. 13 brum. an 7, art. 32. Ce délai n'est applicable qu'à ceux des contrevenants domiciliés dans l'arrondissement du bureau où les procès-verbaux ont été rapportés. L. 25
germ. an 11, art 1er. Lorsque les contrevenants ont leur domicile hors de cet arrond., le délai est de huit jours jusqu'à cinq
myriamètres de distance, et d'un jour de plus par cinq myriamètres au-delà de cette distance. Art. 2. I. 326.

566. La signification du procès-verbal dans ce délai est de
rigueur, et en cas d'omission ou de retard, il y aurait nullité du
procès-verbal. Jug. Seine, 3 juin 1829, et Valogne, 12 fév. 1842.
I. 1537, nomb. 202.

Il semble toutefois que la nullité du procès-verbal n'entraînerait pas la décharge du contrevenant, et qu'un nouveau procès-
verbal, régulièrement rédigé, pourrait constater la contravention
et être mis à exécution, pourvu d'ailleurs que le contrevenant ne
puisse opposer aucune prescription.

567. *Procès-verbaux des agents des douanes.* Lorsque les
contraventions au timbre des lettres de voiture et connaissements sont reconnues par des préposés des douanes et autres
(V. 533), et que les droits et amendes ne sont point payés sur-le-
champ entre les mains du receveur des douanes dans les bureaux
qui ont cette attribution (V. 486), ou dans celles du receveur
de l'enreg., les procès-verbaux sont remis immédiatement au
receveur du bureau où ils doivent être enregistrés. Celui-ci
poursuivra contre le contrevenant le recouvrement des droits et
de l'amende. I. 1682.

568. *Solidarité.* Sont déclarés solidaires, pour le paiement
des droits de timbre et des amendes, tous les signataires pour
les actes synallagmatiques, les prêteurs et emprunteurs pour les
obligations, les créanciers et les débiteurs pour les quittances.
L. 28 avril 1816, art. 75. I. 715, § 10. — En ce qui concerne
spécialement les lettres de change et effets négociables, les
contrevenants sont solidaires pour le paiement du droit de timbre et des amendes, sauf le recours de celui qui en a fait
l'avance pour ce qui n'est point à sa charge personnelle. L. 24
mai 1834, art. 21. I. 1469. — Relativement aux lettres de voiture et connaissements, les droits de timbre sont dus et l'amende
est prononcée solidairement contre l'expéditeur et le voiturier,
s'il s'agit d'une lettre de voiture, et contre le chargeur et le
capitaine, s'il s'agit de connaissement. L. 11 juin 1842, art. 7.

I. 1665. — Enfin pour les imprimés assujettis au timbre il y a solidarité pour le paiement des droits et amendes, savoir : pour les affiches, entre l'imprimeur et l'afficheur ; pour les avis et annonces, entre l'imprimeur et le distributeur, L. 28 avril 1816, art. 69, I. 1669; et pour les journaux ou écrits périodiques, entre les auteurs, imprimeurs et distributeurs. L. 9 vend. an 6, art. 60 et 61.

569. En cas de décès des contrevenants, les droits et amendes de timbre de toute nature sont dus par leurs successeurs, et jouissent, soit dans les successions, soit dans les faillites, du privilège des contributions directes. L. 1816, art. 76. I. 715, § 10.

570. *Recouvrement*. Lorsqu'une contravention au timbre a été constatée, le receveur chargé de suivre le recouvrement de l'amende et des droits de timbre, en fait article au sommier des droits certains. V. *titre* IV.

En cas de paiement, les droits et amendes de timbre sont portés en recette sur le registre du *visa* pour timbre (V. 473).

571. *Poursuites*. A défaut de paiement sur l'avertissement du receveur, le recouvrement des droits de timbre et des amendes y relatives, sera suivi par voie de contrainte. L. 28 avril 1816, art. 76. I. 715, § 10. On suit, pour la rédaction de cette contrainte, le *visa* exécutoire du juge de paix, et la signification, les règles indiquées pour toutes les contraintes (V. *titre* V). — On peut d'ailleurs, pour diminuer les frais de poursuites, rédiger la contrainte à la suite du procès-verbal qui constate la contravention, ou du moins faire signifier ces deux actes par un seul exploit dans le délai prescrit, avec commandement de payer dans la huitaine les droits et amendes exigibles.

572. L'art. 69 de la loi du 28 avril 1816 accordait la faculté de poursuivre par la voie de la contrainte par corps le recouvrement des amendes encourues par les afficheurs et distributeurs d'affiches, avis et annonces non timbrés, mais le tribunal de la Seine a jugé le 15 déc. 1841, que cette disposition a été abrogée par l'art. 46 de la loi du 17 avril 1832, sur la contrainte par corps.

573. L'exécution de la contrainte signifiée est poursuivie par la saisie arrêt, la saisie exécution ou toute autre voie autorisée pour le recouvrement des deniers publics. L'exécution des contraintes en matière de droits et amendes de timbre ne peut être interrompue que par une opposition motivée du redevable, avec assignation devant le tribunal et élection de domicile dans la commune où il siège. Cette opposition, lorsqu'elle est régulière, ayant pour effet de lier l'instance, on renvoie au titre des instances les observations particulières sur les instances en matière de timbre V. *titre* V.

CHAPITRE V. — *Formules de passeports et de permis de chasse.*

574. Les passeports assujettis au timbre par la loi du 11 fév. 1791 étaient, dans l'origine, rédigés sur papier timbré de la débite ordinaire. L. 5 flor. an 5, Circ. R. 101 et 1043. Un décret du 11 juill. 1810 a chargé l'adm. de fournir, pour cet usage et pour la délivrance des permis de port-d'armes de chasse, des formules timbrées dont le prix a été déterminé à une somme fixe dans laquelle sont compris les frais de papier, de timbre et ceux d'expédition. I. 496.

575. L'adm. ne pouvait remettre ces formules aux fonctionnaires chargés de la délivrance aux particuliers qu'en vertu d'autorisations spéciales du Ministre de la police ou de l'intérieur, I. 496 et 588 ; Circ. 17 juill. 1822 et 18 mai 1827 ; mais cette disposition a été abrogée par une ordonnance du 30 nov. 1834, d'après laquelle les Préfets sont autorisés à se faire remettre, sur leur seule demande, les formules nécessaires aux besoins du service. I. 1472.

Le mode à suivre pour cette délivrance, la recette et la comptabilité des produits ont souvent varié, et de nombreuses instructions, dont les dispositions sont, pour la plupart, devenues sans objet, ont été données à ce sujet. I. 496, 524, 543, 570 et 611. Il suffira de rappeler les règles en vigueur.

SECTION Iᵣₑ. — *Formules de passeports.*

576. Il y a plusieurs espèces de passeports tant pour l'intérieur que pour l'étranger ; les uns sont délivrés moyennant le paiement d'un droit, d'autres sont gratuits.

Les passeports assujettis au droit sont : 1° Les passeports à *l'intérieur*, à 2 fr. ; 2° ceux à *l'étranger*, à 10 fr. — Les passeports gratuits comprennent : 1° Ceux délivrés aux indigents pour *l'intérieur ;* 2° les passeports pour *l'étranger* aux mêmes ; et 3° les passeports pour *l'intérieur avec secours de route*, accordés aux malheureux hors d'état de subvenir aux frais de route.

§ Iᵉʳ. — *Passeports payés.*

577. *Passeports à l'intérieur.* La débite des formules de passeports à l'intérieur, à 2 fr., est faite, savoir : Aux chefs-lieux de département par le receveur du timbre extraordinaire, aux chefs-lieux d'arrond. par le receveur chargé de la débite du timbre. Les receveurs de canton ne sont pas chargés de cette distribution. I. 524.

578. Les percepteurs des contributions directes, en leur qualité de *receveurs communaux*, reçoivent du receveur du timbre, en payant le prix comptant sur les fonds provenant des recettes communales, les formules de passeports à l'intérieur qu'ils doivent tenir à la disposition des maires chargés de la délivrance aux particuliers. Ils sont remboursés du prix de ces formules par les maires au fur et à mesure de leur emploi. I. 496, 721 et C. c. 48.

579. Le prix des formules de passeports délivrées aux receveurs communaux est porté en recette, au moment même de la remise à ces préposés, sur un registre spécial fourni par l'adm. Ce registre présente une colonne pour le n° d'ordre des enreg., une autre destinée à l'enreg. en recette, et trois colonnes dans lesquelles on tire hors ligne le produit : 1° des passeports à l'intérieur à 2 fr.; 2° des passeports à l'étranger à 10 fr.; et 3° des permis de chasse à 15 fr.

Les recettes sont inscrites par ordre de date et de n°ˢ, mais il n'est pas nécessaire d'arrêter le registre jour par jour. Chaque enreg. rappelle, outre la date et le n°, le nom et la résidence du receveur communal auquel les formules ont été remises, le nombre et la nature de ces formules, le prix total.

580. Il est alloué aux receveurs communaux une remise de 3 p. 100 qu'ils retiennent sur le prix des formules et dont ils donnent quittance, au moment de la livraison, sur un état collectif par année, et dont le montant est successivement porté en dépense. J. 543 et 611. V. *Comptabilité générale*.

581. *Colonies*. Les passeports pour Alger et les Colonies sont délivrés par les Préfets sur des formules de passeports à l'intérieur. D'après la demande de ce magistrat et l'ordre du directeur, le garde-magasin remet un certain nombre de ces formules au receveur du timbre extraordinaire ; celui-ci délivre celles qui sont demandées par le Préfet au fur et à mesure de ses besoins. Le prix lui est payé comptant et l'employé de la préfecture, chargé de la rédaction des passeports, jouit aussi de la remise de 3 p. 100. I. 1369.

582. *Passeports à l'étranger*. La loi du 5 flor. an 5, Circ. R. 1043, avait assujetti les passeports pour l'étranger à un droit de timbre de 10 fr. Le décret du 11 juill. 1810, en substituant des formules imprimées à ce timbre spécial, a maintenu le droit. La délivrance de ces passeports devant être faite par les Préfets, le receveur du timbre extraordinaire est chargé de la débite des formules. I. 496.

583. Les Préfets font prendre au bureau du timbre les formules de passeports à l'étranger au fur et à mesure de leurs besoins ; ils peuvent les demander à la fois en aussi petite quantité qu'ils jugent convenable. Le prix est payé comptant et porté en recette, à la date de chaque livraison, sur le registre spécial des produits des passeports (V. 579). I. 1184 et 1380. Ces dispositions n'ont pas été changées par la Circ. du 24 août 1844, qui a établi un nouveau mode pour la délivrance des formules de permis de chasse. C. c. 63, § 7 (V. 594). — Aucune remise n'est allouée aux employés de la préfecture sur le prix des passeports *à l'étranger*.

584. Lorsque des formules de passeports à l'étranger sont annulées en vertu d'arrêtés du Préfet, comme ne pouvant plus servir, elles sont remplacées par d'autres formules en blanc, délivrées directement au Préfet par le garde-magasin avec l'autorisation du directeur. I. 1197; C. c. 8. V. *Gardes-magasin*.

§ II. — *Passeports gratuits.*

585. *Passeports pour les indigents.* Un avis du Conseil d'É-
tat, approuvé par un décret du 22 déc. 1812, porte que les passeports à délivrer aux personnes véritablement indigentes et reconnues par les maires hors d'état d'en acquitter le montant,
doivent être accordés gratuitement. I. 570.

Pour l'exécution de ce décret, des formules spéciales ont été
imprimées, et sont délivrées aux maires par les receveurs de
l'enreg., non seulement au chef-lieu d'arrond., mais encore
dans les bureaux de canton. I. 570 et 921. Les receveurs de ces
derniers bureaux s'exposeraient à des plaintes fondées si, dans
le but d'éviter quelques écritures, ils croyaient pouvoir renvoyer les maires de leur canton à se pourvoir au chef-lieu d'arrond., sous prétexte qu'ils n'ont pas de formules; tous les bureaux devant être suffisamment approvisionnés. I. 921.

586. La délivrance des formules est faite sur une simple demande des maires énonçant les noms des personnes auxquelles
les passeports sont destinés. Ces demandes tiennent lieu de tout
autre certificat d'indigence; seulement, si le receveur remarque
que des individus, à raison de leurs facultés, ont été mal à propos désignés pour recevoir des formules de passeports destinés
aux indigents, il en informera le Préfet ou le sous-Préfet. I. 887
et 921. Ainsi les receveurs ne sont pas autorisés à refuser une
formule demandée par un maire, sous prétexte que l'individu
désigné est en état de payer le prix d'un passeport à 2 fr.; ils
doivent se borner à prévenir l'autorité. Au surplus les formules
de passeports gratuits ne doivent être délivrées que sur une demande *écrite* et *nominative.* On ne peut les envoyer ni les déposer aux mairies sur une demande de quelques formules pour satisfaire aux besoins à venir, même avec promesse du maire de
remettre ultérieurement des demandes spéciales et nominatives.

587. La débite des formules de passeports gratuits n'est
constatée qu'à la fin du mois sur le registre de comptabilité des
papiers timbrés (V. 456). Pour justifier la dépense, les receveurs
dressent, *par année,* un état indiquant : 1° la date des demandes
faites par les maires; 2° les noms des personnes pour lesquelles
les formules ont été demandées; 3° les noms des communes de
leur résidence; 4° le nombre des formules délivrées. Cet état soumis, avec les lettres de demande, à la vérification du sous-Préfet et au *visa* du Préfet, est produit, pour la décharge des receveurs, au soutien de leur compte. I. 570 et 921 ; C. c. 3 et 27.

588. *Condamnés.* Les passeports gratuits destinés aux condamnés libérés et placés sous la surveillance de la haute police,
devant être délivrés par les Préfets, les formules nécessaires ne
peuvent être remises aux maires par les receveurs de l'enreg.,
elles sont mises directement à la disposition du Préfet par le
garde-magasin. D. 6 janv. 1835. I. 1474. — V. *Gardes-magasin.*

589. *Passeports gratuits pour l'étranger.* Le décret du 22 déc.
1842, relatif à la délivrance gratuite de passeports aux indigents,
est également applicable aux passeports a l'étranger, lorsque ceux
qui en ont besoin sont hors d'état d'en payer le prix. I. 581.
Ces passeports s'expédient sur les formules ordinaires destinées
aux indigents qui servent indistinctement pour l'intérieur et
pour l'étranger. Dans ce dernier cas, on raye seulement les
mots : *à l'intérieur,* pour ajouter à la main : *Bon pour aller à
l'étranger.* D. 14 avril 1817. I. 774. Il semble au surplus qu'un
changement analogue peut aussi être fait sur les passeports délivrés aux indigents pour l'Algérie ou les colonies françaises.
I. 1369 (V. 581). — Les formules sont remises directement par
le garde-magasin au Préfet, sur l'autorisation du directeur; le
receveur du timbre extraordinaire reste étranger à cette débite.
I. 774. V. *Gardes-magasin.*

590. *Passeports avec secours.* A partir du 1er janv. 1826, le
Ministre a prescrit l'usage de nouvelles formules de passeports
gratuits aux indigents avec *secours de route.* Elles sont remises
directement par le garde-magasin au Préfet, exclusivement
chargé de la délivrance, et les receveurs n'ont pas à s'occuper
de cette débite. C. c. 8 et 32. V. *Gardes-magasin.*

SECTION II. — *Formules de permis de chasse.*

591. Le décret du 11 juill. 1810 a chargé l'adm. de la débite
des permis de port d'armes de chasse et de la recette des produits. Le receveur du timbre extraordinaire en est exclusivement chargé pour tout le département. I. 496, 543. Une disposition contraire, I. 887, a été abrogée. D. 18 fév. 1826. I. 1184.
Le prix de ces formules, fixé d'abord à 30 fr. par le décret de
1810, I. 496, 543, et réduit à 1 fr. pour les membres de la Légion-
d'Honneur ou des ordres français, I. 514, 631 et 704, a été fixé
à 15 fr. pour toute personne sans distinction. L. 28 avril 1816,
art. 77; Ord. 17 juill. 1816. I. 732.

592. La loi du 3 mai 1844, sur la police de la chasse, a modifié ces dispositions ; aux permis de port d'armes, elle a substitué des *permis de chasse* qui sont délivrés sur l'avis du maire
et du sous-Préfet par le Préfet du département dans lequel celui
qui en fait la demande a sa résidence ou son domicile, et ce,
moyennant le paiement d'un droit de 15 fr. au profit de l'État,
et de 10 fr. au profit de la commune dont le maire a donné l'a-
vis énoncé ci-dessus. Circ. 2 août 1844.

593. Les formules de *permis de chasse* sont, comme les anciennes formules de permis de port d'armes, débitées par le receveur du timbre extraordinaire, qui est exclusivement chargé de
la recette du droit perçu au profit de l'État. Il n'a pas à s'occuper de la perception du droit de 10 fr. attribué à la commune.
Circ. 2 août 1844.

594. Une circulaire du Ministre des finances aux Préfets, en date du 24 août 1844, a changé le mode selon lequel le prix des formules de permis de chasse était payé au receveur du timbre extraordinaire en vertu des instructions 1484, 1497, 1380 et 1577, § 27. Aux termes de cette circulaire, les Préfets se font remettre ces formules, au fur et à mesure de leurs besoins, contre un mandat conforme au modèle donné. Le receveur du timbre extraordinaire porte immédiatement en recette le montant de ce mandat, sur le registre spécial de recette des passeports et permis de chasse (V. 579), sous le titre particulier de ce dernier produit. Il verse ensuite les mandats pour comptant au receveur général des finances après les avoir revêtus de son acquit. Si, à la fin de l'année, époque à laquelle le compte tenu pour cet objet par le receveur général doit être arrêté et soldé, il restait des formules non employées, elles seraient rendues par ce dernier au receveur du timbre, qui lui en rembourserait le prix. Il est nécessaire que cette opération ait lieu le 31 décembre, avant la fermeture du bureau, afin que les formules ainsi rendues puissent être comprises dans l'inventaire, qui doit être rédigé le même jour, des formules de l'espèce et de celles de passeports existant au bureau. C. c. 63, § 2 et 6. V. *Comptabilité générale.*

595. Lorsque des formules de permis de chasse sont annulées par des arrêtés du Préfet, comme ne pouvant plus servir, elles sont échangées par le garde-magasin. V. *Gardes-magasin.*

596. D'après une ordonnance du 17 juill. 1816, les gendarmes et les gardes qui constatent des contraventions aux lois et réglements sur la chasse et le port d'armes, ont droit à des gratifications qui leur sont payées par les receveurs de l'enreg. I. 732. Ces dispositions ont été maintenues par l'art. 40 de la loi du 3 mai 1844, et réglées par une ordonnance du 5 mai 1845, qui a fixé à 8 fr. la gratification accordée aux agents qui ont constaté un délit de chasse sans permis. I. 1730. Les receveurs qui font la recette des amendes sont également chargés de payer ces gratifications selon les règles indiquées *Comptabilité générale.*

TITRE III.

ENREGISTREMENTS ET TABLES.

CHAPITRE Ier. — *Règles communes aux enregistrements et aux actes en général.*

SECTION Ire. — *Dispositions générales.*

597. *Nature des actes.* On donne en général la qualification d'*actes* aux écrits où sont recueillis les faits ou les conventions dont on veut constater l'existence. Les actes se divisent en deux espèces principales : les actes publics et les actes sous signature privée. — Les *actes publics* sont ceux qui sont reçus ou rédigés par une autorité, un fonctionnaire ou un officier public ou ministériel ; ils comprennent : 1° les actes *civils* qui sont les actes des administrations ou des établissements publics et ceux des notaires ; 2° les actes *judiciaires* comprenant ceux des cours et tribunaux, des magistrats, des greffiers et des avoués ; 3° les actes *extrajudiciaires* dans lesquels on classe les actes des huissiers, ceux des commissaires-priseurs et courtiers, et généralement de tous autres fonctionnaires, agents ou préposés ayant qualité pour faire des exploits ou procès-verbaux. — Les *actes sous-seings privés* sont ceux qui sont passés ou souscrits sans l'intervention d'un fonctionnaire ou d'un officier public ou ministériel ; on y comprend : 1° les actes s. s. p. proprement dits ; 2° les déclarations de mutations immobilières opérées sans acte.

Sauf les exceptions déterminées par les lois, les actes et les mutations d'immeubles sont assujettis à l'enregistrement.

598. *Enregistrement.* L'enregistrement est une formalité qui consiste à transcrire sur un registre public, soit littéralement, soit par extrait, les actes civils, judiciaires ou extrajudiciaires, et les déclarations de mutations, moyennant un droit perçu au profit du trésor.

599. L'enreg. a remplacé le contrôle (V. 5), qui avait été établi pour constater la date des actes et leur donner plus de force et d'authenticité. La loi du 19 déc. 1790 attribuait le même effet à l'enreg. ; mais celle du 22 frim. an 7 a apporté quelques modifications à cet égard. — La formalité de l'enreg. est restée substantielle pour faire acquérir une date certaine aux actes s. s. p., C. civ. 1328, et pour consacrer celle des actes d'huissiers et des officiers ministériels d'un ordre inférieur. L. 22 frim. an 7, art. 34. Pour les autres actes, l'enreg. concourt par un contrôle fort utile à empêcher les antidates. Si la perception de l'impôt des droits d'enreg. est devenue l'un des principaux objets de la formalité, le secours qu'elle prête à la loi civile dans un intérêt d'ordre public, lui donne un caractère d'utilité morale qui manque à la plupart des autres contributions.

600. Le droit d'enreg. est assis sur des matières essentiellement imposables ; c'est l'indemnité due à la puissance publique pour la garantie que son concours assure aux conventions et aux transmissions de propriété. Dans beaucoup de cas, le paiement en est volontaire, et cet impôt atteint proportionnellement la fortune mobilière, ce qui n'est pas toujours facile. Enfin la surveillance que les employés sont à portée, et qu'ils ont mission d'exercer sur tous les actes présentés à l'enreg., est une garantie de plus pour leur régularité, non seulement dans l'intérêt de l'ordre public, mais encore dans celui des citoyens en particulier.

601. En raison de la diversité des conventions et des formes qu'on peut leur donner, la perception des droits d'enreg. est sans contredit la plus difficile. Le *Code annoté* de l'enreg. en fait connaître les principes et la jurisprudence ; on doit, dans ce traité, exposer seulement les règles à observer dans l'accom-plissement de la formalité, et les opérations de manutention qui s'y rattachent, sans s'occuper de l'exigibilité des droits, du paie-ment ni des règles de perception.

602. L'enreg., de même que le paiement des droits qui en résultent, est obligatoire ou facultatif, selon la nature des actes ou mutations, et quelques actes sont exempts de cette formalité. L'enreg. est obligatoire pour la généralité des actes publics, pour les actes s. s. p. et les conventions portant transmission d'im-meubles : pour les actes s. s. p. dont on veut faire usage ; pour les mutations par décès de biens meubles ou immeubles. L'enreg. est facultatif pour tous les autres actes ou conventions. Enfin la loi détermine les actes qui sont exempts de l'enregistrement.

603. Lorsque l'enreg. est obligatoire, la loi fixe les bureaux dans lesquels il doit ou peut avoir lieu, les délais accordés pour la présentation des actes et le paiement des droits, enfin les peines à défaut d'enreg. dans les délais. Elle détermine également ceux qui doivent payer les droits, soit à titre d'avance, soit person-nellement ou solidairement. Les règles, à cet égard, varient selon la nature des actes ou mutations ; on les énoncera, en ce qui concerne l'objet de cet ouvrage, sous le titre de chacun des re-gistres consacrés à l'enreg. de ces actes et mutations. On doit présenter d'abord les règles communes aux enregistrements et aux actes en général.

SECTION II. — *Opérations préalables à l'enregistrement.*

§ 1er. — *Présentation des actes.*

604. *Indications préalables.* Il est expressément défendu aux préposés de s'expliquer sur le montant des droits des projets d'actes ou même des actes qu'on leur représente sans en re-quérir l'enreg. C'est, de leur part, une indiscrétion qui peut en-traîner beaucoup d'inconvénients ; les parties pourraient chan-ger les dispositions des actes, ne pas les réaliser ou être tentées de ne plus les faire enregistrer. Circ. R. 1310. Les receveurs ne doivent donc indiquer le montant des droits qu'autant que les actes leur ont été expressément remis pour être enregistrés (V. 663).

605. *Défense de retenir les actes.* Lorsque, sur la demande des droits exigibles, le requérant ne veut plus que la formalité soit remplie, le receveur ne peut pas insister ni retenir l'acte ; seulement si cet acte est assujetti à l'enreg. dans un délai de ri-gueur, s'il contient des contraventions ou s'il fournit des preuves et même des présomptions suffisantes de leur existence, le re-ceveur est autorisé à retenir l'acte pendant 24 heures pour en tirer copie. O. gén. 19 ; Circ. R. 1310 ; L. 22 frim. an 7, art. 56 (V. 721). — Toutefois, en cas de contravention relative au timbre (V. 558).

606. *Sursis à l'enreg.* Les receveurs ne peuvent, sous aucun prétexte, même en cas de contravention ou lorsqu'il y aurait lieu à l'expertise, différer l'enreg., à mesure de leur présentation, des actes et mutations dont les droits et amendes leur ont été payés au taux réglé par la loi. O. gén. 18 ; L. 22 frim. an 7, art. 46 (V. 663).

De leur côté, les officiers publics et les parties constitués débiteurs des droits des actes, ne peuvent différer ce paiement, sous le prétexte de contestation sur la quotité, et sauf à se pourvoir en restitution, s'il y a lieu. L. 22 frim., art. 28. — Tel est le principe général, indiquons ses exceptions :

607. *Bureau.* Il est expressément défendu aux préposés d'admettre à l'enreg. des actes qui doivent recevoir la formalité dans un autre bureau, à peine de restitution de leurs remises, de tous frais, dommages-intérêts, indépendamment du parti ultérieur que les circonstances pourraient exiger de prendre contre eux. O. gén. 21. L'observation de cette règle est très essentielle ; la formalité, donnée dans un bureau autre que celui où elle devait avoir lieu, peut être considérée comme non avenue pour la perception des droits. Par conséquent, les parties seraient passibles d'amendes par la faute ou la négligence du préposé, et pourraient exercer un recours contre lui. — Pour connaître les bureaux où les différents actes doivent être enregistrés, V. *Code de l'enregistrement.*

Il faut encore, pour que l'enreg. d'un acte puisse être exigé, que cet acte soit présenté au receveur aux heures fixées par la loi pour l'ouverture du bureau (V. 413).

608. *Acte exempt.* Avant d'enregistrer un acte, le receveur doit vérifier s'il n'est point exempt de la formalité. S'il en est ainsi, il en fera l'observation au requérant ; lorsque celui-ci insiste, le receveur ne peut refuser d'enregistrer l'acte, sauf à faire mention sur le registre, et dans la relation apposée sur l'acte, que c'est à la réquisition expresse des parties.

609. *Timbre.* Il ne doit pas non plus, sous peine de 10 fr. d'amende, admettre à l'enreg. des actes qui ne seraient pas sur papier timbré du timbre prescrit, ni des protêts d'effets négociables, sans se faire représenter ces effets en bonne forme. L. 13 brum. an 7, art. 25 et 26 (V. 494).

610. *Langue française.* Le décret du 2 therm. an 2, Circ. R. 636, défendait de donner la formalité aux actes, même s. s. p., faits en France et non rédigés en langue française ; mais l'exécution de ce décret a été suspendue par un autre du 16 fruct. suivant. Circ. R. 657. Un arrêté du 24 prair. an 11 a renouvelé, pour les officiers publics, la défense de rédiger leurs actes dans un autre idiôme, sauf faculté d'écrire à la marge de la minute française la traduction dans la langue des parties. Quant aux actes s. s. p., les parties peuvent les rédiger dans leur idiôme, mais, pour l'enreg., les receveurs doivent exiger qu'elles y joignent, à leurs frais, une traduction en français, certifiée par un traducteur-juré. Cette traduction est également prescrite pour l'enreg. des actes passés en pays étranger. D. 7 mars 1833. I. 1425, § 1er.

611. *Acte informe.* Lorsqu'un acte présenté à l'enreg. est évidemment informe, c'est-à-dire lorsqu'il n'est pas signé des parties contractantes ou de l'officier public qui l'a rédigé, le receveur doit également en faire l'observation pour que l'omission soit réparée; si elle est irréparable, ou si l'on insiste pour que l'acte soit enregistré dans son état d'imperfection, le receveur doit remplir la formalité, parce qu'il n'est pas juge de la validité des actes (V. 621); il suffira de constater immédiatement l'état matériel de l'acte en marge de l'enreg. et dans la relation, et même par un procès-verbal lorsqu'il peut en résulter l'application d'une peine quelconque contre un officier public. I. 1554.

612. *Majorats.* A moins d'autorisation expresse obtenue par les titulaires, on doit refuser l'enreg. des actes contenant aliénation des biens faisant partie d'un majorat, ou constitution d'hypothèque sur ces biens. Décr. 1er mars 1808, art. 43, 54 et suiv. I. 413 et 696.

613. *Testaments.* Enfin les receveurs ne peuvent donner la formalité aux testaments des personnes vivantes que sur la réquisition expresse des testateurs. I. 432, § 3.

614. *Indivisibilité.* L'enreg. d'un acte est une formalité indivisible qui ne peut être syncopée. Par conséquent, les parties ne peuvent être admises à faire enregistrer seulement quelques unes des dispositions d'un acte. Dél. 26 niv. an 12, 15 brum. an 13, et Sol. 4 juin 1831. I. 290, § 1er.

615. *Déclarations à exiger.* Si l'acte présenté à l'enreg. ne contient pas les éléments nécessaires pour asseoir la perception, le receveur doit y faire suppléer par une déclaration certifiée et signée des parties au pied de l'acte; L. 22 frim. an 7, art. 16, — A défaut de cette déclaration, il peut refuser la formalité; mais il faut que le renseignement demandé soit indispensable. Dél. 24 mars 1824.

616. La loi semble n'exiger ces déclarations que pour les valeurs sur lesquelles les droits sont dus; cependant d'autres déclarations peuvent être nécessaires, par exemple : lorsqu'un partage n'indique pas le titre de copropriété, une donation le degré de parenté, un titre nouvel l'acte constitutif, etc.... Dans ces différents cas, le receveur n'est pas autorisé à refuser l'enreg., mais il doit demander les justifications nécessaires. Si elles sont refusées, il perçoit le droit au taux le plus élevé, sauf restitution, s'il y a lieu, dans les formes prescrites.

617. Relativement aux déclarations estimatives, leur nécessité est souvent la conséquence du caractère que le receveur attribue à l'acte. A cet égard, on ne saurait prendre trop de précautions pour s'assurer que la déclaration est indispensable à la liquidation des droits, et qu'il n'est point possible d'y suppléer par les énonciations du contrat. Le refus absolu d'enregistrer un acte, à défaut de renseignements, est un moyen extrême auquel il ne faut s'arrêter qu'après mûr examen, car c'est toujours sous sa responsabilité qu'un receveur refuse l'enreg. d'un acte. Il est préférable de faire une perception qui ne serait pas suffisamment justifiée, que de laisser expirer le délai accordé pour l'enregistrement.

618. Lorsqu'une déclaration estimative doit être faite, peut-on accepter celle qui est offerte par le notaire, ou doit-on exiger qu'elle émane des parties elles-mêmes? La loi porte que les déclarations seront certifiées et signées par les *parties;* il ne semble point que l'on puisse s'écarter de cette règle, surtout lorsqu'il s'agit d'évaluations qui peuvent donner lieu à une action ultérieure de l'adm. Il faut, en général, que la déclaration soit faite par celui auquel il est possible de l'opposer. Les receveurs s'attacheront à discerner, selon les différents cas, celles des parties dont ils devront exiger la déclaration ; ils auront égard, toutefois, aux circonstances particulières qui ne permettraient pas de satisfaire à leur demande. Rien n'empêcherait alors d'accepter la déclaration soit d'une autre partie, soit du notaire, soit enfin d'un tiers se portant fort et s'obligeant personnellement pour le débiteur.

§ II. — *Examen préalable des actes.*

619. *Lecture des actes.* Les receveurs doivent lire les actes en entier avec la plus grande attention avant de les enregistrer. Ord. gén. 17. — C'est une précaution indispensable pour 1° s'assurer qu'ils sont réguliers quant à la *forme* ; 2° embrasser l'ensemble de leurs dispositions, afin d'établir régulièrement la *liquidation* des droits et amendes dont chaque acte est passible ; 3° faire une *analyse* convenable des actes sur le registre ; 4° enfin utiliser les renseignements qu'ils présentent pour la *découverte* et le recouvrement des droits de toute nature dus au trésor. Telles sont en effet les opérations principales qui se rattachent à l'enreg. des actes et déclarations.

620. *Forme des actes.* Les obligations imposées aux diverses classes de fonctionnaires ou d'officiers publics et même aux particuliers, relativement à la forme de leurs actes, étant souvent différentes, il en sera fait mention aux chapitres qui concernent les registres sur lesquels ces actes sont enregistrés Ainsi, pour la forme des actes administratifs et des actes de notaires, et les contraventions qui s'y rapportent, V. 770 et suiv.; pour les actes s. s. p., V. 823 et suiv.; pour les actes de greffes et jugements, V. 857 et suiv. ; pour les exploits, procès-verbaux et ventes publiques de meubles, V. 1013 et suiv. Enfin, quant à la forme des déclarations de mutations par décès, V. 1068 et suiv. Nous présentons ici quelques observations sur la forme des actes en général par rapport à l'enregistrement.

621. *Validité.* L'adm. n'est pas juge de la validité des actes; elle n'a pas à rechercher, pour la perception, s'ils ont été rédigés dans les formes voulues pour assurer leur exécution, mais elle a pour mission expresse de voir si l'on a observé, dans cette rédaction, les règles imposées par la loi ; de constater les contraventions, et dans certains cas, d'en assurer la répression.

622. *Formalités spéciales.* Sous le rapport du *timbre*, les actes en général sont assujettis à des formalités particulières (V. *titre* II). — D'autres formalités applicables, sinon à tous les actes, du moins à ceux de plusieurs classes de fonctionnaires ou d'officiers publics, concernent : 1° la mention des *patentes* des contractants dans certains actes ; 2° l'énonciation des *poids et mesures* et le calcul du système décimal ; 3° la défense d'agir ou de rédiger des *actes en conséquence* d'autres actes non enregistrés.

623. *Patentes, mention dans les actes.* La loi du 17 mars 1791 obligeait les notaires et huissiers à faire mention de la patente des contractants dans les actes relatifs à leur commerce ou à leur industrie, à peine de 50 fr. d'amende. Circ. R. 242. La loi du 6 fruct. an 4 prononçait la nullité des actes, en cas de contravention à cette disposition, Circ. R. 941 ; et celle du 7 brum. an 6 portait contre les officiers publics une amende égale au droit de la patente. Circ. R. 1135. Ces dispositions furent remplacées par l'art. 37 de la loi du 1er brum. an 7, qui imposa la même obligation, sous peine d'une amende de 500 fr., tant contre les particuliers que contre les fonctionnaires publics qui faisaient ou recevaient des actes sans mentionner la patente. Circ. R. 1117. Cette dernière disposition fut confirmée par ordonnance du 23 déc. 1814, I. 668, et l'amende avait été réduite à 50 fr. par l'art. 10 de la loi du 16 juin 1824. I. 1136. Enfin l'art. 29 de la loi du 25 avril 1844 a reproduit la même règle, en réduisant à 25 fr. le chiffre de l'amende. I. 1722.

624. L'obligation de faire mention de la patente des contractants, dans tous les actes relatifs au commerce ou à l'industrie des parties, est imposée aux notaires, greffiers, avoués, huissiers, commissaires-priseurs, courtiers et autres officiers ministériels, pour les actes qu'ils reçoivent ; mais aucune disposition n'impose la même obligation, soit aux juges, soit même aux greffiers pour les jugements, I. 972 et 1204, § 6 (V. 935), et encore moins aux parties dans les actes sous-seing privé.

625. L'ord. du 23 déc. 1814 prescrivait aussi aux huissiers de faire mention de leur patente dans les exploits et autres actes de leur ministère, I. 668 ; mais cette disposition s'est trouvée abrogée par l'art. 13 de la loi du 25 avril 1844, qui a exempté ces officiers ministériels de l'impôt de la patente. I. 1722.

626. La mention de la patente dans les actes a pour but d'assurer la cotisation au rôle des patentes de tous les individus assujettis à cet impôt. Dans l'origine, les receveurs étaient chargés de sa perception, Circ. R. 799 ; en l'an 10, ils ont cessé cette recette, I. 23 ; mais ils ont continué de recevoir les amendes pour défaut de mention de la patente dans les actes. Circ. 22 vend. an 14. Par suite de cette attribution et de l'obligation générale imposée aux receveurs de surveiller l'exécution des lois relatives à la forme des actes, ils ont dû continuer également d'exercer cette surveillance relativement à l'énonciation de la patente dans les actes. Circ. R. 1417 ; I. 668 et 1722.

627. L'action pour faire condamner à l'amende à défaut de mention de la patente se prescrivant par deux ans à compter du jour où la contravention a été commise, L. 16 juin 1824, art. 14, I. 1136, il est essentiel que les receveurs examinent, sous ce rapport, les actes au moment même de leur présentation à l'enreg. Circ. R. 1417, I. 668 et 1722. — Dans cet examen, les préposés ne perdront pas de vue : 1° que l'obligation de faire mention de la patente n'est imposée que pour les actes relatifs au commerce, à l'industrie ou à la profession des patentables, et qu'ainsi il faut s'assurer d'abord si les contractants sont assujettis à la patente, et si les actes sont de la nature de ceux pour lesquels la mention est obligatoire ; 2° que cette mention doit comprendre la date et le n° de la patente, ainsi que le nom de la commune où elle a été prise, et que l'omission d'une seule de ces indications constitue une contravention. L'art. 37 de la loi du 1ᵉʳ brum. an 7 obligeait également à rappeler la *classe*, mais l'art. 29 de la loi du 25 avril 1844 ne reproduit pas cette dernière expression.

628. Les art. 30 et 31 de la loi du 25 avril 1844 ont pour objet de mettre les patentables à même de fournir, dans tous les cas, aux officiers publics les indications nécessaires. Lorsque la patente se trouve égarée, on y supplée par un certificat délivré sur papier timbré par le directeur ou le contrôleur des contributions directes. Si l'acte est passé avant l'émission du rôle de l'année courante, on peut énoncer la patente de l'année précédente, ou, à défaut, se pourvoir d'une patente par anticipation. Ainsi, dans aucun cas, les receveurs ne doivent admettre d'exception. I. 1722 et 1770.

629. A défaut d'énonciation de la patente, ou en cas d'omission de quelques unes des indications exigées, le receveur doit constater la contravention par un procès-verbal rédigé dans la forme prescrite pour les contraventions relatives au notariat (V. *titre* V). — On s'attachera notamment à faire ressortir que le contractant est assujetti à la patente et que l'acte est relatif à son commerce, à sa profession ou à son industrie. On joindra d'ailleurs à l'appui du procès-verbal une copie certifiée de cet acte. Circ. R. 1417 ; I. 668, 1537, nomb. 231 et 244, 1722 et 1770.

630. Le procès-verbal, dont le projet doit être soumis au directeur, sera affirmé devant le juge de paix dans les 24 heures de sa rédaction définitive, mais seulement lorsque le contrevenant refusera de le signer et d'en reconnaître la sincérité. I. 1089, § 2, 1537, nomb. 234, 1722. — On le transmettra ensuite au procureur du Roi chargé exclusivement de poursuivre la condamnation. I. 284, 668, 1537, n. 236 et 244 et I. 1722. Cet envoi sera fait par l'intermédiaire du directeur. Circ. R. 1417, § 15.

631. Les amendes ne peuvent être perçues qu'en vertu d'une condamnation formelle. Ainsi les receveurs devraient refuser les offres de paiement qui leur seraient faites avant le jugement. I. 1537, nomb. 238, 1722. — Après que la condamnation a été prononcée, le receveur chargé de la recette des amendes de condamnation suit le recouvrement de l'amende et des frais dans la forme ordinaire (V. *titre* IV.).

632. *Poids et mesures, système décimal.* Pour établir l'usage exclusif du nouveau système des poids et mesures créé par la loi du 18 germ. an 3, celle du 1er vend. an 4 a enjoint, sous peine d'amende, aux notaires et autres officiers publics d'exprimer, d'après ce système, toutes les quantités à énoncer dans leurs actes. Circ. R. 838. L'art. 17 de la loi du 25 vent. an 11 a renouvelé cette injonction en ce qui concerne les notaires. I. 263. Plusieurs fois l'adm. a rappelé aux préposés la part qu'ils doivent prendre à la répression des contraventions de cette nature, et leur a fait connaître les modifications apportées par la législation, notamment par le décret du 12 fév. 1812, qui avait toléré l'emploi de certaines dénominations usuelles. Circ. 13 vent. an 13; I. 27, 1285, 1415, 1443 et 1505.

633. Des dispositions plus énergiques ayant paru nécessaires pour établir l'usage exclusif du nouveau système des poids et mesures et de la numération décimale, une loi du 4 juill. 1837 a interdit, à compter du 1er janv. 1840, l'emploi dans les actes publics, ainsi que dans les avis et annonces de toutes dénominations de poids et mesures autres que celles portées dans le tableau annexé de cette loi, et établies par celle du 18 germ. an 3. Elles sont également interdites dans les actes s. s. p., les registres de commerce et autres écritures privées, produits en justice. Art. 5. I. 1594.

Les officiers publics contrevenants sont passibles d'une amende de 20 fr., qui est recouvrée sur contrainte, comme en matière d'enreg. L'amende est de 10 fr. pour les autres contrevenants ; elle est perçue pour chaque acte ou écriture s. s. p. Quant aux registres de commerce, ils ne donnent lieu qu'à une seule amende pour chaque contestation dans laquelle ils sont produits. Enfin, il est défendu aux juges et arbitres de rendre aucun jugement ou décision en faveur des particuliers sur des actes, registres ou écrits dans lesquels les dénominations interdites auraient été insérées, avant que les amendes encourues aient été payées. L. 4 juill. 1837, art. 5 et 6. I. 1594.

634. Cette loi ne s'oppose pas à la reproduction *textuelle* des dénominations employées dans des actes antérieurs au 1er janv.

1840; lorsqu'il s'agit de dispositions simplement *extraites*, il faut indiquer qu'on *analyse* un acte ancien. I. 1671.

635. Les seules dénominations autorisées par la loi sont : le mètre, l'are, le litre, le stère, le gramme et le franc, indépendamment de leurs multiples ou diviseurs décimaux; de plus le mètre, le litre et le gramme, ainsi que leurs décimales, ont chacun leur double et leur moitié. I. 1594.

636. Tous les fonctionnaires et officiers publics et ministériels, tels que les notaires, avoués, greffiers, commissaires-priseurs, huissiers, secrétaires d'administrations, et enfin tous autres investis par la loi d'un caractère pour faire des actes sont passibles, en cas de contravention, de l'amende prononcée par la loi du 4 juill. 1837.

637. En ce qui touche les actes publics, les affiches et les annonces, la contravention existe par elle-même indépendamment de toute autre circonstance, et l'amende est exigible aussitôt que l'infraction est reconnue. I. 1599. En conséquence, lorsque des actes publics en contravention à l'art. 5 de la loi du 4 juill. 1837 seront présentés à l'enreg., les receveurs devront demander le paiement immédiate de l'amende. En cas de refus, ils décerneront contre l'officier public ou ministériel contrevenant une contrainte dûment motivée. S'il s'agit d'un exploit, d'un acte en brevet, ou dont la minute ne reste point dans un dépôt public, le receveur aura soin de s'en procurer préalablement une copie dans la forme indiquée par l'art. 56 de la loi du 22 frim. an 7 (V. 721); cette copie sera jointe à l'appui de la contrainte. J. 1594.

638. Le même mode de recouvrement est prescrit pour l'emploi de dénominations illégales de poids et mesures dans les affiches et annonces. L'art. 45 de l'ord. du 17 avril 1839, donnée pour l'exécution de la loi, contient, relativement à la manière de les constater, des dispositions qui fixeront l'attention des préposés. Cet article impose d'abord aux maires, adjoints et commissaires de police l'obligation de constater les contraventions par des procès-verbaux qu'ils doivent envoyer immédiatement au receveur de l'enreg.; celui-ci, après avoir visé pour timbre et enregistré ces procès-verbaux en *débet*, poursuivra contre les contrevenants, par voie de contrainte, le recouvrement des amendes. Les vérificateurs des poids et mesures ne constatent point par des procès-verbaux les contraventions dont il s'agit; mais ils sont tenus de les signaler au receveur de l'enreg. par des rapports auxquels sont annexées les affiches ou annonces en contravention. Le receveur décerne contrainte d'après ces dénonciations. Enfin, il dirige d'office des poursuites lorsqu'il a lui-même découvert les contraventions, soit en enregistrant des exemplaires d'affiches et d'annonces, soit par tout autre moyen à sa portée. I. 1594.

639. Quant aux dénominations interdites dans les actes s. s.

p. , les livres de commerce ou autres écritures privées, l'amende n'est encourue que par le fait de leur production en justice; ainsi les receveurs ne sont pas autorisés à percevoir l'amende ou à en poursuivre le recouvrement par le seul fait de la présentation à l'enreg. des actes s. s. p. dans lesquels ces dénominations sont insérées. Mais, pour ne négliger aucun des moyens propres à généraliser l'usage des dénominations du système métrique, avant de procéder à l'enreg. de ces actes, les receveurs inviteront les parties à en faire disparaître les dénominations illégales, et leur feront observer qu'elles s'exposeraient, en les maintenant, à l'amende prononcée par la loi, si elles avaient ultérieurement à produire leurs conventions en justice. I. 1594.

640. Pour l'exécution de l'art. 6 qui défend aux juges de prononcer sur des actes en contravention, avant que les amendes aient été acquittées, les receveurs qui auront connaissance d'infractions à ce sujet devront en informer le procureur du Roi, en appelant son attention sur les dispositions de cet article. I. 1594. — Les instructions ne font pas connaître si, dans ce cas, le receveur doit constater la contravention résultant de la production en justice et poursuivre le paiement de l'amende qui n'a pas été acquittée préalablement. Cela paraît de droit, surtout lorsqu'il sera possible d'établir, au vu d'une copie littérale de l'enreg. de l'acte s. s. p., qu'il contient des dénominations prohibées, et, au vu du jugement ou d'un acte de procédure, que l'acte en contravention a été produit en justice sans que l'amende ait été payée. Pour faciliter l'exécution de ces dispositions, on énoncera, dans les enreg. d'actes s. s. p., les dénominations interdites qu'ils peuvent contenir, et l'on vérifiera ultérieurement si ces actes n'auraient pas été produits en justice. Il semble au surplus qu'une mention spéciale dans la relation d'enreg. de l'acte s. s. p. faciliterait encore plus le recouvrement de l'amende qui peut devenir exigible.

641. Pour les actes des officiers publics et ministériels, les amendes sont perçues par les receveurs des bureaux où les actes en contravention sont enregistrés. Les amendes pour les énonciations faites dans les actes s. s. p. ou les livres de commerce, produits en justice, sont recouvrées par le receveur près le tribunal devant lequel la production a eu lieu; enfin, la rentrée des amendes pour contraventions dans les avis et annonces doit être poursuivie, au chef-lieu du département par le receveur du timbre extraordinaire, et ailleurs par le receveur de l'enreg. de la résidence des contrevenants. I. 1614.

642. *Actes en conséquence.* Les notaires, secrétaires d'administrations, greffiers et huissiers ne peuvent délivrer en brevet, copie ou expédition, aucun acte soumis à l'enreg., ni faire un autre acte en conséquence soit d'un acte public reçu par un autre officier ministériel, soit d'un acte s. s. p. ou d'un acte passé dans les colonies ou en pays étranger, ni enfin l'annexer à leurs mi-

nutes ou le recevoir en dépôt, avant qu'il ait été enregistré,
quand même le délai pour l'enreg. ne serait pas encore expiré,
à peine de 10 fr. d'amende, outre le paiement du droit. — Sont exceptés les exploits et autres actes de cette nature qui se signifient à
parties, ou par affiches et proclamations, et les effets négociables,
etc. L. 22 frim. an 7, art. 23, 41, 42 ; 28 avril 1816, art. 56 et
58. — Les notaires (seuls) peuvent faire des actes en vertu et par
suite d'actes s. s. p. non enregistrés, et les énoncer dans leurs
actes, mais sous la condition de les annexer à ces derniers, de
les présenter en même temps à l'enreg., et d'être personnellement responsables des droits et amendes, comme ils le sont pour
leurs propres actes. L. 16 juin 1824, art. 13.

Il est également défendu aux juges, aux arbitres et administra-
trations centrales et municipales de prononcer ou de prendre
aucun arrêté sur des actes non enregistrés, à peine de responsabilité des droits. L. 22 frim., art. 47, et 1816, art. 58. — Enfin
lorsqu'après un acte ou une demande extrajudiciaire, on produit,
en cours d'instance, un titre non enregistré émané du défendeur,
pour une convention énoncée comme verbale, le double droit
est exigible sur le jugement. Art. 57. — La défense d'énoncer
des actes s. s. p. non enregistrés, ne s'applique pas aux parties
pour la rédaction des actes privés faits en conséquence.

643. Les dispositions ci-dessus ont pour but d'assurer le
paiement des droits d'enreg. ; les préposés doivent donc veiller
avec soin à la répression de ces contraventions. Celles qui ont
pour objet le défaut d'enreg. préalable des actes s. s. p., ont
plus de gravité que lorsqu'il s'agit de l'énonciation d'actes publics. Dans ce dernier cas, la contravention est ordinairement
le résultat d'un oubli ou d'une erreur, et entraîne rarement un
préjudice pour le trésor, puisque les droits de l'acte énoncé sont
payés dans un délai plus ou moins rapproché par l'officier public qui l'a reçu. Toutefois les préposés, devant appliquer la
loi sans entrer dans ces considérations, ne peuvent s'abstenir de
relever les contraventions de cette espèce.

644. Pour les énonciations d'actes s. s. p. la contravention
est presque toujours volontaire, et elle exige une répression d'autant plus active que les droits de l'acte s. s. p. énoncé seraient
soustraits au trésor. Le receveur qui constate une infraction de
cette nature, fait donc une double découverte : celle de l'amende,
et celle des droits de l'acte s. s. p. qui peuvent être considérables.

Quelquefois les officiers publics cherchent à dissimuler l'existence des actes s. s. p. dont ils font usage, en rappelant leur
substance comme résultant de simples conventions verbales.
Les receveurs doivent examiner ces énonciations avec une grande
attention, afin de rechercher si quelques unes des expressions
employées ne prouveraient pas l'existence d'un écrit ; mais, d'un
autre côté, la loi ne prohibant pas l'énonciation d'un fait ou
d'une simple convention verbale, il faut prendre garde de re-

lever des énonciations qui n'auraient pas le caractère de contraventions passibles d'amende.

645. Au vu des actes et jugements soumis à l'enreg., les receveurs devront s'assurer immédiatement que les actes énoncés
ont été préalablement enregistrés, ou qu'ils ont été présentés à
la formalité en même temps que ceux faits en conséquence dans
les cas autorisés par la loi. Cette vérification ne suffit pas toujours, car les actes pourraient avoir été enregistrés dans d'autres
bureaux. S'il s'agit d'actes publics, pour lesquels le délai n'était
pas encore expiré au moment où ils ont été énoncés, on écrira
au receveur du bureau où la formalité a dû être donnée, afin
d'en connaître la date. S'il s'agit d'actes s. s. p., il faut demander à l'officier public qui les a énoncés, de justifier de leur enreg.;
à défaut de quoi, la contravention sera constatée; s'il est justifié
de l'enreg., le receveur se bornera à exiger l'amende encourue
à défaut de transcription de la relation d'enreg. de ces s. s. p.
dans les actes faits en conséquence (V. 716).

646. Les contraventions résultant de l'usage d'actes non enregistrés, sont celles que les employés supérieurs ont à relever
le plus fréquemment, par suite de la négligence des receveurs à
les constater; une lecture attentive des actes préviendrait ces
omissions. — Dans certains cas, la responsabilité des receveurs
ne serait pas seulement engagée pour les amendes qui tombe-
raient en non-valeur; les officiers publics pourraient même rejeter sur eux le fait de la contravention. Cela se présente notamment à cause de la faculté accordée à tous les officiers publics par l'art. 56 de la loi du 28 avril 1816, et aux notaires en
particulier par l'art 13 de la loi du 16 juin 1824 (V. 642).

647. L'application de ces articles exige quelques observations : relativement à l'art. 13 de la loi du 16 juin 1824 (V. 795);
en ce qui touche l'art. 56 de la loi du 28 avril 1816, qui permet
au même officier public de faire un acte en conséquence d'un de
ses actes, mais à la condition expresse de présenter le premier à
l'enreg. avant le second, ou au moins en même temps, il importe
que les receveurs constatent les infractions au moment même
de l'enreg.; autrement les officiers publics allèguent que les deux
actes ont été présentés simultanément et que la contravention
provient de la faute du receveur.

Dans ce cas, il est souvent difficile de reconnaître la vérité,
et l'on comprend que le silence du receveur, au moment de
l'enreg. de l'acte fait en conséquence, est une présomption grave
contre lui. Une délibération du 17 mai 1836 porte même que
la mention d'annexe, contenue dans l'acte principal, justifiant
suffisamment que les deux actes ont été présentés simultanément
à la formalité, l'amende encourue ne peut être réclamée de l'officier public, et doit être relevée à la charge du receveur qui n'a
pas constaté la contravention au moment de l'enregistrement.

648. Les contraventions aux dispositions des art. 41 et 42 de la loi du 22 frim. an 7, 56, 57 et 58 de la loi du 28 avril 1816, sont poursuivies par voie de contrainte; il n'est pas nécessaire de rédiger procès-verbal, lorsqu'il s'agit d'actes dont il reste minute (V. *titre* V). — Relativement à la défense faite aux juges de prononcer sur des actes non enregistrés (V. 937).

§ III. — *Liquidation et perception des droits et amendes.*

649. *Caractère des actes.* Lorsque, par un examen attentif, le receveur a reconnu l'état de l'acte sous le rapport de la forme, il doit rechercher quel est le véritable caractère de la convention pour en liquider exactement les droits. Cette appréciation ne dépend ni de la qualification, ni des formes apparentes données aux actes, mais des effets réels qu'ils produisent. Elle offre donc des difficultés d'autant plus grandes que souvent, pour se soustraire au paiement de l'impôt, on cherche à présenter sous un faux jour les conventions qui sont l'objet des contrats. Le receveur s'attachera à discerner la vérité, il étudiera avec soin l'esprit et les effets des conventions et recherchera dans quelle classe elles doivent être rangées.

650. *Assiette des droits.* Lorsqu'il sera fixé sur le caractère des conventions, le receveur liquidera pour chaque disposition et selon son espèce, les droits exigibles d'après le tarif. Il se conformera d'ailleurs, pour faire cette liquidation, aux règles établies par la loi relativement à l'assiette des droits. S'il reconnaît que des sommes et valeurs n'ont pas été déterminées, il doit demander une déclaration estimative (V. 615 et suiv.), excepté lorsqu'il s'agit d'une quantité spécifiée de denrées dont la valeur doit, dans tous les cas, être fixée par les mercuriales, ou de menues denrées de consommation connues sous le nom de *faisances*, et dont le prix courant peut être fixé d'office,

651. *Mercuriales.* Les mercuriales sont des relevés recueillis par les soins de l'autorité municipale, pour constater le prix moyen par jour, par quinzaine, par mois, et ensuite par année, des grains et de certaines denrées vendus sur chaque marché public. C'est le cours officiel. Lorsque le revenu des biens, rentes ou pensions consiste en une certaine quantité de grains ou denrées dont la valeur est déterminée par les mercuriales, la valeur qui doit servir de base à la perception est déterminée par le taux moyen des mercuriales, ainsi qu'il est réglé par les art. 14, n° 9, et 15, n° 1er de la loi du 22 frim. an 7, et par l'art. 75 de la loi du 15 mai 1848.

652. D'après la loi de l'an 7, deux décisions des 10 mess. an 10 et 3 vend. an 13, I. 290, § 31, et le décret du 26 avril 1808, I. 386, § 20, l'évaluation des denrées devait être faite d'après le taux commun, pour les *trois dernières années*, des mercuriales du canton de la situation des biens; mais la loi du 15 mai 1848 porte que l'évaluation des rentes ou du prix des baux sera faite selon les mercuriales du marché le plus voisin, d'après une année commune formée sur les *quatorze dernières années* antérieures à celle de l'ouverture du droit, en retranchant les deux plus fortes et les deux plus faibles ; l'année commune sera établie sur les dix années restantes. — Cette dernière disposition n'est pas applicable aux baux à portion de fruits qui continuent d'être régis par la loi du 22 frim. an 7. Cass. 9 mai 1826, I. 1200, § 4. Par conséquent, il existe encore deux modes d'évaluation d'après les mercuriales.

653. Le prix moyen des grains et denrées que l'autorité municipale doit établir à l'expiration de chaque année, ayant un caractère authentique et légal, les receveurs doivent se borner à en faire le relevé pour toutes espèces de grains et denrées à la mairie de la commune de leur résidence ou de celle du marché le plus voisin, et à faire certifier l'exactitude du relevé par le maire. Lorsqu'il n'y a pas de marché dans l'étendue du canton, un extrait du relevé est adressé au receveur par son collègue du bureau dans l'arrond. duquel se trouve le marché le plus rapproché. Au moyen de ces relevés, les receveurs dresseront chaque année, conformément à l'art. 88, O. gén. et aux Circ. R. 783 et 926, le tableau des mercuriales, selon le mode actuellement prescrit par l'art. 75 de la loi du 15 mai 1818. I. 834 et 1545.

654. Ce tableau est divisé en sept colonnes principales indiquant : 1° la nature des denrées portées sur les mercuriales ; 2° le taux commun, pour chacune des 14 dernières années tant d'après le relevé que d'après le précédent tableau du prix de ces denrées ; 3° le total pour les 14 ans ; 4° les 2 années plus fortes et les 2 années plus faibles, avec le total à déduire pour ces quatre années ; 5° le restant pour les dix autres années, c'est-à-dire la différence entre le total des quatorze ans et celui des quatre années à déduire ; 6° le dixième de ce restant qui formera le taux moyen pour l'année ; 7° observations. I. 1545.

655. Quelles que soient les mesures en usage, le prix moyen des denrées devra toujours être établi par hectolitre pour les grains et liquides, par mètre pour les mesures de longueur, par kilogramme pour les menues denrées, par quintal métrique, c'est-à-dire par cent kilogrammes pour les fourrages, et par stère pour les bois. I. 1545. — Le tableau des mercuriales doit être formé avec le plus grand soin, afin de ne blesser ni les intérêts du trésor, ni ceux des parties. I. 834.

656. Les receveurs auront soin de renouveler chaque année le tableau des mercuriales. O. gén. 88 ; Circ. R. 783 et 926 ; I. 834 et 1545. Comme le taux commun par année n'est point, dans toutes les localités, établi à la même époque par les autorités municipales, on devra se conformer à l'usage adopté et renouveler le tableau aux époques déterminées par l'autorité pour la fixation annuelle du taux commun du prix des denrées. Le tableau sera transcrit sur le sommier d'ordres, et l'on en fera deux copies : l'une sera adressée au directeur, et l'autre affichée dans un endroit apparent du bureau. Quant au relevé annuel des mercuriales certifié par le maire, on le conservera dans les archives du bureau après l'avoir porté sur l'inventaire. I. 1545.

657. Les instructions se taisent sur le mode à suivre pour la formation du taux commun du prix des trois dernières années qui doit être pris pour base de la perception sur les baux à colonage ou à portion de fruits (V. 652) ; les relevés des maires serviront à cet usage. Dans la colonne d'observations du tableau, on pourra indiquer le taux moyen du prix des trois dernières années pour s'en servir au besoin.

658. *Perceptions.* La liquidation et la perception des droits forment l'une des parties les plus essentielles des devoirs des receveurs ; nous n'avons à présenter sur ce sujet que quelques principes généraux qu'il importe de ne pas perdre de vue.

Les perceptions seront absolument conformes au texte de la loi. Q. gén. 47. Les intérêts du trésor commandent aux préposés d'exiger tout ce que lui accordent les lois qui régissent la perception ; mais c'est aussi un devoir pour eux de rester dans cette limite et de ne point léser les contribuables par des perceptions exagérées. L'adm. désire que les préposés se pénètrent de cet esprit d'équité. La première règle de toute perception est d'être conforme aux dispositions expresses de la loi qu'il ne faut ni restreindre ni excéder. I. 1498.

659. Les receveurs doivent donc s'attacher à faire aux actes une juste application des dispositions de la loi en se conformant aux règles tracées par les instructions et par une jurisprudence bien établie. Si, à la rigueur, les préposés ne sont tenus d'avoir égard qu'à la loi et aux instructions données par l'adm. pour l'interprétation de ses dispositions, le receveur qui a méconnu les règles d'une jurisprudence constante n'est pas à l'abri de reproches et ne pourrait s'excuser sur l'absence d'une instruction. Le devoir de tous les employés est de se tenir au courant des variations de la jurisprudence, d'étudier l'application nouvelle des principes en matière de perception, et de s'y conformer lorsqu'elle s'accorde avec les dispositions de la loi et les instructions de l'adm. — Toutefois, les receveurs ne doivent pas admettre indifféremment les décisions rendues par les tribunaux de première instance ou publiées par les différents recueils ; ces décisions peuvent les guider, les éclairer, mais elles pourraient aussi les induire en erreur, puisqu'elles sont souvent rendues dans des espèces particulières, ou même contraires aux principes que l'adm. cherche à maintenir.

660. Il est du devoir des receveurs d'écouter avec attention les observations des officiers publics ou des parties sur la liquidation des droits. C'est souvent un moyen de prévenir des erreurs. Néanmoins ils doivent se tenir en garde contre les raisonnements spécieux et les insinuations de l'intérêt privé, peser

14

avec attention les arguments opposés, les discuter avec modération, et donner enfin avec patience les explications nécessaires, sauf à adopter en définitive la décision qu'il appartient au
receveur de prendre,

661. *Défense de faire remise.* — Aucune autorité publique,
ni l'adm. ni ses préposés, ne peuvent accorder de remise ou
modération des droits et des peines encourues, ni en suspendre
ou faire suspendre le recouvrement, sans en devenir personnellement responsables. L. 22 frim. an 7, art. 59 ; O. gén. 47. —
C'est la règle générale : cependant il ne faut pas la prendre
dans un sens trop absolu, et elle souffre, dans la pratique, quelques exceptions qui résultent tant des lois postérieures que de
la force des choses. Ainsi, d'après la Charte, au Roi appartient
le droit de faire grâce des peines encourues, ce qui comprend
les peines pécuniaires ou les *droits en sus* et *amendes*, aussi bien
que les peines corporelles. Le Ministre des finances exerce, par
délégation, ce droit de grâce d'après les propositions qui lui
sont soumises par l'administration.

662. Mais le Ministre des finances, ni aucune autre autorité,
n'a le droit d'accorder remise ou modération des *droits* légalement exigibles. Le Ministre des finances, l'adm. et les directeurs
sont autorisés néanmoins à faire suspendre le recouvrement
des droits, soit à raison de l'insolvabilité actuelle des débiteurs,
soit parce que des poursuites immédiates pourraient compliquer
ou même compromettre la perception de l'impôt. Au surplus,
ces ordres de sursis sont toujours donnés sous la responsabilité
de l'autorité ou de l'agent supérieur dont ils émanent. — Quant
aux agents inférieurs, il ne leur est permis d'accorder aucune
remise. O. gén. 47. Ils ne peuvent également surseoir à aucun
recouvrement sans un ordre positif, excepté lorsqu'il y a nécessité absolue pour ménager les frais, et que le sursis ne présente d'ailleurs aucun inconvénient. Ils doivent alors s'empresser de rendre compte au directeur et prendre ses ordres.

663. *Paiement des droits et amendes.* L'art. 28 de la loi du
22 frim. an 7 porte que les droits des actes et des mutations
seront payés *avant l'enreg.* aux taux et quotités réglés par cette
loi. Il est donc essentiel qu'avant de commencer l'enreg. d'un
acte, le receveur exige le paiement des droits dont il est passible. Ces dispositions s'appliquent non seulement au paiement
des droits simples, mais encore à celui des droits en sus et amendes exigibles pour contraventions en matière d'enreg. Toutefois
il arrive assez fréquemment que les receveurs consentent à enregistrer, moyennant le paiement des droits simples, des actes
qui sont passibles de droits en sus ou d'amendes, et se bornent
à exprimer dans leur quittance la réserve de ces droits et amendes, pour le cas où la remise n'en serait point ultérieurement
accordée aux parties.

Ce mode de procéder est contraire aux art. 28 et 59 de la loi du 22 frim. an 7. Il encourage la fraude en favorisant le recours des parties au Ministre; il compromet les intérêts du trésor, à cause des difficultés qui peuvent plus tard entraver ou empêcher le recouvrement ; enfin il engage gravement la responsabilité des receveurs. En conséquence, il est prescrit à ces préposés de ne jamais se dispenser de percevoir, à l'instant de la formalité, tous les droits en sus et amendes dont les actes et déclarations sont susceptibles d'après la loi sur l'enreg. Les receveurs seront immédiatement forcés en recette du montant des droits en sus et amendes qu'ils auraient négligé de faire acquitter lors de l'enreg. I. 1423.

664. Ces dispositions sont spéciales aux amendes d'enreg.; l'instr. nº 1136, § 10, porte cependant que les receveurs doivent exiger le paiement de *toutes* les amendes dont le recouvrement peut être suivi par voie de contrainte ; mais il ne paraît pas que l'on puisse invoquer, pour des amendes autres que celles concernant l'enreg., les dispositions de l'art. 28 ci-dessus ; et, à défaut de paiement, refuser l'enreg. des actes contenant des contraventions aux lois sur les *ventes publiques de meubles*, les *poids et mesures*, etc. Si les officiers publics ne veulent pas absolument payer ces amendes en même temps que les droits d'enreg., on ne peut, à notre avis, refuser la formalité, et l'on doit se borner à constater les contraventions afin de poursuivre le recouvrement des amendes dans les formes prescrites.

665. A l'égard des amendes de *timbre*, il faut faire une distinction : lorsque les actes ne sont point sur papier timbré du timbre prescrit, il est expressément défendu aux receveurs de les enregistrer avant le paiement des droits et amendes (V. 494) ; mais pour les autres infractions à la loi du timbre, lorsqu'on refuse d'acquitter les amendes, il ne semble pas que le receveur soit autorisé à différer l'enreg ; il se bornera à constater les contraventions ainsi qu'il est prescrit (V. 553).

Dans tous les cas, la responsabilité du receveur lui commande de relever toutes les contraventions au moment même de l'enreg., soit en percevant immédiatement les amendes exigibles, soit en constatant les faits pour en poursuivre la répression.

666. La consignation préalable des droits et amendes exigibles par celui qui requiert un enreg. est d'autant plus nécessaire, qu'un enreg. fait ou commencé sur le registre ne peut être rayé ou bâtonné, et que le receveur devient dès lors comptable des sommes non payées, sauf son recours contre le débiteur des droits. O. gén. 48; Cass. 16 déc. 1811. — Pour connaître les débiteurs des droits, V. *Code de l'enregistrement.*

667. *Livre-journal.* Quelque formelle que soit la disposition précise de l'art. 28 de la loi du 22 frim., qui prescrit de faire payer avant l'enreg. les droits des actes, on a été forcé de reconnaître qu'elle ne peut pas toujours être exécutée littéralement, quant aux officiers publics, qui souvent apportent à la fois aux receveurs un grand nombre d'actes à enregistrer. Le temps qu'exigent la lecture attentive de ces actes et la liquidation des droits et amendes auxquels chacun d'eux peut donner ouverture, ne permettant pas d'attendre que ces opérations soient terminées pour acquitter les sommes exigibles, les receveurs ont été autorisés, toutes les fois qu'un officier public apporte au bureau des actes qui ne peuvent être enregistrés sur-le-champ, à requérir la consignation d'une somme approximativement égale au montant des droits de ces actes, sauf régularisation ultérieure au moment de leur retrait. I. 1523 ; C. c. 16.

668. Pour la régularité de cette comptabilité particulière, il a été prescrit aux receveurs de tenir un *carnet* ou *livre-journal* pour constater ces opérations. Le livre-journal est formé à la main par le receveur, en papier de la dimension dite : *moyen papier*. Il doit être soumis au cote et paraphé du directeur. I. 1523. Les receveurs ne peuvent se dispenser de le tenir sous prétexte que les droits sont toujours payés comptant ; mais il n'en résulte pas l'obligation d'y inscrire tous les actes à enregistrer, lorsque les officiers ministériels les retirent sur-le-champ. C'est ce qui résulte de l'instr. et du titre même de ce livre ou compte ouvert.

669. Le livre-journal est divisé en dix colonnes, savoir : n° d'ordre, date des versements, noms, qualités et demeures des officiers publics et ministériels, nombre et date des actes déposés au bureau, sommes versées à valoir sur les droits, montant des droits d'enreg., date du réglement avec les officiers publics, sommes payées pour complément de droits, sommes remboursées pour excédant de consignations, observations. I. 1523.

670. Les receveurs se conformeront, pour la tenue du livre-journal, aux indications suivantes : Toutes les fois qu'un officier public ou ministériel apportera au bureau des actes qui ne pourront être enregistrés sur-le-champ, le receveur appréciera le plus exactement possible l'importance des droits et exigera la consignation d'une somme approximativement égale au montant des droits de ces actes. Il portera sur le livre-journal, d'une part, le nombre et la date, en une seule ligne, des actes déposés ; d'autre part, la somme consignée par l'officier public. *Ibid.*

671. Après l'enreg. des actes, le receveur inscrira le montant des droits auxquels ils auront donné ouverture, dans la colonne établie à cet effet au livre-journal. Lorsque l'officier public viendra retirer les actes laissés en dépôt, il sera fait mention, dans la 7ᵉ ou la 8ᵉ colonne, soit de la somme payée pour complément des droits, soit de la somme remboursée par le receveur pour excédant de consignation. Cette mention sera paraphée par le préposé, à la marge, dans la colonne des observations. — Les droits des actes remis au bureau, pour l'enreg., devront toujours être soldés avant les époques fixées pour les versements des receveurs, savoir : 1° tous les cinq jours, dans les bureaux d'arrond.; 2° le dernier jour du mois, dans les bureaux de canton; 3° pour les uns et pour les autres, toutes les fois que les recettes s'élèvent à 5,000 fr. C. c. 16; I. 1523.

672. Lors des vérifications de caisse par les employés supérieurs, le receveur doit leur représenter le livre-journal. Les sommes consignées et celles qui sont dues pour des actes restés au bureau sont admises dans l'établissement de la caisse. V. *titre* VI, et *Vérificateurs.* — Le livre-journal est purement d'ordre; il a pour objet de faire connaître la situation respective des officiers publics et du receveur, quant au paiement des droits des actes existant au bureau, lors des vérifications de caisse; et ce préposé n'en est pas moins personnellement responsable, envers le trésor, du montant des droits de tous les actes enregistrés, sauf son recours contre les officiers ministériels. I. 1523; C. c. 16.

673. Il s'élève fréquemment des difficultés sur la question de savoir si les actes ont été déposés en temps utile au bureau : pour les prévenir, le receveur aura soin d'inscrire les actes sur son livre-journal au moment même de leur réception. S'il reconnaît que des actes sont présentés tardivement à la formalité, il ne manquera jamais d'en faire l'observation, et de comprendre le montant des droits en sus, et amendes dans les sommes dont il demandera la consignation. Il vérifiera aussi avec attention s'il n'y aurait pas des actes annexés qui devraient être enregistrés en même temps. — Les officiers publics et les particuliers ne sont pas recevables à prouver par témoins qu'un acte enregistré tardivement a été présenté dans le délai. Cette preuve ne peut être faite contre la date de l'enreg. que par écrit, soit par un récépissé du receveur, soit par une sommation extrajudiciaire. Alors c'est le receveur qui devient responsable envers le trésor des droits en sus et des amendes encourues (V. 749).

SECTION III. — *Opérations concernant l'enregistrement.*

§ 1er. — *Enregistrement des actes et déclarations.*

674. *Rédaction.* Les receveurs ne doivent permettre dans aucun cas que les notaires, greffiers, huissiers ou autres leur dictent les dispositions des actes à enregistrer. O. gén. 17; ni à plus forte raison qu'ils les enregistrent eux-mêmes. Ils éviteront de confier, ne fut-ce qu'accidentellement, leurs registres à des personnes étrangères à leur bureau, pour écrire les enreg. Ainsi qu'il a été dit sup. 397, les receveurs, dans les bureaux de canton, doivent rédiger eux-mêmes les enreg., et, autant que possible, les écrire de leur main; dans les bureaux plus importants, ils se réserveront l'enreg. des actes compliqués (V. 693).

675. *Registres.* Les enreg. doivent être faits sur chacun des registres spécialement consacrés à cet usage, selon la nature des actes ou mutations. O. gén. 65. Il faut éviter toute confusion à cet égard. Lorsque, par inadvertance, on a fait ou commencé un enreg. sur un registre autre que celui où il aurait dû être porté, on doit se borner à le rayer par un trait léger, et indiquer en marge qu'il a été reporté sur tel autre registre, à tel folio; cette mention, signée par le receveur, semble le meilleur moyen d'éviter des reproches plus graves, sauf l'appréciation des faits par les employés supérieurs.

676. Les registres d'enreg. proprement dits, sont au nombre de cinq, Circ. R. 3 et 679; I. 443 : 1° Registre des *actes civils publics*, consacré à l'enreg. des actes des notaires, des administrations et des établissements publics; — 2° Registre des *actes sous signature privée*, destiné à l'enreg. des actes s. s. p., et des déclarations de mutations entre vifs d'immeubles, opérées sans actes; — 3° Registres des *actes judiciaires* (deux modèles), servant à l'enreg. des actes et jugements des divers tribunaux, et à la perception des droits de greffe de rédaction et d'expédition; — 4° Registre des *actes extrajudiciaires*, pour l'enreg. des exploits et autres actes ou procès-verbaux du ministère des huissiers, commissaires-priseurs, courtiers et autres ayant pouvoir de faire des exploits ou procès-verbaux; — 5° Registre des *déclarations de mutations par décès*, consacré aux déclarations que les héritiers sont tenus de passer pour tous les biens qui leur sont échus par décès (V. 409).

Tous ces registres sont établis avec feuilles imprimées en tête, ou distribuées par cases numérotées; ils sont cotés et paraphés par le directeur, ainsi que tous les autres registres des bureaux, O. gén. 63; et arrêtés chaque jour par le receveur (V. 410, 420).

677. *Ordre des enregistrements.* Les enreg. seront faits *jour par jour* et *successivement*, c'est-à-dire au fur et à mesure de la présentation des actes au bureau, le jour même de leur dépôt, et, pour les déclarations le jour de la comparution des parties (V. 606). L'usage contraire est non seulement en opposition avec les prescriptions de la loi, mais il entraîne souvent de graves inconvénients et des omissions que quelques receveurs sans expérience aggravent encore en cherchant à les dissimuler. On ne peut trop insister sur les dangers de ces moyens palliatifs; la contravention se découvre tôt ou tard, et plus d'un employé a été frappé de révocation pour avoir cherché à dissimuler un simple oubli, à l'aide de fraudes dont il n'a point compris toute la gravité. Dans ce cas, le receveur doit s'empresser de payer les amendes que sa négligence a rendues exigibles, sauf à se pourvoir en remise, en exposant les faits avec sincérité. C'est le meilleur moyen de se concilier l'indulgence et d'éviter des mesures de sévérité.

678. On aura soin, lorsqu'un acte a été fait en conséquence d'un autre acte présenté en même temps à l'enreg., de donner la formalité d'abord à l'acte qui sert de base à l'autre. L'oubli de cette règle fait naître souvent des contraventions (V. 647).

679. Les enreg. doivent encore être faits *successivement* en ce sens, qu'il ne faut pas commencer un enreg. avant que le précédent soit terminé, en laissant en blanc l'espace présumé nécessaire. Ce mode d'opérer a de graves inconvénients. Aucun blanc ne doit être réservé sur les registres, et on s'expose d'ailleurs à la nécessité de resserrer ou d'étendre l'enreg. de manière à faire supposer une intercalation réelle.

680. *Cases.* Sur les registres distribués par cases on ne peut enregistrer deux actes dans la même case; mais lorsqu'une case ne suffit pas, on peut en employer plusieurs pour le même acte (V. 690). Il n'est pas nécessaire d'ailleurs, dans ce dernier cas, d'employer une case séparée pour chaque disposition de l'acte; l'enreg. se fait en suivant, dans un même contexte, et en rayant légèrement les mots imprimés dans les cases intercalaires.

681. *Marge.* Sous aucun prétexte et sous toutes les peines de droit, aucun enreg. ne peut être fait à la marge des registres, dans des cases contenant des arrêtés, ou par forme de mémoire sur des registres, cahiers ou feuilles particulières. O. gén. 22. L'enreg. fait à la marge serait considéré comme une intercalation, et s'il s'appliquait à un acte assujetti à la formalité dans un délai déterminé, il y aurait présomption qu'elle n'a pas été donnée en temps utile; dès lors, le receveur serait responsable des droits en sus et amendes qu'il aurait négligé de percevoir, sans préjudice des peines disciplinaires et des dommages-intérêts qu'il pourrait encourir si un tel enreg. avait d'autres causes qu'une simple négligence, ou si l'irrégularité donnait lieu à des contestations entre les parties.

682. *Forme.* L'enreg. des actes se fait en rappelant sur le registre à ce destiné, par extrait et dans un même contexte, toutes les dispositions que l'acte contient. L. 19 déc. 1790, art. 7. Circ. R. 89. Ainsi l'enreg. doit présenter une *analyse complète* de l'acte dans *un seul contexte*, c'est-à-dire qu'il n'est pas permis d'interrompre un enreg. pour en commencer un autre, et l'achever ensuite après celui-ci.

683. *Date.* En tête de l'enreg. on indique, en toutes lettres, sauf le millésime qui peut être en chiffres, la date de la formalité; elle doit être répétée pour chaque enreg. du même jour, de manière que chacun, isolément, présente toutes les indications nécessaires. — Vers le haut de chaque feuillet du registre, on indique en outre le mois et l'année en caractères apparents, pour faciliter les recherches.

684. *Écriture.* Les receveurs ne peuvent donner trop de soin à toutes leurs écritures; il faut surtout que l'écriture des enreg. soit très lisible afin de faciliter les recherches et le service des tables alphabétiques; le *premier mot* de chaque enreg., c'est-à-dire la nature de l'acte, doit être écrit en caractères plus apparents, ainsi que les *noms des parties* contractantes. I. 290 et 1351, art. 9. — Pour détacher davantage les différentes parties de l'enreg.; il est bon de le diviser en autant d'alinéa que l'acte présente de dispositions, et même d'écrire à la ligne les parties qui doivent être plus saillantes à l'œil et se distinguer des unes des autres, soit pour l'intelligence des conventions, soit pour former plus facilement les tables et pour justifier la perception.

685. Les enreg. doivent être écrits sans abréviations, et les sommes et dates indiquées en *toutes lettres*. I. 1351, art. 9. Cette dernière disposition ne paraît s'appliquer qu'aux sommes ou valeurs sur lesquelles les droits sont perçus, et à la date de l'acte lui même; celle des actes rappelés à titre de renseignement paraît pouvoir être indiquée en chiffres. Quant à la somme des droits perçus, elle doit être écrite en toutes lettres *pour chaque disposition* et tirée hors ligne en chiffres dans la colonne y relative, à la marge droite du registre. O. gén. 29; I. 1351, art. 10 (V. 698 et suiv.).

686. *Ratures, surcharges, renvois.* Il est défendu aux receveurs de faire aucune *rature* dans les enreg.; ils peuvent seulement, en cas d'erreur, rayer des mots, mais de manière qu'on puisse les lire, et approuver la rature en énonçant le nombre des mots rayés. O. gén. 23; I. 1351 art. 9. — Quant aux surcharges et grattages, ils se trouvent expressément interdits par cette disposition. Si l'on s'apercevait, après avoir terminé un enreg., qu'une disposition a été omise, on pourrait l'analyser par un renvoi écrit à la marge et approuvé par le receveur, sauf l'appréciation des employés supérieurs, si le renvoi pouvait annoncer l'intercalation d'un ou de plusieurs enreg. dans un espace laissé en blanc, ou d'autres abus de la même nature.

687. *Tableaux.* Aucune instruction ne défend de faire en forme de tableaux, l'enreg. de quelques actes, notamment des adjudications. Cependant ce mode se concilie difficilement avec la nécessité d'écrire les sommes en toutes lettres (V. 685); il vaut donc mieux s'en abstenir. Mais rien n'empêche, et au contraire, il est souvent utile de tirer hors ligne en chiffres, dans les enreg. de liquidations, partages, inventaires, ou autres actes analogues, dans les ventes et contrats translatifs, soit les sommes ou valeurs, soit les contenances des biens, pour présenter aux yeux le tableau de l'ensemble des dispositions du contrat enregistré.

688. *Libellé.* La forme et le libellé des enreg. varient selon la nature des actes, ou l'espèce de conventions qu'ils contiennent. Pour les règles spéciales à l'enreg. de chaque *nature d'actes*, actes civils publics ou s.s.p., actes judiciaires ou extrajudiciaires, et déclarations de successions, on renvoie plus loin aux dispositions particulières concernant l'enreg. des actes de ces différentes natures. — Relativement à *l'espèce des conventions*, l'analyse des dispositions simples, c'est-à-dire de celles qui ne sont soumises qu'au droit fixe, ou qui n'ont point un caractère synallagmatique, peut être faite d'une manière plus succincte; celle des autres actes doit présenter plus ou moins de détails, selon qu'ils ont pour objet des transmissions d'immeubles dont il importe de pouvoir suivre toujours la trace, ou qu'ils contiennent un plus grand nombre de dispositions distinctes (V. 695).

689. Le nombre des conventions est si multiplié, leurs formes sont tellement variées, qu'il serait impossible de donner des règles absolues pour la rédaction des enreg. Pour enregistrer convenablement un acte, il faut bien comprendre l'ensemble des conventions qu'il contient, en présenter une analyse claire, précise, mais complète et substantielle, à laquelle on conservera, autant qu'il sera possible, les formes de l'acte; on n'y omettra rien de ce qui est nécessaire pour justifier la perception, et accomplir les opérations qui sont la suite de l'enreg. (V. 800 et suiv.).

690. Voici, au surplus, les règles générales tracées par les instructions pour la forme des enregistrements : les enreg. doivent être *clairs et précis*, tels qu'à la lecture de l'analyse on connaisse les véritables dispositions de l'acte, sans être obligé d'y avoir recours pour juger si la *perception est conforme à la loi*; ils rappelleront par extrait *toutes ses dispositions* soit qu'elles donnent ou non ouverture à des droits, et le montant des *droits perçus pour chacune d'elles*; ils contiendront notamment tous les renseignements nécessaires pour remplir les intitulés des différentes colonnes des *tables alphabétiques*, sauf à employer autant de *cases* qu'il sera nécessaire en les liant par une accolade; enfin il y sera fait mention du nombre des *rôles* et de celui des *renvois* que contiendront les actes enregistrés. O. gén. 29; I. 290 et 1351, art. 9. — Ces diverses recommandations exigent quelques développements.

691. *Clarté.* La clarté de l'enregistrement dépend souvent de la rédaction de l'acte. Si l'enreg. ne doit pas seulement présenter la substance de l'acte, mais encore sa forme générale, le receveur, sans s'astreindre à reproduire servilement jusqu'aux défauts de la rédaction, peut analyser d'une manière moins confuse la convention des parties, en lui conservant sa forme extérieure, sauf à donner ensuite en quelques mots les explications propres à justifier la perception.

692. *Précision.* La précision nécessaire dans les enreg. ne doit pas empêcher d'y reproduire tout ce qui est substantiel, tout ce qui forme ou caractérise une convention. Il faut en écarter les expressions qui embarrassent généralement le style des actes, mais conserver exactement la substance. Une analyse qui contient des expressions ou même des clauses de style surabondantes, produit ordinairement la confusion; mais en cherchant à éviter ce défaut, il faut prendre garde d'omettre des choses essentielles.

693. *Analyse.* Une analyse *claire* et *précise* n'est pas toujours une œuvre facile : aussi, c'est dans la rédaction des enreg.

que se montre souvent le degré d'intelligence et d'instruction d'un receveur, tant sous le rapport du style, que par la sagacité dont il fait preuve pour distinguer ce qui est superflu, des dispositions et des expressions essentielles. — Au surplus, lorsque la perception doit résulter des termes de l'acte ou lorsque l'interprétation de certaines clauses peut être douteuse, il est bon de les reproduire textuellement, au moins pour les expressions caractéristiques, afin de justifier la perception, ou d'en faciliter l'examen, sans avoir recours à l'acte lui-même.

694. *Justification de la perception.* L'enreg. doit offrir par lui-même la justification de la perception ; il est donc essentiel de n'omettre, sous ce rapport, aucun détail nécessaire. Ainsi, pour les ventes de meubles et d'immeubles, par le même acte, l'enreg. doit indiquer s'il contient le détail des meubles avec leur estimation article par article; celui d'un échange ou d'un partage fera connaître expressément s'il contient ou non stipulation de soulte, retour ou plus-value. Circ. R. 926. — Par la même raison, les enreg. de constitutions ou de cessions de rentes doivent indiquer le capital aliéné ou constitué, ou si la rente est constituée sans expression de capital; celui d'une cession de droits successifs, la déclaration relative à l'existence ou à l'absence de dettes; celui d'une vente avec réserve de déclarer command, la stipulation de cette réserve. Enfin, dans tous les cas où la loi exige certaines conditions pour profiter de ses dispositions, il faut nécessairement exprimer dans l'enreg. qu'elles ont été remplies, pour justifier la perception ou l'exemption des droits. Il serait trop long de multiplier les exemples.

695. *Dispositions diverses.* L'enreg. qui ne reproduirait que les dispositions donnant lieu à des droits serait incomplet, parce qu'il ne doit pas seulement justifier la perception, mais suppléer à l'acte lui-même. Cependant il ne faut point énoncer indistinctement tous les détails d'exécution de l'acte lorsqu'ils sont inutiles pour l'intelligence de la convention ou pour la suite des découvertes. Par exemple : il est inutile de rappeler les garanties données par le débiteur lui-même, pour l'exécution du contrat, lorsqu'elles dérivent de la disposition principale; mais il est bon d'exprimer les termes d'exigibilité, la stipulation d'intérêts et les autres conventions auxquelles on peut avoir besoin de recourir pour l'enreg. d'actes postérieurs. I. 353.

696. *Tables.* Les enreg. doivent encore indiquer les noms, prénoms, professions, qualités et demeures des parties contractantes, la nature, la contenance et la situation des biens transmis, par chaque pièce ou *lieu dit*, à moins qu'il ne s'agisse d'un corps de domaine dont on peut énoncer la contenance totale par commune. Ces renseignements et quelques autres rappelés par l'intitulé des colonnes des *tables alphabétiques*, sont nécessaires à leur formation (V. 1240). Enfin pour faciliter ce travail, on présentera, outre le détail des biens, le total par commune.

697. *Origine de la propriété*. Un renseignement non moins essentiel, est l'indication de l'origine de la propriété, pour les actes translatifs d'immeubles. Sans cette mention, les découvertes deviennent très difficiles. Le receveur ne pourrait d'ailleurs en justifier l'absence dans ses enreg., sous prétexte qu'il a vérifié immédiatement toutes les énonciations de l'acte sous ce rapport.

698. *Droits perçus*. Après l'analyse de chacune des dispositions de l'acte, ou seulement à la fin de l'enreg., lorsque l'acte ne contient qu'une disposition, on doit inscrire, en toutes lettres, dans le corps du registre, le montant, en principal, de chaque droit perçu et le tirer hors ligne en chiffres dans la colonne y relative. O. gén. 29; I. 290. Le décime par franc ne figure pas en recette sur les registres consacrés à l'enreg. Le receveur en compte particulièrement, par une addition au principal, sur les bordereaux et comptes de recette.

699. Il ne suffit pas d'inscrire à la marge, le détail des différents droits perçus, en portant seulement le total en toutes lettres dans le corps de l'enreg.; toutefois ce détail ou résumé peut être fait pour faciliter la formation des feuilles de dépouillement par nature de droits perçus. (V. *titre* VI). — Quelques préposés indiquent dans le contexte de l'enreg. la *quotité* du droit perçu, de la manière suivante : *Reçu à 4 p. 100, quarante francs*, ou bien à la marge : *Licitation à 4 p. 100*, et dans le corps de l'enreg. : *reçu quarante francs*. Cette méthode a l'avantage de ne laisser aucune incertitude sur la disposition du tarif qui a été appliquée.

700. Les receveurs ne peuvent laisser aucune perception en souffrance; ils sont comptables des droits de tous les actes enregistrés. O. gén. 48. Pour s'écarter de cette règle, il faudrait que le receveur, à cause de ses occupations, ne pût faire sur le champ les recherches nécessaires pour établir la perception sur une disposition dont l'appréciation présenterait de sérieuses difficultés; encore est-il indispensable que la liquidation soit faite dans les 24 heures, puisque l'acte doit être rendu dans ce délai (V. 721). — Pour la rectification des perceptions erronées (V. 739 et suiv.).

701. La colonne dans laquelle on porte en chiffres le montant des droits est divisée en deux parties : l'une, pour les droits simples, l'autre pour les droits en sus. Au registre des actes judiciaires, la première colonne se subdivise elle-même en plusieurs autres, pour les différentes espèces de droits (V. 842). — Dans la seconde colonne, on ne fait figurer que les droits en sus proprement dits, ou les amendes fixes qui ont le caractère de droits en sus, et qui ne sont qu'un simple *minimum* déterminé par la loi. Quant aux amendes fixes de contravention, il y a lieu de distinguer : les amendes de *timbre* et de *greffe*, payées au moment même de l'enreg. des actes, doivent être inscrites, les premières sur le registre du visa pour timbre, et les secondes sur le registre des actes judiciaires; chacun de ces registres contient une colonne spéciale pour ces amendes.

702. Mais il n'en est pas de même à l'égard des amendes fixes concernant *l'enreg.* Comme il n'existe pas de colonnes spéciales sur les registres de formalité, ces amendes doivent être inscrites sur le registre de recette des droits constatés n° 1er, après qu'elles ont été consignées au sommier correspondant (V. *titre* IV). L'usage existant dans quelques bureaux de les faire figurer à la marge gauche des registres de formalité, où elles se trouvaient confondues avec les diverses annotations auxquelles cette marge est destinée, causait des omissions dans le report des totaux et dans les relevés des recettes. On a donc prescrit de l'abandonner, C. c. 60, § 4; mais il faudra faire mention en marge de l'enreg. du n° du sommier sous lequel l'amende aura été relevée.

703. *Droits en débet ou gratis.* Lorsque le droit n'est point perçu *au comptant,* au lieu de tirer hors ligne en chiffres le montant du droit à recouvrer, on inscrit dans la colonne les mots *débet,* ou *droits à recouvrer,* sans préjudice des autres annotations à faire en marge des enreg. I. 607 (V. 729). — Si l'acte doit être enregistré *gratis,* ce mot est inscrit dans la colonne des droits.

704. *Rédacteur de l'acte.* Le nom, la qualité et la résidence de l'officier ministériel ou du fonctionnaire qui a reçu l'acte doivent être énoncés après que l'analyse est complètement terminée; on exprimera si c'est comme substituant un autre officier, et, dans aucun cas, on ne remplacera ces énonciations par ces mots : *le même,* etc., en se référant à l'enreg. qui précède.

705. *Date.* La date des actes enregistrés et des mutations doit aussi être inscrite en toutes lettres avec beaucoup d'attention pour chaque enreg.; s'il y en a plusieurs, on les énoncera toutes; le receveur vérifiera en même temps si la formalité est accomplie dans les délais, afin de percevoir, s'il y a lieu, les droits en sus et amendes exigibles. Il est essentiel d'examiner toujours la date inscrite en toutes lettres dans le contexte même de l'acte, et de ne point s'en rapporter aux dates qui sont mises en marge ou en tête; c'est une cause d'erreurs fréquentes.

706. *Délais.* Les délais pour l'enreg. varient selon la nature des actes ou déclarations (V. 766, 821, 845, 970, 1026, 1038). Dans ces délais, le jour de la date ou de la mutation, ou celui de l'ouverture de la succession n'est point compté. Si le dernier jour du délai se trouve être un dimanche ou un jour férié, ce jour-là n'est point compté non plus. L. 22 frim. an 7, art. 25. — C'est la formalité même de l'enreg. qui doit avoir lieu dans les délais; il ne suffirait point pour se dispenser de percevoir le droit en sus ou l'amende, que le receveur certifiât que l'acte a été présenté à l'enreg. dans le délai. Dans ce cas, ce serait lui qui serait comptable de l'amende (V. 719). Au surplus, pour les questions relatives aux délais. V. *Code de l'enregistrement.*

707. *Rôles, renvois, mots rayés.* Le nombre des rôles et des renvois que contient chaque acte doit être indiqué en toutes lettres dans l'enreg. Pour les actes civils, il faut aussi faire mention du nombre des mots rayés. A cet égard, on ne s'en rapportera point à l'énonciation faite dans l'approbation ; il faudra compter les mots rayés, afin de constater le nombre exact dans l'enreg. et relever, s'il y a lieu, les contraventions (V. 789). — En même temps, le receveur paraphe chaque rôle de l'acte enregistré, chaque renvoi, et même la mention, approuvée par les parties, du nombre des mots rayés. O. gén. 30 ; I. 1351, art. 26. Le receveur peut faire précéder son paraphe des mentions suivantes : *premier rôle, deuxième rôle,* etc. ; — *Premier renvoi, deuxième renvoi,* etc. ; — *Dix mots rayés.* Cette précaution est très utile pour constater les nombres.

708. *Enregistrement exigeant plusieurs cases.* L'obligation d'écrire en gros caractères le premier mot de chaque enreg. rend moins nécessaire la liaison par une *accolade* des diverses cases employées (V. 690), cependant c'est une recommandation qui a encore son utilité ; on peut d'ailleurs en remplir l'objet par tout autre signe apparent qui détacherait les enreg.

Quelques receveurs ont l'habitude de numéroter chaque enreg., notamment sur le registre des actes civils publics et sur celui des déclarations de successions. Cet usage semble avantageux ; il distingue les enreg. les uns des autres. En continuant la série des numéros par année, et en répétant ce n° sur la relation ou sur la quittance, on retrouve plus facilement les enreg. ; enfin, ce n° sert encore pour la rédaction de l'état du nombre des actes enregistrés que les receveurs ont à fournir par année, V. *Comptabilité générale.*

§ II. — *Relations d'enregistrement.*

709. *Forme.* La formalité de l'enreg. n'est pas seulement constatée par l'analyse sur le registre, mais encore par une relation ou quittance que le receveur inscrit sur l'acte ou l'extrait de la déclaration, mais seulement après l'enreg. O. gén. 58. — Voici les dispositions de la loi à cet égard : « La quittance de l'enreg. sera mise sur l'acte enregistré ou sur l'extrait de la déclaration du nouveau possesseur. Le receveur y exprimera, en toutes lettres, la date de l'enreg., le folio du registre, le numéro et la somme des droits perçus. — Lorsque l'acte renfermera plusieurs dispositions opérant chacune un droit particulier, le receveur les indiquera sommairement dans sa quittance, et y énoncera distinctement la quotité de chaque droit perçu, à peine d'une amende de 5 fr., pour chaque omission. » L. 22 frim. an 7, art. 57, et 16 juin 1824, art 10. O. gén. 58 et 59.

710. D'après la loi, la relation doit être mise sur l'acte enregistré. Lorsqu'il ne présente pas au pied ou à la marge l'espace nécessaire, le receveur est autorisé à y ajouter, aux frais des parties, une demi-feuille de papier timbré. Sol. 25 fév. 1832. On ne doit user de cette faculté qu'en cas d'une nécessité absolue. — Lorsque la formalité est donnée sur la représentation d'une traduction, la quittance est apposée sur la traduction authentique ; mais une mention correspondante est mise sur l'original de l'acte et fait connaître que l'enreg. a eu lieu d'après la traduction. D. 7 mars 1833. I. 1425, § 1er. — Pour les relations sur les actes à double minute, ou sur d'autres actes spéciaux (V. 807, 831, 837, 900, 963). Enfin, s'il ne s'agit pas de l'enreg. d'un acte, mais de la déclaration d'une mutation verbale ou par décès, la quittance est donnée sur l'extrait de la déclaration du nouveau possesseur. L. 22 frim. an 7, art. 57 ; O. gén. 60 (V. 835, 1102).

711. Quant aux énonciations à insérer dans toute mention d'enreg., la loi exige principalement quatre choses : 1° qu'elle soit écrite en *toutes lettres ;* 2° qu'elle indique la *date*, le *folio* et le *numéro* de l'enreg. ; 3° la somme des *droits perçus ;* 4° et le détail de *chaque droit distinctement*. En outre, il faut préciser le lieu ou le bureau où la formalité a été donnée. O. gén. 145. Le folio sera désigné par son n° en distinguant le recto du verso, et lorsque le registre est divisé par cases, on rappellera le n° de la case ou des cases qui contiennent l'enreg. O. gén. 58. — L'obligation d'écrire la relation en toutes lettres ne s'applique qu'à la date et au montant des droits. L'usage d'énoncer en chiffres ou par abbréviation le millésime, le folio, la case ou le n° a été autorisé par l'adm. Dél. 2 déc. 1836.

712. *Détail des droits*. Après ces indications préliminaires, le receveur donne quittance du montant total des droits en détaillant ensuite les divers droits perçus pour chaque disposition, et il signe cette relation. O. gén. 145. Les quittances des receveurs doivent exprimer séparément le montant du décime par franc, lorsque l'acte n'est passible que d'un seul droit, comme lorsqu'il en est perçu plusieurs ; distinguer des droits simples les droits en sus et les amendes qui sont perçues à l'instant de l'enreg., et indiquer la nature de la contravention et la disposition de la loi en vertu de laquelle la peine pécuniaire est appliquée ; enfin, pour les actes soumis aux droits de greffe, le montant de ces droits doit être énoncé dans la quittance distinctement de ceux d'enreg. I. 1393. On devra aussi indiquer si les amendes ou droits en sus sont à la charge des parties ou de l'officier qui a rédigé l'acte. Circ. R. 838.

713. L'omission des détails nécessaires dans les relations présente plusieurs inconvénients : l'adm. ou les parties ne peuvent, d'après les expéditions des actes qui reproduisent la quittance du receveur, apprécier la perception des différents droits dont ce préposé les a jugés passibles. En ce qui concerne particuliè-

rement les adjudications d'immeubles en détail, quelques receveurs indiquaient seulement, par une note marginale, le montant des droits perçus sur chaque lot adjugé, et n'exprimaient
dans la quittance que le total des droits résultant de toutes les
adjudications réunies. Le notaire ne pouvant lui-même que
transcrire cette quittance intégrale dans les extraits partiels qu'il
délivrait, il suivait de là, non seulement que chaque adjudicataire
ne trouvait point indiquée, dans l'extrait qui le concernait, la
portion des droits à sa charge, mais en outre que le conservateur ne pouvait, lors de la transcription, vérifier si les droits
d'enreg. ou celui de transcription avaient été régulièrement liquidés ou perçus (V. 716).

Pour prévenir ces inconvénients, les receveurs ont été prévenus que les amendes encourues pour défaut d'énonciation *distincte* et *en toutes lettres*, dans leurs quittances, de la quotité de
chacun des droits perçus sur les actes qui renferment plusieurs
dispositions (V. 709) seraient rigoureusement exigées. Les employés supérieurs doivent relever avec soin les contraventions
de cette espèce. I. 400 et 1393.

714. Lorsque la formalité aura été donnée en *débet*, il ne faudra pas moins détailler le montant des droits, en substituant au
reçu les mots : *à recouvrer*, ou *à comprendre dans la liquidation
des dépens* (V. 703). — Enfin, si l'enreg. a eu lieu *gratis*, on l'é-
noncera expressément dans la relation, et même, pour les actes
relatifs à la célébration du mariage des indigents ou à la légitimation de leurs enfants, on fera mention des certificats produits
afin de justifier le défaut de perception. I. 1774.

715. *Observations particulières.* Excepté pour les significations de copies dont la relation d'enreg. doit rappeler le nombre des rôles, I. 1672 (V. 501, 990), cette indication paraît superflue pour celle des autres actes. Il en est de même du nombre des renvois et des mots rayés (V. 707).

Les receveurs s'abstiendront d'insérer des observations ou des
réserves dans leurs relations ; elles ne peuvent produire aucun
effet pour garantir les droits ultérieurs du trésor, et quelques
parties s'en sont prévalues au contraire pour repousser des demandes fondées.

716. *Transcription des relations.* Il doit être fait mention
dans les minutes des actes publics, civils, judiciaires ou extrajudiciaires qui se font en vertu d'actes s. s. p. ou passés en pays
étranger, de la quittance des droits d'enreg. de ces actes, par
une transcription littérale et entière de cette quittance. Pareille
transcription de la relation apposée sur les minutes des actes
civils et judiciaires doit être faite sur les expéditions qui en sont
délivrées, le tout à peine de 5 fr. d'amende. L. 22 frim. an 7,
art. 44 (V. 713).

717. Les préposés doivent surveiller l'exécution de ces dispositions qui ont pour but non seulement d'assurer, par une

vérification facile, le paiement des droits, mais encore de donner aux contribuables les moyens de connaître les différents droits perçus. Lorsque la relation aura été transcrite, on s'assurera, autant qu'il sera possible, que l'enreg. a eu lieu effectivement. Il ne faut pas perdre de vue d'ailleurs que la loi exige une transcription entière et littérale de la relation, et qu'à défaut de l'une des indications qu'elle présente, il y aurait contravention. En cas d'omission ou d'infraction à ces dispositions, les receveurs exigeront les amendes encourues dans les actes présentés à l'enreg. (V. 663). Ils poursuivront par voie de contrainte, s'il y a lieu, le paiement de celles qui seraient dues sur des extraits ou des expéditions, après avoir constaté les contraventions par un procès-verbal, si les amendes ne sont pas acquittées immédiatement.

718. *Fausses relations*. Dans le cas de fausse mention d'enreg., soit dans une minute, soit dans une expédition, le délinquant doit être poursuivi par la partie publique, sur la dénonciation d'un préposé de l'adm., et condamné aux peines prononcées pour le faux. L. 22 frim. an 7, art. 46. — Tous les employés doivent exercer à cet égard une surveillance sévère, et signaler les faits qui viendront à leur connaissance. Ils les constateront par un procès-verbal auquel ils joindront, si la fausse mention a eu lieu dans un acte en brevet ou dans une expédition, une copie collationnée de ce brevet ou de cette expédition dans la forme indiquée par l'art. 56 de la loi du 22 frim. an 7 (V. 721). Le procès-verbal sera adressé au procureur du Roi par le directeur pour la poursuite du délinquant. I. 263, 340, § 5 et 7, et 1347, § 13.

719. *Responsabilité*. Lorsqu'un acte ou une déclaration n'a point été enregistré dans le délai légal, l'amende ou le droit en sus doit-il être mis à la charge du receveur, si l'officier public ou le contribuable produit une quittance ou une relation d'enreg. de laquelle il résulterait que les droits simples auraient été acquittés en temps utile entre les mains de ce préposé ? Le comité des finances du Conseil d'État, consulté sur cette question, a émis, le 6 janvier 1840, un avis ainsi conçu : « Considérant que les receveurs, en acceptant leur mandat, contractent l'engagement de se conformer aux conditions que l'adm. leur impose ; que, dans ces conditions, se trouvent celles de rendre compte de leur gestion et de répondre non seulement du dol, mais encore des fautes qu'ils peuvent commettre ; considérant que les registres des receveurs sont les seules pièces comptables qui font foi des droits constatés, et à l'aide desquels on puisse déterminer leur responsabilité ; qu'en conséquence, si un registre ne porte pas un enreg. ou bien que l'enreg. ait eu lieu après les délais fixés par la loi, le double droit, le demi-droit en sus ou l'amende sont dus ; considérant que la quittance ou relation sur un acte, donnée par un agent de l'adm., quand même elle ne porterait pas de date, libère le redevable, bien qu'il n'y ait pas eu d'enreg.; que l'adm. ne reconnaît pas, par cela même, que le redevable ait bien payé, mais, qu'à son égard, elle se trouve désarmée par le fait de son agent; que dès lors il y a faute ou dol du comptable dont il doit encourir la responsabilité civile dans tous les cas, sans préjudice des peines disciplinaires ou des poursuites criminelles s'il y a lieu; — Est d'avis : qu'il y a lieu d'exiger des receveurs de l'enreg. et des domaines les double droit, demi-droit en sus et amende, toutes les fois qu'ils n'ont pas porté sur leurs registres les enreg. tels qu'ils auraient dû les faire, nonobstant toutes quittances ou relations d'enreg. qu'ils auraient pu délivrer aux redevables. » I. 1611.

SECTION IV. — *Suites de l'enregistrement.*

§ Ier. — *Retrait des actes enregistrés.*

720. *Complément des droits.* Dès que l'enreg. des actes déposés est terminé et que les relations ont été apposées, le receveur inscrit le montant des droits perçus sur le livre-journal de compte ouvert avec les officiers publics, afin d'exiger, lors du retrait des actes, le complément des droits ou de remettre l'excédant des sommes consignées (V. 671).

721. *Défense de retenir les actes.* Les receveurs ne peuvent suspendre ou arrêter le cours des procédures en retenant les actes de toute nature qui ont été enregistrés. Cependant, si un acte dont il n'y a pas de minute, un exploit ou un acte s. s. p., contient des renseignements dont la trace puisse être utile pour la découverte des droits dus, le receveur a la faculté d'en tirer copie et de la faire certifier conforme à l'original par l'officier ou la partie qui l'a présenté (V. 723). En cas de refus, il peut réserver l'acte pendant 24 heures seulement, pour s'en procurer une *collation en forme*, à ses frais. sauf répétition s'il y a lieu. L. 22 frim. an 7, art. 56 ; O. gén. 19 (V. 724 et suiv.).

722. La défense de retenir les actes s'applique-t-elle au cas où la formalité a été donnée avant le paiement intégral des droits? Le doute naît de ce que la loi ne fait aucune exception. Mais il est évident qu'elle n'a voulu parler que des actes dont les droits ont été versés, car le même article contient aussi la défense de différer l'enreg. des actes *dont les droits ont été payés* (V. 606, 663). D'ailleurs le receveur ne peut être tenu de rendre un acte sur lequel se trouve la quittance des droits avant qu'ils ne lui aient été comptés ; enfin, l'obligation qui lui est imposée de faire compléter les droits au moment du retrait des actes confirme encore cette interprétation (V. 671).

723. *Copies certifiées.* Lorsque l'officier public ou la partie qui veut retirer un acte dont il ne reste pas minute et qui présente des indices de découvertes, consent à signer la copie, le receveur fait cette copie sur papier timbré. Elle doit être certi fiée véritable tant par l'officier ou la partie qui a présenté l'acte que par le receveur. Ces copies peuvent être rédigées sur papier de toute dimension, et le coût est avancé par le receveur.

724. *Copies collationnées.* En cas de refus de certifier la copie, le receveur doit s'en procurer, dans les 24 heures, une *collation en forme.* Un arrêt de la Cour de cassation du 13 août 1833 trace la marche à suivre en pareil cas.

Ainsi, d'abord, le refus de certifier conforme à l'original une copie tirée par le receveur doit être constaté par un procès-verbal de ce préposé. Ce procès-verbal doit contenir en outre l'interpellation *à la partie* de se trouver, dans le délai de 24 heures, en l'étude d'un notaire désigné, pour y voir procéder à la collation en forme de l'acte retenu. — Dans le cas où la partie refuserait d'acquiescer à cette interpellation ou d'attester son adhésion par sa signature au bas du procès-verbal du receveur, celui-ci aurait à lui faire signifier immédiatement, et avant de se dessaisir de l'acte, une sommation extrajudiciaire d'être présent à la collation. I. 1446, § 2.

725. L'acte qui sera rédigé par le notaire, pour la délivrance de la copie collationnée, rappellera l'interpellation à la partie faite dans le procès-verbal du receveur, la sommation qui a suivi ce procès-verbal, et constatera la comparution du receveur, la présence ou l'absence de la partie. I. 1446, § 2. — Pour la rédaction de cette copie, le notaire n'a pas besoin de l'assistance d'un second notaire ou de deux témoins. Cass. 27 janv. 1825. Il va sans dire que le notaire peut, sans contravention, rédiger la copie collationnée d'un acte, selon le vœu de l'art. 56 de la loi de l'an 7, sans que cet acte ait été enregistré.

726. Il est alloué pour ces copies, aux notaires de Paris, 75 centimes par rôle, et partout ailleurs 60 centimes. D. 9 janv. 1808. I. 367; mais les notaires contestent ce tarif et prétendent que l'art. 174 du décr. du 16 fév. 1807 ne fait aucune exception pour les frais des expéditions dans l'intérêt de l'État. Les receveurs auraient donc à prendre les ordres du directeur pour le paiement de ces frais qui leur sont remboursés ultérieurement soit par la partie, si elle est condamnée, soit par l'adm., comme frais de poursuites. V. *Comptabilité générale.*

§ II. — *Annotations et émargements.*

727. *Renvois.* Lorsqu'un enreg. est terminé, diverses annotations doivent être faites en marge. D'abord, s'il s'agit d'un acte susceptible d'être renvoyé à d'autres bureaux (V. 1106 et suiv.), l'enreg. doit être émargé du mot *Renvoi*, avec indication du bureau ou du département auquel le renvoi doit être fait, et du n° du relevé mensuel. I. 290, § 1er; 1354, art. 9 (V. 1117, 1122).

728. *Tables.* Certains enreg. doivent être relevés sur des tables tenues par ordre alphabétique (V. 1230). On fait quelquefois mention en marge de ces enreg. du folio et du nº de la table alphabétique où ils ont été relevés. Bien que cette indication n'ait été prescrite expressément que pour les feuilles de renvois (V. 1129), elle offre la même utilité en ce qui touche les enreg., et permet aux employés supérieurs et au receveur lui-même de s'assurer plus facilement de l'exactitude et de la régularité du travail (V. 1247).

729. *Droits en débet.* Les enreg. dont les droits n'ont pas été perçus *au comptant* sont émargés soit des mots : *à comprendre dans la liquidation des dépens*, lorsqu'il s'agit de droits à recouvrer *avec les condamnations*, ou bien, dans les autres cas, du nº du sommier des débets. I. 607. Il semble inutile de faire la première de ces annotations en marge de l'enreg. lorsqu'elle se trouve mise dans la colonne des droits (V. 703). — Si le trésor doit être couvert du montant des droits par une taxe proportionnelle, comme il arrive pour l'enreg. des procès-verbaux relatifs aux ventes de coupes de bois, on indique en marge le nº du sommier des domaines, ou bien le renvoi fait au receveur (V. *titre* IV).

730. *Indigents.* L'enreg. des actes relatifs à la célébration du mariage des indigents, ou à la légitimation de leurs enfants qui, d'après l'art. 8 de la loi du 3 juill. 1846, peut avoir lieu *gratis*, est émargé de la date et du nº des extraits de rôle et des certificats d'indigence qui doivent être remis au receveur pour justifier l'exemption des droits, et qui sont enliassés et conservés au bureau. I. 1774. Cette disposition peut être appliquée dans tous les cas analogues.

731. *Contraventions.* Les enreg. de ventes publiques de meubles sont émargés de la date et du nº de la déclaration préalable (V. 1031). — Ceux des déclarations de command, signifiées au receveur, sont apostillés de la date de l'exploit de notification (V. 768). — Enfin, à la marge de chaque enreg. d'acte sur lequel une contravention aura été relevée, ou dont les droits auront fait l'objet d'une consignation préalable sur les sommiers du bureau, on indiquera le nº de l'article (V. *titre* IV).

732. *Découvertes.* Lorsque la lecture des actes donnera l'indication de quelques droits négligés ou recélés, les receveurs en consigneront sur-le-champ les articles au sommier des découvertes. O. gén. 17 (V. *titre* VI). — Comme il est parfois difficile d'exécuter immédiatement cette injonction à cause de l'étendue des recherches nécessaires, et que l'habitude de consigner toutes les indications qui ont besoin d'être éclaircies, surchargerait souvent sans nécessité, les sommiers d'une foule d'articles qui devraient être ensuite annulés, on a adopté l'usage de faire mention en marge des enreg. de la date du paiement des droits dont les actes rappellent l'ouverture, et de ne consigner aux sommiers que les découvertes présumées, **après que l'on a pu** faire quelques recherches.

733. Les annotations en marge des enreg., soit de la date du paiement des droits, soit du n° du sommier, ne sont point formellement prescrites par les instructions; cependant elles sont d'une utilité si incontestable pour justifier des recherches du receveur et en faciliter la vérification, que leur absence est considérée, sinon comme une infraction aux règles de service, au moins comme une irrégularité dans la gestion d'un receveur.

734. Ainsi lorsqu'un acte enregistré rappellera l'ouverture d'une succession, énoncera que des biens en proviennent ou en dépendent, ou fera connaître enfin quelque mutation, quelque circonstance de nature à opérer un droit, on ne manquera point de faire connaître en marge de cet enreg. que les droits ont été payés à telle date, ou relevés sous tel n° de sommier. Au reste, chaque annotation doit avoir pour objet spécial la succession ou les biens dont il est question dans l'enreg.; il ne suffirait pas de vérifier et d'indiquer, par exemple, que les droits pour la succession d'un individu ont été payés tel jour, il faut rechercher et constater que ce paiement s'applique aux transmissions énoncées dans l'acte enregistré.

735. Si le receveur soupçonne, soit en enregistrant un acte, soit postérieurement, qu'il contient une insuffisance de prix ou d'évaluation, il émarge l'enreg. des mots : *à relever*. Il fait ensuite les recherches nécessaires, et lorsqu'il acquiert la conviction que la fraude existe et qu'elle doit être relevée, il indique au dessous de cette mention le n° du sommier sur lequel il en fait article.

§ III. — *Prescription des droits et amendes ; rectification des perceptions.*

736. *Prescription*. D'après l'art. 61, n° 1er de la loi du 22 frim. an 7, il y a prescription pour la demande des *droits* après deux années à compter du jour de l'enreg., s'il s'agit d'un droit non perçu sur une disposition particulière dans un acte, ou d'un supplément de perception insuffisamment faite, et les parties sont également non recevables, après le même délai, pour toute demande en restitution de droits perçus. — La même prescription est applicable aux *amendes* concernant l'enreg., le timbre, les poids et mesures et les ventes publiques de meubles exigibles en vertu de contraintes, à compter du jour où les préposés ont été mis à portée de constater les contraventions, au vu de chaque acte soumis à l'enreg. L. 16 juin 1824, art. 14. — Enfin l'action pour faire condamner aux amendes est également prescrite après deux ans, à compter du jour où les contraventions ont été commises, pour toutes les infractions sur lesquelles une condamnation est nécessaire pour le recouvrement de l'amende. *Ibid*. I. 1136.

737. *Responsabilité*. Les receveurs sont responsables envers le trésor des droits et amendes qu'ils ont négligé de percevoir

(V. 719). Cette responsabilité varie selon les différents cas. Lorsqu'il s'agit d'une erreur matérielle, d'une perception faite contrairement aux dispositions formelles d'un principe bien établi, d'une instruction positive, ou d'une jurisprudence constante et que le receveur ne devait pas ignorer, il peut être forcé en recette immédiatement, ou devient responsable du droit ou de l'amende qu'il a omis de percevoir, dans le cas où le recouvrement ne pourrait plus être obtenu.

738. Mais lorsque l'erreur de perception n'est pas matérielle, que la question est controversée, et qu'enfin le receveur n'a pas commis une faute lourde ni méconnu des instructions ou des ordres formels, il ne serait responsable qu'autant qu'il aurait négligé de suivre, avant l'époque de la prescription, le recouvrement des droits ou amendes dus par suite d'insuffisances de perception relevées par lui ou par les employés supérieurs.

739. *Erreurs de perception.* Lorsqu'un receveur reconnaît une erreur de perception, rien ne l'empêche de provoquer d'office la rectification de son erreur, sans attendre la réclamation des parties ou le passage des employés supérieurs. Il y est même intéressé personnellement, pour prévenir soit le recours qui peut être exercé contre lui, soit des reproches de négligence, lorsqu'il y a faute de sa part.

740. *Suppléments.* S'il s'agit d'un supplément de droits, il ne peut être demandé qu'aux parties. Le receveur indique en marge de l'enreg. les motifs de l'exigibilité et le n° du sommier des droits certains où l'article a été relevé, ou bien la date et le folio de la recette si le supplément a été payé immédiatement. O. gén. 45.

741. *Restitutions.* Si, au contraire, il y a excès de perception, le receveur ne peut, dans aucun cas, en effectuer la restitution en déduisant la somme au courant ; il doit provoquer auprès du directeur la délivrance d'un mandat de restitution, en lui adressant copie de l'enreg. et copie de l'acte ou de la disposition sur lesquels le droit a été mal perçu, afin d'opérer ensuite la restitution selon les règles prescrites. I. 1248. V. *Comptabilité générale.*

742. *Perceptions critiquées.* Lorsque la perception est critiquée par un employé supérieur, celui-ci doit en faire reconnaître le vice au receveur. S'il y a lieu à restitution, l'ordre du vérificateur est exécuté dans la forme et d'après les règles établies pour la comptabilité. V. *Comptabilité générale.* — S'il y a lieu de réclamer un supplément de droits, un article est ouvert au sommier certain, à moins que le receveur ne consente à le porter immédiatement en recette, sauf son recours contre les débiteurs. I. 1351, art. 12, V. *Vérificateurs.* Dans tous les cas, l'enreg. de l'acte est émargé soit du n° du sommier, soit du folio de la recette du supplément.

743. Lorsque le receveur ne reconnaît pas le vice de la perception critiquée, il fait une copie de l'enreg. sur une feuille

imprimée qui lui est remise à cet effet par l'employé supérieur;
au bas, il expose succinctement les motifs de la perception, date
et signe ses observations, et remet le tout, avec une copie
entière ou par extrait de l'acte, à l'employé supérieur qui
soumet la proposition au directeur. En attendant la solution,
on fait mention de la proposition sur le sommier des découvertes à éclaircir, et le n° de cet article est annoté en marge
de l'enreg. I. 1351, art. 12. V. *Vérificateurs*.

744. Il importe que les explications entre l'employé supérieur et le receveur, pour la critique ou le maintien des perceptions, soient empreintes de cet esprit de conciliation et de déférence que tous les hommes se doivent mutuellement. Si l'employé
supérieur n'est pas institué juge en dernier ressort des perceptions
du receveur, celui-ci ne doit pas, dans cette circonstance, plus
que dans toute autre, s'écarter de la subordination qui lui est
prescrite. Il doit discuter avec calme et loyauté l'opinion de
l'employé supérieur, citer les autorités sur lesquelles il s'appuie
pour la combattre, enfin si son indépendance reste complète,
il ne doit pas néanmoins apporter dans son opinion ou dans la
discussion une obstination irréfléchie.

745. Lorsque le receveur a reçu du directeur la solution de
l'adm., il en fait mention en marge de l'enreg. et fait les diligences nécessaires à l'exécution en effectuant soit la restitution
ordonnée dans les formes prescrites par la comptabilité, soit
le recouvrement du supplément exigible, après en avoir fait
article au sommier certain, dont le n° sera annoté en marge de
l'enreg. On remarquera que les officiers publics tenus de faire
l'avance des droits de leurs actes, ne sont pas obligés d'acquitter
les droits non perçus lors de l'enreg. et que c'est aux parties
directement qu'il faut s'adresser. 1. 386 (V. 740).

746. *Recette des suppléments*. Les suppléments sont portés
en recette à la date du paiement, sur le registre où s'enregistrent
les actes de l'espèce de celui qui y donne lieu. L'enreg. sera fait
dans la forme d'une simple recette, indiquant la date du paiement,
les noms des parties, la somme payée et les causes du supplément. On énoncera distinctement les clauses qui donnaient
ouverture aux droits, la date des actes et celle de leur enreg. La
recette sera émargée du n° du sommier.

747. *Quittance*. La quittance des suppléments de droits
peut être donnée sur les minutes avec tous les détails exigés
pour les relations ordinaires (V. 709 et suiv.); toutefois, comme
il arrive le plus souvent que ces suppléments sont payés par les
parties qui n'ont point les minutes, et que les notaires ne sont
pas tenus de les apporter au bureau, il faut alors donner aux
parties des quittances particulières suffisamment détaillées. Au
reste, on fera comprendre aux officiers publics que, dans l'intérêt même de leurs clients, il est bon de faire mention du
paiement des suppléments de droits d'enreg. sur les minutes

afin de constater la libération sur l'acte même qui donne ouverture au droit.

748. *Réclamations*. Lorsque les parties ou les officiers publics font des réclamations pour des droits perçus ou demandés, les receveurs doivent s'empresser de fournir les renseignements nécessaires au directeur. Ils se conformeront a cet égard aux règles énoncées sous le titre de la *Correspondance* (V. 201).

§ IV. — *Comptables publics, inscriptions à requérir.*

749. Une hypothèque légale est attribuée à l'État par l'art. 2121 du C. civ. sur les biens des comptables publics, et la loi du 5 sept. 1807 accorde en outre au trésor un privilége sur les biens de quelques comptables spéciaux. Les receveurs sont tenus, à peine de *destitution* et de tous *dommages-intérêts*, d'assurer cette hypothèque légale ou l'exercice du privilége par une inscription qu'ils doivent requérir conformément aux art. 2106 et 2113 du C. civ. pour le privilége, et conformément aux art. 2121 et 2134 en ce qui concerne l'hypothèque légale, *dans les deux mois de l'enreg.* de tous les actes translatifs d'immeubles présentés à la formalité. I. 350 et 370.

750. Les comptables sur les biens desquels le privilége est accordé sont : les Receveurs généraux et particuliers des finances, les Payeurs et ceux des ports et des armées ; les Trésoriers, receveurs et payeurs de la Couronne ; mais la loi du 5 sept. 1807 ne s'applique point aux autres comptables publics, tels que les percepteurs, les receveurs de l'enreg., des contributions indirectes, des douanes etc. ; ce n'est donc que contre les premiers de ces comptables que des inscriptions doivent être requises.

751. Les comptables ci-dessus dénommés sont tenus, sous des peines sévères, d'indiquer leur qualité dans les actes translatifs de propriété qu'ils passent, et, à moins de dispense expresse accordée par le Trésor, le receveur qui enregistre un de ces actes, ou le conservateur qui le transcrit doit immédiatement requérir l'inscription sur les immeubles acquis par le comptable ou aliénés par lui. I. 370.

752. Le privilége s'étend a tous les biens acquis par les comptables, à titre onéreux depuis leur nomination, et a ceux acquis au même titre par leurs femmes, quoi qu'elles soient séparées de biens, a moins qu'il ne soit légalement justifié que les deniers employés à l'acquisition leur appartenaient. Quant à l'hypothèque légale, elle s'applique aux biens qui appartenaient aux comptables avant leur nomination, et a ceux qu'ils ont acquis depuis à tout autre titre qu'à titre onéreux. I. 350. Cette distinction est très importante. I. 442.

753. Toutes les fois qu'un acte d'acquisition ou d'aliénation concernant l'un des comptables désignés ci-dessus est présenté a l'enreg., le receveur dresse, sans délai, un *triple* bordereau d'inscription dans la forme prescrite par les art. 2148 et suiv.,

C. civ. Ce bordereau doit contenir élection de domicile à la préfecture du département, ou à la sous-préfecture de l'arrond. du bureau des hypothèques où l'inscription sera prise (excepté à Paris où l'on élit domicile au Trésor, bureau de l'agent judiciaire, ou chez l'agent du trésor de la Couronne). Il indiquera avec exactitude les noms, prénoms, qualités et demeures des grevés ; l'objet de l'inscription, c'est-à-dire qu'elle est requise pour sûreté, soit du privilége, soit de l'hypothèque légale du trésor, résultant de la gestion du comptable et pour une somme indéterminée, exigible seulement à l'évènement. Ce bordereau énoncera aussi que l'inscription est requise en exécution de la loi du 5 sept. 1807, et en conséquence de l'acte dont il rappellera la date et l'objet, et notamment le prix si c'est une acquisition ou une vente. Enfin, il indiquera encore la nature et la situation des biens acquis ou aliénés par le comptable ou par sa femme, et sur lesquels l'inscription doit être prise. I. 442 et 868.

754. Les receveurs enverront, dans les *vingt-quatre heures*, les trois bordereaux au conservateur des hypothèques de la situation des biens. Celui-ci, aussitôt la réception, visera pour timbre en *débet* les bordereaux, et fera sur ses registres l'inscription requise. Il expédiera ensuite au receveur une reconnaissance sur papier non timbré, qui rappellera, en exécution de l'art. 2200 C. civ., le n° du registre de dépôt. Le jour même où l'inscription aura été faite, il transmettra un des bordereaux au procureur du Roi près le tribunal de première instance de l'arrond., et en adressera un autre à l'agent judiciaire du Trésor à Paris, ou à l'agent du trésor de la Couronne. I. 350 et 868.

755. Les conservateurs ne peuvent différer l'inscription jusqu'à ce que les droits et salaires leur aient été payés ; ils en suivent le recouvrement sur les grevés avec ceux du timbre des bordereaux. D. 14 nov. 1818. I. 868. Les dispositions de l'instr. n° 1551, qui prescrit de percevoir *au comptant* les droits de timbre et d'enreg. des actes de poursuites à la requête de l'adm. (V. *titre* V), ne sont pas applicables dans ce cas.

756. Chaque enreg. donnant lieu à l'inscription prescrite sera apostillé des mots : *Comptable public;* le receveur indiquera en marge la date et le n° de la lettre d'envoi des bordereaux au conservateur, et de la reconnaissance du dépôt aussitôt qu'elle lui sera parvenue ; de son côté, le conservateur émargera l'inscription de la date des envois faits au procureur du Roi et à l'agent du Trésor, et de la date des lettres qui lui certifieront la réception des bordereaux inscrits. I. 350 et 868.

757. L'exécution de ces diverses recommandations est d'une obligation absolue; les receveurs et les conservateurs qui négligeraient de s'y conformer, ou différeraient de remplir les formalités qui leur sont imposées à cet égard, compromettraient gravement leur responsabilité et s'exposeraient à l'application des peines prononcées. *Ibid.* et I. 633 (V. 749).

CHAPITRE II. — *Règles spéciales aux divers enregistrements.*

SECTION 1re. — *Actes civils publics.*

§ 1er. — *Registre, présentation des actes.*

758. Le registre des actes civils publics est consacré à l'enregistrement : 1° des actes des notaires; 2° des actes des autorités administratives ou des établissements publics. — On y inscrit également : 1° les mentions constatant le *visa* des répertoires de ces officiers et fonctionnaires, ainsi que le tableau récapitulatif de la présentation de ces répertoires. Circ. R. 1617 et I. 318 (V. 1179); 2° le tableau récapitulatif des notices de décès remises par les maires. Il paraîtrait plus naturel de le faire sur le registre des mutations par décès (V. 1284). — Comme principal registre de recette, le registre des actes civils publics reçoit encore : 1° les mentions d'installation des nouveaux receveurs, intérimaires, etc. (V. 138); 2° les vus d'arrivée ou de départ des employés supérieurs ; 3° la copie des procès-verbaux de vérification de régies. V. *Vérificateurs.* Dans les bureaux dont les attributions ne comportent pas la tenue du registre des actes civils publics, ces dernières opérations sont constatées sur le principal registre de recette.

759. *Tenue du registre.* Le registre des actes civils est coté et paraphé par le directeur. O. gén. 65. Chaque page présente un cadre imprimé distribué en huit cases horizontales pour la transcription des enreg., avec deux colonnes à droite pour y inscrire en chiffres le montant des droits simples et des droits en sus, distinctement. Dans la seconde, on ne porte que les droits en sus et amendes pour infraction aux règles concernant les délais ; les autres amendes de contravention, perçues au moment de l'enreg., sont portées en recette sur le registre des droits constatés n° 1er (V. 702). — Les sommes inscrites dans les deux colonnes sont additionnées, et le total est reporté de page en page jusqu'à la fin du mois. — Le registre des actes civils doit être arrêté chaque jour (V. 420).

760. Le registre des actes civils publics est celui dont la tenue exige le plus de soin et d'attention, tant à cause du nombre et de l'importance des actes qui y sont enregistrés, qu'à raison de la diversité de ces actes. Ce registre contient en effet la plupart des transactions civiles de l'arrond. du bureau; sa tenue régulière et sa conservation intéressent non seulement le trésor, mais encore tous les citoyens qui peuvent y trouver, même après un grand nombre d'années, la trace des actes les plus importants.

761. Le receveur devra donc, autant que cela sera possible, tenir lui-même le registre des actes civils publics, et dans les bureaux importants ne confier les enreg. de ces actes aux surnuméraires et aux commis, que lorsqu'ils auront acquis l'expérience nécessaire (V. 397, 674). Dans tous les cas, il se réservera exclusivement l'enreg. des actes compliqués. Lorsque le travail d'une seule personne ne peut suffire à l'enreg. des actes civils publics, quelques receveurs dictent les enreg. aux surnuméraires ou aux commis du bureau ; cette méthode expéditive a l'avantage d'assurer la régularité du service.

762. *Actes à enregistrer*. On aura soin de ne porter sur le registre des actes civils publics que les enreg. des actes qui doivent y figurer, c'est-à-dire les actes des notaires, et ceux des autorités administratives ou des établissements publics désignés notamment dans l'art. 14 de la loi du 27 vent. an 9, l'art 43, n° 2 de la loi du 28 avril 1816, l'art. 78 de celle du 15 mai 1818, et les art. 12 et 13 de la loi du 25 juin 1841. Les procès-verbaux d'arpentage, martelage, balivage, récolement, etc., relatifs aux bois de l'État et des établissements publics, dressés par les *agents forestiers*, sont assimilés aux actes administratifs, I. 1050, et doivent être enregistrés sur le registre des actes civils publics, Sol. de l'adm.; mais il n'en est pas de même des procès-verbaux de délits ou autres, sujets, comme les exploits, à l'enreg. dans les quatre jours (V. 970).

763. Tous les actes s. s. p., même lorsqu'ils sont déposés dans l'étude d'un notaire, doivent être enregistrés sur le registre des actes s. s. p., et non sur celui des actes publics. Il en est de même des actes passés devant notaires ou devant une autorité administrative dans les *pays étrangers*. Quoique ces actes conservent en France leur authenticité, ils n'y sont pas exécutoires de plein droit et les lois d'enreg. les assimilent toujours aux actes s. s. p. Cette règle n'est pas applicable aux actes passés dans les *colonies françaises*, quand même l'enreg. n'y serait pas établi, lorsqu'ils ont été reçus par un notaire ou par une autorité administrative ; ces derniers actes doivent être enregistrés avec les actes publics.

764. Les receveurs ne devront enregistrer aucun acte des fonctionnaires ou des notaires résidant hors de l'arrond. du bureau, excepté dans les cas prévus par la loi. Les actes qui, par exception, peuvent ou doivent être enregistrés dans d'autres bureaux sont : 1° les inventaires dressés par les notaires des villes où siége une cour royale, qu'ils peuvent faire enregistrer au bureau du lieu où l'opération a été faite, I. 290 ; 2° les procès-verbaux de ventes publiques de meubles qui doivent être enregistrés au bureau dans l'arrond. duquel les ventes ont été faites, L. 22 pluv. an 7. art. 6 (V, 1023) ; 3° les actes faits par un notaire suppléant son collègue, qui doivent être enregistrés au bureau de la résidence du notaire suppléé, I. 909 ; 4° les décharges données personnellement à un notaire, qui doivent être enregistrées avec les actes de ce notaire, quoique passées devant un notaire du ressort d'un autre bureau. *Ibid*.

765. Les actes passés en *double minute* doivent être enregistrés sur les deux minutes au bureau de chacun des notaires qui les reçoivent ; il en est fait mention dans l'enreg. Les droits sont payés par celui des notaires que l'acte désigne, ou à défaut de convention expresse, par le notaire du lieu où l'acte a été passé ; enfin si tous deux ont leur résidence dans l'arrond. du bureau, les droits sont acquittés par le plus ancien. Il n'y a lieu qu'à un seul enreg. lorsque les deux minutes doivent être enregistrées dans le même bureau ; autrement l'enreg., dans le bureau où il n'y a pas lieu à la perception, se fait pour mémoire avec désignation du bureau où les droits doivent être payés et du notaire chargé de les acquitter. I. 400, § 1er, et 1422 § 11.

766. *Délais*. Les actes civils publics doivent être présentés à l'enreg. dans les délais que la loi détermine. Ces délais, en ce qui concerne les actes *notariés* passés en France, sont : 1° de *quatre jours* pour les protêts, à peine de *5 fr. d'amende*, L. 24 mai 1834, art. 23, I. 1457 et 1634, § 11 ; — 2° de *dix jours* pour les actes (autres que les protêts, les actes concernant les établissements publics soumis à l'approbation, et les testaments) reçus par les notaires qui résident dans la commune où le bureau est établi, et de *quinze jours* pour ceux des notaires qui n'y résident pas ; à peine de *10 fr. d'amende* pour les actes soumis au droit fixe, et d'une *somme égale au montant du droit* pour les autres, sans qu'elle puisse être inférieure à 10 fr. L. 22 frim. an 7, art. 20 et 33 , et 16 juin 1824, art. 10 ; — 3° de *vingt jours* à partir de leur retour après approbation, pour les actes concernant les communes et les établissements publics, sous les mêmes peines, D. 4 août 1838, I. 1577, § 6 ; — 4° de *trois mois* à partir du décès des testateurs, pour les testaments déposés chez les notaires ou par eux reçus, ainsi que pour les donations à cause de mort, sous peine du *double droit* à la charge des légataires ou donataires qui sont tenus de les faire enregistrer. L. 22 frim. an 7, art. 21, et I. 1577, § 10.

767. Les actes *administratifs* doivent être présentés à l'enreg. : 1° dans les *vingt jours* à partir de leur retour après approbation, ou à partir de leur date lorsqu'ils n'y sont pas assujettis, pour les actes désignés dans les lois du 27 vent. an 9, 28 avril 1816 et l'art. 78 de la loi du 15 mai 1818 ; à peine d'un *droit en sus*, et sauf la faculté accordée aux secrétaires de délivrer au receveur extrait des actes passés en séance publique lorsque les droits n'ont pas été consignés par les parties, L. 22 frim. an 7, art. 20, 36 et 37 (V. 846); — 2° dans les *vingt jours* pour les procès-verbaux dressés par les agents forestiers, à partir de la vente ou de la délivrance en nature pour les procès-verbaux d'assiette, arpentage, balivage, martelage et autres *antérieurs* à l'adjudication ou à la délivrance, et à partir de la décharge d'exploitation pour les procès-verbaux de réarpentage et récolement relatifs aux adjudications de coupes de bois. Par exception, le délai est de *deux mois* pour les procès-verbaux de réarpentage et récolement des coupes délivrées en nature. Le tout sans aucune peine en cas de retard, I. 281, 1050, et 1187, § 11 ; — 3° dans le délai *d'un mois*, ou avant la prestation de serment pour les ordonnances de nomination d'officiers ministériels qui restent aussujetties à cette formalité, sous peine du *droit en sus*, L. 25 juin 1841, art. 12 et 13. I. 1640.

768. Les déclarations de command doivent être faites par acte authentique et notifiées au receveur dans les 24 heures de l'adjudication, pour ne pas donner ouverture au droit de revente. Quelques receveurs s'étant crus autorisés, soit à délivrer un certificat de la présentation à l'enreg. dans les 24 heures, soit à apposer dans le même délai un *visa* sur le répertoire, après l'inscription de la déclaration, il a été reconnu que la notification par huissier, ou l'enreg. effectif de la déclaration de command, dans les 24 heures de l'adjudication ou du contrat de vente, peut seul justifier la perception du droit fixe sur cette déclaration. Toute autre voie, tout prétendu équivalent de notification, est expressément interdit ; les receveurs qui y auraient égard seraient personnellement responsables des droits proportionnels qu'ils n'auraient point perçus. D. 15 janv. 1834 et 1er mars 1841. l. 1458, § 5, et 1631.

V. d'ailleurs, pour les règles concernant les délais, le *Code de l'enregistrement.*

§ II. — *Examen préalable des actes.*

769. Avant de commencer l'enreg. des actes civils publics, le receveur doit les lire avec beaucoup d'attention, non seulement pour en faire une analyse régulière sur son registre, mais encore pour s'assurer que ces actes sont revêtus de toutes les formalités exigées par la loi, et qu'ils présentent les éléments nécessaires à l'assiette de la perception (V. 619 et suiv.).

770. *Actes administratifs.* Aucune forme spéciale n'a été prescrite pour les actes administratifs ou des établissements publics ; cependant comme ils doivent avoir un caractère authentique, ils sont rédigés dans la forme ordinaire des actes de cette espèce. Le receveur doit veiller notamment à ce qu'ils soient régulièrement signés ; il fera réparer les omissions et signalera aux fonctionnaires publics les vices qu'il pourrait reconnaître (V. 781).

771. *Actes notariés.* Les obligations imposées aux notaires quant à la *forme* de leurs actes, et dont la surveillance rentre dans les attributions des préposés (1) sont de deux sortes : l'inobservation des unes constitue une infraction ou une irrégularité qui ne donne lieu à l'application d'aucune peine pécuniaire, mais qui peut entraîner des mesures disciplinaires ou entacher

---

(1) On n'a pas à indiquer dans quels cas il y a ou non contravention aux lois du notariat. Cette matière fait l'objet d'un traité spécial : *Le Manuel des contraventions, par M.* Roy, ouvrage très remarquable et que l'on consultera toujours avec fruit.

les actes d'un vice plus ou moins prononcé. Quant aux infractions de la seconde classe, elles constituent de véritables *contraventions* passibles d'amendes, mais dont la condamnation doit être préalablement prononcée par les tribunaux.

772. *Surveillance des employés.* L'adm., en transmettant aux préposés, par l'instr. n. 263, un extrait de la loi du 25 vent. an 11 sur le notariat, leur a fait remarquer que, d'après l'art. 53 de cette loi, toutes suspensions, destitutions et condamnations d'amendes et dommages-intérêts à prononcer contre un notaire, dans les cas prévus, doivent être poursuivies par les parties, ou d'office par le ministère public, à moins que l'adm. n'y soit intéressée en raison du préjudice que le trésor aurait éprouvé par suite des contraventions commises ; mais elle a ajouté que, s'il est du devoir de tous les membres de la société de coopérer à la répression des abus, cette obligation est imposée plus particulièrement, dans l'espèce, à ceux auxquels le gouvernement a confié ses intérêts, et qui, se trouvant par la nature de leurs fonctions à portée de veiller à l'exécution de la loi, seraient très répréhensibles s'ils ne concouraient, par tous les moyens qui sont à leur disposition, à ce qu'elle soit ponctuellement observée.

En conséquence, il a été prescrit aux employés de constater les contraventions qui entraînent la peine d'amende par des procès-verbaux qui doivent être transmis au procureur du Roi lorsque l'adm. n'est pas dans le cas de poursuivre elle-même, comme partie intéressée, la condamnation aux amendes et autres peines encourues. A l'égard des irrégularités dont il ne peut résulter aucune condamnation pécuniaire envers l'État, les employés ont été chargés d'en former des relevés suffisamment détaillés et de les transmettre au procureur du Roi, afin que ce magistrat soit mis à portée d'agir s'il y a lieu. l. 1354.

773. Ces ordres formels, qui ont été renouvelés par les instr. n. 384, 1089, 1136, § 14, 1150, § 17, 1347, § 45, et 1351, art. 28, § 2, ont obtenu l'assentiment de l'autorité judiciaire, qui a été appelée plusieurs fois à statuer sur cette matière. On peut citer principalement un arrêt de la cour royale de Rennes, du 22 avril 1833, qui reconnaît que les préposés de l'enreg. sont spécialement chargés *de la surveillance des actes des notaires*, et autorisés à constater les contraventions par des procès-verbaux, *notamment celles qui porteraient atteinte à la loi du 25 vent. an 11* sur le notariat, pour les transmettre aux procureurs du Roi chargés de poursuivre la répression. — La cour royale d'Orléans a statué dans le même sens, par un arrêt du 27 mars 1835, suivi d'un pourvoi en cassation qui a été rejeté le 16 mars 1836, « Attendu qu'aux termes des lois des 22 frim. et 13 brum. an 7, les préposés de l'enreg. sont chargés spécialement de la vérification des actes des notaires, et autorisés à en prendre des extraits et des copies ; qu'il suit de là, qu'indépendamment de l'obligation où ils sont de constater les contra-

ventions relatives au timbre et à l'enreg., *ils ont le droit*, lorsqu'ils rencontrent dans les actes qui leur sont soumis *des contraventions aux dispositions de la loi du 25 vent. an 11*, sur le notariat, contraventions entraînant des amendes au profit du trésor, d'en dresser des procès-verbaux pour les transmettre au
procureur du Roi. » I. 1554.

774. Le devoir des employés de l'adm. de signaler aux magistrats du ministère public toutes les infractions à la loi du
25 vent. an 11, commises par les notaires, est donc incontestable ; il est très important de le remplir avec soin. I. 1554. Les
préposés qui s'en dispenseraient seraient aussi répréhensibles
que s'ils prenaient sur eux d'accorder la remise des peines encourues ; dans l'un comme dans l'autre cas, ils sont responsables des amendes qu'ils n'ont pas constatées. Circ. R. 697.

775. Ces dernières dispositions s'appliquent à toutes les infractions emportant peine pécuniaire ; mais à l'égard des simples irrégularités facilement réparables, il est du devoir des préposés non seulement de permettre, mais encore de provoquer
leur rectification, à moins de circonstances graves de nature à
donner des soupçons sur la moralité ou l'exactitude du notaire.
Il importe en effet que les employés de l'adm. concourent, dans
les limites de leurs attributions, à assurer la validité des conventions qui pourrait être compromise par des omissions qu'il
est préférable de faire réparer sur-le-champ (V. 781).

776. Les employés de tout grade se conformeront à ce qui
leur a été prescrit par les instructions ci-dessus rappelées ; ils
ne perdront pas de vue qu'ils ne sont pas institués uniquement
pour la perception de l'impôt, mais que leurs vérifications doivent concourir au maintien de l'ordre et à la conservation des
minutes dans les dépôts publics, à l'exécution des lois qui ont
déterminé les règles ou prescrit les formalités nécessaires pour
imprimer à la plupart des actes de la vie civile un caractère de
régularité et de stabilité. Il est essentiel que les officiers publics
acquièrent de plus en plus la certitude que ce n'est point par un
motif de fiscalité, mais dans des vues d'intérêt public, que l'adm.
appelle particulièrement l'attention de ses employés sur l'exécution des lois relatives au notariat. I. 1554.

777. Dans l'exercice de cette surveillance les préposés n'oublieront pas que les notaires sont des officiers publics entièrement indépendants d'eux, auxquels ils n'ont à faire aucune
injonction, et qui exercent leurs fonctions sous la seule autorité
de la loi et des magistrats. S'ils peuvent et doivent même avertir les notaires des infractions qu'ils reconnaissent dans leurs
actes, et les inviter à apporter plus de régularité dans l'accomplissement des devoirs que la loi leur impose, ils ne peuvent le
faire que par voie d'avertissement officieux, sauf l'exercice du
droit qui leur est accordé de constater les contraventions, de
les signaler, et d'en assurer la répression.

778. *Infractions.* Les infractions ou irrégularités qui ne donnent pas lieu à l'amende, et que les préposés doivent se borner à signaler aux magistrats du ministère public, au moment où les actes sont soumis à l'enreg. sont relatives aux règles suivantes : 1° La défense faite aux notaires d'instrumenter hors de leur ressort, L. 25 vent. an 11, art. 6 et 68 ; et de recevoir des actes pour leurs parents ou alliés en ligne directe à tous les degrés, et en ligne collatérale jusqu'au degré d'oncle ou de neveu inclusivement. Art. 8 et 68.

779. 2° L'obligation de passer les actes devant deux notaires, non parents ni alliés au degré prohibé, ou devant un notaire assisté de deux témoins sachant signer. *Ibid.*, art. 9, 10 et 68. — La présence *réelle* du notaire en second ou des témoins instrumentaires, lors de la lecture de l'acte, n'est exigée, à peine de nullité, que pour les donations entre vifs ou entre époux, les révocations de donations ou de testaments, les reconnaissances d'enfants naturels et les procurations pour consentir ces divers actes. Il doit en être fait mention expresse. L. 21 juin 1843, art 2. Mais tous les actes notariés doivent néanmoins être signés de deux notaires ou d'un notaire assisté de deux témoins (V. 781). — Des règles particulières s'appliquent aux testaments, et quelques actes, tels que les cahiers des charges, les projets de liquidation par renvoi de justice ainsi que les certificats délivrés par les notaires, n'exigent pas le concours d'un second notaire ou de deux témoins.

780. 3° L'obligation imposée aux notaires de faire mention dans les actes des noms des témoins instrumentaires et de leur demeure ; du lieu, de l'année et du jour où les actes sont passés, L. 25 vent. an 11, art. 12 et 68. L'absence de ces indications entraîne la nullité des actes, ou au moins leur enlève l'authenticité ; les receveurs n'omettront jamais de s'assurer qu'elles ont été exactement insérées dans les actes présentés à l'enregistrement.

781. 4° Les actes doivent être signés *par les parties, les témoins et les notaires,* qui sont tenus d'en faire mention à la fin de l'acte. Quand aux parties qui ne savent ou ne peuvent signer, le notaire doit faire mention, à la fin de l'acte, de leurs déclarations à cet égard. Les actes faits en contravention à cet article sont nuls s'ils ne sont pas revêtus de la signature de toutes les parties, et ne valent que comme écrits s. s. p. s'ils sont revêtus de la signature de toutes les parties contractantes, sauf, dans les deux cas, les dommages-intérêts contre le notaire contrevenant. L. 25 vent. an 11, art. 14 et 68. — Le premier soin du receveur lorsqu'un acte est présenté à l'enreg., doit être de s'assurer si cet acte est revêtu de la signature des parties, des témoins instrumentaires ou du notaire en second, et du notaire rédacteur. Dans le cas de la négative, et *s'il y a une omission non réparable*, ou si le notaire insiste pour que l'acte soit enregistré dans son état d'imperfection, le receveur doit donner la forma-

lité et percevoir les droits dus ; mais il doit aussi constater
immédiatement l'état matériel de l'acte par un procès-verbal,
affirmé devant le juge de paix dans les 24 heures, à moins que,
sur la réquisition qui doit en être faite au notaire, il ne consente
à signer ce procès-verbal, que le receveur adressera au directeur pour être transmis au procureur du Roi. Il sera fait mention de ce procès-verbal en marge de l'enreg. I. 1554.

782. 5° L'obligation pour les notaires d'écrire en marge les
renvois et apostilles, excepté lorsque la longueur du renvoi
exige qu'il soit transporté à la fin de l'acte, et dans tous les
cas, leur signature ou paraphe par les signataires de l'acte et
les notaires. L. 25 vent. an 11, art. 15. Les receveurs devant
parapher chaque renvoi (V. 707), s'assureront de l'exactitude
du notaire sous ces différents rapports, feront réparer les omissions, ou rendront compte des irrégularités non réparables,
ainsi qu'il est expliqué ci-dessus.

783. 6° L'obligation pour les notaires de garder minute de
tous les actes qu'ils reçoivent, excepté pour quelques actes particuliers qui peuvent être délivrés en brevet. L. 25 vent. an 11,
art. 20 et 68 (V. 1201 et suiv.). Enfin la défense aux notaires
suspendus, destitués ou remplacés de recevoir des actes de leur
ministère. *Ibid.*, art. 52.

784. Les nullités que la loi prononce pour la plupart de
ces infractions ne dispensent point les notaires de faire enregistrer dans le délai, les actes qui en sont frappés, ni les receveurs
de percevoir les droits des dispositions susceptibles d'être annulées. C'est ce qu'il faut dire aussi à l'égard des actes qui ne
peuvent valoir que comme écrits privés. I. 263.

785. Ces différentes irrégularités peuvent être signalées aux
procureurs du Roi par simples lettres, sauf le cas prévu par le
n° 4 ci-dessus ; néanmoins, dans toutes les circonstances où les
préposés ont occasion de reconnaître des faits qui peuvent donner matière à accusation de faux contre un notaire, ils doivent
constater le délit par un procès-verbal et y joindre, si le faux
existe dans une expédition ou dans un acte reçu en brevet,
une copie collationnée de cette expédition ou de ce brevet,
rédigée dans la forme indiquée par l'art. 56 de la loi du 22 frim.
an 7 (V. 721). Le procès-verbal est adressé au directeur qui le
transmet au procureur du Roi pour la poursuite du délinquant.
I. 263, 340, § 5 et 7, et 1537, nomb. 13.

786. *Contraventions.* Les contraventions relatives à la forme
des actes de notaires, *emportant peine pécuniaire*, que les préposés
doivent constater au moment où les actes sont présentés à l'enreg.
par procès-verbaux pour la condamnation ultérieure des notaires,
concernent les dispositions ci-après : 1° l'obligation d'énoncer
dans les actes les noms et le lieu de la résidence du notaire qui
les reçoit, sous peine de 20 fr. d'amende, L. 25 vent. an 11,
art. 12 ; d'indiquer, sous la même peine, les noms, prénoms,

qualités et demeures des parties, ainsi que des témoins attestant leur individualité ; enfin, d'annexer aux minutes les procurations des contractants, art. 13. — C'est principalement dans les actes rédigés à la suite d'actes antérieurs, que les premières contraventions se rencontrent plus fréquemment. Depuis quelques années, les tribunaux se montrent très sévères à cet égard ; ils proscrivent, en général, toute indication qui se réfère à d'autres actes, au lieu de rappeler les noms et qualités des parties contractantes. Les receveurs devront examiner les actes sous ce rapport, et n'omettront pas de constater aussi le défaut d'annexe des procurations.

787. 2º La défense aux notaires d'énoncer dans leurs actes les qualifications supprimées, les clauses et expressions féodales et les anciennes dénominations des poids et mesures, sous peine de 20 fr. d'amende. L. 25 vent. an 11, art. 13 et 17. — Cette dernière défense a été faite à tous les officiers publics par la loi du 4 juill. 1837 qui remplace, même pour les notaires, la disposition spéciale de la loi sur le notariat (V. 632 et suiv.).

788. 3º L'obligation imposée, sous peine de 20 fr. d'amende, d'écrire les actes des notaires en un seul contexte, lisiblement, sans abréviations, blancs, lacunes, ni intervalle; d'énoncer en toutes lettres les sommes et les dates, L. 25 vent. an 11, art. 13. — L'interdiction absolue des surcharges, interlignes et additions dans le corps des actes, et quant aux mots qui devront être rayés, l'obligation de les rayer de manière que le nombre puisse en être constaté à la marge de leur page correspondante ou à la fin de l'acte, et soit approuvé de la même manière que les renvois écrits en marge ; le tout à peine d'une amende de 10 fr., ainsi que de tous dommages-intérêts, même de destitution en cas de fraude. *Ibid.*, art. 16.

789. L'examen des actes sous ces différents rapports exige une grande attention ; les infractions doivent être constatées avec soin quand même elles n'offriraient aucune gravité réelle ; c'est au ministère public qu'il appartient d'apprécier les faits, et aux juges à prononcer. Ainsi, lors même que les abréviations, les surcharges ou les ratures s'appliquent à des mots insignifiants, que les blancs, lacunes, interlignes ou additions ne semblent dénoter aucune intention coupable, les préposés ne doivent pas moins constater ces diverses infractions. C. Nancy, 28 avril 1837. — En ce qui concerne spécialement les mots rayés, les receveurs examineront si le nombre en a été régulièrement constaté; ils n'indiqueront jamais ce nombre dans l'enreg. avant de les avoir comptés avec soin ; s'ils remarquaient que le nombre a été laissé en blanc, ou indiqué d'une manière inexacte dans l'approbation, ils constateront le fait en rappelant pour ce dernier cas, dans leur procès-verbal, tous les mots rayés. Cette vérification devra être faite avant de parapher la mention approbative des mots raturés, autrement le paraphe tendrait à confirmer un fait faux ou inexact. 16

790. 4° L'obligation pour les notaires de faire mention expresse que lecture de l'acte a été faite aux parties, à peine de 20 fr. d'amende. L. 25 vent. an 11, art. 13. Cette obligation n'est pas restreinte aux actes passés en minute, elle s'étend aussi à ceux que le notaire délivre en *brevet*. — Les receveurs s'assureront que la mention de lecture a été faite en termes exprès, avant la clôture de l'acte ; en cas d'omission, ils constateront la contravention.

791. 5° La défense faite aux notaires de délivrer expédition, ou de donner connaissance des actes à d'autres qu'aux parties intéressées, sous peine de 20 fr. d'amende, L. 25 vent. an 11, art. 23 ; et l'obligation de remettre toutes les minutes à leurs successeurs, sous peine de 20 fr. d'amende par chaque mois de retard. *Ibid.*, 57. — Les receveurs ont peu d'occasions de signaler des infractions à ces dispositions.

792. *Offre des amendes.* Pour toutes les contraventions aux lois sur le notariat, les receveurs ne sont pas chargés de faire prononcer les amendes, ils doivent seulement constater les faits par des procès-verbaux qui sont transmis au ministère public, pour requérir la condamnation. Jusqu'à cette condamnation, toute perception de l'amende serait illégale, quand même les notaires demanderaient à se libérer volontairement. En conséquence, les receveurs doivent refuser les offres réelles qui seraient faites par les notaires contrevenants, avant le jugement de condamnation. — C. Paris, 25 avril 1826 et 17 déc. 1833. I. 1537, nomb. 238 ; 1722. — C'est là une règle absolue et dont les receveurs ne devront jamais se départir.

793. *Procès-verbaux.* Les procès-verbaux destinés à constater ces contraventions sont soumis en projet au directeur, à moins d'urgence. Ils sont dressés à la requête du Directeur général de l'adm., poursuite et diligence du directeur. On se conformera pour la rédaction de ces procès-verbaux aux règles qui seront indiquées au titre des poursuites et instances (V. *titre V.*). — Le procès-verbal, affirmé devant le juge de paix dans le cas où l'officier public refuserait d'en reconnaître la sincérité, est transmis par l'intermédiaire du directeur, au procureur du Roi, chargé de requérir, au nom du ministère public, les condamnations encourues. Les receveurs ne perdront pas de vue ces dispositions. L'adm. n'a pas qualité pour engager la demande en son nom et à sa requête, poursuite et diligence du procureur du Roi ; la nullité du premier acte de procédure fait en cette forme vicierait tous les actes ultérieurs. I. 284 et 1537, nomb. 236. Ainsi l'on devra s'abstenir de faire signifier le procès-verbal qui n'est en pareille matière qu'un simple rapport. (V. *titre V*).

794. *Contraventions spéciales.* Outre ces formes particulières que les notaires doivent observer dans la rédaction de leurs actes, les receveurs ont encore à s'assurer que les actes administratifs et ceux des notaires, présentés à l'enreg., ne contiennent aucune contravention aux lois concernant le timbre (V. 492 et suiv.); les poids et mesures (V. 632 et suiv.); et l'enregistrement (V. 642 et suiv.). Ils vérifieront également si les notaires ont observé l'obligation de faire mention de la patente des contractants dans les actes relatifs au commerce ou à l'industrie des patentables (V. 623 et suiv.); et s'ils se sont conformés, pour la rédaction des ventes publiques de meubles, aux règles tracées par la loi du 22 pluv. an 7 (V. 998 et suiv.).

795. En ce qui touche l'enreg., les notaires, par exception à la règle générale, ont la faculté de rédiger un acte en conséquence d'un acte s. s. p., ou passé en pays étranger ou dans des colonies, sans le faire timbrer ni enregistrer préalablement, mais à la condition expresse que cet acte sera annexé et soumis au timbre et à l'enreg., au moins en même temps que l'acte fait en conséquence, et que le notaire acquittera les droits et amendes exigibles sur cet acte. L. 16 juin 1824, art. 13 (V. 642, 646).

§ III. — *Enregistrement des actes.*

796. *Paiement des droits.* Après que le receveur s'est assuré de la régularité des actes civils publics quant à la forme, et a reconnu qu'ils peuvent être enregistrés (V. 607 et suiv.), il liquide, au moins approximativement, les droits et amendes exigibles et requiert la consignation d'une somme suffisante (V. 663 et suiv.). Les droits d'enreg. des actes notariés doivent être payés par les notaires, sauf leur recours contre les parties. L. 22 frim. an 7, art. 29.

797. Les droits des actes administratifs et des établissements publics sont payés par les secrétaires des administrations ou établissements. *Ibid.* Cependant, pour les adjudications passées en séance publique, les secrétaires ont la faculté, lorsque les droits ne leur ont pas été consignés par les parties, d'en délivrer un extrait au receveur qui est chargé de poursuivre directement le recouvrement. Art. 37 (V. 846).

798. Relativement aux droits en sus et amendes, il faut faire une distinction : les amendes sont dues personnellement par les contrevenants ; par conséquent si la contravention est le fait du rédacteur de l'acte, il doit payer les droits en sus et les amendes exigibles sans condamnation (V. 663 et suiv.). Si la contravention est le fait des parties contractantes, comme par exemple : une mutation antérieure à l'époque de la réalisation de l'acte, le droit en sus doit leur être demandé directement, à moins que l'acte public ne donne lieu, par lui-même, à la perception du droit en sus, auquel cas le notaire serait tenu d'en faire l'avance. I. 1458, § 9. On n'a point à entrer dans des détails à ce sujet ; ce sont des règles de perception.

799. *Forme des enregistrements.* On doit, pour la forme et la

rédaction des enreg. sur le registre des actes civils publics, observer les règles générales indiquées *sup.* 682 et suiv. Ainsi l'enreg.
doit présenter en toutes lettres la date de la formalité ; l'énonciation en caractères plus apparents de la nature de l'acte, des
noms, prénoms, qualités et domiciles des parties ; l'analyse,
dans un ordre méthodique et d'une manière claire et précise,
de toutes les dispositions ; le nom de l'officier public ou de l'autorité qui a reçu l'acte ; l'indication de la date ou des dates
qu'il porte ; celle du nombre des rôles, renvois et mots rayés
qui y sont contenus ; enfin, le montant des droits perçus pour
chaque disposition.

800. L'importance des enreg. sur le registre des actes civils
publics exige quelques observations particulières. En premier
lieu, chaque disposition distincte d'un acte doit être isolée le
plus possible pour faire ressortir davantage les conventions différentes qui en font l'objet. C'est le meilleur moyen de mettre
de la clarté dans les enreg. Toutes les conventions des parties
s'enchaînent ordinairement ; mais pour éviter la confusion,
tout en laissant apercevoir dans l'analyse le lien qui les rattache l'une à l'autre, il faut faire de chacune autant de paragraphes distincts, précédés chacun du titre de la convention, comme
s'il s'agissait d'un autre acte. Par exemple, un *contrat de
mariage* contient des *donations* entre vifs faites aux futurs, un
partage avec des tiers, un *contrat de société*, des *donations éventuelles* entre les futurs ; l'analyse de chacune de ces conventions
différentes se fera successivement en les distinguant par un alinéa dont le premier mot sera le titre de la convention, tel
qu'on l'a souligné.

801. Cette méthode est préférable à celle qui consiste à analyser successivement, dans le même contexte, l'acte entier, en
disant par exemple, après l'analyse des conventions entre les
époux : « *En considération du mariage, les père et mère du futur lui constituent en dot, etc...; le futur et son frère partagent
entre eux la succession de... et établissent une société pour...
Enfin les époux se font donation de, etc.* — Une telle analyse de
l'acte rend l'enreg. confus, tandis qu'en supprimant les phrases qui servent de liaison, et en énonçant d'abord, pour chaque
convention, le *titre* qui la caractérise, on embrasse d'un coup
d'œil l'ensemble de l'acte, ainsi qu'il suit :

« CONTRAT *de mariage entre...*, etc. — DONATION *au futur par
ses père et mère de...*, etc. — PARTAGE *entre le futur et son frère*,
etc. — SOCIÉTÉ *entre les mêmes*, etc. — DONATION *éventuelle au
profit du survivant des futurs*, etc. »

Si l'on veut faire apercevoir la liaison des conventions contenues dans le même acte, on peut se servir de quelques mots
brefs, par exemple : CONTRAT *de mariage entre*, etc...; *portant*
DONATION, etc.; *par le même acte*, PARTAGE *entre*, etc., *contenant*
SOCIÉTÉ *avec*, etc. L'intelligence des employés suppléera, pour

ces détails de rédaction et de style, à ce que nos observations ne peuvent exprimer sans tomber dans la minutie ; l'essentiel est de resserrer l'analyse dans le moins de mots possible en conservant la substance de l'acte.

802. *Actes simples.* Les actes se divisent en deux classes principales : les *contrats* et les *actes simples.* Ces derniers peuvent être enregistrés avec plus de concision ; ils sont en général assujettis au droit fixe. Tels sont les consentements, les déclarations ou attestations, les mandats ou décharges, les procès-verbaux ou actes destinés à constater des faits ; les actes de complément ou d'exécution, et enfin tous ceux qui, ne rentrant pas précisément dans ces définitions générales, ne contiennent pas un contrat entre plusieurs parties. Pour l'enreg. de ces actes, on se borne à énoncer les noms du souscripteur et l'objet précis de l'acte, en donnant plus ou moins de détails, selon que ces détails sont nécessaires pour l'intelligence de l'acte et pour la suite qu'il doit avoir.

803. L'enreg. des *inventaires* peut seul donner lieu à quelques explications particulières : L'inventaire est un procès-verbal ou état qui fait connaître l'importance d'une succession et tous les actes de la vie civile du décédé ; il peut donc être d'une grande utilité pour surveiller le paiement des droits de mutation. On devra par conséquent en analyser les indications de manière à n'avoir pas besoin de recourir à la minute pour connaître les différentes valeurs actives ou les charges de la succession, ainsi que les titres personnels ou ceux de propriété. L'enreg. d'un inventaire doit rappeler notamment : les noms, prénoms, profession et domicile de l'individu décédé ; la date et le lieu de son décès ; les noms, prénoms, professions et demeures des requérants et de tous les intéressés, ainsi que leurs qualités et leurs droits dans l'hérédité ; l'actif, en mobilier, deniers comptans, créances et autres valeurs, distinctement ; le passif ; les titres de famille, notamment le contrat de mariage, le testament, etc.; les titres de propriété, avec indication de la nature et de la consistance des biens ; enfin le nombre des vacations en distinguant les séances de chaque jour.

804. *Contrats.* L'enreg. des contrats exige plus de développements que celui des actes simples, surtout lorsqu'ils constatent ou transmettent la propriété des biens. Il faut dénommer toutes les parties qui contractent ensemble, exprimer leur convention, les choses qui en font l'objet, le prix stipulé ou les valeurs, le mode d'exécution, et, en rapportant tous les détails pour la formation des tables alphabétiques, rappeler aussi tout ce qui peut être utile pour suivre la filiation de la propriété.

805. Voici quelques indications succinctes sur les principaux renseignements que doivent contenir les enreg. des contrats les plus fréquents :

1° *Baux.* — Bailleurs ou propriétaires, fermiers ou locataires; biens, durée, entrée en jouissance, fermages ou loyers par année, charges, paiement, cautionnement, prix total pour toutes les années.

2° *Cautionnements*. — Caution, créancier, cautionné, créance ou objet de la garantie, nature de cette garantie, exigibilité et titre de la créance.

3° *Cessions, délégations, transports*. — Cédant, cessionnaire, créance ou rente cédée, débiteur, titre, exigibilité, prix, mode de paiement, acceptation du débiteur, etc.

4° *Contrats de mariage*. — Futurs époux, noms des pères et mères, régime, apports, donateurs, donataires, biens donnés et évaluation en revenu, origine, rapports à faire et charges, ameublissement et mise respective des époux, préciputs et gains de survie; dispositions éventuelles. — On n'omettra jamais d'indiquer, dans l'enreg. des contrats de mariage, les noms, prénoms et qualités des pères et mères des futurs, avec mention s'ils sont décédés, quand même ils n'auraient constitué aucune dot à leurs enfants. C'est un renseignement très utile pour établir la filiation. Si les futurs ont été précédemment mariés, on indiquera les noms de l'époux décédé. — Pour les contrats de mariage de commerçants (V. 809 et suiv.).

5° *Donations entre vifs*. — Donateurs, donataires, degré de parenté, biens donnés, origine, évaluations en revenu et baux, charges et rapports, partages ou dispositions indépendantes.

6° *Echanges :* — Echangistes, biens, origine, revenus et baux, soulte ou plus-value, paiement.

7° *Obligations, Billets, Constitutions, etc.* : — Débiteur, créancier, sommes, causes, exigibilité, conditions.

8° *Offices* (*Traités portant cession d'*) : — Cédant, cessionnaire, office et biens cédés, prix, conditions. — Le droit ne pouvant, dans aucun cas, être inférieur au dixième du cautionnement, les receveurs sont autorisés à se faire justifier du montant du cautionnement toutes les fois qu'ils ont lieu de penser que le droit sur le prix serait inférieur au *minimum* fixé. Circ. 8 août 1843. — C'est au bureau du chef-lieu judiciaire de l'arrond., et sur le registre des actes civils publics, que l'on enregistre, après les avoir visées pour timbre, les expéditions des ordonnances royales portant nomination de titulaires par suite de destitution ou de création nouvelle, et de celles qui prononcent l'extinction de titres moyennant indemnité. I. 1640.

9° *Partages, Liquidations*. — Précédents propriétaires, date des décès ou du titre de copropriété, copartageants, qualités, masse des biens, reprises et prélèvements, droits des parties, attributions détaillées, soultes ou plus-values, conditions, etc. — Les enreg. de ces actes sont ceux qui présentent le plus de difficultés et exigent le plus de soin; les dispositions en sont si variées, qu'il serait impossible de présenter à cet égard des observations complètes. Ce qu'on doit avoir principalement en vue, c'est de reproduire les dispositions et même la forme générale de l'acte, mais avec clarté et précision. L'enreg. d'un partage exige quelquefois un temps considérable ; avant de le commencer, il faut lire l'acte en entier pour bien en saisir l'ensemble ; souvent même il est nécessaire de prendre des notes ou de faire sur une feuille particulière un relevé ou tableau présentant les éléments et le cadre de la liquidation ; c'est le meilleur moyen d'en faire ensuite sur le registre une analyse claire, précise et exacte.

10° *Quittances, Compensations, Subrogations, etc.* — Créancier, libéré, sommes ou créances, accessoires, titres de créance, subrogations.

11° *Testaments, Donations éventuelles.* — Testateur ou donateur, date du décès, légataires ou donataires, legs ou objet des donations, charges ou conditions. — Le notaire qui présente un testament pour être enregistré, n'est pas tenu de produire l'extrait de l'acte du décès du testateur à l'effet de justifier que la formalité est requise dans le délai ; seulement le receveur doit exiger la déclaration de la date du décès, et s'assurer de la sincérité de cette déclaration, pour faire ensuite payer l'amende dans le cas où l'indication serait reconnue inexacte.

12° *Transactions.* — Contractants, objet de la difficulté, convention, exécution, et, en général, les détails exigés pour chaque nature de convention.

13° *Ventes, Adjudications, Licitations, Cessions.* — Vendeurs, acquéreurs, biens ou droits vendus, leur origine, entrée en jouissance, prix et charges, mode de paiement.

14° *Ventes publiques de meubles.* — Vendeurs ou requérants, nature du mobilier, origine, mention de l'inventaire, prix cumulé, charges. — Les enreg. des ventes publiques de meubles doivent être émargés de la date de la déclaration préalable (V. 1031) ; et indiquer s'il existe ou non des oppositions (V. 1032).

806. Lorsqu'on a terminé sur le registre l'analyse de toutes les dispositions de l'acte, on indique le nom, la qualité et la résidence du fonctionnaire ou de l'officier public, la date de l'acte, le nombre de rôles, de renvois et de mots rayés, et enfin le montant des droits perçus par chaque disposition (V. 698, 704 et suiv.) ; seulement, en ce qui concerne les actes notariés, c'est le notaire en premier qui doit être indiqué, sans qu'il soit nécessaire de rappeler le notaire en second ; pour les actes reçus par un notaire substituant un de ses collègues, on inscrit le nom de l'un et de l'autre ; et enfin, relativement aux actes en double minute (V. 765). — On se conformera d'ailleurs, pour la recette des droits en sus et amendes, aux distinctions faites *sup.* 702, 759.

807. *Relations*. On suivra, pour les relations d'enreg. sur les actes civils publics, les règles concernant les relations en général (V. 709 et suiv.). Lorsque, dans les cas prévus *sup.* **765**, un acte est passé en double minute, il y a lieu à distinction. Si les deux minutes sont présentées à la formalité dans des bureaux différents, la relation de l'enreg. au bureau où les droits doivent être acquittés est rédigée dans la forme habituelle et sans qu'il soit besoin d'aucune mention particulière, tandis que la relation au bureau où la formalité est donnée *pour mémoire* doit énoncer cette circonstance et indiquer, indépendamment du détail des droits, le bureau où la perception a été effectuée. — Dans le cas où les deux minutes reçoivent la formalité au même bureau, et où, par conséquent, il n'y a qu'un seul enreg., la relation est apposée sur l'une et l'autre minute avec les détails prescrits, et il est fait mention sur l'une que la relation est inscrite par *duplicata*. I. 400, § 1er, 1422, § 11.

808. *Annotations.* Pour les annotations à faire en marge des enreg. d'actes civils publics, les receveurs se conformeront à ce qui a été dit sur les annotations de tous les enreg. en général (V. 727 et suiv.).

§ IV. — *Opérations qui se rattachent aux enregistrements.*

809. *Contrats de mariage de commerçants.* Tout contrat de mariage entre époux dont l'un est commerçant, doit être transmis par extrait, dans le mois de sa date, aux greffes et chambres désignés en l'art. 872 C. pr., pour être exposé au tableau, conformément au même article. Cet extrait annoncera si les époux sont mariés en communauté, s'ils sont séparés de biens, ou s'ils ont contracté sous le régime dotal. C. com. 67. — Le notaire qui a reçu le contrat de mariage est tenu de faire la remise ordonnée par l'art. précédent, sous peine de 20 fr. d'amende, et même de destitution et de responsabilité envers les créanciers, s'il est prouvé que l'omission est la suite d'une collusion. *Ibid.*, 68 ; Cass. 27 août 1828. I. 1272, § 1er.

810. L'art. 872 C. proc. auquel renvoie l'art. 67 C. com., porte qu'un extrait des jugements de séparation de biens sera déposé aux greffes des tribunaux de première instance et de commerce, et à défaut de ce dernier tribunal, à la salle de la mairie du domicile du mari ; aux chambres des avoués et notaires, *s'il y en a.* — Il a été décidé que le dépôt des contrats de mariage doit toujours être effectué dans les quatre endroits désignés par cet article, puisqu'il existe dans chaque arrond. : 1° une chambre des notaires ; 2° une chambre des avoués ; 3° un tribunal civil ; et 4° enfin que la loi a prévu le cas où, à défaut de l'existence d'un tribunal de commerce, le dépôt serait fait dans la principale salle de la mairie du domicile du mari. I. 1089, § 3.

811. Lorsque des contrats de mariage sont présentés à l'enreg., les receveurs doivent examiner si l'un ou l'autre des futurs époux est commerçant, afin de s'assurer ultérieurement que le dépôt a été effectué. Ce dépôt doit avoir lieu, quand même l'époux n'aurait pas annoncé sa qualité de commerçant, parce qu'il est de principe que le notaire qui reçoit un acte doit connaître les qualités des parties. Par la même raison, la qualification de commerçant donnée par erreur dans un contrat de mariage ne suffirait pas pour obliger à faire le dépôt. Les receveurs doivent donc s'assurer, lorsqu'ils enregistrent le contrat de mariage d'un individu qualifié de commerçant, que cette qualité lui appartient bien ; ou, lorsqu'ils soupçonnent qu'elle n'a pas été déclarée dans le contrat, ils doivent également le vérifier sur le rôle des patentes.

812. En marge de l'enreg. du contrat, on inscrit le mot : *Dépôt*, afin de ne pas perdre l'article de vue, et lorsque le délai accordé pour faire ce dépôt est expiré, on vérifie s'il a eu lieu. — Le délai est d'un mois à compter de la date du contrat de mariage, augmenté d'un jour par cinq myriamètres de distance. D. 19 oct. 1813.

Il importe de s'assurer que le dépôt a été fait dans tous les lieux indiqués par la loi. A cet effet, les receveurs doivent se rendre dans les dépôts publics ou tenir note des actes de dépôts ou des certificats présentés à l'enreg. Lorsqu'ils ne résident pas dans la ville où le dépôt doit être fait, ils correspondront avec le receveur du chef-lieu qui leur fera connaître si le notaire a satisfait aux dispositions de la loi. En marge de l'enreg. on fera mention de la date des dépôts.

813. Lorsque le dépôt n'a pas été effectué, soit dans l'un, soit dans tous les lieux indiqués, ou lorsqu'il n'a pas été fait dans le délai fixé, le receveur constate la contravention par un procès-verbal rédigé dans la forme prescrite pour les contraventions à la loi sur le notariat (V. 793), et dont il soumet le projet au directeur. — L'amende encourue devant être prononcée par le tribunal, ce qui a été dit relativement à ces procès-verbaux, à leur envoi au procureur du Roi, au mode de poursuites ou à la forme de procéder pour obtenir la condamnation et le recouvrement, est également applicable aux contraventions pour défaut de remise des extraits de contrats de mariage (V. *titre V*).

814. *Minutes et répertoires.* Les secrétaires des administrations et les maires doivent : 1° tenir un répertoire de tous les actes assujettis à l'enreg. et le présenter chaque trimestre au *visa* du receveur (V. 1152, 1160) ; 2° conserver minute de ces actes et en donner communication aux employés, ainsi que du répertoire et de toutes autres pièces assujetties au timbre ou à l'enreg. (V. 1183, 1201, 1205 et suiv.)

815. Les notaires sont obligés : 1° de tenir un répertoire de tous les actes qu'ils reçoivent, de le présenter tous les trois mois au *visa* du receveur et d'en déposer chaque année un double au greffe du tribunal de 1re instance (V. 1151, 1160, 1185); 2° de tenir un registre des protêts, lorsqu'ils font des actes de cette

nature (V. 1192) ; 3° de dresser un acte spécial pour constater
le dépôt des actes qui leur sont remis pour minute (V. 1198) ;
4° de conserver minute de tous les actes qu'ils reçoivent, à l'exception de ceux qu'ils sont autorisés à délivrer en brevet (V. 1201
et suiv.) ; 5° enfin de donner communication aux employés de
l'enreg. des actes qu'ils reçoivent ou qui sont mis au rang des
minutes, ainsi que de leur répertoire et du registre des protêts
(V. 1183, 1195, 1205).

816. La vérification des répertoires tenus par les maires, les
secrétaires des administrations et les notaires, et la faculté accordée aux receveurs de prendre communication des minutes et
documents dans ces dépôts publics, leur permettent de surveiller l'exécution de ces différentes obligations ; ils se conformeront
à cet égard aux règles énoncées dans le chapitre III ci-après
(V. 1151 et suiv.).

SECTION II. — *Actes sous signature privée.*

817. Les actes sous signature privée sont ceux qui sont faits
par les parties contractantes sans le concours d'officiers publics
(V. 597). Les actes s. s. p. sont sujets à l'enreg., les uns dans
un délai déterminé, les autres seulement avant qu'il en soit
fait usage par acte public ou en justice (V. 602, 642 et suiv.).
Ils peuvent être présentés à l'enreg. dans tous les bureaux
indistinctement. L. 22 frim. an 7, art. 26.

818. *Registre.* Un registre spécial, coté et paraphé par le
directeur est consacré à l'enreg. des actes s. s. p. Ce registre
présente, comme celui des actes civils publics, un cadre imprimé, divisé en cases pour les enreg., et une double colonne
pour l'inscription en chiffres des droits simples et des droits
en sus perçus sur chaque disposition. — Le registre des actes
s. s. p. doit être arrêté chaque jour (V. 420).

819. *Actes à enregistrer.* Le dépôt d'un acte s. s. p. parmi
les minutes d'un notaire, peut lui conférer un caractère d'authenticité, mais cet acte ne doit pas moins être enregistré sur le
registre des actes s. s. p. (V. 763). L'acte de dépôt seul doit être
enregistré sur le registre consacré aux actes de l'officier public
qui l'a rédigé. — Les actes passés en *pays étranger*, même devant des notaires ou autres officiers publics, doivent être enregistrés en France sur le registre des actes s. s. p. (V. 763). Il y a
exception pour les actes émanés de *tribunaux étrangers*; ils ne
peuvent être portés régulièrement que sur le registre des actes
judiciaires (V. 844). — Il n'y pas d'uniformité pour le mode
d'enreg. des actes des *avoués* : dans certains bureaux on les
porte sur le registre des actes s. s. p. ; dans d'autres sur le
registre des actes judiciaires ou sur celui des actes extrajudiciaires. Cette dernière méthode semble préférable (V. 844).

820. Mais les actes faits par des particuliers commis en justice, ou choisis à l'amiable pour dresser des procès-verbaux

d'arpentage ou *d'expertise* n'ont d'autre caractère que celui d'actes privés. D. 24 sept. 1808. I. 406. Ils doivent par conséquent être enregistrés sur ce registre, et non sur celui des actes judiciaires, ni sur celui des actes extrajudiciaires. — Quant aux procès-verbaux dressés par les *agents forestiers* pour l'administration des bois, ils sont considérés comme actes administratifs et enregistrés au registre des actes civils publics (V. 762). — On inscrit encore sur le registre des actes s. s. p. les déclarations de *mutations entre vifs* de propriété ou d'usufruit de biens immeubles, pour lesquelles les parties prétendent qu'il n'existe pas de conventions écrites (V. 833).

821. *Délais.* Les actes s. s. p. ou même les conventions verbales qui portent transmission de propriété ou d'usufruit de biens immeubles; les baux à ferme ou à loyer, sous-baux, cessions et subrogations de baux, ainsi que les engagements s. s. p.. de biens de même nature, doivent être enregistrés dans les *trois mois* de leur date, à peine du *droit en sus*. S'ils sont passés en pays étranger ou dans les îles et colonies françaises où l'enreg. n'est pas établi, le délai est de *six mois* s'ils sont faits en Europe, *d'une année* si c'est en Amérique, et de *deux années* si c'est en Asie ou en Afrique. L. 22 frim. an 7, art. 22 et 38, 27 vent. an 9, art. 4.

822. Il n'y a point de délai de rigueur pour l'enreg. de tous autres actes faits s. s. p., ou passés en pays étranger, et dans les îles et colonies françaises où l'enreg. n'est pas établi; mais on ne peut en faire aucun usage soit par acte public, soit en justice, ou devant toute autre autorité constituée, qu'ils n'aient été préalablement enregistrés. L. 22 frim. an 7, art. 23, et 28 avril 1816, art. 58.

Les contraventions à ces dernières dispositions sont punies, savoir : 1° de 10 francs d'amende et de la responsabilité des droits contre les officiers publics qui ont fait usage d'actes s. s. p. non enregistrés, L. 22 frim., art 42, et 1816, art. 58 (V. 642 et suiv.); 2° de la responsabilité des droits contre les juges, arbitres et autorités qui ont prononcé sur des actes s. s. p. non enregistrés, L. 22 frim.. art. 47; et 3° du droit en sus contre les parties qui ont produit en cours d'instance des actes s. s. p., pour justifier des demandes énoncées d'abord comme verbales. L. 1816, art. 57 (V. 944).

823. *Forme.* La rédaction des actes s. s. p. est assujettie à peu de formalités. Tous ceux qui sont destinés à faire titre ou à être produits en justice doivent être sur papier timbré, L. 13 brum. an 7, art. 12, et aucun ne peut être admis à l'enreg. sans être timbré du timbre prescrit ou visé pour timbre, art. 25 (V. 609). — La législation actuelle ne défend point aux notaires ou autres officiers publics d'écrire de leur main des actes s. s. p. pour les contractants. Av. Cons. d'État, 26 mars 1808. I. 386, § 4.

824. Les actes s. s. p. contenant des conventions synallagmatiques, c'est-à-dire des obligations réciproques, doivent, sous peine de nullité, être faits en autant d'originaux qu'il y a de parties contractantes, C. civ. 1325; mais comme les préposés n'ont pas à s'occuper de la validité des actes qui leur sont présentés pour l'enreg. (V. 621), l'infraction à cette règle ne pourrait donner lieu qu'à une simple observation dans l'intérêt des parties. Les receveurs peuvent, dans le même but, faire apercevoir aux particuliers qui présentent à l'enreg. des actes entachés de nullités ou de vices plus ou moins prononcés, les dangers des actes s. s. p. pour les personnes illétrées; mais ces observations ne doivent être faites que pour l'avenir; l'acte présenté à la formalité doit être enregistré, sauf à signaler aux requérants, après l'enreg., les vices de forme ou de rédaction qui pourraient être rectifiés, pour assurer la validité ou l'exécution des conventions.

825. Avant de donner la formalité aux actes s. s. p., les receveurs sont tenus d'inviter les parties à faire disparaître les anciennes dénominations de *poids et mesures*, qui pourraient ultérieurement donner lieu à des amendes, dans le cas de production de ces actes en justice. I. 1594 (V. 639). — Les particuliers ne sont pas tenus, dans les actes s. s. p. relatifs à leur commerce, de faire mention de leur patente (V. 624), et aucune disposition ne défend, sous peine d'amende, d'y énoncer des actes non timbrés ni enregistrés (V. 520, 642).

826. Ainsi qu'il a été expliqué pour l'enreg. des actes en général (V. 611), les receveurs doivent, avant l'enreg., inviter les parties à faire apposer les signatures nécessaires pour que les actes qu'elles présentent aient réellement ce caractère. C'est surtout pour les actes s. s. p. que cette recommandation doit être observée. En effet, l'absence de ces signatures peut avoir une influence sur la perception, à défaut de lien de droit entre les parties; on pourrait même, après la perception d'un droit fixe sur un acte imparfait, apposer ensuite les signatures nécessaires pour former le contrat. — D'un autre côté, si l'acte s. s. p. présente des omissions de nature à empêcher la liquidation des droits, par exemple, lorsque la date n'est pas énoncée et qu'il s'agit d'un acte assujetti à l'enreg. dans un délai de rigueur, lorsque les sommes ou valeurs ne sont pas déterminées, il faut nécessairement faire suppléer à ces omissions (V. 615 et suiv.).

827. *Paiement des droits*. Les particuliers offrant généralement moins de garanties que les officiers publics, c'est surtout pour les actes s. s. p. que les receveurs doivent exiger la consignation des droits et amendes avant l'enreg. (V. 663 et suiv.); la liquidation doit être faite avec d'autant plus d'attention que la rédaction de ces actes est souvent obscure, et que le recouvrement des suppléments de droits présente plus de difficulté à cause de l'impossibilité de représenter des actes dont il ne reste pas minute.

Les droits des actes s. s. p. doivent être acquittés par les parties qui requièrent l'enreg. Il en est de même des actes passés en pays étranger ; enfin ceux des déclarations de mutations entre vifs sont payés par les acquéreurs et nouveaux possesseurs. L. 22 frim. an 7, art. 29 et 31 ; 27 vent. an 9, art. 4.

828. *Enregistrement.* La forme de l'enreg. des actes s. s. p. varie suivant leur espèce. Pour les actes simples, elle est la même que pour les actes civils publics et les actes en général, c'est-à-dire que l'on doit faire sur le registre une analyse substantielle, claire et précise de chaque disposition de l'acte (V. 682 et suiv.). A l'égard des actes synallagmatiques, il a paru nécessaire de les transcrire en entier pour suppléer aux actes eux-mêmes, soit dans l'intérêt du trésor, soit dans celui des particuliers. O. gén. 29 ; Circ. R. 856 et 1109 ; I. 443, 1351, art. 9, et 1585.

829. Mais la transcription littérale sur le registre est superflue à l'égard des actes s. s. p., même synallagmatiques, déposés chez les notaires ou annexés à leurs minutes, et qui, conformément à l'art. 13 de la loi du 16 juin 1824, sont présentés à l'enreg. en même temps que les actes de dépôt ou les minutes auxquelles ils sont joints. Au moyen du dépôt ou de l'annexe, ces actes font partie des minutes du notaire, où les employés et les parties ont toujours la faculté d'en prendre communication.

Les receveurs peuvent donc se dispenser de les transcrire en entier ; mais, en marge de l'enreg. par extrait de ces actes, ils auront soin d'indiquer le folio et la case de l'enreg., soit de l'acte de dépôt du s. s. p., soit de l'acte auquel il est annexé. I. 1585. Quelques receveurs font précéder la transcription des actes synallagmatiques d'un enreg. par analyse dans la forme habituelle. Ce mode, qui n'est, à la vérité, prescrit par aucune instruction, facilite la formation des tables et les recherches.

830. Les enreg. d'actes s. s. p. présentent dans un seul contexte, la date de la formalité, celle de l'acte, l'analyse par extrait ou la copie textuelle de cet acte, selon les distinctions ci-dessus, le montant des droits perçus pour chaque disposition, écrits en toutes lettres dans le corps de l'enreg. et tirés hors ligne en chiffres dans les colonnes y relatives ; enfin l'indication du nombre des rôles et des renvois. On doit d'ailleurs se conformer pour ces enreg., et les annotations à faire en marge, aux règles applicables aux enreg. en général (V. 674 et suiv., 727 et suiv.).

831. *Relation.* La relation d'enreg. sur les actes s. s. p. est la même que pour les actes en général (V. 709 et suiv.). Lorsque plusieurs originaux du même acte sont présentés en même temps, le receveur doit apposer la relation sur chacun d'eux, en indiquant que c'est par *duplicata*. Aucun salaire n'est dû pour ces *duplicata*, et le receveur ne pourrait refuser de les délivrer, car les divers originaux constituent l'ensemble de l'acte puisqu'ils sont nécessaires à sa validité.

832. *Découvertes*. C'est principalement pour les actes s. s. p. dont il ne reste pas de minute, qu'il est utile, lorsqu'ils présentent des renseignements pour la découverte des droits, d'en requérir copie conformément à l'art. 56 de la loi du 22 frim. an 7 (V. 724). Cette copie est nécessaire quand même l'acte aurait été transcrit littéralement sur le registre, car, d'une part, l'enreg. d'un acte n'établit point la preuve légale de son existence, et, de l'autre, la copie du registre ne peut suppléer à la copie dressée contradictoirement ou dans les formes voulues par la loi (V. 723 et suiv.).

833. *Mutations verbales*. Ainsi qu'on l'a vu *sup.* 821, l'obligation d'acquitter dans les délais, les droits des actes s. s. p. contenant mutation d'immeubles, s'applique également aux mutations pour lesquelles les parties prétendraient qu'il n'existe point de conventions écrites. Il y est suppléé par des déclarations détaillées et estimatives dans les trois mois de l'entrée en possession, sous peine du droit en sus. L. 27 vent. an 9, art. 4.

834. Ces déclarations sont rédigées sur le registre des actes s. s. p. On constate d'abord la date de la comparution du nouveau possesseur, ses nom, prénoms, profession et domicile; ceux des précédents propriétaires; la nature de la transmission, c'est-à-dire à quel titre elle a eu lieu, et les faits qui la constituent; la nature, la consistance et la situation des biens transmis, en détail, et, s'il est possible, l'origine de la propriété des précédents possesseurs; enfin, le prix et les charges, ou bien l'évaluation du revenu, selon que le droit doit être assis sur la valeur vénale ou sur le capital du revenu. Le droit est inscrit en toutes lettres et tiré hors ligne en chiffres dans les colonnes y relatives.

835. La déclaration sera terminée par l'affirmation de la partie qui la signera; si cette partie ne sait pas signer, on énoncera sa déclaration à cet égard. Il est encore essentiel que la déclaration soit faite par les nouveaux propriétaires ou l'un d'eux, ou bien, en leur nom, par un mandataire dont le pouvoir doit rester annexé au registre, afin d'avoir une action contre le débiteur en cas d'inexactitude dans la déclaration. La quittance des droits est donnée à la partie au bas d'un extrait de la déclaration (V. 710). — La déclaration inscrite sur le registre est annotée comme les enreg. ordinaires (V. 727 et suiv.).

836. *Contre-lettres*. Toute contre-lettre faite s. s. p., qui a pour objet une augmentation du prix stipulé dans un acte public, ou dans un acte s. s. p. précédemment enregistré, est déclarée nulle (à l'égard des tiers). Néanmoins lorsque *l'existence en est constatée*, il y a lieu d'exiger, à titre *d'amende*, une somme *triple du droit* qui aurait été perçu sur les sommes et valeurs ainsi stipulées. L. 22 frim. an 7, art. 40.

837. Lorsque l'existence d'une contre-lettre est *constatée*, il n'est pas nécessaire d'enregistrer l'acte qui contient cette contre-lettre, on se borne à porter en recette le triple droit, en indiquant avec détail les faits ou les actes qui ont établi l'existence de la contre-lettre, les noms des parties, l'acte à laquelle s'applique l'augmentation de prix, les biens transmis et le montant du supplément. Le triple droit étant dû à titre *d'amende*, il semble qu'il doit figurer en entier, soit dans la colonne des droits en sus, soit au registre des droits constatés, comme les amendes de contravention en matière d'enreg. (V. 701, 702). — La quittance est donnée à la suite d'un extrait de l'enreg. en recette (V. 710).

838. Lorsqu'on requiert l'enreg. d'une contre-lettre s. s. p. ou d'un acte s. s. p. ayant les caractères d'une contre-lettre, l'enreg. doit être fait dans la forme ordinaire, en analysant ou copiant l'acte soumis à la formalité ; la quittance du triple droit est inscrite avec les détails exigés pour les relations d'enreg. sur l'acte enregistré.

839. En marge de la recette des droits, ou de l'enreg. d'une contre-lettre, et indépendamment des annotations ordinaires, on indique le n° du sommier ; il est bon aussi d'en faire mention en marge de l'enreg. de l'acte auquel s'applique l'augmentation de prix, ainsi qu'à l'article de la table où la mutation a été relevée.

SECTION III. — *Actes judiciaires.*

§ Ier. — *Dispositions générales.*

840. *Registre.* Le registre des actes judiciaires est consacré à l'enreg. des actes, jugements et arrêts des divers tribunaux, des cours de justice, des autorités et même des arbitres exerçant des fonctions judiciaires. Il existe deux modèles de registre des actes judiciaires, destinés l'un aux bureaux de canton, pour l'enreg. des actes et jugements des justices de paix ; l'autre aux bureaux de chefs-lieux d'arrond., pour tous les actes et jugements des divers tribunaux.

Comme tous les registres de recette, les deux registres des actes judiciaires sont cotés et paraphés par le directeur (V. 410) ; ils sont distribués par cases, et doivent être arrêtés chaque jour par le receveur (V. 420).

841. Le modèle du registre consacré aux actes des justices de paix dans les bureaux de canton, présente, comme celui des actes civils publics, outre le cadre destiné aux enreg., deux colonnes à droite, pour porter en chiffres le montant des droits perçus en principal et en sus ; seulement, à gauche, une colonne doit recevoir l'indication de la justice de paix.

842. Le registre des actes judiciaires, spécialement destiné aux bureaux de chefs-lieux d'arrond. sert cumulativement aux enreg. des actes et jugements des justices de paix, et à ceux des autres tribunaux ou cours de justice. Il présente également des cases pour les enreg.; mais le cadre est établi sur la feuille ouverte. A gauche, la première colonne est destinée à la désignation du tribunal ; la seconde colonne reçoit les enreg. La page à droite est divisée en un certain nombre de colonnes, dans lesquelles se portent hors ligne, en chiffres, les droits d'enreg. ou de greffe, suivant leur nature, ainsi que les amendes. On remarquera à cet égard que les amendes comme les droits en sus figurent en recette sur ce registre qui présente des colonnes spéciales pour leur inscription (V. 702).

843. *Actes à enregistrer*. Les actes à enregistrer sur les registres d'actes judiciaires comprennent : 1° les actes et jugements des justices de paix en matière civile ou de police ; 2° les décisions des conseils de discipline de la garde nationale ; 3° les actes et jugements des conseils des prudhommes ; 4° ceux des tribunaux de commerce ou d'arbitrage ; 5° les actes et jugements en matière civile ou de police des tribunaux de première instance ; 6° des Cours royales ; 7° de la Cour de cassation ; 8° du conseil d'État. Ces divers actes sont enregistrés au bureau du ressort, dans les attributions duquel sont placés les actes judiciaires. L. 22 frim. an 7, art. 26.

844. Les actes et jugements émanés de tribunaux des *Colonies françaises*, ou même de tribunaux *étrangers*, ne peuvent être enregistrés en France que sur les registres d'actes judiciaires ; c'est du moins ce que l'on doit inférer des formes de l'enreg. de ces actes et des règles de perception. — Les actes des avoués sont également enregistrés, soit au registre des actes judiciaires, soit sur celui des actes extrajudiciaires ; il est à regretter qu'aucune disposition précise n'ait établi un mode uniforme à cet égard. Dans quelques bureaux les actes des avoués sont même enregistrés avec les actes s. s. p., ce qui ne paraît pas régulier.

On porte encore sur le registre des actes judiciaires la mention du *visa* des répertoires des greffiers, et, dans les bureaux d'actes judiciaires où il est le principal registre de recette, on y inscrit les mentions d'installation, les vus des employés supérieurs, les copies des procès-verbaux de vérification (V. 758).

845. *Délai*. Le délai pour l'enreg. des actes judiciaires est de *vingt jours*. L. 22 frim. an 7, art. 20. Les greffiers sont tenus d'en payer les droits, art. 29, à peine du droit en sus à leur charge personnelle, art. 35, sauf les exceptions ci-après. Ces dipositions s'appliquent aux actes de greffe et aux jugements ou arrêts de toute nature, et quel que soit le tribunal dont ils émanent ; néanmoins, les greffiers ne sont pas tenus de payer les droits d'enreg. des ordonnances, certificats, et de tous autres actes judiciaires auxquels ils n'ont pas concouru ; ce sont les parties qui doivent les acquitter directement. Art. 29. Dans ce cas, et quoique l'enreg. doive avoir lieu dans les 20 jours, à la diligence des parties, elles ne sont point passibles du droit en sus (V. 909). — Les règles spéciales aux déclarations de command s'appliquent à celles qui sont faites aux greffes comme à celles qui ont lieu devant notaires (**V. 768**).

846. *Extraits*. Il a été fait exception à la règle qui oblige les greffiers à présenter à l'enreg. dans les 20 jours les actes de leur ministère, et à faire l'avance des droits, quant aux jugements rendus à l'audience et aux sentences arbitrales déposées aux greffes, lorsque les parties n'ont pas consigné entre leurs mains, dans le délai prescrit pour l'enreg., le montant des droits. Dans ce cas, le recouvrement est suivi contre les parties qui supportent le droit en sus. A cet effet, les greffiers sont tenus de fournir au receveur, dans les dix jours qui suivent l'expiration du délai, des extraits certifiés des jugements dont les droits ne leur ont pas été remis par les parties, à peine d'une amende de 10 fr., quelle que soit la durée du retard, et d'être en outre personnellement contraints au paiement des doubles droits. **L. 22 frim. an 7, art. 37, et 28 avril 1816, art. 38. I. 714.** — Ces dispositions sont applicables aux secrétaires des adm. ou des établissements publics, pour les actes d'adjudication passés en séance publique. Les règles sont absolument les mêmes que pour les greffiers.

847. L'amende de 10 fr. prononcée contre le greffier est la peine du défaut de remise des extraits des jugements dont les droits ne lui ont pas été consignés ; ainsi, lorsque cette consignation a été faite, il n'y a lieu ni à la remise des extraits, ni, par suite, à la perception de l'amende de 10 fr.; mais, dans ce cas, le greffier qui n'a point fait enregistrer les jugements dans le délai, doit être poursuivi personnellement pour le paiement, tant du droit simple que du droit en sus. Si, au contraire, les droits n'ont pas été consignés, le greffier qui a omis de remettre les extraits avant l'expiration du délai, encourt l'amende de 10 fr. et le double droit. Le recouvrement du droit simple est poursuivi contre les parties. **I. 1562, § 12.**

848. Ces distinctions font naître une difficulté : le greffier qui a négligé de remettre l'extrait peut prétendre que les droits lui ont été consignés, pour s'affranchir du paiement de l'amende, si d'ailleurs il est assuré que les parties lui remettront le montant des droits, et il n'existe aucun moyen de vérifier l'exactitude de cette allégation. Cet inconvénient n'est pas très grave, si l'on considère que le trésor se trouve ainsi assuré du paiement du droit simple dont le greffier doit faire l'avance, et même du droit en sus qui reste à sa charge.

849. En matière de police, les droits, lorsqu'il y a une partie civile, doivent être acquittés par elle, et le greffier peut en exiger d'avance la consignation entre ses mains. A défaut de cette consignation et de l'enreg. dans le délai, le recouvrement du droit simple et du droit en sus est poursuivi contre la partie civile, par le receveur, sur l'extrait du jugement que le greffier est tenu de lui délivrer dans les dix jours qui suivent l'expiration du délai fixé pour l'enreg. Ord. 22 mai 1816, art. 2. I. 726.

850. Le greffier qui a négligé de faire enregistrer, dans le délai fixé, les jugements dont les droits lui ont été consignés, ou qui, dans les dix jours qui suivent l'expiration de ce délai, n'a pas remis au receveur l'extrait des jugements non enregistrés, faute de consignation des droits par la partie civile, est personnellement tenu au paiement des droits et de l'amende. Art. 3. — Dans les affaires de police poursuivies à la seule requête du ministère public, sans partie civile, les jugements devant être enregistrés en *débet*, à la diligence du greffier, il n'a pas la faculté d'en remettre des extraits. I. 726.

851. La faculté accordée aux greffiers et secrétaires des administrations doit être restreinte aux seuls cas exprimés dans la loi. On remarquera qu'elle ne s'applique qu'à des actes que ces fonctionnaires sont obligés de faire, sans pouvoir exiger à l'avance la consignation des frais, comme pour les actes de greffe qui se rédigent à la requête expresse des parties.

852. Les extraits remis par les greffiers et secrétaires pour le recouvrement des droits qui ne leur ont pas été consignés, sont délivrés sur papier libre. Ils doivent énoncer les noms et domiciles des parties, le dispositif du jugement ou de l'adjudication, et donner tous les renseignements contenus dans la minute, de manière que le receveur puisse liquider les droits et en reconnaître le débiteur. Si les extraits laissent à désirer, on devra consulter la minute et faire réparer les omissions.

853. Un récépissé de chaque extrait fourni est délivré par le receveur au greffier ; celui-ci doit en faire mention sur son répertoire. L. 28 avril 1816, art. 38. La loi ne prononçant point de peine pour assurer l'exécution de cette dernière disposition, aucune amende pour omission ne doit être exigée ; mais l'irrégularité peut être signalée aux juges de paix ou aux procureurs du Roi. Les greffiers ont d'ailleurs un intérêt personnel à se conformer à la loi, afin de donner date certaine au récépissé du receveur. — L'art. 38 de la loi du 28 avril 1816 ne s'applique qu'aux greffiers, et par conséquent les secrétaires des administrations ne sont pas tenus de faire mention sur leurs répertoires des récépissés qui leur sont délivrés ; cependant cette mention est également utile dans leur propre intérêt.

854. Chaque extrait doit faire l'objet d'une consignation au sommier certain (V. *titre* IV), et le paiement des droits est poursuivi contre les parties. Lorsqu'elles se présentent pour les acquitter, le receveur se fait remettre par le greffier ou le secrétaire la minute du jugement ou de l'adjudication, et après l'avoir enregistrée, il délivre la quittance par une relation inscrite en la forme ordinaire. Si la minute ne peut être représentée au moment où la partie en acquitte les droits, le receveur lui délivrera une quittance provisoire ou par *duplicata ;* mais il se fera remettre ultérieurement la minute pour qu'elle soit enregistrée.

855. *Examen des actes.* Les préposés ne sont pas seulement chargés d'enregistrer les actes judiciaires et de percevoir les droits qui en résultent, ils sont appelés en outre à examiner si les formalités prescrites par les lois pour la rédaction de ces actes ont été fidèlement observées, et, par suite, à exercer une surveillance active sur les greffiers auxquels cette rédaction est confiée, sans avoir néanmoins aucune injonction à leur adresser.

856. Les règles relatives à la forme des actes judiciaires et à leur enreg. sont fort étendues ; on ne peut entrer, en ce qui concerne la forme des actes eux-mêmes, dans des détails circonstanciés ; les préposés, pour connaître et approfondir cette matière, doivent faire une étude attentive des dispositions des codes, et principalement du code et des lois de la procédure. Les observations générales sur la forme des actes authentiques et sur leur enreg. sont, pour la plupart, applicables aux actes judiciaires (V. 620 et suiv.) ; il convient de faire ressortir les différences et d'énoncer les règles spéciales. Elles seront indiquées par espèce ou nature d'actes, quels que soient les tribunaux dont ils émanent.

857. *Division.* Les actes judiciaires se divisent en quatre classes principales, savoir : 1° les actes et procès-verbaux de la magistrature de famille exercée par les juges de paix ; 2° les actes de greffe ; 3° les procès-verbaux de conciliation, jugements ou arrêts et les ordonnances des juges ; 4° les expéditions de tous actes, procès-verbaux ou jugements qui sont assujettis aux droits de greffe.

§ II. — *Actes de justices de paix.*

858. Les actes et procès-verbaux de la magistrature de famille exercée par les juges de paix comprennent : 1° les procès-verbaux d'apposition et de levée des scellés, oppositions et autres actes qui s'y rattachent, dressés en cas d'absence, mort, faillite ou séparation, conformément aux art. 907 et suiv. du C. proc. ; 2° les avis de parents ou délibérations des conseils de famille, rédigés en conformité des art. 405 et suiv. du C. civ.; 882 et suiv. du C. proc.

859. *Forme.* Ces différents actes sont faits avec l'assistance du greffier qui est tenu d'observer dans leur rédaction les formes prescrites par les réglements judiciaires, et celles qui ont été établies par les lois dont l'exécution est confiée à la surveillance de l'adm. (V. 622 et suiv.). Ces actes et procès-verbaux sont dressés soit d'office, soit à la requête des parties. Dans le premier cas, les greffiers ne sont tenus à aucune avance et les actes sont rédigés sur papier visé pour timbre *gratis* ou en *débet*, selon les distinctions établies.

860. *Présentation à l'enregistrement.* Les procès-verbaux ou actes dont il s'agit doivent être présentés à l'enreg. dans les *vingt jours*, à la diligence du greffier, sous peine du droit en sus. L. 22 frim. an 7, art. 20 et 35. Les greffiers sont responsables du paiement des droits lorsque les actes n'ont pas été faits d'office, art. 29 ; ils ne peuvent se décharger de cette responsabilité en remettant au receveur un extrait de l'acte, ainsi qu'ils y sont autorisés pour les jugements rendus à l'audience (V. 845, 846). A l'égard des actes faits d'office qui doivent être enregistrés en *débet*, les droits sont recouvrés par le receveur, sur les débiteurs, et le greffier ne serait responsable que du droit en sus s'il avait négligé de les présenter à la formalité dans le délai (V. 850).

861. *Enregistrement*. L'enreg. des actes et procès-verbaux de la magistrature de famille des juges de paix doit présenter, indépendamment des détails communs à tous les enreg., savoir : pour les procès-verbaux d'apposition et de levée de *scellés*, les noms, prénoms, professions et demeures des requérants et leurs qualités ; les nom, prénoms, profession et domicile du défunt, du failli, de l'absent ou des conjoints séparés ; le lieu et la date du décès ou du jugement déclaratif de la faillite, de l'absence ou de la séparation ; l'objet de l'opération, le nombre des vacations et leur durée ; enfin les noms des opposants et leurs qualités, en cas d'intervention par comparution personnelle.

862. Lorsque le procès-verbal est précédé d'une ordonnance portant que les scellés seront apposés ou levés à un jour indiqué, cette ordonnance sera enregistrée particulièrement, si d'ailleurs elle forme un acte distinct (V. 910) ; mais la réquisition est exempte. I. 634. On peut, sans contravention, présenter simultanément à la formalité les ordonnances pour l'apposition ou la levée des scellés et les procès-verbaux constatant ces deux opérations.

863. Pour les avis de parents ou délibérations des *conseils de famille*, l'enreg. indiquera : les noms, prénoms et demeures des mineurs et autres incapables, et, s'il y a lieu, ceux des pères et mères dont le décès nécessite la réunion, ainsi que la date et le lieu de leur décès ; l'objet de la délibération, et s'il s'agit de tutelle, subrogé-tutelle ou curatelle, nomination d'experts, etc., les noms des individus qui sont investis de ces fonctions. Enfin, dans les actes d'émancipation, on aura soin d'énoncer exactement le nombre et les noms des mineurs émancipés. Il ne faut, dans aucun cas, dans l'enreg. des avis de parents, remplacer les noms des mineurs individuellement par une indication générale, telle que : *enfants mineurs de...* etc.

864. Ces divers actes des juges de paix sont utiles à consulter pour obtenir ou surveiller le paiement des droits de mutation par décès ; les receveurs ne devront jamais omettre, dans l'enreg., les indications qui peuvent faciliter cette surveillance, justifier la perception et faire connaître avec exactitude l'objet de l'acte ou du procès-verbal (V. 690 et suiv.).

865. L'enreg. est constaté par une relation dans la forme ordinaire (V. 709). — En marge de chaque enreg., et dans la colonne spéciale réservée à cet effet, on indiquera la justice de paix ; enfin l'on fera les annotations prescrites pour les enreg. en général, notamment pour les actes enregistrés en *débet* (V. 727 et suiv.).

§ III. — *Actes de greffe.*

866. Les actes de greffe sont ceux qui sont faits ou rédigés dans les greffes des cours et tribunaux par les greffiers ou secrétaires. Ils sont généralement assujettis à l'enreg. et passibles, pour la plupart, d'un droit de greffe qui est l'indemnité de leur rédaction. Les greffiers chargés de cette rédaction jouissent d'un traitement de l'État, mais quelques uns ont, en outre, soit la totalité, soit une partie des indemnités accordées pour la rédaction des actes de greffe, ainsi que pour les expéditions qu'ils délivrent (V. 961).

867. *Attributions des greffiers.* Les secrétaires des *prud'hommes* et les greffiers des *justices de paix* perçoivent directement, et à leur profit les droits ou émoluments accordés pour la rédaction de leurs actes et des expéditions. Une ord. du 17 juill. 1825 prescrit seulement aux greffiers des justices de paix de tenir, sous la surveillance du juge, un registre sur lequel ils inscrivent, par ordre de date et sans laisser aucun blanc, toutes les sommes qu'ils reçoivent pour leurs déboursés et émoluments sur les actes de leur ministère. Ce registre n'est pas assujetti au timbre. D. 20 nov. 1826. I. 1205, § 16. La destitution est encourue par ces greffiers pour toute perception illégale. L. 21 prair. an 7, art. 4 ; Ord. 17 juillet 1825, art. 1er.

868. En ce qui concerne les greffiers des tribunaux de *commerce*, des tribunaux de *1re instance* et des *Cours royales*, l'article 32 de la loi du 6 mars 1791 leur attribuait également des honoraires payés directement par les parties pour les actes de greffe et les expéditions ; mais celle du 21 vent. an 7 a établi des droits de greffe dont une partie seulement a été réservée aux greffiers pour leurs émoluments, en dehors du traitement qui est alloué par l'Etat ; le surplus est perçu à son profit.

869. Dans les greffes de la *Cour de cassation* et du *Conseil d'État*, la loi du 21 vent. an 7 n'a pas établi de droits de greffe. Les indemnités pour la rédaction des actes de greffe, sont perçues entièrement pour le compte de l'État, savoir : à la Cour de cassation en vertu d'une loi du 29 frim. an 4, et au Conseil d'État, d'après l'art. 7 de la loi du 21 avril 1832, suivant le tarif établi par ord. du 18 janv. 1826. C. c. 25. Ces droits ou frais de greffe recouvrés par le greffier ou le secrétaire général, sont versés chaque mois au receveur de l'enreg. chargé, à Paris, d'en faire la recette pour le compte du trésor.

870. Les greffiers et secrétaires sont chargés, sous leur responsabilité, de se faire remettre par les parties ou leurs avoués les droits d'enreg. des actes de greffe et le montant intégral des droits ou frais de greffe, au moment de la rédaction des actes, de sorte qu'ils en sont comptables envers le trésor, par le fait seul de cette rédaction. Ils n'ont point la faculté, comme pour les jugements rendus à l'audience, de remettre au receveur un extrait des actes de greffe dont les droits ne leur ont pas été consignés (V. 846, 851).

871. Toute perception illégale de droits de greffe ou d'émoluments non autorisés est punie de 100 fr. d'amende contre les greffiers des tribunaux civils et de commerce, outre la destitution, L. 21 vent. an 7, art. 23; et il leur est prescrit de tenir affichées, dans l'intérieur du greffe, les dispositions de cette loi. Art. 26. Le ministère public est exclusivement chargé de la répression des infractions à ces règles; mais les employés de l'enreg. doivent constater celles dont ils ont connaissance par des procès-verbaux qu'ils transmettent au procureur du Roi.

872. Les greffiers des tribunaux de 1re instance et de commerce et ceux des Cours royales sont tenus d'avoir un registre, coté et paraphé par le président, pour y inscrire, jour par jour, les actes sujets au droits de greffe, les expéditions qu'ils délivrent, la nature de chaque expédition, le nombre des rôles, le nom des parties, avec mention de celle à laquelle l'expédition est délivrée. Ils sont tenus de communiquer ce registre aux préposés de l'enreg. toutes les fois qu'ils en sont requis. L. 21 vent. an 7, art. 13. Circ. R. 1537 (V. 1205). Ce registre n'ayant pour objet que d'assurer le recouvrement des droits de greffe au profit de l'État, est exempt de timbre. Circ. R. 1695; I. 398.

873. *Délais*. Les actes de greffe assujettis à l'enreg. doivent être présentés à cette formalité dans les **20 jours** comme les autres actes judiciaires, à la diligence du greffier ou secrétaire, sous peine du droit en sus. L. 22 frim. an 7, art. 20, 29 et 35 (V. 845). Lorsqu'un acte est soumis à l'enreg. et aux droits de greffe, la perception du tout est faite au moment de l'enreg.; si l'acte n'est assujetti qu'au droit de greffe, il n'y a pas de délai de rigueur pour le paiement, mais il est défendu au greffier de délivrer aucun acte en brevet ou expédition, avant le paiement du droit de greffe, à peine de 100 fr. d'amende (V. 957).

874. *Forme des actes*. Le premier soin du receveur auquel on présente un acte de greffe pour l'enreg. ou le paiement des droits de greffe, est de s'assurer que cet acte est régulier dans la forme, non seulement en ce qui concerne le timbre, l'enreg., la mention des patentes et celle des poids et mesures, obligations auxquelles les greffiers sont assujettis comme les autres officiers publics (V. 622 et suiv.); mais encore sous le rapport des formalités prescrites par les lois et réglements sur la procédure (V. 855).

875. Les actes de greffe sont fort nombreux principalement dans les tribunaux civils et de commerce; il serait trop long d'en présenter une nomenclature complète et d'entrer dans des détails circonstanciés sur les formes particulières de chacun de ces actes. Les receveurs devront faire une étude spéciale du Code et des lois de la procédure, afin de faire à ces actes une application régulière des principes et des règles en cette matière.

Les actes de greffe sont rédigés en minute ou en brevet, soit sur des feuilles détachées, soit sur des cahiers qui contiennent la réunion des différents actes relatifs à la même procédure, soit enfin sur des registres consacrés à la rédaction des actes de la même espèce. Voici la nomenclature des *principaux actes* de greffe, avec quelques observations sur le mode de leur rédaction.

876. *Tribunaux de 1re instance*. Les actes rédigés sur des registres d'après les dispositions expresses de la loi ou l'usage le plus généralement adopté, sont ceux ci-après :

1° *Renonciations* et *acceptations* sous bénéfice d'inventaire, C. civ., 784, 793, 794 et 1457; C. proc., 997. Registre timbré, coté et paraphé par le président. Les actes sont signés des parties et doivent énoncer les procurations ainsi que la date et le folio de leur enreg. 1. 373 et 996. Ils sont assujettis à l'enreg. et au droit de greffe de rédaction.

877. 2° *Dépôts*. Registre timbré, coté et paraphé par le président. Les décharges sont inscrites en marge. Décr. 12 juill. 1808, art. 2. I. 398. Les actes de dépôt ou de décharge sont soumis à l'enreg. et au droit de greffe. — Dans quelques greffes, on porte sur ce registre, ou sur des registres particuliers, également timbrés et paraphés, 1° les actes de dépôt des signatures et paraphes des notaires, L. 25 vent. an 11, art. 49; ils sont exempts d'enreg., mais sujets au droit de rédaction, I. 1008; 2° les actes de dépôt des doubles de répertoires des notaires, commissaires-priseurs et courtiers, D. 24 mai 1808 et Circ. du garde-des-sceaux, 27 juin 1808, I. 390, § 12; ils sont exempts d'enreg., mais passibles du droit de rédaction, I. 590; 3° les actes de dépôt des sentences arbitrales, C. proc. 431 et 1020; ils sont assujettis à l'enreg. et au droit de rédaction, I. 436, § 77, et 1173, § 12. La transcription des jugements arbitraux ne semble pas indispensable, malgré l'instr. 1351, art. 28, § 3, n° 1er.

878. Les receveurs tiendront la main à ce qu'il soit rédigé acte de dépôt, conformément à l'art. 43 de la loi du 22 frim. an 7, dans tous les cas où cette formalité est prescrite; en cas de contravention, ils poursuivront le paiement de l'amende (V. 1198). Ils s'assureront également que le registre de dépôts est tenu régulièrement et que les décharges sont inscrites avec exactitude. En cas d'irrégularités, ils en référeront au procureur du Roi. On rédige souvent à part les actes de dépôt des pièces relatives à certaines procédures particulières, notamment des cahiers des charges et des quittances de frais concernant les ventes judiciaires. Il n'y a point d'irrégularité dans ce mode de procéder.

879. 3° *Publications*. Les codes prescrivent la publication, au moyen de l'insertion dans un tableau placé dans l'auditoire, de divers actes dont les extraits sont remis au greffe. Ce dépôt n'est pas constaté par un acte; mais le greffier doit rédiger un acte particulier pour constater l'insertion au tableau et la publication. Les actes que l'on publie par extrait sont notamment : 1° les jugements portant interdiction ou nomination d'un conseil judiciaire, C. civ. 501 ; 2° les demandes en séparation de biens et les jugements qui les prononcent, C. civ., 1445 ; C. proc. 866, 867 et 872 ; 3° les contrats de mariage de commerçants, C. com. 67, 68 et 69 (V. 809 et suiv.).

Les mentions de publication sont faites sur un ou plusieurs registres. Dél. 30 août 1822. Dans quelques greffes, on les porte à tort sur le registre des dépôts, mais ce sont des actes distincts. Les registres des mentions de publication sont timbrés, cotés et paraphés par le président. L'acte constatant l'insertion au tableau est assujetti aux droits d'enreg. et de greffe. I. 398, 637, 1293, § 2.

880. 4° *Productions*. On tient dans les greffes un registre des productions faites dans les affaires mises en délibéré, C. proc. 108. Ce registre, coté et paraphé par le président, est tenu en papier timbré. I. 373 ; mais les actes de production étant signifiés d'avoué à avoué, les mentions faites sur le registre, les récépissés des avoués en exécution de l'art. 106, et les décharges données au greffier, conformément à l'art. 115, sont exempts d'enreg. et de droits de greffe. I. 436, § 13 et suiv. Quant au certificat délivré par le greffier dans le cas de l'art. 107, il est soumis à l'enreg. et au droit de greffe. I. 1354, § 13. — Il ne faut pas confondre ces productions avec celles qui sont prescrites par les art. 189, 196, 319, 431, 574, 697, 754 et 1020 du C. proc. Dans ces différents cas, les dépôts au greffe sont constatés sur le registre des dépôts (V. 877). — Pour les productions en matière d'ordres (V. 883).

881. 5° *Oppositions*. Un registre spécial est tenu conformément aux articles 163 et 549 du C. proc. ; il est sur papier timbré, et coté et paraphé par le président ; mais les mentions qui y sont faites par les avoués sont exemptes d'enreg. et de droits de greffe, excepté lorsqu'il en est délivré expédition par le greffier. I. 373, § 4; Sol. 21 mars 1831. Quant aux certificats du greffier délivrés en exécution de l'art. 164 du C. proc., ils sont assujettis à l'enreg. et au droit de greffe. I. 436, § 15, et 1354, § 13. — Pour les oppositions sur cautionnements (V. 888).

882. 6° *Contributions*. Le registre des contributions tenu en exécution de l'art. 658 du C. proc. est coté et paraphé par le président ; il est soumis au timbre, I. 373, § 5; mais les écritures qui y sont portées ne sont que de simples notes ou mentions exemptes des droits d'enreg. ou de greffe. I. 436, § 48. L'ordonnance seule, du juge-commissaire, rendue en exécution de l'art. 659, rentre dans la classe des ordonnances soumises à l'enreg. (V. 905). Dans beaucoup de greffes, ce registre n'est pas tenu et les mentions sont faites sur le registre des adjudications (V. 883).

883. 7° *Adjudications.* Ce registre établi en conformité de l'art. 751 du C. proc. est en papier timbré, coté et paraphé par le président; il a la même destination que le registre des contributions, avec cette différence qu'il est exclusivement réservé aux ordres résultant de saisies immobilières, tandis que celui des contributions a pour objet les distributions de deniers dans toute autre circonstance. Les mentions qui y sont faites ne sont pas soumises à l'enreg. ni au droit de greffe. Mais à ce registre se rattachent tous les actes relatifs aux ordres, savoir : 1° ordonnance du juge-commmissaire assujettie à un enreg. particulier; 2° procès-verbal d'ordre comprenant le procès-verbal d'ouverture, la mention des productions, le réglement provisoire de collocation, le renvoi à l'audience, les déchéances et radiations et la clôture, le tout assujetti, mais dans son ensemble, à l'enreg. et au droit de greffe. L. 22 frim. an 7, art. 69, § 2, n° 9; Décr. 12 juill. 1808, art. 2. Il suffit que l'enreg. ait lieu avant la délivrance des mandements de collocation. Décr. 16 février 1807, art. 134; 3° bordereaux ou mandements de collocation ; ce ne sont que des expéditions par extrait, mais ils sont passibles du droit de greffe de rédaction, outre celui d'expédition. L. 21 vent. an 7, art. 5 et 9; Décr. 12 juill. 1808, art. 1er. I. 436, § 58 et suiv. et 1704.

Outre le registre des adjudications, on tenait aux greffes un registre de transcription des saisies immobilières, mais cette formalité a été supprimée par la loi du 2 juin 1841.

884. 8° *Dispenses d'âge ou de parenté.* Un registre timbré est établi pour la transcription de ces actes. Arrêté 20 prair. an 11, art. 5. La requête du procureur du Roi et l'ordonnance du président qui prescrit la transcription doivent être visées pour timbre en *débet,* l'ordonnance doit aussi être enregistrée en *débet,* sauf recouvrement sur les parties. La transcription est assujettie seulement au droit de greffe, ainsi que l'expédition. Décr. 12 juill. 1808, art. 1er. I. 398 et 1282, § 4.

885. 9° *Transcription des diplômes* de pharmaciens et sages-femmes. Un registre timbré est tenu à cet effet, d'après la loi du 19 vent. an 11. L'acte de transcription est soumis à l'enreg. et au droit de greffe, I. 204 et 558; mais lorsqu'on se borne à faire mention sur le registre de la présentation du diplôme, il n'y a lieu à la perception d'aucun droit. D. 11 mai 1849. On peut se dispenser de lever expédition. I. 204 et 558.

886. 9° *Majorats.* Le droit de greffe sur les lettres patentes concernant les majorats étant perçu sur la minute de l'arrêt ou du jugement, les mentions faites sur le registre de transcription prescrit par l'art. 23 du décret du 1er mars 1808 ne donnent lieu, au profit du trésor, à aucun droit particulier de timbre, d'enreg. ou de greffe. I. 413, 427 et 863.

887. 10° *Scellés*. On tient au greffe un registre d'ordre pour les scellés dans les villes où la population atteint 20,000 âmes, C. proc. 925. C'est un registre d'administration ou de police générale, les mentions qui y sont faites ne donnent ouverture à aucune espèce de droits. I. 373, § 9.

888. *Actes divers.* Outre ces registres, dont la tenue est expressément ordonnée, on tient encore dans quelques greffes des tribunaux de 1re instance des registres en papier timbré sur lesquels s'inscrivent : 1° Les *cautionnements* fournis en matière civile, C. proc. 17, assujettis à l'enreg. et au droit de greffe. Décr. 12 juill. 1808, art. 1er; I. 436, § 40; en matière criminelle, C. instr. crim. 120, l'enreg. a lieu en *débet*, Dél. 6 nov. 1822; — 2° Les *déclarations* affirmatives des *tiers saisis*, C. proc. 571, enreg. et droit de greffe, L. 21 vent. an 7, art. 5; Décr. 12 juill. 1808, art. 1er; D. 6 août 1823; I. 1097, 1249, § 12; — 3° Les *affirmations de voyage*, enreg. et droit de greffe, L. 21 vent. an 7, art. 5; Décr. 12 juill. 1808, art. 1er; Dél. 21 déc. 1827; I. 398; — 4° Les déclarations de *retraits de cautionnements* des officiers ministériels, enreg. et droit de greffe, Décr. 12 juill. 1808, art. 1er; I. 398; — 5° Les *consignations de sommes* au greffe, C. proc. 301, etc., enreg. et droit de greffe, Décr. 12 juill. 1808, art. 1er; I. 398; — 6° Les déclarations de *domicile politique* en matière électorale, enreg. et droit de greffe, Décr. 12 juill. 1808, art. 1er; Sol. 16 mai 1833, 27 janv. 1834 et 19 sept. 1837; I. 1562, § 8; — 7° Les transcriptions de jugements de *réhabilitation*, C. com. 611, droit de greffe, Décr. 12 juill. 1808, art. 1er; — 8° Les transcriptions de *commissions* des employés et fonctionnaires, exemptes de timbre, d'enreg. et de droit de greffe, I. 1683, § 12.

889. D'autres actes faits ou déposés aux greffes des tribunaux de 1re instance sont rédigés sur des feuilles détachées ou réunies dans un cahier dont l'ensemble présente certaines procédures particulières. Voici les principaux : 1° *Vérifications d'écritures*, C. proc. 193 et suiv., I. 436, § 19; — 2° *Faux incident civil*, C. proc. 214 et suiv., I. 436, § 21 et 22; — 3° *Enquêtes*, C. proc. 252 et suiv., I. 436, § 7 et 34, et 1180, § 7; — 4° *Visite de lieux*, C. proc. 298 et suiv.; — 5° *Interrogatoires* sur faits et articles, C. proc. 324 et suiv., I. 436; — 6° *Désaveux*, C. proc. 352 et suiv., I. 436, § 30; — 7° *Renvois* à un autre tribunal, C. proc. 370 et suiv., I. 436, § 31; — 8° *Récusations*, C. proc. 384 et suiv., I. 436, § 32; — 9° *Actes d'appel*, C. proc. 392 et suiv., I. 436, § 33; — 10° *Réglements de comptes*, C. proc. 527 et suiv., I. 436, § 41; — 11° *Adjudications* en justice par suite de saisie, surenchère, folle-enchère, licitation et partages judiciaires, I. 436, § 52, 55, 56, 74, 75 et 76; — 12° Les procès-verbaux *d'ordre* (V. 883). Les actes relatifs à ces deux derniers n^{os} sont ordinairement en un cahier pour chaque adjudication.

Les *certificats* des greffiers sont le plus souvent délivrés en brevet; ils sont soumis à l'enregistrement et au droit de greffe.

890. *Cours royales*. On tient dans les greffes des cours royales les registres ci-après : 1° Le registre des *dépôts* (V. 877); — 2° Celui des *productions* (V. 880); — 3° Celui des *oppositions*, C. proc. 549 (V. 881); — 4° Un registre des actes de *recours en cassation* en matière criminelle et de police, C. inst. crim. 417. Ce registre et les actes qui y sont inscrits sont assujettis au timbre et à l'enreg. *en débet*, pour les matières de police sans partie civile; il y a exemption totale en matière criminelle. Circ. R. 1704; I. 1166, § 12.

891. Les autres actes de greffe des Cours royales rédigés soit sur des registres spéciaux, soit sur des feuilles détachées sont notamment: les affirmations de voyage, les consignations de sommes, les vérifications d'écritures, faux incidents civils, enquêtes, interrogatoires, désaveux, renvois, récusations et certificats (V. 888, 889).

Des règles particulières sont observées au greffe de la *Cour de cassation* et du *Conseil d'État*.

892. *Conseils des prud'hommes*. Dans les secrétariats des conseils de prud'hommes on tient sur papier timbré un registre sur lequel s'inscrivent les actes de *dépôt des dessins* et marques de fabrique. L. 18 mars 1806, art. 16; Décr. 11 juin 1809, art. 8. Ces actes ne sont pas assujettis à l'enreg.; mais si l'on délivre un certificat au lieu d'une expédition, ce certificat doit être enregistré *gratis*, sans droit de greffe. I. 1755, § 5. — On tient également, mais sur papier non timbré, un registre des *livres d'acquits* délivrés aux chefs d'atelier, et un registre du nombre des métiers. L. 18 mars 1806, art. 21 et 29; I. 437. On n'y porte aucun acte sujet à l'enregistrement.

893. *Tribunaux de commerce*. Les registres dont la tenue est obligatoire dans les tribunaux de commerce sont : 1° le registre des *dépôts* (V. 877), sur lequel s'inscrivent souvent les actes de dépôt des *sentences arbitrales*, C. com. 61, à moins qu'il n'en soit tenu un registre spécial; — 2° Le registre des *publications* (V. 879), où l'on porte : 1° les demandes et jugements relatifs aux séparations de biens, C. civ. 1445, C. proc. 867 et 872; 2° les actes de formation et de dissolution de société, C. com. 42 et suiv.; 3° les contrats de mariage de commerçants, C. com. 67, 68 et 69 (V. 809 et suiv.).

894. On porte quelquefois sur des registres spéciaux : 1° les *déclarations de faillites*, C. com. 440; 2° les *affirmations de créances* après faillite, C. com. 507; ces affirmations ne sont pas sujettes au droit de rédaction, I. 1249, § 12; les greffiers font ordinairement des cahiers pour chaque faillite; 3° enfin les transcriptions de jugements de *réhabilitation*, C. com. 604 (V. 888).

895. *Paiement des droits*. Lors de l'établissement des droits de greffe par la loi du 21 vent. an 7, le montant intégral de ces droits était perçu par les receveurs de l'enreg. en vertu de l'art. 1er, Circ. R. 1537; l'adm. tenait compte aux greffiers de la part qui leur est réservée, ce qui compliquait la comptabilité. Pour remédier à cet inconvénient, on a prescrit aux greffiers de retenir le montant de leurs attributions et de verser aux receveurs la part seulement revenant au trésor. Ord. 8 déc. 1819 ; L. 26 juill. 1820, art. 2, I. 912 et 944. — Lorsque des actes de greffe sont présentés à l'enreg. où pour acquitter le droit de rédaction, le receveur exige la consignation d'une somme suffisante (V. 663).

896. *Enregistrement en recette.* L'analyse des actes de greffe sur le registre a souvent un double objet : 1° la formalité de l'enreg. et la perception des droits qui en résultent ; 2° la perception des droits de greffe. Cependant, il y a des actes qui ne sont passibles que des droits d'enreg. et d'autres qui ne sont soumis qu'aux droits de greffe. Le mode d'analyse sur le registre est absolument le même, soit que l'on perçoive simultanément les droits d'enreg. et de greffe, où séparément l'un ou l'autre de ces droits.

Pour les actes de greffe, on doit, comme pour tous les autres actes judiciaires, rappeler d'abord les noms de tous les demandeurs ou parties requérantes, principalement lorsque leur nombre influe sur la perception ; ceux des défendeurs ou parties adverses, quand il y en aura, seront également rappelés ; enfin l'objet de l'acte sera ensuite spécifié avec précision, mais avec tous les détails propres, soit à justifier la perception, soit à faire apprécier le but de l'acte et à donner les renseignements qui peuvent être utiles. C'est ainsi que, pour les acceptations ou renonciations, on énoncera distinctement les noms de chacun des acceptants ou renonçants et les noms des décédés ; pour les actes de dépôt, les personnes qui effectuent les dépôts, ou par lesquelles ces dépôts sont effectués ; pour les actes concernant des faillites, les noms des faillis, etc.

897. Le receveur qui connaîtra bien la perception, et qui se rendra compte de l'utilité que peuvent offrir les renseignements contenus dans les actes de greffe, en fera nécessairement une analyse complète et intelligente. Dans ce but, les receveurs devront se reporter aux dispositions des codes qui prescrivent la rédaction de la plupart des actes de greffe ; ils s'attacheront à discerner l'objet de chacun de ces actes en s'occupant aussi de l'utilité qu'il peut avoir, soit pour les parties, soit pour l'adm. Cet examen attentif les guidera pour la rédaction de leurs enregistrements.

898. La perception des droits sur les actes de greffe demande une grande attention, non seulement pour faire l'application exacte des tarifs d'enreg. et de greffe ; mais encore pour le calcul de la remise des greffiers et de la portion réservée au trésor ; et enfin pour le classement des différents droits dans les colonnes y relatives. — La règle qui prescrit d'indiquer dans les enreg. le montant des droits perçus pour chaque disposition (V. 698), est applicable aux actes de greffe ; mais à cause du peu d'espace réservé sur les registres, on se borne généralement à porter en toutes lettres le total des droits perçus pour le compte du trésor, en les distribuant en chiffres dans les colonnes spéciales. Sans critiquer cet usage commandé en quelque sorte par la force des choses, on fera remarquer qu'il est contraire à la règle. On pourrait au moins diviser la recette en toutes lettres sur deux lignes, l'une pour les droits d'enreg., l'autre pour les droits de greffe.

899. La totalité des droits de greffe, même pour la portion attribuée aux greffiers, est passible du décime, mais ce décime est perçu en entier pour le compte du trésor. La remise allouée aux greffiers sur les droits de greffe de rédaction et de transcription est d'un décime par franc du droit en principal. On perçoit donc les neuf dixièmes de ce droit au profit du trésor, plus la totalité du décime par franc, tant sur la portion revenant au trésor que sur celle attribuée au greffier. — Le décime pour franc ne figurant pas en recette sur le registre, on n'y portera pas le décime des neuf dixièmes du droit de rédaction perçus pour le compte du trésor ; ce décime s'ajoute dans les comptes au montant des droits principaux (V. 698). Mais il ne peut en être de même pour le décime de la portion réservée au greffier ; cette portion ne se portant pas en recette, il faut nécessairement faire écriture du décime. Ainsi, on porte sur le registre les neuf dixièmes du droit de rédaction en principal, et dans une colonne spéciale du registre, le décime par franc du dernier dixième attribué au greffier. I. 912, 944. — Par exception, le décime pour franc perçu au profit du trésor sur les attributions des greffiers, est passible de remises. I. 1729 (V. 401).

900. *Relation*. Il ne doit être donné qu'une seule quittance des droits perçus sur les actes de greffe et assujettis à la double perception du droit d'enreg. et du droit de greffe ; mais on aura soin de distinguer dans la relation le montant de chaque droit. Circ. R. 1537. (V. 712 et suiv.). Des receveurs avaient pensé que par suite de la division des droits de greffe entre l'État et les greffiers, la relation ne devait comprendre que la portion revenant au trésor ; mais il convient que les parties puissent, au vu des actes, reconnaître la somme totale qu'elles ont à payer pour droits de greffe. En conséquence, les receveurs doivent mentionner en toutes lettres, dans la relation au pied de chaque acte, et indépendamment des droits d'enreg. : 1° le montant des droits de greffe perçus pour le trésor, en distinguant le décime ; 2° le montant de la remise qui revient au greffier, mais sans donner quittance de cette dernière. L. 23 juill. 1820, art. 2. I. 935, 944.

901. *Émargements.* Les annotations à faire en marge des enreg. d'actes de greffe sont les mêmes que pour les enreg. en général. On se conformera notamment à ce qui est prescrit pour les enreg. faits en *débet* ou *gratis* (V. 727 et suiv.). Enfin on n'omettra pas d'indiquer dans la colonne spéciale du registre le greffe où l'acte a été fait (V. 842).

§ IV. — *Juridiction contentieuse.*

902. Les actes judiciaires en matière contentieuse comprennent : 1° les *ordonnances* des juges et magistrats ; 2° les procès-verbaux tendant à la *conciliation* des parties ; 3° les *jugements*, arrêts, sentences ou décisions.

ART. 1er. — *Ordonnances judiciaires.*

903. Les ordonnances sont des décisions que rend un juge sur des mesures d'urgence ou d'exécution, soit dans des audiences particulières, soit en sa demeure, avec ou sans l'assistance du greffier, soit au bas d'une requête des parties, soit à la suite d'un procès-verbal sur les difficultés qui lui sont soumises, soit enfin dans tout autre cas déterminé par les lois. Les ordonnances diffèrent des jugements en ce que ces derniers émanent du tribunal entier, tandis que l'ordonnance est rendue par un seul magistrat.

904. On distingue quatre espèces d'ordonnances : 1° les ordonnances *sur requête*, ou décisions rendues par un juge sur la simple requête d'une ou de plusieurs parties dans des cas déterminés ; les ordonnances de *référé* rendues par les présidents des tribunaux civils sur des difficultés d'exécution ou dans des cas d'extrême urgence, C. proc. 806 et suiv. ; 3° les ordonnances *d'exequatur*, ou ordonnances des magistrats pour donner aux sentences arbitrales leur force d'exécution, C. proc. 1021 ; 4° enfin les *exécutoires* ou *taxes* qui sont des liquidations de dépens en matière ordinaire, arrêtées par le juge et déclarées par lui exécutoires contre les débiteurs, C. proc. 133.

905. Les ordonnances *sur requête* sont, pour la plupart, délivrées en brevet au bas de la requête et remises aux parties sans être expédiées. I. 482. Quelques unes, qui se rapportent à différentes procédures, telles que les scellés, les ordres, etc., sont mises sur les procès-verbaux et conservées avec eux.

906. Les ordonnances de *référé* doivent rester déposées au greffe, et il en est délivré expédition, I. 482 ; cependant, en cas d'urgence, le juge peut autoriser l'exécution de son ordonnance sur minute. I. 1150, § 13.

907. Les ordonnances *d'exequatur* sont mises au bas ou en marge de la minute des sentences arbitrales. La minute reste déposée au greffe et l'ordonnance est expédiée en suite de l'expédition de la décision. C. proc. 1021. Cette disposition modifie en partie la décision insérée dans l'instr. n° 144 qui prescrivait de mettre l'ordonnance *d'exequatur* sur l'expédition même, et non sur la minute de la sentence. Néanmoins, il doit toujours être délivré expédition.

908. Quant aux *exécutoires*, dans lesquels nous ne comprenons pas les simples taxes de vacations mises au bas des rapports d'experts ou autres, ni les taxes au bas des mémoires de frais, les minutes restent également déposées aux greffes et il en est délivré expédition.

909. *Présentation à l'enregistrement.* Les ordonnances sont de véritables jugements ; par conséquent elles doivent être soumises à l'enreg. dans le délai de 20 jours, sauf les cas prévus par les lois et réglements. Lorsqu'elles sont prononcées avec l'assistance du greffier, ce dernier est tenu personnellement de les présenter à la formalité et d'en acquitter les droits, sous peine *du droit en sus.* Cependant si l'ordonnance a été rendue à l'audience, et à défaut de consignation des droits par les parties, le greffier peut se dispenser d'en faire l'avance, à la charge de remettre au receveur un extrait de l'ordonnance à laquelle il a assisté, afin que le recouvrement des droits soit poursuivi contre les débiteurs (V. 846). Lorsque l'ordonnance a été rendue sans l'assistance du greffier, ce dernier n'est plus chargé de requérir l'enreg. ni de fournir au receveur les moyens d'obtenir le paiement des droits ; l'enreg. a lieu à la diligence des parties qui sont tenues personnellement d'acquitter les droits dans les 20 jours, L. 22 frim., art. 29 ; mais sans qu'aucun droit en sus puisse leur être appliqué. Sol. 12 sept. 1828. — Il résulte de cet état de choses que les préposés doivent examiner avec beaucoup d'attention les exploits, les dossiers et les actes de procédure, afin de s'assurer que toutes les ordonnances ont été régulièrement présentées à la formalité.

910. *Enregistrement.* Les ordonnances sont, dans tous les cas, indépendantes des procès-verbaux ou autres actes auxquels elles se rapportent ; elles doivent donc faire l'objet d'un enreg. particulier, outre celui de l'acte lui-même, lorsque d'ailleurs ce dernier est assujetti à la formalité. A l'égard des requêtes, elles sont exemptes de l'enreg. D'après ces observations, l'ordonnance d'un juge de paix portant qu'il procédera, le jour indiqué, à la levée des scellés, doit être enregistrée distinctement du procès-verbal de cette opération, inscrit à la suite (V. 862) ; l'ordonnance de *référé,* rendue dans le cours d'une opération et apposée sur le procès-verbal, doit aussi faire l'objet d'un enreg. spécial.

911. L'enreg. des ordonnances présente peu de difficultés ; on doit énoncer la nature de l'ordonnance, les noms des demandeurs, et, s'il y a lieu, ceux des défendeurs, enfin l'objet et la date de l'ordonnance. Le nom ou la qualité du juge est porté dans la colonne destinée à désigner le tribunal ; il conviendra même d'y faire mention de l'assistance du greffier, afin de pouvoir s'assurer, dans ce cas, que l'ordonnance a été inscrite au répertoire, et que cet officier ministériel s'est conformé aux obligations que ce concours lui impose.

ART. 2. — *Procès-verbaux tendant à conciliation.*

912. Dans le but de prévenir l'introduction des instances, la loi oblige celui qui veut former une demande devant les tribunaux de 1ʳᵉ instance, à appeler le défendeur *en conciliation* devant le juge de paix, excepté dans certains cas déterminés, C. proc. 48 et suiv. On désigne sous le titre de *bureau de paix* ou de *bureau de conciliation*, le lieu d'audience où le juge de paix entend les parties pour essayer de les concilier, et sous le nom de *procès-verbal du bureau de paix*, ou de *procès-verbal de conciliation* ou de *non conciliation*, l'acte que le juge de paix rédige pour constater le résultat de ses efforts.

913. *Défaut de comparution.* En cas de non comparution de l'une des parties au bureau de paix, il doit en être fait mention sur un registre du greffe de la justice de paix et sur l'original ou la copie de la citation, sans qu'il soit besoin de dresser procès-verbal. C. proc. 58. Ces mentions ne sont pas assujetties à l'enreg. I. 436, § 10. — Celle des parties qui ne comparaît pas doit être condamnée à une amende de 10 fr., et toute audience lui est refusée jusqu'à ce qu'elle justifie de la quittance. C. proc. 56.

914. C'est le tribunal de 1ʳᵉ instance qui doit prononcer la condamnation à l'amende. Pour que cette disposition reçoive son exécution, il est prescrit aux receveurs chargés de l'enreg. des actes de justice de paix de relever chaque mois, sur le registre tenu au greffe, les mentions de non comparution en conciliation, et d'adresser ces relevés au directeur qui les transmet au procureur du Roi. I. 1416 (V. *titre* IV).

915. *Comparution.* Lorsque les parties comparaissent sur la citation en conciliation, il est dressé un procès-verbal par le juge de paix assisté du greffier. Le juge siégeant au bureau de paix n'est qu'un magistrat conciliateur, il ne prononce pas comme juge des différents qui lui sont soumis; le procès-verbal n'est donc pas un jugement. On y rappelle l'objet de la demande, les réponses du défendeur et les explications respectives des parties. S'il y a conciliation, le procès-verbal contient les conditions de l'arrangement; dans le cas contraire, il fait mention sommairement que les parties n'ont pu s'accorder. Les conventions insérées au procès-verbal ont force d'obligation privée, C. proc. 54; toutefois il n'est pas nécessaire de le rédiger en plusieurs originaux.

916. *Enregistrement.* Les procès-verbaux des bureaux de paix sont assujettis à l'enreg. dans le délai de 20 jours, à la diligence des greffiers, sous peine du *droit en sus.* I. 436, § 9. Cependant le greffier a, comme pour les jugements rendus à l'audience, la faculté de délivrer au receveur un extrait des procès-verbaux dont les droits ne lui ont pas été consignés par les parties (V. 846).

917. L'enreg. de ces procès-verbaux exige quelques développements : après avoir indiqué les noms des demandeurs et défendeurs, quelques receveurs se bornent à ajouter que le procès-verbal contient ou non conciliation, sans rappeler l'objet de la demande. Ce mode est vicieux ; lors même que le procès-verbal ne donnerait lieu, par la nature de la demande ou par le refus de conciliation, à aucune perception actuelle ou ultérieure, il ne faut pas moins en rappeler l'objet, au moins d'une manière succincte. Lorsqu'il y a arrangement entre les parties, il faut analyser avec soin les conventions qui ont force d'obligation privée, et percevoir les droits auxquels ces conventions donnent lieu selon leur espèce.

918. De même, si les indications que présente un procès-verbal de conciliation ou de non conciliation fournissent des renseignements utiles pour une découverte, on donnera à cette partie de l'enreg. le développement nécessaire pour suivre ultérieurement le recouvrement des droits. Dans ce cas, on relèvera l'article au sommier des découvertes ou au sommier certain, et l'on indiquera le numéro en marge de l'enreg. On devra aussi y faire les autres annotations prescrites pour les enreg. en général (V. 727 et suiv.), et indiquer dans la colonne spéciale le nom de la justice de paix.

919. Les *Prud'hommes* dressent aussi des procès-verbaux de conciliation ou de non conciliation sur les contestations soumises à leur juridiction. Ces procès-verbaux sont assimilés à ceux que rédigent les juges de paix. I. 437.

ART. 3. — *Jugements et arrêts.*

920. *Mise au rôle.* L'art. 15 de la loi du 27 mars 1791 a prescrit de tenir dans les cours et tribunaux civils et de commerce un *rôle* pour l'appel des causes soumises à leur jugement, et l'art. 3 de la loi du 21 vent. an 7, en supprimant l'usage des *placets*, porte que les causes ne peuvent être appelées que sur les rôles et dans l'ordre de leur placement. Circ. R. 1537, 1560. La même obligation a été renouvelée par le décret réglementaire du 30 mars 1808, d'après lequel les causes doivent être inscrites sur le rôle dans l'ordre de leur présentation. Ces dispositions ne s'appliquent point aux justices de paix, aux conseils des prud'hommes, ni aux tribunaux de police ; devant ces juridictions, l'appel des causes se fait sur la simple remise des originaux des citations.

921. Le rôle général des causes n'est qu'un registre d'ordre intérieur pour l'administration de la justice ; par conséquent, il est exempt du timbre, d'après l'art. 16, n° 2 de la loi du 13 brum. an 7. Il est coté et paraphé par le président. Circ. R. 1537.

922. Toutes les causes doivent être inscrites par le greffier

18

et non par les avoués ; cette inscription donne lieu à la perception d'un droit de greffe connu sous le nom de droit de *mise au
rôle*. Ce droit est la rétribution due pour la formation, la tenue
des rôles et l'inscription de chaque cause ; il ne peut être exigé
qu'une seule fois et, en cas de radiation, la cause est replacée
gratuitement au rôle, avec mention du premier placement. L.
24 vent. an 7, art. 3. Circ. R. 1537; I. 398.

923. Le droit de *mise au rôle* est perçu par le greffier en inscrivant la cause ; et le premier de chaque mois, il en verse le
montant à la caisse du receveur de l'enreg. sur la représentation
du rôle, L. 24 vent. an 7, art. 4, sous la déduction de la remise
d'*un dixième* allouée au greffier pour ses droits personnels.
Art. 19. Circ. R. 1537; I. 398, 942 et 944. — Le greffier est
responsable du droit par le seul fait de l'inscription au rôle, et
c'est contre lui, et non contre les parties ou leurs avoués, que
le paiement peut être poursuivi. Dél. 7 fruct. an 13.

Le receveur doit tenir la main à ce que le rôle lui soit représenté le 1er de chaque mois; il comptera avec soin les causes
inscrites, vérifiera s'il n'y a eu aucune omission, et si elles ont
été régulièrement classées pour la quotité du droit qui est différente selon la cause inscrite ; enfin il établira le total des droits
et s'en fera remettre le montant par le greffier.

924. Un registre spécial a été établi pour la recette des droits
de *mise au rôle*. L. 24 vent. an 7, art. 10. Il est divisé en six
colonnes principales contenant : 1° la désignation du tribunal ;
2° la date des enreg. en recette ; 3° les numéros du rôle ; 4° la
date du rôle ; 5° le nombre des causes inscrites et le produit des
droits auxquels elles sont soumises distinctement, selon la quotité ; 6° enfin le total des droits par chaque rôle.

Les enreg. sur ce registre sont faits en forme de tableau, en
une seule ligne par mois, pour chaque tribunal ; ils ne présentent aucune difficulté. La date du versement par le greffier devra toujours être placée en tête du premier enreg. qui sera fait
pour le mois.

925. La quittance sera donnée sur chaque rôle, L. 24 vent.
an 7, art. 10, et jamais sur les extraits qui pourraient être remis
au président pour l'appel des causes. Circ. R. 1537, 1725.

926. *Décisions judiciaires*. Les décisions que rendent les autorités judiciaires, dans les causes qui sont soumises à leur jugement, prennent différents noms, selon l'autorité dont elles
émanent. On nomme *sentences*, celles que rendent les arbitres ;
jugements, les décisions que prononcent les tribunaux inférieurs,
tels que les conseils de prud'hommes, les conseils de discipline
de la garde nationale, les juges de paix, les tribunaux de 1re instance et de commerce ; on donne le nom d'*arrêts* aux décisions
des cours d'assises, des Cours royales, de la Cour de cassation
et de la Cour des comptes. Le titre de *décision* est plus spécialement réservé aux jugements des maires et des Conseils de pré-

lecture; mais ces décisions n'étant pas assujetties à l'enreg., nous n'avons pas à en parler. Le Conseil d'État émet des *avis* qui n'acquièrent le caractère d'une décision judiciaire que par l'ordonnance royale qui statue.

927. *Feuilles d'audience*. Les jugements ou arrêts prononcés par les tribunaux sont rédigés soit immédiatement, soit dans les 24 heures au plus tard, sur une *feuille d'audience* tenue par le greffier. C. proc. 48, 138, 433 et 470; Décr. 30 mars 1808, art. 36. I. 1077. Cette feuille, pour les jugements en matière *civile*, doit être sur papier timbré, I. 397; en matière *criminelle*, les greffiers ne sont pas tenus de former une feuille d'audience pour les jugements ou arrêts, I. 1074; mais ils doivent en conserver minute, C. inst. crim. 196, et, généralement, ces minutes sont aussi rédigées sur une feuille d'audience particulière. Les greffiers sont autorisés à avoir deux feuilles pour les jugements en matière de police; l'une en papier timbré pour les jugements rendus sur la demande ou avec concours de parties civiles; l'autre en papier visé pour timbre en *débet* pour les jugements à la requête du ministère public. I. 953.

928. Les feuilles d'audience doivent être réunies en registre, et l'on peut, sans contravention, rédiger à la suite les uns des autres, non seulement les jugements rendus dans la même audience, mais encore ceux prononcés dans les audiences suivantes. I. 373. — On porte sur ces feuilles tout ce qui se passe à l'audience, dans l'ordre de l'appel des causes; on y inscrit aussi les réceptions de serment; quant aux jugements d'adjudication, ils sont rédigés séparément.

929. La rédaction des jugements doit contenir les noms des juges, du procureur du Roi et des avoués, les noms, professions et demeures des parties, leurs conclusions, l'exposition des points de fait et de droit, les motifs et le dispositif du jugement. Elle est faite sur des *qualités* signifiées d'avoué à avoué, et contenant les noms, professions et demeures des parties et les points de fait et de droit. C. proc. 141 et suiv. Ces *qualités* ne sont pas reproduites dans le jugement inscrit sur la feuille d'audience; elles restent déposées au greffe et forment la première partie du jugement. Quant à la feuille d'audience, elle ne contient que les noms, prénoms et professions des parties, les noms de leurs avoués, ceux des magistrats, le point de droit, les motifs et le dispositif. (V. 942, 943.)

930. Les receveurs doivent concourir à assurer la régularité des feuilles d'audience, et, en cas d'infraction aux règles établies par le Code de procédure, ils en rendront compte au directeur qui se concertera avec le procureur du Roi chargé d'assurer l'exécution des dispositions de la loi. I. 1077. Il faut aussi vérifier si tous les jugements prononcés ont été exactement rédigés sur la feuille d'audience.

931. *Sentences arbitrales.* Les formalités à observer par les arbitres sont déterminées par l'art. 1003 du C. proc.; ils sont soumis, en ce qui concerne le timbre et l'enreg., aux obligations imposées aux juges, et leurs sentences, qui ne sont pas accompagnées de la rédaction de *qualités*, sont déposées aux greffes.

932. *Délais.* Les jugements et arrêts sont assujettis à l'enreg. dans les 20 jours, sous peine du droit en sus, à la diligence des greffiers, sauf la faculté de délivrer extrait de ceux dont les droits ne leur ont pas été consignés (V. 845, 846). Quant aux sentences arbitrales, il n'y a pas de délai de rigueur pour l'enreg.; le greffier peut les recevoir en dépôt sans les soumettre préalablement à l'enreg.; mais il est tenu, sous peine de responsabilité des droits, de délivrer au receveur extrait des sentences déposées sans que les frais de l'enreg. aient été consignés entre ses mains. I. 436, § 37 et 77.

933. *Examen des jugements.* Avant d'enregistrer les jugements, sentences ou arrêts qui leur sont présentés, les receveurs doivent s'assurer, par un examen minutieux et une lecture attentive, de leur régularité sous le rapport des formalités que la loi prescrit aux magistrats ou aux greffiers d'observer; mais ils ne sont pas autorisés à faire réparer les vices de forme dont les parties pourraient se prévaloir. La mission des préposés se borne à signaler aux magistrats les vices ou les irrégularités qu'ils ont remarqués, afin d'empêcher pour l'avenir les mêmes négligences dans d'autres jugements. Il est évident, au surplus, que les préposés ne peuvent et ne doivent rien exiger, et qu'il leur suffit de signaler les faits au procureur du Roi, auquel il appartient d'apprécier les faits et de prendre les mesures qu'il juge convenables (V. 900).

934. En ce qui touche les obligations résultant des lois d'impôt dont l'exécution est confiée à la surveillance de l'adm., les préposés doivent constater les contraventions donnant lieu à l'amende, et signaler les irrégularités non passibles d'amendes qui pourraient porter préjudice au trésor, afin que le directeur puisse aviser aux mesures à prendre pour empêcher le retour de ces irrégularités.

935. Les greffiers sont assujettis à la plupart des obligations imposées aux notaires et huissiers par les lois sur le timbre et l'enreg. (V. 492 et suiv., 622 et suiv.). Cependant, en ce qui concerne les jugements, il faut faire une distinction importante : il convient d'examiner si le greffier a pu prévenir ou non les infractions. Lorsque la contravention résulte d'un acte de greffe, qui est son propre ouvrage, la peine l'atteint exclusivement; mais si la contravention existe dans un jugement qui, par exemple, prononce sur des actes non revêtus des formalités prescrites, comme c'est le tribunal qui l'a voulu ainsi, et qu'il n'a pas dépendu du greffier de refuser son concours, le fait lui est étranger et la responsabilité ne peut l'atteindre. Pareillement, l'obligation imposée aux greffiers de faire mention de la patente des contractants, ne concerne point les jugements ni même les procès-verbaux de vérification. I. 972, 1204, § 6 (V. 624).

936. Mais les greffiers ne paraissent pas autorisés à insérer, même dans les jugements, des dénominations d'anciennes mesures (V. 633 et suiv.), sans être passibles d'amende; toutefois ils n'en doivent aucune lorsque, contrairement aux dispositions de l'art. 6 de la loi du 4 juill. 1837, les juges ont prononcé sur des actes contenant des dénominations interdites, avant que les amendes aient été payées (V. 633, 640). — Les greffiers peuvent encore commettre dans les jugements des contraventions qui sont leur fait personnel : ainsi l'emploi de papier non timbré, l'altération des empreintes, le retard dans la présentation à l'enreg. des jugements dont les droits leur ont été payés, sont des infractions qui peuvent donner lieu contre le greffier à l'application d'amendes.

937. Les receveurs s'attacheront, au moment de l'enreg. des jugements, à faire ces distinctions. Lorsque l'infraction sera le fait du juge, ils devront, avant tout, poursuivre contre les parties le recouvrement des droits simples, et, s'il y a lieu, des droits et amendes dont elles seraient tenues personnellement. — Malgré les dispositions de l'art. 47 de la loi du 22 frim. an 7, qui défend aux juges de prononcer sur des actes s. s. p. non enregistrés, sous peine d'être responsables du paiement des droits (V. 642), la responsabilité des juges est rarement invoquée dans la pratique ; si, à raison de l'insolvabilité absolue des parties, le recouvrement était impossible, les préposés devraient, avant de faire aucune demande aux magistrats, rendre compte des faits au directeur et demander ses instructions.

938. Les receveurs n'omettront pas de s'assurer aussi, lors de la présentation des jugements à l'enreg., que les amendes d'appel, de requête civile ou de pourvoi en cassation ont été régulièrement consignées et qu'il en a été fait mention dans la minute (V. *titre* IV) ; que les tribunaux ont prononcé l'amende : 1° dans le cas de non comparution en conciliation, C. proc. 56 (V. 913) ; 2° quand une partie a succombé dans une dénégation d'écriture, C. proc. 213 ; dans une demande en renvoi devant un autre tribunal, C. proc. 374 ; dans une récusation, art. 390 ; dans une tierce-opposition, art. 479 ; dans une requête de prise à partie, art. 513 et 516. — Lorsque ces différentes amendes n'auront pas été prononcées, ils en référeront au procureur du Roi et adresseront au directeur un extrait du jugement. Circ. R. 252, 1625 ; I. 408 (V. *titre* IV).

939. Les receveurs doivent suivre avec attention la marche des procédures en matière de faux, pour suivre le recouvrement de l'amende encourue par le demandeur qui succombe. C. proc. 246, 247. Cette amende étant exigible, même sans condamnation, il est important d'examiner les jugements qui repoussent une demande en inscription de faux. I. 408, § 6 et 1745.

940. Ils s'assureront également que les jugements de condamnation en matière criminelle ou de police sont motivés, et reproduisent textuellement les termes de la loi. C. inst. crim. 163 et 195. I. 1351, art. 28, § 3, n° 1er.

941. *Liquidation des droits.* Après avoir examiné le jugement présenté à l'enreg., pour s'assurer qu'il est régulier, et qu'il ne contient aucune contravention, le receveur doit voir s'il renferme des indications suffisantes pour établir la liquidation des droits; il fera réparer les omissions, ou exigera les déclarations et les justifications nécessaires (V. 615).

942. Les juges ne sont pas tenus d'une manière absolue de qualifier les jugements, c'est-à-dire d'énoncer s'ils sont rendus en premier ou en dernier ressort. Cependant ce renseignement pouvant être utile pour la perception on devra, autant qu'il sera possible, engager les magistrats ou le greffier à ne pas l'omettre dans la rédaction, et s'y conformer pour établir la perception. I. 1370, § 5.

943. Quelques greffiers, pensant que la rédaction des *qualités* doit suppléer à l'insuffisance du jugement porté sur la feuille d'audience, s'abstiennent d'y insérer des renseignements indispensables pour asseoir la perception. Cet usage est contraire à une circulaire du garde-des-sceaux du 26 sept. 1808, et l'art. 16 de la loi du 22 frim. an 7 donne aux préposés les moyens d'y remédier (V. 615).

Les jugements doivent faire connaître avec exactitude les noms et domiciles des parties; s'il y a transmission de biens; si la condamnation est rendue sur une demande non établie par un titre enregistré et susceptible de l'être; le tout sans qu'il soit nécessaire de se reporter aux *qualités.* Lorsque les préposés remarquent des irrégularités à cet égard dans la rédaction des jugements, ils doivent en informer le procureur du Roi, et, si l'abus n'est pas réprimé, ils en rendront compte au directeur. I. 405, § 7. Au surplus, lorsque les *qualités* ont été signifiées, le receveur peut en demander la communication, afin de mieux comprendre le dispositif du jugement et d'en apprécier les effets relativement à la perception.

944. *Droits de titre.* Il est défendu aux juges et arbitres de rendre aucun jugement sur des actes non enregistrés, à peine d'être personnellement responsables des droits, L. 22 frim. an 7, art. 47 (V. 937); d'après l'art. 48 de la même loi, les jugements doivent énoncer l'enreg. des actes sur lesquels les condamnations sont prononcées, et, à défaut, les receveurs sont autorisés à percevoir les droits du titre énoncé; suivant l'art. 69, § 2, n° 9, lorsque la demande ne repose pas sur un acte dûment enregistré, le droit auquel l'objet de la demande aurait donné lieu, s'il avait été convenu par un acte public, doit être perçu indépendamment de celui qui est dû pour la condamnation; enfin, l'art. 57 de la loi du 28 avril 1816 porte que, si l'on produit au cours d'instance des actes ou écrits justificatifs de la demande, lorsque, dans l'exploit introductif, le titre aura été énoncé comme verbal, on devra percevoir le *double droit* de ce titre sur le jugement.

945. Les receveurs se conformeront à ces dispositions ; ils s'assureront, dans tous les cas, du paiement des droits de titre, et, à défaut de paiement, percevront les droits et doubles droits exigibles. Il faut apporter d'autant plus de soin dans la surveillance de ces infractions, qu'elles sont fréquentes et portent un grave préjudice aux intérêts du trésor, notamment dans les procédures devant les tribunaux de commerce, où la plupart des conventions sont présentées comme verbales, tandis que des actes sont réellement produits en cours d'instance. Les *qualités* fournissent à ce sujet des indices qu'il ne faut pas négliger (V. 982).

946. *Paiement des droits*. Après la liquidation des droits, le receveur se fait consigner les sommes nécessaires, soit par le greffier s'il doit en faire l'avance, soit par les parties dans les cas déterminés (V. 846). Il procède ensuite à la formalité de l'enregistrement.

947. *Forme de l'enregistrement*. On doit, pour l'enreg. des jugements ou arrêts, se conformer aux règles prescrites pour les enreg. en général (V. 674 et suiv.). Voici, en outre, les règles particulières à observer : les enreg. feront connaître si les jugements sont préparatoires ou définitifs, en premier ou en dernier ressort, s'ils ont été rendus contradictoirement ou par défaut. On énoncera ensuite les noms, prénoms, professions et domiciles des demandeurs et des défendeurs, et, au besoin, les qualités dans lesquelles ils procèdent ; il ne paraît pas nécessaire de faire mention du nom des avoués qui ont occupé pour eux. S'il s'agit d'un jugement commercial, on indiquera si les parties étaient présentes à l'audience ou la date du pouvoir qu'elles ont donné et celle de son enreg., autrement le droit devra être perçu. I. 436, § 35, 1189, § 4, et 1351, art. 28, § 3, n° 1er.

948. En rappelant le dispositif du jugement, on s'attachera à en préciser l'objet, non seulement pour justifier la perception, mais encore pour faire apprécier l'objet de la contestation. Ainsi, lorsque le défendeur sera renvoyé de la demande formée contre lui, on ne se bornera pas à dire que le jugement porte renvoi ou décharge, on devra en outre, rappeler brièvement l'objet de la demande. Lorsque le jugement portera condamnation de sommes, on énoncera, outre le montant des condamnations prononcées, le chiffre de la demande et son objet, ainsi que l'existence ou le défaut de titre enregistré.

949. Les jugements des juges de paix sont ordinairement fort simples, leur enreg. n'offre donc que peu de difficultés ; on devra présenter clairement l'analyse du dispositif, sans omettre aucun des renseignements propres à justifier la perception. — Si le jugement est rendu sur la demande expresse des parties, en dehors des limites de la juridiction du juge, ou au-delà de sa compétence, l'enreg. en fera mention. Dans cette hypothèse, si la réquisition des parties ou le compromis résulte d'un acte distinct du jugement, cet acte devra être enregistré particulièrement, I. 1132, § 4, sur le même registre. Lorsqu'il est dressé un procès-verbal particulier pour constater les résultats d'une enquête ou d'une visite de lieux, selon les règles déterminées par les art. 39, 40, 42 et 43, C. proc., on doit également faire un enreg. séparé pour ce procès-verbal. I. 436, § 7.

950. Quant aux jugements ou arrêts des autres tribunaux, la différence des juridictions, la diversité des matières, et souvent la complication des points litigieux rendent plus difficile l'analyse du dispositif. Le meilleur moyen de surmonter les difficultés est de reproduire avec concision et dans la forme que le tribunal lui a donnée, le dispositif sur chaque chef du jugement, de manière qu'il soit facile, non seulement d'apprécier si la perception est régulière, mais encore de reconnaître l'objet précis du litige et même la décision textuelle rendue par le tribunal.

Lorsque nous disons *textuelle*, nous n'entendons pas qu'il soit nécessaire de faire une copie *entière* du dispositif; mais un extrait littéral de ses principales dispositions, dans lequel on conservera les termes employés lorsqu'ils sont caractéristiques, et l'on supprimera ceux qui l'étendent sans une nécessité absolue, et sans ajouter à l'esprit, au sens ou même à l'objet précis de la décision. La reproduction des termes principaux du dispositif est d'autant plus essentielle, qu'en y substituant une analyse de l'ensemble, on s'expose à altérer le sens de la décision ou au moins à changer quelques unes de ses parties. En cette matière, il faut suivre ce qui a été fait, ce qui a été dit, le rappeler avec fidélité, sauf à en tirer les conséquences pour la perception.

951. Tous les enreg., ceux des jugements comme les autres, doivent offrir la justification de la perception (V. 694); par conséquent, lorsque les éléments de cette perception se trouvent dans les faits ou les *qualités* auxquels le receveur est obligé parfois de recourir, il en fera une mention suffisante. D'un autre côté, lorsqu'un jugement aura pour objet des contestations sur des droits de propriété immobilière, il faudra donner à l'enreg. les développements nécessaires pour suivre la trace des mutations (V. 697).

952. Les adjudications passées à la barre des tribunaux exigent, pour leur enreg., une attention particulière : les receveurs devront y rappeler les détails exigés pour l'enreg. des ventes d'immeubles. À cet effet, ils se reporteront aux cahiers des charges qui énoncent, outre les clauses et conditions de la vente, les noms et qualités des propriétaires, la désignation détaillée des biens et l'origine de la propriété. — Les procès-verbaux d'adjudication sont soumis au droit de rédaction, on aura soin, à cet égard, de se conformer aux règles de perception.

953. L'enreg. des jugements de police énoncera s'ils ont été rendus contradictoirement ou par défaut. Le ministère public sera indiqué comme demandeur, et l'on aura soin de désigner nominativement tous les défendeurs. Lorsque quelques uns auront été renvoyés de la poursuite, on les distinguera des condamnés qui seront indiqués individuellement, avec mention de la solidarité si elle est prononcée, ou des individus déclarés civilement responsables. On rappellera la nature du délit, la commune où il a été commis, la date du procès-verbal et le nom du rédacteur, lorsqu'il s'agira de condamnation à une amende attribuée, enfin, le montant de l'amende et des autres condamnations distinctement. Il faut que ces enreg. présentent toutes les indications dont on peut avoir besoin par la suite pour faciliter le recouvrement des condamnations (V. *titre IV*).

954. *Relation.* Les relations d'enreg. des jugements ou arrêts sont inscrites au bas ou en marge de la minute ; elles contiennent les mêmes indications que toute autre relation d'enreg. (V. 709 et suiv.).

955. *Emargements.* Outre la désignation du tribunal dont l'enreg. de chaque jugement ou arrêt doit être émargé dans la colonne spéciale, on fera aussi, en marge de ces enreg., les annotations prescrites pour tous les enreg. en général, notamment pour ceux qui sont à renvoyer à d'autres bureaux, et ceux qui sont faits en *débet* ou *gratis* (V. 727 et suiv.). — L'enreg. des jugements prononçant une condamnation à recouvrer par les receveurs de l'adm. sera émargé du n°, soit du sommier des droits constatés sur lequel l'article aura été consigné en vertu de l'extrait remis par le greffier, soit du registre des renvois lorsque le montant des condamnations devra être recouvré dans un autre bureau. On suivra d'ailleurs, pour la remise, le renvoi et la consignation de ces extraits, la marche tracée (V. *titre IV*).

§ V. — *Expéditions.*

956. Les expéditions des actes de greffe et des jugements sont exemptes de l'enreg., mais celles que délivrent les greffiers des tribunaux civils et de commerce sont assujetties à un droit de greffe. L. 21 vent. an 7, art. 2. A cet effet, les expéditions doivent être présentées au receveur de l'enreg. chargé de cette perception. Art. 1er et 10. Circ. R. 1537.

957. *Délai.* il n'y a point de délai fixe pour le paiement du droit d'expédition, mais le greffier n'en peut délivrer aucune que les droits de greffe n'aient été acquittés, tant sur la minute que sur l'expédition, sous peine de 100 fr. d'amende. L. 21 vent. an 7, art. 11. Il lui est également défendu de délivrer aucune expédition avant que les droits d'enreg. de la minute n'aient été payés, à peine de 10 fr. d'amende. L. 22 frim. an 7, art. 41. On doit entendre par délivrance la remise de l'expédition aux parties, et non sa rédaction ; on peut donc, sans contravention, présenter en même temps la minute pour acquitter les droits d'enreg. et de rédaction, et l'expédition pour en payer les droits (V. 962). Mais le greffier n'est pas moins tenu de transcrire, sur l'expédition, la relation de l'enreg. de la minute (V. 716). Il complète cette transcription avant de délivrer l'expédition.

958. *Nombre de lignes.* Les expéditions délivrées par les greffiers doivent contenir 20 lignes de huit à dix syllabes chacune, par page, compensation faite des unes et des autres. L. 21 vent. an 7, art. 6. Lorsque des expéditions sont présentées pour acquitter le droit de greffe, le receveur s'assurera que ce nombre n'a pas été dépassé, et que, d'un autre côté, il n'y a pas insuffisance. Dans ce dernier cas, le greffier pourrait être passible de l'amende de 100 fr. prononcée par l'art. 23 de la même loi. Cass. 16 mai 1806 (V. 871). — Au contraire, lorsque le nombre de lignes ou de syllabes a été dépassé, la loi du 21 vent. an 7 ne prononce point d'amende contre le greffier ; le receveur doit seulement avoir égard à l'excédant pour la liquidation des droits (V. 960). En outre, il pourrait y avoir lieu à l'application, contre le greffier, de l'amende prononcée par les art. 20 et 26, n° 2 de la loi du 13 brum. an 7, sur le timbre, lorsque le nombre des lignes de l'expédition excède celui qui a été fixé par cette dernière loi (V. 522).

959. *Recette.* La recette du droit d'expédition est faite sur le registre des actes judiciaires, mais ce n'est point une formalité semblable à celle de l'enreg. ; il est inutile par conséquent d'y présenter une analyse des dispositions de l'acte ou du jugement expédié. Il suffit d'indiquer sa nature, s'il est préparatoire ou définitif, les noms du demandeur et du défendeur, la date de l'acte ou du jugement expédié, celle de l'enreg. ou du paiement du droit de greffe de la minute, ainsi que le folio et la case ; enfin le nombre de rôles et de renvois que contient l'expédition.

960. La perception du droit d'expédition varie selon l'espèce des actes, jugements ou arrêts, et le degré de juridiction ; il faut donc avoir soin de porter dans la colonne spéciale l'indication du tribunal, et ne jamais omettre de qualifier l'acte, le jugement ou l'arrêt, en faisant connaître s'il est préparatoire, interlocutoire ou définitif.

Le droit d'expédition est établi pour chaque rôle contenant 20 lignes de 8 à 10 syllabes, *sup.* 958 ; ainsi, le receveur ne prendra pas seulement pour base de la perception, le nombre matériel des rôles, mais la quantité d'écritures qu'ils doivent contenir, d'après les termes de la loi. C'est ce qui est recommandé notamment pour le cas où l'expédition contient des tableaux en chiffres qui ne peuvent être présentés en toutes lettres sans en détruire l'intelligence. Le greffier est tenu, dans cette hypothèse, d'établir à la fin de ces expéditions, par une récapitulation certifiée, le nombre de lignes y contenues, pour que, après vérification, les droits d'expédition soient perçus à raison du nombre de syllabes fixé par la loi. I. 942.

961. De même que pour le droit de rédaction, les droits d'expédition comprennent la portion attribuée aux greffiers pour leur rétribution. Cette remise est uniformément de 30 centimes par rôle réduits à 20 centimes pour les expéditions délivrées dans l'intérêt de l'État, quelle que soit d'ailleurs la quotité du droit d'expédition. Le receveur ne porte en recette que l'excédant formant la portion attribuée au trésor, plus le décime de la remise du greffier. Quant au décime sur le droit d'expédition revenant au trésor, on ne le porte pas sur le registre, on l'ajoute seulement dans les comptes (V. 698, 899).

962. Dans le cas de présentation simultanée à la formalité d'une minute de jugement ou acte du greffe et de l'expédition, on doit employer, pour la recette du droit d'expédition, une case distincte de celle où se trouve l'enreg. de la minute. I. 1351, art. 9. Il est bon de faire suivre immédiatement l'enreg. de la minute, de la recette du droit d'expédition.

963. *Relations*. Il est donné quittance du droit au bas de chaque expédition à peu près dans la forme ordinaire des relations d'enreg. (V. 709); on énonce distinctement, en toutes lettres, le montant en principal et décime des droits perçus pour le trésor, et le montant de la remise revenant au greffier. I. 935, 944 (V. 900).

964. *Émargements*. L'enreg. du droit d'expédition sera émargé, outre l'indication du tribunal, des annotations prescrites, lorsqu'il n'aura pas lieu au comptant, mais en *débet* ou *gratis* (V. 729, 730).

965. *Délivrance des expéditions*. Les greffiers doivent faire mention de la délivrance des expéditions sur un registre spécial dont la tenue est prescrite par l'art. 13 de la loi du 21 vent. an 7. La vérification de ce registre par les préposés leur offre les moyens de reconnaître si toutes les expéditions ont été régulièrement assujetties au droit de greffe. Ils peuvent aussi s'en assurer toutes les fois que, dans le cours de leurs opérations, ils ont occasion d'examiner des expéditions délivrées par les greffiers. — Les contraventions passibles de l'amende de 100 fr., *sup.* 957, 958, seront constatées par un procès-verbal dont l'effet sera suivi comme en matière de timbre et d'enreg. Circ. R. 1537 (V. *titre* V).

966. *Cour des comptes*. Un décret du 28 sept 1807 prescrit la perception de 75 centimes par rôle pour les secondes expéditions demandées au greffe de la Cour des comptes. Ce droit est perçu par le greffier qui, chaque mois, en verse le montant intégral au receveur de l'enreg., à Paris, chargé de cette recette.

§ VI. — *Minutes et répertoires.*

967. Les greffiers et secrétaires doivent : 1° tenir répertoire des actes et jugements, et le présenter chaque trimestre au visa du receveur (V. 1152, 1154, 1160); dresser acte de tous les dépôts faits aux greffes (V. 1198) ; conserver minute des actes et jugements, sauf les exceptions déterminées (V. 1201) ; en donner communication aux employés à toute réquisition, ainsi que des actes, registres, répertoires et tous autres documents déposés dans les greffes (V. 1205).

La vérification des répertoires et les communications qu'ils peuvent prendre dans les greffes donnent aux receveurs les moyens de s'assurer de l'exécution de ces différentes obligations.

SECTION IV. — *Actes extrajudiciaires.*

968. *Registre.* Le registre des actes d'huissiers est destiné à l'enreg. de tous les actes extrajudiciaires comprenant non seulement ceux des huissiers, mais encore les actes des commissaires-priseurs, porteurs de contraintes, gardes, préposés ou agents ayant pouvoir de faire des exploits ou procès-verbaux.

Ce registre est coté et paraphé par le directeur (V. 410). Il est divisé en douze cases à la page. Outre le cadre destiné aux enreg., il contient deux colonnes pour y inscrire le montant des droits simples et des droits en sus. — Le registre des huissiers doit être arrêté chaque jour par le receveur (V. 420).

969. *Bureau d'enregistrement.* Les exploits et procès-verbaux doivent être soumis à l'enreg. par les huissiers ou agents qui les ont rédigés, soit au bureau de leur résidence, soit au bureau du lieu, ou le plus voisin du lieu où ils ont été faits, selon les distinctions établies par les lois ou réglements. L. 22 frim. an 7, art. 26; 22 pluv. an 7, art. 6 ; D. 3 pluv. an 8, Circ. R. 1807; D. 28 nov. 1809, 12 juill. 1822, 27 août 1823, 30 mars 1826, 2 avril 1830 et 20 août 1833. I. 458, § 1er, 1050, n° 2, 1090; 1313, 1434, etc. — Lorsqu'il n'y a pas de bureau spécial, c'est au bureau chargé de l'enreg. des actes judiciaires que s'enregistrent les exploits et procès-verbaux.

970. *Délais.* Le délai accordé pour l'enreg. est ordinairement de *quatre jours* à partir de la date des exploits ou procès-verbaux. L. 22 frim. an 7, art. 20. Ce délai ne court que de la date de l'affirmation pour les procès-verbaux de délits rédigés par les agents forestiers. C. forest., art. 170. I. 1251. — Le délai est de *dix jours* pour les actes et procès-verbaux des courtiers de commerce, autres que les ventes de marchandises (V. 1026). I. 173. — Il est de *quinze jours* pour les procès-verbaux des vérificateurs des poids et mesures. Ord. 17 avril 1839, art. 42. I. 1594.

971. La peine à défaut d'enreg. dans le délai prescrit est, pour les actes assujettis au droit fixe, d'une amende de 5 fr.

et pour les actes passibles du droit proportionnel, d'un droit en sus qui ne peut être inférieur à 10 fr. — La loi prononce en outre la nullité de l'exploit ou du procès-verbal non enregistré. L. 22 frim. an 7, art. 34.

972. *Division des actes.* Les actes à enregistrer sur le registre des actes d'huissiers se divisent en trois classes principales : 1° les exploits; 2° les procès-verbaux de délits ou de contraventions; 3° les ventes publiques de meubles faites par les huissiers, commissaires-priseurs, courtiers et fonctionnaires autres que les maires, les notaires et les greffiers. Il sera question des ventes publiques de meubles sous un paragraphe spécial (V. 996 et suiv.).

973. *Forme.* Lorsqu'un exploit ou procès-verbal est présenté à l'enreg., le premier soin du receveur, après avoir reconnu qu'il doit, ou peut être enregistré dans son bureau, est de s'assurer qu'il est régulier dans la forme (V. 622 et suiv.).

La forme de ces actes est, en général, fort simple. Ils sont datés, énoncent les noms, prénoms, professions et demeures des requérants ou demandeurs, ceux des défendeurs ou contrevenants; les nom, demeure et immatricule de l'huissier, garde ou agent rédacteur, l'objet de l'acte ou du procès-verbal; enfin ils sont signés par le rédacteur, et, s'il y a lieu, par les témoins ou gardiens.

974. D'autres formes de procédure doivent encore être observées pour ces actes; il n'en sera question que pour le cas où les employés auraient à en surveiller l'exécution. L'observation de ces formalités est prescrite le plus souvent à peine de nullité des actes et de la responsabilité envers les parties ; la loi ne prononce de peine pécuniaire que pour les infractions aux dispositions ci-après indiquées.

975. *Écritures.* Les copies d'actes, de jugements, d'arrêts et de toutes autres pièces faites par les huissiers et les avoués doivent être correctes et lisibles, et ne peuvent contenir plus d'un certain nombre de lignes. L'huissier qui a signifié une copie *illisible* de citation ou d'exploit, de jugement ou d'arrêt, encourt une amende de 25 fr. sur la provocation du ministère public. Décr. 29 août 1813. I. 659; 1621 (V. *titre* IV).

976. Les receveurs examineront les copies signifiées, et signaleront par lettre au procureur du Roi, celles qui seraient illisibles, afin que l'amende soit prononcée par le tribunal. I. 659. Ils ne perdront pas de vue d'ailleurs que leurs fonctions les appellent à concourir d'une manière efficace à la régularité des actes et à la répression des abus, et qu'ils doivent par conséquent, toutes les fois qu'ils reconnaissent des irrégularités graves dans la rédaction des exploits, en informer le procureur du Roi, chargé spécialement d'assurer l'exécution des lois et réglements concernant le service des huissiers ou des autres agents ministériels (V. *titre* IV).

Lorsque les copies signifiées contiennent trop de lignes d'é-
critures d'après la dimension du papier, on procédera ainsi
qu'il est expliqué (V. 523 et suiv.).

977. *Coût des exploits.* Les huissiers sont tenus de mettre
à la fin de l'original et de la copie de l'exploit, le coût d'icelui,
à peine de 5 fr. d'amende, payables à l'instant de l'enreg.
C. proc. 67. Cette disposition n'est applicable qu'aux exploits,
c'est-à-dire aux actes qui se signifient, et non aux procès-verbaux; mais elle s'étend à tous les exploits sans exception, et
l'on ne pourrait prétendre qu'elle ne concerne que les ajour-
nements. I. 408, § 3. Les receveurs sont chargés, d'après les
termes exprès de la loi, de faire payer cette amende au moment
de l'enreg. et sans condamnation; elle doit être portée au registre des droits constatés n° 1er (V. 702), et paraît devoir figurer avec les amendes d'enreg. (V. *titre* IV).

978. Dans tous les cas où les règlements accordent une indemnité pour frais de voyage, il n'est alloué qu'un seul droit
de transport pour la totalité des actes que l'huissier a faits dans
une même course et dans le même lieu. Ce droit est partagé en
autant de portions égales entre elles, qu'il y a d'originaux
d'actes, et, à chacun de ces actes, l'huissier doit appliquer
l'une de ces portions; le tout à peine du rejet de la taxe, ou de
restitution envers la partie et d'une amende qui ne peut excéder 100 fr., ni être moindre de 20 fr. Décr. 29 août 1813,
art. 35. La même amende de 100 fr. est prononcée contre
l'huissier qui a chargé un de ses confrères d'instrumenter pour
lui, à l'effet de se procurer un droit de transport qui ne lui aurait pas été alloué personnellement; et contre celui qui a prêté
sa signature. En cas de récidive l'amende est double, et il y a
lieu à destitution. Art. 36. I. 659.

979. Lorsque les huissiers s'écartent des règles qui leur
sont tracées par le tarif des frais et dépens en matière judiciaire et par le décret du 14 juin 1813, notamment en ce qui
concerne les droits ou indemnités de transport, les receveurs
doivent en informer le procureur du Roi afin de faire prononcer
par le tribunal les amendes encourues. I. 659 (V. *titre* IV).

980. *Contraventions.* Les huissiers et autres ayant pouvoir
de faire des exploits ou procès-verbaux sont généralement soumis pour les actes de leur ministère, aux diverses obligations
imposées aux officiers ministériels par les lois concernant le
timbre, les *patentes*, les *poids et mesures* et *l'enreg.* La surveillance de ces contraventions et leur répression appartient
aux préposés de l'adm. Ils se conformeront à cet égard aux règles générales énoncées *sup.* 492 et suiv., 622 et suivants.

981. Il est défendu aux receveurs, sous peine de 10 fr. d'a-
mende, d'enregistrer aucun protêt, sans se faire représenter les
effets, afin de s'assurer qu'ils sont sur papier timbré ou visé
pour timbre (V. 494, 609). Ils devront se conformer, à cet égard,

aux indications données *sup.* 508 et suiv., et vérifier notamment que le timbre n'est pas inférieur à la somme portée dans le billet protesté.

982. On trouve souvent dans les exploits des indications et même des preuves de l'existence de contraventions ; elles échappent quelquefois par la trop grande célérité que l'on apporte assez généralement à l'enreg. de ces actes. Cependant la plupart des actes extrajudiciaires n'étant pas conservés dans les dépôts publics, il ne faut jamais négliger d'utiliser immédiatement les renseignements que ces actes peuvent offrir pour la découverte des droits dus au trésor ; autrement la responsabilité des receveurs pourrait être gravement compromise. Ils devront par conséquent lire avec beaucoup d'attention les exploits présentés à l'enreg., notamment les conclusions signifiées et tous les actes qui énoncent des faits. Il arrive fréquemment que les parties ou leurs avoués ayant un grand intérêt à porter certaines conventions à la connaissance des juges, cherchent néanmoins à les soustraire à l'attention des préposés, en les glissant ou en les rappelant d'une manière plus ou moins détournée dans des actes de procédure. Une lecture attentive peut seule déjouer ces calculs, et empêcher les prescriptions que l'on pourrait opposer après deux ans (V. 736).

983. *Paiement des droits.* Les huissiers et autres rédacteurs de procès-verbaux sont tenus de payer, avant l'enreg., les droits des actes de leur ministère qui se perçoivent *au comptant.* L. 22 frim., art. 29. — Au moment même du dépôt des actes, les receveurs liquideront les droits et amendes selon les règles ordinaires et en exigeront le paiement (V. 663). Les dispositions concernant la tenue du livre-journal sont d'ailleurs applicables à tous les officiers ministériels ; ainsi, sauf le cas du retrait immédiat des actes, les receveurs feront mention sur le livre-journal des droits qui leur auront été consignés par les huissiers, commissaires-priseurs et courtiers pour les actes à enregistrer (V. 667 et suiv.).

984. *Défense de surseoir.* Les actes extrajudiciaires doivent être enregistrés sans retard et toujours dans les 24 heures. C'est principalement à ces actes, dont la plupart se rattachent à des affaires qui exigent célérité, que s'applique la défense faite aux receveurs de suspendre le cours des procédures en différant l'enreg. des actes ou exploits dont les droits leur ont été payés, quand même ils contiendraient des renseignements utiles pour le recouvrement de droits soustraits au trésor. Dans ce cas, le receveur devra se conformer à ce qui a été dit *sup.* 721.

985. *Forme de l'enregistrement.* La forme de l'enreg. des exploits ou procès-verbaux est peu compliquée comme celle des actes eux-mêmes ; elle est d'ailleurs tracée par le cadre imprimé sur le registre. Cependant les receveurs ne doivent pas se laisser tromper par la simplicité de ce cadre, ni, par suite, attacher peu d'importance aux enreg. de ces actes. Il ne faut pas perdre de vue qu'il n'en reste point de minute, et que, par conséquent les enreg., même dans leur cadre restreint, doivent contenir une analyse assez substantielle et assez précise pour tenir lieu, jusqu'à un certain point, des originaux eux-mêmes, soit pour les parties qui ont besoin d'y recourir, soit pour la vérification des perceptions et les opérations ultérieures des préposés.

Les bases de la perception reposent en général sur le nombre des parties *intéressées*, et se modifient d'après leurs qualités, la nature de l'acte, ou la juridiction à laquelle il s'adresse. Les enreg. doivent donc être libellés suivant les principes de la perception et justifier la liquidation du receveur.

986. Outre les éléments communs aux enreg. en général, tels que l'expression de la date de la formalité, des sommes sur lesquelles la perception doit être établie lorsque l'exploit est passible du droit proportionnel, du montant des droits et amendes perçus ou à recouvrer, les enreg. d'exploits ou procès-verbaux énonceront les noms, prénoms, professions et domiciles de tous les demandeurs ou requérants, et ensuite de tous les défendeurs ou délinquants; on y désignera les qualités prises par les uns et les autres et les rapports d'intérêt ou de solidarité qui les unissent, par exemple : s'ils sont copropriétaires ou cohéritiers, parents réunis, cointéressés ou associés, débiteurs ou créanciers unis ou solidaires, sequestres, experts ou témoins, etc. Dans ces différents cas, ils ne sont comptés que pour une seule et même personne pour la perception des droits, lorsque leurs qualités sont exprimées. L. 22 frim. an 7, art. 68, § 1er, n. 30.

Il ne suffit pas de dénommer quelques unes des parties en ajoutant : *et autres au nombre de....*; il faut les désigner toutes nominativement, surtout lorsqu'il ne s'agit pas d'individus considérés comme un seul pour la perception. — Pour les significations d'avoué à avoué, la perception étant faite d'après le nombre de ces officiers ministériels, on aura soin de les désigner tous nominativement. — Lorsque l'acte ou le procès-verbal est fait à la requête du ministère public, on l'énoncera en termes exprès.

987. Les enreg. devront contenir en outre une énonciation sommaire, quoique suffisamment motivée, de la nature de l'exploit ou du procès-verbal et de son objet; ainsi, lorsqu'un exploit aura pour objet une signification de pièces ou de titres, il ne suffira pas d'exprimer la nature de cet exploit par le mot : *signification*; il faudra de plus désigner brièvement la nature et la date des titres et pièces signifiées; de même pour un commandement on énoncera le titre et le montant de la créance, pour les protêts la nature, la date et le montant du billet, s'il est sur timbre ou sur papier visé pour timbre, et la date de son enreg. S'il s'agit d'un procès-verbal, on indiquera la nature de la contravention ou du délit, et le lieu où il a été commis.

Il est presque superflu d'ajouter que, pour les exploits d'ajournement ou de signification de jugements et arrêts, il faut toujours rappeler le tribunal devant lequel l'ajournement est donné, ou qui a rendu la décision, puisqu'il en résulte des différences dans la perception. Enfin lorsque les actes contiendront des dispositions particulières telles que l'établissement d'un gardien, une offre donnant lieu au droit proportionnel, une quittance ou toute autre disposition indépendante, on ne manquera pas de les énoncer.

988. Les enreg. seront terminés par l'indication du nom, de la qualité et de la demeure de l'huissier, du garde ou de l'agent rédacteur, et celle de la date de l'exploit ou du procès-verbal; s'il y a plusieurs séances pour les procès-verbaux de saisie, toutes les dates seront indiquées. Les receveurs se rappelleront que chaque enreg. doit être complet dans son contexte (V. 683, 704, 705), que, dès lors l'énonciation de la date de l'enreg., du nom des parties et du rédacteur, de la date des actes et de leur objet doit être répétée à chaque enreg., sans se référer, par les mots : *dudit, le même,* ou autres équivalents, aux indications contenues dans les enreg. qui précèdent. On aura soin d'ailleurs d'inscrire avec beaucoup d'exactitude le nom du rédacteur, ainsi que la date de l'acte inscrite en toutes lettres dans le corps même. Comme il ne reste pas de minute de la plupart des actes extrajudiciaires, et que l'enreg. peut être opposé pour prouver les irrégularités dans la tenue du répertoire, il est essentiel que le registre soit très exact.

989. L'enreg. en recette des droits et amendes perçus ne donne lieu à aucune observation particulière (V. 698 et suiv.). On se conformera pour les droits en sus et amendes aux règles énoncées (V. 704, 702); ainsi les amendes concernant le timbre seront portées en recette au registre du *visa* pour timbre, et les droits en sus ou les amendes ayant ce caractère, sur celui des exploits, après avoir été consignées au sommier certain; enfin les amendes fixes concernant l'enreg., les poids et mesures et le défaut d'indication du coût des exploits seront portées au registre de recette des droits constatés n° 1er, après avoir été consignées sur le sommier correspondant. — Si l'enreg. a lieu en *débet,* ou *gratis,* on se conformera pour l'indication des droits et les émargements à ce qui a été dit *sup.* 703, 729.

990. Les enreg. d'actes extrajudiciaires ne présentent pas l'indication du nombre des renvois et des mots rayés qu'ils contiennent; mais les renvois et les mentions d'approbation des ratures doivent être paraphés par le receveur. — Pour prévenir les abus qui se commettent dans les significations d'avoué à avoué, il est prescrit aux receveurs de vérifier, en enregistrant ces actes, si la rédaction des rôles intermédiaires correspond à celle des premiers et des derniers; de compter avec soin le nombre des rôles et de s'assurer qu'il est conforme à celui

porté au bas de l'original de l'exploit; d'exiger la représentation des rôles manquants, de numéroter et de parapher chaque rôle et d'en indiquer le nombre, non seulement sur le registre, ainsi que le prescrit l'art. 29, O. gén., mais encore dans
la relation de l'enreg., à la suite de la quittance des droits.
I. 1387, 1672 (V. 498 et suiv.).

991. *Relation.* L'enreg. des actes extrajudiciaires est constaté comme pour les autres actes, par une relation ou quittance
inscrite au pied de l'acte, dans la forme indiquée *sup.* 709 et
suiv. On y ajoutera, pour les significations, le nombre des rôles,
ainsi qu'on vient de l'exprimer.

Les procès-verbaux de contravention concernant le transport
illicite des dépêches doivent être visés pour timbre et enregistrés *au comptant*, mais pour faciliter le remboursement de
ces avances aux directeurs des postes, les receveurs leur déli-
vreront une quittance par *duplicata* des droits de timbre et
d'enreg. I. 1702.

992. *Emargements.* Outre les émargements à faire aux enreg. en général (V. 727 et suiv.), ceux des actes d'huissiers et
autres ayant pouvoir de faire des exploits ou procès-verbaux
doivent être émargés du n° du renvoi, lorsque le rédacteur réside hors de l'arrond. du bureau, et qu'il s'agit d'un acte à
porter sur le répertoire (V. 1440). On aura soin aussi d'émarger
les enreg. d'actes concernant des poursuites à la requête de
l'adm., du n° de l'article du sommier auquel ces actes se rapportent, et de faire mention en marge des procès-verbaux de
délit, soit de la date du jugement et du n° du sommier où la
condamnation aura été portée, soit du n° du relevé fourni au
procureur du Roi, en exécution de l'instr. n° 664 (V. *titre* IV);
enfin on pourra émarger les actes faits à la requête de l'administration des contributions indirectes d'une mention indica-
tive, pour faciliter la rédaction des relevés de ces enreg. qui
seraient demandés conformément à l'instr. n° 1612 (V. 1440).

993. *Minutes.* Les huissiers, porteurs de contraintes, gardes
et autres préposés ne sont pas tenus de conserver minute de
leurs actes (V. 1201, 1202). Lorsque ce sont des actes signifiés,
les copies sont délivrées à ceux auxquels les significations sont
faites et les originaux sont remis aux requérants. Il en est autrement pour les procès-verbaux de ventes publiques de meubles dont les huissiers, commissaires-priseurs et courtiers doivent conserver minute (V. 1035).

994. *Répertoires.* Les huissiers, commissaires-priseurs, courtiers et porteurs de contraintes, sont d'ailleurs assujettis à l'o-
bligation de tenir un répertoire de leurs actes (V. 1151 et suiv.).
Les huissiers audienciers en tiennent un second pour les actes
qu'ils signifient en cette qualité (V. 1154). Tous doivent faire
viser chaque trimestre leur répertoire par le receveur de l'enreg.
(V. 1460). Enfin les commissaires-priseurs et les courtiers sont

tenus de déposer chaque année, au greffe du tribunal, un double de leur répertoire (V. 1185). Tous les huissiers qui font des protêts doivent avoir aussi un registre spécial pour la transcription de ces actes, conformément à l'art. 176 du code de commerce (V. 1192).

995. *Communications*. Le préposés de l'enreg. sont expressément chargés de surveiller l'exécution de ces diverses obligations, soit lors de l'enreg. des actes ou du visa des répertoires, soit lors des communications qu'ils ont le droit de requérir. Ils se conformeront à cet égard aux règles générales énoncées (V. 1205 et suiv.), tant pour constater les contraventions que pour suivre le recouvrement des amendes lorsque les infractions donnent lieu à l'application d'une peine pécuniaire, ou signaler aux magistrats du ministère public celles qui ne sont point passibles d'amendes.

§ II. — *Ventes publiques de meubles.*

996. *Officiers et fonctionnaires chargés des ventes.* Les ventes publiques de meubles, effets, marchandises, bois, fruits, récoltes et de tous autres objets mobiliers ne peuvent être faites que par le ministère d'officiers publics et ministériels ou de fonctionnaires ayant qualité pour y procéder, sous peine d'une amende de 50 fr. à 1,000 fr. pour chaque vente à laquelle il aura été procédé sans leur assistance, outre la restitution des droits d'enreg. L. 22 pluv. an 7, art. 1er. Circ. R. 1498; I. 326. — Cette disposition n'est que la reproduction de celles qui résultaient déjà de la législation antérieure, notamment des lois du 26 juill. 1790 et 17 sept. 1793, de deux arrêtés du directoire exécutif du 12 fruct. an 4 et 27 niv. an 5, et de réglements plus anciens qui avaient été maintenus par un décret du 21 sept. 1792. Circ. R. 967, 1008.

Il y a exception pour les ventes de poissons frais, salés ou secs, qui peuvent être faites à l'encan dans les marchés, sans l'assistance d'un officier public. I. 904, 940. L'obligation d'employer le ministère d'un officier public ne s'applique d'ailleurs qu'aux ventes publiques, c'est-à-dire à celles qui sont faites aux enchères ou au rabais.

997. Les officiers publics et ministériels ayant qualité pour procéder aux ventes publiques de meubles sont, chacun dans les limites déterminées par les lois ou réglements : les notaires, greffiers, huissiers, commissaires-priseurs et courtiers de commerce. — Les fonctionnaires publics ou agents qui ont le même droit, sont : les Préfets et Sous-Préfets, les maires ; les préposés des domaines, des contributions indirectes et des douanes ; les officiers d'administration ou les commissaires de la marine, et les agents comptables des pénitenciers militaires (V. *titre* IV). Dans certains cas, les syndics des faillites peuvent aussi être autorisés à vendre les marchandises des faillis.

998. *Lois spéciales.* La loi du 22 pluv. an 7 a déterminé les formalités à observer pour les ventes publiques de meubles en général, Circ. R. 1498 ; un décret du 17 avril 1812, relatif aux ventes de marchandises en gros (I. 602), et la loi du 25 juin 1841 (I. 1636), sur les ventes de marchandises neuves, ont ajouté quelques dispositions particulières aux ventes de cette nature. D'après l'art. 1er de la loi du 22 pluv. an 7, les formes spéciales prescrites par cette loi s'appliquent à toute vente publique de *marchandises* et objets mobiliers ; elles doivent par conséquent être suivies pour les ventes de marchandises neuves faites en vertu de la loi du 25 juin 1841. L'art. 13 du décr. du 17 avril 1812 les a d'ailleurs particulièrement imposées aux courtiers de commerce pour les ventes de l'espèce. I. 1636.

999. *Déclaration préalable.* Sauf les exceptions déterminées par la loi et qui s'appliquent notamment aux ventes des meubles appartenant à l'État, ou à quelques établissements publics tels que les Monts-de-Piété et les communes, Circ. R. 1498 et 1732, les officiers ministériels requis de procéder à une vente de meubles ou de marchandises aux enchères, sont tenus d'en faire préalablement une déclaration au bureau de l'enreg. dans l'arrond. duquel la vente doit avoir lieu, à peine de 20 fr. d'amende. L 22 pluv. an 7, art. 2, 7 et 9. Circ. R. 1498.

Lorsqu'il doit être procédé à une vente dans plusieurs bureaux, la déclaration sera faite dans tous ; s'il y a plusieurs bureaux dans la même commune, elle aura lieu au bureau où l'officier public ou ministériel fait enregistrer ses actes. Circ. R. 1499 ; I. 326, § 5.

1000. Cette déclaration a pour but de prévenir les préposés de l'enreg., afin qu'ils puissent se transporter, ainsi qu'ils y sont autorisés par l'art. 8 de la même loi, dans tous les lieux où se font des ventes publiques de meubles, pour exercer la surveillance qui leur est attribuée (V. 1022). La déclaration doit nécessairement précéder la vente, mais elle ne peut être faite et reçue que les jours et aux heures déterminées pour l'ouverture des bureaux. — Toute déclaration faite à un bureau autre que celui où elle devait avoir lieu étant comme non avenue, le receveur qui recevrait mal à propos une déclaration, assumerait au moins moralement une partie de la responsabilité.

1001. On peut se demander si les receveurs sont autorisés à refuser de recevoir la déclaration d'une vente de marchandises neuves, lorsqu'il ne leur est pas justifié de l'accomplissement des formalités prescrites par la loi du 25 juin 1841 (V. 1011, 1012). La négative ne paraît pas douteuse : la déclaration doit être reçue, sauf à avertir l'officier public et à constater plus tard la contravention, si la vente a lieu sans que ces formalités aient été observées (V. 1028).

1002. La déclaration préalable doit être faite par l'officier ministériel en personne, ou par un fondé de pouvoir spécial, I. 396. La même instruction portait que le pouvoir mentionnerait les causes de ce remplacement, mais il a été reconnu que les officiers publics n'ont pas à rendre compte des motifs qui ne leur permettent point de faire la déclaration en personne. Sol. 6 oct. 1840. 1. 1634, § 18.

La procuration doit être spéciale et indiquer par conséquent la vente à faire. Un officier ne pourrait constituer un mandataire général pour toutes les déclarations qu'il aurait à passer ultérieurement. Il peut néanmoins donner un seul pouvoir pour faire, en même temps et au même bureau, plusieurs déclarations préalables. — La procuration doit être écrite sur papier timbré, mais il n'est pas nécessaire de la faire enregistrer si elle est s. s. p. I. 1336, § 11 (V. 1007). — Les receveurs n'admettront jamais de simples lettres, avis ou notes pour faire une déclaration, quand même l'officier public se serait engagé à signer ultérieurement sur le registre.

1003. La déclaration est inscrite sur un registre tenu à cet effet. L. 22 pluv. an 7, art. 3. Le registre des déclarations préalables est en papier non timbré ; il est coté et paraphé sans frais par le *juge de paix*. Art. 4. Le cadre est divisé en trois colonnes : l'une destinée à un numéro d'ordre, la seconde contient le texte de la déclaration, et la dernière reçoit l'indication de la date du procès-verbal de vente et de son enreg. Ce registre doit être arrêté jour par jour dans la forme ordinaire (V. 420). Circ. R. 1498, 1499; I. 443.

1004. Aux termes de l'art. 3 de la loi du 22 pluv. an 7, la déclaration doit contenir les nom, qualité et domicile de l'officier, ceux du requérant et ceux de la personne dont le mobilier sera mis en vente, sans qu'elle puisse servir pour d'autre mobilier ; elle indiquera l'endroit où se fera la vente et le jour de son ouverture. Enfin elle sera signée par l'officier public, et il lui en sera fourni une copie, sans autres frais que le prix du papier timbré sur lequel cette copie sera délivrée. Circ. R. 1498.

Quelques receveurs laissent aux officiers publics ou à leurs mandataires le soin de rédiger eux-mêmes la déclaration sur le registre, c'est un tort. Outre l'inconvénient de livrer ainsi, même momentanément, un registre à des tiers, cet usage produit encore de mauvais effets pour la rédaction et l'exactitude des déclarations (V. 674).

1005. Une seule déclaration suffit pour la vente faite par un même procès-verbal, à la requête de plusieurs individus non cointéressés, du mobilier de chacun d'eux, I. 1146. § 15 ; mais lorsqu'il doit être rédigé plusieurs procès-verbaux, il faut nécessairement autant de déclarations préalables.

1006. En tête de chaque déclaration, on indiquera la date du jour où elle sera faite et le numéro dont la série sera continuée pour tout le volume ; on constatera en outre la présence, les nom, qualité et résidence du déclarant ; si c'est comme mandataire, on indiquera au nom de qui il se présente, et la date de la procuration spéciale. On énoncera après l'objet de la déclaration, le lieu, le jour et l'heure précise du commencement de la vente ; la nature ou l'espèce des objets à vendre ; les noms de tous les requérants sans exception, ainsi que ceux des personnes ou des successions dont on doit vendre le mobilier. Enfin le comparant certifiera sa déclaration et la signera immédiatement sur le registre. Les receveurs qui feraient des déclarations en l'absence des comparants, et négligeraient de les faire signer au moment même de la rédaction, se compromettraient gravement (V. 1002).

1007. Lorsque la déclaration est faite par un mandataire, sa procuration doit être annexée au registre. — Pour éviter. l'encombrement des registres, on conserve ordinairement les procurations dans une liasse particulière ; chacune de ces procurations est émargée du numéro et de la date de la déclaration et classée à son ordre.

1008. Aussitôt après la déclaration inscrite et signée sur le registre, le receveur en délivre une copie au déclarant. Cette copie est faite sur papier timbré de la dimension dite *minute* ; elle porte en tête : *Bureau de... Extrait du registre des déclarations préalables aux ventes publiques de meubles.* On copie ensuite la déclaration telle qu'elle est inscrite sur le registre, y compris la date, le numéro et la mention de la signature du déclarant ; après quoi, le receveur certifie et signe cet extrait. Circ. R. 1498 ; I. 326.

1009. Les officiers publics sont tenus de payer le prix du papier timbré de cette copie, mais ils n'ont à payer aucuns frais soit pour la rédaction de la déclaration, soit pour l'extrait. Ils ne peuvent d'ailleurs se refuser à recevoir cette copie, sous prétexte qu'il leur suffit de transcrire sur le procès verbal la déclaration inscrite au registre. S'il était prouvé que le receveur a négligé de délivrer la copie dont il s'agit, il serait rendu responsable des droits de timbre, sans préjudice de toute autre mesure disciplinaire. C'est ce que porte une dél. du 12 sept. 1834.

1010. *Ventes autorisées.* Tous les objets mobiliers qui sont dans le commerce peuvent être vendus aux enchères. Cependant quelques lois particulières d'ordre public ou de police ont interdit la vente de certains objets, ou établi des règles spéciales pour qu'il puisse y être procédé. La surveillance personnelle des préposés ne s'exerce, à cet égard, que sur les ventes de marchandises neuves.

1011. *Marchandises neuves.* Sont interdites les ventes en détail de marchandises neuves à cri public, aux enchères, au rabais ou à prix fixe proclamé. Il y a exception pour les ventes à faire par autorité de justice, ou celles après décès, faillite ou cessation de commerce, ou dans les cas de nécessité dont l'appréciation est soumise au tribunal de commerce, ainsi que pour les ventes de comestibles et objets de peu de valeur connus dans le commerce sous le nom de menue mercerie. — Toute contravention à cet égard est punie de la confiscation des marchandises mises en vente et d'une amende de 50 fr. à 3,000 fr., qui doit être prononcée par les tribunaux correctionnels, solidairement tant contre le vendeur que contre l'officier public qui l'a assisté. Les mêmes peines sont applicables lorsque des marchandises neuves, dont la vente est soumise à ces formalités, ont été comprises dans des ventes de meubles ordinaires, sans que les formalités aient été remplies. L. 25 juin 1841, art. 7 et 8. I. 1636.

1012. D'après ces dispositions et avant de procéder aux ventes publiques de marchandises neuves, les officiers ministériels doivent remplir ou faire remplir par les requérants, les formalités exigées, savoir : par les art. 625 et 945 C. proc., pour les ventes après décès ou par autorité de justice; par les art. 486 et suiv. C. com., pour les ventes après faillite; par l'art. 5 de la loi du 25 juin 1841, pour les cas de nécessité dûment constatée par le tribunal de commerce; et enfin par les décrets des 22 nov. 1811, 17 avril 1812, la loi du 15 mai 1818 et les ordonnances des 1er juill. 1818 et 9 avril 1819, pour les ventes de marchandises en gros par les courtiers de commerce. I. 1636.

1013. *Formalités à observer.* Les officiers publics sont assujettis, pour les procès-verbaux de ventes de meubles, aux formes prescrites par les lois et réglements pour tous les actes de leur ministère, sous les peines déterminées en cas d'infraction. On remarquera cependant que les huissiers et commissaires-priseurs ne sont pas obligés d'y faire mention du coût de l'acte; cette obligation ne concerne que les exploits qui se signifient (V. 977). Mais outre ces formes générales, les rédacteurs de procès-verbaux de vente de meubles sont tenus d'observer quelques autres règles toutes spéciales.

1014. *Transcription de la déclaration.* En tête des procès-verbaux de vente, les officiers ministériels qui y procèdent sont tenus de transcrire la copie de la déclaration préalable, à peine de 5 fr. d'amende. L. 22 pluv. an 7, art. 5 et 7. — Cette transcription doit être littérale; un extrait de la déclaration ne suffit pas. La plupart des officiers publics joignent, en outre, au procès-verbal de vente, la copie délivrée par le receveur, mais l'annexe n'est point prescrite sous peine d'amende, et, dans aucun cas, elle ne pourrait dispenser de l'obligation de transcrire la déclaration en tête du procès-verbal.

1015. *Mention de l'inventaire.* Lorsqu'une vente a lieu par suite d'inventaire, il doit en être fait mention dans le procès-verbal, avec indication de la date de l'inventaire, du nom du notaire qui a procédé et de la quittance de l'enreg. L. 22 pluv. an 7, art. 5. Cette injonction n'a pas de sanction pénale précise; cependant il peut y avoir lieu, en cas d'infraction, à l'application de la peine prononcée par l'art. 41 de la loi du 22 frim. an 7, lorsque l'inventaire n'a pas été enregistré préalablement, quand même son existence n'aurait pas été rappelée dans le procès-verbal. I. 1293, § 1er (V. 642).

1016. *Achats de meubles.* Les huissiers ne peuvent, ni directement ni indirectement, se rendre adjudicataires des objets mobiliers qu'ils sont chargés de vendre, sous peine de 100 fr. d'amende à prononcer par le tribunal, et de la suspension pendant trois mois; la récidive entraîne la destitution. Décr. 14 juin 1813, art. 38. I. 659. La même défense est faite aux autres officiers publics. Les préposés n'ont pas à constater les contraventions de cette nature, mais ils doivent signaler au procureur du Roi les infractions qui viendraient à leur connaissance.

1017. *Autorisation du tribunal.* Aucune disposition de la loi du 25 juin 1841 n'oblige les officiers publics qui procèdent à la vente de marchandises neuves, à faire mention de l'autorisation donnée par le tribunal ou de l'accomplissement des formalités prescrites en pareil cas (V. 1012); toutefois, comme il est essentiel pour eux de constater qu'elles ont eu lieu, on doit tenir la main à ce qu'il en soit fait mention dans le procès-verbal de vente, sauf à signaler au procureur du Roi les officiers ministériels qui s'y refuseraient absolument.

1018. *Inscription au procès-verbal.* Chaque objet adjugé sera porté de suite au procès-verbal; le prix y sera écrit en toutes lettres et tiré hors ligne en chiffres, à peine, outre la restitution du droit, d'une amende de 20 fr. pour chaque article non porté au procès-verbal, ou pour chaque altération du prix des articles adjugés, et d'une amende de 5 fr. pour chaque article dont le prix ne serait pas inscrit en toutes lettres. L. 22 pluv. an 7, art. 5 et 7. — Pour opérer régulièrement, on doit, au moment même de l'adjudication, inscrire chaque objet sur le procès-verbal en bonne forme; on a pensé cependant qu'aucune peine pécuniaire n'était encourue par celui qui se contente de tenir note sur une feuille particulière des objets mis en vente et des adjudications prononcées, si, d'ailleurs, le procès-verbal régulier ne présente aucune omission lorsqu'il est soumis à l'enreg. Cette interprétation de la loi n'est pas sans inconvénient.

1019. *Objets retirés.* Il résulte d'un arrêt du conseil du 13 nov. 1778, dont les dispositions ont été remises en vigueur par ord. du 1er mai 1816, que les procès-verbaux doivent, sous peine d'une amende réduite à 20 fr, comprendre tous les objets exposés en vente, soit qu'il y ait adjudication prononcée, soit que le vendeur retire les effets. Cette disposition a pour but de prévenir toute omission frauduleuse au préjudice soit des parties, soit du trésor. Circ. R. 1008; I. 725. Le procès-verbal doit énoncer s'il y a eu ou non adjudication; dans le cas de la négative, la mise à prix n'a pas besoin d'être énoncée et ne doit point d'ailleurs être tirée hors ligne. I. 882.

1020. *Noms des parties.* Les officiers publics qui procèdent aux ventes publiques de meubles à l'*encan* ne sont pas tenus d'énoncer dans les procès-verbaux les noms des adjudicataires, ou s'ils indiquent ces noms, ils peuvent se dispenser de rappeler les prénoms, professions et domiciles. Sol. 29 déc. 1831. Il en est autrement pour les requérants qui sont *parties* et qui signent l'acte (V. 781).

1021. *Clôture.* Chaque séance doit être close et signée par l'officier public et deux témoins domiciliés. L. 22 pluv. an 7, art. 5. La loi ne prononce pas d'amende en cas d'infraction à cette disposition, mais elle se réfère nécessairement aux dispositions des autres lois sur la forme des actes (V. 779, 781).

1022. *Surveillance des préposés.* La loi du 22 pluv. an 7 confie expressément aux préposés de l'enreg. le soin de surveiller l'exécution de ses dispositions. Outre la déclaration préalable et l'enreg. des procès-verbaux qui leur permettent d'exercer cette surveillance, les préposés sont autorisés à se transporter dans les lieux où se font des ventes publiques de meubles, à s'y faire représenter les procès-verbaux de vente et les copies des déclarations préalables, et à dresser des procès-verbaux des contraventions qu'ils ont reconnues. La preuve testimoniale est même admise pour constater les ventes faites en contravention aux dispositions de cette loi. L. 22 pluv. an 7, art. 8. Circ. R. 1498 ; I. 326.

Les règles relatives à la rédaction des procès-verbaux, aux poursuites et aux instances concernant les ventes publiques de meubles, sont énoncées (V. *titre* V).

1023. *Bureau d'enregistrement.* Les procès-verbaux des ventes publiques de meubles ou de marchandises sont assujettis à l'enreg., comme tous les actes des officiers ministériels et des fonctionnaires qui y procèdent ; mais, par exception, l'art. 6 de la loi du 22 pluv. an 7 porte qu'ils ne pourront être enregistrés qu'aux bureaux où les déclarations auront été faites, c'est-à-dire aux bureaux dans l'arrond. desquels les ventes ont eu lieu (V. 999), sans égard à la résidence de l'officier public qui les a faites. Circ. R. 1498 ; I. 326.

1024. Les receveurs ne perdront pas de vue cette disposition ; ainsi, lorsque des officiers ministériels présenteront, pour être enregistrés, des procès-verbaux de ventes publiques de meubles auxquelles ils auront procédé dans l'étendue du ressort d'un autre bureau, ils devront refuser de les enregistrer et préviendront les rédacteurs de l'obligation que la loi leur impose de les soumettre à cette formalité dans un autre bureau. Au surplus, c'est aux officiers ou fonctionnaires qui ont procédé aux ventes, à présenter directement ces actes à l'enreg. ; le receveur de leur résidence ne doit pas intervenir pour les faire passer à son confrère chargé de les enregistrer.

1025. *Oppositions.* Tout officier ministériel qui a procédé à une vente de meubles aux enchères, est tenu de déclarer au pied de la minute du procès-verbal, *en le présentant à l'enreg.*, et de certifier par sa signature qu'il a ou n'a pas d'oppositions et qu'il a ou n'a pas connaissance d'oppositions aux scellés ou autres opérations qui ont précédé la vente. Ord. 3 juill. 1846, art. 6. I. 736.

Le receveur doit tenir la main à l'exécution de ces dispositions, mais sans refuser l'enreg. lorsque la déclaration n'a pas été faite (V. 1032). Dans ce cas ou dans celui d'une déclaration inexacte, le receveur en rendra compte au procureur du Roi : ce magistrat, après avoir pris connaissance des faits, exercera, à l'égard de ces fonctionnaires, s'il y a lieu, les voies de répression autorisées par l'art. 10 de l'ord. du 3 juill. 1846. Ord. 2 juill. 1817, art. 1er. A cet effet, les préposés doivent dresser des procès-verbaux qu'ils remettent au procureur du Roi. I. 795.

1026. *Délais.* L'enreg. des procès-verbaux de vente doit avoir lieu dans les délais fixés pour les autres actes de l'officier ministériel ou du fonctionnaire qui a procédé, savoir : *quatre jours* pour les huissiers, commissaires-priseurs, courtiers de commerce, préposés des douanes, des contributions indirectes ou des domaines, L. 22 frim. an 7, art. 20, I. 420, 602 ; *dix* ou *quinze jours* pour les notaires, selon qu'ils résident ou ne résident pas dans la commune où est établi le bureau désigné pour l'enreg. ; et *vingt jours* pour les greffiers, les maires, Sous-Préfets et Préfets, *Ibid.*, ainsi que pour les officiers d'administration de la marine. L. 27 vent. an 9, art. 7.

1027. *Paiement des droits.* Les officiers ministériels et les fonctionnaires sont tenus de payer les droits des ventes auxquelles ils ont procédé. Le receveur doit en exiger la consignation (V. 663). Quand la vente a été faite à terme, les maires, Sous-Préfets ou Préfets, et les officiers d'administration de la marine peuvent remettre un extrait de la vente, pour que le receveur suive, contre les débiteurs, le paiement des droits qui n'ont pas été consignés. L. 22 frim. an 7, art. 37, et 27 vent. an 9, art. 7 (V. 846).

1028. *Contraventions.* Avant l'enreg., le receveur s'assurera que le procès-verbal ne contient aucune contravention aux lois sur le timbre, l'enreg., et les poids et mesures ; dans le cas contraire, il fera payer les amendes ; il constatera également les infractions relatives à la mention des patentes (V. 622 et suiv.). — Le receveur devra également percevoir les amendes exigibles pour contravention aux dispositions ci-dessus de la loi du 22 pluv. an 7, sur les ventes publiques de meubles, mais sans pouvoir refuser l'enreg. ; à défaut de paiement de ces dernières amendes (V. 1011 et suiv.), le recouvrement sera suivi par voie de contrainte. L. 22 pluv. an 7, art. 8. La contrainte semble devoir être précédée d'un procès-verbal, et l'on se conformera d'ailleurs, pour le mode de procéder, à ce qui sera dit au titre des poursuites et instances (V. titre V).

Relativement aux contraventions à la loi du 25 juin 1841, sur les ventes publiques de marchandises neuves (V. 1011), on devra, dans tous les cas, dresser procès-verbal et le transmettre au procureur du Roi, chargé de requérir la condamnation.

1029. *Enregistrement.* L'enreg. des procès-verbaux de ventes publiques de meubles ne présente point de difficultés particulières : on aura soin d'y rappeler les noms de *tous* les requérants, ceux des personnes dont on a vendu les meubles, et, si elles sont décédées, on indiquera la date du décès. Lorsque la vente aura lieu après inventaire, la date sera énoncée ; enfin on insérera dans l'enreg. tous les détails nécessaires pour vérifier l'exactitude de la déclaration de succession. On fera connaître aussi d'une manière générale la nature des meubles vendus, en exprimant que ce sont des meubles et objets mobiliers, des coupes de bois, des récoltes sur pied ou abattues et leur espèce, des objets incorporels, fonds de commerce, achalandages, etc.

Pour les ventes faites en détail, il suffira de l'exprimer en indiquant le produit total de la vente ou des séances enregistrées. On n'aura pas besoin de rappeler les noms des adjudicataires, quand même l'acte les énoncerait ; mais lorsque la vente aura été faite en bloc ou par masses, on devra au contraire faire mention particulière de chaque adjudication et des noms des acquéreurs. Dans tous les cas, on exprimera distinctement les charges qui doivent être ajoutées au prix.

1030. Le droit d'enreg. se perçoit, d'après l'art. 6 de la loi du 22 pluv. an 7, sur le montant des sommes que contient cumulativement le procès-verbal. C'est dans le but de faciliter la perception, que l'art. 5 impose aux officiers ministériels l'obligation de tirer hors ligne, en chiffres, le prix de chaque article. Ils sont dans l'usage de faire l'addition de ces sommes ; le receveur aura soin de vérifier avec beaucoup d'attention non seulement les sommes tirées hors ligne, mais encore les additions. Circ. R. 1498 ; I. 326, § 7. Il convient d'ailleurs, pour éviter toute intercalation, de parapher chaque rôle du procès-verbal, ainsi que cela est ordonné pour tous les actes enregistrés. O. gén. 30 (V. 707).

1031. *Annotations.* Les enreg. des ventes publiques de meubles sont émargés de la date et du numéro de la déclaration préalable. I. 1351, art. 9. En faisant cet émargement, on devra se reporter immédiatement à la déclaration, voir si elle a été transcrite exactement en tête du procès-verbal, examiner si elle se rapporte précisément à la vente qui a été faite et si celle-ci a eu lieu le jour indiqué. Enfin on mentionnera, dans la colonne spéciale du registre des déclarations préalables, la date du procès-verbal de vente et celle de son enreg. (V. 1003).

Les enreg. des ventes de meubles doivent d'ailleurs recevoir les autres émargements applicables à tous les enreg. en général ; on y fera mention notamment de la date du paiement des droits de succession, du numéro des sommiers pour les amendes, et du renvoi fait au bureau de la résidence de l'officier ministériel (V. 727 et suiv.).

1032. D'après une ord. du 3 juill. 1816, les receveurs devaient fournir des relevés de tous les enreg. de ventes publiques de meubles donnant lieu à consignation, I. 795 ; ces relevés ayant paru inutiles, les receveurs ont été dispensés de les fournir, I. 1160 ; mais on continue d'émarger les enreg. de la mention de non-opposition (V. 1025).

1033. *Décharges.* Les officiers ministériels qui procèdent aux ventes de meubles aux enchères sont, à moins de conventions contraires, responsables du prix envers les requérants. Pour constater leur libération, ils se font donner décharge. Aux termes d'un avis du conseil d'État du 7 oct. 1809, app. le 21, ces décharges peuvent être mises à la suite du procès-verbal de vente ; dans ce cas, elles sont rédigées en forme authentique, c'est-à-dire que l'officier public atteste la comparution des parties pour régler le reliquat du produit de la vente et en obtenir décharge. Cet acte, revêtu tant de la signature des parties que de l'officier public et des témoins, ou même rédigé en forme d'acte s. s. p. à la suite du procès-verbal, doit être inscrit au répertoire et enregistré au bureau où ce fonctionnaire fait enregistrer ses actes, et dans le même délai. I. 460.

1034. Néanmoins aucune disposition ne défend aux officiers qui ont procédé à une vente publique de meubles, d'accepter une décharge s. s. p. qui n'est assujettie à l'enreg. que lorsqu'on veut en faire usage ; mais, dans ce cas, elle ne peut être mise à la suite du procès-verbal de vente et doit être faite par acte distinct. I. 460. Ajoutons que les notaires et les greffiers ne pourraient l'annexer à la vente sans dresser acte de dépôt, conformément à l'art. 43 de la loi du 22 frim. an 7 (V. 1198).

1035. *Minutes à conserver.* Les officiers ministériels, même les courtiers, huissiers et commissaires-priseurs, sont tenus de conserver minute des procès-verbaux de ventes publiques de meubles, et d'en donner communication à toute réquisition des préposés. Ceux-ci constatent par des procès-verbaux les contraventions à ces dispositions (V. 1201).

SECTION V. — *Déclarations de mutations par décès*

§ Ier. — *Opérations préliminaires.*

1036. Les mutations de propriété ou d'usufruit des biens meubles et immeubles de toute nature qui s'opèrent par décès, mort civile ou absence, sont enregistrées sur la déclaration *détaillée* que les héritiers, donataires ou légataires, leurs tuteurs ou curateurs, sont tenus de passer et de signer sur le registre, au bureau de la situation des biens, pour les immeubles et les meubles ayant une assiette déterminée, et au bureau du domicile du défunt ou de l'absent, pour les rentes et autres biens meubles sans assiette déterminée. L. 22 frim. an 7, art. 27, et 28 avril 1816, art. 40.

1037. *Bureaux*. Toute déclaration faite à un bureau autre que celui qui est déterminé par la loi, doit être considérée comme non avenue, sauf restitution aux parties des droits qu'elles auraient payés par erreur, et l'adm. est fondée à exiger d'elles une déclaration régulière au bureau compétent, ainsi que le paiement des droits simples et en sus. D. 23 sept. 1841. Il est du devoir des préposés de prévenir ces erreurs; ils encourraient des reproches, s'ils recevaient sciemment des déclarations de successions en contravention aux dispositions de l'art. 27 de la loi du 22 frim. an 7. I. 1649.

1038. *Délais*. Le délai accordé pour faire la déclaration et en acquitter les droits, est de *six mois* à partir du décès ou de l'envoi en possession, lorsque le décès ou la prise de possession ont eu lieu en France; il est de *huit mois* si c'est en Europe, d'*un an* si c'est en Amérique, et de *deux ans* si c'est en Asie ou en Afrique. L. 22 frim. an 7, art. 24, sous peine du *demi-droit en sus*, art. 39.

1039. La peine pour les *omissions* qui sont reconnues avoir été faites dans les déclarations de successions est d'*un droit en sus* de celui qui est dû sur les objets omis. Il en est de même pour les *insuffisances* constatées dans les estimations des biens déclarés. L. 22 frim. an 7, art. 39.

Pour assurer l'exécution de ces dispositions, les receveurs reçoivent des maires la notice des décès et les relèvent sur une table spéciale (V. 1278 et suiv.).

1040. *Déclaration à passer*. La loi exige expressément que la déclaration soit faite et signée par les héritiers sur le registre du receveur de l'enreg.; par conséquent la déclaration qui serait faite par acte extrajudiciaire ne satisferait pas à ses dispositions. Cass. 14 mai et 18 août 1814 (V. 1060).

1041. Lorsqu'une personne se présentera pour faire une déclaration de mutation par décès, le receveur s'assurera 1° que la déclaration doit être faite dans son bureau (V. 1036, 1037); 2° que le comparant a *qualité* pour faire et signer cette déclaration; 3° qu'enfin il est muni de tous les renseignements et des pièces *indispensables* pour sa rédaction.

1042. *Qualités des déclarants*. La loi veut que les déclarations soient faites et signées par les *héritiers*, *donataires* ou *légataires*, leurs *tuteurs* et *curateurs*; cela se conçoit: il faut que ces déclarations engagent ceux qui sont tenus de les faire et qu'elles puissent leur être opposées. Toute personne qui n'aurait pas qualité suffisante pour passer une déclaration, ne peut être admise à la faire. I. 443. — Ceux qui ont qualité à cet effet sont naturellement les nouveaux possesseurs ou leurs représentants, chacun dans la limite de ses obligations envers le trésor, soit comme débiteur personnel ou solidaire, soit comme administrateur.

1043. D'après l'art. 32 de la loi du 22 frim. an 7, les cohéritiers sont solidaires pour le paiement des droits de mutation par décès; il en résulte qu'un seul des héritiers peut faire la déclaration, tant en son nom qu'en celui de ses cohéritiers, et que ceux-ci en seront personnellement responsables, sauf leur recours s'il y a lieu. Par la même raison, on ne doit jamais admettre un héritier à déclarer seulement la part qui lui est échue dans la succession ; ce serait renoncer à la solidarité. Quand même l'héritier consentirait à rester solidaire, on ne pourrait pas plus syncoper la perception ou la déclaration (V. 644), ni recevoir par conséquent un à-compte sur le montant des droits, lors même que le délai accordé pour faire la déclaration ne serait pas encore expiré.

1044. Mais la loi ne prononce pas de solidarité entre les héritiers et les donataires ou légataires, ou réciproquement entre les uns et les autres; de telle sorte qu'ils peuvent faire séparément, en ce qui les concerne personnellement, la déclaration des biens qui leur sont échus. Il en résulte aussi qu'un héritier ne peut être admis à faire la déclaration pour le donataire ou le légataire, même d'une quotité indivise de la succession, et que, réciproquement, ces derniers n'ont pas qualité pour la passer au nom de l'héritier. I. 290, § 1er

1045. Il n'y a d'autre exception à cette règle que pour le cas où une succession est grevée de legs particuliers qui n'existent pas en nature ; encore n'est-ce point une exception, parce que l'héritier doit déclarer tous les biens qu'il recueille matériellement, et que, si le legs donne lieu à un droit d'une quotité plus élevée, il n'est pas tenu personnellement de payer la différence (V. 1094 et suiv.). — Notez cependant que les héritiers chargés par la volonté du défunt de supporter les droits dus par les donataires ou légataires, ont nécessairement qualité pour faire la déclaration au nom de ceux-ci, ou plutôt en leur nom personnel et comme débiteurs.

1046. On doit conclure de ces observations que l'usufruitier, fût-ce l'époux survivant, ne peut être admis à faire la déclaration de la nue-propriété échue aux héritiers majeurs et que, réciproquement, ceux-ci ne peuvent la faire pour l'usufruitier. Dél. 27 janv. 1826. Cependant si l'usufruitier, pour éviter une action sur les revenus des biens dont il a la jouissance, se présente pour acquitter les droits dus par le nu-propriétaire, il faut l'admettre, dans ce cas, à faire la déclaration, puisqu'il est personnellement intéressé.

1047. Les donataires et les légataires, à titre particulier, ne sont pas solidaires et n'ont pas qualité pour agir les uns pour les autres, I. 366, § 9 ; mais il n'en est pas de même des codonataires ou colégataires entre eux, lesquels sont tenus solidairement et doivent par conséquent payer, sur la déclaration de l'un d'eux, les droits dont ils sont codébiteurs.

1048. Les incapacités légales de ceux qui sont tenus de passer déclaration, s'opposent également à ce qu'ils soient admis à la faire. Ainsi les mineurs, les interdits doivent être représentés par leurs tuteurs et curateurs, selon l'art. 27 ci-dessus (V. 1036, 1042). Si l'on combine cette disposition avec celles qui viennent d'être rapportées, il en résultera que le tuteur d'un mineur peut faire la déclaration tant au nom de celui-ci, que pour ses cohéritiers, même majeurs, à cause de la solidarité qui existe entre ces derniers et son pupille. — Les femmes en puissance de mari ne peuvent pas non plus être admises à faire la déclaration des biens qui leur sont échus personnellement ; le mari seul peut la faire au nom de sa femme.

1049. Au surplus, le droit de chacun en général de se faire représenter par un fondé de pouvoir, appartient aux personnes qui ont une déclaration de succession à passer. I. 443.

1050. *Justifications*. Les déclarations pour le paiement des droits de mutation par décès doivent être détaillées et à l'appui de leurs déclarations de *biens meubles*, les héritiers, donataires ou légataires doivent rapporter un inventaire ou état estimatif article par article (V. 1078 et suiv.). Le receveur devra exiger la représentation de cet inventaire, à moins qu'il n'ait été fait par un officier public (V. 1079), ou que les parties ne sachent pas écrire (V. 1081).

1051. À l'appui des déclarations qui leur sont faites, quelques receveurs croient pouvoir exiger d'une manière absolue la représentation des titres de propriété, les contrats de mariage, testaments ou autres actes qui fixent ou assurent les droits du défunt ou de ses héritiers, ou qui sont nécessaires pour liquider une communauté ou une succession. Ces titres sont fort utiles et souvent indispensables pour faire une déclaration régulière ; mais l'obligation de faire une déclaration détaillée n'entraîne pas l'obligation de la justifier.

1052. Lorsqu'un examen attentif l'aura convaincu de l'utilité de ces pièces, le receveur fera observer aux parties que, dans leur propre intérêt, et pour ne pas s'exposer à être recherchées ultérieurement, il est essentiel de les produire pour opérer avec plus de régularité ; mais lorsqu'une personne ayant qualité à cet effet, déclare positivement qu'il lui est échu tels ou tels biens ou une quotité déterminée dans des biens détaillés et évalués selon le vœu de la loi, le receveur ne peut refuser de recevoir la déclaration, sous prétexte qu'il doit lui être justifié des actes et même du contrat de mariage. La loi laisse la responsabilité de la déclaration à celui qui est tenu de la faire, sans l'obliger à prouver son exactitude.

1053. Admettant que les déclarants ne sont pas tenus de représenter les actes et pièces à l'appui de leurs déclarations, certains receveurs croient pouvoir exiger au moins l'indication de la date de ces actes et du lieu où ils ont été passés. À cet égard, une distinction semble nécessaire : lorsqu'une personne se présente comme légataire ou donataire, il faut nécessairement qu'elle justifie de sa qualité, et par conséquent qu'elle indique la date du titre qui lui confère cette qualité. De même quand le déclarant veut faire opérer une déduction quelconque sur les biens compris dans sa déclaration, qu'il se fonde sur un acte pour faire cette déclaration dans tel ou tel sens, il faut nécessairement qu'il en indique la date. Ainsi le receveur pourrait se refuser à prendre pour base un partage enregistré dont la date ne serait pas énoncée, et à faire la déduction sur les biens déclarés, des reprises qui résulteraient d'actes dont on refuserait de faire connaître la date, ou qui ne seraient justifiées par aucun acte enregistré (V. 1089).

1054. Mais lorsque l'indication d'un acte n'est pas absolument nécessaire, le receveur ne peut *exiger* que sa date lui soit désignée, sous prétexte qu'elle est indispensable pour vérifier la déclaration. Cette vérification est une des attributions des receveurs, mais les contribuables ne sont tenus d'en fournir les éléments, qu'autant que la loi leur en fait une obligation expresse. Pour les déclarations de successions, pas plus que pour les autres actes à enregistrer, les receveurs ne sont autorisés à exiger indifféremment la justification des titres, ils doivent se renfermer strictement dans les termes de la loi.

Il est seulement du devoir des receveurs d'éclairer les parties, et lorsqu'elles consentent à fournir les renseignements que comporte une déclaration complète, ils les énonceront exactement. C'est dans ce sens que l'adm. a prescrit d'établir dans les déclarations de successions, la liquidation des communautés avec les détails convenables (V. 1089).

1055. Ces observations sur la nécessité pour les receveurs de se renfermer scrupuleusement dans les termes de la loi, n'ont d'autre but que d'éclairer ceux qui se feraient illusion sur l'étendue de leurs droits. Il faut, autant que possible, faciliter le paiement de l'impôt et ne jamais se montrer exigeant sans nécessité. Après avoir fait observer aux parties que le refus de fournir certaines indications utiles pour faire une déclaration régulière, serait plus préjudiciable à leurs propres intérêts qu'au trésor, les préposés ayant toujours les moyens de vérifier l'exactitude des déclarations, le receveur n'insistera pas autrement et recevra la déclaration si, d'ailleurs, on lui fournit les détails rigoureusement exigés par la loi.

1056. Un receveur ne peut, sans motifs légitimes, refuser de recevoir une déclaration ; il serait responsable des conséquences de son refus, s'il était reconnu qu'il n'a pas été fondé à le faire. C'est aussi un devoir pour les préposés de recevoir les déclarations au moment où les parties se présentent et sans les renvoyer à un moment plus opportun. Il est rare que d'autres opérations soient tellement urgentes qu'elles ne puissent être interrompues sans inconvénient. Le receveur doit se souvenir que le bureau est ouvert au public, que tous les contribuables ont droit à des égards, que chacun d'eux, dans l'ordre de son arrivée, peut exiger l'accomplissement des formalités qu'il vient remplir personnellement, et qu'enfin on doit épargner aux parties des démarches qui aggraveraient sans nécessité le poids de l'impôt. Il faut donc, si le déclarant n'est pas porteur des renseignements indispensables, lui donner des indications précises et suffisantes pour qu'il ne soit pas exposé à renouveler une démarche inutile.

1057. *Paiement des droits.* Lorsque le receveur se sera assuré que la déclaration peut être faite, il liquidera les droits en se conformant aux règles de perception et aux observations présentées ci-après ; puis il exigera le paiement, avant de commencer la déclaration sur le registre. (V. 663.)

§ II. — *Déclarations.*

1058. *Registre des déclarations.* Le registre spécial consacré aux déclarations de mutations par décès n'est point divisé par cases, il ne présente qu'un cadre pour les enreg. et deux colonnes à droite pour inscrire en chiffres les sommes perçues pour droits simples et droits en sus. I. 443. Il est coté et paraphé par le directeur (V. 410) ; le receveur doit l'arrêter chaque jour (V. 420).

1059. *Enregistrement.* Sur ce registre le receveur inscrit successivement, par ordre de dates et de numéros, les déclarations de mutations qui lui sont faites. Il est essentiel de les rédiger en présence des déclarants, afin d'obtenir les renseignements dont on a besoin et de les faire signer sur-le-champ (V. 1097). On remet quelquefois à la fin de la séance, ou seulement à un moment plus opportun, la rédaction des déclarations faites par des individus qui ne savent pas signer ; c'est un tort. Non seulement la présence des parties est exigée pour toute déclaration, mais, en agissant autrement, on s'expose à des oublis qui peuvent entraîner des omissions de recette.

1060. Il semble résulter des termes de la loi que les parties ne doivent pas seulement acquitter les droits, mais veiller en outre à ce que la déclaration soit inscrite et signée sur le registre. Deux arrêts des 26 avril 1808 et 8 mai 1826 venaient à l'appui de cette interprétation ; mais, d'après un avis du conseil d'État du 6 janv. 1840, la responsabilité, à défaut d'inscription de la déclaration sur le registre, pèse entièrement sur le receveur lorsque les parties justifient de la quittance des droits. I. 1611 (V. 719).

1061. *Rédaction.* La loi du 22 frim. an 7 obligeant les héritiers, donataires ou légataires à passer une déclaration, à la signer sur le registre, et les rendant responsables des omissions et des irrégularités qu'elle contient, il faut admettre en principe

20

que cette déclaration est le fait des parties, et qu'elles peuvent la faire comme elles le jugent à propos, en se conformant d'ailleurs aux règles et aux formes que la loi prescrit expressément. Cependant la déclaration n'est pas tellement le fait des parties qu'elles puissent imposer au receveur l'obligation de la rédiger dans telle ou telle forme. Deux personnes concourent à la déclaration: la partie qui la fait, le receveur qui en dresse l'acte. S'il est tenu de recevoir les déclarations faites dans les termes de la loi, et d'insérer ces déclarations dans l'enreg., le receveur peut néanmoins lui donner la forme qu'il juge la plus convenable, et la partie ne pourrait exiger qu'il fût écrit sous sa dictée (V. 674).

1062. La nécessité du concours des parties et du receveur, pour les déclarations de successions, n'est pas douteuse ; mais si chacun se renferme scrupuleusement dans les limites posées par la loi, ce concours ne donnera lieu à aucune difficulté. C'est donc en définitive à l'examen du texte de la loi qu'il faut recourir pour déterminer les obligations essentielles et distinctes de chacun de ceux qu'elle appelle à concourir à la déclaration.

1063. C'est aux parties à faire la déclaration qu'elles certifient sur le registre ; elles seules doivent par conséquent déterminer les biens ou les valeurs qu'elles veulent y comprendre ; mais la loi exigeant une déclaration détaillée, il faut qu'elle soit positive et contienne non seulement l'énonciation expresse et distincte des biens transmis, mais encore l'indication des circonstances qui caractérisent la mutation ou influent sur la perception des droits. L'adm. a le droit d'exiger que la déclaration ne présente rien de vague ni d'incomplet ; elle n'est pas obligée d'accepter des déclarations conditionnelles ou qui laisseraient de l'incertitude sur le caractère de la transmission, la nature, la consistance et la valeur des objets transmis, les anciens et les nouveaux possesseurs et l'époque de la mutation.

1064. Les obligations que la loi impose aux déclarants doivent être entièrement remplies ; mais là se borne le droit de l'adm.; ses préposés ne peuvent exiger que les héritiers comprennent des biens ou des valeurs qu'ils refusent de déclarer. Si les héritiers font une déclaration inexacte, la loi fournit les moyens de les poursuivre; seulement les receveurs ont un devoir de position et de convenance à remplir, c'est celui d'éclairer les héritiers sur les dangers auxquels ils peuvent s'exposer ; si leurs avertissements officieux sont méconnus, il ne reste qu'à se conformer à la volonté expresse des déclarants, sauf à constater les omissions ou les insuffisances. Deux décisions ont été rendues dans ce sens, les 12 août 1806 et 16 nov. 1812.

1065. Le principe de la liberté accordée aux héritiers, relativement aux biens à déclarer, n'est pas ordinairement méconnu ; les difficultés naissent lorsque leurs droits dans ces biens ne sont pas nettement déterminés, par exemple : lorsqu'il s'agit de déclarer la part revenant au défunt dans une communauté ou dans une association, quelques uns admettent que c'est aux parties à établir la liquidation de la succession, et que le receveur doit se borner à régler la perception d'après les résultats définitifs qu'on lui présente. Nous partagerions cet avis si, au lieu d'établir la liquidation, les parties se bornaient à déclarer des résultats positifs, une part, une somme ou des biens déterminés. Dans ce cas, il faudrait accepter la déclaration dans les termes où elle serait faite, et se borner à percevoir les droits sur les biens et les valeurs déclarés d'une manière précise, sauf à vérifier ensuite l'exactitude de cette déclaration.

1066. Mais lorsque les héritiers, en déclarant les valeurs communes, voudront que la part du décédé, dans ces valeurs, soit liquidée contrairement aux règles du droit civil, les receveurs, en acceptant cette déclaration, ne sont pas tenus d'y avoir égard pour la perception des droits; ils pourront nécessairement refaire cette liquidation selon les règles posées par la loi civile, et asseoir les droits sur la part réelle du défunt dans la totalité des biens déclarés (V. 1089).

Cette distinction n'a rien de subtil; elle est la conséquence du droit des parties de déterminer les biens qu'elles veulent déclarer, et du droit de l'adm. d'exiger que la déclaration soit positive. Lorsque la déclaration présente, dans ses détails, les moyens de fixer, d'après la loi, la part revenant au défunt dans des biens indivis, l'adm. ne pourrait prétendre que l'erreur commise dans la liquidation est le fait des parties; celles-ci opposeraient valablement que leurs indications ont mis les préposés à porter d'opérer plus régulièrement et de percevoir les droits exigibles.

1067. Il résulte de ces observations que c'est aux parties à fournir les bases et les éléments de leur déclaration, et qu'il appartient au receveur de la rédiger et d'en tirer les conséquences pour la perception, en établissant lui-même la liquidation des valeurs existantes, d'après les règles du droit civil et les justifications qui lui sont faites; que les parties ne pourraient se soustraire à l'application de cette règle, qu'en énonçant positivement les seuls biens qu'elles entendent comprendre dans leur déclaration, soit en totalité, soit pour une fraction déterminée, parce qu'alors cette déclaration serait complète dans ses termes, et que ce serait à l'adm. à prouver qu'elle n'est point exacte quant aux biens déclarés.

1068. *Forme des déclarations.* Les déclarations de successions comprennent deux parties distinctes ou plutôt la déclaration des parties, rédigée par le receveur, nécessite une opération particulière qui en forme le complément, mais qui est entièrement du ressort du préposé: c'est l'établissement ou la liquidation des droits. Cette liquidation est tellement distincte, que beaucoup d'employés en font l'objet d'un acte particulier: ils commencent par inscrire sur le registre les déclarations des parties, et, après la signature de celles-ci, ajoutent, lorsqu'il y a lieu, un détail de cette liquidation.

Ce mode de procéder peut avoir ses avantages, mais il a l'inconvénient de séparer des choses qui ont entre elles une corrélation essentielle. Il semble plus régulier de donner aux déclarations de successions une forme analogue à celle des enreg. d'actes, puisque, dans le fait, le receveur enregistre la déclaration verbale des parties, comme il enregistre leurs conventions écrites. L'enreg. doit donc présenter, dans un seul contexte, non seulement les déclarations des parties, mais encore la liquidation et la perception des droits qui est faite par le receveur.

1069. En tête de la déclaration, le receveur indique en toutes lettres la date du jour où elle est faite. Cette date doit être répétée à chaque déclaration (V. 683). La loi et les instructions ne déterminent pas d'une manière précise la forme des déclarations de successions ; elles indiquent seulement les principaux renseignements qu'elles doivent présenter. Voici quelques détails sur les formes adoptées le plus généralement.

1070. *Comparants.* On constate en premier lieu la comparution de la personne qui fait la déclaration, à peu près dans la forme usitée pour les actes de notaires, sauf qu'il est inutile d'indiquer que c'est en présence du receveur ou dans son bureau que cette comparution a eu lieu. — Si la déclaration est faite par un fondé de pouvoir, la procuration, de lui certifiée véritable, demeurera annexée au registre, en original ou en expédition, et mention en sera faite dans la déclaration ; si la procuration est s. s. p. ; elle doit être sur papier timbré, mais l'enreg. n'en sera pas exigé. O. gén. 38. I. 443 (V. 1083).

1071. Après avoir constaté la comparution du déclarant en énonçant ses nom, prénoms, profession et demeure, on indiquera en quelle qualité il agit, si c'est en son nom personnel et en celui de ses codébiteurs, ou bien s'il agit au nom de sa femme, d'un pupille ou d'un mandant ; mais, à l'exception du pouvoir, le comparant n'a pas à justifier de sa qualité par la représentation du titre qui la lui confère. Toutefois, lorsque c'est un héritier institué, il est au moins convenable qu'il indique la date de l'acte (V. 1053).

1072. *Décès.* Les nom, prénoms, profession et domicile de la personne décédée sont ensuite énoncés, ainsi que le lieu et la date de son décès ; cette date, écrite en toutes lettres, sera affirmée, sous les peines de droit, par les déclarants, toutes les fois qu'ils ne représenteront pas l'extrait de l'acte de l'état civil. O. gén. 37. D'après les dispositions de l'instr. 443, il devait être justifié du décès ; mais la loi n'imposant point cette preuve, ni la représentation de l'extrait de l'acte de l'état civil, on ne peut aller au delà de ce que prescrit l'art. 37, O. gén., c'est-à-dire exiger plus qu'une simple affirmation. En indiquant la date du décès, les héritiers fournissent un renseignement suffisant pour apprécier si la déclaration est faite dans les délais ; il appartient d'ailleurs au receveur de vérifier, au vu des documents de son bureau, si cette affirmation, ainsi que toutes les autres, est exacte. D. 16 nov. 1812.

1073. Avant d'enregistrer les déclarations, les receveurs doivent avoir soin de vérifier la date des décès affirmée par les déclarants, au moyen de la comparaison avec les articles correspondants de la table des décès ; si cette vérification n'était pas possible au moment même, ils ne manqueraient pas de la faire avant l'époque de la prescription, afin de faire payer le demi-droit en sus dont la peine serait encourue. O. gén. 44.

Il faut donc, pour la régularité des perceptions, que cette vérification se fasse en présence des parties elles-mêmes ; si, au vu de la notice des décès fournie par le maire, le déclarant soutient que la date du décès y est énoncée d'une manière inexacte, il semble que le receveur doit accepter l'affirmation de la partie, et liquider les droits en conséquence, sauf à s'assurer ensuite de la vérité et à poursuivre le paiement du demi-droit en sus qui pourrait être exigible, s'il est reconnu que la déclaration n'a pas été faite dans le délai.

1074. Lorsqu'il s'agit de la déclaration de mutation des biens d'une personne frappée de mort civile, ou dont l'absence a été déclarée avec envoi en possession des héritiers, la date du décès est remplacée par celle du jugement qui a donné ouverture aux droits des héritiers. S'il n'y a pas eu envoi par la justice, mais prise de possession par les héritiers d'un absent, c'est la date de cet acte qui doit être rappelée dans la déclaration, puisqu'il devient le titre qui donne ouverture aux droits.

1075. *Héritiers.* Le receveur énonce ensuite les noms, prénoms, professions et demeures de tous les héritiers, donataires et légataires, ainsi que la part qui leur revient dans la succession déclarée et leur degré de parenté avec le défunt. O. gén. art. 37 ; I. 443, 1318. — Il ne suffirait pas d'indiquer seulement les noms de quelques uns des héritiers, ou de désigner une souche d'héritiers par le nom de la personne qu'ils représentent pour venir à la succession. Chacun d'eux doit être dénommé individuellement ; ce renseignement est d'ailleurs indispensable pour la formation des tables alphabétiques.

1076. A l'égard du degré de parenté, l'énonciation est également indispensable pour justifier la perception. Il ne suffit pas d'exprimer que l'héritier est ascendant, descendant ou collatéral, il faut encore indiquer exactement le degré de parenté. — Ainsi, on exprimera que l'héritier est le père ou la mère, l'aïeul paternel ou maternel, le fils légitime ou naturel, le petit fils, l'oncle ou le grand-oncle paternel ou maternel, le neveu, le cousin à tel ou tel degré et dans quelle ligne. Si l'époux ou l'enfant naturel recueillent à défaut d'héritiers, si les légataires ou donataires ne sont point parents du défunt, on l'exprimera également de manière à ne laisser aucune incertitude à cet égard. Ces indications, même lorsqu'elles n'auraient pas d'utilité pour la perception, sont indispensables pour découvrir ultérieurement la filiation des individus, lorsqu'on veut faire des recherches (V. *titre* IV).

1077. *Déclarations négatives.* Il arrive que des héritiers, avertis de l'obligation qui leur est imposée de passer une déclaration, se présentent au bureau et déclarent que le défunt n'a laissé aucuns biens meubles ou immeubles. Quelques receveurs croient devoir exiger, dans ce cas, un certificat d'indigence absolue. On peut sans doute le demander pour plus d'authenticité ; mais il est préférable, dans certaines circonstances, de faire signer une déclaration négative sur le registre ; en effet, le double droit est encouru s'il y a omission. D'un autre côté, l'héritier pourrait se refuser à produire un certificat d'indigence; il n'est tenu que de faire sa déclaration au bureau, et lorsqu'il certifie qu'il n'a rien recueilli, cette déclaration doit être acceptée et inscrite sur le registre, sauf au receveur à en vérifier l'exactitude.

1078. *Déclaration détaillée.* La loi porte que la déclaration sera *détaillée*, et que les héritiers, donataires ou légataires rapporteront à l'appui, pour les *biens meubles*, un inventaire ou état estimatif, article par article, par eux certifié, s'il n'a pas été fait par un officier public. Cet inventaire sera déposé et annexé à la déclaration. L. 22 frim. an 7, art. 27; Circ. R. 1109.

On n'est point parfaitement fixé sur les *détails* qu'exige précisément cet article. Il n'est pas douteux cependant que l'on doit distinguer les biens par leur nature de meubles et d'immeubles.

1079. *Inventaire des meubles.* En ce qui concerne les meubles, la loi est positive : Il faut un inventaire ou un état estimatif. Lorsqu'il existe un inventaire authentique, il n'est pas indispensable que les parties le représentent, et un extrait de cet inventaire ne doit pas rester annexé à la déclaration ; il leur suffira d'indiquer la date de cet acte, le nom et la résidence du notaire qui l'a dressé, et le montant de l'estimation totale des biens meubles qui y sont détaillés. D. 22 prair. an 7.

1080. *État estimatif.* L'état estimatif du mobilier, fourni à défaut d'inventaire authentique, doit être fait sur papier timbré, à peu près dans la forme des inventaires dressés par les notaires, avec le détail des biens meubles et leur estimation *article par article*; il doit comprendre, indépendamment des meubles corporels, le détail des créances ou autres valeurs mobilières actives, et sera certifié véritable par le déclarant, s'il sait signer.

1081. La loi, en ordonnant que l'état dont il s'agit *soit certifié par les héritiers ou légataires*, a, par là suffisamment indiqué que cette obligation ne concerne que les parties sachant écrire : celui que fourniraient des individus illétrés ne serait d'aucune valeur, à défaut de signature, et il serait rigoureux de les forcer à recourir au ministère d'un officier public. En conséquence, les héritiers, légataires ou donataires ne sachant pas écrire peuvent se dispenser de rapporter, à l'appui de leurs déclarations, l'état estimatif des biens meubles appartenant à la succession ; mais, dans ce cas, la déclaration devra contenir le détail des objets mobiliers avec l'estimation pour chaque article. Le receveur attestera, par sa signature, la déclaration de la partie portant qu'elle ne sait pas écrire. I. 1400.

1082. Quand il n'a pas été fait d'inventaire, les héritiers sont souvent disposés, par la facilité de dissimuler les valeurs mobilières, à faire des déclarations inexactes. Le receveur leur fera remarquer qu'ils s'exposent aux peines prononcées par la loi ; qu'un inventaire, des ventes de meubles, des liquidations, partages ou cessions de droits successifs peuvent être faits ultérieurement ; que les créances donnent lieu souvent à des poursuites, quittances ou autres actes qui en révéleraient l'existence ; que les registres d'hypothèques fourniraient les mêmes moyens, et qu'enfin beaucoup d'autres circonstances peuvent dévoiler les omissions (V. 1064, 1381 et suiv.).

On devra distinguer dans la déclaration les différentes espèces de biens meubles par leur nature, et même détailler les diverses créances dépendant de la succession, soit au moyen de l'état estimatif, soit en se reportant à l'enreg. de l'inventaire, si ce dernier n'est pas représenté. Autrement, lorsque des actes enregistrés ultérieurement font connaître des créances dépendant de la succession, on est embarrassé pour reconnaître s'il y a omission de ces créances.

1083. En exigeant que les états estimatifs de mobilier, ainsi que les procurations des déclarants restassent annexés au registre, la loi a voulu que ces pièces fussent conservées à l'appui des déclarations ; mais l'exécution littérale de cette disposition aurait pour effet d'encombrer les registres, de détériorer la reliure, et d'exposer même les pièces annexées à se détacher et à se perdre. Aussi est-il admis que l'on doit faire de ces pièces des liasses qui sont conservées dans les archives du bureau et portées sur l'inventaire. Il faut seulement avoir soin de mentionner sur chacune de ces pièces la date et le numéro de la déclaration pour y recourir facilement.

1084. *Détail des immeubles*. La déclaration des immeubles doit être faite article par article, en indiquant pour chacun la nature de l'immeuble, la commune et le *lieu dit* de la situation, la contenance superficielle, et enfin l'évaluation en revenu ou valeur locative, sans distraction des charges. L. 22 frim. an 7, art. 27 ; O. gén. 40 ; I. 443.

Lorsque les parties représentent un extrait de la matrice cadastrale, les receveurs feront bien d'énoncer le numéro et la section pour chaque parcelle. Ce renseignement sera très utile pour le rapprochement des feuilles de mutation. Toutefois la loi n'ordonnant pas la production de cette pièce, les receveurs ne sont pas autorisés à l'exiger.

1085. Lorsque les immeubles forment un corps de domaine affermé en totalité ou par parties, on peut se dispenser de faire, dans la déclaration, le détail, pièce par pièce, des immeubles qui le composent; il suffira d'indiquer la contenance de chaque corps de bien faisant l'objet d'un bail particulier, en énonçant le nom des fermiers, la date du bail et sa durée, le nom du notaire ou la date de l'enreg. s'il a été fait s. s. p., ainsi que le montant de la redevance, charges comprises. Autant qu'il sera possible, dans ce cas, on distinguera, pour chaque corps de ferme, les biens situés sur des communes différentes.

1086. Les instructions prescrivant en général d'écrire les enreg. en toutes lettres, quelques employés supérieurs croient devoir exiger que, dans le détail des biens, la contenance et le revenu de chaque parcelle soient énoncés en toutes lettres. Ce mode d'opérer surcharge les enreg., et produit de la confusion; il occasionne d'ailleurs un travail considérable, sans aucune utilité réelle, lorsque les contenances et les revenus sont additionnés et que les totaux sont indiqués en toutes lettres.

Pour notre part, nous trouvons préférable de mettre en titre le nom de chaque commune, de faire ensuite le détail pièce par pièce, des immeubles situés sur cette commune, en indiquant en chiffres la contenance de chaque pièce et son produit; puis d'énoncer en toutes lettres, pour la commune, le total de la contenance et du revenu, et ainsi successivement pour chaque commune. Une récapitulation générale présente la contenance totale et le revenu pour tous les immeubles déclarés, et permet d'établir le capital sur lequel le droit doit être liquidé. De cette manière, on peut saisir, d'un coup d'œil, l'ensemble et les détails de la déclaration, la vérifier avec facilité, et en porter distinctement les résultats sur les tables alphabétiques.

1087. *Évaluations.* Le droit devant être liquidé et perçu sur l'évaluation faite et portée à *dix* ou *vingt fois* le produit des biens ou le prix des baux courants (L. 22 frim. an 7, art. 15, nos 7 et 8), le receveur fera toujours remarquer aux déclarants que les baux courants doivent *exclusivement* servir de base à leur évaluation; il les interpellera expressément de déclarer s'il existe un bail enregistré ou même une location verbale, de faire connaître le fermier, ou détenteur et le prix du bail, d'indiquer s'il est chargé de payer la contribution foncière. Dans le cas de l'affirmative, il leur fera observer qu'à défaut de production d'un extrait du rôle, il doit ajouter un quart à la redevance, au lieu du chiffre réel de la contribution (Dél. 9 brum. an 7). Lorsque les parties déclareront qu'il n'existe pas de bail, le receveur en fera mention dans la déclaration. Circ. R. 1409.

1088. Il est expressément recommandé de n'admettre, pour les immeubles, aucune estimation en capital. I, 4351, art. 9. —

Ce n'est pas seulement par la répression, que les préposés doivent assurer le paiement régulier et intégral de l'impôt, mais encore par la voie de la persuasion au moment où les parties se présentent pour l'acquitter. Les receveurs feront donc aux déclarants les observations convenables sur le taux ordinaire des locations et sur les dangers des fausses estimations; si les déclarants persistent dans leurs évaluations, celles-ci devront être suivies, sauf à en constater l'insuffisance, s'il y a lieu, par les moyens de droit (V. 1064, 1408, 1438).

1089. *Liquidations.* Pour la perception régulière des droits, il a été recommandé aux receveurs d'établir dans les déclarations qu'ils rédigent, la liquidation des communautés entre époux. I. 809. — Si les parties sont tenues de faire leur déclaration, c'est au receveur à suppléer à leur inexpérience, à les guider pour obtenir une déclaration exacte, et à la rédiger d'après les indications qui lui sont fournies (V. 1063 et suiv.). Ainsi lorsqu'il s'agit de biens de communauté, le receveur, après avoir fait le détail des valeurs mobilières et immobilières qui en dépendent, énoncera les récompenses dues à cette communauté et les reprises ou prélèvements de chacun des époux. Il établira, selon les règles du droit civil et en se conformant au mode d'imputation prescrit par le Code, la liquidation de la part du défunt dans les biens meubles et immeubles de la communauté, en ayant soin de rappeler la date des actes qui atténueraient la part du défunt (V. 1053).

1090. Il est essentiel, pour l'application exacte du tarif en matière de mutations par décès, que les receveurs se pénètrent des dispositions du Code civil, sur l'ouverture des successions, la saisine des héritiers, les qualités requises pour succéder et les divers ordres de successions. I. 1351, art. 11. Ils se conformeront aux règles tracées à cet égard par les art. 718 et suiv. C. civ. Le calcul des degrés de parenté, les principes qui régissent la représentation ou la dévolution des successions exigent aussi beaucoup d'attention, principalement dans l'appréciation de la portion disponible, et lorsqu'il s'agit de successions mixtes, c'est-à-dire dévolues à des héritiers en ligne directe et collatérale, ou de successions irrégulières. Les règles concernant les renonciations, les liquidations entre époux ou entre associés, les séparations de biens, les partages et autres actes antérieurs à la déclaration et qui peuvent avoir de l'influence sur la perception, n'ont pas moins d'importance. Le receveur devra adresser à ce sujet les interpellations nécessaires aux parties, et indiquer dans leur déclaration la date des actes qui modifieraient les règles ordinaires de liquidation des droits.

1091. *Legs particuliers.* Quand une succession est grevée de legs de sommes d'argent qui n'existent pas en nature, la liquidation des droits présente des difficultés d'une nature particulière, et les déclarations tant des héritiers que des légataires

doivent contenir des indications spéciales. — Lorsque les uns
et les autres se présenteront *en même temps*, on ne rédigera
qu'une seule déclaration, en faisant comparaître l'un des héritiers au nom de tous, et chacun des légataires en son nom personnel. Les droits seront établis selon les règles tracées par les
instructions, notamment par l'instr. 1432.

1092. Lorsque l'héritier et les légataires se présenteront
séparément, la déclaration de l'héritier, si elle est faite avant
celle des légataires, sera libellée comme toute autre déclaration,
puisqu'il doit payer les droits sur la totalité des biens, sans égard
aux legs, sauf compte entre eux. Le receveur ne doit pas entrer dans ce compte particulier, mais il fera mention, pour
ordre dans la déclaration de l'héritier, du montant des legs, afin
de surveiller le paiement des droits qui peuvent rester dus sur
ces legs. Dans les déclarations ultérieures des légataires, le receveur rappellera celle de l'héritier pour faire les imputations ou
déductions prescrites.

Lorsque la déclaration des légataires précède celle de l'héritier, cette déclaration se fait aussi dans la forme ordinaire ; mais
la déclaration postérieure de l'héritier doit rappeler celle des
légataires, afin d'y faire les déductions et imputations ordonnées
en pareil cas (V. 1101)

1093. Dans ces différentes déclarations, le point important
est d'établir avec soin les qualités et les droits respectifs de l'héritier et des légataires particuliers ; de faire toujours, dans la
déclaration de l'héritier, le détail de tous les biens dépendant
de la succession ; d'indiquer, dans les déclarations de chacun
des légataires particuliers, le montant des sommes qui lui ont
été léguées ; et enfin de faire mention, dans toutes ces déclarations, des circonstances et des imputations ou déductions qui
doivent expliquer ou justifier la perception.

1094. *Recette.* Lorsqu'une déclaration est pure et simple,
les droits doivent être portés en recette en toutes lettres, dans
le corps de l'enreg., et tirés hors ligne en chiffres dans les colonnes spéciales, immédiatement après le détail des biens de
chaque nature différente, meubles et immeubles. — Si la succession se divise entre des héritiers de différents degrés, acquittant par conséquent des droits à un taux différent, il faudra indiquer : 1° la fraction revenant à chaque catégorie d'héritiers
au même degré ; 2° la somme des valeurs représentant cette
fraction et sur laquelle le droit doit être perçu ; puis inscrire en
toutes lettres et tirer hors ligne en chiffres, chacun des droits
perçus, de même que s'il s'agissait de dispositions particulières
dans un acte (V. 698).

1095. Si la déclaration présente une liquidation de communauté, les droits ne pourront pas être portés en recette après
l'indication de chaque nature de biens, parce que l'imputation
doit se faire sur la masse. Dans ce cas, après le détail de tous

les biens et la liquidation qui doit suivre ce détail, on établira, dans un résumé, la part du défunt pour chaque nature de biens, et on portera divisément en recette chaque droit particulier. — On devra opérer de la même manière pour les déclarations de successions grevées de legs de sommes d'argent (V. 1093).

1096. *Affirmation des déclarations*. Avant de clore l'enreg., le receveur interpellera les parties sur l'exactitude de leurs déclarations ; il leur demandera si elles ne commettent aucun oubli, si elles n'omettent aucune valeur susceptible d'être déclarée, et si elles persistent dans les évaluations données aux biens ; enfin il leur indiquera les peines qu'elles pourraient encourir en cas d'inexactitude. (V. 1438.)

1097. La déclaration doit être terminée par l'affirmation du comparant, avec mention qu'il a signé après lecture faite, ou qu'il a déclaré ne savoir signer. Le receveur certifiera par sa propre signature que cette dernière déclaration lui a été faite (V. 1081). — Il est très essentiel que chaque déclaration soit signée. I. 443. Les omissions de cette nature pourraient être opposées ultérieurement et accuseraient, en tout cas, l'exactitude du receveur. C'est un nouveau motif pour faire toujours les déclarations en présence des parties, car elles mettent souvent de la négligence à venir les signer plus tard (V. 1059).

1098. *Déclarations supplémentaires*. Les héritiers sont nécessairement admis sans amende, jusqu'à l'expiration du délai, à ajouter à leur déclaration ; mais après cette époque, le droit en sus est exigible, quand même la déclaration serait offerte spontanément. I. 338. La nouvelle déclaration énoncera la date de la précédente ; elle contiendra d'ailleurs toutes les indications exigées pour les déclarations ordinaires, notamment les noms des héritiers et du défunt, la date du décès et le détail des biens omis ou dont l'évaluation aura été rectifiée. Ces déclarations supplémentaires seront également affirmées et signées.

1099. Les parties ayant la faculté d'ajouter à leurs déclarations avant l'expiration du délai, sans encourir aucune peine, on doit en conclure que le receveur qui découvre une inexactitude dans une déclaration, ne peut poursuivre le paiement des droits, tant que le délai n'est pas expiré. S'il reconnaît auparavant une omission ou une fausse évaluation, il ne lui est nullement prescrit d'avertir le contrevenant qui s'est mis volontairement dans le cas de subir la peine que la loi inflige aux fausses déclarations. Cependant le receveur qui, en recevant une déclaration, s'apercevrait que l'héritier omet quelques biens, devrait lui en faire l'observation, quand même l'omission paraîtrait volontaire, parce qu'il appartient aux préposés de guider et de conseiller les parties pour obtenir des déclarations exactes (V. 1064, 1082, 1088).

1100. Lorsque le receveur découvre et constate qu'une déclaration est inexacte, et que les parties se présentent pour acquitter les droits, l'enreg. en recette se fait de la même manière que pour les suppléments acquittés spontanément, c'est-à-dire au moyen d'une déclaration supplémentaire ou rectificative faite par l'un des héritiers et signée par lui sur le registre. Ces déclarations sont faites absolument comme les autres, cependant on y mentionne, indépendamment de la date de la première déclaration, les circonstances et les actes servant de base à la demande, et on rappellera que la nouvelle déclaration a été faite sur l'avertissement ou les poursuites du receveur.

Si la partie refuse de faire et de signer une nouvelle déclaration sur le registre, et offre néanmoins de payer les droits qui lui sont demandés, ce refus ne doit pas empêcher de les recevoir. Dans ce cas, le comptable fera un simple enreg. en recette, dans lequel il insérera les détails qui auraient figuré dans la déclaration de la partie, et énoncera son refus de la signer sur le registre.

1101. *Emargements.* Les déclarations de mutations par décès sont émargées de la nature de la succession, directe ou collatérale, etc.; des nom, prénoms et domicile du décédé, et de la date du décès. — Les diverses déclarations faites par les héritiers et par des légataires particuliers, sont émargées de la date des déclarations antérieures ou postérieures qui se rapportent à la même succession, de manière à établir entre elles la corrélation nécessaire. — Lorsqu'on a découvert qu'une déclaration n'est pas exacte, on fait mention à la marge du numéro du sommier où l'article a été relevé. Enfin les déclarations passées après le délai, les déclarations rectificatives ou supplémentaires, ainsi que les simples enreg. en recette par omissions ou fausses évaluations, sont émargés de l'objet de la déclaration ou de l'enreg., et du numéro du sommier où l'article avait été consigné.

1102. *Quittances.* Les receveurs sont tenus de délivrer aux déclarants une quittance des droits payés; dans aucun cas, ils ne doivent s'en dispenser, quand même les parties y consentiraient. L'usage contraire peut être préjudiciable aux parties, au trésor et à l'employé lui-même. L'intérêt des parties est évident; celui du trésor ne l'est pas moins, car, outre les droits de timbre qu'elles procurent, les quittances sont un moyen de contrôle (V. *Vérificateurs*). Ainsi les employés supérieurs doivent signaler les receveurs qui s'abstiendraient de délivrer des quittances, même pour les sommes les plus modiques portées exactement en recette. Enfin, pour ce qui concerne le receveur, des parties peuvent prétendre qu'elles ont acquitté des droits encore dus, et le comptable qui s'abstient parfois de délivrer quittance, se trouve embarrassé pour contester l'exactitude de l'allégation.

1103. Au dessus de 10 fr., les quittances de droits de mutations par décès doivent être délivrées sur papier timbré dont le prix est à la charge des redevables. L. 13 brum. an 7, art. 12, 16 et 29.

La quittance doit être mise sur un extrait de la déclaration et rappeler le numéro et la date de cette déclaration, la somme des droits payés, avec distinction de la quotité de chacun des droits perçus, sous peine de 5 fr. d'amende pour chaque omission. L. 22 frim. an 7, art. 57 (V. 709). — L'extrait de la déclaration contiendra l'indication du bureau, le numéro et la date de la déclaration, les noms du défunt, la date et le lieu du décès, les noms des héritiers et légataires et leur degré de parenté, les valeurs déclarées en meubles et en immeubles, et la part afférente aux héritiers qui doivent des droits d'une quotité différente, en propriété ou en usufruit, distinctement. En regard, le receveur énoncera la quotité du droit par 100 fr., et le montant du droit perçu pour chaque somme, en principal et en sus, séparément. Au total, il ajoutera le décime et donnera ensuite quittance en toutes lettres de la somme payée. Chaque quittance sera signée en la forme habituelle.

1104. *Rapprochements.* La date du paiement et les biens déclarés seront ensuite régulièrement indiqués sur la table des successions (V. 1300, 1301).

Les mutations par décès exigent, de la part des receveurs, une surveillance continuelle pour reconnaître celles qui n'ont pas été déclarées, s'assurer de l'exactitude des déclarations faites, constater les retards, les omissions ou fausses évaluations, et poursuivre le paiement des droits exigibles. L'adm. a souvent adressé à ce sujet des recommandations à tous les préposés ; il sera question de cette surveillance et des opérations qu'elle nécessite à l'article de la table des successions (V. 1305), à celui des sommiers de découvertes (V. *titre* IV), et au chapitre des poursuites et instances (V. *titre* V).

CHAPITRE III. — *Opérations qui se rattachent aux enregistrements et aux actes en général.*

SECTION Ire. —*Renvois et communications des enregistrements.*

§ 1er. — *Renvois ordinaires.*

1105. Les lois sur l'enreg. ont établi des règles de perception qui rendent nécessaires la communication et le renvoi à d'autres bureaux de documents recueillis ou d'enreg. faits dans d'autres localités. De là l'usage des renvois et des communications ordonnés entre receveurs.

1106. *Renvois à faire.* Les renvois peuvent être divisés en deux classes : La première comprend les extraits d'actes de décès de personnes mortes hors du lieu de leur résidence et les extraits de tous actes indicatifs du même événement ; les extraits des testaments, dons éventuels ou donations mutuelles de meubles ou d'immeubles, des contrats de mariage de personnes domiciliées dans le ressort d'un autre bureau, ou portant quelque avantage au profit de l'un des conjoints; et généralement de toutes les dispositions qui peuvent, lors du décès des contractants ou d'autres événements prévus, opérer des droits payables en d'autres bureaux, ou y exiger des déclarations. O. gén. 81 ; Circ. R. 53, 1109 et 1244.

1107. La seconde classe embrasse les ventes, échanges, donations, acceptations de donations, licitations, partages, transactions, cessions, rétrocessions, résolutions, baux et autres actes translatifs de propriété, d'usufruit ou de jouissance, soit à titre onéreux, soit à titre gratuit, de biens situés dans l'arrond. d'un autre bureau ; ainsi que tous les renseignements qui peuvent mettre à portée d'y suivre la filiation des mutations, de découvrir celles opérées par actes s. s. p. ou autres titres, enfin de constater les omissions ou insuffisances d'estimations dans les déclarations des héritiers et donataires. O. gén. 81 ; Circ. R. 53, 1109 et 1244.

1108. Les renvois ne sont pas bornés aux objets qui viennent d'être spécifiés; la nécessité, pour surveiller le paiement des droits et l'amélioration des produits, de mettre à profit tous les renseignements épars dans les bureaux, a fait ajouter de nouvelles communications à celles que les préposés se faisaient autrefois, en voici le détail :

1109. Pour surveiller le recouvrement ou le paiement des droits de mutations par décès, on doit encore renvoyer : 1° les extraits des notices de décès des personnes mortes hors du lieu où elles ont pris naissance, I. 290, 1047, 1318, art. 15, et 1351, art. 13, et des propriétaires qui possèdent des biens dans l'arrond. d'autres bureaux et dont les noms figurent sur la table des propriétaires forains, I. 1726 (V. 1315). — 2° Les jugements portant déclaration d'absence et envoi en possession des biens au profit des héritiers. I. 714. — 3° Les appositions et levées de scellés, les nominations de tuteurs et de curateurs, lorsque les attributions des bureaux sont divisées ou que la succession s'est ouverte dans l'arrond. d'un autre bureau, I. 1147, et les extraits des inventaires, lorsqu'ils constatent l'existence de biens meubles ou immeubles possédés par le défunt dans l'étendue d'un autre canton, I. 1716. — 4° Les procès-verbaux des ventes de meubles après décès, faites par des officiers ministériels dont les actes sont enregistrés dans un bureau autre que celui où les droits de mutation par décès doivent être acquittés, I. 1147, ainsi que les ventes faites à l'amiable après décès. — 5° Les extraits des déclarations consignées sur les registres de la douane, constatant la propriété ou les mutations de navires appartenant a des personnes domiciliées hors de l'arrond. du bureau, et dont les receveurs doivent prendre communication chaque trimestre. I. 1343 (V. 1208, 1251). — 6° Les inscriptions de créances, les renouvellements d'hypothèque, les mentions de subrogation ou de radiation, pour servir à la tenue, dans chaque bureau, de la table des créances hypothécaires, I. 989 ; les cessions, transports, quittances de rentes ou créances se rattachant à des successions ouvertes dans un autre canton. — 7° Les acceptations de successions, legs ou communautés, délivrances et autres actes analogues, les renonciations de la même nature, les procurations données pour recueillir ou répudier une succession, lorsque l'hérédité est ouverte hors de l'arrond. du bureau, ou que les droits ne doivent pas y être payés. I. 1318, art. 15, et 1351, art. 13. — 8° Les relevés des actes enregistrés ou des changements opérés sur le rôle des contributions, concernant des propriétaires portés sur l'une des deux tables de propriétaires forains (V. 1312, 1314). I. 1726. — 9° Les relevés des actes et déclarations qui font mention de biens dépendant d'une succession, situés dans l'arrond. d'autres bureaux, et généralement tous les renseignements qui peuvent servir à établir la consistance des biens à déclarer dans ces bureaux. Circ. R. 53 et 1244 ; I. 1318, art. 15, et 1351, art. 13. — 10° Enfin les préposés recevant communication des paiements effectués par les caisses publiques aux héritiers des créanciers de l'Etat, I. 1555 (V. 1209), doivent aussi en faire l'objet de renvois. C'est d'ailleurs ce qui résulte de la disposition générale rappelée ci-dessus, n° 6.

1110. Pour surveiller le paiement des droits et amendes d'enreg., de timbre, d'hypothèques, etc., on renvoie encore : 1° les acceptations de donations entre vifs enregistrées dans un autre bureau que celui où la donation a reçu la formalité, afin que l'on puisse en faire mention en marge de l'enreg. I. 290, § 29, 1047, 1318, art. 15, et 1351, art. 13. — 2° Les extraits des enreg. en recette de suppléments de droits payés au bureau de la situation des biens, pour des insuffisances d'évaluation ou des dissimulations de prix dans des actes enregistrés à d'autres bureaux, afin qu'il en soit fait mention en marge de l'enreg. Circ. R. 1941. Ces relevés ne paraissent utiles que pour le cas où les biens transmis sont situés dans les deux arrond. — 3° Les extraits d'enreg. ou de visa pour timbre des jugements ou actes de poursuites auxquels la formalité a été donnée en *débet*, et qui sont relatifs à des recouvrements de sommes dues dans d'autres bureaux. I. 115, 607 et 1551. — 4° Les extraits des actes que les officiers publics et ministériels font enregistrer hors de l'arrond. du bureau de leur résidence, afin que le receveur de ce dernier bureau puisse vérifier si ces actes ont été portés sur le répertoire. I. 1318, art. 15, et 1351, art. 13. — 5° Les arrêtés de comptes, liquidations, jugements et tous autres actes qui font connaître qu'une créance éventuelle ou indéterminée, inscrite aux hypothèques sans paiement des droits, a été convertie en créance réelle, afin que le conservateur puisse suivre le paiement des droits d'inscription devenus exigibles. Circ. R. 1676 ; I. 374. — 6° Les actes qui peuvent faire connaître la réalisation d'un crédit ouvert et dont les droits n'ont pas été payés, ainsi que tous autres contrats qui peuvent établir l'exigibilité d'un droit non perçu. I. 1716. — 7° Les quittances du quart de la valeur des domaines engagés qui sont de véritables actes translatifs de propriété, et doivent être portées sur les tables du bureau de la situation des biens. I. 290, § 62.

1111. Pour suivre le recouvrement des amendes et frais de justice, les receveurs se transmettent : 1° les déclarations et notifications d'appel, afin de surveiller la consignation de l'amende. I. 136 (**V.** *titre* IV). 2° Les extraits d'arrêts ou de jugements prononçant des condamnations dont le recouvrement doit être suivi au bureau du domicile des condamnés. Il sera question de ces derniers renvois au titre des *Recouvrements* (**V.** *titre* IV).

1112. Pour assurer le recouvrement des produits de domaines, on renvoie de bureau à bureau : 1° les extraits d'enreg. des baux de domaines, au receveur des domaines, afin qu'il puisse annoter ses sommiers et assurer le paiement des fermages. Circ. R. 1844. — 2° Les enreg. des actes qui établissent l'existence ou la consistance des successions vacantes, des successions en déshérence, des cessions de terrains faites par l'Etat pour l'alignement des routes royales ou autres parties du domaine public, et enfin de tous les actes qui sont de nature à révéler l'existence d'une propriété domaniale, d'une rente ou d'un produit quelconque faisant partie du domaine. Ces communications entre receveurs ne peuvent être que très utiles et procurent de bons résultats.

1113. Il serait impossible de prévoir et d'énoncer tous les actes et renseignements susceptibles d'être renvoyés à d'autres bureaux ; mais toutes les fois qu'un acte, un document quelconque donne des indications dont la connaissance peut être utile dans un autre bureau, soit pour la formation des tables qui doivent offrir le relevé de toutes les mutations d'immeubles situés dans l'arrond. du bureau, soit pour constater l'exigibilité et assurer la rentrée des droits et produits, il ne faut jamais négliger d'en faire le renvoi au bureau où le recouvrement doit avoir lieu, ou à celui de la situation des biens.

1114. Les extraits d'actes contenant des dispositions en faveur des hospices et des établissements de charité doivent également être relevés sur les feuilles de renvoi ; ils ont pour but de mettre les établissements à portée de réclamer les dons qui leur ont été faits. Ces extraits ne contiennent que les dispositions en faveur des hospices et bureaux de bienfaisance, avec désignation de la date des actes et de l'enreg., des noms, prénoms, qualités et domiciles des donateurs ou testateurs, des objets donnés ou légués et de leur estimation. Ces renvois ou relevés sont adressés aux directeurs et transmis par eux aux Préfets. Circ. 3 pluv. an 13.

1115. *Colonies*. Les renvois de bureau à bureau ne sont pas bornés à l'intérieur de la France, ils doivent également être réciproques entre la métropole et les colonies où l'enreg. est établi. Ces colonies sont : les possessions françaises du nord de l'Afrique, la Martinique, la Guadeloupe, l'île Bourbon et la Guiane française. I. 1323 (V. 22).

1116. *Belgique.* Les rapports fréquents et de bon voisinage qui existent entre la France et la Belgique, où l'enreg. a été conservé, ont également amené entre les administrations des deux pays l'échange de communications, soit par renvoi, soit par correspondance. Ces communications particulières sont réglées par une convention arrêtée entre les deux Gouvernements, le 12 août 1843. Comme elles sont tout-à-fait spéciales et naturellement restreintes, il a paru inutile de retracer les règles à observer à cet égard ; on peut se reporter à l'instruction très développée qui a été donnée le 26 août 1844, n° 1716.

1117. *Emargement.* En marge de chaque enreg. ou des articles à renvoyer, on inscrit d'une manière apparente le mot : *Renvoi*, avec l'indication du bureau auquel ce renvoi est destiné. O. gén. 134 ; I. 290. Cette mention se fait au moment de l'enreg. même (V. 727), ou au moment de la consignation, afin de ne pas perdre de vue les actes ou renseignements à renvoyer.

1118. *Cadre.* Les renvois sont faits sur des feuilles imprimées fournies par l'adm. ; chaque feuille est divisée en dix cases séparées par un filet qui indique la place où on doit les couper ; chaque article doit être porté sur une feuille séparée. Circ. 22 mars 1808. On peut d'ailleurs, lorsque le recto et le verso d'une case ne suffisent pas, en employer plusieurs. — En tête du renvoi, on indique le bureau et le département tant du lieu d'où il est fait que de celui auquel il est adressé. L'écriture doit être lisible et correcte. Circ. 22 mars 1808.

1119. *Forme.* Les renvois d'actes doivent présenter une copie entière de l'enreg. ou, au moins, un extrait littéral *in parte quâ*, pour ce qui concerne le bureau auquel le renvoi est destiné, mais on y rappellera toujours la date de l'enreg., celle de l'acte et le nom du notaire ou sa nature d'acte s. s. p. — Lorsque les biens sont situés dans l'arrond. de plusieurs bureaux, on doit faire autant de renvois qu'il y a de bureaux différents. — S'il s'agit d'un décès ou de tout autre document, le renvoi doit être une copie de la notice de décès, ou un extrait de l'acte assez étendu pour faire usage des renseignements qu'il contient et faciliter le recouvrement.

1120. La copie des enreg. à renvoyer doit être faite très exactement ; il est indispensable qu'elle ne présente aucune erreur ou omission qui pourrait en diminuer l'utilité et déterminer des poursuites mal fondées ; les receveurs seraient nécessairement responsables des négligences préjudiciables. Cependant quelques uns ne surveillent pas assez la rédaction des renvois et l'abandonnent à des commis sans expérience qui apportent peu d'attention et d'exactitude dans ce travail. Lorsqu'ils n'o-

21

mettent pas les renseignements indispensables pour la formation
des tables, ils croient pouvoir supprimer des détails très essentiels, tels que l'origine des biens. Le renvoi ayant pour objet
de suppléer à l'enreg. dans le bureau où il est le plus utile, il
importe qu'il soit collationné avec l'enreg. par le receveur lui-
même qui doit d'ailleurs le certifier conforme et le revêtir de
sa signature. Circ. 22 mars 1808. — Aucune instruction n'exige
que le renvoi soit daté ; ce serait cependant une précaution utile
pour justifier de l'exactitude du receveur.

1121. *Relevé.* Les receveurs auront soin de relever régulièrement à la fin de chaque semaine, sur les feuilles à ce destinées,
les enreg. d'actes, notices de décès et autres renseignements à
renvoyer, de manière que l'opération soit toujours complète à
l'époque fixée pour l'envoi. O. gén. 81 ; I. 1318, art. 38, et 1351,
art. 13. On n'omettra aucun des enreg. ou renseignements susceptibles d'être relevés ; les employés supérieurs sont chargés
de s'assurer de l'exactitude des receveurs à cet égard, au vu des
états ci-après constatant l'envoi et qui leur sont communiqués
par le directeur. *Ibid.*

1122. *État.* Dans les dix premiers jours qui suivent l'expiration de chaque mois, les receveurs dressent un état des renvois relevés. Cet état, rédigé à la main, contient : 1° un numéro
d'ordre ; 2° la désignation des registres, tables ou sommiers ;
3° la nature de l'acte ou du renseignement renvoyé. — Le numéro d'ordre de chaque article de l'état est répété sur le renvoi
lui-même et sur les registres à la suite de la mention qui constate le renvoi (V. 760, 1117). I. 1318, art. 38, et 1351, art. 13.

1123. *Envoi.* Les renvois pour les bureaux du département
sont classés et réunis par bureau, avec une étiquette indiquant
le nombre des renvois et le nom du bureau auquel ils sont destinés ; ceux qui sont adressés à d'autres départements sont réunis dans une seule liasse indiquant également le nombre. — Les
renvois avec l'état à l'appui sont envoyés au directeur dans
les dix premiers jours du mois, et chaque envoi est mentionné sur le registre de correspondance avec énonciation du
nombre des renvois qui en font partie. Circ. 22 mars 1808 ;
I. 1318, art. 38, et 1351, art. 13. A défaut de renvois, il est
fourni un certificat négatif. O. gén. 256.

1124. *Registre de la direction.* Les directeurs tiennent un registre destiné à constater d'un côté le nombre des renvois reçus
de chaque bureau, de l'autre le nombre des renvois adressés au
même bureau ou au Préfet. — Ce registre indique en tête de
chaque feuillet le nom du bureau. Sur l'une des pages il présente les renvois pour le bureau, et sur l'autre les renvois provenant du bureau. La première est divisée en cinq colonnes :
date de la réception des renvois, qualité et demeure des personnes qui ont adressé les renvois, nombre des renvois qui sont
parvenus au directeur, date de la transmission au receveur,

observations. — La seconde page, distribuée en six colonnes, présente : date de la réception des renvois, nombre des renvois parvenus au directeur, date de leur transmission par le directeur, nombre des renvois transmis, destination des renvois, observations. — Ce registre est tenu par mois; au dessus des articles relevés, on indique le mois et l'année; au dessous, les totaux pour chaque mois. I. 1318, art. 38.

1125. *Transmission*. Les directeurs font parvenir immédiatement, dans chacun des bureaux de leur direction, les renvois qui le concernent, avec une note signée indiquant la date de l'envoi et le nombre des renvois transmis. I. 1318, art. 38. Quant aux renvois pour d'autres départements, ils les adressent à leurs collègues en constatant le nombre sur un bulletin de transmission rédigé sur des imprimés fournis par l'adm.; le directeur, à qui l'envoi a été fait, souscrit ce bulletin de sa reconnaissance et le renvoie pour accusé de réception à son collègue. I. 1466 et 1595.

1126 Pour compléter ces dispositions et donner à l'adm. les moyens d'en surveiller l'exécution, les directeurs sont tenus de former, le 15 de chaque mois, sur des imprimés spéciaux, un état sommaire des feuilles de renvois ou relevés d'enreg. fournis par les receveurs de leur direction et qu'ils ont expédiés à leurs collègues des autres départements. Cet état indique en tête le nom du département et le mois; il est distribué en quatre colonnes présentant les noms des départements auxquels les renvois ont été adressés, alphabétiquement, le nombre des renvois, la date de l'envoi pour chacun de ces départements, et enfin les observations. I. 1466. Une expédition de cet état, certifiée par le directeur, est envoyée à l'adm., 1re div., avec les renvois destinés pour les colonies françaises et la Belgique. O. gén. 256; I. 1323, 1466 et 1716.

1127. *Réception*. Au fur et à mesure que des renvois parviennent dans les bureaux, le nombre énoncé dans chaque note du directeur doit être porté sur une feuille ou un cahier destiné à en constater la réception; et, à la fin de chaque année, le nombre total des renvois reçus est mentionné sur l'inventaire du bureau. Les employés supérieurs sont chargés de vérifier si ce nombre est exact, au vu d'une copie des notes d'envoi qui leur est communiquée par le directeur. I. 1318, art. 15 et 38, et 1351, art. 13.

1128. *Consignation*. Les renvois ont deux objets distincts : les uns sont destinés à être consignés sur les tables du bureau, comme tous les enreg. de même nature qui y ont été faits; ce sont les actes, décès ou mutations qui doivent, par leur espèce, être relevés sur l'une des tables (V. 1233). Les autres, qui ne sont pas de nature à être portés sur une table, sont utilisés pour la découverte ou le recouvrement des droits et produits; il en est fait article sur les sommiers, ou bien le receveur vérifie immédiatement si le droit a été payé ou le recouvrement opéré.

1129. Il sera facile aux receveurs de distinguer, dans le nombre des renvois, ceux qui devront être consignés de suite sur le sommier des droits certains, comme présentant des découvertes bien constatées, ceux qui auront pour objet des découvertes qu'il faudra éclaircir et qui devront conséquemment être portés au sommier des droits douteux, enfin ceux qui seront seulement dans le cas d'être inscrits sur les tables alphabétiques. O. gén. 82. En portant ces derniers, on indiquera dans la colonne d'observations, sur la table, le lieu d'où le renvoi provient. — Chaque renvoi est émargé par le receveur qui l'a reçu, du numéro du sommier ou de la table où il a été inscrit et cette mention est signée par lui. O. gén. 206 ; I. 1318, art. 38, et 1351, art. 13.

Les renvois de chaque mois et la consignation de ceux qui arrivent doivent être faits avec l'exactitude prescrite pour la tenue des sommiers et des tables, et sous les mêmes peines en cas de négligence ou de retard. Circ. 22 mars 1808 (V. 1239).

1130. *Fausse direction.* Lorsqu'un renvoi ne concerne pas le bureau auquel il a été transmis par erreur, on ne doit pas l'envoyer directement au receveur de ce dernier bureau ; il faut substituer en tête du renvoi le nom du bureau auquel le renvoi doit être adressé, et le joindre, avec une note, aux renvois du mois suivant que l'on transmet au directeur, afin que celui-ci, après avoir rectifié son registre, expédie le renvoi à sa véritable destination ; cependant si ce retard devait être préjudiciable, il faudrait l'envoyer de suite.

1131. *Usage des renvois.* On a vu *sup.* 1109 et suiv. l'usage de quelques uns des renvois qui ne sont pas de nature à être consignés sur les tables et sommiers. Les renvois, en général, sont très utiles à consulter pour la recherche des droits célés. On y puise des renseignements d'autant plus précieux, que les parties croient quelquefois, en s'éloignant de la surveillance des préposés de la localité, se soustraire plus facilement aux obligations qui leur sont imposées. On indiquera, en parlant des découvertes, l'usage à faire des renvois (V. *titre* IV).

1132. *Classement.* Les renvois sont enliassés par mois et par année, étiquetés et conservés pour y recourir au besoin. I. 1318, art. 38, et 1351, art. 13. Il semblerait convenable de leur donner un numéro d'ordre par année pour assurer leur conservation. Cette conservation des renvois est en effet une mesure fort utile et parfois encore trop négligée ; les receveurs les joignent à leurs sommiers, aux dossiers d'affaires à suivre, ou à des rapports que l'on transmet au directeur ou à l'adm. Cependant les renvois ne sont pas seulement des renseignements à utiliser au moment même de leur réception, ce sont des documents à consulter comme les enreg. qu'ils suppléent. Lorsqu'on a besoin de justifier de l'extrait renvoyé, il faut faire une copie certifiée du renvoi, car l'original doit toujours rester dans les archives du bureau, classé à son ordre avec les renvois de l'année (V. 1127).

A la fin de chaque année, le nombre des renvois qui ont été reçus doit être mentionné sur l'inventaire du bureau. I. 1318, art. 38, et 1351, art. 13.

§ II. — *Renvois ou relevés particuliers.*

1133. Outre les renvois de bureau à bureau, quelques communications officielles par renvois *en dehors de l'adm.* ont été établies pour les besoins du service public. Ces renvois ou relevés particuliers d'enreg. sont faits dans l'intérêt de l'administration des *contributions directes* et de celle des *contributions indirectes.* Toutefois (V. 1142).

1134. *Contributions directes, Relevés des enreg.* Aux termes de deux décisions des 14 avril 1829 et 10 juin 1831, les receveurs de l'enreg., autres que ceux des chefs-lieux d'arrond. ou de canton où résidaient des contrôleurs des contributions directes, étaient tenus de fournir, pour le service des mutations aux rôles, un relevé des actes translatifs de propriétés foncières. I. 1277 et 1371. Les receveurs avaient été dispensés de ce travail par une autre décision du 26 fév. 1841. I. 1639. Cependant, à la demande de l'administration des contributions directes, les receveurs de l'enreg., dans toutes les localités indistinctement, excepté à Paris, ont été astreints de nouveau à fournir des relevés, non seulement des actes translatifs de propriétés immobilières, mais encore des baux à ferme et à loyer et des ventes de coupes de bois. D. 31 mars et 9 nov. 1846. I. 1773 (V. 1137).

1135. Ces relevés sont formés de mois en mois par les receveurs sur des cadres imprimés fournis par l'administration des contributions directes, et qui leur sont remis par l'entremise du directeur de l'enreg. — Les extraits ont pour objet non seulement les actes enregistrés au bureau, mais encore ceux qui sont portés dans les notes de renvois autres que ceux du même département. I. 1773. Il en résulte que les receveurs qui ont enregistré les actes, doivent fournir les extraits de tous ceux qui concernent des immeubles situés dans le département, mais non des enreg. relatifs à des biens situés dans d'autres départements. Ceux-ci sont fournis par les receveurs qui ont reçu les renvois.

1136. Il y a deux modèles de ces cadres imprimés, l'un pour les baux et ventes de coupes de bois, l'autre pour les ventes, échanges, donations, partages et autres actes translatifs de propriété. — En tête de chaque relevé, on indique la commune de la situation des biens. I. 1773. L'instruction ne fait pas connaître si, lorsque les immeubles sont situés sur plusieurs communes, il y a lieu de faire autant de relevés qu'il y a de communes différentes ; il semble qu'un seul relevé suffit pour la commune sur laquelle se trouve la plus grande partie des biens ; c'est du moins ce que l'on peut inférer des exemples présentés dans les modèles.

1137. Dans les relevés des baux et ventes de coupes de bois, le receveur donne, en regard des indications imprimées, les détails suivants : nature de l'acte, durée du bail, nom, prénoms et demeure du propriétaire, nom et prénoms du fermier, désignation des propriétés, communes où elles sont situées, prix du bail ou de la coupe, nom du notaire ou nature de l'acte, date de l'acte. Les ventes des coupes de bois de l'Etat ne doivent pas être comprises dans les relevés à fournir, mais on devra y porter celles des coupes de bois des communes, des établissements publics et des particuliers. — Pour les ventes, donations, partages et autres actes translatifs de propriété, on indique la nature de l'acte, les noms et prénoms de l'ancien et du nouveau propriétaire, les propriétés et la commune de leur situation, le prix ou le revenu, charges comprises, le nom du notaire ou la nature de l'acte, la date. I. 1773. Les déclarations de mutations par décès ne doivent pas être relevées, aucune disposition de l'instruction ne peut le faire supposer.

1138. Ces extraits doivent être adressés au directeur le premier de chaque mois. I. 1773. Il semble que ce délai n'est pas suffisant, et que l'on aurait pu accorder au moins dix jours comme pour les renvois. Il importe donc que ces relevés soient faits au fur et à mesure des enreg. — Le directeur transmet ces relevés au directeur des contributions directes avec un bordereau récapitulatif indiquant le nombre d'extraits de baux et le nombre d'extraits de ventes et autres actes translatifs compris dans chaque envoi. I. 1773. Il ne semble pas nécessaire que ce bordereau soit fait par bureau.

1139. A l'expiration de l'année, les receveurs de l'enreg. des chefs-lieux d'arrond. adresseront à leur directeur, pour être remis au directeur des contributions directes, un état indiquant : 1° le nombre des baux, 2° le nombre des actes translatifs de propriété pour lesquels ils auront fourni des bulletins. Cet état sera transmis à la direction générale des contributions directes qui, de concert avec l'adm. de l'enreg., proposera au Ministre de régler les indemnités auxquelles les receveurs pourraient avoir droit. I. 1773. — Ce travail étant en dehors des fonctions des receveurs, il eût été juste d'accorder à tous les receveurs indistinctement une indemnité pour la formation de ces relevés, et d'en déterminer à l'avance le montant.

1140. *Contributions indirectes.* Afin de contrôler les avances et les recouvrements des droits d'enreg. des actes de poursuite faits par les agents des contributions indirectes, le directeur de cette administration est autorisé à demander au directeur de l'enreg. le relevé des enreg. d'actes de l'espèce dans les localités et aux époques qu'il désigne. Le directeur se fait fournir ce relevé par le receveur de la localité ou du canton indiqué et le transmet immédiatement. D. 21 avril 1840. I. 1612.

1141. Aucune forme spéciale n'a été indiquée pour ces relevés; on peut faire des copies des enreg., ou, s'il y en a un certain nombre, présenter les renseignements qu'offrent les enreg. en forme de tableau; on n'omettra point surtout d'indiquer la nature des actes, le nom du défendeur, le nom du rédacteur de l'acte, sa date et celle de l'enreg., ainsi que le montant des droits perçus. Ces communications étant faites dans l'intérêt du trésor, il n'est alloué au receveur aucune rétribution pour la formation du relevé des enreg. I. 1612.

1142. *Autres fonctionnaires*. Quelques autres communications sont encore faites par les préposés, dans l'intérêt public, à divers agents ou fonctionnaires publics; il en sera question dans le paragraphe suivant avec les communications à faire aux particuliers (V. 1149, 1150).

§ III. — *Communications des enregistrements.*

1143. *Règle générale*. La publicité étant la base du système hypothécaire, les registres des formalités hypothécaires sont ouverts à tout le monde, et chacun a le droit de demander communication écrite des documents qu'ils contiennent; mais il n'en est pas de même des registres établis pour l'enreg. des actes et la perception des droits et produits; ce ne sont pas des registres publics, en ce sens que chacun ait le droit d'en prendre connaissance. La loi exige pour cela un intérêt direct et bien constaté. C'est ce qui résulte de la disposition ci-après : « Les receveurs de l'enreg. ne pourront délivrer d'extraits de leurs registres que sur ordonnance du juge de paix, lorsque ces extraits ne seront pas demandés par quelqu'une des parties contractantes ou leurs ayants-cause. Il leur sera payé *un franc* pour recherche de chaque année indiquée, et *cinquante centimes* par chaque extrait, outre le papier timbré; ils ne pourront rien exiger au-delà. » L. 22 frim. an 7, art. 58; O. gén. 63 et 64. — Cette disposition n'a pas été abrogée par l'art. 853 C. proc., attendu que les registres pour la perception des droits d'enreg. ne sont pas des registres *publics*. I. 436, § 64.

1144. *Demande*. Lorsqu'une personne se présente pour demander une recherche sur les registres, le receveur doit s'assurer que le requérant est réellement partie contractante dans l'acte indiqué ou l'un de ses ayants-cause, soit à titre héréditaire, soit par donation, acquisition, cession ou autrement. Si le requérant est seulement créancier et n'a qu'un intérêt indirect à connaître l'acte dont il demande la recherche, il sera renvoyé à se pourvoir devant le juge de paix pour obtenir l'ordonnance de compulsoire.

1145. *Ordonnance de compulsoire*. L'autorisation du juge de paix est nécessaire aux individus qui ne sont point parties, lors même que le requérant ne demanderait pas d'extrait du registre, mais un simple renseignement verbal sur l'existence ou les dispositions d'un acte. Les receveurs doivent se montrer très prudents à cet égard, car toute indiscrétion de leur part attirerait sur eux des mesures sévères et d'autant plus inévitables que la partie qui aurait à souffrir de cette indiscrétion, ne manquerait pas de s'en plaindre. — L'ordonnance de compulsoire est sujette au timbre et au droit d'enreg. de 1 fr., comme toutes les ordonnances rendues par le juge de paix. Le receveur les conserve pour en justifier au besoin, les enliasse par ordre de dates et les classe dans les archives du bureau.

1146. *Recherches*. Aucune recherche rétribuée ne doit être faite d'office, et sans la réquisition expresse des parties. Lorsqu'elles se présentent pour faire une déclaration sans être munies des pièces nécessaires, le receveur, en supposant que ces pièces soient indispensables, pourra en faire la recherche, mais seulement après que les parties, prévenues des frais auxquels cette recherche doit donner lieu, auront demandé expressément qu'elle soit faite. Les employés comprendront qu'ils porteraient atteinte à leur considération en agissant autrement. Ils ne doivent d'ailleurs exiger aucune rétribution pour s'assurer de la date du décès indiqué ou faire les recherches nécessaires à la vérification des déclarations (V. 1073).

1147. Il faut toujours faire préciser la nature des actes ou renseignements dont la recherche est demandée, ainsi que l'intervalle à compulser. A cet effet, le receveur doit préalablement donner et demander aux parties les explications nécessaires pour connaître exactement les noms des contractants et l'époque des contrats ; il les invitera à bien fixer leurs souvenirs, et même, dans certains cas, à préciser les circonstances qui leur font présumer que l'acte a été passé à telle ou telle époque. Les receveurs devront se renfermer dans les limites que les parties auront indiquées, ou du moins borner, dans ce sens, le montant de leur salaire, de manière à ne point le porter hors de proportion avec l'intérêt qui nécessite la recherche. Celle-ci doit d'ailleurs être faite avec beaucoup de soin et d'attention ; le requérant serait en droit d'exiger du receveur un certificat constatant que l'acte recherché n'existe pas sur ses registres.

1148. *Extraits*. Les extraits des registres demandés, par les parties, doivent être délivrés sur papier timbré ; on avait pensé qu'il fallait faire usage de papier d'expédition, Sol. 29 sept. 1829 ; mais il a été reconnu depuis qu'on peut se servir de papier de toute dimension, conformément à la Circ. R. 1769, et qu'on peut aussi écrire l'extrait de plusieurs enreg. sur la même feuille. Sol. 1er fév. 1839. I. 1590, § 16.

Chaque extrait doit être certifié par le receveur. Il y fera mention expresse de la personne à laquelle l'extrait a été délivré, en rappelant sa qualité pour l'obtenir ou l'ordonnance qui a autorisé le compulsoire. Il est bon aussi de dater ces extraits pour constater l'époque de leur délivrance, d'indiquer au bas le coût de la recherche et de l'extrait et d'en donner quittance, enfin de faire mention, tant en marge de l'enreg. que sur l'ordonnance de compulsoire, de la délivrance de cet extrait.—Toute exigence du receveur, au delà des salaires que la loi lui accorde, tant pour la recherche que pour l'extrait, serait considérée comme une concussion.

1149. *Communications autorisées*. La défense de communiquer les registres de l'enreg. souffre quelques exceptions; ceux qui peuvent en prendre communication, sans les déplacer, sont : 1° les employés supérieurs de l'enreg. et des domaines, chargés de vérifier ou d'examiner, dans toutes ses parties, la gestion des préposés. O. gén. 62 ; I. 1318, 1351, etc. — 2° Les inspecteurs et sous-inspecteurs des finances. I. 930, 1040, 1130 et 1790. — 3° Les inspecteurs et contrôleurs des contributions directes chargés du travail de la répartition de la contribution foncière. Circ. 22 fév. 1806 ; I. 125 et 1005. La remise des relevés indiqués *sup.* 1134 et suiv. n'empêche point que ces agents aient la faculté de demander communication des registres pour les besoins de leur service. — 4° Les Préfets, les Sous-Préfets et les maires autorisés à prendre, soit par eux-mêmes, soit par leurs délégués, au vu des registres, tables et sommiers, les renseignements dont ils peuvent avoir besoin pour la révision des listes électorales, en exécution de la loi du 19 avril 1831. D. 21 août 1845. I. 1739. — 5° Enfin les ingénieurs et autres agents de l'administration des travaux publics, autorisés à prendre tous les renseignements qui leur sont nécessaires pour l'évaluation des indemnités dues aux propriétaires dépossédés en vertu de la loi du 3 mai 1841, sur l'expropriation pour cause d'utilité publique. D. 19 juill. 1843. Circ. 28 déc. 1843.

1150. Ces différentes communications emportent nécessairement le droit de prendre copie ou extrait des enreg., et les employés supérieurs de l'enreg., ainsi que les inspecteurs des finances, peuvent même demander que ces copies leur soient délivrées par le receveur.

Tous autres agents de l'Etat ou fonctionnaires, à l'exception des magistrats du ministère public et de ceux chargés de l'instruction des affaires criminelles ou de police, ne peuvent être admis à compulser les registres, même dans l'intérêt de l'Etat, qu'avec l'autorisation expresse de l'adm. Les renseignements dont les préposés des autres administrations peuvent avoir besoin pour le service public, doivent être demandés par la voie de la correspondance administrative. A cet effet, ils devront s'adresser par écrit au directeur de l'enreg. qui leur transmettra, sous sa responsabilité ou avec l'autorisation de l'adm., les renseignements, extraits d'actes et d'enreg. que lui fourniront les receveurs ou préposés de sa direction auxquels il en fera la demande.

SECTION II. — *Surveillance des répertoires et des minutes ; communications aux préposés.*

§ Ier. — *Répertoires des actes.*

1151. *Obligation de tenir répertoire.* Anciennement les actes notariés étaient remis en brevet aux parties, et les notaires devaient en conserver sur des registres ou protocoles, des copies entières qui servaient de minutes. Ord. juin 1510, août 1539, et janv. 1560. Plus tard, les notaires ayant été astreints à conserver des minutes, on leur prescrivit de tenir un répertoire chronologique de tous les actes passés devant eux. Edit juin 1627; Arrêts 27 fév. 1655, 21 juill. 1693 et 21 juin 1695 ; Déclarations, 16 mars 1696 et 14 juill. 1699. La même obligation a été imposée aux notaires, greffiers et huissiers par les lois des 19 déc. 1790, 11 fév. et 6 oct. 1791, 26 frim. et 16 flor. an 4, dans le double but d'assurer la conservation des minutes et le paiement régulier des droits d'enregistrement.

1152. Ces dispositions ont été confirmées par les lois organiques de l'enreg. et du notariat, qui obligent les notaires, greffiers, huissiers et secrétaires des administrations, à tenir des répertoires à colonnes sur lesquels ils doivent inscrire, jour par jour, les actes ou exploits de leur ministère ou les jugements auxquels ils concourent, à peine de 5 fr. d'amende pour chaque omission. L. 22 frim. an 7, art. 49 ; 25 vent. an 11, art. 29, et 16 juin 1824, art. 10.

1153. Les commissaires-priseurs, les courtiers de commerce, les gardes de commerce et les porteurs de contraintes sont assimilés aux huissiers, et les secrétaires des prud'hommes aux greffiers, pour l'obligation de tenir répertoire. I. 363, 388, § 2 et 437. Par secrétaires des administrations, on doit entendre les secrétaires généraux de préfecture, les sous-préfets et les maires. Ces fonctionnaires peuvent déléguer le soin de tenir le répertoire à un de leurs employés qui devient personnellement responsable des amendes. I. 318, 322 et 1069. — Les commissaires de la marine et les autres fonctionnaires sont dispensés de la tenue d'un répertoire.

1154. La règle est que chaque officier public ou ministériel ne doit tenir qu'un seul répertoire ; cependant les greffiers des cours royales et des tribunaux de première instance ont dû en ouvrir deux, l'un pour les actes et jugements en matière civile, l'autre pour ceux de la police correctionnelle. I. 920. Les huissiers-audienciers tiennent également deux répertoires pour les actes de leur clientèle, et pour ceux qu'ils font comme huissiers-audienciers. I. 1075. — Indépendamment du répertoire ordinaire, les officiers ministériels qui font des protêts sont obligés d'avoir un registre spécial pour la transcription de ces actes (V. 1192).

1155. *Timbre*. Les répertoires doivent être tenus sur papier timbré de la débite ordinaire. L. 13 brum. an 7, art. 12, n° 12, et art. 18. Circ. R. 1705. On peut se servir de papier de toute dimension; néanmoins les notaires ont été *invités* par une circulaire du Ministre de la justice du 28 mars 1810, à employer exclusivement du papier timbré du format dit : *grand papier*, à 1 fr. 50 cent. la feuille. Circ. 19 avril 1810. Les répertoires des porteurs de contraintes sont tenus sur papier visé pour timbre *gratis*. I. 382.

1156. *Cote et paraphe*. Les répertoires doivent être cotés et paraphés : ceux des notaires par le président, ou à son défaut, par un juge du tribunal de première instance. L. 25 vent. an 11, art. 30. Circ. 22 niv. an 12 et 16 sept. 1807; I. 263 et 318. — Les répertoires des greffiers et des secrétaires des prud'hommes sont cotés et paraphés par le président de la Cour, du tribunal ou du conseil près desquels ils exercent leurs fonctions. L. 22 frim. an 7, art. 53. — Ceux des huissiers, commissaires-priseurs, courtiers et gardes de commerce sont cotés par le président de la Cour et des tribunaux de première instance ou de commerce auxquels ils sont attachés. Décr. 14 juin 1843, art. 47. I. 388, 486 et 659. — Les répertoires des secrétaires généraux de préfecture ou de leurs délégués sont cotés et paraphés par le préfet. — Ceux des sous-préfets par le préfet, ou par eux-mêmes s'ils en ont délégué la tenue; les répertoires des maires sont cotés et paraphés par le sous-préfet, et ceux des secrétaires ou employés délégués à l'effet de tenir le répertoire des maires, doivent être cotés et paraphés par ces derniers. I. 318, 322 et 325.

1157. *Forme*. Les répertoires sont tenus à colonnes. Chaque article contiendra : 1° son n°; 2° la date de l'acte; 3° sa nature et son espèce; 4° les noms et prénoms des parties et leurs domiciles; 5° l'indication des biens, leur situation et le prix, lorsqu'il s'agira d'actes qui auront pour objet la propriété, l'usufruit ou la jouissance d'immeubles; 6° la relation d'enreg. L. 22 frim. an 7, art. 49 et 50, 25 vent. an 11, art. 30. Le répertoire doit indiquer si les actes sont en minute ou en brevet; lorsqu'ils sont sujets à l'approbation de l'autorité administrative, il rappelle la date de l'approbation et le jour où elle est parvenue. I. 290, § 5, et 318.

1158. *Inscription au répertoire*. L'inscription de chaque acte sur le répertoire sera faite jour par jour, sans blanc ni interligne, et par ordre de n°s. Ce sont les dispositions précises de l'art. 49 de la loi du 22 frim. an 7. On peut indiquer en chiffres le n°, la date des actes, celle de l'enreg., et le montant des droits perçus. I. 382. Les huissiers sont tenus de faire mention en outre, dans une colonne particulière, du coût de leurs exploits. Décr. 14 juin 1843, art. 47. I. 659.

1159. *Actes à inscrire*. Les officiers publics et ministériels doivent en général, porter sur le répertoire tous les actes qu'ils font en leur qualité. Il est en outre prescrit aux greffiers d'y inscrire les récépissés que le receveur leur délivre, des extraits de jugements dont les droits ne leur ont pas été consignés par les parties (V. 853). — Enfin les maires et secrétaires de préfecture et sous-préfecture ne sont obligés d'y porter que les actes assujettis à l'enreg. I. 834. V. d'ailleurs, pour les actes à inscrire sur les répertoires, le *Code de l'enregistrement.*

La loi ne prononce d'amende que pour les omissions (V. 1152, 1170); mais les magistrats du ministère public et les autorités administratives sont chargés, en ce qui les concerne particulièment, d'assurer la complète exécution des lois relatives à la tenue des répertoires (V. 1178).

1160. *Visa trimestriel.* Tous les trois mois les officiers et fonctionnaires que la loi oblige à tenir un répertoire, sont tenus de le présenter au receveur de l'enreg. de leur résidence, pour le faire viser, L. 22 frim. an 7, art. 51; Circ. 22 niv. an 12; I. 318; quand même aucun acte n'aurait été fait depuis le dernier visa. Cass. 31 janv. 1814. C'est au bureau où s'enregistrent les actes de l'officier ou du fonctionnaire que cette présentation doit se faire, dans les dix premiers jours de chacun des mois de janvier, avril, juillet et octobre, à peine de 10 fr. d'amende, quelle que soit la durée du retard. L. 22 frim. an 7, art. 51, et 16 juin 1824, art. 10. Circ. 22 niv. an 12; I. 318. Lorsque le dixième jour est un dimanche ou un jour férié, le délai est prorogé au lendemain.

1161. *Mention de la présentation.* Au moment même où un répertoire est présenté au visa du receveur, il constate cette remise dans la case en blanc qui suit le dernier enreg. sur le registre consacré aux actes de l'officier ou du fonctionnaire. I. 318. Une seule case sera employée pour la mention du visa de chaque répertoire, il ne faut jamais en inscrire deux dans une case, même pour les répertoires des maires, visés sans actes inscrits. Provisoirement, la remise sera constatée en ces termes sur le registre : *Du* (date) *vu le répertoire de M.* (nom, qualité et résidence de l'officier public ou du fonctionnaire qui fait viser). Cette mention n'est complétée qu'après la vérification du répertoire (V. 1176).

1162. *Vérification.* Le visa du receveur n'est pas une simple formalité; il doit être précédé de la vérification complète et approfondie du répertoire pour tous les actes inscrits depuis le dernier visa. Ce travail sera fait au fur et à mesure de la présentation, et sans aucun retard. Il importe qu'il soit terminé pour chaque répertoire dans les 24 heures du dépôt. Quelques receveurs attendent que tous leur aient été remis, afin de les vérifier à la fois; c'est un tort : il en résulte que les officiers publics ne peuvent se conformer à l'obligation que la loi leur impose de tenir le répertoire jour par jour.

1163. La vérification doit porter sur plusieurs points : le receveur s'assurera d'abord que le répertoire est tenu dans la forme prescrite; que tous les actes ont été exactement relevés jour par jour, et que la mention contient les indications nécessaires; que l'inscription des actes a été faite par ordre de numéros, sans aucun blanc ni interligne; enfin, que tous les actes inscrits ont été régulièrement enregistrés.

1164. En ce qui concerne la forme, le receveur s'assurera que le répertoire est sur papier timbré; qu'il est régulièrement coté et paraphé et distribué en colonnes selon les indications détaillées ci-dessus. Excepté pour le timbre, la loi ne prononce aucune peine en cas d'infraction à ces dispositions; mais le receveur ne doit pas moins veiller à ce qu'elles soient scrupuleusement observées. En cas d'irrégularités, il les signalera au procureur du Roi pour les notaires et officiers ministériels, et au Préfet ou sous-Préfet pour les fonctionnaires de l'ordre administratif, afin d'assurer la complète exécution des lois sous ces différents rapports. I. 486 et 659.

1165. Le receveur examinera ensuite si tous les actes qui devaient être portés au répertoire l'ont été exactement. Les enreg. fournissent les moyens de faire cette vérification par leur comparaison et leur rapprochement avec le répertoire. On ne se bornera pas à voir si le nombre des actes enregistrés concorde avec celui des actes inscrits au répertoire; le rapprochement sera fait acte par acte; seulement pour abréger, il peut embrasser immédiatement la vérification des différentes indications que comporte chaque article du répertoire.

1166. A cet effet, le receveur, partant de la date du dernier visa, cherche sur le registre l'enreg. des actes de l'officier ou du fonctionnaire dont il vérifie le répertoire. Au vu de chacun de ces enreg., il s'assure que l'acte a été inscrit sur le répertoire, qu'il y est porté à sa date, et que la mention présente les indications prescrites. Au fur et à mesure de cette vérification, qui, pour plus de promptitude, peut être faite par deux personnes, on pointe au crayon sur le répertoire chacun des actes dont l'inscription a été rapprochée.

1167. Certains actes, tels que des ventes publiques de meubles ou des exploits, peuvent avoir été enregistrés dans un autre bureau; ces enreg. sont renvoyés au receveur de la résidence de l'officier ministériel (V. 1110). Au vu de ces renvois, on vérifiera si les actes ont été inscrits au répertoire, et l'on fera mention à la marge du renvoi, soit du n° du répertoire, soit, en cas d'omission, du n° du sommier sur lequel l'amende aura été relevée (V. 1175).

1168. Lorsqu'un acte a été omis ou qu'il est porté au répertoire sous une date autre que celle indiquée dans l'enreg., on en prend note, afin de s'assurer au vu de la minute qu'il n'y a pas eu erreur dans l'indication, soit du nom de l'officier, soit de la date de l'acte. Quant aux actes en brevet ou dont il ne reste pas de minute, l'enreg. fait foi. Ce serait aux officiers publics à établir la preuve qu'il y a erreur sur le registre. Jug. Rouen, 28 août 1845.

1169. Après avoir terminé ce rapprochement, le receveur s'assure, par un examen minutieux du répertoire, que les n^{os} d'inscription se suivent ; qu'il n'y a pas de n^{os} omis ou de n^{os} doubles ; que les actes ont été inscrits dans l'ordre chronologique ; qu'aucun blanc n'a été ménagé ; qu'aucun article n'a été ajouté par substitution, interligne, intercalation, addition, surcharge, rature ou grattage.

1170. Si la loi ne punit que les omissions, le défaut d'inscription des actes jour par jour, les blancs et interlignes, enfin toutes les irrégularités qui donnent la preuve d'une omission réparée après coup, au moyen, soit de ratures, grattages ou surcharges, soit d'intercalations, substitutions ou interversions d'articles, rendent exigible l'amende que la loi prononce. Les mentions doubles n'en sont passibles que pour le cas où elles démontrent un retard dans l'inscription des actes au répertoire. I. 1156, § 10 ; 1210, § 8.

1171. Après ces diverses vérifications, le receveur examine si tous les articles inscrits au répertoire sont exactement pointés. Ceux qui ne le seraient pas, pourraient n'avoir pas été enregistrés. Dans ce cas, après s'être assuré de l'exigibilité des droits et amendes, on en fait article au sommier des droits certains pour suivre le recouvrement. Le receveur reconnaîtra en même temps si la date de l'enreg. et le montant des droits sont annotés dans la colonne spéciale du répertoire ; il tiendra la main à ce que les omissions sous ce rapport soient réparées.

1172. Il est prescrit aux receveurs de faire avec beaucoup de soin la vérification des répertoires soumis à leur visa et de constater exactement les contraventions. Ils sont personnellement responsables des amendes résultant des contraventions qu'ils n'ont pas constatées. 1. 318, 548, § 7. Ces amendes se prescrivent par deux ans à compter du jour de la présentation des répertoires au visa. L. 16 juin 1824, art. 14. I. 548, 1136.

1173. *Testaments non enregistrés.* Les testaments et donations à cause de mort, qui ne sont assujettis à l'enreg. que dans les trois mois du décès des testateurs et donataires, sont rarement enregistrés au moment du visa du répertoire pour le trimestre de leur inscription. Pour assurer le recouvrement des droits d'enreg. de ces actes à l'époque de leur exigibilité, il est ordonné aux receveurs de relever, au vu des répertoires, les testaments ou codiciles faits ou reçus en dépôt, et les donations subordonnées à l'événement du décès, passées pendant le trimestre vérifié. Les répertoires des notaires ne contiennent à cet égard qu'une mention sommaire, mais elle est suffisante pour remplir le but proposé.

1174. Il avait été prescrit de relever ces actes sur le sommier des découvertes, I. 318 ; plus tard on établit une table spéciale des testaments non enregistrés ; mais elle fut supprimée et réunie à la table générale des testaments et donations éventuelles. I. 1147 (V. 1269). C'est donc sur cette dernière table que le receveur fait mention des actes de l'espèce inscrits aux répertoires des notaires, ainsi qu'il sera expliqué (V. 1270), afin de surveiller le paiement des droits (V. 1273).

1175. *Contraventions*. Lorsque la vérification du répertoire est terminée, si elle constate des contraventions passibles d'amendes, le receveur en demande le paiement immédiat ; s'il est effectué, il fait article de ces amendes au sommier des droits constatés n° 1er, et en porte le montant en recette au registre correspondant. C. c. 60, § 4. En cas de refus, il est fait provisoirement article des amendes au sommier des droits certains, et l'on en poursuit le recouvrement par voie de contrainte en la forme ordinaire. — A l'égard des amendes encourues par les maires, les receveurs s'abstiendront d'exercer des poursuites pour le recouvrement ; ils devront en faire article au sommier certain, et inviter les contrevenants à se mettre en réclamation. On se conformera à cet égard aux règles énoncées (V. *titre* V).

1176. *Enregistrement du visa*. Après le paiement des amendes, ou la consignation au sommier, le receveur complète la mention qui constate sur le registre la présentation du répertoire et sa vérification. Cet enreg. doit indiquer que le répertoire a été *vérifié* et *comparé au registre ;* il fera mention du nombre des actes inscrits depuis le dernier visa, de la date et du n° du premier et du dernier acte, et constatera les omissions, doubles emplois, renvois, intercalations, ratures ou irrégularités, I. 318 ; enfin il rappellera le montant des amendes et le n° du sommier où elles auront été relevées. S'il n'a été constaté aucune contravention, l'enreg. l'énoncera expressément, sauf l'indication sommaire des irrégularités remarquées et qui mériteraient d'être signalées.

1177. *Certificat du visa*. Les mêmes mentions seront faites dans le certificat du visa que le receveur apposera sur le répertoire, à la date du jour de sa présentation, et à la suite du dernier article inscrit, sans laisser aucun blanc ou intervalle. Ce certificat rappellera la date, le folio et le n° de la case où se trouve l'enreg. qui constate le visa, I. 318. Il énoncera encore comme les relations d'enreg., le lieu où la vérification a été faite, le n° du sommier ou la quittance des amendes encourues, enfin il sera signé par le receveur.

1178. On s'abstiendra d'insérer dans ce visa aucune injonction aux officiers ministériels ou fonctionnaires, soit pour la tenue du répertoire, soit au sujet des actes mêmes ; on se bornera à constater les contraventions et à énoncer simplement les irrégularités reconnues dans la tenue du répertoire, sans adresser aucune injonction à cet égard. Ce soin appartient aux magistrats. V. I. 1347, § 15.

1179. *Tableau récapitulatif.* Le jour même de l'expiration du délai pour la présentation des répertoires au visa, le receveur doit, sur chacun des registres où se portent les actes de chaque classe d'officiers ou de fonctionnaires, et, dans une ou plusieurs cases qui précèdent celle où il inscrit l'arrêté quotidien, faire mention des noms de ceux qui ont présenté leur répertoire au visa et de ceux qui sont en retard de le faire, avec rappel du n° du sommier où les amendes de retard ont été relevées. Circ. R. 1617. — Cette mention se fait ordinairement en forme de tableau indiquant les noms, qualités et résidence de chacun des officiers ou fonctionnaires assujettis à l'obligation de tenir un répertoire, la date de la présentation de ce répertoire et le folio et la case où elle est constatée. Quelques receveurs y ajoutent le nombre des actes inscrits et le montant des amendes, ainsi que les n°s des articles consignés au sommier.

1180. *Retard dans la présentation.* Le recouvrement des amendes encourues pour retard de présentation des répertoires au visa du receveur est poursuivi par voie de contrainte lorsqu'elles ne sont pas acquittées immédiatement ; l'instr. n° 318 ajoutait que la signification de la contrainte devait être précédée d'un procès-verbal pour constater le fait ; mais le contraire résulte des dispositions postérieures, I. 1150, § 17, et 1537, nomb. 9. — On remarquera que cette amende a été réduite à une seule amende de 10 fr. quelle que soit la durée du retard. L. 16 juin 1824, art. 10 ; D. 22 mars 1834 (V. 1160). Il faut, par conséquent, constater ces contraventions chaque trimestre, et poursuivre immédiatement le recouvrement de l'amende ; autrement, on ne pourrait pas demander le paiement de plusieurs amendes pour un retard qui se serait prolongé pendant plusieurs trimestres. I. 1458, § 10.

1181. Si les officiers ministériels sont, en général, exacts à présenter, dans le délai, leurs répertoires au visa, la même exactitude ne se rencontre pas chez les maires, notamment dans les communes rurales. Ces fonctionnaires faisant très peu d'actes susceptibles d'être inscrits au répertoire, et exerçant d'ailleurs des fonctions gratuites, ce qui ne permet guère de leur faire l'application rigoureuse des amendes que la loi prononce, il en résulte une certaine apathie pour l'exécution de ses dispositions.

1182. Pour n'avoir pas a relever de nombreuses contraventions qui donnent lieu à des réclamations presque toujours suivies de la remise des amendes, quelques receveurs croient pouvoir conserver dans leur bureau les répertoires des maires des communes rurales ; ils y portent eux-mêmes ou font porter les actes au moment où ces actes sont soumis à l'enreg., et visent le répertoire chaque trimestre comme s'il leur avait été présenté par les maires. Cet usage est contraire aux dispositions précises de la loi ; il entraîne de graves inconvénients et ne peut être toléré. Les receveurs devront donc s'en abstenir ; mais, au lieu

d'exiger les amendes encourues par les maires, ils se conformeront aux règles énoncées (V. *titre* V).

1183. *Communication.* Outre la représentation trimestrielle
ordonnée pour le visa, les officiers et fonctionnaires assujettis à
la tenue d'un répertoire, sont obligés de le communiquer à
toute réquisition aux préposés de l'enreg. qui se présentent
chez eux pour le vérifier, à peine d'une amende de 10 fr. en
cas de refus. L. 22 frim. an 7, art. 52, et 16 juin 1824, art. 10.
— Les receveurs doivent user de temps à autre de la faculté
que cet article leur accorde ; c'est le meilleur moyen de forcer
les officiers ministériels à tenir régulièrement leurs répertoires
jour par jour. En effet, quelques uns ne craignent pas de retarder l'inscription de leurs actes sur le répertoire jusqu'à l'époque
périodique du visa ou jusqu'au moment de l'arrivée d'un employé supérieur au bureau. Ce retard présente de graves inconvénients ; il facilite la destruction clandestine des actes, principalement des protêts et des exploits ; c'est précisément pour
éviter de tels abus que la loi a imposé l'obligation de tenir les
répertoires jour par jour. Lorsque les officiers ministériels savent que le receveur est dans l'usage de se transporter chez eux
de temps à autre pour demander la communication du répertoire, ils se montrent plus scrupuleux observateurs des dispositions de la loi à cet égard.

1184. Ces communications particulières ne peuvent être
demandées qu'au domicile de l'officier ministériel ; le receveur
constatera son examen par un vu, daté et signé, qu'il inscrira
après le dernier article. Si le répertoire n'est pas au courant, les
omissions seront constatées et les amendes exigées dans la forme
ordinaire. — En cas de refus de communiquer le répertoire, on
procède selon le mode prescrit pour les refus de communication en général (V. 1225 et suiv.).

1185. *Dépôt annuel des répertoires.* Les notaires doivent,
aux termes des lois des 6 oct. 1791 et 16 flor. an 4, déposer dans
les deux premiers mois de chaque année, au greffe du tribunal
civil de leur résidence, le double par eux certifié du répertoire
des actes reçus pendant l'année précédente, Circ. R. 1304 et
1617 ; Circ. 22 niv. an 12, et I. 318 ; à peine d'une amende qui
a été réduite par la loi du 16 juin 1824 à 10 fr., quelle que soit
la durée du retard. — La même obligation est imposée aux
commissaires-priseurs et aux courtiers de commerce par l'art. 11
de cette dernière loi. Cass. 7 fév. 1843.

1186. C'est l'officier public en exercice pendant les deux
premiers mois qui est tenu d'effectuer le dépôt du répertoire
pour l'année précédente en entier ; mais lorsqu'aucun acte n'a
été fait pendant l'année, il n'y a pas lieu au dépôt. Le double
du répertoire doit être fait sur papier timbré de la débite. Circ.
R. 1401. Le dépôt est constaté par un acte spécial rédigé par le
greffier. I. 390, 590 (V. 877).

22

1187. Le 1er mars de chaque année les receveurs de l'enreg., dans les villes où siége un tribunal de 1re instance, doivent se transporter au greffe pour y vérifier si tous les notaires,
commissaires-priseurs et courtiers de commerce de l'arrond.
ont effectué le dépôt du double de leur répertoire pour l'année
précédente. Les instr. nos 318 et 453 portaient que cette vérification serait faite par le receveur de l'enreg. des actes civils ;
cela était naturel, car, à cette époque, les notaires seuls étaient
tenus d'effectuer le dépôt. Depuis que la loi du 16 juin 1824 a
soumis à la même obligation les commissaires-priseurs et les
courtiers de commerce, il semble, en ce qui touche ces officiers
ministériels, que le soin de s'assurer si le dépôt a été effectué,
est dévolu au receveur de l'enreg. des actes judiciaires.

1188. Le receveur se fera représenter non seulement l'acte
de dépôt rédigé par le greffier, mais encore chacun des doubles
de répertoire. Il examinera si ce double est sur papier timbré,
s'il est dans la forme prescrite pour le répertoire, et s'il contient, indépendamment des actes, les mentions de visa inscrites
sur l'original. — La loi n'a prononcé aucune amende lorsque
le double du répertoire n'est pas conforme en tous points à l'o-
riginal ; que l'écriture en est illisible ou resserrée au point de
présenter une lecture difficile ; mais les irrégularités que le receveur remarquera sous ces différents rapports seront signalées
au procureur du Roi.

1189. A l'égard des officiers ministériels qui auront omis d'effectuer le dépôt avant le 1er mars, le receveur constatera les
contraventions par un procès-verbal collectif rédigé dans la
forme prescrite pour les procès-verbaux de contravention aux
lois du notariat (**V**. *titre* V). Les receveurs sont personnellement responsables des amendes résultant de contraventions de
cette nature qu'ils n'ont pas constatées dans les deux ans. I. 318,
453 et 1537, nomb. 234.

1190. Le procès-verbal sera affirmé dans les 24 heures devant le juge de paix. Le receveur l'adressera immédiatement
au procureur du Roi chargé de poursuivre les contrevenants.
Les poursuites ne peuvent être exercées au nom de l'adm. ;
c'est au ministère public à requérir la condamnation et à se
pourvoir, s'il y a lieu, contre le jugement rendu. I. 318, 453 et
1537, nomb. 234.

1191. Les receveurs rendront compte au directeur du résultat de leurs vérifications pour s'assurer que le dépôt a été effectué, lors même qu'ils n'auraient reconnu aucune contravention
ou irrégularité. Ce rapport sera fait par une lettre spéciale dans
les premiers jours du mois de mars.

§ II. — *Registre des protêts.*

1192. Aux termes de l'art. 176 du Code de commerce, les
notaires et les huissiers sont tenus, à peine de destitution, dé-

pens, dommages et intérêts envers les parties, d'inscrire en entier, jour par jour et par ordre de dates, tous les protêts qu'ils font, sur un registre particulier, coté, paraphé et tenu dans les formes prescrites pour les répertoires. I. 420. — La tenue du registre des protêts n'est pas obligatoire pour les notaires qui n'ont fait aucun acte de cette nature ; ils ont la faculté de n'ouvrir ce registre qu'au moment où ils ont à rédiger un protêt, ou après qu'ils l'ont fait. I. 1293, § 18.

1193. Le registre des protêts doit être tenu sur papier timbré de la débite ordinaire. L. 13 brum., art. 12. Il est coté et paraphé comme le répertoire, par le président du tribunal civil, ou, à son défaut, par un juge. Il n'est pas nécessaire de déposer chaque année au greffe un double de ce registre, comme cela est prescrit pour les répertoires des notaires.

1194. L'établissement du registre des protêts ne déroge en rien à la tenue du répertoire où les protêts doivent être inscrits comme tous les autres actes, et se rattache à des considérations d'ordre public qui sont étrangères à la perception des droits d'enreg. I. 420. Cependant les obligations imposées par l'art. 176 du C. com. peuvent être assimilées à celles qui ont été établies par la loi du 25 vent. an 11 sur le notariat, également dans des vues d'intérêt public. Si les préposés ne doivent pas s'immiscer dans la poursuite des peines encourues, il leur est néanmoins prescrit de constater les contraventions relatives à la tenue du registre des protêts par des procès-verbaux qu'ils transmettent au procureur du Roi, chargé de prendre, dans l'intérêt de l'ordre public, les mesures qu'il jugera convenables. I. 1293, § 18, et 1537, nomb. 246.

1195. Aucune disposition du Code n'ayant statué que le registre des protêts dût être soumis, comme les répertoires, au visa des receveurs, cette prétention ne serait pas fondée; mais le droit de demander communication, accordé par les art. 52 et 54 de la loi du 22 frim. an 7 (V. 1205), embrasse tous les actes, titres et documents dont les officiers ministériels sont, en cette qualité, dépositaires, et la Cour de cassation a reconnu, le 8 juill. 1839, que le registre des protêts doit être communiqué à toute réquisition des préposés. I. 1601, § 22. Les receveurs profiteront de cette faculté, et demanderont de temps à autre la communication du registre des protêts, chez l'officier lui-même. En cas de refus, procès-verbal sera dressé en la forme ci-après indiquée (V. 1225). Si l'officier ministériel déclare qu'il ne tient point le registre, bien qu'il ait rédigé des protêts, il n'y a pas lieu de dresser un procès-verbal de refus de communication, ni de poursuivre le recouvrement de l'amende; il faut, dans ce cas, rédiger un procès-verbal pour constater que l'officier ne s'est pas conformé aux dispositions de l'art. 176 du C. com. et l'adresser au procureur du Roi.

1196. Lorsque le receveur obtient communication du registre des protêts, il s'assure que ce registre est tenu en papier timbré, dans la forme prescrite; que les copies des protêts ont été faites en entier, jour par jour et par ordre de dates; que tous les protêts inscrits ont été portés sur le répertoire et réciproquement sur le registre spécial et à la même date; enfin que l'officier ministériel se conforme exactement dans la tenue de ce registre aux dispositions de l'art. 176 du C. com. Les infractions à cet article seront constatées par un procès-verbal rédigé dans la forme voulue pour les procès-verbaux en matière de notariat; il sera affirmé devant le juge de paix dans les 24 heures, et le receveur l'adressera immédiatement au procureur du Roi (V. *titre V*).

1197. Aucune amende n'est prononcée pour les contraventions aux dispositions de l'art. 176 du C. com. Jug. Seine, 24 fév. 1847. Les contrevenants sont passibles des peines que cet article détermine; c'est aux tribunaux à en faire l'application, et les préposés n'ont qu'à signaler les infractions. — Quant aux contraventions au timbre, à l'enreg., à la tenue des répertoires, et autres obligations qui peuvent donner lieu à l'amende, que l'examen du registre des protêts peut faire reconnaître, les préposés devront les constater dans la forme ordinaire, et poursuivre le recouvrement des amendes encourues, selon la nature des contraventions.

§ III. — *Conservation des minutes.*

1198. *Dépôts d'actes.* Il est défendu, sous peine d'une amende de 10 fr., à tout notaire ou greffier, de recevoir aucun acte en dépôt, sans dresser acte du dépôt. Sont exceptés les testaments déposés chez les notaires par les testateurs. L. 22 frim. an 7, art. 43, et 16 juin 1824, art. 10. Cette défense n'a pas seulement pour objet d'assurer le paiement des droits d'enreg., mais encore la conservation des actes déposés. On comprend, dès lors, avec quel soin les préposés doivent veiller à ce qu'elle soit scrupuleusement observée. On ne confondra point l'annexe avec le dépôt : le dépôt est la remise pure et simple d'un acte dans les minutes; il faut un acte spécial pour constater cette remise. L'annexe est la jonction d'un acte à l'appui d'un autre acte, auquel le premier a rapport; il n'est pas nécessaire, dans ce cas, de rédiger un acte spécial de dépôt, mais l'acte public doit faire mention de l'annexe.

1199. Les contraventions aux dispositions de l'art. 43 de la loi du 22 frim. sont quelquefois difficiles à constater. En effet, la jurisprudence a admis une distinction entre les actes déposés à un notaire en sa qualité d'officier public, et ceux qui lui ont été remis à titre purement confidentiel ou comme personne privée. Les préposés s'attacheront à faire une juste application des règles en cette matière. Nous n'avons pas à donner des détails à ce sujet; nous dirons seulement que l'intention de déposer un acte résulte, en général, de son classement parmi les minutes, tandis que si l'acte est seulement trouvé sur le bureau ou parmi les papiers du notaire, on n'est pas fondé à soutenir qu'il y a contravention pour défaut de rédaction d'acte de dépôt. — Au surplus, la découverte d'un acte s. s. p., trouvé isolément dans un dépôt public par un employé dans l'exercice de ses fonctions, est tout à fait légale et autorise la poursuite des droits et doubles droits dont cet acte est passible, lorsqu'il est, par sa nature, assujetti à l'enreg. dans un délai déterminé. Cass. 11 mai 1825. I. 1173, § 9, et 1249, § 2 (V. 1215 et suiv.).

1200. Le recouvrement des amendes résultant de l'absence d'un acte de dépôt, doit être suivi par voie de contrainte. La rédaction d'un procès-verbal n'est donc pas obligatoire; mais, dans la plupart des circonstances, il est utile de dresser procès-verbal pour constater les faits. Ce procès-verbal n'a pas besoin d'être affirmé; l'effet en sera suivi par voie de contrainte. Les amendes et droits exigibles seront relevés au sommier certain; au moment du paiement elles seront portées au sommier des droits constatés n° 1er, et la recette sera inscrite au registre correspondant.

1201. *Minutes à conserver.* Les notaires, aux termes de l'art. 20 de la loi du 25 vent. an 11, et les greffiers, d'après les dispositions du Code et des lois sur la procédure ou l'organisation judiciaire, sont tenus de garder minute des actes qu'ils reçoivent ou auxquels ils concourent. La même obligation est imposée aux secrétaires des administrations pour les actes assujettis à l'enreg.; enfin, les commissaires-priseurs, huissiers et autres, qui ont qualité pour procéder aux ventes publiques de meubles, doivent également garder minute des procès-verbaux, d'après un édit du mois de mars 1713, confirmé par la disposition de l'art. 41 du tarif du 16 fév. 1807, relative aux expéditions, et dont l'observation a été rappelée par une décision du garde-des-sceaux du 8 fév. 1830, rapportée dans l'instruction n° 1319. — La tenue des répertoires a pour principal objet de constater l'existence des actes et d'en assurer la conservation.

1202. Il y a quelques exceptions à la règle qui oblige à conserver minute des actes : ce sont, 1° pour les notaires : les certificats de vie, procurations, actes de notoriété, quittances de fermages, loyers, salaires, arrérages de pensions et rentes, et autres actes simples, qui, d'après les lois, peuvent être délivrés en brevet. L. 25 vent. an 11, art. 20. — 2° Pour les greffiers : les attestations, certificats et généralement tous les actes de greffe susceptibles d'être délivrés aux parties. — 3° Pour les huissiers et autres ayant pouvoir de faire des exploits ou procès-verbaux : tous les actes, excepté les procès-verbaux de ventes publiques de meubles.

1203. Les préposés de l'enregistrement sont spécialement chargés d'exercer sur les officiers ministériels la surveillance nécessaire pour qu'il soit conservé minute de ceux des actes qui ne peuvent être délivrés en brevet. Cette surveillance n'est pas seulement dans l'intérêt du trésor, mais encore dans celui des parties et de la société en général. En conséquence, il a été recommandé aux employés d'exiger, dans le cours de leurs opérations chez les notaires, que celles des minutes dont ils ont le droit de prendre communication (V. 1205), leur soient représentées, et de constater par des procès-verbaux le refus de cette représentation à l'égard des minutes de cette nature qui ne leur seraient par exhibées, soit parce que le notaire alléguerait qu'elles manquent, soit par toute autre cause. I. 1554. Cette recommandation s'applique également aux autres officiers ministériels, tels que greffiers, huissiers et commissaires-priseurs, et même aux secrétaires des administrations pour les actes dont il reste minute (V. 1201).

1204. Les notaires ne peuvent d'ailleurs se dessaisir d'aucune minute, si ce n'est dans les cas prévus par la loi et en vertu de jugement, à la charge de dresser et de signer une copie figurée, qui, après avoir été certifiée par le président et le procureur du Roi près le tribunal civil de leur résidence, doit être substituée à la minute dont elle tient lieu jusqu'à sa réintégration. L. 25 vent. an 11, art. 22.

§ IV. — *Communications aux préposés.*

1205. *Communications prescrites.* Les dépositaires des registres de l'état civil, ceux des rôles des contributions, et tous autres chargés des archives et dépôts de titres publics, sont tenus de les communiquer sans déplacer aux préposés de l'enreg., à toute réquisition, et de leur laisser prendre, sans frais, les renseignements, extraits et copies qui leur sont nécessaires pour les intérêts de l'État, à peine de 10 fr. d'amende, pour refus constaté par procès-verbal du préposé qui se fera accompagner par le maire, l'adjoint ou un officier municipal de la commune, dont il requerra l'assistance, chez les détenteurs et dépositaires qui auront fait refus. — Ces dispositions s'appliquent aussi aux notaires, greffiers, huissiers et secrétaires d'administrations centrales et municipales pour les actes dont ils sont dépositaires. — Sont exceptés les testaments et autres actes de libéralité à cause de mort, du vivant des testateurs. — Les communications ci-dessus ne pourront être exigées les jours de repos, et les séances, dans chaque jour, ne pourront durer plus de quatre heures de la part des préposés, dans les dépôts où ils feront leurs recherches. L. 22 frim. an 7, art. 54. — L'obligation de communiquer comprend les répertoires. Art. 52. (V. 1183,1195).

1206. Le droit accordé par cet article aux préposés de l'adm. est indispensable pour leur permettre de s'acquitter des devoirs qu'imposent leurs fonctions; il n'a d'ailleurs rien d'exorbitant, puisque les préposés de l'enreg., chargés de donner la formalité aux actes et même d'en conserver l'analyse sur les registres, sont nécessairement initiés à la connaissance de la plupart des actes qui doivent leur être communiqués. La conservation de ce privilége intéresse à un haut degré le service de l'adm., il ne faut donc jamais le laisser méconnaître; il témoigne aussi de la confiance du législateur, et, sous ce rapport, on doit en user avec modération et en se renfermant toujours, non seulement dans les bornes de la légalité, mais encore dans les limites que trace la nécessité (V. 1213).

En ce qui concerne les minutes déposées dans les études et dans les greffes, à l'exception des circonstances où les préposés ont une recherche ou une vérification particulière à faire, les communications sont principalement demandées par les employés supérieurs à l'époque de leurs vérifications. Cependant les receveurs ont le droit de les demander, et ils devront le faire lorsqu'ils auront des motifs de craindre des abus ou des irrégularités.

1207. Avant de demander une communication, il faut être certain que le dépôt que l'on se propose de compulser est soumis aux investigations des préposés de l'adm. Malgré les termes généraux de la loi, on remarquera que le droit des employés ne s'étend qu'aux *dépôts publics*. Outre les établissements, fonctionnaires ou officiers ministériels désignés expressément dans l'art. 54 ci-dessus, les préposés ont le droit de demander communication des titres et documents déposés chez les commissaires-priseurs, courtiers et porteurs de contraintes, les receveurs et trésoriers des communes et des établissements publics, chez les dépositaires de registres et minutes d'actes concernant les biens et revenus des départements, des communes, des hospices, bureaux de bienfaisance, fabriques des églises, chapitres et autres établissements publics consacrés au culte, et enfin chez tous autres dépositaires d'archives publiques. Décr. 4 mess. an 13. I. 293, 395 et 1413, § 2. Ils ont le même droit pour les colléges royaux et communaux, les petits séminaires et autres établissements publics consacrés à l'instruction. I. 1187, § 16. Ils peuvent encore demander communication des registres d'écrou en matière civile tenus par les concierges des maisons d'arrêt, I. 373, § 8 et 1483 ; et de ceux des messageries, roulages, chemins de fer, etc., afin de surveiller la remise des effets non réclamés. Décr. 23 août 1810 (V. *titre* IV).

1208. Les préposés des douanes sont tenus de communiquer à ceux de l'enreg., sans déplacement et à toute réquisition, les registres et documents constatant la propriété des navires de commerce et les mutations qui surviennent dans cette propriété, afin qu'ils puissent surveiller le paiement des droits de mutation par décès I. 1343 (V. 1251). — Les préposés des ponts à bascules doivent aussi communication de leurs registres relatifs aux contraventions en matière de roulage.

I. 345 et 1604 (V. *titre* IV). Les employés sont également admis, d'après les dispositions générales de la loi, à compulser aux archives, préfectures, sous-préfectures et mairies, chez les percepteurs et à la direction des contributions directes, les matrices, rôles, feuilles de mutations, etc. Ces dernières feuilles leur sont même communiquées périodiquement. I. 934, 1441 et 1507 (V. 1329 et suiv.).

1209. A Paris, les employés de l'enreg. et des domaines sont admis à faire dans l'intérieur de plusieurs administrations publiques de l'État, des vérifications pour reconnaître des contraventions, notamment dans les bureaux de la poste pour la surveillance du timbre des journaux et imprimés (V. 545). Dans les bureaux du Trésor et à la Caisse des dépôts et consignations, les employés prennent aussi communication de certains documents pour surveiller le paiement des droits de mutation par décès. Dans les départements des relevés sont fournis pour cet objet par les receveurs généraux des finances et les payeurs. I. 1555 (V.1109, 1385). Au surplus la faculté pour les employés d'obtenir communication des pièces déposées dans les bureaux d'autres administrations de l'État, est nécessairement subordonnée aux règles administratives; on devra toujours référer au directeur ou à l'adm. des difficultés qui se présenteraient.

1210. Indépendamment des communications qu'ils peuvent prendre dans les bureaux de l'état civil, dans les secrétariats des administrations et dans les greffes, les receveurs reçoivent aussi des notices ou extraits : 1° des actes de décès, L. 22 frim. an 7, art. 55 (V. 1278); 2° des actes et jugements dont les droits d'enreg. n'ont pas été consignés aux greffiers ou secrétaires des administrations, art. 37 (V. 846); 3° des arrêts, jugements et décisions prononçant envers l'Etat des condamnations à l'amende ou aux frais. Arr. 1er niv. an 5 (V. *titre* IV).

1211. Les employés de l'enreg. n'ont pas le droit de demander communication des pièces déposées aux secrétariats des évêchés, D. 22 avril 1806 ; ni dans les bureaux des compagnies d'assurance, Dél. 16 oct. 1819 ; ni chez les avoués, agréés et avocats à la Cour de cassation.

Il résultait de plusieurs instructions que les chambres de discipline des notaires et des avoués devaient être considérées comme des établissements publics, et que les actes et registres qui s'y trouvent déposés pouvaient être compulsés par les employés de l'enreg. 1. 1351, art. 28, § 6. Mais un jugement du tribunal de Château-Thierry (et non de Saint-Quentin), du 17 août 1833, a décidé le contraire.

1212. *Demande de communication.* Le premier point à observer, pour demander une communication, est de se transporter toujours en personne, et sans pouvoir déléguer ses pouvoirs, dans le lieu où sont déposés les documents que l'on désire consulter. Il faut aussi s'abstenir de s'y présenter les jours de repos et aux heures où le dépôt n'est pas ouvert au public. Dans les études de notaires ou d'autres officiers ministériels, on consultera les habitudes de chaque localité, afin de choisir, autant qu'il sera possible, les jours et les moments les plus convenables. Il semble inutile de faire remarquer combien il importe, en pareil cas, de procéder avec convenance et politesse ; les préposés ne perdront pas de vue que leur seul droit est d'obtenir communication des titres publics conservés dans les dépôts, de prendre personnellement, sans frais pour les dépositaires et sans opérer aucun déplacement, les renseignements, extraits et copies dont ils ont besoin, mais sans pouvoir faire aucune injonction en dehors des dispositions de la loi. Ils sont d'ailleurs tenus de justifier de leur qualité par la représentation de leur commission au dépositaire public, lorsque ce dernier le demande pour la garantie de sa responsabilité.

1213. *Communications à demander*. Les employés doivent spécifier les documents dont ils requièrent communication ; s'ils désirent faire une vérification générale des minutes, ils l'expliqueront ; enfin ils mettront, autant qu'il leur sera possible, le dépositaire à portée de satisfaire à leurs demandes. Ces demandes doivent toujours avoir pour but d'assurer l'exécution des lois dont la surveillance est confiée à l'adm., ou de faire les recherches nécessaires pour la défense des intérêts de l'État. Par conséquent, outre les titres qui sont en dehors de leur surveillance, les préposés s'abstiendront de demander communication des pièces qui ne peuvent être d'aucune utilité réelle pour l'accomplissement des opérations dont ils sont chargés. Ainsi dans les archives des établissements publics, on ne devra demander communication que des titres et documents relatifs à l'administration temporelle de ces établissements, à leurs biens et revenus et à leur comptabilité; dans les secrétariats des préfectures, sous-préfectures et mairies, les actes assujettis au timbre et à l'enreg., I. 834. Dans les archives publiques, au contraire, les préposés doivent faire la recherche et demander communication des titres, rôles, matrices et documents de toute nature dont l'examen peut être utile au soutien des droits de l'État.

1214. Les investigations nécessaires peuvent s'appliquer à tous les titres, minutes, expéditions, répertoires ou pièces quelconques placés dans le dépôt public, et remis au dépositaire en cette qualité pour en assurer la conservation ; quand même il y aurait depuis long-temps prescription des droits. D. 16 mai 1819. Les dépositaires ne peuvent refuser de communiquer des minutes sous prétexte qu'elles sont adirées, à moins que la perte n'ait été légalement ou officiellement constatée. I. 1554 (V. 1203).

1215. L'art. 54 de la loi du 22 frim. n'excepte des communications qui peuvent être exigées, que les testaments du vivant des testateurs; il faut observer religieusement une exception qui a été introduite pour le repos des familles. Tous les autres actes doivent être représentés, y compris ceux qui sont déposés, même lorsqu'ils l'auraient été sous une enveloppe cachetée. Cass. 13 oct. 1809. Cependant cela ne s'applique qu'aux actes reçus par l'officier public ou à ceux qui ont été confiées au détenteur agissant comme *dépositaire public*. Ainsi les dépositaires publics ne sont pas tenus de communiquer leurs papiers particuliers, ni même ceux des tiers ou de leurs clients, lorsqu'ils leur ont été remis comme *personne privée*.

1216. Cette distinction peut donner lieu à de graves difficultés : il ne sera pas inutile de rappeler les principales solutions rendues sur cette matière. Un notaire n'est pas tenu de communiquer un paquet cacheté trouvé dans son étude, portant pour suscription qu'il lui a été remis de confiance pour en faire l'ouverture à une époque ou devant des parties désignées. Cass. 4 août 1811 et 4 août 1813. — Il n'est pas obligé non plus de donner communication d'une vente s. s. p. qui lui a été remise, non pour demeurer en dépôt dans son étude ou pour être annexée à une de ses minutes, mais comme devant servir de base pour dresser ultérieurement un acte authentique, lors même que cet acte n'aurait pas été rédigé. Jug. Chartres, 14 juillet 1838.

1217. Une délibération du 2 janvier 1835 porte que le notaire, constitué dépositaire de titres et papiers inventoriés, est tenu de les communiquer comme ses propres actes; mais le tribunal de Metz a jugé le contraire le 2 mai 1837, et cette décision paraît fondée, car les titres provisoirement remis au notaire ne sont pas destinés à être déposés dans l'étude. — Dans le cas d'apposition des scellés sur les minutes d'un notaire décédé ou disparu de son domicile, l'employé présent à la levée des scellés peut demander que les actes trouvés dans l'étude lui soient communiqués et soient décrits sommairement dans l'inventaire. Cette description doit contenir l'énonciation de la date des actes, le nom des parties, la nature et la substance des actes, et, s'il s'agit d'une vente d'immeubles, l'indication des biens vendus et le prix de la vente. Jug. Beauvais, 28 avril et 6 mai 1835. — Les préposés ont le droit de prendre communication au greffe des actes et papiers d'un notaire en fuite. Jug. Le Mans, 25 avril 1843. En général, lorsque les employés auront occasion de demander extraordinairement des communications de cette nature, ils feront bien d'en référer préalablement au directeur.

1218. *Découvertes.* Toutes les fois que, par suite de communications obtenues dans l'exercice légal de leurs fonctions, les préposés reconnaîtront des contraventions, ils devront les constater par des procès-verbaux dans la forme ordinaire; nous disons avec intention, *dans l'exercice légal de leurs fonctions,* car si la découverte d'un acte en contravention, trouvé parmi les minutes, ou même dans les cartons et les endroits livrés aux recherches d'un employé n'a rien d'illicite, il n'en serait pas de même si, profitant de l'absence d'un officier public, il s'introduisait dans son cabinet, fouillait ses papiers et se livrait enfin à des investigations qui n'auraient plus le caractère de légalité et de loyauté nécessaire. Plusieurs décisions ont consacré cette distinction.

1219. Ainsi la découverte d'un acte s. s. p. trouvé parmi les minutes d'un notaire par un préposé dans l'exercice de ses fonctions et lors de la vérification de l'étude, n'est le résultat d'aucune mesure illégale. En conséquence, l'adm. est fondée à poursuivre, contre la partie, le recouvrement des droits de cet acte, et celui des amendes encourues par le notaire pour contraventions aux art. 42 et 43 de la loi du 22 frim. an 7. Cass. 11 mai 1825. I. 1173, § 9. — Mais lorsqu'une vente d'immeubles s. s. p., laissée par mégarde sur le bureau d'un notaire, est découverte par un vérificateur en procédant à ses opérations, on ne peut exiger le paiement d'aucune amende de la part du notaire; les droits de l'acte sont seulement exigibles de l'acquéreur. Sol. 28 déc. 1827. I. 1249, § 2. Le jugement du tribunal de Chartres (V. 1216), semble contraire à la dernière partie de cette solution.

1220. Il n'est pas convenable non plus que les préposés emploient des moyens détournés pour se procurer la communication des actes, afin de constater des contraventions. Ainsi, dans une espèce où un receveur avait cru devoir écrire aux parties pour les inviter à apporter leurs expéditions à son bureau, il a été jugé que les contraventions constatées sur des communications obtenues de cette manière ne pouvaient autoriser des poursuites contre les notaires, et l'adm. a approuvé cette décision. Jug. Loudun, 6 août et Solution 3 sept. 1834.

1221. Dans certains cas cependant, les employés doivent demander des communications de cette nature : 1° à la réquisition expresse de l'autorité judiciaire, par exemple, après la disparition d'un notaire soupçonné d'avoir commis des abus ou des délits dans l'exercice de ses fonctions. Dans ce cas, il n'y a plus emploi de moyens détournés, c'est l'exécution d'un mandat spécial; 2° il en est de même des vérifications autorisées dans les bureaux de poste, dans ceux des douanes ou de toute autre administration de l'État ; 3° enfin il est prescrit aux employés supérieurs de demander communication des quittances délivrées aux particuliers par les receveurs, afin de s'assurer de l'exactitude de ces comptables, V. *Vérificateurs*; mais ces dernières communications n'ont point d'autre objet et l'on ne pourrait se prévaloir de l'inadvertance d'un particulier qui aurait laissé par mégarde des pièces en contravention avec celles qu'il a bien voulu communiquer pour faciliter la surveillance des comptables.

1222. *Mode de communication*. Les communications pres-crites par les art. 52 et 54 de la loi de l'an 7 doivent être don-nées sans déplacement; c'est donc dans le lieu où sont déposées les pièces communiquées qu'elles doivent être faites. Il a été décidé à ce sujet, qu'un notaire n'a pas le droit de désigner aux préposés de l'enreg. un autre local dans lequel ceux-ci seraient obligés de se placer pour procéder à leurs vérifications. Jug. Amiens, 11 août 1842.

1223. Les communications devant être données sans dé-placement, les préposés qui demanderaient ou autoriseraient l'apport des minutes, même à la réquisition ou du consente-ment des dépositaires, se compromettraient gravement. Ils sont responsables des événements et de tous dépens, dommages-intérêts qui pourraient en résulter, sans préjudice des mesures que l'adm. jugerait convenable de prendre à leur égard. O. gén. 144; I. 825, 1093, 1318, 1351, art. 24; Circ. 18 août 1827. Ils ont d'ailleurs le droit de prendre les copies ou extraits dont ils ont besoin (V. 1205).

1224. *Séances.* Pour éviter des plaintes, on aura soin de ne point dépasser le terme de quatre heures pour la durée des séances de chaque jour dans le même dépôt (V. 1205); mais rien n'oblige à ne faire qu'une séance dans la même journée, pourvu que la durée de toutes les séances réunies n'excède pas quatre heures.

1225. *Refus de communication*. Dans le cas de refus de communiquer le répertoire, les minutes et autres actes dont il a le droit d'exiger la représentation, le préposé doit requérir l'assistance du maire ou de l'adjoint de la commune, pour dres-ser, en sa présence, procès-verbal du refus qui lui a été fait. L. 22 frim. an 7, art. 52 et 54. — L'assistance du maire ou d'un officier municipal est une formalité essentielle, et, à son défaut, le procès-verbal serait radicalement nul. En exigeant cette participation, le législateur a fait preuve de sagesse et de prévoyance; il a voulu éviter tout abus d'autorité de la part des préposés, et en même temps prévenir, par l'interven-tion d'un magistrat civil, les difficultés que peut rencontrer l'exécution des dispositions de la loi. — Le maire ou l'adjoint empêchés peuvent valablement déléguer un commissaire de police à l'effet d'assister le préposé de l'enreg. Jug. Rennes, 10 décembre 1844.

1226. La rédaction d'un procès-verbal pour constater un refus de communication est également indispensable : la loi est expresse. I. 1150, § 17, et 1537, nomb. 12. Ce procès-ver-bal doit être fait à la requête du Directeur général, poursuite et diligence du directeur du département, dans la forme ordinaire des procès-verbaux de contravention (V. *titre* V). On aura soin d'y spécifier exactement les circonstances qui ont accompagné le refus de communication et les réponses textuelles du contrevenant ; enfin on y fera mention expresse de l'assistance de l'officier municipal.

1227. En cas d'absence de l'officier ministériel, le refus que fait son clerc de communiquer le répertoire ou les minutes peut-il donner lieu à une amende ? Le tribunal de Dieppe a jugé l'affirmative le 23 juill. 1845 ; celui de Saverne avait décidé la question en sens contraire le 18 nov. 1834. Il semble que la solution dépend des circonstances : si l'absence du titulaire est simulée, ou si elle a été calculée dans le but de soustraire son répertoire ou ses minutes à la surveillance du préposé, on devra dresser procès-verbal pour constater le refus de communication, en y faisant mention expresse des circonstances ou des motifs qui prouvent que l'officier public a voulu éviter des vérifications autorisées par la loi. Dans le cas contraire, il est prudent de s'abstenir pour le moment.

Le procès-verbal qui constate un refus de communication n'est pas susceptible d'être affirmé devant le juge de paix, mais il doit, sous peine de nullité, être enregistré dans les quatre jours de sa date. I. 1537, nomb. 12. Il fait foi jusqu'à inscription de faux.

1228. L'amende de 10 fr. prononcée pour le refus de communication est exigible sans condamnation, et le recouvrement peut être suivi par voie de contrainte comme pour les autres amendes d'enreg. — Cette amende ne paraît pas proportionnée à la gravité de la contravention : dans certaines circonstances, les officiers publics, pour empêcher les préposés de constater de nombreuses contraventions dans la tenue de leur répertoire, préféreront encourir une amende aussi faible. S'il en était ainsi, et que le refus se renouvelât, les préposés devraient en informer le procureur du Roi, afin que ce magistrat pût adresser au contrevenant les observations nécessaires.

1229. Lorsque le refus de communication est accompagné d'injures personnelles, menaces ou voies de fait, les tribunaux doivent distinguer avec soin, au vu du procès-verbal, les faits qui ont eu lieu au cours des fonctions des employés, qui en troublent ou en empêchent le libre exercice et qui constituent par eux-mêmes une contravention à l'exécution de la loi, des injures, menaces ou voies de fait qui sont étrangères à cette exécution. Dans le premier cas, c'est-à-dire lorsque les injures, menaces ou voies de fait sont inhérentes à l'exercice et qu'elles constituent un empêchement ou un trouble à sa liberté, les procès-verbaux qui les constatent doivent être crus en justice jusqu'à inscription de faux.

Mais il n'en est pas de même dans le cas où la répression des injures n'intéresse que les personnes des employés, qu'elles sont étrangères à leurs fonctions, et qu'elles n'en ont ni troublé ni empêché l'exercice : alors les employés n'ont qu'une action personnelle à exercer, et, comme personne ne peut se former dès preuves à soi-même par ses propres déclarations, la preuve contraire doit nécessairement être admise lorsqu'elle est proposée. Ces distinctions résultent des motifs d'un arrêt de la Cour de cassation du 22 janv. 1819 ; V. aussi, dans le même sens, un arrêt de la Cour royale de Bordeaux du 14 mars 1840.

CHAPITRE IV. — *Tables alphabétiques.*

SECTION 1re. — *Dispositions générales.*

1230. *Établissement des tables.* L'enreg. n'a pas seulement pour objet de procurer des ressources au trésor, il a encore l'avantage d'assurer les conventions des parties, d'en constater l'existence et la date ; mais une partie de ces avantages disparaîtrait si les actes restaient confondus à leur date sur les registres de formalité. — Les tables alphabétiques remédient à cet inconvénient ; elles sont destinées à faciliter la découverte des droits de mutation et le recouvrement de l'impôt, en même temps qu'elles mettent les receveurs à portée de délivrer avec célérité aux parties les extraits d'enreg. ou les renseignements qu'elles peuvent désirer. I. 1147.

1231. Dès l'origine du contrôle, on a senti la nécessité d'établir des tables alphabétiques pour les titres dont il importe de retrouver la trace et qu'il eût été difficile de rechercher au milieu des actes de toute nature portés successivement sur les registres. Aussi sous l'ancienne administration il existait déjà des tables qui, dans beaucoup de localités, remontent aujourd'hui à près d'un siècle et demi. — Lorsque l'enreg. a remplacé le contrôle, on a conservé les tables, sans lesquelles toute découverte serait à peu près impossible. Circ. R. 43.

1232. Les ordres généraux de régie prescrivaient d'entretenir toujours au courant douze tables alphabétiques. Ord. gén. 84. Deux de ces tables ont été supprimées avec les droits féodaux, mais on en a successivement établi quatre autres ; de sorte que le nombre s'est trouvé porté à quinze en y comprenant une table spéciale des testaments non enregistrés.

1233. Pour diminuer le travail et donner aux tables plus d'utilité, il a paru nécessaire d'en réduire le nombre en réunissant les éléments qui avaient de l'analogie. Les quinze tables alphabétiques, existant au 1er janv. 1825, ont été remplacées à partir de cette époque par sept tables portant les dénominations ci-après : 1° Acquéreurs et nouveaux possesseurs ; 2° Vendeurs et anciens possesseurs ; 3° Baux ; 4° Contrats de mariage ; 5° Testaments, donations et dispositions éventuelles ; 6° Successions et absences ; 7° Créances hypothécaires. I. 1147. Depuis on a établi deux autres tables pour les Propriétaires forains. I. 1726.

On tient aussi dans les bureaux un sommier de la contribution foncière, O. gén. 83, n° 4, qui, dans sa forme actuelle, est une sorte de table, par commune, des propriétaires fonciers, bien que l'ordre alphabétique n'y soit pas observé (V. 1322 et suiv.).

1234. *Distribution*. Les tables sont formées sur des registres fournis par l'adm. et paraphés par le directeur. Chaque volume de la même table est numéroté ainsi que les feuillets ; on distribue ensuite les feuillets dont il se compose entre les différentes lettres de l'alphabet, en réservant pour chacune un espace proportionné au nombre présumé des noms commençant par cette lettre. Il est essentiel que l'espace consacré à chaque lettre sur le même volume soit rempli à peu près en même temps pour éviter des reports qui entravent les recherches, ou des pertes d'impression. Pour distribuer convenablement les feuillets de chaque table, le moyen le plus sûr est de compter sur quelques volumes terminés le nombre total des feuillets employés pour chaque lettre ; en prenant la moyenne, on arrivera à la proportion la plus exacte.

1235. Un signe extérieur est nécessaire pour indiquer le commencement de chaque lettre et faciliter les recherches. Les uns découpent une partie de l'extrémité des feuillets sur leur largeur de manière à laisser apparaître, les unes au dessous des autres, chaque lettre écrite sur la portion conservée du feuillet où elle commence ; les autres se bornent à attacher à ces feuillets de petites pattes ou étiquettes saillantes. Cette dernière méthode paraît préférable ; elle n'a pas l'inconvénient de couper les registres et permet de les feuilleter plus facilement. Pour plus de durée, on fait ces étiquettes en parchemin, on les plie en double en les collant sur le recto et le verso du feuillet où la lettre commence, de manière à ne laisser dépasser au delà de la tranche du registre que l'espace nécessaire pour apercevoir la lettre. Ces étiquettes sont placées les unes au dessous des autres sur toute la hauteur du volume.

1236. *Formation*. Les tables alphabétiques sont formées au vu des enreg. portés sur les registres des formalités ou renvoyés d'autres bureaux, pour les testaments non encore enregistrés au vu des répertoires des notaires, et pour les décès d'après les notices des actes de décès remises par les maires ou les extraits renvoyés au bureau. La table des vendeurs seule est formée sur celle des acquéreurs.

1237. Chaque table a sa destination particulière ; c'est par cette distribution des actes selon leur nature ou leur espèce que l'on retrouve plus facilement ceux que l'on cherche. On aura soin par conséquent de ne point confondre les actes entre eux, de ne point porter sur la table des acquéreurs de simples baux, sur celle des donations éventuelles des contrats de mariage et réciproquement ; mais lorsque, dans un seul acte, il y aura des dispositions de nature différente, il faudra faire article de chacune de ces dispositions sur la table spéciale destinée aux dispositions de la même espèce.

On aura soin également de ne pas confondre les individus ou leurs qualités ; de ne point porter par exemple le vendeur

comme acquéreur, les fermiers comme bailleurs, etc., ou réciproquement; on comprend que des erreurs de ce genre détruiraient toute l'utilité des tables.

1238. Il est essentiel de n'omettre sur les tables aucun des
articles ou renseignements susceptibles d'y être portés. Tous
les enreg. faits dans le bureau, et tous les décès arrivés dans
son arrond. doivent y être relevés, ainsi que les renvois venant
du dehors et qui sont de nature à y figurer. Les tables doivent
donc présenter tout ce qui concerne les biens et les individus
de l'arrond. du bureau; et de plus les actes concernant des
biens à l'extérieur enregistrés dans le bureau ; on ne pourrait
se dispenser d'y relever un enreg. par le motif que l'acte a pour
objet des biens situés hors de l'arrond. du bureau. I. 1351, art. 19.

1239. Les tables présentent un cadre imprimé, distribué en
un certain nombre de colonnes dont chacune a sa destination
indiquée en tête. Elles sont tracées au crayon afin d'éviter la
confusion des articles. Pour faciliter les recherches et prévenir
toutes méprises dans les demandes à former contre les redevables, il importe que les noms des parties et la désignation des
biens soient écrits lisiblement et correctement. I. 1147. Cette
recommandation s'applique à toutes les énonciations que présentent les tables, et notamment aux dates qui sont très essentielles. — Chaque article reçoit un numéro d'ordre dont la série recommence pour chaque lettre du même volume.

1240: L'ordre alphabétique n'existe que pour la première
lettre des noms de famille, car, dans la formation successive
des tables, l'ordre dictionnairique ne pourrait être observé ;
par conséquent, sous la même lettre, on groupe tous les noms
qui commencent par cette lettre, en les inscrivant successivement à mesure qu'ils se présentent. — Il faut adopter un mode
uniforme et le suivre constamment pour les noms précédés
d'une particule et les individus portant plusieurs noms. En général, les particules sont placées entre parenthèse et ne déterminent pas le classement.

1241. C'est le nom du propriétaire réel qui doit être porté
sur les tables ; ainsi, lorsqu'un acte est consenti au profit d'une
femme mariée ou par elle, ce n'est pas le nom du mari, mais
le sien qui doit figurer sur les tables. A l'égard des actes qui
concernent des biens de communauté, il suffit de porter le nom
du mari qui en est le chef, sans ajouter celui de la femme, ce
qui ne ferait que surcharger sans nécessité les tables et y rendrait les cherches plus difficiles. Sol. 14 sept. 1836.

1242. Les noms de famille doivent être écrits en gros caractères ; lorsqu'un acte présente plusieurs cointéressés portant
le même nom patronymique, il est inutile de le répéter, il suffit d'écrire sur un ligne distincte les prénoms, professions et
domiciles de chacune des parties en séparant les lignes un peu
moins que pour des articles différents. Dans ce cas, un seul nu-

méro est donné à l'article, vis-à-vis du nom de famille qui s'applique à tous les cointéressés.

Après les noms d'une des parties, il ne faut jamais remplacer ceux des autres par une expression vague comme : *et autres, et consorts*, etc.; ni les désigner par leur titre d'*héritiers*, de *donataires* ou d'*enfants* de tel et tel. A plus forte raison, si des cointéressés ne portent pas tous le même nom, on ne doit jamais se dispenser de faire article sur la table à chaque lettre initiale différente.

1243. Tous les prénoms et même les surnoms seront rappelés, ainsi que la profession ou, à son défaut, l'état de majorité ou de minorité ; pour les femmes mariées, on indiquera, au lieu de la profession ou avec elle, le nom du mari. La demeure ne doit jamais être omise ; enfin, il est essentiel, quant aux personnes, que toutes les indications constatant leur individualité soient exactement relevées.

1244. En ce qui concerne les biens, il est inutile de les détailler pièce par pièce, mais il faut toujours se conformer à l'indication des colonnes, en énonçant la nature, la contenance et la situation, lorsque d'ailleurs les actes relevés donnent ces divers renseignements. Ainsi les biens de même nature et situés sur la même commune devront être indiqués par leur contenance totale, en employant plusieurs lignes distinctes lorsque le même acte aura pour objet des biens de natures ou de situations différentes.

1245. Toutes les autres colonnes devront être exactement remplies selon leur titre. Il est presque superflu d'ajouter que les nombres et les dates doivent être indiqués en chiffres.

1246. *Tenue*. Les tables doivent être toujours entretenues au courant. O. gén. 84. L'adm. a souvent insisté sur cette recommandation. Les receveurs sont tenus de faire connaître la situation des tables dans un tableau fourni par trimestre (V. *titre* VI). Les employés supérieurs constatent aussi cette situation ; il leur est expressément recommandé de n'y tolérer aucun arriéré et de faire disparaître sur-le-champ celui qu'ils auraient remarqué. I. 1351. Enfin, l'adm. a fait connaître qu'elle prendrait des mesures sévères, telles que la perte d'un grade, la suspension ou même la destitution contre les préposés qui auraient caché la véritable situation des tables, ou tenté d'en imposer à ce sujet. Circ. 22 mars 1808. — Les receveurs devront par conséquent mettre leurs tables au courant, au moins chaque semaine; quelques receveurs, même dans des bureaux importants, font faire ce travail chaque jour.

1247. Lorsque les tables présentent des omissions, il est prescrit aux employés supérieurs de les faire réparer, et lorsqu'elles sont défectueuses au point de ne pouvoir s'en servir, ils doivent les faire recommencer. I. 1351, art. 19. C'est un motif pour les receveurs d'en surveiller la formation lorsqu'ils ne s'en occupent point personnellement. Des tables mal faites, loin d'être un auxiliaire, font perdre un temps considérable, donnent lieu à des erreurs, à des poursuites qui tombent en non valeurs et paralysent tous les moyens d'action du receveur pour la recherche des droits célés. Les jeunes employés ne sont peut-être pas assez convaincus de l'utilité des tables; l'expérience leur démontrera que sans leur secours, le zèle le plus soutenu serait impuissant pour remplir les obligations que l'adm. impose à ses préposés.

1248. Des tables incomplètes ou contenant des erreurs n'exercent pas seulement une fâcheuse influence sur la gestion du receveur qui les a formées; cette influence s'étend à tout le travail de ses successeurs et à celui des employés supérieurs. On comprend dès lors l'intérêt que l'adm. attache à la régularité de cette partie du service; le receveur qui apporterait peu de soins dans ce travail pourrait non seulement s'attirer de sérieux reproches, mais encore être rendu responsable des conséquences que peut entraîner une omission.

1249. *Utilité*. Chaque table a son utilité particulière, et leur ensemble a pareillement un caractère d'utilité générale qui permet au receveur de diriger ses recherches de plusieurs manières différentes, soit pour retrouver les actes relevés sur les tables, soit même ceux que l'on n'y porte pas, lorsqu'ils ont une corrélation plus ou moins directe avec les premiers. Les contrats de mariage, les inventaires et les partages relatent souvent tous les actes concernant un individu; en recourant à leur enreg., ou même à la minute de ces actes, un receveur qui sait utiliser avec sagacité les renseignements offerts par les tables, retrouve la plupart des indications qui lui sont nécessaires.

SECTION II. — *Dispositions et règles spéciales.*

§ Ier. — *Table des acquéreurs et nouveaux possesseurs.*

1250. La table des acquéreurs et nouveaux possesseurs, à laquelle on a réuni celle des copartageants, supprimée depuis 1825, renferme l'extrait de toutes les mutations et attributions de propriété ou d'usufruit de biens immeubles constatées par des actes ou déclarations enregistrés ou renvoyés au bureau. On y portera, sous les noms des nouveaux possesseurs, les extraits des mutations d'immeubles effectuées par ventes, adjudications, échanges, donations entre vifs, par contrats de mariage et partages d'ascendants, par successions, licitations et partages. J. 1447. Ainsi tous les actes translatifs ou déclaratifs doivent être relevés sur cette table, soit que la transmission ait pour objet la propriété, soit qu'elle s'applique à l'usufruit des immeubles et quelle que soit, d'ailleurs, la nature de l'acte ou de la mutation; les baux à vie, les baux emphytéotiques et tous autres actes qui ont pour effet de transmettre une partie ou un démembrement de la propriété, doivent aussi y être relevés.

1251. Quoique consacrée spécialement aux transmissions d'immeubles, la table des acquéreurs présente aussi les changements qui surviennent dans la propriété des navires, afin de surveiller l'exactitude des déclarations de successions sous ce rapport (V. 1383). Tous les trois mois, les receveurs prennent au bureau des douanes des ports la note des mutations survenues dans la propriété des navires (V. 1208) ; ils inscrivent les mutations concernant leur bureau à la table des acquéreurs et nouveaux possesseurs. Les mutations qui, à raison du domicile des parties ou des propriétaires, intéressent d'autres bureaux, y sont transmises dans la forme ordinaire des renvois, et consignées également sur les tables. I. 1543 (V. 1109).

1252. La table des acquéreurs est divisée en 13 colonnes distribuées sur la feuille ouverte et destinées aux indications ci-après : 1° numéro d'ordre ; 2° acquéreurs et nouveaux possesseurs (alphabétiquement), noms, prénoms, professions et demeures ; 3° noms, prénoms, professions et domiciles des vendeurs ou anciens possesseurs, non alphabétiquement ; 4° nature du titre ; 5° date de l'acte ou du décès ; 6° noms des notaires qui ont reçu les actes ; 7° date de l'enreg.; 8° nature, contenance et situation des immeubles ; 9° évaluation du revenu des biens transmis à titre de donation, échange, succession ou partage ; 10° prix d'acquisition, s'il s'agit d'une mutation à titre onéreux, et montant de la soulte dans les échanges et partages ; 11° noms des échangistes par qui la soulte est payée ; 12° date de la déclaration de succession des biens faisant l'objet des partages ; 13° observations dans lesquelles, s'il s'agit d'un renvoi, on indiquera le nom du bureau d'où l'article a été renvoyé. I. 1147.

Chacune de ces colonnes doit être servie avec exactitude pour chaque article ; elles exigent d'ailleurs peu d'explications, puisqu'il suffit de se conformer à leurs titres pour opérer avec régularité.

1253. Les échanges doivent être portés sous le nom de chacun des échangistes, alphabétiquement, puisque l'échange est une double mutation ; chaque échange exige donc deux articles. Les partages, sans être de véritables mutations, sont également relevés sous le nom de chacun des copartageants, lors même qu'il n'y a ni soulte ni plus-value, et indépendamment de l'article déjà porté pour la déclaration de succession, mais il est inutile d'y faire figurer les noms des copartageants qui ne reçoivent que des valeurs mobilières dans leur lot.

1254. On peut regretter que les tables n'offrent plus aucune trace des partages de biens meubles ; il est facile d'y suppléer en faisant mention des actes de l'espèce sur la table des successions, à l'article concernant l'individu dont les biens meubles sont partagés. — Quand un échange ou un partage d'immeubles est fait avec soulte, on en fait mention dans les colonnes à ce destinées, mais en portant seulement la partie de cette soulte qui, dans la liquidation des droits, a été considérée comme soulte immobilière.

1255. On n'omettra pas de porter dans la 12e colonne la date de la déclaration de succession pour les biens partagés; c'est une indication facile au moyen des émargements de chaque enreg. (V. 732). — Lorsque la déclaration n'a pas encore été faite, on fait mention du partage sur la table des successions, afin de ne pas oublier l'annotation à faire ultérieurement sur celle des acquéreurs.

1256. La table des acquéreurs est une des plus utiles; elle est indispensable pour annoter le sommier de la contribution foncière (V. 1336); pour la recherche des mutations secrètes et pour suivre la filiation de la propriété immobilière. A raison du grand nombre d'articles qui peuvent y être relevés, les recherches y sont quelquefois très longues; la table des vendeurs lui sert d'auxiliaire et présente sous un autre ordre alphabétique et sous un autre aspect l'indication des mêmes mutations.

§ II. — *Table des vendeurs et anciens possesseurs.*

1257. La table des vendeurs qui présentait, avant 1825, les indications actuellement fournies par la table des acquéreurs, n'est plus qu'un simple indicateur comme l'était cette dernière. Elle fait connaître, sous les noms des vendeurs, donateurs, échangistes et autres précédents possesseurs, les mutations des biens immeubles et de navires opérées par vente, adjudication, donation entre vifs, échange ou décès. Les anciens possesseurs de biens faisant l'objet des partages, devant être dénommés sur la table des vendeurs, la table spéciale des partages qui existait autrefois, s'y trouve confondue. I. 1147, 1543.

1258. Cette table est tenue dans la forme d'un simple indicateur distribué en quatre colonnes principales; elles présentent: 1° numéro d'ordre; 2° vendeurs et anciens possesseurs (alphabétiquement), noms de famille, prénoms, professions, domiciles; 3° numéros du volume et de la page de la table des acquéreurs; 4° enfin numéros des articles portés dans la première colonne de la même table. I. 1147.

1259. Cette table est faite au vu de celle des acquéreurs, avec les indications que fournit la colonne destinée aux noms des anciens possesseurs qu'elle reproduit dans un ordre alphabétique. — Quant aux numéros indicateurs, il faut les inscrire avec beaucoup de soin, puisqu'ils n'ont d'autre but que de faire retrouver l'article sur la table des acquéreurs et, par suite, l'enreg. de la mutation. — Le numéro du volume est celui inscrit au dos de la table des acquéreurs; le n° de la page est celui du feuillet ouvert où l'article figure sur cette table; enfin c'est le numéro d'ordre de cet article qui est reproduit dans la dernière colonne de la table des vendeurs

1260. Lorsque le nom d'un vendeur figure déjà sur la table, au lieu de le répéter, on peut s'y reporter et ajouter seulement dans les trois colonnes des numéros indicateurs, ceux du nouvel article de la table des acquéreurs. Cette méthode a l'avantage de ne pas surcharger la table, notamment pour les personnes qui vendent des biens par adjudication, ou qui se dépouillent soit par un seul acte, soit successivement, de la totalité ou d'une grande partie de leurs biens, au profit d'individus portant des noms différents.

1261. La table des vendeurs a la même utilité, sous un point de vue différent, que celle des acquéreurs ; elle sert également à suivre la trace des mutations immobilières, et on peut en faire usage soit lorsqu'on ignore les noms des nouveaux possesseurs, soit pour s'assurer que la recherche sous le nom de l'acquéreur a été faite exactement.

§ III. — Table des baux.

1262. La table des baux renferme les extraits de tous les baux et des transmissions de simples jouissances de biens immeubles, sous les noms des bailleurs ou propriétaires.

Nous avons dit *sup.* 1250, que l'on doit relever sur la table des acquéreurs les baux à vie, les baux emphytéotiques et tous ceux qui opèrent une aliénation temporaire d'une partie de la propriété ou de l'usufruit. Ce relevé paraît nécessaire pour suivre les transmissions de ces démembrements de la propriété ; mais il est également utile que ces actes soient inscrits sur la table des baux, pour ce qui concerne le domaine direct appartenant au bailleur et les mutations ultérieures qu'il peut subir. Ces actes paraissent donc devoir être relevés sur les deux tables alphabétiques.

1263. La table des baux présente onze colonnes sur la feuille ouverte, savoir : 1° n° d'ordre ; 2° bailleurs (alphabétiquement), noms, prénoms, professions, demeures ; 3° nature, contenance et situation des biens affermés ; 4° noms des preneurs ; 5° date de leur entrée en jouissance ; 6° durée des baux ; 7° prix des baux ; 8° date des baux ; 9° noms des notaires qui ont reçu les baux ; 10° date de l'enreg. ; 11° observations dans lesquelles on fera mention des résiliements et dans lesquelles, s'il s'agit d'un renvoi, on indiquera le nom du bureau d'où l'article a été renvoyé. I. 1147.

1264. L'inscription sur la table des baux doit se faire par acte et par bailleur ; si les biens sont de diverses natures, s'ils sont situés sur plusieurs communes, la distinction en sera faite ; enfin, il faut y rappeler le nom de chaque preneur particulier en énonçant les biens qui lui sont affermés et la redevance ; mais lorsqu'un bail par adjudication est consenti au profit de plusieurs individus, il est inutile de répéter chaque fois le nom du bailleur. Sol. 14 sept. 1836. — La colonne destinée à l'entrée

en jouissance des preneurs a été introduite dans la table, afin
de pouvoir reconnaître si le bail est ou non expiré, lors de la
mutation ultérieure. — Pour les résiliations, on se reporte à
l'article ouvert pour le bail sur la table, et on fait mention du
résiliement dans la colonne des observations.

1265. La table des baux est fort utile pour constater le
revenu ou la valeur locative des biens, et mettre les préposés
à portée de s'assurer de l'exactitude des évaluations pour
toutes les mutations dont les droits sont perçus sur le revenu
et le produit des baux courants. I. 1147. Elle est également
utile à consulter pour rechercher les insuffisances de prix, attendu que le revenu est une des bases les plus certaines pour
arriver à la connaissance de la valeur vénale (V. 1433); enfin,
elle sert à constater les changements de propriétaire, conformément à l'art. 12 de la loi du 22 frim. an 7. (V. 1370).

Dans quelques bureaux on a formé des relevés des baux par
commune, au moyen desquels on obtient facilement le revenu
moyen des immeubles.

§ IV. — *Table des contrats de mariage,*

1266. Les contrats de mariage sont relevés sur cette table
sous le nom de chacun des époux, alphabétiquement et séparément. I. 443. Elle contient onze colonnes sur la feuille ouverte,
indiquant : 1° n° d'ordre; 2° nom de famille de l'un des époux
(alphabétiquement), ses prénoms, sa profession et son domicile; 3° nom de l'autre époux porté de son côté à la table,
sous sa lettre initiale; 3° valeur des objets mobiliers apportés par
l'époux dont le nom est inscrit dans la première colonne;
5° nature et situation des immeubles apportés par le même
époux; 6° leur valeur; 7° s'il y a communauté entre les époux,
ou régime adopté pour l'association conjugale; 8° date du contrat de mariage; 9° nom du notaire qui l'a reçu; 10° date de
l'enreg.; 11° observations où l'on fera mention des résiliements,
et dans lesquelles on indiquera, s'il s'agit d'un renvoi, le nom
du bureau d'où l'article a été renvoyé. I. 1147.

1267. Chaque contrat de mariage fait l'objet de deux articles sur la table, ce qui permet de faire la recherche sous le
nom de l'un ou de l'autre époux; le rappel du nom de celui
porté à une autre lettre initiale permet de s'y reporter, et de voir
les apports qu'il a faits de son côté. Dans les colonnes relatives à
ces apports, on indique non seulement les biens que l'époux
possède de son chef, mais encore ceux qui lui ont été constitués en dot, sauf à les distinguer si on le juge à propos; mais
indépendamment de cette énonciation, les donations entre vifs
d'immeubles, faites par contrat de mariage, sont portées séparément sur la table des acquéreurs et nouveaux possesseurs
pour la mutation qui en résulte. Quant aux dons éventuels
compris dans les contrats de mariage, ils sont relevés particu-

lièrement sur la table spéciale des testaments (V. 1272). — Il n'y a aucune difficulté pour l'annotation des autres colonnes.

1268. La table des contrats de mariage est d'un usage fréquent, non seulement pour rechercher les conventions matrimoniales dont la connaissance est nécessaire pour établir régulièrement les liquidations de communauté dans les partages ou les déclarations de successions et en vérifier l'exactitude ; mais encore pour suivre la filiation des individus, découvrir les alliances de famille qui peuvent éclaircir les causes de certaines mutations, et enfin s'assurer du degré réel de parenté entre les parties, en cas de transmissions à titre gratuit, entre vifs ou par décès.

§ V. — *Table des testaments et donations éventuelles.*

1269. On a réuni sur cette table les relevés qui se faisaient avant 1825, sur trois tables spéciales : celle des testaments non enregistrés, celle des testaments enregistrés, et enfin la table des donations éventuelles. La table des testaments est divisée en douze colonnes principales sur la feuille ouverte, savoir : 1° n° d'ordre ; 2° testateurs et donateurs (alphabétiquement), noms, prénoms, professions et demeures ; 3° légataires et donataires, non alphabétiquement, noms, prénoms, professions et demeures ; 4° nature et objet des institutions, legs ou donations éventuelles, avec mention si c'est en propriété ou en usufruit ; 5° nature des actes ; 6° date des actes ; 7° noms des notaires qui les ont reçus ; 8° date du décès des testateurs ou donateurs, ou de l'événement des conditions prévues ; 9° n° de la consignation des articles sur le sommier certain ; 10° date de l'enreg. des actes ; 11° date du paiement des droits de successions, dons ou legs ; 12° observations dans lesquelles, s'il s'agit d'un renvoi, on indiquera le nom du bureau d'où l'article a été renvoyé ; on y mentionnera aussi les révocations et tous autres événements par suite desquels les testaments ou donations seraient devenus caducs. I. 1147.

1270. Les testaments et codiciles passés devant notaires, ou déposés parmi les minutes, et qui ne sont pas encore enregistrés sont relevés sur les répertoires des notaires lors de leur présentation au visa des receveurs. (V. 1173, 1174). Ces relevés sont restreints naturellement aux indications que fournissent les répertoires, puisque les dispositions de dernière volonté doivent rester secrètes jusqu'au décès des testateurs. On ne porte donc sur la table que les noms, prénoms, professions et demeures des testateurs, la nature de l'acte, sa date, et le nom du notaire qui l'a reçu. I. 318. 1147. — Les donations dont l'effet est subordonné à l'événement du décès, qui ne sont assujetties à l'enreg. que dans les trois mois du décès des donateurs sont aussi relevées de la même manière sur les répertoires ; seulement, comme les noms des donataires et quelques fois l'objet de la donation y sont indiqués, ces renseignements peuvent être immédiatement consignés sur la table.

1271. Lorsque la donation ou le testament est présenté à l'enreg. au décès du testateur ou donateur, on n'en fait pas un nouvel article sur la table, mais on se reporte à celui qui a été relevé au vu du répertoire, et on complète cet article en remplissant les colonnes restées en blanc.

1272. Lorsque, au contraire, il s'agit de donations éventuelles enregistrées avant l'événement des conditions prévues. ou de testaments olographes qui ne peuvent avoir été relevés antérieurement sur la table, celle-ci est formée et complétée immédiatement au vu de l'enreg. — On fait d'ailleurs article sur cette table des donations éventuelles entre futurs, contenues dans les contrats de mariage, en les portant sous le nom des deux époux lorsqu'elles sont mutuelles.

1273. La table des testaments et donations éventuelles, rapprochée de celle des successions, met à portée de constater ceux de ces actes que les héritiers, légataires ou donataires ont négligé de faire enregistrer dans les trois mois du décès des testateurs ou donateurs. Lorsqu'on reconnaît que l'un d'eux est décédé, on inscrit sur la table la date du décès, puis le n° de l'article que l'on ouvre au sommier certain pour suivre le recouvrement des droits, mais seulement après s'être assuré, au vu de la minute, du nom des légataires ou donataires auxquels on devra s'adresser si la disposition subsiste. (V. 1365, 1366). Dans le cas contraire, on remplit toutes les colonnes de la table restées en blanc, on inscrit pour ordre dans les colonnes qui précèdent les observations, les mots : *caduc,* ou *révoqué*, et dans cette dernière, on fait mention de l'acte ou des causes d'annulation.

1274. La table des testaments fournit aussi les moyens de s'assurer que les droits de mutation pour les dons ou legs ont été régulièrement acquittés. On fait mention de la date du paiement dans la colonne réservée à cet effet, ou bien les droits sont relevés au sommier certain pour en suivre le recouvrement. (V. *titre* IV).

1275. Afin de poursuivre contre l'acquéreur de la nue-propriété, le recouvrement des droits qu'il n'acquitte point sur la valeur de l'usufruit, dans le cas de vente simultanée de la nue-propriété et de l'usufruit à deux personnes différentes, on a prescrit de former, à la suite de la table des testaments, une table des *usufruitiers* dont le décès semblait autoriser la demande des droits lors de l'extinction de l'usufruit. I. 1318, art. 23, 1351, art. 19, et 1385 ; mais la jurisprudence s'est prononcée contre l'exigibilité de ces droits, lorsque la réunion s'opère par le décès de l'usufruitier ; elle ne semble l'admettre que pour le cas où elle a lieu par cession, par conséquent, la table des usufruitiers paraît aujourd'hui sans utilité.

§ VI. — *Table des successions et absences.*

1276. Avant 1825, les documents relatifs aux successions étaient épars sur cinq tables différentes ; on a reconnu qu'il y aurait avantage à les réunir dans un même cadre. En conséquence, on a supprimé les tables des décès, des appositions et levées de scellés, des tutelles et curatelles, des inventaires et des successions acquittées. Ces renseignements sont présentés sur une table générale intitulée : *Table des successions et absences.*

1277. Cette table contient le relevé des actes de décès d'après les notices fournies par les maires et les renvois qui en sont faits ; celui des déclarations d'absences ou des envois en possession pour cause d'absence prononcés par jugements ; et enfin les décès ou les absences pour lesquels des droits de mutation ont été acquittés au bureau, quand même le receveur n'en aurait pas eu connaissance par les notices de décès ou par les renvois, mais seulement par la déclaration des héritiers.

Indépendamment des appositions et levées de scellés, des tutelles et curatelles et des inventaires, lorsque ces actes ont lieu après décès ou absence, on fait également mention sur cette table des ventes de meubles après décès. Tous ces actes sont utiles à consulter pour vérifier l'exactitude des déclarations. I. 1147.

1278. *Notices de décès.* Pour la formation de la table des décès, les receveurs devaient faire, dans les communes de l'arrond. de leur bureau, le relevé des extraits de sépulture, O. gén. 86 ; mais la loi du 22 frim. an 7 contient à ce sujet la disposition suivante : Les secrétaires des administrations municipales sont tenus de fournir, par trimestre, aux receveurs de l'enreg. les relevés par eux certifiés des actes de décès. — Ils seront délivrés sur papier non timbré et remis dans les mois de janvier, avril, juillet et octobre, à peine d'une amende de 10 fr., quelle que soit la durée du retard. Ils en retireront récépissé aussi sur papier non timbré. L. 22 frim. an 7, art. 55, et 16 juin 1824, art. 10. Ces obligations sont imposées actuellement aux maires chargés par la loi du 28 pluv. an 8 des fonctions précédemment attribuées aux administrations municipales. L. 27 vent. an 9, art. 6. Circ. R. 1814, 1992.

1279. Les receveurs doivent tracer à la main et envoyer dans les dix derniers jours de chaque trimestre, à chacun des maires de l'arrond. de leur bureau, un nombre suffisant de feuilles destinées au relevé des actes de décès. Circ. R. 2045. — Pour les communes dont la population est peu considérable, on peut se dispenser d'envoyer, chaque trimestre, une nouvelle feuille ; il suffit d'en former une au commencement de l'année, et de la renvoyer au maire pour y ajouter successivement les décès arrivés chaque trimestre.

1280. Ces feuilles sont distribuées en onze colonnes contenant : 1° noms et prénoms des décédés ; 2° profession ; 3° âge;

4° domicile ; 5° date du décès ; 6° commune où est né le décédé ; 7° son état de célibataire, veuf ou marié ; 8° noms de ses père et mère, avec mention si l'un ou tous les deux sont décédés ; 9° nom et prénoms du survivant des époux, si le décédé était marié ; 10° noms, demeures et degrés de parenté des héritiers ; 11° observations. Circ. R. 2045.

1281. Les renseignements à fournir dans les cinq premières colonnes sont indispensables pour constater l'identité du décédé et pour mettre à portée de suivre le recouvrement des droits. Ceux qui font l'objet de la 6ᵉ colonne ont pour but d'indiquer au receveur du domicile du décédé le bureau auquel il devra faire le renvoi du décès (V. 1109). Les indications à porter dans les quatre colonnes suivantes sont très utiles pour reconnaître, soit les successions que le décédé peut avoir recueillies, soit les héritiers auxquels sa succession est dévolue. Enfin il est désirable que dans la 11ᵉ colonne on fasse connaître tous les renseignements qui peuvent éclairer les préposés sur les valeurs dépendant de la succession et sur les légataires institués par le défunt. Ces divers renseignements se trouvant presque tous dans les actes de décès, les maires doivent être invités à remplir exactement toutes les colonnes, et à renvoyer l'état au receveur dans le courant du premier mois de chaque trimestre.

1282. Les relevés des actes de décès sont transcrits par les maires sur ce tableau, à la suite l'un de l'autre, dans l'ordre de leur date, à un intervalle de trois centimètres entre chaque article. Ils doivent y comprendre tous les décès, sans exception, même ceux des enfants en bas-âge, des étrangers, des personnes domiciliées au dehors, des individus ou des militaires morts dans les hôpitaux ou dans les prisons, et de ceux qui sont morts accidentellement. L'état sera certifié par le maire et daté du jour de son envoi au receveur. Circ. R. 2045. — S'il n'est survenu aucun décès dans le courant du trimestre, le maire ne doit pas moins renvoyer le tableau en remplaçant le relevé des décès par un certificat négatif.

1283. Pour prévenir le préjudice qui résulterait de l'omission de quelques décès sur les notices qui lui sont fournies, le receveur doit, de temps à autre, les rapprocher des registres de l'état civil, et si les omissions étaient fréquentes ou paraissaient avoir été faites à dessein, il en donnerait avis au directeur, afin que celui-ci prît les mesures qu'il jugerait convenables dans l'intérêt du trésor.

1284. On a généralement perdu l'habitude d'accuser réception des notices de décès. Pour constater cette réception et s'assurer de l'exactitude des receveurs à les transcrire sur la table au fur et à mesure de la remise qui leur en est faite (V. 1286), ils doivent faire sur le registre des actes civils, ou sur celui des successions dans les bureaux qui n'ont pas d'autres attributions, immédiatement avant l'arrêté du dernier jour des mois de janvier, avril, juillet et octobre, un tableau des maires qui ont remis la notice des décès arrivés dans leur commune pendant le trimestre précédent, et des maires en retard de satisfaire à cette obligation. Circ. R. 1703 et 2045. — Ces tableaux récapitulatifs présenteront, par ordre alphabétique, les noms des communes, ceux des maires, et la date de la réception du relevé.

1285. On avait recommandé de dresser procès-verbal pour constater les contraventions à l'art. 55 de la loi du 22 frim. an 7, et suivre le recouvrement des amendes, Circ. R. 1703, 1765, et d'envoyer ces procès-verbaux au directeur qui devait se concerter avec le préfet pour assurer l'exécution de la loi, Circ. R. 1814, 2045 ; mais l'application d'une disposition pénale à des magistrats exerçant des fonctions gratuites est tombée en désuétude, l'adm. a prescrit aux receveurs de se borner à les signaler au directeur qui priera le préfet de stimuler les maires et de les inviter à fournir avec exactitude les notices des décès. I. 70. En outre, les receveurs rendent compte, dans le tableau de la situation des sommiers et tables, du retard qui existe dans cette remise (V. *titre* VI). Si le retard se prolonge d'une manière préjudiciable au trésor, les receveurs doivent faire eux-mêmes, sur les registres de l'état civil, le relevé des décès dont la notice ne leur a pas été envoyée, et prendre en même temps des renseignements, le tout conformément à l'art. 86, O. gén. de régie.

1286. Aussitôt que les notices des décès lui sont parvenues le receveur en fait le relevé sur la table des successions. Circ. R. 1765. Ces notices sont ensuite enliassées par année et par ordre alphabétique des communes, portées sur l'inventaire du bureau et conservées dans les archives pour y avoir recours au besoin.

1287. *Table des successions*. La table des successions est divisée en treize colonnes principales, savoir : 1° numéro d'ordre ; 2° individus décédés ou déclarés absents (alphabétiquement), noms, prénoms, professions, domiciles, âges, dates du décès ou de l'envoi en possession ; 3° si le défunt était célibataire, veuf ou marié et s'il a laissé des enfants ; 4° date de l'enreg. des appositions de scellés ; 5° des levées de scellés ; 6° des tutelles et curatelles ; 7° des inventaires avec le montant de l'évaluation ; 8° des ventes de meubles avec le montant de la vente ; 9° numéro du sommier douteux sous lequel l'article a été relevé ; 10° date des déclarations des successions, dons ou legs ; 11° noms, prénoms et demeures des héritiers, donataires ou légataires (non alphabétiquement) ; 12° biens déclarés, savoir : valeur du mobilier, argent, rentes et créances, revenu et situation des immeubles ; 13° enfin observations dans lesquelles on indiquera, soit la date du certificat d'indigence, s'il n'existe pas de biens, soit le numéro et la date du renvoi de l'article si la personne décédée avait son domicile hors de l'arrond. du bureau, soit encore le nom du bureau d'où le décès aura été renvoyé. I. 1147.

1288. La table des successions est une des plus importantes ; elle exige des soins tout particuliers, à cause de la diversité des éléments qui servent à sa formation. Le plus ordinairement les articles sont relevés, soit d'après les notices de décès fournies par les maires ou renvoyées d'autres bureaux, soit d'après les enreg. de jugements déclaratifs d'absence. Cependant lorsque la déclaration a été faite, ou que des procès-verbaux d'apposition et de levée des scellés, des actes de tutelle et curatelle, des inventaires ou des ventes de meubles ont été enregistrés avant que les notices de décès soient parvenues au bureau, le receveur n'en doit pas moins relever immédiatement le décès ou l'absence sur la table ; mais lorsqu'il y consignera ensuite les notices de décès, il fera les vérifications nécessaires pour éviter de relever deux fois le même décès. I. 1147. — C'est là une cause d'erreurs assez fréquentes et d'autant plus faciles, que la table est plus exactement formée. En effet les notices de décès ne se fournissent que par trimestre, tandis que les actes relatifs à l'ouverture de la succession précèdent le plus souvent l'époque de cette remise ; il faut donc faire attention d'éviter des inscriptions par double emploi.

1289. Tous les décès arrivés dans l'arrond. du bureau et les déclarations d'absences qui y ont été enregistrées, doivent être relevés sur la table, sauf à faire le renvoi des articles qui concernent des individus nés ou domiciliés hors de cet arrond. (V. 1106), et à indiquer ce renvoi dans la colonne d'observations. I. 1351, art. 19 (V. 1287).

1290. On n'est point fixé sur la question de savoir si les décès d'enfants morts en bas-âge doivent être relevés sur la table lorsque la notice indique que les pères et mères ont survécu. On objecte d'une part que ces articles, naturellement fort nombreux, surchargent sans nécessité la table, puisque ces enfants n'ayant point de droits acquis, il n'y a par conséquent aucun droit de mutation à recouvrer. D'autre part on répond que ces enfants peuvent avoir laissé des biens qui leur auraient été transmis par donation ou legs, et qu'il est prudent de faire le relevé de ces décès pour s'en assurer. En présence des dispositions formelles de l'art. 84, n° 1, O. gén. qui prescrivent de n'omettre aucun décès, et de celles de l'instr. 1351, il semble que les préposés ne peuvent se dispenser de relever sur la table tous les décès sans aucune exception, sauf les enfants qui ne sont pas nés viables.

1291. On ne se bornera point à porter sur la table les décès arrivés dans l'arrond. du bureau, on devra également y porter ceux des individus domiciliés ou décédés au dehors, et dont le renvoi aura été fait au bureau (V. 1106, 1109). Toutes les fois que le receveur aura connaissance, d'une manière quelconque, du décès d'une personne domiciliée dans l'arrond. du bureau ou d'un individu domicilié au dehors, mais qui possédait dans l'arrond. du bureau, soit des immeubles, soit des meubles ayant une assiette déterminée, il devra relever ce décès sur la table. Ceci s'applique même aux décès dont le receveur a connaissance après l'expiration du délai accordé pour la déclaration, sauf à en faire article en même temps sur le sommier, pour suivre le recouvrement des droits.

1292. La date du décès doit être indiquée avec soin, et l'on n'omettra jamais de remplir la colonne relative à l'état civil du défunt, en y portant le nom du conjoint survivant ou prédécédé (V. 1280).

1293. L'indication des noms des héritiers est essentielle pour réclamer le paiement des droits; il faudra donc dénommer tous ceux qui seront portés sur la notice ou dans les actes concernant la succession. On ne devra pas omettre d'indiquer à part les donataires ou légataires qui ont des droits à payer particulièrement, en ajoutant à cette mention celle des dons ou legs en propriété ou usufruit, avec la date du titre.

1294. Les colonnes relatives aux scellés, tutelles, inventaires et ventes de meubles seront également apostillées avec exactitude. Les premières fournissent des renseignements utiles pour connaître les héritiers réels, ou les individus que la loi déclare personnellement débiteurs ou responsables des droits de mutation; quant aux inventaires et aux ventes de meubles, ces actes donnent en outre des notions certaines sur la consistance des successions, et permettent de surveiller le paiement des droits, ou de constater les omissions dans les déclarations des héritiers (V. 1381, 1382).

1295. Lorsqu'un inventaire, une vente de meubles sont faits après le décès d'un individu marié, on indiquera le montant total de l'évaluation ou du produit en mettant au-dessus les mots : *moitié de*, ou : *communauté*. Si par suite de prélèvements ou de reprises par l'un des époux, ou par toute autre cause, le chiffre porté dans la colonne des inventaires ou des ventes de meubles n'est pas conforme à celui des valeurs mobilières inscrit dans la colonne réservée pour le mobilier déclaré, sans qu'il y ait néanmoins omission, on apostillera cette colonne d'un vu pour faire connaître que les causes de la différence ont été vérifiées; mais lorsque le rapprochement de la déclaration avec l'enreg. de l'inventaire ou de la vente de meubles fera ressortir une omission, on l'indiquera en mettant au dessous du chiffre de l'inventaire ou de la vente mobilière le mot : *relevé*, et le n° du sommier certain où l'article aura été consigné (V. 1562).

1296. Lorsqu'un receveur enregistre, longtemps après le décès, un acte de scellés, de tutelle, un inventaire ou une vente de meubles, il doit se reporter à l'article porté sur la table pour le décès, et l'annoter de la date de l'enreg. de ces actes sans faire un nouvel article au courant. Si le nom du défunt ne figure pas encore à la table, on devra l'y porter pour faire mention de l'acte qui s'y rapporte, et suivre, s'il y a lieu, le paiement des droits. En résumé, il faut que la table des successions et absences présente, pour le bureau, les indications qui se trouvaient autrefois sur les cinq tables dont elle réunit les éléments. (V. 1276).

1297. Dans quelques bureaux, lorsque l'on enregistre, avant la déclaration, des actes concernant la succession, autres que ceux dont il est question dans ces colonnes, telles qu'une vente d'immeubles, un partage, une licitation, etc., on en fait une mention sommaire, afin de rapprocher les indications qu'ils peuvent fournir de la déclaration des héritiers. Cette méthode facilite les émargements des enreg. et empêche de les perdre de vue. (V. 734).

1298. L'instr. 1147 porte que chaque extrait d'acte de décès ou de jugement d'absence consigné sur la table sera relevé *immédiatement* sur le sommier des découvertes à éclaircir; que le n° en sera indiqué dans la colonne réservée à cet effet sur la table, et que celle-ci ne devra contenir aucune mention des actes de poursuite, cette mention devant être faite sur le sommier. Il semblerait résulter du mot *immédiatement*, qu'aussitôt relevé sur la table, l'article doit être reporté au sommier douteux, quand même le délai accordé pour faire la déclaration ne serait pas encore expiré; mais les instructions postérieures ont expliqué, à cet égard, que ce report ne doit comprendre que les successions ouvertes *depuis plus de six mois*, lorsque la consistance n'en est pas justifiée. I. 1318, art. 21, 1351, art. 15.

1299. On ne négligera point de faire ce report au sommier et d'en indiquer le n° sur la table; mais lorsqu'il s'agit de la succession d'un enfant ayant son père et sa mère, et décédé en bas âge ou en état de minorité, le receveur, après avoir fait les recherches convenables pour s'assurer s'il avait ou non des biens, peut se dispenser de relever l'article au sommier en inscrivant dans les dernières colonnes de la table, destinées aux biens déclarés, les mots : *rien d'échu, non-valeur.* Au surplus ce n° du sommier douteux n'est point le n° sous lequel on a relevé les omissions ou autres insuffisances (V. 1295), mais seulement les successions non déclarées.

1300. Les colonnes de la date des déclarations et des biens déclarés seront annotées selon les titres qu'elles portent, le receveur aura soin de porter ces annotations en regard des noms tant des héritiers que des légataires ou donataires, et distinctement pour ceux-ci. Enfin, c'est le chiffre des valeurs ou des revenus réellement déclarés pour la succession qui devra être indiqué dans ces colonnes, et non le chiffre total pour la communauté.

1301. La table des successions ne servant pas seulement de table des décès, mais encore de table des successions acquittées, il faudra, lorsque les droits d'une succession seront payés avant l'arrivée de la notice des décès, ou avant que le décès ou l'absence, par un motif quelconque, ait été relevé sur la table, le porter immédiatement en indiquant la date du paiement. (V. 1277).

1302. Lorsqu'il ne dépend aucun bien d'une succession, les héritiers peuvent faire une déclaration négative (V. 1077); dans ce cas, en regard de la date de cette déclaration, on inscrira, par ordre, le mot *néant* dans les colonnes des valeurs déclarées. — Lorsqu'on produira un certificat du maire constatant que le défunt n'a rien laissé, on fera mention de la date de ce certificat dans la colonne d'observations, et l'on inscrira aussi pour ordre les mots *non-valeur* dans celle des biens déclarés. Si le certificat est produit après l'expiration du délai, et que l'article ait été relevé au sommier, on fera mention de ce certificat tant sur le sommier que sur la table.

1303. Les certificats produits par les héritiers ne doivent pas constater leur indigence, mais l'absence de tout bien dans la succession. Ils peuvent être rédigés sur papier non timbré, et les receveurs ne sont pas autorisés à exiger qu'ils soient reproduits sur les imprimés spécialement consacrés aux certificats concernant des articles d'amendes ou autres produits constatés (V. *titre* IV). Les certificats doivent être enliassés et conservés à l'appui de la table des successions; il est bon de leur donner un n° d'ordre dont il est fait mention sur la table, afin que l'on puisse y recourir au besoin. — Les receveurs ne doivent pas les admettre avec trop de facilité; ils s'assureront, par des recherches et des vérifications, que les individus décédés ne possédaient réellement aucuns biens. I. 750, 1351, art. 15 (V. *titre* V).

1304. Outre l'indication des certificats d'indigence, la colonne des observations est également destinée à faire connaître le nom du bureau d'où un décès aura été, ou auquel il sera renvoyé (V. 1287).

1305. Il semble inutile d'insister sur l'utilité de la table des successions. Non seulement elle est indispensable pour assurer le recouvrement des droits de mutation; mais encore pour la recherche de tous autres droits et produits. Elle met les préposés à portée de découvrir les débiteurs ou leurs représentants, de recourir aux déclarations, aux inventaires, partages et à tous les autres actes concernant le défunt ou sa succession. Lorsqu'on a épuisé les recherches directes, la table des successions fournit souvent des renseignements utiles; un receveur intelligent peut en tirer un immense parti.

§ VII. — *Tables des propriétaires forains.*

1306. Les receveurs n'étaient pas toujours exactement prévenus du décès des personnes qui, propriétaires d'immeubles situés dans l'arrond. d'un bureau, avaient leur résidence dans le ressort d'un autre bureau. Pour remédier à cet inconvénient, l'adm. a fait établir : 1° une table alphabétique des propriétaires qui, possédant des immeubles dans l'arrond. du bureau, ont leur domicile dans l'arrond. d'un autre bureau ; 2° une table alphabétique des propriétaires domiciliés dans l'arrond. du bureau et possédant des immeubles dans l'arrond. d'autres bureaux. I. 1726.

1307. La table des propriétaires qui, possédant des immeubles dans l'arrond. du bureau, ont leur domicile dans le ressort d'un autre bureau, est divisée en sept colonnes principales : 1° numéro d'ordre ; 2° propriétaires qui possèdent des biens immeubles dans l'arrond. du bureau et qui n'y ont pas leur domicile (alphabétiquement), noms, prénoms, professions, domiciles ; 3° bureau du domicile, numéro et date du renvoi ; 4° communes où sont situés les biens ; 5° numéro du sommier de la contribution foncière ; 6° dates du décès et de la déclaration de la succession ; 7° observations. I. 1726.

1308. La table des propriétaires domiciliés dans l'arrond. du bureau et possédant des biens dans l'arrond. d'autres bureaux, présente six colonnes principales : 1° numéro d'ordre ; 2° propriétaires qui possèdent des biens dans les arrond. autres que celui du bureau (alphabétiquement), noms, prénoms, professions, domiciles ; 3° bureaux et communes de la situation des biens ; 4° date du décès des propriétaires forains ; 5° numéro et date du renvoi au bureau de la situation des biens ; 6° observations. I. 1726.

1309. La première de ces tables est formée au moyen du sommier de la contribution foncière dont nous parlons ci-après (V. 1318) ; le receveur y relève les articles concernant les propriétaires forains et les inscrit sur la table, dans l'ordre alphabétique des noms des propriétaires, avec tout les détails exigés par le modèle. Il importe que le domicile réel soit exactement indiqué : en cas d'incertitude sur ce point, le receveur prendra des renseignements auprès des maires, des percepteurs et des notaires. Dans le cas où des immeubles auraient changé de propriétaire sans qu'aucune mutation eût encore été faite au rôle, le receveur devrait néanmoins porter à la table le nom du propriétaire actuel, s'il était domicilié hors de l'arrond. du bureau. I. 1726.

1310. Cette première table fournit les éléments de la seconde : les receveurs qui l'ont formée ou la tiennent dans leur bureau, font sur des feuilles de renvois l'extrait de tous les articles qui s'y trouvent portés ; ils transmettent ces extraits au directeur qui les fait parvenir aux receveurs du domicile des propriétaires, suivant le mode prescrit (V. 1123). — Le receveur du domicile des propriétaires, à mesure que les extraits lui parviennent, forme la table des propriétaires domiciliés dans l'arrond. de son bureau et possédant des immeubles dans l'arrond. d'autres bureaux. I. 1726.

1311. Comme il est d'usage pour toutes les tables, des blancs sont réservés à la suite de chaque lettre, pour y porter les noms des nouveaux propriétaires. Afin d'entretenir au courant les deux tables des propriétaires forains, les receveurs, soit du domicile des propriétaires, soit de la situation des biens, toutes les fois qu'ils enregistreront des actes d'aliénation ou d'acquisition concernant ces immeubles, feront aux deux tables les changements nécessaires; ils se donneront réciproquement connaissance de ces changements par le renvoi de l'enreg. des actes. Les aliénations consenties par le propriétaire forain seront indiquées sur les deux tables dans la colonne intitulée *Observations*, en marge de l'article concernant les immeubles aliénés. Les acquisitions faites par le propriétaire déjà inscrit aux tables seront l'objet de nouveaux articles, de même que celles qui auront lieu au profit d'individus qui ne figuraient point encore parmi les propriétaires forains. I. 1726.

1312. Bien qu'elles présentent des opérations assez compliquées, la formation et la tenue au courant de ces deux tables ne demandent que de l'attention et de l'exactitude. Toutes les fois qu'un receveur enregistre un acte opérant un changement dans la propriété de biens situés dans l'arrond. d'un bureau autre que celui où se trouve le domicile du nouveau ou de l'ancien propriétaire, ce changement nécessite une opération sur les tables des propriétaires forains et, par suite, un renvoi soit au bureau du domicile de l'ancien ou du nouveau propriétaire, soit au bureau de la situation des biens.

1313. A l'époque du travail que les receveurs doivent faire chaque année pour maintenir au courant le sommier de la contribution foncière (V. 1334), ils auront soin de prendre note de tous les changements opérés dans la situation des propriétaires forains; ils vérifieront si ces changements sont basés sur des actes enregistrés à leur bureau, ou dont le renvoi leur a été fait. Dans la négative, ils feront sur la table n° 1er les annotations convenables et informeront, par un renvoi, du changement survenu, le receveur du domicile du propriétaire, lequel portera les mêmes annotations à la table n° 2. I. 1726.

1314. Lorsqu'un des propriétaires viendra à décéder, le receveur du domicile portera sur la table n° 2 la date du décès et en informera, par un renvoi, le receveur de la situation des biens. Celui-ci, à la réception du renvoi, inscrira la date du décès du propriétaire forain à la table n° 1er; il en fera article également sur la table des successions et, à défaut de déclaration dans le délai prescrit par la loi, il poursuivra contre les héritiers ou légataires le recouvrement des droits de mutation. I. 1726. — Les receveurs n'omettront pas de faire régulièrement les rapprochements nécessaires entre la table des successions et celles des propriétaires forains, ni d'utiliser les indications qu'elles offrent pour les découvertes.

24

§ VIII. — *Table des créances hypothécaires.*

1315. Cette table sert à porter sous le nom des créanciers les créances constituées ou à terme, inscrites sur les registres des formalités hypothécaires ; on y fait aussi mention des radiations et subrogations relatives à ces créances. Elle a été établie pour fournir aux préposés les moyens de découvrir les omissions de rentes ou créances dans les déclarations de succession, bien qu'elle ne puisse établir d'une manière irrécusable que les créances existent encore au moment du décès.

1316. La tenue de la table des créances hypothécaires a d'abord été prescrite dans les conservations des hypothèques, I. 455 ; mais il a paru plus convenable et plus utile à la fois de la faire tenir dans chacun des bureaux où se perçoivent les droits de succession. I. 989.

1317. La table des créances hypothécaires contient dix colonnes, savoir : 1° n° d'ordre ; 2° créanciers (alphabétiquement), noms, prénoms et domiciles ; 3° noms des débiteurs ; 4° dates des titres ; 5° notaires ou tribunaux dont ils émanent ; 6° capital de la créance inscrite ; 7° date de l'exigibilité ; 8° date de l'inscription ; 9° bureau où l'inscription a été prise ; 10° observations dans lesquelles il sera fait mention des radiations et subrogations. I. 1147.

Cette table est formée très facilement au moyen des renvois que les conservateurs des hypothèques adressent au bureau de l'enreg. du domicile des créanciers. (V. 1109).

SECTION III. — *Sommier de la contribution foncière.*

1318. *Cadastre*. Les employés de l'adm. concourent à quelques opérations qui ont pour objet l'exacte répartition de la contribution foncière ; d'un autre côté ils doivent utiliser, pour le recouvrement des droits de mutation, les renseignements que leur fournissent les rôles de perception.

Pour arriver à une répartition exacte de l'impôt foncier, le Gouvernement a entrepris et achevé dans un grand nombre de départements le *Cadastre général* des propriétés, ou l'arpentage et le classement parcellaires de toutes les parties du territoire.

1319. Des plans détaillés et des matrices cadastrales présentent pour chaque commune les noms et prénoms des propriétaires, la section, le n° et le *lieu dit* de la situation, la nature, la contenance, la classe et le revenu de chaque parcelle. — Ce revenu n'est pas toujours le produit réel, il est même généralement fort au-dessous ; cependant, comme le revenu imposable dans la même commune est calculé sur les mêmes bases, il en résulte que les évaluations sont ou doivent être dans une égale proportion pour chacune des parcelles de la même commune.

1320. Mais cette proportion n'existe point de département à département, de canton à canton, ni même de commune à commune; aussi, dans telle commune, l'impôt atteint le cinquième et quelquefois le quart du revenu, tandis que dans d'autres il ne s'élève pas à plus du dixième. Le cadastre a cependant fait disparaître quelques unes de ces différences, en permettant d'établir sur des données plus positives et plus exactes, la répartition de l'impôt entre les départements, les arrond., les cantons et enfin les communes. — Pour faciliter ce résultat, les receveurs sont tenus de communiquer, sans déplacement, leurs tables alphabétiques et registres de formalités aux contrôleurs des contributions directes chargés d'y faire le relevé des baux, ventes et autres actes propres à faire connaître la valeur et le produit des biens fonds. Instr. 125 (V. 1149). Dans le même but, l'adm. a fourni à différentes époques des renseignements sur le taux moyen de l'intérêt des fonds placés en acquisitions d'immeubles. I. 885, 888, 1005.

1321, *Présomption des mutations.* L'art. 12 de la loi du 22 frim. an 7 porte : « La mutation d'un immeuble en propriété ou usufruit sera suffisamment établie, pour la demande du droit d'enreg. et la poursuite du paiement contre le nouveau possesseur, soit par *l'inscription de son nom au rôle de la contribution foncière, et des paiements par lui faits d'après ce rôle*, soit par des baux par lui passés, ou enfin par des transactions ou autres actes constatant sa propriété ou son usufruit. » — Lors même que les nouveaux possesseurs prétendraient qu'il n'existe pas de conventions écrites entre eux et les précédents propriétaires ou usufruitiers, il y a lieu, d'après l'art. 4 de la loi du 27 vent. an 9, à l'application de ces dispositions.

1322. *Sommier de la contribution.* Pour faciliter aux préposés les moyens de découvrir les mutations d'immeubles soustraites à la formalité, les omissions dans les déclarations de succession et les insuffisances dans l'évaluation du revenu des biens transmis, soit entre-vifs à titre gratuit, soit par décès, les receveurs doivent tenir un sommier de la contribution foncière pour la formation duquel ils prennent dans chaque commune des extraits du rôle. O. gén. 83, 87.

1323. Dans l'origine, le sommier de la contribution foncière était une copie entière des matrices de rôle; on y relevait distinctement chacune des parcelles appartenant au même propriétaire; on y ajoutait et l'on retranchait successivement celles qui venaient augmenter ou diminuer son article. Ce sommier donnait lieu à un travail considérable et ne remplissait qu'imparfaitement le but proposé; on a cherché à en augmenter l'utilité, tout en simplifiant sa forme primitive.

1324. *Bases.* Il a paru que le cadastre parcellaire des propriétés pourrait servir de base à ce travail. En effet, dans le système du classement cadastral, le revenu imposable de chaque parcelle est déterminé d'une manière fixe pour l'assiette de la contribution foncière; la fraction de ce revenu prélevée par l'impôt peut seule varier, selon le contingent annuel assigné à la commune, réparti au marc le franc du revenu imposable entre tous les contribuables; ainsi lorsque le revenu imposable d'un contribuable change d'une année à une autre, cette variation provient toujours d'une mutation dans la propriété immobilière, à moins qu'elle n'ait pour motif une addition par suite de construction nouvelle ou un retranchement par suite de démolition d'une propriété bâtie. Dans ce cas, le revenu du sol reste toujours le même, il n'y a de changé que celui des constructions, et les feuilles de mutations font connaître cette cause spéciale d'augmentation ou de diminution I. 1183.

1325. Le cadastre a donc été adopté pour base du sommier de la contribution foncière. On avait proposé d'y porter le détail, article par article, des immeubles de chaque contribuable, mais ce mode a été écarté, à cause de la multitude de parcelles dont se composent ces matrices, et de la difficulté d'indiquer, avec exactitude et sans confusion, les mutations ultérieures. Il a paru préférable d'établir le sommier de la contribution sous la forme d'un simple relevé des rôles faits d'après les matrices cadastrales. I. 1183.

1326. *Forme*. Suivant le modèle adopté, le sommier est établi par commune et ne présente, pour chaque propriétaire, que le montant total du revenu imposable; mais chaque sommier est précédé d'un tableau indiquant la proportion du contingent de la contribution, au marc le franc, avec le revenu imposable pour chaque année. I. 1183. Au moyen de ce tableau, il est facile de connaître la cote d'imposition de chaque propriétaire en l'établissant au marc le franc de son revenu imposable. Pour que ce tableau conserve son utilité, il faut l'annoter exactement chaque année, en demandant aux percepteurs le chiffre du marc le franc pour l'année et pour chaque commune.

Un second tableau, également porté en tête du sommier de chaque commune, est destiné à indiquer les années pour lesquelles les états de mutations auront été communiqués (V. 1334). I. 1183.

1327. Après ces tableaux, le sommier est divisé par cases précédées d'un espace en blanc pour inscrire le n° de l'article, les noms, prénoms, qualité ou profession et domicile du contribuable. Chaque article présente trois colonnes destinées à indiquer successivement : 1° l'année, 2° le montant du revenu imposable, 3° le n° sous lequel, en cas d'augmentation du revenu imposable d'une année, l'article aura été relevé au sommier douteux, pour éclaircir les causes de cette augmentation. I. 1183 (V. 1338).

1328. *Formation*. Lorsque le cadastre d'une commune est terminé, le receveur, pour la formation du sommier de la contribution de cette commune, relève, d'après le rôle de répartition fait sur la matrice cadastrale, chacun des articles de ce rôle, en suivant l'ordre alphabétique des noms de famille des contribuables ; mais comme il survient ensuite des mutations qui ne permettent plus de suivre cet ordre, il faut, pour les communes d'une certaine importance, qu'une table alphabétique soit placée à la fin du sommier de la commune. On peut, du reste, lorsque les communes sont peu considérables, en relever plusieurs sur le même volume ; mais, dans ce cas, on doit avoir soin : 1° de laisser à la suite du relevé de chaque commune le nombre de feuilles en blanc nécessaires pour porter successivement les noms des nouveaux propriétaires ; 2° d'établir à la main sur la feuille qui précède le relevé de chaque commune, les deux tableaux indicateurs *sup.* 1326. I. 1183.

Pour les communes dont le cadastre n'était pas terminé, les receveurs avaient été autorisés à différer la formation du sommier, I. 1183 ; mais on a prescrit depuis de le faire sur des anciennes matrices, sauf à l'annoter convenablement après l'achèvement du cadastre. I. 1371.

1329. *Mutations*. Pour annoter chaque année le sommier de la contribution foncière des changements survenus dans la position des contribuables, on se sert des feuilles de mutations recueillies par les employés des contributions directes et qui sont communiquées par cette administration à celle de l'enreg. I. 934.

1330. D'après la loi du 3 frim. an 7, aucune mutation ne peut être faite au rôle que sur la déclaration des parties énonçant à quel titre la mutation s'est opérée ; mais le plus souvent les changements avaient lieu d'office. De là des erreurs nombreuses que l'on a cherché à éviter en exigeant la production des titres par les contribuables ; seulement, pour remédier à la négligence qu'ils mettaient à les produire, on faisait d'office les changements résultant de mutations portées sur des relevés adressés par les receveurs de l'enreg. aux contrôleurs des contributions. I. 1277, 1296 (V. 1134). — Ce mode a paru contraire à la loi du 3 frim. an 7 qui n'ordonne point la représentation du titre, et paralysait d'ailleurs la recherche des mutations ; on a donc prescrit de se contenter de la simple déclaration des parties. I. 1371, 1511.

1331. Enfin, pour remédier aux abus qui résultaient de changements faits à l'insçu des nouveaux propriétaires, et d'après des déclarations de personnes n'ayant aucune qualité à cet effet, de nouvelles dispositions pour le service des mutations aux rôles ont été arrêtées par le Ministre des finances le 26 fév. 1841, ainsi qu'il suit : « Pour toute mutation foncière, l'inscription aura lieu sur la déclaration de l'ancien *ou* du nouveau propriétaire, s'il représente l'acte translatif de propriété. A défaut de représentation de cet acte, l'inscription n'aura lieu que sur la déclaration de l'ancien *et* du nouveau propriétaire. Chaque déclaration sera *signée par les déclarants* et par le percepteur ; si les parties ne savent signer, le percepteur l'énoncera et le maire le certifiera. — Le percepteur consignera sur le livre-journal, d'une manière sommaire, l'objet et les motifs des déclarations ; il énoncera qu'un tel a déclaré avoir acquis ou hérité d'un tel, avoir vendu ou transmis par donation à un tel, telle ou telle propriété située dans la commune. Les mutations opérées sans déclaration préalable des parties intéressées pouvant exposer des contribuables à être imposés pour des biens qui ne leur appartiennent pas et à être poursuivis injustement, *aucune inscription d'office* ne sera faite sur le livre-journal. »

Par suite de ces dispositions, les receveurs avaient été dispensés de fournir le relevé des mutations enregistrées, I. 1639 ; mais on a jugé de nouveau que leur concours est indispensable et, au lieu de relevés, ils fournissent chaque mois, ainsi qu'il a été expliqué *sup.* 1134, des extraits des enregistrements.

1332. Du mode actuellement suivi pour le service des mutations, il résulte, qu'en cas de représentation de l'acte, la déclaration peut être faite par l'ancien *ou* le nouveau propriétaire, isolément et indistinctement, et qu'à défaut de l'acte, la déclaration doit être faite *par tous les deux*; dans tous les cas, elle doit être *signée* par les déclarants sachant signer. Ces formalités garantiront, il faut l'espérer, l'exactitude des mutations et feront disparaître la plus grande partie des difficultés qui résultaient de l'application de l'art. 12 de la loi du 22 frim. an 7, puisque, au moyen de la signature des parties, la présomption légale deviendra souvent une véritable preuve.

1333. *Communication des feuilles de mutations.* Chaque année les directeurs de l'enreg. doivent inviter les directeurs des contributions à leur remettre les états et les feuilles de mutations, aussitôt qu'il en a été fait usage pour la confection des rôles. I. 934, 1371. Il ne suffit pas de communiquer les états présentant la situation ancienne et nouvelle, quant à la contenance et au revenu, des propriétaires auxquels s'appliquent les mutations ; ces documents généraux qui ne font connaître ni la cause de la mutation, ni les biens qu'elle concerne, ni le nom du précédent propriétaire, sont insuffisants pour l'objet des recherches prescrites aux receveurs, et les directeurs des contributions ont été invités à joindre à ces états de situation les feuilles de mutations rédigées par les contrôleurs. I. 1507.

1334. A la réception de ces documents, les directeurs de l'enreg. les font parvenir aux receveurs de la situation des biens, en fixant le délai dans lequel ces pièces devront leur être renvoyées après qu'ils en auront fait usage. I. 934, 1183, 1371. Un ou deux mois, suivant le nombre des mutations concernant le même bureau, doivent suffire. I. 1507. Pour demander communication des feuilles de mutations, les directeurs peuvent d'ailleurs choisir l'époque où le travail est moins abondant dans les bureaux.

1335. Aussitôt la réception de ces pièces, le receveur, au moyen des états de mutations, indique sur le sommier de la contribution foncière l'année de l'émission du rôle qui présente un changement dans le chiffre du revenu de chaque propriétaire, et en regard le montant du nouveau revenu imposable. Lorsque, dans le cours d'une ou de plusieurs années, le revenu imposable d'un contribuable n'a pas varié, il n'y a pas de mention à faire à son article qui reste dans le même état jusqu'à ce qu'il survienne une augmentation ou une diminution dans le revenu. I. 1183. — Si le revenu imposable d'un contribuable a été retranché en entier, on remplit par des guillemets la colonne qui sert à l'indiquer, mais il ne faut pas rayer l'article, parce que le même individu peut acquérir ultérieurement d'autres propriétés; c'est seulement en cas de décès que l'article peut être rayé. — Pour les nouveaux propriétaires dont les noms ne figuraient pas encore sur le rôle précédent, ni par conséquent sur le sommier, on ouvre de nouveaux articles sur les feuilles en blanc laissées à cet effet à la suite du sommier de chaque commune, sans s'astreindre à l'ordre alphabétique (V. 1328). J. 1183.

1336. *Recherche des titres.* Le receveur vérifie ensuite, pour chaque article présentant une augmentation, quand elle n'a pas pour motif une construction, si la transmission qui a produit cette augmentation est établie par un acte enregistré, ou lorsqu'elle a eu lieu par décès, si la succession a été déclarée. I. 934 et 1371. Cette vérification se fait au moyen des tables alphabétiques, et notamment de celles des acquéreurs et des vendeurs. Les recherches doivent avoir lieu avec beaucoup de soin et d'attention; on les étendra, s'il le faut, aux autres tables, registres et documents qui pourraient fournir des renseignements.

1337. Lorsque, au moyen des feuilles indiquant le titre de propriété ou de quelques recherches sur les tables, le receveur peut s'assurer immédiatement que ce titre a été enregistré, il indique sur le sommier de la contribution, à l'article tant de l'ancien que du nouveau possesseur, la nature et la date du titre et de son enreg. I. 1371. Cette mention doit être fort succincte; on peut, pour la rendre plus complète, indiquer de quel article l'augmentation provient, ou à quel article le revenu distrait a passé, à peu près dans les termes suivants : *Augmentation de.... savoir :.... de l'art..., par acquisition du..., enregistrée le..., et.... de l'art..... par succession déclarée le.....; — Diminution de...., par donation du.... enregistrée le..., portée à l'art.....*

Les recherches et les annotations se compliquent lorsque, dans le courant de la même année, il y a eu vente et acquisition par le même individu ; dans ce cas, le chiffre augmente ou diminue de la différence qui existe entre le revenu acquis et le revenu aliéné ; il faut avoir soin de justifier le changement, en indiquant les deux causes qui l'ont produit.

1338. Lorsque les causes d'un changement n'auront pu être reconnues et justifiées immédiatement, le receveur en fera article au sommier des découvertes à éclaircir, pour compléter ultérieurement ses recherches et s'assurer si réellement le titre n'a pas été enregistré. Le n° de cet article sera indiqué sur le sommier de la contribution foncière. I. 1183, 1371. — La consignation au sommier des découvertes doit présenter la copie de la feuille de mutation, afin de profiter de toutes les indications qu'elle peut contenir ; il faut notamment y rappeler les noms du nouvel imposé et de l'ancien propriétaire, l'article de la matrice pour chacun d'eux, les n°ˢ, la section et le canton ou *lieu dit*, la nature, la contenance et le revenu imposable pour chaque parcelle, et enfin la date de la déclaration pour en obtenir ultérieurement une copie en cas de besoin.

1339. En faisant les recherches ou les consignations que l'on vient d'indiquer, les receveurs apostilleront les états de mutations communiqués, en marge de chaque article, soit du folio de la table alphabétique où le titre de la mutation aura été porté, soit du n° du sommier des découvertes où la mutation à éclaircir aura été consignée. I. 934, 1371.

1340. Les feuilles ou états de mutations mettent à la disposition des préposés des renseignements très utiles. Outre les mutations secrètes dont ils peuvent révéler l'existence, ils font connaître celles qui ont été réalisées plus de trois mois après la convention et qui sont passibles du droit en sus. L'indication du revenu imposable est aussi un moyen efficace de contrôle pour les évaluations et les prix de vente, mais il ne faut pas attendre la communication des feuilles de mutations qui arriveraient trop tard pour faire cette vérification ; on consultera la matrice du rôle ou l'on s'en procurera un extrait (V. *titre* IV).

1341. *Renvoi des feuilles.* En ce qui touche les états et feuilles de mutations communiqués, les receveurs, après en avoir fait l'usage prescrit, les renverront au directeur dans le délai qui aura été assigné (V. 1334). Les directeurs veilleront à ce que le délai qu'ils auront fixé ne soit point dépassé. I. 1371, 1507. Ce renvoi peut être fait par la poste en divisant les paquets de manière que le poids n'excède pas un kilogramme. I. 1181 (V. 218).

1342. Dans la lettre d'envoi au directeur, les receveurs s'expliqueront sur le travail auquel ils se seront livrés et les résultats qu'il aura produits, relativement à la découverte des transmissions sujettes à l'enreg. et des insuffisances dans les prix de vente d'immeubles et les évaluations faites dans les actes et déclarations de successions. I. 1371. Le délai assigné pour le renvoi de ces pièces ne permettant pas toujours aux receveurs d'éclaircir entièrement tous les articles relevés au sommier des découvertes, il s'ensuit que les explications qu'ils sont alors à portée de donner sur les résultats de leur travail ne peuvent être que provisoires ; les receveurs indiqueront le nombre des mutations dont les titres auront été trouvés en règle, celui des articles relevés, en distinguant ceux qui auraient été éclaircis depuis leur consignation, de ceux qui restent à éclaircir, le nombre des articles de découvertes certaines ou probables, et enfin l'importance présumée des sommes à recouvrer.

1343. Pour tous les articles relevés au sommier des découvertes, les receveurs devront, avant de demander les droits de la mutation présumée, faire de nouvelles recherches plus approfondies pour s'assurer qu'il y a réellement mutation et que les droits n'ont pas été payés; ils se concerteront au besoin avec les percepteurs et les maires, et se procureront des extraits du rôle sur lequel figurait l'ancien propriétaire et de celui où le nouvel inscrit a été imposé; au bas de ce dernier extrait, le percepteur certifiera que l'impôt a été payé sans réclamation. Il est bon, en général, de prendre aussi un extrait de la matrice, si la copie de la feuille de changement n'a point été prise en entier, et en outre une copie de la déclaration faite sur le registre du percepteur. Ce n'est qu'après avoir réuni ces différentes preuves de la mutation présumée, que l'on doit avertir le nouvel imposé d'en acquitter les droits. Il faut d'ailleurs se montrer très circonspect et, avant de diriger des poursuites, obtenir l'autorisation du directeur auquel on fera un rapport détaillé et motivé accompagné des pièces justificatives.

TITRE IV.

RECOUVREMENTS ET SOMMIERS.

CHAPITRE Ier. — *Dispositions générales.*

1344. *Produits à recouvrer.* Tous les droits ne sont point perçus *au comptant*, ou lors d'une formalité requise expressément, et l'adm. est d'ailleurs chargée du recouvrement de divers produits qui exigent des écritures spéciales. On comprendra sous le titre général : *Recouvrements,* tout ce qui concerne cette partie de la manutention.

Les produits à recouvrer peuvent se diviser en six classes différentes : 1° *Droits* de timbre, d'enreg., de greffe, d'hypothèque et amendes de contraventions y relatives; 2° *Condamnations et perceptions diverses,* telles que : amendes, dommages-intérêts, frais de justice et de poursuites; 3° produits des *Domaines* et produits *spéciaux;* 4° produits des eaux et *Forêts;* 5° produits appartenant aux correspondants du trésor ou à des établissements public, et dont le recouvrement ne donne lieu qu'à des *Opérations de trésorerie;* 6° droits et produits de toute nature mis en *Surséance indéfinie.*

1345. *Sommiers.* Pour le recouvrement de ces droits et produits, il est ordonné de tenir un certain nombre de sommiers indépendants des registres de formalités. Les sommiers sont des registres sur lesquels on inscrit successivement les articles qui peuvent donner lieu à des recouvrements; ce sont de véritables *memento* destinés à conserver la trace soit des biens, soit des produits dont la régie ou le recouvrement est confié à l'adm. L'établissement des sommiers remonte à l'origine de l'adm.; l'art. 83, O. gén., prescrivait d'en tenir un certain nombre; ils ont subi diverses transformations qu'il est inutile de rappeler; on se bornera à présenter des observations sur les sommiers actuellement en usage.

1346. Les sommiers sont divisés en deux catégories : 1° les sommiers de *consistance* sur lesquels on fait article des propriétés et valeurs appartenant à l'État, et dont la gestion ou la surveillance est confiée à l'adm. Ce sont des *sommiers-matrices* qui servent d'éléments pour la formation des sommiers de la seconde classe; 2° les sommiers de *recouvrement* destinés à recevoir, au fur et à mesure de l'exigibilité des droits et produits, la consignation des renseignements nécessaires pour en suivre le recouvrement. Par suite de la division des droits ou produits selon qu'ils ont été ou non définitivement constatés et liquidés (V. *Comptabilité générale*), les sommiers de *recouvrement* se divisent aussi en deux classes : droits et produits *non constatés*, droits et produits *constatés*.

Les sommiers sont au nombre de dix-huit : six sommiers de consistance et douze sommiers de recouvrement, dont quatre de droits et produits *non constatés* et huit pour les produits *constatés*.

1347. *Sommiers de consistance.* Les six sommiers qui servent d'éléments aux autres sont : 1° sommier des *découvertes à éclaircir*, sur lequel on consigne les découvertes présumées et qui ont besoin d'être éclaircies, avant d'en faire article sur les sommiers de recouvrement; — 2° sommier de consistance des *domaines*, et 3° celui des *rentes*, contenant le relevé des propriétés immobilières ou des rentes appartenant à l'État; on en fait usage pour reporter sur les sommiers de recouvrement, au fur et à mesure des échéances, les revenus ou arrérages à recouvrer; — 4° sommier des *comptes ouverts pour le prix des ventes de domaines;* sur ce sommier on fait article, par chaque adjudicataire, du prix en principal dont il est débiteur, et l'on y établit le décompte des intérêts et des paiements, pour extraire et porter sur les sommiers de recouvrement les sommes échues; — 5° sommier des *comptes ouverts pour les biens séquestrés*, sur lequel on ouvre, pour chaque individu dont les biens ont été séquestrés et sont régis par l'Etat, un compte des recettes et des dépenses, afin de former le compte de l'administration du séquestre lorsqu'il aura été levé; — 6° sommier des *surséances indéfinies*, sur lequel on consigne les articles de droits et produits de toute nature, tombés en non-valeurs par suite de l'insolvabilité des débiteurs, afin de surveiller, jusqu'au moment de la prescription, les changements qui pourraient survenir dans la position des redevables, et reporter, s'il y a lieu, les articles aux sommiers de recouvrement.

1348. *Sommiers de recouvrement.* Les quatre sommiers de *recouvrement* comprennent, pour les droits et produits *non constatés :* 1° *Droits certains* d'enreg., de timbre, de greffe, et amendes de contraventions y relatives ; 2° *Droits résultant de formalités en débet ; 3° Droits d'hypothèque en suspens ; 4° Opérations de trésorerie.* — A l'exception de ce dernier, les articles consignés sur les autres doivent être reportés sur les sommiers de droits *constatés,* lorsque les droits ont été définitivement constatés et liquidés à la charge des redevables avant le paiement.

1349. Les huit sommiers de droits et produits *constatés* sont : 1° *Droits d'enreg.,* de timbre (visa) et de greffe ; 2° *Droits d'hypothèque ; 3° Amendes de condamnation,* frais de justice et perceptions diverses ; 4° *Revenus de domaines* et prix de vente de mobilier ; 5° *Prix de vente de domaines ;* 6° *Produits accidentels ;* 7° *Forêts* (produits accessoires); 8° *Prix de vente* d'objets mobiliers et immobiliers provenant des *Ministères.*

1350. Chacun de ces huit sommiers de droits *constatés* a son registre de recette correspondant ; il en est de même du sommier des opérations de trésorerie qui n'est point cependant classé parmi les sommiers de droits constatés. I. 1358. Quant aux autres droits *non constatés,* ils sont portés en recette sur les registres de formalités selon la nature des droits recouvrés.

1351. *Division.* Sans suivre dans cet article la division en sommiers de *consistance* ou de *recouvrement,* ni en sommiers de droits *constatés* ou *non constatés,* on présentera en premier lieu quelques observations sur les droits et produits, et notamment en ce qui touche ceux qui peuvent être le résultat des recherches et des *découvertes* des préposés ; on énoncera ensuite les *dispositions communes à tous les sommiers* en général, et aux sommiers et registres de droits et produits *constatés* en particuliers ; enfin les *observations spéciales* à chacun des sommiers et registres qui s'y rattachent, seront réunies selon l'analogie des droits et produits entre eux et les distinctions ci-dessus ; quant aux opérations de comptabilité, il en sera question au titre de la *Comptabilité générale.*

CHAPITRE II. — *Découvertes.*

SECTION Iʳᵉ. — *Observations et Règles générales.*

1352. Les sommiers présentent tous les droits et produits à recouvrer ; ils sont alimentés non seulement par les articles résultant des titres qui constatent la propriété ou les créances de l'État, mais encore par les articles dus aux découvertes que font les préposés dans l'exercice de leurs fonctions. Aussi, avant de présenter les observations qui se rattachent à la tenue des sommiers, on doit parler des *découvertes* et des moyens de les obtenir.

On donne le nom de *découvertes* aux résultats qu'obtiennent les employés de tout grade par la recherche des droits, créances, produits et biens de toute nature appartenant au trésor, mais dont la connaissance lui a été célée.

1353. *Surveillance des employés.* La surveillance des contraventions est une des attributions les plus importantes des préposés ; elle découle de la nature même de leurs fonctions. En effet, les contraventions se divisent en deux catégories distinctes : celles qui affectent l'impôt dont le recouvrement est confié à l'adm., et les infractions aux lois dont l'exécution intéresse la société tout entière. La répression des contraventions de la première espèce rentre naturellement dans la perception des droits ; celle des infractions relatives à la forme des actes devait être également confiée aux préposés qui sont appelés à les enregistrer.

1354. Les préposés comprendront les devoirs que leur impose la double mission dont ils sont investis : chargés de la perception des droits, ils doivent veiller à ce que les intérêts du trésor ne soient pas lésés ; la répression, dans ce cas, est une source de produit. Pour les contraventions de la seconde espèce, au contraire, le produit des amendes n'est que l'accessoire ; le but principal que le législateur s'est proposé, et que les employés ne doivent pas perdre de vue, est d'assurer l'exécution complète des mesures prises pour garantir les intérêts des citoyens (V. 772, 776).

1355. La surveillance des employés doit exercer surtout une influence morale sur les officiers publics et prévenir les contraventions. Ils méconnaîtraient le but réel de la loi, s'ils ne cherchaient qu'à trouver des contrevenants pour obtenir des résultats ou des recouvrements, au lieu de chercher à diminuer le nombre des infractions en conseillant et même en dirigeant ceux dont ils doivent vérifier les actes. La défense de s'expliquer sur les perceptions à faire (V. 604), ne s'applique pas aux contraventions ; les préposés doivent, au contraire, éclairer les officiers ministériels et les particuliers qui les consultent à ce sujet. Cependant, il faut agir avec une grande réserve, et lorsqu'il y a quelque motif de douter, on doit faire comprendre que la solution donnée n'est que l'expression d'une opinion personnelle qui ne peut empêcher l'action des employés supérieurs ni celle de l'administration.

1356. En ce qui concerne les lois d'ordre public, la répression de la plupart des contraventions est de la compétence des tribunaux ; les préposés n'ont d'autre droit que celui de constater et de signaler les infractions, et de recouvrer les amendes après la condamnation. — Pour le plus grand nombre des contraventions aux lois sur les perceptions confiées à l'adm. et à quelques lois spéciales, indépendamment du droit de les constater, les préposés ont le droit d'en poursuivre directement la répression au nom de l'adm. A cet égard, ils n'oublieront pas qu'il leur est défendu de transiger et d'accorder des remises ou modérations de peines ; leur devoir est de constater les infractions à la loi, lors même que les circonstances repousseraient tout soupçon de fraude. C'est à l'autorité supérieure à apprécier, sur leur rapport, les motifs qui pourraient faire fléchir l'application rigoureuse des peines que la loi prononce (V. 661, 662).

1357. *Recherche des contraventions*. A toutes les époques, l'adm. a vivement recommandé à ses préposés la recherche des contraventions, des droits et des biens célés au trésor; quelquefois, elle a stimulé leur zèle par des attributions spéciales ; mais aujourd'hui toute attribution particulière sur le produit des découvertes est supprimée, excepté en ce qui concerne le timbre des lettres de voiture (V. 535). Cependant il n'eût pas été juste que le travail extraordinaire que nécessite la recherche des droits et biens célés ne fût suivi d'aucune récompense : aussi l'adm., en rappelant dans toutes les occasions que ces recherches sont l'une des principales obligations des préposés et qu'elle sévirait contre ceux dont la négligence ou l'apathie aurait compromis les droits du trésor, a-t-elle, d'un autre côté, manifesté l'intention de prendre en grande considération dans l'appréciation des titres à l'avancement, le zèle, l'intelligence et l'activité dont les employés auront fait preuve dans l'accomplissement de ce devoir. O. gén. 17, 85, 115, 153, 154; Circ. R. 43, 1244, 1765, 1836 ; Circ. 17 juin 1841 ; I. 1351, art. 20 et 30, 1624, etc. (V. 79).

1358. La recherche des droits célés n'est pas seulement une preuve de zèle, c'est, comme on vient de le dire, un devoir, et les préposés de tout grade peuvent être rendus responsables, même pécuniairement, des droits qu'ils ont négligé de relever, notamment des droits de mutations par décès qu'ils ont laissé prescrire à défaut de demande ou de poursuites en temps utile. Circ. R. 1765. Cette responsabilité s'étend à tous les droits et produits, lorsqu'ils ont omis de faire les recherches et vérifications recommandées par les instructions ; dans ce cas, l'adm. apprécie jusqu'à quel point il y a faute grave ou négligence réelle de la part des préposés.

1359. Mais dans l'accomplissement de ce devoir, les employés ne doivent point perdre de vue la modération qu'il convient d'apporter dans leurs rapports avec les redevables, même lorsqu'il s'agit de réprimer des tentatives frauduleuses. Il est essentiel aussi que les investigations des préposés soient toujours empreintes du caractère de légalité et de loyauté que l'adm. leur recommande dans toutes les circonstances ; toute démarche qui aurait pour but de se procurer la preuve des contraventions par des voies détournées, en dehors de l'emploi légal des moyens accordés pour les découvrir ou les constater, serait vue avec mécontentement et pourrait faire annuler les poursuites, indépendamment de tous dommages-intérêts, s'il y a lieu (V. 1220).

1360. Le droit accordé aux employés de compulser les documents déposés dans les archives et dépôts publics (V. 1205), leur donne, avec les renseignements que fournissent les registres tenus dans les bureaux, la facilité de suivre la filiation des personnes et des propriétés et de réunir les preuves légales des contraventions. Les tables alphabétiques sont, sans contredit, l'auxiliaire le plus puissant pour le travail des découvertes. Sans des tables exactes et bien faites, les recherches sont fort difficiles, pour ne pas dire impossibles, et les efforts des préposés pour arriver à la découverte des droits célés demeurent infructueux. On a fait ressortir, en parlant des tables alphabétiques, l'utilité en général de ces documents, et l'usage spécial que l'on peut faire de chacune de ces tables (V. 1249 et suiv.).

1361. *Matière des découvertes.* Tous les droits, amendes, créances ou propriétés dont la perception, la surveillance ou la régie est confiée à l'adm., peuvent faire l'objet des découvertes ; elles s'appliquent par conséquent aux droits et amendes résultant de contraventions aux lois sur l'enreg., le timbre, les droits de greffe, les ventes publiques de meubles, les poids et mesures, le notariat, les patentes, etc.; aux amendes de condamnation, frais de justice et perceptions diverses ; aux domaines et à leurs produits.

Les droits et amendes de contraventions comprennent : 1° les actes et mutations non enregistrés dans les délais ; 2° les insuffisances de prix ou de valeurs ; 3° les autres contraventions aux lois sur l'enreg., le timbre et les lois dont la surveillance appartient à l'administration.

SECTION II. — *Défaut ou retard d'enregistrement.*

1362. *Délais.* Les mutations et les actes assujettis à l'enreg. dans des délais déterminés comprennent : 1° les actes publics ou des autorités administratives, judiciaires, et des officiers publics ou ministériels ; 2° les actes s. s. p. translatifs de propriété, d'usufruit ou de jouissance de biens immeubles ; 3° les mutations de biens meubles ou immeubles qui s'effectuent par décès ou absence.

1363. *Actes publics.* Le plus souvent, le défaut d'enreg. dans les délais des actes publics provient de l'inadvertance ou de l'oubli ; mais ce n'est pas un motif d'apporter peu de sévérité dans la surveillance des omissions de ce genre. La vérification approfondie des répertoires, des rapprochements entre les différents actes ou registres, la lecture attentive des actes faits en conséquence ou qui en énoncent d'autres, enfin la vérification des minutes et des dépôts publics donnent les moyens de s'as-

surer de l'exactitude des officiers publics et ministériels à faire
enregistrer leurs actes et de découvrir les infractions.

1364. Lorsque le retard est volontaire, la contravention acquiert plus de gravité : quelques officiers ministériels diffèrent
de dater leurs actes, changent les dates, cachent ou même font
disparaître entièrement des actes qui ont été réellement rédigés. Le meilleur moyen d'empêcher ces abus est de tenir rigoureusement la main à ce que les répertoires soient constamment
à jour (V. 1183), et d'exercer une surveillance continuelle sur
les officiers publics. On a indiqué d'ailleurs, sous le titre des
enreg. les précautions spéciales que les receveurs doivent prendre pour constater immédiatement les retards dans la présentation des actes à l'enreg., s'assurer de la date réelle écrite en
toutes lettres dans le corps même des actes, et relever les surcharges ou autres changements qui pourraient avoir été faits à
la date (V. 673, 705. 706, 719, etc).

1365. *Testaments*. Les testaments et donations à cause de
mort déposés chez les notaires ou par eux reçus doivent être
présentés à l'enreg. dans les trois mois du décès des testateurs
ou donateurs, à la diligence des héritiers, légataires ou donataires. L. 22 frim. an 7, art. 21. La recherche de ces droits se fait
par le rapprochement de la table des testaments avec celle des
successions (V. 1273).

1366. Quand les recherches du receveur lui font découvrir
qu'un testateur est décédé, il s'assure, au vu de la minute du
testament dont il prend communication chez le notaire, que les
dispositions ne sont pas devenues caduques par le prédécès des
légataires ou par toute autre cause. Si le notaire refusait la communication du testament après la justification de la notice de
décès, il semble que l'on pourrait constater le refus de communication (V. 1225) ; dans tous les cas, on devrait avertir les héritiers et leur demander immédiatement d'exécuter les obligations que la loi leur impose comme aux légataires.

1367. *Actes administratifs*. Les actes administratifs ne sont
pas toujours présentés régulièrement à l'enreg.; une surveillance
très grande est nécessaire pour découvrir ces contraventions.
On a remarqué notamment que les prestations de serment devant l'autorité administrative échappent fréquemment ; les receveurs doivent se tenir au courant des mutations dans le personnel, et relever les droits qui n'ont pas été acquittés. Les adjudications et marchés, soit en séance publique, soit sur simples soumissions doivent être recherchés au vu des répertoires,
des registres de recette ou de dépense des établissements publics, des comptes de gestion, des affiches et journaux, etc.

1368. *Actes d'huissiers*. Les huissiers ne conservant pas de
minutes de leurs actes ordinaires, la surveillance des employés
à leur égard doit être constante et rigoureuse ; ils ne doivent
manquer aucune occasion de vérifier, au vu des copies d'ex-

ploits qui peuvent passer sous leurs yeux, de celles qui sont
déposées aux greffes, dans les dépôts publics ou aux mairies,
si les originaux ont été exactement soumis à l'enreg.; ce contrôle
est rendu plus facile par le rapprochement des significations
faites à la requête des parties adverses. Les préposés vérifieront
toujours, en se reportant au registre, si les énonciations relatives à l'enreg. d'un exploit sont exactes; la même surveillance
s'exercera sur les protêts et les billets protestés, en compulsant le
registre des protêts (V. 1192); et sur les significations d'avoué à
avoué, au moyen de la boîte qui se trouve dans chaque tribunal, conformément à l'art. 104, C. proc. (V. 498 et suiv.).

1369. *Mutations secrètes.* Les moyens les plus propres pour
arriver à la découverte de ces contraventions sont la vérification
des feuilles de mutations, l'examen des titres de propriété, et,
en général de tous les actes qui sont relatifs à la propriété ou à
l'usufruit des immeubles. Au titre du sommier de la contribution foncière, on a énoncé les recherches à faire pour le rapprochement des feuilles de mutations (V. 1336 et suiv.).

1370. Mais les changements opérés sur le rôle n'offrent pas
le seul moyen de découvrir les mutations secrètes; l'art. 12 de
la loi du 22 frim. an 7 en fait résulter la présomption des baux
ou de tous autres actes passés par le nouveau possesseur et
constatant sa propriété ou son usufruit. En général, les preuves
doivent émaner de celui auquel on les oppose, ou de ceux qu'il
représente comme héritier. — Lorsqu'un acte enregistré fait présumer légalement une mutation sans qu'il y ait besoin de faire
des recherches pour s'assurer de son existence, le receveur fera
immédiatement les diligences nécessaires au recouvrement des
droits, afin d'éviter que la prescription biennale ne puisse être
opposée. A l'égard des actes qui nécessiteront des recherches
pour s'assurer de l'enreg., on fera article au sommier des découvertes pour éclaircir les doutes.

1371. Toutes les fois que le titre de propriété, dans un acte
translatif, n'est pas indiqué, il faut en faire la recherche et l'annoter en marge de l'enreg. On s'appesantira principalement
sur les actes qui énoncent que les propriétés viennent d'un *bon
et juste titre*, d'un *titre dont il a été justifié*, etc. Les inventaires
et les partages contiennent aussi très souvent des renseignements sur des mutations secrètes; les exploits, les citations
en conciliation, les procès-verbaux des bureaux de paix, les
jugements, interrogatoires, etc., présentent également des éléments précieux; enfin les significations de *qualités* offrent encore des renseignements et même des preuves qu'il importe d'u-
tiliser (V. 982). Les receveurs de l'enreg. des actes judiciaires
sont appelés, comme tous les autres préposés, à surveiller l'exécution des lois sous ce rapport; leur responsabilité serait nécessairement engagée, s'ils négligeaient de signaler par des renvois, des copies ou extraits, les contraventions qu'ils auraient été

à portée de reconnaître, et pour lesquelles la prescription pourrait être opposée.

1372. En matière de mutations secrètes d'immeubles, l'exigibilité des droits dépend surtout des points de fait; il faut donc
que les faits soient régulièrement et complètement établis, et
qu'il en résulte la preuve, ou du moins une présomption légale
suffisante pour en faire la demande. Lorsqu'on découvre une
mutation dont l'existence est révélée par un acte soumis à l'enreg., il est bon de s'assurer si l'inscription au rôle et le paiement
de l'impôt ne rendraient pas la preuve plus complète. Enfin,
dans le rapport au directeur pour demander l'autorisation de
poursuivre, il faut constater clairement les faits, rappeler les
preuves ou les actes sur lesquels on s'appuie, et joindre les copies d'actes et autres documents qui peuvent établir la présomption légale de la mutation et servir de base à la demande des
droits ; on ne doit jamais, en pareille matière, procéder sur des
suppositions. (V. 1343).

1373. *Bauxs. s. privé.* Pour être autorisé à poursuivre le paiement des droits sur les transmissions de *jouissance* des biens
immeubles, il faut la preuve de l'existence d'un *bail écrit* ; c'est
donc cette preuve qui doit être l'objet des recherches des préposés pour la découverte des droits de baux. Lorsqu'elle ne
résulte pas du titre lui-même, cette preuve ne peut être obtenue que par des énonciations contenues dans d'autres actes; il faut par conséquent donner une attention particulière
aux conventions relatives à la jouissance des immeubles, et vérifier toutes les indications que les actes peuvent fournir à ce sujet.

1374. C'est principalement dans les inventaires, les partages ou les qualités des jugements que l'on trouve la trace de
l'existence de baux écrits; on consultera aussi avec succès les
procès-verbaux de conciliation, les exploits, les actes concernant des contestations ou règlements entre propriétaires et
fermiers, enfin les énonciations faites dans les contrats translatifs, relativement à la jouissance des biens ou à la remise des
titres aux nouveaux possesseurs. La simple présomption de
l'existence d'un bail ne suffisant pas pour le recouvrement des
droits, il faut, à moins d'énonciations positives, être très prudent pour diriger des poursuites.

1375. *Mutations par décès.* Ainsi qu'on l'a vu précédemment, les héritiers, donataires, ou légataires sont tenus, sous
peine d'un *demi-droit en sus*, de faire, dans les délais déterminés par la loi, la déclaration des biens qu'ils recueillent par
décès ou absence, et ils encourent la peine du *double droit* pour
les *omissions* qu'ils font dans leurs déclarations, lorsqu'elles ne
sont pas rectifiées ou réparées dans les délais accordés pour passer
déclaration (V. 1036, 1038). La recherche des droits de cette espèce
présente une des sources les plus abondantes en découvertes;
l'adm. a toujours recommandé aux employés de s'y livrer avec

zèle et activité, et leur surveillance est d'autant plus nécessaire que ces droits doivent être acquittés directement par les redevables.

1376. *Successions non déclarées.* La recherche des successions non déclarées se fait au moyen des notices et renvois de décès et de la table des successions (V. 1305); mais il faut aussi les rapprocher, au moins tous les deux ans, des registres de l'état civil pour s'assurer que des décès n'ont pas été omis sur les notices. Ce sont, assez fréquemment, les successions d'enfants mineurs qui échappent à l'impôt, parce qu'on admet en général qu'ils n'ont recueilli aucune succession. Comme la table spéciale ne présente pas toujours le décès des personnes domiciliées hors de l'arrond. du bureau et qui y possédaient des biens, il a été établi deux tables des propriétaires forains dont l'usage, pour la recherche des successions non déclarées, est indiqué *sup.* 1314.

1377. La recherche des successions non déclarées se fait encore par le rapprochement de la table des testaments avec celle des successions (V. 1274); et aussi par un examen attentif des actes enregistrés ou dont le renvoi a été fait au bureau. On consultera notamment les procès-verbaux d'apposition et levée de scellés, les avis de parents, les acceptations de successions, les inventaires, les ventes publiques de meubles, les liquidations, partages et licitations, les ventes et autres actes translatifs de propriété ou d'usufruit, les feuilles de mutations communiquées aux receveurs, enfin tous les actes, titres ou documents qui peuvent se rapporter à l'ouverture d'une succession et aux opérations qui en sont la conséquence (V. 733 et suiv.).

1378. Ces recherches se font principalement au moyen des tables; mais comme certains actes n'y sont pas relevés, c'est dans le but de n'en point perdre la trace, que l'on a conseillé, en parlant de la table des successions, d'y faire mention, chaque fois que l'on enregistre un acte qui se rapporte à une succession, de la date et de l'objet de cet acte (V. 1297). — Les droits des successions non déclarées se prescrivent par cinq ans, à compter du jour du décès ou de l'envoi en possession; les receveurs doivent donc faire les diligences nécessaires pour découvrir et constater les mutations de cette nature avant l'époque de la prescription; ils seraient responsables des droits prescrits, si la perte pouvait être imputée à leur négligence. (V. 1358).

1379. *Omissions.* Pour le trésor, les omissions de biens dans les déclarations de mutations par décès équivalent, en ce qui concerne les biens omis, à l'absence de déclaration; néanmoins le législateur a dû se montrer plus sévère dans l'application de la peine (V. 1375). Pour le retard, il a fait la part de la négligence, mais dans l'omission il y a altération de la vérité, il y a fraude.

1380. Moins fréquente en ce qui concerne les immeubles dont la consistance peut être plus facilement établie, cette fraude s'exerce principalement sur les valeurs mobilières qui, par leur nature même, échappent aux investigations. Il n'est pas douteux que des valeurs très considérables sont ainsi soustraites à l'impôt ; les préposés doivent faire tous leurs efforts pour atténuer ce préjudice, en rapprochant des déclarations les actes qui font connaître les biens dépendant des successions.

1381. Les inventaires, les partages et les liquidations sont les actes qui fournissent les renseignements les plus utiles pour la découverte des omissions. C'est surtout lorsque ces actes ont été faits après la déclaration que l'on constate des omissions ; les receveurs ne manqueront jamais au moment même de l'enreg., de comparer les indications que leur fournira la minute, avec les déclarations des parties.

1382. A défaut de ces actes, les ventes publiques de meubles, les contrats de mariage, les liquidations de reprises, les actes de notoriété, les certificats de propriété, les procurations données par des héritiers, les titres de créances ou de libération, les déclarations antérieures sont utilement consultés pour découvrir les omissions de valeurs mobilières. — Lorsqu'il existe un inventaire, l'estimation qu'il contient doit exclusivement servir de base à la déclaration des meubles ; on ne pourrait induire aucune omission de ce que le produit de la vente a été supérieur. Délib. 29 nov. 1844.

1383. Conformément à la loi du 27 vend. an 2, tout propriétaire d'un navire destiné à être francisé doit en faire la déclaration au bureau de la douane du port auquel le bâtiment appartient. Si le navire est vendu ou passe en d'autres mains par succession ou autrement, une nouvelle déclaration est faite à la douane. Ces déclarations sont authentiques et font foi en justice. Pour prévenir ou réprimer les omissions dans les déclarations de successions, les préposés des douanes sont tenus de communiquer à ceux de l'enreg., sans déplacement et à toute réquisition, les registres et documents constatant la propriété des bâtiments de commerce, et les mutations qui surviennent dans cette propriété. D. 10 juill. 1837 (V. 1208). Les receveurs prennent des relevés de ces déclarations et portent les mutations sur la table des acquéreurs (V. 1251), ce qui permet de surveiller le paiement des droits de succession. I. 1543.

1384. La table des créances hypothécaires offre des éléments utiles pour parvenir à la découverte des omissions de créances (V. 1315) ; mais cette table n'est qu'un point de départ pour des recherches ultérieures ; ainsi, avant d'exercer des poursuites, les préposés doivent s'assurer, par tous les moyens qui sont à leur disposition, si les créances ne sont pas éteintes, quoiqu'il n'y ait pas de radiation des inscriptions. I. 455, 989, 1187. Bien que ce ne soit pas une preuve positive, l'époque de l'exigibilité peut servir d'indice pour cette vérification.

1385. Pour empêcher que les sommes payées aux héritiers des personnes décédées créancières de l'État, ou celles qui leur sont payées par la caisse des dépôts et consignations, ne soient soustraites à la perception des droits de succession, les payeurs adressent, au commencement de chaque mois, au directeur de l'enreg., le relevé des paiements effectués durant le mois précédent aux héritiers des créanciers de l'État ; un semblable relevé est transmis à la même époque aux directeurs par les receveurs généraux des finances en leur qualité de préposés de la caisse des dépôts et consignations, pour les sommes acquittées par cette caisse. D. 13 déc. 1837. Ces relevés présentent 1° les noms, prénoms, qualité et domicile du créancier décédé ; 2° la nature de la créance ; 3° le montant de la somme payée ; 4° la date du paiement ; 5° enfin les noms, prénoms et domicile des parties prenantes. I. 1555.

1386. Aussitôt que ces relevés lui sont parvenus, le directeur en fait des extraits qu'il adresse aux receveurs du domicile des créanciers décédés. Les receveurs accusent réception des extraits ; si la déclaration de la succession n'a point encore été passée, ils font article, au sommier des découvertes, de la créance et des paiements effectués ; en cas d'omission de cette créance dans la déclaration, ils poursuivent le recouvrement des droits. I. 1555.

1387. Dans le département de la Seine, des vérificateurs délégués par le directeur sont admis à se présenter chaque mois dans les bureaux du payeur et du caissier central du trésor, pour y faire le relevé des paiements dont il s'agit, au vu des registres et pièces de dépenses, qui sont mis à cet effet, et sans déplacement, à la disposition de ces préposés. Les mêmes communications sont faites dans les bureaux de la caisse des dépôts et consignations. Le directeur transmet, soit aux receveurs de sa direction, soit à ses collègues des départements, les extraits des relevés qui lui ont été fournis par les vérificateurs. I. 1555. (V. 1209).

1388. Les omissions de biens immeubles sont reconnues au vu du sommier de la contribution foncière, O. gén. 44 ; et mieux au vu de la matrice de rôle ou des feuilles de mutation communiquées aux receveurs. La table des baux, celles des acquéreurs, vendeurs et propriétaires forains seront utilement consultées pour la découverte de ces omissions ; mais on ne perdra pas de vue que ces documents peuvent présenter comme propriétaire le chef de la communauté ou l'usufruitier, tandis que les femmes ou les nu-propriétaires n'y figurent pas toujours pour les biens qui leur appartiennent personnellement ; il faudra donc, lorsqu'on trouvera des différences, se reporter aux enreg. et même aux minutes des actes, avant de relever, comme contenant omission, des déclarations qui peuvent être régulières.

1389. On trouve aussi des renseignements précieux dans les contrats de mariage ou liquidations de reprises, dans les déclarations ou les partages des successions échues au défunt; dans les cessions de droits successifs, les transactions, testaments, ventes et tous autres actes énonçant l'origine des immeubles. — Pour les biens de toute nature on vérifiera avec soin si la femme ou ses héritiers ont renoncé à la communauté; si un partage a précédé la déclaration, ce qui pourrait en changer les bases; si, pour calculer la portion disponible, on a ajouté fictivement les rapports, etc.; enfin, un receveur intelligent ne doit négliger aucune indication, fût-elle incomplète ou générale, car si elle ne peut par elle-même établir une omission, elle peut du moins mettre sur la trace des actes qui la feront découvrir.

1390. Le délai accordé pour relever les omissions dans les déclarations de successions est de trois années à partir de la déclaration, L. 22 frim. an 7, art. 61 ; après ce terme, la prescription est acquise au contrevenant, et il n'y a pas lieu de réclamer même le droit simple. On devra donc faire le plus tôt possible les rapprochements nécessaires pour découvrir les omissions. Au surplus, ce n'est qu'à partir d'une déclaration de la même succession, faite dans le bureau, que le délai doit courir; on ne pourrait opposer celle qui aurait été faite dans un autre bureau; mais, d'un autre côté, la déclaration d'un bien omis ne donne pas un nouveau délai pour faire payer les droits sur les nouvelles omissions que l'on pourrait reconnaître ultérieurement.

1391. En marge des enreg. d'actes qui ont rapport à l'ouverture d'une succession, ou qui concernent des biens qui en dépendent, on indique la date du paiement des droits de mutation par décès, ou bien le n° du sommier où l'article a été relevé (V. 732, 733). Ces annotations témoigneront de l'exactitude du receveur à faire les comparaisons et les rapprochements prescrits, et à rechercher et constater les omissions.

SECTION III. — *Insuffisances de prix ou d'évaluation.*

1392. Les insuffisances de prix ou d'évaluation peuvent exister dans les transmissions de toute espèce et pour toute nature de biens; mais, sauf quelques exceptions, les lois sur l'enreg. n'ont accordé de moyens particuliers pour la répression de ces contraventions qu'à l'égard des transmissions de biens immeubles.

§ Ier. — *Transmissions mobilières.*

1393. Pour les transmissions de biens meubles, ce sont en général les règles du droit commun qu'il faut appliquer. Lorsqu'il y a fraude évidente dans l'énonciation du prix ou de la valeur, l'adm. est autorisée à poursuivre la réparation du préjudice causé au trésor. Mais ce n'est point par la voie d'une expertise qu'elle peut procéder en pareil cas ; cette faculté n'est accordée que pour les transmissions immobilières (V. 1399, 1400); l'adm. peut seulement demander à établir la preuve juridique de l'insuffisance du prix ou de l'évaluation, soit par des actes, notamment ceux émanés des parties, soit par des faits ou des présomptions graves, précises et concordantes. Cass. 24 mars 1846. I. 1767, § 8..

1394. Cependant quelques dispositions spéciales des lois ont eu pour objet d'empêcher les insuffisances de prix ou d'évaluation dans les transmissions de biens meubles : ainsi, pour les *cessions de créances*, le droit se perçoit sur les créances qui en font l'objet, et non sur le prix exprimé ; les *ventes publiques de meubles* sont entourées de formalités qui assurent la répression des fraudes en cette matière (V. 1018) ; les *transmissions d'offices* sont également l'objet de dispositions particulières(V. 1396 et suiv.) ; enfin, lorsque l'existence d'une *contre-lettre* portant augmentation du prix stipulé dans une cession de biens meubles peut être constatée, le triple droit est exigible (V. 1411).

1395. A l'égard des *mutations par décès* de biens meubles, la loi punit les omissions, et comme la déclaration insuffisante de la valeur constitue une véritable omission jusqu'à concurrence du supplément d'évaluation constaté, soit par l'inventaire, soit par un partage ou tout autre acte déterminant l'importance des valeurs mobilières, l'adm. trouve dans ces dispositions les moyens de poursuivre la répression des contraventions de cette nature V. Cass. 18 janv. 1825, I. 1166, § 5 (V. 1393).

1396. *Transmissions d'offices.* Lorsque l'évaluation donnée à un office est reconnue insuffisante, ou que la simulation du prix exprimé est établie d'après des actes émanés des parties ou de l'autorité administrative ou judiciaire, les parties, leurs héritiers ou ayants-cause sont passibles solidairement du droit en sus de celui qui est dû sur la différence de prix ou d'évaluation. L. 25 juin 1841, art. 11. I. 1640. — La sévérité de la jurisprudence qui permet la répétition des sommes non portées dans les traités et n'accorde aucune action pour le paiement, doit rendre plus rare les dissimulations de prix ; cependant ces contraventions doivent être surveillées avec attention. D'après l'instr., l'art. 11 ci-dessus n'empêcherait pas l'application de la disposition relative aux contre-lettres qui sont passibles du triple droit (V. 1411). — En ce qui touche spécialement les transmissions d'offices à titre gratuit ou par décès, les préposés s'appliqueront à la recherche des insuffisances d'évaluation et des actes qui pourraient les établir. I. 1640, 1659.

1397. La loi ne spécifie point les actes qui peuvent être admis pour preuve de la simulation du prix ou de l'insuffisance d'évaluation : ainsi tout acte peut, sauf appréciation, servir à cette preuve, mais aucune demande de cette nature ne doit être formée qu'en vertu d'une autorisation expresse du directeur. Dans le rapport qu'ils lui adresseront, les préposés préciseront les faits et joindront copie non seulement de l'acte translatif de l'office, mais encore de tous autres actes et documents établissant l'insuffisance. Le directeur doit faire part au procureur du Roi de la simulation reconnue dans le traité et des preuves de cette contravention. I. 1640, 1659.

1398. *Adjudications et marchés.* Des insuffisances d'évaluation existent aussi dans les adjudications ou marchés, notamment lorsque les quantités à livrer restent indéterminées. On doit dans ce cas en faire article au sommier des découvertes à éclaircir, afin de surveiller toutes les circonstances qui pourraient établir la preuve de l'insuffisance et autoriser la poursuite des suppléments de droits. C'est principalement pour les marchés passés avec les établissements publics que cette preuve peut résulter des comptes de dépenses, des mandats, quittances et autres pièces de la comptabilité dont les préposés sont autorisés à demander communication (V. 1205). — Outre ces vérifications, il convient de rechercher si des travaux ou des fournitures supplémentaires n'ont pas eu lieu, en dehors des marchés, pour le compte des établissements; on en trouvera la preuve dans les comptes, dans les procès-verbaux de réception de travaux, etc. Dans ces différents cas, il n'y a pas lieu à l'application du double droit.

§ II. — *Transmissions immobilières.*

1399. *Législation.* Le droit proportionnel des mutations immobilières étant assis sur le prix ou sur la valeur d'après la déclaration estimative des parties, il était nécessaire que l'adm. eût une action quelconque pour la répression des insuffisances. Voici les dispositions de la loi à ce sujet :
Si le prix énoncé dans un acte translatif de propriété ou d'usufruit de biens immeubles, à titre onéreux, paraît inférieur à leur valeur vénale à l'époque de l'aliénation, par comparaison avec les fonds voisins de même nature, la régie pourra requérir une *expertise*, pourvu qu'elle en fasse la demande dans l'année à compter de l'enreg. du contrat. L. 22 frim. an 7, art. 17.

1400. Il y aura également lieu à requérir l'expertise des revenus des immeubles transmis en propriété ou usufruit à tout autre titre qu'à titre onéreux, lorsque l'insuffisance de l'évaluation ne pourra être établie par actes qui puissent faire connaître le véritable revenu des biens. L. 22 frim. an 7, art. 19. — Il y a prescription pour la demande des droits après deux ans, à compter du jour de l'enreg., s'il s'agit d'une fausse évaluation dans une déclaration ou pour la constater par expertise, art. 61.

1401. Les insuffisances de prix ou d'évaluation donnent lieu contre les contrevenants à l'application du *double droit* sur le supplément constaté; cependant pour les mutations à titre onéreux, lorsque le supplément est inférieur au huitième du prix stipulé au contrat, le droit simple est seul exigible. Quant aux frais, ils tombent à la charge, soit de la partie, soit de l'adm. qui succombe ; avec cette différence que c'est l'adm. qui doit supporter les frais d'expertise, en matière de vente, lorsque le supplément constaté n'atteint pas le huitième du prix stipulé. L. 22 frim. an 7, art. 18, et 27 vent. an 9, art. 5.

1402. Toute *contre-lettre* faite s. s. p. qui aurait pour objet une augmentation du prix stipulé dans un acte public ou dans un acte s. s. p., précédemment enregistré, est déclarée nulle et de nul effet. Néanmoins, lorsque l'existence en sera constatée, il y aura lieu d'exiger, à titre d'amende, une somme *triple* du droit qui aurait eu lieu sur les sommes et valeurs ainsi stipulées. L. 22 frim. an 7, art. 40.

1403. *Surveillance.* Les insuffisances de prix ou d'évaluation de biens immeubles sont l'une des fraudes les plus fréquentes ; ce sont aussi les plus difficiles à constater, et, par cette raison, leur répression témoigne davantage du zèle et de l'activité des préposés. Ces fraudes ont des effets d'autant plus désastreux, que leur impunité ne prive pas seulement le trésor des droits qui auraient dû être payés, mais tarit ou diminue la source même de l'impôt. En effet, les contribuables et les officiers publics ont une tendance naturelle à fixer leurs évaluations d'après le taux des estimations antérieures, et les bases fausses se substituant aux véritables, il devient fort difficile ensuite de constater et de réprimer la fraude.

1404. L'adm. a toujours placé au premier rang des devoirs des préposés la recherche et la répression des simulations des prix de ventes et des fausses évaluations d'immeubles ; cependant cet abus est encore très fréquent et la répression est loin d'être égale dans toutes les localités ; on a surtout remarqué que les résultats obtenus sont moindres dans les bureaux d'arrond., quoique ces bureaux soient précisément ceux qui présentent le plus de ressources à cet égard. Cela tient sans doute à la multiplicité des occupations ; mais ce n'est point un motif d'excuse, car les devoirs de tous les receveurs sont les mêmes. L'adm. ayant reconnu la nécessité de donner une impulsion nouvelle à cette partie du service, a fait connaître qu'il serait pris note des employés de tout grade qui se distingueraient par leurs travaux en cette matière, et que ce document serait consulté pour l'appréciation des titres à l'avancement. I. 1624.

1405. C'est le receveur de l'enreg. de la situation des biens ou du chef-lieu de l'exploitation qui est chargé de poursuivre la répression des insuffisances de prix et d'évaluation ; par conséquent c'est lui qui doit en faire la recherche. Cependant tous les préposés indistinctement doivent concourir au même but en instruisant au besoin le receveur de la situation, des circonstances qui seraient de nature à faire présumer ou à faire constater la fraude et à en assurer la répression. Enfin les employés supérieurs sont également appelés, dans le cercle de leurs attributions, à prendre part à ce travail. V. *Vérificateurs.*

1406. Les investigations doivent porter sur les immeubles de toute valeur, sur les transmissions de toute nature, sur celles au profit des communes et des établissements publics, de même que sur les transmissions en faveur de particuliers. Les mutations que le législateur a favorisées ne peuvent être affranchies de cette surveillance; la réduction des droits, en diminuant l'intérêt que les parties peuvent avoir à dissimuler les valeurs devrait, pour ces transmissions, produire des estimations plus sincères; cependant il n'en est pas toujours ainsi, et l'on a remarqué notamment que pour les *partages anticipés* faits en vertu des art. 1075 et suiv. du C. civ., les insuffisances d'évaluation ne sont pas moins communes que dans les autres actes de donations entre-vifs. Ces partages comprennent ordinairement des propriétés plus ou moins considérables qui, par la suite, et peut-être prochainement, seront l'objet de nouvelles transmissions ; il importe donc que les évaluations énoncées dans ces actes soient sévèrement examinées et les insuffisances qu'elles présenteraient activement réprimées. I. 1624. — Par les mêmes motifs, l'attention et la surveillance des employés doit encore se porter sur les évaluations contenues dans les déclarations de *mutations par décès*, même lorsqu'elles sont ouvertes en ligne directe (V. 1438).

1407. Quelquefois des notaires chargés de procéder à l'*adjudication* en détail de biens immeubles s'entendent avec les parties pour dissimuler le prix réel. On fait disparaître dans ce but le procès-verbal qui constate la réception des enchères, et on le remplace par des actes de vente passés pour chaque acquéreur individuellement et dans lesquels se trouve énoncé un prix inférieur à celui de l'adjudication. La différence est payée ensuite comptant ou en billets souscrits au profit du vendeur, et rédigés souvent par le notaire lui-même ou ses clercs. I. 1575.

1408. Ces dissimulations qui tendent à compromettre les recettes du trésor, peuvent avoir aussi pour les parties elles-mêmes des conséquences fâcheuses. Ainsi, en matière de remploi, de reprises matrimoniales, de purge d'hypothèques, d'ordre, l'énonciation d'un prix inférieur à celui de l'adjudication peut devenir la cause d'un préjudice irréparable ou la source de contestations que l'intervention d'un officier public a surtout pour objet de prévenir. Il a été recommandé en conséquence aux magistrats du ministère public d'adresser des instructions aux chambres de discipline des notaires de leur ressort pour assurer la répression de cet abus, d'exercer personnellement une surveillance particulière, et si des faits de cette nature parvenaient à leur connaissance, de poursuivre immédiatement, en vertu de l'art. 53 de la loi du 25 vent. an 11, les notaires contrevenants. Circ. du min. de la justice, 21 août 1838. I. 1575.

1409. Pour l'exécution des mesures prescrites, les receveurs rendront compte au directeur de tous les faits de cette nature qui parviendront à leur connaissance. Le directeur en informera le procureur du Roi près du tribunal de l'arrond. de la résidence du notaire, afin que ce magistrat dirige, s'il y a lieu, des poursuites. I. 1575. Au surplus, ces poursuites particulières n'empêchent pas l'action de l'adm. contre les acquéreurs pour le paiement des suppléments de droits sur les sommes dissimulées ; les poursuites contre le notaire peuvent même venir en aide à celles qui doivent être dirigées contre les parties.

1410. *Preuves des insuffisances.* Deux moyens sont offerts pour constater les insuffisances de prix ou d'évaluation : 1° la preuve de l'insuffisance du prix des mutations à titre onéreux, résultant d'une *contre-lettre* expresse, et celle de l'insuffisance des évaluations en revenu, résultant d'*actes faisant connaître le revenu*, pour les transmissions à titre gratuit ou par décès ; 2° l'action en *expertise* pour constater, soit la valeur vénale, soit le véritable revenu des immeubles, selon que le droit est assis sur la valeur ou sur un capital formé d'après le revenu.

ART. 1er. — *Actes constatant les insuffisances.*

1411. *Contre-lettres.* La disposition de l'art. 40 de la loi du 22 frim. an 7, d'après laquelle il y a lieu d'exiger, *à titre d'amende*, le triple droit sur les sommes portées dans les contre-lettres s. s. p. (V. 1402), s'applique aux augmentations de prix des biens meubles comme à celles des immeubles. — L'existence d'une contre-lettre peut se prouver soit par la découverte de la pièce elle-même, soit par d'autres actes établissant d'une manière certaine que les acquéreurs ont *souscrit* un engagement en dehors du prix porté au contrat. C'est par une lecture attentive des actes présentés à l'enreg., et par des recherches dans les dépôts publics, que l'existence des contre-lettres peut être révélée.

1412. De simples présomptions ne sont pas suffisantes pour demander les droits d'une contre-lettre. Ainsi, lorsqu'une obligation ou un billet a été souscrit par un acquéreur au profit de son vendeur, à une époque rapprochée du contrat de vente, cela ne suffit point pour considérer ces actes comme des contre-lettres, si d'ailleurs la cause de l'obligation n'est pas spécifiée. L'aveu qu'un supplément de prix a été payé ou convenu, s'il ne constate pas en même temps qu'un titre a été *souscrit* pour ce supplément, n'a pas davantage les caractères d'une contre-lettre. Ce sont là des indices pour suivre l'expertise, mais on ne peut s'en prévaloir pour demander le triple droit.

1413. L'existence d'une contre-lettre et le paiement des droits qui en résultent n'empêchent point l'action en expertise, lorsque la valeur des immeubles est supérieure aux prix exprimés dans le contrat et dans la contre-lettre. Enfin, lorsque son existence est constatée après expertise ou soumission, on n'est fondé à poursuivre le paiement du triple droit, qu'en imputant ce qui a été payé sur le supplément.

1414. *Baux courants*. Pour les transmissions d'immeubles à titre gratuit ou par décès, lorsqu'il existe un *bail courant* à l'époque du contrat ou du décès, ce bail doit servir de base à l'évaluation du revenu. Il suffit, par conséquent, de constater l'existence d'un bail courant dont le produit est supérieur à l'évaluation du revenu, pour établir l'insuffisance et poursuivre le paiement des droits qui en résultent, par voie de contrainte, et sans qu'il y ait lieu de requérir l'expertise. I. 1537, n. 261.

1415. Ces dispositions sont spéciales aux mutations à titre gratuit ou par décès; ainsi, pour les échanges, un bail courant ne peut servir de base exclusive pour constater l'insuffisance du revenu déclaré dans le contrat. Cass. 27 déc. 1820. I 1537, n. 260.

1416. Lorsque l'adm. produit un bail enregistré et non expiré des biens compris dans une donation ou dans une déclaration de mutation par décès, les parties ne peuvent, pour se soustraire au paiement des droits, prétendre qu'il est *simulé*, et ne constate point le véritable produit des biens. I. 1537, n. 261. Elles ne peuvent pas davantage alléguer une prétendue résiliation qui ne résulterait d'aucun commencement de preuve par écrit; les tribunaux violeraient la loi s'ils soumettaient l'adm. à fournir la preuve contraire et, à défaut, ordonnaient l'expertise. *Ibid.* n. 262. — Il semble toutefois, que si les biens avaient été détruits en partie par un incendie, une inondation, etc., le bail encore courant, au moment de la transmission, ne pourrait servir de base exclusive.

1417. L'adm., de son côté, peut repousser le bail courant opposé par les parties, lorsqu'il est entaché de *fraude* à son égard. Cass. 1er déc. 1835. I. 1513, § 4, et 1537, n. 263. — Il faut aussi que le bail soit encore courant au moment de la transmission : les parties ne pourraient, pour repousser une demande en expertise, se prévaloir d'anciens baux dont le terme est expiré, sous prétexte que les fermiers ont continué de jouir, aux mêmes conditions, par tacite reconduction. Cass. 2 juin 1847.

1418. *Actes divers*. A défaut de baux courants, dûment enregistrés, l'insuffisance peut être établie par des actes faisant connaître le véritable revenu des biens; mais il faut faire attention qu'il ne s'agit pas de simples déclarations estimatives, faites antérieurement par les parties; l'expertise seule pourrait, dans ce cas, prouver l'insuffisance. Pour qu'un acte faisant connaître le revenu autorise la poursuite immédiate des droits sur l'insuffisance, il faut qu'il énonce que les biens étaient affermés au moment de la transmission, moyennant un fermage supérieur à l'évaluation. — La représentation d'une quittance de loyer, opposée par la partie, ne peut suppléer au bail courant, ni servir de base exclusive pour l'évaluation du revenu. Cass. 12 fév. 1835. I. 1490, § 2. (V. 1420).

1419. Cependant, les juges qui ont à statuer sur l'opposition formée à une contrainte appuyée sur des actes indiquant le revenu des biens, peuvent les adopter pour base de leur décision ; ainsi, une expertise antérieure des mêmes biens entre l'adm. et le propriétaire, ou même une expertise faite à la requête des héritiers et sans le concours de l'adm., peut suffire pour la conviction du tribunal. I. 1537, n. 265. Mais ce sont là des exceptions qu'il ne faut pas prendre pour règle; puisqu'il appartient aux tribunaux d'apprécier ces preuves, elles ne constituent pas une base fixe et légale comme un bail courant.

1420. On ne peut ranger dans la classe des actes faisant connaître le revenu des biens, la simple déclaration du fermier faite sans la participation du propriétaire. I. 1537, n. 266. Les préposés doivent s'abstenir, dans tous les cas, de provoquer de semblables déclarations. — Les matrices de rôle et le cadastre ne sont pas non plus des documents faisant connaître le revenu des biens, dans le sens que la loi a attaché à ces expresions ; le revenu imposable diffère d'ailleurs du revenu réel.

1421. *Diligences à faire.* L'insuffisance de l'évaluation du revenu des biens ne peut être établie que pendant deux ans à partir de l'enreg. de l'acte ou de la déclaration qui la contient (V. 1400, 1427), quand même les préposés n'auraient été à portée de découvrir le bail ou l'acte faisant connaître le véritable revenu que depuis cette époque. Il faut donc s'empresser, aussitôt après l'enreg. d'un acte translatif d'immeubles à titre gratuit, ou d'une déclaration de mutation par décès, de rechercher s'il existe un bail *courant* des biens transmis, pour relever l'insuffisance d'après ce bail.

1422. La table des baux fournit les moyens de rechercher s'il existe des baux courants; on doit s'y reporter lors même que les baux seraient indiqués dans les actes ou les déclarations, afin de vérifier l'exactitude du revenu accusé, et s'assurer que les charges qui augmentent le produit, ont été comprises dans l'évaluation. On fera observer à ce sujet, que, si l'on est autorisé, dans certains cas, à ajouter, pour la liquidation des droits, le quart du revenu net pour le montant de l'impôt foncier mis à la charge du fermier, cette évaluation n'ayant rien de définitif, il faut, pour établir l'insuffisance d'évaluation, s'assurer du montant exact des contributions.

1423. Lorsqu'on découvre un bail courant, on doit rechercher s'il s'applique à tous les biens transmis, car si l'évaluation comprend, sans distinction, des biens affermés et d'autres qui ne le sont pas, c'est par voie d'expertise qu'il faut procéder pour le tout; on ne peut établir l'insuffisance par un calcul de proportion. I. 1537, n. 264. — Mais s'il y a identité pour tous les biens, si le bail était réellement *courant* à l'époque de la mutation, on fait article au sommier des droits certains de l'insuffisance qu'il constate, et l'on suit le recouvrement par voie de contrainte, comme pour tous les droits d'enreg. exigibles. (V. *titre* V).

1424. Quand, à défaut de bail enregistré, les recherches du receveur lui font découvrir un acte faisant connaître un revenu supérieur à celui qui a été déclaré, et de nature à être opposé aux parties sans expertise préalable, il peut procéder de la même manière; mais il faut, en pareil cas, agir avec beaucoup de circonspection et demander l'autorisation du directeur avant de diriger des poursuites. Il peut arriver en effet que, tout en indiquant le revenu des biens, les actes sur lesquels on se fonde, n'aient point, par leur nature ou leur caractère, la force probante exigée par la loi, pour servir de base à des poursuites par voie de contrainte, sans qu'il soit besoin de recourir à l'expertise.

ART. 2. — *Action en expertise, Soumissions.*

1425. *Faculté d'expertise.* La faculté de requérir l'expertise pour constater la valeur vénale ou le véritable revenu des biens, accordée à l'adm. par les art. 17 et 19 de la loi du 22 frim. an 7 (V. 1399, 1400), s'applique à toutes les mutations d'immeubles, à quelque titre qu'elles se soient opérées : à titre onéreux, à titre gratuit ou par décès ; spécialement l'expertise peut être provoquée : pour les contrats de vente à réméré, Cass. 5 nov. 1811, I. 1537, n. 249 ; pour les ventes qui ont été rescindées pour cause de lésion, Cass. 18 fév. 1829, I. 1282, § 11, et 1537, n. 250 ; pour les aliénations faites moyennant une rente viagère, avec expression de capital ou déclaration pour en tenir lieu. Cass. 21 déc. 1829 et 23 août 1836. I. 1307, § 13, 1528, § 19, 1537, n. 251.

1426. On peut encore demander l'expertise des immeubles vendus moyennant un prix à régler par des tiers, et dont l'évaluation a dû être faite lors de l'enreg. D. 10 et 21 janv. 1812, I. 566, 1293, § 10, 1537, n. 253 ; pour ceux dont le prix consiste en des charges éventuelles qui ont dû également être évaluées dans le contrat, Cass. 24 juin 1811, I. 1537, n. 255 ; pour constater l'inégalité des lots d'un partage ou l'insuffisance de la soulte stipulée, Cass. 8 fév. 1813, *Ibid.* n. 257 ; pour établir l'inexactitude de l'évaluation du revenu des biens compris dans un échange, soit pour les deux lots, soit pour un seul, *Ibid.* n. 258 et 259 ; enfin pour constater l'insuffisance du prix stipulé dans une cession de bail emphytéotique, notamment du domaine utile. Jug. Lille, 8 janv. 1846.

1427. *Délai.* D'après l'art. 17 de la loi du 22 frim. an 7, le délai pour requérir l'expertise de la valeur vénale des immeubles transmis à *titre onéreux*, est d'*un an* (V. 1399); et, suivant l'art. 64, le délai est de *deux ans* pour constater par expertise la fausse évaluation des biens transmis *à tout autre titre* (V. 1400). Des difficultés se sont élevées pour l'interprétation de ces dispositions en ce qui concerne quelques contrats particuliers. Il a été reconnu que le délai est de *deux ans* à partir de l'enreg. pour requérir l'expertise des immeubles transmis : 1° à titre d'*échange*, lors même qu'il y a stipulation de retour ou plus-value, Cass. 13 déc. 1820, et 7 juill. 1840, I. 1537, n. 270, 1634, § 20; 2° par une *donation*, même faite *à titre onéreux*, Cass. 15 janv., 7 août 1844, 19 fév. 1845. I. 1713, § 12, 1732, § 18, 1743, § 24.

1428. Il demeure donc établi que, pour constater l'insuffisance de l'évaluation du *revenu*, le délai est de *deux ans*; tandis que l'on n'a qu'*une année* pour requérir l'expertise de la *valeur vénale*. On remarquera au surplus, qu'il ne suffit pas, pour interrompre la prescription, de former la demande dans les délais ci-dessus, mais qu'il faut en outre qu'elle soit valablement *signifiée* et *enregistrée* avant l'expiration de ces délais, ainsi qu'on l'expliquera au titre des instances (V. *titre* V). — La brièveté de ces délais, surtout lorsqu'il s'agit de la valeur vénale, exige que les préposés vérifient sans retard les déclarations des parties, afin de pouvoir obtenir en temps utile les renseignements nécessaires et l'autorisation de l'adm., indispensable pour requérir l'expertise lorsque les parties refusent tout arrangement à l'amiable (V. 1457).

1429. *Valeur vénale.* Avant de faire aux parties aucune demande pour insuffisance du prix exprimé dans un acte translatif d'immeubles, il faut s'assurer si la valeur sur laquelle le droit doit être assis, est réellement supérieure. C'est la valeur vénale au jour de la mutation, c'est-à-dire la valeur d'après le cours des biens de même nature, qu'il s'agit de rechercher, sans examiner si le prix réel a été ou non supérieur à la somme exprimée au contrat. Quand même on serait certain d'une dissimulation dans le prix stipulé au contrat, il n'y a pas lieu de requérir l'expertise, lorsque la valeur vénale des biens ne lui est pas supérieure. — C'est par une conséquence de ce principe que la preuve de l'insuffisance qui existe dans l'évaluation des charges, spécialement des dettes, dans une cession de droits successifs, établie par des actes authentiques, ne suffit pas pour répéter un supplément; il faut recourir à l'expertise de la valeur vénale. I. 1180, § 2, et 1210, § 10.

1430. *Usufruit réservé.* Dans le cas de vente avec réserve d'usufruit par le vendeur, on ne doit pas considérer, pour requérir l'expertise, si le prix stipulé dans le contrat, augmenté de moitié pour l'usufruit, est inférieur à la valeur vénale de l'immeuble; mais si le prix est au dessous de la valeur de la nue-propriété. C'est par une composition *à forfait* que la loi a fixé la valeur de l'usufruit à la moitié de ce qui forme le prix du contrat, et l'on ne peut demander l'expertise que de la nue-propriété vendue à laquelle on ajoutera moitié en sus pour représenter la valeur intégrale sujette au droit. Cass. 10 juill. 1810. I. 1537, n. 256. — Lorsque l'usufruit appartient à un tiers, le droit ne devant être perçu que sur la valeur de la nue-propriété, c'est également cette valeur qu'il s'agit de rechercher, en ayant égard à la durée probable de l'usufruit (V. *titre* V).

1431. *Revenu.* Pour les transmissions d'immeubles dont le droit se perçoit sur un capital formé d'après le revenu des biens, il ne faut pas avoir égard à la valeur vénale, ni même au revenu extraordinaire qu'une circonstance fortuite a pu exagérer; il faut considérer le revenu ordinaire, basé sur un taux commun et suivant le cours, d'après les baux des biens de même nature et situation (V. 1400).

1432. *Moyens d'appréciation.* Les éléments d'appréciation sur lesquels doivent se fonder les présomptions d'insuffisance de prix ou d'évaluation sont notamment l'impôt foncier ou le revenu cadastral des immeubles; le rapport de ce revenu ou de l'impôt avec le revenu locatif, tel qu'il doit être déclaré pour la perception des droits de transmission immobilière; les baux, les adjudications en justice, les actes de vente non suspects, les procès-verbaux d'estimation, les titres, actes et déclarations de toute espèce, qui peuvent fournir des données sur le revenu ou la valeur vénale des biens; l'évaluation de la valeur vénale basée d'une part sur le revenu net revenant au propriétaire, et de l'autre, sur le taux moyen du placement des capitaux en immeubles; les renseignements recueillis auprès des maires, des contrôleurs et percepteurs des contributions directes, des commissaires répartiteurs de l'impôt foncier, et des officiers publics. I. 1537, sect. 3, n. 8, 1624.

1433. Le rapport du revenu réel avec le taux ordinaire du placement des fonds en immeubles est toujours l'un des plus sûrs moyens de reconnaître la valeur vénale. Pour la fixer d'après cette base, il faut faire deux observations essentielles : premièrement la valeur vénale étant celle qui doit parvenir dans les mains du vendeur, elle ne comprend pas les frais auxquels, de droit commun, l'acquéreur est soumis; ainsi, les frais d'acte et les droits d'enreg. doivent être déduits de la valeur brute pour avoir la valeur vénale. I. 1537, n. 290.

1434. En second lieu, si les charges imposées au fermier doivent être ajoutées pour l'appréciation de la valeur *locative*, on ne peut opérer de même lorsqu'il s'agit de rechercher la valeur *vénale* au moyen du revenu. — En effet, si l'on suppose que dans une contrée où les fonds placés en immeubles rapportent 3 p. 100, un bien soit affermé 30 fr., il ne faudra point, pour déterminer la valeur vénale d'après cette base, ajouter au fermage le montant de l'impôt payé à la décharge du propriétaire; il est clair que ce dernier ne calcule que le produit net, et que s'il débourse 100 fr., il faut qu'il reçoive effectivement 3 fr. par année, pour avoir 3 p. 100 d'intérêt de ses fonds.

1435. Dans ce cas, il faut encore déduire de la valeur que l'on obtient, le montant des frais de contrat que l'acquéreur prend nécessairement en considération. Ainsi, dans l'hypothèse ci-dessus, un bien produisant un revenu net de 30 fr. devra avoir une valeur *brute* de 1,000 fr., c'est-à-dire que l'acquéreur devra débourser 1,000 fr. pour son acquisition, tant pour le prix que pour les frais; mais pour arriver à la valeur *vénale*, il faudra déduire les frais de contrat sur ces 1,000 fr., autrement le placement de l'acquéreur ne lui rapporterait pas 3 p. 100.

1436. A défaut de baux, le rapport du revenu imposable avec les prix de vente est encore une base assez sûre d'évaluation, surtout lorsque l'opération du cadastre a été faite et ne remonte pas à une époque trop reculée. Pour ces rapprochements on constate à quelle classe les biens appartiennent, et, en comparant le revenu imposable de la propriété qu'il s'agit d'apprécier, avec celui des autres immeubles dont les ventes ne sont pas suspectes de dissimulation, on arrive à connaître la valeur vénale. Supposant, par exemple, que le revenu imposable d'un bien soit de 100 fr., et que la réunion de diverses ventes ait produit un prix de 40,000 fr. pour des immeubles dont le revenu imposable est de 1,000 fr., il est clair que, par comparaison, la valeur présumée de l'immeuble à évaluer sera de 4,000 francs.

1437. Dans plusieurs localités, les directeurs ou autres employés ont établi, pour chaque commune, la proportion moyenne de l'impôt foncier avec le revenu locatif, et celle du revenu net perçu par le propriétaire, avec la valeur vénale, c'est à-dire le taux commun du placement des capitaux en immeubles. Les travaux de ce genre sont certainement utiles, mais quelles que soient l'intelligence et l'attention qui ont présidé à la formation de ces documents, on ne doit pas perdre de vue que, précieux comme indications et renseignements généraux, ils ne sauraient, pris isolément, être admis pour présomption déterminante d'une insuffisance. Une étude et un travail spécial sont nécessaires pour toute évaluation en revenu, pour tout prix de vente, supposé insuffisant; il importe de réunir à cet effet tous les actes, déclarations et renseignements qui peuvent faire apprécier la valeur réelle de l'immeuble dont il s'agit, ou de tout autre immeuble de même nature, qualité et situation, choisi pour terme de comparaison. I. 1624.

1438. Il a été recommandé aux préposés par la Circ. R. 1109 d'aider de leurs connaissances locales les héritiers et légataires, lorsqu'ils se présentent pour faire leur déclaration, et de les instruire des peines auxquelles ils s'exposent par des évaluations insuffisantes. Si, par l'usage intelligent et modéré de l'influence qu'ils peuvent, dans cette circonstance, exercer sur les contribuables, et sans oublier que les déclarations sont en définitive l'œuvre personnelle de ces derniers, les receveurs sont parvenus à obtenir, pour les mutations d'immeubles par décès, des évaluations généralement exactes, elles fourniraient de nombreux et précieux éléments de contrôle et de comparaison pour les estimations faites dans les actes de donation entre-vifs, et même pour les prix exprimés dans les contrats de vente. I. 1624.

1439. Un intérêt semblable s'attache aux partages anticipés; lorsqu'ils ne sont pas entachés de dissimulation (V. 1406), ils offrent des renseignements fort utiles pour constater les valeurs. On trouvera encore des éléments d'appréciation dans la fixation des sommes que les donataires doivent rapporter aux successions des donateurs, dans les évaluations que contiennent les affectations hypothécaires, les contrats d'assurances, et enfin tous les actes pour lesquels les contractants n'ont pas eu d'intérêt à dissimuler la valeur.

1440. Les ventes de biens propres à l'un des époux présentent généralement plus d'exactitude que les autres ; il en est de même des adjudications publiques, notamment des adjudications faites en justice; ces actes peuvent donc servir de régulateurs pour apprécier la valeur réelle des immeubles ; mais il faut tenir compte des convenances particulières, de la chaleur des enchères et des causes exceptionnelles qui ont pu déterminer un prix excédant le taux ordinaire. Ce que l'on doit rechercher en effet, c'est la valeur vénale selon le cours, celle qui résulterait d'une estimation juste et raisonnable, sans aucune exagération.

1441. Pour utiliser convenablement les divers éléments d'appréciation qui viennent d'être indiqués, il faut opérer avec beaucoup d'attention et de circonspection, afin d'arriver à la connaissance de la vérité. Le meilleur moyen est de contrôler les uns par les autres les résultats de ces rapprochements pour ne pas s'exposer à être induit en erreur, lorsque des circonstances exceptionnelles ou particulières modifient quelques unes des bases ordinaires d'appréciation. On ne perdra pas de vue non plus que ces divers modes d'évaluation ne peuvent donner que des présomptions dont il importe de contrôler l'exactitude par des faits ou des renseignements recueillis dans la localité ; une mauvaise exploitation, des dégradations, l'éloignement des centres d'habitation, la difficulté des communications, le morcellement des parcelles ou d'autres causes analogues, sont des circonstances particulières qui peuvent influer sur la valeur, et qu'un employé intelligent ne devra jamais négliger, pas plus que les causes générales de dépréciation, s'il ne veut point se préparer des mécomptes.

1442. L'expérience des employés et la connaissance des localités sont des auxiliaires puissants pour garantir l'exactitude de leurs présomptions. Ceux qui, nouvellement arrivés dans un pays, sont encore peu initiés dans la connaissance de la valeur des biens dans la contrée, doivent en faire, le plus tôt possible, une étude approfondie en consultant les documents officiels et ceux dont l'exactitude ne peut être suspecte ; ils se pénétreront aussi des indications que leur fourniront les fonctionnaires ou les particuliers dont les connaissances spéciales et le caractère peuvent inspirer la confiance (V. 175, 391).

1443. Lorsqu'un préposé est parvenu à établir d'une manière à peu près certaine la preuve ou plutôt la présomption d'une insuffisance de prix de vente d'immeubles ou d'évaluation en revenu, il en fait article au sommier des découvertes à éclaircir. Ces présomptions ne peuvent faire l'objet d'une consignation au sommier certain ou à celui des droits constatés avant que les parties aient reconnu l'insuffisance ou que l'adm. ait autorisé la demande en expertise (V. 1455, 1457).

1444. *Démarches préalables à l'expertise.* Le premier soin du préposé est ensuite d'appeler au bureau, par un avertissement, la partie qui aurait à supporter le supplément de droits d'enreg. I. 1624. — En général, on doit se montrer très circonspect pour adresser ces avertissements ; des demandes inconsidérées ou irréfléchies feraient perdre aux démarches des employés le caractère de certitude qu'elles doivent avoir. Il importe qu'on ne puisse leur reprocher de susciter des tracasseries sans résultat utile pour le trésor, et de procéder par voie d'intimidation, sans avoir l'intention de donner suite à l'affaire, lorsque les parties refusent de transiger (V. 1459).

1445. L'avertissement ne doit pas être libellé dans la forme ordinaire, avec invitation de payer une somme déterminée. Souvent les parties, s'attachant au chiffre indiqué, se montrent peu disposées à faire droit à une réclamation qui leur semble exagérée. D'ailleurs aucun droit n'étant encore exigible ou liquide, on ne peut en demander le paiement. On se bornera donc à inviter la partie à se présenter au bureau pour reconnaître à l'amiable l'insuffisance du prix ou de l'évaluation ; puis, après quelques détails propres à justifier sa demande, le receveur ajoutera avec modération qu'à défaut par la partie de déférer à son avertissement officieux, l'expertise sera proposée conformément à la loi.

1446. Quand la partie se présente, le préposé lui donne communication des actes, faits et documents qui établissent l'insuffisance ; il lui fait connaître les peines prononcées par la loi, les conséquences d'une demande en expertise ; il écoute et discute ses observations. I. 1624. — C'est surtout en pareille matière, qu'il convient d'observer les recommandations générales faites aux employés, relativement à la nécessité de fournir avec patience les explications propres à lever tous les doutes des parties sur la justice de la demande, et de profiter, pour arriver à un arrangement amiable, des dispositions favorables dont leur démarche au bureau est déjà un indice. I. 1537, sect. 3, n° 1er (V. *titre* V). Il faut persuader et non intimider les parties.

1447. *Offres des parties*. Si, d'après les explications données à la partie, elle se détermine à offrir le paiement d'un supplément, l'employé lui fait souscrire une *soumission*, mais toujours sous la réserve expresse de l'approbation du directeur ou de l'adm. I. 1624. — Les bases de la soumission doivent être établies d'après le résultat du travail auquel le préposé s'est livré pour connaître la valeur, et ceux qu'ont produits la conférence et la discussion avec les parties. Comme le receveur est tenu de justifier ses propositions, il doit insister pour que les offres soient de nature à désintéresser le trésor, mais il ne peut cependant refuser d'une manière absolue de constater celles que la partie entend faire, tout en la prévenant, si ces offres lui paraissent insuffisantes, qu'il sera forcé d'en proposer le rejet.

1448. En général, lorsqu'il s'agit de ventes, les soumissions doivent être supérieures au huitième du prix stipulé dans le contrat ; si l'insuffisance n'atteint pas ce chiffre, d'après les présomptions recueillies, il est préférable de ne pas la relever, à moins qu'elle ne s'applique à une vente importante pour laquelle le supplément de *droit en sus* serait supérieur aux frais d'une expertise. Ainsi qu'on l'a dit, il importe de ne provoquer de soumissions que pour les affaires susceptibles d'être suivies par voie d'expertise (V. 1444, 1459). — Cependant il arrive que, par suite des explications des parties, l'insuffisance se trouve réduite au dessous du huitième ; dans ce cas, le receveur devra demander que le trésor soit désintéressé par l'offre de payer le droit simple sur l'insuffisance reconnue.

1449. Si l'insuffisance est supérieure au huitième d'après le receveur, et inférieure à ce chiffre d'après la partie, et que, par forme de transaction, elle fasse offre de payer le *double droit* sur le supplément qu'elle consent à ajouter, la soumission sera reçue dans ces termes ; d'abord parce que le receveur doit transmettre toutes les offres qui lui sont faites définitivement, sauf à en proposer le rejet ; ensuite parce que si l'adm. juge, qu'au moyen du paiement du double droit, le trésor sera suffisamment désintéressé, elle accepte quelquefois le droit en sus ou du moins une partie, comme une compensation du droit simple qui serait dû sur le surplus de la valeur réelle. Néanmoins il est toujours préférable, dans ce cas, d'obtenir une soumission souscrite sur une augmentation plus considérable, sauf à la partie à se pourvoir en remise du droit en sus, car la valeur totale pourrait, dans d'autres circonstances, servir de base ou devenir un indicateur utile.

Ces observations ne s'appliquent qu'aux ventes ou actes translatifs à titre onéreux ; pour les transmissions à tout autre titre, le droit en sus doit être offert sur le montant de l'insuffisance reconnue, quelle qu'en soit la quotité (V. 1401).

1450. *Soumissions des parties*. Aucune forme particulière n'est prescrite pour les soumissions, et, à défaut d'autre engagement, on pourrait accepter celui qui aurait été fait par une simple lettre missive. Cependant, pour plus de régularité, on doit demander et chercher à obtenir une soumission écrite sur papier timbré, contenant engagement de payer une somme déterminée pour droit simple, droit en sus et décime, calculée sur une augmentation de prix ou de revenu indiquée. Dans cette soumission, on rappelle en outre la date et la nature du contrat, la date de l'enreg., les immeubles transmis, le prix ou les valeurs qui y sont exprimées, enfin le bureau où les droits seront payés aussitôt après l'approbation régulière de la soumission.

1451. La soumission sera datée et, autant qu'il sera possible, elle sera signée par le nouveau possesseur ayant capacité suffisante. Lorsqu'elle ne sera pas en entier de sa main, elle sera revêtue, avant la signature, d'un bon écrit par lui en toutes lettres pour la somme à payer, surtout lorsqu'elle excédera 150 fr. Rien n'empêche d'accepter l'engagement d'un notaire ou de toute autre personne solvable se portant fort de la partie ; lorsque celle-ci ne sait pas signer, ce moyen est préférable à tout autre pour assurer la validité de l'obligation. — Il n'est nullement nécessaire que la soumission soit rédigée en double. Cass. 26 oct. 1808.

1452. Il résulte de plusieurs jugements qu'une soumission forme une reconnaissance de dette qui a les caractères et la force d'une obligation s. s. p., suffisante pour interrompre la prescription (V. 1456) ; cependant il est bon de prévenir cette difficulté en hâtant l'approbation et la réalisation des offres ou en faisant signifier une requête ou expertise avant l'époque de la prescription.

1453. *Acceptation des offres*. Le préposé qui a obtenu une soumission en fait mention à l'article ouvert sur le sommier des découvertes à éclaircir ; il l'adresse ensuite, sans aucun retard, au directeur avec un rapport appuyé des pièces justificatives. Dans ce rapport, il expose et apprécie les preuves de l'insuffisance de prix ou d'évaluation, et exprime son opinion tant sur les chances probables d'une expertise que sur l'acceptation du supplément de droits offert par la partie. I. 1624.

1454. Les directeurs sont autorisés à accepter les soumissions, lorsque le montant des droits simples, droits en sus et décime, n'excède pas 100 fr. Les soumissions supérieures ne peuvent être exécutées qu'après avoir reçu, sur le rapport du directeur, l'approbation de l'adm. I. 1624. Il est essentiel que le directeur ne diffère son approbation ou son rapport à l'adm. que le temps strictement nécessaire pour obtenir les renseignements dont il a besoin.

1455. *Recouvrement*. Lorsque la soumission a été approuvée par le directeur ou par l'adm., selon l'importance, le montant devient un droit *constaté*, et le receveur, aussitôt la réception de cette soumission, en fait article au sommier des droits d'enreg. constatés n° 1er. I. 1358 (V. 1583). Le recouvrement est suivi suivant les règles ordinaires; la somme payée est portée en recette au registre correspondant, et avis du paiement est donné immédiatement au directeur, et par lui à l'adm., lorsque la soumission a été acceptée par elle.

1456. On a prétendu qu'une soumission régulièrement approuvée ne forme pas, contre les souscripteurs, un titre dont l'exécution puisse être suivie par voie de contrainte; mais les tribunaux de Pont-l'Evêque et de Bourgoin ont jugé le contraire les 8 nov. 1844 et 5 déc. 1846. Ces décisions paraissent fondées: tout autre moyen de mettre à exécution le titre obtenu serait en opposition avec la règle consacrée par l'art. 64 de la loi du 22 frim. an 7 (V. *titre* V). Toutefois, en cas de refus par la partie de réaliser des offres régulièrement acceptées, il est toujours prudent de consulter, sur la marche à suivre, le directeur et même l'adm.; elle appréciera si, en raison des circonstances, il ne serait pas plus convenable de recourir à l'expertise que d'employer la voie d'une contrainte en paiement de la somme offerte.

1457. *Proposition d'expertise*. Si la partie, avertie régulièrement, ne se présente pas ou s'est refusée à tout arrangement amiable, le préposé, après les nouvelles recherches et vérifications que les observations du contribuable auraient rendues nécessaires, fait, s'il y a lieu, au directeur un rapport pour proposer l'expertise. I. 1624. La voie de l'expertise ne doit être employée que lorsqu'elle a été approuvée par l'adm., sur le rapport préalable du directeur. Circ. R. 1109; I. 290, § 76, 411, 1537, sect. 3, n° 8, et 1624. L'expertise, à laquelle il serait procédé sans cette autorisation, resterait aux risques et périls du préposé qui l'aurait provoquée. I. 1537, sect. 3, n° 8.

1458. Toutefois si le délai de la prescription est sur le point d'expirer, le directeur doit, pour l'interrompre, faire notifier la requête en expertise, avec assignation à la partie devant le tribunal civil, et sommation de nommer son expert, conformément à l'arrêt de la Cour de cassation du 26 nov. 1833 (I. 1451, § 10, et 1537, sect. 2, n° 277); mais après avoir rempli cette formalité, il arrêterait la procédure et attendrait, pour y donner suite, l'autorisation de l'adm. I. 1624. — Dans le cas d'urgence extrême, les employés supérieurs ou les receveurs pourraient aussi interrompre la prescription, en faisant signifier une requête. Elle peut, sans contravention à la loi, être signée par un inspecteur, pour le directeur du département, lorsqu'elle est d'ailleurs présentée au nom du Directeur général de l'adm. Cass. 29 fév. 1832. I. 1537, n. 273. La même règle semble applicable à une requête signée dans la même forme par un vérificateur ou un receveur ; mais ce sont là des exceptions : dans la règle ordinaire, la demande en expertise doit être faite par le directeur, avec l'approbation de l'adm.; il importe, par conséquent, que la proposition du préposé soit faite deux ou trois mois au moins avant l'expiration des délais (V. 1428).

1459. Pour faire ces propositions, les employés doivent naturellement se renfermer dans les limites que la loi et la jurisprudence ont tracées, c'est-à-dire examiner si la voie de l'expertise peut et doit être employée dans l'espèce. — Une considération domine toutes les affaires de ce genre ; c'est que, indépendamment de l'intérêt spécial de chacune d'elles, l'issue défavorable d'une expertise enhardit la fraude et rend la répression plus difficile. Une distinction résulte d'ailleurs de la nature des choses : dans le cas d'insuffisance d'évaluation en revenu, les frais de l'expertise et le double droit sont à la charge des parties, quelque faible que soit le supplément d'estimation ; en matière d'insuffisance de prix de vente, l'adm. supporte les frais et ne perçoit que le droit simple, si l'estimation des experts n'excède pas d'un huitième le prix énoncé dans le contrat (V. 1401). — Une plus grande circonspection est donc commandée à l'égard de l'expertise en valeur vénale ; toutefois les employés doivent la proposer, lorsqu'une étude approfondie des faits leur a donné la ferme conviction de l'insuffisance du prix d'une vente d'immeubles. I. 1624.

1460. Dans son rapport au directeur, l'employé expose tous les faits et les circonstances de l'affaire, I. 1624, notamment la date et la nature de l'acte translatif, les noms et qualités des parties, la désignation des immeubles, le prix ou la valeur déclarée. Il oppose ensuite à ces déclarations les bases d'évaluation qu'il a admises ; développe successivement les rapprochements et les calculs auxquels il s'est livré, les comparaisons qu'il a faites, sans omettre aucune des circonstances locales et particulières qui peuvent influer sur la valeur des biens, en appréciant tout sans prévention et avec une parfaite impartialité. — Au résumé, le receveur, à l'appui de sa proposition, produit les preuves de l'insuffisance de prix ou d'évaluation, et en démontre l'exactitude, d'après les éléments généraux et particuliers d'appréciation indiqués ci-dessus (1432 et suiv.) ; enfin il fait connaître les dispositions manifestées par les parties et discute les observations et allégations qu'elles ont opposées aux tentatives de conciliation. I. 1537, sect. 3, n. 8, 1624.

1461. Le receveur désigne en outre, dans son rapport, un expert probe et instruit pour concourir à l'estimation contradictoire qu'il propose. Pour le choix de cet expert, il serait bon que les directeurs se fissent indiquer à l'avance par les receveurs et les employés supérieurs, dans chaque arrond., un certain nombre d'hommes unissant à l'habitude de ces opérations, aux connaissances spéciales qu'elles exigent, une réputation d'indépendance et de loyauté. I. 1624. Le préposé désigne de préférence un de ces experts s'il réunit d'ailleurs les conditions exigées par la loi, et après s'être assuré toutefois de son acceptation pour le cas où il serait choisi par le directeur.

1462. A l'appui de la proposition, on joint les extraits du rôle et de la matrice cadastrale, ainsi que ceux des actes, déclarations et documents cités ou analysés dans le rapport ; enfin toutes les pièces nécessaires pour éclairer l'opinion du directeur et de l'adm. I. 1624. On n'omettra jamais de joindre copie entière et certifiée de l'acte ou de la déclaration qui contient l'insuffisance.

1463. Le directeur fait, à son tour, à l'adm., un rapport contenant les mêmes indications. I. 1537, sect. 3, n. 8, 1624. Dans ce rapport, le directeur ne doit pas se borner à transcrire les observations du préposé qui a pris l'initiative, il les discutera et présentera ses observations personnelles sur l'exactitude de l'appréciation et sur les résultats probables de l'expertise. L'adm. ne doit pas être exposée à succomber, et attache un grand prix au succès en pareille matière ; les directeurs se garderont par conséquent de toute exagération. — Après avoir examiné mûrement les pièces et les renseignements fournis par l'employé, après avoir au besoin, fait contrôler l'exactitude de ces renseignements, ils devront toujours faire à l'adm. une proposition formelle, appuyée sur leur propre conviction. — Ils joindront d'ailleurs au rapport toutes les pièces justificatives, ainsi que la copie de l'acte ou de la déclaration. l. 1537, sect. 3, n° 8, 1624.

1464. L'expertise constituant une instance, on a dû, pour ne pas diviser les observations sur les diverses instances, renvoyer au titre spécial des *Poursuites et Instances* les règles à observer pour la suite de l'expertise. (V. *titre* V.)

SECTION IV. — *Contraventions diverses et condamnations.*

1465. Outre les contraventions désignées dans les deux sections qui précèdent, les préposés doivent faire la recherche des autres infractions dont la surveillance est du ressort de l'adm., soit pour faire payer, au moment des formalités, les droits et amendes exigibles ou en suivre le recouvrement, soit pour faire prononcer les peines encourues. Ces contraventions concernent : le timbre, l'enreg., les poids et mesures, la mention des patentes, le notariat, le dépôt des répertoires et celui des contrats de mariage de commerçants, les droits de greffe, le service des huissiers et la tenue du registre des protêts, enfin les ventes publiques de meubles.

1466. *Timbre.* Le détail des contraventions aux lois sur le timbre, les moyens de les découvrir, les amendes dont elles sont passibles, ainsi que le mode de recouvrement ont été exposés au titre II (V. 492 et suivants).

1467. *Enregistrement.* Les observations relatives à la recherche des contraventions et amendes en matière d'enreg., les moyens de les découvrir et de les constater, ont aussi été présentés précédemment. Ces contraventions comprennent : 1° la défense de rédiger un acte ou d'agir en justice en conséquence d'un acte non enregistré, de le recevoir en dépôt ou d'en délivrer expédition, L. 22 frim. an 7, art. 41, 42; 28 avril 1816, art. 56, 57, 58; 16 juin 1824, art. 13 (V. 642 et suiv., 795, 937, 957); 2° la nécessité imposée aux notaires et aux greffiers de rédiger acte du dépôt de tous les actes qui leur sont remis pour minute, L. 22 frim. an 7, art. 43 (V. 1198 et suiv.); 3° l'obligation pour les receveurs de distinguer dans les relations les droits perçus pour chaque disposition, art. 57 (V. 709, 712 et suiv.); 4° l'obligation pour tous les officiers ministériels de transcrire littéralement ces relations dans les expéditions des actes publics et judiciaires, et de faire semblable mention dans les minutes des actes civils, judiciaires et extrajudiciaires, pour les actes s. s. p. qui y sont énoncés, art. 44 (V. 716, 717); 5° la tenue des répertoires, leur présentation au visa, et les communications à faire aux préposés, art. 49 à 55 (V. 1151, 1160, 1183, 1195, 1205 et suiv.).

1468. *Poids et mesures.* Les contraventions aux lois qui exigent, sous peine d'amende, l'emploi exclusif dans les actes publics, dans les écritures privées produites en justice et dans les affiches, avis et annonces, des dénominations légales des poids et mesures métriques et de la numération décimale, L. 4 juill. 1837, art. 5, ont également fait l'objet d'observations détaillées qui peuvent guider les préposés dans la recherche des découvertes de cette espèce (V. 632 et suivants).

1469. *Patentes.* Les préposés doivent rechercher et constater par des procès-verbaux qui sont envoyés aux procureurs du Roi, les contraventions à la disposition qui, sous peine de 25 fr. d'amende à prononcer par le tribunal, prescrit aux officiers ministériels de faire mention de la patente des contractants dans les actes relatifs à leur profession, leur commerce ou leur industrie. L. 25 avril 1844, art. 29 (V. 623 et suiv.).

1470. *Notariat.* Ils recherchent et constatent de la même manière les différentes contraventions à la loi du 25 vent. an 11, sur le notariat (V. 772 et suiv.), savoir, contraventions passibles d'amendes : 1° nom et résidence du notaire non indiqués dans ses actes, art. 12; 2° abréviations, blancs, lacunes; noms, qualités et demeures des parties et des témoins non indiqués; dates et sommes en chiffres; absence de la mention de lecture aux parties; écriture illisible; procurations non annexées, art. 13; 3° additions et interlignes; ratures non approuvées; surcharges, art. 16; 4° qualifications et clauses féodales, art. 17; 5° communication des actes ou expédition délivrée à d'autres qu'aux parties intéressées, art. 23; 6° défaut de remise des minutes et répertoires d'un notaire remplacé, art. 55, 56 et 57 (V. 786 et suiv.). Enfin, toutes les autres infractions à la loi du 25 vent. an 11 qui, sans donner lieu à l'application d'une amende, peuvent néanmoins être l'objet de poursuites de la part du ministère public, art. 6, 9, 10, 12, 14, 15, 20 et 52 (V. 778 et suiv.).

1471. *Dépôts aux greffes.* Le même devoir est imposé aux préposés pour la recherche des infractions aux dispositions qui prescrivent, sous peine de 20 fr. d'amende à prononcer par le tribunal : 1° aux notaires d'effectuer, dans le mois, le dépôt aux greffes des tribunaux civils et de commerce et aux chambres de discipline des notaires et avoués, de l'extrait des contrats de mariage de commerçants. C. com. 67, 68 (V. 809 et suiv.); 2° aux notaires, commissaires-priseurs et courtiers de commerce de déposer au greffe, dans les deux premiers mois de chaque année, un double de leur répertoire. L. 6 oct. 1791, art. 16, et 16 flor. an 4, art. 1er (V. 1185 et suivants).

1472. *Droits de greffe.* Les contraventions relatives à la perception des droits de greffe, dont la découverte peut être due à la surveillance des employés, sont : 1° la délivrance des expéditions avant le paiement des droits de greffe, entraînant l'application d'une amende de 100 fr., exigible par voie de contrainte, L. 21 vent. an 7, art. 11 (V. 957, 958 et 965); 2° la perception par les greffiers de droits de prompte expédition ou de remises excédant le taux légal, punissable d'une amende de 100 fr., sur la poursuite du ministère public, art. 23 (V. 871).

1473. *Huissiers.* En ce qui touche spécialement le service des huissiers, les préposés ont à rechercher et à constater les contraventions ci-après : 1° signification d'actes ou de copies illisibles, donnant lieu à une amende de 25 fr. sur la provocation du ministère public, Décr. 29 août 1813 (V. 975, 976, 1680); 2° défaut d'indication du coût des exploits signifiés, passible de 5 fr. d'amende exigible lors de l'enreg., C. proc. 67 (V. 977). Il surveillent également la tenue du registre des protêts par les huissiers et même par les notaires qui font des actes de l'espèce. C. com. 176 (V. 1192).

1474. *Ventes publiques de meubles.* Les découvertes qui résultent de la surveillance des ventes publiques de meubles, concernent les contraventions suivantes : 1° vente faite sans le ministère d'un officier public, L. 22 pluv. an 7, art. 1er; 2° vente effectuée sans déclaration préalable, art. 2; 3° défaut de transcription de la déclaration en tête du procès-verbal, art. 5; 4° articles adjugés non portés au procès-verbal, ou dont le prix a été altéré, art. 5; 5° prix non énoncé en toutes lettres, art. 5; 6° omission au procès-verbal des articles mis en vente et non adjugés, Ord. 1er mai 1816; 7° contraventions à la loi sur les ventes de marchandises neuves, L. 25 juin 1841, art. 7 et 8; 8° défense aux officiers qui procèdent aux ventes de meubles, d'y faire des achats, Décr. 14 juin 1813. — On a indiqué les opérations qui se rattachent à la recherche de ces contraventions ou à leur répression, au titre particulier des ventes publiques de meubles (V. 996 et suiv.).

1475. *Condamnations.* Les préposés de l'enreg. étant chargés du recouvrement de la plupart des condamnations pécuniaires prononcées au profit de l'État (V. 1589), doivent examiner avec soin la marche des procédures et voir : 1° si les parties ou leurs avoués ont effectué régulièrement, selon l'obligation qui leur est imposée sous peine d'amende, la consignation des amendes d'appel, de requête civile ou de pourvoi en cassation ; 2° si les tribunaux appliquent exactement l'amende dans le cas de non-comparution en conciliation ; lorsqu'une des parties succombe sur une dénégation d'écriture, une demande en renvoi, une récusation, tierce-opposition, prise à partie ou une inscription de faux (V. 913, 938, 939, 1600 et suiv., 1686 et suivants).

1476. Par un motif semblable et pour fournir aux magistrats du ministère public les moyens d'assurer la répression de tous les délits constatés, il est prescrit aux receveurs de faire le rapprochement des procès-verbaux enregistrés, avec les jugements prononcés, et designaler ceux des procès-verbaux qui n'ont pas été suivis de jugement (V. 992, 1660, 1661). — Ils sont tenus aussi de vérifier si les greffiers et secrétaires ont remis exactement, et d'après les règles que l'on énoncera au chapitre des *condamnations*, l'extrait de toutes les condamnations dont le recouvrement est confié à l'adm. Cette vérification est faite au vu des jugements ; les receveurs doivent, en marge de l'enreg., indiquer le numéro du sommier sous lequel l'article a été porté (V. 955, 1659, 1662). Il s'assureront en outre, pour chaque extrait remis, qu'il comprend le montant intégral des condamnations prononcées à titre d'amende, dommages-intérêts, frais de justice, etc. (V. 1663).

1477. C'est principalement pour les décisions administratives prononçant des amendes, que les préposés doivent exercer une surveillance active. Ces décisions et quelquefois les procès-verbaux étant exempts d'enreg., les receveurs n'ont point les renseignements nécessaires pour s'assurer que les extraits ont été remis ; ils devront, à cet égard, faire des recherches dans les dossiers et les archives des préfectures, sous-préfectures et mairies, chez les préposés des ponts à bascule, etc., afin de découvrir s'il leur a été donné connaissance de toutes les condamnations prononcées en matière de roulage ou de grande voirie (V. 1634, 1889).

SECTION V. — Domaines.

§ 1er. — Recherches et découvertes des employés.

1478. *Ancien domaine.* Les parties de l'ancien domaine qui peuvent être l'objet des recherches et des découvertes des préposés, sont 1° les domaines nationaux non aliénés ou usurpés; 2° les rentes et créances domaniales. L'adm. a maintes fois recommandé ces recherches. Circ. R. 786 etc.; 1. 355 etc. La même recommandation a été renouvelée par ord. du 21 août 1816, portant que les préposés devront faire les diligences nécessaires pour découvrir les biens inconnus au domaine et remettre sous la main de l'adm. les propriétés de toute nature et de toute origine appartenant à l'État, et qui seraient possédées par des tiers, sans titres de propriété. I. 740.

1479. Les recherches seront faites sur les sommiers, sur les registres et sur les cueilloirs, titres et autres documents conservés dans les bureaux et dans les directions des domaines, ainsi que dans les dépôts publics et les archives de préfectures. Elles ne porteront point sur les biens aliénés ou concédés régulièrement, les rentes ou créances remboursées, transférées ou éteintes par prescription; elles n'auront pas pour objet non plus les biens restitués aux fabriques, ni ceux abandonnés aux hospices et autres établissements publics. I. 740.

1480. Aux termes des art. 2236 et 2237, C. civ., ceux qui possèdent pour autrui, tels que les fermiers, dépositaires, usufruitiers et tous autres qui détiennent précairement la chose du propriétaire, et leurs héritiers, ne peuvent la prescrire par quelque laps de temps que ce soit; mais d'après l'art. 2239, leurs acquéreurs et donataires peuvent opposer la prescription. Ce n'est plus guère que dans les cas où le domaine usurpé est resté en la possession, soit de l'usufruitier, soit du fermier, ou de leurs héritiers que l'État peut en revendiquer la propriété, à moins qu'il ne s'agisse d'un domaine inaliénable et imprescriptible. On comprend dès lors que les découvertes des anciens domaines non aliénés deviennent fort rares. — C'est principalement pour les domaines dont la jouissance a été concédée à longues années, à titre d'*emphytéose*, ou de *bail à vie*, que l'on peut encore faire quelques découvertes. L'adm., dans ces dernières années, a prescrit la recherche des baux de cette nature, et ce travail, lorsqu'il a été fait avec soin, a produit de bons résultats.

1481. La recherche des domaines et bois *engagés* a été une source abondante de découvertes, mais la loi du 12 mars 1820, I. 925, ayant déclaré propriétaires incommutables ceux des détenteurs auxquels il n'aurait pas été fait sommation dans les trente ans à partir de la loi du 21 vent. an 7, les préposés n'ont plus à s'occuper de ces domaines que pour la suite des affaires sur lesquelles des actes réguliers ont interrompu la prescription. — Relativement aux biens affectés à des *dotations* ou *majorats* qui doivent, dans certains cas déterminés, faire retour à l'État, les préposés n'ont pas seulement à exercer la surveillance nécessaire pour assurer la reprise de possession, lorsqu'il y a lieu, ils doivent encore rechercher ceux de ces biens qui sont restés inconnus au domaine. Il sera question de ces recherches au chapitre des domaines.

1482. En matière de *rentes* domaniales, la prescription a atteint un grand nombre de celles qui sont restées célées au domaine ; cependant il arrive encore qu'elle a été interrompue par la reconnaissance des redevables contenue dans des actes de transmission remontant à moins de trente ans. On devra donc utiliser, sous ce rapport, tous les éléments de découvertes que l'on pourra trouver, ainsi qu'on l'expliquera au chapitre spécial des domaines.

1483. *Domaine public.* Les parties du domaine public qui offrent matière à découverte, sont 1° les rivages, lais et relais de mer, les terrains d'alluvion, les îles et îlots dans le lit des fleuves et rivières navigables ; 2° les terrains inutiles au service des canaux, routes, chemins de fer, fortifications, etc. ; 3° les biens vacants et sans maître, terres vaines et vagues, landes, marais, palus, etc. ; 4° les épaves ; 5° les successions en déshérence ; 6° les successions vacantes ; et 7° les biens séquestrés sur les accusés contumaces ; enfin on peut encore faire la découverte de revenus des domaines affectés à un service public, d'objets inutiles au service des différents ministères, de produits des eaux et forêts.

1484. Les rivages, les lais ou relais de mer, les ports, les hâvres, les rades et les fleuves et rivières navigables, les îles, îlots, attérissements et alluvions formés dans leur lit font partie du domaine public *imprescriptible et inaliénable*. Cependant la loi a réglé les formalités à observer pour que ces terrains puissent 'passer dans la catégorie des domaines aliénables. La surveillance des employés doit s'exercer d'une manière toute particulière sur cette partie du domaine qui est susceptible de fréquentes modifications, par suite du mouvement des eaux. Il leur est prescrit de prendre possession, au nom de l'État, des terrains de nouvelle formation et de revendiquer ceux qui ont été usurpés. Dans ce but, les préposés des domaines ne doivent pas négliger de prendre communication des matrices cadastrales et des documents existant dans les directions des contributions directes ; ils réuniront avec soin les renseignements nécessaires pour mettre le domaine en possession des terrains de cette nature dont il doit avoir la propriété. I. 886, 1035.

1485. Si les préposés doivent attendre, en général, qu'il leur soit fait remise des *terrains inutiles* au service des canaux, routes, chemins de fer, fortifications, etc., pour en prendre possession au nom du domaine, ils ne doivent pas négliger cependant de rechercher s'il en existe, et d'en donner connaissance au directeur qui provoque, s'il y a lieu, auprès des chefs de service, la remise de ces terrains au domaine. Cette surveillance ne peut guère s'exercer qu'après l'achèvement des travaux ; les préposés devront alors demander communication des plans, et par le rapprochement des matrices de rôles, actes d'acquisition et autres documents, ils rechercheront si, en dehors du tracé définitif, il n'existerait pas des terrains inutiles au service, et dont le domaine devrait demander l'envoi en possession immédiate.

1486. Ces vérifications doivent se faire aussi bien dans le cas de concession de l'entreprise que dans celui d'exploitation directe par l'État, lorsque les terrains ont été acquis pour le compte et aux frais de l'État. — L'exécution de grands travaux d'utilité publique doit rendre plus fréquentes les découvertes de cette nature ; les préposés ne peuvent rester étrangers au mouvement imprimé à cette partie des dépenses de l'État ; leur mission est d'assurer au trésor la rentrée des sommes dont l'emploi n'est pas nécessaire, et de veiller à ce qu'aucune partie du domaine public, soit en fonds, soit en revenus, ne soit détournée au préjudice de l'État.

1487. De nombreuses cessions de terrains sont faites aux riverains par suite de l'alignement des routes et chemins ; on indiquera au chapitre spécial des aliénations de domaines les formalités à observer en pareil cas. Malgré les précautions prises pour assurer le recouvrement du prix de ces terrains, les receveurs n'ont pas toujours été informés exactement de ces concessions ; c'est aux directeurs à prendre les mesures nécessaires ; mais les préposés ne doivent pas négliger de s'assurer, au moyen des renvois de l'enreg. des actes de cession et de tous autres documents, que le prix a été versé dans les caisses du domaine.

1488. La confection du cadastre, l'examen des plans et des matrices, enfin des renseignements recueillis dans les localités peuvent amener la découverte des terrains vagues, palus, marais, landes, terres incultes de toute nature qui ne sont la propriété ni des communes ni des particuliers, et enfin de tous autres *biens vacants* ou sans maître, qui, d'après l'art. 539, C. civ., appartiennent au domaine public. Il est recommandé aux préposés de s'occuper avec activité de la recherche de ces biens, I. 886, 1035 ; lors même qu'ils n'auraient aucune valeur apparente, ils peuvent en acquérir par la suite, et il est toujours essentiel, en pareil cas, d'assurer les droits de l'État et d'empêcher l'usurpation ou la prescription de la propriété.

1489. Lorsqu'ils font des découvertes de cette nature, les employés doivent adresser au directeur un rapport indiquant la situation, la nature et l'étendue de l'immeuble, le nom du détenteur, s'il en existe, les titres ou les dispositions qui constatent la propriété de l'État, le produit actuel des biens, le genre de culture qui pourrait y être approprié, le mode d'aliénation ou de jouissance le plus avantageux, la valeur vénale présumée, le montant de la contribution foncière que l'État pourrait espérer après l'aliénation de ces biens, les difficultés que peut présenter la mise en possession du domaine, et généralement tous les éclaircissements qui peuvent être utiles. I. 886.

1490. Le receveur des domaines, autorisé à prendre possession d'un bien vacant, constate cette prise de possession par un procès-verbal qu'il rédige avec le concours des autorités municipales. S'il s'agit d'un domaine usurpé, le receveur en fait article au sommier de consistance, et demande, d'abord par avertissement, puis par voie de contrainte décernée par le directeur et visée par le président du tribunal, les fruits, revenus ou fermages non prescrits ; mais avant d'en faire mention au sommier des droits constatés, il faut attendre que le chiffre en ait été définitivement fixé par une décision de l'adm., si ce chiffre ne résulte pas de titres positifs.

1491. Si le détenteur reconnaît son indue possession et paie ou s'oblige à payer les sommes dues, le receveur rédige un procès-verbal de prise de possession qui est signé par le détenteur avec reconnaissance expresse des droits de l'État. Si, au contraire, le possesseur s'oppose aux poursuites, en soulevant la question de propriété, le receveur en rend compte au directeur, qui l'autorise, s'il y a lieu, après avoir consulté l'adm., à intenter, contre le détenteur, une action en déguerpissement. Cette action est introduite et l'instance est suivie selon les formes établies en matière domaniale (V. *titre* V).

1492. *Épaves, déshérences.* Les receveurs des domaines utiliseront les renseignements qu'ils pourront recueillir sur l'existence des *épaves.* On indiquera sous ce titre, au chapitre des domaines, les opérations qu'exige cette surveillance. La recherche des successions en déshérence a été souvent recommandée au zèle des préposés ; tout ce qui s'y rattache est également réuni sous un titre spécial du même chapitre.

1493. *Successions vacantes, séquestres.* Bien que l'État ne soit pas propriétaire des valeurs qui dépendent des successions *vacantes,* il est de l'intérêt du trésor de faire rentrer dans ses caisses les sommes disponibles, jusqu'à ce que les droits des créanciers et des héritiers aient été définitivement liquidés et reconnus. On fait la recherche de ces successions en se reportant aux renonciations faites par les héritiers. — Enfin, en ce qui concerne les biens des *contumaces,* il est d'autant plus important de rechercher les biens frappés de *séquestre* que les revenus peuvent répondre du paiement des frais de justice en cas de condamnation. Pour ne point diviser les observations sur ces différents objets, on renvoie au titre spécial des domaines.

1494. *Revenus des domaines et forêts.* La recherche des revenus de domaines dont la régie appartient à l'adm. n'est qu'une conséquence de cette régie ; il est inutile d'en parler ; mais les employés doivent aussi concourir à faire rentrer les produits des propriétés mobilières ou immobilières de l'État *affectées à un service public,* et dont les différents ministères ne peuvent disposer légalement pour accroître leurs crédits. 1. 1065 (V. *Comptabilité générale*). — Les sommiers des propriétés de l'État affectées à un service public fournissent les moyens d'exercer cette surveillance. Les receveurs des domaines devront rechercher les infractions à ces règles de la comptabilité publique ; s'ils découvrent des abus, ils en rendront compte au directeur. Mais en pareille matière, les préposés doivent agir avec beaucoup de circonspection ; ils n'ont pas mission d'exiger par eux-mêmes, leur action se borne à la découverte faite dans le cercle de leurs fonctions, et au compte à rendre au directeur.

1495. Chargés de la recette des produits accessoires des *eaux* et *forêts*, les préposés ont un devoir semblable à remplir pour ce qui concerne ces propriétés de l'État. Ils concourent aux adjudications, et s'ils découvrent qu'il est disposé illégalement et clandestinement de quelques uns des produits de la pêche ou des forêts, ils sont tenus d'en avertir le directeur.

En résumé, les préposés doivent exercer, en ce qui concerne les propriétés de l'État, la même surveillance que pour les impôts dont la recette rentre dans les attributions de l'administration ; seulement, pour les domaines affectés à un service public, ils respecteront cette affectation et se borneront à rendre compte à leurs supérieurs hiérarchiques des abus ou des irrégularités qui seraient de nature à porter préjudice au trésor. Au surplus, on renvoie à ce sujet au chapitre des domaines.

§ II. — *Révélations de domaines.*

1496. Deux décrets des 23 janv. 1806 et 2 mars 1807 ont statué que ceux qui procureraient à l'adm. la connaissance des propriétés soustraites au domaine, recevraient le quart des valeurs dont ils auraient facilité la découverte. Cette prime était également accordée aux détenteurs qui révélaient eux mêmes leur indue possession ; mais, dans tous les cas, elle ne devait être allouée que pour les révélations antérieures au 1er janv. 1808, et les préposés de l'adm. qui ont pour mission spéciale de rechercher toutes les propriétés de l'État, n'y avaient aucune part. Circ. 19 fév., 19 sept. 1806, et 22 avril 1807.

1497. Ces mesures n'atteignirent pas complètement le but proposé, et pour faire rentrer sous la main du domaine les biens qui avaient échappé jusque là aux recherches des agents de l'adm., une ord. du 21 août 1816, accorda la remise totale des intérêts, fruits et fermages, aux détenteurs qui, dans les trois mois, feraient la déclaration des biens appartenant à l'État. La même ordonnance voulut qu'une récompense déterminée par le Ministre des finances fût allouée aux tiers qui, dans les six mois suivant l'expiration du délai accordé aux détenteurs, mettraient le domaine à portée de se faire réintégrer dans la propriété et possession des biens usurpés. I. 740.

1498. Les délais ont été prorogés pour les détenteurs jusqu'à la fin de l'année 1819, et pour les tiers jusqu'au 1er janv. 1821. Ord. 31 mars 1819. I. 884. Quoique ces délais soient expirés depuis longtemps, le Ministre admet encore les révélateurs à faire, dans l'intérêt de l'État, la découverte des biens inconnus au domaine, et, dans l'usage, il leur est alloué par des décisions spéciales, un quart des valeurs du produit de leurs révélations. Circ. 14 sept. 1829.

1499. Lorsqu'un particulier propose de faire une révélation, il doit souscrire sur papier timbré une déclaration par laquelle il s'engage à fournir, dans un délai déterminé à partir de l'acceptation de ses offres, tous les documents ou renseignements propres à faire rentrer sous la main du domaine des biens appartenant à l'État et restés inconnus à l'adm.. Comme condition de cette révélation, le déclarant peut stipuler qu'un quart des produits de la découverte, en principal, intérêts et fruits, lui sera compté, déduction faite sur les sommes recouvrées, des frais d'instances mis à la charge de l'État, et d'un prélèvement de 5 p. 100 pour frais de régie. Il peut en outre stipuler qu'à défaut par le domaine de prendre les mesures nécessaires pour la vente des biens ou la rentrée des fruits, un an après sa mise en possession définitive, le déclarant pourra en provoquer administrativement l'expertise contradictoire, à frais communs, et que le quart de l'estimation lui sera versé sous les déductions ci-dessus. I. 740.

1500. Lorsque la révélation a pour objet des biens dont la propriété n'est pas dévolue définitivement à l'État, tels que des biens d'une succession en déshérence, la proposition ne peut être agréée qu'autant que le révélateur s'obligera sous bonne et solvable caution de rapporter les sommes qui lui seraient allouées, dans le cas, où postérieurement, la succession serait revendiquée par des ayants-droit.

1501. Envoyée au directeur par le préposé des domaines auquel elle a été remise, la déclaration du révélateur est transmise à l'adm.(4e div.), avec les observations convenables; l'adm. en proposera s'il y a lieu, l'acceptation au Ministre des finances, qui soumettra la proposition à la sanction du Roi. — Lorsque les offres du révélateur ont été agréées, l'acceptation lui est notifiée administrativement au moyen de la remise d'une ampliation de l'ordonnance et il peut être admis à donner suite à sa proposition dans le délai déterminé. I. 740.

1502. Aussitôt que les déclarations nécessaires lui ont été faites, et que les documents à l'appui ont été fournis, le préposé des domaines doit s'assurer, par l'examen des titres et renseignements, que les biens sont réellement la propriété de l'État, et, par l'inspection des sommiers et registres, que le domaine n'en avait aucune connaissance. Il s'occupe ensuite de rechercher les titres qui pourraient être nécessaires pour le succès de la revendication, de reconnaître l'identité des biens d'après le cadastre ou les matrices de rôle, et enfin de découvrir les noms de tous les détenteurs. — Lorsque ces différents renseignements ont été recueillis, le receveur fait article sur le sommier de consistance des diverses parcelles du domaine révélé, et, avec l'autorisation du directeur, commence contre les détenteurs l'action en paiement des fruits ou revenus non prescrits, et en déguerpissement des biens dont ils se sont emparés. I. 740. (V. *titre* V).

1503. Les préposés des domaines sont seuls chargés de revendiquer les biens usurpés et d'en poursuivre le délaissement contre les détenteurs. Le révélateur doit se borner à leur fournir les titres ou les renseignements qu'il a en sa possession ; il ne peut obliger l'adm. à donner suite à la revendication, si elle ne le juge pas convenable, ni intenter lui-même une action contre les détenteurs. D'un autre coté, il ne peut réclamer l'indemnité promise lorsqu'il est prouvé que l'adm. avait déjà connaissance des biens et des titres de la propriété de l'État, ou lorsqu'il n'a pas été possible de tirer parti de la révélation. I. 740.

1504. Les instructions de l'adm. et les circulaires de la comptabilité générale des finances laissent ignorer si le paiement de la récompense allouée aux révélateurs doit être effectué par l'adm. des domaines. Les comptes ne présentent aucun article spécial de dépense pour cet objet.

CHAPITRE III. — *Dispositions communes aux divers sommiers.*

SECTION Iʳᵉ. — *Règles concernant tous les sommiers.*

1505. *Objet des sommiers.* Dans un bureau d'enreg. et des domaines, où les recouvrements à opérer se rapportent à tant de droits et produits, à tant de débiteurs différents, il est indispensable que des sommiers tenus avec ordre et méthode, présentent non seulement les sommes à recouvrer et les noms des débiteurs, l'indication des titres de créance et la date de l'exigibilité, mais encore tous les renseignements qui peuvent faciliter l'apurement, les diligences faites pour l'obtenir, et enfin les résultats dus à ces diligences. Tels sont les objets principaux que l'on doit avoir en vue dans la formation et la tenue des sommiers.

1506. *Forme.* Les sommiers sont formés sur des registres fournis par l'adm.; ils sont cotés et paraphés par le directeur. Le cadre de chaque sommier se divise généralement en deux parties : l'une contient la consignation ou l'enreg. par extrait des titres de droits ou produits à recouvrer ; l'autre est destinée aux émargements ou annotations à faire successivement. Une colonne spéciale est consacrée au n° d'ordre par article ; enfin sur les sommiers de droits constatés et sur celui des opérations de trésorerie des colonnes particulières sont réservées pour y inscrire, en chiffres, le montant des droits et produits à recouvrer selon leur nature (V. 1529).

1507. *Consignations.* Les consignations sur les sommiers doivent être faites aussitôt que le receveur découvre ou reçoit

les éléments de ces consignations ; on ne peut les différer, soit
pour obtenir des renseignements plus précis sur l'exigibilité des
produits ou la solvabilité des débiteurs, soit pour éviter de présenter une situation trop chargée. Il y a quelques exceptions à
cette règle, selon les sommiers ou la nature des articles; on les
indiquera en parlant des droits ou produits auxquels elles s'appliquent.

1508. Toutefois, pour consigner un article, notamment sur
les sommiers de droits constatés, il faut avoir les renseignements qui doivent y figurer nécessairement selon la nature du
sommier (V. 1523). Les uns, tels que le sommier des découvertes à éclaircir, peuvent présenter de simples notes à utiliser ultérieurement ; les autres, comme le sommier des droits certains, sont exclusivement réservés aux articles dont l'exigibilité
est certaine, lors même que l'on ne pourrait liquider définitivement le montant des droits ; tandis que pour les sommiers de
droits constatés, il faut que l'exigibilité et le chiffre en soient
déterminés d'une manière positive.

1509. Ces distinctions seront observées avec soin, de manière à éviter la consignation sur les sommiers certains de découvertes qui ne seraient pas suffisamment éclaircies ou qui re-
poseraient sur de simples présomptions ; et sur les sommiers de
droits constatés, d'articles dont le montant n'aurait pas été définitivement liquidé et constaté ou ne serait pas encore exigible.
Il faut aussi éviter de porter sur un sommier des produits qui,
par leur nature, doivent être relevés sur un autre.

1510. *Date.* La date de la consignation sera inscrite en tête
de tous les articles, même sur les sommiers de consistance et
sur ceux des découvertes et des surséances. Cette indication est
essentielle pour s'assurer de l'exactitude du receveur à faire,
soit le relevé sur le sommier, soit les diligences nécessaires pour
l'apurement de l'article. La date sera exactement celle du jour
de la consignation et l'on observera l'ordre chronologique.

1511. *Numéros.* Les numéros de chaque article seront indiqués avec soin ; on évitera les omissions ou les doubles emplois qui donnent lieu à des erreurs dans les situations ou les
rapprochements avec les registres de recette. L'usage le plus
généralement adopté est de faire une série de numéros par volume ; cependant, lorsque les sommiers sont très chargés, on
peut continuer la série sur plusieurs volumes, sauf à en adopter une nouvelle lorsqu'il n'est plus à craindre de confondre
ensemble les articles de deux séries différentes (V. 1528).

1512. *Libellé.* Comme toutes les écritures du receveur, les
sommiers doivent être écrits lisiblement ; les noms des parties
et la nature de l'article seront en caractères plus apparents, et
l'on évitera avec soin la confusion et le défaut de netteté. Dans
ce but, on laissera entre les articles l'espace nécessaire pour
ajouter successivement les renseignements et autres émarge-

ments. Deux ou trois articles au plus seront inscrits par page, excepté lorsqu'il s'agira de consignations peu étendues et d'articles immédiatement recouvrés. — Pour détacher les articles, on les sépare par une ligne à l'encre, sans la prolonger, à cause des additions, dans les colonnes réservées sur certains sommiers à l'inscription des sommes (V. 1531).

1513. Chaque article sera libellé avec soin ; il doit présenter clairement et dans un ordre méthodique les renseignements qui peuvent faire connaître l'objet de la consignation et la nature du droit à réclamer, indiquer les actes ou les titres qui en font présumer ou en assurent l'exigibilité, les noms des débiteurs et cautions, et autant qu'il est possible, les sommes à recouvrer, au moins approximativement.

1514. *Apurement des articles.* Les receveurs suivront avec l'exactitude et l'activité nécessaires le recouvrement des articles consignés sur les sommiers. O. gén. 89, 90 ; Circ. 14 therm. an 11. — Les recouvrements ne seront suspendus qu'en vertu d'ordres du directeur ; les receveurs ne négligeront pas de faire les actes conservatoires qui seraient nécessaires, de requérir dans les cas autorisés des inscriptions hypothécaires pour sûreté des sommes à recouvrer, et d'exercer les poursuites indispensables tout en évitant de multiplier les frais sans nécessité. I. 1351, art. 15, etc.

Les opérations générales relatives aux recouvrements, les mesures conservatoires, les actes de poursuites qu'ils nécessitent et les instances auxquelles ils donnent lieu exigeant des observations fort étendues, qui ne peuvent venir qu'après les détails sur la nature même des produits, on en a fait l'objet d'un titre particulier (V. *titre* V).

1515. L'adm. a souvent renouvelé la recommandation de s'occuper avec activité de l'apurement des sommiers. Cette règle s'applique à tous les sommiers sans exception. Les receveurs sont responsables des droits et produits perdus par leur négligence ; pour les droits *constatés*, cette responsabilité devance même l'époque de la prescription (V. 1532). Lorsque, par la faute du receveur, quelques uns des articles consignés sur les autres sommiers tombent en non valeur, sa responsabilité se trouve également engagée, quoiqu'il n'en soit pas chargé dans les écritures de sa comptabilité. Le trésor exerce, dans ce cas, le recours assuré contre tout mandataire qui, par sa négligence, laisse perdre les sommes dont le recouvrement lui est confié. Circ. R. 1739 ; C. civ. 1191, 1192.

1516. *Emargements.* Chaque article consigné aux sommiers doit être émargé avec exactitude des avis, poursuites, sursis, instances et de toutes les diligences qui ont été faites. I. 1351, art. 15. On y annotera les renseignements recueillis sur la solvabilité des débiteurs, et généralement tout ce qui peut tendre à l'apurement ou au recouvrement de l'article. — Dans la crainte de surcharger les articles, quelques receveurs ne les émargent pas exactement des diligences faites ou des renseignements recueillis ; c'est à tort : on peut croire que l'apurement a été négligé, que le receveur n'a pas fait les démarches nécessaires, et il en résulte des reproches qui auraient pu être évités. Les préposés doivent donc, dans leur propre intérêt, faire mention sur les sommiers de toutes leurs diligences, afin de témoigner de leurs soins et mettre leur responsabilité à couvert.

1517. Ces annotations seront brèves et substantielles, rédigées en quelques mots caractéristiques, tels que : *Avis du*....; *Contrainte signifiée le*....; *Inscription du*....; *Saisie du*....; *Opposition du*....; *En instance* ; *Rapport au directeur du*... *n°*...; *Jugement du*....; *Renseignements demandés au maire le*....; *Imposé pour*...., *art*... *du sommier de la contribution foncière*, etc. — Si le même individu doit plusieurs articles, on renverra des uns aux autres ; si quelque délai est accordé, il en sera fait mention ; enfin si la prescription est rapprochée, on indiquera d'une manière apparente avant quelle époque des mesures conservatoires devront être prises. — On devra aussi, après la vérification d'un employé supérieur, revoir chaque article, afin d'exécuter les ordres dont il serait émargé.

1518. Il ne faut jamais faire mention d'avertissements qui n'auraient pas été donnés, de diligences qui n'auraient pas été faites ; les préposés convaincus d'avoir cherché à faire illusion sur ce point, pourraient être l'objet de mesures sévères. — Le montant des frais de poursuites ne sera pas ajouté au total de l'article, mais indiqué dans la colonne des émargements, après la mention de l'acte de poursuite ; lorsque l'avance aura été faite sur les fonds de la caisse, on rappellera aussi le n° de l'article ouvert au sommier des opérations de trésorerie (V. *titre* V).

1519. Chaque article sera émargé, soit de la date, du n°, ou du folio de la recette pour tous les paiements effectués, même par à-compte, soit de la date du certificat d'insolvabilité. Le report sur un autre sommier sera mentionné avec indication du n° ; enfin la régularité de l'annulation sera justifiée par une annotation faisant connaître les causes qui l'ont motivée, ou la date de l'autorisation accordée au receveur. I. 1351, art. 15.

1520. *Table*. Chaque sommier doit être terminé par une table alphabétique des noms des redevables. I. 1351, art. 15. On la dispose à la fin du volume, en renvoyant aux n°s des articles.

1521. *Situation*. La situation des sommiers doit être présentée par des états fournis à des époques périodiques (V. *titre* VI). Lorsque les préposés les forment, ils constatent la situation sur le sommier lui-même. Elle énonce d'abord la date à laquelle on l'établit ; on la présente ensuite sous la forme d'un tableau divisé ordinairement en deux colonnes destinées, l'une à l'indication du nombre des articles, l'autre à celle des sommes. On y porte, sur une ligne particulière, le nombre et le montant total : 1° des articles qui restaient à recouvrer à la date de la dernière situation ; 2° des articles consignés depuis ; 3° de ceux qui forment le total ; 4° des articles recouvrés et de ceux annulés ou reportés sur d'autres sommiers distinctement, sauf à les réunir sous une accolade pour les déduire de la ligne précédente ; 5° enfin le nombre et le montant total des articles restant à la date de la situation. Quelques receveurs ajoutent, dans une colonne d'observations, les n°s des articles recouvrés ou annulés ; ce détail n'est pas exigé et l'on peut s'en dispenser, mais il est essentiel de le faire au bas de la situation pour les articles restant. Il suffit d'y présenter le n° et le montant de chacun de ces articles, sauf à ajouter, ce qui est mieux, la cause principale du défaut d'apurement.

SECTION II. — *Règles spéciales aux sommiers de produits constatés.*

1522. *Distinction des produits.* Ainsi qu'on l'expliquera au titre de la comptabilité générale, les contributions et revenus publics dont la perception est confiée à l'adm. sont divisés en deux classes : la première comprend les droits *au comptant*, c'est-à-dire ceux qui sont recouvrés aussitôt après avoir été constatés et liquidés ; ils peuvent, d'après ce qui a été dit précédemment, faire l'objet de consignations sur les sommiers. La seconde classe se compose des droits et produits *constatés* à la charge des redevables de l'État, et définitivement liquidés, mais dont le recouvrement ne suit pas immédiatement la reconnaissance et la liquidation. Ord. 10 déc. 1823 ; Arrêté 9 sept. 1830. I. 1358. Ces derniers sont ceux qui résultent de titres exécutoires ; le montant, définitivement arrêté, est constaté dans les écritures du receveur qui doit en compter comme valeurs liquidées. V. *Comptabilité générale.*

Pour le recouvrement des droits et produits constatés, il a été établi en 1832 huit sommiers spéciaux ayant chacun un registre ou journal de recette correspondant. I. 1358. (V. 1349, 1350).

1523. *Produits constatés.* Les droits et produits qui sont réputés *constatés* doivent nécessairement résulter, soit de décisions de l'autorité administrative, soit de jugements ou arrêts des cours et tribunaux, soit enfin de titres constitutifs dont l'exécution peut être suivie contre les débiteurs. Toutefois une contrainte n'est pas un titre suffisant pour faire considérer comme constatés des droits et produits dont l'exigibilité ne résulte que des dispositions générales de la loi ; et les droits en *débet*, ou ceux que l'on a omis de percevoir, lors même qu'ils résulteraient d'actes authentiques, ne doivent aussi faire l'objet de consignations sur ces sommiers que lorsque la liquidation ou l'exigibilité en a été reconnue par des décisions judiciaires. I. 1358.

1524. Cependant on a fait exception à cette règle, 1° pour les suppléments de droits résultant d'insuffisances de prix ou d'évaluation, reconnues par des soumissions approuvées par l'adm. (V. 1583); 2° pour les suppléments de droits d'hypothèque qui sont considérés comme constatés, dès que leur exigibilité a été reconnue et leur liquidation définitivement arrêtée (**V.** *Conservateurs*); 3° pour les amendes de contravention exigibles en vertu de contrainte, lorsqu'il existe une décision ministérielle qui en a fixé le chiffre, I. 1358 (V. 1583), et même lorsque la recette, effectuée *au comptant*, ne peut être portée sur le registre de formalité. C. c. 60, § 4 (V. 701, 1584).

1525. *Distinction des exercices.* Les droits et produits, avant l'établissement du système des droits constatés, appartenaient tous à l'exercice qui prend son nom de l'année pendant laquelle on en faisait le recouvrement; mais cette règle, encore applicable aux droits *au comptant*, qui sont tout à la fois constatés, liquidés et recouvrés, ne l'est plus aux droits constatés proprement dits. Ces derniers appartiennent à l'exercice qui prend son nom de l'année pendant laquelle ils ont été constatés et liquidés.

Les articles consignés sur les sommiers du 1er janvier au 31 décembre appartiennent à l'exercice de l'année et forment le montant des produits constatés pendant cet exercice (V. *Comptabilité générale*). Par conséquent ce n'est ni la date du titre, ni celle de l'exigibilité, ni même celle du recouvrement qui déterminent l'exercice, mais la date de la consignation sur les sommiers de produits constatés. I. 1358. — Pour l'ordre de cette comptabilité par exercice, les sommiers et registres consacrés aux produits constatés sont tenus aussi par exercice.

1526. *Sommiers.* Sur les sommiers, la séparation des exercices résultant de la date de la consignation, ils sont distingués par le changement de l'année et la clôture de l'addition des produits constatés pendant chaque année. Pour la facilité des recherches, on indique l'année en tête du premier article consigné sur chaque sommier, et l'on répète cette indication en haut de chaque feuillet.

1527. Les droits et produits constatés à recouvrer doivent, à mesure de leur exigibilité ou de la réception des extraits de jugements, titres ou autres pièces qui en constatent l'existence, être consignés, suivant leur nature, sur les sommiers. I. 1358. Les receveurs qui différeraient les consignations seraient répréhensibles et pourraient être rendus responsables du préjudice; cependant il faudra prendre garde de consigner des produits qui n'appartiendraient pas réellement à la classe des produits constatés, ou avant qu'ils n'aient été définitivement liquidés et fixés selon les règles ci-dessus (V. 1523, 1524).

1528. Pour ces consignations on se conformera aux règles communes à tous les sommiers (V. 1510 et suiv.). Ainsi chaque consignation sera datée et portera un n° particulier; la série n'en sera pas interrompue à la fin de l'année, on la suivra au moins jusqu'à la fin d'un volume. Dans les bureaux où un seul volume ne suffit point pour les consignations pendant deux ans environ, on devra même continuer cette série sur plusieurs volumes, jusqu'à ce qu'il ne soit plus possible de confondre, dans les situations ou sur les registres de recette, des n^os semblables appartenant à deux exercices différents.

1529. Les consignations seront libellées comme celles des autres sommiers, et devront contenir, avec précision et clarté, tous les renseignements propres à faire connaître les débiteurs, la nature des produits, le titre de créance, etc. (V. 1512, 1513); mais, contrairement à ce qui se pratique pour les autres sommiers, les sommes à recouvrer sont divisées sur les sommiers de droits constatés selon leur nature, et réparties dans des colonnes spéciales où elles sont tirées hors ligne; dans la dernière colonne on portera le total de l'article.

1530. Les receveurs s'attacheront à faire un classement exact des sommes à recouvrer, afin de ne porter sur chaque sommier et dans chacune des colonnes du même sommier, que les droits et produits qui doivent y figurer. Cette observation est très essentielle, car les erreurs sont souvent difficiles à retrouver et ne peuvent plus être rectifiées lorsque les comptes de l'année sont arrêtés. Si, au contraire, on les découvre et on les rectifie dans le courant de l'année, il en résulte fréquemment des difficultés pour conserver la concordance qui doit exister entre les consignations sur les sommiers et les enreg. sur les registres de recette (V. 1540).

1531. Chaque page sera additionnée pour toutes les colonnes jusqu'à la fin du mois, le total sera suivi du report des mois antérieurs, et ainsi de suite jusqu'à la fin de l'année. Par conséquent, le total général établi à cette époque présentera distinctement, pour chaque colonne, c'est-à-dire par nature de produits, le montant des sommes constatées pendant l'année entière, et, dans la dernière colonne, le montant cumulé de tous les produits constatés pendant la même année sur le sommier. Au moyen de ces additions, il est facile de porter dans les comptes le montant de chaque espèce de produits constatés (V. *titre* VI).

1532. L'art. 5 de l'arrêté du 9 sept. 1830 déclare les receveurs responsables des droits et produits constatés qui, par l'effet de leur négligence, n'ont pas été recouvrés avant la clôture de l'exercice. Ils sont tenus d'en compter personnellement aussitôt qu'ils ont été mis à leur charge, sauf leur recours contre les redevables. — Afin de prévenir l'application de cette mesure, les receveurs s'empresseront, immédiatement après la consignation des articles, de faire les démarches et poursuites nécessaires pour en opérer le recouvrement dans le délai déterminé. I. 1358. Chaque article sera exactement émargé des diligences faites et de la date du paiement, ainsi qu'il a été dit *sup*. 1516 et suivants.

1533. Lorsque le recouvrement sera impossible par un motif quelconque, les receveurs réuniront les pièces constatant cette impossibilité, prendront les mesures conservatoires qui seront utiles, enfin feront en sorte de pouvoir justifier qu'ils n'ont rien négligé pour obtenir le paiement ou au moins pour l'assurer ultérieurement dans le cas où les redevables reviendraient à meilleure fortune. Provisoirement les certificats d'insolvabilité, ordres d'annulation, ou autres pièces justificatives du défaut de recouvrement seront annotés en marge des articles; mais on s'abstiendra de les annuler, même en cas d'amnistie ou remise ordonnée. Cette annulation ne peut avoir lieu qu'avec l'autorisation du directeur lors de la clôture de l'exercice, c'est-à-dire après l'expiration du neuvième mois de l'année qui suit celle de la consignation, d'après des états généraux soumis à l'examen de l'adm. et à la décision du Ministre des finances. V. *Comptabilité générale*.

1534. A cette époque, lorsque les receveurs auront reçu les bordereaux énonçant la décision prise à l'égard des sommes non recouvrées, les articles seront, d'après les indications du directeur, annulés sur les sommiers, soit définitivement si le recouvrement est jugé impossible, soit au moyen du report au sommier des surséances des articles qui auront paru susceptibles d'être ultérieurement recouvrés sur les parties, soit enfin au moyen du report au courant tant de ces articles que de ceux qui auront été mis à la charge du receveur par la décision du Ministre. — A la marge des articles ainsi annulés ou reportés on fera mention de la date de l'autorisation donnée par le directeur, soit pour l'annulation définitive, soit pour le report, en indiquant le sommier où il a été effectué et le n° du nouvel article. I. 1358.

1535. Les comptables porteront immédiatement en recette, de leurs deniers, le montant des articles dont ils auront été déclarés responsables, sauf à exercer ensuite leur recours personnel contre les redevables, ainsi qu'ils aviseront. Pour ceux à recouvrer sur les débiteurs, ils feront, sans retard, les diligences nécessaires pour en obtenir le paiement, comme pour les articles de l'exercice courant avec lesquels ils se trouveront confondus. I. 1358. Il faudra même s'en occuper avec plus d'activité encore, afin de prévenir l'application de leur responsabilité, mesure qui serait d'autant plus à craindre, s'il n'était pas justifié de l'impossibilité du recouvrement, que déjà le délai accordé pour l'effectuer, aurait été prorogé par le report de l'article à un autre exercice.

1536. On voit par ces détails, qu'il importe aux receveurs de donner des soins actifs à l'apurement des sommiers de droits et produits constatés. Ils sont, de droit, responsables du montant des sommes à recouvrer, et doivent en compter chaque année dans leurs comptes généraux, soit en recette, soit en non-valeur dûment vérifiée et admise, tandis que pour les autres sommiers, la responsabilité qui existe en fait, ne peut être engagée que par la prescription ou la perte absolue des articles, constatée par la vérification de la régie des comptables (V. 1515).

1537. *Registres de recette.* Les divers registres de recette des droits et produits constatés présentent, outre les colonnes destinées aux nos et aux enreg., les mêmes divisions que les sommiers auxquels ils correspondent. — Ces registres sont tenus par exercice. I. 1358. A l'exception de celui des *prix de vente de domaines*, il n'est pas nécessaire de les arrêter chaque jour. I. 1421. — Les receveurs y enregistreront jour par jour, et sans laisser aucun blanc, toutes les sommes qu'ils recevront, même par à-compte, sur les articles consignés aux sommiers des droits et produits constatés. I. 1358.

1538. Chaque registre présentera, sous une même série de numéros, toutes les recettes concernant le même exercice, et provenant d'articles portés sur le sommier correspondant pendant le cours de l'année qui lui donne son nom. Mais comme l'exercice, dans les règles de la comptabilité, reste ouvert tant pour la recette que pour la dépense, jusqu'au 30 septembre de l'année suivante, on doit, afin que toutes les recettes d'un exercice puissent être enregistrées à la suite les unes des autres, sans interruption, laisser en blanc, après le dernier enreg. de la première année de l'exercice, un nombre suffisant de feuilles pour y porter les recouvrements qui auront lieu sur les produits constatés de cet exercice, durant les neuf premiers mois de l'année suivante. On aura égard, pour déterminer cet espace, au nombre des articles restant à recouvrer et aux probabilités des recouvrements à espérer. I. 1358. De cette manière, on peut, à la suite des feuilles en blanc réservées pour les recettes de l'exercice qui reste ouvert pendant ces neuf mois, porter immédiatement en recette les recouvrements effectués sur des articles consignés depuis le commencement de l'année, et appartenant par conséquent à l'exercice nouvellement ouvert. Pour éviter toute confusion entre les recettes des deux exercices qui restent ouverts en même temps pendant les neuf premiers mois de chaque année, l'exercice sera indiqué en tête de chaque feuillet (V. 1526).

1539. Les enreg. en recette reproduiront tous les détails de l'article du sommier, outre les indications exigées pour tout enreg. en recette. Chacun d'eux sera daté et portera un n° particulier ; l'ordre des dates et des nos sera observé et la série continuée par exercice ; enfin les produits recouvrés seront tirés hors ligne dans les diverses colonnes qui leur sont destinées. Ces colonnes seront additionnées de page en page jusqu'à la fin du mois, avec report des recettes des mois antérieurs jusqu'à la fin de l'année. C. c. 46, § 12.

1540. *Concordance.* Dans le système de comptabilité des produits constatés, il doit toujours y avoir concordance parfaite entre les consignations sur les sommiers et les enreg. sur les registres de recette, non seulement pour le total des articles à recouvrer comparé à celui des articles recouvrés et de ceux restant à recouvrer, mais encore, pour chaque article et chaque nature de produits en particulier. Cette comptabilité se complique encore par l'existence simultanée de deux exercices ; il faut donc beaucoup d'attention pour éviter qu'un article appartenant à un exercice ne soit porté en recette parmi ceux d'un autre exercice, ou que les produits ne soient pas répartis exactement dans les colonnes où elles figurent sur le sommier ; des différences sur l'un ou l'autre point détruiraient la concordance.

1541. Pour s'assurer que les enreg. sur les registres de recette ont été faits exactement, et suivant les distinctions prescrites, les receveurs devront, à la fin de chaque mois, comparer le nombre et le montant des articles portés en recette et de ceux qui resteront à recouvrer, avec le nombre et le montant, en total, des articles consignés sur les sommiers. Ils conserveront les notes justificatives de cette comparaison, et en feront usage, à la fin de chaque trimestre, pour la rédaction de l'état de situation qu'ils ont à fournir. I. 1358. (V. *titre* VI).

1542. Les instructions n'indiquant pas la nature et la forme de ces notes justificatives, elles ne sont pas faites d'une manière uniforme, et quelques receveurs se dispensent même de les tenir. Par suite il arrive, soit que le montant réel des articles restant à recouvrer ne concorde pas avec la somme qui doit rester, soit que les employés supérieurs sont dans l'obligation de refaire une comparaison qu'ils devraient seulement vérifier. Quelquefois encore les receveurs se bornent à tenir note du nombre et du montant total des articles restant à recouvrer, sans aucun autre détail ; ils y ajoutent de même les articles recouvrés, et le total doit former le chiffre des consignations.

1543. On comprendra que de pareilles notes sont insuffisantes pour remplir l'objet proposé ; il faut que les articles restant à recouvrer soient détaillés les uns à la suite des autres, et que chacun ne présente pas seulement le n° et la somme totale, mais sa division par colonne ou nature de produits. Dans tous les cas, ce détail devra être fait exactement sur le sommier à la fin de l'année, en réservant une colonne où l'on portera successivement, en regard du n° de chaque article rappelé, les sommes recouvrées jusqu'à la fin de l'exercice, de manière que le total de cette colonne, déduit du nombre et du montant des articles restant à recouvrer au 31 décembre, présente le nombre et le total des articles qui resteront à recouvrer au 30 sept. de la seconde année. Nous reviendrons sur cet objet en parlant de la comptabilité. (V. *titre* VI, et *Comptabilité générale*).

CHAPITRE IV. — *Règles spéciales, Droits à recouvrer.*

1544. Les *droits* dont les receveurs de l'enreg. ont à faire

le recouvrement sont relevés sur quatre sommiers : l'un pour
les droits des formalités en débet; l'autre pour les découvertes
de toute nature à éclaircir ; un troisième pour les droits reconnus certains, et le dernier pour les droits liquidés et constatés.
— Il y a en outre deux sommiers pour les droits d'hypothèque tenus dans les conservations. V. *Conservateurs*.

SECTION 1re. — *Sommier des droits en débet.*

1545. Pour assurer le recouvrement des droits résultant de
formalités en *débet* (V. 729), l'adm. a prescrit l'établissement
d'un sommier spécial, présentant trois colonnes : n° d'ordre,
extrait des enreg., émargements ; et sur lequel les receveurs relèvent les sommes à recouvrer pour les formalités dont les droits
n'ont pas été perçus au comptant. I. 443.

1546. Les actes qui doivent être admis en *débet* aux formalités du timbre, de l'enreg. et des hypothèques sont de deux
classes : ceux qui tendent à faire prononcer, à la requête du
ministère public, une condamnation contre des individus prévenus de délits ou contraventions, et les actes faits d'office dans
l'intérêt de personnes qui ne peuvent faire l'avance des droits.

1547. *Dépens.* Il serait inutile de relever sur le sommier
des *débets* les droits des actes de la première espèce qui doivent
être recouvrés sur les parties condamnées, puisque si les prévenus sont acquittés, les droits ne sont pas recouvrables, et que,
s'ils sont condamnés, le recouvrement est plus facile d'après les
jugements où ces droits sont portés en masse. Il en est de même
à l'égard de tous les droits des formalités données à des actes
qui ont pour but de faire prononcer une condamnation pécuniaire, quel qu'en soit l'objet, lorsque la recette doit être faite
par les préposés de l'adm. I. 607. Ainsi toutes les fois qu'un
droit en *débet* est susceptible d'être compris dans une *condamnation* à des frais ou dépens qui doivent être recouvrés par les
receveurs de l'enreg., il n'y a pas lieu d'en faire article au sommier. I. 607. Le recouvrement se fait au moyen des extraits
remis aux receveurs pour suivre la rentrée des condamnations
(V. 1634).

1548. *Actes faits d'office.* Quant aux droits en *débet* qui ne
sont pas susceptibles d'être compris dans une condamnation
de frais ou dépens à recouvrer par les préposés, il faut distinguer : les droits des formalités hypothécaires sont relevés sur un
sommier spécial (V. *Conservateurs*); à l'égard des autres droits
en *débet*, notamment ceux des actes et procès-verbaux des juges de paix et autres magistrats de l'ordre judiciaire, lorsque,
dans les cas prévus par les lois, ils agissent dans l'intérêt des
mineurs, des absents, des interdits, etc., tels que l'apposition
ou la levée des scellés, les nominations de tuteurs, curateurs et
autres actes faits d'office, le montant en est consigné, article
par article, sur le sommier des droits en *débet*. I. 290, 607,
1358, n° 1.

1549. *Forêts.* On y relève aussi les droits des actes et procès-verbaux des agents forestiers, relatifs aux opérations qui précèdent ou suivent, soit les adjudications et les délivrances de coupes de bois, soit les délimitations et autres opérations forestières, lorsque le recouvrement de ces droits doit être fait sur les débiteurs, et qu'ils ne sont pas remplacés par une somme déterminée à recouvrer avec les produits accessoires des forêts.

1550. *Faillites.* D'après une décision ministérielle du 20 sept. 1814, les droits des actes concernant les faillites n'étaient point perçus *au comptant* et devaient être relevés au sommier des débets pour être recouvrés sur les premiers fonds disponibles ; mais la loi du 28 mai 1838, art. 461 du nouveau C. com., a changé cet état de choses en ordonnant, lorsque les deniers appartenant à la faillite ne peuvent subvenir immédiatement aux frais de ces actes, que l'avance en sera faite sur ordonnance du juge-commissaire, par le trésor public qui en sera remboursé par privilége sur les premiers recouvrements. I. 1563 (V. 1865). Ce sont donc les officiers ministériels qui paient comptant les droits de ces actes et en sont remboursés avec les autres frais de justice (V. *Comptabilité générale*). Par conséquent on n'a plus à en faire article au sommier des débets.

1551. Aux termes d'une décision du 20 juill. 1843, I. 1697, § 3, les jugements prononçant d'office la clôture des opérations d'une faillite pour insuffisance de l'actif doivent être enregistrés en *débet*, sauf recouvrement des droits contre les parties intéressées, dans le cas où il serait fait usage ultérieurement de ces jugements. L'exigibilité de ces droits dépend d'un événement incertain, et d'un autre côté pour faire usage de ces jugements, il faut généralement s'en faire délivrer une expédition ; celle-ci devant être présentée pour l'acquit du droit de greffe, il suffit, pour assurer le recouvrement des droits en *débet*, que le receveur n'admette, sans paiement préalable de ces droits, aucune expédition des jugements dont il s'agit, à la perception du droit de greffe. Il peut se borner à consigner au sommier des droits en *débet* les jugements dont les parties auraient fait usage sans en lever l'expédition. I. 1743, § 3.

1552. *Actes concernant l'administration.* On relevait autrefois sur le sommier des débets les droits des actes de poursuites ou autres faits à la requête de l'adm. ; mais les formalités ayant lieu actuellement *au comptant*, le relevé se fait au sommier des opérations de trésorerie où l'on consigne les avances à régulariser (V. *titre* V).

1553. *Consignation des articles.* La consignation des articles sur le sommier des droits en *débet*, doit être faite au fur et à mesure des formalités données en *débet* ; mais il est inutile d'ouvrir un nouvel article toutes les fois qu'il existe déjà, à la charge du même débiteur, un article encore dû. I. 115. Ainsi, lorsque après un procès-verbal de scellés apposés d'office, le juge de paix procède également d'office et dans l'intérêt des

mêmes parties, à une nomination de tuteur ou de curateur, ou
à tout autre acte analogue, il suffira d'ajouter à l'article déjà
ouvert pour les droits du premier acte ceux qui sont dûs pou r
le second. On se conformera pour les consignations sur le sommier, et pour les annotations dont elles doivent être émargées,
aux règles générales indiquées (V. 1510 et suiv.).

1554. Chaque article doit faire connaître, indépendamment
des noms des débiteurs, la nature et la date des actes qui ont
donné lieu aux droits à recouvrer, la nature et la date de la
formalité et le montant des droits en principal et décime. Sur
le registre de formalité, en marge de l'enreg. en *débet*, on indiquera le n° du sommier sous lequel l'article aura été relevé.
I. 145 (V. 729).

1555. *Recouvrement*. Les droits en *débet* doivent être recouvrés et portés en recette au bureau où la formalité a été
donnée et sur les registres respectifs. I. 607. Il résulte de ces
dispositions 1° que ces articles ne peuvent être renvoyés au bureau du domicile des débiteurs, ce qui n'empêche pas au reste
de s'adresser au receveur de la localité pour activer le recouvrement et en faire passer le montant à celui qui doit faire la
recette ; 2° que c'est sur le registre où la formalité en *débet* a
été donnée qu'il est fait recette des droits recouvrés. Ainsi les
droits de timbre seront portés sur le registre du visa pour timbre ; les droits d'enregistrement des actes extrajudiciaires, sur
le registre des exploits ; ceux des actes judiciaires, sur les registres destinés à l'enreg. de ces actes, etc.

1556. Le recouvrement des droits en *débet* offre quelquefois
des difficultés, en raison de l'incapacité des individus qui sont
ordinairement débiteurs ; c'est aux tuteurs et curateurs qu'il
faut s'adresser. Ce sont probablement ces difficultés qui ont
empêché de ranger les droits en *débet* parmi les droits constatés avec lesquels ils sembleraient devoir être classés. Le recouvrement des droits en *débet* est suivi par voie de contrainte selon les formes ordinaires en matière d'enreg. (V. *titre* V).

La situation des articles recouvrés ou annulés et de ceux
restant à recouvrer sur le sommier des droits en *débet* doit être
établie comme sur tous les autres sommiers (V. 1521).

SECTION II. — *Sommier des découvertes à éclaircir.*

1557. Le sommier des découvertes à éclaircir est celui sur
lequel on relève provisoirement les articles qui ont besoin d'être
éclaircis ou dont l'exigibilité n'est pas suffisamment établie.
C'est donc un registre destiné à conserver la trace de tous les
renseignements que les préposés ont recueillis sur des droits ou
produits de toute nature, en attendant qu'ils puissent éclaircir
leurs doutes et reporter, s'il y a lieu, les articles sur les sommiers de recouvrement proprement dits. Par ce motif, on donne
souvent au sommier des découvertes à éclaircir le nom de sommier *douteux* par abréviation des droits encore douteux.

Déjà en usage sous l'adm. du contrôle, le sommier douteux a été conservé lors de l'établissement des droits d'enreg. Circ. R. 33; O. gén. 83, n. 2. Il présente quatre colonnes : n° d'ordre; n° du sommier certain sur lequel l'article a été reporté; extraits des découvertes; observations ou annotations.

1558. *Articles à éclaircir.* Les receveurs doivent relever tous les droits négligés ou recelés, ceux résultant, soit de successions directes ou collatérales, soit de donations éventuelles qui ont eu leur effet, soit de transmissions d'immeubles réels ou fictifs; les droits d'enreg. des actes s. s. p. contenant mutation de biens immeubles, et consigner d'abord ces relevés par extraits sur le sommier *douteux*. O. gén. 82 et 85. — Ce sommier est destiné à recevoir toutes les indications qui peuvent être de quelque utilité pour le recouvrement d'un droit ou d'un produit quelconque, la découverte d'un bien appartenant à l'État, ou toute autre opération qui a besoin d'être surveillée et qui ne fait l'objet d'aucune autre consignation. I. 1351, art. 15; mais lorsqu'il n'est pas besoin de recherches ultérieures pour établir les droits de l'État, il est inutile d'en faire article d'abord au sommier douteux; on doit les porter sur les sommiers de recouvrement ou de consistance selon la nature des droits ou produits.

1559. *Mutations secrètes.* On doit spécialement porter au sommier des découvertes à éclaircir les mutations présumées d'après les augmentations de revenu sur le rôle, indiquées par les feuilles de changements communiquées chaque année aux receveurs. I. 934, 1183, 1371. Les opérations concernant cette consignation sont indiquées (V. 1338).

1560. *Mutations par décès.* Il est prescrit aux receveurs d'avertir les héritiers, quelque temps avant l'expiration du délai, de l'obligation qui leur est imposée pour l'acquit des droits de mutation par décès. I. 1141. — Aussitôt après l'expiration du délai légal, ils feront article de chaque succession non déclarée au sommier des découvertes à éclaircir (V. 1298), pour s'assurer s'il en dépend des biens meubles ou immeubles, et, dans le cas de l'affirmative, reporter l'article au sommier des droits certains. I. 1147, 1318, art. 21, et 1351, art. 15 (V. 1575). Sans cette précaution les articles échappent facilement. L'usage adopté par quelques receveurs qui se contentent de faire mention des avertissements sur la table des successions, sans consigner l'article au sommier douteux, ne remplit pas l'objet des dispositions ci-dessus.

1561. Les successions non déclarées ne doivent figurer au sommier douteux que jusqu'au moment où le receveur acquiert la certitude qu'il en dépend des biens meubles ou immeubles, ou que l'autorité municipale certifie le contraire; il faut donc faire immédiatement les recherches nécessaires, et si elles ne produisent aucun résultat, demander des renseignements aux maires. Lorsque le receveur présume que la succession

431

comprend des biens, il peut, s'il n'en connaît pas la consistance exacte, laisser provisoirement l'article au sommier douteux ; mais le report au sommier des droits certains ne doit pas être différé trop long-temps, puisqu'il suffit d'avoir la certitude qu'il dépend quelques biens d'une succession, pour en faire article sur ce dernier sommier, quand même la consistance et la valeur ne seraient pas exactement déterminées (V. 1572).

1562. *Omissions, insuffisances.* Jusqu'au moment de la déclaration de succession ou de l'échéance des délais, on fait mention au sommier douteux des extraits de paiements faits aux héritiers des créanciers de l'État, afin de surveiller l'acquit des droits. I. 1555 (V. 1385). — Lorsqu'on découvre une omission quelconque dans une déclaration, on en fait article soit au sommier des découvertes, s'il reste quelques doutes à éclaircir, soit au sommier certain si l'omission est bien établie (V. 1573). — Quant aux simples présomptions d'insuffisance de prix ou d'évaluation, il faut, dans tous les cas, en faire article d'abord au sommier des découvertes à éclaircir, jusqu'à la soumission des parties, ou jusqu'au moment où l'adm. approuve la proposition d'expertise (V. 1443, 1576). De nouveaux renseignements peuvent modifier les présomptions qu'un premier examen a fait naître, et les articles de cette nature ne deviennent certains qu'après la découverte d'un acte suffisant pour autoriser la poursuite des droits sans recourir à l'expertise, ou lorsqu'il n'est plus douteux que l'affaire sera suivie par l'administration.

1563. *Amendes.* C'est aussi au sommier douteux que l'on doit faire article des amendes de contravention dont le recouvrement ne peut être suivi qu'après condamnation. Jusqu'au jugement, l'existence même de la contravention n'offre aucune certitude, puisque c'est aux tribunaux à juger si le fait signalé présente ou non une infraction passible d'amende.

1564. *Droits éventuels.* On relève encore pour mémoire au sommier des découvertes à éclaircir : 1° les renseignements de toute nature qui peuvent procurer le recouvrement de droits dont l'exigibilité dépend d'un événement futur, tels que les marchés dont le prix est indéterminé, les actes d'ouverture de crédit, etc., à l'exception des testaments et donations éventuelles dont il est fait mention sur la table des testaments pour surveiller le paiement des droits (V. 1269) ; 2° les relevés des perceptions critiquées par les employés supérieurs, jusqu'à la solution de l'adm. I. 1351, art. 12 (V. 743); 3° enfin les notes ou renseignements dont il importe de conserver la trace, et entre autres, dans les bureaux de canton, les renvois d'extraits de jugements de condamnation contre des individus domiciliés hors de l'arrond. du bureau. I. 1353 (V. 1643).

1565. *Consignations.* Les consignations sur le sommier des découvertes à éclaircir doivent être faites au moment même où l'on découvre qu'un droit peut être dû au trésor, afin de n'en point perdre la trace ; cependant, il ne faut pas, au vu de chaque acte faisant connaître qu'une succession s'est ouverte, qu'une mutation a eu lieu, s'empresser d'en faire article au sommier des découvertes, avant d'avoir fait quelques recherches pour s'assurer que les droits n'ont pas été payés. Si l'on agissait ainsi, le sommier serait bientôt surchargé d'une foule d'articles qui devraient disparaître après les premières recherches. On doit se borner à consigner sur ce sommier les découvertes à éclaircir, et non des indications qui n'ont point le caractère de découvertes. — Lorsqu'on n'aura pas le temps de faire immédiatement les premières recherches, on fera une mention succincte en marge de l'enreg., pour avertir de la nécessité d'éclaircir ou de vérifier les énonciations qui auront fait naître des doutes ; on s'empressera ensuite de faire des recherches préalables, et lorsqu'il en résultera la présomption d'une découverte, on ne devra plus différer la consignation.

1566. Les consignations sur le sommier des découvertes doivent être datées et faites dans la forme ordinaire (V. 1510 et suiv.). On s'attachera surtout à y réunir tous les renseignements recueillis et ceux qui peuvent mettre sur la trace des recherches à faire. On comprend, qu'en raison de la diversité des articles susceptibles d'être portés sur ce sommier, il serait impossible de tracer aucune règle spéciale ; il faut, en général, rapporter clairement et succinctement les faits qui motivent la présomption du receveur, y ajouter les renseignements au fur et à mesure qu'ils sont recueillis ; indiquer les diligences faites ou à faire, de manière que l'article présente, dans son ensemble, un résumé suffisant pour apprécier ce qui a été fait et ce qui reste à éclaircir.

1567. *Apurement.* L'apurement des articles consignés sur le sommier des découvertes doit être suivi avec d'autant plus d'activité que, par sa destination, ce sommier reçoit un grand nombre de consignations. Si le receveur néglige de faire les recherches et les diligences nécessaires pour éclaircir les articles au fur et à mesure de leur consignation, il en résulte bientôt de l'encombrement, et la situation se complique. Cependant quelques receveurs ne se rendent point compte de la nature du sommier des découvertes, et dans la persuasion que c'est un simple *memento*, ne s'occupent pas avec assez d'activité de l'éclaircissement des articles qui y sont consignés ; l'apurement de ces articles est, comme celui de toutes autres consignations, confié aux diligences du receveur ; il serait responsable des droits dont il aurait négligé de constater l'exigibilité, en faisant les recherches nécessaires avant l'époque de la prescription. (V. 1515).

1568. Les articles du sommier des découvertes seront rayés à mesure qu'ils auront été éclaircis, il sera fait mention à la marge des motifs de leur radiation et du n° du sommier certain sur lequel ils auront été consignés. O. gén. 83, n. 2. Une colonne spéciale est consacrée à ce n° (V. 1557), quant à la mention d'annulation, elle se fait dans la colonne des observations, et doit indiquer exactement les causes.

1569. *Situation*. La situation du sommier des découvertes à éclaircir doit être établie sur le registre au moment où il en est rendu compte par les états périodiques. Cette situation se fait dans la forme ordinaire (V. 1521); cependant, on n'y rappelle point le montant des articles, puisque les renseignements que fournissent ordinairement les consignations ne sont que des appréciations plus ou moins approximatives.

SECTION III. — *Sommier des droits certains*.

1570. Le sommier des droits certains ou, par abréviation, le *sommier certain* est, ainsi que le nom l'indique, celui sur lequel on consigne les articles de droits d'enreg., de timbre ou de greffe, reconnus certains et dont le recouvrement peut être suivi contre les redevables. Déjà en usage sous l'ancienne adm., ce sommier a été conservé par l'art. 83, n° 4, O. gén. — Il présente trois colonnes : n° d'ordre ; enreg. des articles reconnus certains ; observations.

1571. *Droits certains*. On entend par droits reconnus certains ceux dont l'exigibilité résulte d'actes, preuves ou documents irrécusables, sans se préoccuper des difficultés du recouvrement ; ainsi ce sommier doit présenter tous les articles dont l'exigibilité est certaine, quand même le recouvrement pourrait être douteux à cause de l'insolvabilité des débiteurs. Mais il faut s'abstenir d'y porter aucun article dont l'exigibilité ne reposerait que sur de simples présomptions plus ou moins fondées (V. 1558).

1572. Pour qu'un article soit porté au sommier des droits certains, il n'est pas nécessaire que le montant en soit déterminé d'une manière invariable, ni même que les valeurs qui y donnent lieu soient exactement connues. Par exemple : un receveur a acquis par le sommier de la contribution foncière ou par un acte enregistré la certitude qu'il dépend un immeuble d'une succession dont les droits n'ont pas été acquittés, il devra, si le délai pour la déclaration est passé, considérer l'article comme certain, quoiqu'il ne soit pas assuré de la valeur de l'immeuble, ni même que cet immeuble soit le seul qui dépende de la succession (V. 1561, 1575).

1573. Le sommier des droits certains s'alimente notamment par les recherches et les découvertes du receveur, et par le report des articles du sommier douteux, après leur éclaircissement. O. gén. 85. Cependant, lorsque la certitude de la découverte ou de l'exigibilité des droits est reconnue immédiatement, l'article peut naturellement être porté aussitôt sur le sommier certain, puisqu'il a été éclairci ou reconnu certain au moment même où

28

il a été découvert (V. 1558). — Au surplus, on ne porte pas seulement sur ce sommier les articles dont la découverte est due au travail des préposés; mais encore les droits que les parties paient spontanément, toutes les fois qu'il s'agit de droits dont le paiement n'a pas été fait aux époques prescrites. C'est le seul moyen de faire concorder les états de situation en présentant un tableau complet des recouvrements extraordinaires (V. 1577, et titre VI).

1574. *Actes non enregistrés.* On porte au sommier certain les articles concernant les actes non enregistrés dans les délais, savoir : 1° les droits simples et en sus ou les amendes exigibles pour le retard dans l'enreg. des actes des notaires, greffiers, huissiers et autres officiers ministériels ; 2° ceux des actes des autorités administratives et des établissements publics, portant transmission de propriété, d'usufruit et de jouissance; des adjudications ou marchés de toute nature, aux enchères, au rabais ou sur soumission ; des cautionnements relatifs à ces actes, et des jugements rendus à l'audience, lorsque les parties n'ont pas consigné le montant de ces droits entre les mains des secrétaires et greffiers dans le délai prescrit pour l'enreg.; 3° les droits des testaments et autres actes de libéralité à cause de mort, déposés chez les notaires ou par eux reçus, et non soumis à l'enreg. dans le délai de trois mois, à partir du décès du testateur ; 4° ceux des actes s. s. p. et des conventions verbales portant transmission de propriété, d'usufruit ou de jouissance de biens immeubles non enregistrés dans les trois mois, soit que ces actes soient parvenus à la connaissance des préposés, par leur énonciation dans d'autres actes, soit qu'ils leur aient été remis par les parties elles-mêmes sans paiement des droits, ou enfin qu'ils résultent de présomptions légales. I. 1358.

1575. *Mutations par décès.* Les droits simples et en sus dus pour les successions non déclarées dans les délais, lorsqu'il a été reconnu que des biens meubles ou immeubles en dépendent, et ceux résultant d'omissions dans les déclarations sont également relevés au sommier certain. — Lorsqu'on s'est assuré qu'il dépend des biens d'une succession, on en fait article au sommier certain, sans attendre le paiement, comme font quelques receveurs pour ne pas présenter une situation trop chargée. Si l'on était fondé à opérer de cette manière, la tenue d'un sommier n'aurait aucune utilité.

1576. *Insuffisances.* On consigne aussi sur le sommier des droits certains : 1° les suppléments de droits de timbre, d'enreg. et de greffe, réclamés en vertu de solutions de l'adm. ou de décisions du Ministre, I. 1358; ou ceux qui sont reconnus exigibles par le receveur ou par les employés supérieurs d'accord avec lui. I. 1351, art. 12 (V. 742); 2° les insuffisances d'évaluation résultant de baux courants ou d'actes faisant connaître le revenu des biens; les insuffisances de prix ou d'évaluation dont l'exigibilité est devenue certaine par la soumission des parties, ou l'introduction d'une demande en expertise, jusqu'à ce que la soumission soit acceptée par l'adm., ou que les résultats de l'expertise aient été homologués par le tribunal (V. 1443).

1577. *Contraventions diverses.* Les autres amendes de contravention de toute nature, lorsqu'elles n'ont pas été prononcées par jugement, réduites ou maintenues par décision du Ministre, sont également consignées au sommier certain. I. 1358. — Celles dont le recouvrement peut être suivi directement, au nom de l'adm. y sont relevées au moment où l'exigibilité est reconnue par les préposés. La consignation doit être faite quand même l'amende serait perçue ou payée immédiatement, lorsqu'il s'agit d'amendes ou droits en sus pour contraventions au timbre, retard d'enreg. ou de déclaration, insuffisances d'évaluation, perception des droits de greffe, etc.; mais il a été reconnu que l'on ne doit point porter sur le sommier certain les droits et amendes de timbre acquittés *spontanément* lors de la présentation au visa des actes dont on veut faire usage, et notamment des effets de commerce à protester.

1578. Lorsqu'il s'agit d'amendes fixes aux lois sur l'enreg., les ventes publiques de meubles, les poids et mesures, etc., pour lesquelles il n'existe pas de colonnes spéciales sur les registres de recette, il est inutile d'en faire article au sommier des droits certains, quand elles sont perçues ou payées au moment même de la formalité; comme on les porte en recette au registre des droits constatés n° 1er (V. 701, 1584), on les consigne pour ordre au sommier correspondant. C. c. 60, § 4. (V. 1584). Si la perception n'a pas lieu au moment où la contravention est découverte, il faut inscrire l'article au sommier certain, sauf à le reporter, au moment du paiement ou après une décision, sur le sommier des droits constatés (V. 1583). — A l'égard des amendes de contravention dont l'exigibilité ne peut résulter que d'une condamnation judiciaire, telles que les amendes pour contraventions aux lois concernant le notariat, le dépôt des répertoires, la mention des patentes, etc., on ne peut en faire article au sommier certain; jusqu'au jugement de condamnation, il n'y a rien de certain (V. 1563).

1579. *Consignations.* On suivra pour les consignations au sommier certain les règles générales qui doivent être observées pour tous les sommiers (V. 1310 et suiv.). Ainsi chaque article portera un n° particulier; la date de la consignation, le détail des droits à recouvrer, les noms des débiteurs, les causes de l'exigibilité, et enfin tous les renseignements propres à faciliter le recouvrement y seront énoncés.

1580. *Apurement.* Les receveurs doivent suivre avec l'exactitude et l'activité nécessaires, le recouvrement des articles consignés sur le sommier certain, O. gén. 89; ils se conformeront d'ailleurs aux règles concernant les poursuites (V. *titre* V). —

Toutes les diligences seront annotées en marge des articles, de manière à pouvoir se rendre compte immédiatement de la situation, et reconnaître que l'apurement a été suivi convenablement. — Lorsqu'il s'introduira une instance sur quelque article du sommier certain, il en sera fait mention à la marge, O. gén. 83, n° 4 ; on y annotera également les réclamations ou autres circonstances qui peuvent faire suspendre le recouvrement.

1581. Les articles seront rayés à mesure qu'ils rentreront ; le receveur aura soin de les émarger de la somme des droits payés et de la date des enreg. en recette. O. gén. 83, n° 4. Ces annotations exigent beaucoup d'attention, puisqu'elles servent pour la vérification des recettes. — Lorsqu'un jugement ou une décision ministérielle constatera, avant le paiement, le montant des droits à recouvrer, l'article sera reporté au sommier des droits constatés n° 1er, et l'on fera mention du n° sous lequel il aura été consigné ; enfin si l'article tombe en non valeur, on indiquera les causes de l'annulation, et s'il y a lieu, le n° du sommier des surséances indéfinies où l'article aura été reporté. La situation du sommier certain s'établit comme celle des autres sommiers (V. 1521).

SECTION IV. — *Sommier et registre des droits constatés n° 1.*

1582. Le sommier des droits constatés n° 1 est consacré aux droits d'enreg., de timbre (visa), de greffe, et aux amendes de contraventions y relatives, lorsqu'ils ont été constatés et définitivement liquidés (V. 1522 et suiv.). — Comme tous les sommiers de droits constatés, le sommier n° 1er présente sur la feuille ouverte une colonne destinée au n° d'ordre, une autre à l'émargement des diligences faites, et des annotations de paiements, une troisième colonne dans laquelle on porte l'extrait ou l'enreg. des droits à recouvrer, puis enfin autant de colonnes qu'il y a de natures différentes de droits et produits susceptibles d'être portés sur ce sommier, et dans lesquelles on inscrit en chiffres les sommes à recouvrer (V. 1587).

1583. *Droits constatés.* Conformément à l'art. 3 de l'arrêté du 9 sept. 1830, on consigne sur le sommier des droits constatés, n° 1er : 1° Les suppléments des droits d'enreg. et de greffe, lorsqu'ils sont devenus exigibles en vertu de condamnations judiciaires ; 2° Les articles ayant pour objet des simulations de prix dans les contrats translatifs de biens immeubles à titre onéreux, ou des insuffisances dans l'évaluation du revenu des immeubles transmis à tout autre titre qu'à titre onéreux, mais seulement lorsque l'exigibilité des droits a été constatée par un procès-verbal d'expertise homologué par le tribunal, ou qu'il a été souscrit des soumissions qui ont été approuvées par l'adm. ; 3° Les amendes de contravention aux lois sur l'enreg., le timbre et le greffe, lorsqu'elles ont été prononcées par jugement en cas de contestations, ou lorsqu'il existe une décision ministérielle qui a déterminé définitivement la somme à recouvrer. I. 1358.

1584. D'après l'instr. n° 1358, on devait continuer à porter sur le sommier certain les amendes de contravention qui n'avaient pas été *constatées*, quand même la perception aurait été faite ou le paiement offert au moment de l'enreg.; mais comme il n'existe sur les registres de formalité aucune colonne spéciale pour la recette de quelques unes de ces amendes, on a prescrit de consigner au sommier des droits constatés n° 1er, et de porter en recette au registre correspondant, les amendes fixes concernant l'enreg., les ventes publiques de meubles, les poids et mesures, etc. C. c. 60, § 4 (V. 701, 1578).

1585. Cette règle n'est pas applicable aux droits en sus pour retard d'enreg., insuffisance ou omission, non plus qu'aux amendes de timbre ou de greffe qui doivent continuer à figurer au sommier certain, et en recette aux registres de formalité. C. c. 60, § 4 (V. 1577). On devra également s'abstenir de relever sur le sommier des droits constatés, n° 1er : 1° les articles dont le détail a été présenté sous le titre du sommier des débets (V. 1548 et suiv.), ou du sommier certain (V. 1571 et suiv.); 2° les amendes de contravention aux lois sur le notariat, les patententes et autres dont le recouvrement ne peut être suivi sans condamnation préalable. Ce sont des amendes de condamnation qui doivent figurer après le jugement sur le sommier des droits constatés, n° 3 (V. 1702).

1586. *Consignations*. On suit pour les consignations sur le sommier n° 1er les règles tracées pour tous les sommiers en général (V. 1510 et suiv.), et pour ceux des droits constatés en particulier (V. 1528 et suiv.). Comme il s'agit le plus souvent du report d'articles extraits du sommier des droits certains, ou de celui des découvertes à éclaircir, on indique le n° du sommier d'où l'article a été tiré, en rappelant avec soin les noms des débiteurs, les causes de la consignation, la date des titres, et enfin toutes les annotations qui peuvent faciliter l'apurement. Les sommes à recouvrer sont portées dans chacune des colonnes où elles doivent figurer selon leur nature.

1587. Ces colonnes sont au nombre de treize, savoir : droits d'enreg., en principal, en sus; droits de timbre; droits de greffe, mise au role, rédaction et expédition; amendes de contravention aux lois sur l'enreg., le timbre, les droits de greffe; total des perceptions sujettes au décime; décime pour franc des perceptions, des attributions des greffiers sur les droits de greffe; droits de timbre non sujets au décime; total par article. — Ces différentes colonnes sont additionnées ainsi qu'il a été expliqué *sup.* 1531; les articles sont émargés de la date des paiements ou des autorisations d'annulation (V. 1516, 1532 et suiv.); enfin la situation du sommier est présentée suivant les règles établies en cette matière (V. 1521, 1540).

1588. *Registres de recette*. Comme les autres sommiers de produits constatés, celui des droits d'enreg., etc., n° 1er, a son registre de recette correspondant, sur lequel on porte, selon le mode prescrit pour les droits constatés et la distinction des exercices, les recouvrements effectués sur tous les articles consignés au sommier. — Ce registre de recette présente sur la feuille ouverte: 1° une colonne pour le n° d'ordre des enreg.; 2° une autre pour le n° des articles du sommier; 3° une troisième pour les enreg. en recette; 4° enfin treize colonnes correspondant à celles du sommier, pour y porter en chiffres les sommes recouvrées selon leur nature.

Les enreg. en recette sur ce registre sont faits selon le mode indiqué pour tous les recouvrements de droits constatés. (V. 1537 et suiv.).

CHAPITRE V. — *Condamnations et perceptions diverses.*

SECTION Ire. — *Dispositions générales.*

1589. L'art. 19 de la loi du 5-19 déc. 1790 a chargé les receveurs de l'enreg. du recouvrement des amendes et peines pécuniaires, Circ. R. 252; celle du 4 brum. an 4 a maintenu ces dispositions, Circ. R. 825, et la loi du 18 germ. an 7 y a joint la recette des frais de justice dont elle a ordonné le remboursement par les condamnés, Circ. R. 1556; enfin les receveurs ont été maintenus dans ces attributions par l'art. 197 du C. d'instr. crim., le décret du 18 juin 1811 et l'ord. du 30 déc. 1823. I. 531, 1122 et 1417. Ils recouvrent les frais de justice militaire, comme ceux en matière criminelle, I. 348; ainsi que les frais en matière civile dont l'avance doit être faite par le trésor ou pour les procédures suivies d'office à la requête du ministère public, I. 531 (V. 1721 et suiv.), et généralement toutes autres condamnations pécuniaires, pour crimes, délits et contraventions, prononcées, soit à titre d'amendes, lors même qu'elles seraient attribuées, soit à titre d'indemnités ou dommages-intérêts adjugés à l'État, frais de justice ou de poursuites.

1590. Cependant chaque administration de finances est chargée du recouvrement des condamnations prononcées pour contraventions aux lois des impôts dont la recette lui est confiée. D. 1er compl. an 12. En conséquence, l'adm. de l'enreg. n'est point chargée du recouvrement des condamnations en matière de douanes, Circ. R. 1040; Circ. 23 frim. an 14; I. 610 (V. 1863); en matière de contributions indirectes, d'octrois, des poudres et salpêtres, même pour les faits de rébellion, I. 256, 434, 610; en matière de poste aux lettres ou de relais de poste, Arr. 27 prair. an 9; D. 15 déc. 1817, 15 janv. 1818 et 3 juill. 1822. — Mais l'adm. de l'enreg. chargée de la recette des produits accessoires des forêts fait le recouvrement des condamnations en matière forestière.

1591. *Amendes.* Les amendes sont des peines que la loi prononce pour infraction à ses dispositions; elles sont fixes ou laissées à la décision des juges dans des limites que la loi détermine. Les amendes appartiennent de droit à l'État ; cependant plusieurs sont attribuées en totalité ou en partie. Elles sont passibles du décime par franc, même sur la portion attribuée, L. 6 prair. an 7; mais le décime est perçu en entier au profit de l'État. — Les amendes dont la recette est confiée à l'adm. (V. 1589), se divisent en trois classes principales : 1° les amendes de *contravention*, exigibles sans condamnation préalable, et dont il a été question précédemment ; 2° les amendes de *consignation*, c'est-à-dire celles qui doivent être consignées par les parties ou leurs avoués, avant d'introduire certaines actions, et qui ne sont acquises à l'État qu'après condamnation ; 3° et les amendes de *condamnation* prononcées par les Cours et tribunaux de l'ordre judiciaire ou les autorités administratives.

1592. *Dommages.* Les indemnités ou dommages-intérêts adjugés à l'État sont les condamnations pécuniaires prononcées à son profit à titre de réparation civile d'un préjudice, dans les cas déterminés par la loi. Ils ne sont point passibles du décime par franc. Circ. R. 1683.

1593. *Frais de justice.* Les dépenses que nécessite l'administration de la justice criminelle ou de police sont à la charge du budget du ministère de la justice, lorsqu'il s'agit des tribunaux civils, à la charge du ministère de la guerre pour ce qui concerne la juridiction militaire, et à celle du ministère de l'intérieur pour les conseils de discipline de la garde nationale. L'adm. est chargée de faire l'avance de ces frais lorsqu'il n'y a point de partie civile en cause (V. *Comptabilité générale*), et d'en opérer le recouvrement sur les débiteurs (V. 1589). Les droits de timbre et d'enreg. des actes de la procédure ne sont pas avancés par l'adm.; les formalités ayant lieu en *débet*, les droits sont compris dans la liquidation des dépens et ajoutés aux autres frais de justice. I. 1358 (V. 1636).

1594. Avant la loi du 18 germinal an 7, les frais que nécessitait la justice criminelle ou de police restaient à la charge de l'État; mais il était juste que le trésor en fût couvert par les condamnés qui les occasionnent. Circ. R. 1556. La plupart des dispositions de la loi du 18 germ. an 7, à cet égard, ont été reproduites dans le Code d'instr. crim., qui contient ce qui suit : « Tout jugement de condamnation rendu contre le prévenu et contre les personnes civilement responsables du délit, ou contre la partie civile, les condamnera aux frais, même envers la partie publique. Les frais seront liquidés par le même jugement, art. 194. Dans le dispositif de tout jugement de condamnation seront énoncés les faits dont les personnes citées seront jugées coupables ou responsables, la peine et les condamnations, art. 195. L'accusé ou la partie civile qui succombera sera condamné aux frais envers l'État et envers l'autre partie, art. 368.»

1595. D'après ces dispositions, les frais de justice criminelle ou de police doivent être recouvrés sur les condamnés ou sur les parties civiles. Il n'y a d'exception que pour les frais de voyage des conseillers délégués aux cours d'assises, les indemnités aux jurés, et les dépenses pour l'exécution des arrêts criminels; ces frais restent à la charge de l'État. I. 531 ; Circ. 17 mai 1813. Il en est de même de tous les frais de justice dans le cas d'acquittement des prévenus, lorsqu'il n'y a point partie civile en cause.

1596. *Frais de poursuites.* Les frais de poursuites ayant pour objet le recouvrement des frais de justice et autres condamnations pécuniaires sont à la charge de l'adm., sauf remboursement par les condamnés. Ces frais comprennent notamment le coût des extraits de jugements fournis par les greffiers pour le recouvrement des condamnations (V. 1639, 1723, 1779).

1597. *Règle générale.* Aucune perception d'amende, dommages, frais de justice ou de poursuite ne peut être faite que dans les cas déterminés par la loi ou d'après un jugement. Les amendes de *consignation* sont reçues sur l'offre qui en est faite par les parties, ou même sur la poursuite du receveur, à défaut de consignation par les parties, lorsque la loi le prescrit (V. 1600 et suiv). Quant aux amendes de condamnation (sauf l'exception indiquée ci-après, V. 1692), aux dommages-intérêts, et aux frais ou dépens, on ne peut les exiger qu'en vertu d'un arrêt ou d'un jugement formel, et tels qu'ils ont été prononcés. Lors même que la loi aurait porté une peine pécuniaire contre le fait reconnu par le tribunal, ou une peine plus forte que celle qu'il a appliquée, il n'appartient pas aux receveurs de suppléer à la volonté du juge, ni même de réparer l'erreur qu'il a commise.

1598. Toutefois, du droit de percevoir les amendes, dommages et frais de justice, naît pour les préposés l'obligation de demander la répression des abus ou la rectification des erreurs qui préjudicieraient à cette branche des revenus de l'État. Ainsi qu'un agent n'ait pas donné suite à un procès-verbal par complaisance ou à l'aide d'un arrangement frauduleux; qu'un tribunal n'ait pas exigé la justification du versement d'une amende dont la loi prescrit la consignation préalable ; qu'un jugement condamne à une amende inférieure au taux fixé, ou que le juge n'ait pas prononcé d'amende dans un cas où la loi l'exige ; il est du devoir des employés de signaler ces abus ou ces erreurs. A défaut de poursuite des délits (V. 1660); en cas d'erreur dans un jugement, on peut prévenir le procureur du Roi, ou mieux adresser un extrait de ce jugement au directeur pour avoir ses instructions sur la marche à suivre. I. 408.

1599. S'il n'appartient pas aux préposés de suppléer au silence ou à l'erreur d'un jugement pour exiger des condamnations qui n'ont pas été prononcées, ils ne peuvent d'un autre côté s'abstenir de recouvrer celles qui ont été ordonnées, quand même il y aurait excès ou erreur. Les employés ne sont pas juges des vices d'une condamnation ; leur seul devoir est d'en assurer l'exécution en ce qui les concerne, sauf aux parties à se pourvoir légalement pour en obtenir la réduction ou en faire prononcer la nullité, s'il y a lieu.

SECTION II. — *Amendes de consignation.*

1600. Les amendes de consignation et de fol appel sont celles que les parties ou leurs avoués doivent consigner à la caisse du receveur de l'enreg., avant de pouvoir : 1° interjeter appel d'un jugement ; 2° former une requête civile ; ou 3° se pourvoir en cassation. Ces amendes ne sont définitivement acquises au trésor qu'en cas de rejet de la requête ; dans le cas contraire, elles sont restituées. — Lorsque la loi n'exige pas la consignation préalable, ou porte que la partie qui succombera sera condamnée à une amende indépendante de celle qui a été consignée, cette amende est une véritable amende de condamnation. Quant aux amendes prononcées à défaut de consignation préalable, ce sont des amendes de contravention.

1601. Les amendes de consignation sont, comme les amendes de toute nature, passibles du décime par franc. Il n'en est pas fait article sur les sommiers. Les amendes, en principal, sont portées en recette sur un registre spécial divisé en trois colonnes : n° d'ordre, enregistrements, montant des amendes. Ce registre doit être arrêté chaque jour par le receveur. Sol. 9 nov. 1840. En tête de l'enreg., on indique la date de la recette ; l'enreg. fait connaître ensuite avec précision le nom de l'officier ministériel ou de la partie qui fait la consignation, le montant de l'amende consignée, sa nature, le jugement ou l'arrêt contre lequel il y a appel ou pourvoi, les noms des parties et la nature de la contestation en matière civile, de police, etc.

§ Ier. — *Amendes d'appel.*

1602. *Consignations exigées.* Pour remédier à l'abus des appels sans fondement, une déclaration du Roi du 21 mars 1671 et un édit de fév. 1691, ont prescrit la consignation d'amendes pour les appels de toutes les justices sans distinction. La loi du 24 août 1790 a conservé ces amendes pour les appels de jugements des juges de paix et des tribunaux de première instance, et un arrêté du Gouvernement du 27 niv. an 10, a ordonné en conséquence que tout appelant devrait consigner l'amende, sauf restitution si l'appel est jugé bien fondé. Un nouvel arrêté du 10 flor. an 11, a étendu cette obligation aux appels des tribunaux de commerce. I. 136. — Ces dispositions ne sont pas applicables en matière criminelle et de police ; l'appel, dans ce cas, ne donne lieu à aucune amende. Circ. R. 763, 1434 ; I. 257 ; Cass. 19 juin 1817. Enfin, pour toutes les affaires de l'Etat, ses agents n'ont point à consigner l'amende. L. 2 brum. an 4. Circ. R. 1683.

1603. Le Code de proc. civ. a confirmé les règles établies par l'ancienne législation, et contient, relativement aux amendes d'appel, les dispositions ci-après : L'appelant qui succombera sera condamné à une amende de 5 fr., s'il s'agit du jugement d'un juge de paix, et de 10 fr., sur l'appel d'un jugement de tribunal de première instance et de commerce, art. 471. Si l'appel d'un jugement arbitral est rejeté, l'appelant sera condamné à la même amende, art. 1025. — D'après ces dispositions, une condamnation est indispensable pour que l'amende soit définitivement acquise au trésor, mais le Code de proc. n'ayant pas abrogé l'obligation de la consignation préalable, les anciennes lois doivent encore être observées à cet égard, ainsi qu'il résulte implicitement de l'art. 90 du décret du 16 fév. 1807, sur le tarif des frais en matière civile. D. justice, 31 juill. 1808. I. 408, § 10.

1604. *Délai*. L'arrêté du 27 niv. an 10 obligeait les appelants a consigner les amendes en faisant enregistrer leur acte d'appel; mais celui du 10 flor. an 11 n'exige la consignation qu'*avant le jugement* ou l'arrêt, même par défaut, qui intervient sur l'appel. I. 136. — La consignation de l'amende, *avant la mise au rôle*, n'est pas nécessaire. D. fin. et just. 6 mars 1824. I. 1127 (V. 1607). — Pareillement, dans le cas de désistement avant la consignation, l'amende d'appel ne peut être exigée, puisque le fait seul de l'appel ne suffit pas et qu'il faut, pour y donner lieu, que l'appelant poursuive le jugement de la cause d'appel. C. Rennes, 8 janv. 1810; Bruxelles, 28 janv. 1808 (V. 1612).

1605. *Bureau*. Lorsque les appelants devaient consigner l'amende en faisant enregistrer leur acte d'appel, la consignation se faisait au même bureau; mais actuellement on doit l'effectuer au bureau près le tribunal saisi de l'appel. Pour assurer la consignation, le receveur qui enregistre l'acte d'appel doit en faire le renvoi (V. 1111), ou en tenir note si c'est à son bureau que l'amende doit être consignée. I. 136.

1606. *Débiteur*. L'appelant est débiteur de l'amende et c'est lui qui est obligé de la consigner au bureau de l'enreg.; cependant, faute par lui de faire cette consignation, l'intimé est tenu de l'effectuer, sauf la répétition en définitif contre l'appelant, si celui-ci succombe. Arr. 10 flor. an 11, art. 5. I. 136. — Les dispositions suivantes ont en outre été arrêtées : 1° quand deux parties se rendent incidemment appelantes du même jugement, l'une et l'autre doivent consigner l'amende, de sorte que si l'une est en retard, l'autre doit consigner tant pour elle que pour son adversaire; 2° si plusieurs personnes, agissant en nom collectif et pour un intérêt commun, se rendent appelantes, elles ne doivent consigner qu'une amende; mais toutes les fois que plusieurs individus, ayant des intérêts divers, attaquent par la voie de l'appel un jugement dont les différentes dispositions portent dis-

tinctement sur chacun d'eux, il y a lieu à autant de consignations d'amendes qu'il existe d'intérêts distincts et opposés ; 3°
il n'y a qu'une consignation à faire lorsqu'il n'existe qu'une
partie appelante d'un jugement qui a permis de saisir, qui porte
reconnaissance d'écrits, ou qui ordonne l'exécution de la saisie,
dès qu'il s'agit de statuer sur ces divers appels par le même jugement; 4° pour les appellations connexes qui sont réunies pour
y être fait droit conjointement, il faut distinguer celles formées
par une même partie et celles qui le sont par des parties différentes ; dans le premier cas, il n'y a lieu qu'à une consignation ;
dans le second, il doit en être exigé autant qu'il y a de parties
qui ont des intérêts divers. I. 231.

1607. *Contraventions.* Toute infraction aux réglements qui
prescrivent la consignation des amendes d'appel donne lieu à
une amende de 500 fr., d'après la déclaration du 21 mars 1671.
Arrêté 10 flor. an 11; art. 8. I. 136. Cette amende a été réduite
à 50 fr. par l'art. 10 de la loi du 16 juin 1824. I. 1136. — L'a-
voué qui a poursuivi et fait rendre un jugement ou arrêt sur
appel, sans avoir consigné l'amende d'appel, est passible de
cette amende de contravention pour chaque jugement ainsi rendu
sur appel, soit qu'il s'agisse de jugements de justice de paix ou
de jugements rendus en matière sommaire. Cass. 8 mai 1809,
et 10 janv. 1838. I. 1577, § 29.

1608. L'avoué qui a requis l'inscription de la cause au rôle
et poursuivi l'audience, est seul passible de l'amende à défaut
de consignation ; les autres avoués qui ont occupé dans le procès sont considérés comme étant étrangers à la contravention.
D. just. et fin. 2 et 23 juill. 1823. I. 1098. — L'avoué de l'appelant qui a consigné l'amende dans le délai, ne peut encourir
personnellement aucune amende lorsqu'un appel incident s'é-
tant élevé, il n'a pas été consigné d'amende pour cet appel ;
c'est l'avoué de celui qui l'a formé qui est passible d'amende.
Délib. 2 fév. 1827.

1609. Les greffiers ne peuvent délivrer expédition ou extrait des jugements ou arrêts rendus sur appel, avant qu'il leur
ait été justifié de la consignation de l'amende d'appel, à peine,
contre eux personnellement, d'une amende réduite aussi à
50 fr. Arr. 10 flor. an 11, art. 4 et 8; Cass. 8 mai 1809. I. 136,
408 et 1136. Cette amende est indépendante de celle qui est
encourue par l'avoué. I. 1098.

1610. Les employés vérifient dans les greffes si les jugements ou arrêts rendus en cause d'appel, ont été précédés de la
consignation, et constatent les contraventions à cet égard. I. 136,
231, 257 et 408. — Ces instructions portaient que les contraventions seraient constatées par procès-verbal pour faire *condamner* les contrevenants à l'amende; mais on a reconnu depuis
que le recouvrement peut être suivi par voie de contrainte, sans
condamnation préalable. V. Cass. 16 juin 1823, I. 1537, n. 230;

Sol. 3 mars 1832, et I. 1150, § 17. Toutefois, lorsqu'il est utile de constater les faits, on peut rédiger un procès-verbal et en suivre l'effet par voie de contrainte.

1611. L'amende de contravention est encourue par le seul fait du défaut de consignation préalable, quand même le jugement ou l'arrêt aurait déclaré l'appel bien fondé, ce qui eût entraîné la restitution de l'amende d'appel (V. 1612). Quant à cette dernière amende dont la consignation aurait dû être faite avant le jugement, on avait pensé qu'elle avait été encourue par le seul fait d'un jugement contenant rejet de l'appel, lors même qu'il n'en aurait pas prononcé la condamnation, D. 2 germ. an 4, Circ. R. 1020; mais il a décidé postérieurement qu'un jugement de condamnation positif est nécessaire pour exiger le paiement de l'amende d'appel, Circ. R. 1171; et les art. 471 et 1025 du C. proc. ont confirmé cette disposition. I. 408, § 10. Les préposés doivent informer le procureur du Roi ou le procureur général des omissions que les jugements ou arrêts présenteraient à cet égard.

1612. *Restitution des amendes.* La restitution des amendes d'appel consignées préalablement, a lieu dans deux cas : 1° lorsque l'appel a été déclaré bien fondé ; 2° lorsque les parties transigent sur l'appel, avant le jugement. Arr. 27 niv. an 10, et 10 flor. an 11. I. 136. Mais il n'y a pas lieu à la restitution quand l'appelant se désiste de son appel après la consignation de l'amende. C. de Bruxelles, 9 déc. 1806; D. 7 therm. an 6 (V. 1604).

1613. La restitution doit être faite par le receveur qui a reçu l'amende, entre les mains de la partie, ou de son avoué, sur la remise d'une copie, signée par cet avoué, du dispositif du jugement, ou la représentation de la transaction définitive sur l'objet de l'appel, et en rapportant dans tous les cas, la quittance de l'amende consignée. I. 136, 408. — Aucune restitution d'amende consignée ne peut être faite en vertu d'un jugement par défaut qu'après la remise d'un certificat de non-opposition délivré par le greffier, avec copie de la signification du jugement, signée de la partie et de son avoué. I. 136.

1614. Lorsqu'il y a lieu à restitution et que les pièces régulières pour l'obtenir ont été remises au receveur, il les envoie au directeur avec une copie certifiée de la recette, en provoquant la délivrance d'un mandat de paiement. Ce mandat est ensuite acquitté et porté en dépense dans la forme ordinaire (V. *Comptabilité générale*). — La restitution sera mentionnée à la marge de l'enreg. en recette. I. 136; C. c. 61, § 3. Lorsqu'elle aura été effectuée en vertu d'une transaction, les préposés devront s'assurer que l'appel n'a pas été suivi depuis cette époque; en cas de contravention, ils la constateront et suivront le recouvrement de l'amende prononcée à défaut de consignation. I. 136 (V. 1610).

§ II. — *Requête civile.*

1615. Le Code de proc. civ. contient, relativement à la requête civile, les dispositions ci-après : la requête civile d'aucune partie autre que celle qui stipule les intérêts de l'État, ne sera reçue, si, avant que cette requête ait été présentée, il n'a été consigné une somme de 300 fr. pour amende, et 150 fr. pour les dommages-intérêts de la partie, sans préjudice de plus amples dommages-intérêts, s'il y a lieu. La consignation sera de moitié, si le jugement est par défaut ou par forclusion, et du quart, s'il s'agit de jugements rendus par les tribunaux de première instance, art. 494. — La quittance du receveur sera signifiée en tête de la demande, art. 495. — Le jugement qui rejettera la requête civile, condamnera le demandeur à l'amende et aux dommages-intérêts ci-dessus fixés, art. 500. — Si la requête civile est admise, le jugement sera rétracté, et les parties seront remises au même état où elles étaient avant ce jugement ; les sommes consignées seront rendues, et les objets des condamnations qui auront été perçus en vertu du jugement rétracté, seront restitués, art. 501.

L'art. 494 C. proc. civ. a abrogé les dispositions de la loi du 1er therm. an 6, Circ. R. 1336, qui dispensait les indigents de la consignation. Av. cons. d'État, 20 mars 1810. I. 472.

1616. *Recette.* La requête civile devant être portée au tribunal où le jugement attaqué a été rendu, c'est au bureau établi près de ce tribunal que la recette doit être effectuée. Elle comprend non seulement l'amende, mais encore les dommages-intérêts de la partie adverse, bien que ces derniers doivent être remboursés dans tous les cas, soit à celui qui a fait la consignation si sa requête est admise, soit à la partie adverse, si elle est rejetée. I. 408 ; Circ. 2 sept. 1809. — L'amende seule est passible du décime ; il n'y a aucune difficulté pour sa recette ; elle est portée sur le registre spécial et avec les autres amendes de consignation. Quant aux dommages de la partie, ils sont portés en recette sur le même registre, mais tirés hors ligne à la marge gauche, et classés avec les recettes accidentelles. Sol. particulière.

1617. L'amende devant être consignée avant la présentation de la requête, et la signification de la quittance du receveur en tête de la demande étant de rigueur, les droits du trésor semblent, par cette double précaution, suffisamment garantis. Cependant, s'il arrivait qu'une requête civile fût admise sans consignation préalable, il devrait en être référé au procureur du Roi, chargé d'assurer l'exécution de la loi. I. 408, § 12. Il n'y a d'ailleurs aucune amende de contravention à appliquer à ceux qui ont négligé de faire ou d'exiger la consignation préalable, la loi n'en prononçant point pour cette omission.

1618. *Restitutions.* D'après l'art. 501 ci-dessus du Code de proc. civ., les sommes consignées doivent être rendues si la requête civile est admise; il y a également lieu à restitution, quand la partie n'a pas exercé le pourvoi qu'elle avait eu l'intention de former. Cass. 12 oct. 1808. — Lorsque la requête est rejetée, l'amende est définitivement acquise à l'État, mais le montant de l'indemnité allouée à la partie adverse, à titre de dommages-intérêts, lui est remis. On suivra pour ces différentes restitutions les règles ci-dessus (V. 1613 et suiv.).

§ III. — *Pourvoi en cassation.*

1619. *Consignations exigées.* Aux termes de l'art. 17 du décret du 2 brum. an 4, et de l'art. 1er de la loi du 14 brum. an 5, conformes à l'art. 5, titre 4, 1re partie du réglement du 28 juin 1738, les demandeurs en cassation, tant en matière civile, qu'en matière de police correctionnelle et municipale, sont tenus de consigner une amende de 150 ou de 75 fr., suivant que l'arrêt ou le jugement qui est l'objet du pourvoi est contradictoire ou par défaut. Cette disposition a été confirmée en ce qui concerne les matières correctionnelles ou de police, par l'art. 419 du Code d'instr. criminelle. V. Cass. 2 nov. 1815.

1620. D'après l'art. 120 de la loi du 22 mars 1831, le recours en cassation contre les jugements définitifs des conseils de discipline de la garde nationale n'est assujetti qu'au *quart* de l'amende établie par les lois des 2 brum. an 4 et 14 brum. an 5. En conséquence, l'amende à consigner n'est que de 37 fr. 50 cent., non compris le décime, si le jugement est contradictoire, et de 18 fr. 75 cent. s'il est par défaut. I. 1357, 1449.

1621. Lorsque plusieurs individus se pourvoient en cassation contre un jugement, ils ne sont tenus de consigner qu'une seule amende s'ils agissent dans un intérêt commun. Cass. 11 janv. 1808, 20 fév. 1813, et 27 fév. 1815 ; mais on doit consigner autant d'amendes qu'il y a de demandeurs en cassation qui ont, dans la cause, des intérêts distincts et séparés. Régl. de 1738, titre 4, art. 5; Cass. 20 nov. 1816.

1622. *Dispense de consignation.* Sont dispensés de l'amende et de la consignation : 1° les condamnés en matière criminelle, C. instr. crim. art. 420 ; 2° les agents publics pour affaires qui concernent directement l'administration et les domaines ou revenus de l'État. *Ibid ;* Décr. 2 brum. an 4. — A l'égard de toutes autres personnes, l'amende est *encourue* par celles qui succombent dans leurs recours ; mais sont dispensées de la consigner celles qui joignent à leur demande en cassation : 1° un extrait du rôle des contributions ou un certificat du percepteur constatant qu'elles paient moins de 6 fr. de contributions directes ; 2° un certificat d'indigence délivré par le maire de la commune de leur domicile ou par son adjoint, visé par le sous-préfet, et approuvé par le préfet. L. 8 juill. 1793, art. 1er, et 14 brum. an 5, art. 2 ; C. instr. crim., 420.

1623. La dispense de consignation accordée aux *condamnés*

en matière criminelle ne s'étend pas à l'individu acquitté par la
Cour d'assises, et qui néanmoins se pourvoit en cassation du
chef de l'arrêt qui le condamne à des dommages-intérêts envers
la partie civile, si d'ailleurs il ne justifie pas de son indigence.
Cass. 12 oct. 1815. Il en est de même de celui qui, renvoyé
d'une accusation criminelle, a été condamné par l'arrêt à une
peine correctionnelle. Cass. 2 nov. 1815. — Mais la dispense
de consignation, accordée aux indigents, est applicable aux
pourvois formés contre des jugements de conseils de discipline
de la garde nationale, lorsque les condamnés font les justifications prescrites. I. 1449.

1624. Les pièces et certificats constatant l'indigence suppléent à la consignation ; mais elles ne seraient pas admises
pour en dispenser le demandeur en cassation, si elles n'étaient
pas dans la forme prescrite. Cass. 7 niv. an 13, 2 et 11 mai
1808. Toutefois, de ce que celui qui voudrait se pourvoir paie-
rait 6 ou 12 fr. de contributions, ce ne serait pas un motif pour
lui refuser un certificat d'indigence ; si d'ailleurs il était reconnu indigent. D. 9 nov. 1813. — Au surplus, d'après la disposition expresse de l'art. 420, C. instr. crim., l'exemption de
la consignation préalable accordée aux indigents, ne les dispense pas d'encourir la condamnation à l'amende lorsque leur
pourvoi est rejeté ; seulement ce n'est qu'après la condamnation
que le recouvrement peut être suivi. Cass. 8 déc. 1812.

1625. *Bureau.* Les amendes relatives aux recours en cassation doivent toujours être consignées à la caisse du receveur de
l'enreg. près la cour ou le tribunal au greffe duquel le pourvoi
est légalement formé, savoir : en matière civile, au bureau établi près la Cour de cassation ; en matière correctionnelle et de
police, au bureau de l'enreg. des actes judiciaires près la cour
ou le tribunal qui a rendu le jugement ou l'arrêt, objet du
pourvoi. D. 18 janv. 1842. I. 1658. — Dans le cas de recours
contre le jugement d'un conseil de discipline de la garde nationale, il n'est pas nécessaire que la consignation soit faite à Paris, au bureau établi près la Cour de cassation. Cass. 5 août
1831. Elle peut être reçue par conséquent au bureau du canton
dans lequel siège le conseil de discipline qui a rendu le jugement ; dans les chefs-lieux d'arrond., elle a lieu entre les mains
du receveur chargé de l'enreg. des actes judiciaires. D. 30 déc.
1833. I. 1449, 1658.

1626. *Recette.* Comme les autres amendes de consignation,
les amendes pour recours en cassation sont portées sur le registre spécial ; dans les bureaux de canton, il n'en existe point ;
il semble qu'on doit les porter sur le registre de recette des produits accidentels. Les amendes sont sujettes au décime par franc.

1627. *Délai.* La consignation de l'amende doit être faite à
l'avance, et la quittance du receveur jointe à la requête ou
mémoire en cassation, I. 1537, sect. 3, n° 5 ; autrement la re-

quête en matière civile ne serait pas reçue; mais il n'y a lieu
à l'application d'aucune amende contre la partie ou son avo-
cat qui a contrevenu à cette disposition. En matière correctionnelle et de police, on peut produire la quittance de consignation tant que l'arrêt n'est pas rendu. Cass. 6 fruct. an 8.

1628. *Condamnation.* Lorsque le pourvoi est rejeté par la
chambre des requêtes, l'arrêt condamne le demandeur à l'a-
mende qui a été consignée, et qui se trouve, par suite, définitivement acquise au trésor. Régl. 1738, 1re partie, tit. 4, art. 25.
— Si, au contraire, le pourvoi est admis, l'amende reste consignée jusqu'à l'arrêt de la chambre civile. — En cas de rejet,
le demandeur est condamné, savoir : 1° en matière civile à une
amende de 300 fr. envers l'État (outre l'indemnité de 150 fr.
envers le défendeur ou les défendeurs collectivement), et à la
moitié seulement de ces sommes, si le jugement est par défaut.
Dans l'amende est comprise celle qui a été consignée avant le
jugement, *Ibid.*, art. 35 ; 2° en matière correctionnelle ou de
police, l'amende consignée est acquise au trésor ; mais il n'y a
pas lieu à l'application d'un supplément. C. instr. crim. 419.
Il en est de même pour le rejet du pourvoi formé contre un jugement de conseil de discipline de la garde nationale d'après la
loi de 1831 (V. 1620).

1629. Ainsi la partie qui succombe définitivement dans
l'objet de son pourvoi, ne doit payer au trésor que la somme
nécessaire pour compléter avec celle qu'elle a consignée, l'a-
mende prononcée contre elle. Ce complément (ou l'amende entière si elle n'a pas été consignée par suite de l'indigence de la
partie) est recouvré par le receveur du domicile du redevable,
comme toutes les amendes de condamnation. Circ. R. 1057. Il
en est fait article au sommier des amendes de condamnation,
n° 3, sous le titre : *Autres amendes* (V. 1694).

1630. Les receveurs n'ont pas à intervenir pour la recette
de l'indemnité de 150 fr. prononcée au profit de la partie adverse contre celle qui succombe après admission de son pourvoi ; cette somme n'a point le caractère d'amende, et doit être
payée directement à titre de dommages-intérêts par la partie
qui succombe à son adversaire. Circ. 2 sept. 1809. — Cependant, lorsque l'indemnité est allouée à l'adm. ou qu'elle est due
par elle dans les instances où elle est partie intéressée, la recette
ou la dépense rentre naturellement dans les attributions des
préposés. Lorsque c'est l'adm. qui doit l'indemnité, le receveur
placé près la Cour de cassation est exclusivement chargé de
l'acquitter, selon le mode indiqué au titre de la *Comptabilité
générale.* Si, au contraire, l'indemnité est due à l'adm., c'est le
receveur du bureau que l'affaire concerne qui doit la recouvrer,
ainsi qu'il est prescrit pour les dommages-intérêts alloués à
l'État (V. 1718).

1631. *Restitution.* Lorsque l'arrêt ou le jugement aura été annulé, l'amende consignée sera rendue sans aucun délai, en quelques termes que soit conçu l'arrêt qui aura statué sur le recours, et quand même il aurait omis d'en ordonner la restitution. Ceci s'applique en toutes matières. Régl. 1738, 1re partie, tit. 4, art. 38 ; C. instr. crim. 437 ; Cass. 24 fruct. an 7. Circ. R. 1683 ; I. 1537, sect. 3, n° 5. — On avait admis, contrairement à une décision du 7 therm. an 6, Circ. R. 1403 et 1497, que la partie qui se désiste de son pourvoi avait droit à la restitution de l'amende consignée, D. 2 déc. 1806 ; mais la Cour de cassation a jugé que le désistement du pourvoi, soit avant, soit après son admission par la chambre des requêtes, ne donne pas lieu à restitution. Cass. 24 fév. 1835.

1632. La restitution des amendes consignées par suite de pourvoi en cassation est provoquée, ordonnée et effectuée d'après les formes qui ont été indiquées *sup.* 1613 et suiv., pour les amendes d'appel. V. d'ailleurs *Comptabilité générale.*

Lorsque, après la cassation d'un jugement ou d'un arrêt, la décision du tribunal de renvoi est l'objet d'un nouveau pourvoi, on doit, sans difficulté, remplir de nouveau les obligations que la loi impose pour la consignation et l'exigibilité des amendes.

SECTION III. — *Condamnations, Extraits et relevés des jugements.*

§ Ier. — *Extraits des jugements de condamnation.*

1633. Pour opérer le recouvrement des condamnations dont l'art. 19 de la loi du 5-19 déc. 1790 confie la recette aux soins de l'adm. (V. 1589), les receveurs devaient en faire le relevé sur les rôles de condamnation ; mais afin de hâter la rentrée des amendes, il a été prescrit par deux arrêtés des 16 niv. et 29 vent. an 5, de leur fournir des extraits de ces jugements. Circ. R. 996, 1020, 1044, 1864. Quant aux frais de justice, la liquidation était arrêtée par le président qui remettait le rôle exécutoire au receveur. Circ. R. 1556. Enfin les greffiers ont été chargés du soin de remettre aux receveurs les extraits des jugements et liquidations. Circ. R. 1949.

1634. L'art. 164 du décret du 18 juin 1811, sur les frais de justice, prescrit aux greffiers de remettre dans le plus court délai, aux préposés chargés du recouvrement, un extrait de l'ordonnance, arrêt ou jugement en matière criminelle, de police ou de poursuites d'office, pour ce qui concerne la liquidation et la condamnation au remboursement des frais, ou une copie de l'état de liquidation rendu exécutoire. I. 531, 632, 641. La même obligation est imposée aux greffiers des tribunaux civils ou de police, pour les jugements prononçant des amendes et peines pécuniaires ; enfin de semblables extraits doivent aussi être délivrés pour les jugements, arrêts et décisions prononçant des amendes : 1° par les secrétaires des conseils de guerre ; 2° par ceux des conseils de discipline de la garde nationale, I. 1372 ;

29

3° par les secrétaires des conseils de prud'hommes; et 4° par les secrétaires des conseils de préfecture ou des mairies pour les condamnations en matière de roulage ou de grande voirie.

1635. Lorsque les condamnations n'ont pas acquis l'autorité de la chose jugée, des règles particulières doivent être observées (V. 1649 et suiv.), mais dans le cas contraire, c'est en vertu de ces extraits que le recouvrement est poursuivi. Lorsque le condamné se présente au bureau pour se libérer avant que le receveur ait reçu l'extrait du jugement, la recette ne peut être effectuée, car le préposé ignore ce qui est dû, mais il est de son devoir de demander immédiatement la délivrance de l'extrait.

1636. *Forme des extraits.* Les extraits sont délivrés sur papier non timbré. Le greffier ou secrétaire doit y insérer tous les renseignements nécessaires pour opérer le recouvrement des condamnations et le paiement des attributions sur le montant des amendes. Ainsi chaque extrait indiquera les noms, prénoms, professions et domiciles des condamnés et des personnes civilement responsables ; s'il y a solidarité; le tribunal qui a prononcé la condamnation ; la date du jugement, s'il est contradictoire ou par défaut, et s'il a été signifié; la nature du délit ou de la contravention ; la commune où l'infraction a été commise et les noms et qualités des agents qui l'ont constatée, lorsqu'il y a lieu à une attribution sur le produit des amendes ; le montant de l'amende, du décime par franc, des dommages-intérêts, des frais de justice et du coût de l'extrait, distinctement. — Les droits de timbre et d'enreg. des actes de procédure devaient y être présentés séparément, I. 607 et 951 ; mais depuis l'établissement des produits constatés, ils sont confondus tant sur l'extrait que sur le sommier et dans les comptes avec les autres frais de justice. I. 1358. Au surplus, les frais, lorsqu'il y a partie civile, devant être acquittés par elle, sauf son recours, on ne les comprend pas dans ce cas sur l'extrait (V. 1595). Enfin chaque extrait doit être daté; il sera certifié et signé par le greffier ou secrétaire qui le délivrera.

1637. On doit faire un extrait séparé pour chaque jugement de condamnation, et non des états collectifs, I. 518 ; les greffiers sont autorisés à délivrer un extrait séparé par chacun des individus condamnés par un seul jugement pour plusieurs délits distincts, lorsqu'il n'y a pas solidarité entre eux. Sol. 11 mai 1847 (V. 1728).

1638. *Remise des extraits.* Les extraits sont remis directement par les greffiers et secrétaires des conseils de guerre et de discipline, au receveur du bureau auquel ils ressortissent; ceux des arrêtés ou décisions du conseil de préfecture sont adressés par le Préfet au directeur, et celui-ci les transmet aux receveurs chargés d'effectuer le recouvrement. Des règles particulières sont applicables pour la remise des extraits de jugements en matière forestière (V. 1805 et suiv.), et celle des décisions des maires en matière de police du roulage (V. 1892 et suiv.).

1639. *Frais d'extraits*. Pour indemniser les greffiers de la rédaction des extraits, il leur est alloué sur les fonds du budget de l'adm. de l'enreg., une indemnité de 25 centimes par chaque extrait. Décr. 7 avril 1813, art. 7. Le paiement est effectué selon les règles indiquées (V. *Comptabilité générale*). Les greffiers ajoutent ces 25 cent. au montant des sommes à rembourser par les condamnés, I. 639, 911, 951 (V. 1720), même lorsqu'il y a partie civile en cause. — Les secrétaires des conseils de guerre et de discipline, et ceux des conseils de préfecture n'ont pas droit à cette indemnité, non plus que les secrétaires des mairies (V. 1894).

1640. *Bureau de recette*. La recette des amendes de condamnation et des frais de justice devait être faite par le receveur du bureau placé près le tribunal qui avait rendu les jugements ; mais pour faciliter l'apurement des articles et pour l'économie des frais de poursuite, le receveur du domicile des condamnés a été chargé du recouvrement, à partir du 1er juill. 1811. D. 2 avril 1811, I. 518. Cette règle souffre quelques exceptions indiquées ci-après ; dans tous les autres cas, on s'y conformera scrupuleusement. Toutefois, si des circonstances particulières font craindre que le moindre retard compromette le recouvrement, ou si le débiteur incarcéré demande à se libérer pour obtenir sa liberté, on peut, avant le renvoi de l'article, accepter le paiement, mais pour le compte du receveur qui doit faire la recette.

1641. Les amendes qui doivent, par exception, être recouvrées dans un bureau autre que celui du domicile des condamnés, sont : 1° les amendes prononcées par le décret du 14 juin 1813, sur le service des huissiers, qui sont recouvrées par le receveur du chef-lieu de l'arrond. I. 659 (V. 1679) ; 2° les amendes de chasse, attribuées aux communes où le délit a été commis, doivent être recouvrées au bureau d'où dépend cette commune, I. 1730 (V. 1787) ; 3° enfin les amendes de roulage sont également payables au bureau du lieu où la contravention a été constatée, D. 5 juin 1830, excepté lorsque, à défaut de consignation, on a négligé d'exiger caution ; dans ce cas, l'amende est recouvrée au bureau du domicile. Sol. 16 oct. 1834 et 27 mars 1847 (V. 1900).

1642. Lorsque les condamnés sont domiciliés dans l'arrond. de son bureau, ou qu'ils n'ont pas de domicile connu, le receveur auquel l'extrait du jugement de condamnation a été remis, en fait article au sommier n° 3, ainsi qu'il sera expliqué ci-après (V. 1664 et suiv.) ; s'ils sont domiciliés dans l'arrond. d'un autre bureau où le recouvrement doit être suivi, il fait le renvoi des extraits ; si le condamné, sans domicile connu, ne possède rien dans l'arrond., l'extrait peut être renvoyé au lieu de naissance, afin de s'assurer s'il n'y possède aucune propriété ou surveiller les circonstances qui pourraient l'appeler à en recueillir ; enfin si le débiteur d'un article consigné quitte son domicile pour se fixer dans une commune du ressort d'un autre bureau, le renvoi

doit encore être fait à ce dernier bureau, afin de ne rien négliger pour obtenir le recouvrement.

1643. *Renvoi des extraits*. Les extraits de jugements étaient
confondus avec les autres renvois (V. 1123); mais pour assurer
leur transmission et leur consignation, et hâter le recouvrement,
les dispositions suivantes ont été arrêtées : Le renvoi doit être
fait aussitôt que les extraits ont été remis par les greffiers ou
secrétaires. Dans chaque bureau de chef-lieu d'arrond., on a
établi un registre sur lequel le receveur inscrit, en une ligne,
l'extrait de chaque jugement susceptible d'être renvoyé à un
autre bureau ; dans les bureaux de canton, les receveurs le con-
signent pour mémoire sur le sommier des découvertes à éclaircir.

1644. *Registre des renvois d'extraits*. Ce registre est divisé
en onze colonnes présentant : n° d'ordre, date du jugement,
désignation du tribunal qui a prononcé la condamnation, noms
et prénoms des condamnés, nature des délits, montant des condamnations en amendes et frais, date du renvoi, bureau et département où il est fait, n° du sommier de ce dernier bureau
sur lequel les articles ont été consignés. Dans les bureaux de
canton, l'article consigné au sommier des découvertes contiendra les mêmes indications. — Un registre semblable a été établi
dans chaque direction pour y inscrire les extraits des jugements
des conseils de guerre et des décisions des conseils de préfecture ou autres autorités, remis ou adressés au directeur.

1645. *Bulletin de renvoi*. Pour chaque extrait à renvoyer,
on rédige sur un imprimé spécial fourni par l'adm., un bulletin
de renvoi énonçant : n° du registre des renvois ou du sommier
des découvertes dans les bureaux de canton, nom du bureau
et département d'où le renvoi est fait, bureau et département de
la destination, date du jugement ou de l'arrêt, noms, prénoms
et demeure du condamné, montant des condamnations à recouvrer, crime ou délit, et lieu où il a été commis. Ce bulletin est
daté et signé par le directeur ou le receveur qui fait le renvoi.
I. 1353. — En marge de ce bulletin, est imprimée une mention
destinée à inscrire le n° et la date de la consignation au lieu où
le renvoi est adressé, et au bas se trouve le cadre d'un certificat de consignation destiné à servir d'accusé de réception.

1646. *Transmission*. L'extrait du jugement et le bulletin de
renvoi sont adressés ensemble, soit au bureau où le recouvrement
doit être opéré, si ce bureau est situé dans le département, soit
au directeur qui les fait parvenir à son collègue, pour être transmis au bureau du domicile du condamné, si celui-ci demeure
dans un autre département. I. 1353.

1647. *Certificat de consignation*. Lorsqu'un bulletin de renvoi parvient au bureau du domicile du condamné, le receveur,
après avoir consigné sur son sommier l'article à recouvrer,
émarge le bulletin de renvoi du n° de cette consignation, et
remplit en outre le cadre imprimé du certificat au bas du bul-

letin. Il renvoie la feuille contenant le bulletin et le certificat au directeur de son département, et non au receveur qui a fait le renvoi, lors même qu'il serait dans le département. I. 1526.

1648. Le directeur sépare le bulletin de renvoi du certificat de consignation, et, soit directement, soit par l'intermédiaire de son collègue, il adresse ce certificat au bureau d'où l'extrait de l'arrêt ou du jugement est parti. Le receveur de ce bureau porte sur son registre des renvois, ou en marge de l'article ouvert au sommier des découvertes, le n° du sommier du bureau où l'article a été consigné, et conserve par devers lui le certificat de consignation. I. 1526. Quant au bulletin de renvoi, le directeur le garde pour le remettre ultérieurement à l'employé supérieur chargé de vérifier le bureau où le recouvrement des condamnations doit s'opérer, afin que celui-ci puisse s'assurer que la consignation a été faite régulièrement (V. *Vérificateurs*). Si le renvoi a été fait par le directeur, il émarge de même le registre des renvois tenu à la direction, conserve le certificat de consignation, et joint le bulletin à ceux qu'il remet à l'employé supérieur pour vérifier cette consignation. I. 1430, 1526.

§ II. — *Relevés des jugements à signifier.*

1649. *Exécution des jugements.* D'après une règle commune aux amendes de simple police et de police correctionnelle, leur recouvrement ne peut être poursuivi que lorsque les jugements ont acquis l'autorité de la chose jugée. Circ. R. 1020 ; I. 951, 1417. Les conditions nécessaires pour que les jugements obtiennent la force de chose jugée varient suivant diverses circonstances.

1650. En ce qui concerne les jugements de *police correctionnelle*, il faut distinguer s'ils sont contradictoires ou par défaut. Dans le premier cas, le délai de dix jours pour la déclaration d'appel court, aux termes de l'art. 203 du C. d'instr. crim., à compter du jour où le jugement a été prononcé. La signification du jugement n'est point alors nécessaire pour lui faire acquérir la force exécutoire. Dans le second cas, le jugement par défaut peut être attaqué par voie d'opposition ou d'appel, en vertu des art. 187 et 203 du même Code, dans les délais de cinq ou de dix jours, à partir de celui de la signification à la partie condamnée ou à son domicile. Cette signification est donc indispensable pour que l'exécution puisse être poursuivie. I. 1417.

Les significations doivent être faites par les soins du ministère public (V. 1652); c'est seulement après la signification que l'extrait est délivré (V. 1658). — Des règles particulières sont applicables en matière forestière (V. 1806 et suiv.)

1651. A l'égard des jugements de *simple police*, lorsqu'ils ont été rendus par défaut, leur signification est nécessaire dans tous les cas, pour faire courir les délais d'opposition ou d'appel déterminés par les art. 151 et 174 du C. d'instr. crim. S'ils sont contradictoires, une distinction est à faire : les jugements qui ne portent pas une peine d'emprisonnement ou des amendes, restitutions et autres réparations civiles excédant 5 fr., outre les dépens, n'étant point susceptibles d'être attaqués en appel, selon l'art. 172 du même Code, leur signification serait sans objet. Mais dans tous les autres cas, les jugements rendus contradictoirement en simple police doivent être signifiés, attendu que c'est seulement du jour de cette signification que commence à courir le délai de dix jours, fixé par l'art. 174, pour interjeter appel devant le tribunal correctionnel. D. fin. et just. 4 oct. 1822 et 20 mars 1832. I. 1059 et 1417.

1652. Les instr. 743 et 1059 portaient que lorsque les jugements dans le cas d'être signifiés ne l'avaient point été à la diligence du ministère public, les receveurs devaient faire procéder a cette formalité avant de diriger des poursuites ; mais après un nouvel examen on a reconnu que les significations des jugements de simple police et de police correctionnelle, dans les cas prévus par les art. 151, 174, 187 et 203 du C. d'instr. crim. doivent être exclusivement faites par les soins et à la diligence du ministère public, et que les frais résultant de ces significations et le coût des expéditions délivrées par le greffier, sont à la charge du ministère de la justice. D. fin. et just. 13 déc. 1832. I. 1417.

1653. *Relevés des jugements de simple police.* Afin d'éviter les frais élevés et évidemment frustratoires qu'entraînerait la signification de tous les jugements de simple police, les greffiers sont tenus de dresser un relevé sommaire des jugements susceptibles d'opposition ou d'appel, et de le transmettre dans la huitaine de la date de ces jugements au receveur de l'enreg. de leur canton. Ce relevé ne devra comprendre que les condamnés domiciliés dans un canton, de sorte qu'un état distinct sera fourni pour chaque canton dans lequel des condamnés seront domiciliés. Ces relevés contiendront autant d'articles qu'il y aura eu d'affaires jugées, et indiqueront pour chacune la nature de la contravention, la commune sur le territoire de laquelle elle a été commise, la date des jugements, les noms et prénoms des condamnés, leur demeure et le montant de l'amende et des frais. I. 1445, 1476.

1654. Une indemnité de 10 centimes sera allouée au greffier pour chaque article d'affaire jugée, porté sur les relevés dont il s'agit, quel que soit le nombre des condamnés. Cette indemnité sera acquittée par les receveurs sur les fonds du budget du ministère de la justice, et suivant les formes prescrites pour le paiement des frais de justice. I. 1445 (V. *Comptabilité générale*). Ces 10 centimes par article devront par conséquent être ajoutés au montant des frais à recouvrer sur les condamnés, excepté lorsqu'il y aura partie civile ; celle-ci devant dans tous les cas supporter les frais de justice (V. 1594, 1595, 1658).

1655. Les relevés des jugements contre des condamnés domiciliés hors de l'arrond. du bureau seront renvoyés au bureau où le recouvrement doit avoir lieu, suivant le mode indiqué ci-dessus (V. 1643). A la réception de ces relevés ou de ceux qui lui auront été remis directement pour son bureau par les greffiers, le receveur du domicile des condamnés donnera avis à tous les individus qui y seront portés des condamnations par eux encourues, avec invitation d'acquitter le montant à sa caisse pour éviter les frais d'une signification. — Il s'empressera également de recueillir des renseignements sur la solvabilité des condamnés. I. 1445, 1476.

1656. Dans la colonne du relevé intitulée *observations*, le receveur portera, pour chaque article, la date de l'avertissement donné aux condamnés. Pour ceux qui se libéreront, il consignera, suivant le mode ordinaire expliqué ci-après, les articles au sommier des amendes, et en fera recette au registre correspondant, après quoi il ajoutera aussi dans la colonne *observations* du relevé la date et le montant des paiements effectués. A l'égard des condamnés qui ne se seront pas libérés, il y fera mention des renseignements qu'il aura recueillis sur leur solvabilité, mais sans consigner les articles sur son sommier. I. 1445, 1476.

1657. *États des jugements à signifier.* Pour ces derniers articles, le receveur formera immédiatement des états par canton des jugements qui n'auront pas été exécutés volontairement. Ces états présenteront, comme le relevé conservé par le receveur, dans la colonne des observations, la date de l'avertissement adressé au condamné et les renseignements recueillis sur sa solvabilité ; ils seront adressés au commissaire de police ou au magistrat qui aura rendu le jugement, dans le délai d'un mois à partir de la réception du relevé fourni par le greffier. Quant au états concernant des individus condamnés dans un canton autre que celui de leur résidence, le receveur du domicile fera parvenir l'état dont il s'agit au receveur du siége du tribunal de simple police, suivant la marche indiquée *sup*. 1643, et ce dernier adressera immédiatement l'état au commissaire de police, ou au juge de qui seront émanées les condamnations, pour faire signifier les jugements. I. 1476.

1658. *Signification.* Lorsque les jugements ont été signifiés, les greffiers en délivrent les extraits dans la forme ordinaire (V. 1636), en ajoutant aux frais de justice (sauf le cas où ils doivent être supportés par la partie civile, d'après la règle énoncée ci-dessus (V. 1594, 1595 et 1654), les 10 centimes alloués pour chaque article des relevés, ainsi que les frais de signification. A l'appui de ces extraits ils joignent les copies des jugements signifiés avec l'original de signification, et remettent le tout au receveur comme cela se pratique pour les jugements contradictoires (V. 1638).

§ III. — *Surveillance des receveurs.*

1659. Les receveurs doivent veiller à ce que les greffiers soient exacts à leur remettre les extraits de tous les jugements et arrêts prononçant des condamnations au profit de l'État ; ils se feront fournir ceux qui auraient été oubliés, et si, malgré leurs recommandations, les greffiers ne se montraient pas exacts, ils en préviendraient le procureur du Roi. I. 531. — Diverses précautions ont été prises pour assurer la punition de tous les délits et contraventions, et empêcher les omissions dans la remise des extraits de jugements de condamnation.

1660. *Procès-verbaux de délits.* Les gardes et autres agents préposés à la surveillance des délits et contraventions, les commissaires de police, et enfin tous les officiers qui concourent à la police judiciaire, d'après le livre 1er du Code d'instr. crim., sont tenus de remettre, dans un bref délai, aux fonctionnaires chargés de requérir les condamnations, tous les procès-verbaux qu'ils rédigent. La plupart de ces procès-verbaux devant être préalablement enregistrés en *débet,* les receveurs ont connaissance par cette formalité de tous les délits ou contraventions constatées. D'un autre côté, l'enreg. des jugements de condamnation leur permet de connaître également ceux de ces procès-verbaux qui ont été suivis de jugements. En faisant ce rapprochement, et pour en justifier selon les instructions, les receveurs mentionneront en marge de l'enreg. de chaque procès-verbal, la date du jugement rendu et celle de l'enreg. I. 661, 1351, art. 14 (V. 992).

1661. *Relevés des procès-verbaux.* Pour concourir à la répression des délits et fournir aux magistrats du ministère public les moyens d'assurer leur punition, les receveurs adresseront de temps à autre, aux procureurs du Roi, des états ou relevés des procès-verbaux qui n'auraient pas été suivis de jugements. I. 661. L'instr. ne prescrit d'envoyer ces relevés que de temps à autre, parce qu'en effet aucun terme spécial n'étant assigné pour le jugement, on ne peut en fixer pour leur envoi ; les receveurs se régleront d'après leur expérience ; il semble qu'on pourrait faire ce relevé par semestre, en n'y comprenant que les procès-verbaux enregistrés depuis plus de six mois.

1662. Comme complément de cette vérification, et pour reconnaître si les greffiers ont été exacts à remettre les extraits, chaque enreg. de jugement de condamnation doit être annoté du n° du sommier où l'article a été consigné, ou du registre où le renvoi à un autre bureau a été constaté (V. 955, 1644). De cette manière on peut s'assurer, d'une part, que tous les délits constatés ont été suivis de jugement, et de l'autre, que les extraits de tous les jugements de condamnation ont été fournis. En outre, les receveurs qui auraient connaissance par des actes ou documents qui leur seraient soumis, que des gardes ont supprimé des procès-verbaux, avant leur enreg., devraient signaler ces abus au ministère public en fournissant d'ailleurs toutes les preuves qu'ils auraient pu recueiller à cet égard. I. 661.

1663. *Examen des extraits.* A la réception des extraits des jugements contradictoires, ou de ceux qui ont acquis l'autorité de la chose jugée, le receveur chargé d'opérer le recouvrement devra s'assurer qu'ils concernent réellement son bureau, que les extraits sont complets et réguliers, et qu'ils fournissent d'ailleurs toutes les indications nécessaires, soit pour la rentrée des sommes, soit pour leur attribution aux ayants-droit. Les receveurs compareront notamment ces extraits avec les jugements, avec les taxes ou exécutoires acquittés, et enfin avec tous autres documents ou renseignements qui existeraient dans leur bureau, ou qui pourraient être mis à leur disposition. Il s'agit en effet, d'assurer au trésor le recouvrement des sommes dues, et dont souvent il a fait l'avance ; les préposés comprendront qu'il est de leur devoir de veiller à ce que la liquidation soit faite avec exactitude et que tous les frais y soient compris ; s'ils remarquaient quelques omissions ou erreurs, ils en préviendraient le greffier ou les magistats taxateurs, afin qu'elles pussent être rectifiées. Circ. R. 1949; I. 408, 641.

SECTION IV. — *Consignation au sommier des condamnations.*

1664. *Sommier.* Les amendes de condamnation de toute nature, les frais et dépens relatifs à ces amendes, les dommages-intérêts adjugés à l'État, les frais de justice criminelle ou militaire, et les frais de poursuites et d'instances concernant l'adm., lorsqu'ils résultent de condamnations, sont classés parmi les droits et produits constatés. Arr. min. fin. 9 sept. 1830. Les sommes à recouvrer sont consignées sur le sommier des amendes et perceptions diverses, n° 3. I. 1358. Il y a exception pour les condamnations en matière forestière qui sont relevées au sommier des produits des forêts, n° 7. C. c. 44, § 6 (V. 1813).

1665. *Consignation.* La consignation des articles aura lieu immédiatement après la réception des extraits de jugements, ou aussitôt le paiement pour les articles susceptibles d'appel (V. 1656). Tout retard dans cette consignation engagerait la responsabilité du receveur, surtout pour les articles dont le recouvrement pourrait être compromis à défaut de diligences ou d'actes conservatoires faits en temps opportun. C'est dans le but de vérifier si cette obligation a été remplie que les consignations doivent être datées. — Outre les règles générales à observer pour les consignations (V. 1507, 1528 et suiv.), celle des articles sur le sommier n° 3 exige d'autres indications spéciales qui sont relatives à la distribution de ce sommier.

1666. *Distribution.* Le sommier n° 3, amendes et perceptions diverses, présente sur la feuille ouverte cinq colonnes principales savoir : 1° n° d'ordre ; 2° n° du registre de recette ; 3° indication des poursuites et diligences faites pour parvenir au recouvrement de chaque article, de la date du paiement ou de la décharge accordée au receveur ; 4° désignation des droits et produits constatés à la charge des redevables ; 5° sommes à recouvrer divisées en autant de colonnes qu'il y a de produits d'espèces différentes.

1667. La quatrième colonne doit contenir tous les renseignements que fournit l'extrait (V. 1636). Chaque nature de condamnation sera distinguée dans le contexte de l'article ; pour leur distribution dans les différentes colonnes, on apportera beaucoup de soin, afin d'éviter des erreurs ou des transpositions ; enfin le total sera fait et vérifié très exactement ; les moindres différences détruiraient la concordance qui doit exister entre chaque colonne du sommier et celle du registre de recette (V. 1540).

1668. S'il était reconnu qu'un extrait de jugement ou d'arrêt présentât des inexactitudes dans le montant des condamnations, il ne serait fait aucun changement à la consignation effectuée ; mais on ouvrirait un nouvel article à la date courante, s'il s'agissait d'un supplément à recouvrer, et on apostillerait d'un renvoi chacun des articles relatifs à la même condamnation ; si, au contraire, l'erreur commise dans l'extrait du jugement était au préjudice du condamné, la somme non susceptible de recouvrement tomberait en non-valeur, et il en serait justifié suivant le mode prescrit. I. 1358 (V. 1533). Le même mode sera suivi pour les erreurs commises par le receveur dans la consignation. Toutefois, dans ces différents cas, lorsque les erreurs sont reconnues avant l'envoi des états de situation, rien n'empêche de les rectifier. — Au surplus, il est nécessaire de présenter, au sujet de la répartition des différents produits dans les colonnes du sommier, des détails précis.

§ Ier. — *Amendes de condamnation.*

1669. Les amendes sont portées dans quatre colonnes contenant : la première les *amendes attribuées aux communes et hospices* en principal, la seconde les *autres amendes de condamnation*, aussi en principal, la troisième le *total* de ces deux espèces d'amendes, et la quatrième le *décime* pour franc des amendes.

ART. 1er. — *Amendes attribuées aux communes et hospices.*

1670. Les attributions sur les amendes qui doivent être rangées dans la catégorie des amendes attribuées aux communes et hospices ont été modifiées plusieurs fois depuis la loi du 22 juillet 1791. Circ. R. 252. Divers réglements à ce sujet ont fait l'objet des Circ. R. 1466, 1949, et de l'instr. 121 ; il semble inutile de rappeler ces dispositions abrogées.

1671. Les amendes attribuées aux communes et hospices

comprennent : 1° les amendes de simple police, c'est-à-dire en
matière de police rurale et municipale ; 2° la plupart des amendes de police correctionnelle. Quelques autres amendes prononcées soit en police correctionnelle, soit par d'autres juridictions, sont également attribuées aux communes ou aux
hospices, mais il ne faut pas les confondre avec celles qui sont
classées sous le titre ci-dessus ; on les comprend sous le titre
général : *autres amendes* (V. 1677). — Ce n'est pas précisément
le tribunal qui a prononcé la condamnation, mais la contravention ou le délit même qui détermine la nature de l'amende ;
ainsi les tribunaux de police correctionnelle peuvent appliquer
des peines de simple police à des contraventions poursuivies
comme délits, et les tribunaux criminels des amendes correctionnelles à des délits auxquels on avait attribué d'abord le caractère de crimes.

1672. *Police simple.* Les amendes de police rurale et municipale sont celles qui sont prononcées pour contraventions de
simple police dont la connaissance est attribuée aux juges de paix
par le chap. 1er du livre 2 du C. d'instr. crim., et qui font l'objet
du livre 4 du C. pénal. — Ces amendes varient depuis 1 fr. jusqu'à 15 fr. inclusivement, selon les distinctions et classes spécifiées par le C. pén. ; elles sont appliquées au profit de la commune où la contravention a été commise, Code pénal 466.
Circ. 31 mars 1812. Sont également comprises parmi les amendes attribuées aux communes et hospices celles que prononcent
les juges de paix pour les contraventions : 1° dans les bois des
particuliers, D. 26 janv. 1832, I. 1394 ; C. c. 48, § 1er ; 2° aux
dispositions de la loi du 28 germ. an 6, qui oblige les voituriers
à se tenir éveillés dans les voitures et à rester auprès des chevaux qu'ils conduisent ; 3° aux lois et règlements concernant le
pesage, le mesurage et le jaugeage publics, D. 24 et 31 août
1813 ; et les poids et mesures, I. 1594. Enfin on y comprend
aussi les amendes que l'art. 84 de la loi du 22 mars 1831, sur la
garde nationale, permet de substituer à la prison. D. 6 juill. 1831,
I. 1372.

1673. *Police correctionnelle.* Les amendes de police correctionnelle sont celles que prononcent les tribunaux correctionnels, pour les délits dont la répression est de leur compétence,
d'après le chap. 2 du livre 2 du C. d'instr. crim. Ces amendes
sont de 16 fr. et au-dessus. — Aucune disposition du Code pénal
ne prononce l'attribution du produit de ces amendes ; elle est
réglée actuellement par un décret du 17 mai 1809 qui les alloue
pour deux tiers aux communes, et pour le dernier tiers aux
hospices. Pour la portion attribuée aux communes, le produit
des amendes de police correctionnelle forme un fonds commun,
à répartir par le Préfet selon les besoins des mairies. I. 444 ;
Circ. 31 mai 1812 ; Ord. 30 déc. 1823, I. 1122.

1674. Cette attribution existe aussi pour les amendes prononcées par les tribunaux correctionnels, à raison de délits ou contraventions aux lois et réglements : 1° sur les ventes publiques de marchandises neuves, L. 25 juin 1841, art. 7 et 8, I. 1636; 2° sur la presse, L. 26 mai 1819, 8 oct. 1830 et 9 sept. 1835; 3° sur l'imprimerie et la librairie, I. 670 ; 4° sur les mines, D. 21 avril 1842.

1675. Relativement aux amendes pour infractions à la loi du 3 mai 1844 sur la police de la chasse, elles sont attribuées exclusivement (après le prélèvement des gratifications accordées aux agents qui ont constaté les délits) à la commune sur le territoire de laquelle le délit a été commis, lors même que ce serait dans les forêts de l'État, des établissements publics, de la Couronne, ou des particuliers. Ces amendes figurent donc parmi les *amendes attribuées aux communes*, mais, dans les comptes, elles sont distinguées, à cause des attributions particulières auxquelles elles sont soumises. Il en sera question sous un titre spécial (V. 1786).

1676. Les amendes prononcées par les tribunaux de police correctionnelle, pour délits dans les bois des particuliers, autres que les délits de chasse, sont, comme les autres amendes de police correctionnelle, attribuées au fonds commun, D. 26 janv. 1832 ; mais on ne peut comprendre dans cette catégorie les amendes de même nature pour délits et contraventions : 1° dans les bois de la Couronne (V. 1802); 2° dans les bois de l'État ou des établissements publics, classées parmi les amendes forestières (V. 1802); ni enfin aucune des amendes qui font l'objet de l'article suivant.

Art. 2. — *Autres amendes.*

1677. Les amendes de condamnation à porter dans la colonne intitulée : *autres amendes* se composent de toutes celles autres que les amendes attribuées aux communes et hospices et les amendes forestières. Quelques unes de ces amendes appartiennent en totalité au trésor, les autres sont attribuées, soit pour la totalité, soit pour une partie seulement, à des établissements publics, ou même à des particuliers. — On comprend parmi ces *autres amendes :* 1° les amendes en matière civile, c'est-à-dire prononcées par les tribunaux civils ; 2° les amendes prononcées par les tribunaux correctionnels pour certaines infractions particulières ; 3° les amendes en matière criminelle ; 4° les amendes prononcées par les autorités administratives, en matière de grande voirie ou de roulage.

1° *Amendes en matière civile.*

1678. Les amendes de condamnation en matière civile à classer parmi les *autres amendes*, comprennent celles qui sont prononcées: 1° par les Codes, en matière de procédure; 2° par d'autres lois et réglements d'ordre public ou d'imposition. — Celles de la première espèce sont assez nombreuses ; on peut les diviser en trois catégories, savoir : 1° les amendes prononcées par les décrets des 14 juin et 29 août 1813, sur le service des huissiers ; 2° celles que prononcent le Code ou les diverses lois de la procédure civile ; 3° enfin les amendes qui résultent du Code d'instruction criminelle et des lois qui s'y rapportent.

1679. *Service des huissiers.* Les amendes prononcées contre les huissiers par les décrets des 14 juin et 29 août 1813, sont celles ci-après : 1° l'huissier qui exige plusieurs droits de transport pour des actes faits dans une même course et dans le même lieu, au lieu de répartir proportionnellement le droit sur chacun de ces actes, est passible d'une amende de 20 fr. à 100 fr., Décr. 14 juin 1813, art. 35. 2° Tout huissier qui charge un huissier d'une autre résidence d'instrumenter pour lui, à l'effet de se procurer un droit de transport qui ne lui aurait pas été alloué, s'il eût instrumenté lui-même, est puni d'une amende de 100 fr. L'huissier qui a prêté sa signature est puni de la même peine ; en cas de récidive l'amende est doublée, art. 36. 3° Amende de 100 fr. contre l'huissier, pour chaque article dont il se rend adjudicataire parmi les objets mobiliers qu'il est chargé de vendre, art. 38.—Ces différentes amendes ne peuvent être exigées qu'en vertu d'un jugement de condamnation. Le quart du produit est attribué à la bourse commune des huissiers de l'arrond., art. 100. I. 659 (V. 1644). Cette attribution est toute spéciale et ne s'étend point aux amendes résultant de contraventions aux lois du timbre et de l'enreg. encourues par les huissiers. D. just. et fin. 15 déc. 1835. I. 659, 1506.

1680. Les copies d'actes, de jugements, d'arrêts et de toutes autres pièces qui sont faites par les huissiers, doivent être correctes et lisibles, à peine de rejet de la taxe, ainsi qu'il a été ordonné par l'art. 28 du décret du 16 fév. 1807, pour les copies des pièces faites par les avoués. L'huissier qui a signifié une copie de citation ou d'exploit, de jugement ou d'arrêt, qui serait illisible, doit être condamné à l'amende de 25 fr. sur la seule provocation du ministère public, et par la cour ou le tribunal devant lequel cette copie a été produite. Si la copie a été faite et signée par un avoué, l'huissier qui l'a signifiée doit également être condamné à l'amende, sauf son recours contre l'avoué. Décr. 29 août 1813, art. 1 et 2. I. 659. Cette amende n'est pas du nombre de celles qui ont été réduites par la loi de 1824, I. 1624 ; elle n'est pas non plus attribuée, soit à la bourse commune des huissiers, soit aux communes et hospices. I. 659.

1681. Le Garde-des-Sceaux a adressé aux procureurs généraux le 15 avril 1840, une circulaire dans laquelle, rappelant une précédente circulaire du 18 mars 1824, il a signalé aux parquets la nécessité de tenir sévèrement la main à l'exécution des dispositions du décret du 29 août 1813. Il a fait remarquer qu'il dépend du ministère public et des juges d'empêcher que les huissiers ne perdent de vue un devoir inhérent à la nature de leurs fonctions, et ne s'habituent à signifier des copies incorrectes ou illisibles; que les juges taxateurs doivent assurer par le rejet de la taxe, l'accomplissement d'une obligation impérieuse ; et que les membres du parquet ont à provoquer exactement l'application de l'amende pour faire cesser un abus qui ne saurait être toléré. I. 1621.

1682. Les poursuites à exercer contre les huissiers qui ont signifié des copies illisibles appartenant exclusivement au ministère public, les préposés n'ont pas à constater par des procès-verbaux les contraventions de cette nature. Les receveurs se bornent à recouvrer l'amende en vertu du jugement, I. 659, 1537, n. 245, 1621 ; néanmoins la mission d'ordre public donnée aux préposés semble leur faire un devoir de signaler les infractions aux magistrats du ministère public. V. Cass. 17 déc. 1828.

1683. Le même décret du 29 août 1813 ordonne également, pour assurer la régularité des copies signifiées par les huissiers, qu'elles ne contiennent pas au delà d'un certain nombre de lignes. Les infractions à cette disposition étant, à proprement parler, des contraventions à la loi du timbre, doivent être constatées et poursuivies dans les formes prescrites par cette loi (V. 523 et suiv.). Quant à l'amende prononcée contre les huissiers par l'art. 67 C. proc. civ., pour omission de l'indication du coût des exploits, il semble aussi qu'elle doit être considérée comme une amende d'enreg., puisqu'on peut l'exiger lors de cette formalité, sans condamnation préalable (V. 977).

1684. *Procédure civile.* A l'exception d'une seule (V. 1692), les amendes prononcées par les lois sur la procédure civile ne peuvent être exigées qu'en vertu d'un jugement de condamnation. I. 408. Aucune d'elles n'est attribuée. Circ. R. 1466; I. 408. Elles s'appliquent aux infractions ci-après détaillées.

1685. 1° *Irrévérence et outrages* : 1° Amende de 10 fr. au plus, pour irrévérence, soit à l'audience du juge de paix, C. proc. 10. soit à l'audience du conseil des prud'hommes, Décr. 11 juin 1809, art. 33. Le jugement est exécutoire par provision, nonobstant appel, I. 408, § 1er ; — 2° Amende qui ne peut être moindre de 25 fr. ni excéder 300 fr., contre ceux qui outrageraient ou menaceraient les juges ou les officiers de justice dans l'exercice de leurs fonctions, C. proc. 91. I. 408, § 4.

1686. 2° *Non-comparution en conciliation.* Celle des parties qui ne comparaîtra pas (au bureau de conciliation), sera condamnée à une amende de 10 fr., et toute audience lui sera refusée jusqu'à ce qu'elle ait justifié de la quittance, C. proc. 56; en cas de non-comparution de l'une des parties, il en sera fait mention sur le registre du greffe de la justice de paix et sur l'original ou la copie de la citation, sans qu'il soit besoin de dresser procès-verbal, art. 58. I. 1416.

1687. Le demandeur qui ne comparaît pas sur sa propre

citation, encourt l'amende aussi bien que le défendeur ; ce n'est pas le juge de paix, mais le tribunal de première instance, qui doit condamner à l'amende la partie qui n'a point comparu au bureau de conciliation ; ce tribunal doit en outre lui refuser audience jusqu'à justification de la quittance de l'amende. I. 408, § 2 ; Cass. 8 août 1832, I. 1416.

1688. Les mentions à faire sur le registre du greffe de la justice de paix sont exemptes de l'enreg. D. 7 juin 1808, I. 390, § 9 ; mais afin de mettre les procureurs du Roi à même de connaître les causes dans lesquelles ils auraient à requérir l'application de l'art. 56 du C. proc., il convient de leur fournir des relevés des mentions de non-comparution au bureau de conciliation consignées sur les registres du greffe des justices de paix. I. 1416.

1689. Les receveurs des chefs-lieux de canton et d'arrond. adresseront ces relevés au directeur, dans les dix premiers jours qui suivront l'expiration de chaque mois, en même temps que les renvois d'enreg. — Ces relevés ou états présenteront : 1° d'ordre, désignation du bureau de paix, date de la mention sur le registre du greffe, noms et domiciles du demandeur et du défendeur, indication de celle des parties qui n'a point comparu en conciliation. Le directeur réunira les relevés concernant les bureaux dépendant du ressort de chaque tribunal de 1re instance, et les transmettra à chacun des procureurs du Roi, en exprimant que cet envoi a pour objet de leur faciliter l'exécution de l'art. 56 C. proc. I. 1416.

1690. Ces mesures ne dispensent pas les préposés de s'assurer par eux-mêmes que les dispositions de l'article précité sont observées. S'ils reconnaissent que des jugements ont été rendus par un tribunal de 1re instance, sans que la condamnation à l'amende ait été prononcée, ou que l'audience a été accordée à la partie qui n'a point comparu en conciliation, sans le paiement préalable de cette amende, ils devront en informer le procureur du Roi, et adresser au directeur des extraits, tant de la mention de non-comparution, que du jugement de 1re instance. Le directeur donnera connaissance des faits à l'adm., en ayant soin d'énoncer si le jugement de 1re instance a acquis force de chose jugée entre les parties. I. 408, § 2, 1416.

1691. 3° *Non-comparution en justice.* Amende qui ne peut excéder 100 fr., à laquelle le juge-commissaire, chargé de procéder à une enquête, *pourra* condamner les témoins défaillants, C. proc. 263, 413 ; — Amende de 100 fr. prononcée contre le témoin défaillant qui aura été réassigné, art. 264, 413 ; — Amende de 10 fr. et plus, en cas de récidive, contre la partie qui interrompt le témoin, art. 276, 413. Ces amendes sont exigibles en vertu d'un extrait du jugement et nonobstant opposition ou appel. I. 408, § 7. — Amende de 100 fr. à 300 fr. prononcée par le magistrat directeur du jury en matière d'expropriation pour cause d'utilité publique, contre le juré qui, sans motifs légitimes, a manqué à l'une des séances ou refusé de prendre part à la délibération. L. 3 mai 1841, art. 32. 1. 1660.

1692. 4° *Dénégation, Faux*. Amende de 150 fr. à laquelle peut être condamné *par corps* celui qui a dénié une pièce qu'il est prouvé avoir écrite et signée, C. proc. 213. — Amende de 100 fr. contre le greffier qui n'a pas observé les formalités relatives aux faux incidents en matière civile, art. 244. — Amende de 300 fr. contre le demandeur en faux qui succombe, art. 246. Cette dernière amende est encourue toutes les fois que le demandeur en faux s'est désisté volontairement ou a succombé, ou que les parties ont été mises hors de procès, encore que le jugement ne porte pas condamnation à l'amende, art. 247. Les receveurs doivent donc suivre avec l'attention la plus particulière la marche des procédures en matière de faux, et spécialement sur des procès-verbaux des préposés des contributions indirectes, afin que, dans les cas prévus, le trésor ne soit pas frustré de l'amende de 300 fr. Cette amende étant exigible, même sans condamnation, le recouvrement peut être suivi immédiatement par voie de contrainte. I. 408, § 6, 1745. Il semble toutefois qu'elle doit, même dans ce cas, figurer avec les amendes de condamnation.

1693. 5° *Déclinatoire, Récusation, Prise à partie*. Amende de 50 fr. au moins contre celui qui succombe sur sa demande en renvoi devant un autre tribunal. C. proc., 374. L'amende de déclinatoire était, par l'ord. de 1669, attribuée pour une moitié au défendeur, Circ. R. 252 ; mais, d'après le Code, elle appartient en entier au trésor ; on ne peut l'exiger qu'en vertu d'un jugement. I. 408, § 8. — Amende de 100 fr. au moins laissée à l'arbitraire du tribunal, contre celui dont la récusation a été déclarée non admissible ou non recevable. C. proc. 390. Elle ne peut être exigée sans condamnation, mais si les tribunaux omettaient de la prononcer, lorsqu'il ne s'agit pas d'une récusation péremptoire, il en serait référé au procureur du Roi. Circ. R. 252, 1625 ; I. 408, § 9. — Amende indéterminée contre la partie qui a employé des termes injurieux contre des juges pris à partie. C. proc. 512. — Amende de 300 fr. au moins, si sa requête est rejetée, art. 513 ; et pareille amende si, après l'admission de la requête, le demandeur est débouté de sa prise à partie, art. 516. I. 408, § 13.

1694. *Tierce opposition, Pourvoi*, etc. Amende qui ne peut être au dessous de 50 francs, contre la partie dont la tierce opposition est rejetée. C. proc. 479, I. 408, § 11 (V. 1749). — Le Code ou les lois de procédure prononcent encore d'autres amendes contre les parties qui succombent dans un appel, un pourvoi ou une requête civile ; comme elles doivent être consignées avant le jugement, ce sont des amendes de consignation (V. 1600). Toutefois, lorsque par suite du rejet d'un pourvoi en cassation, la partie est condamnée à une amende supérieure à celle qui a été consignée, le supplément est considéré comme une amende de condamnation classée sous le titre : *autres amendes* (V. 1629).

1695. *Formalités omises.* Amende de 5 fr. à 100 fr., à prononcer par les tribunaux contre les officiers ministériels, pour omissions ou contraventions dans les actes de procédure, lorsqu'elles n'entraînent pas leur nullité. C. proc. 1030. — Une amende de 5 fr. est également encourue par l'huissier qui a omis d'indiquer le coût des exploits qu'il signifie; mais comme cette amende est exigible à l'enreg. et sans condamnation (V. 977, 1683). — Enfin, les fonctionnaires qui refusent le visa prescrit pour les significations qu'ils sont chargés de recevoir, encourent une amende à prononcer par le tribunal, et qui ne peut être au dessous de 5 fr. C. proc. 1039.

1696. *Condamnation.* Les dispositions de l'art. 1029, C. proc. civ., enlèvent aux tribunaux la faculté de réputer comminatoires les amendes que ce Code prononce; on doit seulement faire observer que celles prévues par les art. 10, 12, 263, 276, 512, 1030 et 1039 ne sont pas de rigueur, et que le juge peut ne pas les prononcer; mais que quant à celles mentionnées aux art. 56, 91, 213, 246, 247, 264, 374, 390, 479, 513 et 516, les tribunaux ne peuvent, dans les divers cas indiqués, se dispenser d'y condamner la partie, au moins pour la somme au dessous de laquelle l'amende encourue ne peut être modérée. I. 408, § 14. — Si les préposés avaient connaissance de quelque jugement qui ne portât pas condamnation d'amende, lorsque la loi veut qu'il en soit prononcé, ou qui condamnât à une somme moindre que celle fixée par le Code, ils devraient en référer au procureur du Roi, et adresser au directeur un extrait du jugement. I. 408, § 14 (V. 1598).

1697. *Procédure criminelle.* Les amendes prononcées par le Code d'instruction criminelle ont pour objet de prévenir les nullités des procédures et de punir l'inobservation des formes prescrites. Ces amendes ne sont exigibles qu'en vertu d'un jugement ou d'un arrêt de condamnation, et aucune d'elles n'est attribuée. Elles s'appliquent aux infractions ci-après détaillées :

1698. 1° Amende de 50 fr. contre le greffier qui ne se fait pas représenter les citations des témoins ou qui n'en fait pas mention dans le procès-verbal, ainsi que des demandes et des réponses; qui néglige de signer et de faire signer les dépositions, C. instr. crim. 74, 75, 76, 77; — 2° Amende de 50 fr. au moins, pour inobservation des formalités prescrites pour les mandats de comparution, de dépôt, d'amener et d'arrêt, art. 112; — 3° Amende de 25 fr. contre le greffier qui a négligé de faire signer la minute du jugement, dans les 24 heures, par le juge qui a tenu l'audience de simple police, art. 164; — 4° Amende pour omission du texte de la loi appliquée dans les jugements de condamnation, savoir : en matière de police, 50 fr. d'amende, art. 195; en matière criminelle, 100 fr. d'amende, art. 369; — 5° Amende de 100 fr. contre le greffier, à défaut de signature de la minute de l'arrêt par les juges qui l'ont rendu, art. 370; — 6° Amende de 500 fr. contre le greffier qui n'a pas dressé procès-verbal de chaque séance, art. 372; — 7° Amende de 100 fr. à défaut de procès-verbal d'exécution des jugements en matière criminelle, ou de transcription dans les 24 heures au pied de la minute de l'arrêt, art. 378; — 8° Amende de 100 fr. à prononcer par la Cour de cassation, à défaut par le greffier de la Cour ou du tribunal qui a rendu l'arrêt ou le jugement attaqué, de rédiger sans frais et de joindre un inventaire des pièces au dossier des procès en matière criminelle, sur lesquels il y a pourvoi, art. 423; — 10° Amende de 50 fr. contre le greffier qui a reçu en dépôt une pièce arguée de faux, sans dresser procès-verbal de l'état matériel, et sans la parapher à toutes les pages, art. 448; et contre tout dépositaire public qui s'en dessaisira, sans la signer et la parapher, art. 449; — Contre le greffier qui omet de la faire signer par l'officier de police judiciaire, par la partie civile ou son avoué, et par le prévenu, art. 450; et contre celui qui n'a pas renvoyé, dans la quinzaine, les pièces de comparaison, art. 463; — 11° Amende de 100 fr. contre le greffier qui a négligé de dresser un procès-verbal descriptif des effets déposés comme pièces de conviction dans les affaires criminelles contre des accusés contumaces, avant d'en faire la remise à qui de droit, art. 474; — 12° Amende de 50 fr. pour chaque omission dans la tenue du registre des individus condamnés correctionnellement à un emprisonnement ou à une peine plus forte, art. 600; et de 100 fr. contre celui qui néglige d'envoyer chaque trimestre copie de ce registre au Ministre de la justice, art. 601.

1699. 2° *Témoins, Jurés.* Amende qui ne peut excéder 100 fr. contre toute personne citée pour être entendue en témoignage, qui ne comparaît pas et ne donne point d'excuse légitime, C. instr. crim. 80, 81, 157, 158, 189, 304, 355; — Amende de 500 fr. au plus contre le juré qui a enfreint la défense de sortir de la chambre des délibérations avant que la déclaration ait été formée, art. 343; — Amende de 500 fr. portée à 1,000 fr. et à 1,500 fr. en cas de récidive, contre le juré qui ne se rend pas à son poste et ne justifie pas de motifs d'excuse, art. 396, 397.

1700. 3° *Récusation, Renvoi.* Amende qui ne peut excéder 300 fr., dont moitié seulement pour le trésor, et l'autre moitié pour la partie adverse, contre la partie civile, le prévenu ou l'accusé qui succombe dans une demande en réglement de juges. C. instr. crim. 544, ou dans une demande de renvoi d'un tribunal à un autre, art. 551.

1701. *Lois d'ordre public et d'impôt.* Les amendes de condamnation en matière civile pour contraventions à des lois d'ordre public ou d'imposition, sont : Premièrement, celles prononcées par le Code civil, savoir : 1° contre les officiers de l'état civil pour infractions aux règles concernant *l'état civil*, art. 50, 68, 156, 192, 193 ; 2° contre les individus qui ne comparaissent pas à un *conseil de famille* auquel ils ont été convoqués, art. 413. Les receveurs se bornent à recouvrer ces amendes lorsqu'elles ont été prononcées ; elles ne sont pas attribuées ; — 3° contre les conservateurs des *hypothèques* qui ne se conforment pas, dans la tenue de leurs registres, aux règles prescrites, art. 2202, 2203. Les employés supérieurs constatent ces contraventions, et les receveurs font le recouvrement des amendes lorsqu'elles ont été prononcées par le tribunal à la requête du ministère public. Elles ne sont pas attribuées. V. *Conservateurs*

1702. Secondement, les diverses amendes de contraventions dont le recouvrement, confié à l'adm., ne peut être suivi sans condamnation préalable du tribunal civil, et qui sont prononcées contre les officiers publics et ministériels pour infractions, savoir : 1° aux dispositions de la loi du 25 vent. an 11 et des autres lois sur le *notariat*; 2° aux art. 67 et 68 du Code de com., concernant le dépôt par les notaires des *contrats de mariage de commerçants;* 3° aux lois des 6 oct. 1791 et 16 flor. an 4, sur le dépôt au greffe du *double des répertoires* des notaires, commissaires-priseurs et courtiers; 4° à la loi du 25 avril 1844 sur les *patentes*. — Les préposés sont spécialement chargés de constater ces contraventions par des procès-verbaux, et de recouvrer les amendes après que la condamnation a été prononcée sur la poursuite du ministère public. Elles ne sont pas attribuées (V. 623, 771, 809, 1185 et suivants).

2° *Tribunaux correctionnels.*

1703. Les amendes pour certaines contraventions particulières de la compétence des tribunaux de police correctionnelle, que l'on doit classer parmi les *autres amendes*, sont principalement relatives aux lois et réglements concernant : 1° l'instruction publique; 2° l'exercice de la médecine, de la chirurgie et de la pharmacie; 3° les contrefaçons; 4° les fonctions d'agents de change et de courtiers; 5° la pêche maritime et le service de la marine; 6° les délits dans les bois de la Couronne, autres que les délits de chasse. Les amendes forestières et de la pêche figurent sous un titre spécial (V. 1802, 1813).

1704. *Instruction publique*. D'après l'art. 56 du décret du 15 nov. 1811, concernant le régime de l'Université, le produit des amendes prononcées contre ceux qui enseignent publiquement et tiennent école sans autorisation, était applicable pour moitié au trésor de l'Université, et pour l'autre moitié à l'établissement du chef-lieu du département chargé des enfants-trouvés. Une décision du 13 oct. 1814 ayant assimilé ces amendes à celles de police correctionnelle, elles étaient dévolues pour un tiers du produit net aux hospices du chef-lieu du département, et pour les deux autres tiers aux communes, I. 670 ; mais, d'après une autre décision du 22 oct. 1819, les amendes pour contraventions aux réglements de l'Université ont été de nouveau soumises au mode d'attribution fixé par le décret du 15 nov. 1811. I. 906.

1705. L'art. 63 du même décret attribuait en *totalité* à l'Université les amendes encourues par les maîtres de pension et les chefs d'institution, pour fausses déclarations du nombre de leurs élèves, du prix de la pension et du degré d'instruction qui avait lieu dans leurs maisons. Le recouvrement de ces dernières amendes était fait directement par les agents de l'Université, tandis que les autres étaient perçues par les receveurs de l'enreg. I. 1501.

1706. Ces diverses dispositions ont été modifiées par suite des lois sur les finances, en date des 23 et 24 mai 1834, qui ont rattaché les recettes et dépenses de l'Université au budget général de l'État. L'Université a cessé d'avoir droit à l'attribution tant de la moitié des amendes prononcées en vertu de l'art. 56 du décret du 15 nov. 1811, que de la totalité de celles qui sont fixées par l'art. 63 du même décret ; ces amendes et portions d'amendes doivent être perçues par les receveurs, pour le compte direct du trésor public, désormais chargé de toutes les dépenses relatives aux établissements universitaires. D. 27 nov. 1834. I. 1501.

1707. L'art. 6 de la loi du 28 juin 1833, sur l'instruction primaire, prononce une amende de 50 à 200 fr., et, en cas de récidive, de 100 à 400 fr., contre ceux qui, déclarés incapables par l'art. 5, ou qui, sans avoir satisfait aux conditions prescrites par l'art. 4, ouvriraient une école primaire. Ces amendes ne sont pas attribuées et sont recouvrées *intégralement* pour le compte du trésor. D. 25 nov. 1836, 10 et 31 mars 1837. I. 1532.

1708. *Médecine et pharmacie*. Les amendes prononcées contre les personnes qui exercent sans qualité la médecine, la chirurgie, la pharmacie ou l'art des accouchements, appartiennent en totalité aux hospices. L. 19 vent. an 11, art. 35. Elles sont recouvrées par les receveurs de l'enregistrement.

1709. *Contrefaçons*. Les amendes prononcées en matière de contrefaçon, en vertu de la loi du 7 janv. 1791, sont aussi attribuées spécialement aux pauvres ou aux hospices. Trib. de la Seine, 16 juin 1841. Un décret particulier du 7 sept. 1810 attribue également aux hospices de la commune les amendes prononcées contre les contrefacteurs des marques des fabriques de coutellerie et de quincaillerie. Les receveurs de l'enreg. sont chargés d'en faire le recouvrement.

1710. *Change, Courtage*. 1° L'art. 8 de la loi du 28 vent. an 9 prononce une amende contre les individus qui exercent, sans qualité, les fonctions d'agent de change ou de courtier de commerce, et attribue spécialement le produit aux enfants-trouvés. 2° L'art. 87 du Code de com. porte contre les agents de change et courtiers qui contreviennent aux dispositions des àrt. 85 et 86, une amende qui ne peut être au dessus de 3,000 fr., et qui est prononcée par les tribunaux correctionnels. Cette amende est attribuée pour un tiers aux hospices, le surplus appartient au trésor. D. 24 fév. 1807. — Les instructions ne font pas mention de ces amendes, et n'indiquent pas si l'attribution continue de subsister, telle que l'on vient de l'énoncer. L'attribution de la première étant réglée par la loi spéciale, il n'y a pas lieu de s'en écarter. En ce qui concerne l'amende qui, d'après l'art. 87 du C. com. doit être prononcée par le tribunal correctionnel, la décision particulière du 24 fév. 1807 semble avoir été abrogée par la disposition générale du décret du 17 mai 1809 qui attribue au fonds commun les amendes de police correctionnelle.

1711. *Réglements maritimes.* Aux termes de l'art. 5 d'une ord. du 22 mai 1816, les dotations et revenus attribués à la caisse des invalides de la marine comprennent le produit des amendes et confiscations prononcées par les tribunaux correctionnels, pour contraventions aux lois et réglements maritimes. Cette disposition a été reproduite à l'art. 575 de l'ord. du 31 mai 1838, sur la comptabilité publique. D'après l'art. 19 de la loi du 19 déc. 1790, l'adm. est exclusivement chargée du recouvrement de ces condamnations, sauf à compter à la caisse des invalides de la marine, du produit intégral des confiscations et du *principal* des amendes. D. 5 et 13 nov. 1839, I. 1478, 1609.

1712. Les lois et réglements maritimes dont l'exécution est restée spécialement confiée aux agents du département de la marine, sont l'ord. de 1681 et les ord., réglements, déclarations royales, etc., concernant soit la pêche en mer et dans les limites de l'inscription maritime, soit la police de la navigation et des parcs et pêcheries; l'ord. du 31 oct. 1784, relative aux classes; les arrêtés du 9 vent. an 9 et 2 prair. an 11, et le décr. du 12 avril 1811, sur les prises faites par les bâtiments de l'État, les armements en course ou lettres de marque; le décret du 12 déc. 1806, sur le service du pilotage; l'ord. du 13 mai 1818, sur la pêche au chalus, et l'ord. du 21 nov. 1821, sur la police de la pêche de la morue à l'île de Terre-Neuve. I. 1478, 1609.

1713. Les contraventions aux lois et réglements dont il s'agit étant généralement poursuivies à la requête ou sur la plainte des administrateurs de la marine, les préposés pourront facilement distinguer les condamnations dont le produit est attribué à la caisse des invalides de la marine. Il importe de ne point confondre avec ces condamnations les amendes et confiscations prononcées pour le fait d'achat en mer, de poisson provenant de la pêche étrangère. Ces contraventions, prévues par les ord. des 14 août 1816 et 27 sept. 1826, sont constatées par les syndics de la pêche et par les préposés des douanes; les amendes dont elles sont passibles rentrent dans la caisse ordinaire des amendes de police correctionnelle (V. 1673). L 1478, 1609.

1714. *Bois de la Couronne*. Les amendes pour délits (autres que les délits de chasse) dans les bois de la Couronne, prononcées par les tribunaux correctionnels, n'ont aucune affectation spéciale soit au profit des communes ou hospices, soit au profit des agents forestiers de la Couronne. Elles doivent donc être classées parmi les *autres amendes*. Cependant, à raison de leur affinité avec les amendes forestières, il en sera question au titre de ces dernières condamnations (V. 1845).

3° *Tribunaux criminels*.

1715. Les amendes prononcées par les Cours et tribunaux criminels dans tous les cas déterminés par la loi, ne sont attribuées par aucune disposition ; elles sont recouvrées par les receveurs de l'enreg., en vertu des extraits d'arrêts ou jugements, pour le compte direct du trésor, selon les règles ordinaires, et classées avec les *autres amendes*.

4° *Tribunaux administratifs*.

1716. Les amendes de condamnation que prononcent les autorités administratives et dont le recouvrement est confié à l'adm., concernent notamment la police du *roulage*, la *grande voirie*, l'exploitation des *carrières*, etc. Elles font l'objet d'un paragraphe distinct (V. 1889). Le directeur du jury d'expropriation pour cause d'utilité publique prononce aussi des amendes contre les jurés absents; mais ce magistrat appartenant à l'ordre judiciaire (V. 1691).

§ II. — *Dommages-intérêts*.

1717. Dans la colonne du sommier des amendes et perceptions diverses, destinée aux dommages-intérêts alloués à l'Etat, on portera les condamnations de cette nature, en exceptant toutefois les dommages-intérêts résultant de jugements : 1° pour délits dans les forêts de l'Etat ou délits de pêche dans les fleuves et rivières navigables qui figurent parmi les produits des forêts (V. 1813) ; 2° pour délits dans les bois de la Couronne classés avec les recettes accidentelles (V. 1849) ; 3° pour délits dans les bois des communes ou des établissements publics, portés dans une colonne spéciale du sommier des forêts (V. 1854), C. c. 46, § 2 ; 4° pour la valeur des armes confisquées en matière de délits de chasse, qui doivent figurer avec les prix de vente de mobilier, C. c. 46, § 3 (V. 1788). — Il ne faut pas confondre non plus dans la colonne des dommages-intérêts adjugés à l'Etat, les condamnations prononcées à ce titre en matière de roulage ; quoiqu'elles soient ainsi dénommées dans les réglements, ce sont de véritables amendes (V. 1898).

1718. Le demandeur qui succombe en cassation, après l'admission de son pourvoi, doit être condamné *envers le défendeur* à une somme de 150 fr. ou de 75 fr. Cette condamnation n'a pas le caractère d'une amende ; c'est une indemnité qui doit être payée à la partie directement, et les receveurs n'ont à faire le recouvrement de ces dommages que dans le seul cas où ils sont alloués à l'adm. dans les instances où elle a été partie. Ils figurent alors au sommier n° 3, dans la colonne des dommages-intérêts alloués à l'État. — Bien que les dommages-intérêts alloués à l'État soient portés sur le sommier n° 3 avec les amendes et perceptions diverses dont ils ne pouvaient être séparés sans inconvénient, ils figurent dans les comptes avec les *produits de domaines*. V. *Comptabilité générale*.

§ III. — *Frais de justice.*

1719. On comprend sous le titre général des frais de justice criminelle : 1° tous les dépens auxquels donnent lieu les procédures en matière criminelle, correctionnelle ou de police, suivies à la requête du ministère public, excepté en matière forestière ; 2° les frais des actes de procédure ou de poursuite, également faits d'office, pour la régularité des actes en matière civile, pour celle des actes de l'état civil ou leur rectification, et pour les interdictions ; 3° enfin les frais que nécessitent les faillites et banqueroutes, lorsque l'avance doit être faite par le trésor. Ces divers frais, pour le recouvrement sur les condamnés ou débiteurs, sont classés dans la colonne intitulée : *frais de justice*, sur le sommier n° 3, sans aucune distinction pour les différentes juridictions, soit qu'il s'agisse de condamnations prononcées par les tribunaux civils, de police, criminels, militaires, maritimes, ou administratifs.

1720. En ce qui touche les frais de justice en matière criminelle ou de police, on comprend sous ce titre les frais de toute nature que nécessitent les poursuites du ministère public, et les condamnations qui en sont la suite. Ainsi, l'on y porte, en vertu de l'extrait du jugement ou de l'arrêt de condamnation, non seulement les frais de justice proprement dits que les receveurs acquittent pour le compte du ministère de la justice, et dans certains cas pour le ministère de la guerre et de l'intérieur, lorsque ces frais doivent être recouvrés sur les condamnés, mais encore les droits de timbre et d'enreg. des actes de la procédure (V. 1636) ; les frais de signification pour faire acquérir aux jugements la force de chose jugée et ceux des relevés que les greffiers doivent remettre pour éviter la signification de la plupart des jugements de simple police susceptibles d'appel (V. 1654, 1658). Mais on ne comprendra point parmi les frais de justice l'indemnité de 25 centimes allouée aux greffiers pour la rédaction des extraits de jugements (V. 1639) ; ni tous autres frais ultérieurs pour la poursuite et le recouvrement des condamnations, et qui sont à la charge de l'adm. I. 911 (V. 1779).

1721. Le décret du 18 juin 1811 contient, relativement au recouvrement des frais des actes et procédures sur la poursuite d'office du ministère public les dispositions suivantes : 1° Dans le cas d'interdiction poursuivie d'office par le ministère public, les frais seront à la charge de l'interdit, s'il est solvable, et le recouvrement en sera poursuivi, avec privilége et préférence, sur ses biens, et, en cas d'insuffisance, sur ceux de ses père, mère, époux ou épouse, art. 119; 2° les frais des actes et procédures faits d'office dans les cas prévus par le Code civ., et notamment par les art. 50, 53, 81, 184, 191 et 192, relativement aux actes de l'état civil et à leur rectification, en conformité de l'avis du conseil d'État du 12 brum. an 11, seront recouvrés de la même manière, art. 121 et 122; 3° il en sera de même des poursuites faites en conformité de la loi du 25 vent. an 11, sur le notariat, et généralement dans tous les cas où le ministère public agit dans l'intérêt de la loi et pour assurer son exécution, art. 122. I. 531. — Dans ces différents cas, les frais sont portés avec les frais de justice ordinaire, pour en suivre le recouvrement.

1722. Il en est de même des frais relatifs aux poursuites en matière de faillites et banqueroutes, dont l'avance doit, dans certaines circonstances déterminées, être faite par le trésor, et qui sont ensuite recouvrés sur la masse de la faillite ou sur les créanciers poursuivants, selon les distinctions établies par les art. 461, 587, 588, 590, et 592 de la loi du 28 mai 1838 sur les faillites et banqueroutes. I. 1563. Les opérations relatives à ce recouvrement font l'objet d'un paragraphe spécial (V. 1865).

§ IV. — *Frais de poursuites et d'instances.*

1723. Les frais de poursuites et d'instances à la charge de l'adm. pour le recouvrement des condamnations, et dont il doit être fait article au sommier n° 3, dans la colonne réservée à cet effet, se composent notamment du coût des extraits que délivrent les greffiers (V. 1639). Les frais des poursuites ultérieures pour le recouvrement ne doivent pas y être compris ou ajoutés. (V. 1779, et *titre* V).

1724. On comprend aussi dans cette colonne les frais des poursuites faites ou des instances suivies à la requête de l'adm. qui, après avoir été portés en dépense définitive sont susceptibles d'être recouvrés sur les parties. C'est ce qui résulte expressément du préambule du sommier. Mais lorsque ces frais ont été avancés des deniers de la caisse, et portés en dépense comme *avances à régulariser*, la circ. de la comptabilité du 12 déc. 1835, n. 38, prescrit d'en faire article au sommier des opérations de trésorerie, et après le recouvrement, d'en faire recette au registre correspondant (V. *titre* V).

1725. Dans les instances concernant l'adm. suivies devant la Cour de cassation, les frais sont avancés par le receveur de l'enreg. près cette cour, pour le compte du receveur du bureau où l'affaire a pris naissance, selon le mode prescrit pour les dépenses par virements, et ce dernier receveur en fait écriture dans ses comptes (V. *Comptabilité générale*). Mais en cas de condamnation de la partie adverse, ce receveur doit suivre contre elle le recouvrement de ces frais. A cet effet, il en fait article au sommier des produits constatés n° 3, dans la colonne spéciale des frais de poursuites et d'instances concernant l'administration.

SECTION V. — *Recouvrement des condamnations.*

§ 1er. — *Actions et mesures conservatoires, Prescriptions.*

1726. *Avertissement.* Aussitôt après la consignation des articles au sommier des amendes et perceptions diverses, le receveur doit faire les diligences nécessaires pour le recouvrement des sommes dues. Ainsi qu'il est prescrit pour tous les recouvrements, on adresse d'abord aux débiteurs un avertissement de payer dans la huitaine. Circ. R. 1864. Pour la forme de cet avertissement (V. *titre* V).

1727. *Délais.* Lorsque, sur l'avertissement, le condamné justifie qu'un délai lui serait nécessaire, le receveur doit concilier les intérêts du trésor avec les ménagements envers des malheureux. Il est préférable, en général, au lieu d'accorder un délai pour la somme entière, de fixer des termes successifs pour le paiement par à-comptes (V. 1781), ce qui a l'avantage de faciliter la libération des redevables, sans compromettre les droits de l'État. Dans tous les cas, lorsque les condamnés ne se libèrent pas après un premier et même un second avertissement, il importe d'assurer l'action du trésor et de prendre les mesures conservatoires qui sont nécessaires.

1728. *Solidarité.* Tous les individus condamnés pour un même crime ou pour un même délit sont tenus solidairement des amendes, des restitutions, des dommages-intérêts et des frais. C. pén. 55. Cet article n'est pas applicable aux simples *contraventions* de police. D'un autre côté, sauf la condamnation pour un seul délit, les amendes sont des peines personnelles aux delinquants ou contrevenants ; aucune solidarité ou responsabilité n'existe entre eux. Cass. 11 sept. 1818, 25 fév. 1820, 8 août et 4 sept. 1823, 21 avril 1827, 29 fév. 1828, et 9 juin 1832 (V. 1730).

1729. *Responsabilité civile.* Le père, et la mère après le décès du mari, sont responsables du dommage causé par leurs enfants mineurs habitant avec eux ; les maîtres et les commettants, du dommage causé par leurs domestiques et préposés dans des fonctions auxquelles ils les ont employés ; les instituteurs et les artisans, du dommage causé par leurs élèves et apprentis pendant le temps qu'ils sont sous leur surveillance. La responsabilité a lieu à moins que les père et mère, instituteurs et artisans ne prouvent qu'ils n'ont pu empêcher le fait qui donne lieu à cette responsabilité. C. civ. 1384. — Les aubergistes et les hôteliers qui ont logé plus de 24 heures sans l'inscrire sur leur registre, quelqu'un qui, pendant sont séjour, a commis un crime ou un délit, sont civilement responsables des restitutions, indemnités et frais. C. pén. 73. — Le mari n'est point de droit responsable des condamnations prononcées contre sa femme, Cass. 9 juill. 1807, 6 juin et 16 août 1811, 13 mai 1813 et 20 janv. 1825; il en est autrement pour les délits et contraventions en matière rurale. L. 28 sept.—6 oct. 1791. — A moins de dispositions expresses dans la loi, la responsabilité ne s'étend qu'aux condamnations civiles, c'est-à-dire aux restitutions, dommages-intérêts et frais, Cass. 18 avril et 28 nov. 1828, 4 fév. 1830 et 31 janv. 1833; et non aux amendes (V. 1728).

1730. Dans les cas de responsabilité civile qui pourront se présenter dans les affaires criminelles, correctionnelles ou de police, les cours et tribunaux se conformeront aux dispositions du C. civ., liv. 3, tit. 4, chap. 2 (art. 1382 et suiv.). C. pén. 74. — La solidarité entre les condamnés, ou la responsabilité civile doit être expressément déclarée dans le jugement, pour que les préposés puissent s'en prévaloir. Ils devront toujours se borner à suivre le recouvrement dans les termes du jugement, sauf à rendre compte au procureur du Roi, afin que le tribunal se conforme pour l'avenir aux dispositions de la loi. D. just. 21 avril 1813. Quelques auteurs citent un arrêt contraire du 26 août 1813; mais il ne semble pas que cette jurisprudence ait prévalu.

1731. *Scellés.* On admettait autrefois que les scellés pouvaient être apposés sur le mobilier des accusés *traduits* devant les tribunaux, lorsqu'ils ne possédaient pas de propriétés immobilières d'une valeur suffisante pour assurer le remboursement des frais. Circ. R. 1871; I. 69. Mais ultérieurement on a reconnu que cette mesure préventive ne peut être appliquée qu'aux accusés contumaces (V. 1773). Au surplus les magistrats seuls apprécient dans quels cas les scellés peuvent être apposés; les préposés n'ont à prendre aucune mesure conservatoire avant la condamnation. I. 89; Circ. 22 vent. an 11.

1732. *Hypothèque.* Aucun privilége particulier n'est accordé au trésor pour le recouvrement des *amendes*, D. just. 19 mars 1808. I. 375. En cas de concurrence de l'amende ou de la confiscation avec les restitutions et les dommages-intérêts, sur les biens insuffisants du condamné, ces dernières condamnations obtiennent la préférence. C. pén. 54, 468. Ainsi, pour l'amende, le trésor ne vient qu'après la partie lésée. Néanmoins il résulte du jugement de condamnation une hypothèque judiciaire qui grève non seulement les biens présents du condamné, mais encore ceux qu'il viendrait à acquérir. C. civ. 2123; I. 352, 750, 1503, § 2.

1733. *Privilége.* Outre l'hypothèque judiciaire pour sûreté des condamnations, l'art. 2098 du C. civ. accorde au trésor un privilége spécial pour le remboursement des *frais de justice* dont la condamnation est prononcée à son profit en matière criminelle, correctionnelle et de police.—Le décret du 18 juin 1811 étend ce privilége aux frais des poursuites d'office en matière civile ou d'interdiction. I. 531. — Une loi du 5 sept. 1807 règle de la manière suivante l'exercice de ce privilége : Le privilége du trésor sur les meubles et effets mobiliers des condamnés, ne s'exercera qu'après les autres priviléges et droits ci-après mentionnés, savoir: 1° les priviléges désignés aux art. 2101 et 2102, C. civ.; 2° les sommes dues pour la défense personnelle du condamné, lesquelles, en cas de contestation de la part de l'adm. seront réglées, d'après la nature de l'affaire, par le tribunal qui aura prononcé la condamnation. Art. 2. — Le privilége du trésor sur les biens immeubles des condamnés n'aura lieu qu'à la charge de l'inscription dans les *deux mois à dater du jour du jugement de condamnation*, passé lequel délai les droits du trésor ne pourront s'exercer qu'en conformité de l'art. 2113 C. civ. Art. 3. — Le privilége mentionné dans l'art. 3 ci-dessus ne s'exercera qu'après les autres priviléges et droits suivants: 1° les priviléges désignés en l'art. 2101 C. civ.; 2° les priviléges désignés en l'art. 2103 C. civ., pourvu que les conditions prescrites pour leur conservation aient été accomplies; 3° les hypothèques légales existantes indépendamment de l'inscription, pourvu toutefois qu'elles soient antérieures au mandat d'arrêt, dans le cas où il en aurait été décerné contre le condamné, et, dans les autres cas, au jugement de condamnation; 4° les autres hypothèques, pourvu que les créances aient été inscrites avant le privilége du trésor et qu'elles résultent d'actes qui aient une date certaine antérieure audit mandat d'arrêt ou jugement de condamnation; 5° les sommes dues pour la défense personnelle du condamné, sauf le réglement, ainsi qu'il est dit en l'art. 2 ci-dessus. Art. 4. I. 352.

1734. D'après l'art. 2, les *meubles et effets mobiliers* des condamnés sont affectés par privilége au remboursement des frais de justice; mais ce privilége se trouve primé par les frais de justice ordinaires, tels que ceux d'apposition et levée de scellés, d'inventaire et vente, et autres qui ont pour objet la conservation et la liquidation de la chose, les frais funéraires, ceux de la dernière maladie, les salaires des gens de service, les fournitures de subsistances, les frais de pension des enfants, les loyers et fermages, les sommes dues pour la défense personnelle de l'accusé. I. 352.

1735. Lorsque le condamné a fourni, pendant sa prévention, un cautionnement pour obtenir sa liberté provisoire, d'après les dispositions des art. 114, et suiv. du C. d'instr. crim., ce cautionnement a non seulement pour but d'assurer la représentation de la personne du prévenu à tous les actes de la procédure, et pour l'exécution du jugement; mais il est encore affecté par privilége au paiement des réparations civiles, des amendes et des frais pour le cas où le *prévenu ne s'est pas représenté*, conformément à l'art. 121 (V. 1872 et suiv.). Cette disposition s'applique aux cautionnements versés des deniers des prévenus de même qu'à ceux qui sont fournis par des tiers. I. 1719. On procède, dans ce cas, ainsi qu'il est expliqué (V. 1765).

1736. On avait pensé que le cautionnement était encore affecté par privilége au paiement des condamnations pécuniaires, lorsque le *prévenu avait comparu* à tous les actes de la procédure, et subi la peine corporelle prononcée contre lui. Mais cette interprétation de l'art. 121 du C. d'instr. crim. n'a point été admise par la Cour de cassation : il résulte d'un arrêt de la chambre des requêtes, du 1er août 1843, que le cautionnement de liberté provisoire n'est pas affecté au paiement des amendes et frais, lorsque le prévenu s'est représenté à la justice. Ces cautionnements sont remboursés par la caisse des consignations sur la simple justification que le prévenu s'est représenté aux actes de la procédure, et que, le cas échéant, il s'est constitué en état de détention pour l'exécution du jugement. Ainsi l'adm. ne peut plus, dans ce cas, faire payer par privilége, sur les cautionnements de liberté provisoire, les amendes et frais de justice dus au trésor. Mais, lorsque le cautionnement a été fourni des deniers personnels du prévenu, les préposés ont la faculté de former opposition à la délivrance des sommes déposées à la caisse des consignations. I. 1719 (V. 1765, 1878, et *titre* V).

1737. Dans le cas où le mobilier ne suffit pas pour assurer le recouvrement des frais de justice, l'art 3 de la loi du 5 sept. 1807 accorde un privilége sur les *immeubles*. Ce second privilége est primé : 1° par les priviléges ci-dessus détaillés ; 2° par les priviléges sur les immeubles, qui sont ceux des vendeurs, des bailleurs de fonds, des cohéritiers, etc., si les conditions prescrites pour leur conservation ont été remplies ; 3° par les hypothèques légales qu'indique l'art. 2121 C. civ. et qui sont les droits des femmes mariées sur les biens de leur mari, ceux des mineurs et interdits sur les biens de leur tuteur, ceux de l'État, des communes, des établissements publics sur les biens des comptables, conservés par l'inscription (I. 350) ; 4° enfin, par les hypothèques qui ont pour objet des créances inscrites avant le privilége du trésor et résultant d'actes d'une date certaine et antérieure au mandat d'arrêt ou au jugement de condamnation. I. 352.

1738. La femme d'un condamné n'a de préférence sur l'adm. par rapport aux frais de justice, qu'autant que ses reprises sont établies par une liquidation contradictoire. Cass. 15 juin 1824. I. 1146, § 19. — Le privilége du trésor pour le paiement des frais de justice ne peut être primé par celui qui est accordé aux parties lésées, pour les indemnités qui leur sont allouées. I. 375.

1739. Il ne faut point perdre de vue que le privilége du trésor pour le remboursement des frais de justice n'a lieu *qu'à la charge de l'inscription dans les deux mois à dater du jour du jugement de condamnation:* passé ce délai, les droits du trésor ne peuvent s'exercer que conformément à l'art. 2113 C. civ., c'est-à-dire qu'ils sont réduits, comme cela existe pour les amendes et les dommages-intérêts, à une simple hypothèque, qui ne prend rang que du jour de l'inscription. I. 352, 1503, § 2.

1740. *Inscription.* Les receveurs ne doivent pas se dispenser de requérir des inscriptions pour la conservation du privilége du trésor en matière de frais de justice, ou de l'hypothèque judiciaire pour les amendes, contre les condamnés qui ne se sont point libérés après un premier avertissement, soit lorsqu'ils sont propriétaires d'immeubles, *quelque faible qu'en soit la valeur*, soit lorsque des propriétés immobilières sont possédées par leurs père et mère, aïeux et autres parents auxquels ils peuvent être appelés à succéder. En ce qui concerne spécialement les frais de justice, l'inscription doit être prise dans les deux mois à partir du jugement de condamnation, conformément à l'art. 3 de la loi du 5 sept. 1807. Toutefois l'obligation de prendre inscription est limitée au cas où le montant des amendes en principal et décime, et des frais de justice à la charge du même condamné, s'élève *au dessus de trente francs*.— Dans tous les cas où nulle propriété immobilière n'est actuellement possédée, soit par le condamné, soit par les parents dont il peut être présumé héritier, l'adm. laisse aux receveurs et aux employés supérieurs, le discernement des circonstances dans lesquelles il peut être éventuellement utile de requérir l'inscription hypothécaire, sauf l'application de la responsabilité aux uns et aux autres, si, par leur négligence, les intérêts du trésor étaient compromis. D. 14 janv. 1836. 1. 352, 750, 1503, § 2.

1741. L'inscription peut être prise dans l'intérêt du trésor en vertu du jugement de condamnation, sans qu'il soit nécessaire d'en représenter une expédition régulière ; il suffit de l'extrait délivré par le greffier. Cet extrait n'a pas besoin d'être timbré ni enregistré. 1. 594. Cette dernière disposition abroge la décision contraire insérée dans l'instr. 316. On peut même requérir inscription en vertu d'un jugement par défaut, avant qu'il ait été enregistré, attendu que l'inscription n'est qu'une mesure conservatoire. I. 1156, § 14.

1742. Pour requérir l'inscription, soit de l'hypothèque judiciaire du trésor pour le montant des amendes et dommages, soit du privilége pour les frais de justice, on se conformera aux règles générales concernant les inscriptions à prendre dans l'intérêt de l'Etat (V. *titre* V). Lorsque les frais à recouvrer n'ont été réglés ni par l'arrêt ou jugement, ni par un exécutoire, parce qu'il y aurait pourvoi en cassation, on en fera une évaluation provisoire dans le bordereau. I. 426.

1743. *Exercice du privilége.* L'art. 4 de la loi du 5 sept. 1807, fait remonter le privilége du trésor sur les immeubles du condamné à l'époque même du mandat d'arrêt, quand il en a été décerné, et le prévenu ne peut plus dès lors engager ses biens au préjudice de ce droit. La loi ne s'étant occupée que de l'ordre ou de la préférence entre les créanciers, on ne peut appliquer ses dispositions spéciales aux *aliénations*, et les principes ordinaires ne permettent pas d'admettre que le privilége ou l'hypothèque du trésor puisse affecter des biens aliénés avant le jugement de condamnation, lorsque le contrat a été régulièrement transcrit. I. 426, § 3.

1744. Toutefois le trésor peut, comme les autres créanciers, provoquer la rescision des aliénations simulées ou qui auraient été faites en fraude de ses droits. A cet égard, il y a une différence à faire entre les aliénations à titre onéreux et les dispositions à titre gratuit; celles-ci sont plus facilement révoquées que les autres. Il suffit en effet de prouver la fraude de la part de celui qui a disposé, tandis que pour les aliénations à titre onéreux, il faut encore prouver la participation de l'acquéreur à cette fraude. — Pour les dispositions à titre gratuit, s'il résulte des circonstances que le prévenu a cherché à soustraire ses biens aux conséquences de sa condamnation, l'adm. est fondée à provoquer l'annulation, nonobstant la transcription du contrat, principalement lorsque la donation est faite des père et mère aux enfants, dans le but manifeste de les soustraire au paiement des frais de justice. I. 426, § 3.

1745. Lorsque les employés estimeront qu'il y aurait lieu à faire annuler des aliénations à titre gratuit et même à titre onéreux, ils en rendront compte au directeur, et ce dernier devra en référer à l'adm. avec tous les détails nécessaires pour qu'elle puisse prendre une détermination. I. 426, § 3. — Avant de faire une proposition semblable, il faut examiner avec attention si l'aliénation a réellement un caractère de simulation ou de fraude assez prononcé pour en obtenir la rescision ; on devra réunir toutes les preuves qui pourraient le démontrer. Il faudra s'assurer aussi que les immeubles sont d'une valeur suffisante ; qu'ils ne sont pas grevés d'hypothèques antérieures qui en absorberaient la valeur; enfin on cherchera à obtenir, par les voies de la persuasion, que l'acquéreur paie la créance du trésor pour éviter l'action en rescision. L'instance qui s'élève entre l'adm. et le nouveau propriétaire doit être instruite et jugée suivant les règles du droit commun ; on ne peut suivre dans ce cas le mode spécial des procédures concernant l'enreg. (V. *titre* V).

1746. *Décès des condamnés.* L'action publique pour l'application de la peine s'éteint par la mort du prévenu. C. instr. crim. 2 ; mais l'amende constitue une dette en faveur de l'Etat, et du moment que le jugement qui l'a prononcée a passé en force de chose jugée, les biens du condamné sont affectés à cette dette comme à toute autre, et passent nécessairement avec cette charge à ses héritiers. Ainsi le recouvrement des amendes prononcées en matière de simple police et de police correctionnelle, par jugements ayant acquis force de chose jugée avant le décès des condamnés, peut être poursuivi contre leurs héritiers. Avis Cons. d'Etat, 31 mai 1808 ; Cass. 9 déc. 1813 ; D. just. et fin. 13 et 21 août 1833. Toutefois la voie de la contrainte par corps pour le recouvrement des amendes de simple police et de police correctionnelle n'étant autorisée par l'art. 33 de la loi du 17 avril 1832 que contre les condamnés personnellement, ce mode de poursuite ne peut être employé contre leurs héritiers. Mais à l'exception de la contrainte par corps, toutes les poursuites permises par la loi peuvent être exercées contre ces derniers. I. 1435. — Lorsque le condamné est décédé avant que le jugement ait acquis l'autorité de la chose jugée, ses héritiers ne sont pas tenus des condamnations. Sol. 10 avril 1847.

1747. *Prescription.* Le Code d'instr. crim. contient, relativement à la prescription des peines, les dispositions suivantes : Les peines portées par les arrêts ou jugements rendus en matière *criminelle* se prescriront par *vingt années* révolues, à compter de la date des arrêts ou jugements, art. 635. — Les peines portées par les arrêts ou jugements en matière *correctionnelle* se prescriront par *cinq années* révolues, à compter de la date de l'arrêt ou du jugement rendu en dernier ressort ; et à l'égard des peines prononcées par les tribunaux de première instance, à compter du jour où ils ne pourront plus être attaqués par la voie de l'appel, art. 636. — Les peines portées par les jugements rendus pour contraventions de police seront prescrites après *deux années* révolues, savoir : pour les peines prononcées par arrêt ou jugement en dernier ressort, à compter du jour de l'arrêt, et à l'égard des peines prononcées par les tribunaux de première instance, à compter du jour où ils ne pourront plus être attaqués par la voie de l'appel, art. 639. I. 748 et 1503, § 1er.

1748. Les amendes en matière criminelle, correctionnelle ou de simple police se prescrivent, comme les autres peines, selon les règles déterminées par les articles ci-dessus transcrits. D. just. et fin., 28 août et 6 sept. 1816. I. 748, 1503, § 1er. Les amendes concernant la police du roulage ont été assimilées aux amendes pour contraventions de simple police ; c'est la prescription biennale qui leur est applicable. Jug. Epernay, 26 déc. 1845, Charolles, 13 fév. 1847 ; Délib. 2 et 7 mai 1847. Un jugement contraire du tribunal de la Seine du 30 mars 1842, n'a pas paru devoir servir de règle (V. 1906). A l'égard des amendes de grande voirie, c'est la prescription de deux ou de cinq ans qui est applicable ; ce point n'est pas décidé (V. 1916).

1749. Pour les amendes en matière civile, on ne peut suivre les règles tracées par le C. d'instr. crim.; ces peines ne pouvant être classées parmi les amendes en matière criminelle, correctionnelle ou de police, il s'ensuit que la prescription de trente ans, établie par l'art. 2262 du C. civ., est la seule applicable aux amendes en matière civile. C'est au surplus ce qui a été décidé pour les amendes de *tierce opposition*, Jug. Seine, 1er déc. 1841, et pour les amendes de condamnation en matière de *notariat*. l. 748. L'art. 14 de la loi du 16 juin 1824 ne paraît pas avoir abrogé cette règle ; il établit la prescription biennale pour l'action publique, mais ne règle point la prescription pour les condamnations prononcées.

1750. Les dommages-intérêts sont des réparations civiles que l'on ne peut ranger dans la classe des peines ; les dispositions du C. d'instr. crim. relatives à la prescription des peines ne leur sont donc pas applicables, et la seule prescription qui puisse être opposée au recouvrement de ces condamnations est celle de trente ans établie par l'art. 2262 du C. civ. I. 748, 1503.

1751. En ce qui concerne les frais de justice et les frais de poursuites, ils ne peuvent être considérés non plus comme des *peines ;* leur paiement par le condamné n'est que le remboursement des avances faites par le trésor public. Ils restent donc, comme condamnations purement civiles, soumis pour le délai de la prescription aux règles posées par le C. civ.; c'est-à-dire à la prescription trentenaire. I. 352, 748, 1249, § 13, et 1503.

1752. *Interruption de la prescription.* L'amende prononcée en matière criminelle, correctionnelle ou de police étant une peine soumise, comme les peines corporelles, aux règles générales des prescriptions déterminées par les art. 635, 636 et 639 du C. d'instr. crim. (V. 1748), si, en matière de peines corporelles, la prescription ne peut être interrompue par de simples significations, il faut également admettre qu'en matière de condamnation à l'amende, il est impossible d'interrompre la prescription *par un acte de procédure ou de poursuite, autre qu'une exécution directe et effective, sur les biens du condamné par la voie de saisie, ou sur sa personne par la voie de la contrainte par corps.* Une signification, une sommation, une contrainte, un commandement, qui n'est que le préalable ordinaire de toute exécution, ne peut tenir lieu de l'exécution elle-même et en produire l'effet quant à l'interruption de la prescription, et l'on ne peut appliquer à cette matière, exclusivement régie par le C. d'instr. crim., les règles établies par l'art. 2244 du C. civ., pour l'interruption en matière civile. Cass. 17 juin 1835. I. 1503.

1753. D'après cette jurisprudence, les préposés chargés du recouvrement des amendes en matière criminelle, correctionnelle ou de police, devront prévenir l'expiration des délais de prescription fixés par les art. 635, 636 et 639 du C. d'instr. crim. (V. 1747), en faisant procéder, soit à la saisie des biens du condamné, soit à son emprisonnement en vertu de la contrainte par corps. I. 1503, § 1er. — Ils agiront de même pour les amendes en matière civile dans le délai indiqué *sup.* 1749. — Enfin à l'égard des dommages-intérêts, frais de justice et de poursuites, ils restent comme condamnations purement civiles, soumis pour le mode d'interruption de la prescription aux règles établies par l'art. 2244 du C. civ., de sorte qu'une citation en justice, un commandement de payer ou une saisie signifiée au débiteur interrompt la prescription. I. 1503, § 1er.

Les préposés ne perdront pas de vue qu'ils sont responsables envers l'État des sommes à recouvrer, qui seraient prescrites à défaut de poursuites régulières exercées en temps utile. Ils ne devront pas négliger de faire, avant l'époque fixée pour la prescription, les diligences nécessaires pour en interrompre le cours. I. 352, 1358, 1503, § 2 (V. 1515, 1532).

§ II. — *Poursuites et diligences.*

1754. *Insolvabilité.* Il est expressément recommandé aux receveurs de n'exercer des poursuites pour le recouvrement des condamnations qu'après s'être assurés, par tous les moyens en leur pouvoir, que les redevables sont connus dans les communes désignées pour leur domicile, et qu'ils possèdent des meubles de valeur au moins suffisante pour payer les frais de poursuites. I. 381. Dans le cas de la négative, ils inviteront les maires des communes à leur donner des renseignements précis, et à leur attester, s'il y a lieu, le non domicile des redevables ou leur insolvabilité par un certificat d'indigence délivré dans la forme spéciale indiquée (V. *titre* V).

1755. Les poursuites pour le recouvrement peuvent être suspendues par des certificats d'indigence ; mais il ne résulte pas de la délivrance de ces certificats que les préposés soient dispensés des vérifications ultérieures, ni que les articles puissent être annulés d'une manière absolue. Les receveurs ne doivent admettre les certificats d'insolvabilité qui remplacent les procès-verbaux de carence, Circ. R. 1770 ; I. 381, 506, qu'après avoir fait eux-mêmes toutes les recherches convenables pour s'assurer si les condamnés sont solvables et peuvent être poursuivis avec espoir de recouvrement. — Lors même que l'indigence personnelle du condamné est attestée par le maire, ce n'est pas non plus un motif pour renoncer à toutes diligences, s'il résulte des preuves acquises ou des renseignements recueillis, une présomption suffisante que le redevable, écroué ou recommandé, trouvera par lui-même ou par sa famille des moyens pour acquitter sa dette et faire cesser son emprisonnement, il faudra en rendre compte au directeur, qui autorisera, s'il y a lieu, la contrainte par corps ou la recommandation. I. 750.

1756. Lorsque le débiteur a justifié de son insolvabilité et que le receveur s'est assuré que des poursuites ne feraient pas obtenir le paiement, il doit, après avoir pris les mesures conservatoires nécessaires (V. 1740), faire mention sur le sommier de la date du certificat, afin de justifier le défaut de poursuites. Le certificat en bonne forme est indispensable pour décharger le receveur de la responsabilité du recouvrement, I. 531 ; mais cette décharge ne peut être obtenue qu'après la clôture de l'exercice, dans les formes prescrites pour l'apurement des produits constatés (V. 1533). — Dans tous les cas, l'annulation sur les sommiers ne libère pas le débiteur et n'empêche pas les poursuites ultérieures s'il devient solvable avant l'époque de la prescription. I. 531, 1358 (V. 1534).

31

1757. *Diligence dans les poursuites.* Lorsque le receveur s'est assuré que les condamnés sont solvables et qu'ils peuvent payer par eux ou par leur famille, il agira sans le moindre retard pour faire rentrer les sommes dues en exerçant immédiatement les poursuites nécessaires. I. 531. Le recouvrement des condamnations doit être suivi avec activité ; c'est ce qui résulte d'un grand nombre de circulaires et d'instructions, notamment : Circ. R. 355, 431 bis, 682, 996, 1042, 1280, 1556, 1836 et 1993 ; I. 247, 381, 506, 600, 796, etc. La responsabilité des employés était engagée quand l'apurement des articles n'avait pas été obtenu dans les six mois, I. 518 ; mais c'est principalement depuis l'établissement des droits constatés que le prompt apurement des articles consignés sur le sommier n° 3 importe à la responsabilité des préposés, puisqu'ils doivent compter personnellement à la fin de l'exercice des sommes dont ils auraient négligé le recouvrement. I. 1358 (V. 1536).

1758. *Commandement.* On se conformera pour les diligences a faire aux règles générales indiquées au titre des poursuites et instances (V. *titre* V). Toutefois quelques règles particulières doivent être observées pour la poursuite et le recouvrement des condamnations. Depuis que des mesures ont été prises pour que toutes les condamnations acquièrent l'autorité de la chose jugée, avant la consignation des articles, lorsque les parties ne se libèrent pas sur simple avertissement (V. 1649 et suiv.), la signification préalable du jugement à la diligence du receveur, prescrite par l'instr. 1059, est devenue inutile ; cependant le premier acte de poursuite n'est point une contrainte mais un commandement. I. 1059. La contrainte a pour objet de créer un titre exécutoire ; il n'y a pas lieu par conséquent de décerner contrainte après une condamnation prononcée. — Lorsque le jugement n'est pas susceptible d'appel et n'a pas été signifié à la requête du ministère public, il suffit de faire notifier l'extrait remis au receveur, avec commandement au débiteur de payer dans la huitaine. Si, au contraire, la signification du jugement en entier a eu lieu, on se borne à faire notifier un simple commandement énonçant la date de la signification à la diligence du ministère public. I. 1059, 1447.

1759. L'art. 197 du Code d'instr. crim. porte que les poursuites pour le recouvrement des condamnations prononcées par les tribunaux de police correctionnelle seront faites, au nom du procureur du Roi, par le directeur de la régie des droits d'enreg. et des domaines. La Cour de cassation a décidé le 8 janv. 1822, que la prescription n'est pas valablement interrompue par des actes *signifiés à la requête de l'adm.*, sans qu'il soit fait mention du ministère public, I. 1537, n. 221 ; et le 30 janv. 1826, que les poursuites ne seraient pas régulières, si elles étaient faites à la requête du procureur du Roi et non à la requête de l'adm. I. 1489, § 13, et 1537, n. 222. Il importe par conséquent de se conformer littéralement à la disposition de l'art. 197 du C. instr. crim. Pour cet effet, les commandements et les actes ultérieurs tendant au recouvrement des amendes de police correctionnelle doivent être signifiés *à la requête de M. le Conseiller d'Etat, Directeur général de l'enreg. et des domaines, poursuite et diligence de M..., directeur à..., agissant au nom de M. le procureur du Roi près le tribunal de..., et pour lequel domicile est élu au bureau de M..., receveur à...* — Les receveurs veilleront à ce que cette mention soit faite par les huissiers dans tous les actes de poursuites qu'ils feront faire pour les amendes dont il s'agit. Circ. R. 1864; I. 943, 1024.

1760. Ces dispositions sont également applicables aux amendes de simple police, puisque, d'après l'art. 165 du Code d'instr. crim., le ministère public est chargé de poursuivre l'exécution des jugements en cette matière. C'est d'ailleurs ce que l'on doit inférer des règles tracées par les instr. 1059 et 1417; seulement, au lieu de faire le commandement au nom du procureur du Roi, il semble qu'il faut le faire au nom du représentant du ministère public près le tribunal qui a prononcé la condamnation.

A l'égard des amendes en matière civile, l'instruction 408 porte que le recouvrement sera suivi par voie de contrainte à la requête du Directeur général seul; un arrêt du 16 juin 1823 a confirmé cette règle, et décide que l'adm. n'est pas tenue de se conformer, dans ce cas, aux dispositions du C. proc. pour l'exécution des jugements. I. 1537, n. 230.

1761. *Poursuites ultérieures.* Lorsque, sur la signification d'un commandement, le condamné ne se présente pas et qu'il devient nécessaire de continuer les poursuites, on procède, soit par voie de saisie-arrêt, de saisie-exécution ou même de saisie immobilière, soit par l'emploi de la contrainte par corps lorsqu'elle est accordée par les lois spéciales (V. *titre* V). Autant que possible on n'aura recours à ces deux dernières poursuites, que dans l'impossibilité d'obtenir par la saisie des créances ou des meubles du débiteur le paiement des condamnations; enfin à cause des frais, on devra préférer la contrainte par corps à la saisie immobilière, et si le condamné subit la peine de l'emprisonnement, on pourra user avec avantage de la voie de la recommandation, c'est-à-dire le faire retenir en prison, selon les règles prescrites en pareil cas (V. *titre* V).

1762. *Objets saisis.* L'adm. est autorisée à provoquer de six en six mois la vente des effets mobiliers déposés dans les greffes, I. 1275, 1375, et d'après la C. c. 26, le versement du produit est effectué entre les mains du receveur des finances de l'arrond., en sa qualité de préposé de la caisse des consignations (V. 2123). L'adm. est fondée à poursuivre sur le montant des sommes ainsi versées à cette caisse, le recouvrement des amendes et des frais de justice, toutes les fois que le jugement de condamnation n'a point ordonné la remise au profit d'un tiers des effets mobiliers ou des sommes en deniers comptants déposés au greffe, ou qu'en l'absence de disposition à cet égard, personne ne s'est présenté pour en réclamer le produit. I. 142, 1426 (V. 2126).

1763. Lorsqu'il n'existe pas d'opposition à la délivrance des sommes dont il s'agit, il suffit que le directeur de l'enreg. demande au receveur des finances, qui en a reçu le versement, le paiement de tout ou partie de la somme déposée, pour être appliquée au recouvrement de l'amende et des frais dus par le condamné sous le nom duquel le dépôt a eu lieu. Le directeur joint à sa demande un extrait du jugement indiquant le montant exact de l'amende et des frais. Cet extrait sera souscrit d'un certificat du greffier constatant que le jugement n'a point ordonné la remise au profit d'un tiers, des effets mobiliers ou des sommes en numéraire déposés au greffe. — S'il existe des oppositions, il est nécessaire, pour obtenir le dessaisissement au profit de l'adm., de se conformer aux dispositions prescrites par le C. proc., pour les saisies-arrêts et oppositions. I. 1426 (V. *titre* V).

1764. Dans le premier cas, le receveur des finances provoquera directement près de la caisse des dépôts et consignations l'ordre de payer les sommes dues par le condamné, sur le produit disponible de la vente de ses effets, et le receveur de l'enreg. n'aura qu'à recevoir le montant du mandat qui lui sera délivré. Dans le second cas, ce dernier demandera au directeur l'autorisation de former entre les mains du receveur des finances une saisie-arrêt ou opposition sur les deniers appartenant au condamné (V. *titre* V).

1765. *Saisie*. On peut également poursuivre de la même manière, par voie de saisie-arrêt ou opposition, le recouvrement des condamnations, soit dans certains cas sur les cautionnements judiciaires (V. 1735, 1736, 1878), soit sur les sommes dont le condamné est créancier, notamment les pensions militaires qui, d'après l'art. 28 de la loi du 11 avril 1831, sont saisissables par l'État jusqu'à concurrence du cinquième. — Mais on ne peut saisir, pour le recouvrement des amendes et frais, les sommes auxquelles les détenus ont droit à leur sortie de prison sur les produits de leur travail. D. 23 flor. an 11. Circ. 13 janv. 1806.

1766. *Forme des poursuites*. On devra, pour la saisie-arrêt, la saisie-exécution, la saisie immobilière, la recommandation et la contrainte par corps, se conformer aux règles qui seront indiquées pour ces procédures spéciales au titre des *Poursuites et instances* (V. *titre* V), et revendiquer d'ailleurs, dans le cas où il est accordé, le privilége du trésor pour les frais (V. 1733). Enfin lorsqu'une instance s'élèvera pour le recouvrement des amendes, frais de justice et autres condamnations, on se conformera également aux règles générales ou spéciales analysées au même titre (V. *titre* V).

1767. *Règles particulières, Débiteurs mariés.* Le recouvrement des condamnations contre certains individus exige, à raison de la position particulière dans laquelle ils sont placés, différentes précautions ou formalités spéciales. Ainsi les amendes encourues par le *mari* pour crime n'emportant pas mort civile, peuvent se poursuivre sur tous les biens de communauté, sauf la récompense due à la femme, C. civ. 1424 ; tandis que si le crime emporte mort civile, les condamnations ne frappent que la part du mari dans la communauté et ses biens personnels, art. 1425.

1768. Il en est de même des condamnations encourues par la *femme*, lorsque le crime emporte mort civile, C. civ. 1425 ; mais dans le cas contraire, elles ne peuvent s'exécuter que sur la nue-propriété de ses biens personnels, tant que dure la communauté, art. 1424. Par conséquent, lorsque le mari n'est pas civilement responsable des condamnations prononcées contre la femme seule, le recouvrement ne peut être poursuivi que par la saisie de la nue-propriété des biens personnels de cette dernière, ou par l'exercice de la contrainte par corps. Cass. 17 sept. 1806, 9 juill. 1807, 6 juill. 1811 et 13 mai 1813.

1769. Ces dispositions s'appliquent aux amendes en matière de simple police ou de police correctionnelle, Cass. 17 sept. 1806 ; elles s'étendent naturellement aux frais de justice et à toutes autres condamnations civiles, telles que les restitutions et dommages-intérêts. La contrainte par corps ne peut être exercée simultanément contre le mari et la femme. L. 17 avril 1832.
— L'adm. peut valablement poursuivre contre une femme mariée sous le régime dotal, le recouvrement des frais de justice auxquels elle a été condamnée, même sur ses biens dotaux, et revendiquer le privilége que la loi assure au trésor. Cass. 5 mars 1845. I. 1743, § 21.

1770. *Mineurs.* L'action pour le recouvrement des condamnations prononcées contre des mineurs s'exerce sur les biens qui leur appartiennent personnellement, en observant les règles ordinaires en cette matière. Les actes de poursuite doivent être faits contre le tuteur, en cette qualité. La contrainte par corps ne peut, dans aucun cas, être exercée contre des mineurs pour le recouvrement des sommes dont ils sont débiteurs. C. civ. 2064.

1771. *Faillis.* Aux termes de l'art. 443 du C. com., les faillis étant dessaisis de plein droit de l'administration de leurs biens, à compter du jugement déclaratif de la faillite, aucune action ne peut s'exercer contre eux personnellement. La voie de la contrainte par corps ne peut donc être employée pour le recouvrement des condamnations prononcées contre un failli. C. com. 455 ; C. Nancy, 21 nov. 1845 ; Délib. 8 mai 1846 ; Sol. 15 avril 1847. Les receveurs doivent se conformer aux règles prescrites par le Code de commerce pour faire admettre la créance de l'État au passif de la faillite, sauf à revendiquer le privilége dans les cas où la loi l'accorde pour le recouvrement des condamnations (V. 1733). — Des règles spéciales sont observées pour faire rentrer les frais relatifs aux faillites et banqueroutes dont le trésor fait l'avance, conformément à la loi du 28 mai 1838. (V. 1863 et suiv.).

1772. *Étrangers.* Le recouvrement des condamnations prononcées par les tribunaux français contre des étrangers est poursuivi contre eux soit sur les biens qu'ils ont en France, soit sur leurs personnes si l'on peut s'en saisir. Av. Cons. d'Etat, app. 4 juin 1806.

1773. *Contumaces.* Lorsqu'une condamnation a été prononcée par contumace, les biens du condamné devant être considérés comme biens d'absent et régis par l'adm. à titre de séquestre, d'après les art. 471 et suiv. du C. d'instr. crim., le recouvrement des frais de justice ne peut pas être suivi directement contre le débiteur. Le receveur s'assurera que le séquestre a été apposé, et se tiendra au courant de toutes les circonstances qui pourraient faciliter le paiement, en se concertant au besoin avec les receveurs chargés de l'administration des biens. — C'est sur le produit net du compte de séquestre que le paiement des amendes et frais doit être autorisé, I. 292, 302 ; il est essentiel de faire les diligences nécessaires avant que ce compte soit rendu. Le directeur délivre, pour le paiement des condamnations, un mandat qui est acquitté sur les fonds disponibles.

1774. Lorsque l'accusé purge sa contumace, en se représentant dans le délai de cinq ans, ou lorsqu'il est arrêté avant que la peine soit éteinte par prescription, le jugement rendu par contumace et les procédures faites contre lui depuis l'ordonnance de prise de corps ou de se représenter, sont anéantis de plein droit. C. instr. crim. 476. Le contumace qui, après s'être représenté obtiendrait son renvoi de l'accusation, sera toujours condamné aux frais occasionnés par sa contumace, art. 478. — il résulte de là que le contumace ne peut, dans aucun cas, être déchargé des frais de justice auxquels sa première condamnation par défaut a donné lieu. On admet que s'il eût obéi à la justice, il eût prévenu cette condamnation et évité les conséquences. Dans ce cas, le contumace ne peut être déchargé que des peines, entre autres des amendes s'il en a été prononcé par défaut, et des frais de justice postérieurs à sa représentation. I. 354, 469.

1775. Si le condamné par contumace meurt dans le délai de grâce de cinq années sans s'être représenté, ou sans avoir été saisi ou arrêté, il est réputé mort dans l'intégrité de ses droits. Le jugement de contumace est anéanti de plein droit, sans préjudice de l'action civile, laquelle ne peut être intentée contre les héritiers du condamné que par la voie civile. C. civ. 31. Cette disposition est fondée sur la présomption que si le condamné eût vécu, il se serait représenté, qu'il aurait démontré son innocence, et qu'il aurait été acquitté par un second jugement. Cette présomption admise, l'amende qui a pu être prononcée contre un accusé contumace n'est pas recouvrable ; mais il n'en est pas de même des frais auxquels ont donné lieu la recherche de sa personne et l'instruction du procès, puisque, même dans le cas d'acquittement, ces frais extraordinaires, causés par son éloignement, eussent été exigibles. D. just. et fin. 16 et 27 fév. 1810. — Les receveurs devront par conséquent, suivre contre les héritiers du contumace le recouvrement des frais avancés. Circ. R. 2002 ; I. 469.

1776. *Interdiction légale.* Quiconque aura été condamné à la peine des travaux forcés à temps ou de la réclusion sera, pendant la durée de sa peine, en état d'interdiction légale ; il lui sera nommé un tuteur et un subrogé-tuteur pour gérer et administrer ses biens dans les formes prescrites pour la nomination des tuteurs et subrogés-tuteurs aux interdits, C. pén. 29, et L. 28 avril 1832. — Les biens du condamné lui seront remis après qu'il aura subi sa peine, et le tuteur lui rendra compte de son administration, art. 30. — Pendant la durée de la peine, il ne pourra lui être remis aucune somme, aucune provision, aucune portion de ses revenus, art. 31. — Pour rendre régulières les poursuites à diriger contre des individus frappés d'interdiction légale, la nomination d'un tuteur contre lequel on puisse agir contradictoirement est indispensable. Cette nomination devant avoir lieu dans la forme suivie pour les interdits, C. civ. 405 et suiv., et 494, les parents ou les amis à défaut de parents des condamnés, sont convoqués et assemblés en conseil de famille, à l'effet de nommer un tuteur, auquel ils conféreront les autorisations qui seront jugées nécessaires. I. 142, 220.

1777. L'adm. a le droit de provoquer cette nomination lorsqu'elle a besoin de diriger des poursuites pour le recouvrement des frais de justice. Toutefois la nomination ne doit être provoquée qu'autant que les parents et le juge de paix lui-même négligeraient ou refuseraient de convoquer le conseil de famille. Dans ce cas, les préposés devront, après avoir obtenu l'autorisation du directeur, s'adresser au tribunal de 1re instance, conformément aux art. 492 et 494 du C. civil. L'adm. étant dispensée d'employer le ministère des avoués, cette demande peut être faite par simple requête ou mémoire signé par le directeur, ou même par le receveur. I. 142, 220.

1778. *Mort civile.* Les condamnations aux travaux forcés à perpétuité et à la déportation, emporteront mort civile. C. pén. 18. Lorsqu'il s'agit de suivre le recouvrement de frais prononcés contre des condamnés à une peine emportant mort civile, cette interdiction ayant, quant aux biens, tous les effets de la mort naturelle, C. civ. 25, sa succession se trouve ouverte et dévolue à ses héritiers; c'est donc contre ceux-ci directement, que les poursuites doivent être dirigées, à moins qu'ils ne se soient abstenus de prendre sa succession et qu'ils y aient renoncé régulièrement. Dans ce dernier cas, les préposés doivent, après l'expiration des délais accordés par la loi pour faire inventaire et délibérer, art. 795 C. civ., provoquer devant le tribunal de 1re instance, la nomination d'un curateur spécial, de la même manière que tout créancier d'une succession vacante est en droit de demander la création d'un curateur à l'effet d'administrer les biens du défunt. I. 220. — La contrainte par corps ne peut ête exercée contre le condamné frappé de mort civile, quand même il aurait obtenu des lettres de grâce. C. Nancy, 21 nov. 1846.

1779. *Frais de poursuites.* Les frais pour le recouvrement des condamnations sont avancés par les receveurs des deniers de la caisse; il en est fait article au sommier des opérations de trésorerie (V. *titre* V); en marge de l'article principal on fait également une mention succincte, indiquant le n° du sommier où l'avance a été portée et la somme avancée, afin de la faire payer lors du recouvrement de l'article. Quand les frais tombent en non valeurs, l'État les supporte s'il s'agit de frais de justice ou d'amendes non attribuées; il en est remboursé sur le fonds commun des amendes attribuées quand les poursuites ont eu pour objet le recouvrement d'amendes attribuées aux communes et hospices. I. 241, 1122 (V. *Comptabilité générale*).

1780. *Emargements.* On n'omettra pas d'indiquer en marge de chaque article consigné sur le sommier n° 3, et dans la colonne spéciale réservée à cet effet, les avertissements, poursuites, diligences, renseignements, certificats, annulations et reports; lorsque des paiements seront effectués on en fera aussi mention, le tout ainsi qu'il est prescrit pour tous les sommiers (V. 1516 et suiv., 1532).

§ III. — *Paiements et recettes.*

1781. *A-comptes.* Lorsque les condamnés à des amendes et à des frais de justice ne peuvent acquitter à la fois la totalité des condamnations, les à-comptes qu'ils paient (V. 1727) doivent être imputés à valoir d'abord sur les frais dont le trésor a fait l'avance. I. 194. L'intérêt du trésor exige que ce mode d'imputation soit strictement observé : bien qu'un privilége soit accordé pour le paiement des frais; on doit éviter que les non-valeurs ne tombent ultérieurement sur les sommes qu'il a déboursées, plutôt que sur les amendes attribuées; il faut donc que les sommes payées à compte soient portées en recette, à valoir d'abord sur les frais de poursuites, puis sur les frais de justice, ensuite sur les dommages-intérêts, et ne soient admises qu'après l'épuisement complet de ces frais, en déduction du montant des amendes. Conformément à l'article 5 de l'arrêté du 9 sept. 1830, I. 1358, les receveurs peuvent être rendus responsables des frais de justice qui sont devenus irrécouvrables par suite d'imputation irrégulière des paiements effectués par les redevables. I. 1359.

1782. *Recette*. Les sommes recouvrées sur les amendes, dommages-intérêts, frais de justice ou de poursuites sont portées en recette sur le registre correspondant au sommier (V. 1350, 1537). — Le registre de recette des amendes de condamnation et perceptions diverses correspondant au sommier n° 3, présente, outre les colonnes destinées à porter hors ligne les sommes reçues, et qui sont les mêmes que sur le sommier, quatre colonnes, savoir : 1° n° d'ordre de l'enreg. ; 2° n° du sommier ; 3° noms des communes, établissements ou individus qui ont droit à l'attribution de tout ou de partie des amendes ; 4° enreg. en recette.

1783. *Enregistrement*. L'enreg. en recette énoncera, en tête, la date du paiement ; puis le receveur y consignera successivement le nom de celui qui a payé, celui des débiteurs, la somme payée en toutes lettres, la date du jugement et l'indication du tribunal, la nature du délit ou de la contravention, le lieu où il a été commis, et, s'il y a lieu, les noms des individus qui ont droit à une attribution, enfin il est essentiel de préciser dans chaque enreg. en recette la nature des produits recouvrés. Les sommes seront tirées hors ligne suivant leur espèce dans les colonnes spéciales. Ainsi qu'on l'a fait observer pour tous les sommiers de produits constatés, il est indispensable qu'une concordance parfaite existe entre le sommier et le registre de recette (V. 1540) ; on aura donc soin, notamment lorsqu'il s'agira d'un paiement final, de faire les comparaisons nécessaires avec le sommier.

1784. *Attributions*. L'indication, dans la colonne spéciale, du nom des communes, établissements ou individus qui ont droit à l'attribution des amendes doit être faite avec soin, pour éviter des erreurs dans le paiement de ces attributions. Lorsqu'il s'agira d'une amende attribuée au *fonds commun*, ces mots seront inscrits dans la même colonne. — Le paiement de ces attributions est effectué selon le mode indiqué au titre de la *Comptabilité générale*.

1785. *États de recouvrement*. Les receveurs et les directeurs devaient fournir chaque trimestre un état de situation du recouvrement des frais de justice, indépendamment des états généraux de comptabilité, I. 531, 975, 1284 ; mais, par suite d'une ord. du 3 nov. 1849, I. 919, l'envoi de ces états étant devenu inutile, ils ont été dispensés de les fournir. I. 1295. — Néanmoins le ministère de la justice ayant besoin de connaître, pour chaque arrond., le montant des frais de justice avancés annuellement par le trésor, et les recouvrements effectués tant sur les frais de justice, que sur les amendes de police simple, correctionnelle et criminelle, les receveurs doivent adresser au directeur, avant le 15 mars de chaque année, et celui-ci à chacun des procureurs du Roi du département, un état présentant en une seule ligne, les avances et recouvrements opérés pendant l'année précédente, pour chaque arrond. Circ. 25 fév. 1846.

SECTION VI. — *Condamnations et indemnités spéciales.*

§ Ier. — *Amendes de chasse.*

1786. *Amendes.* Les contraventions aux lois sur la police de la chasse étaient de deux sortes; celles qui concernaient le port des armes de chasse réglé par le décret du 4 mai 1812 (V. 596), et les infractions à la loi du 30 avril 1790 qui a long-temps réglé l'exercice de la chasse. — Ces dispositions ont été remplacées par la loi du 3 mai 1844. Cette loi prononce :

Premièrement, une amende de 16 à 100 fr., qui peut être doublée et quadruplée dans certains cas, contre : 1° ceux qui ont chassé sans permis de chasse ; 2° ceux qui ont chassé sur le terrain d'autrui sans le consentement du propriétaire; 3° ceux qui ont contrevenu aux arrêtés des préfets concernant les oiseaux de passage, le gibier d'eau, la chasse en temps de neige, l'emploi de chiens levriers, ou aux arrêtés concernant la destruction des oiseaux et celle des animaux nuisibles ou malfaisants; 4° ceux qui ont pris ou détruit sur le terrain d'autrui des œufs ou couvées de faisans, perdrix ou cailles; 5° les fermiers de la chasse dans les bois soumis au régime forestier et sur les propriétés des établissements publics pour infractions aux clauses de leur bail, art. 11 et 14.

Secondement, une amende de 50 à 200 fr., qui peut être doublée dans certaines circonstances, et même quadruplée, contre : 1° ceux qui ont chassé en temps prohibé; pendant la nuit ; à l'aide d'engins ou d'instruments prohibés; avec appeaux, appelants ou chanterelles, ou qui ont employé des drogues ou appâts qui sont de nature à enivrer le gibier ou à le détruire ; 2° ceux qui sont détenteurs ou sont trouvés munis ou porteurs, hors de leur domicile, de filets, engins et autres instruments prohibés, et ceux qui en temps prohibé ont mis en vente, vendu, acheté, transporté ou colporté du gibier, art. 12 et 14.

Troisièmement, contre celui qui a chassé sur un terrain clos, attenant à une habitation, sans le consentement du propriétaire : 1° une amende de 50 à 300 fr. qui peut être doublée en cas de récidive, déguisements, faux noms, menaces ou violence, et 2° si le délit a été commis la nuit, une amende de 100 fr. à 1,000 fr. qui peut également être doublée en cas des circonstances aggravantes ci-dessus, art. 13 et 14. I. 1730.

1787. *Bureau.* Afin de faciliter le paiement des attributions (V. 1789), la recette des amendes de chasse doit être faite par le receveur de la situation des communes où les délits ont été commis, lors même que les individus condamnés pour ces délits sont domiciliés dans le ressort d'un autre bureau. Mais, dans ce cas, le recouvrement est opéré par le receveur du domicile du condamné qui tient compte à son collègue, par *virement* (**V.** *Comptabilité générale*). I. 1730.

1788. *Extraits et consignation.* Pour le recouvrement des amendes de chasse, les greffiers délivrent, dans la forme ordinaire, aux receveurs de l'enreg., des extraits des jugements de condamnation (V. 1636) ; il en est fait article au sommier des amendes, n° 3 des produits constatés, avec les *amendes attribuées aux communes et hospices ;* mais elles sont distinguées dans les comptes. C. c. 63. — Avant la promulgation de la loi du 3 mai 1844, les amendes pour délit de chasse dans les forêts de l'État figuraient avec les amendes forestières, I. 510, 557 ; mais la nouvelle loi ne faisant aucune distinction, les amendes de chasse doivent être classées parmi les amendes attribuées aux communes, lors même que les délits ont été commis dans les forêts de l'État. Délib. 11 août. 1846 ; D. 24 mai 1847. I. 1784. — Quant aux sommes à payer pour la valeur des armes qui n'ont pas été déposées au greffe, c'est au sommier des revenus de domaines, avec les prix de vente de mobilier, que la consignation doit être faite. C. c. 46, § 3 (V. 2145).

1789. *Attributions.* Sur le montant des *amendes prononcées,* des gratifications qui varient selon la nature des délits sont accordées aux gardes et gendarmes rédacteurs des procès-verbaux. Ces gratifications sont allouées, qu'il y ait ou non recouvrement, et même lorsque le tribunal n'a point prononcé d'amende et s'est borné à condamner le délinquant aux frais. Elles sont prélevées sur le produit total des amendes, et le restant net en principal des amendes recouvrées, après déduction des frais de régie, est attribué aux communes sur le territoire desquelles les infractions ont été commises, quand même ce serait dans les bois de l'État ou des établissements publics. L. 3 mai 1844, art. 10, 19 ; Ord. 5 mai 1845 ; D. 24 mai 1847. I. 1730, 1759, 1784. — Chaque article consigné au sommier doit donc indiquer clairement la nature du délit, la commune sur le territoire de laquelle il a été commis, et le nom de l'agent ou des agents qui l'ont constaté, ainsi que la date du procès-verbal.

1790. *Recouvrement.* Le recouvrement des amendes de chasse et des frais est suivi dans la forme prescrite pour toute autre condamnation de police (V. 1727 et suiv.). La contrainte par corps peut être employée (V. 1761). — Les frais de poursuites qui tombent en non valeur sont remboursés sur le fonds des amendes attribuées aux communes et hospices (V. *Comptabilité générale*). — Les amendes recouvrées sont portées en recette sur le registre correspondant au sommier dans la forme ordinaire (V. 1782). On devra émarger l'enreg. du nom de la commune qui a droit à l'attribution, et y ajouter le n° du compte ouvert tenu pour chaque commune pour le paiement de cette attribution. Ce compte ouvert étant un véritable registre de comptabilité qui n'a d'autre objet que de préparer le compte des sommes à payer à la commune, ce qui est relatif à ce registre et au paiement des gratifications et attributions sur les amendes de chasse a été rappelé au titre de la *Comptabilité générale*.

§ II. — *Condamnations forestières.*

1791. L'administration des eaux et forêts est chargée, tant dans l'intérêt de l'État que dans celui des communes et des établissements publics, des poursuites en réparation de tous les délits et contraventions commis dans leurs bois et sur les fleuves et rivières navigables. Elle est également chargée de la surveillance des contraventions en ce qui concerne les exploitations de bois propres au service de la marine ou des travaux du Rhin, et aux défrichements. Les agents forestiers constatent les délits par des procès-verbaux dont l'effet est suivi à la requête de l'adm. des forêts par les soins du ministère public. C. for. 159 ; L. 15 avril 1829, art. 36. — L'adm. de l'enreg. et des domaines est chargée du recouvrement des condamnations de toute nature résultant des jugements ; elle recouvre également celles qui ont été prononcées pour délits dans les bois de la Couronne, C. for. 210 ; L. 15 avril 1829, art. 76 ; enfin les préposés doivent surveiller l'abus des poursuites préjudiciables aux intérêts du trésor.

ART. 1er. — *Condamnations au profit de l'État.*

1792. *Délinquants insolvables.* Dans le but de diminuer les frais de poursuites qui tombent en non valeur, les conservateurs des forêts ont été autorisés à poursuivre ou à abandonner, selon que le bien du service et l'intérêt du trésor leur paraissent l'exiger, l'effet des procès-verbaux dressés contre les délinquants déjà condamnés et dont l'insolvabilité a été constatée. D. 26 juillet 1831. I. 1378. Pour faciliter l'exercice de cette faculté, l'art. 2 d'un arrêté du 12 avril 1834 prescrit la formation d'états par communes de tous les individus condamnés pour délits forestiers et qui ont été reconnus insolvables. I. 1456.

1793. Ces états sont formés en double minute de concert entre le receveur des domaines du domicile des condamnés et l'agent forestier désigné à cet effet par l'inspecteur forestier de l'arrond. — Ils comprennent, par ordre alphabétique, 1° les noms et professions des condamnés ; 2° le nombre des condamnations intervenues contre eux ; 3° la date des différents certificats constatant leur insolvabilité ; 4° les poursuites exercées pour le recouvrement des condamnations, savoir : date des commandements, date de l'emprisonnement, s'il a été requis, et durée de l'emprisonnement. I. 1456.

1794. En cas de dissentiment entre le receveur des domaines et l'agent forestier, sur l'insolvabilité, ils forment aussi en double un état distinct des condamnés dont la solvabilité a été contestée, et ils le transmettent chacun à leur chef immédiat, pour en être référé au préfet chargé de statuer. En attendant qu'il ait été prononcé à cet égard par le préfet sur les observations du directeur des domaines et du conservateur, les individus portés sur cet état sont considérés comme insolvables. I. 1456.

1795. Quant à l'état des condamnés reconnus insolvables, l'une des deux minutes reste au bureau du receveur des domaines et l'autre est remise à l'agent forestier chargé des poursuites. Ces états sont revisés et complétés aux mois de janvier et de juillet de chaque année, à l'effet de rayer les individus qui ont été libérés des condamnations existantes contre eux, et d'y porter ceux dont l'insolvabilité a été constatée pendant le semestre expiré. I. 1456.

1796. Les receveurs sont à portée de s'assurer de la position des délinquants par l'inspection du sommier de la contribution foncière et de tous les documents dont ils disposent. Il ne suffit pas qu'un condamné soit porté sur cet état pour que les receveurs soient dispensés de rechercher si sa position s'est ou non améliorée. Ils apporteront d'ailleurs le plus grand soin dans la formation de ces états ; vérifieront si les certificats sont réguliers, si l'insolvabilité est absolue ; enfin ils ne négligeront jamais de provoquer la révision des états aux époques prescrites. Les noms et professions de chaque individu porté dans l'état seront indiqués avec exactitude afin de prévenir les erreurs.

1797. Tout individu contre lequel il sera rapporté un procès-verbal pour délit, et qui ne sera pas porté sur l'état des condamnés insolvables, sera considéré par ce seul fait comme solvable, et les agents forestiers devront diriger des poursuites contre lui. Mais à l'égard des individus inscrits sur ces états, ils ne devront être poursuivis que s'il n'existe pas déjà contre eux un jugement de condamnation suffisant pour provoquer leur incarcération ; et dans ce cas, si plusieurs procès-verbaux ont été dressés contre eux, les agents forestiers ne donneront suite qu'à celui qui entraînera la plus forte condamnation. Il ne sera fait exception à ces dispositions que lorsqu'il y aura séquestre de bois de délit, et que le conservateur, par un ordre spécial, aura cru nécessaire d'autoriser la continuation des poursuites pour faire prononcer la confiscation des bois séquestrés. I. 1456.

1798. Les procès-verbaux ne devront comprendre plusieurs individus que lorsqu'il s'agira d'un même délit commis par plusieurs, et pouvant dès lors donner lieu à la question de solidarité. Dans ce dernier cas, si, au nombre des délinquants, il se trouve un ou plusieurs solvables, il sera donné suite au procès-verbal contre tous les individus qui y sont dénommés, lors même qu'il y aurait parmi eux un ou plusieurs insolvables contre lesquels il existerait un jugement obtenu et non encore exécuté. I. 1456.

1799. *Poursuite des délits.* L'action pour la répression des délits et contraventions en matière forestière étant exercée à la requête de l'adm. des forêts sur la poursuite du ministère public (V. 1791), les actes de poursuite et de procédure reçoivent en *débet* les formalités du timbre et de l'enreg. (V. 1593), et les droits sont compris dans les dépens à recouvrer sur les condamnés (V. 1636). Quant aux frais pour parvenir aux condamnations, ils ne sont plus acquittés par les receveurs depuis que le paiement des dépenses de l'adm. des forêts a été attribué aux payeurs. Les receveurs paient seulement les taxes de témoins délivrées sur leur caisse par les tribunaux ; mais comme ils remettent ces taxes au receveur des finances, en les comprenant pour comptant dans leurs versements, I. 1518 (V. *Comptabilité générale*), c'est une opération toute matérielle dont il ne reste aucune trace.

1800. En ce qui concerne les bois des communes ou des établissements publics, les frais étaient payés par le trésor, sauf recouvrement sur les condamnés ou remboursement par l'établissement, I. 1001 ; mais d'après l'art. 107 C. for., la poursuite des délits doit être faite sans frais par les agents de l'État, qui en est indemnisé par une taxe additionnelle sur les produits, conformément à l'art. 5 de la loi du 25 juin 1841, I. 1251, 1653, 1738. En conséquence, ces frais sont assimilés à ceux qui ont pour objet les délits commis dans les bois et forêts de l'État (V. 1856).

1801. Toutes les poursuites exercées au nom de l'adm. des forêts pour délits commis dans les bois soumis à sa surveillance, sont portées devant le tribunal de police correctionnelle, C. instr. crim. 19. Il en est de même de celles qui sont exercées en réparation de délits pour fait de pêche dans les fleuves et rivières navigables, L. 15 avril 1829, 48. — Les délinquants sont condamnés à l'amende, aux restitutions, dommages-intérêts et frais prononcés par les lois. C. for. 198. On entend par restitutions la valeur des objets enlevés que les délinquants sont condamnés à restituer, et par dommages-intérêts, les sommes allouées pour indemniser le propriétaire du dommage qu'il a éprouvé indépendamment de la perte matérielle. — Les amendes forestières sont, comme toutes les autres, sujettes au décime par franc, mais les restitutions et les dommages-intérêts en sont affranchis. Circ. R. 643, 1719.

1802. *Amendes forestières*. On classe sous le titre d'amendes forestières les amendes de toute nature prononcées par le Code forestier ou celui de la pêche fluviale pour délits dans les forêts de l'État, des communes et des établissements publics, ou délits de pêche dans les fleuves et rivières navigables et dans les eaux appartenant à l'État, constatés par les agents de l'adm. des forêts, ou par les gardes des fermiers de l'État. Mais on n'y comprend point les amendes pour délits dans les bois de la Couronne qui sont classées avec les *autres amendes* (V. 1849); ni celles pour délits dans les bois des particuliers confondues sous le titre des *amendes attribuées aux communes et hospices* (V. 1672); ni enfin les amendes de chasse, même dans les forêts de l'État, qui sont également portées sous le même titre (V. 1788).

1803. *Attributions*. L'art. 5 de la loi du 14 juillet 1838, accordé à l'adm. des forêts le tiers du produit en principal des amendes résultant de délits forestiers et de pêche. Cette attribution ne s'applique, pour les forêts, qu'aux amendes concernant les bois de l'État et des communes et établissements publics, qui sont prononcées par des jugements rendus à la requête de l'adm. des forêts. I. 1594 ; C. c. 48, § 1er. On en excepte les amendes pour délits de chasse dans les forêts de l'État qui donnent droit aux agents forestiers qui les ont constatés à une gratification (V. 1789).

1804. *Recette*. Les lois des 19 déc. 1790 et 29 sept 1791 ont confié aux préposés des domaines le recouvrement des amendes de condamnation et entre autres des amendes forestières, mais un décret du 2 fév. 1811 en avait chargé les gardes généraux des forêts en les obligeant à verser le produit dans la caisse des receveurs de l'enreg. Ce mode ne fut mis à exécution qu'avec diverses restrictions, I. 510, 557, et l'on reconnut bientôt que les opérations de recouvrement et de comptabilité ne pouvaient se concilier avec le service extérieur pour lequel les gardes généraux des forêts ont été institués. A compter du 1er janvier 1818, les receveurs de l'enreg. furent exclusivement chargés, chacun dans son arrond., du recouvrement des amendes et autres condamnations prononcées pour délits forestiers et de pêche. I. 813. Ces dispositions ont été définitivement consacrées par l'art. 210 C. for. et l'art. 76 de la loi du 15 avril 1829.

1805. Outre les amendes qui sont dans tous les cas prononcées au profit de l'État, les restitutions, dommages-intérêts qui lui sont alloués et les frais qui lui sont dus, les préposés sont chargés de recouvrer pour le compte des communes et des établissements publics et pour celui de la Couronne, les restitutions et dommages alloués pour délits dans leurs bois ; et pour le compte de la caisse des dépôts et consignations, le montant des condamnations prononcées pour délits dans les bois dont la propriété est en litige. Ces recouvrements font l'objet de paragraphes spéciaux (V. 1845, 1853, 1857). — Le recouvrement des condamnations en matière forestière est suivi comme celui des autres condamnations de police, d'après les extraits de jugements remis aux préposés.

1806. *Jugements contradictoires*. Lorsque le jugement est contradictoire et qu'il n'a été fait par les condamnés aucune déclaration d'appel, les greffiers en remettront l'extrait directement au receveur de leur résidence, dix jours après celui où le jugement aura été prononcé. Quant aux extraits des arrêts et jugements rendus sur appel, ils seront remis dans les quatre jours, si les condamnés ne se sont point pourvus en cassation. Ord. 1er août 1827, 188. 1. 1251. — Ces extraits doivent être sur papier non timbré dans la forme ordinaire (V. 1636), et indiquer exactement les noms des individus condamnés soit per-, sonnellement, soit comme civilement responsables, soit enfin comme cautions des adjudicataires ou délinquants.

1807. Le recouvrement devant être suivi par le receveur du domicile des débiteurs, les extraits des jugements contradictoires leur sont renvoyés par le receveur placé près le tribunal qui a prononcé la condamnation, selon le mode prescrit (V. 1643). — D'après l'instr. 1138, les receveurs placés près les tribunaux de 1re instance doivent adresser chaque quinzaine au directeur, et celui-ci au conservateur des forêts, un état des extraits remis par les greffiers. Ces dispositions ne paraissent abrogées par aucune instruction postérieure; l'instr. 1455 supprime seulement les états de recouvrement. Toutefois l'état dont il s'agit ne se fournit plus dans la plupart des départements.

1808. *Jugements par défaut.* Les extraits de jugements par défaut sont remis par les greffiers aux agents forestiers dans les dix jours du jugement. Ord. 1er août 1827, 188, et 19 oct. 1841. Ils doivent être rédigés sur papier visé pour timbre en *débet*, I. 1265, § 7, et sont d'ailleurs rédigés dans la forme des extraits de jugements contradictoires (V. 1636).

1809. L'agent forestier supérieur de l'arrond. fera signifier aux condamnés les extraits des jugements par *défaut*, immédiatement après la remise qui lui en aura été faite par le greffier. I. 1299, 1529. Lorsque plusieurs jugements par défaut auront été rendus contre un individu insolvable, les agents forestiers ne devront lui signifier que celui qui portera la peine la plus forte. I. 1378.

1810. Les significations sont faites par l'un des gardes forestiers ou de la pêche, les plus voisins du domicile des condamnés, avec commandement de payer au bureau de l'enreg. le montant des condamnations en principal et frais. L'art. 173 C. for. et l'art. 50 de la loi du 15 avril 1829, accordent aux gardes le droit de faire toutes citations et significations d'exploits, au nom de l'adm. des forêts, mais sans pouvoir procéder aux saisies-exécutions. I. 1251. C'est ce qui résultait déjà de l'ord. de 1669 sur les forêts, et d'un avis du Conseil d'État du 16 mai 1807. I. 376, 551, 813, 1050. — Les receveurs étaient chargés de faire l'avance des frais de signification, I. 147, 376, 1050; actuellement ces frais sont remboursés aux agents forestiers, comme les autres dépenses de l'adm. des forêts. I. 1518 (V. *Comptabilité générale*). Toutefois les receveurs restent chargés du recouvrement sur les condamnés.

1811. Aussitôt après la signification des jugements par défaut, l'agent forestier remettra au receveur des domaines du chef-lieu de l'arrond. un état indiquant les noms, prénoms, professions et domiciles des condamnés, la date des jugements et celle de la signification, le montant des condamnations en amendes, dommages-intérêts et frais, ainsi que les frais de signification à payer par les délinquants. Le receveur fera mention pour ordre, sur le registre des renvois, de la remise de cet état par l'agent forestier, et de la date de l'envoi au directeur. Cet envoi se fera sans bulletin, et le receveur du domicile des condamnés, auquel l'état sera transmis, n'aura point à fournir le certificat de consignation indiqué (V. 1647). I. 1529.

1812. Quinze jours après la signification, l'agent forestier remettra également au receveur des domaines du chef-lieu d'arrond. les originaux des exploits de signification ; celui-ci consignera chacune des condamnations au registre des renvois ; il se conformera, ainsi que le receveur du domicile des condamnés, aux règles ordinaires pour la transmission des extraits et le certificat de consignation (V. 1643 et suiv.). D. 19 oct. 1836. I. 1529.

1813. *Consignation.* A la réception des extraits de jugements contradictoires et des extraits signifiés des jugements par défaut, le receveur du domicile des condamnés, chargé du recouvrement. les consigne en la forme ordinaire (V. 1665), sur le sommier des *produits accessoires des forêts*, n° 7 des droits constatés. Les sommes sont tirées hors ligne dans chacune des colonnes spéciales, selon la nature des condamnations, savoir : amendes en principal, décime pour franc, dommages-intérêts et restitutions, frais de poursuites et d'instances concernant l'adm. des forêts. I. 1251, 1358 ; C. c. 44, § 6.

1814. Les amendes pour délits dans les bois des communes et des établissements publics étant des amendes forestières (V. 1802), doivent être confondues avec elles sur le sommier des produits des forêts ; il en est de même des frais ; mais les dommages-intérêts alloués aux communes et aux établissements, et dont les receveurs de l'enreg. doivent aussi faire le recouvrement, sont portés distinctement dans une colonne spéciale du même sommier (V. 1854).

1815. Il est essentiel de ne point consigner sur le sommier des produits des eaux et forêts, des condamnations prononcées en toute autre matière ; on se conformera à cet égard aux distinctions établies *sup.* 1802 et suiv. On devra également classer avec soin les différentes condamnations prononcées, et se garder de confondre les amendes avec les restitutions et dommages-intérêts. Dans la colonne des frais, on portera non seulement les frais faits pour constater les délits, pour la poursuite et la condamnation, y compris les droits de timbre et d'enreg. en *débet* des actes de la procédure, mais encore le coût des extraits et celui des significations de jugements par défaut. C. c. 48, § 3.

1816. *Recouvrement.* Aussitôt après la consignation de l'article, le receveur fait remettre par un garde-forestier ou par l'intermédiaire des maires (V. *titre* V), un avertissement au condamné pour acquitter, dans la huitaine, le montant des condamnations et des frais. I. 531, 813. Les sommes recouvrées sont portées en recette au registre et sous les titres correspondant au sommier.

1817. *Insolvabilité.* Si les condamnés ne se libèrent point et ne justifient pas de leur insolvabilité, le receveur fera des recherches pour s'assurer qu'ils sont en état de payer. S'ils sont insolvables, il le fera certifier par le maire sur les formules imprimées destinées à tous les certificats d'indigence (V. *titre* V). Outre les formalités exigées pour les certificats, le garde général des forêts doit mentionner au pied du certificat si' le condamné est un délinquant d'habitude, et s'il a été compris comme tel dans l'état des condamnés à incarcérer. I. 1550 (V. 1841).

1818. *Poursuites.* Lorsque les débiteurs présentent une solvabilité suffisante et que des poursuites deviennent indispensables, on prend d'abord les mesures conservatoires (V. 1740 et suiv.), et l'on dirige ensuite les poursuites nécessaires avec les ménagements convenables (V. 1514). — Le recouvrement des condamnations en matière forestière est poursuivi, comme pour les autres amendes de condamnation prononcées en police correctionnelle, par voie de commandement et de mise à exécution sur les biens ou sur la personne des condamnés (V. 1759 et suiv.). Pour les saisies-arrêts, saisies-exécution et saisies immobilières (V. *titre* V). A l'égard de la contrainte par corps (V. 1823).

1819. *Instances.* L'instruction des instances relatives au recouvrement des amendes forestières doit être suivie dans les formes spéciales prescrites pour les perceptions confiées à l'adm., et non selon le mode réglé en matière civile ordinaire. I. 1249, § 15, et 1537, n. 229 (V. *titre* V).

1820. *Frais.* Les frais de poursuites et d'instances pour le recouvrement des condamnations en matière forestière tant pour les délits dans les forêts de l'État, que pour ceux qui ont été commis dans les bois des communes et des établissements publics, sont avancés par les receveurs des deniers de leur caisse, comme pour toutes les poursuites concernant l'adm. ; mais ces avances sont faites pour le compte de l'adm. des forêts qui doit en rembourser le montant lorsqu'elles tombent en non-valeurs. En conséquence, il en est fait article, au fur et à mesure des avances, sur le sommier des opérations de trésorerie, à l'article des avances à régulariser, sous le titre : *Frais de poursuites et d'instances pour le compte de l'adm. des forêts*, I. 1299, 1358; C. c. 16.— Il ne faut pas confondre ces avances avec les frais de poursuites portés dans les extraits de jugements, et qui doivent être consignés au sommier des produits des forêts en même temps que les autres condamnations (V. 1813); il s'agit ici des frais des poursuites dont les receveurs font l'avance pour le recouvrement des condamnations.

1821. Le recouvrement de ces frais est suivi sur les condamnés en même temps que celui des amendes et condamnations, et de la même manière. Pour ne pas omettre de les faire payer, on aura soin d'indiquer en marge de l'article consigné sur le sommier n° 7, le n° de l'article ouvert sur le sommier des opérations de trésorerie. Les sommes recouvrées seront portées en recette sur le registre correspondant au sommier des opérations de trésorerie, sous le titre : *Recouvrement d'avances de frais concernant l'adm. des forêts.* — A défaut de paiement par les condamnés, l'adm. est remboursée de ces avances par l'adm. des forêts, selon le mode indiqué au titre de la *Comptabilité générale.*

1822. *États.* Les préposés fournissaient périodiquement des états de situation du recouvrement des condamnations en matière forestière, Circ. R. 1680, Circ. 6 sept., 11 nov. 1806, 10 oct. 1807 ; I. 247, 813, 1138, 1207, 1299 ; mais ces états ont été supprimés, I. 1455.

ART. 2. — *Incarcération des délinquants forestiers.*

1823. *Règles générales.* La contrainte par corps était employée contre les condamnés pour délits forestiers, en vertu de la disposition générale de l'art. 52 du Code pénal ; elle pouvait être exercée, soit contre les délinquants solvables, pour le recouvrement des condamnations, soit contre les délinquants déclarés insolvables, pour la répression des délits. Mais les préposés étaient astreints, pour l'exercice de la contrainte par corps en matière forestière, aux formes que prescrivent les art. 780 et suiv. du C. proc. civ. I. 600 et 1131.

1824. Ces règles ont été modifiées, quant au mode d'exécution, par le Code for. et la loi sur la pêche fluviale, contenant les dispositions suivantes : « Les jugements portant condamnation à des amendes, restitutions, dommages-intérêts et frais, sont exécutoires par la voie de la contrainte par corps, et l'exécution peut en être poursuivie cinq jours après un simple commandement aux condamnés. En conséquence, et sur la demande du receveur de l'enreg., le procureur du Roi adressera les pièces nécessaires aux agents de la force publique chargés de l'exécution des mandements de justice. C. for. 211 ; L. 15 avril 1829, art. 77.

1825. La contrainte par corps est une faculté accordée à l'adm., pour l'exécution de condamnations; en conséquence, comme moyen de recouvrement, elle ne met point obstacle aux autres voies de poursuites qui même peuvent être employées de préférence, si elles paraissent plus efficaces. Les receveurs doivent faire préalablement les actes conservatoires et les poursuites que les lois autorisent, pour parvenir au recouvrement sur les biens meubles et immeubles. I. 600 et 1299.

1826. L'art. 211 C. for. n'est relatif qu'à l'exercice de la contrainte par corps, et l'on ne peut conclure de ses dispositions que, pour d'autres poursuites, la signification des jugements contradictoires soit indispensable. Néanmoins il n'y a pas d'inconvénient, il peut même être utile dans l'intérêt des condamnés, que le commandement prescrit par cet article qui, pour toutes les condamnations, remplace la contrainte (V. 1758),

leur soit signifié à la suite de l'extrait du jugement contradictoire qui devra être préalablement visé pour timbre. I. 1265, § 7.
— Si les condamnés cherchent à entraver les poursuites, ou
laissent entrevoir l'intention de se soustraire au paiement des
condamnations ou même de le retarder, le receveur doit rendre
compte de l'état des choses au directeur qui autorisera, s'il y a
lieu, l'exercice de la contrainte par corps. I. 1299.

1827. Une décision du 26 juillet 1831 porte que, dans le cas
où il existe plusieurs jugements contre le même individu, la poursuite en incarcération doit avoir pour base celui des jugements
dont les condamnations sont les plus élevées, I. 1378 ; mais ceci
n'est applicable qu'aux poursuites exercées contre des délinquants insolvables (V. 1834, 1835). Lorsque le condamné est ou
paraît solvable, la poursuite doit embrasser toutes les sommes
dont il est débiteur.

1828. *Commandement préalable.* Le commandement prescrit
par l'art. 211 C. for., doit être signifié par huissier, au nom du
procureur du Roi, à la requête de l'adm. des domaines, I. 1537,
n. 221 ; on ne peut, dans ce cas, employer le ministère des gardes
qui n'ont le droit d'instrumenter que dans les poursuites à la
requête de l'adm. forestière. Au surplus, l'exécution du jugement par la voie de la contrainte par corps doit toujours être
précédée de la signification de ce commandement, et la demande
d'incarcération ne peut être faite que cinq jours après.

1829. *Demande d'incarcération.* En vertu de l'autorisation
du directeur, le receveur adressera cette demande au procureur
du Roi par une lettre spéciale qui sera transcrite au registre de
correspondance. Il énoncera distinctement, soit dans cette lettre,
soit dans un état qui y sera joint, les noms, prénoms, profession
et domicile de chacun des condamnés contre lesquels la contrainte par corps sera requise, la date des jugements et de leur
signification, celle du commandement resté sans effet, et le montant des sommes dues, y compris les frais de signification et de
capture. Il est bon d'ailleurs de faire connaître les renseignements recueillis sur la solvabilité des condamnés ; les commandements signifiés seront joints à la demande d'incarcération.

1830. *Arrestation.* C'est au vu de cette demande et des pièces produites au soutien, que le procureur du Roi adresse aux
agents de la force publique les réquisitions nécessaires pour
l'arrestation du débiteur, conformément à l'art. 211 du C. for.
— Il résulte des dernières expressions de cet article que la contrainte par corps qui pouvait, avant le C. for., être opérée par
le ministère des huissiers, ne doit plus être exercée, en matière
de condamnations forestières, que par les gendarmes comme
agents de la force publique. I. 1397. L'assistance d'un huissier
n'est pas même nécessaire, soit pour l'inscription, soit pour la
radiation de l'écrou. C. c. 42, § 6.

1831. Le receveur reste étranger à l'exécution des ordres du procureur du Roi, et aucune consignation d'aliments n'est exigée, conformément au décret du 4 mars 1808. D. 16 avril 1849. Le receveur doit seulement payer aux gendarmes l'indemnité de 4 fr. dans les villes de 40,000 âmes et au-dessus, et de 3 fr. dans les autres villes et communes, qui leur est allouée pour l'arrestation des délinquants forestiers par l'ord. du 25 fév. 1832, I. 1397; C. c. 41, 61, § 4. Ce paiement est fait aux conseils d'administration de la gendarmerie, d'après des mémoires particuliers, selon des règles spéciales (V. *Comptabilité générale*). — Cette dépense et celle des frais du commandement préalable étant faites à titre d'avance pour le compte de l'adm. des forêts, sauf recouvrement sur les condamnés, ou remboursement par l'adm. des forêts, il en est fait article au sommier des opérations de trésorerie, sous le titre des avances à régulariser : *Frais de poursuites et d'instances pour le compte de l'administration des forêts* (V. *titre* V).

1832. Lorsque des délinquants contre lesquels la contrainte par corps a été pratiquée, demandent, étant déjà sous la main des gendarmes et afin d'éviter leur incarcération, à se libérer du montant des condamnations prononcées contre eux, ils sont immédiatement conduits au bureau du receveur chargé du recouvrement. Ce préposé fait payer, outre les condamnations, les frais de poursuite ainsi que l'indemnité due aux gendarmes pour la capture. Si les frais de poursuite ont été portés en dépense, à titre d'avance, le receveur les portera en recette au titre correspondant. Quant aux frais de capture, il les portera aussi en recette sur le registre des opérations de trésorerie sous le titre : *Gendarmerie, Recouvrement de frais de capture pour contrainte par corps*, et le paiement aux conseils d'administration sera fait ultérieurement, selon les règles indiquées au titre de la *Comptabilité générale*. La même marche sera suivie lorsque, après leur incarcération et avant le paiement à la gendarmerie, les délinquants forestiers feront solder leur dette pour obtenir leur liberté. C. c. 68, § 5.

1833. *Recommandation*. Lorsque le receveur est informé qu'un délinquant solvable est emprisonné, soit par suite de condamnation, soit à la poursuite de la partie civile, il doit, cinq jours après la signification du commandement ordonné par l'art. 214 C. for., le recommander au procureur du Roi, afin de le faire retenir en prison. Mais si le condamné est notoirement insolvable, on ne doit le faire recommander qu'autant qu'il est porté sur l'état des délinquants d'habitude à incarcérer par mesure de répression (V. 1844). La recommandation doit être précédée des mêmes formalités que l'incarcération.

1834. *Détention*. Les individus contre lesquels la contrainte par corps a été prononcée, pour raison des amendes et autres condamnations ou réparations pécuniaires, doivent subir l'effet de cette contrainte, jusqu'à ce qu'ils aient payé le montant desdites condamnations ou fourni une caution admise par le receveur des domaines, ou, en cas de contestation de sa part, déclarée bonne et valable par le tribunal de l'arrond. C. for. 212.

— Aussitôt qu'un condamné a payé ou fourni caution suffisante, le receveur doit en informer le procureur du Roi, afin que ce magistrat puisse donner immédiatement les ordres nécessaires pour la mise en liberté.

1835. Les condamnés qui justifient de leur insolvabilité, suivant le mode prescrit par l'art. 420 C. d'instr. crim., doivent être mis en liberté après avoir subi quinze jours de détention, lorsque l'amende et les autres condamnations pécuniaires n'excèdent pas 15 fr.; la détention cesse au bout d'un mois, lorsque ces condamnations s'élèvent ensemble de 15 à 50 fr.; elle ne dure que deux mois quelle que soit la quotité des condamnations; en cas de récidive, la durée de la détention est double de ce qu'elle eût été sans cette circonstance. C. for. 213. I. 1251.

1836. Lorsqu'il existe plusieurs jugements contre un délinquant incarcéré qui justifie de son insolvabilité, il n'y a pas lieu d'additionner toutes les sommes dont le condamné se trouve débiteur, pour déterminer la durée de la détention dont il est passible; elle se règle d'après les condamnations prononcées par le jugement qui porte les condamnations les plus élevées. I. 1378. Les frais postérieurs au jugement, tels que ceux de signification, de commandement et de capture doivent être ajoutés. I. 1299. — La détention employée comme moyen de contrainte, est d'ailleurs indépendante de la peine d'emprisonnement prononcée contre les condamnés, pour tous les cas où la loi l'inflige. Code for. 214.

1837. Les condamnés qui, à raison de leur insolvabilité, invoquent l'application de l'art. 213 C. for., présentent leur requête, accompagnée des pièces justificatives prescrites par l'art. 420 C. d'instr. crim., au procureur du Roi qui ordonne, s'il y a lieu, que les condamnés soient mis en liberté à l'expiration des délais ci-dessus fixés, et en donne avis au receveur. Ord. 1er août 1827, art. 191. I. 1251.

1838. La détention des condamnés insolvables, en matière forestière, pendant le temps déterminé par l'art. 213, est une peine corporelle, graduée suivant le montant des condamnations, que la loi a substituée à la peine pécuniaire à laquelle ils ne peuvent satisfaire. Par conséquent, elle a pour résultat de les libérer entièrement du montant de leurs condamnations, à la différence des condamnations prononcées en toute autre matière. De sorte qu'ils ne pourraient plus être poursuivis pour la même dette, lors même qu'il leur reviendrait des moyens de libération. En conséquence, les articles ouverts sur les sommiers doivent, après la mise en liberté, être définitivement annulés. I. 1299. Ceci s'applique à tous les jugements existant simultanément contre le même individu. I. 1378. Ajoutons que le délinquant forestier insolvable n'est pas seulement libéré par sa détention des condamnations, mais encore des frais d'inscription, de poursuite et de capture. — On ne perdra pas de vue non plus que ces dispositions ne s'appliquent nullement aux délinquants qui ne justifient pas de leur insolvabilité et qui doivent être détenus jusqu'au paiement (V. 1834).

1839. Le domaine ne peut pas perdre le droit qu'il a d'exercer la contrainte par corps contre le délinquant qui n'a pas payé l'amende due à l'État, bien que ce délinquant, déjà incarcéré par la partie civile, ait obtenu son élargissement par suite de l'acquittement des condamnations prononcées au profit de ladite partie civile. Ce délinquant peut donc être détenu de nouveau à la requête de l'adm., mais il ne peut être fait usage de ce moyen, si le condamné, après avoir justifié de son indigence, a subi le temps de détention prescrit par l'art. 213 du Code forestier. I. 1299.

1840. *Délinquants d'habitude.* L'exercice de la contrainte par corps contre les délinquants forestiers n'est pas restreint au seul cas où son emploi paraît utile pour obtenir le paiement des condamnations; elle peut être nécessaire pour assurer, même contre ceux qui n'ont pas les moyens de se libérer, la répression des délits, et arrêter la dévastation des forêts. La contrainte par corps comme moyen de répression, doit être exercée, non contre tous les délinquants insolvables, mais seulement contre les délinquants d'habitude, dont l'impunité serait préjudiciable à la conservation des forêts. I. 1299, 1456.

1841. Ces délinquants doivent être désignés par les agents forestiers. I. 1299. A cet effet, celui qui est chargé de la poursuite des délits dresse tous les trois mois un état des insolvables contre lesquels il existe des condamnations susceptibles d'exécution. Il communique cet état au procureur du Roi, et après avoir recueilli son avis (qu'il consigne par écrit dans la colonne des observations) sur le nombre des individus dont l'incarcération peut être provoquée, cet agent signale les condamnés qui, à sa connaissance, sont les plus audacieux et les plus incorrigibles, en indiquant le nombre des procès-verbaux rédigés contre eux pendant les six mois précédents. Il transmet expédition de cet état au conservateur, qui adresse au directeur des domaines l'état des insolvables dont le procureur du Roi a reconnu l'incarcération possible ; le directeur des domaines donne immédiatement aux receveurs les ordres nécessaires pour provoquer leur incarcération. I. 1456.

1842. La désignation par les agents forestiers des délinquants d'habitude à faire emprisonner, n'empêche pas que les receveurs ne puissent requérir d'office la contrainte par corps, contre les condamnés insolvables non portés dans les états des conservateurs, lorsque cette mesure leur paraît nécessaire. Mais, dans ce cas, les receveurs doivent demander l'autorisation du directeur. I. 1299.

1843. L'incarcération des délinquants d'habitude exige les mêmes formalités que celle des condamnés poursuivis pour le paiement ; les frais sont avancés de même, la durée de la détention se calcule de la même manière, enfin, lorsque les condamnés qui justifient de leur insolvabilité ont subi l'emprisonnement pendant le temps voulu, ils sont entièrement libérés, le tout ainsi qu'il a été expliqué ci-dessus.

1844. Dans les dix premiers jours de chaque trimestre, les receveurs adresseront au directeur l'état des poursuites contre les condamnés insolvables, désignés pour être incarcérés. Cet état indiquera les noms et domiciles des délinquants, la nature des délits, la date des jugements, le montant des condamnations, les poursuites faites par le receveur, et, si l'incarcération n'a pas eu lieu, les motifs qui l'ont empêchée, l. 1456 ; le modèle donné par l'instr. 1168 ne doit plus être suivi. — Le directeur communique ces états au conservateur des forêts qui doit en transmettre un double à son administration, l. 1456.

Art. 3. — *Condamnations au profit de divers propriétaires.*

1845. *Bois de la Couronne.* Les procès-verbaux de délits ou contraventions dans les forêts du domaine de la Couronne, doivent, comme ceux qui concernent les bois de l'État, être visés pour timbre et enregistrés en *débet*, C. for. 170 ; il en est de même des citations, significations et jugements. Arr. fin. 13 oct. 1829, art. 1er. l. 1409.

1846. D'après les autres dispositions de cet arrêté, les agents des forêts de la Couronne dressent par trimestre un état des frais de procédure et. d'instruction pour la poursuite des délits ; ces frais sont avancés par les receveurs de l'enreg. des deniers de leur caisse. A défaut de recouvrement sur les parties avec les amendes et autres condamnations, ces frais sont remboursés par l'administration de la Liste civile, selon les règles qui seront indiquées au titre de la *Comptabilité générale.*

1847. *Recette.* Les receveurs de l'enreg. sont chargés du recouvrement des condamnations pécuniaires pour délits dans les bois de la Couronne, non seulement des amendes prononcées au profit de l'État, et qui ne sont attribuées ni aux communes et hospices, ni à l'adm. forestière, C. c. 48, § 1er (V. 1802) ; mais encore des frais avancés par l'adm., ainsi qu'on vient de l'expliquer. Ils perçoivent également les restitutions et dommages-intérêts alloués par les jugements ; mais ces derniers produits sont recouvrés pour le compte de la Liste civile à laquelle ils sont accordés.

1848. *Extraits.* On suit pour le recouvrement des condamnations pour délits dans les bois de la Couronne, le mode de procéder en matière forestière ; par conséquent, les extraits de jugements sont remis directement par les greffiers, lorsqu'ils sont contradictoires et qu'ils ont acquis l'autorité de la chose jugée

(V. 1806), et dans les autres cas par les agents des forêts de la Couronne chargés de les faire signifier (V. 1808).

1849. *Consignation.* A la réception des extraits, le receveur fait article des sommes à recouvrer, non point sur le sommier des forêts, mais en ce qui concerne l'amende, sur le sommier des amendes, n° 3 des produits constatés, sous le titre : *Autres amendes* (V. 1802), et pour les frais, restitutions ou dommages-intérêts, au sommier des produits accidentels, n° 6 des produits constatés, C. c. 48, § 1ᵉʳ. — Les frais, y compris les droits de timbre et d'enreg., sans aucune distinction avec les frais de procédure, sont classés dans une colonne en blanc que l'on intitule : *Frais de procédure pour délits dans les bois de la Couronne.* Les indemnités allouées à la Liste civile sont classées dans une autre colonne en blanc, sous le titre : *Restitutions et dommages-intérêts pour délits dans les bois de la Couronne.* I. 1409 ; C. c. 46, § 2. — Il faut avoir soin de rappeler en marge des divers articles, le n° de celui qui figure sur un autre sommier, soit pour l'amende, soit pour les autres condamnations, afin de faire payer le tout en même temps.

1850. *Poursuites.* Les poursuites pour le recouvrement sont les mêmes que pour les autres condamnations en matière forestière (V. 1816 et suiv.). — L'adm. de l'enreg. est chargée de l'entière exécution des jugements ; elle acquitte et supporte, sans aucun recours contre le trésor de la Couronne, tous les frais d'exécution. Arr. fin. 13 oct. 1829, art. 5. Par conséquent, ces frais ne doivent pas être ajoutés à ceux de procédure, ni confondus avec eux sur le sommier des produits accidentels. Les receveurs en font l'avance comme pour tous autres frais de poursuites concernant l'adm., sauf recouvrement ou régularisation. I. 1409. Lorsque les frais de poursuites sont avancés sur les deniers de la caisse, on en fait article au sommier des opérations de trésorerie, sous le titre : *Frais de poursuites et d'instances concernant l'adm. de l'enreg.,* ainsi qu'il est prescrit pour toute poursuite exercée pour le recouvrement des sommes dues à l'État (V. 1779 et *titre* V).

1851. *Recouvrement.* En cas de concurrence de l'amende avec les restitutions et dommages-intérêts sur les biens insuffisants des condamnés, ces dernières condamnations doivent obtenir la préférence. C. pén. 54. Les préposés se conformeront à cette disposition, pour l'imputation à faire des sommes recouvrées sur les condamnations prononcées à raison de délits dans les bois de la Couronne. Arr. 13 oct. 1829, art. 7. I. 1409. Les frais de procédure doivent, dans tous les cas, avoir la priorité.

1852. Les sommes recouvrées sont portées en recette sur chacun des registres correspondant aux sommiers, et aux mêmes titres. Les amendes sont perçues au profit de l'État, ainsi que les frais de procédure dont il a fait l'avance ; ces frais, à défaut de paiement par les condamnés, sont remboursés par l'administration de la Liste civile. Quant aux restitutions et dommages-intérêts, ils sont reçus pour le compte de la Couronne et le montant en est versé chaque trimestre à ses trésoriers. Ce versement et le paiement par la Liste civile des frais de procédure tombés en non-valeurs, n'étant au fond que des remboursements (V. *Comptabilité générale*).

1853. *Bois des communes et des établissements publics*. Les receveurs de l'adm. n'étaient chargés de recevoir que les amendes et les frais pour délits dans les bois des communes et des établissements publics, assimilés aux condamnations forestières, et prononcés au profit de l'État; les dommages-intérêts étaient perçus directement par les receveurs des établissements auxquels ils étaient alloués, D. 25 août 1807; Circ. 7 sept. 1807. Ces dispositions ont été changées par le Code for. Suivant l'art, 107, la perception doit être faite par les agents du Gouvernement, et l'art. 210 charge les receveurs de l'enreg. de l'opérer en même temps que celui des amendes. I. 1251.

1854. Le recouvrement des dommages-intérêts alloués aux communes ou établissements publics est suivi comme pour toute autre condamnation forestière (V. 1846 et suiv.). Les articles sont également consignés au sommier des produits des forêts; seulement les dommages-intérêts étant perçus pour le compte des établissements propriétaires de bois, ils figurent dans une colonne spéciale, en dehors du cadre des produits constatés, et à part des dommages-intérêts alloués à l'État pour délits dans ses propres forêts. I. 1358; C. c. 44, § 6.

1855. Les recettes sont portées au registre correspondant au sommier, dans une colonne ménagée également en dehors du cadre des recettes pour le trésor; mais, pour l'ordre de la comptabilité, le montant total de ces produits est reporté à la fin de chaque mois au registre de recette des opérations de trésorerie. I. 1358; C. c. 44, § 6. Ils donnent lieu d'ailleurs à la remise ordinaire au profit du receveur. C. c. 42.

1856. Les sommes ainsi recouvrées pour le compte des communes et des établissements publics leur sont remboursées chaque année, sans aucune déduction des frais de poursuite tombés en non-valeurs, ni des frais de recouvrement dont le trésor est couvert, ainsi qu'il a été expliqué *sup.* 1800. Ce remboursement est effectué selon le mode indiqué au titre de la *Comptabilité générale*.

1857. *Bois en litige*. Lorsque, dans une instance en réparation de délit ou contravention, le prévenu excipe d'un droit de propriété ou autre droit réel, le tribunal saisi de la plainte statue sur l'incident; mais dans le cas de renvoi à fins civiles, le jugement fixe un bref délai dans lequel la partie doit saisir les juges compétents de la connaissance du litige, et justifier de ses diligences, sinon il est passé outre. Toutefois, en cas de condamnation, il sera sursis à l'exécution du jugement, sous le rapport de l'emprisonnement, s'il était prononcé ; et le montant des amendes, restitutions et dommages-intérêts, sera versé à la caisse des dépôts et consignations, pour être remis à qui il sera ordonné par le tribunal qui statuera sur le fond du droit. C. for. 182. I. 1350.

1858. Pour l'exécution de cette dernière disposition, les extraits des jugements prononçant des condamnations pécuniaires pour délits dans les bois dont la propriété est en litige, doivent être remis aux receveurs de l'enreg. qui sont chargés d'en opérer le recouvrement pour le compte de la caisse des dépôts et consignations. I. 1350.

1859. Il est fait article de ces condamnations, sans aucune distinction pour les amendes en principal et décime, les restitutions, dommages-intérêts et frais, au sommier des opérations de trésorerie, sous le titre des recouvrements à faire pour la caisse des dépôts et consignations, dans l'une des colonnes en blanc que l'on intitule : *Amendes, restitutions et dommages-intérêts pour délits dans les bois en litige.* I. 1358 ; C. c. 22. — Les poursuites pour le recouvrement des condamnations sont faites à la requête du procureur du Roi et à la diligence du receveur de l'enreg. agissant pour le compte de la caisse des dépôts et consignations. I. 1350.

1860. Les sommes recouvrées sont, en masse, portées en recette au registre et sous le titre correspondant au sommier. Elles entrent dans le total des recettes passibles de la remise ordinaire, et sont versées particulièrement pour le compte de la caisse des dépôts et consignations, dans les 24 heures du recouvrement, ainsi qu'il est prescrit pour toutes les recettes effectuées pour cette caisse (V. *Comptabilité générale*).

§ III. — *Condamnations en matière de douanes.*

1861. *Avance de frais.* Les receveurs de l'enreg. sont chargés dans l'intérieur de la France, et dans les localités où il n'existe pas de receveur des douanes, de faire, pour le compte de ces préposés, et en vertu des ordres du Préfet, l'avance des frais que nécessite la rédaction des procès-verbaux et même des frais de l'instance suivie contre les contrevenants. Ces avances sont faites par le receveur près le tribunal dans la juridiction duquel est placé le lieu de la saisie. Pour l'indemniser de ses écritures, il lui est alloué une remise spéciale de 2 et demi p. 100 qu'il ajoute à l'état des frais. I. 987 (V. *Comptabilité générale*).

1862. Ces frais étant a la charge de l'adm. des douanes, sauf le droit qu'elle peut avoir, en cas de condamnation, d'en suivre le recouvrement contre les délinquants, le receveur de l'enreg., au fur et à mesure des avances, en fait article au sommier des opérations de trésorerie, avec les dépenses faites pour les correspondants du trésor, sous le titre spécial : *Administration des douanes (service des saisies à l'intérieur).* Le remboursement par le receveur principal des douanes que désigne le Préfet, est effectué au moyen d'un mandat sur le receveur général des finances du département, envoyé directement par le receveur des douanes à celui de l'enreg. Celui-ci en fait recette sur le registre et au titre correspondant. I. 987, 1358.

1863. *Condamnations à recouvrer*. Dans les mêmes localités, les receveurs de l'enreg. sont encore chargés d'effectuer pour le compte des receveurs des douanes, le recouvrement des amendes et frais prononcés contre les individus convaincus de contraventions aux lois ou réglements sur le service des douanes. Ce recouvrement doit être fait par le receveur du domicile du condamné, au vu d'une expédition du jugement qui lui est transmise par le Préfet, avec l'état des frais et l'indication du receveur des douanes pour lequel la recette doit être opérée. — Le receveur de l'enreg. fait article au sommier des opérations de trésorerie, sous le même titre : *Administration des douanes (service des saisies à l'intérieur)*, tant des amendes en principal et décime que des frais. I. 987.

1864. Les sommes recouvrées sont portées en recette au registre et au titre correspondant. — Le receveur prélève sur ces recettes spéciales sa remise fixée à 2 et demi p. 100, et verse le surplus à la caisse du receveur des finances. Celui-ci lui délivre en échange un mandat à son ordre, sur le receveur des finances de la résidence du receveur des douanes pour lequel la recette a été effectuée. Après avoir passé ce mandat à l'ordre de ce dernier, le receveur de l'enreg. lui fait parvenir cette pièce avec une quittance de sa remise, sous le couvert de son collègue. Le receveur des douanes accuse réception de l'envoi et le montant, y compris la remise, est porté en dépense sous un titre spécial. I. 987 (V. *Comptabilité générale*).

§ IV. — *Frais en matière de faillites et banqueroutes*.

1865. *Législation*. La loi du 28 mai 1838 sur les faillites et banqueroutes contient les dispositions suivantes : « Lorsque les deniers appartenant à la faillite ne pourront suffire immédiatement aux frais du jugement de déclaration de la faillite, d'affiche et d'insertion de ce jugement dans les journaux, d'apposition des scellés, d'arrestation et d'incarcération du failli, l'avance de ces frais sera faite, sur ordonnance du juge-commissaire, par le trésor public (V. *Comptabilité générale*), qui en sera remboursé par privilége sur les premiers recouvrements, sans préjudice du privilége du propriétaire, art. 461. — Les frais de poursuite en banqueroute *simple* intentée par le ministère public ne pourront, en aucun cas, être mis à la charge de la masse. En cas de concordat, le recours du trésor public contre le failli, pour ces frais, ne pourra être exercé qu'après l'expiration des termes accordés par ce traité, art. 587. — Les frais de poursuite intentée par les syndics au nom des créanciers seront supportés, s'il

y a acquittement, par la masse, et s'il y a condamnation, par
le trésor public, sauf son recours contre le failli, conformément
à l'article précédent, art. 588. — Les frais de poursuite intentée
par un créancier seront supportés, s'il y a condamnation, par
le trésor public; s'il y a acquittement, par le créancier pour-
suivant, art. 590. — Les frais de poursuite en banqueroute *frauduleuse* ne pourront, en aucun cas, être mis à la charge de la
masse. Si un ou plusieurs créanciers se sont rendus parties civiles en leur nom personnel, les frais, en cas d'acquittement, demeureront à leur charge, art. 592. I. 1563.

1866. *Faillites*. Pour l'exécution de l'art. 461, ci-dessus,
aussitôt après que les formalités relatives à la publication du
jugement de déclaration de la faillite ont été remplies, le juge-
commissaire fait préparer par le greffier l'état de liquidation
des frais avancés par le trésor selon le mode déterminé pour le
le paiement de frais de justice (V. *Comptabilité générale*). Il met
au bas de cet état son ordonnance pour le recouvrement des
frais, et l'adresse au directeur de l'enreg. qui la transmet au
receveur du domicile du failli. Celui-ci en fait article au sommier n° 3, sous le titre : *Frais de justice à recouvrer*, et poursuit
le recouvrement contre les syndics de la faillite. Ce recouvrement
doit avoir lieu aussitôt que l'actif de la faillite présente quelques
ressources. Les frais dont il s'agit sont privilégiés, sauf toutefois
le privilége du propriétaire des lieux loués au failli. I. 1563.

1867. La loi du 28 mai 1838 ayant pour but principal de faciliter les opérations préliminaires des faillites, il est essentiel de
s'assurer, avant de faire des diligences pour le recouvrement,
qu'il existe dans la caisse de la faillite des sommes disponibles,
soit en numéraire après la levée des scellés ou la vente de l'actif mobilier, soit en cas d'insuffisance, sur le produit des autres
valeurs de la faillite. Mais il importe de ne point laisser détourner les premiers recouvrements de leur destination spéciale.
En faisant des avances dans l'intérêt des créanciers, le trésor
ne doit pas être exposé à les perdre, et sauf le privilége du bailleur sur les meubles, il doit être préféré à tous les créanciers.
I. 1563.

1868. *Banqueroutes*. Les art. 587, 588, 590 et 592 de la loi
du 28 mai 1838, contiennent de nouvelles règles relatives aux
frais qu'occasionne la poursuite en banqueroute simple ou en
banqueroute frauduleuse. I. 1563. Les receveurs ne doivent
pas les perdre de vue, et si les tribunaux s'en écartaient dans
les jugements rendus en cette matière, ils devraient en référer
aux magistrats du ministère public, pour obtenir contre qui de
droit la condamnation aux dépens.

1869. Les dispositions de cette loi relatives à la responsabilité des frais, contiennent quelques exceptions aux règles du
droit commun: lorsque les poursuites sont faites *d'office* à la
requête du ministère public, elles ont lieu comme toutes celles

qu'il dirige contre les individus accusés de crimes ou délits ; le trésor n'est remboursé des frais qu'en cas de condamnation, et il n'a d'action que contre le failli personnellement. Ce recours ne peut même être exercé qu'après l'expiration des termes accordés au failli par le concordat. I. 1563.

1870. Si, au contraire, les poursuites sont intentées par les syndics, au nom des créanciers, ou par quelques créanciers individuellement, les frais sont supportés par le trésor *s'il y a condamnation*, sauf son recours contre le failli seul, ainsi qu'il est dit pour le cas de poursuite d'office ; s'il y a *acquittement*, les frais demeurent à la charge, soit des parties civiles qui ont poursuivi, soit de la masse des créanciers si l'action a été intentée par les syndics. Toutefois la masse ne supportera, *dans aucun cas*, les frais de la poursuite en *banqueroute frauduleuse*, même en cas d'acquittement sur l'action intentée par les syndics. Il en est autrement, dans cette dernière hypothèse, si un ou plusieurs créanciers se sont rendus parties civiles en leur nom personnel, les frais seront à leur charge. I. 1563.

1871. Dans les différents cas ci-dessus, le recouvrement des frais de poursuite en banqueroute simple ou en banqueroute frauduleuse, soit contre le failli, soit contre la masse, soit enfin contre les parties civiles, aura lieu en vertu d'un extrait du jugement de condamnation délivré par le greffier dans la forme ordinaire (V. 1636). Le montant sera consigné au sommier n° 3, dans la colonne des frais de justice, et le recouvrement sera suivi comme pour tous autres frais de justice (V. 1758 et suiv.), d'après les distinctions ci-dessus.

§ V. — *Cautionnements judiciaires.*

1872. *Législation.* Le Code d'instr. crim. contient, relativement aux cautionnements de personnes à représenter en justice, les dispositions suivantes : «Si le fait emporte seulement une peine correctionnelle, la chambre du conseil pourra ordonner que le prévenu sera mis provisoirement en liberté, moyennant caution solvable de se présenter à tous les actes de la procédure, et pour l'exécution du jugement, aussitôt qu'il en sera requis, art. 114. — La solvabilité de la caution, discutée par le procureur du Roi, devra être justifiée par des immeubles libres, si mieux n'aime la caution déposer dans la caisse de l'enreg. et des domaines, le montant du cautionnement en espèces, art. 117. — Le prévenu sera admis à être sa propre caution, soit en déposant le montant du cautionnement, soit en justifiant d'immeubles, et en faisant la soumission ci-après, art. 118. — La caution admise fera sa soumission, soit au greffe du tribunal, soit devant notaires, de payer entre les mains du receveur de l'enreg., en cas que le prévenu soit constitué en défaut de se présenter. Cette soumission entraînera la contrainte par corps contre la caution, art. 120. — Le juge d'instruction rendra, le cas arrivant, une ordonnance pour le paiement de la somme cautionnée. Ce paiement sera poursuivi à la requête du procureur du Roi et à la diligence du directeur de l'enreg. Les sommes recouvrées seront versées dans la caisse de l'enreg., sans préjudice de la poursuite et des droits de la partie civile, art. 122.

1873. *Recette.* En exécution des art. 117 et 122 ci-dessus, les préposés avaient été chargés de percevoir, pour le compte de l'ancienne caisse d'amortissement, considérée comme caisse de dépôts, le montant des cautionnements judiciaires, I. 554; mais depuis la loi du 28 avril 1816, qui a établi la caisse des dépôts et consignations, et l'ord. du 3 juill. suivant qui en a déterminé les attributions, la recette a été faite par les receveurs des finances comme agents de cette caisse. I. 736.

1874. Cependant le Code d'instr. crim. désignant nommément les préposés de l'adm., il a été décidé que les receveurs de l'enreg. sont seuls chargés de faire, pour le compte de la caisse des dépôts et consignations, la recette des cautionnements de personnes à représenter en justice, qu'il y ait lieu ou non d'exercer des poursuites pour le recouvrement. D. 20 oct. 1826. I. 1203. — Ces dispositions sont également applicables aux cautionnements des condamnés mis sous la surveillance de la haute police, fournis en exécution des art. 44 et suiv. du Code pénal. D. 22 août 1827. I. 651, 1222.

1875. Le receveur de l'enreg. des actes judiciaires près le tribunal qui a fixé le montant du cautionnement, est chargé de la recette. I. 554, 1222, 1235. — Au vu de l'ordonnance qui détermine le chiffre du cautionnement, le receveur fait article au sommier des opérations de trésorerie de la somme à déposer ou à recouvrer. Le montant est tiré hors ligne dans une colonne spéciale intitulée : *Caisse des dépôts et consignations*; *Cautionnements de personnes a représenter en justice.* — La recette est portée sous le même titre au registre correspondant. I. 1203, 1358. Elle donne lieu à la remise ordinaire. I. 554, 1203.

1876. A défaut de paiement volontaire, les receveurs feront les poursuites nécessaires pour le recouvrement. Ils emploieront, s'il y a lieu, la voie de la contrainte par corps autorisée par l'art. 120 C. instr. crim. I. 554. Néanmoins le cautionnement ayant pour objet de garantir la représentation à la justice de la personne du prévenu, son exigibilité cesse naturellement lorsque le prévenu n'entend point profiter de la faculté que la loi et le tribunal lui ont accordée. Dans ce cas, et sur l'avis officiel qui lui en sera donné par le procureur du Roi, le receveur de l'enreg. devra cesser toutes poursuites pour le recouvrement.

1877. *Versement.* Les sommes reçues pour cautionnements de personnes à représenter en justice sont versées au receveur des finances, en qualité de préposé de la caisse des dépôts et consignations. Ce versement doit être effectué particulièrement, au plus tard le lendemain de la recette, selon le mode prescrit pour toutes les sommes reçues pour le compte de cette caisse. (V. *Comptabilité générale*).

1878. *Affectation.* Les cautionnements judiciaires sont spécialement destinés à servir de gage non seulement à la représentation du prévenu aux actes de la procédure ; mais encore à l'exécution de la peine d'emprisonnement, si elle est prononcée par le jugement définitif. Cass. 13 mai 1837. Ils sont, en outre, affectés par privilége au remboursement des frais de justice, et au paiement des amendes et condamnations, lorsque le condamné ne se représente pas. Dans le cas contraire, ils peuvent être frappés d'opposition si le cautionnement a été versé des deniers du condamné (V. 1735 et suiv.).

§ VI. — *Frais en matière d'expropriation.*

1879. Les receveurs de l'enreg. sont chargés d'acquitter : 1° les indemnités des jurés et des personnes appelées à éclairer le jury spécial institué pour régler les indemnités en matière d'expropriation pour cause d'utilité publique ; 2° les indemnités de déplacement dues au magistrat directeur du jury et à son greffier. Ord. 18 sept. 1833 (V. *Comptabilité générale*).

1880. Cette ordonnance contient, relativement au recouvrement de ces frais, les dispositions suivantes : Le greffier tiendra exactement note des indemnités allouées aux jurés et aux personnes qui seront appelées pour éclairer le jury, et en portera le montant dans l'état de liquidation des frais, art. 30. — L'adm. de l'enreg. se fera rembourser de ses avances comprises dans la liquidation des frais, par la partie qui sera condamnée aux dépens, en vertu d'un exécutoire délivré par le magistrat directeur du jury, et selon le mode usité pour le recouvrement des droits dont la perception est confiée à cette adm. Quant aux indemnités de transport payées au magistrat directeur du jury et au greffier, et qui, suivant l'art. 28, ne pourront entrer dans la taxe des dépens, elle en sera remboursée, soit par l'administration, soit par la compagnie concessionnaire qui aura provoqué l'expropriation, art. 31. I. 1448.

1881. *Consignation.* Il résulte de ces dispositions que tous les frais de cette espèce, soit qu'ils entrent ou n'entrent pas en taxe, doivent, dans tous les cas, être remboursés à l'adm. de l'enreg. qui en a fait l'avance. Pour surveiller et opérer ce recouvrement, les receveurs font mention des sommes à recouvrer, sur le sommier des opérations de trésorerie, dans l'une des colonnes laissées en blanc, à l'article des avances à recouvrer, sous le titre : *Frais en matière d'expropriation pour cause d'utilité publique.* I. 1448.

1882. Pour ces consignations, une distinction doit être faite entre les deux espèces d'avances : le remboursement des indemnités des jurés et des personnes appelées pour éclairer le jury, devant être effectué par la partie condamnée aux dépens, il ne peut être poursuivi contre les propriétaires expropriés ou contre l'administration ou la compagnie concessionnaire, qu'après la clôture des opérations relatives à la fixation de l'indemnité d'expropriation. Par conséquent, il faut, pour consigner l'article au sommier, attendre la remise de l'exécutoire afin de connaître le débiteur. I. 1448.

1883. Mais à l'égard des indemnités de déplacement allouées au magistrat directeur du jury et à son greffier, et qui sont, dans tous les cas, à la charge de l'administration ou de la compagnie concessionnaire, les receveurs peuvent en suivre le recouvrement contre celles-ci, immédiatement après en avoir fait l'avance ; aussi doivent-ils en faire article sur le sommier des opérations de trésorerie, aussitôt après que l'avance a été faite. I. 1448.

1884. *Recouvrement.* Toutes les fois que, suivant la distinction ci-dessus, l'adm. aura à se faire rembourser de ces avances, soit par les propriétaires expropriés, soit par une compagnie concessionnaire qui aura provoqué l'expropriation, les préposés suivront le mode usité pour le recouvrement des droits dont la perception leur est confiée, c'est-à-dire qu'ils poursuivront le remboursement par voie de contrainte, de saisie, etc. I. 1448.

1885. Les règles ci-après ont déterminé de quelle manière le remboursement des avances dont il s'agit doit s'opérer, lorsqu'il est à la charge d'une adm. publique qui a provoqué l'expropriation directement et sans l'intermédiaire d'une compagnie concessionnaire. — Les adm. publiques qui peuvent se trouver dans le cas de poursuivre des expropriations dans l'intérêt de leur service sont d'abord toutes celles qui dépendent du ministère du commerce et des travaux publics, la direction des ponts et chaussées et des mines, les départements, les communes et les établissements publics ; ensuite, diverses adm. appartenant au ministère des finances, telles que celles des douanes, des contributions indirectes, des tabacs, etc. Il faut ajouter à cette énumération le ministère de la guerre et celui de la marine, attendu que, d'après l'art. 66 de la loi du 7 juillet 1833 (remplacé par l'art. 76 de la loi du 3 mai 1841, I. 1660), les dispositions de cette loi relatives au réglement définitif des indemnités dues aux propriétaires expropriés sont applicables aux expropriations concernant les travaux militaires et ceux de la marine royale, et que les frais dont l'avance doit être faite par les receveurs de l'enreg., selon les art. 26 et 27 de l'ord. du 18 sept. 1833, se rattachent précisément aux opérations prescrites pour le réglement de l'indemnité. I. 1448.

1886. Les receveurs qui ont fait des avances de frais d'expropriation à la charge d'un ministère ou d'une adm. publique, adressent par l'entremise du directeur, au sous-ordonnateur du ministère ou de l'adm. publique dans le même département,

33

l'état des avances, appuyé des pièces justificatives consistant dans les mandats, états et exécutoires délivrés par le magistrat directeur du jury. Au vu de ces pièces, le sous-ordonnateur, délivre sur le payeur, un mandat du montant de ces frais au profit du receveur qui les a avancés. — Toutefois, en ce qui concerne spécialement le service des ponts et chaussées, les pièces constatant les avances sont remises par le directeur à l'ingénieur en chef chargé d'en faire l'objet d'une proposition au Préfet. I. 1448.

1887. Les receveurs provoqueront, suivant le mode ci-dessus, le remboursement par les adm. publiques des indemnités de déplacement allouées au directeur du jury et à son greffier, aussitôt que l'avance en aura été faite. Quant aux indemnités des jurés et des personnes appelées pour éclairer le jury, le remboursement ne pourra en être suivi contre l'adm. publique qui aura requis l'expropriation que dans le cas de condamnation aux dépens prononcée contre elle, et seulement après que cette condamnation sera devenue définitive. I. 1448.

1888. Les sommes recouvrées, soit sur les parties soit sur les administrations publiques, seront portées en recette au registre correspondant au sommier des opérations de trésorerie, et sous le titre où elles figuraient sur ce sommier.

§ VII. — *Amendes de roulage et de grande voirie.*

1889. Les receveurs de l'enreg. ne sont pas seulement chargés du recouvrement des condamnations judiciaires; ils perçoivent également les amendes et autres condamnations prononcées par les autorités administratives, et entre autres les amendes de contraventions aux lois et réglements sur la police du roulage, la grande voirie, et les carrières.

Art. 1er. — *Amendes de roulage.*

1890. *Contraventions.* Les contraventions aux réglements sur la police du roulage sont relatives 1° à la largeur des bandes ou jantes des roues; 2° à la nature des clous qui les fixent; 3° à la longueur des essieux; 4° à la saillie des moyeux; 5° au poids des voitures; 6° à l'absence de plaque indiquant le propriétaire de la voiture ou à la fausseté des énonciations de cette plaque. — Ces contraventions donnent lieu à l'application d'amendes; celles de la première espèce sont prononcées à titre de dommages (V. 1898). — Il ne faut pas confondre les contraventions aux réglements sur la police du roulage avec celles qui concernent la grande voirie (V. 1910); ni avec les dispositions qui défendent aux voituriers d'abandonner la conduite de leurs chevaux, et de dormir dans leurs voitures, ni enfin avec les délits pour insultes ou mauvais traitements envers les agents ou préposés chargés de la surveillance des contraventions. Ces infractions sont de la compétence des tribunaux de police ordinaire, et les amendes auxquelles elles donnent lieu sont classées avec les amendes de police ordinaire. I. 345 (V. 1671).

1891. Les contraventions relatives à la police du roulage, sont constatées par les agents des ponts et chaussées, les préposés chargés de la surveillance des routes, ceux des ponts à bascule, les gendarmes et les officiers de police judiciaire; leurs procès-verbaux ne sont soumis ni au timbre ni à l'enreg. — La répression de ces contraventions appartient à l'autorité administrative; c'est le maire de la commune qui doit juger sommairement, sans frais et sans formalités, s'il y a contravention et prononcer les condamnations, sauf le recours au conseil de préfecture. Ces décisions sont exécutoires provisoirement, nonobstant tout recours. I, 345.

1892. Les amendes prononcées par les maires en matière de roulage doivent être consignées immédiatement entre les mains du receveur de la commune, à moins que le contrevenant ne fournisse une caution solvable. A défaut de caution ou de consignation, les chevaux et voitures sont saisis et mis en fourrière par les soins des préposés chargés de la surveillance des routes. Il leur est expressément défendu de recevoir les amendes; cependant, lorsqu'une voiture dont les roues ont des jantes trop étroites est arrêtée dans un lieu isolé, le préposé peut exiger la consignation dans ses mains, du montant des dommages, à la charge de le remettre dans les trois jours au receveur de la commune. I. 345.

1893. *Ponts à bascule.* Les préposés des ponts à bascule doivent tenir, en papier libre, un registre coté et paraphé par le maire de la commune; ils y inscrivent par ordre de dates et de n^os, tous les procès-verbaux qu'ils rapportent, en indiquant les noms, professions et demeures des contrevenants, la nature des contraventions, le montant des amendes et dommages encourus, et les noms des cautions. S'il y a lieu à consignation des dommages entre les mains des préposés, la recette est portée sur le même registre. — En marge de chaque article, il est fait mention de la date de l'envoi du procès-verbal au maire, et de celle de la consignation des amendes à la caisse communale. — A l'expiration de chaque trimestre, les préposés aux ponts à bascule doivent adresser au receveur de l'enreg. de leur arrond. un extrait de ce registre. S'il n'a été dressé aucun procès-verbal ni effectué aucune consignation, ils fournissent un certificat négatif. I. 345.

1894. *Décisions des maires.* De son côté, le maire tient aussi un registre particulier sur lequel sont inscrits, par ordre de date de la remise qui lui en est faite, les procès-verbaux rapportés par les préposés qui ont constaté les contraventions. Ce registre est tenu à mi-marge. A droite, on inscrit l'extrait du procès-verbal, et à gauche la minute de la décision énonçant e nom du préposé qui a constaté la contravention. Le maire remet immédiatement au receveur de la commune un extrait de sa décision ; il adresse aussi tous les trois mois au receveur de l'enreg. un état des décisions rendues, où, à défaut de décision, un certificat négatif. I. 345. Aucune indemnité n'est allouée pour la rédaction des extraits ou états de décisions.

1895. *Consignation au receveur communal.* Le receveur de la commune tient un registre de recette des amendes et dommages consignés entre ses mains par les contrevenants ou les préposés ; ce registre est coté et paraphé par le maire. Les enreg. y sont faits de manière à indiquer clairement les noms et demeures des condamnés, la nature de la contravention, la quotité de chaque amende ou des dommages, la somme payée, distinctement pour les amendes, les dommages prononcés à titre d'amende, et le décime sur le tout (V. 1898). Les quittances qu'il délivre aux contrevenants doivent être sur papier timbré. I. 345. — Les receveurs des communes ont droit à une remise sur ces recettes : fixée d'abord à la moitié de celle des percepteurs, sur le montant des contributions, cette remise a été portée à 2 et demi pour 100, I. 1179 ; elle n'est calculée que sur le montant des sommes reçues en principal, sans décime.

1896. *Versement.* Les receveurs des communes versaient tous les trois mois, au receveur de l'enreg. du canton, le montant de leurs recettes, sous là déduction de la remise ; mais pour hâter l'encaissement, et se conformer aux règles prescrites par l'ord. du 14 septembre 1822, sur le paiement des dépenses (I. 1065), il leur a été ordonné de verser au bureau de l'enreg. le produit *brut* des amendes de roulage, sans aucune déduction, aussitôt après leur recouvrement. I. 1213. — Chaque versement est accompagné d'un bordereau détaillé, rédigé en double, d'après le modèle n° 3 contenu dans l'instr. n. 345. Ce bordereau, visé par le maire qui atteste sa conformité avec le registre de recette du receveur communal, est appuyé des extraits des décisions pour servir à la consignation des articles sur le sommier.

1897. Au pied de l'un des doubles, le receveur de l'enreg. délivre son récépissé de la somme totale. I. 345, 1245. Quant à la remise du receveur de la commune, elle lui est payée immédiatement, sauf régularisation ultérieure de la dépense, selon le mode indiqué au titre *Comptabilité générale.* — Au moyen des extraits des décisions remis lors du versement, et des états qui lui sont adressés chaque trimestre, tant par le maire que par les préposés des ponts à bascule, le receveur de l'enreg. peut s'assurer si le maire a statué sur tous les procès-verbaux, et s'il a été compté exactement des sommes consignées.

1898. *Consignation au sommier.* Aussitôt après le versement, le receveur fait article sur le sommier des amendes, de chacune des condamnations prononcées, en émargeant l'article des mots : *Police du roulage.* Il rappelle dans cette consignation toutes les indications données par l'extrait de la décision, notamment la nature de la contravention et le nom du préposé qui l'a constatée. Les amendes et les dommages sont portés séparément dans le contexte de la consignation ; mais ils sont tirés hors ligne, en chiffres, sans aucune distinction dans la colonne intitulée *Autres amendes*. En effet, quoique certaines condamnations en matière de roulage soient prononcées à titre de dommages, ce sont au fond de véritables amendes passibles du décime. I. 345. Il ne faut point, par conséquent, les classer avec les dommages-intérêts adjugés à l'État. — Il n'y a ni frais, ni indemnités d'extraits (V. 1891, 1894).

1899. *Recette*. Les sommes versées sont immédiatement portées en recette sur le registre correspondant au sommier n° 3. Outre les indications communes à tous les enreg. en recette d'amendes, chacun de ces enreg. est émargé des mots : *Police du roulage*, et du nom des agents qui ont constaté les contraventions ; on rappellera d'ailleurs dans le contexte même de l'enreg. les noms des condamnés, la nature de la contravention, la date du procès-verbal et le nom de l'agent qui l'a rapporté, la date de la décision, le montant des amendes ou dommages distinctement, etc. Chacun des articles du sommier sera apostillé de la date et du n° de la recette.

1900. Lorsque le contrevenant refuse de consigner entre les mains du receveur municipal, le montant des condamnations, le maire envoie immédiatement extrait de sa décision au receveur de l'enreg. qui a seul qualité pour contraindre le débiteur ou sa caution. — Par exception à la règle suivant laquelle les condamnations sont recouvrées au bureau du domicile des condamnés (V. 1640), c'est le receveur du lieu où la contravention a été constatée qui doit recevoir le montant des amendes de roulage. D. 5 juin 1830. Cependant lorsqu'on a négligé, soit de faire consigner l'amende, soit d'exiger une caution, ainsi qu'il est prescrit par l'art. 44 du décret du 23 juin 1806, on ne peut obliger les condamnés à se transporter, pour le paiement des amendes, au lieu où la contravention a été constatée ; il faut dans ce cas, renvoyer l'article au bureau de leur domicile, pour que le recouvrement des condamnations y soit effectué. Sol. 16 oct. 1834 et 27 mars 1847.

1901. *Décisions des Conseils de préfecture*. Quoique les décisions des maires soient exécutoires par provision, et les contrevenants obligés de payer les amendes prononcées, nonobstant leur recours au Conseil de préfecture, il arrive qu'à défaut de décision rendue par le maire, en cas d'acquittement par ce magistrat, ou sur le pourvoi du contrevenant, l'affaire est portée ou reproduite devant le Conseil de préfecture, qui, par suite, rend des décisions prononçant des peines pécuniaires en matière de police du roulage. Ces décisions, comme celles des maires, sont aussi rendues sans frais ; un extrait, dont la délivrance ne donne lieu non plus à aucune indemnité, est remis

par le préfet au directeur des domaines, qui en fait l'envoi au receveur chargé du recouvrement, d'après la règle énoncée ci-dessus.

1902. A la réception de l'un de ces extraits, le receveur
vérifie si la décision du Conseil de préfecture n'a pas été précédée
d'une décision de maire, et s'il n'y a pas eu consignation entre
les mains du receveur municipal ou paiement à sa propre
caisse. Si l'article figure déjà sur le sommier, le receveur
annote en marge la date de la décision du Conseil de préfecture, et fait mention sur l'extrait, du n° de l'article, lorsque
d'ailleurs la condamnation définitive est inférieure ou égale à
celle portée dans la décision du maire. Si, au contraire, la condamnation définitive est plus forte, le receveur ouvre un nouvel
article pour le supplément.

1903. Lorsque la condamnation prononcée par le Conseil
de préfecture n'a été précédée d'aucune consignation sur le sommier, et que le receveur s'est assuré, soit qu'il n'existe pas de
décision du maire sur la même contravention, soit que l'amende
n'a pas été versée dans les mains du receveur municipal depuis
l'époque de son dernier versement au bureau, il fait article sur
le sommier des amendes du montant des condamnations. Ces
différentes vérifications doivent être faites avec beaucoup d'attention ; la confusion entre la juridiction du maire et celle du
Conseil de préfecture donne lieu souvent à des doubles emplois
qui compliquent la comptabilité des produits constatés.

1904. *Recouvrement.* En vertu de l'extrait de la décision
du Conseil de préfecture, le receveur suit, d'abord par voie
d'avertissement, le recouvrement des condamnations. Les sommes recouvrées sont portées en recette ainsi qu'il a été expliqué
(V. 1899). — A défaut de paiement sur simple avertissement, et
lorsque des poursuites devenaient nécessaires, il avait été décidé
qu'elles seraient faites selon le mode prescrit pour le recouvrement des contributions directes, c'est-à-dire par le ministère
des porteurs de contrainte, et l'emploi des garnisaires, I. 345 ;
mais on a reconnu que le recouvrement de toutes les sommes
dont la recette est confiée à l'adm. pouvant être suivi par voie
de contrainte, l'emploi de tout autre moyen n'est point obligatoire. Jug. Seine, 31 août 1842.

1905. En conséquence, les préposés suivront le mode ordinaire, qui a l'avantage de présenter plus d'uniformité dans la
manière de procéder. La contrainte sera décernée par le receveur, à la requête du Directeur général ; toutefois, il faut que,
préalablement, la décision ait acquis l'autorité de la chose jugée.
D'après une solution du 5 déc. 1836, le receveur devrait faire
opérer la signification à la requête du préfet ; mais il semble
plus régulier qu'elle soit faite administrativement, sans le concours des préposés, avant de suivre le recouvrement par voie
de contrainte. — La contrainte par corps ne peut être exercée
en cette matière. Sol. 5 déc. 1836.

L'exécution de la contrainte est suivie, et les instances qui s'élèvent sont instruites et jugées comme en matière d'enregistrement (V. *titre* V).

1906. *Hypothèque, Prescription*. Les décisions des maires ou des Conseils de préfecture en matière de roulage emportent hypothèque, comme les condamnations judiciaires (V. 1732).

— Les amendes sont prescrites par deux ans, ainsi qu'il est de règle pour les amendes de simple police ; il importe par conséquent d'interrompre la prescription en faisant au besoin les diligences nécessaires (V. 1748).

1907. *Attributions*. Le décret du 23 juin 1806, relatif à la police du roulage, attribue aux préposés qui constatent les contraventions, une portion des amendes ou dommages, en principal, recouvrés sur les condamnés. Cette attribution est du quart sur les amendes, et de moitié sur les dommages, déduction faite des frais de régie ; elle est payée aux ayants-droit au moyen d'états de recouvrement que les receveurs fournissent chaque trimestre, selon le mode indiqué au titre de la *Comptabilité générale*.

1908. *Réclamations*. Les réclamations tendantes à obtenir la remise ou la réduction des condamnations en matière de roulage, doivent être adressées directement au Ministre des travaux publics, et non au Ministre des finances ; les receveurs en préviendront les redevables qui manifesteront l'intention de faire des réclamations de cette nature. Circ. 20 juin 1840. Les remises ne sont ordinairement accordées que sous réserve de la portion attribuée aux agents ou préposés qui ont constaté les contraventions.

ART. 2. — *Amendes de grande voirie*.

1909. Par le mot *voirie*, on entend les voies de communication par terre et par eau. On distingue la petite et la grande voirie : La *petite voirie* concerne les rues, chemins et autres voies publiques de communication appartenant aux villes et communes. La police appartient aux autorités municipales et la répression des contraventions est du ressort des tribunaux de simple police. Les amendes sont par conséquent confondues avec les amendes de police rurale et municipale attribuées aux communes (V. 1671).

1910. La *grande voirie* embrasse toutes les voies de communication d'un intérêt général, telles que les routes royales ou départementales et les chemins de grande communication, les fleuves et rivières navigables ou flottables et les autres dépendances du domaine public. — La police de la grande voirie a fait l'objet de nombreux réglements: les contraventions sont constatées par les agents des ponts et chaussées, les préposés chargés de la surveillance des routes, les gendarmes et les officiers ou agents de police judiciaire ; leurs procès-verbaux doivent être timbrés et enregistrés en *débet*, et les droits sont à comprendre dans la liquidation des dépens. — La connaissance des délits et contraventions est attribuée aux Conseils de préfecture par la loi du 29 flor. an 10 et le décret du 16 déc. 1811.

1911. Les chemins de fer construits ou concédés par l'État, font partie de la grande voirie. Les contraventions aux dispositions de la loi du 15 juillet 1845, sur la police de ces voies de communication, sont poursuivies et réprimées de la même manière. Toutefois, lorsqu'il s'agit de crimes et délits contre la sûreté de la circulation, les tribunaux correctionnels ou criminels sont seuls compétents, et les peines qu'ils prononcent en pareil cas ne sont plus considérées comme des condamnations en matière de grande voirie.

1912. Le recouvrement des condamnations en matière de grande voirie, confié d'abord aux receveurs de l'enreg., avait été remis aux receveurs généraux par l'art. 116 du décret du 16 décembre 1811, mais cette recette a été rendue à l'adm. Décr. 29 août 1813. I. 652. — C'est le receveur au bureau du domicile des condamnés qui en est chargé.

1913. Le recouvrement est suivi au moyen d'un extrait de la décision ou de l'arrêté, délivré par le Préfet ou le secrétaire général, au directeur des domaines et transmis par ce dernier à chaque receveur, selon le mode prescrit pour l'envoi des extraits de jugements de condamnation (V. 1644 et suiv.). Aucune indemnité n'est accordée pour ces extraits. — Chacun d'eux doit indiquer les noms, prénoms, professions et domiciles des condamnés, la nature de la contravention, la commune où elle a été commise, la date du procès-verbal et les noms des agents qui l'ont rapporté, la date de la décision, le montant de l'amende, enfin les frais qui ne comprennent que les droits de timbre et d'enreg. du procès-verbal, puisque les actes de procédure ont lieu par la voie administrative, sans frais.

1914. Les condamnations à recouvrer sont consignées au sommier des amendes ; on a soin d'y rappeler toutes les indications que fournit l'extrait, et chaque article est émargé des mots: *Grande voirie.* Les amendes sont portées dans la colonne intitulée *Autres amendes* ; elles sont passibles du décime, les frais sont relevés dans la colonne des frais de justice ; il n'y a point de frais d'extraits (V. 1913).

1915 Pour le recouvrement des amendes de grande voirie, on procède par voie de contrainte après avertissement préalable ; si les décisions sont par défaut et n'ont pas acquis l'autorité de la chose jugée, il est nécessaire qu'elles soient signifiées préalablement par voie administrative (V. 1905). — Les contraintes sont décernées comme en matière d'enreg., à la requête du Directeur général, et signifiées par huissier. L'exécution en est suivie, et les instances qui s'élèvent sont instruites et jugées de la même manière (V. *titre* V). — Il n'y a pas lieu d'employer la voie de la contrainte par corps, la loi du 17 avril 1832 ne s'appliquant qu'aux condamnations prononcées par les tribunaux de police judiciaire. Sol. 5 déc. 1836.

1916. Les décisions des Conseils de préfecture, en matière de grande voirie, emportent hypothèque pour sûreté des condamnations (V. 1732). — Les amendes peuvent être assimilées pour la prescription, soit aux amendes de simple police, et, dans ce cas elles se prescriraient par deux ans (V. 1748, 1906), soit aux amendes de police correctionnelle, attendu que la loi du 30 mars 1842 qualifie *délits* les infractions aux réglements de grande voirie, et alors le délai de la prescription serait de cinq ans. La question n'est pas décidée.

1917. Les sommes recouvrées sont portées en recette au registre et dans les colonnes correspondant au sommier. L'enreg. sera fait dans la forme indiquée pour les amendes de roulage (V. 1899); on l'émargera des mots : *Grande voirie*, et au-dessous, du nom des agents et des communes qui ont droit à une attribution sur le produit des amendes.

1918. Aux termes de l'art. 115 du décret du 16 déc. 1811, un tiers des amendes de grande voirie, en principal, après déduction des frais de régie, appartient à l'agent qui a constaté le délit, le deuxième tiers à la commune du lieu du délit, et le troisième tiers à l'État. I. 652. Cette disposition avait paru abrogée, D. 4 nov. 1814, I. 670 ; mais il a été reconnu que l'attribution subsiste, et que l'adm. doit continuer à tenir compte aux ayants-droit des deux tiers qui leur reviennent dans le montant des amendes recouvrées. Pour le paiement de ces attributions, les receveurs fournissent chaque trimestre un état des recettes (V. *Comptabilité générale*).

1919. *Carrières.* Les amendes de contravention aux réglements sur les carrières, marnières et plâtrières, sont attribuées aux départements, et le produit net doit être versé à la caisse du receveur des finances pour être affecté aux dépenses que nécessitent ces exploitations. Décr. 22 mars 1813. — Les contraventions de cette nature sont constatées par les inspecteurs des carrières ; aucune allocation ne leur est réservée sur le produit des amendes. Les condamnations sont prononcées par le Conseil de préfecture, comme en matière de grande voirie.

1920. Les amendes de carrières sont consignées au sommier n° 3, sous le titre: *Autres amendes*. L'article es. émargé du mot : *Carrières*. Le recouvrement est suivi comme pour les amendes de grande voirie, et les recettes sont portées au registre correspondant sous le même titre. Le produit net des amendes en principal, déduction faite des frais de régie, étant attribué au département dans lequel sont situées les carrières, le receveur dresse chaque trimestre des états spéciaux pour le paiement de cette attribution (V. *Comptabilité générale*).

§ VIII. — *Mandements exécutoires des Préfets.*

1921. Les receveurs de l'enreg. sont chargés de recouvrer, en vertu des mandats exécutoires délivrés par les Préfets, et de payer aux ayants-droit les frais dus par les particuliers, pour expertises, démolitions et autres opérations faites d'office, ou sur la demande des propriétaires, concernant la grande voirie, le desséchement des marais, l'exploitation des mines et les servitudes militaires. D. 15 oct. 1828. 1. 1259.

1922. Ces frais comprennent : 1° les frais de voyage et les honoraires des ingénieurs ou agents des ponts et chaussées et des mines employés comme experts, soit en exécution de la loi du 29 flor. an 10, pour des opérations concernant la grande voirie, ou les contraventions en cette matière, telles qu'anticipation, dépôt de fumiers ou d'autres objets, et toutes espèces de détériorations commises sur les grandes routes, sur les arbres qui les bordent, sur les fossés, ouvrages d'art et matériaux destinés à leur entretien, sur les canaux, fleuves et rivières navigables, leurs chemins de hallage, francs-bords, fossés et ouvrages d'art, soit dans les cas prévus par l'art. 27 de la loi du 16 sept. 1807, pour les travaux de desséchement des marais, d'endiguement des rivières et cours d'eau, et par l'art. 89 du décret du 18 nov. 1810, pour l'exploitation des mines ; 2° les frais des travaux effectués d'office, d'après les mêmes lois ou décrets et l'ord. du 1er août 1821, sur les servitudes militaires, pour la destruction ou la démolition des constructions et ouvrages de toutes espèces illégalement entrepris sur les rivières, cours d'eau, routes, chemins et sur les propriétés privées que la loi du 27 juillet 1819 assujettit à certaines servitudes pour la défense du territoire. I. 1259.

1923. Ces dispositions sont applicables aux travaux pour l'élagage des arbres sur les routes, exécutés d'office par ordre de l'autorité administrative, pour le compte et à la charge des particuliers, et généralement à tous les mandements exécutoires, soit collectifs, soit individuels, que les Préfets délivrent pour le recouvrement des frais ou honoraires de toute nature auxquels donnent lieu les travaux d'intérêt public, exécutés d'office ou de gré à gré, à la charge des particuliers. 1. 1310.

1924. Lorsque l'exploitation d'une mine compromet la sûreté publique ou celle des ouvriers, la solidité des travaux, la conservation du sol et des habitations de la surface, et que le concessionnaire de la mine n'obtempère pas à l'arrêté du Préfet, qui lui a prescrit les travaux nécessaires pour faire cesser le danger, il y est pourvu d'office, et à ses frais, par les soins des ingénieurs des mines. Dans ce cas, les frais de confection et autres sont réglés par le Préfet, et le recouvrement en est opéré par les receveurs, comme en matière de grande voirie. Il est procédé, selon le même mode, à l'égard de tout concessionnaire qui a négligé soit d'adresser au Préfet, dans les délais fixés, les plans de ses travaux souterrains, soit de tenir sur ses exploitations le registre et le plan d'avancement journalier des travaux, soit d'entretenir constamment sur ces établissements des médi-caments et autres moyens de secours. Ord. 26 mars 1843. C. c. 60, § 3.

1925. Les arrêtés ou mandats exécutoires par lesquels les Préfets règlent, dans ces différents cas, les frais de démolitions, de déblais et d'expertises, doivent être transmis par l'intermédiaire du directeur au receveur des amendes et frais de la résidence des débiteurs, pour en suivre le recouvrement selon les règles établies pour les amendes de grande voirie, et en tenir compte aux ayants-droit. I. 1259. — A la réception de ces arrêtés, le receveur en fait article au sommier des opérations de trésorerie, dans l'une des colonnes restées en blanc, à l'article des correspondants du trésor, sous le titre : *Divers, Recouvrements de mandements exécutoires de toute nature, décernés par les Préfets.* I. 1358.

1926. Le recouvrement est suivi selon le mode prescrit pour les autres produits dont la recette est confiée à l'adm., c'est-à-dire par voie de contrainte. Les instances qui peuvent s'élever sont instruites et jugées selon les formes spéciales établies en matière d'enreg. Cass. 23 mai 1838. I. 1577, § 32 (V. *titre* V). — Les sommes recouvrées sont portées en recette sur le registre correspondant au sommier et sous le même titre; elles donnent lieu à la remise ordinaire. C. c. 14. — Le paiement est effectué aux ayants-droit selon les règles indiquées au titre de la *Comptabilité générale.*

§ IX. — *Pensions et dépenses des aliénés.*

1927. La loi du 30 juin 1838, sur les aliénés, et celle du 25 juin 1841, contiennent, relativement aux dépenses que nécessitent le transport, la visite, l'entretien, le séjour et le traitement des personnes placées dans les hospices ou établissements d'aliénés, des dispositions à l'exécution desquelles les préposés doivent concourir. Ces dépenses sont à la charge des personnes placées; à défaut, à la charge de ceux auxquels il peut être demandé des aliments, aux termes des art. 205 et suiv. C. civ. Les receveurs sont chargés de faire l'avance de quelques unes de ces dépenses et, dans tous les cas, d'en opérer le recouvrement. I. 1666.

1928. Les dépenses concernant les aliénés sont, relativement aux préposés, de deux espèces : d'abord, les frais de transport des personnes dirigées par l'autorité sur les établissements d'aliénés. Ces frais sont acquittés, à titre d'avance, par les receveurs des domaines, d'après les mémoires des agents préposés à ce transport, arrêtés par le Préfet, en conformité de l'art. 26 de la loi du 30 juin 1838. D. 7 juin 1842; C. c. 49; I. 1666 (V. *Comptabilité générale*)

1929. En vertu des mémoires acquittés formant titre de recouvrement et dont il fait article au sommier des opérations de trésorerie, sous le titre : *Frais de poursuites et d'instances concer-*

nant l'adm., le receveur qui a fait l'avance, suit le remboursement par les débiteurs, conformément à l'art. 27 de la loi du
30 juin 1838. I. 1666. — Les sommes reçues sont portées en recette sous le même titre, et au registre correspondant. C. c. 49,
§ 2. — Lorsque les débiteurs ne se libèrent pas sur l'avertissement, le recouvrement est suivi par voie de contrainte décernée
par le receveur, au pied du mémoire arrêté par le Préfet, et en
observant les formes ci-après (V. 1933 et suiv.).

1930. La seconde espèce de dépenses concernant les aliénés,
se compose : 1º de celles d'entretien, de séjour et de traitement
des personnes placées, soit dans les hospices ou établissements
publics d'aliénés, soit par les départements dans les établissements privés; 2º des frais des visites faites par les chirurgiens
et médecins, en vertu des ordres du Préfet, aux personnes placées dans les établissements privés d'aliénés, à l'effet de constater leur état mental. Les préposés de l'adm. n'ont aucune avance
à faire pour ces dépenses; mais ils sont chargés d'en recouvrer
le montant et de le verser aux établissements ou aux personnes
à qui il est dû. L. 30 juin 1838, art. 27, et 25 juin 1841, art. 29.
l. 1666.

1931. Le recouvrement des pensions des aliénés et des frais
de visite des chirurgiens ou médecins s'opère en vertu d'états
individuels énonciatifs des sommes dues, et arrêtés par les Préfets qui les transmettent aux directeurs des domaines. Les préposés n'ont point à intervenir d'office; ils doivent, pour agir,
attendre l'invitation du Préfet et l'envoi des titres de recouvrement. I. 1666.

1932. La recette sera faite par le receveur du bureau dans
l'arrond. duquel sont domiciliées les personnes chargées d'acquitter les pensions. Il fera article des sommes à recouvrer sur le sommier des opérations de trésorerie, au chapitre des correspondants
du trésor, sous le titre: *Établissements d'aliénés (Pensions et frais
de visite)*. — Les recouvrements opérés seront portés sous le
même titre au registre correspondant. I. 1666; C. c. 49, § 1er,
et 57, § 2. Il en sera tenu compte aux établissements, à la fin de
chaque mois, selon le mode indiqué au titre de la *Comptabilité
générale*.

1933. A défaut de remboursement amiable, les poursuites
doivent être dirigées, soit contre le tuteur de l'aliéné, s'il est interdit, soit, dans le cas contraire, contre l'administrateur provisoire de ses biens, nommé conformément à l'art. 497 du C. civ.
et aux art. 31 et 32 de la loi du 30 juin 1838; soit enfin contre
les personnes légalement redevables des aliments. I. 1666.

1934. Le remboursement des pensions ou frais de visite des
aliénés est poursuivi par voie de contrainte, suivant les formes
prescrites par l'art. 64 de la loi du 22 frim. an 7. La contrainte
est décernée par le receveur chargé du recouvrement, au pied
de l'état individuel arrêté par le Préfet et signifié en même temps
que la contrainte, à la requête du Directeur général. I. 1666.

1935. L'exécution de la contrainte est suivie par les voies de droit. En cas d'opposition, il faut distinguer si la contestation porte sur l'obligation de fournir des aliments ou sur leur quotité : il doit être sursis aux poursuites jusqu'à ce qu'il ait été définitivement statué à la diligence de l'administrateur provisoire des biens de l'aliéné. Dans ce cas, une copie de l'acte d'opposition est transmise par le directeur au Préfet à qui il appartient de provoquer l'intervention de l'administrateur provisoire. Si l'opposition repose sur d'autres causes que celle de l'obligation ou de la quotité des aliments, l'instance est instruite et jugée selon les formes prescrites par les art. 65 de la loi du 22 frim. an 7, et 17 de celle du 27 vent. an 9, pour toutes les perceptions confiées à l'adm. I. 1666.

Les sommes dues pour le transport, la pension et les frais de visite des aliénés, ne se prescrivent que par trente ans, selon les dispositions générales de l'art. 2262 du Code civil.

CHAPITRE VI. — *Domaines.*

1936. Les différents ministères et les administrations qui en dépendent sont chargés de la conservation et de la régie des propriétés mobilières et immobilières affectées à leur usage; mais l'adm. est particulièrement chargée de régir les domaines de l'État non affectés à un service public, de concourir dans certaines limites à la conservation des propriétés affectées à divers services, enfin de percevoir les produits des domaines et de la plupart des propriétés de l'Etat à l'usage des autres ministères.

1937. La gestion de l'adm. s'applique aux propriétés mobilières et immobilières, et a pour objet, soit la conservation ou la régie des biens et la perception des produits et revenus, soit l'aliénation et le recouvrement du prix. — Les opérations concernant le domaine sont très nombreuses : pour l'ordre et la clarté des observations sur cette partie importante de la manutention, on les divisera en deux sections, selon la nature mobilière ou immobilière des propriétés; dans une troisième section il sera question des biens régis par l'État.

SECTION Ire. — *Propriétés mobilières.*

1938. Les propriétés mobilières de l'État dont la régie ou la surveillance est confiée à l'adm. se composent de créances et droits incorporels et d'objets mobiliers. Les droits incorporels comprennent : 1° les dommages-intérêts alloués à l'Etat ; 2° les rentes et créances; 3° les résultats de vérifications de régies ou débets des employés. — Les objets mobiliers sont : 1° le mobilier affecté à l'usage de quelques fonctionnaires; 2° le mobilier de l'État; 3° les objets provenant des ministères; 4° les effets déposés dans les greffes et prisons; 5° les épaves. Les préposés concourent aussi à la conservation ou à la vente des objets mobiliers appartenant aux départements.

§ Ier. — *Créances et droits incorporels.*

ART. 1er. — *Dommages-intérêts alloués à l'État.*

1939. On classe parmi les produits mobiliers de l'État les dommages-intérêts qui lui sont alloués pour faits de toute nature. Lorsque ces dommages-intérêts ont été prononcés en matière forestière, ils figurent avec les produits forestiers ; si c'est en matière de roulage, avec les amendes concernant la police du roulage ; enfin lorsque les dommages-intérêts ont été prononcés en toute autre matière, ils sont portés avec les produits de domaines, sous un titre spécial. Comme les dommages-intérêts alloués à l'État ne peuvent résulter que de condamnations, on a présenté les observations relatives à ces créances au chapitre des *Condamnations* (V. 1717).

ART. 2. — *Rentes et créances domaniales.*

1940. Le décret du 20 mars a chargé la Régie des domaines de la perception des droits incorporels, rentes et autres produits non supprimés dépendant des domaines nationaux, et a prescrit de tenir dans chaque bureau, des registres et sommiers, soit pour la recette, soit pour la conservation des droits de l'État. On a établi en conséquence un sommier de consistance des rentes, Circ. 71, 72, 157; O. gén. 83, n° 7 ; il a été conservé lors de l'établissement des produits constatés. I. 1358 (V. 1946).

1941. Les créances et surtout les rentes dues à l'État se composent principalement de celles qui proviennent des établissements religieux supprimés et dont les biens ont été réunis au domaine en 1790. — On ne doit pas confondre avec les créances et rentes dues à l'État, celles qui proviennent de séquestres et biens vacants, ou de successions en déshérence. Celles-ci doivent être classées avec les biens de la même espèce, tant qu'elles ne sont pas devenues définitivement la propriété de l'État (V. 2554).

1942. *Recherche.* Pour la plupart des rentes demeurées inconnues au domaine, la prescription est acquise aux débiteurs, en vertu de l'art. 2262 C. civ., à moins que des actes interruptifs n'en aient arrêté le cours. La recherche des rentes provenant des établissements dont les biens ont été réunis au domaine, n'offre donc plus guère d'intérêt. Au reste les préposés ont le droit de faire dans les archives publiques la recherche des titres, registres, ou autres documents constatant l'existence de rentes domaniales, et la faculté de s'en faire délivrer des copies ou extraits sans frais, ou des expéditions en bonne forme ; ils peuvent même se faire remettre les titres originaux, sous récépissé ; mais on ne doit user de cette latitude que dans les cas où les expéditions sont insuffisantes pour exercer des poursuites. Circ. 9 janv. 1807 (V. 1478 et suiv.).

1943. *Révélation*. Pour favoriser la découverte des rêntes, l'État a accordé plusieurs fois des primes ou des attributions aux révélateurs, notamment par deux décrets des 23 janv. 1806 et 2 mars 1807, et par deux ord. des 21 août 1816 et 31 mars 1829. Circ. 19 fév. et 19 sept. 1806, 22 avril 1807 et 9 fév. 1808; I. 740, 806, 884 (V. 1496 et suiv.); mais la recherche des rentes domaniales étant l'un des devoirs des préposés, ils n'ont point participé à cette allocation.

1944. Afin de subvenir aux besoins des hospices, une loi du 4 vent. an 9 leur attribua la propriété des rentes et prestations non servies au domaine, et dont leurs agents feraient la découverte. Circ. R. 1968, 2031; l. 113, 118, 139, 156; ce qui n'a pas dû empêcher les préposés de l'adm. de faire, concurremment, des recherches pour découvrir les rentes appartenant à l'État. I. 195, 355. Les fabriques ont également été autorisées à demander l'envoi en possession des rentes domaniales dont elles feraient la découverte, Décr. 30 déc. 1809; mais ce décret ne constitue pas un droit à la propriété; il faut que le Gouvernement consente à l'envoi en possession (V. 1966).

1945. *Obligations des receveurs*. Les receveurs ont, relativement aux créances ou rentes appartenant à l'État, diverses obligations à remplir : 1º la conservation des droits du trésor; 2º le recouvrement annuel des arrérages et intérêts; 3º la recette des capitaux, en cas de remboursement ou de rachat; 4º les opérations qui se rattachent à l'aliénation ou au transfert des rentes.

1946. *Sommier de consistance*. Les articles concernant des sommes dues à l'État, mais non encore exigibles, pour capitaux de créances, rentes, prix de vente de mobilier sont consignés sur le sommier de consistance des rentes et droits incorporels appartenant à l'État (V. 1940), aussitôt après la remise au receveur des titres, actes, extraits et autres documents établissant les droits de l'État. l. 1358. — Ce sommier est divisé en cinq colonnes : nº d'ordre, nº du sommier de la direction, noms des redevables, extraits des titres ou enreg., observations.

1947. Chaque page ne contiendra que deux articles; les consignations seront datées. On y indiquera les noms, prénoms, professions et domiciles de tous les débiteurs, la nature de la dette; si c'est une rente, le montant annuel, son échéance et son capital; si c'est une créance, le chiffre de la créance en capital, les termes d'exigibilité, le montant et les époques fixées pour le paiement des intérêts. On énoncera la date du titre constitutif et le nom du notaire; les individus ou les établissements en faveur desquels la rente ou la créance a été constituée ou son origine; ceux auxquels elle était due au moment de la réunion au domaine; et s'il y a lieu, les causes de cette réunion; la désignation des biens hypothéqués, la date des titres récognitifs ou titres nouvels, celle des cautionnements et des inscriptions hypothécaires.

528 RECEVEURS. — TIT. IV. RECOUVREMENTS ET SOMMIERS.

1948. Au bas, on inscrira en chiffres, la date des échéances et le montant des sommes, arrérages ou intérêts à recouvrer ; enfin on ajoutera à la suite les changements qui surviendront dans les débiteurs, la date des nouveaux titres et des inscriptions prises successivement. Dans la colonne des observations, on indiquera le n° du sommier des produits constatés sur lequel chaque somme échue aura été reportée pour en suivre le recouvrement (V. 1527).

1949. *Mesures conservatoires.* Il est essentiel que les receveurs se tiennent au courant des modifications qui surviennent dans la propriété des biens affectés aux créances du trésor, notamment lorsqu'il s'agit de rentes foncières, car il est telles circonstances qui pourraient compromettre les droits de l'État ou donner ouverture à une action en remboursement. — La responsabilité du receveur lui impose l'obligation de prendre en temps opportun les mesures conservatoires propres à assurer les droits du trésor. Il ne négligera pas de renouveler les inscriptions selon le mode prescrit (V. *titre* V) avant l'expiration des 10 ans, ni d'exiger un titre nouvel après 28 ans de la date du dernier titre, et avant les 30 ans révolus, conformément aux art. 2262 et 2263 du Code civil.

1950. *Titre nouvel.* L'action à exercer doit être suivie d'après les règles du droit commun. On invitera d'abord le redevable à souscrire un nouveau titre devant le notaire dans l'étude duquel se trouvent les dernières reconnaissances. Au jour indiqué, le receveur s'y rendra pour l'accepter ; si le débiteur ne comparaît point, le receveur demandera au directeur l'autorisation d'agir. En vertu de cette autorisation, il fera signifier une sommation contenant nouvel ajournement dans l'étude du notaire. A défaut de comparution, ce dernier en dressera procès-verbal, et les pièces seront remises à l'avoué de l'adm. pour suivre l'action devant le tribunal de première instance, sans qu'il y ait besoin de recourir au préliminaire de la conciliation dont l'État est dispensé par l'art. 49, C. proc. — Le titre nouvel obtenu, le receveur en demandera la grosse, renouvellera l'inscription, s'il y a lieu, et fera mention du tout sur le sommier de consistance des rentes.

1951. *Bureau.* Les rentes foncières sont payées au bureau de la situation des biens, et les rentes constituées au bureau du domicile du débiteur. Circ. R. 1849. Néanmoins, il faut se conformer à cet égard aux stipulations qui ont été faites dans le titre constitutif. Quelques rentes sont *quérables*, c'est-à-dire payables au domicile même du débiteur.

1952. *Mode de paiement.* L'art. 30 de la loi du 24 août 1790, confirmé par les lois des 23 fév. et 12 sept. 1791, oblige les débiteurs de rentes en denrées, à les payer en argent d'après une évaluation faite sur le prix commun des marchés pendant la quinzaine antérieure et le mois postérieur à l'échéance des

Circ. R. 132, 157, 342. — On a dit que pour les rentes en grains, l'évaluation doit être faite d'après le taux commun des mercuriales, conformément à l'art. 12 de la loi du 14 therm. an 4 et à l'art. 75 de la loi du 15 mai 1818; nous pensons que c'est une erreur : ces deux lois ne règlent que le mode de liquidation des droits d'enreg.; il semble que la loi du 12 sept. 1791, spéciale aux arrérages de rentes et aux fermages, doit continuer à être appliquée.

1953. *Retenue.* Les débiteurs de rentes *foncières* peuvent retenir le cinquième des arrérages comme équivalent de la contribution foncière, à moins que le contrat ne porte la clause de non-retenue. L. 1er déc. 1790 et 10 juin 1791. Cette retenue avait été portée au quart par les lois des 2 août 1792 et 3 août 1793; celles des 23 niv. an 3, 15 pluv. an 5 et 3 frim. an 7 l'ont rétablie au cinquième. Circ. R. 157, 168, 275 bis, 1463. Il est essentiel de consulter le titre primitif, et de faire connaître dans la consignation si la rente est sujette ou non à la retenue.

1954. *Solidarité.* Toute solidarité pour le paiement des rentes et prestations ayant été abolie, même pour les arrérages échus, chacun des redevables est libre de servir sa portion de rente sans qu'il puisse être contraint à payer celle de ses codébiteurs. L. 20 août 1792, art. 1er. Toutefois, les débiteurs doivent, pour profiter de cette faculté, justifier de la part qui leur appartient divisément dans les biens grevés, et de la quotité dont ils sont tenus; s'ils possèdent indivisément, ils doivent faire constater et vérifier entre eux, contradictoirement avec le créancier, la quotité à laquelle ils sont soumis individuellement. L. 20 août 1792, art. 3, 4. — Quant aux créances, la solidarité est régie par le droit commun ou les stipulations du titre constitutif.

1955. *Recouvrement.* A mesure de l'échéance des termes de paiement, les arrérages des rentes, les intérêts et capitaux des créances sont reportés au sommier des produits constatés n° 4, revenus de domaines, pour en suivre le recouvrement. I. 1358. La consignation est faite dans la forme ordinaire (V. 1528 et suiv.). On y rappellera le n° du sommier de consistance sur lequel on énoncera successivement les dates et les n°s de ces reports. — Le recouvrement est suivi comme celui des autres produits domaniaux, par voie d'avertissement et de contrainte. Celles-ci doivent être décernées par le directeur des domaines et visées par le président du tribunal dans l'arrond. duquel se trouve le bureau de recette (V. *titre* V).

1956. *Prescription.* Les intérêts des créances et les arrérages de rentes se prescrivent par cinq ans, lorsqu'ils n'ont pas été conservés par la reconnaissance du débiteur, ou par des poursuites judiciaires. L. 20 août 1792, titre 3, art. 1er. C'est aussi ce que porte l'art. 2277 C. civ. Les receveurs devront,

34

sous leur responsabilité, faire les actes nécessaires pour interrompre la prescription.

1957. *Rachat.* La loi du 3 nov. 1789 porte que les rentes
foncières perpétuelles, quels que soient leur nature et le créancier, sont rachetables; les art. 2 et 3 de la loi du 29 déc. 1790
ont admis la même règle et défendu de créer des rentes perpétuelles non remboursables. Enfin les art. 530 et 1187 du C. civ. ont
définitivement consacré le principe du rachat des rentes, à la
volonté du débiteur, en limitant à 30 ans le terme qu'il est
permis de stipuler pour le remboursement des rentes constituées
pour prix d'un immeuble, et à 10 ans le plus long terme de
rachat des rentes constituées pour un capital aliéné.

1958. Le rachat des rentes doit avoir lieu à tous les moments où le débiteur trouve convenable de l'offrir; le créancier ne peut jamais le refuser, même lorsqu'il est offert au nom
du débiteur et pour l'en décharger; mais on ne devrait pas accepter le remboursement par un tiers qui voudrait être subrogé
aux droits de l'État contre le débiteur, a moins qu'il n'ait intérêt à l'affranchissement du fonds. — Les codébiteurs des rentes
peuvent racheter divisément leur portion contributive, en se
conformant aux formalités indiquées *sup.* 1954, sans que, sous
prétexte de la solidarité, ils puissent être contraints à rembourser au delà de leur quote-part. L. 20 mars 1791, art. 15, et 20
août 1792, art. 2. Circ. R. 71.

1959. La rachat est facultatif de la part du débiteur; néanmoins celui qui doit une rente *constituée* peut être contraint au
rachat : 1° s'il cesse de remplir ses obligations pendant deux
ans ; 2° s'il manque à fournir les sûretés promises par le contrat;
3° en cas de faillite ou de déconfiture. C. civ. 1912, 1913. Ces
dispositions d'après la plupart des auteurs, ne s'appliquent pas
aux rentes *foncières* créées pour aliénation d'immeubles; le
créancier à l'action en résolution du contrat. Au reste le défaut
de paiement des arrérages d'une rente constituée pendant deux
années n'emporte pas, de plein droit, obligation de rembourser
le capital; il faut que le débiteur ait été mis en demeure de
payer, et n'ait pas satisfait au commandement, avant la demande judiciaire tendante au remboursement. Cass. 14 juill.
1814. Dans tous les cas, c'est aux tribunaux à décider s'il y a
lieu à contraindre le débiteur au rachat. Cass. 22 mars 1825.

1960. *Capital.* A moins de stipulation contraire dans le
titre constitutif, les rentes en argent sont remboursables au denier *vingt* ; celles en nature de grains, volailles, denrées et fruits,
au denier *vingt-cinq* de leur produit annuel. Il est ajouté un
dixième à ces capitaux, à l'égard des rentes créées sans retenue
pour les contributions. L. 29 déc. 1790. Circ. R. 177. — Ainsi,
pour les rentes dont les arrérages sont *sujets à la retenue* du
cinquième, le débiteur n'a pas le droit de faire la même retenue
sur le capital, L. 12 sept. 1791, art. 18; Sol. 6 juill. 1841; et,

pour les rentes stipulées *sans retenue*, le capital doit être augmenté d'un dixième. — Au surplus, d'après les lois postérieures à 1790, il n'y a aucune distinction à faire pour les rentes en denrées et celles en argent constituées depuis cette époque; les unes et les autres doivent être remboursées au denier *vingt*, lorsque le capital n'a pas été déterminé dans le titre. L. 7 niv. an 10 et 13 flor. an 11.

1961. L'évaluation des denrées, pour fixer le capital à rembourser, est faite au taux d'une année commune, d'après le prix des mercuriales des quatorze années antérieures, en retranchant les deux plus fortes et les deux plus faibles; le tout sans dérogation aux évaluations contraires portées par les titres. L. 29 déc. 1790, art. 7 et 8; Arrêté des Consuls, 18 vent. et 14 fruct. an 8. Circ. R. 177, 1790, 1898. Ces dispositions ne sont applicables qu'aux capitaux.

1962. Pour favoriser le remboursement des rentes, une loi du 21 niv. an 8 a autorisé les débiteurs à se libérer, moyennant un capital formé de 15 fois la rente; mais cette faculté, accordée seulement pendant six mois, est depuis longtemps abrogée, et le rachat doit être effectué aux conditions prescrites par la loi du 29 déc. 1790. Sol. 6 juill. 1841.

1963. *Remboursement*. Le débiteur qui veut rembourser une rente, remet au receveur, sur papier timbré, une pétition adressée au préfet, afin d'être admis à se libérer aux conditions déterminées par la loi. Le receveur y joint, aussi sur papier timbré, une liquidation du capital de la rente d'après les bases ci-dessus, et au besoin un extrait des mercuriales; il transmet ensuite le tout au directeur pour être soumis à sa vérification et à l'approbation du préfet. Circ. R. 177, 215. — Il est recommandé aux receveurs de n'accepter aucun remboursement sans y avoir été autorisés. Circ. R. 753.

1964. A la réception de la liquidation approuvée par le directeur et visée par le préfet, le receveur en donne avis au débiteur. — Le capital doit être remboursé en un seul paiement; il ne faut d'ailleurs recevoir aucun capital sans exiger en même temps le paiement des arrérages échus jusqu'au jour du rachat. L. 9 mai 1790, art. 22.

1965. Le receveur fait article au sommier des droits constatés n° 4, du capital et du prorata d'arrérages, dans les deux colonnes spéciales, et fait mention de ce report en marge de l'article du sommier de consistance. La recette est portée sous les mêmes titres au registre correspondant. I. 1358. — La quittance est mise au bas d'un *duplicata* de la liquidation; quant à l'original de cette liquidation, il reste déposé au bureau pour servir de pièce justificative à l'appui du sommier. Circ. R. 177, 215. — Après le paiement, le receveur en donne avis au directeur, et si le débiteur demande la main-levée de l'inscription, il lui adresse la quittance, afin d'en justifier au préfet pour être autorisé à consentir cette main-levée dans les formes voulues (V. *titre* V).

1966. *Concessions.* L'État dispose des rentes soit par l'aliénation ou le transfert, soit même par voie de concession. Les concessions ne peuvent être faites qu'aux hospices ou établissements de bienfaisance et aux fabriques, lorsque des rentes inconnues et non servies au domaine sont découvertes par leurs agents (V. 1944).

1967. Dans d'autres circonstances, le Gouvernement a concédé des rentes domaniales aux hospices et aux fabriques : ainsi, pour indemniser les hospices de leurs biens et rentes aliénés par l'État, la loi du 16 vend. an 5 et celle du 20 vent. suiv. ordonnèrent le transfert à leur profit de rentes domaniales. Circ. R. 969, 1405 ; I. 126, 280, 298, 349 ; L. 7 sept. 1807. — Semblable concession leur a été faite par un arrêté du 15 brum. an 9, en paiement des créances que ces établissements avaient sur l'État (V. 1969) ; enfin, on leur restitua les rentes qui leur appartenaient (V. 2504 et suiv.).

1968. Des mesures analogues furent adoptées à l'égard des fabriques : indépendamment de la restitution des rentes provenant de toutes les fabriques supprimées, et qui ont été concédées aux fabriques conservées, le Gouvernement leur transféra aussi des rentes domaniales, en remplacement de celles qui provenaient de ces établissements et dont l'État avait reçu les capitaux (V. 2508).

1969. *Transferts.* Les lois des 17 mai et 25 juill. 1790 autorisaient l'aliénation des rentes, dans la forme prescrite pour la vente des autres propriétés domaniales. Circ. R. 350, 753. La loi du 21 niv. an 8 permit ensuite le transfert, à raison de 15 fois la rente, Circ. R. 1790 ; enfin un arrêté du 27 prair. an 8 ordonna que les capitaux seraient donnés en paiement des ordonnances des Ministres, pour les dépenses de leurs services ; et deux autres arrêtés des 15 brum. et 9 niv. an 9 autorisèrent également la délivrance aux hospices de capitaux de rentes, en paiement des sommes que l'État leur devait. Circ. R. 1968.

1970. Les ordonnances de paiement étaient acquittées par le trésor en rescriptions sur les directeurs des domaines chargés d'opérer le transfert. Circ. R. 1845, 1958. A cet effet, des registres ont été établis dans chaque direction pour l'enreg. des rescriptions ; mais comme elles sont valables pour obtenir, dans tous les départements, le transfert des rentes disponibles, D. 11 nov. 1818, le directeur remet au porteur de la rescription qui n'a pas été employée sur son département, un certificat visé par le préfet, constatant la date et le n° de l'enreg., la somme absorbée par des transferts effectués, et celle qui reste à acquitter. Semblable mention est faite sur la rescription qui est rendue au porteur. Circ. 28 mars 1808 ; I. 869.

1971. Pour obtenir la réassignation sur un autre département, le porteur s'adresse au Directeur général et joint les rescriptions avec le certificat du directeur. Une ampliation de l'arrêté du Directeur général indiquant le lieu où le tranfert peut être effectué, est adressé au directeur du département sur lequel la rescription était assignée, pour servir de pièce comptable, l. 869 ; il en fait mention en marge de l'enreg. Une autre expédition est transmise, avec la rescription, au directeur du département où le transfert doit avoir lieu. Celui-ci en fait mention sur son registre des rescriptions et prend des mesures pour le transfert.

1972. Sont seules susceptibles de transfert, les rentes constituées à titre perpétuel, et dont la propriété est définitivement acquise au domaine. On s'abstiendra donc de transférer : 1° les rentes susceptibles de faire retour aux anciens propriétaires, à quelque titre et pour quelque cause que ce soit, telles que celles qui proviennent des fabriques, des hospices, de l'université, des religionnaires fugitifs, et des émigrés ; 2° les rentes dépendant de successions dévolues à l'État, si la prescription n'est point encore acquise ; 3° les rentes dues pour des concessions révocables, précaires, ou d'une durée déterminée ; par exemple : les rentes convenancières, celles à la charge des usagers dans les forêts de l'État, les rentes constituées par des baux emphytéotiques *à temps*. Quant à celles qui résultent de baux emphytéotiques *perpétuels*, et de baux héréditaires, et qui sont devenues foncières, aux termes de l'avis du cons. d'État du 6 fruct. an 13, elles peuvent être transférées ; il en est de même des rentes dues par les communes pour prix de concession des halles ; mais elles ne peuvent être transférées qu'en remplacement. Circ. 30 oct. 1840.

1973. En ce qui concerne les rentes provenant de domaines engagés, on ne doit considérer comme susceptibles d'être transférées que celles ci-après, savoir : 1° les rentes qui ont pour objet la concession d'îles, îlots, attérissements formés dans les fleuves et rivières navigables, et d'autres biens sur le sort desquels il a été sursis à statuer par l'art. 33 de la loi du 14 vent. an 7 ; 2° celles dont le service a été imposé aux engagistes par l'arrêté qui les a maintenus en possession incommutable ; 3° les rentes que doivent continuer de servir les engagistes maintenus en possession, comme placés dans les cas d'exception prévus par l'art. 5 de la loi du 14 vent. an 7. Toutes les autres rentes, ayant pour origine des engagements de domaines, ne sont point classées parmi les rentes disponibles. Circ. 30 oct. 1840.

1974. L'époque de la création des rentes est, au surplus, indifférente à la question de transfert ; celles qui ont été constituées depuis l'arrêté du 27 prair. an 8 sont dans le cas d'être transférées comme celles dont l'origine est antérieure. Les directeurs ont d'ailleurs adressé à l'adm. un état des rentes transférables et doivent l'informer de tous les changements qui surviennent. Un état général a été formé à l'adm. pour l'ordre ou le classement suivant l'ancienneté des porteurs de transferts et de réassignations. Circ. 30 oct. 1840.

1975. Pour effectuer les transferts ordonnés par l'adm. les directeurs se feront fournir par les receveurs les expéditions de titres, extraits de recette, actes conservatoires ou autres relatifs aux rentes, ainsi que les divers renseignements dont ils pourraient avoir besoin. A défaut, ils se procureraient des extraits des titres dans les archives du département. Circ. R. 1845.

1976. Les transferts sont rédigés sur un registre tenu à la direction. Chaque transfert est inscrit au bas d'un état nominatif des débiteurs de rentes, avec indication de leur consistance et de leur nature, suivant le modèle donné par la Circ. R. 1845. On réunit les articles qui concernent le même bureau. Circ. R. 1968. — Lorsque la valeur en capital des rentes transférées à raison de 15 fois la rente est inférieure au montant de la rescription, on fait mention dans le transfert qu'il est fait à valoir ; si, au contraire, cette valeur est supérieure, le porteur de la rescription doit verser la différence au receveur (V. 1979).

1977. Cette première rédaction du transfert tient lieu du double qui doit rester à la direction. Il est ensuite expédié sur papier timbré ; cette expédition, revêtue de la signature du directeur, est soumise au visa du préfet, puis délivrée au cessionnaire après avoir été enregistrée, moyennant le droit fixe de 1 fr. Circ. R. 1845. A la suite de la minute du transfert, sur le registre, le directeur fait, pour chaque article, l'inventaire des titres de propriété remis au cessionnaire et s'en fait donner décharge au bas.

1978. Copie ou extrait du transfert est envoyé par le directeur au receveur de chacun des bureaux où les rentes sont servies ; il y joint la rescription admise en paiement, ou un *duplicata*, lorsque le transfert concerne plusieurs bureaux, et délivre en même temps au receveur un mandat de dépense, jusqu'à concurrence de la somme admise en paiement du transfert.

1979. Le receveur fait article au sommier des revenus de domaines, n° 4, du capital des rentes transférées pour la somme indiquée dans le transfert, sous le titre : *Rachat de rentes* ; si ce capital est supérieur au montant de la rescription et du mandat, il fait payer l'excédant par le porteur du transfert. Ensuite, il porte en recette au registre correspondant, et sous le même titre, la somme entière figurant au sommier. Il jouit de la remise ordinaire sur la recette totale. — Pour être couvert du montant de la rescription admise en paiement du transfert, le receveur porte cette somme en dépense sous un titre spécial qu'il ajoute au bas de l'article des *remboursements et restitutions à divers*. Le mandat et les pièces justificatives sont produits à l'appui de la dépense. Voir C. c. 10.

Le prorata des arrérages jusqu'au jour fixé par le transfert pour l'entrée en jouissance du cessionnaire est recouvré sur le débiteur de la rente, à l'échéance, comme à l'ordinaire, et l'article est ensuite rayé sur les sommiers (V. 1955).

1980. *Remplacement.* Lorsque des rentes transférées ont été reconnues non susceptibles de recouvrement, les cessionnaires peuvent demander le transfert d'autres rentes en remplacement. Dans ce cas, le directeur adresse au préfet un état détaillé et certifié des rentes à remplacer, indiquant les motifs du remplacement, la date du transfert dont elles doivent être distraites, la date et le n° des rescriptions versées en paiement de ce premier transfert, la date à compter de laquelle le cessionnaire avait droit aux arrérages, enfin le nom du bureau où le transfert a été porté en recette. Circ. 28 mars 1808.

1981. Le Préfet ordonne, s'il y a lieu, le remplacement. S'il ne peut être effectué dans le département, le directeur le certifie au bas de l'arrêté et le porteur des rescriptions se pourvoit auprès du Directeur général pour obtenir sa réassignation sur un autre département. Après qu'elle a été autorisée (V. 1971), l'arrêté du préfet qui ordonne le remplacement est soumis au visa du préfet du département dans lequel le transfert doit avoir lieu. Les transferts en remplacement sont délivrés comme les autres : seulement on y fait mention de cette circonstance, et la recette pour mémoire ne donne pas lieu à une seconde remise. Si le premier transfert a eu lieu dans un autre bureau, le receveur de ce bureau tient compte à son collègue de la remise qu'il a indûment reçue. I. 993.

ART. 3. — *Résultats de vérifications de régies.*

1982. La vérification de la régie des comptables de l'adm. est faite par les employés supérieurs. Lorsque, dans le cours de leurs opérations, ils reconnaissent des erreurs au préjudice soit du trésor, soit des comptables, les employés supérieurs ne doivent pas les rectifier au courant, quand même le comptable serait encore en exercice, ils doivent les constater par le procès-verbal de vérification (V. *Vérificateurs*). Ce procès-verbal établit la balance entre les erreurs au préjudice du trésor et celles à la perte du comptable, et la différence forme le résultat de la vérification.

1983. Lorsque ce résultat constate que le comptable est en avance, il en est remboursé au moyen d'un mandat, et il n'en est pas fait mention sur les sommiers (V. *Comptabilité générale*). Mais si le comptable est constitué reliquataire envers le trésor, l'employé supérieur doit faire article de la somme due, sur le sommier des produits accidentels, n° 6, sous le titre : *Résultats de vérifications de régies.* Il ne faut consigner ainsi que les reliquats dus par des comptables encore en exercice dans l'adm. ; les débets des autres ne figurent plus sur les registres de l'adm. (V. 1986).

1984. Le procès-verbal de vérification devant être produit au soutien du compte du receveur, il portera immédiatement en recette, au registre et au titre correspondants, le reliquat constaté à sa charge, à moins qu'il n'ait des observations à faire sur le montant. Il fera ensuite un extrait de la recette qui sera certifié tant par lui que par l'employé supérieur, et transmis par ce dernier au directeur avec le procès-verbal de vérification. Après avoir visé l'extrait, le directeur adressera le tout à l'adm., pour être produit au soutien de la comptabilité du receveur, afin de mettre la Cour des comptes à portée de prononcer, par son arrêt, la libération du comptable. I. 1338; C. c. 17, 27 (V. *Vérificateurs* et *Comptabilité générale*).

1985. Lorsque le reliquat comprendra des erreurs passibles d'intérêts, le receveur ne devra pas moins porter immédiatement en recette le principal, et en justifier de la même manière, soit pour arrêter le cours des intérêts, soit pour établir sa libération. Après que les intérêts à sa charge auront été définitivement liquidés et arrêtés par l'adm., il en fera article au sommier, les portera en recette au registre, et justifiera du paiement ainsi qu'il est prescrit pour le principal.

1986. Si le reliquat ne peut être porté immédiatement en recette à cause de l'éloignement du comptable, il en sera compté selon le mode prescrit pour les virements de fonds (**V.** *Comptabilité générale*). Enfin si le comptable n'est plus en fonctions dans l'adm., le *débet* sera constaté par l'arrêt de la Cour des comptes, et le recouvrement suivi par le Directeur du contentieux, agent judiciaire du trésor, sera versé aux caisses des receveurs des finances, ainsi qu'il est prescrit pour les *débets* des comptables hors de fonctions. C. c. 17, 29 et 34 (**V.** *titre* VI et *Comptabilité générale*).

1987. *Erreurs relevées par la Cour.* Lorsque la Cour des comptes rejette une dépense irrégulière ou qui n'est pas suffisamment justifiée, ou relève au préjudice du trésor une erreur qui n'a pas été constatée par la vérification de régie, on en fait article au sommier des produits accidentels, sous le titre : *Remplacements de dépenses rejetées et d'erreurs relevées par la Cour des comptes.* La somme est portée en recette au registre et au titre correspondants. Pour en justifier, le receveur délivre un extrait du registre de recette qui est certifié par lui et par un employé supérieur, visé par le directeur, et transmis à la Comptabilité générale. I. 971.

1988. Ce mode ne s'applique qu'aux redressements prescrits par des arrêts de la Cour, pour des comptables encore en exercice; lorsqu'ils sont sortis de fonctions, on suit la marche indiquée *sup.* 1986. Relativement aux erreurs reconnues ou aux dépenses rejetées par les directeurs ou la Comptabilité générale, la rectification des écritures devant avoir lieu immédiatement, on n'a point à faire recette sous un titre particulier du montant de ces erreurs. I. 971.

1989. *Responsabilité*. Lorsque des sommes sont mises à la charge d'un préposé, pour tenir lieu de droits ou amendes non recouvrés, ou même à titre de mesure disciplinaire, on doit, si ces sommes ne s'appliquent pas à des produits qui se portent sur un registre spécial, en faire article au sommier des produits accidentels, sous le titre général : *Sommes mises pour cause de responsabilité à la charge des préposés*. La recette est inscrite au registre et au titre correspondants.

§ II. — *Conservation du mobilier.*

1990. D'après la règle générale indiquée *sup.* 1936, chaque administration est chargée de l'achat du mobilier nécessaire à son service, de régler la destination et l'usage de ce mobilier, de veiller à sa conservation et de réformer les objets devenus inutiles. L'adm. des domaines a les mêmes devoirs relativement au mobilier affecté à son usage et qui consiste notamment en registres, papiers, impressions, timbres et autres menus objets.

1991. Quoique l'adm. ne soit pas chargée de la conservation du mobilier des autres administrations, elle concourt à celle du mobilier affecté à l'usage *particulier* de tous les agents de l'État. Cette distinction est facile à saisir : chacun des fonctionnaires ou agents de l'État exerce, quant aux objets dont ses fonctions lui donnent l'administration, les devoirs de son emploi ; mais pour les objets mis à sa disposition particulière, il est partie intéressée ; il fallait nécessairement le concours d'agents spéciaux pour assurer l'exécution du contrat entre l'État et son dépositaire. Sous ce rapport, les attributions des préposés sont purement passives, c'est-à-dire qu'elles se bornent à constater l'existence des objets par le récolement des inventaires.

1992. Pour assurer la conservation des propriétés mobilières de l'État, l'article 8 de la loi du 26 juillet 1829, porte qu'il sera fait des inventaires du mobilier fourni soit par l'État, soit par les départements à des fonctionnaires publics, et que ces inventaires seront récolés à la fin de chaque année, et à chaque mutation de fonctionnaire responsable. A cet effet, on a établi dans chaque ministère un relevé, par département, des fonctionnaires publics auxquels un mobilier a été fourni ; ce relevé a été communiqué à l'adm. qui en a transmis des extraits à ses directeurs et leur annonce, avant chaque fin d'année, les changements faits à ce travail. Ord. 3 fév. 1830, art. 7. I. 1308.

1993. *Évêchés*. La dépense du mobilier des archevêchés et évêchés étant à la charge de l'État, il est sa propriété, Ord. 4 janv. 1832, art. 1er, sauf pour les parties d'ameublement acquises sur les fonds votés par les Conseils généraux, en augmentation du mobilier accordé par l'État, art. 3. Une ord. du 7 avril 1819, détermine de quels objets cet ameublement doit se composer. Le récolement en est fait par les préposés. I. 1308.

1994. *Tribunaux*. Quoique le mobilier affecté par l'État au

service des cours et tribunaux ne soit pas destiné à l'usage exclusif d'un fonctionnaire, le récolement doit être fait par les
employés de l'adm. La déclaration de prise en charge n'est point
signée par le président ou le chef du parquet ; le concierge chargé
de la garde du palais de justice est le seul agent responsable.
Quant au mobilier des justices de paix, il est la propriété des
communes et ne doit pas être récolé. D. just. 4 mars 1842.

1995. *Colléges*. Le mobilier des colléges étant la propriété
des villes et communes, les préposés n'ont point à en faire le
récolement ; ils n'interviennent que pour celui du mobilier fourni
par l'État ou les départements à quelques uns des fonctionnaires
des colléges. D. instr. publique, 12 fév. 1842.

1996. *Préfectures*. L'ameublement et l'entretien du mobilier des hôtels de préfecture, placés par la loi du 10 mai 1838,
parmi les dépenses ordinaires des départements, comprennent :
1° le mobilier des appartements de réception ; le mobilier des
salles du conseil de préfecture, du conseil général et des commissions ; du cabinet du préfet et des bureaux de la préfecture ;
celui d'au moins six chambres de maître avec leurs accessoires,
et huit chambres de domestique ; 2° les objets mobiliers nécessaires au service des cuisines et au service des écuries et remises,
et les ustensiles de jardinage. Ord. 7 août 1841, art. 1. Les employés de l'adm. sont chargés du récolement. I. 1308,1642,1715.

1997. *Fonctionnaires ou agents divers*. A l'égard du mobilier
fourni soit par l'État, soit par les départements, à tous autres
fonctionnaires ou agents civils ou militaires, en vertu de divers
réglements qu'il est inutile de rappeler, le récolement doit aussi
être fait d'après les règles ci-dessus.

1998. *Inventaire*. Chacun des fonctionnaires ou agents est
tenu de dresser en double expédition un inventaire descriptif de
tous les objets mobiliers affectés à son usage personnel, et qui
lui ont été fournis par l'État. Cet inventaire est dressé en triple
expédition pour ceux de ces objets appartenant aux départements. Ord. 3 fév. 1830, art. 1er. — Les inventaires doivent
être conformes au modèle donné, néanmoins, chaque fonctionnaire peut diviser au besoin son inventaire en autant de sections
que le comportent la nature des objets à inventorier, les locaux
et emplacements qu'ils occupent, et le nombre des personnes
aux soins desquelles la conservation de ces objets est ou peut
être particulièrement confiée, art. 2. — Tout fonctionnaire responsable de mobilier est tenu de donner connaissance au directeur des domaines, de l'achèvement de l'inventaire, pour qu'il
puisse immédiatement faire procéder au récolement par un préposé de l'adm. désigné à cet effet, art. 3. I. 1308. Ce récolement a lieu ainsi qu'il sera expliqué (V. 2001).

1999. Après l'opération, et sur la déclaration de prise en
charge que contient l'arrêté de clôture de l'inventaire, le préposé
du domaine fait mention du récolement, et signe également pa-

reille mention sur chaque expédition. L'une de ces expéditions lui est remise pour être envoyée au directeur qui la conserve dans ses archives, l'autre reste au fonctionnaire chargé du mobilier. Ord. 3 fév. 1830, art. 3. I. 1308. — S'il s'agit du mobilier affecté à l'hôtel de la préfecture, le récolement est vérifié par une commission du Conseil général, et une troisième expédition de l'inventaire est adressée au Ministre de l'intérieur. Ord. 7 août 1841, art. 3. I. 1642.

2000. *Récolement.* D'après les dispositions de la loi du 26 juill. 1829, et de l'Ord. du 3 fév. 1830, le récolement du mobilier fourni par l'État ou par les départements, doit avoir lieu à trois époques : 1° pour la première fois après l'achèvement de l'inventaire; 2° à la fin de chaque année; 3° à chaque mutation de fonctionnaire responsable du mobilier. Aux termes de l'art. 5 de l'ord. du 7 août 1841, le récolement du mobilier des hôtels de préfecture doit être fait en outre pendant chaque session ordinaire du Conseil général. Il importe que les directeurs se concertent avec les Préfets et les chefs de service pour qu'il soit procédé au récolement du mobilier à toutes les époques ci-dessus indiquées, quelque faible que soit l'intervalle qui sépare ces diverses époques. I. 1715. Au besoin, le directeur recommandera aux préposés de la localité de le tenir au courant des mutations survenues dans le personnel des fonctionnaires ou agents responsables. I. 1334.

2001. Aux époques déterminées, le directeur charge un employé supérieur, ou, à défaut d'employé supérieur sur les lieux, le receveur des domaines de la résidence du fonctionnaire, de procéder au récolement. I. 1308 et 1642. A cet effet, il lui adresse l'inventaire déposé dans ses archives. Il est convenable que l'employé soit désigné et reçoive des instructions quelque temps à l'avance, spécialement pour les récolements qui doivent s'opérer pendant les sessions des Conseils généraux, a raison de la brève durée de ces sessions. I. 1715.

2002. Pour ce dernier récolement, les préposés doivent procéder seuls et sans l'assistance des membres du Conseil général : ceux-ci sont seulement chargés, suivant les art. 3 et 5 de l'ord. du 7 août 1841, de vérifier l'exactitude de l'opération. I. 1715. — Les récolements auxquels il doit être procédé dans les évêchés ou archevêchés, ont lieu en présence du préfet ou d'un conseiller de préfecture délégué par lui, concurremment avec le titulaire, ou, en cas de vacance du siége, avec les vicaires capitulaires administrateurs du diocèse. I. 1308. Le préfet peut aussi se faire représenter par le sous-préfet, si l'évêché n'est pas au siége de la préfecture. — Enfin dans toute opération de récolement, les préposés doivent être secondés par les chefs du service qu'elle peut concerner, et les fonctionnaires ou agents à l'usage desquels le mobilier est affecté ont des ordres précis pour cet objet. I. 1334.

2003. L'opération du récolement consiste en une vérification matérielle pour constater l'existence des divers objets portés sur l'inventaire à la charge du fonctionnaire responsable. Celui-ci est tenu de les représenter pour ce récolement. I. 1642. Il est essentiel que le préposé s'assure par lui-même de l'existence et de l'identité des meubles en se transportant successivement dans les locaux où ils se trouvent. Il doit voir si les objets sont au complet, mais il n'a point à exiger que la représentation lui soit faite dans l'ordre de l'inventaire.

2004. Si les fonctionnaires sont tenus de représenter *tous* les objets dont ils ont pris charge, ils ne sont pas responsables de la diminution de valeur qu'ils pourraient avoir subie, I. 1642, sauf les cas extraordinaires qu'il n'appartient pas aux préposés d'apprécier. Ces derniers se borneront à constater les détériorations qu'ils auraient remarquées ; les contestations sont du ressort de l'autorité administrative. Ord. 15 mars 1833 (V. 2008).

2005. Dans l'intervalle d'un récolement au récolement suivant, tout fonctionnaire responsable de mobilier est tenu de faire consigner sur l'expédition de l'inventaire laissée à sa disposition, d'une part, les accroissements qui surviennent dans la quantité des objets, et d'un autre côté, les réformes et ventes qui ont eu lieu, en indiquant sommairement, dans une colonne ménagée à cet effet, les causes des ventes et réformes, ou les circonstances propres à les justifier. Ord. 3 fév. 1830, art. 5. I. 1308. — Les meubles acquis pour en remplacer d'autres seront inscrits à la suite de l'inventaire du mobilier des préfectures et porteront le nᵒ d'ordre des objets auxquels ils auront été substitués ; le prix d'achat de chaque meuble sera indiqué. I. 1642.

2006. L'expédition envoyée par le directeur pour procéder au récolement sera préalablement conférée avec celle qui sera restée entre les mains du fonctionnaire responsable ; les accroissements survenus et les réformes ou ventes effectuées seront énoncés sur chaque expédition ; et, après le nouveau récolement, l'expédition appartenant à la direction y sera rétablie par l'employé auquel elle aura été confiée pour l'opération. I. 1308.

2007. Il est prescrit aux directeurs de rendre compte à l'adm. de chacun des récolements de mobilier. I. 1334. — En ce qui concerne ceux qui doivent avoir lieu à la fin de l'année, les directeurs transmettent le 1ᵉʳ mars, à l'adm., 4ᵉ div., un état général des récolements opérés pour l'année précédente. Cet état indiquera en tête le département, la direction et l'année pour laquelle on le fournira. Le cadre sera divisé en sept colonnes : 1ᵒ noms des fonctionnaires auxquels un mobilier a été fourni par l'État; 2ᵒ noms de ceux auxquels le mobilier a été fourni par le département; 3ᵒ qualités et résidences des fonctionnaires; 4ᵒ dates des inventaires du mobilier, 5ᵒ montant de l'estimation du mobilier lorsqu'elle a eu lieu; 6ᵒ date du récolement effectué pour l'année expirée ; 7ᵒ observations.

I. 1390. — Le prix d'achat des objets destinés à l'ameublement des préfectures devant être indiqué sur l'inventaire (V. 2005), sera également porté sur l'état dont il s'agit. I. 1642.

2008. Si un récolement faisait connaître l'absence ou la dé-térioration extraordinaire d'objets mobiliers compris dans l'inventaire, ou si cette opération donnait matière à des observations dont le développement ne pourrait entrer dans le cadre de l'état, ou enfin si quelque circonstance particulière exigeait que l'adm. fût immédiatement informée des résultats du récolement, le directeur devrait, dans l'un ou l'autre cas, rédiger un rapport spécial dont l'envoi précéderait ou accompagnerait l'état général des récolements annuels. I. 1390, 1642, 1715.

2009. A l'égard des récolements qui doivent avoir lieu, soit à chaque mutation de fonctionnaire responsable du mobilier, soit pendant chaque session du Conseil général pour les meubles appartenant aux départements, les directeurs en rendront compte à l'adm. par une lettre spéciale. Ils auront soin que cette lettre comprenne tous les renseignements indiqués par le modèle de l'état des récolements annuels. I. 1390, 1642, 1715.

§ III. — *Ventes de mobilier.*

ART. 1er. — *Règles générales.*

2010. *Préposés chargés des ventes.* Une loi du 2 niv. an 4 a autorisé le Gouvernement à disposer du mobilier appartenant à l'État de la manière qu'il juge la plus prompte et la plus avantageuse; et un arrêté du 23 niv. an 6, rendu pour l'exécution de cette loi, contient les dispositions suivantes : Les préposés de la Régie des domaines seront tenus de provoquer la mise en vente des effets mobiliers non réservés pour le service public, art. 1er. Ces ventes seront *exclusivement faites par les receveurs ou autres préposés de la Régie*, en présence d'un commissaire de l'administration municipale de l'arrond., dont l'absence ne pourra retarder ni empêcher la vente, art. 3. Circ. R. 1220.

2011. Ces dispositions n'ont été abrogées ni par la loi du 28 avril 1816 et l'ord. du 26 juin suivant, ni par la loi du 27 vent. an 9, qui ont établi les commissaires-priseurs ; ainsi les préposés ont dû continuer de faire les ventes du mobilier de l'État, sans l'assistance de ces officiers ministériels. D. just. et fin. 22 mars 1820. I. 927. Les commissaires-priseurs à Paris ayant contesté cette décision, leur prétention a été repoussée par un arrêt de la Cour de cassation du 7 mai 1832. Toutefois, lorsqu'une exception paraît nécessaire, les directeurs doivent en rendre compte à l'adm. qui apprécie les motifs présentés comme pouvant justifier une dérogation au droit exclusif attribué aux préposés des domaines, de procéder aux ventes dont il s'agit. I. 1402.

2012. Les préposés sont chargés de vendre non seulement les objets mobiliers dont la régie leur est confiée, mais encore ceux qui étaient affectés et ont été reconnus inutiles au service des ministères et autres administrations publiques, même pour les adm. financières, et quelle que soit la nature de ces objets. — Il existe des règles particulières pour les ventes de produits des forêts (V. 2644 et suiv.).

2013. *Mobilier sans affectation spéciale.* Les receveurs doivent provoquer d'office l'autorisation de vendre soit à des époques déterminées, soit lorsque cela est nécessaire, tous les objets mobiliers appartenant à l'État, et qui ne sont pas affectés à un service public, notamment : 1° le mobilier qui devient la propriété de l'État par donation ou legs ; 2° les épaves ou objets dont le possesseur est inconnu ; 3° les animaux, instruments et objets de toute nature, saisis par l'autorité judiciaire et non réclamés, et les objets confisqués ; 4° les objets mobiliers provenant de successions en deshérence.

2014. *Objets inutiles au service.* À l'égard du mobilier affecté au service des ministères et des adm. publiques, les préposés ont à provoquer la vente des objets inutiles au service de l'adm. dont ils font partie, mais ils doivent attendre la réquisition des agents des autres ministères ou administrations, pour demander l'autorisation de vendre les objets qu'ils sauraient être inutiles au service de ces administrations (V. 2047). Ils se borneront, dans ce cas, à rendre compte au directeur des faits portés à leur connaissance, afin que celui-ci se concerte avec les chefs de service, et prévienne l'adm. de manière à empêcher les abus.

2015. *Autorisation préalable.* Les ventes du mobilier de l'État, à l'exception des objets provenant du ministère de la guerre, ne peuvent avoir lieu qu'avec l'autorisation du directeur qui propose au Préfet de fixer le jour et le lieu de la vente. Circ. R. 1220. Il faut, autant qu'il est possible, proposer un jour où l'affluence est plus considérable, tel qu'un jour de foire ou marché. — Le Préfet n'est point chargé d'ordonner ou d'autoriser la vente, ni d'en régler les conditions ; il se borne à fixer le jour et en donne avis à l'autorité municipale de la localité où la vente doit avoir lieu, afin que le maire ou son délégué puisse assister à la vente, mais sans que son absence ou son refus puisse retarder ou empêcher l'adjudication. Circ. R. 1220 (V. 2010).

2016. Le directeur charge le receveur de procéder à la vente ; cependant si cette opération devait durer plusieurs jours, et que le service du bureau dût en souffrir, un employé supérieur sera délégué à cet effet. Circ. R. 1220. On peut d'ailleurs, lorsque la vente semble exiger une surveillance spéciale, soit à cause de son importance, soit par toute autre circonstance, charger un employé supérieur d'y assister.

2017. *Inventaire.* Toute vente d'objets mobiliers appartenant à l'État doit être faite au vu des inventaires ou états dressés soit par les préposés, soit par les administrations qui requièrent la mise en vente. Circ. R. 1220. — Ces inventaires sont remis aux préposés des domaines qui se transportent dans les magasins où les effets mobiliers sont déposés, pour en faire le récolement ; il est fait mention de cette opération à la suite de l'inventaire, ou bien il en est dressé un procès-verbal séparé. — Jusqu'au jour de la vente les effets demeureront sous la garde des dépositaires ; ils signeront le procès-verbal de récolement en s'obligeant a représenter les objets lorsqu'ils en seront requis. Circ. R. 1220.

2018. *Estimation.* Si la nature et l'importance du mobilier l'exigent, ou lorsque les préposés du domaine ne connaissent pas avec exactitude la valeur des objets à mettre en vente, il est procédé à une estimation détaillée à laquelle ils appellent un ou plusieurs experts. D. 9 nov. 1829.

2019. *Mode de vente.* Le mobilier de l'Etat doit être vendu avec publicité et concurrence ; toutefois, dans certain cas exceptionnels, les départements ou les communes et même des particuliers peuvent obtenir la concession, pour cause d'utilité publique et sur estimation contradictoire, de certains objets mobiliers, sauf l'approbation du Ministre des finances ou du Préfet. Av. Cons. d'Etat, 22 fév. 1808, I. 379 ; D. 20 janv. 1824 (V. 2045).

2020. *Publications.* Les ventes du mobilier de l'État doivent être annoncées soit par affiches, soit par insertions dans les journaux, ou même par de simples publications, lorsque l'urgence ou la modicité de la vente ne permet pas d'employer les autres modes de publicité. Circ. R. 1220. On peut, dans ce dernier cas, faire apposer en outre quelques affiches manuscrites.

2021. Les affiches indiquent la nature des objets à vendre, le lieu, le jour et l'heure où la vente doit être faite et les conditions ; on y exprime notamment que le prix sera payé comptant ou dans un court délai et avant la livraison. Circ. R. 1220, I. 623. Lorsque les affiches doivent être approuvées, il sera fait mention de l'approbation. Elles sont exemptes du timbre.

2022. Les affiches sont apposées dans les lieux accoutumés, trois jours au moins avant la vente, dans les cas ordinaires. Si les objets à vendre sont d'une grande importance par leur nombre, leur valeur et leur nature, les affiches sont apposées au moins dix jours à l'avance, tant dans la commune où la vente doit être faite, que dans les chefs-lieux de préfecture et dans les principales villes du département et des départements voisins. Circ. R. 1220 ; I. 623. Dans ce dernier cas, il est bon de faire en outre des insertions dans les journaux. Les publications à son de trompe ou de tambour ne doivent généralement être faites que le jour de la vente ; on se conformera d'ailleurs à l'usage.

2023. *Remise des objets.* Au jour fixé pour la vente, le préposé chargé d'y procéder, se fait remettre les objets par le dépositaire et lui en donne décharge au bas de la mention ou du procès-verbal de récolement. Il fait ensuite, s'il y a lieu, transporter ces objets dans le local où la vente doit être faite.

2024. *Mise en vente.* Pour la mise en vente, on divisera cha-

que article de l'inventaire en autant de lots qu'il sera nécessaire.
En général, il est avantageux pour certains effets d'un usage habituel, de multiplier le plus possible les lots. Circ. 27 sept. 1806.
Quelquefois, au contraire, il est indispensable de réunir des objets qui ne peuvent, sans inconvénient, être vendus séparément;
les préposés se détermineront, selon les circonstances, de manière à tirer des objets le parti le plus avantageux. — Il convient
du reste, pour empêcher le désordre et faciliter les rapprochements, de suivre, autant qu'il sera possible, l'ordre observé dans
l'inventaire, en sorte que les articles du procès-verbal d'adjudication correspondent avec ceux de l'inventaire. Circ. R. 1220.

2025. Le préposé des domaines doit, en présence des délégués et fonctionnaires qui assistent à la vente, mettre lui-même
les effets à l'enchère sur la mise à prix de l'estimation. Ces estimations devant être fixées de manière à garantir les intérêts du
trésor, sans toutefois empêcher les adjudications, les préposés
ne négligeront rien pour prévenir les coalitions et autres abus;
s'ils en reconnaissaient, ils devraient, d'accord avec les fonctionnaires présents à la vente, prendre les mesures nécessaires pour
les empêcher, et, au besoin, en assurer la répression par les moyens
que la législation autorise. Ils pourront, dans ce cas ou lorsqu'il
ne se présentera pas un nombre suffisant d'enchérisseurs, surseoir à la vente. Circ. R. 1220.

2026. *Enchères*. Pour la vente des lots dont l'estimation dé-
passerait 100 fr., il sera allumé des feux et l'adjudication n'en
sera prononcée qu'après l'extinction du dernier feu sans enchères, à peine de 500 fr. d'amende, outre l'annulation des ventes,
s'il y a lieu. L. 3 janv. 1793, art. 3. En conséquence, les préposés se muniront d'un certain nombre de petites bougies en
usage pour les ventes à l'extinction des feux, ils les allumeront
successivement pour les lots dont l'estimation dépassera 100 fr.
tant qu'il y aura de nouvelles enchères pendant leur durée, et
jusqu'à ce que l'une d'elles brûle et s'éteigne entièrement sans
nouvelle enchère. Circ. R. 1220. A l'égard des objets estimés
au dessous de 100 fr., il ne sera pas nécessaire d'allumer des
bougies, même lorsque les enchères auront atteint ce taux.

2027. *Achats*. Les préposés chargés de la vente, ou les fonctionnaires qui y assistent, ne peuvent s'immiscer directement ni
indirectement dans l'achat d'aucun objet, les lois punissent sévèrement ces infractions qui seraient d'ailleurs contraires aux
règles de la délicatesse. Circ. R. 1220. Il ne faut donc pas que,
sous prétexte de pousser les enchères, les préposés en portent
par eux-mêmes ou par des intermédiaires.

2028. *Adjudication*. L'adjudication est prononcée par le préposé lui-même. Circ. R. 1220. Après avoir attendu le temps nécessaire, il doit rappeler à plusieurs reprises le montant de la
dernière enchère, et demander si personne n'ajoute plus rien. A
défaut de nouvelle enchère, il prononce à haute voix l'adjudi-

cation au dernier enchérisseur en indiquant son nom et le prix. La livraison n'a lieu en général qu'après le paiement (V. 2021). — Si le prix est payable comptant, et que l'adjudicataire ne se libère pas immédiatement ou ne présente pas au receveur les garanties nécessaires, sa responsabilité peut le déterminer à remettre de suite l'objet en vente. Il faut, au surplus, avant de prononcer une adjudication, être à peu près fixé sur la solvabilité de l'enchérisseur.

2029. *Procès-verbal.* Au fur et à mesure des adjudications, le préposé les porte sur un procès-verbal. On doit généralement faire autant de procès-verbaux qu'il existe de mobiliers d'une origine différente. C'est ce qui est prescrit pour les ventes de mobilier militaire. Circ. 4 juill. 1806; I. 623.—Après avoir décidé que les procès-verbaux de vente du mobilier de l'État sont assujettis au timbre et à l'enreg., Circ. R. 1810, 2009, on avait admis une règle opposée; I. 3, 18, 623; mais il a été reconnu depuis que ces actes sont soumis à la double formalité du timbre et de l'enreg. I. 349, 391, 1204, § 9, 1490, § 1er. Quant aux inventaires, procès-verbaux de remise ou d'estimation, affiches, copies ou expéditions du procès-verbal destinées aux fonctionnaires ou agents de l'État, ils en sont dispensés. I. 623, et L. 15 mai 1818, art. 80.

2030. Le procès-verbal d'adjudication indique le jour et le lieu où il est procédé; les noms et qualités des fonctionnaires qui concourent; la date des ordres, autorisations ou réquisitions en vertu desquels la vente a lieu; la nature des objets à vendre; la date des procès-verbaux ou états estimatifs constatant la remise; les mesures prises pour assurer la publicité; les clauses et conditions générales ou particulières de la vente; les espèces et quantités des objets exposés en vente, dans l'ordre de leur inscription sur l'état et avec rappel des nos de cet état; les motifs qui ont empêché l'adjudication pour les articles non vendus, et le détail de ce qui s'est passé aux enchères. Il devra faire mention expresse du nombre des feux qui auront été successivement allumés, et indiquera les noms, qualités et domiciles des adjudicataires, et le prix en toutes lettres; ce prix tiré hors ligne en chiffres, sera additionné de page en page, et le produit total constaté en toutes lettres; à la suite, on établira le détail des frais que la vente aura occasionnés, et le restant net. Le procès-verbal sera clos en la forme accoutumée; il constatera l'approbation des fonctionnaires présents à l'adjudication et sera signé tant par eux que par le préposé des domaines qui aura procédé à la vente. Circ. R. 1220; I. 623, 840, 1084, 1153, 1479. — Dans tous les cas de sursis ou d'ajournement de la vente, le procès-verbal doit en indiquer la cause. I. 623.

2031. D'après la Circ. R. 1220, les minutes des procès-verbaux de vente devaient être jointes aux comptes des receveurs; l'instr. 623 prescrivait de les déposer à la préfecture ou à la

35

sous-préfecture; mais suivant les règles actuelles de la comptabilité, ces minutes doivent rester dans les archives du bureau, à l'appui de la consignation à faire aux sommiers des produits constatés. I. 1358.

2032. *Consignation au sommier.* Aussitôt après la vente, le receveur fait article du produit sur le sommier des revenus et prix de vente de mobilier, n° 4, s'il s'agit de mobilier de l'Etat, non affecté au service d'une administration (V. 2041), d'épaves (V. 2156), ou d'effets provenant de successions en deshérence (V. 2550). Si les objets proviennent des ministères ou des adm. financières, l'article est consigné au sommier n° 8 (V. 2048). Enfin lorsque la vente a pour objet des effets déposés dans les greffes et prisons, et qui ne sont pas la propriété définitive de l'État, il en est fait article au sommier des opérations de trésorerie (V. 2120). I. 1358.

2033. En général, c'est le produit brut qui doit figurer au sommier, attendu que l'adm. est chargée de payer les frais de toute nature occasionnés par les ventes au moyen des crédits qui lui sont ouverts. I. 1065, 1479. — Il en est autrement à l'égard du mobilier qui n'est pas encore la propriété définitive de l'État, et qui est vendu pour le compte de la Caisse des dépôts et consignations, tels que les objets déposés dans les greffes et prisons. —C'est seulement le produit net qui doit être porté au sommier. (V. 2120).

2034. *Recette.* Si la vente a été faite au comptant, le produit est porté immediatement en recette; si le prix est payable à terme, le receveur en suit le recouvrement à l'époque fixée par les conditions de la vente. Dans tous les cas, ce produit est porté en recette sur le registre correspondant au sommier, sous le titre qui lui appartient, suivant l'origine des objets vendus et d'après les règles de la comptabilité.

2035. Pour la plupart des ventes auxquelles ils procèdent à la requête des agents des autres ministères ou administrations, les préposés des domaines sont tenus de remettre à ces agents une copie entière, sur papier non timbré, du procès-verbal de vente, et dans certains cas, une copie de la quittance délivrée à l'adjudicataire ou de l'enreg. en recette. Ils n'omettront jamais d'informer le directeur par une lettre spéciale des resultats de toutes les ventes auxquelles ils auront procédé.

2036. *Frais.* La remise du receveur sur le montant de ses recettes, et par conséquent sur le produit des ventes, forme son unique rétribution; il ne peut donc personnellement prélever aucune somme à titre d'indemnité, I. 623; même lorsqu'il est obligé de se transporter hors du lieu de sa résidence, et que le voyage lui occasionne des dépenses. Ces dépenses sont des charges de l'emploi; mais il a droit au remboursement des frais que nécessite la vente. Ces frais se composent notamment des frais d'expertise, d'affiches et publications, de transport des effets, de criée, du salaire des hommes de peine, des droits de timbre et d'enreg. du procès-verbal, et autres menues dépenses indispensables.

2037. Lorsque le produit brut de la vente doit figurer en recette, le receveur fait, de ses deniers, l'avance de ces frais, et en retire quittance de chacune des parties prenantes, quelque faible que soit la somme; il forme ensuite un état des frais de chaque vente, joint à l'appui les quittances qui lui ont été données, et transmet le tout au directeur dans les huit jours de la vente afin d'obtenir un mandat pour le montant de ses avances. I. 1479, 1580; C. c. 10 (**V.** *Comptabilité générale*) — Si les frais doivent se prélever sur le produit, la déduction est justifiée par les quittances des parties prenantes.

2038. *Ventes diverses*. Les ventes de mobilier auxquelles procèdent les préposés du domaine comprennent : 1° le mobilier de l'État, proprement dit ; 2° les objets mobiliers provenant des ministères ; 3° les effets mobiliers et les armes déposés dans les greffes ; 4° les épaves et les objets mobiliers provenant des successions en deshérence ou de séquestre ; 5° le mobilier appartenant aux départements.

ART. 2. — *Mobilier de l'État.*

2039. Sous ce titre on classe les objets mobiliers appartenant définitivement à l'État, et dont l'origine ou la spécialité ne détermine pas le classement parmi les produits : 1° des ministères (**V.** 2042 et suiv.) ; 2° des terrains de fortifications (**V.** 2239) ; 3° des épaves (**V.** 2147 et suiv.) ; 4° des successions en deshérence (**V.** 2550) ; 5° des biens séquestrés (**V.** 2601) ; 6° des établissements spéciaux régis pour le compte de l'État (**V.** 2630) ; 7° des forêts (**V.** 2643) ; et 8° enfin des objets dont le prix doit être versé aux caisses des correspondants du trésor (**V.** 2097, 2120 et suiv., 2150).

2040. Les ventes de mobilier de l'État comprennent notamment : 1° les objets sans affectation spéciale, tels que matériaux, ou effets mobiliers de toute nature provenant de domaines non affectés à un service public ; 2° les bois ou fruits provenant des arbres plantés sur le sol des routes royales et des autres dépendances du domaine public, autres que les terrains militaires ; 3° les papiers inutiles déposés dans les archives publiques ou des préfectures et sous-préfectures, greffes, etc., lorsqu'ils n'appartiennent pas aux départements ni aux communes, et ne proviennent pas d'ailleurs des administrations dépendant des divers ministères (**V.** 2054 et suiv.) ; 4° les objets dont la confiscation a été prononcée au profit de l'Etat (**V.** 2128 et suiv.) ; 5° enfin les épaves et effets mobiliers provenant des successions en deshérence, mais seulement lorsque la propriété en est définitivement acquise à l'Etat, après l'expiration des termes accordés pour en revendiquer la propriété ou le produit (**V.** 2169, 2573).

2041. On se conformera, pour procéder à la vente du mobilier de l'État et faire le recouvrement du produit, aux règles générales énoncées ci-dessus (V. 2015 et suiv.). Le produit brut des ventes sera consigné au sommier n° 4, sous le titre : *Prix de vente de mobilier*, et porté en recette au registre correspondant selon le mode indiqué (V. 2032 et suiv.). Enfin les frais seront remboursés au receveur d'après les règles ordinaires (V. 2036). On observera d'ailleurs pour les ventes de papiers, et celles des armes et objets confisqués, les règles spéciales qui concernent ces sortes de ventes (V. 2054, 2128, 2135).

ART. 3. — *Mobilier provenant des ministères.*

2042. *Règles générales.* Depuis longtemps l'adm. est chargée de la vente des objets mobiliers provenant du ministère de la guerre (V. 2070), et de la marine (V. 2094). Cette disposition a été étendue aux objets provenant des autres ministères ; le produit était confondu avec celui du mobilier ordinaire de l'Etat. Ord. 23 sept. 1817. I. 670, 811. L'ord. du 14 sept. 1822, en maintenant la disposition qui charge les receveurs des domaines de faire les ventes des objets inutiles au service des différents ministères, et d'en recouvrer le produit, prescrit de le classer sous un titre spécial. I. 1065, 1109.

2043. Ces dispositions sont applicables aux objets de toute nature inutiles au service de tous les ministères et des adm. qui en dépendent ; même des adm. financières qui effectuent des recettes pour le trésor, telles que les adm. des postes, des forêts, des monnaies, des contributions directes et indirectes et des douanes. I. 1092. Néanmoins, ces deux dernières sont exclusivement chargées de vendre les objets saisis pour contraventions aux lois dont l'exécution est confiée à leur surveillance. I. 988, etc. (V. 2114, 2130).

2044. La Régie des contributions indirectes a également été maintenue dans ses attributions d'administrer les francs-bords des canaux, d'effectuer seule, et sans le concours des préposés du domaine, la vente des arbres provenant de ces plantations, et d'en percevoir les produits. D. 30 avril 1829. Mais lorsque les canaux sont en construction, et que l'adm. des contributions indirectes n'est pas encore chargée de leur régie, les ventes et les recettes doivent être faites par les préposés des domaines. I. 1109 (V. 2213).

2045. Il en est de même de tous autres objets provenant de travaux publics, tels que matériaux pour la construction des ponts, routes, canaux, chemins de fer ; des arbres à abattre ou à élaguer sur les routes royales, etc. Les ventes de ces objets ne peuvent avoir lieu qu'avec le concours des préposés du domaine qui sont chargés de la recette du prix. I. 1163. — Cependant, lorsque des objets de peu de valeur sont sans utilité pour l'adm. des ponts et chaussées, elle peut, pour éviter des frais, les céder aux entrepreneurs, moyennant un prix fixé par le préfet, et dont le versement est fait à la caisse du receveur comme celui des ventes ordinaires. I. 1225.

2046. Les préposés du domaine concourent avec les agents forestiers, aux ventes des coupes de bois de l'État, et perçoivent les produits accessoires (V. 2643 et suiv.). Ils assistent aussi aux ventes des objets mobiliers provenant de quelques établissements spéciaux régis par l'État (V. 2053).

2047. Les préposés n'ont pas à provoquer la réforme ou la mise en vente des objets inutiles au service des ministères (V. 2014); ils doivent attendre une réquisition expresse et la remise des objets accompagnée d'états ou inventaires détaillés. Un double de ces états souscrit de leur reconnaissance, forme la décharge du dépositaire (V. 2017, 2023). — Ils procèdent ensuite eux-mêmes à la vente, selon les formes prescrites en général pour les ventes du mobilier de l'État (V. 2019 et suiv.), sauf les règles particulières indiquées ci-après. Les agents des différents ministères doivent assister à ces ventes, et peuvent les diriger dans l'intérêt de leur service. I. 1109.

2048. Le produit brut des ventes est relevé au sommier des produits constatés n° 8, intitulé : *Produits des ventes d'objets mobiliers et immobiliers provenant des ministères;* il se porte en recette sur le registre correspondant. Pour cette consignation et pour l'enreg. en recette, on observera les règles générales (V. 2032 et suiv.). On indiquera notamment le montant et la date de la vente, la nature des objets vendus, leur origine et l'administration ou les fonctionnaires qui ont requis la vente, la date des inventaires et autres procès-verbaux.

2049. Le sommier et le registre de recette présentent, outre les colonnes destinées aux n°⁵ et aux enreg., autant de colonnes qu'il existe de ministères. Dans la colonne spéciale du ministère des finances, on portera le produit des ventes faites à la requête, non-seulement des agents de ce ministère, mais encore de toutes les administrations qui en dépendent; même de l'adm. des forêts, lorsqu'il ne s'agit pas de produits des eaux et forêts, mais d'objets mobiliers reconnus inutiles au service de cette administration.

2050. Les frais des ventes du mobilier provenant des ministères seront avancés par le receveur des domaines, et lui seront remboursés comme pour toutes les autres ventes du mobilier de l'État (V. 2037).

Quelques règles spéciales ont été tracées pour la vente de différents objets provenant des ministères, ou la recette des produits.

2051. *Ministère de l'intérieur.* Les receveurs des domaines sont chargés d'opérer le recouvrement, sur les communes, du prix des armes qui, confiées aux gardes nationaux, ont été perdues ou mises hors de service, et de la valeur des réparations à faire aux armes retirées par suite de la dissolution d'un corps de la garde nationale. Ord. 24 oct. 1833, art. 25 et 26. Le montant des sommes à recouvrer est fixé par un arrêté du préfet, qui en adresse au directeur des domaines une expédition que celui-ci fait parvenir au receveur de la situation de la commune, et qui sert de titre à ce dernier pour constater sur ses sommiers les sommes à recouvrer.

2052. Pour opérer ce recouvrement les receveurs s'adresseront exclusivement aux communes, sauf à celles-ci à exercer leur recours contre les gardes nationaux ; et, à défaut de paiement immédiat, le directeur demandera au préfet que la somme due soit portée d'office au budget communal. D. 18 fév. 1834. Cette dernière disposition est conforme à l'avis du Conseil d'État du 11-26 mai 1813 (I. 642). Ainsi, les receveurs devront s'abstenir de toutes poursuites contre les communes, et se borner à informer le directeur du défaut de paiement immédiat. Les recouvrements dont il s'agit figureront sur le sommier n° 8, sous le titre du *ministère de l'intérieur*. I. 1450 ; C. c. 46, § 5.

2053. *Ministère du commerce.* La mise à exécution de la loi du 4 juill. 1837, sur les poids et mesures, a nécessité la réforme d'objets servant à leur vérification. Ces objets doivent être brisés préalablement, et les matières sont remises aux préposés en vertu d'un procès-verbal rédigé en quatre expéditions. Le produit est porté à l'article : *Ministère de l'agriculture et du commerce.* I. 1617. — Les receveurs perçoivent aussi le produit des ventes d'objets mobiliers provenant de quelques établissements spéciaux dépendant de ce ministère; mais ces produits sont portés à un article particulier. I. 1567 (V. 2629 et suiv.).

2054. *Ministère des finances.* Les archives des préfectures et sous-préfectures seraient bientôt encombrées de vieux rôles, registres ou papiers qui y sont déposés par les agents de l'État; les préposés sont chargés de vendre les papiers inutiles remontant à plus de 10 ans. I. 1279. Aucune vente ne peut avoir lieu sans qu'au préalable, l'inventaire des papiers ait été adressé par le préfet au Ministre de l'intérieur, et la vente autorisée par ce Ministre. — Ne pourront être vendus à aucune époque, et sous quelque prétexte que ce soit, les papiers relatifs aux affaires contentieuses jugées par les Conseils de préfectures, ceux concernant les adjudications de biens domaniaux, les baux des mêmes biens, ni enfin aucun des actes qui seraient de quelque intérêt ou pourraient faire titre pour l'État ou pour des tiers. D. 30 oct. 1835. I. 1499.

2055. Le produit de la vente des vieux papiers, registres, etc., déposés *par les agents des finances* dans les archives des préfectures et sous-préfectures, appartient à l'État, ainsi que celui des papiers hors de service, dont l'origine est antérieure à la division de la France en départements ; mais le produit de la vente de tous les papiers inutiles non compris dans cette catégorie appartient aux départements, et doit être recouvré par les receveurs des finances. D. 30 oct. 1835. — Ces distinctions serviront de règle aux préposés ; lorsque la séparation aura eu lieu, ils assisteront aux ventes des papiers appartenant au département (V. 2482), et procéderont à celle des documents appartenant à l'État, selon le mode ordinaire. I. 1499 (V. 2019, 2069).

2056. Les préposés doivent vendre aussi de temps à autre, les papiers hors de service existant dans les archives particulières des diverses adm. financières. Les directeurs généraux des douanes, des contributions indirectes, des forêts, des postes, font remettre à leur disposition les papiers concernant ces divers services, qui sont susceptibles d'être vendus. I. 1279.

2057. Pour l'exécution de ces dispositions, les directeurs se concertent avec les Préfets et Sous-Préfets, et à l'égard des papiers et autres objets provenant des adm. financières, avec les chefs de service de ces adm. dans les départements. Ils doivent prendre les mesures nécessaires pour la vente, immédiatement après la remise aux préposés. I. 1279.

2058. En ce qui concerne particulièrement les objets mobiliers hors de service provenant de l'adm. des contributions indirectes, ils seront inventoriés, sans aucune estimation, par les employés de cette adm., en présence du délégué de celle des domaines, auquel il sera délivré copie certifiée de l'inventaire. Ces objets seront mis à la disposition du préposé des domaines qui en donnera récépissé au pied du double de l'inventaire. — Une copie certifiée du procès-verbal de vente indiquant le montant des frais et du produit net sera adressée au directeur des domaines et transmise par lui au directeur des contributions indirectes du chef-lieu du département, après la consommation des opérations de la vente et le règlement des frais auxquels elle aura donné lieu. I. 1439.

2059. Des règles analogues doivent être observées pour les ventes des papiers ou objets mobiliers provenant des autres administrations financières.

2060. *Administration des domaines.* En ce qui touche les objets mobiliers, et notamment les registres et papiers inutiles à son propre service, l'adm. a prescrit à diverses époques de procéder à leur vente. Circ. 13 sept. et 6 oct. 1806, 30 mars 1808, 16 fév. 1819 et 14 août 1822 ; I. 878, 894, 1137, 1279, 1305, 1316, 1785. — Aucune vente de registres et papiers inutiles existant soit dans les bureaux de l'enreg., du timbre et des hypothèques, soit dans les magasins du timbre et les directions, n'aura lieu qu'en vertu de l'autorisation spéciale de l'adm. I. 1785.

2061. Les receveurs dresseront, quand ils le jugeront convenable ou qu'ils en recevront l'ordre du directeur, un état détaillé des registres et papiers de leur bureau qui, suivant les indications de la nomenclature annexée à l'instr. 1785, leur paraîtront susceptibles d'être vendus comme inutiles au service. Semblable état sera dressé par le directeur pour les registres, papiers manuscrits ou imprimés présumés inutiles dans ses bureaux et le magasin du timbre. Ces états indiquent dans l'intitulé le département, la direction ou le bureau ; ils sont divisés en sept colonnes : n° d'ordre ; n° de la nomenclature annexée à l'instr. 1785 ; chapitre et n° de l'inventaire ; désignation détaillée des registres, sommiers, etc. ; indication de la dernière année que concernent les registres et sommiers dont la vente est proposée ; observations et avis du directeur ; décision de l'adm. I. 1785.

2062. Il semble convenable de suivre, pour la rédaction de l'état, l'ordre adopté dans la nomenclature. S'il existe d'autres registres et papiers inutiles, on peut les comprendre dans l'état avec des observations particulières basées sur les règles prescrites pour les papiers analogues ; mais on ne doit jamais proposer la réforme et la vente des documents qu'il serait utile de consulter pour les contre-vérifications, avant l'accomplissement de la prescription trentenaire. I. 1785.

2063. Les registres et papiers relatifs aux domaines ne figurent pas dans la nomenclature, et une grande prudence doit être apportée dans l'appréciation des papiers de cette nature qui seraient dans le cas d'être vendus. Sauf, pour quelques registres et sommiers désignés dans l'instruction, la vente des autres documents concernant les affaires domaniales ne sera proposée que dans les rares circonstances où ils seront jugés complètement inutiles pour les besoins ultérieurs du service. La proposition devra, dans ce cas, être accompagnée d'observations et de renseignements propres à mettre l'adm. en état de statuer. I. 1785.

2064. L'état des registres et papiers susceptibles d'être vendus dans les bureaux de recette, sera transmis en double au directeur. Celui-ci le communiquera pour être examiné et vérifié, à l'employé supérieur qui sera le plus prochainement chargé de vérifier ou d'inspecter le bureau. D'après les observations de cet employé et son propre examen, le directeur consignera dans la colonne spéciale de l'état et pour chaque article, son avis tendant soit à la conservation des registres et papiers, soit à la vente avec ou sans condition de mise au pilon, d'après les distinctions établies dans la nomenclature. L'état concernant les papiers de la direction contiendra un avis spécial pour chaque article. I. 1785.

2065. Le directeur adressera à l'adm. (4e div.), l'un des doubles de chaque état des receveurs, émargé de ses observations, ou son propre état s'il s'agit de papiers de la direction. Pour ne pas multiplier la correspondance, il conviendra de réunir les divers états et de les envoyer simultanément. Aussitôt que l'autorisation de l'adm. lui sera parvenue, le directeur prendra les dispositions nécessaires pour la vente. I. 1785.

2066. Les objets mobiliers provenant du ministère ou des adm. des finances sont vendus en général au lieu du dépôt. Cependant, afin de ne pas multiplier les ventes, les papiers hors de service des adm. financières peuvent être réunis à ceux des archives de la préfecture ou de la sous-préfecture, et vendus simultanément au chef-lieu de l'arrond. Mais, si le transport devait entraîner des frais hors de proportion avec la valeur de ces papiers, il serait procédé à la vente, soit au lieu de leur dépôt, soit dans une ville voisine qui présenterait plus de concurrence aux enchères, de manière à concilier, le plus possible, l'économie des frais et le succès des ventes. Circ. 14 août 1822; I. 1137, 1316, 1785.

2067. Les registres et papiers qui ne pourraient être livrés sans inconvénient au public, à cause des renseignements qu'ils contiennent, notamment sur le personnel et la gestion des préposés, et tous les papiers frappés du timbre ne peuvent être mis en vente que sous la condition d'être détériorés par les acheteurs. I. 1316, 1785. S'il ne se trouve point d'acheteurs à cette condition, ou si elle doit faire réduire le prix des papiers d'une somme plus forte que les frais de transport à Paris, les directeurs feront envoyer à l'atelier général du timbre les registres et papiers destinés au pilon. Ils devront être conservés, s'il ne se trouvait point d'acheteurs sur les lieux, à la condition de les détériorer, et si les frais de transport s'élevaient au-delà de 12 fr. par 100 kilogrammes. I. 1316.

2068. On se conformera, quant au mode de vente, aux règles prescrites pour les ventes du mobilier de l'Etat (V. 2019). Circ. 14 août 1822; I. 1137, 1279, 1316, 1785. — Un employé supérieur sera chargé par le directeur d'assister à la détérioration des papiers vendus sous cette condition; il accompagnera les papiers dans leur transport, soit à la papeterie où ils seront mis au pilon, soit à tout autre lieu où ils seront détériorés : il sera dressé procès-verbal de cette opération. I. 1316, 1785.

2069. Le produit brut de la vente sera consigné au sommier des produits des ministères, sous le titre : *Ministère des finances*, et porté en recette au registre correspondant. Les frais de vente seront remboursés comme pour les ventes de mobilier de l'État (V. 2037). Néanmoins, lorsqu'on vendra dans les archives ou préfectures des papiers appartenant à l'État, et qui ne proviendront pas d'un ministère ou d'une adm., le produit sera confondu avec celui des *prix de vente de mobilier de l'État* (V. 2041).

2070. *Ministère de la guerre*. D'après la disposition générale de l'arrêté du 23 niv. an 6 (V. 2010), les préposés des domaines ont été chargés de procéder aux ventes des effets mobiliers de *toute nature* réformés ou hors de service, provenant du ministère de la guerre, et de faire la recette des produits. Circ. R. 1156, 1220, 1348, 1612, 1829, 2009; Circ. 30 therm. an 10 et 2 therm. an 11; I. 623, 811, 829, 840, 905, 1065, 1153, 1635; Ord. 31 mai 1838 et Régl. du 1er déc. suiv. sur la comptabilité du ministère de la guerre.

2071. Il y a exception à ces règles pour les fumiers qui sont abandonnés aux corps de cavalerie, et vendus au profit de la masse d'entretien, sans le concours du domaine. I. 1153, et Régl. de 1838, art. 201.

2072. Les effets appartenant en propre aux militaires décédés dans les hôpitaux ou les prisons sont vendus par les agents de l'intendance; le prix était versé aux receveurs des domaines pour le compte de la caisse d'amortissement, I. 391 ; actuellement, il est versé directement par les agents qui procèdent aux ventes, aux receveurs des finances, pour le compte de la Caisse des dépôts et consignations, sans l'intervention de l'administration. I. 670.

2073. Pour procéder aux ventes d'objets inutiles au service du ministère de la guerre, les préposés doivent attendre la réquisition des agents de l'intendance militaire; autrefois, ces ventes ne pouvaient avoir lieu qu'avec l'autorisation du Ministre de la guerre, du Préfet et du directeur des domaines, I. 623; mais deux décisions des 21 juin 1820 et 19 avril 1823, ont dispensé les intendants militaires de la nécessité d'obtenir l'autorisation du Ministre, I. 938, 1038, 1084 ; et par deux autres décisions des 24 janvier 1828 et 22 août 1829, les receveurs ont également été autorisés à procéder, sur la seule réquisition des sous-intendants, et sans attendre l'autorisation du Préfet et du directeur des domaines. I .1234, 1596.

2074. Les receveurs peuvent procéder sur la seule réquisition des chefs de corps, aux ventes de pains ou autres objets de consommation provenant de rations préparées pour des troupes en marche, et restées sans emploi. Ces ventes sont faites par petites parties, après publications à son de trompe ou de tambour, et avec l'assistance du maire de la commune. I. 623.

2075. Les agents de l'intendance militaire sont autorisés à conserver parmi les effets militaires, ceux qui paraissent propres à être employés aux réparations. Quant aux effets de toute nature, susceptibles d'être vendus, il en est dressé état ou inventaire en double expédition par leurs soins et ceux des officiers d'administration. I. 1084 ; Régl. de 1838, art. 207.

2076. L'un des doubles de l'état arrêté par l'intendant ou le sous-intendant militaire et revêtu de son autorisation, tant pour la remise que pour la vente des objets qui y sont détaillés, est adressé au receveur des domaines: celui-ci se transporte immédiatement au lieu où les objets sont en dépôt pour en faire le récolement. Si l'état ne contient pas l'expertise des objets à vendre, il y est suppléé par un procès-verbal séparé. Jusqu'à la vente, ils restent dans les lieux où ils se trouvent, à la garde de ceux qui en sont chargés. I. 623, 1084.

2077. Avant de procéder à la vente, dont le jour est indiqué par le sous-intendant, le receveur fait apposer les affiches et faire les publications nécessaires. I. 1234, 1596 (V. 2020 et suiv.).

2078. En vertu de l'ordre du sous-intendant, le receveur se fait remettre les objets à vendre. Cette remise est constatée sur les états mentionnés ci-dessus ; l'un des doubles sera revêtu de la décharge donnée par le préposé des domaines à l'agent militaire responsable, et sera remis à ce dernier pour sa libération. Si tous les objets détaillés dans l'état ne sont pas remis, il en sera fait mention expresse. I. 623.

2079. Aucune vente, excepté celle des rations de troupes en marche (V. 2074), ne peut avoir lieu sans l'intervention des fonctionnaires de l'intendance militaire; ils doivent y assister et ont le droit de les ajourner, s'ils reconnaissent que la concurrence n'est pas suffisante, et que les prix offerts sont inférieurs à la valeur réelle des objets mis en vente. I. 623, 1084, 1153 ; Ord. 31 mai 1838, art. 16 ; Régl. 1838, art. 193. Le receveur doit se concerter d'ailleurs avec l'officier de l'intendance pour former les lots, et tirer le meilleur parti des objets à vendre. I. 623.

2080. Les réglements exigeaient autrefois pour les ventes de mobilier militaire le concours du sous-préfet, ou celui d'un officier municipal délégué par lui, I. 623 ; mais depuis que les ventes de l'espèce ne doivent plus être autorisées par les préfets (V. 2073), le concours de leur délégué paraît superflu.

2081. Le préposé des domaines met les effets militaires à l'enchère sur la mise à prix de l'estimation ; il prononce l'adjudication, et rédige le procès-verbal de vente. I. 623. Cette rédaction se fait de concert avec les membres de l'intendance militaire présents aux ventes, ou avec leurs suppléants. Régl. 1838, art. 194. Ils donnent d'ailleurs au receveur les indications nécessaires sur les détails à insérer dans le procès-verbal d'après les instructions de l'autorité militaire. I. 1084, 1153.

2082. Pour les ventes d'objets provenant du ministère de la guerre, on doit faire autant de procès-verbaux d'adjudication qu'il y a eu d'états ou de procès-verbaux de remise. Circ. 4 juill. 1806; I. 623. Le procès-verbal d'adjudication est dressé dans la forme prescrite pour toutes les ventes de mobilier de l'État (V. 2030). Il constatera la présence et l'approbation des membres de l'intendance militaire ou de leurs suppléants, et sera signé tant par le préposé des domaines que par les fonctionnaires ou agents qui assisteront à la vente. I. 623, 1084, 1153, 1179 ; Régl. 1838, art. 194, 195. Enfin il doit être sur papier timbré, et soumis à l'enreg. aux droits ordinaires. I. 349, 391, 1204, § 9, 1490, § 1er.

2083. En ce qui concerne spécialement les ventes des *sels provenant de la fabrication du salpêtre* au compte de l'État, les taxes établies au profit soit du trésor, soit de l'octroi, seront mises à la charge des acheteurs, en sus du prix ; ils les acquitteront entre les mains des préposés de l'adm. des contributions indirectes et de l'octroi. Les sels seront remis aux acheteurs par les agents des poudres et salpêtres, sur la production de la quittance du receveur des domaines pour le prix de la vente, et de celles des préposés des contributions indirectes et de l'octroi, pour les taxes. Les sels qui n'auront pu être vendus faute d'enchérisseurs,

556 RECEVEURS. — TIT. IV. RECOUVREMENTS ET SOMMIERS.

seront submergés en présence des agents de l'adm. des contributions indirectes, conformément à l'art. 8 de la loi du 10 mars 1819. I. 1635.

2084. Lorsque des *chevaux* de l'armée devront être vendus par suite *de réforme*, l'avis en sera donné par l'intendance militaire, au Préfet de police, ou au Préfet du département dans lequel les corps seront stationnés, afin que l'état sanitaire des chevaux soit constaté contradictoirement avec le vétérinaire du corps par un vétérinaire civil délégué à cet effet ; le résultat de cet examen devra être consigné dans un rapport dressé par le sous-intendant militaire ou son suppléant, et lorsque les deux vétérinaires ne seront pas d'accord sur l'état sanitaire des chevaux, le fonctionnaire de l'intendance provoquera auprès de l'autorité civile la désignation d'un troisième vétérinaire dont l'avis prévaudra. I. 1663.

2085. L'exécution de ces mesures empêche la mise en vente des chevaux atteints de la morve ou de toute autre affection contagieuse. Quant aux autres maladies, tares ou défauts, qui sont réputés vices redhibitoires par la loi du 20 mai 1838, ils ne pourraient, selon les réglements sur la matière, donner ouverture à l'action en garantie résultant de l'art. 1641 du C. civ., attendu que les chevaux mis en vente sont généralement éloignés des corps pour des causes entraînant la redhibition dans les ventes ordinaires. Cependant, pour prévenir les réclamations qui pourraient s'élever à ce sujet, on doit, dans le cahier des charges, insérer une clause spéciale portant que la vente a lieu sans aucune garantie pour les vices redhibitoires, autres que la morve, et à la charge par les adjudicataires d'animaux atteints de cette maladie de remplir les formalités prescrites par la loi du 20 mai 1838. Lors de la mise aux enchères de chaque cheval, les fonctionnaires de l'intendance militaire feront connaître les causes de sa réforme ; il en sera fait mention dans le procès-verbal d'adjudication. D. 13 mars 1843. I. 1690 (V. 2090).

2086. On observera pour les ventes d'*armes de guerre*, réformées ou autres, les règles établies pour les ventes d'armes déposées dans les greffes, relativement aux précautions à prendre (V. 2138 et suiv.). On devra d'ailleurs se conformer, soit pour ces ventes, soit pour celles de tous autres objets, aux indications qui seront données par les autorités militaires.

2087. Après chaque vente d'objets mobiliers provenant du ministère de la guerre, le receveur fait article du produit au sommier n° 8, sous le titre du *ministère de la guerre.* I. 1358. La consignation indique la date de la vente, la nature et l'origine des objets vendus, et le prix total. C'est ce produit brut qui se porte au sommier, sans déduction des frais. I. 623. Cette dernière disposition avait été modifiée, I. 1084, 1153 ; mais on a reconnu que le prélèvement des frais était contraire aux règles de comptabilité pour le paiement des dépenses publiques. Il a été prescrit en conséquence, de porter en recette la totalité du produit sur le registre et au titre correspondant au sommier. I. 1358, 1479.

2088. Une copie sur papier non timbré du procès-verbal d'adjudication et un duplicata, soit de la quittance délivrée à l'adjudicataire, soit de l'enreg. en recette lorsqu'il s'agira d'une vente en détail, seront remis par le receveur au fonctionnaire de l'intendance qui aura dirigé l'opération. I. 1153, 1479 ; Régl. 1838, art. 196. — Le procès-verbal de remise des objets et celui de l'adjudication devaient être déposés au secrétariat de la sous-préfecture, I. 623 ; cette disposition se trouve abrogée de fait, en vertu des nouvelles règles adoptées pour constater les produits et justifier les recettes, conformément à l'instr. n° 1358.

2089. Les frais de vente du mobilier militaire, les droits de timbre et d'enreg. du procès-verbal, avancés par le receveur, lui sont remboursés selon le mode ordinaire (V. 2037). — Les vétérinaires civils appelés à la visite de chevaux de réforme (V. 2084), sont payés de leurs honoraires au taux fixé par le tarif du 16 fév. 1807, d'après des mémoires vérifiés par l'intendant militaire ou l'officier présent à l'opération, et arrêtés pour liquidation par le Préfet. D. 15 avril 1842. I. 1663.

2090. Il est accordé à tout cavalier commandé pour monter des chevaux destinés à être vendus au profit de l'État, *un franc* sur le produit de chaque vente, à titre de gratification. — Cette allocation sera acquittée sur la quittance de l'officier commandant le détachement, et comprise dans les frais de vente ; elle sera calculée à raison d'un homme pour trois chevaux, et sera due aux cavaliers qui n'auront à conduire qu'un ou deux chevaux sur le terrain de la vente ; chaque militaire qui aurait fait courir plus de trois chevaux recevra la double gratification, mais il ne pourra, dans aucun cas, être confié plus de six chevaux à chaque cavalier. D. guerre, 10 et 31 janv. 1835. — Ainsi le militaire qui aura conduit un, deux ou trois chevaux, aura droit à la simple gratification d'un franc ; celui qui en aura fait courir quatre, cinq ou six, recevra la double gratification, et dans aucun cas il ne pourra être alloué au même homme plus que cette double gratification. I. 1479.

2091. Les receveurs devront rendre compte au directeur, par une lettre spéciale, du résultat de toutes les ventes d'effets ou autres objets auxquelles ils auront procédé à la requête des sous-intendants et agents militaires. I. 1596. On pourra par la même lettre, adresser les pièces pour obtenir l'allocation en dépense des frais de la vente. Les receveurs devaient en outre adresser chaque trimestre au directeur et celui-ci à l'adm., un état des produits des ventes d'effets militaires, I. 623, 975 ; mais ils en ont été dispensés depuis que les produits de l'espèce figurent sous un article spécial, ce qui permet à la Comptabilité générale de transmettre ces renseignements au ministère de la guerre. I. 1314.

2092. Les versements opérés dans les caisses du domaine sur le prix des ventes de mobilier militaire sont compris dans des bordereaux que les sous-intendants militaires communiquent chaque trimestre aux directeurs. Ces derniers s'assureront de la conformité des résultats de ces bordereaux avec les recettes portées dans les écritures des receveurs, et l'attesteront selon le mode prescrit par la comptabilité. I. 1596 (V. *Comptabilité générale*).

2093. *Terrains de fortifications.* Les receveurs des domaines procèdent également aux ventes d'arbres, d'élagages et d'herbes sur les terrains militaires ou des fortifications, lorsque les produits n'en sont pas affermés. Ces ventes ont lieu selon les formes prescrites pour les ventes ordinaires d'objets mobiliers provenant du ministère de la guerre; mais le produit ne figure point parmi ceux des objets mobiliers provenant des ministères, ni par conséquent sur le sommier des produits constatés n° 8; il est porté sous un titre spécial : *Produit des terrains des fortifications*, sur le sommier des revenus de domaines (V. 2233 et suiv.).

2094. *Ministère de la marine.* Un arrêté du 13 prair. an 10 porte que les ventes d'effets inutiles au service de la marine doivent être faites aux enchères, d'après les ordres du Ministre de ce département. Dans les ports et arsenaux maritimes, il est procédé à ces adjudications par les officiers d'administration de la marine, en présence d'un inspecteur ou sous-inspecteur de la marine, et d'un officier délégué par le préfet maritime. I. 66, 624.

2095. En exécution d'une ord. du 6 nov. 1817, ces ventes doivent aussi avoir lieu en présence d'un préposé des domaines, et le prix, dans tous les cas, est recouvré par les receveurs de l'adm. I. 811, 829, 991. — Dans les localités où il n'existe point d'administration de la marine, les ventes sont faites par les préposés du domaine, conformément à l'arrêté du 23 niv. an 6 (V. 2010); le produit est versé à leur caisse. I. 66, 624, 829. Ces règles ont été confirmées par l'ord. du 14 sept. 1822, I. 1065, et l'art. 16 de l'ord. du 31 mai 1838.

2096. Ces dispositions sont applicables aux ventes d'objets naufragés provenant de navires de l'État, et reconnus inutiles au service de la marine. I. 1267. Mais les objets non réclamés provenant de naufrages des bâtiments, autres que ceux de l'État, et ceux que la mer rejette sur ses bords, sont dévolus, sauf la portion réservée aux sauveteurs, aux caisses des invalides de la marine. Les commissaires de la marine sont exclusivement chargés de procéder aux ventes de ces objets, et d'en verser le produit dans les caisses des invalides de la marine. Ord. 22 mai 1816, et 31 mai 1838, art. 575 (V. 2150). Par conséquent, les préposés n'ont point à intervenir, soit pour la vente, soit pour la recette du produit. D. 22 août 1825.

2097. Il en est de même pour les ventes d'effets provenant de marins ou de passagers morts en mer lorsque ce produit n'est point réclamé, et doit être versé dans les caisses des invalides de la marine. Circ. R. 1801 bis. — Enfin, à l'égard des objets confisqués pour contraventions aux réglements maritimes, la vente doit aussi être faite par les commissaires de la marine, mais avec l'assistance du receveur des domaines chargé d'en recouvrer le prix (V. 2104).

2098. Pour procéder aux ventes, à défaut d'officiers de la marine, les préposés doivent attendre les ordres du directeur. Le Ministre de la marine désigne au Ministre des finances les objets à vendre, et celui-ci en informe l'adm. qui transmet l'ordre au directeur. Ce dernier demande au Préfet de désigner un expert, s'il y a lieu, et de fixer le jour de la vente. Il charge ensuite le receveur d'y procéder selon le mode prescrit, en général, pour les ventes du mobilier de l'État, et spécialement pour celles du mobilier militaire. I. 624.

2099. On se conformera par conséquent pour la remise des objets, les affiches et autres opérations préliminaires, ainsi que pour la vente elle-même et la rédaction du procès-verbal, aux diverses dispositions énoncées *sup.* 2077 et suiv. Les procès-verbaux de vente sont assujettis au timbre et à l'enreg. I. 66; une décision contraire, I. 166, 624, paraît avoir être abrogée, I. 1204, § 9, 1490, § 1er (V. 2029). — Le produit brut sera consigné au sommier n° 8, sous le titre: *Ministère de la marine*, et porté en recette au registre correspondant.

2100. Les frais de vente sont avancés par le receveur et remboursés selon le mode ordinaire (V. 2037). Les frais de sauvetage des bâtiments de l'État, devant être acquittés d'urgence, seront avancés par la caisse des invalides de la marine; le receveur des domaines, présent à la vente des objets naufragés provenant de ces bâtiments, recevra le produit *brut* de la vente, sans aucune distraction pour les frais dont il s'agit; mais il devra rembourser à la caisse des invalides la portion des frais de sauvetage qui, dans la proportion du produit de la vente, devront être supportés par le domaine. Le surplus de ces frais restera à la charge du département de la marine, à raison de la valeur des objets réservés pour son service. D. 5 déc. 1828. I. 1267.

2101. Pour le remboursement a la caisse des invalides de la portion de frais à payer par le domaine, les commissaires des classes de la marine dresseront, après la vente, un état de répartition au marc le franc des frais de sauvetage imputables sur la valeur estimée des objets naufragés, conservés pour le service, et sur le montant du prix des objets vendus par le domaine. Cet état énoncera le montant de l'estimation ou de la vente de tous les objets sauvetés, la nature et le montant de tous les frais de sauvetage, et distinctement la portion de ces frais à la charge de la marine et celle à supporter par le domaine; ce même état sera remis au receveur qui aura procédé à la vente des objets naufragés. Celui-ci l'adressera immédiatement au directeur, qui, après avoir reconnu l'exactitude de la répartition faite par les agents de la marine, comprendra la portion des frais de sauvetage à la charge du domaine, dans le relevé mensuel des dépenses à ordonnancer, comme frais de vente. D. 5 déc. 1828. I. 1267.

2102. Lorsque les ventes doivent être faites par les officiers de la marine, le receveur des domaines, s'il est chargé d'en recevoir le produit, se borne à assister à l'adjudication sur l'invitation qui lui est adressée par les agents de la marine. Il veille seulement à ce que le procès-verbal soit régulier, et reçoit immédiatement une copie de ce procès-verbal pour le recouvrement du prix, soit qu'il se paie comptant, soit que les adjudicataires aient terme pour l'acquitter. I. 829. Le produit *brut* est porté au sommier et au registre de recette, ainsi qu'il est dit ci-dessus.

2103. Chaque trimestre, les receveurs rédigent et adressent au directeur, et celui-ci à la Comptabilité générale des finances, un état détaillé des recettes de toute nature effectuées pour le ministère de la marine, tant pour le produit des ventes d'objets mobiliers que pour les locations d'embarcations, machines, appareils, ouvriers et même des terrains et bâtiments inutiles au service de ce département. I. 911. Supprimé par l'instr. 1314, l'envoi de cet état a été prescrit de nouveau par la C. c. 18. Il indique en tête le département, le bureau et le trimestre; le cadre est divisé en six colonnes: 1° nom du bureau; 2° lieu où les ventes ont été faites et situation des bâtiments, etc.; 3° dates des ventes ou locations; 4° désignation des objets vendus ou loués; 5° produit; 6° observations. Cet état est additionné et certifié. C. c. 18 (V. 2240).

2104. Suivant l'art. 17 de l'ord. du 13 mai 1818, la vente des objets confisqués pour contraventions aux lois et réglements maritimes doit être faite aux enchères publiques, par le commissaire du quartier d'inscription maritime. Le receveur assiste à ces ventes dont il recouvre le prix, bien qu'il soit attribué à la caisse des invalides de la marine par l'art. 575 de l'ord. du 31 mai 1838. Le produit est consigné au sommier des produits accidentels, n° 6 des droits constatés, sous le titre spécial: *Produit des confiscations attribuées à la caisse des invalides de la marine*, et figure en recette au registre et au titre correspondants. I. 1609.

2105. Ces recettes sont comprises distinctement, sous la déduction de 5 p. 100 pour frais de régie, dans l'état des amendes et autres recouvrements opérés pour le compte de la caisse des invalides de la marine, que les receveurs adressent chaque trimestre au directeur (V. 1711 et suiv.). En vertu de ces états, le directeur délivre, au profit du trésorier de l'établissement, un mandat de paiement qui est acquitté par le receveur des domaines. I. 1609 (*V. Comptabilité générale*).

ART. 4. — *Objets déposés dans les greffes et prisons.*

2106. Il existe dans les greffes des cours et tribunaux, des effets mobiliers qui y sont déposés, soit à l'occasion de procès civils ou criminels, soit par suite de saisie ou de confiscation. La loi du 11 germ. an 4 autorisait les administrations départementales à faire vendre les objets déposés à l'occasion de procès terminés par un jugement définitif, sauf restitution du prix aux personnes qui justifieraient de la propriété. Il avait été prescrit aux directeurs de se concerter avec le ministère public et les présidents des tribunaux pour la vente de ces effets. I. 142.

2107. L'art. 366, C. instr. crim., contient à cet égard les dispositions suivantes : la Cour ordonnera que les effets pris seront restitués *au propriétaire*. Néanmoins, s'il y a eu condamnation, cette restitution ne sera faite qu'en justifiant, par le propriétaire, que le condamné a laissé passer les délais sans se pourvoir en cassation, ou, s'il s'est pourvu, que l'affaire est définitivement terminée. — Une décision du 9 oct. 1813 avait établi un mode uniforme pour la vente des différents objets déposés dans les greffes, I. 653, mais de nouvelles dispositions ont été prescrites à ce sujet.

2108. *Autorisation judiciaire.* Les greffiers, geôliers et tous autres dépositaires d'effets mobiliers déposés à l'occasion des procès civils ou criminels définitivement jugés, et qu'il est nécessaire de vendre, soit à raison de leur détérioration, soit pour toute autre cause, doivent présenter requête au président du tribunal civil, pour être autorisés à faire remise desdits objets aux préposés de l'adm. des domaines, qui procèdent à la vente dans les formes suivies pour l'aliénation des objets non réclamés et sur lesquels l'État a un droit éventuel. Ord. 22 fév. 1829, art. 1er. Ces dispositions sont applicables aux greffiers des conseils de guerre et tribunaux maritimes et aux geôliers ou concierges des prisons militaires et maisons de détention de la marine, art. 12, I. 1275; elles concernent également les greffiers de justice de paix. D. 27 janv. 1846. I. 1788.

2109. L'adm. est autorisée à faire provoquer, de six mois en six mois, auprès des procureurs généraux et des procureurs du Roi, la remise que les dépositaires doivent faire au domaine. Ord. 9 juin 1831, art. 1er. Les procureurs du Roi sont tenus de vérifier et de certifier l'exactitude de la requête que les dépositaires doivent présenter à cet effet au président, art. 3. I. 1375.

2110. Tous les six mois, les receveurs des domaines, après s'être assurés de l'existence dans les greffes, prisons et maisons de détention du ressort de leur bureau, d'effets mobiliers susceptibles d'être vendus, en informeront le directeur, qui invitera le procureur général ou le procureur du Roi à prescrire aux greffiers ou geôliers l'accomplissement des formalités nécessaires pour faire autoriser la remise. Les magistrats du ministère public ont été invités par une circ. du Garde-des-Sceaux, du 26 juill. 1831, à concourir à l'exécution de ces dispositions. I. 1375.

2111. *Remise au domaine.* Après que la remise a été autorisée par une ordonnance du président, apposée au bas de la requête du dépositaire (ces pièces sont dispensées du timbre et de l'enreg.), les effets sont mis à la disposition du receveur, d'après des états détaillés dressés par les dépositaires et dont un double lui est remis.   36

2112. La loi du 11 germ. an 4 ordonnait la vente des objets déposés à l'occasion non seulement des procès civils ou criminels, terminés par jugements définitifs, mais encore *des procès à l'égard desquels l'action publique était prescrite*. Cette disposition, maintenue par les réglements postérieurs, n'a point été reproduite dans l'ord. du 22 fév. 1829, qui ne fait mention que des effets déposés à l'occasion de *procès définitivement jugés*, mais il a été reconnu que les mesures qu'elle prescrit s'appliquent aux objets dont le dépôt se rattache à des procédures éteintes par la prescription de l'action publique, de même qu'à ceux qui ont été déposés à l'occasion de procès terminés par jugements définitifs. D. just. et fin. 11 juin 1829. I. 1275.

2113. Les sommes en deniers comptant sont comprises au nombre des objets mobiliers qui doivent être remis au domaine ; mais il y a exception pour les papiers appartenant à des condamnés ou a des tiers ; ces papiers restent déposés dans les greffes pour être remis a qui de droit, s'il y a lieu. Ord. 9 juin 1831, art. 2 et 4. I. 1375. Quant aux excédants de sommes consignées par les parties civiles, en exécution de l'art. 160 du décret du 18 juin 1811, et restés entre les mains des greffiers après le jugement définitif, ils doivent aussi être remis aux receveurs. D. just. 31 août 1843. I. 1788.

2114. Les objets d'or et d'argent déposés dans les greffes devaient être envoyés aux hôtels des monnaies, conformément à la loi du 11 germ. an 4 ; mais ce mode a été changé : ils doivent être remis aux receveurs pour être vendus avec les autres objets, après toutefois que les préposés ont fait vérifier le titre au bureau de garantie. Les droits payés à cette occasion sont alloués comme frais de vente. Ord. 23 janv. 1821. I. 969. — Ces dispositions ne s'appliquent pas aux objets d'or ou d'argent *confisqués* pour contraventions aux lois sur les droits de garantie, I. 988 ; non plus qu'aux poudres, tabacs et marchandises prohibées, à la vente desquels les préposés restent étrangers (V. 2043, 2130).

2115. Des règles particulières ont été établies pour la vente des armes de toute nature déposées dans les greffes (V. 2135 et suiv.). — Enfin, il ne faut pas perdre de vue la distinction à faire entre les objets simplement déposés aux greffes et ceux qui s'y trouvent par suite de confiscation définitivement prononcée au profit de l'Etat, d'établissements publics ou de particuliers (V. 2128).

2116. *Préliminaires de la vente*. Pour procéder aux ventes d'objets mobiliers *déposés* dans les greffes, le receveur doit en demander l'autorisation au directeur par une lettre spéciale dans laquelle il énonce la date de l'ordonnance du président et joint, avec les états des objets à vendre, un projet d'affiche à soumettre au préfet. Lorsque, sur la proposition du directeur, ce magistrat a fixé le jour de la vente et approuvé le projet d'affiche, D. 9 oct. 1843, I. 653, les annonces et publications sont faites en la forme prescrite (V. 2020 et suiv.).

2117. *Inventaire*. La vente devant être précédée d'un inventaire estimatif des effets, le receveur, si les états qui lui ont été remis sont insuffisants, rédige cet inventaire en double minute; il est signé tant par lui que par le dépositaire et, s'il y a lieu, par les experts. L'un des doubles est laissé à l'agent qui a fait la remise, pour sa décharge; l'autre est conservé par le receveur pour être annexé au procès-verbal de vente. D. 9 oct. 1813 et 9 nov. 1829. I. 653, 1275.

2118. *Vente*. Au jour et au lieu indiqués par les affiches, le receveur procède, en présence du sous-préfet ou du fonctionnaire public par lui délégué, à la vente des objets, d'après l'état ou l'inventaire estimatif, et dans la forme ordinaire (V. 2024 et suiv.). D. 9 nov. 1829, art. 6. Le receveur aura soin d'adjuger séparément les effets provenant de greffes différents, et même de chaque condamné ou de chaque procès, afin que, dans l'état à fournir (V. 2124), l'origine des objets puisse être établie distinctement. I. 1275, 1426.

2119. *Produit*. Le produit des ventes était autrefois versé au trésor, et la restitution du prix, aux propriétaires qui justifiaient de leurs droits, était faite par le receveur qui tenait, à cet effet, un compte ouvert pour chaque condamné. I. 653. Actuellement les sommes qui proviennent de ces ventes doivent être versées à la Caisse des dépôts et consignations, et les ayants-droit peuvent les réclamer dans les délais fixés par l'art. 2262 du C. civ. Ord. 22 fév. 1829, art. 2. Par conséquent les receveurs sont dispensés de tenir le compte ouvert. I. 1275.

2120. *Consignation au sommier*. Sur le produit des ventes, les receveurs prélèveront les frais de transport et d'inventaire estimatif des effets mobiliers, les frais d'affiches et de criées, et les droits de timbre et d'enreg. Le restant *net* sera relevé au sommier des opérations de trésorerie. Chaque article énoncera le produit *brut* de la vente; le montant détaillé des frais prélevés et dont le receveur aura soin de retirer des quittances; enfin, le restant *net* du prix qui sera tiré hors ligne, avec les sommes à recouvrer pour le compte de la Caisse des dépôts et consignations, sous le titre : *Prix de ventes d'effets mobiliers déposés dans les greffes*. A cet enreg. resteront annexées les quittances des frais qui seront vérifiées par les employés supérieurs. I. 1275, 1358, 1375 ; Circ. 2 nov. 1832.

2121. On a recommandé de ne point confondre sous ce titre le prix des ventes *d'armes* et *d'objets d'or ou d'argent* dont la Caisse des dépôts et consignations était forcée d'ordonner la réintégration au compte du trésor. Circ. 2 nov. 1832. Mais les termes de cette circulaire ne doivent pas être pris dans un sens trop absolu : ses dispositions ne sont applicables qu'aux armes et aux objets d'or ou d'argent *confisqués* au profit de l'Etat (V. 2144). Quant à ceux de ces objets qui se trouvent simplement *déposés* aux greffes, le trésor ne peut avoir droit au produit, et il doit être recouvré pour le compte de la Caisse des dépôts et consignations, puisque les propriétaires seraient fondés à le revendiquer. Les dispositions de l'instr. 1788 viennent à l'appui de cette interprétation (V. 2129). — Dans tous les cas, les sommes en deniers, déposées dans les greffes, doivent être portées au sommier des opérations de trésorerie avec le produit des effets. Ord. 9 juin 1831, art. 2; I. 1375 (V. 2113).

2122. *Recette.* Le produit *net* des ventes et les sommes retirées du greffe sont portés en recette, sous le même titre, au registre correspondant. Ces recettes donnent lieu à la remise ordinaire, mais seulement sur le produit net qui figure dans les comptes. I. 1275.

2123. *Versement.* Les sommes reçues sont versées dans les 24 heures, pour le compte de la Caisse des dépôts et consignations, ainsi qu'il est prescrit pour les recettes de cette nature (V. *Comptabilité générale*). — A l'appui du versement, on joindra copie certifiée du procès-verbal de vente et un état des recettes.

2124. *Etat.* L'état des recettes effectuées pour le compte de la Caisse des dépôts et consignations, sur le produit des ventes d'effets mobiliers dans les greffes doit porter en tête le nom du département, celui du bureau, le mois et l'année ; il est divisé en onze colonnes : 1° n° d'ordre ; 2° désignation du greffe ou autre lieu de dépôt ; 3° noms du condamné ou des parties au procès ; 4° nom du propriétaire des effets, s'il est connu ; 5° désignation sommaire des effets vendus avec indication des n°s du procès-verbal de vente ; 6° date du procès-verbal de vente ; 7° date de l'enreg. en recette ; 8° montant du prix de la vente pour chaque condamné ; 9° montant, pour chaque condamné, des frais au marc le franc ; 10° restant *net* du prix de la vente ; 11° observations. I. 1275 ; Circ. 2 nov. 1832 ; C. c. 26.

2125. Il est essentiel que l'état indique exactement le greffe où les effets étaient déposés ; que l'on y réunisse les effets mobiliers provenant de chaque condamné ou de chaque procès ; et que le montant total des frais, réparti au marc le franc du prix total de vente, soit porté dans ce même état en déduction de la portion du prix revenant à chaque condamné ou à chaque procès. I. 1275, 1426. Les noms des prévenus ou condamnés seront écrits avec soin et très lisiblement ; enfin l'exactitude dans l'orthographe des noms propres qui y sont portés est également indispensable à l'administration de la Caisse des dépôts et consignations, qui est dans l'obligation d'ouvrir sur ses registres un compte individuel pour chaque consignation. Il importe donc que les receveurs apportent la plus grande attention à la rédaction de ces états. Circ. 2 nov. 1832 ; I. 1426.

2126. *Affectation.* L'adm. est fondée à poursuivre sur le produit des ventes le recouvrement des amendes et frais dus par les condamnés. Mais les préposés ne peuvent, sur le motif que des articles sont dus à leur caisse, se dispenser d'effectuer le versement du produit à la Caisse des dépôts et consignations pour l'appliquer au paiement; ils doivent, dans ce cas, se pourvoir pour en obtenir le dessaisissement au profit de l'adm., suivant les formes indiquées (V. 1762 et suiv.). I. 1426.

2127. *Restitution.* La loi du 11 germ. an 4 n'accordait aux personnes qui se prétendaient propriétaires des effets vendus, que le délai d'une année, à partir du jour de la vente, pour réclamer la restitution du prix de vente. L'art. 2 de l'ord. du 22 fév. 1829 n'admet, pour la même restitution, d'autre prescription que celle de trente ans, établie par l'art. 2262 du C. civ., pour toutes les actions tant réelles que personnelles. — Cette restitution devant être faite par la Caisse des dépôts et consignations, les préposés n'ont plus à intervenir dans les opérations qu'elle nécessite. I. 1275.

2128. *Objets confisqués.* Indépendamment des objets simplement déposés, il existe dans les greffes des effets mobiliers dont la confiscation a été prononcée en vertu des art. 11, 464 et 470 C. pén., ou des autres lois de police et d'imposition. Ces effets ne tombent point sous l'application des ord. des 22 fév. 1829 et 9 juin 1831; ils appartiennent à l'État et doivent être vendus pour son compte, lorsque les jugements prononçant la confiscation ont acquis force de chose jugée. Le produit de la vente n'est point versé à la Caisse des dépôts et consignations; il est compris dans les recettes du trésor. I. 1788.

2129. Il importe que cette distinction soit observée par les préposés et que, lors de la remise qui leur est faite par les greffiers, ils ne confondent pas les effets mobiliers *confisqués* avec ceux qui sont seulement *déposés* à l'occasion des procès civils ou criminels définitivement jugés ou atteints par la prescription de l'action publique. Il doit être dressé, pour les objets *confisqués*, des états de remise distincts. I. 1788.

2130. Sont exceptés de la remise à faire aux préposés les objets confisqués : 1° en matière de contraventions aux lois et réglements maritimes, qui sont vendus par les commissaires de la marine, en présence du receveur des domaines chargé de la recette du prix (Ord. 13 mai 1818, art. 17, I. 1609, V. 2097, 2104 et suiv.); 2° en matière d'octrois, de douanes, de tabacs et de contributions indirectes; ces objets sont remis aux agents des administrations qui ont fait ordonner la confiscation (D. 29 juin 1821, I. 988); 3° en matière de corruption des fonctionnaires (C. pén. 180); 4° pour chargement illicite de marchandises par les capitaines de navires (C. com. 239, 240); 5° pour contrefaçon industrielle ou littéraire (L. 5 juillet 1844, art. 49; Décr. 5 fév. 1810, art. 42). I. 1788.

2131. Les receveurs doivent s'abstenir de prendre possession des objets confisqués dans les trois dernières hypothèses au profit d'établissements publics ou de particuliers. Ils consulteront, pour ces distinctions, les minutes des jugements de condamnation, et se conformeront aux indications que ces actes contiennent. Les employés supérieurs vérifieront les états de remise dressés par les receveurs et les greffiers, et s'assureront que l'état des objets confisqués énonce tous ceux qui doivent être vendus pour le compté du domaine. Des règles particulières doivent d'ailleurs être observées en ce qui concerne les armes confisquées existant dans les greffes (V. 2135 et suiv.). I. 1788.

2132. Les ventes d'objets confisqués sont faites selon le mode prescrit pour celles des autres effets déposés dans les greffes (V. 2116 et suiv.); mais il est essentiel de prendre quelques précautions à raison de la nature de certains objets. Les instruments tranchants saisis sur les délinquants forestiers, les filets, engins ou instruments prohibés et les faux poids sont brisés ou dénaturés; les livres dangereux sont lacérés pour être mis au pilon; les drogues ou médicaments ne sont vendus qu'aux pharmaciens; enfin les substances nuisibles sont détruites ou exceptées de la vente; les cartouches confectionnées, les projectiles incendiaires, les pièces d'artifice sont remis aux agents de l'administration des poudres et salpêtres.

2133. Le produit des ventes d'objets confisqués est porté au sommier des revenus de domaines, n° 4, sous le titre : *Prix de vente de mobilier*, à moins qu'il ne s'agisse de condamnations en matière forestière. Dans ce dernier cas, le produit est consigné au sommier des forêts, n° 7, à l'article des menus produits des forêts, sous le titre : *Recettes diverses et imprévues* (V. 2145, 2711 et suiv.).

2134. *Sommes confisquées*. Lorsque, parmi les objets déposés aux greffes, se trouvent des sommes dont la confiscation a été prononcée, notamment des enjeux saisis et judiciairement attribués à l'Etat, par suite de condamnations pour jeux de hasard, maisons de jeux et autres délits, ces sommes doivent être remises aux receveurs des domaines; mais elles ne peuvent être confondues avec celles provenant des ventes d'objets mobiliers confisqués. On doit en faire article au sommier des produits accidentels, n° 6, sous un titre spécial. Cette distinction, admise par une solution particulière, ne semble pas justifiée.

2135. *Armes déposées dans les greffes*. Les armes déposées dans les greffes peuvent avoir deux origines différentes : les unes, comme armes de *guerre*, ou par suite de *confiscation* prononcée, sont la propriété de l'Etat; les autres, qui ont été simplement *saisies* sur les prévenus ou condamnés, peuvent être réclamées. On ne peut disposer des armes saisies existant dans les greffes qu'autant que ces armes n'ont pas été réclamées après le jugement définitif, ou après la prescription de l'action publique (V. 2112). I. 928, 957, 1500).

2136. Les armes de toute nature déposées dans les greffes sont vendues à la diligence des préposés des domaines. Ces ventes doivent avoir lieu tous les six mois, ainsi qu'il est prescrit pour les ventes des autres effets mobiliers déposés dans les greffes (V. 2109); mais elles exigent quelques formalités ou précautions particulières.

2137. *Inventaire des armes*. Avant qu'il puisse être disposé des armes déposées dans les greffes, le receveur des domaines doit adresser au préfet ou au sous-préfet une demande tendant à ce qu'il soit procédé à l'inventaire des armes et à ce qu'un fonctionnaire public soit délégué pour assister aux opérations. L'inventaire est dressé entre le greffier, le préposé des domaines et le fonctionnaire délégué. Immédiatement après, le préposé fait constater, en présence du délégué du préfet ou sous-préfet, la nature ou la valeur des armes, pour reconnaître celles à conserver, celles à détruire et celles à vendre dans leur entier. I. 957, 1782. Cette appréciation ne peut guère être faite que par un armurier, un inspecteur d'armes ou tout autre expert capable de distinguer les armes et leur valeur effective, et qui signe l'inventaire.

2138. *Armes de guerre*. Sont comprises sous la dénomination d'*armes de guerre*, toutes les armes à feu ou armes blanches à l'usage des troupes françaises, qu'elles soient de fabrique française ou étrangère, telles que fusils dits de munition, mousquetons, carabines, pistolets de calibre, sabres de cavalerie et d'infanterie, briquets, sabres-poignards, baïonnettes, lances, haches de sapeurs, etc.; on doit également y comprendre les effets d'équipement de toute espèce appartenant notoirement à l'un des corps de l'armée.

2139. Lorsque la valeur d'une arme de guerre excède 6 fr., elle doit être exceptée de la vente et conservée. Le receveur des domaines réunit ces armes et les fait remettre à la mairie du chef-lieu d'arrond. en conformité de l'ord. du 24 juill. 1816, pour être transportées aux arsenaux, à la diligence des autorités civiles et militaires. I. 928, 957, 1718.

2140. *Bris des armes*. Suivant diverses décisions, I. 928, 957, 1500, 1718, 1724, avant de faire procéder à la vente des armes déposées dans les greffes, on doit faire briser : 1° les armes de toute espèce, même les armes de guerre, d'une valeur de 6 fr. et au-dessous, soit qu'elles aient été simplement saisies, soit que la confiscation en ait été prononcée (I. 928, 957, 1718); 2° les armes, autres que celles de guerre, dont la valeur excède 6 fr. et qui sont acquises définitivement à l'Etat par suite de confiscation (D. 23 sept. 1835, I. 1500, 1718); à moins que l'adm. n'ait donné l'autorisation spéciale de les vendre intactes comme armes de luxe ou de valeur (D. 9 janv. 1845, I. 1724). — Quant aux armes qui ont été simplement saisies et dont la confiscation n'a point été prononcée, mais qui n'ont pas été réclamées par leurs propriétaires, elles sont vendues sans être brisées quand leur valeur est supérieure à 6 francs (I. 1500, 1718). I. 1782.

2141. Lorsque, parmi les armes confisquées déposées dans les greffes, se trouveront des armes de luxe ou d'une certaine valeur, le receveur en préviendra le directeur et lui fera connaître la valeur approximative de ces armes. Celui-ci en référera à l'adm., et si elle autorise la vente des armes dans leur entier, on les fera estimer par expert, afin de déterminer une mise à prix proportionnée à la valeur réelle ; on aura soin d'insérer dans les conditions que les armes laissées intactes ne seront adjugées qu'à des personnes connues et établies, d'après l'avis de l'officier municipal ou du fonctionnaire qui assistera à la vente. D. 9 janv. 1845. I. 1724.

2142. Les armes susceptibles d'être détruites sont brisées à la diligence du préposé des domaines et en présence du fonctionnaire délégué. I. 957, 1782. Il ne suffit pas pour cela de donner un coup au milieu du canon; il est nécessaire de faire déculasser les canons et de les faire écraser par de forts coups de masse, principalement à la hauteur du bout taraudé et du tonnerre; de déformer le taraudage des boutons de culasse; de casser la monture en plusieurs endroits. D. guerre, 12 sept. 1844. I. 1718, 1782. — De crainte d'accidents, les armes seront brisées dans un lieu fermé au public, et après s'être assuré qu'elles ne sont pas chargées. L'opération sera expressément constatée dans le procès verbal d'inventaire et d'estimation. En ce qui concerne les armes qui ne sont pas dans le cas d'être brisées, le même procès-verbal doit mentionner ou qu'elles n'étaient point chargées, ou qu'elles ont été déchargées en présence des fonctionnaires qui y concourent. I. 1782.

2143. *Vente des armes.* La vente est annoncée par des affiches approuvées par le préfet ou le sous-préfet; le préposé des domaines y procède, avec l'autorisation du directeur, dans la forme ordinaire établie pour les ventes du mobilier national. I. 957 (V. 2024). — Les armes à vendre dans leur intégrité sont adjugées séparément après qu'on s'est assuré qu'elles ne sont point chargées. Quant aux débris des autres, on en réunit une certaine quantité de même espèce que l'on vend par lots ; il convient de les diviser de telle sorte qu'il ne soit pas possible aux acheteurs d'assembler de nouveau les pièces de la même arme. On fera par conséquent des lots séparés des canons, des pièces en fer et des autres parties brisées. I. 957, 1718.

2144. D'après les dispositions de la Circ. du 2 nov. 1832, la vente des armes de *toute nature* devrait être faite pour le compte du trésor, et le prix ne pourrait être versé à la Caisse des dépôts et consignations. Néanmoins, il y a lieu de faire pour les armes la distinction établie *sup.* 2128. Les armes simplement *saisies* et non réclamées par les propriétaires, doivent être vendues dans leur entier, lorsque la valeur excède 6 fr. (V. 2140), et le prix sera compris dans les recettes pour la Caisse des consignations (V. 2120). Tandis que les armes confisquées seront vendues pour le compte du trésor, et le produit brut, consigné au sommier des revenus de domaines n° 4, sera porté au registre correspondant sous le titre : *Prix de vente de mobilier* (V. 2133).

2145. *Valeur représentative des armes.* Si les armes, filets, engins et autres instruments de chasse n'ont pas été saisis, le délinquant est condamné à les représenter ou à en payer la valeur suivant la fixation qui en est faite par le jugement qui prononce la confiscation, sans qu'elle puisse être au dessous de 50 fr. Décr. 4 mai 1812; L. 3 mai 1844, art. 16. Lorsque l'arme ou l'instrument n'a pas été déposé, le greffier est tenu d'indiquer, dans l'extrait du jugement qu'il remet au receveur pour suivre le recouvrement des condamnations (V. 1636), la somme fixée par le tribunal. Le receveur en fait article en la forme ordinaire, soit sur le sommier des revenus de domaines n° 4, sous le titre : *Prix de vente de mobilier*, C. c. 46, § 3, soit sur celui des produits des forêts, n° 7, à l'article *Recettes diverses et imprévues*, s'il s'agit d'instruments de délits forestiers (V. 2133).

2146. Comme il arrive souvent que les armes ou instruments sont déposés au greffe, après la délivrance de l'extrait, on peut, pour éviter dans ce cas l'annulation d'un article, différer provisoirement la consignation sur le sommier n° 4, et se borner à faire mention de la valeur à recouvrer, avec les autres condamnations, sur le sommier n° 3, sans toutefois la comprendre dans les sommes tirées hors ligne. Cette mention suffit pour ne point perdre de vue le recouvrement, et lorsque le condamné ne justifie pas du dépôt au greffe, le receveur lui fait payer avec les autres condamnations, la somme fixée par le tribunal. Il en fait alors article au sommier n° 4, pour que la recette puisse être portée au registre correspondant sous le titre ci-dessus. — Lorsqu'il s'agit d'instruments non représentés par les délinquants forestiers (V. aussi 2713).

ART. 5. — *Epaves, déshérences et séquestres.*

2147. *Epaves.* On entend par *épaves* les objets mobiliers de toute nature existant à la surface du sol et des eaux et qui ne sont pas réclamés par le propriétaire. Ces objets appartiennent de droit à l'Etat, par application des art. 539 et 713 C. civ. qui lui attribuent la propriété des biens vacants et sans maître. D'après l'art. 717, les droits sur les choses perdues dont le maître ne se représente pas, et sur les objets jetés à la mer ou ceux qu'elle rejette, sont réglés par des lois particulières (V. 2150).

2148. *Objets perdus.* Les choses perdues, lorsque le propriétaire ne se représente pas pendant *trois ans*, peuvent être revendiquées par celui qui les a trouvées. Dél. 10 août 1821, 20 juill. 1824, 3 août 1825 et 22 déc. 1832. Cependant si c'est un agent de l'Etat ou d'une compagnie substituée à l'Etat qui a trouvé l'objet perdu dans l'exercice de ses fonctions, il ne peut en réclamer la propriété. D. 31 mai 1845.

2149. *Epaves de rivières.* Ces dispositions ne sont pas ap-

plicables aux épaves de rivières navigables ou flottables, qui
appartiennent à l'État, sauf l'indemnité ou la récompense due
à ceux qui ont opéré la découverte et le sauvetage des objets.
D. 28 mai 1845.

2150. *Épaves maritimes*. A l'égard des épaves maritimes,
la propriété de celles que l'État ne revendique point comme
provenant de ses bâtiments, est attribuée à la caisse des invalides
de la marine pour le compte de laquelle ces objets sont vendus
par les commissaires de la marine. L. 30 avril-13 mai 1791;
Arrêté 17 flor. an 9; Ord. 22 mai 1816, et 31 mai 1838, art. 575
(V. 2096).

2151. *Trésors*. Il ne faut pas ranger dans la classe des épaves proprement dites, les choses cachées ou enfouies, sur lesquelles personne ne peut justifier sa propriété, qui sont découvertes par le pur effet du hasard et auxquelles le Code donne
la dénomination de *trésor*. La propriété appartient pour moitié au propriétaire du fonds et pour l'autre moitié à celui qui
l'a découvert. C. civ. 716. Cependant les trésors enfouis dans
les dépendances du domaine public appartiennent pour moitié
à l'État, cette portion semble devoir être classée plutôt parmi
les épaves qu'avec les revenus du domaine.

2152. *Droit de l'État sur les épaves*. La propriété de l'État
sur les épaves n'est pas définitive; son droit s'évanouit nécessairement lorsque le propriétaire réclame dans les délais les
objets qui lui appartiennent. Cependant ce droit du propriétaire
ne fait pas obstacle à ce que le domaine dispose des objets en
les aliénant, et il n'est tenu que d'en rendre le prix, défalcation
faite des frais de vente et de perception.

2153. *Distinction des épaves*. On distingue deux espèces d'é-
paves domaniales : 1° les épaves proprement dites, ou objets
abandonnés et dont le propriétaire reste inconnu, soit qu'ils
aient été laissés sur la voie publique ou sur la surface du sol et
des eaux, soit qu'ils aient été déposés et laissés dans les établissements de messageries, roulage, chemins de fer, bateaux à
vapeur, etc.; 2° les objets dérobés ou abandonnés par les criminels, délinquants ou contrevenants, ou saisis sur eux, lorsque les propriétaires restent inconnus, et qu'il ne s'agit ni d'instruments de délit saisis, ni d'objets appartenant en propre à
des condamnés, ni enfin d'objets dont la confiscation a été prononcée au profit de l'État (V. 2128).

2154. *Objets abandonnés*. Les objets mobiliers laissés sur la
voie publique ou dans la campagne, les animaux abandonnés,
enfin tous les objets sans maître ou dont le maître est inconnu,
appartenant au domaine à titre d'épave, doivent être remis aux
receveurs des domaines par les autorités municipales, pour être
vendus au profit de l'État. Les receveurs doivent d'office exiger
la remise des objets lorsqu'ils ont connaissance de leur abandon,
soit par des procès-verbaux ou rapports des agents de police,

gardes et autres préposés, soit par toute autre voie. Ils donnent décharge des objets aux agents chargés d'en faire la remise.

2155. En général, et à moins que la conservation des objets ne donne lieu à des frais, il faut attendre quelque temps avant de vendre les épaves, afin de laisser aux propriétaires le délai nécessaire pour les réclamer, et éviter ainsi des restitutions. Aux termes de l'art. 2279 C. civ., les propriétaires des objets perdus ont trois ans pour les réclamer. Au contraire, lorsqu'il s'agit d'animaux ou d'objets périssables, la vente doit être faite le plus promptement possible, afin d'éviter la détérioration des objets ou les frais de garde et de fourrière.

2156. Lorsque les objets abandonnés sont des animaux ou des objets périssables, ils sont mis en fourrière selon les règles prescrites par le décret du 18 juin 1811, pour les animaux et objets périssables saisis pour quelque cause que ce soit (V. 2175). — La vente est ordonnée et les receveurs y procèdent selon le mode indiqué *sup.* 2116 et suiv. Les produits sont consignés au sommier des revenus de domaines, n° 4, sous le titre : *Épaves*, et portés en recette au registre et au titre correspondants.

2157. *Articles de messagerie.* En ce qui concerne les objets déposés dans les établissements de messagerie, roulage ou transport, un décret du 13 août 1810, a établi les règles spéciales qui doivent être suivies : les ballots, caisses, malles, paquets et tous autres objets qui ont été confiés pour être transportés dans l'intérieur de la France à des entrepreneurs, soit de roulage, soit de messageries, par terre ou par eau, lorsqu'ils n'ont pas été réclamés dans le délai de six mois à compter du jour de l'arrivée au lieu de leur destination, seront vendus par voie d'enchère publique, à la diligence de la Régie des domaines. I. 493.

2158. Les entrepreneurs des messageries établies à Paris, rue *Notre-Dame-des-Victoires*, ont été autorisés à réunir dans la capitale tous les effets non réclamés restés dans leurs bureaux des départements, pour être vendus à Paris par les soins de l'adm. des domaines. Les préposés des départements n'ont par conséquent aucune surveillance à exercer à cet égard, l'opération étant centralisée à Paris. Circ. 10 mai 1811. Il en est de même des messageries générales *Laffitte et Caillard*, qui ont obtenu la même autorisation.

2159. A l'expiration du délai de six mois, les entrepreneurs de messageries ou de roulage doivent faire au receveur des domaines la déclaration des objets non réclamés, laissés dans leurs bureaux. Ces déclarations seront inscrites sur le registre des déclarations préalables aux ventes de meubles (V. 1003) ; elles contiendront les détails portés sur les registres des entrepreneurs, et tous ceux qu'ils pourront y ajouter. Il leur sera remis une reconnaissance sur papier non timbré, attendu que ces déclarations sont faites dans l'intérêt de l'État. I. 493.

2160. Les préposés sont autorisés tant pour s'assurer de la sincérité de ces déclarations que pour y suppléer, à vérifier les registres tenus par les entrepreneurs des messageries ou de roulage; ils useront de cette faculté pour relever les omissions et les faire réparer sans délai. En cas de refus, ils en informeront le directeur qui en rendra compte à l'adm., afin que les mesures nécessaires soient provoquées pour les faire cesser. I. 493.

2161. Il doit être procédé par le juge de paix, en présence des préposés du domaine et des entrepreneurs de messageries ou de roulage, à l'ouverture et à l'inventaire des caisses et ballots. A cet effet, le receveur devra se concerter avec ce magistrat; mais lorsque les objets auront une valeur trop modique, il pourra se dispenser de requérir son assistance; il suffira de dresser un état descriptif qui sera signé tant par le directeur de l'établissement que par le receveur et dont un double servira de décharge au dépositaire. Dans tous les cas, la garde des objets restera provisoirement confiée à ce dernier, sauf les précautions que le juge de paix ou le receveur jugeront à propos de prendre. I. 493. Si les malles ou colis contiennent des espèces ou valeurs, elles seront remises immédiatement au receveur.

2162. Avant de procéder à la vente des objets non réclamés, le receveur fera insérer dans les journaux une note indiquant le jour et l'heure fixés pour cette vente, et contenant en outre les détails propres à ménager aux propriétaires de ces objets la faculté de les reconnaître et de les réclamer. Cette insertion sera faite sans le moindre retard dans le journal, soit du département, soit d'un département voisin, désigné pour les publications d'annonces légales. I. 493.

2163. Un mois après cet avis qui, du reste, n'empêche pas les affiches ou publications nécessaires pour assurer la concurrence, le receveur des domaines procédera à la vente des objets non réclamés, en observant les règles prescrites pour la vente des meubles appartenant à l'Etat (V. 2015 et suiv.), sauf qu'il n'y a pas lieu de faire fixer le jour de la vente par le préfet. I. 493. Cependant une décision du 20 juin 1831, spéciale au département de la Seine, porte que le jour de la vente doit être fixé par le préfet, sur la proposition du directeur.

2164. La vente sera faite dans l'ordre de l'inventaire, en adjugeant séparément les objets contenus dans chacun des colis, afin qu'il ne puisse y avoir confusion en cas de réclamation par les propriétaires. Lorsqu'il sera possible de le faire, le procès-verbal de vente énoncera les noms et l'adresse des propriétaires, expéditeurs et destinataires. I. 493.

2165. Le montant des sommes ou valeurs remises au receveur des domaines et le produit brut des ventes auxquelles il aura procédé, seront consignés sur le sommier des revenus de domaines, n° 4, sous le titre : *Epaves*, et portés en recette au registre correspondant. I. 1358.

2166. Les frais de toute nature sont payés sur le produit de la vente et sans que la dépense concernant chaque objet puisse excéder la recette. Ces frais se composent en première ligne, du coût de l'inventaire, des insertions, des frais d'affiche et de vente ; et en seconde ligne, du prix qui reste dû aux entrepreneurs pour le transport des effets non réclamés à leur destination, et des frais de loyer pour leur conservation en magasin pendant six mois. I. 493.

2167. Pour le paiement de ces frais le receveur dresse, pour chaque vente, un état présentant les indications suivantes : 1° n° d'ordre du procès-verbal de vente ; 2° n° du registre des messageries ; 3° n° de l'inventaire ; 4° noms et demeures des expéditeurs ; 5° noms et demeures des destinataires ; 6° désignation sommaire de chaque article ; 7° produit brut de chaque article vendu ; 8° à déduire : frais d'inventaire, d'affiche et de vente au marc le franc, 5 p. 100 pour frais de régie , total ; 9° reste net disponible pour chaque article ; 10° frais dus à l'entrepreneur pour chaque article , savoir : transport , magasinage , total ; 11° somme à payer à l'entrepreneur pour chaque article.

2168. Au vu de cet état et des mémoires, quittances ou autres pièces justificatives, le directeur, ainsi qu'il est prescrit pour les dépenses domaniales, propose au préfet d'arrêter la dépense, et délivre, en vertu de cette liquidation, les mandats nécessaires. 1. 1444 (V. *Comptabilité générale*).

2169. Le produit net des ventes d'effets abandonnés dans les établissements de messageries n'appartient pas définitivement au domaine ; les personnes qui justifient de leurs droits à la propriété des objets, au moyen de bulletins de chargement ou autres pièces, ont le droit de demander la restitution du prix déposé dans les caisses du trésor. Le décret du 13 août 1810 accorde un délai de *deux ans*, à partir de la vente, pour faire ces réclamations. 1. 493. Après ce délai, les produits sont définitivement acquis à l'Etat.

2170. Afin de faciliter ces restitutions, on a prescrit de dresser sur le sommier des épaves qui servait autrefois pour le recouvrement, un tableau spécial pour chaque vente. I. 493. Depuis l'établissement des produits constatés, les consignations sont faites sur le sommier des revenus de domaines, I. 1358 ; mais on doit continuer à tenir celui des épaves pour y former le tableau dont il s'agit, à moins que les renseignements qui doivent y figurer ne soient insérés dans l'article du sommier des revenus.

2171. Ce tableau présente distinctement pour chaque caisse ou ballot vendu : 1° n° d'ordre ; 2° date de la déclaration de l'entrepreneur de messageries ; 3° noms du destinataire et de l'expéditeur, s'il y a lieu ; 4° désignation sommaire des objets vendus ; 5° date de la vente ; 6° produit brut ; 7° montant des frais et de la remise du receveur, distinctement; 8° produit net; 9° date de l'arrêté du préfet ordonnant la restitution; 10° date de cette restitution. I. 493.

2172. Les demandes en restitution du prix des objets vendus sont adressées au préfet. Le directeur propose à ce magistrat de prendre un arrêté soit pour le rejet, soit pour la restitution, et, dans ce cas, de liquider la somme à laquelle les parties ont droit. A l'appui de sa proposition, le directeur joint les copies ou extraits des pièces justificatives, et, en vertu de l'arrêté du préfet, délivre, au nom des ayants-droit, un mandat de paiement sur la caisse du receveur (V. *Comptabilité générale*). Mention de la restitution est faite tant en marge de la recette que sur le sommier des épaves.

2173. *Objets déposés aux lazarets.* Les marchandises et objets déposés dans les lazarets et autres lieux réservés, qui n'ont point été réclamés dans le délai de *deux ans*, sont vendus aux enchères publiques. Ils peuvent, s'ils sont périssables, être vendus avant ce délai, en vertu d'une ordonnance du président du tribunal de commerce ou, à son défaut, du juge de paix. Le prix en provenant, déduction faite des frais, est acquis à l'Etat, s'il n'a pas été réclamé dans les *cinq années* qui suivent la vente. L. 3 mars 1822, art. 20.

2174. Ces ventes sont faites par les receveurs des domaines avec les formalités prescrites par le décret du 13 août 1810; les recettes, dépenses et restitutions sont faites selon le mode que l'on vient d'indiquer pour les objets abandonnés dans les établissements de roulage ou de messageries.

2175. *Animaux saisis ou abandonnés.* Le décret du 18 juin 1811 sur les frais de justice porte : Les animaux et tous les objets périssables, pour quelque cause qu'ils aient été saisis, ne pourront rester en fourrière ou sous le séquestre plus de huit jours. Après ce délai, la main-levée provisoire pourra en être accordée. S'ils ne doivent ou ne peuvent être restitués, ils seront mis en vente, et les frais de fourrière prélevés sur le produit de la vente, par privilége et préférence à tous autres, art. 39. I. 531.

2176. La main-levée provisoire des animaux saisis et des objets périssables mis en séquestre, sera ordonnée par le juge de paix ou par le juge d'instruction, moyennant caution, et le paiement des frais de fourrière et de séquestre. Si les objets doivent être vendus, la vente sera ordonnée par les mêmes magistrats. Cette vente sera faite à l'enchère, au marché le plus voisin, à la diligence de l'adm. de l'enreg.; le jour de la vente sera indiqué par affiche, 24 heures à l'avance, à moins que la modicité de l'objet ne détermine le magistrat à en ordonner la vente sans formalité. Le produit sera versé dans la caisse de l'adm. de l'enreg., pour en être disposé, ainsi qu'il sera ordonné par le jugement définitif, art. 40. I. 531.

2177. Lorsque les receveurs sont requis de faire des ventes de l'espèce, ils procèdent selon le mode tracé pour les ventes du mobilier de l'Etat (V. 2024 et suiv.), en mentionnant dans le procès-verbal les diverses dispositions de l'ordonnance qui prescrit la vente, et les causes de la saisie, afin d'éviter tout recours de la part de l'acquéreur, et de faciliter en outre la restitution du prix, dans le cas où elle serait ordonnée par justice.

2178. Des doutes peuvent s'élever sur le classement. Il semble qu'il faut faire une distinction selon l'origine de l'objet vendu. S'il a été saisi *sur un délinquant connu*, ce n'est point une épave. Le prix des objets saisis qui, par leur nature peuvent être déposés au greffe, étant versé à la Caisse des dépôts et consignations (V. 2123), il semble qu'il doit en être de même du prix des animaux ou des autres objets périssables dont la vente est faite d'urgence, et que ces produits doivent par conséquent être relevés au sommier des opérations de trésorerie.

2179. Mais lorsque le propriétaire est resté *inconnu*, la question change de face. Le domaine a le droit d'appréhender ce qui n'appartient à personne, ce qui n'est point réclamé, et, dans ce cas, le produit paraît devoir être classé parmi ceux des *épaves* au sommier des revenus de domaines. — Des règles spéciales sont applicables aux animaux et aux instruments de délit saisis dans les bois et forêts soumis au régime forestier, et même dans les bois des particuliers (V. 2711 et suiv.).

2180. La restitution du prix des animaux saisis ne peut être faite qu'en vertu du jugement définitif. Elle a lieu après les justifications nécessaires, au moyen d'un mandat du directeur, délivré dans la forme indiquée ci-dessus (V. 2172), lorsque le prix a été versé dans les caisses du trésor. Si le prix a été versé à la Caisse des dépôts et consignations, les employés des domaines restent naturellement étrangers à la restitution (V. 2127).

2181. *Déshérences. — Séquestre.* L'adm. est chargée de la régie des biens échus à l'Etat, à titre de déshérence, et de ceux qui ont été séquestrés. Les préposés procèdent en conséquence aux ventes des objets mobiliers en provenant, et perçoivent le produit. Pour ne pas séparer ce qui concerne ces ventes spéciales des autres opérations de cette régie, il en sera question sous un paragraphe particulier (V. 2529 et suiv.; 2601 et suiv.).

Art. 6. — *Mobilier des départements.*

2182. Par application de l'art. 3 de l'ord. du 14 sept. 1822, I. 4065, le Ministre de l'intérieur a arrêté que, pour les ventes d'objets mobiliers appartenant aux départements, l'intervention des préfets serait remplacée par celle de l'adm. des domaines; mais il a décidé, de concert avec le Ministre des finances, que les préposés de cette adm. resteraient étrangers à la recette du prix, et que leur concours se bornerait à diriger les opérations relatives aux ventes. I. 1155. — Ils sont chargés aussi du récolement du mobilier affecté par les départements à l'usage de quelques fonctionnaires (V. 1991).

2183. Pour éviter de vendre comme inutiles des papiers qui peuvent avoir un prix réel pour la science, l'administration et les familles, aucuns papiers ou registres provenant, soit des bureaux de préfecture, soit des archives, ne peut être mis en vente qu'avec l'autorisation du Ministre de l'intérieur. Cette autorisation n'est accordée que sur un inventaire explicatif de la nature des pièces dont la vente est proposée, et d'après l'avis d'une commission locale. On a laissé aux préfets la nomination des membres de cette commission, qui doit être composée de trois ou cinq personnes choisies parmi celles qui pourront vérifier utilement les pièces. *Le directeur des domaines, ou un agent délégué par lui, sera nécessairement l'un de ces membres.* D. intérieur, 8 août 1839. I. 1597.

2184. Les directeurs appelés à faire partie de cette commission prendront part personnellement à ses travaux, et ne délégueront un employé supérieur pour les remplacer qu'en cas d'absolue nécessité. Si l'inventaire soumis à l'examen de la commission contient des titres, pièces ou documents qui peuvent être ou devenir utiles au domaine, le directeur en proposera la conservation, et demandera que ses observations soient inscrites en marge de l'inventaire. I. 1597.

2185. Après la vérification de cet inventaire par la commission, et avant l'envoi qui doit en être fait au Ministre de l'intérieur, le directeur en fera faire un extrait, en ce qui concerne les documents intéressant le domaine. Il transmettra sur-le-champ cet extrait à l'adm., 4ᵉ div., avec ses observations touchant la conservation, la vente ou la suppression de tels ou tels papiers qui s'y trouveront énoncés. I. 1597.

2186. Lorsque le directeur est informé par le préfet que des objets appartenant au département, doivent être vendus, il donne les ordres nécessaires au receveur des domaines du lieu où la vente doit être faite, en lui faisant observer qu'il faut y procéder selon les formes prescrites pour les ventes du mobilier de l'Etat, sauf la clause spéciale à insérer dans le cahier des charges pour que chaque acquéreur se libère à la caisse du receveur des finances. I. 1155, 1499, 1642.

2187. Les ventes d'objets mobiliers appartenant aux départements sont faites par les receveurs des domaines, en présence du délégué du préfet, selon le mode ordinaire (V. 2024). Le procès-verbal est rédigé sur papier timbré et enregistré au droit de 2 p. 100. Il est ensuite remis au receveur des finances qui suivra le recouvrement du prix et acquittera les frais. I. 1155. — Si la vente est faite *au comptant*, à cause de la modicité des lots, le préposé des domaines remet de la main à la main les sommes qui lui ont été versées. Ainsi, dans aucun cas, il n'est fait mention du produit de ces ventes dans les comptes des receveurs de l'adm. Ils n'accomplissent dans ces occasions, qu'une mission de confiance. I. 1155. Aucune remise ne leur est allouée sur le produit de ces ventes.

SECTION II. — *Propriétés immobilières.*

§ Ier. — *Sommiers de consistance.*

2188. L'adm. est chargée de la régie des propriétés immobilières de l'Etat qui ne sont pas affectées à un service public; elle concourt à la conservation et à la défense de la propriété pour la plupart des autres (V. *titre* V), perçoit les revenus et les produits des immeubles dont la régie lui est confiée, et de quelques propriétés régies par différents ministères ou administrations; enfin elle est chargée exclusivement de l'aliénation de toutes les propriétés immobilières de l'Etat, quelle que soit leur origine. C'est ce qui résulte de l'ensemble des lois concernant les domaines et propriétés de l'Etat, notamment des lois des 7 fév., 20 mars, 27 mai et 12 sept. 1791. Circ. R. 20, 71, 112, 157.

2189. Pour la surveillance de cette régie et les opérations qui s'y rattachent, les directeurs et les receveurs ont été astreints à former et à entretenir au courant des sommiers de consistance. O. gén. 83, n° 6, et 258, n° 9. Ces sommiers étaient exclusivement consacrés aux domaines régis par l'adm.; ce n'est que dans les derniers temps, et après l'achèvement des nombreuses opérations qu'ont nécessitées la réunion au domaine et l'aliénation des biens nationaux que l'on s'est occupé de mettre plus d'ordre dans l'administration de cette partie de la fortune publique.

2190. *Tableau général des propriétés de l'Etat.* Une loi du 9 juillet 1833 a prescrit d'abord la formation d'un tableau des propriétés immobilières de l'Etat *affectées à un service public*; des renseignements ont été fournis à cet effet par chacun des ministères à celui des finances. Ord. 6 oct. 1833. I. 1488. Pour compléter l'inventaire général des propriétés immobilières de l'Etat et le tenir au courant, on a prescrit d'ajouter les propriétés qui *ne sont pas affectées à un service public*, et d'indiquer les changements qui surviennent chaque année dans le tableau général par des tableaux supplémentaires insérés au compte de l'administration des finances. Ord. 20 juill. 1835. I. 1509.

2191. L'adm., par les soins de laquelle ce tableau a été formé, est chargée de l'entretenir au courant; par suite de ces mesures, elle a prescrit une refonte générale des sommiers de consistance des domaines. I. 1488, 1509. Quoique ces instructions soient spéciales aux sommiers à tenir dans les directions, les mêmes règles semblent devoir être suivies dans les bureaux.

2192. *Sommiers de consistance.* On doit tenir dans chaque direction trois sommiers de consistance des domaines, savoir : 1° sommier des biens de l'Etat, *affectés à un service public*; 2° sommier des biens de l'Etat, *non affectés à un service public*; 3° som-

37

mier des biens régis par l'adm., mais *qui n'appartiennent pas à l'Etat, ou dont la propriété ne lui est pas irrévocablement acquise.* I. 1509.

2193. Les biens de cette dernière catégorie ne figurent pas au tableau général ; néanmoins, il était important que l'adm. chargée de les régir provisoirement en conservât la trace aussi bien que pour les domaines de l'Etat. Pour la formation des deux premiers sommiers, les directeurs ont reçu un exemplaire du tableau général ; le troisième a été formé au moyen des anciens sommiers et de tous les documents existant dans les bureaux ou les directions des domaines.

2194. *Sommier des biens de l'État affectés à un service public.* Ce sommier présente tous les biens de cette classe situés dans le département, I. 1509 ; même ceux qui dépendent des établissements spéciaux régis par l'Etat. I. 1567. Mais on n'y porte point les dépendances du domaine public inaliénable, telles que les routes, les fleuves et rivières navigables, etc. I. 1509 (V. 2201).

2195. Le sommier n'est point établi à colonne ; chaque article indique en tête le n° du tableau général dont il est extrait ; la consignation reproduit ensuite tous les détails de ce tableau. Deux articles seulement doivent être inscrits par page, afin de pouvoir y ajouter les documents particuliers communiqués successivement par l'adm. I. 1509.

2196. *Sommier des biens de l'État, non affectés à un service public.* Ce sommier ne comprend que les biens de l'Etat qui sont actuellement ou seront ultérieurement mis sous la main de l'adm. Ainsi on n'y a point porté les dépendances du domaine public inaliénable. Les lais et relais de mer, les dunes et autres propriétés de cette nature, n'y sont point non plus consignés ; des instructions spéciales à ces derniers biens ont été adressées aux directeurs des départements maritimes. Quant aux îles, îlots et atterrissements qui sont en la possession du domaine, ils doivent être inscrits au sommier dont il s'agit. I. 1488.

2197. Ce sommier ne devait point comprendre les bois de l'Etat, par la raison que la surveillance en est confiée à l'adm. des forêts, I. 1488. Cependant, comme les préposés des domaines concourent à la défense des droits de propriété de l'Etat dans les contestations qui s'élèvent relativement aux biens de cette nature, il a été établi, dans chaque direction, un sommier particulier *des bois et forêts de l'Etat* situés dans le département, d'après les indications portées au *tableau général*, et dans la même forme que celui des biens *non affectés à un service public,* dont le sommier des bois et forêts n'est d'ailleurs qu'une division. I. 1509.

2198. Le *tableau général* présente les immeubles compris dans le bail emphytéotique des salines de l'Est. Quoique le prix de ce bail soit versé directement au trésor, les directeurs des départements où ils sont situés ont réservé à la fin du sommier *des bois et forêts,* l'espace nécessaire pour les consigner sous le titre :

Propriétés de l'Etat comprises dans le bail des salines et des mines de sel de l'Est. I. 1509.

2199. Les immeubles *non affectés à un service public* sont portés à chacune des divisions du sommier de consistance, sous une série non interrompue de n°°. L'enreg. de chaque article indique : 1° la nature de la propriété ; 2° sa contenance ; 3° son origine ; 4° la commune de la situation et le nom du bureau, 5° le revenu réel d'après le bail, ou son évaluation approximative si l'immeuble n'est pas encore affermé ; 6° la valeur vénale par évaluation ; 7° si l'immeuble peut être aliéné, ou les causes qui empêchent son aliénation. I. 1488.

2200. On portera successivement sur ce sommier les immeubles dont l'affectation à un service public aura définitivement cessé. Mais on ne doit pas ranger dans cette classe les biens qui, momentanément inutiles au service auquel ils sont affectés, sont affermés pour le compte du trésor, et dont les fermages sont versés dans les caisses du domaine, conformément à l'art. 3 de l'ord. du 14 sept. 1822. Ces immeubles doivent rester consignés au sommier des biens *affectés à un service public*, tant que l'affectation subsiste en principe. I. 1509 (V. 2367).

2201. Les fleuves et rivières navigables qui font partie du domaine public inaliénable (V. 2194, 2280, 2371), produisant néanmoins un revenu par la location de la *pêche*, il était nécessaire de conserver le sommier des droits de pêche. Ce sommier forme, en quelque sorte, la troisième partie du sommier des biens de l'Etat, non affectés à un service public. I. 1358. — Quant aux *domaines engagés*, les détenteurs étant maintenus dans la propriété au moyen du paiement d'une partie de la valeur, ces biens ne doivent pas être consignés au sommier de consistance des propriétés de l'Etat ; mais on peut, pour ordre, en former un sommier particulier, auquel se rattachent les dossiers de chaque affaire (V. 2455 et suiv.).

2202. Des copies des divers sommiers de consistance ont été envoyées par les directeurs a l'adm., 4e div., et ils doivent également lui adresser, chaque année, quatre états des articles à ajouter ou à distraire sur le tableau général des propriétés de l'Etat, afin que ce tableau soit toujours entretenu au courant, et que l'adm. puisse former les tableaux supplémentaires à insérer chaque année au compte général des finances. I. 1509. (V. *Directeurs*).

2203. Les receveurs, de leur côté, doivent aussi faire sur leurs sommiers de consistance, au fur et à mesure des changements qui s'opèrent dans la situation, les additions ou radiations convenables, de manière que les sommiers généraux de l'adm. et de la direction soient toujours en harmonie avec les sommiers particuliers tenus dans chaque bureau. Le directeur tiendra la main à ce que cette concordance subsiste, et transmettra ou demandera aux receveurs les renseignements nécessaires.

2204. *Sommier des biens régis par l'administration des domaines, mais qui n'appartiennent pas à l'État, ou dont la propriété ne lui est pas irrévocablement acquise.* On porte sur ce sommier : 1° les biens vacants et sans maître, et ceux qui ont été recueillis par l'Etat, à titre de successeur irrégulier, *mais dont la propriété ne lui est point encore irrévocablement acquise;* 2° les biens des contumaces; les biens séquestrés sur des comptables publics en retard de rendre leurs comptes; les biens susceptibles, d'après les lois en vigueur, de remise ou de restitution à quelque titre que ce soit; enfin tous les immeubles régis par les préposés du domaine, *mais dont l'État n'est point propriétaire.* I. 1488.

2205. Ce sommier est distribué en deux sections correspondant aux deux divisions ci-dessus. Chaque section doit avoir une série distincte de numéros; à la suite de chacune, on laisse des feuilles en blanc pour la consignation ultérieure de nouveaux articles. Lorsque le nombre est considérable, on peut avoir pour chaque section, un sommier particulier. I. 1725.

2206. On indiquera, pour chaque article, la nature de la propriété, la contenance, l'origine, la date de la prise de possession, la commune de la situation, le nom du bureau, le revenu d'après le bail ou par approximation, la valeur vénale par évaluation. En marge de l'article on inscrira les numéros de la correspondance ou des dossiers, tant de l'adm., que de la direction. I. 1725.

2207. Les biens appartenant à la seconde section devront, à l'époque où le droit de propriété de l'Etat sera irrévocablement établi, être transportés au sommier des biens de l'Etat, *non affectés à un service public.* Mais dans le cas même où, avant cette époque, il deviendra nécessaire de provoquer, pour cause de détérioration, conformément aux instr. 517, 552 et 1407, la vente de quelques uns de ces immeubles (V. 2526, 2558), il n'y aurait pas lieu de les retirer du sommier des *biens régis* par l'adm., pour les porter au sommier des biens *appartenant à l'État.* I. 1488.

2208. Les receveurs doivent adresser au directeur et celui-ci à l'adm., 4ᵉ div., copie entière et certifiée des nouveaux articles consignés sous l'une et l'autre section du sommier des biens régis. Les copies adressées à l'adm. seront faites sur des feuilles imprimées fournies à cet effet aux directeurs, sur la demande qu'ils en feront spécialement. Il est recommandé de ne retrancher aucun article sur le sommier, sans en informer sur le champ l'adm. par une lettre particulière, à moins qu'il ne s'agisse d'articles dont l'annulation aurait été ordonnée par elle, ou serait la conséquence de ventes dont elle aurait été informée. I. 1725.

2209. Quoique les dispositions de cette instruction soient spéciales aux directions, elles paraissent aussi devoir être observées pour la formation, dans les bureaux, du sommier de consistance des propriétés régies par l'État; il est d'ailleurs indispensable, pour la régularité de cette partie du service, que les receveurs et les directeurs se transmettent réciproquement les renseignements nécessaires pour la formation et la tenue du troisième sommier de consistance des domaines.

§ II. — *Régie des domaines.*

Art. 1ᵉʳ. — *Location des propriétés de l'État.*

2210. *Domaines.* L'adm. étant chargée de la régie des propriétés de l'État, *non affectées à un service public,* c'est à ses préposés qu'est dévolu le soin de louer celles de ces propriétés qui ne sont pas susceptibles d'être vendues, et d'en percevoir les produits. Circ. R. 157. A l'exception des forêts, les propriétés de l'État qui ne doivent ou ne peuvent être vendues, sont, en général, affermées à prix d'argent. Ce n'est qu'autant qu'il serait impossible de les donner à bail, que l'on devrait en vendre ou adjuger les produits.

2211. Les préposés doivent provoquer la location des propriétés de l'État, aussitôt qu'elles sont disponibles, et faire renouveler les baux avant leur échéance. Circ. R. 157. Ils sont personnellement responsables de la négligence qu'ils auraient apportée dans l'exécution de cette recommandation. Circ. R. 637. Aux termes de l'art. 11 de la loi du 23 oct. 1790, les baux doivent être renouvelés, dans les campagnes, un an, et dans les villes, six mois avant leur expiration. Circ. R. 157.

2212. *Propriétés affectées à un service public.* Les préposés de l'adm. restent étrangers à la location des domaines de l'État affectés à un service public, soit qu'ils aient été déclarés momentanément inutiles au service, soit que l'on afferme seulement leurs produits. Les receveurs sont seulement chargés de percevoir le prix des baux consentis par les préposés des ministères auxquels les biens sont affectés, quand ces biens ou quelques portions cessent momentanément d'être consacrés à l'usage auquel ils sont destinés, et qu'il s'agit d'ailleurs de biens affectés à des adm. qui ne sont pas chargées de recettes pour le compte de l'État.

2213. *Canaux.* Lorsqu'il s'agit de canaux en cours d'exécution ou seulement projetés, les préposés des domaines procèdent à la location des terrains et autres immeubles qui en dépendent, et en perçoivent les revenus jusqu'à l'époque où les droits de navigation sont mis en perception. Après cette époque, ils cessent la régie et même la recette, et l'adm. des contributions indirectes en est exclusivement chargée. I. 1301 (V. 2044, 2721).

2214. *Pêche et chasse.* Des règles particulières ont été établies pour la location de la pêche et de la chasse dans les eaux ou les bois de l'État (V. 2653, 2654).

2215. *Locations.* — *Cahier des charges.* Lorsqu'il y a lieu.

de donner à bail une propriété de l'État *non affectée à un service public*, le receveur des domaines de la situation des biens rédige un projet du cahier des charges pour le soumettre à l'examen du directeur. Ce cahier des charges énonce les clauses et conditions de la location, notamment le mode d'adjudication et le taux des enchères, la durée du bail qui ne peut excéder 9 ans, l'époque de l'entrée en jouissance et le mode de cette jouissance. On y stipule l'obligation de faire ou de laisser faire les réparations, d'entretenir les fossés ou clôtures, la défense de sous-louer, si ce n'est par acte notarié et en restant obligé, les garanties à fournir, le mode et les époques fixées pour le paiement des loyers, etc. Circ. R. 181 ; I. 614.

2216. Outre les conditions d'usage, on peut imposer toutes celles que le bien de la chose rend nécessaires ou qui ont été indiquées par l'adm. Les contributions doivent, dans tous les cas, rester à la charge du domaine (V. 2252). Le prix sera stipulé en numéraire ; s'il avait été stipulé des denrées, le preneur devrait en tenir compte en argent au taux des mercuriales ; enfin ce prix sera payable à la caisse du receveur des domaines, sans aucune indemnité ou diminution pour les cas fortuits, tels que stérilité, inondation, grêle, gelée, etc. Circ. R. 181.

2217. S'il s'agit d'un immeuble mis provisoirement à la disposition de l'adm., on peut stipuler que le bail sera résilié sans indemnité au moment de la reprise de possession par l'administration au service de laquelle il est affecté. Circ. R. 2040. Dans les autres cas, on indiquera que le bail pourra être résilié moyennant une indemnité à fixer par experts, conformément aux lois des 27 avril et 12 sept. 1791. Circ. R. 181.

2218. Après son approbation par le directeur, le projet de cahier des charges est remis au préfet ou au sous-préfet pour être définitivement arrêté. Circ. R. 157, 1814. La minute reste déposée au secrétariat, et une ampliation est remise tant au bureau des domaines qu'à la mairie de la situation des biens, dès le jour de la première publication, afin qu'il puisse en être pris communication sans frais par ceux qui le désireront. Circ. R. 157, 181.

2219. *Publications*. Il est essentiel de donner la plus grande publicité aux locations ; l'adjudication sera annoncée un mois d'avance par des publications, de dimanche en dimanche, à la porte des églises paroissiales de la situation des biens, et par des affiches, de quinzaine en quinzaine, apposées aux lieux accoutumés. Circ. R. 157, 181, 1814. Les affiches sont manuscrites ou imprimées selon l'importance des biens. On y indique les jour, heure et lieu de l'adjudication, la désignation des immeubles, la durée des baux et les principales conditions.

2220. *Adjudication*. Ces formalités remplies, il sera procédé publiquement à l'adjudication devant le préfet ou le sous préfet de l'arrond. des biens, à la diligence et en présence du receveur des domaines. Circ. R. 157, 1814. Le ministère des notaires n'est point nécessaire : les baux n'emportent pas moins exécution parée. – Le sous-préfet peut se faire suppléer par le maire, pour les baux des biens situés à une distance de deux myriamètres, dans le cas où le revenu n'excède pas 4 ou 500 fr., lorsqu'il n'y a point d'opposition de la part du directeur. S'il s'élève, à cet égard, des difficultés, le préfet décide. Circ. R. 1894, 1923.

2221. Le procès-verbal fera mention des noms et qualités des requérants, de l'objet de l'adjudication; il rappellera le cahier des charges ainsi que les publications. Les immeubles seront énoncés dans les adjudications, par situation, consistance et nature. Ils seront affermés pour en jouir ainsi qu'ils appartiennent à l'Etat, et que les précédents fermiers ou détenteurs en ont joui ou dû jouir aux termes des lois.

2222. Avant l'ouverture de l'adjudication, les enchérisseurs pourront demander la division; alors, et sur l'avis et consentement du préposé des domaines, il pourra être procédé à des adjudications partielles pour les objets susceptibles d'exploitation particulière. La mise à prix de chaque lot sera indiquée, et l'adjudication sera prononcée au plus offrant et dernier enchérisseur, feux allumés, et jusqu'à ce que l'un d'eux se soit éteint sans enchères; on n'admettra d'ailleurs à enchérir que les personnes qui justifieront de leur solvabilité. Circ. R. 181.

2223. La minute du procès-verbal, à l'appui de laquelle on joindra le cahier des charges, sera signée tant par l'adjudicataire que par le receveur des domaines et par le magistrat qui présidera. Elle doit être rédigée sur papier visé pour timbre en *débet*, et sera enregistrée dans les *vingt jours* à peine du droit en sus. Dans ce délai, les adjudicataires devront payer ces droits et le prix du timbre de deux expéditions; ils supporteront également, chacun dans la proportion du prix, les frais d'affiches, publication, expédition et tous autres frais d'adjudication réglés par le fonctionnaire qui aura présidé.

2224. *Cautionnement.* Chaque adjudicataire sera tenu de présenter, dans la huitaine de l'adjudication, une caution dont la solvabilité sera discutée par le préposé des domaines; elle s'engagera avec l'adjudicataire, dans tous ses biens, sans division ni discussion, au paiement du prix et à l'entière exécution des clauses et conditions. A défaut par l'adjudicataire de satisfaire à cette obligation, il sera procédé à une nouvelle adjudication à sa folle-enchère. Circ. R. 181. La caution doit être domiciliée ou élire domicile dans l'arrondissement.

2225. *Etat des lieux.* S'il s'agit de bâtiments, on fera, avant l'entrée en jouissance, constater leur situation par un état des lieux, signé tant par le receveur que par le preneur, afin que les immeubles soient rendus à la fin du bail dans l'état où ils auront été livrés, et entretenus de toutes réparations locatives. Circ. R. 181. La même précaution doit être prise pour les bâ-

bours, pailles, engrais, semences et objets mobiliers attachés aux exploitations, et qui doivent être laissés ou remis par le fermier à la fin du bail.

2226. *Recouvrement.* Après le paiement des frais et l'enreg. du procès-verbal d'adjudication et de l'acte de cautionnement, il en est délivré deux expéditions sur papier timbré ou visé pour timbre. L'une est destinée à l'adjudicataire, l'autre est remise au receveur de la situation des biens chargé de la recette du prix du bail. Ce préposé en fait mention en marge de l'article du sommier de consistance. Sol. 10 mars 1843. On devait tenir dans les directions et les bureaux un sommier des baux. O. gén. 83, n. 8, et 258 n. 11 ; mais, depuis l'instr. 443 et surtout l'établissement des sommiers de produits constatés, le sommier des baux est inutile, puisque, d'après l'instr. 1358, il suffit de la mention au sommier de consistance, pour reporter les termes échus sur celui des produits constatés.

2227. Ce report a lieu à mesure de l'échéance ; il est fait article des sommes exigibles : 1° sur le sommier n° 4, revenus de domaines, s'il s'agit de domaines non affectés à un service public, de fortifications ou bâtiments militaires (V. 2234, 2237), de biens vacants (V. 2527), de biens provenant de déshérence (V. 2552), ou de biens séquestrés (V. 2603) ; 2° sur le sommier n° 6, produits accidentels, pour les revenus des établissements spéciaux régis par l'État (V. 2633) ; 3° au sommier n° 7, pour les fermages de biens dépendant du sol forestier et de la pêche (V. 2674) ; et 4° enfin au sommier n° 8, pour les locations de biens affectés aux différents ministères (V. 2240), excepté les fortifications et bâtiments militaires (V. 2235).

2228. Le classement des revenus de domaines dans les colonnes du sommier n° 4 ne peut présenter de difficultés : on portera dans la colonne des *épaves, déshérences et biens vacants* les produits des biens de cette nature, dans celle des *produits des terrains de fortifications ou des bâtiments militaires*, les revenus de ces propriétés, et enfin dans la colonne générale intitulée *revenus de domaines,* tous les loyers ou fermages qui ne doivent pas être classés sous les deux titres ci-dessus.

2229. A défaut de paiement, l'adjudicataire et sa caution seront poursuivis par voie de contrainte décernée par le directeur des domaines, visée et rendue exécutoire par le président du tribunal civil. Circ. R. 157, 1872. On se conformera d'ailleurs, pour ces poursuites, aux règles spéciales en matière de domaines (V. *titre* V).

2230. Dans le cas où, malgré les poursuites, le preneur laisserait accumuler plus d'une année du prix de l'adjudication, il pourra être dépossédé ; et alors il sera procédé à l'adjudication du reste du bail à sa folle-enchère. Le paiement de la folle-enchère sera exigible à l'instant et poursuivi par les mêmes voies. Circ. R. 157, 1872.

ART. 2. — *Fortifications, terrains et bâtiments militaires.*

2231. Les portes, murs, fossés, remparts des places de guerre et des forteresses, et les terrains des anciennes fortifications font partie du domaine public inaliénable. C. civ. 540, 541 ; L. 10 juillet 1791, etc. — La régie des terrains des fortifications, et celle des bâtiments, casernes, hôpitaux, magasins, usines, et généralement de tous les immeubles affectés au service du département de la guerre, appartient aux autorités militaires exclusivement chargées du soin de faire les acquisitions nécessaires, de passer et renouveler les baux, et même de suivre toutes les instances relatives à la propriété des dépendances du domaine militaire. Circ. R. 351 ; I. 553, 617, 1509, 1559.

2232. Les préposés des domaines sont seulement chargés de procéder, avec les agents de l'intendance militaire, aux ventes des arbres, élagages, herbes et autres produits des terrains militaires, et de recevoir seuls le prix de ces ventes, ainsi que les loyers, fermages et revenus tant des terrains que des bâtiments et autres propriétés du domaine militaire. L. 12 sept. 1791. Cependant, lorsque quelques parties de ce domaine sont *inutiles au service*, le ministère de la guerre en fait remise à l'adm. pour être louées ou vendues comme tous autres immeubles provenant des ministères.

2233. *Terrains des fortifications.* Deux décrets des 25 mars 1811 et 22 déc. 1812 avaient attribué le produit de ces terrains à l'hôtel des invalides de la guerre pour lequel l'adm. continua le recouvrement. Ces recettes faisaient l'objet d'une comptabilité particulière ; elles donnaient droit à des remises spéciales, et un compte distinct était rendu à l'hôtel des invalides. I. 514, 536, 553, 617.

2234. L'art. 50 de la loi du 21 avril 1832 ayant réuni les produits de cette nature au budget de l'État, les receveurs, en continuant de faire les ventes lorsque les terrains ne sont pas affermés (V. 2093, 2239), et de recevoir les prix de vente ou de location, ont dû cesser de comprendre les produits parmi les recettes de trésorerie. Classés d'abord avec les produits divers, au sommier et au registre n° 8, produits des ministères, C. c. 25, 27, ils ont été confondus depuis 1836 avec ceux des domaines, et portés sous le titre : *Produits des terrains de fortifications,* tant au sommier qu'au registre des revenus de domaines, n° 4. C. c. 38. — Les recettes étant faites pour le compte du trésor, sont comprises actuellement dans le compte général, et passibles de la remise ordinaire. C. c. 25, 27 (V. *Comptabilité générale*).

2235. *Bâtiments et terrains militaires.* Les receveurs sont chargés aussi de recouvrer les loyers des bâtiments et des terrains autres que les fortifications affectés au service de la guerre, lorsqu'ils ne sont pas occupés par l'administration militaire. Circ. R. 351 ; I. 1038, 1095, 1153, 1211, 1245. Cette disposition comprend les loyers des bâtiments affectés au service des poudres et salpêtres. I. 1269.

2236. Ces loyers étaient confondus avec les produits des ministères, I. 1065, 1358; mais d'après l'article 27 de la loi du 10 juillet 1791, ce produit appartient à l'Etat, et il n'était pas régulier de l'assimiler aux recouvrements résultant des ventes faites en exécution de l'ord. du 14 sept. 1822. Depuis l'année 1838, ces recettes sont inscrites sur les registres, avec les produits des terrains des fortifications. C. c. 44, § 4, et 46, § 6. Ainsi l'on confond sous le même titre, au sommier des revenus de domaines, tous les produits des fortifications et des bâtiments militaires, comprenant : 1° les fermages, loyers, ou indemnités de jouissance des bâtiments et terrains ; 2° le prix des ventes d'arbres ou herbes croissant sur les terrains des fortifications et autres dépendances du domaine militaire.

2237. Les préposés restant étrangers aux locations (V. 2212), il a été recommandé aux directeurs des fortifications, aux commissaires des poudres et salpêtres et aux autres agents de l'administration militaire, de remettre très exactement aux receveurs copie ou extrait certifié des baux et autres actes portant concession de jouissance, afin qu'ils puissent en faire mention au sommier de consistance des biens affectés à un service public, et suivre le recouvrement du prix aux échéances, après en avoir fait article au sommier n° 4 des produits constatés. I. 1211, 1269; C. c. 44, § 4, et 46, § 6.

2238. Les fermages et loyers doivent être versés intégralement sans aucune déduction pour les frais des réparations à la charge du budget de la guerre, qui sont faites à la diligence des agents de ce ministère. I. 1211, 1245. Les receveurs paient seulement les contributions quand il y a lieu (V. 2241 et suiv.).

2239. Lorsque les terrains militaires ne sont pas affermés, on vend aux enchères les herbes, les arbres ou les élagages qu'ils produisent. Ces ventes sont faites par les receveurs, dans les formes prescrites pour les ventes de mobilier militaire. Le prix en est versé à leur caisse, mais il faut le porter avec les revenus ordinaires des terrains des fortifications, au sommier n° 4 et au registre de recette correspondant, et ne pas le confondre avec le prix des ventes d'objets mobiliers provenant du ministère de la guerre (V. 2093).

2240. *Bâtiments et terrains de la marine.* Les bâtiments, terrains, embarcations, etc., affectés au service de la marine par la loi du 12-20 mars 1791, Circ. R. 157, peuvent être momentanément inutiles à ce service, et, dans ce cas, ils sont affermés par les soins des agents de ce département. Les receveurs des domaines sont exclusivement chargés de la recette des produits. D. 7 août 1821, art. 3. I. 991. D'après cette instruction, ces produits devaient être portés avec les prix de vente de mobilier, mais par suite de la spécialité prescrite par l'instr. 1065, pour les produits des ministères, le prix de ces locations doit être classé actuellement au sommier n° 8, sous le titre des produits du *ministère de la marine*. Les receveurs comprennent ces recettes dans l'état des recouvrements opérés pour le compte du ministère de la marine, qu'ils ont à fournir chaque trimestre. I. 991; C. c. 18 (V. 2103).

Art. 3. — *Contributions et réparations.*

2241. Chargés de régir les domaines et d'en percevoir les revenus, les préposés sont naturellement investis du soin d'acquitter les charges et les frais qu'exige leur conservation. Les charges sont notamment les contributions, lorsqu'il y a lieu; les dépenses d'entretien et de conservation sont les réparations.

1° *Contributions des domaines.*

2242. *Contribution foncière*. L'instruction sur la contribution foncière, décrétée les 22 et 23 nov. 1790, porte que les biens nationaux y sont assujettis, et que les terrains employés au service public, tels que les chemins, les rivières et les places publiques, en sont seuls affranchis. Circ. R. 143. Les lois du 3 frim. an 7, 19 vent. an 9, 25 flor. an 11, et 26 mars 1831, ont successivement apporté quelques modifications à cette règle.

2243. On distingue, relativement à la contribution foncière, entre les domaines de l'État *aliénables* et ceux qui sont déclarés *inaliénables*; enfin, dans chacune de ces catégories, une autre distinction a été établie entre les domaines *productifs* et les biens *improductifs*.

2244. En ce qui concerne le domaine *inaliénable*, les routes, chemins, rues, places, rivières et autres dépendances du domaine public, ne sont pas cotisables. L. 3 frim. an 7, art. 143. Circ. R. 1463. — Les terrains vagues, landes et marais, lais et relais de mer, îles et îlots dépendant du domaine public inaliénable, sont exempts de la contribution foncière, lorsqu'ils ne produisent aucun revenu. I. 1199. — Quant aux canaux productifs, ils sont imposés, L. 25 flor. an 11; mais comme les préposés n'en perçoivent par les produits, ils n'ont pas à payer l'impôt (V. 2044, 2213).

2245. Les domaines nationaux *non productifs*, exceptés de l'aliénation et réservés pour le service public, tels que les palais du Gouvernement, les ministères, arsenaux, magasins, casernes, fortifications et autres établissements dont la destination a pour objet l'utilité générale, ne sont portés aux matrices de rôles que pour *mémoire;* ils ne sont point cotisés. L. 3 frim. an 7, art. 105. Circ. R. 1463. On ne considère pas comme productifs ceux qui donnent quelques revenus accessoires, tels que bois, herbes et autres menus produits vendus chaque année par adjudication.

2246. Les domaines *productifs*, exceptés de l'aliénation, sont soumis à la contribution foncière; toutefois l'impôt ne peut surpasser, en principal, le cinquième de leur produit net effectif.

L. 3 frim. an 7, art. 107; Circ. R. 1463 ; Régl. 26 janv. 1846, § 456. Cette disposition ne s'applique qu'aux dépendances du domaine, momentanément distraites du service auquel elles étaient affectées, remises à l'adm. et louées au profit de l'État.

2247. A l'égard des domaines *aliénables*, ils sont portés aux états de section et matrices comme les propriétés particulières de même nature ; mais ceux qui ne *produisent pas de revenus* ne sont pas cotisés aux rôles des contributions; tandis que ceux qui sont *productifs* sont évalués et cotisés comme les propriétés particulières. L. 3 frim. an 7, art. 106, 108, Circ. R. 1463.

2248. Les bois et forêts de l'État, bien qu'ils produisent un revenu, ont été expressément affranchis de la contribution foncière. L. 19 vent. an 9. Circ. R. 2054 ; I. 36.

2249. Les biens régis par l'État, notamment les immeubles provenant de séquestre ou déshérence, et les biens vacants et sans maître, sont assujettis à l'impôt foncier; le paiement en est effectué comme les autres dépenses concernant les biens de cette nature (V. 2527 et suiv.).

2250. *Contribution pour les chemins vicinaux.* L'art. 13 de la loi du 21 mai 1836, sur les chemins vicinaux, qui a remplacé celle du 28 juillet 1824, I. 1220, porte que les propriétés de l'État *productives de revenus*, telles que les forêts et les biens affermés, sont les seules qui doivent contribuer aux dépenses des chemins vicinaux *dans les mêmes proportions que pour les propriétés privées.* Lorsque les communes votent *des prestations en nature*, elles n'ont point de quote-part à demander à l'État, il ne contribue qu'aux *centimes spéciaux* votés pour les dépenses de chemins vicinaux. Instr. du ministre de l'intérieur aux préfets pour l'exécution de la loi du 21 mai 1836. I. 1533.

2251. Les préposés restent étrangers à la fixation et au paiement des taxes pour les bois et forêts, dont les dépenses ne sont plus dans les attributions de l'adm. I. 1533 (V. *Comptabilité générale*). — Quant aux autres propriétés de l'État, dont les revenus sont perçus par l'adm., la quotité de la contribution pour les chemins vicinaux est déterminée par l'application au revenu imposable du nombre des centimes spéciaux qui ont été votés. Cette opération est du ressort de l'adm. des contributions directes. Les préposés ont seulement à s'assurer que les chemins vicinaux ont été légalement reconnus, et que le nombre des centimes spéciaux n'excède pas le *maximum* fixé par la loi. Dans le cas où des propriétés affectées à un service public, et momentanément affermées, auraient cessé d'être productives de revenus, elles devraient également cesser d'être imposées pour les dépenses des chemins vicinaux. Les préposés auraient à réclamer contre cette imposition, si elle était maintenue. I. 1533.

2252. *Paiement.* La contribution des domaines est une dépense à la charge de l'État qui doit être acquittée d'après les règles de la comptabilité publique. Il ne faut donc jamais la mettre à la charge des fermiers dans les baux. Circ. R. 1630. L'emphytéote doit néanmoins payer l'impôt. I. 421. Pour les autres domaines, les fermiers ou locataires sont tenus d'en faire *l'avance;* mais lorsqu'un bien taxé sous une seule cote est affermé à plusieurs, le receveur des domaines est exclusivement chargé du paiement de la contribution foncière. Régl. 26 janv. 1846, § 456.

2253. Les paiements se font par douzième, de mois en mois, et la totalité des contributions de l'année doit être acquittée avant son expiration. I. 919, 1065, 1580. A la réception de l'avertissement délivré chaque année, le receveur provoque l'ordonnancement de la dépense, et l'effectue selon le mode prescrit (**V.** *Comptabilité générale*). Il ne peut exiger que le percepteur se transporte à son bureau ; les receveurs sont tenus de lui remettre ou faire remettre le montant des contributions aux lieux déterminés pour les recettes de ce préposé. D. 20 nov. 1821.

2254. *Contribution des portes et fenêtres*. Les propriétaires sont imposés pour la contribution des portes et fenêtres, sauf leur recours contre les locataires ; mais les règles de la comptabilité s'opposent à ce que l'État puisse faire des avances de cette nature pour les locataires ou les personnes qui occupent des bâtiments dépendant du domaine. Les receveurs doivent donc veiller à ce qu'il ne puisse être exercé aucune action contre l'adm. pour le paiement des contributions des portes et fenêtres. Ils remettront aux percepteurs un état des locataires ou détenteurs, énonçant la quote-part de chacun dans la taxe imposée, afin que le paiement soit réclamé d'eux directement. D. 23 pluv. an 8. Circ. R. 1775 ; Régl. 26 janv. 1846, § 458.

2255. *Surtaxe*. Lorsque l'Etat a été imposé mal à propos pour des biens qui ne devaient pas de contributions ; qu'il a été surtaxé ou qu'il a été privé en totalité ou en partie des revenus formant l'objet de l'impôt, les préposés ne doivent pas omettre de se pourvoir en décharge ou réduction. Circ. R. 640, 778, 1463, 1510, 1567, 1626, 1652, 1814, 1861, 1874, 1937 ; Circ. 5 brum. an 12 ; I. 1533. Dans ce cas, les receveurs, en adressant au directeur les pièces nécessaires pour le paiement de la contribution, lui font connaître la surtaxe et fournissent les renseignements propres à la démontrer, afin que le directeur puisse former la demande en degrèvement.

2256. Cette demande est adressée au Conseil de préfecture dans les délais fixés par les lois d'impôt. Le directeur tiendra la main à ce que les extraits du rôle lui soient adressés sans retard, pour reconnaître avant l'expiration du délai, s'il y a lieu à réclamation. Circ. R. 1652, 1874. La demande en degrèvement n'est pas un motif pour différer le paiement, Circ. R. 1814, 1861, 1874 ; il faut même, d'après la loi, joindre à la demande la quittance des termes échus. Cependant, pour éviter des restitutions, on peut obtenir du directeur et des agents supérieurs

des contributions directes l'autorisation de différer provisoirement le paiement de la surtaxe.

2257. Le receveur qui a effectué le paiement des contributions dont la restitution a été ordonnée par l'autorité compétente, en reçoit le montant selon les règles prescrites en cette
matière ; il en fait article au sommier n° 4, sous les titres : *Revenus de domaines*, s'il s'agit de domaines de l'État ; *Produits
des fortifications et des terrains militaires,* pour les biens de cette
nature, ou *Epaves, déshérences et biens vacants,* lorsque la contribution s'applique à des propriétés de cette dernière espèce,
ou séquestrées sur les contumaces et les comptables. Les sommes
sont portées en recette au registre et sous le titre correspondant.
Circ. R. 554, 1999 ; I. 1358.

2258. *Aliénation.* Dans les dix jours qui suivent toute aliénation, concession ou mutation quelconque d'une partie du
domaine de l'État, soit que les biens fussent ou non imposés
avant l'aliénation, le directeur des domaines doit en donner avis
au directeur des contributions directes, afin que les nouveaux
possesseurs soient cotisés aux rôles. Circ. R. 983, 1140, 1463 ;
Circ. 18 mai 1813 ; I. 447, 1199, 1477 (V. 2310 et suiv.). Ces
dispositions s'appliquent aussi aux domaines tenus à titre d'engagement dont les détenteurs ont été envoyés en possession
définitive, et à ceux qui ont été restitués. I. 1123 (V. 2454).

2259. Lorsque l'adm. a payé les contributions pour l'année
entière, elle a droit au remboursement du *prorata* à partir de
l'entrée en jouissance de l'acquéreur. D'un autre côté, si l'immeuble n'était pas soumis à la contribution, il devient imposable
à partir de la même époque. Dans ces deux cas, les receveurs
doivent recouvrer, sur les nouveaux possesseurs, la portion de
contribution à leur charge, à partir de l'entrée en jouissance
jusqu'à leur cotisation au rôle. Circ. R. 887, 1999 ; Circ. 27 niv.
an 12 ; l. 1247, 1477. — Le remboursement des contributions
avancées ne donne lieu à aucune difficulté ; mais lorsque le bien
n'était pas imposé, il faut nécessairement attendre que le revenu
imposable ait été fixé pour faire payer la contribution au marc
le franc de ce revenu, pour le temps pendant lequel le nouveau
possesseur en est redevable. On fait article de ce *prorata* au
sommier et sous le titre applicable aux revenus de l'immeuble
(V. 2257).

2° *Réparations.*

2260. Les propriétés de l'État dont la régie est confiée à
l'adm. doivent être entretenues en bon état. Les receveurs préviendront les dégradations ou en assureront la répression ; ils
veilleront à ce que les réparations nécessaires soient faites exactement. Circ. R. 741, 1814.

2261. *Biens loués.* Lorsque les propriétés sont louées, les
receveurs doivent s'assurer par eux-mêmes que les fermiers ou
locataires ne font pas abus de leur jouissance, et qu'ils font les

réparations locatives et celles dont ils sont tenus par leurs baux. Quant aux autres, il doit y être pourvu aux frais de l'État. Circ. R. 157; Régl. 26 janv. 1846, § 437. De son côté, tout fermier ou locataire a le droit d'exiger que le propriétaire tienne clos et couverts les bâtiments qui dépendent du bail.

2262. Quand les propriétés domaniales bordent des chemins ou cours d'eau, on doit stipuler dans les baux que les fermiers seront tenus de faire curer, nettoyer et rafraîchir les fossés, biefs, ruisseaux et rigoles, et d'entretenir les haies ou clôtures. Les préposés s'assureront de l'exécution de ces obligations. Si les propriétés bordent les grandes routes, les directeurs remettront aux ingénieurs des ponts et chaussées l'état des fermiers tenus de cet entretien, afin que ces fonctionnaires puissent provoquer contre ceux qui ne se seraient pas conformés au décret du 16 déc. 1811, les mesures qu'il autorise en pareil cas. I. 614.

2263. *Biens non loués.* Quant aux propriétés de l'État qui ne sont pas affermées, les frais de curage et d'entretien sont à la charge du domaine. Les directeurs prieront le préfet de régler les formes à suivre pour ces travaux, et en feront effectuer le paiement comme il est prescrit pour les frais de réparations. I. 614.

2264. *Réparations urgentes.* Bien qu'aucune réparation ne puisse en général être faite sans l'assentiment de l'adm. (V. 2266), en cas d'une extrême urgence, qui ne permettrait pas, sans danger et préjudice, de différer une réparation jusqu'à l'arrivée de l'autorisation, les préposés peuvent y faire procéder, mais après avoir fait constater l'urgence par un expert, et seulement pour ce qui se trouverait dans un péril imminent. Le procès-verbal de l'expert sera rédigé sur papier non timbré, en présence du maire de la localité; il y indiquera en détail les ouvrages à faire et le montant présumé de la dépense pour chaque article du devis. I. 320; Régl. 26 janv. 1846, § 443.

2265. Le receveur fera exécuter immédiatement les travaux reconnus indispensables, et adressera sans délai au directeur copie du procès-verbal de l'expert, avec les renseignements énoncés ci-après (V. 2268). En émettant son avis, le directeur rendra compte de suite à l'adm. Les frais de réparation quelconque, faite ou autorisée contrairement aux dispositions ci-dessus, restent à la charge de ceux qui les ont permises ou fait faire. I. 320; Régl. 1846, § 143. L'approbation des travaux par l'adm. est d'ailleurs nécessaire pour le paiement.

2266. *Réparations nécessaires.* Les receveurs sont tenus d'informer très exactement le directeur des réparations que les circonstances rendent nécessaires. Circ. R. 1032. Sauf les cas d'urgence, aucune réparation ne peut être faite avant d'avoir obtenu l'autorisation de l'adm. Décr. 5 sept. 1806. I. 320. Au reste, il ne suffit pas qu'une réparation soit nécessaire pour être exécutée, il faut encore qu'elle soit utile au trésor; ainsi, il convient de mettre l'adm. a portée de juger s'il ne serait pas plus avantageux d'aliéner le bien que de le réparer; on doit en outre faire connaître à quel titre le domaine possède le bien.

2267. La nécessité de toute réparation, même lorsqu'il n'y a pas urgence, doit aussi être constatée par un rapport d'experts, avec devis, indiquant, article par article, la nature et le prix des ouvrages. Le directeur désigne, et le préfet nomme l'expert ou les experts chargés d'établir ce devis; le receveur de la localité propose ceux qui lui paraissent avoir les connaissances nécessaires pour la régularité de cette appréciation. I. 320; Régl., § 441. — A Paris, un architecte jouissant d'un traitement fixe par année, est attaché à l'adm., tant pour la visite des bâtiments dont elle a la régie, que pour la rédaction des devis, la surveillance et la réception des travaux. Il fournit en outre, les renseignements qui lui sont demandés en matière de domaines. Régl., § 446.

2268. Lorsque le rapport ou devis de l'expert pour les réparations à faire à un domaine lui sera parvenu, le directeur enverra ce rapport à l'adm. (4e div.). Il y joindra ses observations et son avis, et fera connaître en même temps le nom du fermier ou du locataire, et le prix annuel du bail ou le revenu. Si l'objet n'est ni affermé, ni loué, ni productif, le directeur s'en expliquera. I. 320; Régl., § 441. — Les réparations que les devis éleveront au dessus de 300 fr., devront être autorisées par le Ministre des finances; l'adm. pourra autoriser elle-même celles de 300 fr. et au dessous. I. 320; Régl., § 442.

2269. Les réparations autorisées, qui n'excèdent pas 150 fr., peuvent être faites sans adjudication et par économie. Celles qui excèdent 150 fr., doivent être mises en adjudication au rabais devant le préfet, le sous-préfet ou le maire; I. 320; Régl., § 440.

2270. Suivant ces distinctions, lorsque le receveur et le directeur croient qu'il n'est pas nécessaire de recourir à une adjudication, ils s'en expliquent dans la lettre d'envoi du devis, en demandant l'autorisation de faire procéder aux travaux *par économie*. Si cette autorisation est accordée, les travaux sont exécutés sous la surveillance d'un préposé des domaines. I. 320.

2271. S'il paraît plus avantageux d'adjuger publiquement les travaux de réparation, ou si le devis porte la dépense à plus de 150 fr., le receveur et le directeur, dans leurs rapports respectifs en demandant l'autorisation de faire procéder à l'adjudication, joignent au devis estimatif un projet du cahier des charges. S'ils estiment qu'elle peut se faire devant le maire, ils s'en expliquent formellement. I. 320.

2272. *Adjudication*. L'autorisation obtenue, soit de l'adm., soit sur son rapport, l'adjudication publique a lieu au rabais sur la mise à prix fixée par le devis, après les affiches et publications nécessaires pour assurer la concurrence. Le receveur ou tout autre préposé délégué par le directeur, y assistera. Le procès-verbal énoncera la date de l'autorisation et la nature des travaux à exécuter ; on y joindra le devis, ainsi que le cahier des charges, et, s'il y a lieu, l'adjudicataire sera tenu de fournir caution ou une garantie pour l'exécution régulière du marché. Le procès-verbal sera rédigé sur papier visé pour timbre en *débet*, et enregistré au droit fixe d'un franc, dans les 20 jours de sa date, à peine du droit en sus. Les frais de l'adjudication, ceux de la minute et des expéditions du procès-verbal, seront supportés par l'adjudicataire, ainsi que les frais de réception des travaux.

2273. *Procès-verbal de réception.* Lorsqu'une réparation a été faite, il est dressé de la réception des ouvrages un procès-verbal que le receveur envoie au directeur, et que celui-ci transmet à l'adm. avec ses observations. S'il s'agit de travaux faits d'urgence, ou par économie, ce procès-verbal contient le réglement du prix, et on y joint le devis estimatif. Si les travaux ont été adjugés, on envoie avec le procès-verbal de réception une expédition de l'adjudication. — Il est essentiel que les receveurs mettent promptement le directeur à portée d'obtenir l'autorisation nécessaire pour acquitter les dépenses de cette nature. I. 919, 1580.

2274. *Paiement de la dépense.* Si le montant de la dépense n'excède pas 300 fr., l'autorisation de l'adm. suffit pour le paiement ; à l'égard des sommes supérieures, l'autorisation est accordée par le Ministre des finances, sur le rapport de l'adm. I. 320 ; Régl., § 442. — Aucune dépense de réparation ne peut avoir lieu sans cette autorisation, et lorsque les travaux ont été faits par urgence, ils doivent être approuvés par l'adm. (V. 2265). — Les règles relatives à la liquidation, à l'ordonnancement et au paiement de la dépense sont enseignées au titre de la *Comptabilité générale.*

2275. *Déshérences, séquestres.* Les réparations à faire aux biens provenant de successions en déshérence, dont la propriété n'est pas encore acquise définitivement à l'Etat, et celles qui concernent les biens séquestrés, régis par le domaine, ont lieu comme s'il s'agissait de propriétés de l'Etat ; seulement le montant de la dépense pour les biens régis ne peut, en aucun cas, excéder les revenus échus ou près d'échoir. Il en est de même des biens indivis entre l'Etat et des tiers. Circ. R. 2024. On doit faire mention de ces dépenses au sommier des comptes ouverts, afin qu'il en soit tenu compte en cas de restitution aux ayants-droit (V. 2557).

§ III. — *Aliénation des propriétés immobilières de l'État.*

Art. 1er. — *Ventes de domaines. Règles générales.*

2276. *Législation.* Avant 1789, les propriétés faisant partie du domaine, étaient inaliénables et imprescriptibles, aussi le législateur a-t-il prononcé en principe la révocation des aliénations faites en contravention à cette règle générale, (V. 2456). Cependant l'Assemblée constituante, frappée des inconvénients d'un principe aussi absolu, adopta la résolution suivante : « Les domaines nationaux et les droits qui en dépendent, sont et demeurent inaliénables, sans le concours et le consentemeut de la Nation ; mais ils peuvent être vendus et aliénés à titre perpétuel et incommutable, en vertu d'un décret du Corps législatif, en observant les formalités prescrites pour la validité de ces sortes d'aliénations. » L. 1er déc. 1790, art. 8.

2277. La loi du 14 mai 1790 est la première qui ait autorisé l'aliénation des domaines de l'Etat. Depuis cette époque, beaucoup d'autres lois ont été rendues à cet égard, notamment : les 3 nov. et 31 déc. 1790, 24 fév. et 28 sept. 1791 ; 4 niv. an 2 ; 6, 8 vent. et 13 fruct. an 3 ; 16 brum. et 9 germ. an 5 ; 9 vent. an 6 ; 26 vend., 11, 27 brum. et 16 flor. an 7 ; 11 frim., 3 et 26 niv. an 8 ; 15 et 16 flor. an 10, et 5 vent. an 12. Ces deux dernières lois sont seules restées en vigueur, et règlent encore le mode de vente de la plupart des propriétes de l'Etat. I. 61.

2278. Pour activer l'aliénation des domaines, on les a concédés sur soumissions, en vertu des lois des 10, 12, 15 et 27 prair. an 3 ; 28 vent., 22 prair., 19 mess., 13 therm. et 20 fruct. an 4 ; 1er frim. et 16 pluv. an 5 ; 24 frim. an 6. Diverses lois plus récentes des 16 sept. 1807, 20 mai 1836, 3 mai 1841, 24 mai 1842, ont également réglé la concession ou l'aliénation de quelques parties du domaine, telles que : lais et relais de mer, attérissements, marais; terrains d'alignement, biens usurpés, parties de routes déclassées, etc. (V. 2370 et suiv.).

2279. Enfin, d'autres lois exceptionnelles ont réglé l'aliénation, la concession ou la restitution de divers biens qui ont fait partie du domaine, notamment des domaines engagés, maisons canoniales, halles et marchés (V. 2455 et suiv.); des bâtiments cédés aux départements et communes, et des dotations (V. 2475 et suiv.); des biens confisqués sur les émigrés, déportés et condamnés révolutionnairement et les religionnaires fugitifs (V. 2489 et suiv.); enfin des biens des communes, hospices et fabriques dont l'Etat a disposé (V. 2500 et suiv.).

2280. *Règles générales.* A l'exception des dépendances du domaine public inaliénable, des forêts et des biens affectés à un service public, les propriétés immobilières de l'Etat doivent, en général, être aliénées. Il est de l'intérêt du trésor de ne point conserver des domaines sur lesquels l'État ne perçoit aucun impôt, ou qui exigent des réparations. Circ. 27 fév. 1822. — Aucune aliénation ne peut avoir lieu qu'avec l'autorisation de l'adm. I. 61, 1625.

2281. Dans quelques circonstances, les besoins du trésor ont nécessité l'aliénation d'une partie des bois de l'État (V. 2361). Quant aux terrains contigus ou compris dans l'enclave des forêts, ils ne peuvent être aliénés qu'après avis des agents forestiers. I. 483. Les dépendances du domaine public et les immeubles affectés à un service public peuvent aussi être vendus, lorsque leur destination ou leur affectation vient à cesser (V. 2367). Enfin des règles particulières s'appliquent aux lais et relais de mer, îles, îlots et attérissements (V. 2370); aux biens vacants et sans maitre (V. 2527); et à ceux qui dépendent des successions en deshérence (V. 2558).

2282. *Expertise.* Lorsque, en vertu de l'autorisation de l'adm., les biens doivent être vendus aux enchères, il est procédé d'abord à leur expertise. L'expert, nommé par le préfet sur la présentation du directeur des domaines, est choisi parmi les personnes dont la probité et les lumières peuvent garantir l'exactitude de l'opération. I. 61, 215.

2283. L'expert n'est pas tenu de prêter serment; le receveur ou un employé supérieur peut être délégué par le directeur pour assister à l'opération et lui fournir les renseignements nécessaires. — En procédant à la visite et à l'estimation des biens, l'expert doit se conformer aux divisions ordonnées par l'adm.; cependant s'il juge que les résultats de la vente seront plus avantageux en adoptant une autre division, ou en formant des lots différents, il en fera mention dans son procès-verbal, afin qu'il en soit référé à l'adm. et au Ministre, s'il y a lieu. D. 2 frim. an 5. Circ. R. 990.

2284. L'estimation a pour objet principal de fixer la mise à prix. La loi du 5 vent. an 12 porte qu'elle sera de 20 fois le revenu de 1790 pour les biens ruraux, et de 12 fois seulement pour les maisons, bâtiments et usines. Lorsqu'il existe un bail de cette époque, la mise à prix ne peut-être inférieure à ce taux, mais si le produit est supérieur, l'expert peut exprimer qu'il conviendra de l'adopter. En aucun cas la contribution foncière ne doit servir de base à la mise à prix. I. 215. Enfin rien n'empêche que l'expert fasse connaître son avis sur la valeur vénale de l'immeuble.

2285. Pour les biens tenus à bail, soit emphytéotique, soit à vie, l'expert indique le montant de la redevance, le revenu actuel, abstraction faite du bail, et la valeur vénale présumée. On prend pour mise à prix la somme la plus élevée que donne l'estimation en valeur vénale, ou le capital formé de 12 ou de 20 fois le produit ou la redevance emphytéotique. I. 331.

2286. Quoique ces dispositions semblent actuellement surannées, elles ne peuvent préjudicier aux droits de l'Etat. Il est d'ailleurs du devoir des préposés et du magistrat qui préside à la vente, de réprimer toute collusion tendant à restreindre la concurrence, et même de remettre l'adjudication, lorsqu'il y a lieu de craindre que les intérêts du trésor ne soient lésés.

2287. Par application des art. 78 et 80 de la loi du 15 mai 1818, les procès-verbaux d'expertise paraissent dispensés du timbre et de l'enreg.; cependant, pour les ventes de bois, on a décidé qu'ils seraient visés pour timbre et enregistrés *gratis*, I. 819, 1361; les frais sont d'ailleurs à la charge du trésor. I. 61.

2288. *Projets du cahier des charges et de l'affiche*. Après l'expertise, on rédige des projets tant du cahier des charges et conditions de la vente que de l'affiche. Le directeur peut demander ces projets au receveur, sauf à les rectifier et à les soumettre personnellement à l'approbation du préfet. Circ. R. 825, 854, 990.

2289. *Cahier des charges*. Le cahier des charges énonce notamment : 1° les biens à vendre, leur nature, consistance et situation ; 2° le mode de vente et le taux des enchères; 3° l'estimation par experts et la mise à prix pour chaque lot distinctement; 4° les conditions de solvabilité que les enchérisseurs devront présenter, ou l'obligation de fournir caution, s'il y a lieu; 5° la faculté de déclarer command ; 6° les charges et servitudes extraordinaires qui grèvent les propriétés ; 7° l'absence de toute garantie quant à la contenance ou à la valeur; 8° la réserve de privilége ; 9° L'époque de l'entrée en jouissance soit effective, soit par la perception des revenus, et les restrictions apportées a la libre disposition des biens jusqu'au paiement du prix ; 10° les termes et le lieu fixés pour le paiement tant du prix principal que des intérêts et droit d'enreg.; 11° l'obligation de payer les contributions; 12° Les clauses pénales ou de déchéance pour retard de paiement, et les poursuites à exercer dans ce cas; 13° La remise des titres avec le détail de ces titres, des plans et autres documents; 14° enfin, toutes les clauses et conditions particulières de l'aliénation.

2290. Cette nomenclature ne peut comprendre que les dispositions principales : l'expérience des directeurs et les nombreux précédents qu'offrent leurs archives suppléeront aux détails dans lesquels il est impossible d'entrer à cet égard. On fera d'ailleurs, selon les circonstances et les ordres de l'adm., les additions ou les changements nécessaires aux projets des cahiers de charges.

2291. *Affiche*. Le directeur doit également présenter à l'approbation du préfet un projet d'affiche qu'il est bon de soumettre préalablement à l'adm. Circ. R. 854. On doit y indiquer sommairement : le jour, l'heure et le lieu fixés pour l'adjudication ; les fonctionnaires qui doivent y présider et y concourir ; le mode de vente ; le détail, article par article, des biens à vendre avec leur estimation ou mise à prix. L'affiche est terminée par un extrait succinct du cahier des charges et conditions, indiquant notamment que les biens seront vendus sans garantie de mesure ; l'époque de l'entrée en jouissance, les réserves faites, les époques fixées pour le paiement du prix ; enfin les principales conditions dont il importe le plus d'assurer la publicité, en faisant connaître d'ailleurs les lieux où les amateurs pourront obtenir des renseignements plus précis et prendre connaissance du cahier des charges. Circ. R. 990, 1746, 1808, 1854, 1959.

2292. Il ne doit être rédigé qu'une affiche pour chaque vente. Après son approbation par le préfet, on la fait imprimer au nombre d'exemplaires proportionné à l'importance de la vente, et le directeur en envoie un exemplaire à l'adm., afin qu'elle puisse vérifier si aucune circonstance ne s'oppose à l'aliénation des biens, et si les conditions imposées aux acquéreurs sont conformes aux réglements. I. 1488, 1625.

2293. Les autres exemplaires de l'affiche sont adressés par les soins du préfet aux sous-préfets et aux maires, pour être apposés dans la commune de la situation des biens, les communes voisines et les villes environnantes. Dans la règle stricte, ce soin appartient au directeur qui doit adresser aux différents receveurs le nombre d'exemplaires nécessaires pour être distribués dans les communes ; mais les préfets ayant des rapports plus directs avec les autorités municipales, ces magistrats refusent rarement d'assurer la publicité des ventes auxquelles ils sont chargés de présider. Au reste, le directeur doit veiller à ce que les affiches soient réellement apposées, et faire suppléer à l'incurie des maires qui refuseraient de s'en charger.

2294. Lorsque la vente a une certaine importance, il faut en outre la faire publier par des annonces insérées dans les journaux de la localité et des villes voisines, et même dans ceux de la capitale. Les directeurs se guideront d'après les circonstances, de manière à assurer la concurrence, mais sans exagérer les frais d'annonces et de publication. — Aucune vente de domaine ne peut avoir lieu, au plus tôt, que quinze jours après la publication des affiches dans les communes les plus éloignées. Circ. R. 854, 990; I. 61. Il est quelquefois nécessaire de les renouveler.

2295. *Mode de vente*. La vente par adjudication avec publicité et concurrence, est le mode le plus ordinaire d'aliénation des propriétés de l'État. Tout autre mode, à titre de concession, ne peut être employé que par exception, et en vertu d'une disposition spéciale de la loi (V. 2383).

2296. Les ventes sont faites par les administrations départementales. L. 16 brum. an 5, art. 9, Circ. 990. Les préfets remplaçant ces administrations, président aux ventes de domaines. Circ. R. 1814. Cependant, pour prévenir les inconvénients de cette centralisation au chef-lieu du département, les préfets peuvent, d'office, lorsque la proposition leur en a été faite par le directeur, et que l'estimation de chaque lot d'immeubles à vendre n'excède pas 500 fr., déléguer soit le sous-préfet de l'arrond., soit le maire du chef-lieu du canton ou celui de la commune de la situation pour procéder à la vente. Ils useront de cette faculté, soit que la vente ait lieu par la voie des enchères, soit qu'elle se fasse sur estimation contradictoire dans les cas autorisés (**V.** 2399 et suiv.). D. 19 oct. 1837. I. 1552.

2297. Lorsque les préfets ont de justes motifs de croire que la vente de lots d'immeubles au dessus de 500 fr. se fera plus avantageusement ailleurs qu'au chef-lieu du département, la faculté de déléguer, pour y procéder, les sous-préfets ou maires, peut leur être accordée par le Ministre des finances, sur leur demande, à laquelle doit être joint l'avis du directeur. D. 19 oct. 1837. I. 1552.

2298. *Concours des préposés*. Dans tous les cas, les ventes doivent avoir lieu avec le concours et en présence du directeur des domaines ou d'un préposé de l'adm. délégué par le directeur. Circ. 12 juill. 1813; I. 663, 1065, 1361, 1497, 1552, 1553. Il semble aussi que le receveur chargé de la recette du prix doit également y assister, comme cela est prescrit pour les adjudications de produits forestiers (V. 2647).

2299. *Enchères*. Les ventes doivent être faites à la chaleur des enchères, et à l'extinction des feux. L'adjudication ne peut être prononcée sur la dernière enchère, que lorsqu'un dernier feu aura été allumé et se sera éteint sans que, pendant sa durée, il ait été fait aucune autre enchère. Circ. R. 990. — Les enchères sont de 5 fr., au moins, si la mise à prix est au dessous de 1,000 fr.; de 25 fr., si elle est de 1,000 à 5,000 fr.; de 50 fr. si elle est de 5,000 à 10,000 fr.; et de 100 fr., lorsqu'elle dépasse 10,000 fr. L. 3 nov. 1790.

2300. Les préposés de l'adm., et tous les fonctionnaires qui concourent aux ventes ne peuvent enchérir, soit par eux-mêmes, soit par personnes interposées. Cette défense a été renouvelée, sous peine de destitution contre les préposés. D. 21 avril 1813. I. 635. En outre, l'adjudication à leur profit serait radicalement nulle, C. civ. 1596; sans préjudice des peines que prononce l'art. 175 du Code pénal.

2301. On ne doit recevoir aucune enchère de personnes en état d'ivresse; ni les offres qui sont évidemment exagérées; ni enfin celles d'individus insolvables, ou déjà déchus de précédentes adjudications, à moins qu'ils ne justifient du paiement de l'amende de déchéance et qu'ils ne fournissent bonne et suffisante caution pour sûreté du prix. Circ. R. 990; I. 242. Le directeur ou son délégué est tenu, lorsque la solvabilité du dernier enchérisseur lui paraît douteuse, de requérir caution ou une garantie indépendante du privilége réservé à l'État sur les biens vendus. I. 61, 672. Les préfets sont aussi autorisés à exiger ces garanties. L. 15 flor. an 10, art. 9. I. 61.

2302. *Adjudication*. L'usage des adjudications préparatoires a cessé depuis les ventes de biens des communes, Circ. 22 juill. 1813, même pour les biens de l'État. En conséquence, l'adjudication définitive est prononcée immédiatement au profit du dernier enchérisseur, s'il réunit d'ailleurs les conditions et garanties exigées. Il devra élire domicile dans l'arrond. du bureau où le prix sera payable, et fournir caution ou hypothèque s'il en est requis. Le procès-verbal sera signé séance tenante, tant par l'adjudicataire et sa caution que par tous les fonctionnaires qui assisteront ou présideront à la vente.

2303. Si les offres sont inférieures à la mise à prix, ou s'il ne se trouve pas un nombre d'amateurs suffisant pour garantir la concurrence, le directeur ou son délégué peut proposer au président d'ajourner l'adjudication à une époque déterminée ou indéterminée, soit pour donner une publicité nouvelle à la vente et obtenir un concours plus nombreux, soit pour baisser la mise à prix avec l'autorisation de l'adm. Dans tous les cas où la liberté des enchères a été entravée, les préposés du domaine peuvent provoquer l'application des dispositions et des peines que la législation comporte. La police du lieu de l'adjudication appartient exclusivement au magistrat qui préside la séance.

2304. *Déclaration de command.* Les adjudicataires peuvent se réserver la faculté de déclarer command. D'après la loi du 13 sept. 1791, le délai pour faire cette déclaration était de six mois ; réduit à 24 heures, L. 6 vent. an 3, ce délai a été porté à 30 jours. L. 13 therm. an 4, et fixé enfin à *trois jours.* L. 26 vend. an 7, art. 11. — La déclaration de command est faite par l'adjudicataire ou son fondé de pouvoir et acceptée par le command, après que ce dernier a été agréé par le fonctionnaire qui a présidé à la vente.

2305. Le command doit réunir les conditions exigées pour se rendre acquéreur. Afin de prévenir les abus, on ne peut élire qu'un seul command. Décr. 30 janv. 1809. I. 422. Néanmoins, il est permis de déclarer pour command une société, ou le mari et la femme non séparés de biens, mais il serait contraire au décret de désigner plusieurs individus non associés, même cohéritiers ou membres d'une famille. D. 12 mai 1809 Ces dispositions semblent rigoureuses et pourraient préjudicier aux ventes ; on y a dérogé dans le cahier des charges pour les ventes de bois de l'Etat.

2306. La déclaration de command se fait séance tenante, ou par acte passé au secrétariat de l'administration où l'adjudication a eu lieu ; elle sera inscrite à la suite du procès-verbal, et signée par les mêmes fonctionnaires, par l'adjudicataire et par le command. Elle a pour effet de décharger l'adjudicataire de toute obligation envers l'Etat, et de lui substituer le command accepté, comme s'il avait été adjudicataire. Le command ne peut plus en déclarer un second, quand même le délai de trois jours ne serait pas expiré. I. 309, § 4.

2307. *Cautionnement.* Lorsque l'adjudicataire n'a point présenté sa caution au moment même de la signature du procès-verbal d'adjudication, l'acte de cautionnement est dressé au secrétariat de l'administration chargée de l'adjudication, en présence des fonctionnaires qui y ont concouru. Il peut être rédigé à la suite du procès-verbal de vente.

2308. *Timbre.* Le procès-verbal d'adjudication, la déclaration de command et l'acte de cautionnement doivent être rédigés sur papier timbré. Les formules destinées à cet usage sont admises en *débet* au visa pour timbre, sous la condition que les droits seront payés avec ceux d'enreg. L'original du cahier des charges, rédigé administrativement, est exempt de timbre; mais la copie annexée à la minute du procès-verbal d'adjudication est, comme partie intégrante de cet acte, assujettie à la formalité du timbre qui peut aussi être donnée en *débet*. I. 1401, § 10.

2309. *Résultat de l'adjudication*. Dans les 24 heures de la vente, le préposé délégué par le directeur lui adresse, et celui-ci transmet à l'adm., 4ᵉ division, ou lui envoie directement s'il a assisté à l'adjudication, un exemplaire de l'affiche avec un état de dépouillement présentant, pour chaque lot, le nᵒ du sommier de consistance de la direction, la désignation des biens et les résultats de la vente, avec mention des noms, prénoms, professions et domiciles des adjudicataires et du prix en principal. Au moyen de ces documents, l'adm. peut, après la vente, faire retrancher les biens vendus du sommier de consistance. I. 1488. 1625 (V. 2202).

2310. *Contributions*. Les dispositions prescrites pour la cotisation a l'impôt foncier des biens sortis des mains de l'État, s'appliquent aux biens de toute nature. Circ. R. 983, 1140, 1463; I. 447, 1123. Les directeurs doivent donc, pour les immeubles qui n'étaient point soumis à la contribution foncière, adresser au directeur des contributions les renseignements nécessaires à l'imposition sous le nom des nouveaux propriétaires (V. 2258). I. 1477.

2311. En ce qui concerne les biens déjà imposés, et dont les contributions étaient acquittées par les receveurs, ces préposés devaient faire opérer les mutations, I. 447; mais actuellement le changement est effectué à la diligence du directeur qui, dans les *dix jours* qui suivront la vente, adressera au directeur des contributions directes un tableau présentant : 1ᵒ la date de la vente; 2ᵒ le montant du prix; 3ᵒ la désignation des immeubles vendus; 4ᵒ le nom de la commune de la situation des biens; 5ᵒ le nom et le domicile de l'acquéreur. Un tableau semblable sera fourni pour les biens sortis des mains de l'Etat à tout autre titre que par vente, et dont les contributions étaient précédemment payées par le domaine. I. 1477.

2312. *Droits de timbre*. Dans les *vingt jours* de l'adjudication, tout acquéreur doit payer, soit entre les mains du secrétaire, soit au bureau de l'enreg. du lieu où la vente a été faite, sa part contributive dans les droits de timbre du procès-verbal d'adjudication, du cahier des charges et de l'expédition destinée au receveur; ainsi que le droit de timbre de l'extrait qui lui est délivré personnellement.

2313. *Droits d'enregistrement*. Chaque adjudicataire paie en outre, dans le même délai, sous peine du droit en sus, le droit d'enreg. à raison de 2 p. 100, sur le prix de son adjudication, le droit de 50 cent. par 100 fr. sur le cautionnement, et le droit fixe de 3 fr. sur la déclaration de command, indépendamment du décime sur le tout. I. 137, § 6. Pour ne donner lieu qu'au droit fixe, la déclaration doit être enregistrée ou notifiée par huissier au receveur de l'enreg. dans les *trois jours* de l'adjudication. I. 386, § 16. Le concours du receveur à la déclaration ne dispense pas de cette obligation. C. 25 nov. 1811.

2314. *Expéditions.* Après le paiement des droits et l'enreg. du procès-verbal, le secrétaire délivre un extrait à chacun des adjudicataires. Ceux-ci ne sont tenus de rembourser aucuns frais d'estimation, d'affiche, de vente, ou d'expédition; ces frais demeurent à la charge de l'adm. à laquelle un crédit est ouvert pour le remboursement. I. 61, 137, § 6 (V. *Comptabilité générale*).

2315. *Conservation des minutes.* Dans tous les cas où les ventes n'ont pas été passées directement par le préfet, la minute de chaque contrat doit, ainsi que les procès-verbaux d'expertise, plans, affiches et autres actes préparatoires, lui être adressée dans les *dix jours* de l'enreg. du contrat, pour, le tout, rester déposé dans les archives de la préfecture. La date de la transmission sera mentionnée en marge de l'inscription de l'acte sur le répertoire de la sous-préfecture ou de la mairie, et mention de la réception sera également faite sur le répertoire de la préfecture. I. 1552. Cette disposition abroge la règle contraire résultant de l'instr. 960.

2316. *Fermages.* L'expédition du procès-verbal de vente qui doit servir au recouvrement du prix, est remise au directeur ou au préposé délégué pour assister à la vente; mention de l'aliénation est faite aux articles du sommier de consistance de la direction, et un extrait du procès-verbal est adressé au receveur de la situation des biens. Celui-ci, après avoir annoté le sommier de consistance, fait payer, à l'échéance, le *prorata* de fermage ou de loyer, jusqu'au jour fixé pour l'entrée en jouissance de l'acquéreur. Circ. R. 230, 761, 893, 917, 1044, 1051, 1116, 1112; Circ. 16 prair. an 11.

2317. *Jouissance de l'adjudicataire.* L'époque de l'entrée en jouissance des acquéreurs date du jour du contrat, à moins de stipulations contraires; c'est aussi à partir du même jour qu'ils paient les contributions et supportent les autres charges de la propriété. Mais il est défendu aux acquéreurs de bâtiments ou de bois, de faire aucune démolition ou coupe, avant d'avoir soldé le prix, et ce, à peine d'exigibilité de ce qui sera dû, à moins qu'ils n'en aient obtenu l'autorisation, et à la charge de donner caution. L. 16 brum. an 5, art. 22; Circ. R. 864, 990, 1096, 1441, 1857, 2003, 2035. Ces dispositions s'appliquent aux acquéreurs des biens où se trouvent des tourbes ou charbons de terre, I. 422, et des mines ou carrières que l'on voudrait surexploiter.

2318. Les préposés veilleront à ce que les acquéreurs ne contreviennent pas à ces règles; ils prendront les mesures nécessaires pour faire arrêter l'exploitation et saisir les matières exploitées, et rendront compte des faits et de leurs démarches au directeur qui fera poursuivre sur le champ le paiement des sommes dues. I. 422.

2319. *Privilége du trésor.* Le domaine adjugé demeure hypothéqué à la totalité du prix. Décr. 3 juill. 1791, art. 5. Le privilége du trésor est assuré par la loi, sans qu'il soit nécessaire de prendre ni de renouveler aucune inscription hypothécaire sur le domaine vendu ; mais des inscriptions spéciales doivent être requises sur les immeubles affectés par les adjudicataires ou leurs cautions à la garantie des paiements ou des conditions du contrat. D. 17 fév. 1809. I. 418.

2320. *Bureau de recette.* D'après les dispositions de l'art. 7 de l'arrêté du 4 brum. an 4, Circ. R. 825, combinées avec celles de l'art. 9 de la loi du 16 brum. an 5, Circ. R. 990, le recouvrement du prix était toujours suivi au bureau des domaines du chef-lieu du département; il n'y avait d'exception que pour le prix des cessions de terrains de la voie publique, qui était payé au bureau du canton de la situation des terrains. I. 1254.

2321. Depuis que les ventes peuvent être faites dans les chefs-lieux de canton ou d'arrond. (V. 2296), le recouvrement du prix doit, selon les termes de l'arrêté du 4 brum. an 4, continuer d'être effectué par le receveur du bureau dans la circonscription duquel les ventes ont été faites. Les stipulations nécessaires seront, à cet effet, insérées dans les cahiers des charges et, au besoin, dans les actes de vente. I. 1552. Il y a exception pour les concessions aux détenteurs de biens usurpés (V. 2401).

2322. Pour suivre ce recouvrement, l'expédition sur papier timbré du procès-verbal de vente est remise ou adressée au receveur. Rien n'empêche d'ailleurs de recevoir le paiement s'il est offert avant la délivrance de l'expédition, le receveur qui a assisté à la vente ayant par devers lui tous les renseignements nécessaires. Circ. R. 1702.

2323. *Compte ouvert.* On doit tenir dans chaque bureau des domaines un sommier de compte ouvert avec les acquéreurs, afin de suivre le paiement du prix aux échéances. O. gén. 83 ; Circ. R. 990, 1417 bis; I. 289, 669 et 1358. Toutefois dans les bureaux de canton où ces recettes sont très accidentelles, il semble inutile de former un sommier spécial. On établit le compte de chaque acquisition en marge ou à la suite de l'article du sommier de consistance.

2324. Le compte est ouvert au moment de la réception de l'expédition du procès-verbal de vente. Il indique l'arrond., le canton et la commune où sont situés les biens vendus, les noms, prénoms et demeure de l'adjudicataire, ceux du command ou cessionnaire et des cautions, lorsqu'il y en a ; la date de l'adjudication, celles de la déclaration ou de la cession et du cautionnement; les lois en vertu desquelles l'aliénation a été faite; la désignation et l'origine des biens; le prix de l'adjudication en toutes lettres ; les actes, arrêtés ou décisions qui ont modifié le contrat de vente ; les clauses principales ou particulières relatives au prix ; enfin les époques avec la somme due en principal pour chaque terme de paiement.

2325. *Mode de paiement.* Le prix des ventes est payable en numéraire, par cinquième ; le premier dans les trois mois de l'adjudication, sans intérêts jusqu'à cette époque, le second un an après le premier, et les trois autres aussi successivement d'année en année avec intérêt à raison de 5 p. 100 l'an. L. 15 flor. an 10, art. 5, et 5 vent. an 12, art. 106. I. 61, 215.— Les intérêts, en cas de retard pour le paiement du premier terme, et ceux des quatre termes suivants sont dûs à compter de l'échéance de ce premier terme. Circ. 8 niv. an 13 ; I. 289. Ainsi la totalité du prix de la vente n'est passible d'aucun intérêt pendant les trois premiers mois.

2326. *Consignation au sommier.* Quelque temps avant l'échéance, le receveur préviendra le débiteur du paiement à effectuer, afin d'éviter une seconde consignation au sommier pour les intérêts (V. 2333). A l'échéance de chaque terme, il fera article au sommier des produits constatés n° 5, intitulé : *Prix de vente des domaines*, du montant en principal et intérêts des sommes exigibles, en rappelant succinctement les indications du compte ouvert, afin de suivre le recouvrement contre les débiteurs. Cette consignation ne pourra être différée sous aucun prétexte ; elle devra suivre immédiatement l'expiration des termes fixés pour le paiement des capitaux. Le n° du sommier de recouvrement devra être annoté tant sur les sommiers de consistance et de compte ouvert que sur l'extrait du procès-verbal ou du titre existant au bureau. I. 1358.

2327. *Sommier des prix de vente.* Le sommier des prix de vente de domaines est divisé en neuf colonnes, savoir : n° d'ordre ; n° du registre de recette ; indication des poursuites et diligences, de la date du paiement ou de la décharge accordée au receveur ; désignation des produits constatés à la charge des redevables, savoir : domaines engagés ; bois engagés ou échangés ; prix de vente d'immeubles en exécution des lois du 5 vent. an 12 et antérieures ; colonne en blanc ; total par article. — Pour suppléer au sommier spécial, les receveurs de canton autorisés à toucher le prix des ventes (V. 2321), établissent au sommier des produits accidentels une colonne particulière sous le titre : *Biens vendus en exécution des lois du 5 vent. an 12 et antérieures*. I. 1552.

2328. *Intérêts.* Le calcul des intérêts exige beaucoup d'attention ; il est soumis à trois règles principales : D'abord les intérêts sont dûs à l'échéance de chaque terme, non seulement pour la somme payée en principal, mais encore pour la totalité de celle qui reste due sur le prix, quand même l'échéance des autres termes ne serait pas arrivée.

2329. Il résulte de là que les intérêts pour la somme restant due, courent toujours de l'époque du dernier paiement effectué, et que chaque somme versée doit être imputée d'abord sur les intérêts jusqu'au jour et subsidiairement sur le principal. Par conséquent, tout ce qui reste dû est toujours un capital produisant intérêts. L. 28 sept. 1791. I. 289.

2330. En second lieu, les intérêts produisent eux-mêmes des intérêts, comme le principal, à partir du jour de leur échéance. Ce principe dérive des dispositions des décrets des 14 mai 1790, 24 fév. et 28 sept. 1791 et notamment du décret du 30 août 1792. I. 84.

2331. Le mode à suivre pour le calcul des intérêts d'intérêts est de s'arrêter à l'échéance de chaque terme et d'ajouter au capital échu l'intérêt dû qui devient alors un véritable capital. On opère de la même manière pour chacun des autres termes isolément ; après quoi, on réunit ces différentes sommes, et on ajoute l'intérêt qu'elles ont produit depuis l'échéance de chacune d'elles jusqu'au jour du paiement. On ne doit plus capitaliser les intérêts de retard d'année en année, pour leur faire produire eux-mêmes des intérêts composés, comme le prescrivaient les instr. n°˚ 84 et 212. Les intérêts de retard ne doivent être ajoutés qu'une seule fois au capital. Décr. 22 oct. 1808. I. 404.

2332. On devait, dans le calcul des intérêts, compter tous les mois pour 30 jours, I. 289 ; mais d'après l'art. 586 du C. civ., les fruits civils sont réputés s'acquérir jour par jour. Cette règle doit être suivie pour le compte des intérêts, lesquels sont, suivant l'art. 584, des fruits civils. Ainsi, dans les comptes d'intérêts, soit pour prix de vente de biens de l'Etat, soit pour tous autres droits domaniaux, les intérêts devront être calculés *par jour*, et liquidés sur le pied de 365 ou 366 jours par année, suivant qu'elle sera ou non bissextile. D. 20 avril 1835. I. 1486.

2333. *Paiement.* Lorsque l'acquéreur se présente pour effectuer un paiement, le receveur, après avoir ajouté, s'il y a lieu, au compte ouvert, le montant des intérêts de retard, en fait également article au sommier des prix de vente, et porte en recette, sur le registre correspondant, la somme payée. Tout paiement doit être imputé d'abord sur les intérêts de retard, puis sur les intérêts échus, et enfin sur le capital. D. 3 mai 1833.

2334. Les acquéreurs ont la faculté d'anticiper les paiements. Autrefois, on leur accordait une prime, Circ. R. 284 ; I. 226. Actuellement, ceux qui paient avant l'échéance n'ont droit qu'à la cessation des intérêts pour les sommes acquittées. Circ. 8 déc. 1809. Les paiements faits par anticipation s'imputent toujours sur les premières sommes exigibles ; on n'a pas la faculté de les faire porter d'abord sur les derniers termes. Dans tous les cas, il est fait mention distinctement, tant au sommier qu'au registre de recette, de toutes les sommes payées par anticipation.

2335. *Registre de recette.* Le registre de recette des prix de vente de domaines est divisé, comme le sommier correspondant,

en neuf colonnes, savoir : n° d'ordre, n° du sommier, enregistrements, et six colonnes pour les sommes à tirer hors ligne. Les
enreg. doivent être faits avec les développements convenables,
et indiqueront notamment la date du paiement, le nom du débiteur, la somme reçue, la date de l'adjudication et les imputations faites. — Ce registre est le seul parmi les registres de recette de produits constatés qui doive être arrêté jour par jour.
I. 1421 (V. 420). La même obligation n'est pas imposée pour
le registre des produits accidentels, lorsqu'il supplée au défaut
de registre des prix de vente (V. 2327). I. 1552. — Mention de
chaque paiement est faite au sommier de compte ouvert et sur
celui des prix de vente.

2336. *Poursuites.* Le recouvrement des prix de vente doit
être suivi avec activité ; les receveurs qui ne justifient pas des
diligences nécessaires, peuvent être forcés en recette. Circ. R.
1229, 1236. Ils sont d'ailleurs responsables de ces sommes comme
de tous les autres produits constatés. I. 1358. Dix jours après
l'échéance de chaque terme, le receveur enverra un nouvel avertissement de payer dans la huitaine ; à défaut de paiement dans
ce délai, il fera connaître au directeur s'il est possible d'obtenir
le recouvrement par des poursuites ordinaires sur les biens des
acquéreurs, et s'il y aurait avantage ou perte pour le trésor à
provoquer la déchéance. I. 672.

2337. Si l'acquéreur ou ses cautions possèdent des biens suffisants et si le directeur estime qu'il y a lieu de faire exécuter la
vente, on procède d'abord par voie de contrainte. Circ. R. 61 ;
Circ. 12 nov. 1807. La contrainte est décernée par le directeur,
visée et rendue exécutoire par le préfet. Arrêté 4 therm. an 11.
Elle est signifiée par les soins du receveur qui en suivra l'effet
par voie de saisie mobilière et même par la saisie immobilière des
biens du débiteur ; cette dernière voie ne doit pas frapper les
biens vendus par l'Etat qui sont affectés par privilége et sans
inscription, au paiement du prix (V. 2319). I. 672, 791.

2338. *Déchéance.* L'art. 8 de la loi du 15 flor. an 10 porte : Les
acquéreurs en retard de payer aux termes fixés, demeureront déchus de plein droit si, dans la quinzaine de la contrainte à eux
signifiée, ils ne sont pas libérés. Ils ne seront point sujets à la
folle-enchère, mais ils seront tenus de payer par forme de dommages-intérêts, une amende égale au *dixième* du prix de l'adjudication, dans le cas où ils n'auraient encore fait aucun paiement, et au *vingtième*, s'ils ont délivré un ou plusieurs à-compte ;
le tout sans préjudice de la restitution des fruits. I. 61, 672, 674.
L'amende n'est exigible que lorsque la déchéance a été prononcée
et consommée ; au cas contraire, les acquéreurs sont admis à se
libérer en payant le capital et les intérêts de retard. Avis Comité
fin. app. 3 oct. 1818. I. 867.

2339. L'acquéreur n'a pas la faculté de renoncer à son adjudication, en offrant de satisfaire à la clause pénale portée par

la loi, et l'adm. a le droit de ne provoquer la déchéance qu'autant qu'il ne lui convient pas de suivre l'exécution de l'adjudication. Aussi l'on a soin d'insérer dans le cahier des charges que la déchéance n'exclut pas tout autre moyen de contraindre l'adjudicataire à l'exécution de ses engagements, conformément aux art. 1184, 1226, 1228 et 1584 du Code civil. I. 672.

2340. C'est pour faciliter le recouvrement, que l'on exige des cautionnements; la déchéance ne doit donc être prononcée que sur la demande expresse de l'adm. I. 672. C'est un moyen extrême auquel on n'aura recours qu'après avoir épuisé sans succès les moyens de recouvrement, notamment la contrainte et la saisie des meubles, ou lorsque l'insolvabilité du débiteur aura été reconnue. I. 794.

2341. Si le directeur est d'avis de provoquer la déchéance, il en demandera l'autorisation à l'adm. par un rapport motivé pour chaque vente. En vertu de cette autorisation, le directeur décernera contre l'acquéreur une contrainte qui lui sera signifiée avec déclaration expresse, qu'à défaut de paiement dans la quinzaine, la déchéance sera prononcée. I. 615, 672, 674.

2342. A l'expiration de la quinzaine sans paiement, le directeur présentera au préfet un mémoire pour faire prononcer la déchéance, et condamner l'adjudicataire à payer l'amende, les intérêts et les frais. Ce mémoire sera signifié à l'acquéreur pour y répondre dans le délai nécessaire; à défaut de réponse ou sur celle faite, le préfet statue. Si la déchéance est prononcée, l'arrêté sera signifié à l'acquéreur avec défense de s'immiscer dans la jouissance du bien vendu, et commandement de payer l'amende, l'intérêt et les frais. La reprise de possession aura lieu de droit à partir de cette signification. I. 615, 672, 674.

2343. L'arrêté de déchéance ne peut être mis à exécution qu'après l'approbation du Ministre, et la reprise de possession n'aura lieu qu'un mois après sa signification aux acquéreurs primitifs et intermédiaires, aux détenteurs actuels et aux créanciers inscrits. Tous sont admis à payer, pendant ce délai, les sommes dues à l'Etat, avec subrogation s'il y a lieu. Circ. 11 fruct. an 11, 8 et 14 frim. an 12; Ord. 11 juin 1817. I. 794.

2344. Sur l'avis de la déchéance qui lui est donné par le directeur, le receveur de la situation des biens constate la reprise de possession du domaine par un procès-verbal dressé contradictoirement avec l'acquéreur ou son fermier ou qui leur est notifié. Il rétablit le domaine au sommier de consistance et prend les mesures nécessaires pour que le paiement des fermages ne soit effectué qu'à sa caisse.

2345. Les acquéreurs déchus sont tenus de payer les intérêts à 5 p. 100 du prix principal pour tenir lieu des fruits à partir de leur entrée en jouissance, jusqu'à l'époque de leur dépossession. I. 636. Ces intérêts sont dus indépendamment de l'amende de déchéance; la totalité du prix, même le premier cin-

quième, en est passible. I. 235. Au moyen du paiement de ces
intérêts et de l'amende, les adjudicataires ont droit au remboursement des sommes payées. I. 242.

2346. Pour établir le chiffre des sommes à recouvrer sur les
adjudicataires déchus, on calcule en masse les intérêts du prix
total, depuis l'entrée en jouissance jusqu'à la reprise; on ajoute
l'amende de déchéance et l'on déduit, à leurs dates, les paiements
effectués en capitaux et intérêts. Le reliquat est dû avec intérêts
à 5 p. 100 à partir de la mise en demeure. Ce décompte sera établi par le directeur dans la forme ordinaire (V. 2350), et l'on
ne perdra pas de temps pour faire courir les intérêts. I. 636.

2347. L'amende de déchéance n'est pas sujette au décime
par franc. On la porte avec les *prix de ventes de domaines* au
sommier et au registre de recette n° 5. Quant aux frais des actes
relatifs à la déchéance, ils sont considérés comme frais de poursuites et d'instances.

2348. Lorsque les paiements effectués par l'acquéreur déchu, sur le prix principal et les intérêts, excèdent l'amende de
déchéance et les intérêts à sa charge, il a droit au remboursement de cet excédant, mais on ne lui restitue, dans aucun cas,
les sommes payées pour droit d'enreg. et autres frais d'adjudication. I. 672. La liquidation des sommes à rembourser est faite
par le préfet, sur le rapport du directeur; elle est approuvée par
le Ministre, si la somme excède 300 fr. I. 1444. Le remboursement est fait selon les règles ordinaires (V. *Comptabilité générale*).

2349. *Quittances*. Les quittances délivrées par les receveurs
aux acquéreurs de biens de l'Etat, ne sont que des récépissés provisoires. Circ. R. 843, 859. En conséquence, ils ne doivent jamais délivrer, pour le dernier paiement, une quittance *définitive*
ou *pour solde*; il faut y insérer la réserve ci-après: *Sauf le résultat du décompte à arrêter, au pied duquel il sera délivré un quitus
définitif*. I. 183, 404. Toutefois l'absence de réserve à cet égard
ne préjudicie point aux droits de l'Etat, de même que ces réserves n'empêchent point le cours de la prescription. I. 404, 757.
Elles ont pour but de prévenir les acquéreurs que, d'après le
décret du 22 oct. 1808 et les lois antérieures, leur libération définitive ne peut résulter que d'une quittance pour solde, ou d'un
quitus délivré après décompte arrêté par l'administration.

2350. *Décompte*. Les décomptes sont dressés par les directeurs, au vu des bordereaux de paiements et de tous autres renseignements qui leur sont fournis par les receveurs. I. 183. Cette
pièce formant pour l'acquéreur un titre aussi indispensable que
l'expédition de son contrat, I. 332, et devant d'ailleurs constater si l'acquéreur n'est point reliquataire envers l'Etat, il ne
faudra point attendre la demande qu'il en pourra faire. Autant
qu'il sera possible, le receveur se fera remettre, au moment du
paiement réputé pour solde, le prix du timbre de la feuille de
décompte, et, dans tous les cas, il provoquera d'office la délivrance de ce *quitus*.

2351. Les décomptes sont établis d'après une série de nᵒˢ d'ordre non interrompue, sur des feuilles imprimées fournies par l'adm. Ils doivent énoncer : 1° le département, l'arrond. et la commune où sont situés les biens ; 2° les noms et prénoms de l'adjudicataire, des commands ou cessionnaires, lorsqu'il y en a, la demeure des uns et des autres, la date de la déclaration ou de la cession et le nom du notaire qui l'a reçue ; 3° la date de l'adjudication et celle de la loi en exécution de laquelle elle a été faite ; 4° la consistance, la nature et la situation des biens vendus distinctement, leur origine et le prix de l'adjudication en toutes lettres ; 5° les clauses du contrat qui fixent le mode de paiement. I. 289. -- On doit faire un décompte pour chaque acquisition séparée, à moins que, faites à la même date et au même acquéreur, les ventes des différents lots n'aient été réunies sur le sommier de compte ouvert, et les paiements effectués indistinctement.

2352. Après avoir indiqué, dans la colonne spéciale, le prix principal, on fait successivement et dans l'ordre chronologique des échéances et des paiements, le décompte, tant des sommes dues en capital et intérêts, que des versements effectués ; on établit ensuite le reliquat ou la balance. Il est nécessaire de rappeler très exactement la date de chaque échéance ou paiement, le bureau où il a été effectué et le nᵒ du registre de recette.

2353. Le directeur conserve minute de chaque décompte et en soumet une expédition à l'adm., 4ᵉ div.; cette minute et l'expédition pour l'adm. ne sont pas assujetties au timbre ; mais celle qui est destinée à l'adjudicataire doit être timbrée. D. 23 juin 1807. Il faudra donc la faire timbrer à l'extraordinaire avant d'inscrire le *quitus* ou la contrainte pour le paiement du reliquat, ainsi qu'il sera expliqué ci-après. Les droits de timbre sont, dans tous les cas, à la charge de l'acquéreur. I. 332 ; Circ. 17 nov. 1830.

2354. *Reliquat*. Lorsque le décompte approuvé par l'adm. constitue l'acquéreur reliquataire, le directeur ajoute à la suite de la fixation du reliquat, que l'adjudicataire sera tenu de le solder avec intérêts à compter du jour de la rédaction jusqu'à celui du paiement. I. 183. Il transmet ensuite le décompte au receveur du bureau où le prix a été versé, avec ordre de suivre le recouvrement du reliquat.

2355. Le receveur en fait article ainsi qu'il est expliqué *sup.* 2326, et notamment lorsque le reliquat est modique ou inférieur aux frais de signification, il cherche à obtenir le paiement sans frais. I. 636. — Si des poursuites sont indispensables, le receveur en informe le directeur en lui renvoyant l'expédition du décompte. — A la suite de cette pièce, le directeur décerne une contrainte qui est visée par le préfet (V. 2337), et signifiée par acte extrajudiciaire avec commandement de payer le reliquat, ensemble les intérêts et les frais. L'exécution est suivie ensuite par les voies ordinaires de saisie. I. 404, 439, 615, 674, 791. Les sommes recouvrées sont portées au registre de recette nᵒ 5.

2356. *Quitus*. Lorsque du décompte approuvé par l'adm., il ne résulte aucun reliquat en faveur du trésor, ou que ce reliquat a été payé, le directeur délivre à la suite une quittance définitive, ou *quitus*, ainsi conçue : « Pour quittance définitive du prix de l'adjudication faisant l'objet du présent décompte, délivrée en vertu de l'autorisation que M. le Conseiller d'État, Directeur général de l'adm. des domaines, en a donnée par lettre du..., conformément à l'art. 7 de l'arrêté du gouvernement du 4 therm. an 41. » I. 289.

2357. Si l'acquéreur a trop payé, le directeur, dans son *quitus*, fait en sa faveur toutes réserves de se pourvoir en restitution de l'excédant, mais il ne doit point prendre l'initiative pour l'effectuer d'office. La restitution est faite sur la demande de l'acquéreur, après que la somme a été fixée par le préfet dans un arrêté de liquidation qui n'est soumis à l'approbation du Ministre, qu'autant qu'elle excède 300 fr. I. 1444 (V. *Comptabilité générale*).

2358. Le *quitus* définitif est délivré à l'acquéreur par l'intermédiaire du receveur chargé de la recette, afin qu'il puisse en faire mention au sommier de compte ouvert, et constater ainsi la libération définitive de l'acquéreur. C'est seulement du jour de la délivrance de ce *quitus* que la propriété devient incommutable. I. 439, 615.

2359. *Libération des acquéreurs*. Les art. 1er, 2 et 4 de la loi du 12 mars 1820, en confirmant la libération des acquéreurs de domaines, résultant de la prescription prononcée par le décret du 22 oct. 1808, déclarent affranchis de toutes recherches : 1° les acquéreurs qui, lors de ce décret, étaient porteurs de quittances pour solde du dernier terme, et auxquels il n'a été notifié aucun décompte dans les six ans de la publication de ce même décret ; 2° ceux qui, depuis cette dernière époque, auraient reçu une quittance de l'espèce, et auxquels il n'aura pas été fait de signification de décompte dans les six années de la date de cette quittance ; 3° enfin ceux dont le reliquat n'excédait pas vingt francs en capital. — A l'égard des acquéreurs auxquels la prescription n'était pas applicable, les décomptes définitifs ont dû être signifiés avant le 1er janv. 1822, faute de quoi les acquéreurs ont été définitivement libérés. I. 925, 948, 979, 1043, 1162, 1232.

2360. Ces délais étant expirés depuis longtemps, les reliquats des anciens décomptes se trouvent complétement apurés. — Quant aux ventes postérieures à la publication de la loi du 12 mars 1820, la prescription applicable aux prix de ventes des domaines, et aux reliquats des décomptes, est celle de trente ans, d'après les dispositions combinées des art. 2227 et 2262 du Code civil, sauf les causes légales d'interruption. Par conséquent, ce sont les règles du droit commun qui doivent, en pareil cas, être appliquées aux acquéreurs de domaines.

ART. 2. — *Ventes de domaines. Règles spéciales.*

2361. *Forêts.* L'assemblée constituante, en modifiant le principe de l'inaliénabilité des propriétés de l'Etat, avait fait des réserves à l'égard des bois et forêts dont la conservation est importante sous plusieurs rapports. Cependant les besoins du trésor déterminèrent plusieurs aliénations du sol et de la superficie des bois. — Une première loi ordonna la vente de 300,000 hectares. L. 23 sept. 1814. I. 663, 669, 673, 702, 706, 861 ; Circ. 23 janv. 13 et 14 déc. 1815. Une autre loi autorisa également l'aliénation de 150,000 hectares pour le compte de la Caisse d'amortissement. L. 25 mars 1817, art. 145. I. 819, 821, 828, 850, 865, 874, 924, 949, 960, 977. Enfin une dernière loi a encore prescrit la vente des forêts de l'Etat jusqu'à concurrence de quatre millions de revenu net. L. 25 mars 1831. I. 1361.

2362. Les règles ci-après ont été observées pour ces dernières aliénations : Les agents forestiers étaient chargés de la désignation des bois à vendre et de leur estimation pour laquelle les préposés de l'adm. devaient seulement fournir les renseignements nécessaires. La rédaction des projets d'affiche était également confiée aux agents forestiers. Les procès-verbaux d'estimation, enregistrés *gratis*, et les projets d'affiches étaient communiqués au directeur des domaines pour donner son avis. Il assistait aux ventes ou déléguait à cet effet un employé. Ces ventes se faisaient d'abord au rabais et ensuite aux enchères lorsqu'il n'y avait pas eu d'adjudication au rabais. I. 1361.

2363. Les procès-verbaux d'adjudication étaient rédigés sur des formules visées pour timbre en *débet*. I. 1379. L'expédition délivrée au directeur et l'extrait destiné à l'adjudicataire étaient soumis au timbre. Ces droits, ainsi que ceux d'enreg., à raison de 2 p. 100, payables dans les 20 jours, à peine du droit en sus, étaient seuls à la charge de l'acquéreur. Les frais d'estimation, affiche, criée, vente ou expédition étaient supportés et remboursés par le trésor. I. 1361.

2364. Le directeur devait adresser au Directeur général, aussitôt après l'adjudication, un état sommaire présentant la contenance et le prix des bois vendus, et fournir au directeur des contributions directes les renseignements prescrits pour la cotisation au rôle des bois devenus imposables (V. 2310, 2311). I. 1361, 1377.

2365. Le prix était payable à la caisse du receveur général des finances ; en cas de retard, l'agent forestier devait procéder à la saisie des coupes en exploitation, et le directeur des domaines décernait une contrainte qui était visée par le préfet et signifiée à l'acquéreur à la diligence et pour le compte du receveur des finances. A défaut de paiement dans la quinzaine, la déchéance pouvait être provoquée et prononcée dans les formes prescrites pour toutes les aliénations des biens de l'Etat (V. 2338 et suiv.). Les frais étaient avancés par le receveur général, mais, en cas de dépossession, par suite de déchéance, il en était remboursé par le receveur des domaines, à titre d'avance à recouvrer ou à régulariser. I. 1361, 1408.

2366. Le *quitus* définitif des acquéreurs leur était délivré par le directeur des domaines qui le rédigeait dans la forme habituelle (V. 2350), au vu des quittances ou effets acquittés, et d'un bordereau du receveur général. Il devait énoncer, d'une part, le prix de l'adjudication, les termes de paiement, avec le calcul des intérêts pour les sommes versées en effets à l'ordre du receveur général ; de l'autre, la quittance du quart du prix payé en numéraire, et les paiements effectués en principal et intérêts, à l'échéance des effets à terme, avec imputation de la prime de 2 p. 100, pour les paiements par anticipation. Le *quitus* devait constater l'entière libération de l'adjudicataire. I. 1361, 1379. § 2.

2367. *Immeubles provenant des ministères.* Lorsqu'un bien affecté à l'un des services de l'État lui est devenu inutile, les chefs du service doivent en faire remise à l'adm. des domaines qui en prend la régie et propose au Ministre des finances d'en disposer de la manière la plus convenable. Sur l'avis qui lui est donné, le directeur fait prendre possession de l'immeuble par le receveur de la situation, et l'objet en est consigné ou reporté sur le sommier de consistance des propriétés de l'État, non affectées à un service public. I. 1192, 1509 (V. 2200). On doit veiller à ce que les chefs de service soient exacts à faire la remise des parcelles inutiles. I. 1795 (V. 1485 et suiv.).

2368. Les immeubles susceptibles d'être aliénés sont vendus par les soins de l'adm. et dans les formes prescrites pour les aliénations de domaines. On se conformera d'ailleurs, à ce sujet, aux règles particulières établies pour la vente de quelques uns de ces biens ci-après désignés. Le prix des ventes doit être versé dans les caisses du domaine, et il en est fait mention, pour le recouvrement, au sommier de compte ouvert, comme pour les autres propriétés domaniales. I. 1065, 1192 (V. 2320 et suiv.).

2369. Le prix des immeubles provenant des ministères était autrefois confondu avec celui des autres domaines, I. 670, 844 ; mais d'après l'ord. du 14 sept. 1822, les receveurs, tout en continuant de percevoir ces produits sur lesquels ils jouissent de la remise ordinaire, doivent les faire figurer sous le titre spécial : *Prix de vente d'objets mobiliers et immobiliers provenant des ministères.* I. 1065. Ils en font article, au fur et à mesure des échéances, sur le sommier n° 8, et les portent en recette au registre correspondant. I. 1358.— Ces dispositions s'appliquent également aux immeubles acquis sur les fonds empruntés pour la confection de canaux ou travaux publics, et qui deviennent inutiles par un déplacement de tracé, une réduction de dimension ou tout autre motif. La spécialité de ces produits. I. 1109, a cessé depuis la clôture de ce service particulier. C. c. 58, § 2.

2370. *Lais de mer, attérissements, îles et îlots,* etc. D'après l'art. 2 de la loi du 1er déc. 1790, les fleuves et rivières navigables, les rivages, lais et relais de la mer, les ports, les hâvres, les rades, etc., et en général toutes les portions du territoire qui ne sont pas susceptibles d'une propriété privée, sont considérés comme des dépendances du domaine public. I. 1035.

2371. Dans le Code civil, promulgué depuis, se trouvent plusieurs règles établies sur la propriété de ces biens. L'art. 538 comprend dans les dépendances du domaine public, les fleuves et rivières navigables et flottables, les rivières, lais et relais de la mer. Aux termes de l'art. 556, l'alluvion formée successivement par accroissement aux fonds riverains d'un fleuve navigable, profite au propriétaire riverain; mais l'art. 557 fait connaître que ce droit n'a pas lieu à l'égard des relais de la mer, réservés au domaine public. Enfin l'art. 560 porte que les îles, îlots et attérissements, qui se forment dans le lit des fleuves ou des rivières navigables et flottables, appartiennent à l'État, s'il n'y a titre ou prescription contraire. I. 1035.

2372. Les préposés des domaines doivent prendre possession des terrains de nouvelle formation sur les bords de la mer et dans le lit des fleuves et rivières navigables, et rechercher avec soin tous les domaines de l'espèce qui auraient été usurpés. I. 886. — Les îles, îlots et attérissements qui sont, ou tombent en la possession du domaine, doivent être portés au sommier de consistance des biens de l'État, non affectés à un service public. Il en est de même des terres vagues et incultes qui sont reconnues la propriété du domaine (V. 2525); mais on doit s'abstenir d'y porter les lais et relais de mer, les dunes et autres propriétés de cette nature. I. 1488 (V. 2196).

2373. La loi du 16 sept. 1807 autorisait le Gouvernement à concéder les marais, lais et relais de la mer, le droit d'endiguage, les accrues, attérissements et alluvions des fleuves, rivières et torrents, quant à ceux de ces objets qui forment propriété publique ou domaniale. I. 1035. Une ord. du 23 sept. 1825 avait déterminé les formalités à observer; mais cette faculté de concession a été abrogée, au moins en fait, et par plusieurs décisions, le Ministre des finances a reconnu que l'aliénation de ces propriétés doit avoir lieu par adjudication, excepté dans les cas prévus par les lois du 20 mai 1836 et 3 mai 1841 (V. 2384).

2374. Si les terrains vagues et incultes, les marais et landes appartenant à l'État, peuvent être vendus sous les conditions générales réglées par les lois des 15 flor. an 10 et 5 vent. an 12, il n'en est pas de même des relais de mer, ou des îles, îlots et attérissements dont l'aliénation exige des précautions particulières, soit à cause des travaux qu'ils nécessitent, soit pour les besoins de la navigation, soit enfin pour assurer les droits ultérieurs de l'État. I. 1022.

2375. Les ventes des lais et relais de mer, des accrues, at-térissements des fleuves, rivières et torrents, formant propriété publique ou domaniale, doivent être précédées : 1° de plans levés, vérifiés et approuvés par les ingénieurs des ponts et chaus-sées ; 2° d'un mesurage et d'une description exacte, avec l'éva-luation en revenu et en capital; 3° d'une enquête administrative de *commodo* et *incommodo ;* 4° d'un arrêté pris par le préfet, après avoir entendu les ingénieurs des ponts et chaussées, ainsi que le directeur des domaines, et de plus le directeur du génie militaire, lorsque les objets à aliéner seront situés sur la zone des frontières, ou aux abords des places fortes; 5° de l'avis res-pectif des Directeurs généraux des ponts et chaussées et des do-maines; 6° de l'avis du Ministre de la guerre, dans l'intérêt de la défense du territoire; 7° enfin d'un examen en Conseil d'État, comité des finances, des propositions d'aliénation, ainsi que des charges et conditions proposées. I. 1175.

2376. Pour être toujours prêts à donner leur avis, les di-recteurs se feront fournir par les receveurs des renseignements aussi détaillés qu'il sera possible, sur les terrains dépendant du domaine public, qui existent dans l'arrond. de chaque bureau. Les receveurs placés près de la mer reconnaîtront par eux-mêmes, et s'assureront par des documents pris sur les lieux, s'il existe des terrains de nature à être mis en valeur, et qui n'aient pas été concédés ni acquis par prescription. I. 1035.

2377. Ceux des receveurs qui ont dans l'étendue de leur bureau des rivières navigables ou flottables, recueilleront les mêmes détails, en consultant les fermiers de la pêche et les por-teurs de licences, et en ayant soin de vérifier eux-mêmes ce qui en sera susceptible ; ils feront une juste distinction, conformé-ment aux art. 556 et 560 du C. civ., entre les îles, îlots et attérissements réservés au domaine public jusqu'à la concession ou la prescription, et les alluvions qui appartiennent aux pro-priétaires riverains, et dont l'adm. n'aurait à s'occuper que dans le cas où l'État serait lui-même riverain du fleuve, soit par une forêt, soit par une grande route. I. 1035.

2378. A mesure que des renseignements seront recueillis, on les consignera sur le sommier de consistance (excepté les relais de mer pour lesquels on suit des règles particulières, I. 1488) ; on provoquera ensuite la mise en ferme provisoire, lors-qu'il existera des pâturages ou des produits quelconques, et les mesures nécessaires pour arrêter le cours de la prescription et pour faire reconnaître les droits de l'État sur les terrains possé-dés sans titre par des particuliers. I. 1035.

2379. Lorsque les ingénieurs ont déterminé d'une manière précise par des plans et des procès-verbaux descriptifs, la con-figuration et les limites des terrains, et leur contenance réelle; que l'enquête de *commodo* a eu lieu, et que les chefs de service des administrations de la marine, de la guerre, des douanes, des ponts et chaussées, des forêts, etc., consultés par le directeur des domaines, ont reconnu que l'aliénation n'offre aucun inconvénient, ce dernier rédige un projet de cahier des charges énonçant les clauses et conditions ordinaires, les charges et travaux à imposer aux adjudicataires, d'après l'avis des fonctionnaires consultés, ainsi que les conditions particulières et enfin l'estimation qui servira de mise à prix.

2380. Ce projet est soumis au préfet avec un rapport détaillé. Ce magistrat prend un arrêté en forme d'avis et l'adresse au Ministre des finances, avec toutes les pièces de l'affaire. Le tout est communiqué aux divers ministères dont les chefs de service ont été entendus ; l'adm. donne son avis délibéré en conseil ; enfin le comité des finances du Conseil d'État rend une décision, ou propose un projet d'ordonnance.

2381. Si l'aliénation est autorisée, on y procède selon le mode ordinaire des ventes de domaines (V. 2291 et suiv.). Le prix est recouvré de la même manière, et porté sous le titre ordinaire des biens vendus en exécution des lois des 5 vent. an 12 et antérieures, tant au sommier qu'au registre de recette des prix de vente de domaines, n° 5 des produits constatés (V. 2120 et suiv.).

2382. *Biens vacants, séquestres, déshérences*. Des règles spéciales existent pour l'aliénation des biens vacants et sans maître ; des immeubles séquestrés et de ceux qui proviennent de successions en déshérence, avant que la propriété ne soit acquise définitivement à l'État. Afin de ne pas diviser les observations relatives à ces propriétés, on a dû traiter particulièrement cette matière (V. 2521 et suiv.).

Art. 3. — *Concessions ou échanges de propriétés de l'État.*

2383. Quoique le mode d'aliénation soit, en général, la vente aux enchères, certaines propriétés de l'État peuvent être concédées directement ou faire l'objet d'échanges ; mais, dans tous les cas, ces concessions ou ces échanges ne peuvent être faits qu'en vertu de lois expresses.

2384. Les aliénations qui peuvent être faites directement, sans enchères, sont : 1° les concessions autorisées par les art. 1 et 2 de la loi du 20 mai 1836, de terrains usurpés sur les rives des forêts domaniales et sur toute autre partie du domaine, I. 1553 ; — 2° Les cessions de propriétés de l'État, pour cause d'utilité publique, conformément aux art. 13 et 26 de la loi du 3 mai 1841, I. 1660 ; — 3° Les rétrocessions en exécution de l'art. 60 des lois des 7 juill. 1833 et 3 mai 1841, des terrains acquis pour des travaux d'utilité publique, et qui n'ont point reçu cette destination, I. 1484, 1660 ; les cessions par suite d'alignements, en vertu de l'art. 50 de la loi du 16 sept. 1807, de portions de terrain détachées de la voie publique, I. 1254 et 1497 ; et les cessions, à titre d'échange, en vertu de l'art. 4

de la loi du 20 mai 1836, des portions de terrain dépendant d'anciennes routes ou chemins, et devenues inutiles par suite de changement de tracé ou d'ouverture de routes nouvelles. I. 1541; — 4° Les échanges ordinaires de propriétés de l'État. I. 1233.

2385. Ces diverses aliénations pouvant donner lieu à de graves difficultés, les directeurs ne devront concourir à aucune aliénation par une autre voie que celle des enchères, ni même à aucune opération préliminaire, avant d'avoir, par un rapport spécial, soumis toutes les circonstances de l'affaire à l'adm., et obtenu son autorisation. Ce rapport devra être appuyé des pièces justificatives. Les directeurs auront soin en outre d'informer l'adm. de l'aliénation, aussitôt qu'elle aura été opérée. I. 1625 (V. 2309).

1° Domaines usurpés.

2386. Des usurpations nombreuses ont été commises sur le domaine, principalement sur les rives des forêts nationales; elles ont été l'objet de l'instr. 1241, et de la circ. du 13 oct. 1830, d'après lesquelles les directeurs, après avoir fourni des états de ces usurpations, ont dû prendre, de concert avec les préfets, les mesures nécessaires pour conserver, autant que possible, les droits de l'État. Par suite, un grand nombre de détenteurs ont été amenés à reconnaître le vice de leur possession, et ont souscrit la soumission d'acquérir de gré à gré les parcelles usurpées. Une loi du 20 mai 1836 a autorisé ces concessions de la manière suivante.

2387. Le Gouvernement est autorisé à concéder aux détenteurs, sur estimation contradictoire et aux conditions qu'il aura réglées, les terrains dont l'État n'est pas en possession, et qu'il serait fondé à revendiquer comme ayant été usurpés sur les rives des forêts domaniales antérieurement à la publication de la présente loi. Les enclaves sont formellement exceptées de la présente disposition, art. 1er. La faculté accordée sur l'art. précédent s'étendra aux usurpations commises par la partie du domaine de l'État étrangère au sol forestier, pour tous les terrains dont la contenance n'excéderait pas cinq hectares, art. 2. Le Gouvernement présentera annuellement aux chambres un état des concessions faites en vertu de la présente loi. Cet état indiquera les noms et les domiciles des concessionnaires, la contenance approximative des terrains concédés, leur prix d'estimation et le prix moyennant lequel les concessions auront été faites, art. 3. I. 1553.

2388. La loi du 20 mai 1836 limitait à dix années le temps pendant lequel ces concessions pouvaient avoir lieu; mais une loi du 10 juin 1847 a prorogé ce terme de dix autres années. La première loi n'avait mis aucune restriction aux concessions des terrains dépendant du sol forestier : d'après la dernière, ces terrains, au dessus de cinq hectares, ne peuvent être concédés, à moins qu'ils ne soient possédés par des communautés d'habitants. En confirmant l'exception établie pour les terrains étrangers au sol forestier, la loi du 10 juin 1847 l'a étendue à ceux qui, d'une contenance de plus de dix ares, sont situés dans les villes dont la population agglomérée dépasse 5,000 habitants. I. 1787.

2389. Le mode spécial de concession est sans application aux usurpations commises depuis la promulgation de la loi ; et d'un autre côté, il ne peut, dans aucun cas, s'appliquer aux domaines dont l'Etat est en possession. Enfin les concessions sont facultatives de la part du gouvernement, qui est *autorisé* et non pas *obligé* de les consentir. Ainsi, quand les intérêts de l'Etat exigent que la rentrée en possession soit poursuivie contre les détenteurs, l'aliénation ne peut pas avoir lieu. I. 1553.

2390. *Soumissions*. Les détenteurs de domaines usurpés sont admis à jouir du bénéfice de cette loi, en souscrivant la soumission d'acquérir sur estimation et aux conditions ci-après, les fonds usurpés par eux ou leurs auteurs. Les soumissions doivent être individuelles et sur papier timbré ; elles énonceront le nom, les prénoms et le domicile de chaque détenteur, la situation, la contenance, la nature, les limites et les confins des terrains. Elles sont remises au préfet ou au sous-préfet. Si le soumissionnaire ne sait ni écrire ni signer, la soumission peut être faite par lui, soit au secrétariat de la préfecture ou de la sous-préfecture, soit à celui de la mairie, le tout sans autres frais que celui du papier timbré. Dans tous les cas, la soumission est transmise immédiatement au préfet. Ord. 14 déc. 1837, art. 1er et 2. I. 1553.

2391. Les soumissions sont communiquées par le préfet au directeur des domaines, pour avoir ses observations et son avis; celles qui concernent des terrains usurpés sur les rives des forêts domaniales sont en outre communiquées au conservateur des forêts ; enfin, celles qui ont pour objet des îles, îlots, attérissements, lais et relais de mer, sont transmises en communication à l'ingénieur en chef des ponts et chaussées, et quand il y a lieu, aux chefs du génie militaire et aux agents de la marine dans l'arrond. Art. 3. I. 1553 (V. 2375). — A la réception des soumissions, les directeurs consigneront chaque article (à l'exception des relais de mer) sur les sommiers de consistance des biens de l'Etat, et en adresseront copie à l'adm. (V. 2196, 2202).

2392. Dans le cas où il résulte des avis spécifiés ci-dessus, que l'aliénation demandée peut avoir des inconvénients, il est déclaré, par arrêté du préfet, et sauf recours au Ministre des finances, qu'il n'y a pas lieu d'accepter la soumission. Si, au contraire, rien ne paraît s'opposer à l'aliénation, le préfet ordonne l'expertise et désigne, sur la proposition du directeur, l'expert qui devra y concourir dans l'intérêt de l'Etat. Art. 4. I. 1553.

2393. *Expertise*. Si l'expert de l'Etat est agréé par le soumissionnaire, cet expert procède seul à l'estimation. Dans le cas contraire, un second expert est choisi par la partie intéressée. Si les experts ne peuvent s'entendre sur la fixation de la valeur des terrains, ils appellent un tiers expert, et en cas de dissentiment entre eux sur le choix de ce tiers expert, celui-ci est nommé par le juge de paix. Art. 5. I. 1553.

2394. Les directeurs ne concourront à aucune opération relative à des concessions, même pour les terrains d'une valeur de 300 fr. et au-dessous, avant d'avoir, par un rapport spécial, soumis les circonstances de l'affaire à l'adm., et obtenu son autorisation. I. 1625, 1787. — En informant chaque expert de sa nomination, ils l'inviteront à leur faire connaître les jour et heure auxquels il procédera, soit seul, soit contradictoirement avec un second expert, afin de pouvoir, si l'importance ou la nature de l'immeuble en fait reconnaître l'utilité, charger l'employé supérieur ou le receveur le plus à portée du lieu où l'expertise sera faite, du soin d'y être présent. I. 1553.

2395. Lorsqu'il s'agira d'un immeuble de la nature de ceux désignés dans l'art. 3, le directeur fera connaître au fonctionnaire qui aura été appelé à donner son avis, le jour auquel l'expertise devra avoir lieu, pour qu'il puisse, s'il le juge convenable, assister à cette opération, ou y faire assister un agent sous ses ordres. Cette faculté, qui résulte du droit commun (art. 317 du C. proc.), appartient également au détenteur soumissionnaire. — La prestation de serment des experts n'est pas de rigueur. Si, néanmoins, les détenteurs l'exigeaient, elle devrait avoir lieu à leurs frais, devant le juge de paix de la situation des immeubles. I. 1553.

2396. Le procès-verbal d'expertise contiendra la désignation exacte de l'immeuble, et cet immeuble devra être estimé d'après sa valeur vénale actuelle, déduction faite, s'il y a lieu, de la plus-value résultant des impenses, améliorations et constructions faites par le soumissionnaire ou ses auteurs. Art. 6. Ce procès-verbal sera communiqué tant au soumissionnaire qu'au directeur des domaines. La proposition de concession qui l'accompagnera, sera soumise à l'approbation du Ministre des finances, lorsqu'il s'agira de terrains d'une valeur de plus de 300 fr. Art. 7. I. 1553.

2397. En cas de refus d'adhésion aux résultats de l'expertise, soit de la part du Ministre ou du préfet, soit de celle du soumissionnaire, la soumission sera considérée comme non avenue. Si le soumissionnaire et le préfet, sur l'avis du directeur, adhèrent aux résultats de l'expertise, et si le Ministre des finances, en ce qui concerne les terrains d'une valeur supérieure à 300 fr., donne son approbation, le préfet passera l'acte de concession aux prix réglés par les experts. Art. 7. I. 1553.

2398. *Acte de concession.* Indépendamment des clauses ordinaires relatives à l'aliénation des biens de l'État, et de celles résultant de l'ordonnance, l'acte de concession doit contenir toutes les clauses particulières jugées nécessaires dans l'intérêt de l'État, à raison de la nature de l'immeuble, et notamment à raison de la proximité des forêts domaniales. Art. 8. Si, d'un commun accord, les concessionnaires et les agents de l'État, jugent nécessaire de faire dresser les plans des immeubles concédés, ces plans, dont les frais sont, dans tous les cas, à la charge des acquéreurs, doivent être annexés à la minute des contrats de vente, après avoir été paraphés par les parties. I. 1553.

2399. Conformément à la décision du 19 oct. 1837, et dans les limites tracées par cette décision (V. 2296), le préfet peut déléguer, soit le sous-préfet, soit le maire du chef-lieu du canton, soit celui de la commune de la situation, pour passer ce contrat en présence d'un préposé de l'adm. Mais dans ce cas, la minute de chaque contrat, ainsi que les procès-verbaux d'expertise, plans et autres actes préparatoires des ventes, doivent lui être adressés dans les dix jours de l'enreg. du contrat, pour le tout rester déposé dans les archives de la préfecture. (V. 2315). I. 1553.

2400. Une copie de l'acte de concession, sur papier non timbré, est faite pour le directeur des domaines ; une seconde copie, également sur papier non timbré, est remise au conservateur des forêts, s'il s'agit de terrains usurpés sur les rives des forêts domaniales ; enfin l'expédition à délivrer au concessionnaire doit être sur papier timbré. Art. 8. I. 1553. — Le directeur donnera avis de la concession à l'adm., aussitôt qu'elle aura été opérée. I. 1625.

2401. *Recette du prix.* Le prix de la concession doit être acquitté, sans restitution de fruits, dans la caisse du receveur des domaines de *la situation de l'immeuble*, suivant l'un des deux modes ci-après, savoir : 1° par cinquièmes, dont le premier est exigible dans les trois mois qui suivent la signature de l'acte, sans intérêts, et les quatre autres d'année en année, avec les intérêts à 5 p. 100, à partir du jour de l'expiration du premier terme; 2° par le paiement de la totalité du prix de la concession, sans intérêts, dans le délai de trois mois, à partir de l'acte de concession. Art. 9. I. 1553 (V. 2325).

2402. Les frais auxquels la cession donne lieu, y compris les droits d'enreg. à raison de 2 p. 100 et le décime, sont supportés par les concessionnaires; ceux de l'expertise sont payés par eux directement aux experts, sur le réglement qui en est fait par le préfet. Les experts n'ont à cet égard aucun recours contre l'État. Dans le cas où l'expertise n'a pas été suivie de concession, les frais de cette expertise tombent à la charge de celle des parties dont le refus rend l'opération inutile. Art. 10. I. 1553.

2403. Lorsque le contrat a été passé à la préfecture, le directeur transmettra au receveur de la situation des biens, chargé du recouvrement, une ampliation de la copie qui lui aura été remise. Si le contrat est passé devant le sous-préfet, le receveur des domaines se fera remettre la copie destinée pour le directeur, et la lui transmettra après en avoir fait une ampliation qu'il conservera, si l'immeuble est situé dans l'arrond. de son bureau. Dans le cas contraire, le directeur fera une ampliation de la copie qui lui aura été adressée, et la fera parvenir au bureau de la situation. Enfin, quand le contrat aura été passé devant un maire, le receveur des domaines du canton en conservera une ampliation, et adressera la copie au directeur. I. 1553. — Il devra toujours être fait mention de la concession sur le sommier de consistance de la direction et du bureau des domaines.

2404. Si le prix doit être recouvré par un receveur de chef-lieu, ce receveur consignera l'article sur le sommier de comptes ouverts avec les acquéreurs de biens nationaux, et ensuite, aux époques successives des échéances, sur le sommier des produits constatés pour prix de vente de domaines, et il portera les produits au registre de recette correspondant. Dans les bureaux de canton, les receveurs suppléeront au premier, au moyen du sommier de consistance des domaines, et aux deux autres par les sommiers et registre de recette des produits accidentels, en y ajoutant une colonne spéciale sous le titre : *Biens vendus en exécution des lois, etc.* (V. 2327). I. 1553.

2405. *Etat des concessions.* Pour mettre l'adm. à portée de fournir les éléments du tableau qui doit être présenté annuellement aux chambres législatives, les directeurs adresseront au Directeur général, au plus tard le 1er déc. de chaque année, un état des immeubles usurpés qui auront été concédés. Cet état indiquera en tête le département et l'année. Il présentera huit colonnes : n° d'ordre, n° du sommier de la direction ; commune de la situation, nature et contenance de l'immeuble, date des concessions, noms et domiciles des concessionnaires, prix d'estimation, prix moyennant lequel les concessions ont été faites. Les deux dernières colonnes seront additionnées. I. 1553. — L'envoi de cet état ne dispense pas les directeurs de comprendre les immeubles concédés sur l'état des aliénations, qui doit aussi être envoyé annuellement. I. 1553, 1787. (V. 2202).

2° *Domaines nécessaires à l'utilité publique.*

2406. Les propriétés de l'Etat sont, comme toutes les autres, susceptibles d'être cédées pour cause d'utilité publique légalement reconnue. Avis cons. d'Etat, 9 fév. 1808 ; L. 3 mai 1841, art. 13 et 26. I. 379, 1660. C'est à l'adm. des domaines, chargée de l'aliénation, qu'est dévolu le soin de soutenir les intérêts de l'Etat, dans toutes les poursuites de cette nature. Ses préposés sont chargés de la défense sur toutes les questions de propriété, même lorsqu'il s'agit d'immeubles affectés à un service public (V. *titre* V); par une conséquence nécessaire, ils sont tenus de concourir aux opérations préalables à la cession. Enfin les receveurs des domaines peuvent seuls faire la recette du prix ou de l'indemnité (V. 2188).

2407. *Affectation spéciale*. Lorsqu'un domaine régi par l'adm. est nécessaire à des travaux entrepris pour le compte de l'Etat, et que le fonds doit lui rester, il n'y a pas lieu à expropriation ; c'est une simple affectation à un service public, et il suffit de faire remise des biens aux agents de l'administration chargée des travaux. Cette remise s'effectue en vertu d'une autorisation ministérielle, par un procès-verbal rédigé en double entre le préposé du domaine et celui de l'administration qui prend possession. L'un des doubles est adressé au directeur, qui le transmet à l'adm., et le domaine est reporté au sommier des biens affectés à un service public. (V. 2194).

2408. *Mode d'expropriation ou de cession.* Si les travaux sont exécutés par un département, une commune ou des concessionnaires de l'Etat, l'abandon pour cause d'utilité publique préalablement déclarée, est fait dans les formes déterminées par la loi, soit à l'amiable, soit par autorité de justice. Le Ministre des finances peut seul consentir à la cession et accepter les offres d'indemnité. L. 3 mai 1841, art. 13 et 26. I. 1660.

2409. Les offres sont faites au préfet qui représente l'Etat. I. 1742. Sur la communication qui lui en est faite, le directeur adresse son rapport à l'adm. et fournit au préfet ses observations et son avis motivé. Ce magistrat rend compte au Ministre des finances qui statue après avoir pris l'avis de l'adm. Un délai d'un mois seulement, à partir de la signification des offres, étant accordé pour l'acceptation ou le refus (L. 3 mai 1841, art. 27), l'instruction doit se faire avec célérité. Les préposés réuniront immédiatement les renseignements nécessaires, et, au besoin, se concerteront avec les agents des administrations chargées de la régie des propriétés de l'Etat, susceptibles d'être cédées pour cause d'utilité publique.

2410. Si les offres sont acceptées par le Ministre, ou si les demandes de l'Etat sont agréées par les parties qui poursuivent l'expropriation, les contrats de vente et autres actes relatifs à la cession sont passés dans la forme des actes administratifs, L. 3 mai 1841, art. 56, I. 1660, c'est-à-dire devant le préfet, le sous-préfet ou le maire, selon les distinctions établies (V. 2296, 2297), en présence du directeur des domaines ou de son délégué (V. 2298). — Dans les actes de cession entre le domaine et les départements, l'Etat est représenté par le préfet, et le département par le membre du conseil de préfecture le plus ancien en fonctions, conformément à l'art. 36 de la loi du 10 mai 1838. D. 10 nov. 1845. I. 1742. La minute du contrat doit, dans tous les cas, être déposée à la préfecture. L. 3 mai 1841, art. 56. I. 1660.

2411. Lorsque les offres ne sont pas acceptées par le Ministre, l'affaire est portée devant le jury spécial établi pour le réglement des indemnités en matière d'expropriation pour cause d'utilité publique. Ord. 30 août 1843. On suit pour cette procédure les formes prescrites par la loi du 3 mai 1841. Le jury fixe l'indemnité et prononce l'envoi en possession, art. 28 et 41. I. 4660.

2412. *Indemnité.* Le recouvrement de l'indemnité, fixée à l'amiable par le contrat de vente, ou réglée par le jury, doit être fait par le receveur des domaines du lieu où le contrat a été passé ou l'expropriation prononcée (V. 2324). Elle doit être acquittée avant la prise de possession. L. 3 mai 1841, art. 53. Pour opérer ce recouvrement, une expédition en forme du contrat de vente, ou la copie signifiée de la décision du jury est adressée au directeur des domaines qui en fait mention sur les sommiers de consistance.

2413. En vertu d'une copie du contrat ou de la décision transmise au receveur ou conservée par lui, il fait article de l'indemnité à recouvrer, soit sur le sommier des prix de vente de domaines s'il s'agit d'une propriété non affectée à un service public, soit, à défaut de ce sommier dans les bureaux de canton, sur celui des produits accidentels (V. 2327), soit enfin sur le sommier des prix de vente d'objets provenant des ministères, lorsque les biens ont cette origine (V. 2369). Le recouvrement est suivi selon le mode prescrit pour tous les prix de vente de domaines ; les sommes reçues sont portées en recette sur le registre correspondant au sommier.

3° *Terrains inutiles au service des routes et canaux.*

2414. *Modes d'aliénation.* Plusieurs modes particuliers d'aliénation sont autorisés pour les terrains ou portions de terrain provenant de routes, chemins, canaux, etc., et devenus inutiles. D'abord ces terrains peuvent être revendus, en vertu du privilége établi par l'art. 60 de la loi du 7 juillet 1833, remplacée par celle du 3 mai 1841, aux anciens propriétaires qui en avaient été expropriés. I. 1484. — En ce qui concerne spécialement les terrains retranchés de la voie publique, par suite d'alignement, les propriétaires riverains ont, aux termes de l'art. 53 de la loi du 16 sept. 1807, la faculté de les acquérir au prix de l'estimation. I. 1497. — Enfin, à défaut d'exercice du privilége des anciens propriétaires et du droit de préférence des propriétaires riverains, l'art. 4 de la loi du 20 mai 1836 permet de céder les portions devenues inutiles, à titre d'échange et par voie de compensation de prix, aux propriétaires des terrains sur lesquels les parties de route neuve doivent être exécutées. I. 1541.

2415. *Publications.* Tous les terrains et portions de terrains inutiles provenant de routes, chemins, et autres travaux d'utilité publique, doivent être remis très exactement aux préposés de l'adm. I. 1541, 1795. Aussitôt après la remise des terrains acquis pour des travaux d'utilité publique et qui n'auront point reçu cette destination, et des portions de routes ou chemins devenus inutiles, les directeurs feront procéder aux publications prescrites par l'art. 61 de la loi du 3 mai 1841. Ces publications contiendront l'avertissement, savoir : aux anciens propriétaires, de déclarer, dans le délai de trois mois, leur volonté de réacquérir, en vertu de l'art. 60 de cette loi, les terrains dont ils ont été expropriés, et aux propriétaires riverains de portions de terrain restées sans emploi de réclamer, dans le même délai, le droit de préférence qui leur est accordé par l'art. 53 de la loi du 16 sept. 1807. I. 1541.

2416. Ces publications devront être faites à son de trompe ou de caisse dans la commune, et affichées tant à la porte principale du lieu qu'à celle de la maison commune. L'avertissement sera en outre inséré dans l'un des journaux de l'arrond., ou, s'il n'en existe aucun, dans l'un des journaux du département. Le maire certifiera les publications faites dans la commune. I. 1448, 1660.

2417. *Rétrocessions aux anciens propriétaires.* Si dans les trois mois de cette publication, les anciens propriétaires déclarent qu'ils entendent réacquérir, le prix est fixé à l'amiable, et, s'il n'y a pas accord, par le jury, dans les formes prescrites pour l'expropriation pour cause d'utilité publique. La fixation ne peut, en aucun cas, excéder la somme moyennant laquelle les terrains ont été acquis. Dans le mois de la fixation du prix, soit amiable, soit judiciaire, les anciens propriétaires doivent passer le contrat de rachat et payer le prix ; le tout à peine de déchéance. I. 1448, 1660.

2418. D'après le dernier alinéa de l'art. 76 de la loi du 3 mai 1841, les dispositions des art. 60 et 61 de cette loi s'appliquent aux propriétés acquises pour des travaux de fortification, et qui n'ont pu recevoir cette destination, I. 1484 ; mais elles ne sont pas applicables, suivant l'art. 62, aux terrains qui ont été acquis sur la réquisition du propriétaire, en vertu de l'art. 50, et qui restent disponibles après l'exécution des travaux. I. 1660. Elles ne s'appliquent pas non plus aux immeubles acquis à l'amiable ; il faut qu'il y ait eu cession pour cause d'utilité publique. D. 8 déc. 1847.

2419. Les préposés veilleront à ce que les formalités prescrites pour les rétrocessions dont il s'agit, par les art. 60 et 61 de la loi du 3 mai 1841, soient observées. Ils vérifieront les titres et les droits des anciens propriétaires ou de ceux qui se présenteront en leur nom, et s'assureront qu'ils n'ont point encouru la déchéance du privilége que cette loi leur accorde. I. 1484. — Les directeurs ne devront concourir à aucune concession, ni même à aucune opération préliminaire, avant d'en avoir référé à l'adm. I. 1625 (V. 2385).

2420. Lorsqu'il y aura lieu à rétrocession, le contrat sera passé devant le préfet ou le sous-préfet, en présence et avec le concours d'un préposé des domaines, et le prix en sera versé dans les caisses de l'adm. — Si les anciens propriétaires ou leurs ayants-droit encourent la déchéance du privilége qui leur est accordé, les terrains ou portions de terrain seront vendus dans la forme tracée pour l'aliénation des biens de l'État, à la diligence de l'adm. I. 1484, 1497. Avis des rétrocessions ou des ventes sera donné par le directeur à l'adm. I. 1625 (V. 2309, 2385).

2421. Les sommes provenant, soit des ventes, soit des rétrocessions faites aux anciens propriétaires ou à leurs ayants-droit, seront portées, au vu de l'extrait du contrat remis au receveur des domaines du lieu où il aura été passé (V. 2321), sur le sommier des prix de vente d'objets provenant des ministères, sous le titre spécial du ministère auquel les terrains étaient affectés (V. 2369). C. c. 60, § 2, qui déroge, à cet égard, aux dispositions des instr. 1484 et 1497.

2422. *Cessions aux propriétaires riverains.* L'art. 53 de la loi du 16 sept. 1807, porte : « Au cas où, par les alignements arrêtés, un propriétaire pourrait recevoir la faculté de s'avancer sur la voie publique, il sera tenu de payer la valeur du terrain qui lui sera cédé. » — L'évaluation est faite à l'amiable par des experts, et en cas de désaccord, par le jury établi par la loi du 3 mai 1841. Cass. 11 août 1845. — Les opérations relatives aux cessions seront suivies par les soins et à la diligence des ingénieurs des ponts et chaussées. Les cessions seront réalisées soit devant le préfet, soit devant le sous-préfet de l'arrond. ou le maire de la commune de la situation des biens (V. 2296). Dans tous les cas, que les cessions soient consenties par l'arrêté du préfet qui détermine l'alignement, ou qu'elles aient lieu par des actes distincts, la présence du directeur des domaines ou de son délégué est indispensable pour la régularité de l'aliénation. D. 28 août 1835 et 19 oct. 1837. I. 1497, 1552. L'adm. doit toujours en être informée. I. 1625 (V. 2385).

2423. D'après l'instr. 1254, le prix de ces concessions devait être payé au bureau de la situation des terrains, mais la décision du 19 oct. 1837, règle qu'il sera versé au bureau des domaines du lieu où la cession a été faite (V. 2321). I. 1552. C'est donc à ce bureau que doit être adressé l'extrait des actes de vente. — Le prix était porté au sommier des produits accidentels. I. 1497; mais d'après la C. c. 60, § 2, c'est sur le sommier des produits des ministères qu'il faut le porter, sous le titre spécial du ministère duquel les terrains proviennent (V. 2369).

2424. *Échange avec les propriétaires expropriés.* Les portions de terrain dépendantes d'anciennes routes ou chemins, et devenues inutiles par suite de changement de tracé ou d'ouverture d'une route royale ou départementale, peuvent être cédées, sur estimation contradictoire, à titre d'échange, et par voie de compensation de prix, aux propriétaires des terrains sur lesquels les parties de routes neuves doivent être exécutées. L'acte de cession est soumis à l'approbation du Ministre des finances lorsqu'il s'agit de terrains abandonnés par des routes royales. L. 20 mai 1836, art. 4. I. 1541.

2425. Ces dispositions n'ont point porté atteinte : 1° au privilége que l'art. 60 de la loi du 3 mai 1841 confère aux anciens propriétaires de terrains acquis pour des travaux d'utilité publique, et qui n'ont point reçu cette destination, d'en obtenir la rétrocession à l'amiable; 2° à la faculté accordée par l'art. 53 de la loi du 16 sept. 1807 aux propriétaires riverains de s'avancer sur la voie publique. Il ne peut donc être procédé aux cessions, à titre d'échange, autorisées par la loi du 20 mai 1836, que lorsque les anciens propriétaires n'ont point usé de leur privilége, et que les propriétaires riverains n'ont point réclamé le droit de préférence établi en leur faveur. I. 1541 (V. 2414).

2426. Si dans le délai de trois mois à partir des publications faites par les soins du directeur (V. 2415), les anciens propriétaires, ni les riverains n'ont exercé leur privilége ou droit de préférence, le préfet ou l'ingénieur en chef fait connaître au directeur les portions de routes ou chemins à échanger. Le directeur se concertera avec ces fonctionnaires pour faire procéder contradictoirement aux estimations nécessaires. I. 1541.

2427. Les contrats d'échange seront préparés par les soins de l'administration des ponts et chaussées; ils seront passés devant le préfet ou le sous-préfet de l'arrond., délégué, en présence et avec le concours d'un préposé des domaines et d'un agent des ponts et chaussées. Lorsque, dans le cas prévu par la dernière disposition de l'art. 4 de la loi du 20 mai 1836, le contrat d'échange sera soumis à l'approbation du Ministre des finances, le plan des lieux, le procès-verbal d'estimation et autres pièces devront y être joints. I. 1541.

2428. La soulte stipulée au profit de l'État, dans l'acte d'échange, sera versée dans les caisses du domaine; celle qui sera à sa charge sera payée par les soins et sur le budget de l'administration des ponts et chaussées. Les frais qui, suivant les résultats de l'échange, devront être supportés par l'État, seront également acquittés sur ce budget. I. 1541. Les receveurs feront article de la soulte à recouvrer sur le sommier des produits des ministères, sous le titre spécial du ministère des travaux publics, et la porteront en recette au registre correspondant. C. c. 60, § 2 (V. 2369). Ce paiement doit être fait au bureau du lieu où le contrat a été passé (V. 2321).

2429. L'art. 4 de la loi du 20 mai 1836 et les dispositions ci-dessus sont applicables aux portions de terrain provenant des canaux et rivières navigables, et devenues inutiles. I. 1541. Elles s'appliquent également aux terrains et autres immeubles acquis sur les fonds spéciaux des canaux.

Les terrains qui n'auront point été rétrocédés aux anciens propriétaires, ou vendus aux propriétaires riverains, ou enfin cédés à titre d'échange et par voie de compensation du prix, seront aliénés suivant le mode prescrit pour les domaines de l'État. I. 1541 (V. 2282 et suiv.).

2430. *Routes royales délaissées.* Les portions de routes royales délaissées par suite de changement de tracé ou d'ouverture d'une nouvelle route peuvent recevoir une double destination : ou elles sont classées parmi les routes départementales ou les chemins vicinaux; ou les terrains qui en proviennent sont remis à l'adm. pour être vendus. L. 24 mai 1842, art. 1 et 2. Dans le premier cas, le classement est une opération étrangère aux préposés : toutefois, pour que les terrains ne restent pas à l'abandon, il convient que les receveurs fassent connaître aux directeurs les portions de routes délaissées, et que ceux-ci en informent les préfets, afin d'accélérer leur classement. I. 1676.

2431. Si ce classement n'est point ordonné, la remise des terrains délaissés doit être faite par les agents des ponts et chaussées aux préposés des domaines. Cependant il peut être réservé sur ces terrains, par un arrêté du préfet, un chemin d'exploitation dont la largeur ne peut excéder cinq mètres. Mais que la réserve ait ou n'ait pas lieu, les directeurs doivent provoquer auprès des préfets la remise des terrains délaissés, aussitôt qu'ils sont informés que le classement n'a point été autorisé. I. 1676.

2432. Les terrains remis au domaine peuvent, aux termes de l'art. 3 de la loi du 24 mai 1842, être aliénés de trois manières : d'abord au profit des propriétaires riverains, dans les formes tracées par l'art. 61 de la loi du 3 mai 1841 sur l'expropriation pour cause d'utilité publique (I. 1660), selon le mode indiqué, *sup.* 2422. Quant au privilége que l'art. 60 de cette loi accorde aux anciens propriétaires de terrains acquis pour la confection des routes, lorsqu'ils n'ont pas reçu cette destination (V. 2417), il ne s'applique pas aux portions de routes délaissées. I. 1676.

2433. Si les propriétaires riverains n'usent point du droit de préemption, les terrains délaissés peuvent, par application de l'art. 4 de la loi du 20 mai 1836, être cédés sur estimation contradictoire, à titre d'échange, aux propriétaires de terrains sur lesquels des parties de routes neuves doivent être exécutées (I. 1541). Il est procédé à cet échange dans la forme établie, *sup.* 2424. I. 1676.

2434. Enfin les terrains délaissés peuvent être vendus aux enchères, selon les règles qui régissent les aliénations du domaine de l'État (V. 2282 et suiv.). — Dans tous les cas le produit des aliénations de terrains des routes délaissées sera porté à l'article : *Prix de vente d'objets mobiliers et immobiliers provenant des ministères. Ministère des travaux publics*, tant sur le sommier n° 8, que sur le registre de recette correspondant. I. 1676. Le recouvrement se fera au bureau du lieu où le contrat aura été passé (V. 2321, 2423, 2428).

4° Echanges ordinaires de propriétés de l'État.

2435. *Demande.* Aucun échange entre l'État et des particuliers ou établissements ne peut avoir lieu qu'en vertu d'une loi expresse. Une ord. du 12 déc. 1827 a déterminé les règles à suivre en pareil cas. La demande d'échange doit être adressée directement au Ministre des finances, avec les titres de propriété et une déclaration authentique des charges, servitudes et hypothèques dont est grevé l'immeuble offert en échange, art. 1er. I. 1233.

2436. *Instruction préalable.* Si le Ministre juge qu'il y a lieu d'y donner suite, il communique la demande aux préfets des départements où sont situés les biens offerts, et ceux que l'on demande en échange. Les préfets consultent le directeur des domaines et en outre, s'il s'agit de bois, les agents des forêts ; le directeur doit faire connaître la valeur approximative, la contenance et l'état de conservation des immeubles ; de plus celui du département où est situé l'immeuble appartenant à l'État donne son avis sur la convenance et l'utilité de l'échange, art 2. I. 1233.

2437. Il importe que le directeur recueille par lui-même, ou par un préposé qui aura visité les immeubles offerts et ceux demandés en échange, des renseignements aussi certains qu'il sera possible sur l'état dans lequel ils se trouvent, sur leur valeur respective en revenu brut et en revenu net, et celle qu'ils présenteraient en capital dans le cas d'une aliénation aux enchères, sur l'intérêt que le domaine peut avoir à devenir propriétaire de l'immeuble offert, ou à conserver celui dont la cession est demandée. Il n'est pas moins nécessaire que le directeur reconnaisse l'état de possession de l'immeuble entre les mains de celui qui propose l'échange, et qu'il examine avec soin les titres de propriété et de libération qui auront été produits. I. 1233.

2438. Afin de se livrer à cet examen d'une manière utile, le directeur aura recours aux observations contenues dans l'instr. 1045 (V. *Conservateurs*), en ce qu'elles concernent la nature et l'origine de l'immeuble offert, la pleine propriété et jouissance de l'échangiste, la libération du prix ou des soultes, les formalités hypothécaires qui ont été remplies, notamment pour la purge légale, et la radiation des inscriptions qui étaient à la charge des précédents propriétaires; sauf à prendre d'ailleurs d'autres documents pour les circonstances particulières qui pourraient se présenter. Il s'assurera si les charges et servitudes déclarées ou existantes sont de nature à pouvoir être rachetées, ou doivent subsister. A l'égard des hypothèques dont serait grevé l'immeuble offert, il convient également de savoir si celui qui propose l'échange sera en mesure de les faire disparaître avant l'acceptation définitive. I. 1233.

2439. Les préfets adressent leur rapport au Ministre, en y joignant l'avis du directeur, avec les pièces ; le tout est communiqué à l'adm. des domaines et, s'il y a lieu, à celle des forêts, qui donnent également leur avis, art. 2. Le Ministre décide s'il convient ou non de donner suite à la proposition d'échange et transmet sa décision au préfet. I. 1233.

2440. *Expertise.* Sur l'invitation du préfet, le directeur désignera à son choix, pour expert du domaine, un homme probe et intelligent, et s'il s'agit de bois, il demandera au conservateur des forêts de lui indiquer trois préposés de cette administration, parmi lesquels il choisira l'expert à désigner. L'estimation doit être faite par trois experts nommés, l'un par le préfet, sur la proposition du directeur, un autre par le propriétaire du bien offert en échange, et un troisième par le président du tribunal de la situation des biens, sur la requête qui lui est présentée par le directeur, art. 3. I. 1233.

2441. Après avoir prêté serment devant le tribunal ou devant un juge délégué, les experts visiteront et estimeront les immeubles dont l'échange est proposé. Lorsqu'il s'agira de bois, ils feront mention : 1° de la contenance; 2° de l'évaluation du fonds; 3° de l'évaluation de la superficie, en distinguant le taillis de la vieille écorce, et mentionnant les claires-voies, s'il y en a; 4° de l'indication des rivières flottables ou navigables qui servent aux débouchés, et des villes et usines à la consommation desquelles les bois sont employés. Les experts constateront les résultats de leurs opérations par un procès-verbal, qui sera par eux affirmé devant le juge de paix du canton de la situation des biens ou de leur plus forte partie, art. 4. I. 1233.

2442. Le procès-verbal sera remis au préfet et communiqué au directeur qui aura à s'expliquer sur la régularité et l'exactitude de l'opération. Semblable communication sera faite au conservateur, s'il s'agit de bois ou forêts. Les pièces seront ensuite adressées par le préfet au Ministre des finances, art. 5. I. 1233.

2443. *Autorisation.* Ces diverses pièces sont renvoyées à l'examen du Conseil de l'adm. des domaines, et, au besoin, à celui de l'adm. des forêts. Elles sont ensuite soumises au Comité des finances du Conseil d'Etat; enfin le Ministre autorise, s'il y a lieu, à passer l'acte d'échange, art. 6. I. 1233.

2444. *Acte d'échange.* Le contrat doit être fait devant le préfet; il exprimera la nature, la consistance et la situation des biens échangés, ainsi que les charges et servitudes dont ils seraient grevés. Il rappellera le procès-verbal d'expertise et déterminera la soulte, s'il y a lieu. Enfin il contiendra une relation détaillée des titres de propriété qui demeureront, ainsi que le procès-verbal d'estimation, annexés à la minute, art. 7. I. 1233.

2445. S'il y a eu acquisition, le titre ne se compose pas uniquement de l'acte de vente, mais les quittances du prix et les pièces qui constatent l'accomplissement des formalités hypothécaires, aussi bien que la radiation des inscriptions, en font également partie. D'un autre côté, il peut être nécessaire d'établir la série des mutations successives, en remontant jusqu'à l'époque requise pour la prescription, et ayant même égard aux circonstances, telles que celle de minorité, pendant lesquelles la prescription aurait été suspendue. I. 1233.

2446. On devra encore stipuler dans le contrat que faute par l'échangiste de justifier, dans un délai déterminé, de la radiation des inscriptions qui existeraient sur l'immeuble cédé à l'État, l'échange sera résilié de plein droit, art. 10. Lorsque la partie le requerra, on pourra aussi stipuler la résiliation pour le cas où la loi d'approbation ne serait pas rendue dans un délai fixé, art. 7. Enfin l'échangiste ne peut entrer en jouissance avant cette loi, et il en sera fait mention expresse dans le contrat. I. 1233.

2447. Le contrat sera enregistré *gratis*, et transcrit sans autres frais que le salaire du conservateur. Toutefois, la soulte, si elle est payable à l'État, acquittera le droit d'enreg. de 2 p. 100, établi pour les aliénations de biens du domaine; et ce droit est mis à la charge de l'échangiste, art. 8. I. 1233.

2448. *Formalités hypothécaires.* C'est à la diligence de l'adm. qu'aura lieu l'accomplissement des formalités hypothécaires, art. 9. Il ne s'agit, quant à la transcription, que de déposer l'expédition du contrat à la conservation des hypothèques, et de la retirer, quinze jours après la formalité, avec un état des inscriptions, ou un certificat constatant qu'il n'en existe aucune. En ce qui concerne la purge des hypothèques légales, le directeur chargera un avoué des formalités à remplir, conformément à l'usage suivi en cette matière, et se fera remettre ensuite toutes les pièces. I. 1233.

2449. On n'aura point à faire notifier l'état des inscriptions aux créanciers, mais seulement à l'échangiste, pour le mettre en demeure et faire courir le délai fixé par le contrat pour la résiliation de l'échange, à défaut de radiation des hypothèques. — S'il n'a point été pris d'inscriptions sur les biens cédés à l'État, ou si celles existantes ont été radiées, le directeur remettra au préfet toutes les pièces relatives à l'accomplissement des formalités hypothécaires, pour être envoyées au Ministre des finances, avec les titres de propriété, l'expédition du contrat et les actes préparatoires, art. 11. I. 1233.

2450. *Approbation.* Le Ministre des finances provoquera, s'il y a lieu, la loi d'approbation, art. 11. Cette loi sera transcrite sur la minute et sur les expéditions du contrat d'échange. La minute, ainsi que toutes les pièces et les titres de propriété à l'appui, demeureront déposés aux archives de la préfecture. — La loi approbative ne fera pas obstacle à la revendication par des tiers, art. 12. I. 1233.

2451. *Frais.* Les frais de l'échange, autres que les droits d'enreg. sur la soulte, seront supportés, moitié par l'échangiste et moitié par l'État, lorsqu'un projet de loi d'approbation aura été adopté ou rejeté. La moitié des frais à la charge de l'État devra être acquittée par la caisse du domaine, dans la forme ordinaire. Mais si le contrat a été résilié dans les cas prévus par les art. 7, 10 et 12 de l'ord., tous les frais doivent être payés par l'échangiste. I. 1233. Lorsque l'échange concerne des immeubles affectés à un service public, les frais doivent être acquittés par l'adm. qui en est chargée. Sol. 23 mars 1843.

2452. *Soultes.* Il est fait mention du contrat d'échange sur les sommiers de consistance, et lorsqu'une soulte a été stipulée au profit de l'État, le receveur des domaines du chef-lieu est chargé d'en opérer le recouvrement selon les règles prescrites pour les prix de ventes. Par conséquent, il en fait article au sommier de compte ouvert, et, au fur et à mesure des échéances, sur le sommier des prix de ventes de domaines, n° 5 des produits constatés, s'il s'agit d'un domaine non affecté à un service public (V. 2326), et sur le sommier n° 8, produits des ministères, quand le domaine cédé provenait de l'un des ministères (V. 2369).

2453. Lorsque la soulte est à la charge de l'État, elle est payée par les soins de l'administration au service de laquelle l'immeuble donné en échange à l'État est affecté; mais s'il s'agit d'un domaine ordinaire dont la régie appartient à l'adm., les instructions ne faisant pas connaître comment le paiement doit être effectué, on se conformera, dans ce cas extrêmement rare, aux ordres spéciaux de l'administration.

ART. 4. *Concessions à titre gratuit et restitutions de domaines.*

2454. Pour régulariser la possession de certains détenteurs de domaines nationaux, mettre à la disposition des administrations locales les établissements nécessaires à leur service, ou réparer le préjudice causé à quelques propriétaires, des lois spéciales ont autorisé, soit des concessions de domaines nationaux pour une partie de la valeur, ou à titre purement gratuit, soit des restitutions de biens qui avaient été réunis au domaine. Ces lois concernent : 1° les domaines engagés, les maisons canoniales et les halles ou marchés; 2° les batiments concédés aux départements, communes ou autres établissements publics, et les dotations; 3° les biens confisqués sur les émigrés, déportés et condamnés révolutionnairement, ou ceux des communes, hospices et fabriques dont l'État s'était emparé.

1° *Domaines engagés.*

2455. Le principe de l'inaliénabilité du domaine de la couronne, proclamé dès l'année 1279, et successivement reconnu par des ordonnances postérieures, fut définitivement consacré par un Edit du mois de février 1566, sous le règne de Charles IX. Cependant, au mépris de ce principe, un grand nombre de concessions gratuites et d'aliénations à titre d'engagement, ou même à titre définitif, avaient été consenties par les Rois ses successeurs. L'Assemblée nationale, en proclamant, par la loi du 1er déc. 1790, le principe de l'aliénabilité du domaine de l'État, avec le concours de la Nation, et les formes prescrites par la loi, déclara nulle et révocable toute distraction du domaine de l'État faite en dehors de ces conditions.

2456. Cette loi n'avait pas prononcé expressément la révocation des concessions ou aliénations antérieures : une loi du 3 sept. 1792 l'ordonna positivement, sauf remboursement des sommes ou finances payées par les concessionnaires, engagistes ou acquéreurs, et un décret du 10 frim. an 2 prescrivit à la Régie des domaines de prendre immédiatement possession des biens. Cette mesure ayant soulevé de vives réclamations, plusieurs dispositions en avaient ajourné l'exécution, lorsque le Corps législatif rendit le 14 ventôse an 7, une nouvelle loi, qui, en confirmant le principe de l'inaliénabilité du domaine sans le concours des Assemblées nationales, révoque, sauf quelques exceptions, toutes les concessions antérieures, en offrant néanmoins aux possesseurs le moyen de convertir en une propriété incommutable une possession qui n'avait jamais cessé d'être incertaine. Circ. R. 1531.

2457. Un délai fort restreint avait été accordé pour profiter de la faculté concédée par la loi du 14 vent. an 7, Circ. R. 1531, 1672 ; mais cette disposition ne fut pas exécutée rigoureusement, et les détenteurs ont toujours été admis à jouir du bénéfice de la législation de l'an 7. La loi du 12 mars 1820 semble confirmer cette tolérance, en déclarant propriétaires incommutables tous les détenteurs de domaines engagés auxquels l'adm. n'aurait pas fait signifier dans les 30 ans à partir de la loi du 14 vent. an 7, et en vertu des titres constatant la domanialité, une sommation de se conformer à ses dispositions. I. 583. 925, 950.

2458. Le délai pour ces sommations étant expiré depuis le 4 mars 1829, les domaines engagés sont devenus irrévocablement la propriété de leurs détenteurs, excepté ceux pour lesquels les diligences nécessaires ont été faites. La matière n'offre donc plus qu'un intérêt historique, ou du moins temporaire, puisque l'application des principes qui la régissent se trouve restreinte aux affaires actuellement engagées. On se bornera en conséquence à l'exposé succinct des règles qui s'y rapportent.

2459. *Révocation des concessions.* La loi du 14 ventôse an 7 peut être divisée en quatre parties : dans la première, composée des art. 1 à 12, elle détermine les aliénations qui sont révoquées et celles qui sont maintenues. Sans en donner le détail, on rappellera : 1° que les aliénations antérieures à l'année 1566, faites sans clause de retour ni réserve de rachat, ont été confirmées ; 2° que les aliénations grevées de ces réserves, et celles postérieures à l'Édit de 1566, faites sans approbation des Assemblées nationales, et lors même qu'elles ne contiennent aucune clause de retour ou de rachat, ont été révoquées sauf quelques exceptions déterminées dans la loi. Ces exceptions concernent notamment les terres vaines et vagues, landes, bruyères, palus et marais qui ne sont pas situés dans le voisinage des forêts, et les parcelles de terres éparses au dessous de 5 hectares, sans édifices. Circ. R. 1531.

2460. La loi, dans sa 4e partie qui commence à l'art. 33, contient l'énumération de plusieurs espèces d'aliénations auxquelles ses dispositions ne sont pas applicables, notamment : les concessions temporaires ou à vie, celles des îles, îlots et attérissements, des lais et relais de mer, et des biens des communes. Circ. R. 1531. Des réserves avaient été faites pour les bois et forêts : une loi du 11 pluv. an 12 en a prononcé la réunion au domaine, toutes les fois que la contenance excède 150 hectares ; les engagistes n'avaient droit qu'au remboursement de la finance et des améliorations. I. 224. Mais cette disposition a été abrogée par les lois des 28 avril 1816 et 15 mai 1818 qui rendent communes à tous les engagistes ou échangistes des bois de l'État, les dispositions de la loi du 14 vent. an 7. I. 720, 838.

2461. *Obligations des engagistes*. Dans sa 2e partie, art. 13 à 21, la loi du 14 vent. an 7, détermine les obligations que les détenteurs ont à remplir pour prévenir leur dépossession et acquérir une propriété incommutable. Ils sont tenus de remettre une déclaration du domaine ou de la partie du domaine dont ils jouissent, avec soumission de payer, sans aucune déduction, le quart de la valeur, Circ. R. 1531 ; et, s'il s'agit de bois, le quart de la valeur du sol et du taillis, et la valeur totale de la futaie. Avis Cons. d'État, 12 flor. an 13. Circ. 19 mess. an 13 ; I. 720.

2462. La soumission doit être faite sur papier timbré. Le détenteur y désigne un expert, et joint à l'appui un état détaillé et certifié des biens, de leur consistance et situation. Le receveur, en adressant ces pièces au directeur, lui propose un expert pour procéder à l'estimation avec celui qui a été nommé par l'engagiste et avec un troisième expert dont le choix appartient au préfet. Circ. R. 1531.

2463. Le directeur désigne celui des experts dont la nomination lui est réservée, et soumet au préfet le choix de l'autre ; aucun expert ne peut, à peine de nullité, être pris parmi les détenteurs de domaines engagés. Circ. R. 1531. Lorsqu'il y a lieu de fixer la valeur de bois engagés, l'expert à la nomination du directeur est choisi sur une liste de trois agents forestiers désignés par le conservateur. D. 13 nov. 1816. I. 753. — Le directeur en faisant connaître aux experts comment ils doivent procéder, leur remet copie de l'art. 19 de la loi du 14 vent. an 7, qui détermine le mode d'évaluation suivant la nature des biens, et, s'il s'agit de bois, la circulaire du 19 mess. an 13.

2464. *Quart de la valeur à payer*. Lorsque les experts ont remis leur rapport, le directeur propose au préfet de fixer la valeur des biens engagés, et de déterminer la somme à payer par les détenteurs. L'arrêté énoncera les résultats pour chacune des bases d'évaluation, et fixera l'estimation à celui qui sera le plus avantageux à l'État. C'est le quart de cette estimation que le détenteur est tenu d'acquitter entre les mains du receveur des domaines, au chef-lieu de département; il doit en outre la valeur totale de la futaie et supporte tous les frais.

2465. *Mode de paiement.* Le paiement doit être effectué un tiers dans le mois de l'arrêté, un tiers deux mois après le premier, et le dernier tiers deux mois après le second terme, avec intérêts à compter de la date de l'arrêté. Une ampliation est adressée à cet effet par le directeur au receveur; celui-ci fait mention de la somme à recouvrer au sommier des comptes ouverts avec les acquéreurs de l'État (V. 2323). Circ. R. 1531, 1649; I. 261. A mesure de l'échéance, les sommes exigibles sont reportées au sommier des produits constatés, n° 5, prix de vente de domaines, sous les deux titres spéciaux : *Domaines engagés,* et *Bois engagés ou échangés,* selon qu'il s'agit de biens de l'une ou l'autre nature. Le recouvrement est suivi ainsi qu'il est prescrit pour les prix de ventes de domaines (V. 2336).

2466. Lorsque le détenteur acquitte le premier tiers, le receveur doit lui faire souscrire des obligations pour les deux autres; ces obligations seront rédigées sur papier timbré aux frais du soumissionnaire. Circ. R. 1649. Pour le calcul des intérêts, on se conformera aux règles énoncées *sup.* 2328 et suiv. Les sommes recouvrées seront portées au registre de recette correspondant au sommier; on indiquera dans les enreg. la date des paiements antérieurs. I. 261. — Les quittances délivrées doivent être enregistrées au droit de 2 p. 100 dans les trois mois de leur date; le receveur en avertira l'engagiste, et préviendra, s'il y a lieu, son collègue chargé de l'enreg. Circ. R. 1672; I. 290. — Après le paiement pour solde le receveur en informera le directeur, lequel fera rendre par le préfet un arrêté qui déclarera le détenteur propriétaire incommutable; cet arrêté n'est assujetti qu'au droit fixe. I. 290.

2467. *Dépossession.* La loi du 14 vent. an 7 détermine dans sa 3ᵉ partie, de l'art. 22 à l'art. 32, les diligences à faire contre les possesseurs non maintenus, ceux qui n'ont pas fait la déclaration et la soumission requises, ou ceux qui, après avoir fait la déclaration n'ont pas acquitté les sommes mises à leur charge. Le directeur doit faire signifier à ces détenteurs copie des titres établissant les droits de l'État, avec déclaration que dans le délai d'un mois on poursuivra la vente, et sommation de nommer dans les dix jours un expert pour procéder aux opérations préparatoires avec ceux de l'adm. et du préfet. Circ. R. 1531; I. 43.

2468. Les experts procéderont dans les 20 jours : 1° à l'estimation d'après les règles posées *sup.* 2463; 2° à l'estimation du revenu annuel; 3° à celle des améliorations, s'il y en a, mais seulement jusqu'à concurrence de la valeur dont les biens se trouvent augmentés; 4° à l'évaluation des dégradations; 5° enfin, à l'estimation des fruits perçus par les détenteurs depuis et compris l'année 1791, à moins qu'ils ne justifient avoir fait la déclaration. Circ. R. 1531.

2469. Après la remise du rapport, le directeur propose au préfet de liquider par un arrêté, et d'après l'évaluation qui en a été faite, les restitutions de fruits par les détenteurs. Il transmettra aux receveurs de la situation des biens copie de cet arrêté, et veillera au recouvrement. I. 465.

2470. Un mois après la date de la signification (V. 2467), les biens seront mis en vente par affiches et enchères en la forme ordinaire pour les ventes de domaines. Circ. R. 1531 et 1548; I. 465 (V. 2288 et suiv.). — Le prix de l'adjudication sera payé un quart à la caisse du receveur des domaines, ainsi qu'il est réglé *sup.* 2465; les trois autres quarts sont affectés au remboursement des indemnités dues à l'engagiste, et que l'acquéreur devait lui payer directement d'après l'arrêté du préfet. Le surplus seulement était versé par tiers de trois en trois mois, à la caisse du domaine, avec intérêts à partir de la notification de l'arrêté. L. 14 vent. an 7, art. 30, 31, 32. Circ. R. 1531. Les règles actuelles de la comptabilité ne permettent plus ces paiements directs, à titre de prélèvement.

2471. Les poursuites qu'il est nécessaire d'exercer contre les détenteurs ou acquéreurs de domaines engagés, ont lieu comme en matière domaniale; et les instances sont instruites et jugées de même par les tribunaux civils (V. *titre* V). Les frais sont avancés et recouvrés comme ceux de toute autre poursuite ou instance concernant l'adm. I. 1240, 1551; C. c. 46 (V. *Comptabilité générale*).

2472. *Maisons canoniales.* D'après d'anciens réglements, des maisons avaient été affectées à l'usage des chapitres et chanoines. La loi du 24 juill. 1790 a maintenu les titulaires dans la jouissance des maisons canoniales qui leur avaient été abandonnées à titre de bail à vie, à la condition de payer le prix du bail. Ces maisons ont été vendues à charge de l'usufruit du vivant des titulaires, ou réunies au domaine de l'État, lorsque leur jouissance a cessé. I. 331; Circ. 7 fév. 1807.

2473. A l'égard des chapitres dans lesquels les détenteurs d'une maison canoniale avaient un droit à la totalité ou à une partie du prix de la maison, la loi du 24 juill. 1790 porte que les titres seront exécutés, et que les titulaires, leurs héritiers ou ayants-cause pourront en disposer comme bon leur semblera, à charge de payer au domaine, outre ce qui sera porté dans les titres ou réglé par l'usage immémorial, le sixième de la valeur à dire d'experts, mais seulement au décès des titulaires, ou en cas d'aliénation. I. 331; Circ. 7 fév. 1807 et 5 oct. 1808. — Cette matière étant aujourd'hui épuisée, on n'en fait mention que pour mémoire.

2474. *Halles et marchés.* Un décret du 26 mars 1806 porte que les halles et marchés dont la propriété appartenait à l'État, seraient concédés aux communes moyennant une rente. Cette aliénation a eu lieu, après expertise contradictoire, par des actes contenant obligation par la commune de payer la rente à raison de 5 p. 100 du montant de l'estimation, jusqu'au remboursement du principal. I. 308 ; Circ. 18 nov. 1806.

2° *Concessions à titre gratuit.*

2475. *Départements et communes.* Dans certains cas, des propriétés de l'État ont été concédées à titre purement gratuit ; il faut toujours qu'une loi spéciale autorise ces concessions. C'est ainsi que, par deux lois des 25 déc. 1790 et 18 germ. an 10, les églises et presbytères furent abandonnés aux communes, Circ. 15 vent. an 13 ; et que par un décret du 9 avril 1811, les départements, arrondissements ou communes, ont obtenu la propriété des édifices et bâtiments nationaux alors occupés pour le service de l'administration, des cours et tribunaux et de l'instruction publique. Cette concession a eu principalement pour objets les bâtiments ou édifices affectés aux préfectures, sous-préfectures, mairies, palais de justice, prisons, collèges et séminaires. I. 519, 569. — L'exécution de ces décrets ne donne plus lieu à d'autres opérations que celles qui se rapportent à des contestations sur la propriété des édifices auxquels on prétend les appliquer.

2476. *Université.* Un décret du 11 déc. 1808 a concédé à l'Université la propriété de certains biens, Circ. 11 et 23 janv. 1809. Le budget de l'Université ayant été rattaché à celui de l'État par les lois des 23 et 24 mai 1834, cette concession est devenue une simple affectation à un service public, puisque l'Université est une administration dépendant de l'État.

2477. *Caisse d'amortissement.* Il en est de même des cessions de domaines faites dans quelques circonstances à la Caisse d'amortissement, administration publique chargée de l'extinction des dettes de l'État. L'affectation des domaines à cette destination ne constitue donc pas une concession par l'État, mais une simple affectation du produit à l'amortissement de la dette publique.

2478. *Légion-d'Honneur.* Des biens de l'État ont été affectés au service ou à la dotation de la Légion-d'Honneur : les receveurs de l'adm. en percevaient les revenus pour son compte. I. 167 ; Circ. 11 brum., 18 frim., 14 pluv., 17 vent., 24 germ., 23 therm., 19 fruct. an 12 et 2 frim. an 13. Plus tard, ils ont cessé de concourir à l'administration de ces biens, tout en continuant d'en percevoir les revenus. Circ. 4 et 10 vend. an 14, 25 nov. 1806.

2479. Les biens ruraux de la Légion-d'Honneur ont été cédés à la Caisse d'amortissement, en échange d'une inscription de rente sur le grand-livre de la dette publique, et ses bois ont été réunis au sol forestier moyennant indemnité. Décr. 28 fév. 1809 ; Circ. 15 mars 1809. Les receveurs ont encore continué la recette pour le compte de la Caisse d'amortissement (V. 2477). En 1815, ces biens ont été réunis et les produits confondus avec ceux des autres domaines. I. 690 ; Circ. 10 et 30 nov. 1815.

2480 *Sénatoreries*. Un Sénatus-consulte du 14 niv. an 11, a prescrit des mesures pour la dotation du Sénat et des Sénatoreries, et trois arrêtés des 18 fruct. an 11 et 5 vend. an 12 ont affecté à cette dotation divers immeubles qui ont cessé d'être régis par l'adm. I. 177. — En vertu d'une ord. du 4 juin 1814, et de la loi du 8 nov. suivant, la dotation du Sénat et des Sénatoreries fut réunie momentanément au domaine de la Couronne, chargé du service des pensions des sénateurs; mais sa réunion définitive au domaine fut ordonnée par une loi du 28 mai 1829, et les immeubles provenant de cette dotation remis à l'adm., ont été, à partir du 1er janv. 1830, régis, affermés ou aliénés comme les autres domaines de l'État. I. 1300.

2481. *Domaine extraordinaire*. L'ancien domaine était divisé en domaine ordinaire et domaine extraordinaire : ce dernier se composait de tous les biens que le Souverain acquérait par des conquêtes ou des traités. Un Sénatus-consulte du 30 janv. 1810, en avait attribué la disposition au chef de l'État; mais il était indépendant du domaine de la Couronne; l'adm. des domaines restait étrangère à la régie des biens qui en faisaient partie.

2482. C'est sur les biens du domaine extraordinaire que l'Empereur Napoléon a constitué au profit des citoyens qui avaient rendu des services à l'État, des majorats de propre mouvement et des dotations qui devaient faire retour au domaine dans certains cas déterminés. Les préposés ont été chargés de concourir à la surveillance des biens affectés aux majorats, d'en reprendre possession au nom du domaine extraordinaire, en cas de retour. I. 413, 423, 448, 625 et 696.

2483. A la chute de l'Empire, une ord. du 22 mai 1816 avait reconstitué l'ancien domaine extraordinaire, et portait qu'il continuerait à former un domaine distinct et séparé de ceux de l'État et de la Couronne; mais l'art. 95 de la loi du 15 mai 1818 a prononcé la réunion au domaine de l'État de tous les biens du domaine extraordinaire, soit qu'ils fussent restés à la disposition du chef de l'État, soit qu'ils aient été affectés temporairement ou sous des clauses résolutoires, à des dotations ou à des majorats de propre mouvement. I. 835.

2484. L'adm. a été chargée par la même loi de prendre possession de ces biens, de régir ceux qui étaient disponibles, d'en percevoir les revenus, de mettre les fonds en vente dans les formes usitées pour les autres domaines, et enfin de surveiller le retour à l'État, dans les cas prévus, des biens affectés à des majorats. A cet effet, on a prescrit de tenir dans les bureaux des sommiers et des registres spéciaux, et une comptabilité particulière. I. 835.

2485. Quelques modifications ont été apportées à cet égard, en vertu d'une loi du 26 juill. 1821, et par deux décisions des 27 et 31 déc. 1822, I. 1066; enfin l'art. 12 de la loi du 8 juill. 1837 a ordonné la réunion au budget général de l'État des sommes recouvrées sur les créances, revenus et prix de vente des biens provenant de l'ancien domaine extraordinaire. C. c. 43.

2486. Par suite de cette réunion, les sommiers particuliers de consistance et de compte ouvert tenus dans les bureaux et dans les directions pour les biens du domaine extraordinaire, sont devenus sans objet. Ces biens, lorsqu'ils sont disponibles, ont été confondus avec les autres domaines sur les sommiers de consistance établis en exécution de l'instr. 1488 (V. 2194). Les produits figurent aux sommiers et registres des droits constatés, soit des revenus, soit des prix de vente de domaines.

2487. Néanmoins, les directeurs ont continué à tenir particulièrement le sommier des dotations susceptibles de faire retour au domaine, afin de surveiller les circonstances qui pourraient déterminer ce retour. Ce sommier, établi d'après les renseignements fournis par les conservateurs des hypothèques, au moyen des registres de transcription, présente la date de la création du majorat de propre mouvement, et celle de chaque investiture ; le détail des biens de toute nature qui composent la dotation ; le nom du premier investi et celui du titulaire actuel. A chaque renouvellement, on y indiquera, d'après les détails fournis par les conservateurs, le nom du nouveau titulaire. I. 835.

2488. Lorsque les biens font retour au domaine, le directeur prend les mesures nécessaires pour assurer la prise de possession par l'adm. Il en fait article sur les sommiers de consistance des propriétés de l'Etat non affectées à un service public, et ordonne les diligences pour la perception des revenus, la location ou l'aliénation des biens, s'il y a lieu, suivant les formes usitées pour les autres propriétés domaniales.

3° *Restitutions de biens.*

2489. Quelques propriétés réunies au domaine par suite de confiscations, ont été restituées à leurs propriétaires, lorsqu'elles se sont retrouvées dans les mains de l'Etat, aux époqués où ces confiscations ont été abolies. C'est ainsi que l'on a restitué successivement : 1° les biens des émigrés, déportés et condamnés révolutionnairement ; 2° les biens des religionnaires fugitifs ; 3° les biens des communes, hospices et fabriques.

2490. *Emigrés.* On sait que les événements de la Révolution de 1789 ont déterminé une émigration considérable. Une première loi du 1er août 1791 enjoignit aux émigrés de rentrer en France, et celles des 12 fév. et 8 avril 1792 mirent les biens des émigrés non rentrés sous le séquestre. L'adm. fut chargée de la régie de ces biens; plusieurs circulaires ont transmis des instructions à ce sujet aux préposés, notamment, Circ. R. 266, 284, 287, 288, 293, 305, 314, 456.

2491. Une loi du 2 sept. 1792 ordonna la confiscation, au profit de la Nation, de tous les biens mobiliers et immobiliers séquestrés sur les émigrés ou qui devaient l'être d'après les dis-

positions des lois antérieures. Circ. R. 325 *bis*. Confirmée par
la loi du 28 mars 1793, cette disposition fût expliquée ou étendue
par plusieurs autres lois ou décrets, et notamment des 13 juin,
25 juill. et 13 sept. 1793, 25 brum., 17 frim. et 9 flor an 3 ; 20
flor. an 4, 19 fruct. an 5, 16 therm. an 7 et 12 vent. an 8. Circ.
R. 421, 582, 620, 734, 777, 1094, 1119, 1398, etc.

2492. L'adm. fut chargée de la régie et de l'aliénation de
tous les biens confisqués sur les émigrés. Cette opération importante donna lieu à une foule d'instructions dont il est inutile
de rappeler les dispositions. Ce sont notamment les Circ. R. 378,
379, 404, 422, 433, 452, 453, 472, 476, 491, 496, 511, 531, 578,
591, 622, 690, 703, 737, 786, 819, 957, 1075, 1132, 1208, 1224,
1227, 1251, 1266, 1288, 1308, 1318, 1362, 1420, 1456, 1513,
1621, 1714, 1805, 1817.

2493. Les individus qui obtenaient leur radiation de la liste
des émigrés étaient réintégrés dans la propriété de leurs biens
non aliénés ; mais l'État n'accordait aucune restitution des revenus ou prix de vente. Diverses lois ou arrêtés notamment
des 6 flor. et 13 fruct. an 3, 28 pluv. an 4, 28 messidor an 8,
28 vend. an 9 et 13 frim. an 10, contiennent des dispositions
à cet égard. Circ. R. 456, 690, 715, 1358, 1851, 1866, 2019,
2036 ; Circ. 12 mess. an 10, 16 prair. et 22 therm. an 11, 14
vend. et 5 vent. an 12, 22 oct. 1806, 15 juill. et 15 sept. 1807 ;
I. 28, 67, 71, 82, 98, 337, 365, 507.

2494. Un décret d'amnistie, publié le 6 flor. an 10, rendit
aux émigrés rentrés les biens qui se trouvaient encore en la
possession du domaine, Circ. 14 fruct. an 10, 28 prair. an 11,
5 vent. an 12, 22 oct. 1806 et 15 sept. 1807 ; I. 82, 365. Enfin
la loi du 5 déc. 1814 ordonna la restitution aux anciens propriétaires ou à leurs héritiers et ayants-cause, de tous les biens
séquestrés ou confisqués pour cause d'émigration qui n'avaient
pas été vendus et faisaient encore partie du domaine de l'Etat.
Cette restitution fut opérée par les soins de l'adm. I. 666, 720,
791, 1322.

2495. *Condamnés et déportés*. Les biens des condamnés révolutionnairement ou déportés furent également frappés de séquestre ou de confiscation, en vertu de plusieurs dispositions
législatives, telles que les lois des 26 août 1792, 23 avril et
17 sept. 1793, 22 vent. an 2, 12 germ. an 3, 19 fruct. an 5 et
12 janv. 1816. Circ. R. 491 *bis*, 495, 571 et 1097 ; I. 708.

2496. La restitution de ces biens qui n'avaient pas été aliénés fut successivement ordonnée par divers arrêtés des 21 prair.
et 22 fruct. an 3, 7 fruct. an 5, 19 brum. an 7, 7 therm. et 8 fruct.
an 8. Circ. R. 809, 1219, 1298, 1398, 1650 ; I. 234, 1322.

2497. *Indemnité aux émigrés, condamnés et déportés*. La loi
du 27 avril 1825 a affecté 30 millions de rentes. 3 p. 100, sur
l'Etat, au capital d'un milliard, à l'indemnité accordée aux Français dont les biens fonds, situés en France ou qui faisaient partie

du territoire français au 1er janvier 1792, ont été confisqués ou aliénés, en exécution des lois sur les émigrés, les déportés et les condamnés révolutionnairement.

2498. L'adm. a encore été chargée de cette importante liquidation. I. 1135, 1139, 1142, 1143, 1148, 1161, 1162 ; Circ. 31 déc. 1824, 21 et 29 avril, 24 mai, 7, 11, 22 et 27 juin, 6, 7, 19 et 28 juillet, 13 août, 26 et 29 sept. 1825, 27 janv., 21 mai, 8 sept. et 3 oct. 1826, 16 et 26 mai 1827, 15 nov. 1828 et 24 août 1829. — Ces différentes opérations étant terminées, on n'a dû en faire mention que pour ordre, et à cause de l'intérêt historique qu'elles peuvent présenter.

2499. *Religionnaires fugitifs.* Par suite de la révocation de l'Edit de Nantes, de nombreuses confiscations furent prononcées contre les religionnaires fugitifs, et leurs biens furent incorporés au domaine ou administrés en son nom. Les lois des 18 juill. et 15 déc. 1790 et du 20 sept. 1792 ordonnèrent la restitution de ces biens aux héritiers, successeurs, ou ayants-droit des anciens propriétaires, à la charge de former leur demande dans un délai déterminé. Ce délai étant expiré depuis longtemps, les biens non réclamés ont été aliénés comme domaines nationaux. Circ. R. 921, 1065, 1134. Il a été reconnu que des biens de cette origine existaient encore en 1830, et des recherches ont été prescrites à ce sujet. Circ. 5 oct. 1830.

2500. *Biens des communes.* Une loi du 24 août 1793 a déclaré nationales les dettes des communes, et a réuni jusqu'à due concurrence leurs biens au domaine de l'Etat, excepté pour les portions partagées entre les habitants. Circ. R. 475, 540 et 596. La loi du 2 prair. an 5 ayant statué que les communes ne pourraient faire aucune aliénation de leurs biens, qu'en vertu d'une loi, on avait cru que ces dispositions devaient empêcher la vente des biens des communes dont l'Etat avait pris possession en paiement des dettes, mais un décret du 28 mai 1812 porte que la loi du 2 prair. an 5 n'est point applicable. I. 593.

2501. Une dernière loi du 20 mars 1793 chargea l'adm. de prendre immédiatement possession, au nom de la Caisse d'amortissement, des biens ruraux, terres labourables, vignes, prés, prairies, pâturages, jardins, maisons, usines et autres immeubles affermés, loués et régis, dont les revenus se versaient dans les caisses communales, à l'exception des bois, biens communaux proprement dits, tels que pâtis, pâturages, tourbières et autres dont les habitants jouissaient en commun, ainsi que des halles, marchés, promenades, églises, hôtels de villes, casernes, salles de spectacles et autres édifices affectés à un service public et appartenant aux communes.

2502. Les biens des communes, cédés à la Caisse d'amortissement, furent mis en vente pour subvenir aux dépenses publiques, avec promesse de leur donner en rentes sur l'Etat un revenu égal à celui que leur procuraient les immeubles. L'adm.

a été chargée, non seulement de la régie des biens, mais encore de leur aliénation et de la recette du prix des ventes. Les circulaires et les instructions adressées aux préposés pour l'exécution de ces mesures sont très nombreuses. La plupart de leurs dispositions n'offrant plus guère qu'un intérêt historique, on se borne à en rappeler les n°s ou les dates. I. 630, 672, 695, 709, 960 ; Circ. 10, 20 et 24 avril, 17, 18, 22 et 31 mai, 10, 14 et 28 juin, 6 et 12 juill., 4 août, 23 et 29 sept., 27 et 30 nov. 1813, 22 mars, 20 juin, 2 août, 27 oct. et 3 déc. 1814.

2503. Les biens des communes, non aliénés par l'État, leur ont été restitués en vertu de l'art. 15 de la loi du 28 avril 1816. L'adm. a naturellement été chargée d'effectuer cette remise, et des opérations qui en ont été la suite. I. 718, 756, 817, 853 et 861.

2504. *Biens des hospices.* — Une mesure semblable à celle qui est relative aux communes, avait été prise à l'égard des hospices : par une loi du 23 mess. an 2, leurs dettes avaient été déclarées dettes nationales, et leurs biens réunis au domaine ; le Gouvernement devait subvenir aux besoins de ces établissements. Circ. R. 627. Mais bientôt les embarras survenus pour la mise à exécution de ces engagements, firent suspendre les ventes, Circ. R. 826, et deux lois des 16 vend. et 29 pluv. an 5, ordonnèrent la restitution aux hospices de leurs biens non vendus, et réglèrent ce qui concernait le paiement de leurs dettes. Circ. R. 969, 1405.

2505. Pour indemniser les hospices des biens qui avaient été aliénés, le Gouvernement prit, le 14 nivôse an 11, un arrêté portant qu'il leur serait attribué des biens nationaux en remplacement. I. 126 ; Circ. 2 compl. an 12. Ces attributions, d'abord provisoires, furent ensuite prorogées par plusieurs décrets des 30 vent., 1er compl. an 13, et 12 sept. 1806 ; I. 280, 298, 319 ; et définitivement maintenues par une loi du 7 sept. 1807.

2506. Les biens abandonnés aux hospices, en exécution de ces dispositions, furent même exceptés de la restitution aux émigrés et autres condamnés révolutionnairement, lorsqu'ils avaient cette origine. Néanmoins, comme certains hospices avaient accru leur revenu au delà des pertes qu'ils avaient subies par l'aliénation de leurs biens, l'excédant fut déclaré sujet à restitution. L. 5 déc. 1814 ; Ord. 11 juin 1816.

2507. *Biens des fabriques.* Lorsque les biens du clergé furent réunis au domaine, ceux que possédaient les fabriques n'y furent point compris, mais deux lois des 18 fév. 1791 et 19 août 1792 ordonnèrent de les vendre comme domaines nationaux, à la charge par le trésor de payer 4 p. 100 du produit net pour l'acquit des services religieux. Bientôt les frais du culte ayant été mis à la charge de l'État, ces prestations furent supprimées par la loi du 24 août 1793, et celle du 13 niv. an 2 prononça la réunion définitive au domaine de toutes les propriétés des fabriques. Circ. R. 333, 485, 538, 573, 1520, 1651.

2508. L'aliénation des biens des fabriques fut suspendue en l'an 11, Circ. 7.prair. an 11, et un arrêté du 7 therm. suiv. ordonna la restitution de tous les biens qui n'avaient pas été aliénés, aux fabriques des églises conservées. I. 155, 167, 181, 189, 200, 217, 278, 334, 864; Circ. 20 pluv. an 12, 7 flor. an 13, 5 vend. an 14, 5 janv. et 27 juill. 1808.

2509. *Règle générale.* En cas de revendication par une commune, un hospice, une fabrique, ou même un particulier, de biens dont le domaine est en possession, la demande est adressée au préfet qui statue sur l'avis du directeur, et après qu'il en a été rendu compte à l'adm. L'arrêté du préfet qui ordonne la restitution ne peut être exécuté qu'après son approbation par le Ministre des finances.

§ IV. — *Acquisitions par l'État.*

2510. *Administrations financières.* Lorsque, sur la proposition de l'une des administrations financières, le Ministre de ce département a reconnu l'utilité et autorisé l'acquisition d'un immeuble par l'État, les opérations relatives à l'achat, à la passation du contrat et à la prise de possession sont faites par les soins et à la diligence de l'adm. des domaines, de concert avec l'adm. intéressée. Ce concours des préposés a pour but principal de garantir les droits de l'État de tous troubles et évictions, et d'assurer sa libération régulière.

2511. Le chef de service de l'administration autorisée à acquérir, communique d'abord au directeur des domaines les pièces relatives au projet d'acquisition et lui fait connaître les conditions particulières à stipuler dans l'intérêt de l'État. Le directeur demande ensuite la justification des titres des vendeurs, vérifie leurs droits à une propriété incommutable, et s'assure tant de leur situation personnelle que des charges qui grèvent l'immeuble (V. 2437, 2438).

2512. Cet examen doit être fait avec soin : à cet effet, le directeur se fera fournir par les receveurs et autres préposés tous les renseignements nécessaires. Si l'État était évincé, ou devenait ultérieurement l'objet d'un recours quelconque, à défaut de précautions, la responsabilité du directeur se trouverait engagée. Il semble inutile de rappeler les précautions à prendre en pareil cas. Ce sont celles que tout acquéreur ne doit pas négliger, s'il veut assurer sa propriété et éviter les actions ultérieures, soit de la part des vendeurs ou précédents possesseurs, soit de la part des femmes, des mineurs, des interdits, des créanciers, ou des tiers intéressés.

2513. Après cet examen préalable, le directeur prépare un projet de contrat qu'il communique à l'agent supérieur (dans le département) de l'adm. pour le compte de laquelle l'immeuble est acquis. Cette acquisition doit être faite au nom de l'État. I. 1192. Le directeur énoncera avec soin dans le projet les noms des parties, l'adm. pour le service de laquelle l'immeuble est acheté, et la date de l'autorisation ministérielle; il y insérera une désignation détaillée de l'immeuble et de ses accessoires; l'origine et l'établissement de la propriété depuis trente ans au moins; il déterminera l'époque de l'entrée en jouissance et rappellera ensuite les conditions générales et particulières de l'acquisition, telles que le Ministre les aura approuvées, et qu'elles auront été arrêtées avec les chefs de service. Le directeur ajoutera toutes les stipulations nécessaires pour la garantie due par les vendeurs, la fixation et le mode de paiement du prix, le tout avec les précautions d'usage; enfin, il terminera par les déclarations relatives à l'état civil des vendeurs, et par le détail des titres de propriété remis au domaine.

2514. Le contrat doit être passé devant le préfet. I. 1192. Outre ce magistrat qui représente l'État, et les vendeurs, le directeur des domaines et l'agent supérieur de l'adm. pour laquelle l'acquisition sera faite y concourront tous deux. La minute du contrat, rédigée sur papier visé pour timbre *gratis* et enregistrée de même, restera déposée à la préfecture. Une expédition également sur papier visé pour timbre *gratis,* sera remise au directeur des domaines.

2515. Le dépôt des titres de propriété des immeubles affectés ou acquis pour le service de toutes les administrations financières doit être fait dans les archives de la direction. La remise est constatée par un inventaire souscrit du récépissé du directeur. Ces titres sont inscrits sur l'inventaire de la direction. I. 1192.

2516. Les biens acquis seront portés au sommier de consistance des propriétés de l'État affectées à un service public. Le prix d'acquisition est payé par l'administration qu'elle concerne, sans l'intervention des préposés. Cependant le directeur des domaines doit prendre les précautions nécessaires pour assurer la régularité de ce paiement. Il fait transcrire le contrat, demande, sans frais ni salaires pour le conservateur, l'état des charges, après l'expiration de la quinzaine, et fait procéder à la purge des hypothèques légales, ainsi qu'il est expliqué *sup.* 2448, 2449; le tout aux frais de l'administration pour laquelle l'acquisition a eu lieu.

2517. Bien que l'adm. reste naturellement étrangère à la régie des biens acquis pour le service des autres adm. financières, elle est chargée de la suite des contestations relatives à la propriété. Ces instances sont instruites au nom du préfet et suivies selon le mode de procédure établi pour toutes les actions judiciaires sur des questions de propriété qui intéressent le domaine de l'État. I. 1192 (V. *titre* V).

2518. *Ministères.* Les dispositions ci-dessus ne s'appliquent pas aux acquisitions faites pour le compte des ministères autres que celui des finances; les préposés y restent étrangers, toutefois ils sont tenus de fournir, lorsqu'ils en sont requis, les renseignements propres à garantir les intérêts de l'État. — Cependant les employés des domaines ont été chargés, dans quelques circonstances particulières, de concourir activement aux acquisitions faites par l'État, notamment lors de l'établissement des fortifications de Paris.

2519. Le Ministre des travaux publics a également réclamé leur concours pour faciliter aux agents de son département l'évaluation des indemnités dues aux propriétaires dépossédés pour cause d'utilité publique. Ces agents prennent dans les bureaux les renseignements dont ils ont besoin. D. 19 juill. 1843. Circ. 28 déc. 1843. Dans quelques occasions, des employés de l'adm. ont été chargés de concourir activement aux opérations relatives à ces acquisitions.

2520. *Titres des acquisitions.* Conformément à l'art. 56 de la loi du 7 juill. 1833, reproduit dans celle du 3 mai 1841, il doit être transmis au directeur des domaines des expéditions de *tous* les contrats de vente, quittances et autres actes relatifs aux acquisitions de biens faites par l'État, pour cause d'utilité publique. Les directeurs veilleront à ce que cette disposition soit exécutée. Ils conserveront en dépôt les expéditions des actes dont il s'agit, et en tiendront un inventaire particulier. I. 1448, 1660. Pour les acquisitions antérieures au 1er janv. 1847, il peut être suppléé aux expéditions par un tableau détaillé des contrats. D. 6 avril 1847. I. 1781.

SECTION III. — *Biens régis.*

§ 1er. — *Biens vacants et sans maître.*

2521. Les biens vacants sont ceux dont le propriétaire est inconnu. Les meubles sont généralement désignés sous le nom d'*épaves*; il en a été question précédemment (V. 2147). Les observations qui suivent s'appliquent aux immeubles. — Aux termes des art. 539 et 713 C. civ., les biens vacants et sans maître appartiennent à l'État. Les hospices ou les communes n'ont pas le droit de les revendiquer. Circ. 26 sept. 1806.

2522. La propriété n'étant pas irrévocablement acquise à l'État, puisque le légitime propriétaire peut faire valoir ses droits pendant 30 ans, l'adm. régit les biens vacants comme biens d'absents, et sauf restitution aux ayants-droit. Ce n'est qu'après l'expiration du terme fixé pour prescrire la propriété que les biens sont définitivement réunis au domaine.

2523. *Recherche.* L'adm. a prescrit plusieurs fois aux préposés de s'occuper de la recherche de ces biens. Circ. 26 sept. 1806 ; I. 447. La confection du cadastre offre un moyen de les découvrir : le directeur des contributions, à mesure qu'une expertise est terminée, doit faire le relevé de tous les biens dont les propriétaires ne se sont pas fait connaître, et qui, dès lors, sont portés au parcellaire, comme appartenant au domaine ; il envoie ce relevé au directeur des domaines, qui lui en accuse réception. D. 16 juin 1809. I. 447.

2524. Le directeur adresse ces relevés au receveur de la situation des biens: celui-ci compare chacun des articles avec le sommier de consistance, et les émarge du nº sous lequel ils sont consignés. Quant aux articles qui n'y sont point portés, le receveur en adresse copie au maire, en le priant d'indiquer en marge le nom de l'ancien propriétaire, et tous les détails qui pourraient faire connaître le possesseur. S'il résulte de ces renseignements et de ceux que le receveur pourra se procurer, qu'un article appartient à un particulier, il l'invitera à justifier de ses titres au préfet, et le préviendra que faute de le faire, les biens seront régis au nom de l'État ; mention de la lettre sera faite en marge de l'article. I. 447.

2525. Après avoir apostillé le relevé du résultat de tous les renseignements, le receveur l'enverra au directeur, qui le communiquera au préfet, avec prière de prendre un arrêté pour autoriser la régie, par le domaine, des articles qui en seront susceptibles. Copie de l'arrêté sera transmise au receveur ; il portera au sommier de consistance des propriétés de l'État les biens qui seront reconnus lui appartenir, et les régira comme il est prescrit pour les domaines nationaux. I. 447.

2526. *Régie des biens vacants*. Quant aux articles dont le préfet aura autorisé la régie par l'adm., parce que les biens auront été considérés comme vacants et sans maître, le receveur les consignera sur un sommier spécial. I. 447. Les biens vacants n'appartenant pas irrévocablement à l'État, c'est dans la première section de la seconde partie du sommier de consistance, destinée aux biens régis, qu'ils doivent figurer. I. 1725 (V. 2204).

2527. Ces biens seront régis suivant les règles établies pour les domaines de l'État. I. 447. Les produits, consignés sur le sommier des revenus de domaines, nº 4, au fur et à mesure de leur exigibilité, seront portés en recette au registre correspondant, sous le titre : *Epaves, déshérences et biens vacants*. I. 1358. — Jusqu'à l'époque de la prescription, les immeubles ne peuvent être aliénés que dans les cas d'absolue nécessité, avec les formalités prescrites pour les ventes d'immeubles dépendant des successions en déshérence (V. 2558). — Quant aux dépenses relatives aux biens vacants, elles sont faites aussi d'après les règles à observer pour les dépenses domaniales (V. *Comptabilité générale*). — Les receveurs auront soin de faire mention, à chaque article du sommier de consistance, des recettes et dépenses qu'ils effectueront, afin de pouvoir en rendre compte à toute réquisition. I. 447.

2528. *Restitution aux propriétaires*. Lorsque des propriétaires revendiquent des biens réputés vacants et sans maître, dont l'adm. a été autorisée à prendre la régie, c'est au préfet qu'ils doivent justifier de leurs droits. La remise est effectuée en vertu d'un arrêté en forme d'avis, sur la proposition du directeur, ainsi qu'il est prescrit pour les biens recueillis par le domaine à titre de successeur irrégulier (V. 2567). — La restitution des revenus s'effectue aussi comme pour les revenus des successions en déshérence, sous la déduction des dépenses et frais de régie (V. 2571).

§ II. — *Successions en déshérence.*

2529. *Droit d'aubaine ou de détraction.* A une époque qui n'est pas très éloignée, la France, soit par hostilité, soit à titre de représailles, ne reconnaissait pas à certains étrangers le droit de recueillir tout ou partie des biens situés sur son territoire, et dépendant de successions de Français ou d'étrangers. L'État s'en emparait à titre d'*aubaine* ou de *détraction;* mais la loi du 14 juill. 1819 a aboli complètement cette espèce de confiscation.

2530. *Déshérence.* Actuellement, ce n'est qu'à défaut d'héritiers, ou lorsque tous les héritiers renoncent, que l'État a le droit incontestable de recueillir les biens devenus vacants ou sans maître, depuis le décès du dernier propriétaire.

2531. *Législation.* Le Code civil contient, relativement aux déshérences, les dispositions ci-après : Les biens acquis par le condamné depuis la mort civile encourue, et dont il se trouvera en possession au jour de sa mort naturelle, appartiendront à l'État à titre de déshérence. — Néanmoins, il sera loisible au Roi de faire, au profit de la veuve, des enfants ou parents du condamné, telles dispositions que l'humanité lui suggérera, art. 33. — Tous les biens des personnes qui décèdent sans héritiers, ou dont les successions sont abandonnées, appartiennent au domaine public, art. 539. — La loi règle l'ordre de succéder entre les héritiers légitimes; à leur défaut, les biens passent aux enfants naturels, ensuite à l'époux survivant; et, s'il n'y en a pas, à l'État, art. 723. — Les héritiers légitimes sont saisis, de plein droit, des biens, droits et actions du défunt; les enfants naturels, l'époux survivant et l'État, doivent se faire envoyer en possession par justice, art. 724. — Lorsque le défunt ne laisse ni parents au degré successible, ni enfants naturels, les biens de sa succession passent au conjoint non divorcé qui lui survit, art. 767. — A défaut de conjoint survivant, la succession est acquise à l'État, art. 768. — Le conjoint survivant et l'administration des domaines qui prétendent droit à la succession, sont tenus de faire apposer les scellés, et de faire inventaire dans les formes prescrites pour l'acceptation des successions sous bénéfice d'inventaire, art. 769. — Ils doivent demander l'envoi en possession au tribunal de 1re instance dans le ressort duquel la succession est ouverte; le tribunal ne peut statuer sur la demande qu'après trois publications et affiches dans les formes usitées, et après avoir entendu le procureur du Roi, art. 770. — L'époux survivant ou l'adm. des domaines qui n'auraient pas rempli les formalités qui leur sont respectivement prescrites, pourront être condamnés aux dommages-intérêts envers les héritiers, s'il s'en représente, art. 772. — Nul n'est tenu d'accepter une succession qui lui est échue, art. 775.

2532. Aux termes de l'art. 769 C. civ., qui ne fait que confirmer, sous ce rapport, les règles préexistantes, l'adm. est chargée de représenter l'État pour tout ce qui concerne les successions en déshérence. — Il y a deux sortes de successions en déshérence : 1° les successions des individus qui ont acquis des biens depuis leur mort civile ; 2° celles des citoyens qui ne laissent pas d'héritiers au degré successible ou institués, ni enfants naturels, ni époux survivant. Il ne faut pas les confondre avec les successions simplement vacantes (V. 2575).

2533. *Mort civile.* Les déshérences dont il est question dans l'art. 33 du Code civ. ne donnent naissance à aucune difficulté particulière : il suffit d'établir que les biens auxquels l'État prétend comme successeur, en vertu de cet article, ont été acquis par le défunt depuis sa mort civile, et qu'il en était encore propriétaire au moment de son décès. La régie de ces biens appartient à l'adm., de même que celle de toutes les autres propriétés domaniales ; mais les dispositions à prendre pour l'abandon qui peut être fait aux héritiers, ne rentrant pas dans ses attributions, il devient inutile de s'en occuper.

2534. *Distinction des successions vacantes et des déshérences.* La distinction entre les successions en déshérence et celles purement vacantes a donné lieu à des difficultés. Voici les principaux caractères distinctifs des successions en déshérence : toute succession ouverte sans que l'on connaisse aucun héritier successible ou institué, ni enfant naturel, ni conjoint survivant, est une succession en déshérence que l'État peut revendiquer. Si, au contraire, il existe des héritiers connus, ou des légataires universels saisis de plein droit, et qui auraient renoncé à la succession, ou si les enfants naturels, ni l'époux survivant, ni l'État, n'ont réclamé la qualité de successeurs irréguliers, la succession est réputée vacante. La succession vacante par l'abstention des héritiers ou autres ayants-droit devient succession en déshérence, lorsque, sur leur refus, l'État juge à propos de l'accepter. I. 219, 300, 1118.

2535. Aux termes des art. 723, 767 et 768 C. civ., les enfants naturels, l'époux survivant et l'État sont placés dans la même catégorie, sauf l'ordre de priorité, pour faire valoir leurs droits, de sorte que, à défaut d'héritiers ou après leur renonciation, toutes les fois que les enfants naturels ou le conjoint survivant ont des prétentions légales à une succession et ne se présentent pas pour les faire admettre, le domaine peut la revendiquer. I. 1118.

2536. La nomination d'un curateur est essentiellement provisoire ; c'est une mesure conservatoire que l'on ne peut opposer, comme fin de non recevoir, au domaine qui se présente pour succéder. En conséquence, l'État peut revendiquer, à titre de successeur irrégulier, une succession vacante ; mais il convient de ne former de demande de cette nature, qu'autant qu'elle devrait produire des résultats utiles pour le domaine. I. 1118, 1203 (V. 2541).

2537. *Abstention par l'Etat.* On avait pensé que le domaine était *obligé* d'appréhender toute succession pour laquelle il ne se présente pas d'héritier, D. 8 juill. 1806, I. 300 ; mais l'État n'est pas saisi de plein droit, comme les héritiers légitimes, puisqu'il est tenu, par les art. 724 et 770 du C. civ., de se faire envoyer judiciairement en possession. Il n'est donc pas obligé, comme eux, de renoncer expressément. Il résulte aussi de l'art. 775, d'après lequel *nul n'est tenu d'accepter une succession qui lui est échue*, que l'État a la faculté, comme tout héritier ou tout autre successeur irrégulier, de s'abstenir de recueillir les successions auxquelles il est appelé. Avis cons. d'État et D. 13 août 1832. I. 1118, 1407.

2538. *Ouverture des successions.* Lorsque les juges de paix ont connaissance du décès d'une personne qui ne laisse pas d'héritiers connus, ils apposent les scellés et en donnent avis au receveur des domaines ou aux autorités administratives. D. 23 fruct. an 7. Circ. R. 1677. A défaut de cet avis, tous les préposés de l'adm., au moyen des indications fournies soit par les notices de décès, soit par les procès-verbaux d'apposition de scellés, ou les registres d'ordre pour les scellés tenus aux greffes, soit enfin par tous les documents dont ils disposent, doivent rechercher les successions en déshérence, et en donner connaissance au receveur chargé de cette partie. I. 1147.

2539. *Bureau.* L'administration des successions en déshérence est confiée exclusivement au receveur des domaines du chef-lieu de l'arrond. où elles se sont ouvertes, quelle que soit la situation des biens. I. 219. Les receveurs de la situation doivent seulement faire les recettes pour le compte de leurs collègues, selon le mode prescrit pour les virements de fonds. C. c. 33 (V. *Comptabilité générale*).

2540. *Scellés.* Lorsqu'un receveur est informé de l'ouverture d'une succession pour laquelle il n'existe pas d'héritiers notoirement connus, ou à laquelle les héritiers connus ont renoncé, il doit requérir le juge de paix d'apposer les scellés, si déjà cette mesure n'a été prise d'office. I. 219, 300, 547, 1118, 1407. Aux termes de l'art. 909 C. proc. civ., l'adm., et, par conséquent, ses préposés, ont le droit de requérir l'apposition des scellés, si le juge de paix ne croyait pas devoir les apposer d'office, conformément à l'art. 911.

2541. *Rapport au directeur.* Immédiatement le receveur fait connaître au directeur la valeur approximative tant des biens de la succession, que des dettes et charges qui la grèvent, et lui fournit les renseignements qui font penser que la succession est réellement en déshérence, et peuvent déterminer l'adm. à demander l'envoi en possession ou à s'abstenir. 1. 219, 300, 547, 1118. 1407.

2542. Il n'est pas nécessaire que le préfet prenne un arrêté pour déclarer que la succession est acquise à l'État, suivant les art. 539, 723 et 768 C. civ., et qu'elle est appréhendée par lui, l'adm. est exclusivement chargée d'examiner s'il convient de former devant les tribunaux la demande tendant à l'envoi en possession et de remplir les formalités prescrites pour l'obtenir. I. 1407. Il faut agir avec célérité pour empêcher l'accumulation des frais de garde des scellés.

2543. *Requête au tribunal.* Lorsque, d'après les renseignements fournis, le directeur estimera que la demande doit avoir lieu, il conviendra de solliciter l'autorisation de l'adm. Si elle reconnaît qu'il est de l'intérêt de l'État de réclamer la succession, le directeur présentera au tribunal de 1re instance, dans le ressort duquel la succession s'est ouverte, un mémoire dans lequel il exposera, selon les cas, que, d'après la notoriété publique, il n'y a pas d'héritiers connus, ou que les héritiers connus ont renoncé, et que d'ailleurs il ne se présente ni enfants naturels, ni époux survivant, pour recueillir la succession.

2544. Aucune disposition n'oblige l'État à prouver la non existence des parents au degré successible, preuve qu'il serait impossible d'établir dans un grand nombre de circonstances; le Code fait suffisamment connaître par les art. 769, 770 et 772 qu'il n'exige point cette preuve, puisque les formalités prescrites à l'État, pour l'envoi en possession, n'ont d'autre objet que de conserver les droits des héritiers, s'il y en a, pour le cas où ils se présenteraient. I. 1118.

2545. De l'absence d'héritiers, et en vertu des dispositions du Code civil, le directeur conclura dans son mémoire : 1° à ce qu'il soit procédé aux trois publications et affiches dans le ressort du tribunal, selon les formes prescrites ; 2° à ce qu'il soit fait inventaire ; à ce que l'adm. soit autorisée à vendre le mobilier pour éviter les frais de garde, et à faire les actes nécessaires pour la conservation et la régie des biens ; 3° à ce qu'un extrait sur papier libre, à titre de renseignement, contenant la date du jugement, son dispositif, la date et le lieu du décès, les nom et prénoms de la personne décédée, soit transmis au ministère de la justice pour être inséré au journal officiel. Circ. R. 1281 ; I. 219, 300, 1118, 1373.

2546. Dans la même requête, le directeur conclura, en outre, à ce que l'envoi en possession de l'État soit prononcé un an après le jugement qui autorisera ces mesures préalables, si, dans ce délai, aucun héritier ne s'est présenté pour revendiquer la succession. I. 219, 300, 1118, 1407. Ce délai a été déterminé

par une décision du garde des sceaux, du 8 juill. 1806, d'après
laquelle un intervalle de trois mois doit séparer chacune des trois
publications prescrites par l'art. 770 C. civ. I. 300.

2547. *Publications.* Lorsque le jugement a été rendu, le receveur en informe le directeur et veille à ce qu'un extrait soit
remis au magistrat du ministère public chargé du soin de le
transmettre au garde des sceaux pour être inséré au *Moniteur
universel.* Sol. 4 juill. 1832. Cette publication ne doit avoir lieu
qu'une seule fois; les receveurs ou les directeurs se procureront
directement un exemplaire du journal officiel pour en justifier ultérieurement. Semblable extrait du jugement énonçant
la demande du domaine, est publié de trois en trois mois dans
le journal des annonces de l'arrond., conformément à l'art. 770
C. civ., par les soins du receveur, qui se procure également un
exemplaire de chaque numéro, certifié par l'imprimeur.

2548. *Inventaire.* Dès que le jugement a été prononcé, et en
même temps qu'il assure sa publicité, le receveur requiert, en
vertu de ce jugement, la levée des scellés, et fait dresser par un
notaire, qu'il a désigné au choix du directeur, l'inventaire des
biens de la succession. Le défaut d'accomplissement de ces formalités expose l'adm. à des dommages-intérêts envers les héritiers qui se représenteraient, C. civ. 772. Les préposés en seraient nécessairement responsables. I. 1407.

2549. La levée des scellés et le procès-verbal qui la constate étant du ressort du juge de paix, l'inventaire et sa rédaction étant plus particulièrement l'œuvre du notaire, il est inutile
d'indiquer ici les formalités à suivre; aucune forme spéciale
n'a été prescrite pour les inventaires des successions acceptées
sous bénéfice d'inventaire. Ce sont par conséquent les formes
prescrites par les art. 937 à 944 C. proc., pour tous les inventaires, qui doivent être observées. Le receveur veillera notamment à ce que l'inventaire énonce avec exactitude, non seulement l'actif, mais encore le passif de la succession.

2550. *Régie provisoire.* Après l'inventaire dont il indiquera
les résultats au directeur, le receveur se fera remettre le numéraire trouvé dans la succession, et procédera à la vente des effets mobiliers, suivant le mode autorisé pour l'aliénation du
mobilier de l'Etat (V. 2019). Il poursuivra aussi le recouvrement des créances exigibles. Les sommes et le prix de vente des
meubles seront consignés au sommier des revenus, n° 4, sous
le titre *Epaves, déshérences et biens vacants,* et portés en recette
au registre correspondant. I. 1358.

2551. Lorsqu'il s'agira de la succession d'un pensionnaire
de l'Etat, pour éviter la prescription des arrérages de sa pension
qui serait acquise dans le cas où le décès n'aurait pas été notifié
au trésor dans les six mois après la clôture de l'inventaire, D. 9
mai 1830, le receveur transmettra immédiatement au directeur
le brevet de la pension, avec un extrait de l'acte de décès et un

certificat du notaire constatant la date de la clôture de l'inventaire. Ces pièces seront adressées à l'adm. par le directeur, qui visera préalablement le certificat de clôture de l'inventaire. La notification du décès sera faite au directeur de la dette inscrite, par l'adm. qui provoquera en même temps le paiement des arrérages de la pension dus à la succession. Ces dispositions s'appliquent à toute pension, soit civile, soit militaire, payée sur les fonds généraux du trésor, ou sur les fonds de retenues. I. 1312.

2552. Le receveur prendra sans retard la régie des immeubles dépendant de la succession en déshérence, et en fera article dans la première section du sommier de consistance des biens régis par l'adm. I. 1725 (V. 2204). Il aura soin de prévenir immédiatement les fermiers, et de prendre les mesures nécessaires pour tirer partie des biens; mais pendant l'année qui s'écoulera jusqu'au jugement d'envoi en possession, il faudra s'abstenir de faire aucun acte d'administration ou de propriété qui n'aurait pas été autorisé par le tribunal. I. 249, 300, 1118. On afferme provisoirement les immeubles, ou l'on en vend les produits avec l'autorisation du directeur, et selon le mode prescrit pour les actes de même nature concernant les domaines de l'État. Il est fait article de ces produits au sommier des revenus de domaines, et recette au registre correspondant, sous le titre : *Epaves, déshérences et biens vacants.*

2553. *Envoi en possession* Lorsqu'une année s'est écoulée depuis le jugement qui a ordonné les publications et la régie provisoire, le directeur transmet les pièces justificatives au ministère public, en priant le magistrat du parquet de les produire au tribunal et de demander un jugement d'envoi en possession. Il y joint, s'il le faut, une nouvelle requête dans ce sens

2554. *Administration des biens.* Après l'envoi en possession prononcé, l'adm. a le droit de se saisir des biens de la succession, de les mettre sous la main de l'État, qu'elle représente ; mais la possession de l'État n'est encore que précaire et résoluble, puisqu'il ne l'a obtenue que sur la supposition qu'il n'y a pas d'héritiers légitimes ni de successeurs irréguliers appelés avant lui par la loi, et que ce n'est qu'après 30 ans qu'il peut devenir propriétaire définitif et incommutable. Jusqu'à l'expiration de ces 30 ans, la propriété étant imparfaite, il ne peut que jouir des biens, mais non en disposer irrévocablement. Aussi les biens ou valeurs provenant des successions en deshérence ne sont pas immédiatement confondus avec les autres propriétés de l'État, et il est tenu un compte particulier des produits, bien qu'aux termes de l'instr. n° 552, ils doivent être régis et administrés comme tous ceux qui appartiennent au domaine. I. 1407.

2555. Le domaine étant assimilé à un héritier bénéficiaire, doit se conformer, pour cette administration, aux règles prescrites par les art. 805, 806, 808 et suiv. du C. civ. et par les art. 986 et suiv. du C. proc. civ., en matière de bénéfice d'inventaire, afin de n'être tenu du paiement des dettes que jusqu'à concurrence des biens. Mais, d'après les dispositions d'une loi du 24 fév. 1827, l'État est dispensé de fournir caution pour tous les recouvrements qu'il effectue tant en revenus qu'en capitaux. Par conséquent, les dispositions de l'art. 807 C. civ. ne sont pas applicables à l'adm., quoiqu'elle doive se conformer aux art. 808, 809 et 810 pour le paiement des dettes, charges et frais.

2556. *Mobilier.* S'il reste des meubles ou des créances après le jugement d'envoi en possession, le receveur procédera à la vente ou poursuivra le recouvrement, ainsi qu'il est dit ci-dessus (V. 2550). Les poursuites auront lieu suivant les règles prescrites pour le recouvrement des produits de domaines, c'est-à-dire par voie de contrainte décernée par le directeur, si le titre est exécutoire (V. *titre* V). Si la succession comprend des rentes sur l'État, elles seront immatriculées au nom du domaine, par l'intermédiaire de l'adm., au vu d'un certificat de propriété délivré par le notaire qui a rédigé l'inventaire. Les rentes ou créances sur l'étranger, les actions industrielles et autres seront transférées avec l'autorisation du tribunal.

2557. *Régie des immeubles.* En ce qui concerne les immeubles, il sera procédé par le préfet ou par ses délégués, à la location par adjudication. C'est également devant le préfet ou ses représentants, que devront être dressés, sur la réquisition des agents du domaine, les actes concernant l'administration des successions dont il s'agit, toutes les fois qu'il sera nécessaire de faire constater par des écrits ayant un caractère public et authentique, les faits et circonstances relatives à cette administration. D. 13 août 1832, art. 6. I. 1407. De ce nombre sont notamment les marchés pour réparations qui doivent être faites comme à l'ordinaire (V. 2275).

2558. *Aliénation des immeubles.* Lorsqu'il est indispensable de vendre des immeubles, soit pour acquitter des dettes et charges, soit pour prévenir leur dépérissement, ou pour toute autre cause urgente, l'adm. doit obtenir l'autorisation du tribunal, et la vente ne peut se faire qu'avec les formalités prescrites par l'art. 806 C. civ., pour l'aliénation des immeubles dépendant de successions acceptées sous bénéfice d'inventaire. D. fin. et just. 7 fév. et 11 nov. 1811. I. 517, 552. Ainsi, la vente ne peut être faite administrativement et doit avoir lieu en justice. I. 1407, 1552. Quelques tribunaux ont cependant autorisé la vente dans les formes prescrites pour les propriétés de l'État : l'exception ne paraît pas justifiée; on ne devra demander cette autorisation que pour les immeubles de peu d'importance et avec l'assentiment de l'administration.

2559. C'est aux créanciers à poursuivre judiciairement la vente, quand elle est nécessaire pour les désintéresser ; les préposés ne doivent la provoquer que lorsque la détérioration des bâtiments et autres immeubles, ou l'impossibilité d'en tirer parti, rend cette mesure indispensable. Dans ce cas, le receveur adressera un rapport motivé au directeur qui le transmettra à l'adm. avec ses observations et son avis. L'adm. décidera s'il y a lieu ou non de provoquer la vente. l. 552.

2560. Le tribunal dans le ressort duquel la succession s'est ouverte doit, dans tous les cas, statuer sur la demande ; mais lorsque les biens sont situés dans un autre arrond., c'est devant le tribunal de cet arrond. que la vente doit être renvoyée. On observera pour ces ventes les formalités prescrites par les Codes, relativement aux immeubles dépendant des successions bénéficiaires. L'adm. devra par conséquent constituer avoué pour suivre la vente selon le mode déterminé par les art. 987 et suiv. du C. proc. (modifié par la loi du 2 juin 1841). I. 552. — Les règles du droit commun seront également observées sur les demandes en partage d'immeubles indivis.

2561. *Frais.* Les frais d'envoi en possession, d'insertion dans les journaux, le coût de l'inventaire, des ventes de meubles, etc., et enfin tous les frais relatifs à la régie des biens provenant de successions en déshérence sont privilégiés et seront acquittés par les receveurs et remboursés selon le mode prescrit pour les dépenses domaniales (V. *Comptabilité générale*).

2562. *Dettes et charges.* La liquidation des charges et dettes de la succession sera faite par le préfet, après examen par le directeur, des états, titres et pièces justificatives, et sur le rapport que fera ce directeur, et auquel devront être annexées toutes les pièces à l'appui. Les liquidations n'auront lieu qu'après que l'envoi en possession aura été judiciairement prononcé, sauf pour les créances ayant le privilége général sur les meubles, tels que les frais funéraires, ceux de dernière maladie, etc. Ces créances *privilégiées* pourront être liquidées et payées avant l'envoi en possession, quand le produit de la succession qui se trouvera disponible à la caisse du domaine sera suffisant, et qu'il n'y aura pas d'opposant. l. 1407.

2563. Le préfet autorisera les paiements *en premier ordre*, lorsqu'il n'aura pas été élevé de contestations ; dans le cas contraire, les parties devront être renvoyées devant l'autorité judiciaire. L'arrêté du préfet devra être présenté en forme d'avis, et sera soumis à l'approbation du Ministre des finances avant de recevoir son exécution. I. 1407 (V. *Comptabilité générale*). — Si des créanciers *non privilégiés* réclament leur paiement avant l'envoi en possession, ils devront se pourvoir devant le tribunal pour faire reconnaître leur créance et décider que l'adm. sera tenue de l'acquitter, s'il se trouve des fonds suffisants, indépendamment des charges et dettes privilégiées. I. 1407.

2564. Lorsqu'il y a des créanciers opposants ou que le passif excède l'actif, l'adm. doit verser à la Caisse des dépôts et consignations, pour le compte de qui de droit et à titre d'avance à régulariser, le reliquat net des sommes provenant de la succession en déshérence, déduction faite de 5 p. 100 pour frais de régie. Après cette consignation, l'avoué de l'adm. provoque la distribution par contribution, et cette distribution a lieu selon le mode ordinaire, à moins que les créanciers ne s'accordent pour recevoir collectivement le montant de leurs créances. D. 24 juill. 1842; Sol. 2 mars 1843. — Les lois sur la déchéance sont applicables aux créanciers des successions en déshérence. Ord. 25 mars et 12 avril 1843.

2565. *Compte ouvert*. Le receveur tient sur un sommier spécial, un compte ouvert des recettes et dépenses de chaque succession; il y fera mention de chaque recette ou paiement dans la même forme que sur les registres, de manière qu'il soit toujours facile de reconnaître la nature, la date et le montant des recouvrements et des dépenses. I. 219.

2566. *Instances*. Dans l'intervalle qui s'écoule entre la demande tendante à l'envoi en possession et l'accomplissement de la prescription de 30 ans, l'adm. représente l'Etat dans tout ce qui se rattache à la propriété et à la régie des biens des successions recueillies dans son intérêt. Ainsi, notamment elle agit seule et en son propre nom dans les contestations qui peuvent s'élever devant les tribunaux relativement soit à la propriété de ces biens, soit au paiement des créanciers des successions, soit à la revendication exercée par les prétendants-droit à la succession appréhendée par l'Etat. I. 1407 (V. *titre* V).

2567. *Revendication*. Pendant 30 ans, *à compter de l'envoi en possession de l'Etat*, la succession réputée en déshérence peut être revendiquée par les héritiers. Cour Paris, 2 fév. 1844. C'est le préfet qui est appelé à statuer, sur le rapport du directeur, et sauf l'approbation du Ministre des finances, sur les demandes d'héritiers qui revendiquent une succession que l'adm. régit soit en vertu d'un jugement qui lui en a donné l'autorisation provisoire, soit en conséquence du jugement d'envoi en possession, quand les héritiers sont tous réunis pour former cette revendication, et qu'ils sont d'accord entre eux. Hors ce cas, ils seront renvoyés à se pourvoir devant les tribunaux, et alors c'est à l'adm. qu'il appartient, ainsi qu'il est dit ci-dessus, de représenter l'État dans les discussions auxquelles il peut être intéressé. 1. 1407.

2568. A l'appui de leur revendication, les héritiers doivent produire les actes de l'état civil nécessaires pour établir la filiation, la parenté et les qualités des personnes; 2° les inventaires et tous autres documents propres à justifier de leurs droits à l'hérédité. Le directeur examinera avec soin si la demande est fondée et si les justifications sont complètes; dans un rapport motivé, il proposera au préfet, soit d'accueillir ou de rejeter la demande, soit de renvoyer les parties à se pourvoir devant les tribunaux. Régl. 26 janv. 1846, § 956.

2569. Si le directeur est d'avis que la demande est fondée, il joint à son rapport, outre les pièces produites, un bordereau des recettes et des dépenses faites pendant la régie de l'adm. et rédigé au vu d'un extrait du compte ouvert fourni par le receveur. Ce bordereau est suivi de la liquidation des sommes à restituer, présentant le total des recettes en capitaux et revenus. Sur le total, on déduit : 1° 5 p. 100 pour frais de régie ; 2° les dépenses ; le reliquat forme la somme à restituer. I. 1407. Le trésor n'est tenu de payer aucun intérêt pour les sommes encaissées.

2570. On avait pensé que les lois sur la déchéance des créanciers de l'Etat étaient applicables aux héritiers qui se présentent pour réclamer une succession appréhendée par le domaine, et qu'en conséquence l'adm. n'était pas tenue, après l'expiration du délai de cinq ans déterminé par la loi du 29 janv. 1831, de restituer les sommes versées au trésor sur le produit des successions en déshérence; mais une ordonnance, rendue en Conseil d'Etat, a décidé le contraire le 26 juillet 1844.

2571. *Restitution aux héritiers.* Lorsque les droits des héritiers ont été reconnus par l'autorité administrative, sauf l'approbation du Ministre des finances, ou, s'il y a lieu, par les tribunaux, le directeur délivre un mandat de paiement des sommes à restituer d'après la liquidation régulièrement arrêtée (V. *Comptabilité générale*). Il donne ensuite au receveur les instructions nécessaires pour cette restitution et pour la remise aux ayants-droit des biens, titres et papiers appartenant à la succession.

2572. La remise des biens non vendus est constatée par un procès-verbal rédigé contradictoirement avec les héritiers. Quant aux titres des créances non recouvrées, aux papiers et autres documents appartenant à l'hérédité, ils sont remis aux héritiers d'après un inventaire détaillé, dont un double est laissé au receveur pour servir de décharge. Après quoi les articles ouverts sur les différents sommiers sont définitivement annulés avec les mentions convenables.

2573. *Réunion au domaine.* Lorsque les 30 années sont révolues sans revendication, les biens dépendant de la succession en déshérence sont irrévocablement réunis au domaine de l'État, sauf les causes légales qui auraient interrompu le cours de la prescription. Ces biens sont reportés dans la première section du sommier de consistance (V. 2207), et sont régis et aliénés comme tous les autres domaines. Les produits sont confondus avec ceux de même nature que l'on perçoit pour les biens appartenant à l'État; enfin les préfets sont exclusivement chargés d'agir ou de défendre dans les questions de propriété qui concernent ces biens. D. 13 août 1832. I. 1407.

§ III. — *Successions vacantes.*

2574. *Législation.* Lorsque, après l'expiration des délais pour faire inventaire et pour délibérer (C. civ. 795), il ne se présente personne qui réclame une succession, qu'il n'y a pas d'héritier connu, ou que les héritiers connus y ont renoncé, cette succession est réputée vacante. C. civ. 811. — Le tribunal de 1re instance dans l'arrond. duquel est ouverte une succession vacante, nomme un curateur sur la demande des personnes intéressées, ou sur la réquisition du procureur du roi. C. civ. 812. I. 219, 1118.

2575. Aux termes de l'art. 811, il faut, pour qu'une succession soit réputée vacante, la réunion de deux circonstances : l'une qu'il n'y ait pas d'héritiers connus, ou que les héritiers connus aient renoncé ; l'autre, qu'il ne se présente personne qui réclame la succession , c'est-à-dire que l'hérédité ne soit revendiquée par aucun des successeurs irréguliers que la loi appelle à cette succession. Tous les doutes qui auraient pu s'élever à cet égard ont été levés lors de la discussion du Code civil devant le Corps législatif ; l'orateur du Gouvernement s'est exprimé en ces termes : « Il peut arriver qu'il ne se présente pour recueillir une succession, ni parents, ni enfants naturels, ni époux survivant, *ni même l'État*. La succession est alors vacante. » I. 1118.

2576. Quoique les *héritiers connus* ne se présentent pas , ils ne sont pas moins saisis de plein droit et soumis aux actions des tiers ; dans ce cas, la succession n'est pas vacante. Mais il n'en est pas de même à l'égard des *successeurs irréguliers :* ceux-ci n'étant pas, comme les héritiers, saisis de plein droit, il n'est pas besoin d'une renonciation expresse de leur part pour que la succession soit réputée vacante à leur égard, après l'expiration des délais pour faire inventaire et délibérer. Mais aussi, lorsque, dans ces délais, l'un des successeurs irréguliers, soit l'enfant naturel, ou l'époux survivant, soit le domaine, se présente pour recueillir l'héritage, la succession ne peut être déclarée vacante. I. 1118.

2577. On a opposé qu'il n'y aurait jamais de successions vacantes, puisque, à défaut d'héritiers connus, les successions appartiendraient toujours à des enfants naturels, ou au conjoint survivant, ou enfin à l'État. Mais, d'après l'art. 775 C. civ., nul n'est tenu d'accepter une succession, ainsi l'État n'est pas tenu de se porter héritier (V. 2537). Il peut laisser déclarer la succession vacante, sauf à se présenter pour réclamer ses droits, si, après les liquidations faites avec le curateur, il reste des biens libres. Le curateur à une succession vacante n'est en effet qu'un administrateur légal de la succession. I. 1118.

2578. Il y a donc une distinction importante à faire entre la succession *vacante* et la succession en *déshérence :* cette dernière est celle que l'État revendique à défaut d'autres héritiers, en vertu de l'art. 768 C. civ. I. 219, 267, 300 (V. 2534) ; la succession *vacante* est celle qui n'est pas revendiquée par des héritiers, ou qui a été répudiée par eux ; elle est réputée telle, jusqu'à ce que les enfants naturels , l'époux survivant , ou , à leur défaut, l'État, demandent leur envoi en possession, conformément à l'art. 770 C. civ. I. 1118.

2579. *Nomination et régie du curateur*. L'adm. reste étrangère à la nomination des curateurs aux successions vacantes ;

cependant, à cause des recettes qu'ils sont appelés à faire, les receveurs des domaines doivent provoquer l'intervention du ministère public pour hâter cette nomination. Il est important de choisir pour exercer les fonctions de curateurs des hommes qui offrent des garanties de moralité et de fortune; le Garde des sceaux a appelé sur ce point l'attention des magistrats par une Circ. du 26 mai 1842. Les receveurs doivent faire tous leurs efforts pour qu'il en soit ainsi, afin de prévenir les abus qui résulteraient de la nomination de curateurs dont la responsabilité serait illusoire. I. 1670.

2580. Pour faire rentrer le régime des successions vacantes sous l'empire des principes qui doivent garantir les intérêts des tiers, sans que l'adm. soit obligée, pour atteindre ce but, de multiplier les actions judiciaires contre les curateurs, les officiers du ministère public doivent, dans leurs conclusions pour la nomination, requérir le tribunal d'ordonner, dans son jugement, que le curateur sera tenu, avant tout, de faire constater l'état de la succession par un inventaire; qu'il en exercera et poursuivra les droits; qu'il répondra aux demandes formées contre elle; qu'il administrera, sans pouvoir toucher par lui-même aucun fonds, et à la charge, au contraire, 1° de faire verser à la caisse du receveur des domaines le numéraire trouvé dans la succession, plus le montant des créances, ainsi que le prix des meubles et immeubles vendus, sauf, à l'égard des immeubles, le prix ou la portion du prix qui reviendrait ou qui aurait été délégué aux créanciers hypothécaires, conformément à l'art. 806 C. civ.; 2° de présenter au même receveur, sur sa demande et chaque fois qu'il le jugera utile, le compte provisoire ou état de situation de l'administration de la curatelle, afin que ce préposé puisse s'assurer si tous les fonds disponibles ont été versés à sa caisse. Le tout selon les dispositions des art. 813, 814 C. civ. qui règlent le mode d'administration des curateurs. I. 1670.

2581. *Attributions des receveurs*. En vertu de l'art. 813 C. civ., les receveurs des domaines aux chefs-lieux d'arrondissem. avaient été chargés, 1° de recevoir les sommes que le curateur devait faire verser; 2° de payer sur ordonnance des tribunaux, et jusqu'à concurrence des recettes effectives, les dettes de la succession et les autres dépenses y relatives; 3° de tenir un compte particulier pour chaque succession. D. 13 germ. an 12. I. 219. — Un décret du 16 oct. 1809 a confié ces attributions aux receveurs des finances, I. 467; mais comme ils étaient peu à portée de connaître les successions déclarées vacantes et de suivre les opérations des curateurs, les receveurs des domaines ont été appelés de nouveau à concourir à la recette et à la surveillance, dans les termes fixés par le C. civ. D. 20 oct. 1826. I. 1203, 1235.

2582. Cette décision n'a pas rendu aux receveurs des domaines toutes les attributions que leur conférait celle du 12 germ. an 12. Leur intervention consiste à percevoir des curateurs le

produit disponible des successions vacantes, après l'acquittement des premiers frais, tels que ceux d'apposition et de levée
de scellés, de nomination de curateur, d'inventaire et de vente
du mobilier, et à effectuer le versement entre les mains des receveurs des finances pour le compte de la Caisse des dépôts et
consignations. Les receveurs des finances restent chargés d'acquitter les dettes et les autres dépenses, et de tenir un compte
particulier pour chaque succession. D. 28 nov. 1826. I. 1235.

2583. *Compte du curateur.* De la combinaison des art. 803,
813 et 814 C. civ., il résulte que les créanciers, légataires ou
héritiers de l'auteur de la succession vacante, sont seuls les
contradicteurs légitimes du compte définitif de la gestion du curateur; que la Caisse des consignations, n'étant que simple dépositaire, ne peut exiger du curateur qu'un compte de la situation
des produits de la succession; et que l'examen et la discussion
de ce compte rentrent dans les attributions du receveur des domaines chargé du recouvrement des produits, et non dans celles
du receveur des finances. D. 10 sept. 1829. I. 1290.

2584. Les receveurs peuvent exiger des curateurs aux successions vacantes le *compte provisoire* de leur gestion, toutes les
fois qu'ils ont des motifs pour penser que ces curateurs restent
détenteurs de deniers provenant des successions. Ils procéderont
à la vérification et à la discussion de ce compte; et, en cas de
reliquat à la charge du curateur, ils en poursuivront le recouvrement. I. 1290. Des honoraires peuvent être portés en compte
par le curateur. Sol. 22 janv. 1844.

2585. Soit que le compte provisoire ait été provoqué par les
receveurs des domaines, soit qu'il ait été présenté spontanément, il sera nécessaire de prévenir les curateurs que ce compte
n'a d'autre effet que d'établir leur situation vis-à-vis de la Caisse
des consignations; qu'il ne les dispense pas du *compte définitif
et libératoire* qui ne peut être valablement discuté que par les
créanciers, légataires ou héritiers de l'auteur de la succession,
et ne les affranchit d'aucune des obligations attachées à la qualité d'administrateur des biens de la succession vacante. I. 1290.

2586. Des curateurs ont prétendu faire eux-mêmes les recouvrements, et payer les dettes de la succession, et ont refusé
de faire connaître l'état de leur gestion aux préposés. Mais l'adm.
a fait observer que, si les curateurs ne peuvent se libérer définitivement qu'en faisant approuver leurs comptes par les créanciers et les légataires, il leur est interdit de garder dans leurs
mains aucune somme provenant des successions; d'où il suit
que les préposés légalement chargés de recevoir les fonds en
dépôt doivent pouvoir vérifier, sous ce rapport, la régularité de
l'administration confiée aux curateurs. C'est dans le but d'éviter
de nouveaux refus, que le garde des sceaux a prescrit les précautions indiquées *sup.* 2580. — Dans le cas où des curateurs en
se conformeraient point, sous ce rapport, aux injonctions con-

tenues dans le jugement de leur nomination, le receveur en rendrait compte au directeur, qui, s'il y avait lieu, en informerait le ministère public. I. 300, 1203, 1670 (V. 2591).

2587. *Aliénation des immeubles.* Ainsi qu'on vient de l'exprimer, les curateurs ne peuvent retenir aucune somme après l'acquittement des premiers frais, ni en différer le versement. Mais, en ce qui concerne les ventes d'immeubles appartenant aux successions vacantes et aliénées par suite d'une action en saisie immobilière, le versement à la caisse du receveur des domaines ne doit avoir pour objet que l'excédant du prix restant entre les mains de l'adjudicataire, après l'acquittement des bordereaux de collocation. I. 267, 1203.

2588. *Recettes.* Les sommes provenant de successions vacantes doivent être recouvrées par le receveur des domaines de la ville où siège le tribunal de 1re instance dans l'arrond. duquel la succession s'est ouverte, quelle que soit d'ailleurs la situation des biens. I. 219 et Délib. 23 juill. 1844. Le recouvrement peut d'ailleurs être fait pour son compte, selon le mode prescrit pour les virements de fonds (V. 2539). Il en est fait article au sommier des opérations de trésorerie, et recette au registre correspondant, sous le titre : *Successions vacantes, produit net dû par les curateurs.* Les recettes donnent lieu à la remise ordinaire. Le versement est effectué particulièrement, dans les 24 heures, ainsi qu'il est prescrit pour toutes les recettes faites pour le compte de la caisse des consignations (V. *Comptabilité générale*). I. 1203, 1235, 1358.

2589. *Poursuites.* Des dispositions rappelées ci-dessus et des termes d'un arrêt du 20 janv. 1807, il résulte contre le curateur une action directe non seulement en reddition du compte, mais encore en paiement du reliquat constaté ou présumé. — Cette action se prescrit par 30 ans. Sol. 29 nov. 1843. — Suivant l'art. 9 de l'ord. du 3 juill. 1816 qui a établi la Caisse des dépôts et consignations, le Directeur général de cet établissement peut décerner, ou faire décerner des contraintes contre les redevables de la caisse, et on doit suivre l'effet de ces contraintes selon le mode prescrit pour l'enreg. I. 1235.

2590. Lorsqu'il est établi qu'un curateur est reliquataire, la contrainte est décernée par le receveur des domaines, agissant au nom et à la requête du Directeur général de la caisse des dépôts et consignations. L'exécution de cette contrainte qui est signifiée à la même requête, poursuite et diligence du directeur des domaines, est suivie comme en matière d'enreg. D. 24 janv. 1828. I. 1235. Le jugement qui condamne le curateur à payer un reliquat peut même prononcer la contrainte par corps. Jug. Gap, 27 déc. 1842.

2591. S'il ne résulte d'aucun acte que le curateur soit reliquataire, et qu'il y ait lieu de le poursuivre en reddition de compte, pour le contraindre à verser les sommes dont il est présumé détenteur, le directeur transmet à l'avoué de la Caisse des consignations les instructions nécessaires pour assigner le curateur devant le tribunal du lieu où la succession s'est ouverte (Sol. 1er sept. 1843), et le faire condamner à rendre son compte, sinon à payer une somme déterminée. Dans tous les cas, aucune poursuite ne doit être exercée sans en avoir référé au ministère public chargé de requérir l'exécution de la loi, I. 300, ni sans l'assentiment exprès de l'adm. I. 1728.

2592. La Caisse des dépôts et consignations reste étrangère aux poursuites et instances engagées pour le recouvrement du produit des successions vacantes ; l'initiative et la direction appartiennent exclusivement à l'adm. ; d'un autre côté, la Caisse des consignations étant administrée pour le compte de l'État, le remboursement par cette caisse, des frais de poursuites tombés en non valeurs n'offrirait aucun intérêt. Ils doivent donc rester à la charge du budget de l'adm. D. 21 avril 1845. I. 1728.

2593. *Oppositions.* Les receveurs des domaines ne restant dépositaires d'aucune somme appartenant aux successions vacantes, les oppositions des créanciers de ces successions sur les sommes dont il s'agit, ne peuvent être valablement formées qu'entre les mains des receveurs des finances, agents directs de la Caisse des dépôts et consignations. D. 28 janv. 1828. I. 1235.

2594. *Restitution.* Les préposés des domaines restent également étrangers à la restitution des sommes, provenant de successions vacantes, versées à la Caisse des dépôts et consignations. C'est à cette caisse que le remboursement doit être demandé par les ayants-droit.

§ IV. — *Séquestres.*

2595. L'adm. est chargée de la régie des biens séquestrés ; à ce titre, elle a régi les biens d'abord séquestrés, puis confisqués sur les émigrés (V. 2490), et les biens séquestrés sur des Français ou des étrangers, par suite d'événements politiques (V. 2495, 2499). Les opérations qui se rattachent à ces derniers séquestres n'ayant eu qu'un effet momentané, il ne sera question ici que du séquestre des biens des accusés ou condamnés contumaces, et des comptables en retard de rendre leurs comptes.

ART. 1er. — *Contumaces.*

2596. On entend par contumace l'état de celui qui, mis en en accusation, ne se présente pas pour obéir à justice, et de celui qui, ayant été condamné en son absence, ne se représente pas pour subir un jugement contradictoire. — La loi du 16 sept. 1791 a confié à l'adm. la régie des biens des contumaces et le Code d'instr. crim. a confirmé cette attribution. Cependant les biens des faillis contumaces étant le gage des créanciers, doivent rester à la disposition de la masse. Circ. 5 sept. 1807.

2597. Aux termes du C. d'instr. crim., le procureur général ou son substitut, adresse au directeur des domaines du domicile du contumace un extrait de l'ordonnance du président qui lui enjoint, sous peine du séquestre de ses biens, de se présenter, dans un délai de 10 jours, art. 465 et 466. — Lorsque le contumace n'obéit pas à cette injonction, il est procédé à son jugement après le délai de dix jours ; s'il est condamné, ses biens sont, à partir de l'exécution de l'arrêt, considérés et régis comme biens d'absent, et le compte du séquestre est rendu à qui de droit, après que la condamnation est devenue irrévocable par l'expiration du délai de cinq ans accordé pour purger la contumace, art. 471 et 476.

2598. Pour l'exécution de ces dispositions, un extrait de l'arrêt de condamnation est adressé, dans les trois jours de la prononciation, au directeur des domaines du domicile du contumace, à la diligence du procureur général ou de son substitut, art. 472. — Le séquestre ne pouvant être apposé qu'à partir de l'exécution de l'arrêt, laquelle doit avoir lieu par effigie dans les trois jours de sa prononciation, l'extrait doit faire mention de la mise à exécution. — Au surplus, l'accusé contumace ne peut disposer de ses biens, pour les soustraire au séquestre, dans l'intervalle qui s'écoule entre l'arrêt de mise en accusation et l'ordonnance de séquestre. C. Douai, 10 août 1846.

2599. *Prise de possession.* A la réception de l'extrait de l'arrêt, le directeur adresse les pièces au receveur des domaines du domicile du contumace, avec ordre de faire apposer les scellés par le juge de paix, de provoquer l'inventaire du mobilier, et de prendre possession provisoire des biens meubles et immeubles qui appartiennent au condamné. Ces pièces suffisent pour autoriser la prise de possession ; il n'est pas besoin d'un arrêté du préfet. Circ. R. 693, 736, 1997.

2600. Le receveur doit faire aussitôt les recherches nécessaires pour s'assurer si le contumace possède des biens meubles ou immeubles, soit dans l'arrond. de son bureau, soit dans tout autre ; s'il ne possède rien, le receveur se fait délivrer par le maire un certificat qui le constate, et adresse ce certificat avec les autres pièces, au directeur. Si le condamné possède des biens dans l'arrond. d'un autre bureau, le receveur en informe le directeur, afin que ce dernier y fasse apposer le séquestre, au moyen de l'ordonnance et de l'extrait d'arrêt qui y sont envoyés, ou seulement d'une copie de ces pièces, s'il est nécessaire d'en faire usage au bureau du domicile. Enfin, lorsque le receveur constate que le contumace possède des biens dans l'arrond. de son bureau, il requiert immédiatement l'apposition des scellés par le juge de paix et ensuite l'inventaire par un notaire, se fait remettre le numéraire ainsi que les valeurs, titres ou papiers appartenant au contumace, afin de suivre le recouvrement des sommes qui lui sont dues, et d'exercer ses droits pendant la durée du séquestre. Circ. R. 736, 1997.

2601. *Mobilier*. Le mobilier inventorié est confié à la garde d'une personne présentant les garanties suffisantes ; on prend d'ailleurs les arrangements convenables pour en rendre la conservation moins dispendieuse. Si la valeur devait être absorbée par les frais de garde pendant une année, ou s'il s'y trouvait des objets périssables ou des animaux, la vente de ces objets devrait être immédiatement provoquée avec l'assentiment du directeur. Circ. R. 1720. D'après la même circulaire, la vente se fait comme celle de tout autre mobilier national ; mais il semble que les biens des contumaces devant être régis comme biens d'absents, la vente de leur mobilier doit être autorisée par le tribunal, conformément aux art. 126 C. civ., 945 et suiv. C. procédure civile.

2602. Néanmoins les préposés de l'adm., à raison du caractère dont ils sont revêtus, ont qualité pour procéder à ces ventes. Lorsqu'il y aura lieu de le faire, le directeur ou, avec son assentiment, le receveur présentera au tribunal une requête pour obtenir l'autorisation nécessaire. Ce receveur procédera à la vente selon le mode prescrit pour le mobilier de l'Etat (V. 2019) ; le produit brut sera versé à sa caisse, sans aucune déduction, et confondu avec celui des épaves, déshérences et biens vacants.

2603. *Immeubles*. En ce qui concerne les immeubles, le receveur de la situation rédige, de concert avec les autorités locales ou le juge de paix, un procès-verbal sur papier timbré, pour constater la prise de possession. Il fait notifier immédiatement le séquestre aux fermiers ou locataires, par le ministère d'un huissier, avec sommation de payer entre ses mains les loyers échus, et de se libérer dorénavant à sa caisse, sous peine de payer deux fois. Circ. R. 693, 756, 1456, 1814. Si les biens ne sont pas affermés, le receveur en provoque la location dans les formes prescrites pour les baux des propriétés domaniales. Circ. R. 495, 1456, 1814, 1997 (V. 2215 et suiv.). Il est fait article de ces biens dans la seconde section du sommier de consistance des biens régis par l'État. I. 1725 (V. 2204).

2604. Comme séquestre légal, l'adm. est appelée à exercer pendant sa régie tous les droits et actions du contumace ; elle peut donc provoquer le partage des biens qui lui appartiennent indivisément ; mais, pour éviter des frais, il est préférable d'inviter les copropriétaires à consentir, à l'amiable, à la location de la totalité des immeubles indivis, afin que le revenu de la portion appartenant au contumace soit versé dans les caisses du domaine. On peut même, lorsqu'il s'agit de biens peu importants, accepter avec l'autorisation de l'adm., une soumission des copropriétaires de payer annuellement une somme fixée à l'amiable.

2605. Lorsque, pendant la durée du séquestre, des successions sont recueillies par le contumace, l'adm. exerce ses droits et agit comme il est prescrit pour les successions échues à des absents. Les contestations qui s'élèvent sur des actions à intenter au nom du contumace sont du ressort des tribunaux.

2606. *Recettes.* Les biens des contumaces sont régis par l'adm. de même que les autres propriétés de l'État, Circ. R. 1456; mais elle ne peut en provoquer l'aliénation. Le receveur de la situation des biens reçoit toutes les sommes et perçoit les revenus suivant les règles établies pour les domaines de l'État. Les produits des biens séquestrés sur les contumaces sont consignés au sommier des revenus de domaines, sous le titre : *Épaves*, *déshérences et biens vacants*, et portés en recette sur le registre correspondant. l. 1358.

2607. *Poursuites.* Lorsque des poursuites sont nécessaires, les instructions ne font pas connaître si elles doivent être faites selon le mode prescrit pour le recouvrement des sommes dues à l'État, ou d'après les règles du droit commun. Cette dernière opinion paraît fondée. Les biens des contumaces doivent être régis comme ceux des absents, et si, provisoirement, ils sont placés sous la main de l'État, le séquestre ne peut changer la position des débiteurs. Ils ne sont pas redevables de l'État, mais du contumace, et il ne semble pas qu'un fait qui est étranger aux débiteurs puisse leur enlever les garanties du droit commun.

2608. *Dépenses.* Les dépenses concernant le séquestre des biens des contumaces comprennent notamment : 1° le coût des procès-verbaux d'apposition et de levée des scellés, celui de l'inventaire et les frais de garde des scellés et du mobilier ; le coût des procès-verbaux de prise de possession et des significations faites aux fermiers ; 2° les frais de justice, ceux des actes conservatoires ou de poursuite, et tous les frais de procédure à la charge du contumace en tombés en non valeur ; 3° les contributions, réparations et autres charges des biens ; 4° enfin les dettes du contumace et les secours à sa famille.

2609. Ces dépenses doivent être acquittées selon les règles établies pour les dépenses domaniales, c'est-à-dire en vertu d'un arrêté de liquidation du préfet, sur la proposition du directeur qui délivre, au nom du receveur pour ses avances, ou au profit des créanciers, les mandats nécessaires (V. *Comptabilité générale*). Aucune dépense ne peut être autorisée au delà des sommes disponibles dans la caisse du séquestre.

2610. Les préposés n'ont point à s'opposer aux poursuites faites par les créanciers des contumaces pour parvenir au recouvrement des sommes qui leur sont dues, pourvu que les droits de ces créanciers aient été reconnus par les tribunaux. l. 462. Si les sommes sont exigibles, et qu'il n'y ait pas lieu à contestation, le paiement peut être autorisé administrativement.

2611. Aux termes de l'art. 475 C. instr. crim., des secours peuvent être accordés pendant la durée du séquestre, à la femme, aux enfants ou aux ascendants du contumace, s'ils sont dans le besoin. Ces secours doivent être réglés par l'autorité administrative. C'est le préfet, de l'avis du directeur des domaines, qui liquide et arrête, sous l'approbation du Ministre, le montant de ces secours sur l'actif net du séquestre. En vertu de cet arrêté, le directeur délivre un mandat sur la caisse du receveur. I. 462, 1151 (V. *Comptabilité générale*).

2612. Le recouvrement des amendes et frais de justice dus par le contumace peut être suivi par privilége sur les produits du séquestre. Les receveurs ne négligeront pas de faire régulariser ce paiement sur les deniers disponibles. I. 292, 302. Ils demanderont, au nom du receveur chargé de ce recouvrement, un mandat de paiement qui est délivré après que la créance du trésor a été liquidée par le préfet (V. 2609). — Lorsque l'adm. a des actions à exercer contre un contumace, elle doit, pour opérer régulièrement, lui faire nommer un curateur *ad hoc,* et former sa demande contre ce curateur.

2613. *Compte ouvert.* Le receveur doit tenir un compte ouvert pour chaque contumace, afin d'être en état de faire connaître, à toute réquisition, la situation du séquestre. Circ. R. 621; I. 462. Ce compte est tenu à l'article ouvert dans la seconde section du sommier de consistance des biens régis par l'adm. (V. 2205). Le receveur y fait mention successivement de toutes les sommes reçues ou payées pour le compte du séquestre; il a soin d'indiquer la date et les nᵒˢ des enreg. en recette ou en dépense, et leur objet.

2614. Sous l'empire de la loi du 16 sept. 1791, le séquestre des biens des contumaces ne constituait qu'une simple administration dont l'État devait compte. La loi du 4 therm. an 2 et le Code pénal de l'an 4 en avaient fait une sorte de confiscation, sinon des biens eux-mêmes, du moins des revenus perçus pendant la durée du séquestre. Mais l'art. 28 du C. civ., l'art. 471 du Code d'instr. crim., et les dispositions de la législation actuelle qui ne permet plus la confiscation, art. 57 de la Charte, ont restitué au séquestre son caractère primitif. Ce n'est plus, pour le contumace, qu'une privation temporaire de ses droits pour le forcer à se représenter; le domaine administre à cause de l'incapacité dont la loi le frappe momentanément.

2615. Ainsi le domaine n'est qu'un simple gérant des biens du contumace, et un dépositaire légal de l'actif : en cette double qualité, il est obligé, lorsque le séquestre cesse, de rendre compte à qui de droit, et de restituer la totalité de ce qu'il a perçu (sans pouvoir se prévaloir des dispositions de l'art. 127 du C. civ.), sous la seule déduction de ses dépenses et des frais de sa gestion. Le domaine n'est pas tenu de faire emploi des deniers ou des revenus, ni d'en servir les intérêts.

2616. *Levée du séquestre.* Le Code civil règle la durée du séquestre des biens des contumaces, et détermine comment il peut et doit prendre fin. Si le contumace se représente, ou s'il est arrêté dans les cinq ans, à partir de l'arrêt par défaut, le séquestre cesse de plein droit, C. civ. 29. Il en est de même lorsque, après l'expiration du délai de cinq ans, le contumace n'est pas condamné contradictoirement à une peine emportant mort civile, art. 36. Dans ces deux cas, il est fondé à demander personnellement la restitution de ses biens et le compte du séquestre.

2617. Si le condamné meurt dans le délai de grâce des cinq ans, sans s'être représenté ou sans avoir été arrêté, ou avant sa condamnation contradictoire, il est réputé mort dans l'intégrité de ses droits, et le jugement de contumace est anéanti de plein droit, C. civ. 31. Les héritiers du défunt ont dès lors le droit de reprendre la possession des biens et de demander le compte du séquestre.

2618. Si le contumace est condamné contradictoirement à une peine emportant mort civile, ou si, faute de se représenter dans le délai de cinq ans, pour purger sa contumace, cette peine se trouve encourue de plein droit, aux termes de l'art. 27 C. civ., les héritiers présomptifs du contumace peuvent seuls obtenir la main-levée du séquestre, et, après leur envoi en possession, le compte de la régie.

2619. Le séquestre ne pouvant être apposé qu'en vertu d'un mandement de la justice, il semble que l'autorité judiciaire devrait seule avoir qualité pour en ordonner la main-levée, ou du moins pour attester que le séquestre a cessé de plein droit, par suite des circonstances auxquelles la loi a attribué ce pouvoir. Cependant on admet dans la pratique que l'autorité administrative peut, dans certains cas, ordonner la main-levée du séquestre et la restitution aux ayants-droit.

2620. Cet usage, qui a pris naissance dans un temps où il existait des séquestres ordonnés administrativement, devrait être abandonné : en effet, soit que le séquestre prenne fin par la présence du contumace ou sa condamnation à une peine n'emportant pas mort civile, soit qu'il cesse par la mort du contumace, avant ou après sa condamnation à une peine emportant mort civile, ou après le délai accordé pour purger sa condamnation, il semble que le concours de l'autorité judiciaire est indispensable pour certifier au moins que les causes du séquestre ne subsistent plus.

2621. Lorsque le contumace, ou ses héritiers, dans le cas soit de mort civile ou naturelle, soit d'absence régulièrement déclarée (V. 2618), demandent la main-levée du séquestre et la restitution des biens, c'est au préfet qu'ils doivent adresser leur demande, en justifiant des pièces qui établissent régulièrement leurs droits. On a pensé qu'ils devaient joindre le compte du séquestre ; mais cette marche ne semble pas régulière, car l'adm. ne peut rendre compte qu'à ceux dont les droits ou les qualités ont été reconnus. C'est donc seulement après que la main-levée du séquestre a été accordée, et que le préfet a ordonné la reddition du compte, que le receveur procède à cette opération.

2622. *Compte*. Le compte du séquestre est rédigé d'après les éléments que fournit le compte ouvert. Le receveur aura soin de vérifier chaque article de recette ou de dépense, et de s'assurer qu'il n'y a pas eu d'omission. Aucune forme spéciale n'a été prescrite pour la rédaction de ce compte : on peut le diviser en deux chapitres distincts pour la recette et la dépense, ou les relever successivement, par ordre de dates, dans un seul chapitre, en ayant soin d'en tirer le montant hors ligne dans des colonnes séparées. Au total de la dépense, on doit ajouter 5 p. 100 du montant brut de la recette pour frais de régie, I. 567; cependant la Cour de Paris, par un arrêt du 10 juin 1847, que l'adm. a déféré à la Cour de cassation, n'admet que la déduction des frais effectifs.

2623. Le projet du compte doit être soumis par le receveur à la vérification et au visa du directeur ; après quoi, il invite les ayants-droit à en prendre connaissance pour présenter, s'il y a lieu, leurs observations. Lorsque les parties approuvent le compte, on le rédige définitivement sur papier timbré, et en double. Ce compte est rendu par le receveur et accepté par les oyants. On peut y insérer la décharge des titres et papiers, mais le reliquat ne peut être soldé qu'après l'accomplissement des formalités prescrites pour la comptabilité.

2624. *Restitution*. Le compte est soumis à l'enreg., et l'un des doubles, avec les pièces justificatives, est transmis au directeur pour provoquer auprès du préfet un arrêté de liquidation de la somme formant le reliquat à restituer aux ayants-droit. Lorsque cette somme excède 300 fr., l'arrêté doit être approuvé par le Ministre des finances. I. 1444. Le directeur délivre, en vertu de cet arrêté, un mandat qui est acquitté par le receveur, selon les règles indiquées au titre de la *Comptabilité générale*. Mention du paiement est faite au bas du compte ouvert. On constate également au bas du procès-verbal de prise de possession des immeubles, la date de leur remise aux ayants-droit, et avis en est donné aux fermiers.

Art. 2. — *Comptables retardataires.*

2625. *Apposition du séquestre*. La loi du 28 pluv. an 3 a autorisé l'apposition du séquestre sur les biens des comptables de deniers publics qui ne présentent point leurs comptes dans les délais déterminés. Les biens séquestrés pour cette cause doivent être régis par les préposés. Ces dispositions s'appliquent à tous les comptables directs envers le trésor public, d'après les lois des 18 frim. an 4 et 13 frim. an 8, et l'art. 12 de la loi du 16 sept. 1807, relative à l'organisation de la Cour des comptes. I. 356. Elles ont été étendues, par un décret du 14 juill. 1812, et par une décision du 15 juill. 1824, aux receveurs des communes, des établissements publics et de bienfaisance. I. 1327.

2626. La régie des biens des comptables n'appartient à

l'adm. que lorsque le séquestre a été ordonné pour *défaut de présentation du compte*. Elle doit rester étrangère à la régie des biens séquestrés sur les comptables constitués *en débet*. C'est à la diligence de l'agent judiciaire du trésor qu'il est procédé dans ce dernier cas, à moins que le séquestre judiciaire n'ait été ordonné selon les règles du C. d'instr. crim., contre un comptable contumace. I. 356.

2627. Lorsque la Cour des comptes a prescrit le séquestre sur les biens d'un comptable pour défaut de présentation de son compte, un extrait de l'arrêt est transmis au directeur, et par ce dernier au receveur des domaines du lieu où sont situés les biens. Celui-ci procède pour faire constater les biens soumis au séquestre, en prendre la régie, percevoir les revenus, etc., ainsi qu'il a été expliqué pour les contumaces (V. 2599 et suiv.).

2628. *Restitution.* La loi du 28 pluv. an 3 avait statué que tous les fruits et revenus échus pendant la durée du séquestre des biens des comptables *seraient acquis a l'État.* Mais il a été reconnu que, sous la législation qui abolit la confiscation (V. 2614), les revenus des biens séquestrés ne doivent être considérés que comme un dépôt entre les mains du domaine, dont le produit peut servir à combler le débet qui serait constaté dans la gestion du comptable. En conséquence, la main-levée du séquestre emporte avec elle la restitution des fruits, à la charge par le comptable propriétaire de produire le *quitus* de la gestion, et sous le prélèvement tant des frais de régie, que du montant des frais de séquestre et de poursuites dont l'adm. aurait fait l'avance. D. 16 juill. 1830. I. 1327. On procédera pour ces restitutions et le compte du séquestre, selon le mode indiqué *sup.* 2622 et suiv.

§ V. — *Établissements spéciaux régis par l'État.*

2629. La loi du 20 juill. 1837 a fait entrer dans les produits généraux les revenus de divers établissements spéciaux régis pour le compte de l'État. Ce sont : les Écoles vétérinaires, les Bergeries royales, la Vacherie d'expérience au haras du Pin, les Haras et dépôts d'étalons, les Écoles des arts et métiers et les Établissements thermaux. — D'après des réglements arrêtés le 28 nov. 1837, le recouvrement d'une partie de ces revenus doit être fait par les receveurs des domaines. I. 1567; C. c. 44, § 12, 58. § 3.

2630. Les préposés assistent aux ventes des différents produits, toutes les fois qu'elles ont lieu à l'enchère, et, en général, lorsque le produit présumé excède 200 fr. ; ils interviennent dans la passation des baux, et reçoivent directement des adjudicataires et fermiers, le prix des ventes ou des locations, d'après des copies ou expéditions des actes, qui leur sont remises pour servir de titre de perception. I. 1567.

2631. Le produit des ventes faites de gré à gré, celui des travaux effectués, et des rétributions de toute nature perçues dans les établissements, sont recouvrés par les régisseurs ou agents comptables, qui en versent le montant au receveur des domaines, tous les *cinq jours* ou tous les *quinze jours* dans les établissements thermaux, et *tous les mois* dans les autres établissements, d'après des états remis à l'appui du versement. I. 1567.

2632. A l'égard des produits consommés en nature dans les établissements, les receveurs des domaines en recouvrent également la valeur estimative, en vertu d'ordonnances de délégation du Ministre de l'agriculture et du commerce, et de mandats du préfet payables, chaque trimestre, à la caisse du payeur du département. L'avis de l'émission de l'ordonnance sert de titre de perception. I. 1567.

2633. Ces divers produits sont consignés au sommier n° 6, produits accidentels, à l'article général *Etablissements spéciaux*, sous le titre particulier à chacun de ces établissements, dans les colonnes laissées en blanc; les sommes recouvrées sont portées en recette au registre correspondant. I. 1567; C. c. 44, § 12, 46, § 17, 53, § 4, et 58, § 3. — Ces recettes étant spéciales à quelques bureaux, il a paru inutile de rappeler en entier les opérations qui s'y rattachent; l'instruction n° 1567 les énonce d'ailleurs avec détail.

2634. Pour contrôler les opérations des receveurs relativement à ces recettes, le régisseur adresse, tous les mois, au directeur des domaines, un état certifié indiquant le montant, par nature de produits, des versements qui ont dû être faits, soit par les redevables, soit par les agents comptables. Pour les objets consommés en nature, le directeur prend note des sommes à recevoir. Il communique ensuite ces états et relevés au vérificateur pour s'assurer que tous les produits ont été recouvrés et portés en recette. I. 1567.

CHAPITRE VII. — *Eaux et forêts.*

SECTION 1re. — *Dispositions générales et adjudications.*

2635. *Pêche fluviale.* Les fleuves et rivières navigables ou flottables, et dont l'entretien est à la charge de l'État, sont des dépendances du domaine public inaliénable. Ce principe admis dans l'ancien droit, a été consacré par l'art. 538 du Code civil. La propriété de l'État sur les cours d'eau ne commence qu'au lieu où ils deviennent navigables ou flottables; elle s'étend même aux bras non flottables ni navigables, lorsque le lit principal fait partie du domaine public.

2636. De la propriété du domaine sur les cours d'eau navigables ou flottables, naît celle du droit de pêche dont les produits sont perçus au profit du trésor. Une loi du 14 flor. an 10 avait déterminé le mode d'exploitation de la pêche, et plusieurs instructions ont été données à cet égard, soit pour la mise en location, soit pour le recouvrement des produits. Circ. R. 28 vend. an 13, 13 août 1806, 16 mai 1807, et 30 sept. 1812; I. 63, 246, 1011.

2637. La loi du 15 avril 1829, sur la pêche fluviale, a réglé définitivement ce qui concerne ces propriétés de l'État. Elle contient les dispositions ci-après : Le droit de pêche sera exercé au profit de l'Etat, 1° dans tous les fleuves, rivières, canaux et contre-fossés, navigables ou flottables avec bateaux, trains ou radeaux, et dont l'entretien est à la charge de l'État ou de ses ayants-cause; 2° dans les bras, noues, boires et fossés qui tirent leurs eaux des fleuves et rivières, navigables ou flottables, dans lesquels on peut, en tout temps, passer ou pénétrer librement en bateau de pêcheur, et dont l'entretien est à la charge de l'État. Sont toutefois exceptés les canaux et fossés existants, ou qui seraient creusés dans les propriétes particulières et entretenus aux frais des propriétaires. art. 1ᵉʳ.

2638. L'art. 3 de la même loi porte que des ord. détermineront quelles sont les parties des fleuves et rivières, et quels sont les canaux désignés dans l'art. 1ᵉʳ, où le droit de pêche sera exercé au profit de l'État, et fixeront les limites entre la pêche fluviale et la pêche maritime dans les fleuves et rivières affluant à la mer. Ce double objet a été rempli par une ord. du 10 juill. 1835, qui contient un tableau, par département, des parties de fleuves, rivières et canaux, navigables ou flottables, sur lesquels la pêche est exercée au profit de l'Etat, avec l'indication des limites entre la pêche fluviale et la pêche maritime. Circ. 22 août 1835.

2639. *Bois et forêts.* Les bois et forêts qui font partie du domaine de l'État, ceux des communes et des établissements publics, et les bois et forêts dans lesquels l'État, les communes ou établissements publics ont des droits de propriété indivis avec des particuliers, sont soumis au régime forestier et régis par des agents de l'Etat. C. for., art. 1ᵉʳ et suiv.

2640. Pour les bois et parties de bois appartenant en propre à l'État, ses agents exercent, en son nom, tous les droits de la propriété, et perçoivent les revenus pour le compte du trésor. À l'égard de ceux qui sont la propriété des communes et des établissements publics, les agents de l'État n'ont qu'une administration dont le trésor est indemnisé par quelques prélèvements déterminés.

2641. *Administration des eaux et forêts.* La conservation, l'administration et l'exploitation des eaux et forêts de l'État et des établissements publics exigent une surveillance et des travaux particuliers qui ne peuvent se concilier avec les fonctions attribuées aux préposés des domaines; aussi, dans tous les temps, des agents spéciaux en ont été chargés. Cependant l'adm. forestière a été plusieurs fois réunie à celle de l'enreg. et des domaines, bien que leurs agents aient toujours eu des attributions séparées. Le Code forestier, promulgué le 21 mai 1827, et l'Ord. rendue pour son exécution le 1er août suivant, ont consacré définitivement l'institution d'une administration particulière des *Eaux et forêts*, entièrement indépendante de celle des *Domaines*; ainsi que le portait déjà une Ord. 11 oct. 1820. I. 955 (V. 13).

2642. *Attributions des préposés du domaine*. Les agents forestiers ne pouvaient, à raison de leurs fonctions actives, et de la direction de leurs études spéciales, être chargés de la partie financière et contentieuse de cette adm.; les préposés des domaines ont été d'abord chargés de la recette des produits, du paiement des dépenses et de la suite des instances relatives à la propriété; mais des motifs d'économie ont fait attribuer aux receveurs des finances la recette du prix des aliénations (V. 2365), et celle des produits des coupes ordinaires et extraordinaires (V. 2670). D'un autre côté, les payeurs du trésor ont été chargés d'acquitter la plupart des dépenses de l'adm. des forêts, I. 1518. (V. *Comptabilité générale*).

2643. Les préposés du domaine ne sont plus chargés que 1° de concourir aux adjudications (V. 2648); 2° de recouvrer les produits accessoires des eaux et forêts et les frais d'administration des bois des communes et des établissements publics (V. 2671); 3° de suivre le recouvrement des condamnations pour délits forestiers et de la pêche (V. 1791 et suiv.); 4° de rechercher les usurpations commises sur le sol forestier (V. 2386); 5° enfin de diriger et de suivre les instances relatives à la propriété des eaux et forêts de l'État (V. *titre V*).

2644. *Actes préliminaires aux adjudications*. Les préposés des domaines n'ont pas à intervenir dans les opérations préalables aux adjudications des produits des eaux et forêts, soit pour déterminer les cantonnements de pêche, l'aménagement des bois, l'assiette des coupes et le mode d'exploitation, soit pour provoquer les adjudications, en fixer les clauses et conditions, et en assurer la publicité. Ces opérations sont du ressort de l'adm. forestière; mais, en ce qui concerne les canaux, un décret du 23 sept. 1810 a chargé l'adm. des ponts et chaussées de la mise en ferme ou en adjudication des produits, I. 522, et ces dispositions ont été étendues depuis aux rivières, pour toutes les portions canalisées. D. 26 déc. 1831: I. 1389.

2645. Tous les actes préliminaires, tels que procès-verbaux d'arpentage, bornage, balivage et martelage des coupes de bois, et autres relatifs aux délivrances, rédigés par les agents forestiers, ainsi que les cahiers des charges, doivent être visés pour timbre et enregistrés en *débet*. A cet effet, les agents forestiers sont autorisés à présenter à l'avance, au *visa* pour timbre, un nombre de formules suffisant pour les minutes et les expéditions de ces actes assujettis au timbre. I. 1496, 1515. Il en est de même des devis et formules de cahiers des charges pour les adjudications de travaux à faire dans les forêts domaniales.

I. 1648. Les receveurs ne perdront pas de vue que les agents des forêts peuvent faire revêtir leurs actes et procès-verbaux de la formalité au bureau le plus voisin de leur résidence, lors même que ce bureau ne serait pas dans leur arrond. I. 458, § 1er, 1496.

2646. On devait faire mention dans le visa, que les droits de timbre seraient à la charge des adjudicataires, sans néanmoins en faire article au sommier des débets, I. 1515. La mention concernant le recours contre les adjudicataires paraît sans objet, actuellement que la plupart de ces droits sont couverts par une taxe proportionnelle (V. 2681 et suiv.).

2647. *Fonctionnaires qui concourent aux adjudications.* Excepté pour les animaux et les instruments saisis par suite de délits forestiers (V. 2711), les préposés des domaines ne procèdent pas eux-mêmes, ainsi qu'ils le font pour les autres objets mobiliers appartenant à l'État, aux ventes et adjudications des coupes et autres produits des forêts. Ces adjudications et les locations de la chasse ou de la pêche, aux enchères, ont lieu devant les préfets ou sous-préfets, et même sous la présidence du maire délégué par le préfet, lorsque l'évaluation des menus produits n'excède pas 500 fr. Les adjudications se font, dans tous les cas, en *présence* des agents forestiers et des receveurs chargés du recouvrement des produits. Ord. 1er août 1827, art. 86. I. 1011, 1251, 1566, 1581 ; Circ. 22 août 1833.

2648. Quoique les receveurs des domaines ne soient plus chargés de la recette du prix des coupes ordinaires, en principal et décime, ils doivent continuer à assister aux adjudications avec les receveurs des finances. Mais ils ne concourent pas aux adjudications de la pêche ou des produits des francs-bords quand les revenus sont recouvrés par les préposés de l'adm. des contributions indirectes. I. 522, 1389 (V. 2044, 2213, 2721).

2649. Les receveurs des produits principaux ou accessoires des forêts ou de la pêche ne peuvent prendre part aux adjudications ni par eux-mêmes, ni par personnes interposées, dans toute l'étendue du territoire où ils exercent leurs fonctions, sous les peines prononcées par l'art. 21 C. for. Cette défense s'applique évidemment aux receveurs des domaines.

2650. *Coupes de bois.* Chaque année l'adm. des forêts rédige un cahier des charges générales pour les adjudications ordinaires des coupes de bois. Ce cahier des charges est approuvé par le Ministre des finances, et des instructions spéciales sont données aux préposés pour leur faire connaître les conditions nouvelles. — Les ventes de coupes ordinaires ou extraordinaires dans les bois soumis au régime forestier doivent avoir lieu par voie d'adjudication publique. C. for. 17. Elles peuvent se faire soit par adjudication au rabais, soit par adjudication aux enchères et à l'extinction des feux, soit enfin sur soumissions cachetées, suivant que les circonstances l'exigent. Ord. 1er août 1827, art. 87, et 26 nov. 1836. I. 1251, 1527.

2651. La vente se fait d'abord par adjudication au rabais ; si des coupes ou des lots de coupes restent invendus, l'agent forestier peut faire procéder, séance tenante, à une nouvelle adjudication au rabais, par lots, par réunion de lots, ou en bloc par coupe ; enfin lorsque les ventes n'ont pu avoir lieu, faute d'offres suffisantes, elles sont remises à un autre jour, et l'agent forestier a la faculté, à la seconde séance, de déterminer entre les trois modes de vente, l'adjudication au rabais, l'adjudication aux enchères et les soumissions cachetées, celui qui devra être employé, ou de les employer successivement tous les trois et dans l'ordre qu'il jugera convenable. Lorsque l'adjudication n'a pu avoir lieu, le Ministre peut autoriser l'exploitation des coupes par économie. 1. 1644.

2652. *Produits accessoires.* Les adjudications des produits accessoires des forêts se font de la même manière ; néanmoins, pour les menus marchés, l'adm. des forêts est autorisée à traiter à l'amiable, par voie de concession ou de délivrance, sur estimation contradictoire.

2653. *Location de la chasse.* La chasse dans les forêts de l'État fut d'abord interdite, Circ. R. 1016 ; on autorisait seulement la destruction des loups et autres animaux nuisibles, Circ. R. 1021, 1033. Ultérieurement, on accorda gratuitement des permissions de chasse. 1. 794, 826. Enfin, en vertu des lois de finances des 21 avril 1832 et 24 avril 1833, le droit de chasse dans les forêts de l'État doit être affermé et mis en adjudication, lorsqu'il est possible d'en tirer un parti avantageux. Circ. 22 août 1833. — Le mode de concession par licences fut d'abord adopté, mais bientôt on prescrivit de ne concéder la chasse que par voie de location aux enchères, après affiches et publications.

2654. *Location de la pêche.* La pêche au profit de l'État est exploitée soit par voie d'adjudication publique aux enchères, soit à défaut d'offres suffisantes, par concession de licences à prix d'argent. L. 15 avril 1829, art. 10 et 12. Ces licences sont des permissions de pêcher, accordées à des particuliers par le Ministre des finances, sur la proposition de l'adm. des forêts, moyennant une taxe annuelle. I. 246, 1011 ; Circ. 30 sept. 1812. Les receveurs n'ont pas à intervenir dans la délivrance des licences ; elles sont inscrites au secrétariat de la sous-préfecture.

2655. *Procès-verbaux d'adjudication.* Les contestations qui peuvent s'élever pendant les opérations d'adjudication, sur la validité des enchères ou sur la solvabilité des enchérisseurs et des cautions, sont décidées par le fonctionnaire qui préside la séance d'adjudication. Les préposés des domaines se bornent à donner leur avis ; ils le motivent soit sur les dispositions des cahiers des charges, soit sur les instructions interprétatives. Le procès-verbal est dressé dans la forme ordinaire. La minute est signée sur-le-champ par les fonctionnaires présents ou les agents autorisés à cet effet, et par les concessionnaires ou adjudicataires.

2656. *Command*. Les adjudicataires ont la faculté de déclarer command, mais seulement séance tenante. Ces déclarations sont faites dans la forme ordinaire, à la suite du procès-verbal, et acceptées par les fonctionnaires qui ont concouru à l'adjudication. I. 1496.

2657. *Cautionnements*. Dans le délai déterminé par le cahier des charges, les adjudicataires ou leurs commands sont tenus de fournir une caution et un certificateur de caution reconnus solvables. Ils sont reçus du consentement du receveur des finances chargé de la recette, et en présence du receveur des domaines. S'il s'agit de coupes dont l'estimation n'excède pas 500 fr., de menus produits des forêts, de la location de la pêche ou de la chasse, la caution et le certificateur de caution à fournir pour les prix payables à terme, doivent être reçus par le receveur des domaines chargé de la recette. Circ. 22 août 1833 ; I. 1011, 1251.

2658. Les actes de cautionnement sont passés au secrétariat du lieu de l'adjudication et inscrits à la suite. Faute par l'adjudicataire de fournir les garanties exigées, dans le délai prescrit, il sera déclaré déchu par arrêté du préfet, et il sera procédé, dans les mêmes formes, à une nouvelle adjudication à sa folle-enchère. L'adjudicataire déchu sera tenu, par corps, de la différence entre son prix et celui de la revente, sans pouvoir réclamer l'excédant, s'il y en a. C. for. 24 ; L. 15 avril 1829, art. 8. Il devra en outre les frais de la première adjudication, à raison de 1 1/2 p. 100 (V. 2681).

2659. *Marchés*. Les adjudications ou marchés pour travaux à exécuter dans les forêts de l'État sont passés dans la forme des actes administratifs ; mais les préposés du domaine n'ont pas à y concourir, puisqu'ils ne sont pas chargés de la dépense. Ils sont chargés seulement de recouvrer les frais. I. 1648 (V. 2684).

2660. *Timbre, enregistrement, expéditions*. Les minutes des procès-verbaux d'adjudication des coupes ou produits des forêts de l'État, des travaux à exécuter dans ces bois, de la location de la pêche ou de la chasse, celles du cahier des charges, ainsi que les procès-verbaux de délivrance de plants, harts et autres menus produits concédés sans adjudication, à l'amiable ou sur estimation contradictoire, sont rédigés sur papier visé pour timbre en *débet*, comme il a été dit pour les actes préliminaires (V. 2645). I. 1379, § 1er, 1410, § 10, 1308, 1381, 1648, 1673, § 1er. Quant aux licences de pêche, elles doivent être timbrées à l'extraordinaire avant d'être délivrées aux parties par le conservateur des forêts. Circ. 30 sept. 1812 ; I. 246, 1011.

2661. Les procès-verbaux d'adjudication des coupes de bois, les baux de chasse et de pêche, ainsi que les licences, les marchés pour travaux, les cautionnements et autres actes relatifs aux adjudications, sont assujettis à l'enreg. dans les vingt jours, sous peine du droit en sus. Les déclarations de command étant insérées dans le procès-verbal ne donnent lieu à aucun droit particulier.

2662. Immédiatement après la réception des cautions, les adjudicataires de coupes de bois de l'État sont tenus de verser à la caisse du receveur chargé de l'enreg., les droits proportionnels d'enreg., à raison de 2 p. 100, sur le prix principal, le décime et les charges accessoires, et à raison de 50 centimes par 100 fr. sur le cautionnement. Le trésor est couvert des droits de timbre tant du procès-verbal d'adjudication que des actes préalables ou de ceux qui y sont relatifs, soit pour la minute, soit pour les expéditions, ainsi que des droits *fixes* d'enreg. de ces actes et des frais de vente ou d'expédition, par une taxe additionnelle de 1 1/2 p. 100 à payer par chaque adjudicataire. I. 1522, 1696 (V. 2681).

2663. Dans le même délai, les adjudicataires ou concessionnaires de *produits accessoires des forêts de l'État*, ceux des *travaux a executer dans les mêmes forêts*, et les adjudicataires ou concessionnaires de droits de *pêche* ou de *chasse* sont tenus de verser à la caisse du receveur de l'enreg. les droits proportionnels d'enreg. du procès-verbal d'adjudication ou de l'acte de concession, et ceux des cautionnements, aux taux déterminés par la loi, selon la nature des actes, ainsi que les droits de timbre des devis, cahiers des charges, procès-verbaux d'adjudication ou actes de concession, tant pour la minute que pour les expéditions assujetties au timbre. Les droits de timbre ou d'enreg. des autres actes, et les frais d'adjudication ou d'expédition sont compris dans une taxe de un et demi p. 100 à la charge des adjudicataires. I. 1576, 1581, 1648, 1696; C. c. 46, § 7 et 8 (V. 2682).

2664. Après l'acquittement des droits et frais à la charge des adjudicataires, et l'enreg. des actes ou procès-verbaux, on délivre à chacun d'eux, au secrétariat de l'administration devant laquelle l'adjudication a eu lieu, une expédition du procès-verbal et du cahier des charges, sur papier visé pour timbre.

2665. Pour l'ordre interieur et le recouvrement des produits, on rédige plusieurs autres extraits ou expéditions des procès-verbaux d'adjudication et actes y relatifs. Lorsqu'il s'agit de coupes de bois ou de produits dont le prix doit être versé à la caisse du receveur des finances, trois expéditions sont délivrées, outre celle de l'adjudicataire : l'une au conservateur ou à l'agent des forêts, l'autre au directeur des domaines, et une troisième enfin au receveur des finances. Cette dernière seule est soumise au timbre et doit être visée en *débet*. I. 1496.

2666. Pour les adjudications de menus produits, autres que celles concernant la chasse et la pêche, il n'est délivré, indépendamment de l'expédition sur papier visé pour timbre, destinée a l'adjudicataire, que deux expéditions sur papier libre, l'une a l'agent forestier, chef de service, l'autre au receveur des domaines chargé de la recette. I. 1508.

2667. Quant aux adjudications de travaux dans les forêts de l'État, il ne doit être délivré, outre l'expédition sur papier visé pour timbre en *débet*, remise à l'adjudicataire, qu'une expédition pour l'agent forestier et un extrait pour le receveur des domaines chargé du recouvrement des frais. Ces dernières pièces sont rédigées sur papier libre. I. 1648.

2668. Enfin, en ce qui concerne les adjudications de la chasse ou de la pêche, il doit être fourni dans le mois, avec un exemplaire du cahier des charges, outre l'expédition destinée aux adjudicataires, qui seule est assujettie au timbre, des extraits, en forme d'état, du procès-verbal, savoir : au directeur ou au receveur des domaines; au conservateur des forêts; et enfin à l'inspecteur des forêts. I. 1581.

2669. Après l'adjudication des coupes de bois, les agents forestiers procèdent encore à des opérations qui sont une suite ordinaire de l'exploitation. Ce sont les opérations de réarpentage des coupes, et celles de récolement des réserves, etc. Les procès-verbaux dressés à cette occasion sont visés pour timbre et enregistrés en *débet*. Les droits en sont compris dans la taxe à la charge des adjudicataires (V. 2682, 2700).

SECTION II. — *Recouvrement des produits forestiers.*

§ Ier. — *Règles générales.*

2670. *Produits recouvrés par les receveurs des finances.* Les receveurs des finances sont chargés de recevoir : 1° le prix principal des adjudications de coupes de bois de l'État, ainsi que les intérêts de retard. I. 780, 1436 ; 2° le décime pour franc de ce prix dont la perception a continué d'être faite par les receveurs des domaines jusqu'en 1838 ; 3° l'indemnité de 3 p. 100, payée par les adjudicataires pour tenir lieu des travaux d'entretien qui sont à la charge de l'adm. des forêts. C. c. 44, 45 ; 4° le prix des coupes ordinaires et extraordinaires exploitées par économie ou par entreprise au rabais, et vendues à terme ou au comptant, quel que soit le montant de l'adjudication; 5° les recépages, élagages, essartements et chablis, lorsque l'estimation de chaque lot excède 500 francs. I. 1603.

2671. *Produits recouvrés par les receveurs des domaines.* Les receveurs de l'adm. recouvrent le prix des bois ou coupes vendus en détail, lorsque l'estimation de chaque lot n'excède pas 500 fr. I. 1603 ; ainsi que tous les autres produits *accessoires* des eaux et forêts comprenant : 1° les frais d'adjudication des coupes et produits, et des marchés concernant les eaux et forêts de l'État ; 2° les menus produits des forêts divisés en cinq sections ; 3° les fermages de la chasse ; 4° ceux de la pêche ; 5° les frais de poursuites et d'instances concernant les forêts ; 6° les frais d'administration des bois des communes et des établissements publics ; 7° enfin les amendes, restitutions, dommages-intérêts et frais résultant de condamnations pour délits dans les bois soumis au régime forestier, et pour délits de pêche. Le recouvrement de ces condamnations est suivi selon le mode indiqué au chapitre des *Condamnations* (V. 1791 et suiv.).

2672. *Titres de recouvrement*. Pour tous autres produits des eaux et forêts qui doivent être versés aux caisses du domaine, les titres de recouvrement sont, savoir : 1° pour tous les objets vendus par adjudication ou concédés temporairement par un bail ou par tout autre acte en forme authentique, une expédition des actes d'adjudication, baux ou autres titres ; 2° pour les objets vendus sur estimation ou expertise, les procès-verbaux de délivrance signés par l'agent forestier qui opère la délivrance, par le garde du triage et la partie prenante ou son délégué : ces actes doivent être visés pour timbre en *débet*, et les droits de timbre et les droits prop. d'enreg. sur la valeur des objets vendus sont à la charge de la partie prenante : c'est ce qui résultait déjà d'une décision du 4 juill. 1825. I. 1169 ; 3° pour les indemnités, dommages, et autres allocations, les procès-verbaux, certificats et pièces détaillés ci-après pour chacun de ces différents produits. D. 22 juin 1838. I. 1566.

2673. Les agents forestiers tiennent registre de ces titres, et, dans la huitaine, au plus tard, de leur réception, l'inspecteur forestier les remet au receveur des domaines chargé de poursuivre le recouvrement. Cet envoi est accompagné d'un bulletin au pied duquel le receveur appose son reçu, et qu'il renvoie immédiatement à l'inspecteur des forêts. D. 22 juin 1838. I. 1566.

2674. *Consignation au sommier*. Aussitôt qu'il a reçu les titres constatant les sommes à recouvrer, le receveur en fait article au sommier n° 7, intitulé : *Forêts (produits accessoires)*. Ce sommier, distribué comme les autres sommiers de produits constatés, présente d'abord quatre colonnes pour le n° d'ordre, le n° du registre de recette, l'indication des poursuites et diligences et de la date du paiement, et la désignation des produits ; il contient ensuite le nombre de colonnes nécessaires pour y classer les différentes espèces de produits à recouvrer et leur total. — Les consignations y sont faites selon les règles générales prescrites pour les produits constatés (V. 1522 et suiv.). I. 1358.

2675. *Recouvrement*. Le recouvrement des produits des eaux et forêts doit être suivi avec activité, sous la responsabilité du receveur, et suivant les formes ordinaires (V. 1532), sauf les distinctions qui seront indiquées ci-après pour chaque espèce de produits. — Les sommes recouvrées sont portées en recette sur le registre et aux titres correspondant au sommier. I. 1358.

2676. Lorsqu'il devient nécessaire d'exercer des poursuites contre un adjudicataire de produits forestiers, soit pour le prix principal, soit pour les accessoires, et que le titre de perception a été délivré sur papier non timbré, le receveur des domaines se fait remettre une expédition du procès-verbal d'adjudication, en ce qui concerne cet adjudicataire, et un exemplaire du cahier des charges ; le tout sur papier visé pour timbre en *débet*.

La rétribution due au secrétaire pour la délivrance de cette expédition, fixée à 75 cent. par article, est avancée par le receveur des deniers de sa caisse, et le montant de cette rétribution et du droit de timbre est compris dans les frais de poursuites à recouvrer sur les adjudicataires, ou à rembourser par l'adm. des forêts ; le tout selon le mode prescrit (V. 2723). I. 1508, 1581, 1648.

2677. Le recouvrement des produits forestiers ou de la pêche, autres que les condamnations, est suivi par voie de contrainte décernée par le directeur, comme en matière domaniale (V. *titre* V). — S'il s'agit de produits vendus ou affermés publiquement, le procès-verbal emporte exécution parée, et *contrainte par corps* contre les adjudicataires, leurs associés et cautions, tant pour le paiement du prix principal que pour accessoires et frais. C. for. 28 ; L. 15 avril 1829, art. 22.

2678. Afin de pouvoir s'assurer que tous les produits accessoires des eaux et forêts qui doivent être versés aux caisses du domaine ont été exactement recouvrés, les conservateurs des forêts remettent chaque année au directeur des domaines un état, par arrond. communal, des produits accessoires constatés pendant l'année. Des extraits de cet état sont envoyés par le directeur aux employés supérieurs chargés de la vérification des bureaux. I. 1566 (V. *Vérificateurs*).

§ II. — *Règles spéciales.*

ART. 1er. — *Coupes de bois vendues en détail.*

2679. Le prix des coupes de bois vendues en détail que les receveurs des domaines sont chargés de recouvrer, lorsque l'estimation de chaque lot n'excède pas 500 fr. (V. 2671), comprend, 1° le prix principal, le décime pour franc, et l'indemnité de 3 p. 100 imposée aux adjudicataires pour la valeur des travaux d'entretien que l'adm. des forêts fait effectuer ; 2° la différence en principal, décime et indemnité, due par les adjudicataires de coupes ordinaires ou extraordinaires vendues à leur folle-enchère. I. 1603 ; Ord. 26 déc. 1837; C. c. 53, § 5.

2680. Ces produits sont recouvrés par le receveur des domaines du canton de la situation des bois, en vertu d'un extrait de l'acte d'adjudication (V. 2672). Les fol-enchérisseurs peuvent être poursuivis immédiatement en paiement des différences dont ils sont débiteurs, et sans attendre les termes fixés pour les échéances des traites. Ces divers produits sont confondus sous le titre unique : *Prix des coupes vendues en détail*, tant sur le sommier que sur le registre de recette des produits des forêts.

ART. 2. — *Frais d'adjudication des produits forestiers.*

2681. *Coupes de bois.* Les adjudications des coupes de bois nécessitent des actes et procès-verbaux assujettis au timbre et à l'enreg., des frais d'affiche, de criée, et autres frais accessoires dont le paiement était fait par les adjudicataires après la réception des cautions. I. 1496. Ce mode a paru contraire aux règles de la comptabilité. Actuellement ces frais sont ordonnancés sur le budget de l'adm. des forêts, et le trésor en est couvert au moyen du paiement par chaque adjudicataire de coupes de bois de l'État, d'un et demi p. 100 du prix principal de son adjudication. D. 4 juill. 1836. I. 1522.

2682. Au moyen de cette taxe, les adjudicataires n'ont à payer aucuns frais d'aménagement, arpentage ou autres opérations préalables, frais d'affiche, criée, etc., ni même pour rédaction de l'expédition qui leur est délivrée. Les adjudicataires de coupes sont même dispensés de rembourser les droits de timbre et d'enreg. des procès-verbaux de toutes les opérations forestières, du cahier des charges, les droits de timbre du procès-verbal d'adjudication et de l'expédition. Ils n'ont à payer, outre la taxe de un et demi p. 100 pour tous frais, que les droits proportionnels d'enreg. du procès-verbal d'adjudication et du cautionnement. I. 1522 (V. 2662 et suiv).

2683. *Produits accessoires.* Les adjudicataires des produits accessoires payaient pour frais de vente 5 fr. par lot. I. 1508. Cette indemnité fixe a été remplacée par une taxe proportionnelle de *un et demi p. 100*, qui est également destinée à couvrir tous les frais et droits des actes préalables, les frais d'adjudication et d'expédition ; mais les adjudicataires ont à payer en outre les droits de timbre et d'enreg., tant de la minute du procès-verbal d'adjudication et du cahier des charges, que le timbre de l'expédition qui leur est délivrée. I. 1576 (V. 2666).

2684. *Marchés.* Un arrêté du 8 déc. 1837 détermine le montant des frais des adjudications de travaux concernant les forêts domaniales, et porte que ces frais seront acquittés par les soins et sur le budget de l'adm. des forêts, et que l'État en sera couvert par une taxe de *un et demi p. 100* du prix de l'adjudication. Cette indemnité est payée comptant par l'adjudicataire, à la caisse du domaine, indépendamment des droits d'enreg. du procès-verbal d'adjudication, et des droits de timbre sur le pied de 1 fr. 25 c. par feuille, tant de ce procès-verbal, que des devis, cahiers des charges et procès-verbaux de réception rédigés sur papier visé pour timbre en *débet*. I. 1648 (V. 2667).

2685. *Pêche et chasse.* Les frais d'adjudication du droit de pêche dans les fleuves et rivières, et du droit de chasse dans les forêts de l'État, doivent également être avancés par le trésor, sur le budget et par les soins de l'adm. des forêts, et sont remboursés par les adjudicataires, au moyen du paiement, dans les caisses du domaine, de *un et demi p. 100* du prix des baux pour une année. Un arrêté du 20 janv. 1839 fixe le montant de ces frais, et porte que les adjudicataires paieront, en outre, les droits du visa pour timbre en *débet*, tant du procès-verbal d'adjudication que de l'expédition et de l'exemplaire du cahier des charges qui leur sont destinés, ainsi que les droits d'enreg. des actes d'adjudication, cautionnement, command, etc. I. 1581 (V. 2668). — Cette taxe, spéciale aux adjudications, ne s'applique pas aux licences de pêche, I. 1566, 1581. Les particuliers auxquels on les délivre n'ont à payer que les droits de timbre et d'enregistrement.

2686. *Recouvrement.* On voit par ces dispositions que le remboursement des frais d'adjudication des divers produits de l'adm. des forêts a été successivement remplacé par une taxe de *un et demi p. 100*, imposée aux adjudicataires, outre quelques droits de timbre et d'enreg. — Dans les localités où les recettes sont divisées, l'indemnité de 1 1/2 se verse à la caisse du receveur des domaines, comme produit des forêts, et les droits de timbre et d'enreg. à celle du receveur de l'enreg. I. 1696.

2687. Il est inutile de faire article aux sommiers des droits de timbre et d'enreg. à recouvrer sur les adjudicataires, soit avant l'adjudication qui pourrait ne pas avoir lieu, soit après sa prononciation quand ces droits sont acquittés dans les délais fixés. On se bornera à faire cette consignation au sommier des débets pour les droits de timbre, et au sommier certain pour les droits d'enreg., dans le cas où les adjudicataires ne paieraient pas dans ces délais, afin d'en poursuivre le recouvrement. Les sommes payées seront portées en recette, savoir : les droits de timbre au registre du *visa*, et les droits d'enreg. sur ceux où l'on enregistre les actes dont les droits sont acquittés.

2688. L'indemnité de 1 1/2 p. 100 est relevée sur le sommier des produits des forêts, nº 7, sous les titres spéciaux : *Frais d'adjudication des coupes de bois de l'État*, lorsqu'il s'agit de coupes ; et : *Frais de toutes autres adjudications concernant les forêts et la pêche*, si ces frais s'appliquent à d'autres produits que les coupes. Les sommes recouvrées sont portées en recette au registre et sous les titres correspondants. I. 1522, 1576.

2689. Le recouvrement de tous les frais d'adjudication est suivi par voie de contrainte et même par la voie de la contrainte par corps, sans excepter les droits de timbre et d'enreg. (V. 2677). Si l'on emploie la contrainte ordinaire, c'est le directeur des domaines qui doit la décerner pour le paiement de la taxe de *un et demi p. 100* ; et le receveur de l'enreg., s'il s'agit de droits de timbre ou d'enreg. Cette distinction résulte de la nature différente de ces produits (V. *titre* V).

ART. 3. — *Menus produits des forêts.*

2690. Les receveurs des domaines sont chargés de la recette des menus produits des forêts de l'État (V. 2671). Aux termes de l'art. 10 d'un arrêté du 22 juin 1838, il n'est plus imposé aucun supplément de prix, à titre de décime, sur les menus produits des forêts autres que ceux qui sont vendus par adjudication. Mais les indemnités pour excédants de mesure, devant être considérées comme un supplément au prix d'adjudication des coupes, restent assujetties au décime pour franc. I. 1566.

2691. Les menus produits des forêts de l'Etat sont divisés en cinq sections : 1° bois (plants, chablis, etc.); 2° fruits, semences et herbes; 3° minerai, terre, pierres et sable; 4° redevances et indemnités; 5° recettes diverses et imprévues.

2692. *Bois*. La première section comprend : 1° les récépages, essartements, élagages, chablis, lorsque l'estimation n'est pas supérieure à 500 fr. (I. 1603; C. c. 44, § 6), et les bois de délits séquestrés ou non (Ord. 1er août 1827, art. 101, 102); 2° les délivrances de plants, de harts et de fascines (art. 169); 3° les indemnités dues pour prolongation de délais d'exploitation ou de vidange (art. 96); 4° les indemnités pour réserves abattues ou endommagées par accident lors de l'exploitation des coupes (art. 103); 5° les affectations à des établissements industriels (art. 58, C. for.); 6° et les excédants de mesure constatés sur les coupes (I. 1673, § 1er; C. c. 44, § 6).

2693. *Chablis*, *élagages*, *etc.* Les conservateurs des forêts font effectuer les adjudications de bois provenant d'arbres ou de branches rompus par les vents ou tous autres accidents; on donne à ces bois le nom de *chablis*. Ils autorisent également la vente des bois provenant de délits, de recépages, d'élagages ou d'essartements, et qui n'ont pas été vendus sur pied, et généralement tous autres menus marchés.

2694. Le prix de vente de chaque lot *dont l'estimation n'excède pas 500 fr.*, est considéré comme produit accessoire, et versé, dans le délai de six mois au plus, à la caisse du receveur des domaines du lieu de la situation; lorsque l'estimation d'un lot *excède 500 fr.* le prix de vente est réglé en traites payables à la caisse du receveur des finances. I. 1603.

2695. *Plants*, *harts*, *fascines*. L'extraction de produits quelconques du sol forestier ne peut avoir lieu qu'en vertu d'une ordonnance spéciale du directeur des forêts qui en détermine le prix. Cette disposition est applicable aux jeunes plants de bois ou d'arbustes que des particuliers demandent à enlever dans les forêts; aux harts ou liens que les adjudicataires sont autorisés à couper dans les bois voisins de leurs tailles; aux fascines, bourrées ou fagots d'épines ou de tous autres bois dont on demande la délivrance pour l'entretien des laies, chemins de vidange et autres, clôtures, etc. — Le prix de ces objets est fixé dans les procès-verbaux de comptage ou de délivrance qui sont rédigés : ces procès-verbaux sont adressés par le conservateur des forêts au directeur des domaines qui les transmet au receveur de la localité pour le recouvrement. I. 1673.

2696. *Délai d'exploitation*. Tout adjudicataire, qui se trouve dans l'impossibilité d'achever la coupe ou la vidange aux termes prescrits, et a besoin d'un délai, est tenu d'en faire la demande à l'adm. des forêts, sur papier timbré. L'adjudicataire, par le seul fait de cette demande, s'oblige à payer l'indemnité résultant du dommage causé par le retard. Cette indemnité est fixée par l'adm. des forêts. Ord. 1827, art. 96 ; I. 1644. Les titres de recouvrement sont la demande sur papier timbré contenant l'engagement par l'adjudicataire de payer ces indemnités, et la copie de la lettre de l'adm. des domaines donnant avis de la décision : cette copie, certifiée par le directeur, est transmise au receveur de la situation des forêts. I. 1566, 1644.

2697. *Bris de réserves.* Si des réserves sont encrouées, abattues ou endommagées par le fait de l'exploitation, le dommage est réglé contradictoirement par un procès-verbal dressé entre les agents forestiers et l'adjudicataire. Ord. 1827, art. 103. — Ces procès-verbaux sont transmis par le conservateur des forêts au directeur des domaines ; et les indemnités sont recouvrées, comme produits accessoires, par le receveur du canton de la situation des bois. I. 1566, 1673.

2698. *Affectation.* Les art. 59 et 60 du Code for. ont révoqué ou prohibé la plupart des affectations à titre particulier dans les forêts de l'État, et réglé les droits des propriétaires d'usines ayant des titres incontestables à faire valoir. Le recouvrement des produits de cette nature est suivi d'après les titres particuliers de concession, par le receveur de la situation des bois. I. 1566. Les procès-verbaux d'assiette, de balivage, et de délivrance sont visés pour timbre et enregistrés en *débet*, sauf recouvrement des droits sur les parties. I. 1481, § 11, 1504, § 5.

2699. *Excédants de mesure.* D'après les cahiers des charges des ventes de coupes, les adjudicataires sont tenus de payer le montant des excédants de mesure constatés par les procès-verbaux de réarpentage, en proportion du prix de l'hectare, outre le décime par franc (V. 2670), et quatre et demi p. 100, dont trois pour travaux d'entretien, et un et demi pour les frais. Dans aucun cas, il n'y a lieu à aucune répétition à raison des droits d'enregistrement.

2700. Le recouvrement de la valeur des excédants de mesure s'effectue par le receveur des domaines de la situation, au moyen 1° d'une expédition des procès-verbaux d'arpentage et de réarpentage, ou d'un extrait du plan d'aménagement, lorsqu'il s'agit d'un bois aménagé sur le terrain et dont les coupes ne sont pas soumises à l'arpentage ; 2° d'un extrait du procès-verbal d'adjudication ; 3° du décompte dressé par le conservateur des forêts. Ces pièces, sauf le décompte, sont visées pour timbre, avec mention que les droits sont compris dans la taxe d'un et demi pour cent payée pour frais d'adjudication. Les frais d'expédition sont payés par l'adm. des forêts. I. 1566, 1673.

2701. *Déficit de mesure.* S'il y a déficit dans l'étendue de la coupe, les adjudicataires ont droit au remboursement dans la même proportion. Ce remboursement est fait par les soins de l'adm. des forêts, au vu d'une demande sur papier timbré. Les préposés des domaines n'ont point à s'en occuper, même relativement à la restitution des sommes qu'il ont touchées, notamment de l'indemnité de un et demi p. 100 pour frais, qui doit être remboursée proportionnellement comme les autres dépenses forestières (V. *Comptabilité générale*).

2702. *Fruits et herbes*. La seconde section des menus produits des forêts renferme : 1° les adjudications de glandée et les récoltes de faînes, fruits et semences (Ord. 1er août 1827, art. 100); 2° les locations de pâturages, en vertu de concession de jouissance pour l'année, et les mousses, bruyères, etc. (art. 169). I. 1613; C. c. 44, § 6. Le prix des adjudications est recouvré en vertu des procès-verbaux de vente ou de location. Dans les lieux où les mousses, bruyères et autres plantes ne peuvent être vendues, l'extraction, si elle est reconnue utile à l'amélioration des bois, est autorisée aux conditions que détermine l'adm. des forêts. D. 22 avril 1840. Le receveur des domaines est chargée de recevoir les indemnités stipulées. I. 1613.

2703. *Minerais, etc*. La troisième section des menus produits des forêts a pour objet l'extraction du minerai et de pierres, terre, sables, etc. (Ord. 1er août 1827, art. 170 à 175). C. c. 44, § 6. Le recouvrement est suivi d'après les extraits ou expéditions des titres transmis au receveur des domaines de la situation des bois. I. 1566.

2704. *Redevances et indemnités*. La quatrième section des menus produits des forêts se compose de la location des scieries ; 2° des redevances pour droits d'usage (C. for. 8e section, titre 3) ; 3° des indemnités pour droits de passage, prise d'eau et autres servitudes foncières, dues en vertu de titres. I. 1566 ; C. c. 44, § 6. — Les articles 61 et suiv. du code forestier ont reglé ce qui concerne l'exercice des droits d'usage dans les forêts de l'Etat et le cantonnement (V. titre V). Les préposés se bornent à recouvrer les redevances ou indemnités stipulées dans les titres constitutifs ; elles sont versées au bureau de la situation des forêts. — Les receveurs perçoivent aussi les droits de timbre et d'enreg. des procès-verbaux d'assiette, de balivage et de martelage des bois délivrés aux usagers. I. 1481, § 11, 1504, § 5.

2705. *Recettes diverses*. La cinquième et dernière section embrasse les recettes diverses et imprévues, telles que : 1° les dommages-intérêts exigibles des adjudicataires en retard de fournir aux receveurs des finances les traites pour le paiement du prix des ventes (I. 1644) ; 2° les indemnités dues par les adjudicataires qui, avant la délivrance du permis d'exploiter, ont réclamé une vérification du nombre des arbres de réserve (I. 1644); 3° les dommages-intérêts à payer par chaque quinzaine de retard, par les adjudicataires qui ont négligé de se faire délivrer le permis d'exploiter dans le mois à compter de l'adjudication (I. 1644. C. c. 56, § 4); 4° les ventes de bois de bourdaine, chênes-liéges, d'animaux saisis et non réclamés, d'instruments de délits, etc.

(C. for. 169, 198 et décisions spéciales ; C. c. 11, § 9, 45, § 4);
3° enfin toutes autres recettes non prévues provenant des forêts
(mêmes circ. et instr.).

2706. *Traites différées*. Dans les dix jours de l'adjudication
des coupes de bois de l'État, chaque adjudicataire doit fournir,
au receveur général, des traites à diverses échéances pour le
paiement du prix. L'adjudicataire qui n'a pas satisfait à cette
obligation dans le délai prescrit, y est contraint et doit, en outre,
payer à titre de dommages-intérêts, une somme équivalente au
vingtième du prix total de son adjudication. Cette indemnité fait
partie des *Recettes diverses* ; elle est recouvrée par le receveur
du canton de la situation des bois, en vertu du procès-verbal d'adjudication et du certificat du receveur des finances, attestant que
les traites n'ont point été fournies dans le délai déterminé. I. 1644.

2707. *Vérification des réserves*. Tout adjudicataire qui, avant
la délivrance du permis d'exploiter, réclame une vérification à
l'effet de faire constater un déficit dans le nombre des arbres de
réserve indiqué au procès-verbal de balivage et martelage, s'engage, par le seul fait de sa demande, à payer, à la caisse du receveur des domaines du canton de la situation des bois, une indemnité de dix fr. par jour de travail des agents forestiers, et de
trois fr. par jour de travail des gardes, s'il est reconnu qu'il
n'existe pas de déficit. Cette indemnité est classée avec les *Recettes diverses* des forêts. Le receveur en poursuit le recouvrement
d'après les pièces qui lui sont remises par le chef du service forestier, et établissant la demande en vérification formée par
l'adjudicataire, l'absence de déficit dans le nombre des arbres de
réserve, et le nombre des jours de travail employés à l'opération
par les agents ou gardes-forestiers. I. 1644.

2708. *Permis d'exploiter*. L'adjudicataire est obligé de prendre le permis d'exploiter, au plus tard, dans le délai d'un mois,
à dater du jour de l'adjudication ; à défaut de quoi il est tenu de
payer à l'État, à titre de dommages-intérêts, une somme équivalente au quarantième du prix principal de son adjudication ;
pareille somme est due par chaque quinzaine de retard. C'est
encore un produit accessoire à porter sous le titre : *Recettes diverses et imprévues*. Le recouvrement de ces dommages-intérêts
est poursuivi par le receveur des domaines du canton de la situation des bois, en vertu du procès-verbal d'adjudication et du
certificat du chef de service forestier, constatant le retard apporté
à la demande du permis d'exploiter. I. 1644.

2709. Les permis d'exploiter délivrés par les agents forestiers ne sont point sujets au timbre, ni à l'enreg. I. 1187, § 11.
Cependant pour constater leur délivrance dans le délai prescrit,
il a été arrêté que ces permis, rédigés sur papier non timbré, seront admis à l'enreg. pour *mémoire*, lorsque cette formalité sera
demandée par les agents forestiers. I. 1685.

2710. *Bourdaine, chênes-liéges*. Les ventes de bois de bourdaine et de chênes-liéges sont faites par les soins de l'adm. des forêts, comme celles des autres produits accessoires du sol forestier. Les receveurs en recouvrent le montant au moyen des procès-verbaux de vente dont copie leur est remise, et le portent avec les *Recettes diverses.*

2711. *Délits forestiers. Bestiaux et objets saisis.* Les gardes sont autorisés à saisir dans les bois soumis au régime forestier, et même dans ceux des particuliers, les bestiaux trouvés en délit et les instruments, voitures et équipages des délinquants, et à les mettre en séquestre, C. for. 161, 189. Les juges de paix peuvent donner main-levée provisoire de la saisie, à la charge du paiement des frais de séquestre, art. 168. Enfin si les bestiaux saisis ne sont pas réclamés dans les cinq jours qui suivent le séquestre, ou s'il n'est pas fourni bonne et valable caution, le juge de paix en ordonne la vente au marché le plus voisin. Il est procédé à cette vente à la diligence du receveur des domaines du canton, après publications faites 24 heures d'avance, art. 169, 189.

2712. Dans le cas de saisie en vertu de ces dispositions, les instruments de délit, tels que serpes, haches ou autres objets qui peuvent être conservés sans frais, sont déposés aux greffes des tribunaux et vendus ultérieurement, s'il y a lieu, soit pour le compte de l'État, lorsqu'ils ont été définitivement confisqués (V. 2128), soit comme les autres objets déposés dans les greffes et non réclamés (V. 2116).

2713. Lorsque les instruments saisis en matière forestière ont été confisqués en vertu d'un jugement de condamnation, le produit de la vente ne figure pas avec les prix de mobilier de l'État, au sommier n° 4 ; mais sur celui des forêts, n° 7, à la 5e section des menus produits, sous le titre : *Recettes diverses.* C. c. 44, § 6; on porte aussi sous le même titre, la valeur des instruments que les délinquants ont été condamnés à payer, à défaut des objets, excepté lorsqu'il s'agit de délit de chasse (V. 1788). — Si la confiscation des objets saisis n'a pas été prononcée, le prix de ceux qui n'ont pas été réclamés doit être porté au sommier des opérations de trésorerie, sous le titre spécial : *Prix de vente d'effets mobiliers déposés aux greffes* (V. 2120).

2714. A l'égard des bestiaux, voitures ou équipages saisis, mis en séquestre ou en fourrière, ils sont vendus en vertu de l'ordonnance du juge de paix, selon les dispositions de l'art. 169 C. for. (V. 2711). On suit pour ces ventes les règles établies pour les ventes du mobilier de l'État. — Quand le délit a été commis dans un bois soumis au régime forestier, le produit *brut* de la vente est porté au sommier et au registre de recette n° 7, sous le titre : *Recettes diverses.* C. c. 49, § 9. Si le délit a eu lieu dans des bois de particuliers, le produit *net* de la vente devant être versé à la Caisse des dépôts et consignations, C. for. 189, se porte au sommier et au registre de recette des opérations de trésorerie, sous le titre : *Recettes imprévues.*

2715. Les frais de séquestre et de vente sont payés par le receveur, qui en retire des quittances. Si les objets ont été saisis dans un bois de particulier, ces frais sont taxés par le juge de paix au bas du procès-verbal de vente et déduits du montant de cette vente; ce qui est justifié par les quittances qui restent à l'appui. Lorsque la saisie a eu lieu dans un bois soumis au régime forestier, le receveur dresse un état des frais qu'il soumet à la taxe du juge de paix; le montant est porté en dépense comme : *Avances de frais de poursuites concernant l'adm. des forêts*, et remboursé par elle selon le mode prescrit. C. c. 44, § 10 (V. *Comptabilité générale*).

2716. Si la réclamation des bestiaux ou objets saisis n'a lieu qu'après la vente, le propriétaire n'a droit qu'à la restitution du produit net, tous frais déduits, dans le cas où cette restitution est ordonnée par le jugement. C. for. 169. — Lorsque la saisie avait eu lieu dans un bois soumis au régime forestier, la restitution était effectuée par le receveur, C. c. 38; actuellement elle a lieu comme toute autre dépense concernant l'adm. des forêts, et les receveurs y restent étrangers. C. c. 44, § 10 (V. *Comptabilité générale*).

2717. *Délits de pêche, objets saisis.* Les gardes-pêche sont autorisés à saisir les instruments de délit et le poisson pris par les délinquants. L. 15 mai 1829, art. 39 et 68. Les instruments sont déposés au greffe; quant au poisson, il doit être vendu sans délai dans la commune la plus voisine du lieu de la saisie, à son de trompe et aux enchères. Si la vente a lieu dans un chef-lieu de canton, elle doit être faite en vertu d'une ordonnance du juge de paix ou de ses suppléants, et, dans le cas contraire, d'après l'autorisation du maire de la commune : ces ordonnances ou autorisations sont délivrées à la requête des agents ou gardes qui ont opéré la saisie, et sur la présentation du procès-verbal régulièrement dressé et affirmé. Dans tous les cas, la vente a lieu en présence du receveur des domaines, et à son défaut, du maire ou adjoint de la commune, ou du commissaire de police, art. 42.

2718. L'urgence de ces ventes a fait admettre une exception à la règle d'après laquelle la vente des objets saisis doit être faite par le receveur des domaines. Lorsqu'il ne réside pas dans la commune, il peut être suppléé par l'autorité municipale; mais, dans tous les cas, le produit doit être versé à sa caisse. On se conformera tant pour ces ventes que pour la recette du produit et le paiement des frais, ainsi que pour la restitution aux propriétaires, aux règles détaillées ci-dessus pour les ventes d'animaux saisis en délit dans les bois et forêts.

Art. 4. — *Fermages du droit de chasse ou de pêche.*

2719. Le prix des baux de la chasse dans les forêts de l'État, ou de la pêche dans les fleuves et rivières navigables, est recou-

vré en vertu de l'extrait du procès-verbal, par le receveur des
domaines du lieu de l'adjudication. Il en est de même du prix
des licences de pêche qui est payé au bureau du lieu où elles ont
été délivrées. Ces prix sont portés sous des titres spéciaux au sommier et au registre de recette des produits des forêts. C. c. 44.
— La différence à la charge d'un fol-enchérisseur est exigible
immédiatement pour tous les termes du bail. La contrainte par
corps ne peut être exercée contre les porteurs de licences.

2720. Les fermages de la pêche dans les canaux sont reçus
par l'adm. des contributions indirectes. Décret 23 déc. 1810,
I. 522. Maintenue dans cette attribution, en ce qui concerne
les canaux terminés et livrés à la navigation, D. 30 avril 1829,
I. 1276, la régie des contributions indirectes a été également autorisée à percevoir les produits de la pêche sur les rivières canalisées par la confection d'ouvrages d'art. D. 26 déc. 1831. I. 1389
(V. 2044, 2213).

2721. Lorsque les rivières navigables ne sont pas entièrement canalisées, la recette des produits de la pêche ne doit être
faite par l'adm. des contributions indirectes que pour la portion
canalisée ; à l'égard de la partie non canalisée, cette perception,
en vertu de la loi du 12 sept. 1791, appartient aux préposés des
domaines. I. 1389. Ils perçoivent également les produits des canaux militaires ou de défense du territoire. D. 3 mars 1845.

Art. 5. — *Frais de poursuites et d'instances concernant les forêts.*

2722. Les frais de poursuites et d'instances concernant les
forêts que les receveurs des domaines sont chargés de recouvrer,
soit sur les débiteurs, soit en cas d'insolvabilité ou de non-valeur sur l'adm. des forêts comprennent : 1° les frais de délimitation et de bornage des bois de l'État ; 2° les frais des instances
en matière civile concernant l'adm. des forêts ; 3° les frais des
poursuites et des instances relatives au recouvrement des produits forestiers et des condamnations prononcées en cette matière.

2723. Les frais de cette dernière espèce sont avancés par les
receveurs, des deniers de leur caisse, ainsi qu'il est prescrit pour
les frais de poursuites et d'instances concernant l'adm. Les règles à cet égard ont été énoncées au titre des *Condamnations*
(V. 1820 et suiv.), et s'appliquent également aux frais que nécessitent les poursuites pour le recouvrement des autres produits
forestiers. Il en sera d'ailleurs question sous le titre spécial des
poursuites et instances (V. *titre* V).

2724. *Frais de délimitation et de bornage.* L'art. 66 de l'ord.
du 1er août 1827, pour l'exécution du Code for., porte : Les
frais de délimitation et de bornage des forêts seront établis par
articles séparés pour chaque propriétaire riverain, et supportés
en commun entre l'administration et lui. L'état en sera dressé
par le conservateur des forêts et visé par le préfet. Il sera remis

au receveur des domaines qui poursuivra, par voie de contrainte, le paiement des sommes à la charge des riverains, sauf l'opposition, sur laquelle il sera statué par les tribunaux, conformément aux lois. I. 1251. — Les receveurs des domaines restent étrangers au paiement de ces frais qui sont acquittés comme les autres dépenses de l'adm. des forêts. C. c. 54 (V. *Comptabilité générale*). Ils sont seulement chargés par la disposition ci-dessus, d'opérer sur les riverains le recouvrement de la portion qui est à leur charge.

2725. Les sommes à la charge des riverains comprennent leur part des droits en *débet* de timbre et d'enreg. des procès-verbaux et des actes faits à l'occasion de la délimitation et du bornage. I. 1265, 1528, § 8. Mais si la délimitation avait été ordonnée par suite d'une action judiciaire tendant à la revendication de terrains usurpés, la totalité des droits et frais relatifs à la délimitation ordonnée en cours d'instance serait à la charge de la partie qui succomberait. I. 1265.

2726. A la réception des états dressés par le conservateur et visés par le préfet, le receveur, après s'être assuré qu'ils comprennent tous les droits à recouvrer. I. 1294, § 5, fera article du montant sur le sommier des produits constatés n° 7, dans la colonne intitulée : *Frais de poursuites et d'instances concernant les forêts et la pêche*. Il suivra activement la rentrée de ces créances, et s'en chargera en recette au registre et au titre correspondant. C. c. 54. Si les riverains sont des communes, le directeur fera comprendre les frais à leur charge dans le budget de ces communes (V. 2742).

2727. *Frais des instances en matière civile*. Les préposés des domaines sont chargés de diriger ou de suivre les instances en matière civile concernant l'adm. des forêts. Les opérations que nécessite cette partie des attributions des employés sont détaillées au titre des *Poursuites et instances* (V. *titre* V.) Quant aux frais, ils sont avancés par les receveurs pour le compte de l'adm. des forêts, sur les deniers de leur caisse, sauf remboursement par cette adm., à défaut de recouvrement sur les débiteurs (V. *titre* V, et *Comptabilité générale*). — Pour suivre ce recouvrement, les avances relevées au sommier des opérations de trésorerie, sous le titre : *Frais de poursuites et d'instances concernant l'adm. des forêts*. D. 2 nov. 1838. I. 1574 ; C. c. 44, § 10, 46, § 15.

2728. Le recouvrement sur les débiteurs ne pouvant avoir lieu qu'après la consommation de l'instance et en cas de condamnation prononcée contre eux, il faut attendre que le jugement ait été rendu et soit devenu exécutoire. En cas de condamnation ou de désistement de la partie, et sur l'avis qui leur sera donné soit par le directeur, soit par les agents forestiers, ou même lorsqu'ils auront connaissance du jugement par sa présentation à l'enreg., les receveurs suivront contre les parties le recouvrement des frais avancés. Ils auront soin toutefois de s'assurer préalablement, soit que le jugement ou l'arrêt définitif a acquis l'autorité de la chose jugée, soit que la partie y a acquiescé, lorsque la voie de l'appel ou du recours en cassation restait ouverte. C. c. 46, § 15.

2729. Les recouvrements de cette nature sont suivis comme pour les frais de poursuites et d'instances concernant l'adm. (V. *titre* V), c'est-à-dire par voie de contrainte, etc. Les sommes recouvrées sont portées en recette au registre et au titre correspondant au sommier. — En cas d'insolvabilité des débiteurs, le receveur la fera constater en la forme ordinaire par des certificats réguliers (V. *titre* V), pour provoquer le remboursement par l'adm. des forêts du montant des avances tombées en non-valeur (V. *Comptabilité générale*).

ART. 5. — *Bois des communes et des établissements publics.*

2730. Les bois des communes et des établissements publics sont soumis au régime forestier, lorsqu'ils sont susceptibles d'aménagement et d'une exploitation régulière. C. for. 1er et 90. Les opérations ordinaires de conservation et de régie sont faites par les agents de l'Etat qui est indemnisé des frais qu'elles occasionnent, par une taxe sur les produits, art. 106, 107 et 108 (V. 2736). Ces opérations comprennent toutes celles que nécessitent la délimitation des coupes ordinaires, les adjudications, l'exploitation des bois, les délivrances en nature et les ventes de menus produits. Les mêmes agents sont chargés aussi des travaux extraordinaires de délimitation des bois et d'aménagement.

2731. *Adjudications.* Les actes et procès-verbaux qui précèdent l'adjudication des coupes sont visés pour timbre et enregistrés en *débet*, sauf recouvrement ultérieur sur les adjudicataires. — Les adjudications sont faites dans les mêmes formes que pour les bois de l'Etat. C. for. 100. Les maires et les administrateurs des établissements publics peuvent y concourir. Les receveurs des domaines doivent y assister. I. 1653, § 1er (V. 2648). En ce qui concerne les adjudications de produits accessoires dont l'estimation n'excède pas 100 fr., les agents forestiers sont autorisés à se faire remplacer par un des préposés sous leurs ordres, c'est-à-dire par des gardes à cheval ou des gardes à pied; mais le receveur des domaines, chargé de la recette des frais d'administration, doit toujours y assister. Ord. 3 oct. 1841. I. 1653, § 2.

2732. Les procès-verbaux d'adjudication sont rédigés sur papier visé pour timbre en *débet*. Les adjudicataires sont tenus de payer immédiatement, et au plus tard dans les vingt jours, les droits de timbre tant des actes qui ont précédé l'adjudication que du procès-verbal et de l'expédition qui leur est délivrée, ainsi que les droits fixes et proportionnels d'enreg., sous peine du droit en sus pour ce droit proportionnel s'il n'est pas acquitté dans le délai. Les expéditions délivrées aux établissements publics et aux agents de l'Etat sont rédigées sur papier libre. I. 1508, 1522, 1576.

2733. Les procès-verbaux de réarpentage et de récolement des coupes de bois des communes et des établissements publics sont aussi rédigés sur papier visé pour timbre et enregistrés en *débet*, les droits en sont compris dans l'indemnité du vingtième pour frais d'administration. L'expédition à délivrer pour le recouvrement des surmesures, sera sur papier visé pour timbre en *débet*, sauf recouvrement sur les adjudicataires, si des poursuites sont nécessaires. I. 1504, § 5.

2734. *Prix des coupes*. Les receveurs généraux des finances sont chargés de recevoir le prix des coupes extraordinaires dans les bois des communes et des établissements publics ; celui des coupes ordinaires est recouvré par les receveurs de ces établissements. Les expéditions ou extraits rédigés pour effectuer ces recouvrements étant délivrés sur papier non timbré, on doit, en cas de poursuite contre un adjudicataire, requérir une expédition sur papier visé pour timbre *au comptant*, et dont le coût est ajouté aux frais. I. 1508.

2735. *Produits accessoires*. Les receveurs des communes et des établissements publics sont encore chargés de recouvrer les menus produits de leurs bois. Les receveurs des domaines ne sont chargés, en ce qui touche la recette des produits de ces forêts (autres que les condamnations), que du recouvrement des frais d'administration, soit qu'ils consistent en un prélèvement déterminé sur les produits adjugés, soit qu'ils s'appliquent à des opérations particulières.

2736. *Frais d'administration*. Le Gouvernement était indemnisé des frais d'administration des bois des communes et des établissements publics, au moyen d'une taxe additionnelle à la contribution foncière établie sur ces bois et perçue de la même manière. C. for. 106 ; L. 20 juill. 1837, art. 2. I. 1251, 1653. Mais à cette taxe, l'art. 5 de la loi du 25 juin 1841 a substitué le prélèvement du vingtième tant du prix des coupes que des produits accessoires, I. 1653, 1673. Enfin l'art. 6 de la loi du 19 juill. 1845 en a affranchi ces derniers produits. Le prélèvement ne s'exerce plus que sur : 1° le prix principal (non compris le décime et les charges) des coupes vendues par adjudication ; 2° la valeur des coupes délivrées en nature, soit que les bois appartiennent en totalité à l'établissement public, soit qu'il y ait indivision avec l'Etat. I. 1673, § 2, 1738, 1756.

2737. Il existe pour chaque espèce d'exploitation différente un mode particulier de prélèvement : 1° pour les coupes ordinaires et extraordinaires vendues par adjudication, le paiement du vingtième du prix principal est effectué par les adjudicataires dans les dix jours de la vente, au receveur des domaines établi dans le lieu où elle a été faite. A défaut de paiement dans le délai de dix jours, il poursuivra contre eux par voie de contrainte le recouvrement de la somme exigible, en vertu de l'extrait du procès-verbal d'adjudication qui lui aura été délivré sans frais. D. 14 déc. 1841, I. 1653, § 1er, 1738.

2738. Si le bois est indivis avec l'État, les adjudicataires paient également un vingtième du prix principal ; mais la part afférente aux établissements sur le produit de ces 5 p. 100, est seule versée dans la caisse du domaine ; l'autre est réunie à la portion du prix principal revenant à l'État, pour être acquittée de la même manière que ce prix principal. D. 2 déc. 1845, I. 1756.

2739. A l'égard des coupes délivrées en nature, la valeur en est fixée par le Ministre des finances, sur les propositions des agents forestiers, les observations des conseils municipaux et des administrateurs, et l'avis des préfets. La décision est transmise par l'adm. au directeur ; celui-ci en donne connaissance au receveur des domaines de la situation des biens, à la caisse duquel les receveurs des communes et des établissements propriétaires des bois doivent verser le vingtième de la valeur des coupes délivrées en nature. I. 1653, 1738.

2740. Cette indemnité est destinée à couvrir le trésor des frais de l'administration ordinaire des bois des établissements ; mais non de ceux des opérations extraordinaires qu'ils exigent dans certains cas, telles que la délimitation et l'aménagement, la vérification extraordinaire du nombre des arbres de réserve faite à la requête des adjudicataires. Les receveurs font le recouvrement de ces frais extraordinaires (V. 2744 et suiv.). — L'indemnité de 5 p. 100 couvre encore le trésor des frais d'adjudication et d'expédition ; mais les adjudicataires doivent payer, en outre, les droits de timbre et d'enreg. I. 1673, § 2 (V. 2732). Pour les délivrances en nature, les droits des procès-verbaux ne doivent être remboursés que dans le cas de poursuites devant les tribunaux. I. 1504, § 5.

2741. Les droits de timbre et d'enreg. sont perçus par le receveur de l'enreg. L'indemnité de 5 p. 100 est versée à la caisse du receveur des domaines. I. 1696. Il en est fait article au sommier, et recette au registre des produits des forêts, sous le titre : *Frais d'administration des bois des communes et des établissements publics.* I. 1653, § 1er.

2742. Le recouvrement des frais d'administration des bois des communes et des établissements publics est suivi par voie de contrainte décernée par le directeur, comme en matière domaniale ; on peut même employer la contrainte par corps contre les adjudicataires, C. for. 28, lorsqu'il s'agit de produits vendus par adjudication publique. I. 1653, § 1er. — Si les sommes sont dues par des communes, le receveur devra faire les diligences nécessaires pour leur allocation au budget des communes. I. 642, 1653. — Les frais des poursuites sont avancés par le receveur, sauf recouvrement sur les débiteurs ou l'adm. des forêts (V. *titre* V).

2743. *Menus produits.* Les adjudicataires ou cessionnaires de menus produits dans les bois des communes et des établissements publics (V. 2735), n'ont pas à payer un vingtième pour les frais d'administration (V. 2736); ils sont tenus seulement des droits de timbre et d'enreg. des actes et procès-verbaux de toute nature. — Pour les excédants de mesure (V. 2733).

2744. *Vérification des réserves.* Les adjudicataires de coupes de bois des communes ou des établissements publics qui, avant la délivrance du permis d'exploiter, réclament une vérification extraordinaire pour constater un *déficit* dans le nombre des arbres de réserve, sont tenus, lorsqu'il a été reconnu que le déficit n'existe point, de payer une indemnité à la caisse du receveur des domaines, ainsi qu'il est prescrit pour la même opération dans les bois de l'Etat. Cette indemnité est recouvrée de la même manière et on la comprend parmi les *recettes diverses et imprévues.* I. 1644 (V. 2707).

2745. *Délimitation et aménagement.* En établissant que les opérations de conservation et de régie des bois des communes et des établissements publics seraient faites sans frais par les préposés et agents de l'administration, l'art. 107 a évidemment entendu toutes les opérations qui, jusqu'à la promulgation du Code forestier, avaient été faites par ces agents, au moyen du décime par franc et des vacations autorisées par les lois des 29 sept. 1791, 15 août 1792 et 29 flor. an 3, et dont la dépense peut être annuellement prévue et réglée, conformément aux prescriptions de l'art. 106. On ne peut mettre au nombre de ces opérations annuelles les travaux de délimitation et d'aménagement des bois, qui sont des travaux d'art et d'amélioration, ne s'exécutant qu'une fois pour chaque forêt, et n'étant pas susceptibles de se renouveler ; les frais de ces travaux constituent des dépenses extraordinaires à la charge particulière des communes ou établissements. Avis du Cons. d'Etat, 21 août 1839, approuvé 10 septembre suivant. I. 1598.

2746. Les communes et les établissements publics qui requièrent des délimitations ou des bornages paient directement les frais de ces opérations, lorsqu'elles sont faites par d'autres que les agents forestiers. Si les travaux relatifs, soit à ces opérations, soit à l'aménagement des coupes, sont effectués par des agents forestiers appelés comme experts dans l'intérêt des établissements propriétaires, ou faisant partie du service des travaux d'art (Ord. 23 mars et 2 déc. 1843; D. 24 mars et 6 déc. 1845), les actes, procès-verbaux et significations sont visés pour timbre et enregistrés en *débet*. I. 1265, § 1er, 1294, § 5, 1747.

2747. Les agents qui ont procédé à ces opérations dressent des états des indemnités qui leur sont allouées et des autres frais. Ces états arrêtés par le conservateur des forêts et rendus exécutoires par le préfet, sont transmis au receveur des domaines, selon le mode prescrit par la décision du 22 juin 1838 (V. 2673). I. 1265, § 1er, 1294, § 5, 1747.

44

2748. A la réception de ces états, le receveur fait article du montant au sommier des produits des forêts, n° 7, sous le titre: *Recettes diverses et imprévues*; le recouvrement est suivi contre les communes ou les établissements publics qui doivent, dans tous les cas, faire effectuer le versement de ces frais par leurs receveurs, sauf recouvrement, s'il y a lieu, de la portion qui serait à la charge de riverains, d'après les règles énoncées *sup.* 2724 et suiv. Ord. 23 mars et 2 déc. 1845; D. 24 mars et 6 déc. 1845. I. 1747.

2749. D'après ces ordonnances et décisions, les indemnités des agents qui ont concouru aux aménagements, ou de ceux qui ont été appelés, dans l'intérêt des communes et des établissements publics, à procéder a une délimitation ou à un bornage requis par eux, doivent être supportées ou avancées par ces établissements. En conséquence le recouvrement peut en être suivi immédiatement. I. 1747.

2750. Mais lorsqu'il s'agit de délimitation et de bornage requis par les riverains, le receveur des domaines ne peut en suivre le recouvrement que lorsque les receveurs des communes ou des établissements publics eux-mêmes ont opéré la recette des frais mis à la charge des riverains. I. 1747. — Dans tous les cas, les directeurs feront les diligences nécessaires pour que le montant de ces frais soit compris dans le budget des établissements. I. 1598 (V. 2742). Les sommes recouvrées seront portées en recette sur le registre correspondant au sommier et sous le même titre. I. 1747

FIN DU TOME PREMIER.

ERRATA ET RECTIFICATIONS.

Pages 122, 124, 125, 126, 129 et 131, remplacez la citation de l'instr. n° 811, par 881.

— 231, ligne 23, après: et payeurs de la Couronne, ajoutez: I. 442.

— 272, ligne 47, au lieu de: le greffier a, lisez: le greffier n'a pas.

— 273, ligne 2, ajoutez: Sol. 23 mars 1831.

— 469, ligne 25, ajoutez: (V. 2405).

www.ingramcontent.com/pod-product-compliance
Lightning Source LLC
Chambersburg PA
CBHW071131270326
41929CB00012B/1718